新闻出版
法律法规文件汇编

上编

中共中央宣传部政策法规研究室　编

中国书籍出版社
China Book Press

图书在版编目（CIP）数据

新闻出版法律法规文件汇编. 上编 / 中共中央宣传部政策法规研究室编. -- 北京 : 中国书籍出版社, 2021.5
ISBN 978-7-5068-8452-5

Ⅰ. ①新… Ⅱ. ①中… Ⅲ. ①新闻工作—法规—汇编—中国②出版法—汇编—中国 Ⅳ. ①D922.169

中国版本图书馆CIP数据核字（2021）第068958号

新闻出版法律法规文件汇编. 上编

中共中央宣传部政策法规研究室　编

责任编辑	牛　超
责任印制	孙马飞　马　芝
封面设计	东方美迪
出版发行	中国书籍出版社
地　　址	北京市丰台区三路居路 97 号（邮编：100073）
电　　话	（010）52257143（总编室）　（010）52257140（发行部）
电子邮箱	eo@chinabp.com.cn
经　　销	全国新华书店
印　　刷	北京九州迅驰传媒文化有限公司
开　　本	710毫米 × 1000毫米　1/16
字　　数	1300千字
印　　张	97.5
版　　次	2021 年 5 月第 1 版　　2022 年 8 月第 5 次印刷
书　　号	ISBN 978-7-5068-8452-5
定　　价	198.00元（全三编）

出版说明

党的十八大以来，以习近平同志为核心的党中央明确提出全面依法治国，并将其纳入“四个全面”战略布局予以有力推进，从全局和战略高度对全面依法治国作出一系列重大决策部署，推动我国社会主义法治建设发生历史性变革、取得历史性成就。党对全面依法治国的领导更加坚强有力，全面依法治国总体格局基本形成，全面依法治国实践取得重大进展，形成了习近平法治思想。习近平法治思想是顺应实现中华民族伟大复兴时代要求应运而生的重大理论创新成果，是马克思主义法治理论中国化的最新成果，是习近平新时代中国特色社会主义思想的重要组成部分，是新时代全面依法治国的根本遵循和行动指南。

在习近平法治思想的指引下，我国不断完善新闻出版领域立法，形成了以相关法律行政法规为基础、部门规章为配套、规范性文件为补充的较为完备的法律规范体系。为深入贯彻落实习近平法治思想和习近平总书记关于宣传思想工作的重要思想，帮助新闻出版领域领导干部、执法人员及从业人员更好地了解新闻出版领域法律规范，自觉做到尊法学法守法用法，我们汇编了此书。本书收录现行有效的新闻出版法律法规文件 327 件，其中包括：法律 1 件，行政法规 7 件，规章 37 件（现行有效规章 25 件，补充规定 3 件，修订废止决定 9 件），规范性文件 282 件（截至 2021 年 4 月 30 日）。本着尊重历史的原则，本书尽量保持不同时期文件原貌，个别文件体例不完全一致，敬请谅解。

总 目 录

上编目录

法　律

中华人民共和国公共文化服务保障法

2016 年 12 月 25 日中华人民共和国主席令第 60 号公布

目　录

第一章　总　则

第一条　为了加强公共文化服务体系建设，丰富人民群众精神文化生活，传承中华优秀传统文化，弘扬社会主义核心价值观，增强文化自信，促进中国特色社会主义文化繁荣发展，提高全民族文明素质，制定本法。

第二条　本法所称公共文化服务，是指由政府主导、社会力量参与，以满足公民基本文化需求为主要目的而提供的公共文化设施、文化产品、文化活动以及其他相关服务。

第三条　公共文化服务应当坚持社会主义先进文化前进方向，坚持以人民为中心，坚持以社会主义核心价值观为引领；应当按照“百花齐放、百家争鸣”的方针，支持优秀公共文化产品的创作生产，丰富公共文化服务内容。

第四条 县级以上人民政府应当将公共文化服务纳入本级国民经济和社会发展规划，按照公益性、基本性、均等性、便利性的要求，加强公共文化设施建设，完善公共文化服务体系，提高公共文化服务效能。

第五条 国务院根据公民基本文化需求和经济社会发展水平，制定并调整国家基本公共文化服务指导标准。

省、自治区、直辖市人民政府根据国家基本公共文化服务指导标准，结合当地实际需求、财政能力和文化特色，制定并调整本行政区域的基本公共文化服务实施标准。

第六条 国务院建立公共文化服务综合协调机制，指导、协调、推动全国公共文化服务工作。国务院文化主管部门承担综合协调具体职责。

地方各级人民政府应当加强对公共文化服务的统筹协调，推动实现共建共享。

第七条 国务院文化主管部门、新闻出版广电主管部门依照本法和国务院规定的职责负责全国的公共文化服务工作；国务院其他有关部门在各自职责范围内负责相关公共文化服务工作。

县级以上地方人民政府文化、新闻出版广电主管部门根据其职责负责本行政区域内的公共文化服务工作；县级以上地方人民政府其他有关部门在各自职责范围内负责相关公共文化服务工作。

第八条 国家扶助革命老区、民族地区、边疆地区、贫困地区的公共文化服务，促进公共文化服务均衡协调发展。

第九条 各级人民政府应当根据未成年人、老年人、残疾人和流动人口等群体的特点与需求，提供相应的公共文化服务。

第十条 国家鼓励和支持公共文化服务与学校教育相结合，充分发挥公共文化服务的社会教育功能，提高青少年思想道德和科学文化素质。

第十一条 国家鼓励和支持发挥科技在公共文化服务中的作用，推动运用现代信息技术和传播技术，提高公众的科学素养和公共文化服务水平。

第十二条 国家鼓励和支持在公共文化服务领域开展国际合作与交流。

第十三条 国家鼓励和支持公民、法人和其他组织参与公共文化服务。

对在公共文化服务中作出突出贡献的公民、法人和其他组织，依法给予表彰和奖励。

第二章 公共文化设施建设与管理

第十四条 本法所称公共文化设施是指用于提供公共文化服务的建筑物、场地和设备，主要包括图书馆、博物馆、文化馆（站）、美术馆、科技馆、纪念馆、体育场馆、工人文化宫、青少年宫、妇女儿童活动中心、老年人活动中心、乡镇（街道）和村（社区）基层综合性文化服务中心、农家（职工）书屋、公共阅报栏（屏）、广播电视播出传输覆盖设施、公共数字文化服务点等。

县级以上地方人民政府应当将本行政区域内的公共文化设施目录及有关信息予以公布。

第十五条 县级以上地方人民政府应当将公共文化设施建设纳入本级城乡规划，根据国家基本公共文化服务指导标准、省级基本公共文化服务实施标准，结合当地经济社会发展水平、人口状况、环境条件、文化特色，合理确定公共文化设施的种类、数量、规模以及布局，形成场馆服务、流动服务和数字服务相结合的公共文化设施网络。

公共文化设施的选址，应当征求公众意见，符合公共文化设施的功能和特点，有利于发挥其作用。

第十六条　公共文化设施的建设用地，应当符合土地利用总体规划和城乡规划，并依照法定程序审批。

任何单位和个人不得侵占公共文化设施建设用地或者擅自改变其用途。因特殊情况需要调整公共文化设施建设用地的，应当重新确定建设用地。调整后的公共文化设施建设用地不得少于原有面积。

新建、改建、扩建居民住宅区，应当按照有关规定、标准，规划和建设配套的公共文化设施。

第十七条　公共文化设施的设计和建设，应当符合实用、安全、科学、美观、环保、节约的要求和国家规定的标准，并配置无障碍设施设备。

第十八条　地方各级人民政府可以采取新建、改建、扩建、合建、租赁、利用现有公共设施等多种方式，加强乡镇（街道）、村（社区）基层综合性文化服务中心建设，推动基层有关公共设施的统一管理、综合利用，并保障其正常运行。

第十九条　任何单位和个人不得擅自拆除公共文化设施，不得擅自改变公共文化设施的功能、用途或者妨碍其正常运行，不得侵占、挪用公共文化设施，不得将公共文化设施用于与公共文化服务无关的商业经营活动。

因城乡建设确需拆除公共文化设施，或者改变其功能、用途的，应当依照有关法律、行政法规的规定重建、改建，并坚持先建设后拆除或者建设拆除同时进行的原则。重建、改建的公共文化设施的设施配置标准、建筑面积等不得降低。

第二十条　公共文化设施管理单位应当按照国家规定的标准，配置和更新必需的服务内容和设备，加强公共文化设施经常性维护管理工作，保障公共文化设施的正常使用和运转。

第二十一条　公共文化设施管理单位应当建立健全管理制度和服务规范，建立公共文化设施资产统计报告制度和公共文化服务开展情况的年报制度。

第二十二条　公共文化设施管理单位应当建立健全安全管理制度，开展公共文化设施及公众活动的安全评价，依法配备安全保护设备和人员，保障公共文化设施和公众活动安全。

第二十三条　各级人民政府应当建立有公众参与的公共文化设施使用效能考核评价制度，公共文化设施管理单位应当根据评价结果改进工作，提高服务质量。

第二十四条　国家推动公共图书馆、博物馆、文化馆等公共文化设施管理单位根据其功能定位建立健全法人治理结构，吸收有关方面代表、专业人士和公众参与管理。

第二十五条　国家鼓励和支持公民、法人和其他组织兴建、捐建或者与政府部门合作建设公共文化设施，鼓励公民、法人和其他组织依法参与公共文化设施的运营和管理。

第二十六条　公众在使用公共文化设施时，应当遵守公共秩序，爱护公共设施，不得损坏公共设施设备和物品。

第三章　公共文化服务提供

第二十七条　各级人民政府应当充分利用公共文化设施，促进优秀公共文化产品的提供和传播，支持开展全民阅读、全民普法、全民健身、全民科普和艺术普及、优秀传统文化传承活动。

第二十八条　设区的市级、县级地方人民政府应当根据国家基本公共文化服务指导标准和省、自治区、直辖市基本公共文化服务实施标准，结合当地实际，制定公布本行政区域公共文化服务目录并组织实施。

第二十九条　公益性文化单位应当完善服务项目、丰富服务内容，创造条件向公众提供免费或者优惠的文艺演出、陈列展览、电影放映、广播电视节目收听收看、阅读服务、艺术培训等，并为公众开展文化活动提供支持和帮助。

国家鼓励经营性文化单位提供免费或者优惠的公共文化产品和文化活动。

第三十条　基层综合性文化服务中心应当加强资源整合，建立完善公共文化服务网络，充分发挥统筹服务功能，为公众提供书报阅读、影视观赏、戏曲表演、普法教育、艺术普及、科学普及、广播播送、互联网上网和群众性文化体育活动等公共文化服务，并根据其功能特点，因地制宜提供其他公共服务。

第三十一条　公共文化设施应当根据其功能、特点，按照国家有关规定，向公众免费或者优惠开放。

公共文化设施开放收取费用的，应当每月定期向中小学生免费开放。

公共文化设施开放或者提供培训服务等收取费用的，应当报经县级以上人民政府有关部门批准；收取的费用，应当用于公共文化设施的维护、管理和事业发展，不得挪作他用。

公共文化设施管理单位应当公示服务项目和开放时间；临时停止开放的，应当及时公告。

第三十二条 国家鼓励和支持机关、学校、企业事业单位的文化体育设施向公众开放。

第三十三条 国家统筹规划公共数字文化建设，构建标准统一、互联互通的公共数字文化服务网络，建设公共文化信息资源库，实现基层网络服务共建共享。

国家支持开发数字文化产品，推动利用宽带互联网、移动互联网、广播电视网和卫星网络提供公共文化服务。

地方各级人民政府应当加强基层公共文化设施的数字化和网络建设，提高数字化和网络服务能力。

第三十四条 地方各级人民政府应当采取多种方式，因地制宜提供流动文化服务。

第三十五条 国家重点增加农村地区图书、报刊、戏曲、电影、广播电视节目、网络信息内容、节庆活动、体育健身活动等公共文化产品供给，促进城乡公共文化服务均等化。

面向农村提供的图书、报刊、电影等公共文化产品应当符合农村特点和需求，提高针对性和时效性。

第三十六条 地方各级人民政府应当根据当地实际情况，在人员流动量较大的公共场所、务工人员较为集中的区域以及留守妇女儿童较为集中的农村地区，配备必要的设施，采取多种形式，提供便利可及的公共文化服务。

第三十七条 国家鼓励公民主动参与公共文化服务，自主开展健康文明的群众性文化体育活动；地方各级人民政府应当给予必要的指导、支持和帮助。

居民委员会、村民委员会应当根据居民的需求开展群众性文化体育活动，并协助当地人民政府有关部门开展公共文化服务相关工作。

国家机关、社会组织、企业事业单位应当结合自身特点和需要，组织开展群众性文化体育活动，丰富职工文化生活。

第三十八条 地方各级人民政府应当加强面向在校学生的公共文化服务，支持学校开展适合在校学生特点的文化体育活动，促进德智体美教育。

第三十九条 地方各级人民政府应当支持军队基层文化建设，丰富军营文化体育活动，加强军民文化融合。

第四十条 国家加强民族语言文字文化产品的供给，加强优秀公共文化产品的民族语言文字译制及其在民族地区的传播，鼓励和扶助民族文化产品的创作生产，支持开展具有民族特色的群众性文化体育活动。

第四十一条 国务院和省、自治区、直辖市人民政府制定政府购买公共文化服务的指导性意见和目录。国务院有关部门和县级以上地方人民政府应当根据指导性意见和目录，结合实际情况，确定购买的具体项目和内容，及时向社会公布。

第四十二条 国家鼓励和支持公民、法人和其他组织通过兴办实体、资助项目、赞助活动、提供设施、捐赠产品等方式，参与提供公共文化服务。

第四十三条 国家倡导和鼓励公民、法人和其他组织参与文化志愿服务。

公共文化设施管理单位应当建立文化志愿服务机制，组织开展文化志愿服务活动。

县级以上地方人民政府有关部门应当对文化志愿活动给予必

要的指导和支持，并建立管理评价、教育培训和激励保障机制。

第四十四条 任何组织和个人不得利用公共文化设施、文化产品、文化活动以及其他相关服务，从事危害国家安全、损害社会公共利益和其他违反法律法规的活动。

第四章 保障措施

第四十五条 国务院和地方各级人民政府应当根据公共文化服务的事权和支出责任，将公共文化服务经费纳入本级预算，安排公共文化服务所需资金。

第四十六条 国务院和省、自治区、直辖市人民政府应当增加投入，通过转移支付等方式，重点扶助革命老区、民族地区、边疆地区、贫困地区开展公共文化服务。

国家鼓励和支持经济发达地区对革命老区、民族地区、边疆地区、贫困地区的公共文化服务提供援助。

第四十七条 免费或者优惠开放的公共文化设施，按照国家规定享受补助。

第四十八条 国家鼓励社会资本依法投入公共文化服务，拓宽公共文化服务资金来源渠道。

第四十九条 国家采取政府购买服务等措施，支持公民、法人和其他组织参与提供公共文化服务。

第五十条 公民、法人和其他组织通过公益性社会团体或者县级以上人民政府及其部门，捐赠财产用于公共文化服务的，依法享受税收优惠。

国家鼓励通过捐赠等方式设立公共文化服务基金，专门用于公共文化服务。

第五十一条 地方各级人民政府应当按照公共文化设施的功能、任务和服务人口规模，合理设置公共文化服务岗位，配备相应专业人员。

第五十二条 国家鼓励和支持文化专业人员、高校毕业生和志愿者到基层从事公共文化服务工作。

第五十三条 国家鼓励和支持公民、法人和其他组织依法成立公共文化服务领域的社会组织，推动公共文化服务社会化、专业化发展。

第五十四条 国家支持公共文化服务理论研究，加强多层次专业人才教育和培训。

第五十五条 县级以上人民政府应当建立健全公共文化服务资金使用的监督和统计公告制度，加强绩效考评，确保资金用于公共文化服务。任何单位和个人不得侵占、挪用公共文化服务资金。

审计机关应当依法加强对公共文化服务资金的审计监督。

第五十六条 各级人民政府应当加强对公共文化服务工作的监督检查，建立反映公众文化需求的征询反馈制度和有公众参与的公共文化服务考核评价制度，并将考核评价结果作为确定补贴或者奖励的依据。

第五十七条 各级人民政府及有关部门应当及时公开公共文化服务信息，主动接受社会监督。

新闻媒体应当积极开展公共文化服务的宣传报道，并加强舆论监督。

第五章 法律责任

第五十八条 违反本法规定，地方各级人民政府和县级以上人民政府有关部门未履行公共文化服务保障职责的，由其上级机关或者监察机关责令限期改正；情节严重的，对直接负责的主管人员和其他直接责任人员依法给予处分。

第五十九条 违反本法规定，地方各级人民政府和县级以上人民政府有关部门，有下列行为之一的，由其上级机关或者监察机关责令限期改正；情节严重的，对直接负责的主管人员和其他直接责任人员依法给予处分：

（一）侵占、挪用公共文化服务资金的；

（二）擅自拆除、侵占、挪用公共文化设施，或者改变其功能、用途，或者妨碍其正常运行的；

（三）未依照本法规定重建公共文化设施的；

（四）滥用职权、玩忽职守、徇私舞弊的。

第六十条 违反本法规定，侵占公共文化设施的建设用地或者擅自改变其用途的，由县级以上地方人民政府土地主管部门、城乡规划主管部门依据各自职责责令限期改正；逾期不改正的，由作出决定的机关依法强制执行，或者依法申请人民法院强制执行。

第六十一条 违反本法规定，公共文化设施管理单位有下列情形之一的，由其主管部门责令限期改正；造成严重后果的，对直接负责的主管人员和其他直接责任人员，依法给予处分：

（一）未按照规定对公众开放的；

（二）未公示服务项目、开放时间等事项的；

（三）未建立安全管理制度的；

（四）因管理不善造成损失的。

第六十二条 违反本法规定，公共文化设施管理单位有下列行为之一的，由其主管部门或者价格主管部门责令限期改正，没收违法所得，违法所得五千元以上的，并处违法所得两倍以上五倍以下罚款；没有违法所得或者违法所得五千元以下的，可以处一万元以下的罚款；对直接负责的主管人员和其他直接责任人员，依法给予处分：

（一）开展与公共文化设施功能、用途不符的服务活动的；

（二）对应当免费开放的公共文化设施收费或者变相收费的；

（三）收取费用未用于公共文化设施的维护、管理和事业发展，挪作他用的。

第六十三条 违反本法规定，损害他人民事权益的，依法承担民事责任；构成违反治安管理行为的，由公安机关依法给予治安管理处罚；构成犯罪的，依法追究刑事责任。

第六章 附 则

第六十四条 境外自然人、法人和其他组织在中国境内从事公共文化服务的，应当符合相关法律、行政法规的规定。

第六十五条 本法自 2017 年 3 月 1 日起施行。

行政法规、国务院文件

出版管理条例

2001年12月25日中华人民共和国国务院令第343号公布　根据2011年3月19日国务院令第594号《国务院关于修改〈出版管理条例〉的决定》第一次修订　根据2013年7月18日国务院令第638号《国务院关于废止和修改部分行政法规的决定》第二次修订　根据2014年7月29日国务院令第653号《国务院关于修改部分行政法规的决定》第三次修订　根据2016年2月6日国务院令第666号《国务院关于修改部分行政法规的决定》第四次修订　根据2020年11月29日国务院令第732号《国务院关于修改和废止部分行政法规的决定》第五次修订

第一章　总　则

第一条　为了加强对出版活动的管理，发展和繁荣有中国特色社会主义出版产业和出版事业，保障公民依法行使出版自由的权利，促进社会主义精神文明和物质文明建设，根据宪法，制定本条例。

第二条　在中华人民共和国境内从事出版活动，适用本条例。

本条例所称出版活动，包括出版物的出版、印刷或者复制、进口、发行。

本条例所称出版物，是指报纸、期刊、图书、音像制品、电子出版物等。

第三条　出版活动必须坚持为人民服务、为社会主义服务的方向，坚持以马克思列宁主义、毛泽东思想、邓小平理论和“三个代表”重要思想为指导，贯彻落实科学发展观，传播和积累有益于提高民族素质、有益于经济发展和社会进步的科学技术和文化知识，弘扬民族优秀文化，促进国际文化交流，丰富和提高人民的精神生活。

第四条 从事出版活动，应当将社会效益放在首位，实现社会效益与经济效益相结合。

第五条 公民依法行使出版自由的权利，各级人民政府应当予以保障。

公民在行使出版自由的权利的时候，必须遵守宪法和法律，不得反对宪法确定的基本原则，不得损害国家的、社会的、集体的利益和其他公民的合法的自由和权利。

第六条 国务院出版行政主管部门负责全国的出版活动的监督管理工作。国务院其他有关部门按照国务院规定的职责分工，负责有关的出版活动的监督管理工作。

县级以上地方各级人民政府负责出版管理的部门（以下简称出版行政主管部门）负责本行政区域内出版活动的监督管理工作。县级以上地方各级人民政府其他有关部门在各自的职责范围内，负责有关的出版活动的监督管理工作。

第七条 出版行政主管部门根据已经取得的违法嫌疑证据或者举报，对涉嫌违法从事出版物出版、印刷或者复制、进口、发行等活动的行为进行查处时，可以检查与涉嫌违法活动有关的物品和经营场所；对有证据证明是与违法活动有关的物品，可以查封或者扣押。

第八条 出版行业的社会团体按照其章程，在出版行政主管部门的指导下，实行自律管理。

第二章　出版单位的设立与管理

第九条　报纸、期刊、图书、音像制品和电子出版物等应当由出版单位出版。

本条例所称出版单位，包括报社、期刊社、图书出版社、音像出版社和电子出版物出版社等。

法人出版报纸、期刊，不设立报社、期刊社的，其设立的报纸编辑部、期刊编辑部视为出版单位。

第十条　国务院出版行政主管部门制定全国出版单位总量、结构、布局的规划，指导、协调出版产业和出版事业发展。

第十一条　设立出版单位，应当具备下列条件：

（一）有出版单位的名称、章程；

（二）有符合国务院出版行政主管部门认定的主办单位及其主管机关；

（三）有确定的业务范围；

（四）有 30 万元以上的注册资本和固定的工作场所；

（五）有适应业务范围需要的组织机构和符合国家规定的资格条件的编辑出版专业人员；

（六）法律、行政法规规定的其他条件。

审批设立出版单位，除依照前款所列条件外，还应当符合国家关于出版单位总量、结构、布局的规划。

第十二条　设立出版单位，由其主办单位向所在地省、自治区、直辖市人民政府出版行政主管部门提出申请；省、自治区、直辖市人民政府出版行政主管部门审核同意后，报国务院出版行政主管部门审批。设立的出版单位为事业单位的，还应当办理机构编制审批手续。

第十三条 设立出版单位的申请书应当载明下列事项：

（一）出版单位的名称、地址；

（二）出版单位的主办单位及其主管机关的名称、地址；

（三）出版单位的法定代表人或者主要负责人的姓名、住址、资格证明文件；

（四）出版单位的资金来源及数额。

设立报社、期刊社或者报纸编辑部、期刊编辑部的，申请书还应当载明报纸或者期刊的名称、刊期、开版或者开本、印刷场所。

申请书应当附具出版单位的章程和设立出版单位的主办单位及其主管机关的有关证明材料。

第十四条 国务院出版行政主管部门应当自受理设立出版单位的申请之日起60日内，作出批准或者不批准的决定，并由省、自治区、直辖市人民政府出版行政主管部门书面通知主办单位；不批准的，应当说明理由。

第十五条 设立出版单位的主办单位应当自收到批准决定之日起60日内，向所在地省、自治区、直辖市人民政府出版行政主管部门登记，领取出版许可证。登记事项由国务院出版行政主管部门规定。

出版单位领取出版许可证后，属于事业单位法人的，持出版许可证向事业单位登记管理机关登记，依法领取事业单位法人证书；属于企业法人的，持出版许可证向工商行政管理部门登记，依法领取营业执照。

第十六条 报社、期刊社、图书出版社、音像出版社和电子出版物出版社等应当具备法人条件，经核准登记后，取得法人资格，以其全部法人财产独立承担民事责任。

依照本条例第九条第三款的规定，视为出版单位的报纸编辑部、期刊编辑部不具有法人资格，其民事责任由其主办单位承担。

第十七条 出版单位变更名称、主办单位或者其主管机关、业务范围、资本结构，合并或者分立，设立分支机构，出版新的报纸、期刊，或者报纸、期刊变更名称的，应当依照本条例第十二条、第十三条的规定办理审批手续。出版单位属于事业单位法人的，还应当持批准文件到事业单位登记管理机关办理相应的登记手续；属于企业法人的，还应当持批准文件到工商行政管理部门办理相应的登记手续。

出版单位除前款所列变更事项外的其他事项的变更，应当经主办单位及其主管机关审查同意，向所在地省、自治区、直辖市人民政府出版行政主管部门申请变更登记，并报国务院出版行政主管部门备案。出版单位属于事业单位法人的，还应当持批准文件到事业单位登记管理机关办理变更登记；属于企业法人的，还应当持批准文件到工商行政管理部门办理变更登记。

第十八条 出版单位中止出版活动的，应当向所在地省、自治区、直辖市人民政府出版行政主管部门备案并说明理由和期限；出版单位中止出版活动不得超过 180 日。

出版单位终止出版活动的，由主办单位提出申请并经主管机关同意后，由主办单位向所在地省、自治区、直辖市人民政府出版行政主管部门办理注销登记，并报国务院出版行政主管部门备案。出版单位属于事业单位法人的，还应当持批准文件到事业单位登记管理机关办理注销登记；属于企业法人的，还应当持批准文件到工商行政管理部门办理注销登记。

第十九条 图书出版社、音像出版社和电子出版物出版社自登记之日起满 180 日未从事出版活动的，报社、期刊社自登记之日起满 90 日未出版报纸、期刊的，由原登记的出版行政主管部门注销登记，并报国务院出版行政主管部门备案。

因不可抗力或者其他正当理由发生前款所列情形的，出版单位可以向原登记的出版行政主管部门申请延期。

第二十条 图书出版社、音像出版社和电子出版物出版社的年度出版计划及涉及国家安全、社会安定等方面的重大选题，应当经所在地省、自治区、直辖市人民政府出版行政主管部门审核后报国务院出版行政主管部门备案；涉及重大选题，未在出版前报备案的出版物，不得出版。具体办法由国务院出版行政主管部门制定。

期刊社的重大选题，应当依照前款规定办理备案手续。

第二十一条 出版单位不得向任何单位或者个人出售或者以其他形式转让本单位的名称、书号、刊号或者版号、版面，并不得出租本单位的名称、刊号。

出版单位及其从业人员不得利用出版活动谋取其他不正当利益。

第二十二条 出版单位应当按照国家有关规定向国家图书馆、中国版本图书馆和国务院出版行政主管部门免费送交样本。

第三章 出版物的出版

第二十三条 公民可以依照本条例规定，在出版物上自由表达自己对国家事务、经济和文化事业、社会事务的见解和意愿，自由发表自己从事科学研究、文学艺术创作和其他文化活动的成果。

合法出版物受法律保护，任何组织和个人不得非法干扰、阻止、破坏出版物的出版。

第二十四条 出版单位实行编辑责任制度，保障出版物刊载的内容符合本条例的规定。

第二十五条 任何出版物不得含有下列内容：

（一）反对宪法确定的基本原则的；

（二）危害国家统一、主权和领土完整的；

（三）泄露国家秘密、危害国家安全或者损害国家荣誉和利益的；

（四）煽动民族仇恨、民族歧视，破坏民族团结，或者侵害民族风俗、习惯的；

（五）宣扬邪教、迷信的；

（六）扰乱社会秩序，破坏社会稳定的；

（七）宣扬淫秽、赌博、暴力或者教唆犯罪的；

（八）侮辱或者诽谤他人，侵害他人合法权益的；

（九）危害社会公德或者民族优秀文化传统的；

（十）有法律、行政法规和国家规定禁止的其他内容的。

第二十六条 以未成年人为对象的出版物不得含有诱发未成年人模仿违反社会公德的行为和违法犯罪的行为的内容，不得含有恐怖、残酷等妨害未成年人身心健康的内容。

第二十七条 出版物的内容不真实或者不公正，致使公民、法人或者其他组织的合法权益受到侵害的，其出版单位应当公开更正，消除影响，并依法承担其他民事责任。

报纸、期刊发表的作品内容不真实或者不公正，致使公民、法人或者其他组织的合法权益受到侵害的，当事人有权要求有关出版单位更正或者答辩，有关出版单位应当在其近期出版的报纸、期刊上予以发表；拒绝发表的，当事人可以向人民法院提起诉讼。

第二十八条 出版物必须按照国家的有关规定载明作者、出版者、印刷者或者复制者、发行者的名称、地址，书号、刊号或者版号，在版编目数据，出版日期、刊期以及其他有关事项。

出版物的规格、开本、版式、装帧、校对等必须符合国家标准和规范要求，保证出版物的质量。

出版物使用语言文字必须符合国家法律规定和有关标准、规范。

第二十九条 任何单位和个人不得伪造、假冒出版单位名称或者报纸、期刊名称出版出版物。

第三十条 中学小学教科书由国务院教育行政主管部门审定；其出版、发行单位应当具有适应教科书出版、发行业务需要的资金、组织机构和人员等条件，并取得国务院出版行政主管部门批准的教科书出版、发行资质。纳入政府采购范围的中学小学教科书，其发行单位按照《中华人民共和国政府采购法》的有关规定确定。其他任何单位或者个人不得从事中学小学教科书的出版、发行业务。

第四章 出版物的印刷或者复制和发行

第三十一条 从事出版物印刷或者复制业务的单位，应当向所在地省、自治区、直辖市人民政府出版行政主管部门提出申请，经审核许可，并依照国家有关规定到工商行政管理部门办理相关手续后，方可从事出版物的印刷或者复制。

未经许可并办理相关手续的，不得印刷报纸、期刊、图书，不得复制音像制品、电子出版物。

第三十二条 出版单位不得委托未取得出版物印刷或者复制许可的单位印刷或者复制出版物。

出版单位委托印刷或者复制单位印刷或者复制出版物的，必须提供符合国家规定的印刷或者复制出版物的有关证明，并依法与印刷或者复制单位签订合同。

印刷或者复制单位不得接受非出版单位和个人的委托印刷报纸、期刊、图书或者复制音像制品、电子出版物，不得擅自印刷、发行报纸、期刊、图书或者复制、发行音像制品、电子出版物。

第三十三条 印刷或者复制单位经所在地省、自治区、直辖市人民政府出版行政主管部门批准，可以承接境外出版物的印刷或者复制业务；但是，印刷或者复制的境外出版物必须全部运输出境，不得在境内发行。

境外委托印刷或者复制的出版物的内容，应当经省、自治区、直辖市人民政府出版行政主管部门审核。委托人应当持有著作权人授权书，并向著作权行政管理部门登记。

第三十四条 印刷或者复制单位应当自完成出版物的印刷或者复制之日起 2 年内，留存一份承接的出版物样本备查。

第三十五条 单位从事出版物批发业务的，须经省、自治区、直辖市人民政府出版行政主管部门审核许可，取得《出版物经营许可证》。

单位和个体工商户从事出版物零售业务的，须经县级人民政府出版行政主管部门审核许可，取得《出版物经营许可证》。

第三十六条 通过互联网等信息网络从事出版物发行业务的单位或者个体工商户，应当依照本条例规定取得《出版物经营许可证》。

提供网络交易平台服务的经营者应当对申请通过网络交易平台从事出版物发行业务的单位或者个体工商户的经营主体身份进行审查，验证其《出版物经营许可证》。

第三十七条 从事出版物发行业务的单位和个体工商户变更

《出版物经营许可证》登记事项，或者兼并、合并、分立的，应当依照本条例第三十五条的规定办理审批手续。

从事出版物发行业务的单位和个体工商户终止经营活动的，应当向原批准的出版行政主管部门备案。

第三十八条 出版单位可以发行本出版单位出版的出版物，不得发行其他出版单位出版的出版物。

第三十九条 国家允许设立从事图书、报纸、期刊、电子出版物发行业务的外商投资企业。

第四十条 印刷或者复制单位、发行单位或者个体工商户不得印刷或者复制、发行有下列情形之一的出版物：

（一）含有本条例第二十五条、第二十六条禁止内容的；

（二）非法进口的；

（三）伪造、假冒出版单位名称或者报纸、期刊名称的；

（四）未署出版单位名称的；

（五）中学小学教科书未经依法审定的；

（六）侵犯他人著作权的。

第五章　出版物的进口

第四十一条 出版物进口业务，由依照本条例设立的出版物进口经营单位经营；其他单位和个人不得从事出版物进口业务。

第四十二条 设立出版物进口经营单位，应当具备下列条件：

（一）有出版物进口经营单位的名称、章程；

（二）有符合国务院出版行政主管部门认定的主办单位及其主管机关；

（三）有确定的业务范围；

（四）具有进口出版物内容审查能力；

（五）有与出版物进口业务相适应的资金；

（六）有固定的经营场所；

（七）法律、行政法规和国家规定的其他条件。

第四十三条 设立出版物进口经营单位，应当向国务院出版行政主管部门提出申请，经审查批准，取得国务院出版行政主管部门核发的出版物进口经营许可证后，持证到工商行政管理部门依法领取营业执照。

设立出版物进口经营单位，还应当依照对外贸易法律、行政法规的规定办理相应手续。

第四十四条 出版物进口经营单位变更名称、业务范围、资本结构、主办单位或者其主管机关，合并或者分立，设立分支机构，应当依照本条例第四十二条、第四十三条的规定办理审批手续，并持批准文件到工商行政管理部门办理相应的登记手续。

第四十五条 出版物进口经营单位进口的出版物，不得含有本条例第二十五条、第二十六条禁止的内容。

出版物进口经营单位负责对其进口的出版物进行内容审查。省级以上人民政府出版行政主管部门可以对出版物进口经营单位进口的出版物直接进行内容审查。出版物进口经营单位无法判断其进口的出版物是否含有本条例第二十五条、第二十六条禁止内容的，可以请求省级以上人民政府出版行政主管部门进行内容审查。省级以上人民政府出版行政主管部门应出版物进口经营单位的请求，对其进口的出版物进行内容审查的，可以按照国务院价格主管部门批准的标准收取费用。

国务院出版行政主管部门可以禁止特定出版物的进口。

第四十六条 出版物进口经营单位应当在进口出版物前将拟

进口的出版物目录报省级以上人民政府出版行政主管部门备案；省级以上人民政府出版行政主管部门发现有禁止进口的或者暂缓进口的出版物的，应当及时通知出版物进口经营单位并通报海关。对通报禁止进口或者暂缓进口的出版物，出版物进口经营单位不得进口，海关不得放行。

出版物进口备案的具体办法由国务院出版行政主管部门制定。

第四十七条　发行进口出版物的，必须从依法设立的出版物进口经营单位进货。

第四十八条　出版物进口经营单位在境内举办境外出版物展览，必须报经国务院出版行政主管部门批准。未经批准，任何单位和个人不得举办境外出版物展览。

依照前款规定展览的境外出版物需要销售的，应当按照国家有关规定办理相关手续。

第六章　监督与管理

第四十九条　出版行政主管部门应当加强对本行政区域内出版单位出版活动的日常监督管理；出版单位的主办单位及其主管机关对所属出版单位出版活动负有直接管理责任，并应当配合出版行政主管部门督促所属出版单位执行各项管理规定。

出版单位和出版物进口经营单位应当按照国务院出版行政主管部门的规定，将从事出版活动和出版物进口活动的情况向出版行政主管部门提出书面报告。

第五十条　出版行政主管部门履行下列职责：

（一）对出版物的出版、印刷、复制、发行、进口单位进行行业监管，实施准入和退出管理；

（二）对出版活动进行监管，对违反本条例的行为进行查处；

（三）对出版物内容和质量进行监管；

（四）根据国家有关规定对出版从业人员进行管理。

第五十一条 出版行政主管部门根据有关规定和标准，对出版物的内容、编校、印刷或者复制、装帧设计等方面质量实施监督检查。

第五十二条 国务院出版行政主管部门制定出版单位综合评估办法，对出版单位分类实施综合评估。

出版物的出版、印刷或者复制、发行和进口经营单位不再具备行政许可的法定条件的，由出版行政主管部门责令限期改正；逾期仍未改正的，由原发证机关撤销行政许可。

第五十三条 国家对在出版单位从事出版专业技术工作的人员实行职业资格制度；出版专业技术人员通过国家专业技术人员资格考试取得专业技术资格。具体办法由国务院人力资源社会保障主管部门、国务院出版行政主管部门共同制定。

第七章 保障与奖励

第五十四条 国家制定有关政策，保障、促进出版产业和出版事业的发展与繁荣。

第五十五条 国家支持、鼓励下列优秀的、重点的出版物的出版：

（一）对阐述、传播宪法确定的基本原则有重大作用的；

（二）对弘扬社会主义核心价值体系，在人民中进行爱国主义、集体主义、社会主义和民族团结教育以及弘扬社会公德、职业道德、家庭美德有重要意义的；

（三）对弘扬民族优秀文化，促进国际文化交流有重大作用的；

（四）对推进文化创新，及时反映国内外新的科学文化成果有重大贡献的；

（五）对服务农业、农村和农民，促进公共文化服务有重大作用的；

（六）其他具有重要思想价值、科学价值或者文化艺术价值的。

第五十六条 国家对教科书的出版发行，予以保障。

国家扶持少数民族语言文字出版物和盲文出版物的出版发行。

国家对在少数民族地区、边疆地区、经济不发达地区和在农村发行出版物，实行优惠政策。

第五十七条 报纸、期刊交由邮政企业发行的，邮政企业应当保证按照合同约定及时、准确发行。

承运出版物的运输企业，应当对出版物的运输提供方便。

第五十八条 对为发展、繁荣出版产业和出版事业作出重要贡献的单位和个人，按照国家有关规定给予奖励。

第五十九条 对非法干扰、阻止和破坏出版物出版、印刷或者复制、进口、发行的行为，县级以上各级人民政府出版行政主管部门及其他有关部门，应当及时采取措施，予以制止。

第八章 法律责任

第六十条 出版行政主管部门或者其他有关部门的工作人员，利用职务上的便利收受他人财物或者其他好处，批准不符合法定条件的申请人取得许可证、批准文件，或者不履行监督职责，或者发现违法行为不予查处，造成严重后果的，依法给予降级直至开除的处分；构成犯罪的，依照刑法关于受贿罪、滥用职权罪、玩忽职守罪或者其他罪的规定，依法追究刑事责任。

第六十一条 未经批准，擅自设立出版物的出版、印刷或者复制、进口单位，或者擅自从事出版物的出版、印刷或者复制、进口、发行业务，假冒出版单位名称或者伪造、假冒报纸、期刊名称出版出版物的，由出版行政主管部门、工商行政管理部门依照法定职权予以取缔；依照刑法关于非法经营罪的规定，依法追究刑事责任；尚不够刑事处罚的，没收出版物、违法所得和从事违法活动的专用工具、设备，违法经营额 1 万元以上的，并处违法经营额 5 倍以上 10 倍以下的罚款，违法经营额不足 1 万元的，可以处 5 万元以下的罚款；侵犯他人合法权益的，依法承担民事责任。

第六十二条 有下列行为之一，触犯刑律的，依照刑法有关规定，依法追究刑事责任；尚不够刑事处罚的，由出版行政主管部门责令限期停业整顿，没收出版物、违法所得，违法经营额 1 万元以上的，并处违法经营额 5 倍以上 10 倍以下的罚款；违法经营额不足 1 万元的，可以处 5 万元以下的罚款；情节严重的，由原发证机关吊销许可证：

（一）出版、进口含有本条例第二十五条、第二十六条禁止内容的出版物的；

（二）明知或者应知出版物含有本条例第二十五条、第二十六条禁止内容而印刷或者复制、发行的；

（三）明知或者应知他人出版含有本条例第二十五条、第二十六条禁止内容的出版物而向其出售或者以其他形式转让本出版单位的名称、书号、刊号、版号、版面，或者出租本单位的名称、刊号的。

第六十三条 有下列行为之一的，由出版行政主管部门责令停止违法行为，没收出版物、违法所得，违法经营额 1 万元以上的，并处违法经营额 5 倍以上 10 倍以下的罚款；违法经营额不足 1 万元的，可以处 5 万元以下的罚款；情节严重的，责令限期停业整顿或者由原发证机关吊销许可证：

（一）进口、印刷或者复制、发行国务院出版行政主管部门禁止进口的出版物的；

（二）印刷或者复制走私的境外出版物的；

（三）发行进口出版物未从本条例规定的出版物进口经营单位进货的。

第六十四条 走私出版物的，依照刑法关于走私罪的规定，依法追究刑事责任；尚不够刑事处罚的，由海关依照海关法的规定给予行政处罚。

第六十五条 有下列行为之一的，由出版行政主管部门没收出版物、违法所得，违法经营额 1 万元以上的，并处违法经营额 5 倍以上 10 倍以下的罚款；违法经营额不足 1 万元的，可以处 5 万元以下的罚款；情节严重的，责令限期停业整顿或者由原发证机关吊销许可证：

（一）出版单位委托未取得出版物印刷或者复制许可的单位印刷或者复制出版物的；

（二）印刷或者复制单位未取得印刷或者复制许可而印刷或者复制出版物的；

（三）印刷或者复制单位接受非出版单位和个人的委托印刷或者复制出版物的；

（四）印刷或者复制单位未履行法定手续印刷或者复制境外出版物的，印刷或者复制的境外出版物没有全部运输出境的；

（五）印刷或者复制单位、发行单位或者个体工商户印刷或者复制、发行未署出版单位名称的出版物的；

（六）印刷或者复制单位、发行单位或者个体工商户印刷或者复制、发行伪造、假冒出版单位名称或者报纸、期刊名称的出版物的；

（七）出版、印刷、发行单位出版、印刷、发行未经依法审定的中学小学教科书，或者非依照本条例规定确定的单位从事中学小学教科书的出版、发行业务的。

第六十六条　出版单位有下列行为之一的，由出版行政主管部门责令停止违法行为，给予警告，没收违法经营的出版物、违法所得，违法经营额1万元以上的，并处违法经营额5倍以上10倍以下的罚款；违法经营额不足1万元的，可以处5万元以下的罚款；情节严重的，责令限期停业整顿或者由原发证机关吊销许可证：

（一）出售或者以其他形式转让本出版单位的名称、书号、刊号、版号、版面，或者出租本单位的名称、刊号的；

（二）利用出版活动谋取其他不正当利益的。

第六十七条　有下列行为之一的，由出版行政主管部门责令改正，给予警告；情节严重的，责令限期停业整顿或者由原发证机关吊销许可证：

（一）出版单位变更名称、主办单位或者其主管机关、业务范围，合并或者分立，出版新的报纸、期刊，或者报纸、期刊改变名称，以及出版单位变更其他事项，未依照本条例的规定到出版行政主管部门办理审批、变更登记手续的；

（二）出版单位未将其年度出版计划和涉及国家安全、社会安定等方面的重大选题备案的；

（三）出版单位未依照本条例的规定送交出版物的样本的；

（四）印刷或者复制单位未依照本条例的规定留存备查的材料的；

（五）出版进口经营单位未将其进口的出版物目录报送备案的；

（六）出版单位擅自中止出版活动超过 180 日的；

（七）出版物发行单位、出版物进口经营单位未依照本条例的规定办理变更审批手续的；

（八）出版物质量不符合有关规定和标准的。

第六十八条 未经批准，举办境外出版物展览的，由出版行政主管部门责令停止违法行为，没收出版物、违法所得；情节严重的，责令限期停业整顿或者由原发证机关吊销许可证。

第六十九条 印刷或者复制、批发、零售、出租、散发含有本条例第二十五条、第二十六条禁止内容的出版物或者其他非法出版物的，当事人对非法出版物的来源作出说明、指认，经查证属实的，没收出版物、违法所得，可以减轻或者免除其他行政处罚。

第七十条 单位违反本条例被处以吊销许可证行政处罚的，其法定代表人或者主要负责人自许可证被吊销之日起 10 年内不得担任出版、印刷或者复制、进口、发行单位的法定代表人或者主要负责人。

出版从业人员违反本条例规定，情节严重的，由原发证机关吊销其资格证书。

第七十一条 依照本条例的规定实施罚款的行政处罚，应当依照有关法律、行政法规的规定，实行罚款决定与罚款收缴分离；

收缴的罚款必须全部上缴国库。

第九章　附　则

第七十二条　行政法规对音像制品和电子出版物的出版、复制、进口、发行另有规定的，适用其规定。

接受境外机构或者个人赠送出版物的管理办法、订户订购境外出版物的管理办法、网络出版审批和管理办法，由国务院出版行政主管部门根据本条例的原则另行制定。

第七十三条　本条例自 2002 年 2 月 1 日起施行。1997 年 1 月 2 日国务院发布的《出版管理条例》同时废止。

音像制品管理条例

2001年12月25日中华人民共和国国务院令第341号公布　根据2011年3月19日国务院令第595号《国务院关于修改〈音像制品管理条例〉的决定》第一次修订　根据2013年12月7日国务院令第645号《国务院关于修改部分行政法规的决定》第二次修订　根据2016年2月6日国务院令第666号《国务院关于修改部分行政法规的决定》第三次修订　根据2020年11月29日国务院令第732号《国务院关于修改和废止部分行政法规的决定》第四次修订

第一章　总　则

第一条　为了加强音像制品的管理，促进音像业的健康发展和繁荣，丰富人民群众的文化生活，促进社会主义物质文明和精神文明建设，制定本条例。

第二条　本条例适用于录有内容的录音带、录像带、唱片、激光唱盘和激光视盘等音像制品的出版、制作、复制、进口、批发、零售、出租等活动。

音像制品用于广播电视播放的，适用广播电视法律、行政法规。

第三条　出版、制作、复制、进口、批发、零售、出租音像制品，应当遵守宪法和有关法律、法规，坚持为人民服务和为社会主义服务的方向，传播有益于经济发展和社会进步的思想、道德、科学技术和文化知识。

音像制品禁止载有下列内容：

（一）反对宪法确定的基本原则的；

（二）危害国家统一、主权和领土完整的；

（三）泄露国家秘密、危害国家安全或者损害国家荣誉和利益的；

（四）煽动民族仇恨、民族歧视，破坏民族团结，或者侵害民族风俗、习惯的；

（五）宣扬邪教、迷信的；

（六）扰乱社会秩序，破坏社会稳定的；

（七）宣扬淫秽、赌博、暴力或者教唆犯罪的；

（八）侮辱或者诽谤他人，侵害他人合法权益的；

（九）危害社会公德或者民族优秀文化传统的；

（十）有法律、行政法规和国家规定禁止的其他内容的。

第四条 国务院出版行政主管部门负责全国音像制品的出版、制作、复制、进口、批发、零售和出租的监督管理工作；国务院其他有关行政部门按照国务院规定的职责分工，负责有关的音像制品经营活动的监督管理工作。

县级以上地方人民政府负责出版管理的行政主管部门（以下简称出版行政主管部门）负责本行政区域内音像制品的出版、制作、复制、进口、批发、零售和出租的监督管理工作；县级以上地方人民政府其他有关行政部门在各自的职责范围内负责有关的音像制品经营活动的监督管理工作。

第五条 国家对出版、制作、复制、进口、批发、零售音像制品，实行许可制度；未经许可，任何单位和个人不得从事音像制品的出版、制作、复制、进口、批发、零售等活动。

依照本条例发放的许可证和批准文件，不得出租、出借、出售或者以其他任何形式转让。

第六条 国务院出版行政主管部门负责制定音像业的发展规划，确定全国音像出版单位、音像复制单位的总量、布局和结构。

第七条 音像制品经营活动的监督管理部门及其工作人员不得从事或者变相从事音像制品经营活动，并不得参与或者变相参与音像制品经营单位的经营活动。

第二章 出 版

第八条 设立音像出版单位，应当具备下列条件：

（一）有音像出版单位的名称、章程；

（二）有符合国务院出版行政主管部门认定的主办单位及其主管机关；

（三）有确定的业务范围；

（四）有适应业务范围需要的组织机构和符合国家规定的资格条件的音像出版专业人员；

（五）有适应业务范围需要的资金、设备和工作场所；

（六）法律、行政法规规定的其他条件。

审批设立音像出版单位，除依照前款所列条件外，还应当符合音像出版单位总量、布局和结构的规划。

第九条 申请设立音像出版单位，由所在地省、自治区、直辖市人民政府出版行政主管部门审核同意后，报国务院出版行政主管部门审批。国务院出版行政主管部门应当自受理申请之日起60日内作出批准或者不批准的决定，并通知申请人。批准的，发给《音像制品出版许可证》，由申请人持《音像制品出版许可证》

到工商行政管理部门登记，依法领取营业执照；不批准的，应当说明理由。

申请书应当载明下列内容：

（一）音像出版单位的名称、地址；

（二）音像出版单位的主办单位及其主管机关的名称、地址；

（三）音像出版单位的法定代表人或者主要负责人的姓名、住址、资格证明文件；

（四）音像出版单位的资金来源和数额。

第十条 音像出版单位变更名称、主办单位或者其主管机关、业务范围，或者兼并其他音像出版单位，或者因合并、分立而设立新的音像出版单位的，应当依照本条例第九条的规定办理审批手续，并到原登记的工商行政管理部门办理相应的登记手续。

音像出版单位变更地址、法定代表人或者主要负责人，或者终止出版经营活动的，应当到原登记的工商行政管理部门办理变更登记或者注销登记，并向国务院出版行政主管部门备案。

第十一条 音像出版单位的年度出版计划和涉及国家安全、社会安定等方面的重大选题，应当经所在地省、自治区、直辖市人民政府出版行政主管部门审核后报国务院出版行政主管部门备案；重大选题音像制品未在出版前报备案的，不得出版。

第十二条 音像出版单位应当在其出版的音像制品及其包装的明显位置，标明出版单位的名称、地址和音像制品的版号、出版时间、著作权人等事项；出版进口的音像制品，还应当标明进口批准文号。

音像出版单位应当按照国家有关规定向国家图书馆、中国版本图书馆和国务院出版行政主管部门免费送交样本。

第十三条 音像出版单位不得向任何单位或者个人出租、出借、出售或者以其他任何形式转让本单位的名称，不得向任何单位或者个人出售或者以其他形式转让本单位的版号。

第十四条 任何单位和个人不得以购买、租用、借用、擅自使用音像出版单位的名称或者购买、伪造版号等形式从事音像制品出版活动。

图书出版社、报社、期刊社、电子出版物出版社，不得出版非配合本版出版物的音像制品；但是，可以按照国务院出版行政主管部门的规定，出版配合本版出版物的音像制品，并参照音像出版单位享有权利、承担义务。

第十五条 音像出版单位可以与香港特别行政区、澳门特别行政区、台湾地区或者外国的组织、个人合作制作音像制品。具体办法由国务院出版行政主管部门制定。

第十六条 音像出版单位实行编辑责任制度，保证音像制品的内容符合本条例的规定。

第十七条 音像出版单位以外的单位设立的独立从事音像制品制作业务的单位（以下简称音像制作单位）申请从事音像制品制作业务，由所在地省、自治区、直辖市人民政府出版行政主管部门审批。省、自治区、直辖市人民政府出版行政主管部门应当自受理申请之日起60日内作出批准或者不批准的决定，并通知申请人。批准的，发给《音像制品制作许可证》；不批准的，应当说明理由。广播、电视节目制作经营单位的设立，依照有关法律、行政法规的规定办理。

申请书应当载明下列内容：

（一）音像制作单位的名称、地址；

（二）音像制作单位的法定代表人或者主要负责人的姓名、住址、资格证明文件；

（三）音像制作单位的资金来源和数额。

审批从事音像制品制作业务申请，除依照前款所列条件外，还应当兼顾音像制作单位总量、布局和结构。

第十八条 音像制作单位变更名称、业务范围，或者兼并其他音像制作单位，或者因合并、分立而设立新的音像制作单位的，应当依照本条例第十七条的规定办理审批手续。

音像制作单位变更地址、法定代表人或者主要负责人，或者终止制作经营活动的，应当向所在地省、自治区、直辖市人民政府出版行政主管部门备案。

第十九条 音像出版单位不得委托未取得《音像制品制作许可证》的单位制作音像制品。

音像制作单位接受委托制作音像制品的，应当按照国家有关规定，与委托的出版单位订立制作委托合同；验证委托的出版单位的《音像制品出版许可证》或者本版出版物的证明及由委托的出版单位盖章的音像制品制作委托书。

音像制作单位不得出版、复制、批发、零售音像制品。

第三章 复 制

第二十条 申请从事音像制品复制业务应当具备下列条件：

（一）有音像复制单位的名称、章程；

（二）有确定的业务范围；

（三）有适应业务范围需要的组织机构和人员；

（四）有适应业务范围需要的资金、设备和复制场所；

（五）法律、行政法规规定的其他条件。

审批从事音像制品复制业务申请，除依照前款所列条件外，还应当符合音像复制单位总量、布局和结构的规划。

第二十一条 申请从事音像制品复制业务，由所在地省、自治区、直辖市人民政府出版行政主管部门审批。省、自治区、直辖市人民政府出版行政主管部门应当自受理申请之日起20日内作出批准或者不批准的决定，并通知申请人。批准的，发给《复制经营许可证》；不批准的，应当说明理由。

申请书应当载明下列内容：

（一）音像复制单位的名称、地址；

（二）音像复制单位的法定代表人或者主要负责人的姓名、住址；

（三）音像复制单位的资金来源和数额。

第二十二条 音像复制单位变更业务范围，或者兼并其他音像复制单位，或者因合并、分立而设立新的音像复制单位的，应当依照本条例第二十一条的规定办理审批手续。

音像复制单位变更名称、地址、法定代表人或者主要负责人，或者终止复制经营活动的，应当向所在地省、自治区、直辖市人民政府出版行政主管部门备案。

第二十三条 音像复制单位接受委托复制音像制品的，应当按照国家有关规定，与委托的出版单位订立复制委托合同；验证委托的出版单位的《音像制品出版许可证》、营业执照副本、盖章的音像制品复制委托书以及出版单位取得的授权书；接受委托复制的音像制品属于非卖品的，应当验证委托单位的身份证明和委托单位出具的音像制品非卖品复制委托书。

音像复制单位应当自完成音像制品复制之日起2年内，保存委托合同和所复制的音像制品的样本以及验证的有关证明文件的副本，以备查验。

第二十四条 音像复制单位不得接受非音像出版单位或者个人的委托复制经营性的音像制品；不得自行复制音像制品；不得批发、零售音像制品。

第二十五条 从事光盘复制的音像复制单位复制光盘，必须使用蚀刻有国务院出版行政主管部门核发的激光数码储存片来源识别码的注塑模具。

第二十六条 音像复制单位接受委托复制境外音像制品的，应当经省、自治区、直辖市人民政府出版行政主管部门批准，并持著作权人的授权书依法到著作权行政管理部门登记；复制的音像制品应当全部运输出境，不得在境内发行。

第四章 进 口

第二十七条 音像制品成品进口业务由国务院出版行政主管部门批准的音像制品成品进口经营单位经营；未经批准，任何单位或者个人不得经营音像制品成品进口业务。

第二十八条 进口用于出版的音像制品，以及进口用于批发、零售、出租等的音像制品成品，应当报国务院出版行政主管部门进行内容审查。

国务院出版行政主管部门应当自收到音像制品内容审查申请书之日起30日内作出批准或者不批准的决定，并通知申请人。批准的，发给批准文件；不批准的，应当说明理由。

进口用于出版的音像制品的单位、音像制品成品进口经营单位应当持国务院出版行政主管部门的批准文件到海关办理进口手续。

第二十九条 进口用于出版的音像制品，其著作权事项应当向国务院著作权行政管理部门登记。

第三十条 进口供研究、教学参考的音像制品，应当委托音像制品成品进口经营单位依照本条例第二十八条的规定办理。

进口用于展览、展示的音像制品，经国务院出版行政主管部门批准后，到海关办理临时进口手续。

依照本条规定进口的音像制品，不得进行经营性复制、批发、零售、出租和放映。

第五章 批发、零售和出租

第三十一条 申请从事音像制品批发、零售业务，应当具备下列条件：

（一）有音像制品批发、零售单位的名称、章程；

（二）有确定的业务范围；

（三）有适应业务范围需要的组织机构和人员；

（四）有适应业务范围需要的资金和场所；

（五）法律、行政法规规定的其他条件。

第三十二条 申请从事音像制品批发业务，应当报所在地省、自治区、直辖市人民政府出版行政主管部门审批。申请从事音像制品零售业务，应当报县级地方人民政府出版行政主管部门审批。出版行政主管部门应当自受理申请书之日起30日内作出批准或者不批准的决定，并通知申请人。批准的，应当发给《出版物经营许可证》；不批准的，应当说明理由。

《出版物经营许可证》应当注明音像制品经营活动的种类。

第三十三条 音像制品批发、零售单位变更名称、业务范围，或者兼并其他音像制品批发、零售单位，或者因合并、分立而设立新的音像制品批发、零售单位的，应当依照本条例第三十二条的规定办理审批手续。

音像制品批发、零售单位变更地址、法定代表人或者主要负责人或者终止经营活动，从事音像制品零售经营活动的个体工商户变更业务范围、地址或者终止经营活动的，应当向原批准的出版行政主管部门备案。

第三十四条 音像出版单位可以按照国家有关规定，批发、零售本单位出版的音像制品。从事非本单位出版的音像制品的批发、零售业务的，应当依照本条例第三十二条的规定办理审批手续。

第三十五条 国家允许设立从事音像制品发行业务的外商投资企业。

第三十六条 音像制品批发单位和从事音像制品零售、出租等业务的单位或者个体工商户，不得经营非音像出版单位出版的音像制品或者非音像复制单位复制的音像制品，不得经营未经国务院出版行政主管部门批准进口的音像制品，不得经营侵犯他人著作权的音像制品。

第六章 罚 则

第三十七条 出版行政主管部门或者其他有关行政部门及其工作人员，利用职务上的便利收受他人财物或者其他好处，批准不符合法定条件的申请人取得许可证、批准文件，或者不履行监督职责，或者发现违法行为不予查处，造成严重后果的，对负有责任的主管人员和其他直接责任人员依法给予降级直至开除的处分；构成犯罪的，依照刑法关于受贿罪、滥用职权罪、玩忽职守罪或者其他罪的规定，依法追究刑事责任。

第三十八条 音像制品经营活动的监督管理部门的工作人员从事或者变相从事音像制品经营活动的，参与或者变相参与音像制品经营单位的经营活动的，依法给予撤职或者开除的处分。

音像制品经营活动的监督管理部门有前款所列行为的，对负有责任的主管人员和其他直接责任人员依照前款规定处罚。

第三十九条 未经批准，擅自设立音像制品出版、进口单位，擅自从事音像制品出版、制作、复制业务或者进口、批发、零售经营活动的，由出版行政主管部门、工商行政管理部门依照法定职权予以取缔；依照刑法关于非法经营罪的规定，依法追究刑事责任；尚不够刑事处罚的，没收违法经营的音像制品和违法所得以及进行违法活动的专用工具、设备；违法经营额 1 万元以上的，并处违法经营额 5 倍以上 10 倍以下的罚款；违法经营额不足 1 万元的，可以处 5 万元以下的罚款。

第四十条 出版含有本条例第三条第二款禁止内容的音像制品，或者制作、复制、批发、零售、出租、放映明知或者应知含有本条例第三条第二款禁止内容的音像制品的，依照刑法有关规定，依法追究刑事责任；尚不够刑事处罚的，由出版行政主管部门、公安部门依据各自职权责令停业整顿，没收违法经营的音像制品和违法所得；违法经营额 1 万元以上的，并处违法经营额 5 倍以上 10 倍以下的罚款；违法经营额不足 1 万元的，可以处 5 万元以下的罚款；情节严重的，并由原发证机关吊销许可证。

第四十一条 走私音像制品的，依照刑法关于走私罪的规定，依法追究刑事责任；尚不够刑事处罚的，由海关依法给予行政处罚。

第四十二条 有下列行为之一的，由出版行政主管部门责令停止违法行为，给予警告，没收违法经营的音像制品和违法所得；

违法经营额1万元以上的，并处违法经营额5倍以上10倍以下的罚款；违法经营额不足1万元的，可以处5万元以下的罚款；情节严重的，并责令停业整顿或者由原发证机关吊销许可证：

（一）音像出版单位向其他单位、个人出租、出借、出售或者以其他任何形式转让本单位的名称，出售或者以其他形式转让本单位的版号的；

（二）音像出版单位委托未取得《音像制品制作许可证》的单位制作音像制品，或者委托未取得《复制经营许可证》的单位复制音像制品的；

（三）音像出版单位出版未经国务院出版行政主管部门批准擅自进口的音像制品的；

（四）音像制作单位、音像复制单位未依照本条例的规定验证音像出版单位的委托书、有关证明的；

（五）音像复制单位擅自复制他人的音像制品，或者接受非音像出版单位、个人的委托复制经营性的音像制品，或者自行复制音像制品的。

第四十三条 音像出版单位违反国家有关规定与香港特别行政区、澳门特别行政区、台湾地区或者外国的组织、个人合作制作音像制品，音像复制单位违反国家有关规定接受委托复制境外音像制品，未经省、自治区、直辖市人民政府出版行政主管部门审核同意，或者未将复制的境外音像制品全部运输出境的，由省、自治区、直辖市人民政府出版行政主管部门责令改正，没收违法经营的音像制品和违法所得；违法经营额1万元以上的，并处违法经营额5倍以上10倍以下的罚款；违法经营额不足1万元的，可以处5万元以下的罚款；情节严重的，并由原发证机关吊销许可证。

第四十四条 有下列行为之一的，由出版行政主管部门责令改正，给予警告；情节严重的，并责令停业整顿或者由原发证机关吊销许可证：

（一）音像出版单位未将其年度出版计划和涉及国家安全、社会安定等方面的重大选题报国务院出版行政主管部门备案的；

（二）音像制品出版、制作、复制、批发、零售单位变更名称、地址、法定代表人或者主要负责人、业务范围等，未依照本条例规定办理审批、备案手续的；

（三）音像出版单位未在其出版的音像制品及其包装的明显位置标明本条例规定的内容的；

（四）音像出版单位未依照本条例的规定送交样本的；

（五）音像复制单位未依照本条例的规定留存备查的材料的；

（六）从事光盘复制的音像复制单位复制光盘，使用未蚀刻国务院出版行政主管部门核发的激光数码储存片来源识别码的注塑模具的。

第四十五条 有下列行为之一的，由出版行政主管部门责令停止违法行为，给予警告，没收违法经营的音像制品和违法所得；违法经营额1万元以上的，并处违法经营额5倍以上10倍以下的罚款；违法经营额不足1万元的，可以处5万元以下的罚款；情节严重的，并责令停业整顿或者由原发证机关吊销许可证：

（一）批发、零售、出租、放映非音像出版单位出版的音像制品或者非音像复制单位复制的音像制品的；

（二）批发、零售、出租或者放映未经国务院出版行政主管部门批准进口的音像制品的；

（三）批发、零售、出租、放映供研究、教学参考或者用于展览、展示的进口音像制品的。

第四十六条 单位违反本条例的规定，被处以吊销许可证行政处罚的，其法定代表人或者主要负责人自许可证被吊销之日起10年内不得担任音像制品出版、制作、复制、进口、批发、零售单位的法定代表人或者主要负责人。

从事音像制品零售业务的个体工商户违反本条例的规定，被处以吊销许可证行政处罚的，自许可证被吊销之日起10年内不得从事音像制品零售业务。

第四十七条 依照本条例的规定实施罚款的行政处罚，应当依照有关法律、行政法规的规定，实行罚款决定与罚款收缴分离；收缴的罚款必须全部上缴国库。

第七章 附 则

第四十八条 除本条例第三十五条外，电子出版物的出版、制作、复制、进口、批发、零售等活动适用本条例。

第四十九条 依照本条例发放许可证，除按照法定标准收取成本费外，不得收取其他任何费用。

第五十条 本条例自2002年2月1日起施行。1994年8月25日国务院发布的《音像制品管理条例》同时废止。

印刷业管理条例

2001年8月2日中华人民共和国国务院令第315号公布　根据2016年2月6日国务院令第666号《国务院关于修改部分行政法规的决定》第一次修订　根据2017年3月1日国务院令第676号《国务院关于修改和废止部分行政法规的决定》第二次修订　根据2020年11月29日国务院令第732号《国务院关于修改和废止部分行政法规的决定》第三次修订

第一章　总　则

第一条　为了加强印刷业管理，维护印刷业经营者的合法权益和社会公共利益，促进社会主义精神文明和物质文明建设，制定本条例。

第二条　本条例适用于出版物、包装装潢印刷品和其他印刷品的印刷经营活动。

本条例所称出版物，包括报纸、期刊、书籍、地图、年画、图片、挂历、画册及音像制品、电子出版物的装帧封面等。

本条例所称包装装潢印刷品，包括商标标识、广告宣传品及作为产品包装装潢的纸、金属、塑料等的印刷品。

本条例所称其他印刷品，包括文件、资料、图表、票证、证件、名片等。

本条例所称印刷经营活动，包括经营性的排版、制版、印刷、装订、复印、影印、打印等活动。

第三条 印刷业经营者必须遵守有关法律、法规和规章，讲求社会效益。

禁止印刷含有反动、淫秽、迷信内容和国家明令禁止印刷的其他内容的出版物、包装装潢印刷品和其他印刷品。

第四条 国务院出版行政部门主管全国的印刷业监督管理工作。县级以上地方各级人民政府负责出版管理的行政部门（以下简称出版行政部门）负责本行政区域内的印刷业监督管理工作。

县级以上各级人民政府公安部门、工商行政管理部门及其他有关部门在各自的职责范围内，负责有关的印刷业监督管理工作。

第五条 印刷业经营者应当建立、健全承印验证制度、承印登记制度、印刷品保管制度、印刷品交付制度、印刷活动残次品销毁制度等。具体办法由国务院出版行政部门制定。

印刷业经营者在印刷经营活动中发现违法犯罪行为，应当及时向公安部门或者出版行政部门报告。

第六条 印刷行业的社会团体按照其章程，在出版行政部门的指导下，实行自律管理。

第七条 印刷企业应当定期向出版行政部门报送年度报告。出版行政部门应当依法及时将年度报告中的有关内容向社会公示。

第二章　印刷企业的设立

第八条 国家实行印刷经营许可制度。未依照本条例规定取得印刷经营许可证的，任何单位和个人不得从事印刷经营活动。

第九条 企业从事印刷经营活动，应当具备下列条件：

（一）有企业的名称、章程；

（二）有确定的业务范围；

（三）有适应业务范围需要的生产经营场所和必要的资金、设备等生产经营条件；

（四）有适应业务范围需要的组织机构和人员；

（五）有关法律、行政法规规定的其他条件。

审批从事印刷经营活动申请，除依照前款规定外，还应当符合国家有关印刷企业总量、结构和布局的规划。

第十条　企业申请从事出版物印刷经营活动，应当持营业执照向所在地省、自治区、直辖市人民政府出版行政部门提出申请，经审核批准的，发给印刷经营许可证。

企业申请从事包装装潢印刷品和其他印刷品印刷经营活动，应当持营业执照向所在地设区的市级人民政府出版行政部门提出申请，经审核批准的，发给印刷经营许可证。

个人不得从事出版物、包装装潢印刷品印刷经营活动；个人从事其他印刷品印刷经营活动的，依照本条第二款的规定办理审批手续。

第十一条　出版行政部门应当自收到依据本条例第十条提出的申请之日起60日内作出批准或者不批准的决定。批准申请的，应当发给印刷经营许可证；不批准申请的，应当通知申请人并说明理由。

印刷经营许可证应当注明印刷企业所从事的印刷经营活动的种类。

印刷经营许可证不得出售、出租、出借或者以其他形式转让。

第十二条　印刷业经营者申请兼营或者变更从事出版物、包装装潢印刷品或者其他印刷品印刷经营活动，或者兼并其他印刷业经营者，或者因合并、分立而设立新的印刷业经营者，应当依照本条例第十条的规定办理手续。

印刷业经营者变更名称、法定代表人或者负责人、住所或者经营场所等主要登记事项，或者终止印刷经营活动，应当报原批准设立的出版行政部门备案。

第十三条 出版行政部门应当按照国家社会信用信息平台建设的总体要求，与公安部门、工商行政管理部门或者其他有关部门实现对印刷企业信息的互联共享。

第十四条 国家允许外国投资者与中国投资者共同投资设立从事出版物印刷经营活动的企业，允许设立从事包装装潢印刷品和其他印刷品印刷经营活动的外商投资企业。

第十五条 单位内部设立印刷厂（所），必须向所在地县级以上地方人民政府出版行政部门办理登记手续；单位内部设立的印刷厂（所）印刷涉及国家秘密的印件的，还应当向保密工作部门办理登记手续。

单位内部设立的印刷厂（所）不得从事印刷经营活动；从事印刷经营活动的，必须依照本章的规定办理手续。

第三章 出版物的印刷

第十六条 国家鼓励从事出版物印刷经营活动的企业及时印刷体现国内外新的优秀文化成果的出版物，重视印刷传统文化精品和有价值的学术著作。

第十七条 从事出版物印刷经营活动的企业不得印刷国家明令禁止出版的出版物和非出版单位出版的出版物。

第十八条 印刷出版物的，委托印刷单位和印刷企业应当按照国家有关规定签订印刷合同。

第十九条 印刷企业接受出版单位委托印刷图书、期刊的，必须验证并收存出版单位盖章的印刷委托书，并在印刷前报出版单位所在地省、自治区、直辖市人民政府出版行政部门备案；印刷企业接受所在地省、自治区、直辖市以外的出版单位的委托印刷图书、期刊的，印刷委托书还必须事先报印刷企业所在地省、自治区、直辖市人民政府出版行政部门备案。印刷委托书由国务院出版行政部门规定统一格式，由省、自治区、直辖市人民政府出版行政部门统一印制。

印刷企业接受出版单位委托印刷报纸的，必须验证报纸出版许可证；接受出版单位的委托印刷报纸、期刊的增版、增刊的，还必须验证主管的出版行政部门批准出版增版、增刊的文件。

第二十条 印刷企业接受委托印刷内部资料性出版物的，必须验证县级以上地方人民政府出版行政部门核发的准印证。

印刷企业接受委托印刷宗教内容的内部资料性出版物的，必须验证省、自治区、直辖市人民政府宗教事务管理部门的批准文件和省、自治区、直辖市人民政府出版行政部门核发的准印证。

出版行政部门应当自收到印刷内部资料性出版物或者印刷宗教内容的内部资料性出版物的申请之日起30日内作出是否核发准印证的决定，并通知申请人；逾期不作出决定的，视为同意印刷。

第二十一条 印刷企业接受委托印刷境外的出版物的，必须持有关著作权的合法证明文件，经省、自治区、直辖市人民政府出版行政部门批准；印刷的境外出版物必须全部运输出境，不得在境内发行、散发。

第二十二条 委托印刷单位必须按照国家有关规定在委托印刷的出版物上刊载出版单位的名称、地址，书号、刊号或者版号，出版日期或者刊期，接受委托印刷出版物的企业的真实名称和地址，以及其他有关事项。

印刷企业应当自完成出版物的印刷之日起2年内，留存一份接受委托印刷的出版物样本备查。

第二十三条 印刷企业不得盗印出版物，不得销售、擅自加印或者接受第三人委托加印受委托印刷的出版物，不得将接受委托印刷的出版物纸型及印刷底片等出售、出租、出借或者以其他形式转让给其他单位或者个人。

第二十四条 印刷企业不得征订、销售出版物，不得假冒或者盗用他人名义印刷、销售出版物。

第四章 包装装潢印刷品的印刷

第二十五条 从事包装装潢印刷品印刷的企业不得印刷假冒、伪造的注册商标标识，不得印刷容易对消费者产生误导的广告宣传品和作为产品包装装潢的印刷品。

第二十六条 印刷企业接受委托印刷注册商标标识的，应当验证商标注册人所在地县级工商行政管理部门签章的《商标注册证》复印件，并核查委托人提供的注册商标图样；接受注册商标被许可使用人委托，印刷注册商标标识的，印刷企业还应当验证注册商标使用许可合同。印刷企业应当保存其验证、核查的工商行政管理部门签章的《商标注册证》复印件、注册商标图样、注册商标使用许可合同复印件2年，以备查验。

国家对注册商标标识的印刷另有规定的，印刷企业还应当遵守其规定。

第二十七条 印刷企业接受委托印刷广告宣传品、作为产品包装装潢的印刷品的，应当验证委托印刷单位的营业执照或者个人的居民身份证；接受广告经营者的委托印刷广告宣传品的，还应当验证广告经营资格证明。

第二十八条 印刷企业接受委托印刷包装装潢印刷品的，应当将印刷品的成品、半成品、废品和印板、纸型、底片、原稿等全部交付委托印刷单位或者个人，不得擅自留存。

第二十九条 印刷企业接受委托印刷境外包装装潢印刷品的，必须事先向所在地省、自治区、直辖市人民政府出版行政部门备案；印刷的包装装潢印刷品必须全部运输出境，不得在境内销售。

第五章　其他印刷品的印刷

第三十条 印刷标有密级的文件、资料、图表等，按照国家有关法律、法规或者规章的规定办理。

第三十一条 印刷布告、通告、重大活动工作证、通行证、在社会上流通使用的票证的，委托印刷单位必须向印刷企业出具主管部门的证明。印刷企业必须验证主管部门的证明，并保存主管部门的证明副本 2 年，以备查验；并且不得再委托他人印刷上述印刷品。

印刷机关、团体、部队、企业事业单位内部使用的有价票证或者无价票证，或者印刷有单位名称的介绍信、工作证、会员证、出入证、学位证书、学历证书或者其他学业证书等专用证件的，委托印刷单位必须出具委托印刷证明。印刷企业必须验证委托印刷证明。

印刷企业对前两款印件不得保留样本、样张；确因业务参考需要保留样本、样张的，应当征得委托印刷单位同意，在所保留印件上加盖“样本”、“样张”戳记，并妥善保管，不得丢失。

第三十二条 印刷企业接受委托印刷宗教用品的，必须验证省、自治区、直辖市人民政府宗教事务管理部门的批准文件和省、自治区、直辖市人民政府出版行政部门核发的准印证；省、自治区、直辖市人民政府出版行政部门应当自收到印刷宗教用品的申请之日起10日内作出是否核发准印证的决定，并通知申请人；逾期不作出决定的，视为同意印刷。

第三十三条 从事其他印刷品印刷经营活动的个人不得印刷标有密级的文件、资料、图表等，不得印刷布告、通告、重大活动工作证、通行证、在社会上流通使用的票证，不得印刷机关、团体、部队、企业事业单位内部使用的有价或者无价票证，不得印刷有单位名称的介绍信、工作证、会员证、出入证、学位证书、学历证书或者其他学业证书等专用证件，不得印刷宗教用品。

第三十四条 接受委托印刷境外其他印刷品的，必须事先向所在地省、自治区、直辖市人民政府出版行政部门备案；印刷的其他印刷品必须全部运输出境，不得在境内销售。

第三十五条 印刷企业和从事其他印刷品印刷经营活动的个人不得盗印他人的其他印刷品，不得销售、擅自加印或者接受第三人委托加印委托印刷的其他印刷品，不得将委托印刷的其他印刷品的纸型及印刷底片等出售、出租、出借或者以其他形式转让给其他单位或者个人。

第六章 罚 则

第三十六条 违反本条例规定，擅自设立从事出版物印刷经营活动的企业或者擅自从事印刷经营活动的，由出版行政部门、工商行政管理部门依据法定职权予以取缔，没收印刷品和违法所得以及进行违法活动的专用工具、设备，违法经营额 1 万元以上的，并处违法经营额 5 倍以上 10 倍以下的罚款；违法经营额不足 1 万元的，并处 1 万元以上 5 万元以下的罚款；构成犯罪的，依法追究刑事责任。

单位内部设立的印刷厂（所）未依照本条例第二章的规定办理手续，从事印刷经营活动的，依照前款的规定处罚。

第三十七条 印刷业经营者违反本条例规定，有下列行为之一的，由县级以上地方人民政府出版行政部门责令停止违法行为，责令停业整顿，没收印刷品和违法所得，违法经营额 1 万元以上的，并处违法经营额 5 倍以上 10 倍以下的罚款；违法经营额不足 1 万元的，并处 1 万元以上 5 万元以下的罚款；情节严重的，由原发证机关吊销许可证；构成犯罪的，依法追究刑事责任：

（一）未取得出版行政部门的许可，擅自兼营或者变更从事出版物、包装装潢印刷品或者其他印刷品印刷经营活动，或者擅自兼并其他印刷业经营者的；

（二）因合并、分立而设立新的印刷业经营者，未依照本条例的规定办理手续的；

（三）出售、出租、出借或者以其他形式转让印刷经营许可证的。

第三十八条 印刷业经营者印刷明知或者应知含有本条例第三条规定禁止印刷内容的出版物、包装装潢印刷品或者其他印刷品的，或者印刷国家明令禁止出版的出版物或者非出版单位出版的出版物的，由县级以上地方人民政府出版行政部门、公安部门依据法定职权责令停业整顿，没收印刷品和违法所得，违法经营额 1 万元以上的，并处违法经营额 5 倍以上 10 倍以下的罚款；

违法经营额不足 1 万元的，并处 1 万元以上 5 万元以下的罚款；情节严重的，由原发证机关吊销许可证；构成犯罪的，依法追究刑事责任。

第三十九条 印刷业经营者有下列行为之一的，由县级以上地方人民政府出版行政部门、公安部门依据法定职权责令改正，给予警告；情节严重的，责令停业整顿或者由原发证机关吊销许可证：

（一）没有建立承印验证制度、承印登记制度、印刷品保管制度、印刷品交付制度、印刷活动残次品销毁制度等的；

（二）在印刷经营活动中发现违法犯罪行为没有及时向公安部门或者出版行政部门报告的；

（三）变更名称、法定代表人或者负责人、住所或者经营场所等主要登记事项，或者终止印刷经营活动，不向原批准设立的出版行政部门备案的；

（四）未依照本条例的规定留存备查的材料的。

单位内部设立印刷厂（所）违反本条例的规定，没有向所在地县级以上地方人民政府出版行政部门、保密工作部门办理登记手续的，由县级以上地方人民政府出版行政部门、保密工作部门依据法定职权责令改正，给予警告；情节严重的，责令停业整顿。

第四十条 从事出版物印刷经营活动的企业有下列行为之一的，由县级以上地方人民政府出版行政部门给予警告，没收违法所得，违法经营额 1 万元以上的，并处违法经营额 5 倍以上 10 倍以下的罚款；违法经营额不足 1 万元的，并处 1 万元以上 5 万元以下的罚款；情节严重的，责令停业整顿或者由原发证机关吊销许可证；构成犯罪的，依法追究刑事责任：

（一）接受他人委托印刷出版物，未依照本条例的规定验证印刷委托书、有关证明或者准印证，或者未将印刷委托书报出版行政部门备案的；

（二）假冒或者盗用他人名义，印刷出版物的；

（三）盗印他人出版物的；

（四）非法加印或者销售受委托印刷的出版物的；

（五）征订、销售出版物的；

（六）擅自将出版单位委托印刷的出版物纸型及印刷底片等出售、出租、出借或者以其他形式转让的；

（七）未经批准，接受委托印刷境外出版物的，或者未将印刷的境外出版物全部运输出境的。

第四十一条 从事包装装潢印刷品印刷经营活动的企业有下列行为之一的，由县级以上地方人民政府出版行政部门给予警告，没收违法所得，违法经营额1万元以上的，并处违法经营额5倍以上10倍以下的罚款；违法经营额不足1万元的，并处1万元以上5万元以下的罚款；情节严重的，责令停业整顿或者由原发证机关吊销许可证；构成犯罪的，依法追究刑事责任：

（一）接受委托印刷注册商标标识，未依照本条例的规定验证、核查工商行政管理部门签章的《商标注册证》复印件、注册商标图样或者注册商标使用许可合同复印件的；

（二）接受委托印刷广告宣传品、作为产品包装装潢的印刷品，未依照本条例的规定验证委托印刷单位的营业执照或者个人的居民身份证的，或者接受广告经营者的委托印刷广告宣传品，未验证广告经营资格证明的；

（三）盗印他人包装装潢印刷品的；

（四）接受委托印刷境外包装装潢印刷品未依照本条例的规定向出版行政部门备案的，或者未将印刷的境外包装装潢印刷品全部运输出境的。

印刷企业接受委托印刷注册商标标识、广告宣传品，违反国家有关注册商标、广告印刷管理规定的，由工商行政管理部门给予警告，没收印刷品和违法所得，违法经营额1万元以上的，并处违法经营额5倍以上10倍以下的罚款；违法经营额不足1万元的，并处1万元以上5万元以下的罚款。

第四十二条 从事其他印刷品印刷经营活动的企业和个人有下列行为之一的，由县级以上地方人民政府出版行政部门给予警告，没收印刷品和违法所得，违法经营额1万元以上的，并处违法经营额5倍以上10倍以下的罚款；违法经营额不足1万元的，并处1万元以上5万元以下的罚款；情节严重的，责令停业整顿或者由原发证机关吊销许可证；构成犯罪的，依法追究刑事责任：

（一）接受委托印刷其他印刷品，未依照本条例的规定验证有关证明的；

（二）擅自将接受委托印刷的其他印刷品再委托他人印刷的；

（三）将委托印刷的其他印刷品的纸型及印刷底片出售、出租、出借或者以其他形式转让的；

（四）伪造、变造学位证书、学历证书等国家机关公文、证件或者企业事业单位、人民团体公文、证件的，或者盗印他人的其他印刷品的；

（五）非法加印或者销售委托印刷的其他印刷品的；

（六）接受委托印刷境外其他印刷品未依照本条例的规定向出版行政部门备案的，或者未将印刷的境外其他印刷品全部运输出境的；

（七）从事其他印刷品印刷经营活动的个人超范围经营的。

第四十三条 有下列行为之一的，由出版行政部门给予警告，没收印刷品和违法所得，违法经营额1万元以上的，并处违法经营额营额5倍以上10倍以下的罚款；违法经营额不足1万元的，并处1万元以上5万元以下的罚款；情节严重的，责令停业整顿或者吊销印刷经营许可证；构成犯罪的，依法追究刑事责任：

（一）印刷布告、通告、重大活动工作证、通行证、在社会上流通使用的票证，印刷企业没有验证主管部门的证明的，或者再委托他人印刷上述印刷品的；

（二）印刷业经营者伪造、变造学位证书、学历证书等国家机关公文、证件或者企业事业单位、人民团体公文、证件的。

印刷布告、通告、重大活动工作证、通行证、在社会上流通使用的票证，委托印刷单位没有取得主管部门证明的，由县级以上人民政府出版行政部门处以500元以上5000元以下的罚款。

第四十四条 印刷业经营者违反本条例规定，有下列行为之一的，由县级以上地方人民政府出版行政部门责令改正，给予警告；情节严重的，责令停业整顿或者由原发证机关吊销许可证：

（一）从事包装装潢印刷品印刷经营活动的企业擅自留存委托印刷的包装装潢印刷品的成品、半成品、废品和印板、纸型、印刷底片、原稿等的；

（二）从事其他印刷品印刷经营活动的企业和个人擅自保留其他印刷品的样本、样张的，或者在所保留的样本、样张上未加盖“样本”、“样张”戳记的。

第四十五条 印刷企业被处以吊销许可证行政处罚的，其法定代表人或者负责人自许可证被吊销之日起10年内不得担任印刷企业的法定代表人或者负责人。

从事其他印刷品印刷经营活动的个人被处以吊销许可证行政处罚的，自许可证被吊销之日起10年内不得从事印刷经营活动。

第四十六条 依照本条例的规定实施罚款的行政处罚，应当依照有关法律、行政法规的规定，实行罚款决定与罚款收缴分离；收缴的罚款必须全部上缴国库。

第四十七条 出版行政部门、工商行政管理部门或者其他有关部门违反本条例规定，擅自批准不符合法定条件的申请人取得许可证、批准文件，或者不履行监督职责，或者发现违法行为不予查处，造成严重后果的，对负责的主管人员和其他直接责任人员给予降级或者撤职的处分；构成犯罪的，依法追究刑事责任。

第七章 附 则

第四十八条 本条例施行前已经依法设立的印刷企业，应当自本条例施行之日起 180 日内，到出版行政部门换领《印刷经营许可证》。

依据本条例发放许可证，除按照法定标准收取成本费外，不得收取其他任何费用。

第四十九条 本条例自公布之日起施行。1997 年 3 月 8 日国务院发布的《印刷业管理条例》同时废止。

法规汇编编辑出版管理规定

1990年7月29日中华人民共和国国务院令第63号公布　根据2019年3月2日国务院令第709号《国务院关于修改部分行政法规的决定》修订

第一条　为了加强对法规汇编编辑出版工作的管理，提高法规汇编编辑出版质量，维护社会主义法制的统一和尊严，制定本规定。

第二条　本规定所称法规汇编，是指将依照法定程序发布的法律、行政法规、国务院部门规章（下称部门规章）、地方性法规和地方政府规章，按照一定的顺序或者分类汇编成册的公开出版物。

第三条　除法律、行政法规另有规定外，编辑出版法规汇编（包括法规选编、类编、大全等）应当遵守本规定。

依照本规定第四条编辑出版的法规汇编，是国家出版的法规汇编正式版本。

第四条　编辑法规汇编，遵守下列分工：

（一）法律汇编由全国人民代表大会常务委员会法制工作委员会编辑；

（二）行政法规汇编由司法部编辑；

（三）军事法规汇编由中央军事委员会法制局编辑；

（四）部门规章汇编由国务院各部门依照该部门职责范围编辑；

（五）地方性法规和地方政府规章汇编，由具有地方性法规和地方政府规章制定权的地方各级人民代表大会常务委员会和地方各级人民政府指定的机构编辑。

全国人民代表大会常务委员会法制工作委员会和司法部可以编辑法律、行政法规、部门规章、地方性法规和地方政府规章的综合性法规汇编；中央军事委员会法制局可以编辑有关军事方面的法律、法规、条令汇编；国务院各部门可以依照本部门职责范围编辑专业性的法律、行政法规和部门规章汇编；具有地方性法规和地方政府规章制定权的地方各级人民代表大会常务委员会和地方各级人民政府可以编辑本地区制定的地方性法规和地方政府规章汇编。

第五条 根据工作、学习、教学、研究需要，有关机关、团体、企业事业组织可以自行或者委托精通法律的专业人员编印供内部使用的法规汇集；需要正式出版的，应当经出版行政管理部门核准。

除前款规定外，个人不得编辑法规汇编。

第六条 编辑法规汇编，应当做到：

（一）选材准确。收入法规汇编的法规必须准确无误，如果收入废止或者失效的法规，必须注明；现行法规汇编不得收入废止或者失效的法规。

（二）内容完整。收入法规汇编的法规名称、批准或者发布机关、批准或者发布日期、施行日期、章节条款等内容应当全部编入，不得随意删减或者改动。

（三）编排科学。法规汇编应当按照一定的分类或者顺序排列，有利于各项工作的开展。

第七条 出版法规汇编，国家出版行政管理部门根据出版专业分工规定的原则，依照下列分工予以审核批准：

（一）法律汇编由全国人民代表大会常务委员会法制工作委员会选择的中央一级出版社出版；

（二）行政法规汇编由司法部选择的中央一级出版社出版；

（三）军事法规汇编由中央军事委员会法制局选择的中央一级出版社出版；

（四）部门规章汇编由国务院各部门选择的中央一级出版社出版；

（五）地方性法规和地方政府规章汇编由具有地方性法规和地方政府规章制定权的地方各级人民代表大会常务委员会和地方各级人民政府选择的中央一级出版社或者地方出版社出版。

第八条 国家出版的民族文版和外文版的法律汇编，由全国人民代表大会常务委员会法制工作委员会组织或者协助审定。

国家出版的民族文版和外文版的行政法规汇编，由司法部组织或者协助审定。

第九条 符合第七条规定的出版社应当制定法规汇编的出版选题计划，分别报有权编辑法规汇编的机关和出版行政管理部门备案。

第十条 按照本规定第四条编辑的法规汇编，可以在汇编封面上加印国徽；按照本规定第五条第一款编印的法规汇集，不得在汇集封面上加印国徽。

第十一条 出版法规汇编，必须保证印制质量。质量标准要符合国家有关规定。

第十二条 法规汇编的发行，由新华书店负责，各地新华书店应当认真做好征订工作。

有条件的出版社也可以代办部分征订工作。

第十三条 违反本规定，擅自出版法规汇编的，根据不同情况出版行政管理部门或者工商行政管理部门依照职权划分可以给予当事人下列行政处罚：

（一）警告；

（二）停止出售；

（三）没收或者销毁；

（四）没收非法收入；

（五）罚款；

（六）停业整顿；

（七）撤销出版社登记；

（八）吊销营业执照。

第十四条 当事人对出版行政管理部门或者工商行政管理部门的处罚决定不服的，可以在收到处罚通知书之日起十五日内，向上一级出版行政管理部门或者工商行政管理部门申请复议。对复议决定仍然不服的，可以自收到复议决定通知书之日起十五日内向人民法院提起诉讼。当事人也可以自收到处罚通知书之日起十五日内，直接向人民法院提起诉讼。逾期不申请复议也不提起诉讼又不履行处罚决定的，作出处罚决定的机关可以申请人民法院强制执行。

第十五条 与境外出版机构合作出版法规汇编事宜，参照本规定办理。

第十六条 法规文件信息化处理的开发、应用，参照本规定管理。

第十七条 本规定自发布之日起施行。

地图管理条例

2015年11月26日中华人民共和国国务院令第664号公布

第一章　总　则

第一条　为了加强地图管理，维护国家主权、安全和利益，促进地理信息产业健康发展，为经济建设、社会发展和人民生活服务，根据《中华人民共和国测绘法》，制定本条例。

第二条　在中华人民共和国境内从事向社会公开的地图的编制、审核、出版和互联网地图服务以及监督检查活动，应当遵守本条例。

第三条　地图工作应当遵循维护国家主权、保障地理信息安全、方便群众生活的原则。

地图的编制、审核、出版和互联网地图服务应当遵守有关保密法律、法规的规定。

第四条　国务院测绘地理信息行政主管部门负责全国地图工作的统一监督管理。国务院其他有关部门按照国务院规定的职责分工，负责有关的地图工作。

县级以上地方人民政府负责管理测绘地理信息工作的行政部门（以下称测绘地理信息行政主管部门）负责本行政区域地图工作的统一监督管理。县级以上地方人民政府其他有关部门按照本级人民政府规定的职责分工，负责有关的地图工作。

第五条　各级人民政府及其有关部门、新闻媒体应当加强国家版图宣传教育，增强公民的国家版图意识。

国家版图意识教育应当纳入中小学教学内容。

公民、法人和其他组织应当使用正确表示国家版图的地图。

第六条 国家鼓励编制和出版符合标准和规定的各类地图产品，支持地理信息科学技术创新和产业发展，加快地理信息产业结构调整和优化升级，促进地理信息深层次应用。

县级以上人民政府应当建立健全政府部门间地理信息资源共建共享机制。

县级以上人民政府测绘地理信息行政主管部门应当采取有效措施，及时获取、处理、更新基础地理信息数据，通过地理信息公共服务平台向社会提供地理信息公共服务，实现地理信息数据开放共享。

第二章 地图编制

第七条 从事地图编制活动的单位应当依法取得相应的测绘资质证书，并在资质等级许可的范围内开展地图编制工作。

第八条 编制地图，应当执行国家有关地图编制标准，遵守国家有关地图内容表示的规定。

地图上不得表示下列内容：

（一）危害国家统一、主权和领土完整的；

（二）危害国家安全、损害国家荣誉和利益的；

（三）属于国家秘密的；

（四）影响民族团结、侵害民族风俗习惯的；

（五）法律、法规规定不得表示的其他内容。

第九条 编制地图，应当选用最新的地图资料并及时补充或者更新，正确反映各要素的地理位置、形态、名称及相互关系，且内容符合地图使用目的。

编制涉及中华人民共和国国界的世界地图、全国地图，应当完整表示中华人民共和国疆域。

第十条 在地图上绘制中华人民共和国国界、中国历史疆界、世界各国间边界、世界各国间历史疆界，应当遵守下列规定：

（一）中华人民共和国国界，按照中国国界线画法标准样图绘制；

（二）中国历史疆界，依据有关历史资料，按照实际历史疆界绘制；

（三）世界各国间边界，按照世界各国国界线画法参考样图绘制；

（四）世界各国间历史疆界，依据有关历史资料，按照实际历史疆界绘制。

中国国界线画法标准样图、世界各国国界线画法参考样图，由外交部和国务院测绘地理信息行政主管部门拟订，报国务院批准后公布。

第十一条 在地图上绘制我国县级以上行政区域界线或者范围，应当符合行政区域界线标准画法图、国务院批准公布的特别行政区行政区域图和国家其他有关规定。

行政区域界线标准画法图由国务院民政部门和国务院测绘地理信息行政主管部门拟订，报国务院批准后公布。

第十二条 在地图上表示重要地理信息数据，应当使用依法公布的重要地理信息数据。

第十三条 利用涉及国家秘密的测绘成果编制地图的，应当依法使用经国务院测绘地理信息行政主管部门或者省、自治区、直辖市人民政府测绘地理信息行政主管部门进行保密技术处理的测绘成果。

第十四条 县级以上人民政府测绘地理信息行政主管部门应当向社会公布公益性地图，供无偿使用。

县级以上人民政府测绘地理信息行政主管部门应当及时组织收集与地图内容相关的行政区划、地名、交通、水系、植被、公共设施、居民点等的变更情况，用于定期更新公益性地图。有关部门和单位应当及时提供相关更新资料。

第三章 地图审核

第十五条 国家实行地图审核制度。

向社会公开的地图，应当报送有审核权的测绘地理信息行政主管部门审核。但是，景区图、街区图、地铁线路图等内容简单的地图除外。

地图审核不得收取费用。

第十六条 出版地图的，由出版单位送审；展示或者登载不属于出版物的地图的，由展示者或者登载者送审；进口不属于出版物的地图或者附着地图图形的产品的，由进口者送审；进口属于出版物的地图，依照《出版管理条例》的有关规定执行；出口不属于出版物的地图或者附着地图图形的产品的，由出口者送审；生产附着地图图形的产品的，由生产者送审。

送审应当提交以下材料：

（一）地图审核申请表；

（二）需要审核的地图样图或者样品；

（三）地图编制单位的测绘资质证书。

进口不属于出版物的地图和附着地图图形的产品的，仅需提交前款第一项、第二项规定的材料。利用涉及国家秘密的测绘成果编制地图的，还应当提交保密技术处理证明。

第十七条 国务院测绘地理信息行政主管部门负责下列地图的审核：

（一）全国地图以及主要表现地为两个以上省、自治区、直辖市行政区域的地图；

（二）香港特别行政区地图、澳门特别行政区地图以及台湾地区地图；

（三）世界地图以及主要表现地为国外的地图；

（四）历史地图。

第十八条 省、自治区、直辖市人民政府测绘地理信息行政主管部门负责审核主要表现地在本行政区域范围内的地图。其中，主要表现地在设区的市行政区域范围内不涉及国界线的地图，由设区的市级人民政府测绘地理信息行政主管部门负责审核。

第十九条 有审核权的测绘地理信息行政主管部门应当自受理地图审核申请之日起20个工作日内，作出审核决定。

时事宣传地图、时效性要求较高的图书和报刊等插附地图的，应当自受理地图审核申请之日起7个工作日内，作出审核决定。

应急保障等特殊情况需要使用地图的，应当即送即审。

第二十条 涉及专业内容的地图，应当依照国务院测绘地理信息行政主管部门会同有关部门制定的审核依据进行审核。没有明确审核依据的，由有审核权的测绘地理信息行政主管部门征求有关部门的意见，有关部门应当自收到征求意见材料之日起20个工作日内提出意见。征求意见时间不计算在地图审核的期限内。

世界地图、历史地图、时事宣传地图没有明确审核依据的，由国务院测绘地理信息行政主管部门商外交部进行审核。

第二十一条 送审地图符合下列规定的，由有审核权的测绘地理信息行政主管部门核发地图审核批准文件，并注明审图号：

（一）符合国家有关地图编制标准，完整表示中华人民共和国疆域；

（二）国界、边界、历史疆界、行政区域界线或者范围、重要地理信息数据、地名等符合国家有关地图内容表示的规定；

（三）不含有地图上不得表示的内容。

地图审核批准文件和审图号应当在有审核权的测绘地理信息行政主管部门网站或者其他新闻媒体上及时公告。

第二十二条 经审核批准的地图，应当在地图或者附着地图图形的产品的适当位置显著标注审图号。其中，属于出版物的，应当在版权页标注审图号。

第二十三条 全国性中小学教学地图，由国务院教育行政部门会同国务院测绘地理信息行政主管部门、外交部组织审定；地方性中小学教学地图，由省、自治区、直辖市人民政府教育行政部门会同省、自治区、直辖市人民政府测绘地理信息行政主管部门组织审定。

第二十四条 任何单位和个人不得出版、展示、登载、销售、进口、出口不符合国家有关标准和规定的地图，不得携带、寄递不符合国家有关标准和规定的地图进出境。

进口、出口地图的，应当向海关提交地图审核批准文件和审图号。

第二十五条 经审核批准的地图，送审者应当按照有关规定向有审核权的测绘地理信息行政主管部门免费送交样本。

第四章　地图出版

第二十六条　县级以上人民政府出版行政主管部门应当加强对地图出版活动的监督管理，依法对地图出版违法行为进行查处。

第二十七条　出版单位从事地图出版活动的，应当具有国务院出版行政主管部门审核批准的地图出版业务范围，并依照《出版管理条例》的有关规定办理审批手续。

第二十八条　出版单位根据需要，可以在出版物中插附经审核批准的地图。

第二十九条　任何出版单位不得出版未经审定的中小学教学地图。

第三十条　出版单位出版地图，应当按照国家有关规定向国家图书馆、中国版本图书馆和国务院出版行政主管部门免费送交样本。

第三十一条　地图著作权的保护，依照有关著作权法律、法规的规定执行。

第五章　互联网地图服务

第三十二条　国家鼓励和支持互联网地图服务单位开展地理信息开发利用和增值服务。

县级以上人民政府应当加强对互联网地图服务行业的政策扶持和监督管理。

第三十三条　互联网地图服务单位向公众提供地理位置定位、地理信息上传标注和地图数据库开发等服务的，应当依法取得相应的测绘资质证书。

互联网地图服务单位从事互联网地图出版活动的，应当经国务院出版行政主管部门依法审核批准。

第三十四条 互联网地图服务单位应当将存放地图数据的服务器设在中华人民共和国境内，并制定互联网地图数据安全管理制度和保障措施。

县级以上人民政府测绘地理信息行政主管部门应当会同有关部门加强对互联网地图数据安全的监督管理。

第三十五条 互联网地图服务单位收集、使用用户个人信息的，应当明示收集、使用信息的目的、方式和范围，并经用户同意。

互联网地图服务单位需要收集、使用用户个人信息的，应当公开收集、使用规则，不得泄露、篡改、出售或者非法向他人提供用户的个人信息。

互联网地图服务单位应当采取技术措施和其他必要措施，防止用户的个人信息泄露、丢失。

第三十六条 互联网地图服务单位用于提供服务的地图数据库及其他数据库不得存储、记录含有按照国家有关规定在地图上不得表示的内容。互联网地图服务单位发现其网站传输的地图信息含有不得表示的内容的，应当立即停止传输，保存有关记录，并向县级以上人民政府测绘地理信息行政主管部门、出版行政主管部门、网络安全和信息化主管部门等有关部门报告。

第三十七条 任何单位和个人不得通过互联网上传标注含有按照国家有关规定在地图上不得表示的内容。

第三十八条 互联网地图服务单位应当使用经依法审核批准的地图，加强对互联网地图新增内容的核查校对，并按照国家有关规定向国务院测绘地理信息行政主管部门或者省、自治区、直辖市测绘地理信息行政主管部门备案。

第三十九条 互联网地图服务单位对在工作中获取的涉及国家秘密、商业秘密的信息，应当保密。

第四十条 互联网地图服务单位应当加强行业自律，推进行业信用体系建设，提高服务水平。

第四十一条 从事互联网地图服务活动，适用本章的规定；本章没有规定的，适用本条例其他有关规定。

第六章 监督检查

第四十二条 县级以上人民政府及其有关部门应当依法加强对地图编制、出版、展示、登载、生产、销售、进口、出口等活动的监督检查。

第四十三条 县级以上人民政府测绘地理信息行政主管部门、出版行政主管部门和其他有关部门依法进行监督检查时，有权采取下列措施：

（一）进入涉嫌地图违法行为的场所实施现场检查；

（二）查阅、复制有关合同、票据、账簿等资料；

（三）查封、扣押涉嫌违法的地图、附着地图图形的产品以及用于实施地图违法行为的设备、工具、原材料等。

第四十四条 国务院测绘地理信息行政主管部门、国务院出版行政主管部门应当建立健全地图监督管理信息系统，实现信息资源共享，方便公众查询。

第四十五条 县级以上人民政府测绘地理信息行政主管部门应当根据国家有关标准和技术规范，加强地图质量监督管理。

地图编制、出版、展示、登载、生产、销售、进口、出口单位应当建立健全地图质量责任制度，采取有效措施，保证地图质量。

第四十六条 任何单位和个人对地图违法行为有权进行举报。

接到举报的人民政府或者有关部门应当及时依法调查处理，并为举报人保密。

第七章 法律责任

第四十七条 县级以上人民政府及其有关部门违反本条例规定，有下列行为之一的，由主管机关或者监察机关责令改正；情节严重的，对直接负责的主管人员和其他直接责任人员依法给予处分；直接负责的主管人员和其他直接责任人员的行为构成犯罪的，依法追究刑事责任：

（一）不依法作出行政许可决定或者办理批准文件的；

（二）发现违法行为或者接到对违法行为的举报不予查处的；

（三）其他未依照本条例规定履行职责的行为。

第四十八条 违反本条例规定，未取得测绘资质证书或者超越测绘资质等级许可的范围从事地图编制活动或者互联网地图服务活动的，依照《中华人民共和国测绘法》的有关规定进行处罚。

第四十九条 违反本条例规定，应当送审而未送审的，责令改正，给予警告，没收违法地图或者附着地图图形的产品，可以处 10 万元以下的罚款；有违法所得的，没收违法所得；构成犯罪的，依法追究刑事责任。

第五十条 违反本条例规定，不需要送审的地图不符合国家有关标准和规定的，责令改正，给予警告，没收违法地图或者附着地图图形的产品，可以处 10 万元以下的罚款；有违法所得的，没收违法所得；情节严重的，可以向社会通报；构成犯罪的，依法追究刑事责任。

第五十一条 违反本条例规定，经审核不符合国家有关标准和规定的地图未按照审核要求修改即向社会公开的，责令改正，给予警告，没收违法地图或者附着地图图形的产品，可以处10万元以下的罚款；有违法所得的，没收违法所得；情节严重的，责令停业整顿，降低资质等级或者吊销测绘资质证书，可以向社会通报；构成犯罪的，依法追究刑事责任。

第五十二条 违反本条例规定，弄虚作假、伪造申请材料骗取地图审核批准文件，或者伪造、冒用地图审核批准文件和审图号的，责令停止违法行为，给予警告，没收违法地图和附着地图图形的产品，并处10万元以上20万元以下的罚款；有违法所得的，没收违法所得；情节严重的，责令停业整顿，降低资质等级或者吊销测绘资质证书；构成犯罪的，依法追究刑事责任。

第五十三条 违反本条例规定，未在地图的适当位置显著标注审图号，或者未按照有关规定送交样本的，责令改正，给予警告；情节严重的，责令停业整顿，降低资质等级或者吊销测绘资质证书。

第五十四条 违反本条例规定，互联网地图服务单位使用未经依法审核批准的地图提供服务，或者未对互联网地图新增内容进行核查校对的，责令改正，给予警告，可以处20万元以下的罚款；有违法所得的，没收违法所得；情节严重的，责令停业整顿，降低资质等级或者吊销测绘资质证书；构成犯罪的，依法追究刑事责任。

第五十五条 违反本条例规定，通过互联网上传标注了含有按照国家有关规定在地图上不得表示的内容的，责令改正，给予警告，可以处10万元以下的罚款；构成犯罪的，依法追究刑事责任。

第五十六条 本条例规定的降低资质等级、吊销测绘资质证书的行政处罚，由颁发资质证书的部门决定；其他行政处罚由县级以上人民政府测绘地理信息行政主管部门决定。

第八章 附 则

第五十七条 军队单位编制的地图的管理以及海图的管理，按照国务院、中央军事委员会的规定执行。

第五十八条 本条例自 2016 年 1 月 1 日起施行。国务院 1995 年 7 月 10 日发布的《中华人民共和国地图编制出版管理条例》同时废止。

互联网信息服务管理办法

2000年9月25日中华人民共和国国务院令第292号公布　根据2011年1月8日《国务院关于废止和修改部分行政法规的决定》修订

第一条　为了规范互联网信息服务活动，促进互联网信息服务健康有序发展，制定本办法。

第二条　在中华人民共和国境内从事互联网信息服务活动，必须遵守本办法。

本办法所称互联网信息服务，是指通过互联网向上网用户提供信息的服务活动。

第三条　互联网信息服务分为经营性和非经营性两类。

经营性互联网信息服务，是指通过互联网向上网用户有偿提供信息或者网页制作等服务活动。

非经营性互联网信息服务，是指通过互联网向上网用户无偿提供具有公开性、共享性信息的服务活动。

第四条　国家对经营性互联网信息服务实行许可制度；对非经营性互联网信息服务实行备案制度。

未取得许可或者未履行备案手续的，不得从事互联网信息服务。

第五条　从事新闻、出版、教育、医疗保健、药品和医疗器械等互联网信息服务，依照法律、行政法规以及国家有关规定须经有关主管部门审核同意的，在申请经营许可或者履行备案手续前，应当依法经有关主管部门审核同意。

第六条 从事经营性互联网信息服务，除应当符合《中华人民共和国电信条例》规定的要求外，还应当具备下列条件：

（一）有业务发展计划及相关技术方案；

（二）有健全的网络与信息安全保障措施，包括网站安全保障措施、信息安全保密管理制度、用户信息安全管理制度；

（三）服务项目属于本办法第五条规定范围的，已取得有关主管部门同意的文件。

第七条 从事经营性互联网信息服务，应当向省、自治区、直辖市电信管理机构或者国务院信息产业主管部门申请办理互联网信息服务增值电信业务经营许可证（以下简称经营许可证）。

省、自治区、直辖市电信管理机构或者国务院信息产业主管部门应当自收到申请之日起60日内审查完毕，作出批准或者不予批准的决定。予以批准的，颁发经营许可证；不予批准的，应当书面通知申请人并说明理由。

申请人取得经营许可证后，应当持经营许可证向企业登记机关办理登记手续。

第八条 从事非经营性互联网信息服务，应当向省、自治区、直辖市电信管理机构或者国务院信息产业主管部门办理备案手续。办理备案时，应当提交下列材料：

（一）主办单位和网站负责人的基本情况；

（二）网站网址和服务项目；

（三）服务项目属于本办法第五条规定范围的，已取得有关主管部门的同意文件。

省、自治区、直辖市电信管理机构对备案材料齐全的，应当予以备案并编号。

第九条 从事互联网信息服务，拟开办电子公告服务的，应当在申请经营性互联网信息服务许可或者办理非经营性互联网信息服务备案时，按照国家有关规定提出专项申请或者专项备案。

第十条 省、自治区、直辖市电信管理机构和国务院信息产业主管部门应当公布取得经营许可证或者已履行备案手续的互联网信息服务提供者名单。

第十一条 互联网信息服务提供者应当按照经许可或者备案的项目提供服务，不得超出经许可或者备案的项目提供服务。

非经营性互联网信息服务提供者不得从事有偿服务。

互联网信息服务提供者变更服务项目、网站网址等事项的，应当提前30日向原审核、发证或者备案机关办理变更手续。

第十二条 互联网信息服务提供者应当在其网站主页的显著位置标明其经营许可证编号或者备案编号。

第十三条 互联网信息服务提供者应当向上网用户提供良好的服务，并保证所提供的信息内容合法。

第十四条 从事新闻、出版以及电子公告等服务项目的互联网信息服务提供者，应当记录提供的信息内容及其发布时间、互联网地址或者域名；互联网接入服务提供者应当记录上网用户的上网时间、用户账号、互联网地址或者域名、主叫电话号码等信息。

互联网信息服务提供者和互联网接入服务提供者的记录备份应当保存60日，并在国家有关机关依法查询时，予以提供。

第十五条 互联网信息服务提供者不得制作、复制、发布、传播含有下列内容的信息：

（一）反对宪法所确定的基本原则的；

（二）危害国家安全，泄露国家秘密，颠覆国家政权，破坏国家统一的；

（三）损害国家荣誉和利益的；

（四）煽动民族仇恨、民族歧视，破坏民族团结的；

（五）破坏国家宗教政策，宣扬邪教和封建迷信的；

（六）散布谣言，扰乱社会秩序，破坏社会稳定的；

（七）散布淫秽、色情、赌博、暴力、凶杀、恐怖或者教唆犯罪的；

（八）侮辱或者诽谤他人，侵害他人合法权益的；

（九）含有法律、行政法规禁止的其他内容的。

第十六条 互联网信息服务提供者发现其网站传输的信息明显属于本办法第十五条所列内容之一的，应当立即停止传输，保存有关记录，并向国家有关机关报告。

第十七条 经营性互联网信息服务提供者申请在境内境外上市或者同外商合资、合作，应当事先经国务院信息产业主管部门审查同意；其中，外商投资的比例应当符合有关法律、行政法规的规定。

第十八条 国务院信息产业主管部门和省、自治区、直辖市电信管理机构，依法对互联网信息服务实施监督管理。

新闻、出版、教育、卫生、药品监督管理、工商行政管理和公安、国家安全等有关主管部门，在各自职责范围内依法对互联网信息内容实施监督管理。

第十九条 违反本办法的规定，未取得经营许可证，擅自从事经营性互联网信息服务，或者超出许可的项目提供服务的，由省、自治区、直辖市电信管理机构责令限期改正，有违法所得的，没收违法所得，处违法所得3倍以上5倍以下的罚款；没有违法所得或者违法所得不足5万元的，处10万元以上100万元以下的罚款；情节严重的，责令关闭网站。

违反本办法的规定，未履行备案手续，擅自从事非经营性互联网信息服务，或者超出备案的项目提供服务的，由省、自治区、直辖市电信管理机构责令限期改正；拒不改正的，责令关闭网站。

第二十条 制作、复制、发布、传播本办法第十五条所列内容之一的信息，构成犯罪的，依法追究刑事责任；尚不构成犯罪的，由公安机关、国家安全机关依照《中华人民共和国治安管理处罚法》、《计算机信息网络国际联网安全保护管理办法》等有关法律、行政法规的规定予以处罚；对经营性互联网信息服务提供者，并由发证机关责令停业整顿直至吊销经营许可证，通知企业登记机关；对非经营性互联网信息服务提供者，并由备案机关责令暂时关闭网站直至关闭网站。

第二十一条 未履行本办法第十四条规定的义务的，由省、自治区、直辖市电信管理机构责令改正；情节严重的，责令停业整顿或者暂时关闭网站。

第二十二条 违反本办法的规定，未在其网站主页上标明其经营许可证编号或者备案编号的，由省、自治区、直辖市电信管理机构责令改正，处5000元以上5万元以下的罚款。

第二十三条 违反本办法第十六条规定的义务的，由省、自治区、直辖市电信管理机构责令改正；情节严重的，对经营性互联网信息服务提供者，并由发证机关吊销经营许可证，对非经营性互联网信息服务提供者，并由备案机关责令关闭网站。

第二十四条 互联网信息服务提供者在其业务活动中，违反其他法律、法规的，由新闻、出版、教育、卫生、药品监督管理和工商行政管理等有关主管部门依照有关法律、法规的规定处罚。

第二十五条 电信管理机构和其他有关主管部门及其工作人员，玩忽职守、滥用职权、徇私舞弊，疏于对互联网信息服务的监督管理，造成严重后果，构成犯罪的，依法追究刑事责任；尚不构成犯罪的，对直接负责的主管人员和其他直接责任人员依法给予降级、撤职直至开除的行政处分。

第二十六条　在本办法公布前从事互联网信息服务的，应当自本办法公布之日起60日内依照本办法的有关规定补办有关手续。

第二十七条　本办法自公布之日起施行。

关于非公有资本进入文化产业的若干决定

国务院　2005年4月13日　国发〔2005〕10号

各省、自治区、直辖市人民政府，国务院各部委、各直属机构：

为大力发展社会主义先进文化，充分调动全社会参与文化建设的积极性，进一步引导和规范非公有资本进入文化产业，逐步形成以公有制为主体、多种所有制经济共同发展的文化产业格局，提高我国文化产业的整体实力和竞争力，现就有关问题作出如下决定：

一、鼓励和支持非公有资本进入以下领域：文艺表演团体、演出场所、博物馆和展览馆、互联网上网服务营业场所、艺术教育与培训、文化艺术中介、旅游文化服务、文化娱乐、艺术品经营、动漫和网络游戏、广告、电影电视剧制作发行、广播影视技术开发运用、电影院和电影院线、农村电影放映、书报刊分销、音像制品分销、包装装潢印刷品印刷等。

二、鼓励和支持非公有资本从事文化产品和文化服务出口业务。

三、鼓励和支持非公有资本参与文艺表演团体、演出场所等国有文化单位的公司制改建，非公有资本可以控股。

四、允许非公有资本进入出版物印刷、可录类光盘生产、只读类光盘复制等文化行业和领域。

五、非公有资本可以投资参股下列领域国有文化企业：出版物印刷、发行，新闻出版单位的广告、发行，广播电台和电视台的音乐、科技、体育、娱乐方面的节目制作，电影制作发行放映。

上述文化企业国有资本必须控股51%以上。

六、非公有资本可以建设和经营有线电视接入网，参与有线电视接收端数字化改造，从事上述业务的文化企业国有资本必须控股51%以上。非公有资本可以控股从事有线电视接入网社区部分业务的企业。

七、非公有资本可以开办户外、楼宇内、交通工具内、店堂等显示屏广告业务，可以在符合条件的宾馆饭店内提供广播电视视频节目点播服务。有关部门要严格资质认定，明确经营范围，加强日常监管。

八、非公有资本进入文化产业按现行有关规定管理，其中第五条、第六条、第七条规定的事项还须经有关行政主管部门批准。有关投资项目的审批或核准，按照《国务院关于投资体制改革的决定》（国发〔2004〕20号）的规定办理。要严格审批程序，完善审批办法，规范文化产业发展，保护企业合法权益，取缔违法违规经营。非公有制文化企业在项目审批、资质认定、融资等方面与国有文化企业享受同等待遇。

九、非公有资本不得投资设立和经营通讯社、报刊社、出版社、广播电台（站）、电视台（站）、广播电视发射台（站）、转播台（站）、广播电视卫星、卫星上行站和收转站、微波站、监测台（站）、有线电视传输骨干网等；不得利用信息网络开展视听节目服务以及新闻网站等业务；不得经营报刊版面、广播电视频率频道和时段栏目；不得从事书报刊、影视片、音像制品成品等文化产品进口业务；不得进入国有文物博物馆。

十、文化部、广电总局、新闻出版总署根据本决定，制定具体实施办法，明确国家鼓励、允许、限制和禁止投资的产业目录，引导非公有制文化企业持续快速健康发展。

各地区、各部门要依法清理和修订与本决定相抵触的规定。外资进入文化产业依照有关法律法规的规定执行。

规章、规范性文件

·综合·

新闻出版行业标准化管理办法

2013年12月27日国家新闻出版广电总局令第1号公布

第一章　总　则

第一条　为加强新闻出版行业标准化工作的管理，促进新闻出版业技术创新与发展，根据《中华人民共和国标准化法》等相关法律法规，结合新闻出版行业的实际情况，制定本办法。

第二条　在中华人民共和国境内从事新闻出版行业标准化活动，适用本办法。

第三条　新闻出版行业标准化工作全面落实国家标准化战略，以推动新闻出版技术进步，促进新闻出版业健康、有序发展为宗旨，贯彻协调统一、广泛参与、鼓励创新、国际接轨、支撑发展的标准化工作方针，坚持依法办事、科学公正、公开透明和协调推进的原则。

第四条　新闻出版行业标准化工作的主要任务是在全行业开展标准的制定、修订、宣传、实施，运用标准化手段促进新闻出版行业的技术进步，提升新闻出版行业产品质量和服务质量。

第五条　标准化是新闻出版行业科学发展的重要基础性工作，各级出版行政主管部门要加强对新闻出版行业标准化工作的领导和管理，并纳入新闻出版行业各级发展规划、计划和财政预算。

第六条　新闻出版行业各单位不得无标准生产，应依法执行强制性标准，积极采用推荐性标准；鼓励研究国际标准和国外先进标准，结合我国国情和产业发展的需要，积极采用，制定相关标准。

第二章　组织机构与职责分工

第七条　新闻出版广电总局统一管理新闻出版行业标准化工作，履行下列职责：

（一）贯彻执行国家标准化工作的方针、政策和法律法规，制定、颁布新闻出版行业标准化工作相关规定，负责新闻出版行业标准化工作的宏观管理；

（二）审批发布新闻出版行业标准化工作规划和工作计划；

（三）负责新闻出版领域国家标准的申报；

（四）负责新闻出版领域行业标准的批准发布，并报国家标准化主管部门备案；

（五）受国家标准化主管部门委托，管理新闻出版领域的全国专业标准化技术委员会；

（六）批准成立新闻出版领域的行业专业标准化技术委员会；

（七）批准成立新闻出版领域标准注册管理机构；

（八）审议、决定新闻出版行业标准化工作的其他重大事项。

第八条　新闻出版广电总局标准化主管部门具体负责管理新闻出版行业标准化工作，履行下列职责：

（一）负责标准化工作在新闻出版行业的贯彻实施，组织起草新闻出版行业标准化工作的相关规定，起草、实施新闻出版行业标准化工作规划和工作计划，建立和完善新闻出版行业标准化体系；

（二）负责新闻出版行业标准化工作的日常管理与监督，负责与其他行业标准化工作的协调；

（三）组织起草新闻出版领域国家标准；

（四）审核和批准行业标准立项；

（五）负责组织新闻出版领域相关标准的制定、修订、复审工作；

（六）负责行业标准发布前的审核；

（七）开展行业标准的动态维护和标准符合性测试与评估工作；

（八）负责新闻出版领域的标准宣传、培训、实施，对标准贯彻实施情况进行监督检查；

（九）组建和管理新闻出版专业标准化技术委员会，并指导其开展相关标准化工作；

（十）组建和管理新闻出版领域标准注册管理机构；

（十一）组织协调参加国际标准化组织的有关活动并承担有关工作；

（十二）负责新闻出版行业标准化工作的其他重大事项。

第九条 新闻出版广电总局有关业务部门履行下列职责：

（一）贯彻执行有关标准化工作的方针、政策和法律法规；

（二）在本部门业务范围内负责提出制定、修订标准的立项建议；

（三）在本部门业务范围内负责标准的贯彻实施及监督检查；

（四）协助新闻出版广电总局标准化主管部门开展标准化宣传、培训工作。

第十条 各省、自治区、直辖市人民政府出版行政主管部门履行下列职责：

（一）贯彻执行有关标准化工作的方针、政策和法律法规；

（二）提出制定、修订标准的立项建议；

（三）在本行政区域内负责标准的贯彻实施及监督检查；

（四）对本行政区域内各新闻出版单位及相关行业协会、学术团体的标准化工作进行指导；

（五）在本行政区域内协助开展新闻出版标准化宣传、培训工作。

第十一条 新闻出版专业标准化技术委员会包括新闻出版领域的全国专业标准化技术委员会及行业专业标准化技术委员会，是由新闻出版广电总局归口管理的在本专业领域内从事全国性标准化工作的组织机构，按技术归口管理原则划分工作范围，履行下列职责：

（一）贯彻执行有关标准化工作的方针、政策和法律法规；

（二）研究起草本专业标准化工作规划，建立健全标准体系；

（三）分析本专业领域的标准化工作需求，广泛征集标准立项建议，提出本专业领域的标准制定、修订计划项目；

（四）按照各级标准化主管部门批准的标准制定、修订计划，组织本专业领域标准的制定和修订工作；

（五）负责对组织起草的标准的专业内容和文本质量进行审查；

（六）组织对本专业领域的标准进行复审；

（七）组织开展标准宣传、培训、对外交流工作，协助开展对标准贯彻实施情况的检查工作，提供相关技术服务；

（八）承办新闻出版广电总局标准化主管部门委托的其他工作。

第三章 标准的制定、修订与发布

第十二条 新闻出版领域行业标准的制定、修订与发布应本着公开透明、科学合理、技术先进、协调配套、切实可行和符合经济社会发展需要的原则进行。

新闻出版领域国家标准的制定、修订与发布应遵循《国家标准管理办法》。

第十三条 任何单位和个人均可向技术归口的新闻出版专业标准化技术委员会提出标准立项建议，所提立项建议没有技术归口管理的新闻出版专业标准化技术委员会时，可以向新闻出版广电总局标准化主管部门直接提出，由新闻出版广电总局标准化主管部门指定新闻出版专业标准化技术委员会负责接收。

立项建议应符合以下条件：

（一）在新闻出版领域内，有制定基础、通用、方法、产品、技术、管理等各类标准以规范生产与管理的需求；

（二）因现行标准不适用而应予以修订。

第十四条 新闻出版领域行业标准制定、修订实行年度立项制度。新闻出版专业标准化技术委员会对立项建议进行论证通过后，于每年5月31日前向新闻出版广电总局标准化主管部门报送下一年度标准立项申请，申请立项应提供如下材料：

（一）标准项目建议书；

（二）标准草案或框架；

（三）项目立项专家论证意见；

（四）其他必要材料。

第十五条 新闻出版广电总局标准化主管部门于每年7月31日前完成年度立项申请的审查，确定项目名称、项目归口管理的新闻出版专业标准化技术委员会、项目承担方等，并形成下一年度的新闻出版领域行业标准制定、修订计划，经公示后由新闻出版广电总局下达。

第十六条 新闻出版广电总局标准化主管部门对列入新闻出版领域行业标准制定、修订计划中的标准制定、修订项目给予适当经费补贴。补贴经费的使用，须按新闻出版广电总局相关经费管理办法的规定专款专用。鼓励有条件的企业参与标准的制定、修订工作。

第十七条 新闻出版领域行业标准制定、修订计划执行过程中，必要时可以对计划项目进行增补、调整或撤销。

第十八条 项目承担方应在计划确定的时限内完成标准的起草工作。标准的起草应在广泛调研、深入研究、充分协调和试验验证的基础上，按照标准编写规则提出标准征求意见稿，并广泛征求意见。

第十九条 项目承担方向项目归口管理的新闻出版专业标准化技术委员会秘书处提交项目送审材料，由秘书处对送审材料进行审核，确定能否提交审查，如未达到审查要求应退回项目承担方修改完善。

送审材料包括：

（一）标准送审稿；

（二）编制说明及有关附件；

（三）征求意见汇总处理表及标准征求意见稿。

第二十条 标准的审查由项目归口管理的新闻出版专业标准化技术委员会组织进行，由委员会秘书处召开专家审查会，对标准送审稿提出初步审查意见；初步审查通过后，由全体委员以会议审查或函审方式完成标准审查。

第二十一条 标准的报批由项目归口管理的新闻出版专业标准化技术委员会向新闻出版广电总局标准化主管部门提出申请，应提交如下材料：

（一）标准申报单；

（二）标准报批稿；

（三）编制说明及有关附件；

（四）征求意见汇总处理表及标准送审稿；

（五）审查会议纪要或函审结论表。

第二十二条 新闻出版领域行业标准报批稿经新闻出版广电总局标准化主管部门审核通过后，统一编号，由新闻出版广电总局批准发布，并向国家标准化主管部门备案。

第二十三条 新闻出版领域行业标准由新闻出版广电总局授权出版单位出版，相关费用从项目经费中支出。

第二十四条 新闻出版领域行业标准由新闻出版广电总局负责解释。

第二十五条 新闻出版领域强制性行业标准的代号为 CY；推荐性行业标准的代号为 CY/T；行业标准化指导性技术文件的代号为 CY/Z。

第二十六条 新闻出版领域标准实施后，新闻出版专业标准化技术委员会应根据新闻出版产业发展形势，结合新闻出版行业科学技术的发展及管理的需要适时组织复审，并形成复审报告，报新闻出版广电总局审批发布。复审周期一般不超过五年。

第二十七条 对只有通过动态维护方式才能有效实施的标准，新闻出版广电总局在批准发布时指定其动态维护机构，由该机构组织技术专家负责该标准的动态维护。

第二十八条 新闻出版行业标准批准发布后，任何单位或个人发现个别技术内容有问题，必须作少量修改或增减时，可以向新闻出版专业标准化委员会提出修改建议，由该标准化技术委员会审核认定后提交标准修改单，报新闻出版广电总局标准化主管部门审核并做出相应决定。

第四章　标准的实施和监督

第二十九条　新闻出版广电总局标准化主管部门应在标准发布后组织标准的宣传和贯彻，并对标准的实施情况进行监督检查。

第三十条　新闻出版广电总局和各省、自治区、直辖市人民政府出版行政主管部门设立的质量检验机构，要密切配合标准的贯彻实施工作，依据相关标准对新闻出版领域企业提供的产品和服务进行检验。

第三十一条　新闻出版专业标准化技术委员会应协助各级政府相关机构及质量检验机构开展标准的宣传和实施的监督检查工作。

第三十二条　任何单位和个人在新闻出版领域开展生产、经营等活动中，应依法执行强制性标准，积极采用推荐性标准和行业标准化指导性技术文件。任何单位开展的生产和服务活动，应当执行相应的企业标准或项目标准、工程标准。

禁止生产、销售和进口不符合强制性标准的产品。

第三十三条　新闻出版领域各类产品未达到相关强制性标准要求的，不得进入流通领域；凡未通过标准检验和标准符合性测试认证的产品不得参评相关奖励。

第三十四条　标准属于科技成果，对技术水平高和取得显著效益的新闻出版领域的国家标准或行业标准，应纳入新闻出版领域相关科技奖励范围。

第五章　法律责任

第三十五条　违反本办法的，由出版行政主管部门责令改正，视情节轻重依法作出警告、三万元以下罚款的行政处罚。其中，提供的产品或服务不符合强制性标准的，由出版行政主管部门责令停止生产或服务。法律、行政法规另有规定的除外。

出版物质量不符合有关标准的，根据《出版管理条例》第六十七条的规定，由出版行政主管部门责令改正，给予警告；情节严重的，责令限期停业整顿或者由原发证机关吊销许可证。

第三十六条　标准化主管部门、质量检验机构和标准测试工作机构的工作人员，因失职、渎职造成不良后果或重大损失的，由有关主管部门给予行政处分，构成犯罪的依法追究刑事责任。

第六章　附　则

第三十七条　在中华人民共和国境内从事版权领域标准化活动，参照适用本办法。

第三十八条　本办法自2014年2月1日起施行，新闻出版署于2001年1月6日发布的《新闻出版行业标准化管理办法》同时废止。

新闻出版许可证管理办法

2016年1月24日国家新闻出版广电总局令第4号公布　根据2017年12月11日国家新闻出版广电总局令第13号《关于废止、修改和宣布失效部分规章、规范性文件的决定》修订

第一章　总　则

第一条　为加强新闻出版许可证（以下简称许可证）管理，规范新闻出版市场秩序，维护公民、法人和其他组织的合法权益，根据《中华人民共和国行政许可法》《出版管理条例》《音像制品管理条例》《印刷业管理条例》等相关法律、法规制定本办法。

第二条　本办法所称许可证，是指新闻出版行政部门根据公民、法人或其他组织的申请，经依法审查，准予其从事新闻出版活动的行政许可证件。

许可证的设立、设计、印刷、制作、发放、使用、换发、补发、变更、注销等管理适用本办法。

第三条　新闻出版行政部门在许可证管理中应当遵循依法、公开、规范、便民的原则。

无法律法规依据，不得以任何名义和形式向行政相对人收取涉及许可证的相关费用。

第四条　国家新闻出版广电总局负责全国新闻出版许可证监督检查、统一备案和信息公示等职责；地方新闻出版行政部门负

责本辖区许可证的监督检查职责。

各级新闻出版行政部门负责对所发放、注销、吊销的许可证在政府网站或经批准公开发行的报纸上进行公示。

第二章　许可证的设立、设计、印刷、制作与发放

第五条　许可证设立，是指对依法设定的行政许可项目，决定以颁发许可证的形式作为许可证件。

许可证设立，必须以法律法规设定的行政许可为依据。

第六条　许可证设计，是指对许可证的登记项目和样式进行的设计。设计许可证时须规定其有效期限。

国家新闻出版广电总局负责各类许可证的设立与设计。

第七条　许可证印刷，是指按照许可证的设计样式，印刷不含登记内容的纸质许可证或复制不含登记内容的电子许可证。

许可证的印刷原则上由实施行政许可的新闻出版行政部门负责，根据实际情况也可由上级新闻出版行政部门统一印刷。

第八条　许可证制作，是指空白许可证的内容填写、盖章、封装等。

许可证须由新闻出版行政部门依法作出行政许可批准决定或按本办法及有关规定履行补发、换发手续后制作。

许可证的许可登记项目内容必须与行政许可决定内容相一致。许可证不得交由行政相对人自行填写或由其他机构代为填写。

许可证登记事项发生变更的，由办理变更登记的新闻出版行政部门在许可证相应位置加盖变更专用章。

许可证加盖实施行政许可的或办理变更登记的新闻出版行政部门公章或变更专用章后，正本、副本具有同等的法律效力，其

他任何部门或单位不得在许可证上加盖公章。

第九条 许可证发放，是指将许可证送达行政相对人。

许可证原则上由实施行政许可的新闻出版行政部门发放。为方便行政相对人，也可由实施行政许可的新闻出版行政部门依法委托下级新闻出版行政部门代为发放。

新闻出版行政部门应当自作出行政许可批准决定之日起 10 个工作日内，将许可证送达行政相对人。

委托发放许可证的，下级新闻出版行政部门应自收到行政许可批准决定和许可证后 4 个工作日内送达行政相对人，并不得要求行政相对人另行办理许可证申领手续。

第三章 许可证的使用、换发与补发

第十条 许可证持证者应按照许可证所载明的业务范围和期限从事新闻出版活动。

第十一条 许可证不得伪造、涂改、冒用，或者以买卖、租借等任何形式转让。

第十二条 许可证有效期满即失效。持证者需要延续依法取得的许可证的，应当在该许可证有效期限届满 30 日前，向原发证机关提出换发许可证申请。

第十三条 许可证发生损坏、丢失的，持证人应向原发证机关申请补发新证。申请时须将损坏的许可证原件缴还原发证机关。发证机关应当自收到补发许可证申请后 5 个工作日内，注销旧证，发放新证。

第十四条 换发新的许可证时，应同时收回旧证。除国家新闻出版广电总局直接换发的许可证外，其余旧证按属地管理原则由属地许可证换发部门统一登记销毁，并于销毁后1个月内将换发、销毁情况逐级报上级新闻出版行政部门备案。

第四章　许可证的变更与注销

第十五条　许可证登记的许可事项发生变更的，实施行政许可的新闻出版行政部门应根据持证者提出的许可申请，履行审批程序，按审批权限在变更记录页上办理变更登记或由原发证机关换发新证。

第十六条　许可证登记的非许可事项发生变更的，实施行政许可或受委托的新闻出版行政部门根据持证者提出的变更申请，原则上应现场即时完成许可证副本变更记录页的变更登记或由原发证机关换发新证，为行政相对人提供便捷高效的服务。

第十七条　实行年度核验制度的行政许可，许可证在年度核验合格并加盖核验章后继续使用。

第十八条　有《行政许可法》第七十条规定情形的，由实施行政许可的新闻出版行政部门在1个月内注销许可证并公示。

第五章　许可证的电子信息化管理

第十九条　国家实行统一的许可证信息化管理。国家新闻出版广电总局负责“全国新闻出版许可证信息管理系统”的总体设计、建设指导以及应用协调等工作，实行许可证信息的全国联网、集中公示和有效管理。

第二十条　地方各级新闻出版行政部门按要求做好“全国新闻出版许可证信息管理系统”的衔接、应用工作，严格履行信息采集、报送等职责。

第二十一条 新闻出版行政部门在条件具备时制作发放电子许可证。电子许可证与纸质许可证具有同等的法律效力。

第六章 法律责任

第二十二条 新闻出版行政部门有下列行为之一的，依据《行政许可法》第六十九条、第七十四条，由其上级行政机关或者监察机关责令纠正违法违规行为，撤销行政许可，注销所发放的许可证并予以通报批评；情节严重的，追究部门主要领导和直接责任人员的行政责任：

（一）无法定行政许可依据或超越权限设立许可证的；

（二）未经法定行政许可，擅自制作、发放许可证的；

（三）违规在许可证上加盖公章的；

（四）擅自改变许可证样式、登记项目并制作、发放许可证的。

第二十三条 新闻出版行政部门有下列行为之一的，由其上级行政机关或者监察机关责令改正并通报批评：

（一）由行政相对人或其他机构代为填写许可证内容的；

（二）不按行政许可决定填写许可证内容的；

（三）发放许可证时要求行政相对人另行办理申领手续的；

（四）未按规定及时发放许可证的；

（五）未按规定逐级报备废旧许可证销毁情况的。

第二十四条 违法违规收取涉及许可证有关费用的，依据《行政许可法》第七十五条，由其上级行政机关或者监察机关追究有关领导和直接责任人员的行政责任，监督退还所收取的费用并通报批评；情节严重的，移交有关部门查处。

第二十五条 新闻出版行政部门工作人员在涉及许可证的有关工作中，利用职务获取不当利益的，依据《出版管理条例》第六十条规定处罚。

第二十六条 行政相对人有下列行为之一的，依据《行政许可法》《出版管理条例》《音像制品管理条例》《印刷业管理条例》和有关部门规章的规定处罚；没有相应规定的，由新闻出版行政部门责令改正，情节严重的，并处警告或3万元以下罚款：

（一）许可证登记事项发生改变，未依法依规进行变更登记的；

（二）涂改、出卖、租借或者以其他形式非法转让许可证的；

（三）以欺骗、贿赂等不正当手段取得许可证的；

（四）未按许可证载明的业务范围从事新闻出版活动的。

第七章 附 则

第二十七条 《新闻记者证》等有关人员资格证书不适用本办法。

第二十八条 省级新闻出版行政部门可根据本地区实际制定实施办法。

第二十九条 电子许可证和“全国新闻出版许可证信息管理系统”的管理办法由国家新闻出版广电总局另行制定。

第三十条 地方性法规设定行政许可的许可证的设立、设计、印刷、制作、发放、变更登记事项、注销等，可参照本办法进行管理。

第三十一条 本办法自2016年3月1日起施行。

关于修订征集图书、杂志、报纸样本办法的通知

国家出版局　1979年4月18日　（79）出版字第193号

中央一级出版社、报社、杂志社，各省、市、自治区出版（文化）局：

前中央人民政府出版总署、文化部及国务院出版口先后制订的《关于征集图书、杂志、报纸样本办法》及补充规定，由于近年来全国出版单位的情况有很多的变化，这些办法和规定其中有些已不能适应变化了的情况和目前工作的需要。为了为国家做好征集图书、杂志、报纸样本的工作，我局对以前制订的上述征集办法及补充规定作了修订，现重新颁发。希望中央一级各出版单位，各省、市、自治区出版（文化）局收到修订的《关于征集图书、杂志、报纸样本办法》后即照此执行（并请各地转知有关的出版单位），以前的征集办法及补充规定即予作废。

国家出版事业管理局关于征集图书、杂志、报纸样本办法

（1979年4月修订）

第一条　为保存我国出版物，并及时提供有关资料，特制订本办法。

第二条 凡出版社、杂志社和报社编辑、出版的各种图书、杂志、报纸，均应在出版物出版后即向国家出版事业管理局、版本图书馆（包括二库）及北京图书馆缴送出版物样本，缴送样本办法如下：

第三条 关于图书

（1）出版单位出版的图书（包括一般书籍、课本、图片、画册、画像等）凡是公开发行、只限国内发行和内部发行的，均从第一次出版起，每出一版和每印一个印次，按附表所列单位、份数，分别缴送样本。

（2）各地租型印制的图书，按附表缴送国家出版事业管理局、版本图书馆样本各一份。

（3）同一种图书，先后有不同装帧、开本、版式、纸张、字号的版本（包括印刷少量的特装本、展览本等）出版时，为了完整地保存各种不同的版本，上列各种不同版本均应另向版本图书馆及版本图书馆第二书库各缴送样本一份。

（4）机关团体、厂矿、高等院校等单位出版的出版物中，有研究参考及保存价值的图书，有关出版单位应向版本图书馆选送样本，或由版本图书馆主动向有关单位征集。

（5）版本图书馆担负长期保存各种出版物样本的任务，出版单位应选择质量较好的版本缴送，为便于及时汇编新书目录和提供出版情况资料，出版单位应在印刷厂少量印装出样书时即提前向版本图书馆缴送样本。

第四条 关于杂志

（一）出版社、杂志社编辑、出版的定期、不定期或有连续期号的杂志，并通过邮局、书店或自办发行的（包括公开发行、只限国内发行和内部发行）均应按照附表所列单位、份数，分别缴送样本。（活页形式的“供领导参考”、“内部资料”、“情况反映”、“情况简报”、“科技情报”及打字、油印和报纸形式的非正式刊物，均不属缴送样本范围。）

（二）机关团体出版有研究、参考、保存价值的刊物，出版单位应向版本图书馆选送样本，或由版本图书馆主动向有关单位征集。

第五条 关于报纸

（一）中央、中央直辖市、省、自治区及省会所在的市一级出版的报纸，报社均应按照附表所列单位、份数缴送报纸合订本（包括报纸的缩印本、目录和索引）。

（二）《解放军报》，国务院各部委或省、自治区所属厂矿、企业、学校编辑、出版发行的报纸，均按附表所列单位、份数缴送报纸合订本（包括报纸的目录和索引）。

第六条 本办法自 1979 年 4 月起施行。

附表：缴送图书、杂志、报纸样本一览表（略）

关于发布《出版物汉字使用管理规定》的通知

新闻出版署　国家语言文字工作委员会

1992年7月7日　新出联〔1992〕4号

各省、自治区、直辖市及计划单列市新闻出版局、音像归口管理部门、语言文字工作委员会：

现将《出版物汉字使用管理规定》印发给你们，请转发各有关单位，认真遵照执行。

出版物汉字使用管理规定

第一条　为使报纸、期刊、图书、音像制品等出版物使用汉字规范化，消除用字不规范现象，根据国家有关新闻出版的法律，法规和关于汉字使用的有关规定，根据我国的实际情况，制定本规定。

第二条　本规定适用于经国家新闻出行政管理机关批准出版发行的报纸、期刊、图书、音像制品等出版物。

第三条　本规定所称的规范汉字，主要是指1986年10月根据国务院批示由国家语言文字工作委员会重新发表的《简化字总表》所收录的简化字；1988年3月由国家语言文字工作委员会和新闻出版署发布的《现代汉语通用字表》中收录的汉字。

本规定所称不规范汉字，是指在《简化字总表》中被简化的繁体字；1986年国家宣布废止的《第二次汉字简化方案（草案）》中的简化字；在1955年淘汰的异体字（其中1986年收入《简化字总表》中的11个类推简化字和1988年收入《现代汉语通用字表》中的15个字不作为淘汰的异体字）；1977年淘汰的计量单位旧译名用字；社会上出现的自造简体字及1965年淘汰的旧字形。

第四条　新闻出版署和国家语言文字工作委员会主管全国出版物汉字使用的规范工作。

各省、自治区、直辖市新闻出版行政管理机关和语言文字工作机关，主管本行政区域内出版物汉字使用的规范工作。

第五条　报纸、期刊、图书、音像制品等出版物的报头（名）刊名、封皮（包括封面、封底、书脊等）、包装装饰物、广告宣传品等用字，必须使用规范汉字，禁止使用不规范汉字。

出版物的内文（包括正文、内容提要、目录以及版权记录项目等辅文），必须使用规范汉字，禁止使用不规范汉字。

第六条　向台湾、香港、澳门地区及海外发行的报纸、期刊、图书、音像制品等出版物，可以用简化字的一律用简化字，如需发行繁体字版本的，须报新闻出版署批准。

第七条　下列情形可以不适用第五条、第六条的规定：

（一）整理、出版古代典籍；

（二）书法艺术作品；

（三）古代历史文化学术研究著述和语文工具书中必须使用繁体字、异体字的部分；

（四）经国家有关部门批准，依法影印、拷贝的台湾、香港、澳门地区及海外其他地区出版的中文报刊、图书、音像制品等出版物。

第八条　报纸、期刊、图书、音像制品出版单位在申请创办时，必须向批准机关提交出版社社名、报名、刊名字样，经审定符合规范获得批准后方可使用。

第九条 印刷通用汉字字模的设计、计算机编排系统和文字信息处理系统使用汉字，必须符合国家标准和有关规定。需要使用繁体字的，须经新闻出版署批准。

第十条 新闻出版行政管理机关和语言文字工作机关负责对出版物汉字使用情况进行监督检查。

被检查单位不得拒绝提供检查需用的出版物样本。

第十一条 违反本规定，有下列情形之一的，由省级以上（包括省级）新闻出版行政管理机关根据情节轻重分别处以责令改正、警告、500 元以上 5000 元以下罚款、停业整顿的行政处罚：

（一）违反第五条第一款，报纸报头（名）使用不规范汉字 1 个字以上（含 1 个字），日报连续 6 期以上，周报连续 3 期以上，半月报连续 2 期以上的；

（二）违反第五条第一款，期刊刊名及封皮、包装装饰物、千字以内的广告宣传品使用不规范汉字 1 个字以上（含 1 个字），半月刊连续 2 期以上，月刊、双月刊、季刊 1 期以上的；

（三）违反第五条第二款，在 1 期（1 册、1 盒）内，报纸、期刊、图书、音像制品等出版物内文使用不规范汉字占总字数千分之一以上的；

（四）违反第六条规定的。

第十二条 出版单位和印刷单位，对行政处罚决定不服的，可以在接到处罚决定书之日起 15 日内，依法申请行政复议；对行政复议决定不服的，可以在接到复议决定书之日起 15 日内向人民法院提起诉讼。

逾期不申请复议也不提起诉讼，又不履行处罚决定的由作出处罚决定的机关申请人民法院强制执行。

第十三条 各省、自治区、直辖市新闻出版行政管理机关和语言文字工作机关，可根据本规定制定实施办法。

第十四条 本规定由新闻出版署和国家语言文字工作委员会负责解释。

第十五条 本规定自 1992 年 8 月 1 日起施行。

本规定生效前，报头（名）、刊名、封皮中已经使用不规范汉字的，要加以纠正。

关于发布《关于出版单位的主办单位和主管单位职责的暂行规定》的通知

新闻出版署　1993年6月29日　新出政〔1993〕801号

各省、自治区、直辖市及计划单列市新闻出版局，中央、国务院各部委、直属机构，解放军总政治部，各人民团体，各民主党派：

经中宣部批准，现发布《关于出版单位的主办单位和主管单位职责的暂行规定》，请遵照执行。

关于出版单位的主办单位和主管单位职责的暂行规定

第一条　为了适应新闻出版事业发展的需要，明确出版单位的主办单位和主管单位的职责，特制定本规定。

第二条　举办出版单位，必须有确定的主办单位和主管单位。

第三条　出版单位是指依照国家有关规定举办，经国家新闻出版行政管理部门审核批准并履行登记注册手续的报社、期刊社（编辑部）、图书出版社和音像出版社。

第四条　主办单位是指出版单位的上级领导部门。

主办单位所办的出版单位的专业分工范围，应与主办单位的业务范围相一致。主办单位所办的出版单位的办公场所应与主办单位在同一城市或同一行政区域。

两个或两个以上单位联合申办出版单位，应确定其中一个单位为主要的主办单位以及相应的主管单位。

第五条 主管单位是指出版单位创办时的申请者，并是该出版单位的主办单位（两个或两个以上主办单位的则为主要主办单位）的上级主管部门。

主管单位，在中央应是部级（含副部级）以上单位；在省、自治区、直辖市应是厅（局）级以上单位；在自治州、设县的市和省、自治区设立的行政公署，应是局（处）级以上单位；在县级行政区域，应是县（处）级领导机关。

第六条 主管单位、主办单位与出版单位之间必须是领导与被领导的关系，不能是挂靠与被挂靠的关系。出版单位的主要负责人员应是主办单位所属的在职人员，禁止将出版单位承包给其他组织和个人。

出版单位在主管单位和主办单位的领导和管理下负责开展各项业务活动，保证出版物的编辑、出版、印刷、发行工作的正常进行。

第七条 出版单位根据工作需要设置的社委会、编委会、编辑室、管理委员会等机构，均为出版单位的内部管理机构，不能作为出版单位的主办单位或主管单位。

第八条 主办单位对所办出版单位负有下列职责：

（一）领导、监督出版单位遵照中国共产党的基本路线、方针、政策和国家的法律、法规、政策以及办社（报、刊）方针、宗旨、专业范围，做好出版工作及有关各项工作；审核出版单位的重要宣传、报道或选题计划，审核批准重要稿件（书稿、评论、报道等）的出版或发表；决定所属出版单位的出版物发行或不发行；对出版单位在出版物内容等方面发生的严重错误和其他重大问题，承担直接领导责任。

（二）依照国家的有关规定为出版单位的设立提供和筹集必

要的资金、设备，并创造其他必要条件，办理核准登记手续，依法取得企业法人或者事业单位法人资格。

（三）依照国家的有关规定，决定出版单位经营管理国有资产的责任制形式；遵循国家有关规定和责、权、利相统一的原则，保证出版单位的经营自主权，但应对出版单位各项经营活动切实担负监督职责；监督出版单位严格执行国家财政、税收和国有资产管理的法律、法规，定期进行审计，确保出版单位财产的保值、增值。出版单位为实现社会效益目标而形成政策性亏损，主办单位应当给予相应的补贴或者其他方式的补偿。

（四）审核出版单位的内部机构的设置，考核并提出任免出版单位的负责人的建议，报主管单位批准。

（五）向主管单位汇报出版单位的工作情况，贯彻落实主管单位的有关决定和意见。

（六）承担出版单位或出版物停办后的资产清算、人员安置和其他善后工作。

（七）国家规定的和上级主管部门规定的其他职责。

第九条 主管单位对所属的出版单位及其主办单位负有下列职责：

（一）监督出版单位及其主办单位贯彻执行中国共产党的基本路线、方针、政策和国家的法律、法规、政策；采取行政措施和经济措施保证出版单位的出版工作坚持为人民服务、为社会主义服务的方向，坚持以社会效益为最高准则；有权决定所属出版单位的出版物发行或不发行；对出版单位在出版物内容等方面发生的严重错误和其他重大问题，承担领导责任。

（二）审核批准出版单位的重大宣传、报道或选题计划，批准有重要影响的稿件的出版或发表；决定出版单位或出版物的停办或变更，并向新闻出版行政管理部门提出书面报告。

（三）对主办单位对出版单位的领导和管理工作进行检查、监督、指导，并可提出意见或作出决定。

（四）扶持、协助主办单位为出版单位提供或筹措资金、购置设备。

（五）与主办单位共同负责出版单位或出版物停办后的资产清算、人员安置和其他善后工作。

（六）国家规定的其他职责。

第十条 主办单位与主管单位是同一机构的，该机构对本规定第八、九条规定的职责均应履行。

第十一条 主办单位决定不再履行本规定第八条规定的职责时，应及时用书面形式报告其主管部门和新闻出版行政管理部门，并由其主管单位直接履行主办单位的职责；主管单位应在两个月内决定该出版单位停办或者另行指定新的适当的主办单位；逾期仍没有合格的主办单位的，由新闻出版行政管理部门根据有关规定对该出版单位注销登记。

第十二条 主管单位决定不再履行本规定第九条规定的职责时，应作出停办该出版单位的决定并以书面形式报告新闻出版行政管理部门，新闻出版行政管理部门即对该出版单位注销登记。

第十三条 出版单位因严重亏损，无力清偿到期债务，主办单位或主管单位又不代替清偿的，主管单位应当决定其停办，并书面报告新闻出版行政管理部门，对该出版单位注销登记，依法进行清算。

第十四条 主管单位、主办单位不能履行职责或违反本规定，致使出版单位丧失继续举办条件的，由新闻出版行政管理部门对该出版单位撤销登记。

第十五条 本规定由新闻出版署解释。

第十六条 本规定自公布之日起施行。

关于对涉及伊斯兰教的出版物加强管理的通知

中共中央宣传部　中共中央统战部　新闻出版署

国家民族事务委员会　国务院宗教事务局

1993年10月19日　（93）新出联字12号

各省、自治区、直辖市党委宣传部、统战部，新闻出版局，民族事务委员会，宗教事务局，中央国家机关各部委，各人民团体：

一个时期以来，一些出版单位陆续发表和出版了一批有关伊斯兰教的文章和图书。其中不少是有价值的，对宣传马克思主义宗教观和党的宗教政策，对引导读者正确认识宗教问题、了解宗教知识起到了积极作用。但是在这类出版物的出版过程中也存在着一些问题。有些单位或个人违反国家的有关规定，未经同意擅自翻印并向社会公开发行宣传有关伊斯兰教教义的各类经书、典籍；极少数出版单位甚至违反党和国家的民族宗教政策，出版、发表歪曲、辱骂、诬蔑伊斯兰教的图书和文章，无视少数民族风俗习惯，严重伤害了信教群众的宗教感情，引起了他们的不满，损害了社会的安定团结。

正确对待和处理民族、宗教问题，是我国社会主义建设事业中一个重要课题，是建设有中国特色社会主义的一个重要内容。认真贯彻党和国家的民族、宗教政策，维护宪法确定的公民宗教信仰自由的权利，尊重少数民族的风俗习惯，加强对信教群众和宗教界人士的爱国主义教育，对于维护社会稳定、增进民族团结、促进祖国统一、加快社会主义现代化建设，都有着不容忽视的重要意义。为了加强对涉及伊斯兰教的出版物的管理，根据《中共中央、国务院关于进一步做好宗教工作若干问题的通知》（中发〔1991〕6号）的精神，现就有关事项通知如下：

一、所有的出版单位都必须切实贯彻执行党的民族宗教政策，维护宪法确定的公民宗教信仰自由的权利，维护民族团结和社会安定，不得在出版物中有违背党和国家的政策、法律、损害公民宗教信仰自由的权利，伤害信教群众的宗教感情和少数民族的风俗习惯的内容。

二、供伊斯兰教内部使用的经书、典籍和阐释伊斯兰教经典、教义、教规等印制品，由伊斯兰教团体根据需要提出申请，须经省、自治区、直辖市以上人民政府宗教事务部门审批，并报同级政府新闻出版局备案、办理内部准印手续；同时，这类出版物只能在经政府批准开放的清真寺内发放、流通。若数量较大，须报经国务院宗教事务局审批，并报新闻出版署备案。非宗教团体、个人一律不得印制、出版、发行。违反上述规定，按非法出版活动处理。

为研究我国古代文化和开展对外文化交流的特殊需要而正式出版有关伊斯兰教的经书或典籍，须经新闻出版署会商国务院宗教事务局审批，并指定有关专业出版社安排出版。

三、凡涉及研究和评价伊斯兰教的出版物（包括消息和文章），要坚持马克思主义的宗教观，以党和国家的有关宗教政策和法律为准绳。对伊斯兰教的历史、人物、事件、教义、教规以及对经书、典籍等进行专业学术研究、考证的图书、工具书，属于学术著作，由各地人民出版社及中央有关的社会科学专业出版社安排出版；对于这一类的学术文章，中央有关社会科学专业期刊可以发表。但这类图书和文章中凡涉及敏感问题（如论及现行宗教政策、外交政策和涉及少数民族宗教信仰、禁忌、风俗习惯等问题），出版单位须报请上级主管部门审核批准。必要时应征询省级以上伊斯兰教协会或省以上人民政府宗教事务部门的意见。

四、对以伊斯兰教的经书、典籍或教义、教规等为基础进行加工、编写的通俗读物，或以所谓传闻、轶事为根据而编撰的有关宗教和少数民族风俗习惯的通俗读物，特别是海外的此类出版物（包括音像制品），原则上不得安排出版。如确有需要安排公开出版的，要着重考虑书稿内容是否有利于贯彻党和国家的宗教政策、民族政策，并经省级政府宗教事务部门和新闻出版局审核同意（中央单位的出版社须经主管单位审核同意）后，报新闻出版署审批。有关伊斯兰教的连环画、画册（像）不得安排出版。

五、非国家定点的书刊印刷企业一律不得承接印制任何有关伊斯兰教的出版物。

六、任何发行单位不得发行非正式出版单位出版的有关伊斯兰教的书、报、刊及音像制品。凡正式出版单位出版的有关伊斯兰教的出版物，应严格按照规定的发行方式、发行对象办理。

七、上述有关伊斯兰教的图书、音像制品一律不得协作出版或代印（复录）、代发。

八、凡违反上述有关规定的出版单位，由省级新闻出版局或新闻出版署分别给予行政处罚；对违反上述规定，造成出版物内容违背党的民族宗教政策并在社会上产生严重不良影响的出版单位，新闻出版署可给予停业整顿直至撤销登记的处罚；触犯法律的，交由司法部门追究法律责任。

关于禁止"买卖书号"的通知

中共中央宣传部　新闻出版署

1993年10月26日　（93）新出联字13号

各省、自治区、直辖市党委宣传部、新闻出版局，总政宣传部，各出版单位：

党的十一届三中全会以来，出版工作坚持党的一个中心、两个基本点的基本路线，坚持为人民服务、为社会主义服务的方针，整个事业发展很快，出版了许多好书，为社会主义物质文明和精神文明建设做出了重要贡献。但是，近几年来，在发展中也出现了一些值得注意的问题。"买卖书号"是其中比较突出的问题之一。

一些出版社以管理费、书号费或其他费用的名义收取费用，出让国家出版管理部门赋予的编辑、印刷、发行出版物的权力，给一些非出版单位或个人提供书号，使他们以出版社的名义出书牟利。"买卖书号"的行为，违反了国家关于出版管理的规定，背离了社会主义市场经济的发展要求和出版事业发展的规律，造成许多严重后果。一些出版单位放弃职责，使一批平庸的、粗制滥造的读物得以出版，损害了读者的利益，导致图书出版总量失衡，败坏了社会主义出版事业的形象。尤其是少数不法分子利用买到的书号，出版有严重政治错误、泄露国家机密、损害民族团结、违反外交政策、宣扬封建迷信以及色情淫秽内容的图书，造成了很坏的社会影响，损害了社会主义的精神文明的建设。一些单位或个人利用书号，无照经营，偷税、漏税，牟取暴利，损害了国家的利益。“买卖书号”还严重腐蚀了出版队伍，一些出版单位和个人，为捞取经济上的好处，贪污受贿，以权谋私，甚至与不法书商内外勾结，走上犯罪的道路。这是拜金主义和腐败现象在出版工作中的重要表现，是出版行业中突出的不正之风。

为了继续深化出版改革，加快建立适应社会主义市场经济发展要求、符合社会主义物质文明和精神文明建设需要的出版管理体制和运行机制，进一步繁荣出版事业，必须采取坚决有力的措施，禁止各种形式买卖书号的行为。现特作如下通知：

第一、出版单位和出版工作者，要进一步坚持为人民服务、为社会主义服务的方针，严格执行出版纪律，遵守职业道德，维护出版秩序，在出版工作中始终把社会效益放在首位，力求经济效益同社会效益的统一，努力多出好书。

第二、出版社必须对出版物的编辑、校对、印刷、发行等各个环节负全部责任，不得以任何形式直接或间接地出卖书号，不得将经济指标和书号分配给编辑个人掌握。

第三、严禁任何单位、任何个人以任何形式购买书号。购买书号出版的图书，属非法出版物，坚决予以取缔。

第四、对违反上述规定的出版社，将分别情况没收非法所得、罚款、追究领导和主要责任者责任、停业整顿，直至撤销社号。对情节严重构成犯罪的责任者，依法追究法律责任。

其他单位和个人违反上述规定，按非法出版活动处置。触犯刑律的，由司法机关依法惩处。

第五、出版社要严格执行新闻出版署1991年《关于缩小协作出版范围的规定》，凡违反规定，超出协作出书范围和协作对象，放弃对协作出版的图书编辑、较对、印刷、发行等各个环节职责的，按“买卖书号”查处。

第六、各出版社要对“买卖书号”问题进行检查清理，并将检查结果于1993年12月31日前报告新闻出版署和省、自治区、直辖市新闻出版局。对本文件下发之前的问题，认真自查自纠并作出报告的从宽处理；否则从严处理。自本文件发布之日起，再发生的此类问题，一律从严、从重查处。

第七、各出版单位要在出版工作人员中深入开展职业道德和法制纪律教育，制定自我监督、自我约束的规定。各地党委宣传部、新闻出版局和各出版单位的主办、主管部门，要切实加强管理和监督。

关于防止在出版物中泄露国家秘密的通知

新闻出版署　1994 年 3 月 12 日　新出图〔1994〕156 号

近年来，有少数出版单位在出版涉及中外关系、革命史料、国防建设等方面的出版物中，把关不严，未经认真的审核和报批，致使有的出版物严重违反国家保密法、中国人民解放军保密条例和新闻出版保密规定，泄露了党和国家的重要秘密和军事秘密，以及其他应当严格保密的资料，造成了恶劣的政治影响和严重的后果。

新闻出版是大众传媒的重要渠道，在新闻出版工作中严守国家秘密、防止和杜绝出现泄密事件是出版部门应尽的责任和义务。为切实加强这方面的工作，根据有关规定，通知如下：

一、各出版单位必须严格执行《中华人民共和国保守国家秘密法》、《中国人民解放军保密条例》、《新闻出版保密规定》等各项有关保密的规定及要求，并根据本单位的实际情况制定有力防范措施，杜绝在出版工作中出现泄密事件。

二、在出版物中（包括内部发行的出版物）严禁载有下列内容：国家事务重大决策中的秘密事项；国防建设和武装力量活动中的秘密事项；外交和外事活动中的秘密事项以及对外承担保密义务的事项；国民经济和社会发展中的秘密事项；科学技术中的秘密事项；维护国家安全活动和追查刑事犯罪中的秘密事项；其他经国家保密工作部门确定应当保守的国家秘密事项。

三、出版物中凡涉及下列内容的，要严格执行送审报批制度：

国家事务的重大决策，党的文献和档案，国防建设和武装力量情况，国家外交政策和对外宣传工作，国民经济和社会发展中的统计资料和数据，尖端科技、科技成果及资料，测绘和地图，国家安全活动和追查刑事犯罪活动，其他各部门各行业中不宜公开的重大事项；以及出版单位把握不准是否属于秘密的问题。

四、送审报批的原则和要求。凡需送审报批的出版物，出版单位应遵照有关的文件和规定事先做好自审工作，提出需审核确定是否秘密的事项和问题，报经出版单位主管部门审核批准。出版单位主管部门如把握不准，应及时报有关主管部门审定。凡涉及已有文件规定的事项和内容，应严格按照文件规定的程序送审。凡涉及国防建设和武装力量活动中的各项重要事宜的出版物，原则上应由军队出版单位安排出版；其他有关出版单位如需安排出版，选题应报新闻出版署批准；书稿内容在出版单位严格自审及出版单位主管部门审核同意后，须报中国人民解放军军以上机关有关部门审定，否则不得出版。

五、出版物泄密的认定和查处。出版物是否构成泄密的认定部门是：国家保密部门，军队保密部门以及所涉及问题的中央有关主管部门。一旦出现出版物泄密问题，出版单位、出版单位主管部门、发行部门、印刷、制作部门以及新闻出版管理部门须立即采取果断措施，停售、封存全部出版物，对已发出去的出版物要根据发货渠道尽力收回，一并就地销毁，防止国家秘密进一步扩散。因泄密而停售、封存、销毁所造成的经济损失，由出版单位承担。对违反各项保密规定，造成泄密的单位，根据情节轻重，由省级以上新闻出版管理部门给予没收利润、罚款、通报批评、停业整顿的处分。对有关责任者，由出版单位和出版单位主管部门严肃处理，情节严重的，应移交司法部门追究刑事责任。

关于严格禁止买卖书号、刊号、版号等问题的若干规定

新闻出版署　1997 年 1 月 29 日　新出图〔1997〕53 号

各省、自治区、直辖市及计划单列市新闻出版局、音像行政管理部门，中央在京出版社、期刊社、音像出版社和主管部门，解放军总政宣传部，全国各出版社、期刊社、音像出版社及复制单位：

为了认真贯彻党的十四届六中全会精神，加强出版管理，树立行业新风，进一步繁荣出版事业，根据国务院颁布的《出版管理条例》和中宣部、新闻出版署的有关规定，现重申并补充关于禁止买卖书号、刊号、版号的若干规定如下：

一、严格出版单位买卖书号、刊号、版号。凡是以管理费、书号费、刊号费、版号费或其它名义收取费用，出让国家出版行政部门赋予的权力，给外单位或个人提供书号、刊号、版号和办理有关手续，放弃编辑、校对、印刷、复制、发行等任何一个环节的职责，使其以出版单位的名义牟利，均按买卖书号、刊号、版号查处。

二、严格任何单位和个人以任何名义直接或间接地购买书号、刊号、版号，并参与出版、印刷、复制、发行等活动。凡购买书号、刊号、版号从事的出版活动均属非法出版活动，坚决予以取缔。

三、出版工作者在组稿和编辑过程中，不得以任何名义，向供稿单位或个人索取和收受各种费用（如审稿费、编辑费、校对

费等），不得索取和收受礼品、礼金或有价证券等。

四、出版工作者不得在出版、印刷、复制、发行等经营活动中索取和收受回扣或提成。

五、严禁出版工作者参与各种非法出版活动。出版工作者不得为不法书商提供证明材料和办理有关手续，以掩盖买卖书号、刊号、版号的非法行为。

六、出版工作者不得利用职务之便在他人作品上署名，以谋取个人名利；不得利用职务之便以他人名义支取稿费、编审费、校对费等费用。

七、出版单位要严格财务管理，严格审计制度，不得在出版、印刷、复制和发行活动中以任何名义搞任何形式的“体外循环”或虚假的“体内循环”。

八、出版单位必须建立、健全严格的书号、刊号、版号的管理制度，指定专人负责书号、刊号、版号的管理。不得将书号、刊号、版号和经济创收指标等承包到编辑部或个人，不得在异地设立编辑机构。

九、出版单位或个人不得以出版个人或企事业单位名录或约稿收费等名义，向供稿单位或个人以任何名义索取任何费用。

十、出版单位印刷、复制出版物必须到有印制许可证的印制厂印制；出版单位不得向没有一级批发权的任何发生单位转让或变相转让总发行权，也不得向非发行单位批发出版物。出版单位的一切印制业务和发行业务，必须严格遵守新闻出版署关于实行印刷委托书、复制委托书、书刊发行委托书的有关规定。

十一、出版单位的年度出版计划及涉及国家安全、社会安定等方面的重大选题，应严格按国家出版行政部门的具体规定，办理备案等手续。出版单位对书稿的初审、复审和终审工作要切实到位、严格把关，对编、排、校、印等环节进行全程监督。

十二、对违反上述规定的单位和个人，由国家出版行政部门，根据国务院颁布的《出版管理条例》和其他有关规定，视其情节轻重，给予行政处罚，触犯法律的，移交司法机关处理。

各出版单位必须严格执行上述规定，要根据本单位的实际情况，制定相应的实施细则或实施办法。各省、自治区、直辖市出版行政部门要向社会公布举报电话，以监督执行本规定。

本规定自发布之日起实行。

关于不得在出版物上公开引用发表新华社内参涉密信息的通知

中共中央宣传部　新闻出版署

1998 年 4 月 30 日　（98）新出联 10 号

各省、自治区、直辖市以及新疆建设兵团党委宣传部、新闻出版局，中央级出版单位主管部门，中央各新闻单位，总政宣传部新闻出版局：

新华社主办的内部刊物，是向中央和地方各级领导提供内部情况的重要渠道。这些刊物根据不同内容，分别确定为绝密、机密、秘密三种密级，供不同层次的领导同志参阅。做好内部刊物的保密工作，关系到党和国家的利益。鉴于新华社内部刊物的特殊性，中央有关部门多次发文，对内部刊物的办刊宗旨、发行和阅读范围等做出了严格规定，对如何做好内部刊物的保密工作提出了明确要求。但是，近年来一些新闻出版单位违反国家保密规定，在公开出版物上擅自引用，甚至全文发表新华社内部刊物上刊载的材料，造成不良影响。为杜绝各类公开出版物违规采用新华社内部刊物刊载的材料的现象，现通知如下：

一、各新闻出版单位必须严格遵守国家保密局、中央对外宣传小组、新闻出版署、广播电影电视部《关于发布〈新闻出版保密规定〉的通知》（〔92〕国保 34 号）和《出版管理条例》有关保守国家秘密的规定，不得擅自公开引用、发表新华社有密级的内部刊物上的任何材料。

二、如果认为新华社内部刊物中的某些材料确实有必要公开报道、出版，有关单位应书面向新华社提出解密建议，并征得新华社同意后方可使用。

三、新闻、出版单位违反《新闻出版保密规定》和《出版管理条例》，擅自公开引用、发表新华社有密级的内部刊物上的材料并造成不良影响的，新闻出版管理部门将依法追究其行政责任。

关于不得出版宣扬愚昧迷信和伪科学内容出版物的通知

中共中央宣传部　新闻出版署

1999 年 8 月 23 日　新出联〔1999〕16 号

各省、自治区、直辖市党委宣传部、新闻出版局、音像行政管理部门，新疆生产建设兵团新闻出版局，总政宣传部，中央各部门出版行政管理部门：

近年来，社会上出现了一些值得注意的倾向。有的打着气功、练功的旗号，散布荒诞言论和歪理邪说；有的以研究民俗为幌子，通过看相、算命、看风水等宣扬愚昧迷信和伪科学。少数出版单位受此影响，置国家有关出版法规于不顾，也出版、印刷、复制、发行了一些宣扬愚昧迷信内容的出版物。这些出版物，影响了社会主义精神文明建设，有害于人民群众的身心健康，不利于社会的稳定。对此，必须引起我们的高度重视，要从讲政治的高度加强对此类出版物的管理。根据《出版管理条例》第三条、第二十五条第六款和《音像制品管理条例》、《印刷业管理条例》的有关规定，现就不得出版宣扬愚昧迷信和伪科学内容出版物的问题通知如下：

一、所有图书、期刊、电子出版物和音像制品出版单位，必须坚持为人民服务、为社会主义服务的出版方针，坚持把社会效益放在首位。所出版的出版物，内容必须有利于社会主义物质文明和精神文明建设，有利于提高全民族的思想道德和科学文化素质，有利于人民群众的身心健康。

二、所有出版单位不得出版借气功练功健身之名，散布荒诞言论和歪理邪说，宣传愚昧迷信和伪科学的出版物；不得出版借研究民俗、传统文化之名，宣扬看相、算命、占卜、看风水等愚昧迷信、伪科学的出版物；不得登载法律、法规和有关出版管理规定禁止的内容。同时严禁买卖书号、刊号、版号出版上述出版物。

三、今后，有关涉及气功、练功类的出版物限于国家出版行政管理部门指定的体育、卫生类出版单位出版，其他出版单位一律不得出版。上述出版单位在出版有关气功、练功类出版物时，要严格履行选题论证制度、稿件审核制度，其主管部门也要严格把关。对出版中把握不准的问题，要及时请示有关部门。

四、所有印刷、复制企业在印制、复制出版单位正式出版的有关气功、练功类出版物时，必须严格按《印刷业管理条例》、《出版物印刷管理规定》、《音像制品管理条例》、《音像制品复制管理办法》、《电子出版物管理规定》办理委印和承印手续，并严格执行《图书、期刊印制委托书》、《录音录像制品复制委托书》、《电子出版物复制委托书》制度。印刷、复制企业不得擅自加印、翻印、盗印、销售上述出版物。所有印刷、复制企业不得印制、复制宣扬愚昧迷信、伪科学内容的非法出版物。驻厂监督员要严格履行职责，加强监督管理。

五、加强出版物发行管理。具有总发行权的发行单位在征订发行有关气功、练功类的出版物时，必须严格执行征订发行委托书制度；零售单位只能从正式渠道进货，并严格履行进货手续，完整保存进货凭证；任何发行单位不得经营非法出版物。

六、各地、各出版单位要按照上述要求和规定，并结合新闻出版署《关于不得出版宣传愚昧迷信的图书的通知》（〔89〕新出图字第338号）的要求，对有关气功、练功类的出版物和看相、算命、看风水等宣扬愚昧迷信、伪科学内容的出版物进行一次全面清理。凡不符合上述规定的，已安排的选题要坚决撤销；在制品要坚决停止出版、印刷、复制；已出版的，一律停止发行。出版单位清理后，应及时将停售的出版物列出清单通知有关发行单位；各发行单位要及时下架、停售，并认真清理库存，向原供货单位办理退货手续；各地书刊和音像市场管理部门要按照出版单位的停售通知，加强对书刊音像市场的检查。清理工作中要严格掌握有关政策和要求，将真正研究民俗和传统文化的学术研究著作同宣扬愚昧迷信和伪科学内容的出版物区分开来。各省、自治区、直辖市新闻出版局，各有关部委出版单位主管部门，要将清理结果于9月20日前报新闻出版署，同时抄报中宣部出版局。

各级出版行政管理部门，各出版、印刷、复制、发行单位，要严格按照本通知的规定和要求，认真贯彻执行。对违反本通知的单位和个人，要依照《出版管理条例》、《印刷业管理条例》、《音像制品管理条例》、《电子出版物管理规定》、《图书总发行管理的暂行规定》等有关法规，给予相应的行政处罚；构成犯罪的，要依法追究刑事责任。

关于发布、实施《出版物条码管理办法》的通知

新闻出版署　2000年3月29日　新出技〔2000〕404号

各省、自治区、直辖市新闻出版局，各条码分中心，新华书店总店，各有关单位：

为加强对出版物条码的管理，推进条码技术在新闻出版行业的应用，加快新闻出版行业的信息化建设，特制定并发布《出版物条码管理办法》。

本办法自2000年5月1日起实施。请各单位认真贯彻执行。

出版物条码管理办法

第一章　总　则

第一条　为了规范出版物条码管理，保证出版物条码质量，加快出版物条码推广应用，促进社会主义市场经济发展，根据国家有关规定，制定本办法。

第二条　凡在中国注册并获准使用ISNB、ISSN、ISRC号的出版单位，必须办理和使用出版物条码。

第三条　出版物条码是由一组按EAN规则排列的条、空及其对应字符组成的表示一定信息的出版物标识。出版物条码包括图书条码、期刊条码、音乐制品条码和电子出版物条码。

第四条 各级出版行政管理部门和有关部门，应当积极引导和鼓励出版发行单位规范使用出版物条码，推广应用出版物条码技术。

第二章 出版物条码的组织机构和管理

第五条 新闻出版署是全国出版物条码工作的主管部门，履行下列职责：

（一）制定全国出版物条码工作的方针、政策和法规；

（二）组织制修订、宣传、贯彻和实施出版物条码的有关标准；

（三）组织全国出版物条码工作的监督检查；

（四）处理出版物条码工作中的其他问题。

第六条 新闻出版署条码中心是全国出版物条码工作机构，在新闻出版署领导下，履行下列职责：

（一）贯彻执行出版物条码工作的方针、政策、法规和标准；

（二）统一组织、协调、管理全国出版物条码工作；

（三）负责全国范围内出版物条码技术培训，提供出版物条码技术咨询与服务；

（四）开展与出版物条码技术有关的国内和国际交流与合作；

（五）负责审批出版物条码申请单，并提供符合质量标准的出版物条码软片。

第七条 新闻出版署条码中心地方分中心接受所在省、自治区、直辖市新闻出版局的领导、检查和考核，履行下列职责：

（一）贯彻执行出版物条码工作的方针、政策、法规和标准；

（二）组织、协调和集中管理本地区的出版物条码工作；

（三）负责审核和汇总本地区出版物条码申请单；为本地区出版单位发放条码；

（四）负责本地区出版物条码质量检测、技术培训，提供出版物条码技术咨询与服务。

第三章　出版物条码的制作和申办方法

第八条　为了切实达到出版管理的目的，确保出版物条码软片的制作质量，出版物条码软片统一由新闻出版署条码中心制作。其他单位一律不得从事此项业务。

第九条　北京地区中央级出版单位向新闻出版署条码中心申办条码，在各省、自治区、直辖市的出版单位向所在地的新闻出版署条码中心地方分中心申办条码。

第十条　条码的申办按下列程序进行：

1．图书出版单位申办条码，持省、自治区、直辖市新闻出版局或中央、国务院各部委出版社主管部门、解放军总政治部宣传部出具的含有书号分配数量、书号起止号的证明信，经新闻出版署图书出版管理司核准后，到中国 ISBN 中心领取书号的顺序号、校验码，然后按第九条的规定申办条码。

当出版单位重印图书的价格与上一次印刷不同时，须申办带有附加码的条码。出版单位持加盖单位公章的条码申请单，按第九条的规定申办条码。

2．期刊出版单位申办条码，须到中国 ISSN 中心办理 ISSN 号后，携带期刊登记证和加盖单位公章的条码申请单，按第九条的规定申办条码。

3．电子出版物出版单位申办条码，持由新闻出版署音像和电子出版管理司核发电子出版物的批准文件、中国 ISBN 中心核发的 ISBN 号和加盖单位公章的条码申请单，按第九条的规定申办条码。

4．音像出版单位申办条码，持中国 ISRC 中心分配的版号批准文件和条码申请单，到新闻出版署条码中心申办条码。

第十一条 新闻出版署条码中心收到条码申请单后，须在三个工作日内完成条码软片的制作。

第十二条 出版物条码软片的模块尺寸应符合国家标准 GB 12904。

第四章 出版物条码的应用

第十三条 无条码的出版物或印有不符合质量标准条码的出版物不得上市销售。

第十四条 出版单位不得将一个条码在多种出版物上使用。出版单位对其相应出版物的条码享有专用权。

第十五条 出版单位应当按照有关对出版物条码的颜色及印刷位置的标准和规定印刷出版物条码。

第十六条 印刷单位应当按照有关国家标准印刷出版物条码，不得随意缩小。如需使用缩小版的条码，应在申办条码时向新闻出版署条码中心注明，由该中心制作缩小版的条码软片，以保证出版物条码的印刷质量。

第十七条 任何单位或者个人不得伪造、冒用出版单位的出版物条码。

第五章　罚　则

第十八条　违反本办法第二、八、十三、十四和十七条规定，责令改正，并可处以5000元罚款；情节严重的，可处以10000元罚款。

第十九条　本章所规定的行政处罚由各省、自治区、直辖市出版管理部门负责实施。

第二十条　从事出版物条码管理工作的有关人员滥用职权、徇私舞弊的，由主管部门予以行政处分；构成犯罪的，依法追究其刑事责任。

第六章　附　则

第二十一条　出版物条码收费按照国家有关规定执行。

第二十二条　本办法由新闻出版署负责解释。

第二十三条　本办法自2000年5月1日起施行。

关于禁止收费约稿编印图书和期刊的通知

新闻出版署　2000年12月15日　新出图〔2000〕1699号

各省、自治区、直辖市新闻出版局，中央、国务院各部委出版社主管部门，解放军总政宣传部新闻出版局，全国各出版社：

关于禁止收费约稿编印图书、期刊，国务院和新闻出版署早有明确规定。但是，近一个时期，收费约稿编辑所谓“企事业名录”、“人名大典”以及期刊增刊等骗取钱财的社会丑恶现象又有所泛滥，主要表现为：少数出版单位违反规定收费编辑图书、期刊；一些部门和行政事业单位所属的信息中心、文化公司等，利用行政命令手段高额收费编辑图书、期刊；一些不法之徒骗取或冒用权威部门或专家名义，组成“某书”、“某大典”编辑部或编委会，四处投寄征稿单，骗取钱财。上述情况尽管性质、手法不同，目的都是借编辑图书、期刊名义，为单位或个人敛取钱财。其做法不仅使一些内容平庸、质量低劣的图书、期刊得以出版，浪费了出版资源，扰乱了正常出版秩序，损害了出版界形象，同时也使一些不明真相的人上当受骗，损害了作者和读者利益，在社会上造成不良影响。为坚决遏制这种歪风，就禁止收费约稿编印图书、期刊活动重申并补充规定如下：

一、任何出版单位不得以任何名义直接或间接向作者（单位或个人）收费约稿；不得要求作者个人出钱资助出书，不得要求供稿单位或作者个人包销图书，不得以图书抵充稿费，不得收取“认刊费”或要求作者购买与“认刊费”同等价值的图书。自费出版项目必须严格按自费出版的规定办理。

二、严禁出版单位以卖书号、刊号或其他方式，为从事收费约稿编辑图书、期刊活动的单位或个人提供便利条件。

三、以单位名称、个人简历、人物事迹及通讯方式等为内容的“名录”类图书，只能由国家批准的正式出版单位出版，出版前必须按规定履行选题备案手续，严禁以任何名义向供稿单位或个人收取任何费用。

四、出版单位要始终把社会效益放在首位，自觉遵守各项管理规定，特别是要加强对自费出版的管理。各级新闻出版管理部门和单位，要认真履行主管主办责任，切实加强对本部门、本单位出版工作的管理，坚决禁止下属出版单位从事收费约稿编辑图书、期刊等违规活动。

五、新闻出版行政管理部门要坚持严格依法管理，对收费约稿编印书刊等非法出版活动，一经发现，要立即予以取缔。

六、对违反上述规定的出版单位及其负责人和责任人，将依照有关规定予以严肃处理。

关于在出版物中使用规范的党旗党徽及其图案的通知

新闻出版总署　2001年6月29日　新出明电字〔2001〕10号

各省、自治区、直辖市新闻出版局，新华书店总店：

中国共产党党旗党徽是中国共产党的象征和标志。中央办公厅和中央组织部曾多次发文，对党旗党徽的制作和使用提出明确的要求，各出版单位有义务维护党旗党徽的严肃性。但是，目前有些出版单位所出版的出版物中，未按规定使用规范的党旗党徽及其图案，以致造成不好的社会影响。为此，特通知如下：

一、出版物上所使用党旗党徽图案，必须符合《中国共产党党旗党徽制作和使用的若干规定》（中办法〔1996〕25号）的要求。

二、各出版单位要对其所出版的各类出版物，特别是对庆祝建党80周年的出版物中所使用的党旗党徽图案进行严格的检查，凡不符合中办法〔1996〕25号文件规定的，一律不得出版；已经出版的，要停印停发，待改版符合要求后，方可发行。

三、各发行单位要根据本通知精神对所发行的出版物进行一次严格检查。凡不符合规定的出版物一律下架，不得销售。

四、各级出版管理部门要维护党旗党徽的尊严作为一项严肃的政治任务来对待。对未按规定使用或刊载党旗党徽及其图案的现象，要坚决予以纠正。请各地将检查处理情况及时报告我署。

关于对出版物使用互联网信息加强管理的通知

新闻出版总署　2001年8月14日　新出报刊〔2001〕1107号

各省、自治区、直辖市新闻出版局，中央国家机关报刊管理部门，解放军总政宣传部新闻出版局：

随着网络技术的快速发展，互联网已经成为信息传播的一个重要渠道，对出版传媒产生着广泛而深刻的影响。报纸、期刊、图书、音像制品和电子出版物使用互联网信息的情况日益增多，越来越受到出版单位的重视。另一方面，出版物在使用互联网信息的过程中，也出现了不少问题，诸如：有些出版物未经核实转载网上虚假新闻；有的不能严格认真地审核把关，出现了严重政治错误；有的内容格调低下，有害青少年的身心健康等。这些情况，直接影响了报刊、图书等出版物的质量，造成不好的社会影响。为了加强和规范对出版单位使用互联网信息的管理，使之健康发展，根据《出版管理条例》的有关规定，现将有关事项通知如下：

一、各类出版物在出版过程中使用互联网信息，必须坚持社会主义出版方针，保证正确的政治方向，遵守国家的相关法律、法规，所使用的互联网信息不得含有法律、法规禁止的内容。使用互联网信息出版涉及国家重大方针、政策以及民族、宗教、军事、外交、保密等方面的内容，应严格遵守有关规定，把握不准的要征询有关部门的意见。出版物在使用互联网信息时，应遵循和坚持社会效益第一的原则，不得使用色情暴力、封建迷信、格调低下的信息内容。出版单位的出版物使用违法违规的互联网信息，必须承担由此产生的一切法律责任和行政责任。

二、出版物使用互联网上的新闻报道或纪实作品，应坚持真实性原则，发稿前要与原发稿单位取得联系，认真核实。出版物使用互联网信息造成内容失实的，应及时公开更正，并采取有效措施消除影响。报刊不得转载互联网上未经核实的新闻信息。

三、报纸、期刊使用互联网信息，必须有明显的下载标识，并注明下载文件网址，下载日期等；图书、音像制品、电子出版物使用互联网信息，必须附有下载信息的目录，下载文件网址，下载日期和其他事项。

四、出版物使用互联网信息，属于《图书、期刊、音像制品、电子出版物重大选题备案办法》规定范围的，必须依照规定履行选题备案手续，未经备案不得出版。

五、出版物使用互联网信息中的作品，应遵守著作权法律、法规和《最高人民法院关于审理涉及计算机网络著作权纠纷案件适用法律若干法律问题的解释》中的有关规定。

六、出版单位的上级主管部门和主办单位，对所属出版单位的出版物使用互联网信息的情况，要加强监督检查，认真履行管理职责，对使用互联网信息当中涉及到重要事件的内容，要严格把关。因失职而产生严重后果的，除出版单位负责人和直接责任人要给予党纪政纪处分外，还要追究其主管主办单位的领导责任。

七、本通知所指的出版单位是指《出版管理条例》第八条所列范围，包括报社、期刊社、图书出版社、音像出版社和电子出版社等。

八、出版单位凡违反本通知规定的，由新闻出版行政管理机关视情节轻重，按照有关规定给予行政处罚。同时，还可建议其主管部门和主办单位对有关责任人给予相应的行政处分。

关于禁止传播有害信息进一步规范出版秩序的通知

新闻出版总署　2001年11月5日　新出报刊〔2001〕1498号

各省、自治区、直辖市新闻出版局，中央单位报刊有关管理部门：

最近，经济消息报社与中国国情研究会擅自设立“国情内参社”，非法出版、征订发行有严重问题的《国内参考》、《国际参考》和《国内参考特刊》，被我署查处，经济消息报社受到停刊整顿处理。近年来，有的单位和个人以搞“内参”或“内部信息”等名义，将涉及国家秘密的内部资料信息，非法出版的一些涉及党和国家领导人的所谓“内幕”、“秘闻”，以及境外媒体歪曲事实和别有用心的报道、文章等汇编出版，在社会上非法征订发行。有的还非法设立了“信息中心”、“新闻信息服务公司”等，非法从事提供新闻信息的经营活动。这些非法活动严重损害了党的领导，破坏了安定团结的大局，造成了恶劣的社会影响。为制止社会上传播有害信息的非法活动，进一步规范出版秩序，特通知如下：

一、未经新闻出版行政管理部门批准，不得擅自设立以编辑出版“内参”或内部信息资料等的编辑机构；不得擅自公开发表、出版、发行内部涉密信息或境外媒体的报道、文章，以及互联网上未经证实的信息。凡将上述内容汇编出版发行的，一律按非法出版物查缴。

二、未经新闻出版行政管理部门批准，不得成立以传播新闻信息以及从事其他新闻出版活动为主要内容的机构。对擅自设立的非法新闻出版从业机构，有关部门要坚决取缔。

三、新闻出版单位因工作需要所办的“内参”，是向上级领导机关提供情况的重要渠道。要严格规定发送和阅读范围，并标明密级，规范管理。任何媒体不得公开引用、转载和出版发行。

四、各新闻出版单位要强化内部管理，加强对从业人员的职业道德和社会责任感的教育，不得利用工作之便参与或为非法新闻出版活动提供资料和渠道。对组织或参与此类活动的人员要予以严肃处理，并追究有关领导的责任。

五、印刷单位要严格执行有关印刷的管理规定，严格审核准印手续，准印手续不全的，一律不得印制。印制单位要加强内部管理，堵塞漏洞。

各地新闻出版管理部门，中央单位报刊主管、主办单位要结合实际，针对上述问题逐一清理，切实采取有效措施，坚持杜绝此类问题的发生，维护正常的出版秩序。

关于纠正出版物中将“闽南语”误称“台语”问题的通知

新闻出版总署　2002年3月18日　新出音〔2002〕303号

各省、自治区、直辖市新闻出版局，上海市文化广播影视管理局，山西省广电厅，中央在京音像出版单位：

近一时期，发现在一些音像制品中，误将“闽南语”歌曲称为“台语”歌曲，在音像市场上海出现标有“台语红歌星”、“台语金曲”等字样的音像制品。闽南语方言的形成有悠久的历史，是中华民族文化的有机组成部分。近年来，台湾个别人别有用心地将“闽南语”称为“台语”，企图将台湾与中华文化分割开来。这个现象在音像出版工作中应当引起高度重视。为正本清源，纠正出版物中将“闽南语”误称“台语”的问题，特通知如下：

一、各省、自治区、直辖市音像出版行政管理部门接到本通知后，要立即组织辖区内音像出版单位开展一次自查自纠工作，对本单位已出版和在制的音像制品进行一次全面清理。对标有“台语”称谓的音像制品（包括包装及有关文字说明），一律采取措施，予以纠正。各省级音像出版行政管理部门要对辖区内音像出版单位开展此项清理工作加强监督检查。

二、音像出版单位要采取有效措施及时收回标有“台语”称谓的音像制品。地方音像出版单位要将清理及回收情况报省级管理部门，中央在京音像出版单位将清理及回收情况报我署。4月30日后，标有“台语”称谓的音像制品仍未清理回收，将追究有关音像出版单位的责任。

三、各音像出版单位要严格“三审”制度，从编辑、审查、发行等环节入手，堵塞漏洞。今后再发现类似问题，将按照《音像制品管理条例》的有关规定，从严查处。

关于进一步贯彻落实中小学教材管理体制改革意见的通知

新闻出版总署　教育部　国家计委

2002年5月17日　新出联〔2002〕13号

各省、自治区、直辖市新闻出版局、教育厅（教委）、计委、物价局：

为督促各地全面贯彻执行《国务院办公厅转发体改办等部门关于降低中小学教材价格深化教材管理体制改革意见的通知》（国办发〔2001〕34号）及其9个配套文件（以下简称“文件”），国务院办公厅秘书三局、国家计委、新闻出版总署于2001年底联合对部分地区进行了一次专项督查。从督查的情况来看，文件下发后，各地领导重视，措施有力，使中小学教材价格普遍下降，经济适用型教材得到进一步推广，学生家长经济负担有所减轻。但是也发现，有的地方将教辅材料直接编入省级《中小学教学用书目录》、有的新华书店和教育部门所属事业单位直接向学校发送教辅材料推荐目录、有的学校组织学生统一订购教辅材料等违反“文件”规定的现象。这些问题必须切实纠正。现将有关意见和要求通知如下：

一、加强政策的宣传和指导。各省级新闻出版、教育行政部门要在2002年7月1日前，将全部“文件”印发到辖区各级出版、教育行政部门、中小学校，以及教材编写、出版、发行等基层单位。要组织干部职工认真学习，正确理解降低教材价格、改革教材管理体制、减轻学生家长经济负担等各项政策规定及其重要意义，进一步提高认识，增强贯彻落实的积极性和主动性。

二、坚决纠正统一组织学生购买教辅材料的错误行为。从2003年春季开始，教辅材料一律不准编入《中小学教学用书目录》。各级教育行政部门和其他有关部门不得以任何形式强迫学校订购、中小学校不得组织学生购买、发行部门不得向学校征订或随教材搭售一切形式的教辅材料。新闻出版和教育行政部门要对中小学教辅材料的出版、发行、征订、选用等环节加强监督检查，对违反规定的单位和责任人要严肃处理。

三、建立《中小学教学用书征订目录》的公示、备案和审查制度。从2003年春季开始，各省（区、市）教材发行部门要将每季发给学校的《中小学教学用书征订目录》在当地省级报纸上刊登公示，接受社会公众的监督。各地新闻出版和教育行政部门应在目录下达之日起15日内，将发给学校的全部征订目录（含推荐目录）分别报送新闻出版总署和教育部备案。

四、严格执行中小学教材价格管理规定，教材出版单位要按照国家有关规定，合理选用纸张，严格按物价部门核定的正文、封面、插页定价标准，制定教材零售价格。省级价格主管部门核定各学期教材零售价格后，应报国家计委（价格司）备案；省级出版部门应同时将《中小学教材价格统计表》（附后）报新闻出版总署计划财务司。对违反教材价格管理规定的，要依据有关规定严肃处理。

五、加强检查和监督。各级教育、新闻出版、价格等行政部门要密切配合，齐抓共管，共同做好教材出版、发行、定价、教辅材料管理和推广使用经济适用型教材等工作，要全程监督，及时纠正和严肃处理各种形式的违法、违规行为。对学生、家长及社会各方面举报的问题，要及时查处，对严重的违法、违规案件要公开曝光。

新闻出版总署、教育部、国家计委将不定期对各地落实“文件”的情况进行抽查，并将检查结果向全国通报。

关于新闻出版业集团化建设的若干意见

新闻出版总署　2002 年 6 月 3 日　新出办〔2002〕714 号

各省、自治区、直辖市新闻出版局，总政宣传部新闻出版局，新疆生产建设兵团新闻出版局：

推进集团化建设，是新闻出版业调整结构，优化资源配置，提高产业集中度，形成规模优势的重要举措，各地区、各部门要根据中办发〔2001〕17 号文件的精神，解放思想，实事求是，积极主动，加大力度，深入创新，稳步推进，在试点集团的基础上，加快新闻出版业的集团化建设。

一、推进集团化建设的有关政策

（一）关于多媒体兼营

1. 试点报业集团、出版集团、期刊集团和音像电子出版集团，经批准，可兼营报纸、期刊、图书、音像制品、电子出版物和网络出版业务。

2. 试点集团实行多媒体兼营，应着重于现有资源的整合。在治散治滥中调整出的指标，主要用于有关试点集团及试点单位的多媒体兼营。

3. 积极支持有关试点集团和试点单位与其他媒体经营单位进行跨媒体的兼并、重组与合作联营。有关兼并、重组、联营及申请成立媒体经营单位的报告，经所在地省级新闻出版局审核，报中央宣传部和新闻出版总署批准。

（二）关于实施“走出去”战略

1．经中央宣传部和新闻出版总署批准，可选择部分试点报业集团、出版集团、期刊集团与境外管理规范、技术先进、资信可靠、对我友好的知名媒体集团在发生和印刷方面进行合作。

2．鼓励具备条件的出版、发行单位到境外创办出版公司和发行企业，鼓励名牌期刊采取多种形式到境外办刊。

3．要采取与国外出版发行机构合作出版、区域代理或版权贸易等多种方式，使我国的优秀出版物更多更快地走向世界。

二、关于集团的领导体制

（一）报业集团属事业性质，以中央、省级党报和具备条件的省会城市、计划单列市党委机关报为龙头组建。报业集团实行党委（党组）领导下的社委会（编委会）负责制，党委（党组）书记兼任社长。

（二）出版集团、期刊集团、音像电子出版集团属事业性质，以中央和省级出版单位为主体组建，实行党委（党组）领导下的管委会负责制，党委（党组）书记兼管委会主任。

（三）发行集团属企业性质，以新华书店总店和有条件的省级新华书店为主体组建。按国家规定实行公司制改造的企业，可设立董事会和独立于企业的监事会，董事长由党委书记兼任。

（四）中央部委成立的新闻出版集团由其所在部委领导，其他新闻出版集团组建后，均由中央或省、自治区、直辖市党委宣传部门领导，新闻出版管理部门行使行政和行业监管职能。

三、关于组建集团的报批程序

（一）有条件的省、自治区、直辖市新闻出版局所属出版单位可组建出版集团，有条件的中央级出版社也可组建专业出版集团。

（二）组建报业集团、出版集团、发行集团、期刊集团、音像电子出版集团，经当地党委和政府同意后，报中央宣传部和新闻出版总署批准；已组建但尚未按程序报批的集团，应按规定补办报批手续。

四、集团化建设的下一步规划

（一）要进一步加强对试点集团的宏观指导。今后3年内，出版、发行等集团控制在30家以内。

（二）在继续抓好试点发行集团工作的基础上，近期再批准组建3至5家发行集团，初步形成东西南北中相互竞争、相互促进，符合市场规律的全国出版物营销体系。

（三）近期内批准组建4至5家软硬件兼营、影视录一体化、产供销一条龙的音像电子出版集团；要认真做好以名刊、大刊为“龙头”的期刊集团的试点工作。

（四）试点单位如果经过一段时间的运行达不到改革的要求，或出现违纪违规问题，将视情况取消其试点单位资格，或停止其优惠政策。

关于加强对出版单位与境外出版机构联合冠名管理的通知

新闻出版总署　2002年6月11日　新出图〔2002〕701号

各省、自治区、直辖市新闻出版局，在京出版社主管部门，总政宣传部新闻出版局，全国各出版社：

最近一个时期，我出版单位在与境外出版机构合作出版中出现了联合冠名的现象。加入WTO后，我国政府只承诺逐步放开出版物的分销服务，凡涉及合作出版事宜，仍须按现行有关规定执行。为明确政策，加强管理，特通知如下：

一、本通知所称“境外出版机构”系指中国大陆地区以外包括台、港、澳地区注册登记的出版机构。

二、未经新闻出版总署批准，任何出版单位不得与境外出版机构在合作出版中联合冠名。

三、在版权合作中确需与境外出版机构联合冠名的，出版单位需经主管部门同意后报新闻出版总署备案，新闻出版总署30个工作日内予以答复。

关于电话号码簿出版、发行问题的批复

新闻出版总署　2003 年 3 月 4 日　新出法规〔2003〕239 号

江苏省新闻出版局：

你局《关于电话号码簿出版、发行问题的请示》（苏新出图字〔2002〕46 号）文收悉。经研究，批复意见如下：

电话号码簿编制、发行是电信企业的基本业务，不宜纳入出版物管理范畴。

此复。

关于进一步加强对涉及民族宗教问题出版物管理的通知

新闻出版总署　2003年12月23日　新出报刊〔2003〕1489号

各省、自治区、直辖市新闻出版局，新疆生产建设兵团新闻出版局，解放军总政治部宣传部新闻出版局：

中央宣传部、中央统战部、文化部、广播电影电视部、新闻出版署、国家民委、国务院宗教局等部门分别于1993年和1994年联合下发了《关于对涉及伊斯兰教的出版物加强管理的通知》、《关于严禁在新闻出版和文艺作品中出现损害民族团结内容的通知》。国务院颁布的《出版管理条例》明确规定，出版物中不得含有“煽动民族仇恨、民族歧视，破坏民族团结，或者侵害民族风俗、习惯”的内容。这些文件和法规出台后，全国各新闻出版单位高度重视，在宣传马克思主义民族观、宗教观和党的民族宗教政策，介绍民族宗教知识，报道民族地区经济文化建设成就，促进各民族的团结进步等方面，做了大量的工作，发挥了积极的作用。但是，也有个别新闻出版单位疏于管理，把关不严，致使刊载涉及民族宗教问题的出版物不时出现问题，有的缺乏民族宗教的基本知识，对少数民族风俗习惯进行错误的报道；有的民族宗教政策观念淡薄，违反党和国家的民族宗教政策，伤害少数民族感情的事时有发生，在社会上造成了不良影响。这些问题危害民族团结，影响社会稳定，干扰了我国全面建设小康社会的大局。为进一步加强对涉及民族宗教问题出版物的管理，现将有关事项通知如下：

一、各级新闻出版行政管理部门和新闻出版单位及其主管、主办单位，要高度重视新闻出版从业人员准确宣传民族宗教政策的思想教育工作，把马克思主义的民族观、宗教观，党和国家的民族宗教政策、法规作为新闻出版从业、上岗的必修内容，经常开展民族、宗教政策和民族、宗教知识的学习，进行增进民族团结的教育，结合出版管理的工作实际、不断改进工作，提高贯彻执行党和国家的民族宗教政策和维护民族团结的自觉性。

二、各新闻出版单位要加强对出版物的审读，切实把是否违反民族宗教政策、危害民族团结、影响社会稳定作为审读工作的重点。对出版物涉及民族宗教问题的审读，要坚持马克思主义的民族观、宗教观，以党和国家有关民族宗教问题的政策、法律为准绳；对涉及少数民族宗教信仰、禁忌、风俗习惯，以及宗教历史、人物、事件等问题，要慎重对待；必要时应及时征求当地民族、宗教事务部门和统战部门的意见。同时，各新闻出版单位的主管、主办单位和各级新闻出版行政管理部门也要加强对涉及民族、宗教出版物的监督和管理。

三、严格执行出版物重大选题备案制度和编辑责任制度。凡涉及民族宗教内容的选题，应按有关规定及时向管理部门备案。涉及民族、宗教内容的出版，新闻出版单位要严格执行编辑责任制度和审核程序，加强内部管理、责任到人，层层把关，认真执行新闻出版工作的有关规章制度，防止因管理松弛、工作疏忽而出现错误。

四、新闻出版行政管理部门要认真执行党和国家的有关民族宗教的政策、法规，指导和督促新闻出版单位高度重视、正确对待和处理民族宗教问题，进一步建立健全必要的法规规章，严禁出版任何违反民族宗教政策、伤害民族感情、危害民族团结的出版物。切实加强对新闻出版从业人员的岗位培训，适时指导他们认真学习民族宗教政策和相关知识，在新闻出版工作中严格遵守党和国家的民族宗教政策，自觉维护民族团结和社会安定，防止出现政策性、常识性错误。

五、新闻出版单位必须切实增强政治意识、大局意识和责任意识，维护民族团结和社会安定。一旦出版物出现违反民族宗教政策的问题，出版单位必须及时向上级机关和新闻出版总署报告，同时采取有效措施，防止事态扩大，并积极配合统战、民族、宗教等有关部门妥善解决，消除影响。新闻出版单位的有关责任人必须端正态度，正确对待错误，主动承担责任。做出深刻检查，努力挽回影响。

六、各级新闻出版行政管理部门要依照国务院《出版管理条例》等有关法律、法规和相关规定，对新闻出版单位出版违反民族宗教政策的出版物的行为给予严肃处理，并督促其主管主办部门对主要责任者、有关责任人给予必要的党纪政纪处分。触犯法律的，交由司法部门追究其法律责任。

各地新闻出版管理部门要迅速将本通知精神传达到本地区各新闻出版单位及其主管、主办单位，并认真抓好落实。

关于进一步加强和改进未成年人出版物出版工作的意见

中共中央宣传部　新闻出版总署

2004年5月31日　新出联〔2004〕13号

各省、自治区、直辖市党委宣传部、新闻出版局，新疆生产建设兵团党委宣传部、新闻出版局，解放军总政宣传部新闻出版局，中央和国家机关各部委、各民主党派、各人民团体出版主管部门：

《中共中央、国务院关于进一步加强和改进未成年人思想道德建设的若干意见》（以下简称《意见》），从全面建设小康社会和实践中华民族伟大复兴的战略高度，提出了未成年人思想道德建设的指导思想、基本原则和主要任务，具有很强的时代性和针对性，是新世纪、新阶段指导未成年人思想道德建设的行动纲领。新闻出版业在未成年人思想道德建设中承担着重要的责任。认真学习、深入贯彻落实《意见》，对于进一步加强和改进未成年人出版物出版工作具有重要意义。据此，提出以下意见。

一、加强舆论引导，努力营造有利于未成年人健康成长的社会氛围

1．所有图书、报刊、音像、电子、网络出版单位都要增强责任感，把推动未成年人思想道德教育作为义不容辞的职责，在新闻出版的各个环节上，都要体现未成年人思想道德教育的要求，营造良好的舆论导向和文化氛围。要重点抓三件事：（1）鼓励和提倡图书、报刊、网络等出版物刊载有益于未成年人身心健康

的公益性广告，增加思想道德教育的宣传报道；（2）严格把关，防止出版物中出现不利于未成年人健康成长的文化垃圾和不良信息；（3）开展社会文化生活类报刊的整治工作，营造健康向上的舆论环境。

2．面向未成年人的报纸、刊物和其他出版物，都要把加强未成年人思想道德教育放在首要位置，体现在工作的各个环节。行业考核、评级、评奖，要把出版单位在未成年人思想道德教育中的作用作为重要标准，切实扭转“重才轻德”的出版倾向。

3．所有出版物经销场所都要尽可能在显著位置设立未成年人出版产品专卖场或专柜，陈列展示、推荐介绍、导读评介未成年人思想道德教育读物，拒绝一切不利于未成年人健康成长的出版物进场交易，培育健康的消费市场。

4．继续落实已经开展的《健康游戏忠告》工作，在所有电子游戏出版物和互联网游戏出版物的首页显著位置刊登《健康游戏忠告》，凡未按要求刊登者，将一律停止出版、运营、服务和销售活动。

二、加快繁荣发展，努力为未成年人生产更多更好的精神食粮

5．落实四项主要任务，以最大程度满足未成年人日益增长的精神文化需求为目标，制定选题规划，增加未成年人出版物的品种和数量，提高其在出版总量中的比重。重点组织生产一批适合未成年人阅读特点，知识性、娱乐性、趣味性和教育性统一的优秀读物。尤其要在民族精神和爱国主义教育、理想信念和文明行为规范、原创少儿文学、少儿科普四个方面，打造一批国内一流、世界著名的名牌产品，发挥其巨大的影响作用。

6．调整和落实国家重点图书、音像、电子出版物出版规划，

补充一批适合未成年人阅读和观看的图书、音像制品和电子出版物的重点选题，使“十五”国家重点出版物出版规划中，适合未成年人的图书、音像、电子出版物选题分别有较大幅度增长，指导出版单位落实选题规划，丰富未成年人的阅读生活。

7．利用节庆纪念活动推动未成年人读书活动，组织出版思想性、可读性强的出版物。以邓小平同志百年诞辰和国庆55周年为契机，以介绍革命领袖、爱国英雄、先进人物为重点，专题出版一批未成年人图书、文章、音像制品和电子出版物，组织节庆读书活动，让未成年人受到革命传统和革命理想教育。

8．积极鼓励、引导、扶持软件开发企业，开发和推广弘扬民族精神、反映时代特点、有益于未成年人健康成长的游戏软件产品。

9．以结构调整为主线，以培育现有优势企业为基础，建设具有实力和竞争力的知名企业，在有关地区组建未成年人出版物生产基地。

三、加强“扫黄”“打非”斗争，进一步净化未成年人成长的文化环境

10．把“取缔淫秽色情出版物和宣扬凶杀、暴力、封建迷信的出版物，为青少年健康成长和净化社会风气服务”列为“扫黄”“打非”斗争的主要目标之一。围绕这一目标，在清查市场、打击走私、查办大案和加强对印刷复制单位监管等方面作出相应安排。

11．加强市场监管，净化未成年人出版物市场。在对出版物市场重点地区、重点部位、重点环节的集中整顿治理中，进一步加强对中小学周边的出版物市场进行重点集中整治。深入开展针对淫秽色情出版物，特别是淫秽光盘和以青少年为读者对象的有

害卡通画册、淫秽“口袋书”等非法出版物的专项治理。

12. 在全国开展查处盗版教材、教辅读物的专项治理，坚决堵住盗版教材、教辅读物流入校园的渠道。严厉查处印刷、销售盗版教材、教辅读物的单位和责任人，维护教材教辅市场秩序。

13. 结合盗版教材教辅的专项治理，开展“千万师生拒绝盗版，远离淫秽色情出版物”大型签名活动，引导广大中小学生自觉抵制非法出版物，造成强大的舆论声势，伸张社会正气。

14. 切实加强对互联网站和上网服务营业场所的监管。对载有政治性非法出版物、淫秽色情等内容的网站，依法坚决予以处置。从今年第三季度开始，对上述工作开展情况进行专项检查，并根据检查中所暴露出来的问题进一步采取治理措施。

15. 加强对进口出版物的管理。所有出版物进口经营单位都要严把进口关，特别要对拟进口的未成年人读物进行严格审查，既要有选择地把世界各国的优秀出版物介绍进来，又要防止境外有害出版物流入境内。

四、改进行政管理，加大政策投入，建立有利于未成年人优秀读物出版发行的长效机制

16. 对未成年人读物的出版实行出版资源倾斜政策。总署将在书号、刊号、版号等各个方面予以支持，鼓励多出精品。

17. 实行资金扶持政策。通过有关的出版基金，加大对未成年人读物出版的支持，特别是对教科书、国家出版工程列入的未成年人出版物等，要加大支持力度，保证质优价廉，努力让读者满意。

18. 完善各项奖励政策。继续做好国家图书奖、“五个一工程”奖、中国图书奖的青少年读物专项评奖工作，不仅要表彰奖励优秀出版单位，而且还要表彰奖励长期致力于未成年人出版

工作的优秀作者、编辑、发行人员，让他们得到社会应有的尊重。

19．健全创新机制。对于未成年人出版单位的体制创新、技术创新和产品创新，都要给以政策性的支持和鼓励。特别鼓励、扶持有条件的地方把我国优秀的传统文化用新的技术手段进行表现，开发建设动漫产品研发、生产基地，自主生产中国风格的优秀卡通读物，参与国内外市场竞争。

20．落实人才战略。把未成年人新闻出版事业的人才培养纳入“四个一批人才工程”等整体规划，培养、选拔一批德才兼备的优秀专业人才，充实和加强专业新闻出版队伍，长期为青少年服务。

加强和改进未成年人思想道德建设读物出版工作，是新闻出版业全行业的共同任务。各地党委宣传部和新闻出版管理部门要切实加强领导。新闻出版业各部门各单位，都要大力弘扬求真务实的精神，根据各自担负的职责和任务，采取有效措施，勇于开拓创新，注重工作实效，切实把加强和改进未成年人思想道德建设读物出版工作落到实处，为我国未成年人健康成长提供丰富的精神食粮和良好的文化环境。

关于印发《新闻出版总署关于深化出版发行体制改革工作实施方案》的通知

新闻出版总署　2006年7月3日　新出办〔2006〕616号

各省、自治区、直辖市新闻出版局，新疆生产建设兵团新闻出版局，解放军总政宣传部新闻出版局，中央国家机关各部委、各民主党派、各人民团体新闻出版主管部门：

根据《中共中央、国务院关于深化文化体制改革的若干意见》和全国文化体制改革工作会议的要求，新闻出版总署制定了《新闻出版总署关于深化出版发行体制改革工作实施方案》（以下简称《实施方案》），此件已经中央文化体制改革领导小组办公室原则同意，现印发给你们。

请你们按《中共中央、国务院关于深化文化体制改革的若干意见》和全国文化体制改革工作会议精神以及《实施方案》的要求，认真制定本地区、本部门的改革方案，精心组织实施，积极稳妥地推进各项工作。

各地、各部门制定的本地区、本部门出版发行体制改革实施方案及有关改革工作的进展情况须及时报送新闻出版总署深化出版发行体制改革工作领导小组办公室。

新闻出版总署关于深化出版发行体制改革工作实施方案

根据《中共中央、国务院关于深化文化体制改革的若干意见》的要求和全国文化体制改革工作会议精神，结合出版发行业改革的实际，特制定《关于深化出版发行体制改革工作实施方案》。

一、充分认识深化出版发行体制改革的重要性和紧迫性

2005 年 12 月，中共中央、国务院颁发了《中共中央、国务院关于深化文化体制改革的若干意见》，明确要求深化文化体制改革，进一步解放和发展文化生产力。2006 年 3 月，中央召开了全国文化体制改革工作会议。会议以邓小平理论和“三个代表”重要思想为指导，全面贯彻落实科学发展观，贯彻落实党的十六大和十六届三中、四中、五中全会精神，科学地阐明了深化文化体制改革的重大意义和需要把握的一系列重要问题，对推进出版发行体制改革具有极其重要的指导意义。全国新闻出版系统要认真学习、深刻领会中央关于文化体制改革的一系列重要精神，切实把思想认识统一到中央的重大战略部署上来。

2003 年以来开展的出版发行体制改革试点工作，在中央的领导下，在各地党委、政府以及党政主管部门指导下，通过试点单位的积极探索，取得了重要进展。21 个试点的新闻出版和发行单位，创新体制，转换机制，增强了活力，在许多方面有了突破性进展，取得了良好的社会效益和经济效益，为深化出版发行体制改革积累了经验。与此同时，也要看到，出版发行体制改革试点所取得的成效还只是局部和阶段性的。出版产业结构调整的任务仍然很艰巨；许多出版发行单位游离于社会主义市场经济体制之外，缺乏活力与竞争力；束缚新闻出版业健康快速发展的体制弊

端和机制障碍仍然存在；推动我国出版物走出去的能力有待提高。解决这些问题的根本出路在于解放思想，实事求是，与时俱进，按照中央关于深化文化体制改革的战略部署，坚定不移地推进出版发行体制改革，不断开创新闻出版工作的新局面。

二、深化出版发行体制改革的指导思想、原则要求和目标任务

深化出版发行体制改革的指导思想是：高举邓小平理论和“三个代表”重要思想伟大旗帜，全面贯彻落实科学发展观，遵循社会主义精神文明建设的特点和规律，适应社会主义市场经济发展要求，以发展为主题，以改革为动力，以体制机制创新为重点，深入推进出版发行体制改革，调动广大新闻出版工作者的积极性和创造性，解放和发展出版生产力，促进新闻出版事业全面繁荣和出版发行产业的快速发展。

深化出版发行体制改革的原则要求是：坚持解放思想，实事求是，与时俱进，牢牢把握先进文化的前进方向；坚持一手抓事业繁荣，一手抓产业发展，促进出版发行业全面协调发展；坚持把社会效益放在首位，努力实现社会效益和经济效益的统一；坚持以体制机制创新为重点，在重塑市场主体、完善市场体系、改善宏观管理等关键环节上实现新突破；坚持区别对待、分类指导，循序渐进、逐步推开。

深化出版发行体制改革的目标任务是：形成科学有效的新闻出版宏观管理体制；形成富有效率的微观运行机制，增强活力，提高竞争力；形成以公有制为主体、多种所有制共同发展的出版物市场格局，确保国有资本的主导地位；形成统一、开放、竞争、有序的现代出版市场体系；形成推动我国优秀出版物走向世界的开放格局。

三、大力推动微观运行体制机制改革，重塑市场主体

党报、党刊、时政类报刊以及少数承担政治性、公益性出版任务的出版单位实行事业体制，切实贯彻“增加投入、转换机制、增强活力、改善服务”的方针。这些出版单位要为人民群众提供基本的公益性出版服务，传播先进文化，提供精神食粮，体现人文关怀，不断满足人民群众和国家经济社会发展最基本的出版需求。国家将采用项目支持、政府采购、加工订货等方式给予扶持。实行事业体制的出版社、报社和期刊社要积极推进劳动人事、收入分配制度改革，全面推行聘用制度和岗位管理制度；建立有效的经费保障机制、完善的经营管理运行机制和科学的业绩考评机制，在国家扶持的基础上，面向群众，面向市场，切实提高服务群众的能力和水平。会同有关部门做好对实行事业体制的出版社、报社和期刊社有关优惠政策的制定和落实工作，保证政治性、公益性出版任务的完成。在调研的基础上，会同有关主管部门研究制定人民出版社、民族出版社、中国盲文出版社、科技日报社、农民日报社、中国社会科学杂志社和民族画报社等单位实行事业体制的改革试点工作方案并予以指导。重新确定实行事业体制的出版单位的出版任务和业务范围，在出版资源方面给予必要的保证。对各省、自治区、直辖市人民出版社和少数民族文字出版社的改革问题要加强调查研究，给予必要的指导，支持地方因地制宜深化改革。

采取有效措施，力争通过几年的努力，支持和推动中央和国家机关所属在京的一般出版单位和文化、艺术、生活、科普类报刊社逐步转企改制，今年内要选择一批单位进行转企改制试点。转企改制工作要切实贯彻“创新体制、转换机制、面向市场、壮大实力”的方针。经营性出版单位的根本任务是，以市场为主导，

以健康向上、丰富多彩的出版物满足人民群众多方面、多层次、多样性的精神文化需求。转企改制工作要以体制机制创新为重点，增强活力，提高竞争力。要按照国家有关规定，严格规范转企改制工作，建立资产经营责任制，防止国有资产流失；要按照现代企业制度的要求，完善法人治理结构，发行、印刷等企业要进行股份制改造，实现投资主体多元化。出版社、报社、期刊社从转企改制起，实行企业的财政、税收制度；要按照国家有关规定，做好与劳动人事、社会保障等有关政策的衔接工作，按照新人新办法、老人老办法的原则制定相关政策，妥善分流、安置富余人员。会同有关部门认真做好国家对转企改制单位在一定期限内给予的财政、税收等优惠政策的落实工作，同时根据转企改制工作中出现的新情况、新问题，及时会商有关部门制定新的优惠政策。转制为企业的出版社、报社、期刊社和出版物进出口公司要坚持国有独资或国有绝对控股，实行特许经营或许可证管理。

在听取主管主办部门意见的基础上，有计划、有步骤地将中央和国家机关所属在京出版社、报社、期刊社逐步转制为企业。在调研的基础上，今年要会同有关主管部门研究制定中国电力出版社等一批中央和国家机关所属在京出版社以及中国计算机报社、机电商报社、中国国家地理杂志社、中国妇女杂志社、中国唱片总公司、高等教育音像出版社、北京希望电子出版社、北京科海电子出版社等单位的改革试点工作方案并予以指导。在调研的基础上，与教育部共同制定清华大学出版社等高校出版单位的转制改革试点方案并予以指导实施。明年要按照区别对待、分类指导的要求，重点在国家机关有关部委、行业协会、群众团体、科研机构所属出版单位进行转企改制试点。2008年在广泛听取中央直属机关和有关部门意见的基础上，重点研究和推进中央直属机关和有关部门以及民主党派所属出版单位的改革试点工作，取得经验后逐步全面推开。

对转企改制过程中出版单位以及国有发行单位、出版物进出口单位变更名称、变更注册地等事项要特事特办，纳入“窗口式服务”，做到方便快捷；对变更主管主办单位、调整资本构成和业务范围的，只要符合改革要求和现行政策又有利于发展的，在严格履行报批程序的前提下给予必要的支持。经营性出版单位转制到位后，可根据发展需要适当配置更多的书号、版号等出版资源，扩大出版范围。转制到位的出版发行集团公司，要赋予出口经营权。

军队系统出版发行单位的改革工作由解放军总政治部制定方案并组织实施。

四、优化结构，完善布局，构建统一、开放、竞争、有序、健康、繁荣的现代出版物市场体系

要着力提高出版产业规模化、集约化、专业化水平，培育一批有实力、有竞争力和影响力的报业集团、出版集团公司、期刊集团公司、音像集团公司和发行集团公司，使之成为出版物市场的主导力量和出版产业的战略投资者。鼓励先行试点的出版集团公司和发行集团公司相互持股，进行跨地区、跨部门、跨行业并购、重组或建立必要的经营性的分支机构，确有必要的可适当配置新的出版资源。积极推动有条件的出版、发行集团公司上市融资，做大做强做优。转制为企业的发行单位要建立现代企业制度和法人治理结构，已经转制到位的要加快产权制度改革，积极进行股份制改造，实现投资主体多元化。通过合作、兼并、重组等方式推动小型出版社和文化、艺术、生活、科技类报刊进入大型出版集团公司。鼓励和支持中小出版发行企业向“专、精、特、新”

方向发展，逐步形成富有活力的大、中、小出版发行企业并存的优势产业群。

要积极推动出版发行单位采用高新技术改造传统出版发行业，推动出版发行业采用先进经营方式和多种业态，提高经营管理水平。要大力发展连锁经营、物流配送、电子商务、信息管理等现代流通技术和手段，加强对重点物流配送基地的规划和建设。要推行新型代理配送制度，建立出版物的现代市场营销体系。进一步完善出版物市场体系，打破条块分割、地区封锁、城乡分离的市场格局，建立以大城市为中心、中小城市相配套、贯通城乡的出版物发行网络，培育和规范以网络为载体的新兴出版物市场。重视开拓和培育农村市场，认真组织实施“农家书屋”工程，向广大农民提供社会主义新农村建设必备的出版物。

充分发挥市场中介和行业组织的作用，加快发展经纪、代理、评估等出版中介机构，建立专业化、社会化服务体系。加强行业诚信体系建设，探索建立出版发行企业信用档案和市场信用制度，营造诚实守信的市场经营环境。

按照《国务院关于非公有资本进入文化产业的若干决定》的要求，鼓励和支持非公有资本以多种形式进入政策许可的领域。按照我国加入世贸组织的承诺及关于文化领域引进外资的有关规定，完善管理办法，提高新闻出版业利用外资的质量和水平。

五、积极实施“走出去”战略

要建立和完善政府推动、企业主导、市场化运作的出版物“走出去”运行机制，提高我国出版发行产业的国际竞争力，逐步改变我国出版物进出口逆差比较严重的局面。

要全面落实《中共中央办公厅、国务院办公厅印发〈关于进一步加强和改进文化产品和服务出口工作的意见〉的通知》的要求，着力培育一批具有较强国际竞争力的出版发行企业和企业集团公司，使之成为实施“走出去”战略的基地和主体。要重点扶持中国图书进出口总公司、中国国际图书进出口总公司、中国出版对外贸易总公司等大型出版物进出口企业，在相关政策和资源配置上予以支持，明确目标，做好规划，使其成为我国出版物的重要输出基地。要加强出版物内容和形式的创新，采取多种措施鼓励版权输出。要着力培养一批具有国际视野、熟知国际出版市场的专门人才。

要认真组织实施“中国出版物‘走出去’战略工程”。切实用好“鼓励中国出版物‘走出去’专项资金”，积极建设和打造一批拥有自主知识产权和核心竞争力的外向型的重要出版基地、重大出版工程和知名出版品牌；精心组织好“北京国际图书博览会”，充分利用“法兰克福书展”等重要国际书展平台，采取有效措施，推动我国版权输出。继续实施“中国图书对外推广计划”，认真组织好“中国图书特殊贡献奖”的评奖工作，鼓励国外出版机构和个人翻译、出版、推销我国的优秀出版物，以国际通行的方式积极推进汉语教学教材在海外出版发行。

鼓励有条件的出版发行单位到境外兴办实体企业，采取独资、合资、合作或重组、并购等形式拓展面向国际的出版发行业务，充分利用两种资源、两个市场，努力推动我国出版物进入国外主流出版市场。

六、转变职能，加强和改进宏观调控

要建立党委领导、政府管理、行业自律、企事业单位依法运营的新闻出版管理体制，综合运用法律、经济、行政和产业政策等手段，推动事业繁荣和产业发展。建立职责明确、反应灵敏、运转有序、统一高效的宏观调控体系，完善预报、引导、奖惩、调节、责任、监督、保障、应对等机制。

进一步理顺新闻出版行政部门与企事业单位之间的关系，切实实行政企分开、政事分开、政资分开、管办分离，强化市场监管和公共服务职能。要规范从业行为，对重要工作岗位实行资格准入制度。充分发挥行业协会的作用，行业协会要锐意改革，按照“自我管理、自我服务、自我教育、自我约束”的要求，履行好协调、监督、服务、维权等职责。

加强行政执法工作，健全监督机制，做到有法可依、有法必依、执法必严、违法必究。要规范审批程序，严格执法责任。要按照中央的要求，针对新的情况，制定有效措施，坚决制止强行向农村摊派发行报刊的行为。坚持不懈地开展“扫黄”“打非”斗争，采取切实措施坚决打击非法出版、非法经营和侵权盗版行为。新闻出版总署和省级新闻出版管理机关要加强对文化体制改革试点地区新组建的地（市）、县（市）级文化广电新闻出版局的指导，强化新闻出版行政管理职能；要建立与各地文化市场综合执法机构之间有效的工作机制，确保“扫黄”“打非”工作只能加强，不能削弱。

七、加强对深化出版发行体制改革工作的领导

新闻出版总署成立深化出版发行改革工作领导小组，龙新民同志任组长，柳斌杰、邬书林同志任副组长，有关司局负责人为小组成员。

各地新闻出版管理部门要在党委、政府的领导下，认真参与制定本地区出版发行体制改革工作方案，切实加强指导。凡涉及与出版发行体制改革有关的重大问题要及时请示报告，重大改革措施出台和政策调整要按规定报批。

要根据体制改革中出现的新情况、新问题，加强调查研究，

认真做好有关法规、规章的“废、改、立”工作。积极推动《出版物市场管理条例》尽快颁布，制定并颁布《图书出版管理规定》、《出版物进口备案管理办法》等规章，把体制改革中的有益经验和成功做法规范化、法制化。

要正确处理改革、发展和稳定的关系。坚持群众路线，发挥群众的积极性、主动性和创造性。要重视保障职工权益，妥善处理各种复杂的利益关系，及时发现并化解矛盾，充分调动各方面的积极性。必须坚持“区别对待、分类指导，循序渐进、逐步推开”的原则，抓好试点，稳步推进，不搞一刀切，不强求时间进度。要大力加强领导班子建设和队伍建设，加强思想政治工作，切实维护新闻出版系统的稳定，保证出版发行体制改革的顺利进行，促进新闻出版业的健康繁荣发展。

关于严禁在中小学教材出版发行环节违规收取费用的通知

新闻出版总署　国家发展改革委　教育部
国务院纠风办　监察部　财政部　审计署
2006年8月3日　新出联〔2006〕8号

各省、自治区、直辖市新闻出版局、物价局、教育厅（教委）、纠风办、监察厅（局）、财政厅、审计厅（局），新疆生产建设兵团新闻出版局、物价局、教育局、纠风办、监察局、财政局、审计局：

近年来，一些地区的有关部门和单位以培训费、宣传费等各种名义，向教材出版、发行单位违规收取市场准入性质的费用，增加了学生家长负担，导致腐败，助长了教材出版、发行过程中的不正之风，地方保护现象也有所抬头，社会反响强烈。为贯彻落实好中共中央办公厅、国务院办公厅《关于开展治理商业贿赂专项工作的意见》（中办发〔2006〕9号）和中央纪委第六次全会、国务院第四次廉政工作会议关于进一步做好治理教育乱收费工作，重点解决社会反映强烈的教材出版发行环节中收受回扣等商业贿赂问题的总体部署和要求，进一步规范中小学教材市场秩序，降低中小学教材出版、发行成本费用，减轻中小学生家长的经济负担，现就中小学教材出版、发行环节收费问题通知如下：

一、严禁违规收取费用。要按照《国务院办公厅转发体改办等部门关于降低中小学教材价格深化教材管理体制改革意见的通知》（国办发〔2001〕34号）精神，认真落实中央有关治理教育乱收费和商业贿赂工作的要求，严禁各部门、学校和有关企事业单位在中小学教材出版、发行等环节违规收取“培训费、宣传推广费、劳务费、赞助费、咨询费”等各种名目的费用，严禁出版、发行单位为销售中小学教材向各部门、学校和有关企事业单位及个人违规支付上述各种名义的费用。

二、严格控制教材成本价格。出版、发行部门要加强财务管理，认真执行国家有关财务会计制度，严格控制教材成本。物价部门在核定教材价格时不得将出版发行单位违规支付的上述费用计入教材成本。

三、严肃查处违规行为。各级新闻出版、物价、教育、纠风、监察、财政、审计等部门要按各自职责加大监管力度，对违规向出版、发行单位收取费用的部门、学校和企事业单位，要及时予以纠正，对屡纠屡犯、情节严重的，要建议上级相关部门给予通报批评，并追究当事人和有关负责人的责任。同时，对违规收取的费用要责令退还出版发行单位，无法退还的，由有关职能部门收缴国库。对违规支付费用的出版、发行单位，新闻出版行政部门要给予通报批评，情节严重的要追究当事人和有关负责人的责任。构成犯罪的，移交司法机关处理。

四、改进完善售后服务。出版、发行单位要做好中小学教材售后服务工作，帮助教师了解教材的编写意图、特点特色和教材的配套资源，同时收集教材使用的反馈信息，不断提高教材质量。对教材缺页、倒页、脱页的，要及时提供包退包换等服务。

以上规定，自发布之日起执行。

关于进一步加强对涉及民族宗教出版物管理的通知

新闻出版总署　2008年8月20日　新出机字〔2008〕216号

各省、自治区、直辖市新闻出版局，新疆生产建设兵团新闻出版局，解放军总政宣传部新闻出版局，中央和国家机关各部委、各民主党派、各人民团体出版主管部门，中国出版集团公司：

出版涉及民族宗教内容的出版物，是一项政治性、政策性很强的工作，出版单位必须严格执行国家有关出版管理的规定。最近，有个别出版单位未履行重大选题备案程序，对书稿把关不严，致使出版的涉及民族宗教内容的出版物不时出现问题，伤害了信教群众的感情，影响了民族团结，造成了不良的社会影响。为了加强出版管理，严肃出版纪律，根据《宗教事务条例》、《出版管理条例》等相关规定，现就进一步加强对涉及民族宗教内容出版物管理的问题，提出如下要求：

一、要加强民族宗教政策和理论知识的学习培训。出版工作者必须以高度的政治责任感和社会责任感重视涉及民族宗教内容出版物的出版。各出版管理部门和出版单位主管部门要组织所属出版单位，认真开展一次关于党和国家民族宗教政策和法规的学习，并加强民族宗教基本知识、出版政策和法规的培训，要结合出版工作实际，不断提高从业人员的政治素养和业务素质。

二、要严格规范出版资质。民族宗教类出版物，专业性很强，出版此类出版物必须严格依据出版范围确定出版单位资质。未列入民族宗教类出版范围的出版单位不得安排此类出版物的出版。

三、要加强对出版物选题和内容的审核把关工作。各出版单位要健全审读把关制度，强化选题的论证和内容的审读，严格执行书稿的“三审”制度。对涉及民族宗教问题出版物的审读，要贯彻党和国家的民族宗教政策；对涉及少数民族宗教信仰、宗教礼仪、禁忌、风俗习惯，以及民族宗教历史、人物、事件等问题，要慎重对待，必要时征询有关专家和当地民族宗教管理部门的意见。

四、要严格履行重大选题的备案制度。凡涉及民族、宗教内容的出版物，必须经出版管理部门审核把关后，报新闻出版总署履行重大选题备案程序，选题批准以后方可安排出版。

五、各出版管理部门要组织所辖出版单位对涉及民族宗教内容的已出版的出版物和相关选题进行一次全面检查，并将检查落实情况上报我署。发现有违反民族宗教政策的，要立即采取有效措施，避免事态扩大，并及时上报，配合有关部门妥善处理。

六、要严肃出版纪律。对违反规定，造成出版物内容违背党的民族宗教政策并在社会上产生不良影响的出版单位，由省级新闻出版行政部门或新闻出版总署给予相应行政处理；触犯法律的，移送司法部门追究法律责任。

关于印发《关于进一步推进新闻出版体制改革的指导意见》的通知

新闻出版总署　2009年3月25日　新出产业〔2009〕298号

各省、自治区、直辖市新闻出版局，新疆生产建设兵团新闻出版局，解放军总政治部宣传部新闻出版局，中央和国家机关各部委、各民主党派、各人民团体新闻出版主管部门，中国出版集团公司，总署机关各司（厅、办），署直各单位：

根据中央关于深化文化体制改革的要求，为进一步推进新闻出版体制改革，加快新闻出版事业和产业发展，新闻出版总署制定了《关于进一步推进新闻出版体制改革的指导意见》，现印发给你们。请你们结合实际，认真贯彻执行。

关于进一步推进新闻出版体制改革的指导意见

为深入贯彻党的十七大和十七届三中全会精神，全面贯彻落实科学发展观，落实党中央、国务院关于进一步扩大内需，妥善应对全球金融危机，全力保持经济平稳较快发展的决策部署，根据中央关于深化文化体制改革的要求，现就进一步推进新闻出版体制改革，推动新闻出版业大发展大繁荣，提出如下意见。

一、新闻出版体制改革的积极探索和成功经验

1．党的十一届三中全会以来，特别是党的十三届四中全会

以来，党中央、国务院高度重视新闻出版工作，作出了一系列重大决策，为做好新闻出版工作指明了方向。党的十六大提出了深化文化体制改革、发展文化产业的战略任务，党的十七大进一步对深化文化体制改革、推动社会主义文化大发展大繁荣作出了战略部署。新闻出版系统认真贯彻落实中央关于文化体制改革的重大决策和部署，积极实践，大胆探索，开创了新闻出版体制改革的新局面。

2．2003 年，党中央、国务院启动文化体制改革试点工作。新闻出版系统 21 家试点单位全面完成了改革试点任务，为新闻出版体制改革提供了有益经验。2006 年以来，新闻出版系统切实贯彻全国文化体制改革工作会议精神，进一步明确了新闻出版体制改革总体思路，创造性地解决了改革的一系列难题，取得了突破性进展。目前，新闻出版体制改革正处于全面推开的关键时期，进入破解深层次矛盾和问题的关键阶段，改革的任务仍然艰巨繁重。

3．新闻出版体制改革的实践证明，解放思想、转变观念是改革的前提，哪里的思想解放，那里就有改革的新思路、发展的新成效；体制创新是改革的重点，必须围绕重塑市场主体、完善市场体系、改善宏观管理、健全政策法规、转变政府职能等关键环节，革除体制性障碍，解决主要矛盾，破解难点问题；发展是第一要务，必须围绕发展制定改革的政策措施，以发展的成果检验改革的成效；政策是保障，必须充分考虑新闻出版行业的特殊性、复杂性，制定和落实相关配套政策，加强统筹协调，加强政策扶持，加强资金投入，加强督促检查，积极稳妥地推进改革。

二、进一步推进新闻出版体制改革的重要性和紧迫性

4．推进新闻出版体制改革，加快新闻出版事业和产业发展，

是建设中国特色社会主义的重要组成部分，是贯彻落实科学发展观的必然要求，是构建社会主义和谐社会的重要内容，是提升我国综合国力和文化软实力的迫切需要。推进新闻出版体制改革，关乎文化产业整体实力和水平，关乎国家文化发展繁荣，关乎国家文化安全和意识形态安全，关乎中华文化的国际影响力和竞争力。

5．当前，面对党和国家事业发展提出的新要求，人民群众对更加美好生活的新期待，新闻出版系统在思想观念、创新意识、体制机制、行政管理能力以及队伍素质等方面还存在着突出问题。特别是出版单位没有成为真正意义上的市场主体，计划经济体制下出版资源行政化配置造成的出版资源过于分散，结构趋同和地区封锁，出版产业集中度低、规模小、实力弱、竞争力不强等问题十分突出。上述问题导致新闻出版业发展与人民群众日益增长的精神文化需求不相适应，与日趋完善的社会主义市场经济体制不相适应，与对外开放不断扩大的新要求不相适应，与现代科学技术和传播手段迅猛发展及广泛应用的新形势不相适应。这就迫切要求我们进一步推动新闻出版体制改革，努力构建新闻出版业科学发展的体制机制，进一步解放和发展新闻出版生产力。

6．站在新的历史起点上，新闻出版业面临着历史性的发展机遇与挑战。当前，我国社会主义现代化建设事业正处于重要战略机遇期，新闻出版业发展的经济基础、体制环境、社会条件、传播技术都在发生深刻变化，尤其是面对全球金融危机和世界经济衰退给新闻出版业带来的挑战和机遇，加快新闻出版体制改革显得更为重要和紧迫。

三、新闻出版体制改革的指导思想、原则要求和目标任务

7．推进新闻出版体制改革的指导思想是：高举中国特色社

会主义伟大旗帜，以邓小平理论和“三个代表”重要思想为指导，全面贯彻落实科学发展观，按照高举旗帜、围绕大局、服务人民、改革创新的总要求，围绕解放和发展新闻出版生产力，重塑市场主体，充分发挥市场在资源配置中的基础性作用，全面推进体制机制创新，调动广大新闻出版工作者的积极性和创造性，大力推动新闻出版业大发展大繁荣，不断满足人民群众日益增长的精神文化需求，提高全民族的文明素质，促进人的全面发展。

8．推进新闻出版体制改革的原则要求是：全面推进新闻出版体制改革，必须坚持解放思想，实事求是，与时俱进，牢牢把握先进文化的前进方向；必须坚持一手抓公益性新闻出版事业，一手抓经营性新闻出版产业，促进新闻出版业全面协调可持续发展；必须把握新闻出版工作的正确导向，坚持把社会效益放在首位，努力实现社会效益和经济效益的统一；必须坚持以体制机制创新为重点，在重塑市场主体、完善市场体系、改善宏观管理等方面实现新突破；必须坚持突出重点、区别对待、分类指导、稳步推开；必须坚持党对新闻出版工作的领导，加强干部队伍建设，确保改革的顺利推进。

9．推进新闻出版体制改革的目标任务是：全面完成经营性新闻出版单位转制任务，建立现代企业制度，在企业内形成有效率、有活力、有竞争力的微观运行机制；推动跨媒体、跨地区、跨行业、跨所有制的战略重组，开拓融资渠道，培育一批大型骨干出版传媒企业，打造新型市场主体和战略投资者；通过增加投入、转换机制、增强活力、改善服务，建立以政府为主导、以公益性单位为主体的新闻出版公共服务体系，使人民群众基本文化权益得到更好保障；加快新闻出版传播渠道建设，推进连锁经营、物流配送、电子商务，规范出版产品物流基地建设，形成统一开放、竞争有序、健康繁荣的现代出版物市场体系；实现政府职能的根本转变，形成调控有力、监管到位、依法行政、服务人民的宏观管理体制。

四、进一步推进新闻出版体制改革的主要任务

10．推进公益性新闻出版单位体制改革，构建新闻出版公共服务体系。继续深化公益性新闻出版单位内部管理机制、人事制度、劳动制度、分配制度改革，健全激励和约束机制，增强活力，提高新闻出版公共服务能力和水平。研究制定公益性报刊基本标准，适时公布公益性报刊名单。推进民族语言文字出版单位的改革工作，实施民汉语言文字出版分开，确保少数民族语言文字出版优惠政策落到实处。

11．推动经营性新闻出版单位转制，重塑市场主体。除明确为公益性的图书、音像制品和电子出版物出版单位外，所有地方和高等院校经营性图书、音像制品和电子出版物出版单位2009年底前完成转制，所有中央各部门各单位经营性图书、音像制品和电子出版物出版单位2010年底前完成转制。制定经营性报刊转制方案，推动经营性报刊出版单位逐步实行转制。按照中央有关要求，党政机关所属新闻出版单位转制为企业后原则上逐步与原主办主管的党政机关脱钩。已经完成转制的新闻出版单位要按照《公司法》的要求，加快产权制度改革，完善法人治理结构，建立现代企业制度，尽快成为真正的市场主体。

12．推进联合重组，加快培育出版传媒骨干企业和战略投资者。鼓励和支持拥有多家新闻出版单位的地方、中央部门和单位整合出版资源，组建出版传媒集团公司。鼓励和支持业务相近、资源相通的新闻出版单位，按照优势互补、自愿结合的原则，跨地区、跨部门组建出版传媒集团公司。鼓励和支持中央部门和单

位的新闻出版单位在财经、教育、科技、文化、卫生等领域牵头组建专业性出版传媒集团公司。鼓励和支持中央和地方国有出版企业对中央各部门各单位所属出版单位进行联合重组。鼓励和支持社会资本特别是国有大型企业参与出版传媒企业的股份制改造。同时大力培育一批走内涵式发展道路的“专、精、特、新”的现代出版传媒企业。积极支持条件成熟的出版传媒企业，特别是跨地区的出版传媒企业上市融资。在三到五年内，培育出六七家资产超过百亿、销售超过百亿的国内一流、国际知名的大型出版传媒企业，培育一批导向正确、主业突出、实力雄厚、影响力大、核心竞争力强的专业出版传媒企业。继续深化发行体制改革，推动发行渠道资源整合，使国有出版物发行企业真正成为出版物发行主渠道。巩固印刷复制业改革成果，大力提升科技含量，促进珠三角、长三角和环渤海等特色印刷产业带建设，振兴东部印刷产业，扶持中西部印刷产业的开发与崛起。

13．大力推进新闻出版产业升级和结构调整。高度重视用高新技术改造传统产业，制定和完善出版发行标准，推动新闻出版产业升级和结构调整。大力发展数字出版、网络出版、手机出版等新业态，努力占领新闻出版业发展的制高点。加快实现由传统媒体为主向传统媒体与新兴媒体融合发展的转变，打造主流媒体在新闻出版多元传播格局中的强势地位。积极鼓励和支持新闻出版单位运用高新技术和先进适用技术改造传统生产方式和基础设施，有计划有步骤地构建覆盖广泛、技术先进的新闻出版传播渠道。

14．引导非公有出版工作室健康发展，发展新兴出版生产力。按照《国务院关于非公有资本进入文化产业的若干决定》（国发〔2005〕10号），鼓励和支持非公有资本以多种形式进入政策许可的领域。按照积极引导，择优整合，加强管理，规范运作的原则，将非公有出版工作室作为新闻出版产业的重要组成部分，纳入行业规划和管理，引导和规范非公有出版工作室的经营行为。积极探索非公有出版工作室参与出版的通道问题，开展国有民营联合运作的试点工作，逐步做到在特定的出版资源配置平台上，为非公有出版工作室在图书策划、组稿、编辑等方面提供服务。鼓励国有出版企业在确保导向正确和国有资本主导地位的前提下，与非公有出版工作室进行资本、项目等多种方式的合作，为非公有出版工作室搭建发展平台。

15．加快推进现代出版物市场体系建设。打破按部门、按行政区划和行政级次分配新闻出版资源和产品的传统体制，打破条块分割、地区封锁、城乡分离的市场格局，加强资本、产权、信息、技术、人才等新闻出版生产要素市场建设，实现生产要素合理流动和资源优化配置。在充分利用系统内国有资本的同时，开辟安全有效的新闻出版业融资渠道，有效地吸纳系统外社会资本和境外资本，实现以资本扩张带动业务扩张、规模扩张和效益扩张。加快建立信用监管制度和失信惩戒制度，运用行政的、经济的等多种手段，形成以道德为支撑、以产权为基础、以法律为保障的诚信体系。

16．扩大对外交流，积极实施“走出去”战略。充分利用国际国内两种资源、两个市场，努力推动新闻出版产品通过各种渠道进入国外主流市场、国际汉文化圈和港澳台地区。抓好“走出去”重大工程项目的组织实施工作，着力打造一批具有国际竞争力的外向型出版传媒企业，打造具有重要影响力的国际出版版权交易平台。加强出版物内容和形式的创新，采取多种措施鼓励版权输出和实物出口。鼓励以政府资助方式进行优秀作品和著作的相互翻译出版。鼓励有条件的出版传媒企业采取独资、合资、合作等形式，到境外兴办报纸、期刊、出版社、印刷厂等实体，拓展国外和港澳台地区市场，进一步扩大中华文化的国际影响力和传播力。

17. 加大行政体制改革力度，转变政府职能。加快建立党委领导、政府管理、行业自律、企事业单位依法运营的新闻出版管理体制和富有活力的新闻出版产品生产经营机制。按照建设服务政府、责任政府、法治政府和廉洁政府的要求，继续推进政企分开、政事分开、政府与市场中介组织分开，使政府真正履行好政策调节、市场监管、社会管理、公共服务的职能。改革行政审批制度，减少审批事项，下放审批权限，简化审批程序，提高行政效能。推行政府信息公开，规范程序，减少环节，增强透明度，提高公信力。按照中央部署，继续推进文化综合执法改革，确保“扫黄打非”和知识产权保护工作落到实处。发展和完善新闻出版和版权经纪、代理、评估、鉴定、会展等中介机构，提高新闻出版产品和服务的市场化程度。加强行业组织建设，使其依照有关法规和章程履行市场协调、监督、服务和维权等职责。

五、进一步推进新闻出版体制改革的政策保障

18. 落实新闻出版体制改革相关配套政策。落实《国务院办公厅关于印发文化体制改革中经营性文化事业单位转制为企业和支持文化企业发展两个规定的通知》（国办发〔2008〕114 号）规定的优惠政策，会同有关部门制定支持新闻出版体制改革的相关配套政策。充分利用国家重点出版工程建设、设立专项出版资金等契机，采取政府采购、招投标、定向资助等手段，支持公益性出版单位出版优质公共文化产品，提高新闻出版公共服务能力和水平。

19．制定和实施出版资源向出版传媒企业倾斜的政策。对大型跨地区骨干出版传媒企业，在报纸、期刊、图书、音像制品、电子出版、数字出版等出版资源配置上予以倾斜，鼓励其做大做强。支持大型出版传媒企业在异地建立有出版权的分支机构，鼓励其实现跨地区经营。对真正转制到位的出版单位放开出版范围、书号、版号等，支持其发展。

20．保护合法的跨地区经营活动。各级新闻出版行政部门要严格执行《中华人民共和国反不正当竞争法》和《关于禁止在市场经济活动中实行地区封锁的规定》（国务院令第303号）等法律法规，积极支持出版传媒企业跨地区合法开展经营活动，为公平竞争创造良好环境，提供优质服务。对于出版传媒企业合法的跨地区经营活动，不得以任何形式进行地区封锁，不得滥用行政权力，限制其进入本地市场经营。

21．确保国有资产保值增值。经营性新闻出版单位数量多、分布广，资产情况复杂，在转制和改制过程中要注意学习和借鉴经济领域国有企业的成功经验，严格执行国家相关法律法规，防止国有资产流失，并在此基础上通过深化改革盘活存量，扩大增量，提升国有资产的质量。允许条件成熟的出版传媒企业经过批准，探索实行股权激励机制的试点。

22．坚持把推进新闻出版体制改革与建立健全惩治和预防腐败体系结合起来。紧紧围绕新闻出版体制改革中容易滋生腐败问题的重点部位和关键环节，建立健全监督制约机制，把反腐倡廉建设寓于改革的重大措施中，贯穿于改革的全过程。坚持一手抓新闻出版体制改革，一手抓反腐倡廉建设，特别是要严格执行国有企业领导人员廉洁自律的有关规定，大力营造风清气正的思想环境和氛围，确保新闻出版体制改革健康有序进行。

六、加强对新闻出版体制改革工作的组织领导

23．健全和完善新闻出版体制改革领导体制和工作机制。各级新闻出版行政部门要充分认识推进新闻出版体制改革的重要性和紧迫性，把推进新闻出版体制改革作为重要工作职责，纳入重要议事日程，按照中央要求，建立健全党委统一领导、政府大力支持、党委宣传部门协调指导、行政主管部门具体实施、有关部门密切配合的新闻出版体制改革领导体制和工作机制。要成立新闻出版体制改革领导机构和工作班子，负责指导、协调、实施新闻出版体制改革工作，确保改革的各项任务、措施和政策落到实处。

24．充分调动广大新闻出版工作者的积极性、主动性和创造性。新闻出版体制改革政治性、政策性强，涉及面广，是一项社会系统工程，既要大胆探索、勇于创新，又要细致稳妥、有序推进。要把深化改革与加快发展、维护稳定统一起来，把加强思想政治工作与解决实际问题结合起来，坚持以人为本，充分尊重人民群众的主体地位和首创精神，切实维护广大职工的切身利益，动员和激励广大新闻出版工作者积极支持改革，主动参与改革。

25．加强领导班子和人才队伍建设。要以领导班子建设、提高新闻出版队伍素质和整体能力为重点，在新闻出版领域培养一批既懂经营又懂业务的复合型人才，造就一批名编辑、名记者和出版家、企业家、技术专家，打造一支政治过硬、业务精通、作风优良、廉洁自律、文明和谐的新闻出版干部队伍，为进一步推进新闻出版体制改革提供组织和人才保障。

关于中央各部门各单位转制出版社办理法人登记有关问题的通知

新闻出版总署　中央机构编制委员会办公室　国家工商行政管理总局

2009年10月16日　新出联〔2009〕15号

中央各部门各单位出版社主管部门、中央各部门各单位出版社：

根据《中共中央办公厅、国务院办公厅关于深化中央各部门各单位出版社体制改革的意见》（中办发〔2009〕16号）、《国务院办公厅关于印发文化体制改革中经营性文化事业单位转制为企业和支持文化企业发展两个规定的通知》（国办发〔2008〕114号）精神，以及事业单位和企业法人登记管理法律法规的规定，现就中央各部门各单位转制出版社办理法人登记的有关问题通知如下：

一、中央各部门各单位出版社转制前已核定事业编制或已进行事业单位法人登记的，转制后，将事业编制核销，并进行事业单位法人注销登记。

二、中央各部门各单位出版社转制方案一经中央各部门各单位出版社体制改革工作领导小组办公室批准，中央机构编制委员会办公室即办理该出版社事业编制核销手续，该出版社不再作为事业单位管理。

三、中央各部门各单位转制出版社，在收到中央各部门各单位出版社体制改革工作领导小组办公室对转制方案的批复和中央机构编制委员会办公室核销事业编制的批复后，持上述两个批复文件分别向工商行政管理部门、国家事业单位登记管理局办理企业（公司）注册登记和事业单位法人注销登记。

四、中央各部门各单位转制出版社向工商行政管理部门办理企业（公司）注册登记时，除提交本通知第三条规定的批复文件外，还应当按照《公司法》、《公司登记管理条例》、《企业法人登记管理条例》等法律法规以及《内资企业登记提交材料规范》、《内资企业登记文书规范》等规范性文件的规定提交相关登记材料。其中，转制为公司的，应当进行资产评估，并提交由依法设立的验资机构出具的验资证明；转制为非公司企业法人的，应当提交国有资产管理部门出具的《国有资产占有产权登记表》。

五、中央各部门各单位转制出版社向国家事业单位登记管理局办理注销事业单位法人登记时，在文件齐备、手续完整的情况下，国家事业单位登记管理局应予以受理，受理后在30个工作日内予以办结。转制出版社须提交以下文件：

1．事业单位法人注销登记申请书。

2．中央各部门各单位出版社体制改革工作领导小组办公室对转制出版社转制方案的批复件。

3．中央机构编制委员会办公室核销转制出版社事业编制的批复件。

4．经财政部批准或审核备案的转制出版社清产核资报告。中央大型国有企业所属转制出版社清产核资报告须经国务院国有资产监督管理委员会批准或审核备案。

5．《事业单位法人证书》正、副本及单位印章。

六、中央各部门各单位出版社在转制前已按企业法人注册登记的，在转制后，如改变企业名称、企业类型等登记事项，按照本通知第四条有关规定向工商行政管理部门办理变更登记。

七、中央各部门各单位转制出版社在清产核资报告中，须明确注销事业单位法人登记应提交的清算报告所需内容，即现有资产清晰，原有债权债务由转制后的企业承担等。

八、在此次改革中不再保留出版社建制的中央各部门各单位出版社，由出版社提出申请，报主管主办单位同意并报经新闻出版总署批准，向所在地省级出版行政部门办理图书出版许可证的注销登记。

关于进一步推动新闻出版产业发展的指导意见

新闻出版总署　2010年1月1日　新出政发〔2010〕1号

各省、自治区、直辖市新闻出版局，新疆生产建设兵团新闻出版局，解放军总政治部宣传部新闻出版局，总署机关各部门、署直各单位，署管各社会团体：

为深入贯彻落实科学发展观，落实国家《文化产业振兴规划》，按照中央提出的转变经济发展方式和调整经济结构，提高经济发展质量和效益的要求，充分发挥新闻出版业在巩固舆论阵地、传承中华文明、培育民族精神、提高公民素质、促进经济增长、推动社会进步、增强综合国力等方面的重要作用，现就进一步推动新闻出版产业发展，提出如下意见。

一、新闻出版产业发展的态势和机遇

（一）改革开放以来，新闻出版产业得到快速发展。特别是党的十六大以来，新闻出版体制改革取得实质性突破和重大进展，市场主体逐步形成，产业规模迅速壮大，产业结构日趋合理，国际竞争力不断增强，新闻出版产业作为科技含量高，资源消耗低，环境污染少，涉及领域广，产业链条长，投入少，产出大，发展潜力好的朝阳产业，已成为国民经济的重要组成部分，成为经济发展新的增长点和经济结构调整的着力点，在中国特色社会主义事业总体布局和全面建设小康社会战略全局中凸显出越来越重要的地位和作用。

（二）当前，我国新闻出版产业仍处于发展的初级阶段，基础较差，规模较小，实力较弱，竞争力不强。突出表现在：产业结构趋同，产业集中度低，资源配置不尽合理，市场条块分割、资源分散和地区封锁依然严重，传统业态向新兴业态转型迟缓，企业创新能力不足，对外贸易逆差仍然较大，人才队伍建设和经营管理水平等还不适应新闻出版产业发展的需要。要通过抓发展，努力走出一条符合文化建设规律和社会主义精神文明建设要求，适应社会主义市场经济体制，结构优化，速度较快，社会效益和经济效益俱佳，产业整体质量不断提升的可持续发展道路。

（三）新闻出版产业发展正处于重要的战略机遇期，具备了在新的历史起点上实现大发展的良好条件。党的十七大关于推动社会主义文化大发展大繁荣的战略部署，对新闻出版产业发展提出了新的更高的要求；中国特色社会主义事业“四位一体”发展的整体布局，凸显了新闻出版产业的重要地位；人民生活水平不断提高，文化消费快速增长，社会主义新农村文化建设，拓展了新闻出版产业发展的空间；新闻出版体制改革的顺利推进，《文化产业振兴规划》的实施，为新闻出版产业发展提供了内在动力；高新技术特别是信息技术的迅猛发展，为新闻出版产业创新业态、实现产业战略转型提供了有利条件和广阔前景；资本市场的不断完善，为新闻出版企业融资提供了机会；中国日益提高的国际地位以及不断扩大的中华文化影响力，为新闻出版产业“走出去”创造了条件；各级党委、政府的高度重视，为新闻出版产业发展提供了坚强的思想保证和组织保证。

二、推动新闻出版产业发展的指导思想、原则要求和主要目标

（四）推动新闻出版产业发展的指导思想是：以邓小平理论

和“三个代表”重要思想为指导，深入贯彻落实科学发展观，高举旗帜、围绕大局、服务人民、改革创新，继续解放思想，坚持改革开放，推动科学发展，促进社会和谐，始终把发展作为第一要务，树立新的新闻出版发展观，突出战略重点，明确主攻方向，兼顾当前和长远，着力转变发展方式，着力优化产业结构，着力推进产业创新，做大主体，做强主业，切实解放和发展新闻出版生产力，大力推动新闻出版产业又好又快发展。

（五）推动新闻出版产业发展的原则要求是：必须坚持以社会效益为最高准则，牢牢把握社会主义先进文化的前进方向；必须坚持以人为本，充分尊重群众的主体地位和首创精神，不断满足人民群众日益增长的多层次、多样性、多方面精神文化需求；必须坚持转变发展方式，优化产业结构，进一步降低新闻出版企业生产能耗和污染物排放，提高新闻出版发展的质量和效益；必须坚持以体制机制创新和科技进步为动力，继续深化新闻出版体制改革，推动新闻出版内容创新与战略性新兴产业发展；必须坚持优化所有制结构，实现以公有制为主体、多种所有制共同发展；必须坚持打破条块分割、地区封锁、城乡分离的封闭格局，努力建设统一开放、竞争有序、健康繁荣的大市场；必须坚持对外开放，加大“走出去”力度，不断提高中华文化的国际传播力和影响力；必须坚持一手抓发展，一手抓管理，为新闻出版产业发展营造健康有序的市场环境；必须坚持以党的领导为根本保证，确保党管舆论、党管干部、党管人才，做到尊重劳动、尊重知识、尊重人才、尊重创造，最大限度地发挥新闻出版工作者的积极性、主动性和创造性。

（六）推动新闻出版产业发展的主要目标是：努力完成全面建设小康社会赋予新闻出版产业发展的各项任务。新闻出版生产力明显提升，新闻出版产业发展速度高于同期国内生产总值发展速度，在国民经济中所占比重逐步提高，力争到“十二五”末，实现新闻出版产业增加值比2006年翻两番。新闻出版产业结构调整基本到位，产业、产品和企业结构更趋合理，产业区域布局与地区经济社会发展协调一致，新闻出版产品和服务更加丰富，企业自主创新能力与高科技应用水平大幅度提高，形成一批拥有自主知识产权、知名品牌以及有较强国际竞争力的骨干新闻出版企业。新兴产业蓬勃发展，数字出版、网络出版、手机出版等战略性新兴产业领域的发展水平和速度达到世界先进水平。基本建立起统一开放、竞争有序、健康繁荣的现代出版物市场体系和技术先进、覆盖全面、传输快捷的现代传播体系。基本扭转新闻出版产品和服务的出口逆差状况，大幅度提升中华文化的国际传播力和影响力。

三、推动新闻出版产业发展的重点任务

（七）发展图书、报纸、期刊等纸介质传统出版产业。支持新闻出版企业组织策划和出版更多贴近实际、贴近生活、贴近群众的优秀精神文化产品，生产出更多思想性、艺术性、可读性俱佳的原创精品力作。鼓励新闻出版企业创新纸介质读物形式，积极发展纸介质立体、有声读物，提升传统纸介质出版物的吸引力。打破出版载体界限，在多个出版平台上对出版内容进行深度开发和加工，实现一次性生产、多媒体发布。支持新闻出版企业积极采用数字、网络等高新技术和现代生产方式，改造传统的创作、生产和传播方式。加快从主要依赖传统纸介质出版产品向多种介质出版产品共存的现代出版产业转变。

（八）发展数字出版等非纸介质战略性新兴出版产业。积极推动音像制品、电子出版企业向数字化、网络化转型。积极发展数字出版、网络出版、手机出版等以数字化内容、数字化生产和数字化传输为主要特征的战略性新兴新闻出版业态。支持新闻出版企业以互联网为平台，以图文、音频、视频等形式，对出版内容资源进行全方位、立体式、深层次开发利用。支持电子纸、阅读器等新闻出版新载体的技术开发、应用和产业化，提高数字阅读设备的质量、方便性以及版权保护水平。

（九）发展动漫、游戏出版产业。加快发展民族动漫出版产业，特别是鼓励网络和电子游戏等产品的出版，提高民族动漫、游戏的数量和质量。对优秀原创动漫、游戏作品及其相关人员、单位进行奖励和支持，大力扶持民族原创动漫、游戏精品，培养民族原创动漫、游戏领军人物。鼓励开展优秀原创动漫、游戏产品的少数民族语言译制出版工作。推动对动漫、游戏出版资源的深度开发利用，不断提升其出版产品附加值。

（十）发展印刷、复制产业。巩固和壮大出版物印刷、包装装潢印刷品印刷、其他印刷品印刷和只读类光盘复制、可录类光盘生产等印刷、复制产业。加大印刷、复制产业结构调整力度，促进印刷、复制产业升级换代。鼓励印刷、复制企业积极采用数字和网络技术改造生产流程和现有设备。实施数字印刷和印刷数字化工程，推动发展快速、按需、高效、个性化数码印刷。推动印刷产业从单纯加工服务型向以提高信息增值的现代服务型转变。支持新一代大容量高清光盘的研发和产业化。鼓励印刷企业上下游共同探索循环用纸等新材料新工艺的研发和应用，大力发展绿色印刷。对高耗能、高排放的落后产能，要运用环保、技术标准、产业和融资政策等手段，坚决予以淘汰。

（十一）发展新闻出版流通、物流产业。加强以跨地区连锁经营、信息化管理和现代物流为特征的大型现代新闻出版流通组织建设，重点培育一批主业突出、辐射力强的全国性和区域性新闻出版现代流通企业和企业集团，建设一批辐射全国的区域新闻出版物流中心，并推动有条件的企业跨地区、跨国连锁经营。积极扶持农村出版物市场和连锁网点建设，建立以大城市为中心、中小城市相配套、贯通城乡的新闻出版产业流通网络。建设出版物流通信息平台，统一信息标准，打通新闻出版产业之间的流通渠道，整合发行渠道，提高流通效率。推广网络结算新技术，打造全国统一的网上结算平台。鼓励新闻出版流通和物流企业发展电子商务，推进物联网与互联网相结合。鼓励新闻出版物流企业提供第三方物流服务。

四、推动新闻出版产业发展的主要措施

（十二）深化新闻出版体制改革，打造合格市场主体和骨干企业。按照中央关于深化文化体制改革的要求和部署及《新闻出版总署关于进一步推进新闻出版体制改革的指导意见》，大力推动经营性新闻出版单位转制和改制，建立和完善法人治理结构，实行股份制改造，培育合格的市场主体。把深化改革同调整结构结合起来，加快企业兼并重组和资源整合，鼓励教育、科技、卫生、财经、文化等领域的新闻出版资源先行整合，鼓励实力较强的地方新闻出版企业先行整合资源，形成一批导向正确、主业突出、实力雄厚、管理规范、运行高效、核心竞争力强的区域性综合集团和行业性专业集团。鼓励和支持新闻出版骨干企业跨媒体、跨行业、跨地区、跨国界和跨所有制重组，在三到五年内，重点培育六七家资产超过百亿、销售超过百亿的国内一流、国际知名的大型新闻出版企业，努力打造具有国际竞争力的跨国出版传媒集团。与此同时，大力培育一批走内涵式发展道路的“专、精、特、新”现代新闻出版企业。鼓励条件成熟的新闻出版企业上市融资。

（十三）运用高新技术，促进新闻出版产业发展方式转变和结构调整。加快推广应用信息技术、数字技术等高新技术，建立以政策为先导、投入为保障、企业为主体、创新平台为支撑、市场需求为导向、产学研相结合的新闻出版科技创新体系。要通过科技创新提高新闻出版内容创新能力与水平，丰富新闻出版产业的生产方式和新闻出版产品的表现形式，拓展新闻出版传播渠道。重点支持语言文字技术、声音技术、图形图像技术、内容采集与处理技术、知识组织管理技术、协同编辑管理技术等新闻出版产业支撑技术的发展和应用。不断提高新闻出版领域的科技含量和装备水平，鼓励和支持新闻出版企业运用高新技术和先进适用技术改造传统生产方式和基础设施。

（十四）实施重大项目建设，带动新闻出版产业发展。通过实施一批具有战略性、引导性和带动性的重大新闻出版项目，加速推进产业和产品升级，提高企业和产品的市场竞争力。抓住国家增加对新闻出版事业投入的契机，加大组织实施国家重大出版工程、少数民族新闻出版“东风工程”、农家书屋工程、全民阅读工程及文化环保工程等公共服务重大工程的力度，推动基本公共服务均等化，推动新闻出版产业有序快速发展。加快组织实施国家知识资源数据库、国家数字复合出版系统、数字版权保护技术研发工程、中华字库工程、国产动漫振兴工程、数字报业、国家重点学术期刊建设工程等重大项目，提升新闻出版产业的整体水平。着力在重点领域尽快形成一批进入海外市场的重点项目，增强新闻出版企业国际竞争力。

（十五）建设新闻出版产业带、产业园区和产业基地，发挥产业集群优势。鼓励各地结合区域经济社会发展规划，优化产业集聚环境，利用优势新闻出版资源，突出产业特色，提高产业集中度和专业化协作水平，有计划地建设新闻出版产业带、产业园区和产业基地，实现产业合理布局，促进产业区域协调发展。重点发展少数民族语言文字出版、数字出版、版权创意等产业园区和基地，大力推进国家级产业园区和基地建设。鼓励西南、西北等地区发展具有鲜明地域和民族特色的出版产业群。支持珠三角、长三角和环渤海等特色印刷复制产业带建设，振兴东北印刷产业，促进中西部印刷产业的开发与崛起。

（十六）建设现代市场体系，发挥市场在资源配置中的基础性作用。打破条块分割、地区封锁和城乡分离的市场格局，加快形成统一开放的新闻出版市场体系。充分利用全国性和区域性产权交易机构，为新闻出版资本、产权、人才、信息、技术等要素的有序、有效流动搭建交易平台。培育发展版权代理、出版经纪等市场中介机构，提高新闻出版产品和服务的市场化程度。积极打造新闻出版产业发展交流平台，支持办好全国图书交易博览会等展会。在国家政策允许的条件下，充分利用发行企业债券、引进境内外战略投资、上市融资等多种渠道为企业融资。开展与国有银行及相关金融机构的战略合作，加快建立和发展中小新闻出版企业信用担保机制，允许投资人以知识产权等无形资产评估作价出资组建新闻出版企业，为产业发展争取良好的融资环境。

（十七）引导和规范非公有资本有序进入新闻出版产业，解放和发展新兴文化生产力。根据《中共中央、国务院关于深化文化体制改革的若干意见》和国家《文化产业振兴规划》等文件精神，鼓励、支持和引导非公有资本以多种形式进入政策许可的领域。鼓励和支持非公有制文化企业从事印刷、发行等新闻出版产业的有关经营活动。引导和规范个体、私营资本投资组建的非公有制文化企业以内容提供、项目合作、作为国有出版企业一个部门等方式，有序参与科技、财经、教辅、音乐艺术、少儿读物等专业图书出版活动。鼓励和支持非公有制文化企业开拓境外新闻出版市场。加强和改进服务，努力为非公有制文化企业持续快速健康发展创造良好的政策环境和平等竞争机会。

五、推动新闻出版产业“走出去”

（十八）加大支持新闻出版产品对外贸易、版权输出、合作出版的力度。支持新闻出版企业结合自身优势和特点，生产更多适合境外市场的新闻出版产品，并以多种方式进入海外市场。支持新闻出版企业利用先进科技成果创新产品形态，拓展传播渠道，增强中华文化影响力。支持新闻出版企业利用金融机构提供的出口信贷和金融产品，积极开展出口外贸业务。抓好国家文化重点出口企业和项目相关工作的落实。继续实施“经典中国”国际出版工程、中外图书互译计划、中国音像制品“走出去”工程、中国图书对外推广计划。

（十九）支持各种所有制的新闻出版企业到境外投资兴办实体。支持有条件的新闻出版企业，通过新设、收购、合作等方式，到境外建社、办厂、开店，实现新闻出版企业在境外的落地和本土化。对符合国家出口指导目录规定的境外投资，在政策、资源、信息、服务等方面予以支持。

（二十）充分发挥国际合作网络和平台的作用。鼓励新闻出版企业与国际著名文化制作、经纪、营销机构合作，建设以欧美、周边国家和港澳台地区为重点的市场营销网络和营销队伍，创新市场营销方式和手段。支持新闻出版企业参加法兰克福国际书展等国际大型展会和文化活动，打造北京国际图书博览会等具有重要影响力的国际出版、版权交易平台，发挥其在对外推广文化产品和服务方面的积极作用。

（二十一）为新闻出版产业“走出去”提供服务。制定“走出去”总体规划和战略目标，在出版物和版权“走出去”的基础上，实现新闻出版企业“走出去”、品牌“走出去”、资本“走出去”。设立出版物海外推广中心、实施翻译人才库工程。加强信息平台建设，完善出版物进出口统计制度，做好新闻出版产品、服务贸易和重点企业的统计分析，向新闻出版企业及时提供国际出版市场信息。加强对有关国家文化市场和政策环境的研究，帮助新闻出版企业开拓海外市场。

六、推动新闻出版产业发展的政策和组织保障

（二十二）加强新闻出版产业发展规划工作，提高宏观调控水平。全面把握国内外经济形势变化，统筹把握新闻出版业的意识形态属性和产业属性，在确保完成《新闻出版业“十一五”发展规划》各项目标任务的同时，科学编制新闻出版业“十二五”发展规划，将新闻出版产业发展纳入国家经济社会发展规划之中。加强对产业重大项目的指导，建立新闻出版产业项目库。制定和公布新闻出版产业发展和投资指导目录。

（二十三）落实推动新闻出版产业发展的各项优惠政策。用好用足国家支持文化单位转制和文化企业发展的一系列优惠政策，会同有关部门制定和落实支持新闻出版产业发展的相关配套政策，充分发挥政策对新闻出版产业发展的引导、激励和保障作用。

（二十四）加大对新闻出版产业发展的投入。积极争取各级财政支持，采取贴息、补助、奖励等方式，支持新闻出版产业发展。用好宣传文化发展专项资金、国家出版基金、民文出版专项资金、农家书屋工程专项资金、扶持动漫产业发展专项资金、“走出去”专项资金等财政专项资金。加强财政资金的管理和使用，提高资

金的使用效率。

（二十五）科学配置新闻出版资源。对跨地区发展的新闻出版企业，对优势新闻出版产业，对改革力度大、发展速度快的地区，在出版资源上给予优先配置和政策倾斜。依据新闻出版产业发展需要，综合配置图书、报纸、期刊、音像制品、电子出版、网络出版及手机出版等出版资源，解决因出版权分割所带来的制约产业发展的问题。

（二十六）做好新闻出版产业发展的基础性工作。加强新闻出版标准化工作，抓紧新闻出版标准体系建设，特别是抓好数字出版等新兴业态的标准体系的研究制定。加强出版信息化建设工作，构建有利于书号、条码、在版编目和统计、年检数据等行业信息资源集中管理、有效整合的运行平台和工作机制。进一步加强和改进新闻出版统计工作，及时发布新闻出版统计报告。

（二十七）完善保障新闻出版产业发展的法规体系和法律制度。根据当前新闻出版体制改革和产业发展的实际情况，继续推动《出版管理条例》、《音像制品管理条例》的修订，加快制定《中国标准书号使用管理办法》、《互联网游戏出版服务管理办法》、《国家出版产业基地管理办法》等规章和规范性文件。围绕保障和促进新闻出版产业发展，认真研究完善出版单位法人制度、准入和退出制度、主管主办制度、新媒体出版服务制度等相关法律制度。

（二十八）改善和优化新闻出版市场环境。贯彻落实《国家知识产权战略纲要》，加大版权保护力度，探索建立在新技术条件下科学合理的数字出版授权和使用机制。深入持久开展“扫黄打非”斗争，加大执法力度，着力改善和优化新闻出版市场秩序。加强行业信用体系建设，在全行业开展诚信宣传教育和职业道德教育，切实推动行业自律。加强党风廉政建设和反腐倡廉工作，把行风建设贯穿于新闻出版产业发展的全过程，营造“依法经营、违法必究、公平交易、诚实守信”的产业发展环境。

（二十九）强化新闻出版产业发展的人才保障。以培养新闻出版各类领军人物为目标，统筹抓好领导人才、经营管理人才、专业技术人才特别是复合型人才队伍建设，造就一批名作者、名编辑、名记者、行业技术专家和出版家、企业家。加快人才培养和队伍培训，设立人才培养专项资金，以定向培养、公开招聘、业外引进等方式，培养、吸引和凝聚优秀人才。完善新闻出版专业技术人员职业资格制度，以职业准入和岗位准入为抓手，不断提高基层人才队伍素质。把非公有文化机构的人才队伍纳入行业人才建设体系，积极培养和充分发挥其作用。创新人才激励机制，健全人才选拔机制，完善人才流动机制，形成有利于各类人才脱颖而出的体制环境。

（三十）健全和完善各级新闻出版产业发展领导体制和工作机制。各级新闻出版行政部门要增强推动新闻出版产业发展的责任意识，明确新闻出版产业发展领导机构和工作班子，负责指导、协调、实施新闻出版产业发展工作，确保各项目标、措施和政策落到实处。积极争取地方党委、政府对当地新闻出版产业的重视和支持，继续开展“省部战略合作”，共同推动新闻出版产业发展。

关于重申不得以书号出刊规定的通知

新闻出版总署　2010年8月9日　新出字〔2010〕349号

各省、自治区、直辖市新闻出版局，新疆生产建设兵团新闻出版局，解放军总政治部宣传部新闻出版局，中央和国家机关各部门、各民主党派、各人民团体出版单位主管部门，中国出版集团公司，全国各图书出版单位：

一个时期以来，少数图书出版单位违反书号管理规定，擅自以书号出刊，干扰了图书和期刊出版的正常秩序，造成出版物市场的混乱。为进一步规范出版活动，维护正常的出版秩序，根据《出版管理条例》、《图书出版管理规定》、《期刊出版管理规定》和《中国标准书号》等规定，现就有关要求通知如下：

一、中国标准书号是为出版单位出版图书提供可在国际上流通的唯一标识。出版单位必须正确使用中国标准书号。涉及无限期连续出版的定期或不定期的连续出版物，如报纸、期刊，不得使用中国标准书号。

二、图书出版单位不得以中国标准书号出版期刊；不得以出版丛书等名义或其他形式变相出刊。

三、凡出版单位正式出版期刊，必须按照规定申报，经过批准方可出版。

四、凡违反规定以书号出刊的，要依照《出版管理条例》、《图书出版管理规定》和《期刊出版管理规定》等，依法追究出版单位的责任。

五、各图书出版单位接到通知后，要对本单位使用中国标准书号情况进行自查。如发现有以书号出刊现象，必须立即纠正，并将自查结果报主管部门。

六、各地新闻出版行政部门以及中央和国家机关出版单位主管部门近期要组织力量对所辖图书出版单位进行一次全面检查。对违规出版单位要及时采取措施进行整改，并于9月30日前将检查和处理情况报新闻出版总署。

关于加快我国数字出版产业发展的若干意见

新闻出版总署　2010年8月16日　新出政发〔2010〕7号

各省、自治区、直辖市新闻出版局，新疆生产建设兵团新闻出版局，解放军总政治部宣传部新闻出版局，中央和国家机关各部委、各民主党派、各人民团体新闻出版主管部门，中国出版集团公司：

数字出版是指利用数字技术进行内容编辑加工，并通过网络传播数字内容产品的一种新型出版方式，其主要特征为内容生产数字化、管理过程数字化、产品形态数字化和传播渠道网络化。目前数字出版产品形态主要包括电子图书、数字报纸、数字期刊、网络原创文学、网络教育出版物、网络地图、数字音乐、网络动漫、网络游戏、数据库出版物、手机出版物（彩信、彩铃、手机报纸、手机期刊、手机小说、手机游戏）等。数字出版产品的传播途径主要包括有线互联网、无线通信网和卫星网络等。由于其海量存储、搜索便捷、传输快速、成本低廉、互动性强、环保低碳等特点，已经成为新闻出版业的战略性新兴产业和出版业发展的主要方向。

发展数字出版产业，对于提升我国文化软实力，推动文化产业乃至国民经济的可持续发展，转变出版业发展方式具有重要意义。进入新世纪以来，我国数字出版产业取得了较快进展。与此同时，由于存在投入成本高，盈利模式不成熟，相关标准不统一等问题，制约了数字出版产业的进一步发展，其生产力尚未得以充分释放。为贯彻落实中央关于调整产业结构和转变发展方式的战略部署，贯彻落实《文化产业振兴规划》和新闻出版总署《关于进一步推动新闻出版产业发展的指导意见》，推进出版业升级，现就加快我国数字出版产业发展提出如下意见。

一、加快数字出版产业发展的总体目标

1．战略目标。要以数字化带动新闻出版业现代化，鼓励自主创新，研发数字出版核心技术，推动出版传播技术升级换代，构建传输快捷、覆盖广泛的现代新闻出版传播体系；要形成一批发展思路清晰、内容资源充沛、立足自主创新、出版方式多样、营销模式成熟、市场竞争力强、产品影响广泛的数字出版龙头企业；要切实从社会需求出发，将优质内容与数字技术紧密结合，打造弘扬中华优秀文化、反映科学技术进步、体现时代精神、为大众喜闻乐见、具有国际影响力的数字出版产品和品牌；要构建要素完整、结构合理、水平先进、效益良好、多方共赢的数字出版产业发展新格局，把数字出版产业打造成新闻出版支柱产业。

2．发展指标。到“十二五”末，我国数字出版总产值力争达到新闻出版产业总产值25%，整体规模居于世界领先水平。在全国形成10家左右各具特色、年产值超百亿的国家数字出版基地或国家数字出版产业园区，形成20家左右年主营业务收入超过10亿元的具有国际竞争力的数字出版骨干企业。到2020年，传统出版单位基本完成数字化转型，其数字化产品和服务的运营份额在总份额中占有明显优势。

二、加快数字出版产业发展的主要任务

3．加快推动传统出版单位数字化转型。加快书报刊出版单位采用新技术和现代生产方式改造传统出版流程；高度重视出版资源数字化工作，加快存量资源整理，按统一标准进行分类、存储；积极探索出版资源数字版权授权解决方案；鼓励传统出版单位开展网络出版业务；支持传统出版单位设立完全市场化的数字出版公司，尽快做大做强，成为数字出版龙头企业。

4. 加快推动音像电子出版单位数字化升级。积极运用新媒体、新技术加速产业升级；鼓励音像电子出版单位与通信运营商、网络运营商及硬件制造商进行全方位合作，拓展新业态。

5. 加快推动传统印刷复制企业数字化改造。推动传统印刷复制企业积极采用数字和网络技术，改造印刷生产流程和设备，大力发展数字印刷，提高对消费者多样化、个性化需求的服务供给能力。

6. 大力增强网游动漫出版产品的创作和研发能力。鼓励企业通过自主创新，充分挖掘中华优秀文化，研发网游动漫精品，提高国产网游动漫产品的质量和市场占有率，提升产品附加值；打造网游动漫知名品牌，提高市场运作能力；组织实施民族网游动漫海外推广计划，大力支持国产原创网游动漫产品开发海外市场。

7. 切实加强新闻出版公共服务项目的数字化建设。对新闻出版公共服务工程中的数字化项目予以资金、政策、技术等方面的扶持；支持和鼓励出版单位、数字化公司承担和拓展数字出版公共服务项目；积极支持“农家书屋”向数字化方向发展；高度重视数字阅读，拓展全民阅读的空间；加快全民阅读工程指导性网站建设；积极开发盲文有声教材和读物；充分利用互联网，扩大民文出版物传播范围。

8. 加快国家数字出版重点科技工程和重大项目建设。加快国家数字复合出版工程、数字版权保护技术研发工程、中华字库工程和国家知识资源数据库工程等数字出版重大科技工程项目的建设进度；建设国家重点数字出版工程项目库，扶持企业建设以公共服务平台建设、内容资源数据库建设、数字出版软件产品开发以及相关技术研发为主的数字出版工程项目；加快数字出版领域科技推广和成果转化；扶持以动漫出版、网络游戏出版、数据库出版等为主的数字出版项目；扶持具有自主知识产权的电子纸、终端阅读器等新产品、新载体的研发和应用。

9．加快推进数字出版相关标准研制工作。坚持“基础、急用”标准先行的原则，尽快制定各种数字出版相关的内容标准、格式标准、技术标准、产品标准、管理和服务标准，完成数字出版、移动出版等相关数字出版标准体系的制定，在生产、交换、流通、版权保护等过程中形成符合行业规范的数字出版业标准化体系，创造公平的市场竞争环境。

10．推动数字出版产业聚集区建设。打破行政区划壁垒，在有条件的区域建设数字出版产业聚集区，形成一批核心数字出版产业集群和特色产业基地；吸引国内国际知名的相关企业落户，逐步形成产业集群效应；支持进入国家级数字出版基地的企业开展互联网出版业务。

11．支持非公有制企业从事数字出版活动。支持民营新技术公司研发基于不同传输平台和阅读终端的游戏、动漫、音乐等数字出版产品和具有自主知识产权的移动终端等硬件设备；建立数字出版企业评估体系，对长期从事数字出版活动且出版导向正确、技术实力雄厚、竞争优势明显、发展前景广阔、经营业绩突出的非公有制企业予以重点扶持；建立健全互联网出版准入退出机制，完善准入退出评估标准。

12．推动数字出版“走出去”。鼓励企业充分利用国际国内两种资源和两个市场，借助网络传输快捷、覆盖广泛和无国界特性，加快推动优秀出版物通过数字出版方式进入国际市场，参与国际竞争，不断增强中国新闻出版的传播能力，提高中华文化的国际影响力；重点扶持和培育在“走出去”方面措施得力、成效显著的数字出版骨干企业和示范单位，对切实跨出国门并取得显著成绩的重大项目和重点企业予以资金资助、税收减免和其他奖励。

三、加快数字出版产业发展的保障措施

13．加强组织领导。各级新闻出版行政部门要充分认识加强数字出版工作的重要性和紧迫性，把推进数字出版产业发展作为本地区新闻出版业繁荣发展的重要工作内容；要加强组织领导，完善组织机构，积极创造条件，设立专职数字出版管理部门；要加强对本地区数字出版产业发展的统计、规划、协调和引导，做好对本地区从事数字出版内容生产、加工、复制和数字出版产品销售、进出口等活动的数字出版企业的监管与服务工作；要采取有效措施，切实解决数字出版管理工作中存在的突出问题，为数字出版产业发展创造良好的环境和条件。

14．发挥部门合力。地方各级新闻出版行政部门要主动加强与当地党委、政府相关部门的沟通合作，争取本地发展和改革、财政、税务、工信、科技等综合职能部门对数字出版工作的支持，将数字出版发展规划纳入本地经济社会发展规划之中，为本地数字出版产业发展创造条件、提供保障；要结合本地实际，深入研究针对数字出版产业的财税政策，充分发挥政策的推动引导作用，促进数字出版产业健康发展，把国家以及各地支持推进数字化进程、文化体制改革和文化产业发展的优惠政策落到实处，为数字出版产业发展争取更多的政策支持。

15．优化资源配置。对内容资源丰富、具备技术和其他条件的传统出版单位优先赋予互联网出版权；鼓励条件成熟的传统出版单位开发基于互联网、无线通信网、有线电视网、卫星传输等各类移动终端的数字出版产品；鼓励传统出版企业与新媒体公司进行深层次合作，探索新型业务模式和营销模式，拓展和延伸出版产业链；倡导联合重组，鼓励非公有制企业与拥有内容资源优势的国有出版企业嫁接重组，拓展发展领域，形成新的市场主体。

16．加大投入力度。要逐步完善数字出版投入机制，积极争取各级财政对数字出版产业发展的扶持，加大对重点数字出版工程项目的资金投入；充分发挥文化产业发展专项资金、宣传文化发展专项资金、科技创新资金和现代信息服务业专项资金的扶持导向作用，面向全社会，推动设立扶持数字出版专项资金，重点用于数字出版公共服务平台和骨干项目建设；鼓励社会各界参与数字出版产业发展，用足用好金融领域支持文化产业振兴和繁荣发展的优惠政策，拓宽投融资渠道，引入战略投资者，实现投资主体多元化。

17．搭建交流平台。继续支持和扶持办好中国数字出版博览会、中国数字出版年会、中国国际数码互动娱乐展览会、中国国际动漫创意产业交易会、中国国际漫画节等数字出版产业方面的重要会展；积极组织参与全国图书博览会、全国图书订货交易会、北京国际图书博览会、深圳文博会、海峡两岸图书交易会，搭建展示和交流平台，推动数字出版新技术、新经验、新模式的深度交流，展示数字出版新产品和新技术。

18．加强版权保护。要加大版权保护宣传力度，强化版权保护意识；加大对数字版权侵权盗版行为的打击力度，切实保障著作权人合法权益；加快技术创新和标准制定，为版权保护提供有效的技术手段；积极建立以司法、行政、技术和标准相结合的版权保护体系。

19．强化网络监管。要建立属地内出版、外宣、公安、通信、“扫黄打非”等部门的协调、沟通和信息共享机制；增强网络出版突发事件的应对能力，提高监管工作的预见性、针对性和时效性，全面提升主动监管能力和技术保障水平；要加大对互联网低俗之风和手机网站传播淫秽色情信息的打击力度，同时切实加强对网络游戏出版审批把关和网络游戏动态出版、非法出版的监管，全面净化互联网和手机出版环境；各地要加快网络出版监管系统建设，积极探索网络出版监管的有效方式，强化长效动态监管机制。

20．完善法规体系。加快修订《出版管理条例》、《互联网出版管理暂行规定》等法律法规，制定发布《手机媒体出版服务管理办法》、《数据库出版服务管理办法》、《互联网文学出版服务管理办法》和《互联网游戏审批管理细则》等部门规章，加快规范数字出版产业发展的法规体系建设。

21．健全考评体系。要建立健全数字出版工作考评体系，加大对出版单位数字出版业绩考核的指标权重，重点评估其数字出版总体规划、新兴媒体和服务建设、内容资源数字化加工水平、出版流程再造、数字出版企业的市场表现、数字出版人才队伍建设、数字出版创新成果等具体指标和数据；充分调动企业经营管理者和数字出版从业人员的积极性和主动性，激发文化创造力，把推动数字出版的实际效果和发展水平纳入年度考评指标。

22．加快人才培养。要不断完善数字出版人才培养体系，加大数字出版人才培养力度，特别是传统出版单位数字出版高级管理人才、高级营销人才、高级策划人才及数字出版编辑人才的培养，加快解决数字出版产业高层次、复合型人才的短缺问题；积极开展形式多样的数字出版产业经营管理人才培训，鼓励数字出版企业与高等院校及科研机构合作，建立人才培养和实训基地，逐步建立起教育培训和岗位实践相结合的数字出版产业人才培养机制；进一步健全人才引进、使用和考核机制。

关于进一步规范出版物文字使用的通知

新闻出版总署　2010年11月23日　新出政发〔2010〕11号

各省、自治区、直辖市新闻出版局，新疆生产建设兵团新闻出版局，解放军总政治部宣传部新闻出版局：

报刊、图书、音像制品和电子书、互联网等各类出版物作为大众性的重要传播媒介，是语言文字规范化的实践者和宣传者，多年来，在规范使用语言文字，宣传促进语言文字规范化方面作出了重要贡献，为正确使用语言文字起到了积极示范作用。但是，随着经济社会的发展，在报纸、期刊、图书、音像制品和电子书、互联网等各类出版物中，外国语言文字使用量剧增，出现了在汉语言中随意夹杂英语等外来语、直接使用英文单词或字母缩写、生造一些非中非外、含义不清的词语等滥用语言文字的问题，严重损害了汉语言文字的规范性和纯洁性，破坏了和谐健康的语言文化环境，造成了不良的社会影响。

今年10月31日是《中华人民共和国国家通用语言文字法》发布10周年纪念日，出版媒体和出版单位要以此为契机，大力宣传《国家通用语言文字法》，并在出版工作中认真贯彻执行有关法律规定。为进一步促进语言文字的规范化、标准化，认真贯彻中央关于规范出版语言文字使用的要求，依据《中华人民共和国国家通用语言文字法》、《出版物汉字使用管理规定》及新闻出版有关法律、法规、规章，现就进一步加强规范出版文字使用的有关问题通知如下：

一、充分认识规范使用汉语言文字的重要意义。各类出版媒体和出版单位要高度重视出版物文字规范化工作，严格执行规范汉语言文字这一基本的语言文字政策，把宣传和规范使用汉语言文字作为传承中华文明、促进社会主义精神文明建设的一件重要职责，在出版活动中切实贯彻落实有关规范汉语言文字的法律法规。

二、严格执行规范使用汉语言文字有关规定。出版媒体和出版单位要采取有效措施，严格执行《出版物汉字使用管理规定》第五条“报纸、期刊、图书、音像制品等出版物的报头（名）、刊名、封皮（包括封面、封底、书脊等）、包装装饰物、广告宣传品等用字，必须使用规范汉字，禁止使用不规范汉字。出版物的内文（包括正文、内容提要、目录以及版权记录项目等辅文），必须使用规范汉字，禁止使用不规范汉字。”等有关条款，坚决抵制不良文化倾向，正确使用汉语言文字，为促进汉语言文字的规范化和健康发展发挥示范带头作用。

三、高度重视规范使用外国语言文字。出版媒体和出版单位要进一步加强外国语言文字的使用规范化，尊重并遵循汉语言及所使用的外国语言文字的结构规律和词汇、语法规则。在汉语出版物中，禁止出现随意夹带使用英文单词或字母缩写等外国语言文字；禁止生造非中非外、含义不清的词语；禁止任意增减外文字母、颠倒词序等违反语言规范现象。汉语文出版物中需要使用外国语言文字的，应当用国家通用语言文字作必要的注释。外国语言文字的翻译应当符合翻译的基本原则和惯例。外国人名、地名等专有名词和科学技术术语要按有关规定翻译成国家通用语言文字。

四、各级新闻出版行政部门要进一步加强对出版物语言文字使用及质量的管理和检查。将出版物使用语言文字情况，尤其是使用外语规范情况作为出版物质量检查和年度核验的重要内容，并将其纳入日常审读范围。对违反使用语言文字规范的，要责令改正，依法予以行政处罚。

五、出版媒体、出版单位及各级新闻出版行政部门要加强对规范使用汉语言文字的宣传教育。要引导社会大众自觉弘扬民族文化，使语言文字符合规范要求，适合国情，方便群众。

六、本通知要传达到所有出版媒体和出版单位，要求认真贯彻落实。

关于进一步加强新闻出版总署出版物样本缴送工作的通知

新闻出版总署　2011 年 3 月 14 日　新出字〔2011〕54 号

各省、自治区、直辖市新闻出版局、新疆生产建设兵团新闻出版局，解放军总政治部宣传部新闻出版局，全国各图书、音像和电子出版物出版单位：

多年来，全国各出版单位认真贯彻执行缴送出版物样本的规定，为出版管理、出版资源保护做出了贡献。随着出版物品种数量增长迅速，出版单位样本缴送工作出现了一些新的问题，如有些出版单位不及时缴送样本，或缴送样本在品种、数量上有所选择，造成漏缴、迟缴或不缴，致使有关管理部门样本收集不齐，不能全面掌握出版物的出版状况，更不利于国家出版物样本资源的保护。为加强总署出版物样本缴送工作，经研究，对出版单位缴送总署出版物样本方式进行调整（向国家图书馆缴送出版物样本仍按有关规定执行），现将有关事项通知如下：

一、各出版单位要高度重视出版物样本缴送工作

缴送样本工作是出版单位应尽的责任和义务。各出版单位要高度重视样本缴送工作，做到专门部署，专人负责。各级新闻出版行政管理部门要对管辖范围内各出版单位的样本缴送情况进行定期检查，做好监督管理工作。

二、具体要求

（一）各出版单位须向新闻出版总署、中国版本图书馆免费

缴送出版物样本。

（二）缴送样本品种：初版新图书（包括不同装帧、开本、版式型字号的版本图书）、重印书；音像制品；电子出版物。

（三）缴送数量：向新闻出版总署、中国版本图书馆缴送图书样本各一份，音像制品和电子出版物各一份。

（四）缴送时间：图书、音像制品和电子出版物出版 30 日内应缴送样本（以邮寄日期为准）；所缴样本必须品像完整，不得缺失。

（五）凡缴送的出版物样本，应附缴送清单，一式三份，负责收存样本单位核收后，在清单上签字、盖章，并在 10 个工作日内将清单返回出版单位，以备查验。出版单位应同时将清单电子版（以 EXCEL 表格形式）发送到以下邮箱：

图书样本专用邮箱：tsybcj @ capub.cn

音像和电子出版物专用邮箱：yxybcj @ capub.cn

（六）为了方便各出版单位缴送样本，提高工作效率，从 2011 年 5 月 1 日起，报送新闻出版总署、中国版本图书馆的样本统一寄送同一地址，地址：为北京市东城区先晓胡同 10 号中国版本图书馆征集部收。邮编 100005。寄送方式可采用直接送达或邮寄，如邮寄可采用印刷品挂号或其他形式（请勿按包裹方式邮寄）。寄送时需分别包装，并在缴送样本邮包上注明“总署样本”、“版本样本”字样。

三、相关措施

（一）中国版本图书馆定期向新闻出版总署报告出版单位样本缴送情况。

（二）出版单位样本缴送情况将作为出版单位等级评估、年度核验的重要参考依据之一。

（三）新闻出版总署每年年底将对缴送样本及时、完整的出版单位给予表扬，对未按规定时限缴送、年度缴送不齐，经催缴仍不缴送的出版单位，将按《出版管理条例》、《音像管理条例》有关规定予以处罚。

关于加快出版传媒集团改革发展的指导意见

新闻出版总署　2012年2月24日　新出政发〔2012〕3号

各省、自治区、直辖市新闻出版局，新疆生产建设兵团新闻出版局，解放军总政治部宣传部新闻出版局，中央和国家机关各部委、各民主党派、各人民团体新闻出版主管部门：

为贯彻落实党的十七届六中全会精神，充分发挥出版传媒集团在新出版改革发展中的主导作用，按照《国家“十二五”时期文化改革发展规划纲要》和《新闻出版业“十二五”时期发展规划》要求，现就加快出版传媒集团改革发展提出如下意见。

一、充分认识加快出版传媒集团改革发展的重要性紧迫性

1．党的十六大以来，新闻出版行业按照中央的部署和要求，积极、稳妥、有序地开展经营性新闻出版单位转企改制，加快资源整合和结构调整，组建了一批出版传媒集团。“十一五”时期，出版传媒集团不断深化改革、加快发展，出版了一大批精品力作，较好地满足了广大人民群众的精神文化需求；一批出版传媒集团完成了公司制改造，初步建立了现代企业制度；一批出版传媒集团相继实现了股份制改造并上市融资，成长为文化产业的战略投资者；一批出版传媒集团加快了“走出去”步伐，为中华文化走向世界作出了重要贡献。与此同时，出版传媒集团产业规模不断扩大，发展质量不断提高，在新闻出版业中的地位和作用日益凸显，成为新闻出版改革发展的主力军。

2．面对中央对文化改革发展提出的新要求，面对人民群众

对精神文化产品的新期待，面对建设新闻出版强国的新使命，面对新技术带来的新挑战，出版传媒集团改革发展还存在着许多不适应，表现为：体制不顺，机制不活，发展活力不强；集约化程度低，发展同质化，市场竞争力不强；与科技融合程度低，转型升级迟缓，创新能力不强；高层次人才缺乏，经营管理能力不强。同时，地区和行业封锁，布局结构和出版资源配置不合理，诚信体系不健全等问题，制约着出版传媒集团改革发展。

3．坚持中国特色社会主义文化发展道路，努力建设社会主义文化强国，新闻出版行业承担着重大历史责任。出版传媒集团作为新闻出版体制改革的排头兵、新闻出版产业发展的主力军，在引领社会主义文化前进方向、建设社会主义核心价值体系、传播知识和传承文明、维护国家文化安全等各方面，发挥着重要的作用。加快出版传媒集团改革发展，是发展公益性文化事业，保障人民基本文化权益，满足人民日益增长的精神文化需求的迫切需要；是加快发展新闻出版产业，推动文化产业成为国民经济支柱性产业，服务国家经济社会发展大局的迫切需要；是加快转变新闻出版业发展方式，调整产业结构，增强整体实力的迫切需要；是增强社会主义先进文化对内凝聚力、对外影响力，推动中华文化“走出去”，提升国家软实力的迫切需要。

二、加快出版传媒集团改革发展的指导思想、原则要求和主要目标

4．加快出版传媒集团改革发展的指导思想是：深入学习贯彻落实党的十七届六中全会精神，以邓小平理论和“三个代表”重要思想为指导，坚持贯彻落实科学发展观，按照高举旗帜、围绕大局、服务人民、改革创新的总要求，以科学发展为主题，以转变发展方式为主线，以深化改革为动力，以科技进步和自主创

新为支撑，以改革、改组、改造和加强管理为主攻方向，进一步整合资源、优化结构，构建充满活力、富有效率、更加开放、有利于出版传媒集团科学发展的体制机制，解放和发展新闻出版生产力，推动出版传媒集团改革发展取得新突破。

5．加快出版传媒集团改革发展的原则要求是：坚持社会主义先进文化的前进方向，全面贯彻“二为”方向和“双百”方针，大力推进社会主义核心价值体系建设；坚持把社会效益放在首位，坚持社会效益与经济效益的有机统一；坚持政府引导和市场调节相结合，充分发挥市场配置资源的积极作用；坚持发展新闻出版主业，兼顾多元化经营；坚持利用好国际国内两个市场、两种资源，努力增强中华文化的影响力和传播力；坚持新闻出版事业和新闻出版产业协调发展，提高出版传媒集团提供公共文化服务和推动文化产业发展能力；坚持扶优扶强，努力打造国际一流的出版传媒企业。

6．加快出版传媒集团改革发展的主要目标是：着力构建文化产品生产创作新机制，推出更多无愧于历史、无愧于时代、无愧于人民的精品力作；着力进行公司制改造，建立现代企业制度；着力推进文化科技创新，实现出版传媒集团的转型升级；着力加强管理，激发出版传媒集团的发展活力；着力推动联合重组，破除地区封锁和行业壁垒，实现出版传媒集团跨媒体、跨地区、跨行业、跨所有制、跨国界发展；着力推动出版传媒集团“走出去”，提升中华文化的国际影响力。到“十二五”期末，进一步做强做优国家层面人文、教育、科技三大出版传媒集团，培育多个年销售收入超过200亿的大型骨干出版传媒集团；推动新华书店跨地区兼并重组，组建全国性国有大型发行集团；基本形成核心竞争力强、主业挺拔、品牌突出、管理科学的出版传媒集团集群；基本形成南北与东中西部布局合理，中央与地方、图书出版与报刊出版、单一媒体与多种媒体、综合型与专业型、大型集团与专、精、特、新各类出版传媒企业优势互补、合作竞争的新格局。

三、进一步深化出版传媒集团体制改革

7．完善法人治理结构。指导和推动出版传媒集团切实规范转制到位，通过有效的制度安排，提高企业的市场竞争能力。健全董事会、监事会和经营管理层，探索建立职业经理人制度，明确所有者、经营者各自职责，形成符合现代企业制度要求、体现文化企业特点的资产组织形式和经营管理模式。

8．推进股份制改造。指导和推动一批具备条件的出版传媒集团进行股份制改造，引入其他行业大型国有企业作为战略投资者，在国家政策许可范围内允许有序引入非公有制资本；鼓励出版传媒集团之间通过联合重组、参股等方式进行股份制改造，实现股权多元化。

9．转换内部经营机制。按照市场规则和新闻出版发展规律，推动出版传媒集团继续深化以劳动、人事和分配三项制度为核心的内部改革。建立完善的企业职工考评制度和激励制度，设计合理的薪酬体系，鼓励智力、版权、技术等生产要素参与收益分配。

10．引导和规范国有出版传媒集团与非公有文化企业开展合作。引导和规范国有出版传媒集团与非公有文化企业开展产品合作、项目合作、资本合作；允许国有出版传媒集团引进具备资质的非公有文化企业作为国有出版传媒集团的一个部门参与出版活动；允许出版传媒集控股或参股成长性较好的非公有文化企业，实现跨所有制发展。

四、积极推进出版传媒集团战略性改组

11．支持出版传媒集团兼并重组。鼓励出版传媒集团通过整合报纸、期刊、图书、音像制品、电子出版物、数字出版业务和出版、印刷复制、发行等资源，实现多媒体、全产业链发展；鼓励出版传媒集团对业务相近、资源相通的中央和地方出版企业进行兼并重组，实现跨地区发展；鼓励出版传媒集团兼并重组新闻出版领域以外的其他国有企业，实现跨行业发展。支持主业突出、具有品牌优势的专业性出版传媒集团走特色经营之路。鼓励和支持转企改制到位的新闻出版单位自愿加入各类出版传媒集团。

12．支持出版传媒集团之间进行战略性合作。支持出版传媒集团采取联合研发、资源共享、平台共建、合作经营等方式进行战略性合作；支持出版传媒集团通过异地设立分支机构、连锁经营、与同类企业进行产品、项目和资本合作等方式，实现跨地区经营；支持出版传媒集团与广播电视、电信等行业的大型企业开展战略合作。

13．推动出版传媒集团转变发展方式。指导和推动出版传媒集团制定科学的战略规划，调整产业结构，转变经营思路，由主要依靠国内市场、国内资源向依靠国内国际两个市场、两种资源转变，由主要依靠单一出版业态向依靠以出版经营为核心的多元文化服务转变，由主要依靠传统出版业态向依靠传统出版业态与新兴出版业态有机融合转变，由主要依靠资源扩张向主要依靠科技进步、文化创新和提高劳动者素质转变，实现又好又快发展。

五、大力支持出版传媒集团应用高新技术和推动产业升级

14．支持出版传媒集团应用高新技术。支持出版传媒集团加强核心技术、关键技术、共性技术攻关，加强数字内容加工、存储、传输、阅读等新技术和装备的应用，加快科技创新成果转化，不断提高新闻出版技术装备水平；支持出版传媒集团自主研发和引进吸收高新技术，运用高新技术改造和提升传统生产方式、生产流程和基础设施；推动出版传媒集团加快实现存量出版资源数字化，

打造涵盖多种出版资源的数字传播技术和资源库，对内容资源进行全方位、深层次的开发利用；鼓励开发应用互联网、物联网和云计算技术，构建开放式、综合性、多功能集成的流通信息平台；支持出版传媒集团和大型电子商务企业进行战略合作和资源整合，构建线上流通和线下流通相结合的现代化出版物流通体系。

15．支持出版传媒集团发展数字出版产业。支持出版传媒集团实施数字化战略，加快发展有声阅读、电子书、电子书包、数字报、精品学术期刊数据库等；支持出版传媒集团发展以网络出版、手机出版、云出版等为代表的出版新业态；培育一批以数字化引领、全媒介经营为特征的新型出版传媒集团，加快建立适应数字出版产业发展的市场主体；支持出版传媒集团积极探索数字出版产业发展的新途径。

16．支持出版传媒集团建立科技创新体系。鼓励和引导企业资本和社会资金投向技术改造，形成面向市场的新产品研发和新技术创新机制；鼓励建立科技工作战略规划，设立科研部门，完善科研制度，加大科研经费投入；支持开展标准化工作，推动企业标准成为行业标准、国家标准和国际标准。

六、切实加强出版传媒集团科学管理

17．加强出版产品内容创作生产的引导。出版传媒集团要立足发展先进文化，把为人民提供更好更多的精神食粮作为管理的首要任务，要坚持正确的出版导向，把遵循社会主义先进文化前进方向、人民群众满意作为评价出版产品的最高标准，形成以群众评价、专家评议和市场检验相结合的科学评价机制。

18．健全内部管理机制。以明确范围、规范程序、强化监督和责任追究为重点，建立健全出版传媒集团重大决策、重要人事任免、重大项目安排以及大额度资金运作事项的“三重一大”决策、执行和监督体系。推动企业内部管理创新，强化质量管理和成本核算，形成有效的激励和制约机制。加强领导班子思想政治建设，增强政治敏锐性和政治鉴别力，筑牢思想防线，确保导向正确。充分发挥企业党组织的政治核心作用。推动企业加强自身品牌建设、内部文化建设，不断提高企业凝聚力，提升企业整体形象，形成体现文化企业特点的经营理念和发展模式。

19．科学整合内部资源。推动出版传媒集团优化产业结构，做强主业、做大主体，提升核心竞争力；推动出版传媒集团整合同类业务及上下游业务，合理布局产业链、产品链，提高资源集中度和综合效益；推动出版传媒集团围绕主业发展相关文化产业，延伸产业链条，形成新的增长点；推动出版传媒集团建立与业务整合、市场化经营相适应的管控模式和组织架构，提高管理效能；推动出版传媒集团兼并重组后在发展战略、管理、品牌、业务、企业文化等层面实施有效整合，形成综合竞争优势。

20．建立健全出版传媒集团编委会制度。支持出版传媒集团通过建立健全编委会，加强对内容资源的质量管理、品牌管理、版权管理；支持出版传媒集团加强对内容资源进行有序开发，形成各具特色的优质产品；支持出版传媒集团加强对所属出版机构选题策划、内容创新、产品设计和市场营销的管理协调，努力创作生产内容与形式高度统一的原创精品出版物。

21．加强人力资源规划与开发。指导和推动出版传媒集团创新人才激励机制，健全人才选拔机制，建立完善培训制度；采取公开招聘、定向培养、业外引进等多种方式，培养、吸引、凝聚一批专业技术人才和复合型高级经营管理人才；支持出版传媒集团培育一支门类齐全、结构合理、梯次分明、素质优良的员工队伍。

七、鼓励和扶持出版传媒集团“走出去”

22．支持出版传媒集团提升品牌竞争力。支持出版传媒集团深入挖掘民族文化资源，运用符合时代特征的文化表现形式，把传统元素与现代元素有机结合，把民族特色与世界潮流有机结合，生产更多具有自知识产权和国际竞争力的出版产品，培育一批国际知名品牌。

23．支持出版传媒集团采取多种方式“走出去”。支持出版传媒集团拓展对重点国家和地区的版权输出；支持有竞争力的传统出版产品和多种形态的数字出版产品进入国际市场；支持有实力的出版传媒集团兼并、收购境外有成长性的优质出版企业；支持有条件的出版传媒集团通过独资、合资、合作等方式，到境外建社建站、办报办刊、开厂开店；支持出版传媒集团参与建设两岸出版交流试验区，在两岸出版交流合作中先行先试，推动两岸新闻出版业共同繁荣发展。

24．支持出版传媒集团拓展国际传播渠道。支持出版传媒集团通过参与国内外具有国际影响力的重点文化会展活动，提升中国出版产品在国际上的影响力；鼓励出版传媒集团加强与全球性和区域性大型连锁书店合作，进一步拓展国际主流营销渠道，开拓网络书店、在线阅读等新型出版物销售渠道，整合海外华文出版物营销渠道，构建中国出版产品国际立体营销网络和国际交易平台。

八、加快出版传媒集团改革发展的保障措施

25．进一步理顺管理体制。理顺行业管理和资产管理的关系，形成党委统一领导、党政齐抓共管、党委宣传部门组织协调、行政主管部门依法管理、企业自主经营的格局。新闻出版行政主管部门对出版传媒集团改革发展要负起规划、指导、协调、服务和管理的职责。要严格执行文化资本、文化企业、文化产品市场准入和退出政策，综合运用法律、行政、经济、科技等手段提高管理效能。要切实加强出版传媒集团改革发展中的反腐倡廉建设，严格执行党风廉政建设责任制，推动国有企业领导人廉洁从业有关规定的完善和落实。

26．制定和落实出版资源向出版传媒集团倾斜的政策。支持条件成熟的出版传媒集团跨行政区设立有出版权的子公司；对跨地区和外向型经营的出版传媒集团，优先配置出版资源；对于面向海外市场的非公有制文化机构，经批准后可以单独配置出版资源。

27．加大对出版传媒集团重大项目的扶持力度。加快新闻出版改革发展项目库建设步伐，引导和带动出版传媒集团改革发展；支持和鼓励出版传媒集团积极规划、实施重大产业项目，对于出版传媒集团实施的自主创新、转型升级的重大项目优先纳入新闻出版改革发展项目库，优先给予支持。

28．加大对出版传媒集团改革发展资金支持力度。积极争取各级财政支持，通过文化产业发展专项资金，以贴息、补助、奖励等方式，支持出版传媒集团改革发展；对“走出去”取得突出成绩的出版传媒集团给予专项奖励；对于出版传媒集团实施建设社会主义核心价值体系、积累和传承民族优秀文化的重大出版工程，通过国家出版基金予以重点支持。

29．推动出版传媒集团拓展融资渠道。支持出版传媒集团实现主营业务整体上市；推荐研发高新技术的出版传媒企业到创业板上市；加强各级新闻出版行政主管部门与金融机构的战略合作，为出版传媒集团信贷融资提供便利条件；推动制定支持出版传媒集团以专利权、商标权、著作权、自主品牌等无形资产出资、质押贷款等有关政策。

30．加强市场体系建设。研究制定打破地区封锁和行业壁垒的政策措施，支持和保护出版传媒集团跨地区、跨行业重组和经营。通过政策调节与市场机制相结合的办法，建立完善联通实体书店与网上书店、贯通城市与乡村发行的新闻出版市场服务体系。有序发展新闻出版人才、信息、技术、版权等要素市场，建立健全资产评估体系、产权交易体系，提高要素流通的市场化程度。加大版权保护力度，深入开展“扫黄打非”，规范教材教辅出版市场秩序，着力改善和优化出版物市场环境。加强行业信用体系建设，完善行业标准和行业规范，在全行业开展行业自律和诚信宣传教育，为出版传媒集团加快发展创造统一开放、竞争有序、健康繁荣的市场环境。

31．加强人才队伍建设。加大国家对出版传媒人力资源的开发投入力度，大力实施“四个一批”人才培养工程和新闻出版名家工程，在全国知名高校建设出版传媒人才培训基地。完善新闻出版专业技术人员职业资格制度。把非公有文化机构的人才队伍纳入行业人才建设体系，积极培养和充分发挥其作用。完善人才流动机制，形成有利于各类人才脱颖而出的体制机制，为出版传媒集团改革发展提供人才支撑。

32．建立健全科学的评价和激励机制。结合出版传媒集团改革发展实际，统筹社会效益与经济效益、导向要求与利润指标、短期经营目标与长期发展战略等，科学设置评价指标，探索建立有利于出版传媒集团可持续发展的科学统计和业绩考核体系，探索建立激励出版传媒集团经营者、管理层的长效机制，允许条件成熟的出版传媒集团经过批准，探索试行经营管理层股权激励机制。

关于印发《新闻出版总署关于支持民间资本参与出版经营活动的实施细则》的通知

新闻出版总署　2012年6月28日　新出政发〔2012〕5号

各省、自治区、直辖市新闻出版局，总政治部宣传部新闻出版局，新疆生产建设兵团新闻出版局，中央和国家机关各部委、各民主党派、各人民团体：

根据《国务院关于鼓励和引导民间投资健康发展的若干意见》（国发〔2010〕13号）精神，按照《关于鼓励和引导民间投资健康发展重点工作分工的通知》（国办函〔2010〕120号）要求，我们制定了《新闻出版总署关于支持民间资本参与出版经营活动的实施细则》，现印发给你们，请结合实际，认真贯彻执行。

新闻出版总署关于支持民间资本参与出版经营活动的实施细则

为推动社会主义文化大发展大繁荣，充分调动民间资本参与文化建设，促进出版行业科学发展，根据《国务院办公厅关于鼓励和引导民间投资健康发展的若干意见》（国发〔2010〕13号），结合出版行业特点，现就支持民间资本参与出版经营活动，提出如下实施细则：

一、继续支持民间资本投资设立印刷复制企业，从事出版物、包装装潢印刷品及其他印刷品、可录类光盘生产和只读类光盘印刷复制经营活动。

二、继续支持民间资本投资设立出版物总发、批发、零售、连锁经营企业，从事图书、报纸、期刊、音像制品、电子出版物等出版产品发行经营活动。

三、继续支持民间资本投资设立网络出版包括网络游戏出版、手机出版、电子书出版和内容软件开发等数字出版企业，从事数字出版经营活动。

四、支持民间资本在党报党刊出版单位实行采编与经营“两分开”后，在报刊出版单位国有资本控股51%以上的前提下，投资参股报刊出版单位的发行、广告等业务，提高市场占有率。

五、支持民间资本投资设立的文化企业，以选题策划、内容提供、项目合作、作为国有出版企业一个部门等方式，参与科技、财经、教辅、音乐艺术、少儿读物等专业图书出版经营活动。

六、支持民间资本通过国有出版传媒上市企业在证券市场融资参与出版经营活动，支持国有出版传媒企业通过上市融资的方式吸收民间资本，实现对民间资本的有序开放。

七、支持民间资本参与“走出去”出版经营，从事图书、报纸、期刊、音像制品、电子出版物等出版产品的出口业务，到境外建社建站、办报办刊、开厂开店等出版发行业务。经批准，对面向境外市场生产销售外语出版物的，可以配置专项出版权。

八、支持民间资本投资成立版权代理等中介机构，开展版权贸易业务。

九、支持民间资本投资设立的文化企业通过所在地区新闻出版行政管理部门申报新闻出版改革和发展项目，申请国家文化产业发展专项资金。

十、支持民间资本参与出版产业园区和产业基地建设，在项目安排、资金支持、税收优惠等方面予以国有资本同等待遇。

支持民间资本参与出版经营活动，对于出版行业持续健康发展具有十分重要的意义。各级新闻出版行政管理部门要认真贯彻落实国发〔2010〕13号文件精神，继续深化改革，规范市场准入，为民间资本从事出版经营活动提供良好环境和制度保障。要切实加强指导和管理，引导民间投资主体按照国家的法律法规要求，认真履行审批备案程序，依法经营，诚实守信，履行社会责任。要不断提高管理水平，做到依法管理、科学管理、有效管理，确保民间资本参与出版经营活动健康发展。

关于坚持厉行节约、严格控制和规范新闻出版展会的通知

国家新闻出版广电总局 2013年8月23日 新出政发〔2013〕4号

各省、自治区、直辖市新闻出版局，新疆生产建设兵团新闻出版局，解放军总政治部宣传部新闻出版局：

近年来，各种以新闻出版（版权）产品和服务为主要内容的展览会、博览会、展销会、交易会、订货会、采购会等（以下简称展会）逐年增多，在满足人民群众精神文化需求，促进新闻出版繁荣发展等方面发挥了积极作用。但同时也存在着展会过多过滥，部分展会求大不重质、求轰动效应不重实际效果，市场化程度低、专业性不强、豪华装饰、强行摊派等问题，造成了资源浪费，加大了基层和参展单位的负担。

为进一步落实中央关于改进工作作风、密切联系群众的八项规定和开展党的群众路线教育实践活动、整治“四风”的有关要求，弘扬艰苦奋斗、厉行节约的优良作风，切实解决基层和群众反映突出的问题，现就进一步严格控制和规范新闻出版展会的有关事项通知如下。

一、控制总量，注重展会实效。按照厉行节约、注重实效的原则，严格控制全国新闻出版展会总量。除对推动行业发展有示范引领作用、承担国家重大宣传推广任务、在国内外有重大影响的展会以及市场化程度高、办展效果突出、行业反响好、消费者认可、已经形成良好品牌的展会予以保留外，对定位雷同、业务

相近的展会逐步合并，对形式重于内容、实际效果差、社会影响小、群众意见大的展会坚决停办。确定保留或合并的展会，转由行业协会或企业主办承办，新闻出版行政主管部门一律退出。

二、节俭办展，制止豪华铺张。严格落实中央八项规定和整治“四风”的要求，提倡节俭办展。各类展会原则上不搞或尽量简化开幕式、闭幕式，不搞专场文艺晚会，国内展会不举办招待宴会、答谢宴会、招待酒会等活动。不准进行超出展览展示实际需要的豪华装饰，不准借举办或参加展会名义出国到名胜古迹和风景区旅游和在国内旅游，不准以展会名义组织高消费娱乐活动，不准以展会名义赠送礼金、礼品、纪念品、土特产和各种有价证券、支付凭证等。

三、规范办展，减轻参展负担。除纳入国家整体规划的重大展会和境外展会外，各级新闻出版行政主管部门和主办承办单位不得就展会下发组织参展通知或以其他方式要求有关单位参展。有关部门和主办承办单位不得向参展单位收取任何不合理费用，不得以办展名义要求基层单位、干部群众出钱出物出工或以各种名目乱收费、摊派、拉赞助，不得就展位数量、装饰标准、做广告等对参展单位提出硬性要求，不得要求参展单位参加与展会无关的其他活动或要求参展单位捐款捐物。

四、加强监管，建立长效机制。各级新闻出版行政主管部门要按照国务院机构改革和职能转变的要求，逐步建立政府监管、行业自律、市场运作的展会办展机制，引导展会向专业化、差异化、市场化方向发展。积极探索引入第三方评估机制，对展会进行科学评估，根据评估结果研究制定完善有关办法，创新办展方式，加强事中事后监管，切实担负起管理责任。对于本行政区域内举办的新闻出版展会有违反本通知要求的情况，要认真查处、及时纠正，并将有关情况报告总局。

关于严厉禁止和坚决查处中小学教辅材料出版发行违法违规行为的通知

国家新闻出版广电总局　2013年8月26日　新出政发〔2013〕5号

各省、自治区、直辖市新闻出版局，新疆生产建设兵团新闻出版局，解放军总政治部宣传部新闻出版局，中央和国家机关各部委、各民主党派、各人民团体出版单位主管部门，中国出版集团公司、中国教育出版传媒集团有限公司、中国科技出版传媒集团有限公司：

适当出版发行一些适应中小学教学需要、质优价廉的教辅材料，对于提高教学质量具有一定的积极作用。但是，近年来中小学教辅材料出版发行中出现了一些不规范甚至违法违规的行为，损害了人民群众的利益，引起了学生和家长的不满。按照深入开展党的群众路线教育实践活动、整治“四风”、着力解决群众反映突出问题的要求，各级新闻出版行政主管部门对中小学教辅材料出版发行中的不规范和违法违规行为要予以严厉禁止和坚决查处。现就有关事项通知如下。

一、严把中小学教辅材料出版印制关。对不具备中小学教辅材料出版资质的出版单位，不得安排中小学教辅材料选题，不得出版、再版、重印中小学教辅材料，不得通过报刊更名等方式变相出版中小学教辅材料。严禁任何形式的买卖书号、刊号、版号和一号多用等违法违规行为。印刷复制单位在未按照规定办理相关手续，或手续不全、不齐、无效等情况下，不得承接中小学教辅材料印刷复制业务。

二、严禁违规发行中小学教辅材料。任何单位、部门和个人未经批准不得从事中小学教辅材料发行活动。出版发行单位不得委托不具有发行资质的单位、部门和个人代理发行销售中小学教辅材料。严禁销售侵权盗版和非法出版的中小学教辅材料，严禁销售内容质量、编校质量或印装质量不符合国家有关规定和标准的中小学教辅材料。对不符合市场准入条件、不具备资质或违法违规经营中小学教辅材料的发行单位，要坚决查处并予以取缔。

三、严格中小学教辅材料价格管理。各省、自治区、直辖市评议公告的中小学教辅材料试行政府指导价。各省、自治区、直辖市新闻出版行政主管部门要与当地价格主管部门通力合作，严格履行价格确认程序。严禁违反或变相违反国家统一制定的正文印张、封面基准价格标准以及发行费用标准制定和确认价格。各出版单位要按照有关规定如实填写申报材料，不得虚报印张数量，或通过降低用纸规格、降低印装标准，变相提高定价标准。中小学教辅材料零售价格一经确认，出版发行单位不得擅自调整印张规格、克重、印色数、印张数或改零售价格，提高定价标准。

各省、自治区、直辖市评议公告以外的中小学教辅材料价格的确定，必须遵守国家《价格法》、《反不正当竞争法》及相关法律法规的规定。出版单位不得违背公平、合法和诚实信用的原则确定价格，不得背离中小学教辅材料出版发行的合理成本和市场供求状况制定价格，不得采取高定价、低折扣等不正当行为推销中小学教辅材料。

各相关出版单位要在本单位门户网页显著位置向社会公开所出版的中小学教辅材料定价情况，包括开本、印张数、印张单价、零售价格等情况，主动接受社会监督。

四、严查非法出版发行中小学教辅材料行为。任何单位和个人在中小学教辅材料编写、出版、印刷复制、发行等环节，不得以拿回扣、索要赞助等非法手段中饱私囊。出版发行单位不得与有关部门、学校或老师进行地下交易和一切形式的商业贿赂行为，不得派员进入学校、班级，向老师、中小学生和家长推荐、征订、搭售教辅材料，不得伙同有关人员要求学生到指定书店购买中小学教辅材料。对非法出版、盗版盗印中小学教辅材料的行为要依法严厉查处。

要反复公布和宣传总局举报中心和本地新闻出版行政主管部门的举报电话号码、网址和举报方式，发动群众和媒体进行监督。对群众举报和媒体曝光的违法违规行为，要做到件件有处理、事事有结果。对涉案金额较大、问题严重、情节恶劣、影响较大的案件，要追根溯源、彻查严办，该吊销的吊销，该取缔的取缔，构成犯罪的移交司法部门依法追究刑事责任。

中小学教辅材料出版发行工作关系群众切身利益。各级新闻出版行政主管部门要提高思想认识，把严厉禁止和坚决查处中小学教辅材料出版发行中不规范和违法违规行为作为深入开展党的群众路线教育实践活动的重要内容，立行立改，切实履行新闻出版行政主管部门的监管职责。对监管失职的，要严肃追究责任。

关于加强新闻出版展会管理的通知

国家新闻出版广电总局

2014年3月18日　新广出办发〔2014〕14号

各省、自治区、直辖市新出版广电局，新疆生产建设兵团新闻出版广电局，解放军总政治部宣传部新闻出版局：

近年来，各类出版物展销会、博览会、订货会等新闻出版展会日趋丰富，在满足人民群众精神文化需求，促进新出版产业繁荣发展等方面发挥了积极作用。但同时，个别展会也存在着疏于管理，一些导向不好、格调低下、粗制滥造的违规出版物甚至盗版和非法出版物夹杂其间等问题，在一定程度上扰乱了出版物市场秩序，侵害了广大读者权益。为规范出版物市场秩序，引导新闻出版展会健康发展，现就加强新闻出版展会管理有关事项通知如下。

一、严格履行报批程序。举办各类新闻出版展会，主办单位应按照当地政府有关规定，严格履行报批程序，并将展会举办时间、地点、参展单位等信息提前告知所在地新闻出版行政主管部门。各类新闻出版展会展示展销境外出版物，必须按照出版物进口、销售及展览有关规定，报新闻出版广电总局批准，并严格按照审批范围进行展览。除经批准外，境外出版物一般只用于展示，不得用于现场销售。

二、严格履行主办责任。各类新闻出版展会的主办单位应认真履行主办职责，鼓励和支持参展单位积极展出那些导向正确，宣传社会主义核心价值观、弘扬主旋律、传播正能量的优秀出版物。在招展过程中要对参展单位进行资格审查，不符合资格的单位不得参展。要加强会前检查，严把展示展销出版物的导向关、质量关，对存在导向不好、选题低俗等不良倾向和编校质量问题的出版物，应要求参展单位予以下架；对于含有《出版管理条例》等有关法律法规禁止内容的违禁出版物和被新闻出版行政主管部门明令查处的违规出版物，以及盗版、非法出版物一律下架封存并及时报告所在地新闻出版行政主管部门。

三、严格进行展会监管。各级新闻出版行政主管部门要加强对各类新闻出版展会的监管，加强对参展单位资格审查，对于不能提供出版许可证或出版物经营许可证的参展单位，一律取消参展资格并按照有关规定予以处罚；要加强对展示展销出版物的检查，确保违规出版物和非法、盗版出版物不流入各类展会。对存在未按规定履行重大选题备案、被新闻出版行政主管部门明令查处、侵犯知识产权及质量低劣等问题的违规出版物及盗版、非法出版物，一律予以查扣，对展示展销此类出版物的参展单位依照有关规定予以处罚，并按规定追究展会主办单位的责任。

关于推动新闻出版业数字化转型升级的指导意见

国家新闻出版广电总局　财政部

2014 年 4 月 24 日　新广出发〔2014〕52 号

各省、自治区、直辖市新闻出版广电局、财政厅（局），各计划单列市新闻出版广电局、财政厅（局），新疆生产建设兵团新闻出版广电局、财务局：

面对数字化与信息化带来的挑战与机遇，传统新闻出版业只有主动开展数字化转型升级，才能实现跨越与发展。开展数字化转型升级是进一步巩固新闻出版业作为文化主阵地主力军地位的客观需要，是抢占未来发展制高点、参与国际竞争的重要途径。经过几年的探索和积累，目前新闻出版业已经具备了实现整体转型升级的思想基础、技术基础、组织基础和工作基础，但还存在资源聚集度不高、行业信息数据体系不健全、技术装备配置水平较低、对新技术与新标准的应用不充分、市场模式不清晰、人才不足等问题。为贯彻党的十八大关于加快文化与科技融合的精神，落实《国家“十二五”时期文化改革发展规划纲要》关于“出版业要推动产业结构调整和升级，加快从主要依赖传统纸介质出版物向多种介质形态出版物的数字出版产业转型”的要求，推动新闻出版业健康快速发展，特制定本意见。

一、总体要求

（一）指导思想

深入贯彻落实党的十八大、十八届三中全会精神，充分发挥市场机制作用，通过政府引导、以企业为主体，加速新闻出版与科技融合，推动传统新闻出版业转型升级，提高新闻出版业在数字时代的生产力、传播力和影响力，为人民群众的知识学习、信息消费提供服务，为国民经济其他领域的产业发展提供知识支撑，更好更多地提供生活性服务与生产性服务，推动新闻出版业成为文化产业的中坚和骨干，为把文化产业打造成国民经济支柱性产业做出积极贡献。

（二）主要目标

通过三年时间，支持一批新闻出版企业、实施一批转型升级项目，带动和加快新闻出版业整体转型升级步伐。基本完成优质、有效内容的高度聚合，盘活出版资源；再造数字出版流程、丰富产品表现形式，提升新闻出版企业的技术应用水平；实现行业信息数据共享，构建数字出版产业链，初步建立起一整套数字化内容生产、传播、服务的标准体系和规范；促进新闻出版业建立全新的服务模式，实现经营模式和服务方式的有效转变。

（三）基本原则

改革先行、扶优助强、鼓励创新、示范推广。优先扶持已完成出版体制改革、具备一定数字化转型升级工作基础的新闻出版企业，鼓励新闻出版企业在数字化转型升级进程中大胆创新，探索新产品形态、新服务方式、新市场模式，形成示范项目并进行推广。

分步启动、并行实施、迭加推进、市场调节。优先支持已经先行启动转型升级项目的企业，对不同支持方向的转型升级项目并行推进，正确处理政府与市场关系，充分发挥财政资金引导示范作用，培养企业市场风险意识，提高企业市场应对能力。

二、主要任务

（一）开展数字化转型升级标准化工作

支持企业对《中国出版物在线信息交换（CNONIX）》国家标准开展应用。重点支持图书出版和发行集团。包括：支持企业研制企业级应用标准；采购基于CNONIX标准的数据录入、采集、整理、分析、符合性测试软件工具，开展出版端系统改造与数据规范化采集示范；搭建出版、发行数据交换小型试验系统，实现出版与发行环节的数据交换；开展实体书店、电子商务（网店）、物流各应用角度基于CNONIX标准的数据采集、市场分析、对出版端反馈的应用示范。

支持企业对《多媒体印刷读物（MPR）》国家标准开展应用。重点支持教育、少儿、少数民族语言等出版单位，推动企业从单一产品形态向多媒体、复合出版产品形态，从产品提供向内容服务的数字化转型升级。包括：研制企业级应用标准；部署相应软件系统；完成选题策划、资源采集，研发教材教辅产品、少儿、少数民族文字阅读产品；开展底层技术兼容性研究与应用；建设MPR出版资源数据库；创新产品销售体系，构建从实体店到电子商务的立体销售体系。

支持企业面向数字化转型升级开展企业标准研制。支持出版企业研制企业标准，以及开展国家标准、行业标准的应用研究；支持、鼓励相关技术企业研制基于自主知识产权技术的企业标准；支持以企业标准为基础申报行业标准、国家标准乃至国际标准。

（二）提升数字化转型升级技术装备水平

支持企业采购用于出版资源深度加工的设备及软件系统。以实现出版资源的知识结构化、信息碎片化、呈现精细化为目标，支持企业采购出版资源专业化的深度加工服务；支持部分专业出版单位采购专用的扫描设备、识别软件等资源录入设备及软件。

支持企业采购用于出版业务流程改造、复合出版产品生产与投送的软件及系统。以数字环境下出版业务流程再造、实现出版业务流程完整性为目标，支持采购出版内容资源数字化加工软件、内容资源管理系统、编辑加工系统、产品发布系统等软件及系统；以实现出版产品表现形式完整性为目标，支持采购关联标识符编码嵌入软件、复合出版物生产和投送系统等软件及系统。

支持企业采购版权资产管理工具与系统。以支撑新闻出版企业版权运营多元化为目标，为全面开展版权运营奠定基础，支持采购版权资产管理工具与系统，包括：自有版权资产与外购版权资产数据输入模块，以控制版权资产的规范化输入；授权管理模块，以控制版权资产的规范化输出；版权管理模块和业务支撑管理模块，以记录版权资产状况、控制版权运营策略；与出版企业其他生产业务流程系统进行对接，以实现对版权资产的精细化管理，对存量版权资产的清查和增量版权资产的管控。

（三）加强数字出版人才队伍建设

支持出版企业与高校、研究机构联合开展基础人才培养，开展定向培养。支持、鼓励高校设立专业课程，联合研究机构，培养面向出版企业数字化转型升级的专业人才，定向输送出版与科技专业知识相融合的基础性人才。

支持相关技术企业与高校、研究机构联合开展数字出版业务高级人才培养。支持、鼓励技术企业提供技术支撑，参与高校、研究机构的高级人才培养计划，开展面向出版企业在岗高级数字出版人才的培养。

（四）探索数字化转型升级新模式

支持教育出版转型升级模式探索。重点支持部分以教育出版为主的出版企业开展电子书包应用服务项目。包括：研制电子书包（数字出版教育应用服务）系列标准；以课程标准和完整的教材教辅内容框架为基础，整合内容资源，开发富媒体、网络化数字教材，开展立体化的教育出版内容资源数字化开发，打造数字资源库，为电子书包试验的顺利推进奠定内容基础；构建对教育出版内容的价值评测、质量评测的完整评测系统；研发包括下载与推送、使用统计等功能的教育出版内容资源服务系统；构建包括教学策略服务、过程性评测、个性化内容推送、内容互动服务等教学应用服务支撑体系，并开展入校落地试验；基于用户数据分析技术开展个性化定向投送平台建设（B2C 模式），基于集团化学习的出版资源投送平台建设（B2B 模式）。

支持专业出版转型升级模式探索。重点支持部分专业出版企业按服务领域划分、联合开展专业数字内容资源知识服务模式探索。包括：开展知识挖掘、语义分析等知识服务领域关键技术的应用，基于专业内容的知识服务标准研制，基于专业出版内容的知识资源数据库建设，基于知识资源数据库的知识服务平台建设。

支持大众出版转型升级模式探索。重点支持出版企业在关注阅读者需求、引导大众阅读方向的模式创新。包括：建设作者资源管理系统，选题热点推荐与评估系统；开展生产与消费互动的定制化服务模式探索，形成线上与线下互动（O2O）的出版内容投送新模式；建设经典阅读、精品阅读产品投送平台。

三、保障措施

（一）加大财政扶持。加大财政对新闻出版业数字化转型升级的支持力度，将新闻出版业数字化转型升级项目作为重大项目纳入中央文化产业发展专项资金扶持范围，分步实施、逐年推进。发挥财政资金杠杆作用，推动重点企业的转型升级工作，引导企业实施转型升级项目。

（二）充分利用新闻出版改革与发展项目库。进一步完善新闻出版改革与发展项目库建设，征集符合本指导意见并具有较强示范带动效应的新闻出版业数字化转型升级项目，加强对重点项目的组织、管理、协调、支持和服务。

（三）加强组织实施。各级新闻出版广电行政部门、财政部门要按照本意见要求，在党委、政府的领导下，结合本地区实际，切实加强新闻出版业数字化转型升级工作的组织领导，同时加强跨地区、跨部门协作，确保各项任务的执行和落实。

关于加强新闻出版业数字化转型升级项目管理工作的通知

国家新闻出版广电总局　2015年3月12日　新广出函〔2015〕104号

各省、自治区、直辖市新闻出版广电局，中国音像与数字出版协会，各有关单位：

为贯彻党的十八大关于加快文化与科技融合的精神，落实《国家"十二五"时期文化改革发展规划纲要》关于"出版业要推动产业结构调整和升级，加快从主要依赖传统纸介质出版物向多种介质形态出版物的数字出版业转型"的要求，推动新闻出版业健康快速发展，中宣部、财政部、新闻出版广电总局等部门自2013年起联合开展推动新闻出版业数字化转型升级工作。2014年4月，财政部、新闻出版广电总局联合下发《关于推动新闻出版业数字化转型升级的指导意见》（以下简称《指导意见》），明确了转型升级工作的指导思想、主要目标、工作任务与保障措施。

《指导意见》下发以来，全国范围内新闻出版企业积极响应，加快实施项目带动战略，涌现出一批高质量的数字化转型升级项目，部分项目获得了中央、省级的相关财政资金支持。

为加强新闻出版业数字化转型升级项目管理，提高资金投入效益，现提出如下管理要求。

一、工作原则

数字化转型升级项目实行"分级管理、分工负责、阶段管理"原则。

1. 分级管理。数字化转型升级项目分为重点项目与一般项目，实行分级管理。其中：新闻出版广电总局数字出版司负责重点项目管理，包括国家标准（MPR、CNONIX 国家标准）应用示范项目、数字出版转型示范单位实施的项目；各省级新闻出版广电局负责本地区新闻出版企业实施的一般项目管理；中国音像与数字出版协会负责在京中央新闻出版企业实施的一般项目管理。

2. 分工负责。新闻出版广电总局数字出版司负责数字化转型升级项目的总体管理，包括项目立项的组织协调、项目管理要求的确定、项目验收标准的确定以及项目成果的宣传推广等；各省级新闻出版广电局、中国音像与数字出版协会负责项目立项的组织协调，项目实施前期相关服务商的推荐、项目标准制定与应用的组织、项目管理要求的细化、项目验收标准的细化、项目验收的前置审核以及项目成果的宣传推广等；项目实施单位负责项目的具体实施、日常管理、情况汇报等。

3. 阶段管理。项目实施分为立项、设计、建设、试运行、验收阶段。管理工作重点为项目立项和项目验收阶段。

二、工作要求

1. 加强分工合作。各省级新闻出版广电部门应当重点负责相关项目的实施管理；各省级新闻出版广电部门应当加强与本地财政部门的沟通合作，配合财政部门做好相关项目中财政资金的使用管理。

2. 建立项目备案制度。总局数字出版司、各省级新闻出版广电局、中国音像与数字出版协会、项目实施单位管理部门需对项目申报书、项目合同、验收文档等重要项目资料建立备案制度并加强管理；项目实施单位需对项目建设过程中的文档建立相应管理制度，对变更事项及时进行备案。

3．建立项目考核制度。各项目实施单位须按时保质完成项目申报书中的全部建设任务，总局数字出版司、各省级新闻出版广电局、中国音像与数字出版协会在项目验收时予以对照考核。

4．建立逐级汇报制度。各省级新闻出版广电局、中国音像与数字出版协会、项目实施单位须建立汇报制度。实施单位须及时汇报项目进展情况；各省级新闻出版广电局、中国音像与数字出版协会应及时掌握各项目进展情况，重要事项及时上报总局数字出版司，并于每年11月向总局数字出版司提交本年度相关项目管理工作报告。

5．做好管理服务工作。中国音像与数字出版协会根据项目管理及实施需求，做好项目管理指南编制、管理及建设的规范培训等服务工作。

三、工作方法

1．细化管理要求。各省级新闻出版广电局根据总局确定的2013年中央文化企业数字化转型升级项目管理要求、验收要求等，结合本地区实际情况，细化本地区的管理要求，做到项目管理有据可依，依据科学可行。

2．推荐软件供应商。各省级新闻出版广电局根据总局在2013年中央文化企业数字化转型升级项目中确定的软件供应商名录，结合本地区实际情况，可通过政府采购、公开征集等方式对软件供应商名录进行扩充，供项目实施单位选择。

3．推荐资源加工、系统集成服务商。各省级新闻出版广电局根据总局在2013年度中央文化企业数字化转型升级项目中推荐的资源加工、系统集成服务商，结合本地区实际情况，适当扩充，供项目实施单位参考。

4．利用网络化管理手段。各省级新闻出版广电局、中国音像与数字出版协会应充分利用网站专栏、微信群、QQ群、专用电子邮箱等网络化手段，提高项目管理效率。

为切实加强新闻出版业数字化转型升级项目的管理，请各省级新闻出版广电局、中国音像与数字出版协会在《项目管理任务分工表》（详见附件2）基础上，梳理本地区新闻出版业数字化转型升级项目，可将《项目管理任务分工表》以外的相关项目纳入管理范围。要尽快确定具体管理部门，制定管理工作计划，并于2015年4月15日前将《项目管理计划书》报送新闻出版广电总局数字出版司。

联系人：武远明　苏静　刘御廷　康宝中

电话：010—83138703　83138708　83138339　83138707

传真：010—83138715

附件：1．项目管理计划书（模版，略）

2．2014年获得文化产业发展专项资金支持的新闻版业数字化转型升级项目管理任务分工表（略）

关于推动传统出版和新兴出版融合发展的指导意见

国家新闻出版广电总局　财政部

2015年3月31日　新广发〔2015〕32号

各省、自治区、直辖市新闻出版广电局、财政厅（局），新疆生产建设兵团新闻出版局、财务局，解放军总政治部宣传部新闻出版局：

推动传统出版和新兴出版融合发展，把传统出版的影响力向网络空间延伸，是出版业巩固壮大宣传思想文化阵地的迫切需要，是履行文化职责的迫切需要，是自身生存发展的迫切需要。根据中共中央办公厅、国务院办公厅印发的《关于推动传统媒体和新兴媒体融合发展的指导意见》，结合出版业实际情况，现就推动传统出版和新兴出版融合发展，提出如下指导意见：

一、总体要求

1．指导思想。以邓小平理论、“三个代表”重要思想、科学发展观为指导，深入贯彻落实习近平总书记系列重要讲话精神，贯彻落实中央关于全面深化改革的重大战略部署，坚持以先进技术为支撑、内容建设为根本，充分运用新技术，创新出版方式、提高出版效能，进一步掌握网络空间话语权，进一步提高出版业的影响力传播力和竞争实力，推动出版业更好更快发展。

2．基本原则。必须始终坚持党管出版，把坚持正确政治方向和出版导向贯穿到出版融合发展的各环节、全过程，自觉体现社会主义核心价值观，始终坚持把社会效益放在首位，努力实现社会效益和经济效益有机统一；坚持正确处理传统出版和新兴出版关系，以传统出版为根基实现并行并重、优势互补、此长彼长；坚持强化互联网思维，积极推进理念观念、管理体制、经营机制、生产方式创新；坚持一体化发展，推动传统出版和新兴出版实现出版资源、生产要素的有效整合；坚持内容为本技术为用、内容为体技术为翼，运用先进技术传播先进文化；坚持重点突破和整体推进相结合，因地制宜、积极探索、差异化发展。

3．工作目标。按照积极推进、科学发展、规范管理、确保导向的要求，立足传统出版，发挥内容优势，运用先进技术，走向网络空间，切实推动传统出版和新兴出版在内容、渠道、平台、经营、管理等方面深度融合，实现出版内容、技术应用、平台终端、人才队伍的共享融通，形成一体化的组织结构、传播体系和管理机制。力争用3—5年的时间，研发和应用一批新技术新产品新业态，确立一批示范单位、示范项目、示范基地（园区），打造一批形态多样、手段先进、市场竞争力强的新型出版机构，建设若干家具有强大实力和传播力公信力影响力的新型出版传媒集团。

二、重点任务

4．创新内容生产和服务。始终坚持贴近需求、质量第一，严格把关、深耕细作，将传统出版的专业采编优势、内容资源优势延伸到新兴出版，更好发挥舆论引导、思想传播和文化传承作用。探索和推进出版业务流程数字化改造，建立选题策划、协同编辑、结构化加工、全媒体资源管理等一体化内容生产平台，推动内容生产向实时生产、数据化生产、用户参与生产转变，实现内容生产模式的升级和创新。顺应互联网传播移动化、社交化、视频化、互动化趋势，综合运用多媒体表现形式，生产满足用户多样化、个性化需求和多终端传播的出版产品。强化用户理念和体验至上的服务意识，既做到按需提供服务、精准推送产品，又做到在互动中服务、在服务中引导，不断增强用户的参与度、关注度和满意度。

5．加强重点平台建设。整合、集约优质内容资源，推动建立国家级出版内容发布投送平台、国家学术论文数字化发布平台、出版产品信息交换平台、国家数字出版服务云平台、版权在线交易平台等聚合精品、覆盖广泛、服务便捷、交易规范的平台及出版资源数据库，推进内容、营销、支付、客服、物流等平台化发展。鼓励平台间开放接口，通过市场化的方式，实现出版内容和行业数据跨平台互通共享。

6．扩展内容传播渠道。各出版发行单位要探索适合自身融合发展的道路，创新传统发行渠道，大力发展电子商务，整合延伸产业链，构建线上线下一体化发展的内容传播体系。进一步加强实体书店建设，努力将实体书店建设成为集阅读学习、展示交流、聚会休闲、创意生活等功能于一体的复合式文化消费场所。支持实体书店与电子商务合作，在区域配送发挥各自优势。探索以用户为中心的全渠道服务模式。进一步开拓农村等出版产品消费市场。利用社交网络平台，建立出版网络社区等传播载体，打通传统出版读者群和新兴出版用户群，着力增强粘性，广泛吸引用户。借力商业网站的微博微信微店等渠道，不断扩大出版产品的用户规模，进一步扩大覆盖面。

7．拓展新技术新业态。运用大数据、云计算、移动互联网、物联网等技术，加强出版内容、产品、用户数据库建设，提高数据采集、存储、管理、分析和运用能力。积极通过多种方式吸收借鉴、善加利用先进的传播技术和渠道，借力推动出版融合发展。充分利用新一代网络的技术优势，加快发展移动阅读、在线教育、知识服务、按需印刷、电子商务等新业态。加强出版大数据分析、结构化加工制作、资源知识化管理、数字版权保护、数字印刷、发布服务以及产品优化工具、跨终端呈现工具等关键性技术的研发和应用实践，着力解决出版融合发展面临的技术短板。建立和完善用户需求、生产需求、技术需求有机衔接的生产技术体系，不断以新技术引领出版融合发展，驱动转型升级。有计划地组织相关标准的制修订工作，完善标准化成果推广机制，加快国际标准关联标识符（ISLI）、中国出版物在线信息交换（CNONIX）等标准的推广和应用。

8．完善经营管理机制。积极适应出版融合发展要求，主动探索出版单位内部组织结构的重构再造，逐步建立顺畅高效、适应市场竞争和一体化发展的内部运行机制。变革和融合传统出版和新兴出版生产经营模式，建立健全一个内容多种创意、一个创意多次开发、一次开发多种产品、一种产品多个形态、一次销售多条渠道、一次投入多次产出、一次产出多次增值的生产经营运行方式，激发出版融合发展的活力和创造力。探索建立首席信息官制度，加强版权、商标、品牌等的保护和多元化、社会化运营，构建融合发展状态下的经营管理模式。

9. 发挥市场机制作用。坚持行政推动和发挥市场作用相结合，探索以资本为纽带的出版融合发展之路，支持传统出版单位控股或参股互联网企业、科技企业，支持出版企业尤其是出版传媒集团跨地区、跨行业、跨媒体、跨所有制兼并重组。在网络出版以及对外专项出版领域，探索实行管理股试点。引导社会力量参与融合项目的技术研发和市场开拓，鼓励支持符合条件的出版企业上市融资，促进金融资本、社会资本与出版资源有效对接。增强传统出版单位的市场竞争意识和能力，健全技术创新激励机制和容错、纠错机制，探索建立股权激励机制。

三、政策措施

10．加强相关法律法规修制工作。推动修订《中华人民共和国著作权法》，加快修订出台《网络出版服务管理规定》和《出版物市场管理规定》。制定新闻出版许可证管理办法、新闻采编人员职业资格制度暂行规定和网络连续出版物管理规定等。制定网络出版等新兴出版主体资格和准入条件，制定加强信息网络传播权行政保护指导意见，推动网络使用作品依法依规进行。通过逐步建立以法律法规为主体，以部门规章为配套，以规范性文件为补充的法律法规体系，规范、保障、推动出版融合发展。

11．加大财政政策支持力度。充分发挥财政引导示范和带动作用，着力改善传统出版和新兴出版融合发展环境。加大中央文化产业发展专项资金支持力度，完善和落实项目补助、贷款贴息、保费补贴、绩效奖励等措施，更好地与新闻出版改革发展项目库等进行衔接，实现财政政策、产业政策与企业需求的有机衔接。支持出版企业在项目实施中更多运用金融资本、社会资本，符合条件的可通过“文化金融扶持计划”给予支持。加大国家出版基金对涉及出版融合发展的出版项目支持力度。继续实施新闻出版业转型升级重大项目，探索将传统出版和新兴出版融合发展纳入重大项目支持范围，突出重点、分步实施、逐年推进。

12．优化出版行政管理。坚持和完善新闻出版主管主办制度，坚持出版特许经营，严格许可证管理。对网上网下、不同出版业态进行科学管理、有效管理，建立统一的导向要求和内容标准，建立出版单位社会效益评价机制。严厉打击各类非法出版物、网上淫秽色情信息，严厉打击出版领域的侵权盗版行为尤其是网上侵权盗版行为，创造良好的版权保护环境。加强质量管理，建立不良产品和企业退出机制。鼓励有条件的地区和出版单位率先发展，支持有先发优势的产业带、产业基地（园区）依托资源条件和产业优势，建设出版融合发展聚集区，扶持创业孵化，培育新的经济增长点。建立国家级出版融合发展研究基地（中心），对融合发展重大项目实施集智攻关。支持行业组织在出版融合发展研究、标准制定、自律维权等方面发挥积极作用。

13．实施项目带动战略。充分发挥全民阅读、国家古籍整理出版、农家书屋、民文出版、出版发行网络建设、绿色印刷、“丝路书香”、国家数字复合出版、数字版权保护技术研发等项目的带动作用，支持提升出版融合发展的质量和水平。

14．强化人才队伍建设。制定出版融合发展人才培养规划，支持出版单位与高校、研究机构和创新型企业联合开展出版融合发展人才培养，加大新兴出版内容生产人才、技术研发人才、资本运作人才和经营管理人才培养引进力度，进一步优化人才结构。建立出版融合发展人才资源库。鼓励出版传媒集团设立人才基金，鼓励出版单位加强领军人才和复合型人才队伍建设。建立健全绩效考核体系，创新项目用人机制，探索出版融合发展条件下吸引人才、留住人才、用好人才的有效途径。

四、组织实施

15．统筹推进任务措施落实。各出版行政主管部门、出版单位要将出版融合发展列入行业和单位“十三五”规划等重大产业发展规划，制定实施方案，明确时间表、路线图、任务书，合理设计和规划实施项目，重大项目要按程序报批备案。制定精细化的项目指标，加强跟踪测评和效果评估。建立责任考核机制，一层抓一层，层层抓落实，将出版融合发展任务、重点项目落到实处。

16. 进一步加强组织领导。各级出版行政主管部门主要负责同志亲自抓、负总责，会同财政部门结合本地区（部门）实际，切实加强对出版融合发展的组织领导。要形成统一高效的议事决策和协调推动机制，整合各方资源，加强外部协作，强化内部协调，为推动出版融合发展提供有力保障。

关于印发《新闻出版广电总局新闻出版科技项目成果管理办法（试行）》的通知

国家新闻出版广电总局　2015年6月8日　新广出发〔2015〕28号

各省、自治区、直辖市新闻出版广电局，新疆生产建设兵团新闻出版局，总局新闻出版方面机关各部门、直属各单位：

为加强新闻出版广电总局新闻出版科技成果管理工作，经总局领导批准，现发布《新闻出版广电总局新闻出版科技项目成果管理办法（试行）》，请各单位遵照执行。

新闻出版广电总局新闻出版科技项目成果管理办法（试行）

第一章　总　则

第一条　为加强新闻出版广电总局新闻出版科技项目成果的管理，根据国家有关科技管理法律法规和相关制度，以及《新闻出版广电总局新闻出版科技项目管理办法（试行）》，结合新闻出版科技发展的实际情况，特制定本办法。

第二条　科技项目成果管理包括科技项目成果的鉴定、登记、建档、推广及奖励等工作。

第三条　本办法所称的科技项目成果是指在新闻出版科学技术研究、开发、试验和应用推广等方面取得的成果。科技项目成果分为：基础理论成果、应用技术成果和软科学成果。

（一）基础理论成果是指为新闻出版技术应用和发展提供基础支撑的科学理论成果。成果主要表现为学术论文、研究报告、学术专著、发明专利及其实物等；

（二）应用技术成果是指为提高新闻出版生产力水平和创新应用模式而进行的技术研发、试验和应用推广中所产生的具有实用价值的新技术、新工艺、新材料、新产品、集成创新成果，消化、吸收引进技术取得的科技项目成果，成果表现除有研究报告和学术论文外，还应有相应的实物、技术资料、设计图纸、实验报告和经济效益评价等；

（三）软科学成果是指对推动新闻出版决策科学化和管理现代化，促进产业、科技、管理协调发展起重大作用的研究成果、标准规范、重大科技决策等。

第四条　新闻出版广电总局新闻出版科技工作主管部门（以下简称“新闻出版科技工作主管部门”）负责新闻出版科技项目成果管理工作；各科技项目承担单位负责本单位科技项目成果的管理工作，并统一向新闻出版科技工作主管部门报送本单位科技项目成果有关材料。

第二章　科技项目成果鉴定

第五条　凡列入国家或总局科技计划的新闻出版科技项目成果由新闻出版科技工作主管部门组织鉴定；其他新闻出版科技项目成果的鉴定由项目承担单位自行组织，或申请由新闻出版科技工作主管部门组织鉴定。

第六条　鉴定方式包括会议鉴定、函审鉴定、检测鉴定，验收方式为会议验收。

第七条 由新闻出版科技工作主管部门组织的科技项目成果鉴定程序如下：

（一）科技项目承担单位向新闻出版科技工作主管部门提出鉴定申请，填写鉴定申请表，并附相关技术资料；

（二）新闻出版科技工作主管部门审查合格后，组织鉴定工作；

（三）通过鉴定的科技项目成果，由总局颁发《新闻出版科技项目成果鉴定证书》；

（四）科技项目鉴定所需费用从项目经费中列支。

第八条 申请科技项目成果鉴定时，应提交的相关技术资料包括：

（一）基础理论成果鉴定资料包括申报书、计划任务书、研究工作总结报告、学术论文、专著、专利证明文件、与本研究有关的国内外学术情况对照材料、论著被引用情况证明报告等；

（二）应用技术成果鉴定资料包括立项报告、可行性研究报告、实施方案、计划任务书或合同书、工作总结报告、技术报告、测试报告、用户使用报告、其他有关材料（包括查新报告、专利检索或有关知识产权的证明材料、应用情况及经济、社会效益证明材料、技术标准，同类技术国内外状况对比分析报告，相关论著等）；

（三）软科学成果鉴定资料包括计划任务书或合同书、总体研究报告、工作总结报告、其他有关材料（包括专题论证报告及有关背景材料、模型运行报告、应用情况及经济、社会效益证明材料、国内外研究情况对照材料等）。标准项目按照《新闻出版行业标准化管理办法》执行。

第三章　科技项目成果登记、建档

第九条　鼓励拥有新闻出版科技项目成果的单位及时将科技项目成果向新闻出版科技工作主管部门进行登记和建档。

第十条　办理科技项目成果登记应向新闻出版科技工作主管部门提交《新闻出版科技项目成果登记表》，并附相关科技项目成果鉴定资料。

第十一条　凡符合登记要求的科技项目成果，新闻出版科技工作主管部门予以登记并建立相关档案。

第四章　科技项目成果推广

第十二条　新闻出版科技工作主管部门负责已登记建档的科技项目成果推广。

第十三条　新闻出版科技工作主管部门按有关规定向社会发布科技项目成果信息。

第十四条　新闻出版科技工作主管部门根据行业发展需求，通过政府采购、重点推荐、发布产业技术指导目录等方式从已登记的科技项目成果中择优开展应用试点、示范、行业应用等推广工作。

第五章　科技项目成果奖惩

第十五条　新闻出版科技工作主管部门根据国家有关奖励办法，从已登记的科技项目成果中择优推荐国家级奖励项目。

第十六条　已登记的科技项目成果，可记入相关研发人员档案，作为考核、晋升技术职称等的重要依据之一。

第十七条 科技项目承担单位和个人，对涉及国家和单位技术秘密的科技项目成果，负有保密义务。如违反规定，应按照有关法规追究责任。

第六章 附 则

第十八条 本办法由新闻出版科技工作主管部门负责解释。

第十九条 本办法 2015 年 7 月 1 日起施行。

关于印发《中小学教辅材料管理办法》的通知

国家新闻出版广电总局　教育部　国家发展改革委

2015 年 8 月 3 日　新广出发〔2015〕45 号

各省（自治区、直辖市、计划单列市）新闻出版广电局及新疆生产建设兵团新闻出版局、教育厅（教委、局）、发展改革委（物价局）：

为规范中小学教辅材料管理，切实减轻中小学生过重课业负担和学生家长的经济负担，根据《中华人民共和国著作权法》《中华人民共和国教育法》《中华人民共和国义务教育法》《中华人民共和国价格法》《出版管理条例》等法律法规及国务院有关规定，国家新闻出版广电总局、教育部、国家发展改革委制定了《中小学教辅材料管理办法》，现印发给你们，请遵照执行。

中小学教辅材料管理办法

一、为规范中小学教辅材料管理，切实减轻中小学生过重课业负担和学生家长的经济负担，根据《中华人民共和国著作权法》《中华人民共和国教育法》《中华人民共和国义务教育法》《中华人民共和国价格法》《出版管理条例》等法律法规及国务院有关规定，制定本办法。

二、本办法所称中小学教辅材料是指与教科书配套，供中小学生使用的各种学习辅导、考试辅导等出版物，包括：教科书同步练习类出版物，寒暑假作业类出版物，中小学习题、试卷类出版物，省级以上新闻出版行政主管部门认定的其他供中小学生使用的学习、考试辅导类出版物。其产品形态包括图书、报纸、期刊、音像制品、电子出版物等。

三、中小学教辅材料编写出版管理

（一）出版单位出版中小学教辅材料必须符合依法批准的出版业务范围。

（二）中小学教辅材料出版单位要严格规范对外合作行为，严禁任何形式的买卖书号、刊号、版号和一号多用等违法违规行为。

（三）教辅材料主要编写者应当具有相关学科教学经验且熟悉相关教材；各级行政主管部门和负责实施考试命题、监测评价的单位不得组织编写有偿使用的同步练习册、寒暑假作业、初中和高中毕业年级考试辅导类中小学教辅材料。

（四）鼓励有条件的单位组织开发供学生免费使用的教学辅助资源。

四、中小学教辅材料印刷复制管理

（一）出版单位应优先选择通过绿色印刷合格评定的印刷企业印制中小学教辅材料。

（二）出版物印刷复制单位在承接中小学教辅材料印制业务时，必须事先核验出版单位的委托印制手续，手续不齐或无效的一律不得承接。

五、中小学教辅材料发行管理

（一）中小学教辅材料须由新闻出版行政主管部门依法批准、取得《出版物经营许可证》的发行单位发行。未经批准，任何部门、单位和个人一律不得从事中小学教辅材料的发行。

（二）中小学教辅材料出版发行单位不得委托不具备发行资质的部门、单位和个人发行中小学教辅材料。

（三）在中小学教科书发行中，不得搭售中小学教辅材料。

六、中小学教辅材料质量管理

（一）中小学教辅材料出版、印制质量必须符合《中华人民共和国产品质量法》《图书质量管理规定》等有关法律规定，符合国家标准、行业标准及其他规范要求。

（二）中小学教辅材料出版、印制单位应当建立内部质量管理制度，完善中小学教辅材料质量管理机制。

（三）各省、自治区、直辖市新闻出版行政主管部门负责对本行政区域内出版发行的中小学教辅材料质量进行监督检查。

七、中小学教辅材料评议管理

（一）各省、自治区、直辖市教育行政主管部门会同新闻出版行政主管部门、价格主管部门加强对中小学教辅材料使用的指导，组织成立中小学教辅材料评议委员会，下设学科组。学科组负责按照教科书选用程序对进入本地区中小学校的教辅材料进行初评排序，并提出初选意见，提交中小学教辅材料评议委员会审议后进行公告。

（二）中小学教辅材料评议推荐的种类主要是与本地区使用的教科书配套的同步练习册，也可根据教学需要评议推荐寒暑假作业、初中和高中毕业年级考试辅导类教辅材料。凡评议推荐的教辅材料应控制内容容量，避免增加学生负担。中小学教辅材料评议推荐的学科、年级由省级教育行政主管部门确定。一个学科每个版本教科书配套同步练习册送评数少于 3 种的，该版本该学科不予评议。

提供学生免费使用教辅材料的地方可自行确定使用教辅材料的种类和范围，但应符合《中华人民共和国政府采购法》有关规定。

（三）教辅材料评议委员会要确保专业性和代表性。教辅材料的评议推荐要做到机会均等、过程透明、程序公正。教辅材料编写人员和被评议的教辅材料出版人员不得参加教辅材料评议推荐工作。

（四）省级教辅材料评议公告结果报教育部备案，抄送国家新闻出版广电总局、国家发展改革委、国务院纠风办。

八、中小学教辅材料选用管理

（一）中小学教辅材料的购买与使用实行自愿原则。任何部门和单位不得以任何形式强迫中小学校或学生订购教辅材料。

（二）各地市教材选用委员会根据当地教育实际和教科书使用情况，按照教科书选用的程序，从本省中小学教辅材料评议公告目录中，一个学科每个版本直接为各县（区）或学校推荐 1 套教辅材料供学生选用。地市教辅材料推荐结果报省级教育行政主管部门备案。

（三）学生自愿购买本地区评议公告目录内的中小学教辅材料并申请学校代购的，学校可以统一代购，但不得从中牟利。其他教辅材料由学生和家长自行在市场购买，学校不得统一征订或提供代购服务。

（四）任何单位和个人不得进入学校宣传、推荐和推销任何教辅材料。

九、中小学教辅材料价格管理

（一）各省、自治区、直辖市评议公告目录内的教辅材料价格管理按国家有关规定执行。

各省、自治区、直辖市物价主管部门要会同新闻出版行政主管部门，加强对列入本地区评议公告目录的教辅材料价格监管。

（二）对各省、自治区、直辖市评议公告目录以外的教辅材料，由出版单位自主定价。在每学期开学前，出版单位要在本单位互联网页显著位置，向社会公开所出版的所有中小学教辅材料价格情况，包括开本、印张数、印张单价、零售价格等情况，主动接受社会监督。

十、从事中小学教辅材料编写、出版、印制、发行活动的单位或个人须严格遵守《中华人民共和国著作权法》等有关法律法规，不得侵害著作权人的合法权益。

使用他人享有著作权的教科书等作品编写出版同步练习册等教辅材料，应依法取得著作权人的授权。

十一、中小学教辅材料监督管理

国家新闻出版广电总局、教育部、国家发展改革委及各省、自治区、直辖市新闻出版行政主管部门、教育行政主管部门、价格主管部门建立健全监督管理制度，接受社会监督。对群众举报和反映的有关教辅材料出版、印制、发行、使用和价格中的违规情况，由各级新闻出版行政主管部门、教育行政主管部门、价格主管部门根据本办法并按各自的管理职责调查处理。

（一）对违反本办法从事中小学教辅材料出版、印刷复制、发行活动的单位或个人，由新闻出版行政主管部门责令其纠正违法行为，依法给予行政处罚，按照相关规定追究有关单位和人员的行政责任。

（二）对违反本办法，强制或变相强制学校或学生购买教辅材料、不按规定代购、从代购教辅材料中收取回扣的单位和个人，由上级教育行政主管部门责令其纠正违规行为，按照相关规定追究有关单位和人员的行政责任。

（三）对违反本办法，擅自或变相提高进入评议公告目录的教辅材料定价标准的，由价格主管部门依照《价格法》、《价格违法行为行政处罚规定》有关法律法规给予处罚，追究有关人员和单位的行政责任。

（四）违反本办法构成犯罪的，由司法机关依法追究刑事责任。

十二、各地要建立工作经费保障机制，确保有关工作顺利开展。

十三、本办法由国家新闻出版广电总局、教育部、国家发展改革委按照行政管理职责负责解释。

十四、本办法自 2015 年 10 月 1 日起施行，2001 年印发的《中小学教辅材料管理办法》（新出联〔2001〕8 号）、《新闻出版总署 教育部关于〈中小学教辅材料管理办法〉的实施意见》（新出联〔2001〕26 号）同时废止。此前与本办法规定不一致的以本办法为准。

关于大力推进我国音乐产业发展的若干意见

国家新闻出版广电总局

2015年11月17日　新广出发〔2015〕81号

各省、自治区、直辖市新闻出版广电局，新疆生产建设兵团新闻出版局，解放军总政治部宣传部新闻出版局，中央和国家机关各部委、各民主党派、各人民团体出版单位主管部门，中国出版集团公司，中国教育出版传媒集团有限公司，中国科技出版传媒集团有限公司，北京、上海、广东、成都国家音乐产业基地及各音乐园区，全国各有关音像单位：

音乐是人民群众喜闻乐见的精神文化产品。音乐产业因其产业链长、关联产业多、渗透力强，在文化产业中居于重要地位，发展空间和市场潜力巨大。随着数字技术、网络技术和播放设备的发展，音乐的创作、生产、传播和消费发生了很大变化，面临着新的挑战，特别是我国现代音乐产业体系还不完备、原创能力不强、音乐企业规模不大、高素质人才缺乏、版权保护体系尚不完善等问题，制约了音乐产业的进一步发展。近年来，为推动我国民族音乐产品的创作出版以及关联产业的发展，相继批准建立了北京、上海、广东和成都四个国家音乐产业基地。为进一步推进我国音乐产业综合体系建设，充分发挥国家音乐产业基地的示范和辐射作用，促进社会主义文化大发展大繁荣，现就加快推进我国音乐产业发展提出如下意见：

一、指导思想、基本原则和发展目标

1．指导思想。以党的十八大和十八届三中、四中、五中全会精神为指导，深入贯彻落实习近平总书记系列重要讲话精神，紧紧围绕“四个全面”战略布局，坚持中国特色社会主义文化发展道路，坚持以人民为中心的创作生产导向，以社会主义核心价值观为引领，以加快音乐产业转型为重点，以培育音乐产业龙头企业和新兴文化业态为依托，以聚集高端、高效、高附加值的音乐产业要素为动力，不断完善产业功能，大力推动民族原创音乐作品的生产和出版，打造一批具有核心竞争力的骨干音乐企业，不断丰富人民群众的精神文化生活，为建设社会主义文化强国，实现中华民族伟大复兴的中国梦作出贡献。

2．基本原则。一是坚持把社会效益放在首位，实现社会效益与经济效益相统一。二是坚持产业发展和扶持原创音乐作品相结合。通过大力整合音乐产业链，形成产业集聚和规模效应；注重音乐的内容生产，多出精品力作。把民族音乐产品的开发创作放在突出位置，着力提高内容生产水平和创意含量。三是坚持基地建设与产业升级相结合。运用市场机制，推动音乐文化企业联合、兼并、重组，扶持壮大具有创新能力、主业突出、核心竞争力强的大型音乐集团公司和特色音乐企业，打造和树立民族音乐自有品牌，促进我国音乐产业结构调整和战略转型。

3. 发展目标。在“十三五”期间，打通音乐创作、录制、出版、复制、发行、进出口、版权交易、演出、教育培训、音乐衍生产品等纵向产业链，连接音乐与广播、影视、动漫、游戏、网络、硬件播放设备、乐器生产等横向产业链，基本形成上下游相互呼应、各环节要素相互支撑的音乐产业综合体系。推出一批经典性音乐作品，催生一批创新型音乐企业，造就一批重量级音乐人才。

到“十三五”期末，整个音乐产业实现产值3000亿元。其中，国家音乐产业基地实现产值1000亿元，成为在国内外具有较强影响力和竞争力的骨干音乐产业集群。

二、主要任务

4．推进优秀国产原创音乐作品出版。实施精品战略，推动原创和现实音乐题材创作，努力创作出版更多传播社会主义核心价值观、体现中华文化精神、弘扬中华优秀传统文化的音乐作品。提高国产优秀原创音乐作品在国家重点音像电子出版物出版规划和中国出版政府奖、中华优秀出版物奖、中国金唱片奖中的比例。通过国家出版基金、民文出版专项资金等，对优秀民族音乐、优秀原创少儿歌曲等音像制品予以资助。推荐优秀音乐作品、音乐人才参与国家艺术基金申报。鼓励社会组织、行业协会、企事业单位设立中国优秀原创音乐扶持基金和音乐产业发展基金，对优秀音乐作品、优秀音乐企业和优秀音乐人才进行资助或奖励。

5．激发音乐创作生产活力。通过建立音乐创作社会化组织机制、多层次音乐创作主体激励机制和音乐作品宣传推广机制，调动音乐创作生产积极性，激发创新活力，培育一批专、精、特中小型音乐制作企业。充分发挥互联网音乐平台在国产原创音乐作品上的聚集作用。在坚持社会效益的前提下，鼓励社会资本投资原创音乐创作生产，积极引导独立音乐人规范成长，创作一大批源于生活、形式多样、内容健康的音乐作品。

6．培育大型音乐集团公司。按照市场机制，结合政策倾斜，通过收购、兼并、重组、股份制改造等方式，培育2至3家以音乐内容开发生产为核心，旗下拥有若干知名品牌企业和优势产品，资产规模和营业收入双超50亿元，在国内外有较大影响力的综合性音乐集团公司。同时，鼓励和支持音乐企业上市融资，进一步增强竞争力和影响力，成为行业的主力军。

7. 加快音乐与科技融合发展。按照《国务院关于积极推进“互联网＋”行动的指导意见》和《促进大数据发展行动纲要》，抓住“互联网＋”和大数据的发展契机，推动互联网的创新成果与音乐产业深度融合，实现传统音乐产业技术进步、融合创新、业态升级。鼓励音乐企业与通信运营商、网络运营商进行全方位合作，拓展互联网、无线通信网、有线电视网、卫星直投网等数字传播渠道，开发以手机、移动多媒体终端以及移动硬盘、集成电路卡、数据库等为载体和表现形式的多种音乐出版发行形式，实现数字音乐在互联网条件下的获取更加便利、传播更加广泛、付费更加规范。鼓励音乐企业与硬件设备制造商深度合作，加快音乐类可穿戴设备的研发力度。

8. 推进音乐行业标准化建设。鼓励音乐企业和技术公司积极参与音乐产品、数字音乐等相关行业标准制订工作。全面推进中国标准录音制品编码（ISRC）在音乐单曲登记、版权认证、音乐付费等方面的广泛应用。积极制订中国有声文献数字化修复与典藏标准，加强中国民族音乐与世界音乐的互换与交流。

9. 搭建大型专业音乐平台。统筹规划音乐产业大数据基础设施建设，推进全国性的音乐数据统计平台、音乐版权交易及监管平台建设，鼓励建设大型、权威的音乐信息服务和交流平台、音乐生产制作平台、音乐展示和销售平台、数字音乐出版传播平台、音乐作品宣传发布平台、音乐表演与时尚休闲体验平台，围绕产业发展形成高水平、高质量、高效益的综合服务体系，逐步实现政府治理精准化、产业服务便捷化、民生服务普惠化。

10. 促进国际交流与合作。坚持平等合作、互利共赢的原则，逐步建立完善音乐产业国际合作机制。支持音乐企业引进海外高端音乐人才、特色音乐项目和先进商业模式。鼓励和支持音乐企业依托我国丰富的文化资源，与海外音乐公司及音乐人合作开发制作民族音乐产品，提升合作产品的中国文化含量。推动音乐企业与“一带一路”国家合作，形成资源互通、渠道共享、内容共同开发的交流合作新格局。

11．推动中国音乐“走出去”。充分利用中国（深圳）国际文化产业博览交易会、北京国际图书博览会、中国国际版权博览会、北京国际音乐节等展会，进一步加大音乐图书、音乐作品实物出口、版权输出力度。支持举办国际化音乐赛事，借力推动国产优秀音乐产品走向海外，积极参与国际市场竞争。支持音乐装备企业进一步加大“走出去”步伐，支持有条件的企业加大海外建厂、收购力度，提高中国音乐品牌在世界高端领域的竞争力。支持国内音乐企业参加法国戛纳世界音乐博览会（MIDEM）等国际音乐展会及音乐节。

12．实施音乐人才培养计划。鼓励音乐企业与音乐院校密切合作，组织开展对音乐编辑、录音师、制作人、经纪人的专项业务培训。创新人才培养模式，建立健全多层次、多类型的音乐复合型人才、实用型人才培养体系，逐步实现人才培养社会化。规范开展音乐人才职称评定工作，积极推荐音乐人才进入中宣部宣传文化系统“四个一批”人才行列。支持音乐企业和社会组织设立中国音乐人才培养基金，并与相关公益性基金会对接。

13．推进国家音乐产业基地建设。充分发挥国家音乐产业基地的集聚效应，通过政策引导、资金支持，把基地培育成为音乐创作和音乐人才汇聚的孵化器，成为大众创业、万众创新的助推器。各相关省（市）要成立国家音乐产业基地（园区）协调机构，各基地要积极争取相关部门对基地建设的支持，并为国内及海外知名音乐公司、音乐人进驻创造条件。各相关省（市）要按照国家音乐产业基地中长期发展规划，制定辖区内基地（园区）的建设规划，提出促进基地（园区）发展的具体实施意见，走特色化、差异化发展道路。新建国家音乐产业基地，须根据《国家新闻出版产业基地（园区）管理办法》的有关规定提出申请，基地发展现状和发展趋势良好的，国家新闻出版广电总局授予其国家音乐产业基地称号。国家对音乐产业基地建设实行年度报告抽检制度，基地（园区）须按照《国家新闻出版产业基地（园区）管理办法》每年上报相关情况，对不按时报送情况或发现有其他重大问题的，将予以通报批评；情节严重的，取消其国家音乐产业基地（园区）称号。

三、保障措施

14．实施项目带动战略。支持中华老唱片数字资源库、中国音乐作品数字资源库、中国音乐数字出版传播平台等重点项目建设。推动实施少数民族音乐保护出版工程，搜集整理中国民族传统音乐，对珍贵录音录像资料进行抢救性修复与数字化保护，系统整理出版中国民族曲谱，建设民族音乐资源库。

15．加大产业资金支持力度。支持重点音乐项目进入国家新闻出版改革发展项目库，鼓励和协助相关音乐企业申请国家文化产业发展专项资金，支持重点音乐企业规划的特色音乐项目、重点音乐工程积极申报文化建设专项资金。

16．推动行业组织建设。在国家新闻出版广电总局指导下，依托相关行业协会，积极推动国家音乐产业基地建设和重大音乐产业项目的落地，组织相关音乐赛事，设立和管理音乐产业发展专项基金，组织中国音乐产业发展论坛，发布中国音乐产业发展年度报告等。加强行业自律，引导音乐企业坚守职业道德，担当社会责任，努力提高音乐产品质量，自觉抵制庸俗、低俗、媚俗、盗版的音乐作品。推动音乐、音像著作权集体管理组织在激励创作、促进使用等方面发挥积极作用。鼓励著作权集体管理组织建立与音乐产业行业协会间的合作平台，支持著作权集体管理组织针对音乐侵权盗版进行的维权工作。

17．加强版权保护和市场监管。推动《著作权法》的第三次修订，加强对音乐作品特别是数字音乐作品的版权保护，严厉打击未经许可传播音乐作品的侵权盗版行为，支持权利人和使用者开展版权合作，推动音乐作品相互授权和广泛传播，鼓励相关单位积极探索网络环境下传播音乐作品的商业模式，推动建立良好的网络音乐版权秩序和运营生态，逐步实现数字音乐的正版化运营。完善反盗版举报和查处奖励机制，加大对网络非法传播、假冒出版单位制作出版等各类侵权盗版行为的打击力度。强化市场监管，坚决依法查处含有有害内容的音乐作品。

关于印发《出版单位变更资本结构审批管理办法》的通知

国家新闻出版广电总局

2016年6月19日　新广出办发〔2016〕54号

各省、自治区、直辖市新闻出版广电局，新疆生产建设兵团新闻出版广电局，中央军委政治工作部宣传局，中央和国家机关各部委、各民主党派及人民团体有关部门：

为进一步加强出版单位变更资本结构审批管理，总局对《出版单位变更资本结构审批办法（试行）》进行了修订，形成《出版单位变更资本结构审批管理办法》。现印发给你们，请遵照执行。

出版单位变更资本结构审批管理办法

第一条　根据《出版管理条例》等有关法规规定，为规范出版单位变更资本结构审批，制定本办法。

第二条　出版单位变更资本结构审批，是指国家新闻出版广电总局对出版单位变更资本结构依法实施的前置性行政许可。

出版单位变更资本结构包括投资人变更、投资人资本性质变更、投资人出资比例变更等。

第三条　具有下列情形之一的，无须报批：

（一）国有资本投资出版单位；

（二）出版单位经批准上市融资。

第四条 中央和地方出版单位变更资本结构，经出版单位主管机关同意，由主办单位向所在地省级新闻出版广电行政主管部门提出申请，省级新闻出版广电行政主管部门提出审核意见后，报国家新闻出版广电总局审批。

中国人民解放军和中国人民武装警察部队系统出版单位变更资本结构，经出版单位主管机关同意，由主办单位向中央军委政治工作部宣传局提出申请，中央军委政治工作部宣传局提出审核意见后，报国家新闻出版广电总局审批。

网络出版服务单位变更资本结构，直接向所在地省级新闻出版广电行政主管部门提出申请，省级新闻出版广电行政主管部门提出审核意见后，报国家新闻出版广电总局审批。

第五条 出版单位变更资本结构，应当提交下列材料：

（一）申请单位的请示文件；

（二）出版单位主管机关同意文件；

（三）《出版单位变更资本结构申请表》；

（四）出版单位出版许可证、企业法人营业执照、公司章程等证明文件；

（五）出版单位变更资本结构有关决定或协议；

（六）投资人资质证明文件。

第六条 国家新闻出版广电总局应当自受理出版单位变更资本结构申请之日起60个工作日内，作出批准或不批准的决定。不批准的，应当说明理由。

第七条 出版单位收到批准决定后，持批准文件到工商行政管理部门办理相应登记手续，之后到省级新闻出版广电行政主管部门办理登记。

第八条 出版单位未经审批变更资本结构的，根据《出版管理条例》第六十七条规定，由出版行政主管部门责令改正，给予警告；情节严重的，责令限期停业整顿或者由原发证机关吊销出版许可证。

第九条 出版单位为主办单位内设非法人编辑部的，主办单位资本结构变更视同出版单位资本结构变更，参照本办法执行。

第十条 以特殊管理股方式设立的出版单位，其资本结构变更还应符合国家关于特殊管理股的相关规定。

第十一条 本办法自发布之日起施行，《出版单位变更资本结构审批办法（试行）》同时废止。

关于印发《新闻出版业数字出版“十三五”时期发展规划》的通知

国家新闻出版广电总局

2016年6月27日　新广出函〔2016〕228号

各省、自治区、直辖市新闻出版广电局，新疆生产建设兵团新闻出版广电局，中央军委政治工作部宣传局，中国出版集团公司、中国教育出版传媒集团有限公司、中国科技出版传媒集团有限公司，直属有关单位：

《新闻出版业数字出版“十三五”时期发展规划》已经总局局长办公会审定通过，现印发给你们，请认真贯彻执行。规划执行过程中的重大问题，请及时向总局报告。

新闻出版业数字出版“十三五”时期发展规划

数字出版在“十二五”时期迅猛发展，已经成为新闻出版业的第二大产业，对于新闻出版业实现结构调整和提质增效、加快转型升级和促进融合发展起到了重要的促进作用，其作为战略性新兴产业和出版业发展主要方向的重要地位日益凸显。“十三五”时期，是落实“四个全面”战略布局的关键时期，也是实现传统新闻出版转型升级并与新兴出版融合发展的关键时期。为推动数字出版业健康、快速、可持续发展，实现新闻出版业又好又快发展，加快我国向新闻出版强国迈进的步伐，根据《中共中央关于深化文化体制改革、推动社会主义文化大发展大繁荣若干重大问题的决定》《中华人民共和国国民经济和社会发展第十三个五年规划纲要》《国家“十三五”时期文化体制改革和发展规划纲要》和《新闻出版业“十三五”时期发展规划》，编制本规划。

本规划周期为2016年至2020年。

一、“十二五”时期我国数字出版业发展现状

“十二五”时期，数字出版业围绕党和国家工作大局，按照新闻出版业改革发展总体部署要求，积极顺应产业变革趋势，主动创新求变，在满足人民群众多层次、多样化、多方面精神文化需求的过程中，产业规模由小到大，服务模式多种多样，自身发展充满活力，呈现出由“单点实验”到“全面启动”、由“被动应对挑战”到“积极探索前沿”的显著转变，发展态势良好，取得了突出成绩，主要表现在以下几个方面。

——产业规模不断壮大，新兴媒体发展迅猛。“十二五”时期，数字出版一直保持了快速发展态势，2015年营业收入超过4400亿元，占新闻出版产业总收入的20.5%，居行业第二，已经成为新闻出版业重要的经济增长点和主体产业。新兴数字出版企业体制机制灵活，创新意识强烈，发展迅猛，潜力突出。

——产品类型日益丰富，消费市场逐渐活跃。“十二五”时期，技术发展日新月异，在新闻出版领域的应用水平不断深化，极大丰富了数字出版产品类型和数量，电子图书从2011年的90万种，增加至2014年的160万种，互联网原创作品增加至201万种。数字阅读已成趋势，2015年底达到64%；移动互联网的快速发展和智能终端的普及，使得数字出版产品和信息得以更为广泛传播，消费市场逐渐活跃，数字出版业全球累计用户超过10亿；走出

去步伐明显加快，成效显著，2015 年数字出版产品海外市场收入超过 50 亿美元。

——产业链条逐步完善，跨界融合不断深入。“十二五”时期，数字出版从业主体日益多元，从内容生产、加工转换、产品开发、传播运营到消费市场的产业链条逐步完善，产业生态环境基本建立，协作方式灵活多样，合作共赢成为主流。与此同时，以内容为纽带，通过数字化方式，出版与科技、教育、卫生、旅游和影视等领域的跨界融合不断深入。

——转型升级稳步推进，融合发展初现端倪。“十二五”时期，传统新闻出版业数字化转型升级全面展开。中央出版企业率先启动，数字产品生产技术和装备水平显著提升，资源整合能力得以强化，垂直领域的行业级分销平台开始建设；全行业转型升级工作稳步推进，两批 170 家数字出版转型示范单位取得阶段性成果。传统出版与新兴出版融合发展意识在全行业形成普遍共识，内容、渠道、平台、经营和管理等方面的融合初现端倪。

——政策体系不断完善，协同推进力度加大。“十二五”时期，《国家“十二五”时期文化改革发展规划纲要》《十七届六中全会决定》《关于促进信息消费扩大内需的若干意见》《关于推动传统媒体和新兴媒体融合发展的指导意见》相继发布，对数字出版业发展提出明确要求，数字出版产业政策体系不断完善。总局和财政部先后联合印发《关于推动新闻出版业数字化转型升级的指导意见》和《关于推动传统出版和新兴出版融合发展的指导意见》，新闻出版业数字化转型升级和融合发展分别被列为文化产业专项资金支持重点，各地纷纷出台关于加快数字出版发展的专门文件，中央有关部门和地方协同推进数字出版业发展力度明显加大。

与此同时，数字出版业发展也存在着一些亟待解决的问题，突出表现在：支撑经济社会发展、服务中心工作的作用表现不充分；产品数量多、精品少，优质资源的产品转换率不高；数字出版营收比例严重失衡，产业结构不合理；内容资源信息网络传播权的缺失导致出版企业对优质资源的掌控力不足；传统新闻出版领域仍然存在部分体制障碍，机制上创新不够；面向未来数字出版业务的人才建设步伐相对滞后，专门人才和高端复合型人才缺乏；法律法规有待完善，侵权盗版现象屡禁不绝。

二、“十三五”时期我国数字出版业面临的形势

“十三五”时期是新闻出版强国建设的关键时期，在此过程中，数字出版将承担重要任务。尽管我国经济发展进入新常态，但数字出版业仍具备高速发展潜能，整个行业也将逐步从培育期进入稳步增长期；随着经济全球化和我国对外开放不断扩大，多元文化将在同一平台交锋交融，竞争日趋激烈；高新技术迅猛发展，消费需求日益多变，给数字出版产品和服务提出了更高要求，数字出版业面临着全新的挑战。

挑战面前也蕴含着巨大的发展机遇。总体来看，“十三五”时期，数字出版作为未来新闻出版业发展方向的定位显然没变，大力发展数字出版的共识仍然存在，数字出版继续保持较快发展速度依然可期，将处于稳步发展的重要战略机遇期。一是在全面建成小康社会和建设社会主义文化强国的过程中，文化产品和服务的消费需求更加旺盛，数字出版将承担更为重要的任务，市场广阔，潜力巨大。二是在“一带一路”、“中国制造2025”等一系列国家重大战略推进过程中，更加需要知识支撑和智力支持，更加需要加快信息传播和流动，数字出版具有无可比拟的优势。三是新兴技术快速发展和应用水平不断深入，带来内容生产服务格局的深刻调整，在重构内容生产方式、重塑内容消费模式、重

划内容服务市场的过程中，数字出版具有天然后发优势。四是数字出版产业生态环境日臻完善，产业链日趋成熟，政策保障更加有力，为数字出版业的繁荣发展提供了良好的内外部环境。五是我国国际地位显著提高，文化软实力明显提升，国际社会了解中国的需求越来越强烈，期待越来越热切，数字出版进入国际市场、参与国际竞争、服务全球用户面临着新的契机。

三、“十三五”时期我国数字出版业发展的指导思想和基本原则

1．指导思想。

高举中国特色社会主义伟大旗帜，以马克思列宁主义、毛泽东思想、邓小平理论、“三个代表”重要思想、科学发展观为指导，深入贯彻落实习近平总书记系列重要讲话精神，紧紧围绕“四个全面”战略布局，自觉服务于党和国家中心工作大局，自觉服务于人民群众精神文化需求，自觉服务于新闻出版强国建设，将社会效益放在首位，实现两个效益统一，以深化改革为动力，以科技创新为支撑，以内容建设为根本，创新内容生产方式、产品表现样式、出版传播形式和运营服务模式，进一步加快传统新闻出版业转型升级，促进融合发展，提高新闻出版业的影响力、传播力和竞争力，推动新闻出版业健康持续快速发展。

2．基本原则。

——效益优先、服务为重。牢牢把握新闻出版业根本属性，把社会效益放在首位，实现社会效益和经济效益相统一；重视消费市场变化，推动数字出版业从“产品生产”向“服务供给”转型，不断提高满足人民群众精神文化需求的服务能力，以服务赢得市场、赢得消费者、赢得发展。

——立足当前、兼顾长远。紧密结合现有资源和条件，立足

当前实际，有序推进资源整合、装备更新、流程再造、产品开发等工作，夯实发展基础；树立前沿思维和长远意识，准确研判未来产业发展走势，洞悉消费市场和服务方式变化趋势，科学谋划未来发展道路。

——分类推进、共同发展。充分考虑书报刊和音像电子出版企业之间、新兴媒体企业与传统新闻出版企业之间、东中部区域和西部区域之间、汉语言文化和少数民族文化之间的现实差异，分类推进，逐步缩小“数字鸿沟”和发展差距，实现共同发展。

——做强主业、做大产业。坚持以内容为基础、质量为保证，充分借助技术和资本的力量，做强数字出版主业，提升新闻出版业的知识和信息服务能力；大力发展网络游戏、网络文学、移动出版等优势产业，拓展服务领域和市场，做大数字出版产业，增强国际竞争力。

四、主要目标

到“十三五”期末，新闻出版业数字化转型升级全面完成，传统出版与新兴出版融合发展初见成效；打造一批新兴出版与传统出版融合、两个效益俱佳、具有示范效应和强大国际竞争力的复合型出版机构，培育一批具有国际领先水平的新兴数字出版企业；出版一批导向正确、质量上乘、形态多样、效益突出的数字出版精品；培养一批面向未来产业发展需要的数字出版专门人才和高端复合型人才；数字出版业服务于经济社会发展和公共文化服务体系建设的能力显著提升。

具体指标：数字出版总营收保持年均 17% 的增长速度，国民数字阅读率达到 70%，数字化产品和服务在公共文化服务内容采购中的比例达到 40%，产品海外市场收入超过 110 亿美元，传统内容资源数字化转换率达到 80%。

五、重点任务

——全面完成传统新闻出版业数字化转型升级。在完成装备、流程、生产能力和产品形态转型的基础上，推动传统新闻出版业在人员、理念、模式、市场和服务等更高层面全面完成数字化转型升级。在教育出版领域，大力发展在线学习与培训业务平台，实现由教育出版商向教育服务商转型；在专业出版领域，加快内容资源知识化、体系化、产品化开发，实现向知识和专业信息服务商转型；在大众出版领域，加大内容资源 IP 运营开发力度，拓展延伸产业链条，提高内容增值服务能力，实现向综合文化服务商转型；在音像电子出版领域，增强内容资源高清化、系统化、移动化开发力度，提升产品交互性和用户体验性，实现向全媒体产品服务商转型。

——初步实现传统媒体与新兴媒体融合发展。按照积极推进、科学发展、规范管理、确保导向的要求，顺应互联网传播移动化、社交化、视频化、互动化趋势，积极运用大数据、云计算等新技术，大力发展新应用新业态，不断提高技术研发水平，以新技术引领媒体融合发展，驱动媒体转型升级。适应新兴媒体传播特点，加强内容建设，创新采编流程，优化信息服务，以内容优势赢得发展优势。适时建立用户资源库，实现由单一经营内容信息转变为以经营内容信息为基础，向经营用户转变，推动传统媒体和新兴媒体在内容、渠道、平台、经营、管理等方面深度融合。建设学术期刊网络发布平台，支持学术期刊数字化优先出版。

——大力提升数字出版产品质量。加快新闻出版单位软硬件升级改造，配备数字化生产专用系统，提高数字出版产品生产能力；积极整合优质资源，优化内容资产版权结构，加大数字出版产品开发力度，丰富数字产品类型，创新内容服务形式，提高内容供给、传播和服务能力；适时建立数字出版产品质量保障和评价体系，开展产品质量监督检查，提高数字出版产品整体质量。

——基本建成数字出版公共文化服务体系。继续加大对老少边穷、少数民族地区新闻出版企业和公益性新闻出版单位的资金支持力度，开发更多更好数字化产品及针对民族地区的双语教育数字化出版物，满足不同地区、不同群体特殊人群的精神文化需求；继续推进卫星数字农家书屋建设，积极利用移动互联网和卫星直投网，推动数字化产品全面覆盖、精确落地；优化数字阅读社会环境，改善数字阅读氛围，持续开展“书香中国E阅读”等公益性数字阅读活动；利用资本和市场双重手段，调动更多社会力量参与数字出版产品推广，推动数字出版产品进入更多公共图书馆、博物馆、纪念馆、文化馆和其他公共文化服务场所。

——努力拓展数字出版服务领域。积极推动“互联网＋”行动在新闻出版领域落地，充分运用互联网思维，探索“内容＋互联网”的有效模式，提升内容资源运营服务能力；贯彻落实“大数据战略”，利用大数据以及数据挖掘、语义分析、高性能计算和物联网等新兴技术，开展出版物智能选题、自动生产、协同编辑、精准发行和个性化定制试验；建立基于大数据的出版产品研发体系、市场交易体系和行业监管体系，推动出版管理过程的数据化，建立基于数字出版业务的数据分析评价体系；开展用户行为大数据分析，创新数字出版服务运营模式；加快移动出版产业链建设，鼓励开发基于场景和网络社区的新型信息和知识服务产品，进一步培育细分市场；鼓励出版单位借助政府和行业资源，开发数据出版业务；鼓励出版单位基于工作、学习和生活场景开展数字内容融合发展业务，拓展数字出版服务领域。

——积极探索新兴管理体制机制。以推动实现融合发展为目标，进一步深化改革，创新管理体制，努力消除体制障碍；在投资参股、兼并重组、绩效考评、股权激励、团队持股、人才引进等方面，积极探索面向未来发展的新兴机制，进一步激发潜力，解放和释放生产力。

——继续推动数字出版“走出去”。继续鼓励各类企业通过合资、合作、参股、控股、收购等方式，在境外设立数字出版分支机构，开拓海外市场；培育一批具有国际影响力、竞争力和较大海外市场用户规模的骨干企业，推动中国品牌“走出去”；支持新闻出版企业、互联网企业针对海外市场和用户，加大优质数字出版产品开发和运营力度，运用中国元素、讲述中国故事、传播中国声音、阐释中国文化；大力开展海峡两岸四地合作，共享技术、市场、用户和发展机会，携手推动具有中华文化特色的数字出版产品走出国门。

——加强数字出版人才队伍建设。综合运用政府机关、高校、科研机构和社会力量，创新数字出版人才培养模式，加大培养力度；推动传统出版企业改革引进人才、使用人才、培养人才和留住人才的制度，创新考核激励机制，吸引并留住优秀高端人才；推动互联网企业与传统出版企业的人才流动和交流，改变数字出版复合人才短缺的现状；大力推进数字编辑职称资格考试，推动数字编辑职称评定体系建设。

六、重点项目

——数字出版产业化应用服务示范工程。

分类支持出版单位针对特定领域开展数字出版产业化应用服务示范。在教育出版领域，支持出版单位开发数字教育内容资源产品、课程体系和服务平台，推出一批服务于教育领域的整体解决方案；研发数字教材教辅资源系列标准规范；结合教育信息化发展规划要求，分类遴选一批出版机构，探索数字出版在基础教育、高等教育、职业教育和在线培训等领域的服务模式，提升教育出版内容资源运营能力和水平。在专业出版领域，支持出版单位整合同类资源，开发成体系的专业内容知识资源产品和垂直服务平台，探索知识服务产业化应用模式。在大众出版领域，支持出版单位加快内容资源数字化转换进程，发挥资源优势，开发多种产品，在全民阅读、公共文化服务体系建设和信息服务等领域探索产业化推广模式，加快融合发展步伐。

——全民数字阅读推广工程。

组织开展系列专题数字阅读活动，大力提升全民数字阅读率；支持建设一批数字阅读服务平台，通过政府采购公共数字阅读产品和服务，满足老少边穷和少数民族地区人民群众精神文化需求，助力全民阅读普及，提升数字出版在公共文化服务体系建设中的支撑能力。

——少数民族文化数字出版促进工程。

支持少数民族出版单位对软硬件进行升级完善，提升技术装备和信息化水平；改造传统出版流程，建设开发数字出版业务应用系统；支持少数民族文化内容资源数字化建设，丰富少数民族文化数字出版产品，提升内容供给能力；建设少数民族文化数字出版产品公共传播服务平台。

——数字出版创新促进工程。

建立数字出版技术研发服务中心，建设国家数字出版技术服务平台，充分利用国家数字复合出版工程、数字版权保护技术研发工程、中华字库工程等新闻出版重大科技成果，推进技术应用；贯彻实施《国际标准关联标识符（ISLI）标准》、电子书系列标准等数字出版领域标准，推动互联网技术应用创新。

——数字出版千人培养计划。

支持各类型高等院校开办层次各异的数字出版专业；鼓励出版单位与研究机构、高等院校联合开展数字出版人才培养；研究制定数字出版人才培养方案和选拔方案，在书报刊和音像电子出版领域分别遴选一批一线骨干从业人员，进行定向培养，丰富数字出版人才体系；建立数字出版高端人才和专业人才数据库，开展年度例行培训。

七、保障措施

——强化导向意识。坚持把社会效益放在首位，力争实现社会效益与经济效益相统一，把握正确舆论导向；坚持以社会主义核心价值观为引领，大力开发数字出版精品力作，发展社会主义先进文化。

——坚持五大理念。坚持“创新、协调、绿色、开放、共享”五大发展理念，发挥数字出版优势，激活产业发展新动力；用好国际国内两个市场，拓展数字出版产业发展空间。

——加强科技支撑。积极深化成熟技术和标准应用水平，注重标准体系优化与衔接，大力开展产业化应用试点推广工作；充分发挥科技支撑作用，着力改造优化出版流程，提升数字化生产能力，提高运营服务能力。

——加大财政投入。进一步拓展财政资金支持渠道和来源，继续在财政资金上支持传统出版单位实施开展数字化转型升级，探索融合发展道路的重大项目；鼓励政府机关和企事业单位加大公共数字阅读服务和产品的采购力度。

——开展人才培养。积极推进“数字出版千人培养计划”，加大数字出版专门人才和高端复合型人才培养力度；鼓励企业与高等院校和科研机构联合开展数字出版定向人才培养；积极推动数字编辑纳入职称评定序列。

关于深化新闻出版业数字化转型升级工作的通知

国家新闻出版广电总局　财政部

2017 年 5 月 2 日　新广出发〔2017〕17 号

各省、自治区、直辖市新闻出版广电局、财政厅（局），各计划单列市新闻出版广电局、财政厅（局），新疆生产建设兵团新闻出版广电局、财政局，各相关行业机构、行业协会，各新闻出版企业：

自 2014 年国家新闻出版广电总局、财政部联合发布《关于推动新闻出版业数字化转型升级的指导意见》以来，在国家新闻出版广电总局、财政部的统一部署与具体指导下，各地新闻出版广电局、财政厅（局）密切配合，充分发挥财政资金的引导作用，新闻出版行业协会、行业机构加强组织协调，广大新闻出版企业积极参与，技术企业全力支持，实施了一批转型升级项目，新闻出版业数字化转型升级工作已取得较为显著的阶段性成果。

通过实践探索，一批新闻出版企业已形成“制定长远规划、建立专职部门、建设专业队伍、落实重点标准、找准市场需求、实施项目带动”的数字化转型升级工作模式，探索出“标准研制、装备配置、资源建设、产品开发、平台搭建、服务创新”的数字化转型升级路径；一批技术企业紧跟行业发展，不断完善技术工具与系统，并推动相关标准的建立与完善，数字化转型升级技术体系已初步形成；相关行业协会与行业机构加强建设，解决数字化转型升级行业级共性问题的能力不断提升，启动了技术支持服务、内容资源管理、数据共享、知识服务等行业级平台建设。新闻出版业数字化转型升级工作已基本具备进入深化阶段的基础条件。为全面贯彻落实《关于推动新闻出版业数字化转型升级的指导意见》，国家新闻出版广电总局、财政部将继续深入推进新闻出版业数字化转型升级工作，现将深化阶段相关工作安排通知如下。

一、指导思想

深入贯彻党的十八大及十八届三中、四中、五中、六中全会精神和习近平总书记系列重要讲话精神，贯彻落实《国家“十三五”时期文化改革发展规划纲要》《新闻出版广播影视“十三五”发展规划》《新闻出版广播影视“十三五”科技发展规划》《新闻出版业数字出版“十三五”时期发展规划》，全面贯彻落实《关于推动新闻出版业数字化转型升级的指导意见》，继续深入推动新闻出版业数字化转型升级，通过政府引导，以企业为主体，发挥财政资金引导作用和市场机制调节作用，进一步加快文化与科技融合，提高新闻出版业生产力、传播力、影响力，丰富产品形态、提升服务能力，为人民群众与国民经济各领域提供资讯、数据、文献、知识的多层级信息内容服务，推动新闻出版业成为文化产业的中坚和骨干，将文化产业打造成国民经济支柱性产业。

二、目标与原则

（一）主要目标

1．推动新闻出版企业加快完成数字化转型升级。完成技术装备优化升级、内容资源精细化加工，实现出版流程再造，具备多形态数字内容产品的生产能力；完成数据管理工具与系统的配置，实现资源数据、产品数据、市场数据等相关数据的资产化管理，具备以数据为支撑的运营能力；完成知识服务模式建设，以其引领、兼容其他服务模式建设，满足大众、教育、学术研究领域信息消费市场的用户需求，具备多层级立体化的服务能力。

2．初步建成支撑新闻出版业数字化转型升级的行业服务体系。加快相应的行业服务机构建设；继续推进数字出版标准化工作，不断完善支持数字化内容生产、传播与服务的标准体系；完成新闻出版业数据体系建设，实现行业数据交换、共享与应用；完成科学、合理的人才培养机制建设，培养一批数字出版专业人才和复合型高端人才。

（二）基本原则

1．政府引导与市场调节相结合。政府加强宏观指导，重点推进基础建设；坚持市场在资源配置中起决定性作用，鼓励新闻出版企业以用户为导向，充分发挥市场调节作用。

2．财政投入与社会资本相结合。政府完善投入机制，充分发挥财政资金撬动作用，引导新闻出版企业积极拓展资金来源渠道，吸引社会资本注入，提高市场风险应对能力。

3．成果推广与持续创新相结合。支持新闻出版企业参照先行企业的转型升级路径，按照转型升级总体部署，深入开展数字化转型升级工作；支持新闻出版企业积极应用新技术，大胆创新，结合自身实际，在丰富产品形态、改进服务模式和深化跨界融合等方面不断开展实践探索。

三、主要任务

全面总结新闻出版业开展数字化转型升级以来取得的各项成果，推广在中央文化企业范围内实施的技术装备改造项目、专业领域内容资源库建设项目、投送平台建设项目的相关成果，以及在全行业范围内实施的MPR国家标准应用示范项目、CNONIX

国家标准应用示范项目、知识服务模式试点项目的相关成果；充分运用国家数字复合出版系统工程、数字版权保护技术研发工程、中华字库工程等新闻出版重大科技工程取得的阶段性成果，进一步提升新闻出版业的技术应用水平和能力。重点从以下五个方面继续深化数字化转型升级工作。

1. 优化软硬件装备。新闻出版企业要结合本企业数字化进程、数字出版业务开展的实际情况，搭建硬件环境，采购并不断优化推动数字化转型升级的相关技术装备，包括：资源标识管理及基于ISLI国际标准、MPR国家标准的关联构建工具系统、数字化编辑出版工具系统、数据采集管理与应用工具系统、版权保护工具集、版权资产管理系统、数字印刷与按需印刷支持系统、运营服务支撑系统、知识服务支持工具系统等。加强行业转型升级技术服务机构建设，制定并完善数字化转型升级标准体系，搭建行业级技术服务平台。

2. 开展数据共享与应用。新闻出版企业及相关下游企业，要基于CNONIX国家标准对现有业务管理、用户管理等相关数据管理系统进行优化和升级改造；要结合所处产业链位置及企业实际情况，与数据应用服务企业开展合作，采购其不同层次、形式多样的数据服务；要以需求为导向，采集市场数据、用户数据，创新数据应用模式，初步实现内容供应的运营模式向数据驱动转变。加强行业级数据管理服务机构建设，建立数据汇聚、共享、交换和应用的科学机制。

3. 探索知识服务模式。新闻出版企业要积极参与知识服务标准规范研制，构建各专业领域知识体系，建设知识资源数据库，开发多层次、多维度、多形态知识服务产品，搭建分领域知识服务平台；鼓励新闻出版企业之间开展合作，建设跨领域知识服务平台，跨领域调取知识资源，开发跨领域知识服务产品；要积极创新知识服务模式，面向不同终端、采取不同方式，实现精准的多形态知识服务供应，以知识服务兼容文献服务等其他服务模式，探索知识服务在专业、大众、教育出版的转型升级进程中的应用模式。加强国家级知识服务机构建设，推动国家知识服务平台及知识资源数据库库群建设。

4．持续开展创新。新闻出版企业要积极实施数字化转型升级创新项目，应用新技术、提出新标准，丰富产品形态、创新服务模式；要加快与广播影视等领域内容供应企业、互联网企业的融合，探索与外部产业跨界融合的新模式。鼓励新闻出版企业联合高校、科研院所、技术企业，分类建设不同研究方向的新闻出版业重点实验室。

5．加快人才培养。新闻出版企业要高度重视人才队伍建设，选派数字出版业务负责人和业务骨干积极参与数字出版千人培养计划，通过高校集中学习、新媒体企业实训和走出去交流等环节，培养推动数字化转型升级的高端复合型人才和专门人才；鼓励新闻出版企业和行业社团组织联合研究机构、高等院校、技术企业等创新数字出版人才培养模式，开展专题和专业培训；倡导高等院校加强数字出版及相关专业学科建设，加快培养数字出版基础人才，扩大数字出版人才储备池。

四、保障措施

1．加快标准制定。加快支撑新闻出版业数字化转型升级的国家标准、行业标准和工程标准的制定工作，并继续加强宣贯和培训，指导新闻出版企业开展标准化工作，提高新闻出版企业在数字化转型过程中对国家标准、行业标准和项目标准的采标比例。

2．加强政策扶持。加强对开展数字化转型升级工作的具体指导，通过发布一系列具体指导性文件，做出具体工作部署。充分利用新闻出版改革与发展项目库，优先考虑将深化新闻出版业数字化转型升级项目纳入新闻出版改革与发展项目库，加强对重点项目的组织、管理、协调、支持和服务。

3．拓宽资金渠道。完善财政投入机制，对符合条件的新闻出版业数字化转型升级重点项目予以扶持。鼓励新闻出版企业运用金融资本、社会资本开展数字化转型升级。

五、分工与要求

1．推动新闻出版业数字化转型升级工作由新闻出版广电总局、财政部共同组织与推进。新闻出版广电总局负责做出具体工作部署、细化进度安排、完善项目管理规范，指导行业全面推进数字化转型升级各项工作。财政部负责制定落实有关财政支持政策。

2．各级新闻出版广电行政部门要进一步加强组织管理。各省新闻出版广电行政部门应确定具体部门负责组织、推进本地区相关工作。要切实加强深化阶段的组织管理工作，既要组织好相关项目申报工作，更要加强对项目实施的监督管理。各级新闻出版广电行政部门加强跨地区、跨部门协作，确保各项工作任务的执行和落实。

3．各相关行业机构、行业协会要进一步加快支撑行业数字化转型升级的能力建设。中国新闻出版研究院、新闻出版广电总局信息中心、中国音像与数字出版协会及相关行业标准化技术委员会，根据统一部署，负责配合总局及各省新闻出版广电行政部门落实对应的专项任务。要从机构建设、标准规范建设、制度与机制建设、行业基础环境建设、共性技术研发等方面全面推进，加快提升服务水平，提高服务能力。

4. 各新闻出版企业要进一步加大数字化转型升级的投入。各新闻出版企业应当积极推进数字化转型升级工作。要进一步统一思想认识，做好企业发展顶层设计与长远规划，用好财政资金投入、用足扶持政策，同时不断加大企业在人财物方面的投入，全力推进数字化转型升级。各新闻出版企业要及时向所在地新闻出版广电行政部门、财政部门报告工作进展。

关于认真做好国家统编道德与法治、语文、历史教材出版发行工作的紧急通知

国家新闻出版广电总局

2017 年 7 月 10 日　新广出办发〔2017〕49 号

各省、自治区、直辖市新闻出版广电局，新疆生产建设兵团新闻出版广电局：

为深入贯彻落实中央在新形势下有关大中小学教材建设的文件精神，切实做好国家统编道德与法治、语文、历史教材（以下简称“三科教材”）的出版发行工作，现将有关事项紧急通知如下：

一、各级出版行政部门和各相关出版发行单位的主管主办部门必须深入贯彻习近平总书记系列重要讲话精神，进一步统一思想、提高认识，增强政治意识、大局意识、核心意识、看齐意识，切实履行职责，强化管理责任，认真组织做好“三科教材”出版发行工作。

二、承担“三科教材”出版发行任务的单位要精心组织、统筹安排，在时间紧、任务重的情况下要确保教材出版发行的各项任务积极稳妥、优质安全的完成；各地受委托承担组织印刷企业印刷、发行企业供货的教材出版发行单位须符合国家规定的条件。

三、各相关出版发行单位要主动与教育部门、中小学校等相关单位沟通联系，互相配合，团结合作，制定有效措施，共同做好“三科教材”的保障供应工作；要建立健全教材服务新机制，完善教材服务的质量绩效考核工作体系，进一步提高教材出版发

行服务质量水平；严禁随教材搭配征订教学用书目录以外的出版物。

四、根据《中华人民共和国义务教育法》，“三科教材”价格由各省、自治区、直辖市人民政府价格行政部门会同同级出版行政部门按照微利原则确定。各省（区、市）出版行政部门要积极配合发改物价行政部门做好教材价格管理工作。

五、“三科教材”须由具有出版物印刷许可的绿色印刷企业生产印制。出版、印制单位要在每学期开学前，在本单位网站上向社会公示其出版、印刷教材的科目情况、用纸标准、印装规格等信息；要严格执行国家质量标准，建立完善的责任制和监督系统，确保教材出版、纸张、印装等质量。各级出版行政部门要加强“三科教材”质量的监督、检查和管理，建立健全教材质量监督检查长效工作机制。

六、各教材出版发行单位要完善工作制度，主动接受社会监督，认真回应社会关切，切实做好教材出版发行等各项工作。

七、各省（区、市）出版行政部门要在 8 月 10 日、8 月 20 日、8 月 30 日前分别将三科教材的征订数量、印制数量、到校数量等有关出版发行情况报总局规划发展司。

教材建设事关党对教育工作的领导，事关中国特色社会主义事业兴旺发达、后继有人，事关党和国家长治久安。各部门各单位要进一步加大工作力度，全面推进“三科教材”在全国的“统一使用”工作落实到位，确保“课前到书、人手一册”，为培养“德、智、体、美”全面发展的社会主义建设者和接班人做出贡献。

关于规范开展新闻出版产业基地创建工作的通知

国家新闻出版广电总局

2018年2月6日　新广出办发〔2018〕10号

各省、自治区、直辖市新闻出版广电局，新疆生产建设兵团新闻出版广电局：

为深入学习贯彻习近平新时代中国特色社会主义思想，全面贯彻落实党的十九大精神，贯彻落实《新闻出版广播影视“十三五”发展规划》，进一步规范开展国家新闻出版产业基地（园区、特色小镇）的创建工作，充分发挥其在推进新闻出版产业供给侧结构性改革，促进产业优化升级，引领行业高质量发展中的作用，总局制定了《国家新闻出版产业基地创建工作规范》，现印发给你们，请遵照执行。

国家新闻出版产业基地创建工作规范

为进一步规范开展国家新闻出版产业基地（园区、特色小镇，以下简称“基地”）的创建工作，明确基地创建的指导思想、基本原则、职责和条件、工作任务、工作程序、激励机制等，特制定本规范。

国家新闻出版产业基地（园区）包括数字出版产业基地、动漫（游戏）产业基地、出版创意产业基地、音乐产业基地、印刷包装产业基地、出版装备产业基地等新闻出版产业基地（园区）。国家新闻出版产业特色小镇包括阅读小镇、书香小镇、音乐小镇、动漫小镇、游戏小镇、IP 小镇等特色文化小镇。

一、指导思想

以习近平新时代中国特色社会主义思想为指导，全面贯彻落实党的十九大精神，深入贯彻创新、协调、绿色、开放、共享的发展理念，坚持以社会主义核心价值观为引领，坚持以人民为中心的发展思想，坚持把社会效益放在首位、社会效益与经济效益相统一，以基地的创建工作为抓手，深化新闻出版供给侧结构性改革，促进产业聚集、优化产业布局、推动产业升级，引领行业高质量发展。

二、创建基本原则

（一）坚持正确方向。必须坚持把正确的政治方向摆在第一位，按照中央高质量发展文化事业产业的要求，牢固树立四个意识，坚持把社会效益放在首位，实现社会效益和经济效益相统一。

（二）突出创新发展。必须突出内容创新、技术创新、模式创新。目标是将基地打造为新闻出版行业深入实施创新驱动战略的重要平台，成为聚集新动能、培育新经济的重要引擎。

（三）严把创建标准。必须严格把关创建标准，确保创建基地在行业内的示范性和引领性，确保基地管理规范、新闻出版业占比高、产业辐射作用强，确保相关材料的真实性和准确性。

（四）强化监督引导。必须强化对基地创建工作的监督，定期评估创建效果，确保创建方案中的各项工作落地。

三、创建职责、条件

（一）创建职责

各省（区、市）新闻出版行政部门负责统筹本地区基地创建工作，对基地创建进行指导和管理，对申报材料进行审核，并推动建立基地创建工作协调机制；基地所在地政府具体负责基地创建工作，明确创建主体，提交创建申请，落实创建任务。

（二）基本条件

1．基地所在地政府高度重视新闻出版产业发展，创建积极性高，已将该基地列为政府重点支持项目或已制定相关扶持政策。

2．基地有明确的发展定位和行业优势，新闻出版业集聚度较高，新闻出版企业数量、总营收占比较高，具备一定产业规模并拥有一定数量的骨干企业。

3．基地企业坚持正确的新闻出版产品创作生产导向，社会效益显著，提供内容健康、积极向上的新闻出版产品和服务等。

4．基地软硬件设施较齐备。运营组织架构和管理制度较健全，基础设施较完备，具有较完善的公共服务平台和较强的配套能力。

5．已制定较为清晰的创建方案和建设规划，规划内容符合当地经济社会发展总体规划、土地利用总体规划、城乡规划、环境功能区规划等各项相关规划，规划建设范围一般不得定为所在地全部行政区域。

6．法律法规规定的其他条件。

四、创建工作任务

基地创建周期一般为1—2年，基地的创建应围绕自身战略定位，促进当地新闻出版产业发展，开展以下创建工作。

（一）细化方案、明确落实。根据所在地经济和新闻出版业发展水平，合理制定并细化基地创建方案，明确各阶段工作目标和实施主体，督导各项任务逐步落实。

（二）完善制度、政策保障。完善基地运营管理规章制度，建立创建效果评价体系。制定相关扶持政策，加大对基地基础建设的支持力度。

（三）健全机构、加强服务。建立健全管理机构，有明确管理运营部门，确保基地运营管理责任明确、协调推进。能有效整合相关资源，落实发改、财政、国土、金融、工商、税务等相关部门支持，服务基地企业发展。

（四）把关内容、强化审核。对入驻企业内容生产进行把关，引导其坚持正确的政治方向、价值取向、舆论导向。强化对入驻企业的审核，确保入驻企业符合产业优化升级、创新发展方向。

（五）聚集资源、力促发展。通过优化政策、管理和服务，引导资本、技术、人才等要素资源的聚集，促进基地内企业高质量发展，为群众提供喜闻乐见的产品和服务。

五、创建工作程序

（一）创建申请。基地所在地政府向省新闻出版行政部门报送创建申请、创建方案（含建设规划），经其初审同意，由省新闻出版行政部门向总局报送。

（二）考察评审。总局组织专家对创建方案进行论证并进行实地考察，召开专家评审会，形成评审意见。

（三）同意创建。总局根据专家的考察、评审意见，综合考虑地区、类别、示范性等因素，作出是否同意创建的决定并函复。

（四）验收命名。创建期满，根据《国家新闻出版产业基地（园区）管理办法》等有关规定向总局报送相关申报材料。总局组织专家开展验收工作，经专家委员会评审，总局研究作出同意或不同意通过验收的决定。通过验收的基地将在总局网站公示 7 天，公示无异议后，经总局批准，命名为“国家新闻出版产业基地（园区）”或“国家新闻出版产业特色小镇”并授牌。未通过验收的基地，1 年内可申请一次复验，仍未通过的，取消创建资格。

（五）动态管理。总局对已命名的基地实行定期考核评估，根据考核评估结果研究作出通过考核、限期整改、撤销命名的处理决定。限期整改的整改期限为1年，整改后仍不达标的，撤销其“国家新闻出版产业基地（园区）”或“国家新闻出版产业特色小镇”命名。对考核优秀的给予通报表扬。

六、激励机制

（一）通过验收的创建基地，命名为“国家新闻出版产业基地（园区）”或“国家新闻出版产业特色小镇”并授牌。对于表现优秀的基地和单位，授予其新闻出版产业基地（园区）工作优秀单位和优秀基地（园区）的称号并予以表扬。

（二）为基地管理机构和基地内企业开辟向总局改革发展项目库申报项目的绿色通道，所申报项目不占用本地区名额；同等条件下，所申报项目优先入库。

（三）基地管理机构和基地内企业，申报中央、省级文产专项资金等财政扶持的，同等条件下优先考虑。

（四）建立“总局改革发展项目库合作基金（文投公司）”与基地的合作机制，以举办项目路演会等多种方式支持双方对接，鼓励合作基金优先支持基地内符合政策要求具有股权（债权）融资需求的新闻出版企业。

（五）支持基地管理机构和基地内企业参加总局相关培训活动，支持组织开展基地间的交流活动，为基地内企业申请版权保护开辟绿色通道。

关于印发《国家新闻出版广电总局改革发展项目库项目评价指引（试行）》的通知

国家新闻出版广电总局

2018 年 3 月 1 日　新广出办发〔2018〕14 号

各省、自治区、直辖市新闻出版广电局，新疆生产建设兵团新闻出版广电局，中央各有关部门，总局直属各单位：

为深入贯彻落实党的十九大精神，经研究，总局制定了《国家新闻出版广电总局改革发展项目库项目评价指引（试行）》（以下简称“《指引》”），现印发你们，请参照执行，并就有关事项通知如下：

一、要高度重视项目评价管理工作。项目评价管理是项目运营管理水平的综合反映，做好项目评价管理工作是贯彻落实项目带动战略和总局《新闻出版广播影视“十三五”发展规划》的重要手段，开展项目评价管理工作对于提高项目实施质量，加快新闻出版广播影视产业高质量发展，促进行业供给侧结构性改革具有重要作用。

二、要积极推动开展项目评价管理工作。具备条件的地区和单位可结合各自实际情况，参照《指引》，分批分类推动开展项目评价管理工作。各省（区、市）局每年年底前要向总局报送年度相关工作情况，有关工作意见、建议或成效及时报总局规划发展司。

三、要总结推广先进经验。各地各单位要加强总结推广项目评价管理工作先进经验，向总局推荐选送项目评价管理工作优秀企业，总局将以适当的形式予以表扬并对优秀经验进行推广。

附件：国家新闻出版广电总局改革发展项目库项目评价指引（试行，略）

关于印发《关于加快新闻出版行业智库建设的指导意见》的通知

国家新闻出版广电总局　2018年3月20日　新广出发〔2018〕14号

各省、自治区、直辖市新闻出版广电局，新疆生产建设兵团新闻出版广电局，总局机关各司局、直属各单位：

为贯彻落实党的十九大精神，深入落实中央《关于加强中国特色新型智库建设的意见》和中宣部等部门《关于社会智库健康发展的若干意见》的精神，规范和引导新闻出版行业智库健康发展，总局制定了《关于加快新闻出版行业智库建设的指导意见》，请结合实际贯彻落实。各省（区、市）新闻出版行政部门每年可向总局规划发展司推荐优秀新闻出版行业智库，总局将以适当的形式予以表扬。

关于加快新闻出版行业智库建设的指导意见

为贯彻落实党的十九大精神，落实中央《关于加强中国特色新型智库建设的意见》要求，根据《新闻出版广播影视“十三五”发展规划》，现提出加快中国特色新闻出版行业智库建设的意见。

一、指导思想

深入贯彻党的十九大精神，以习近平新时代中国特色社会主义思想为指导，坚持党的领导，把握正确导向，牢固树立和贯彻落实新发展理念，坚持以人民为中心的发展思想，坚持改革创新、融合发展、开放共享，以服务大局、促进行业健康发展为宗旨，以政策研究咨询和行业重大问题研究为主攻方向，推动科学决策、民主决策，提升行业治理能力和水平。

二、主要目标

统筹推进新闻出版行业智库协调发展，努力构建布局科学、结构合理、规模适度、定位清晰的行业特色新型智库体系，重点建设一批具有较高知名度的行业智库，形成具有咨政影响力的智库集群，生产一批服务行业的高质量、标志性智库产品，培养壮大一支坚持正确政治方向、具有较高理论水平、富有创新精神、结构合理的公共政策研究和行业问题咨询专家队伍。

三、重点任务

（一）加强新闻出版行业智库建设整体规划。统筹利用业内外优质资源，建设一批定位清晰、特色鲜明、布局合理的行业智库、专业智库和媒体智库。规划引导智库面向体制改革、产业政策制定、产业结构调整、重大工程项目设计实施等进行研究，加强对行业全局性、方向性、前沿性重大实践、现实问题和热点难点问题研究，增强研究的针对性和实效性，提出咨询建议，开展科学评估，进行预测预判；推动智库在国家战略、规划、布局、政策等方面发挥重要建设性作用。

（二）加快行业高端智库建设。支持有条件的新闻出版行业科研单位、高校等开展高端智库建设，重点打造一批信得过、用得上的新闻出版实验室、研究院、研究所、研究基地、研究中心等，鼓励促进研究手段和方法创新，支持其向精深特方向开展研究。积极开展政策研究、决策评估、政策解读等活动，对相关政策提出意见和建议，促进行业与经济社会发展深度融合。发挥智库在公共政策决策中的积极作用，生产面向大众的智库产品，提供公共服务。

（三）提高专业智库服务能力。鼓励新闻出版单位发挥服务领域广泛、服务链条长、知识积累丰富的特色，支持新闻出版单位积极变革，促进有条件的新闻出版单位向知识服务型专业智库方向发展。坚持运用创新思维、战略思维、辩证思维，着力在内容质量、知识服务上下功夫，为所在行业及主管部门提供专业知识服务、行业信息服务、科技创新服务。

（四）鼓励主流新闻出版单位建设媒体型智库。充分发挥新闻出版单位拥有广泛社会资源、贯通内外信息渠道和团结联系高水平专家的资源优势，加强对经济文化社会等领域信息数据的汇集挖掘研究。加强记者编辑队伍、智库专家队伍与舆情民意走向、热点社会话题之间的联结度，促进多元观点交流碰撞，通过内参、调研报告等多种形式为党政机关和决策部门提供真实、即时、系统、深入的智库报告和策略建议。

（五）鼓励行业龙头企业和社会组织兴办社会行业智库。创新智库组织形式，推动产学研用紧密结合，紧紧抓住数字经济发展浪潮，围绕科技创新和产业变革的关键领域，大力实施科技创新驱动战略。紧跟国际最新发展，重点围绕行业技术发展趋势、产业优化升级、新兴出版与传统出版融合发展等，组织开展一批针对关键问题、共性问题及核心技术的探索研发和应用研究。推动媒体融合发展，加快 AR/VR、人工智能等高新技术在行业的深度应用，开展前沿项目研究，助力业务创新，引领行业发展。

（六）推动智库成果及时转化应用。构建行业智库成果转化机制，推动建设智库成果推介平台、成果转化平台、成果奖（鼓）励平台等，加大知识成果转化支持力度。充分发挥新闻出版单位信息获取渠道广泛、信息传播迅速等优势，积极推动做好智库成果在政府、市场、社会间的有效传播和应用。

四、保障措施

（一）加强组织领导。各级新闻出版行政部门要高度重视智库的发展和管理工作，加强外部协作，强化内部协调，切实加强对智库的扶持发展和规范管理。重视典型和示范引导，着力宣传智库对行业发展的积极作用，形成社会各界支持、关心智库建设的良好氛围。

（二）强化主体责任。加强智库自身建设与自主管理，完善法人治理结构和运行机制，加强智库党建工作，健全内部监督机制和经费管理制度，鼓励有条件的智库结合自身特点和优势，提升信息收集、资源整合、综合研判和战略谋划能力，建设有较大影响力和知名度的智库品牌。

（三）创新管理机制。实施新闻出版行业智库建设奖励计划，建立健全考核监督评估机制，探索内部评估和第三方评估相结合的评估模式，开展行业智库影响力评估。加强行业智库专业人才队伍建设，支持行业交流合作，打造智库交流合作平台，推动行业智库与国外智库机构开展国际对话与合作。

关于印发《国家出版产业基地（园区）管理办法》的通知

国家新闻出版署　2019年6月19日　国新出发〔2019〕22号

各省、自治区、直辖市新闻出版局：

为深入贯彻落实中央关于加强和改进新时代出版工作的部署，进一步规范和加强国家出版产业基地（园区）管理，推动出版产业高质量发展，现将修订后的《国家出版产业基地（园区）管理办法》印发给你们，请认真贯彻执行。

国家出版产业基地（园区）管理办法

第一章　总　则

第一条　为进一步规范和加强国家出版产业基地（园区）（以下简称“基地”）管理，强化产品内容建设，深化供给侧结构性改革，推动出版产业高质量发展，依据中央关于加强和改进新时代出版工作的有关部署，制定本办法。

第二条　基地是指经国家新闻出版署认定，以出版创意策划、内容采集加工、产品生产制作、数字内容服务、印刷复制、出版物物流配送、进出口贸易、音乐、动漫游戏等为主要发展方向，以聚集出版企业及为其提供技术支撑、原料设备供给、行业相关服务等企业为主的产业集群区域。

第三条 基地建设的总体要求是：自觉承担“举旗帜、聚民心、育新人、兴文化、展形象”的使命任务，坚持正确的政治方向、出版导向，坚持把社会效益放在首位，注重统筹区域经济发展布局和出版产业发展实际，注重统筹出版资源的优化配置和集聚融合，注重统筹出版产品、业态、技术创新和体制机制、发展模式、管理方式创新，着力提高出版产业规模化、集约化、专业化水平，着力加快出版产业优化升级，为人民群众提供更加丰富、更加优质的出版产品和服务。

第四条 国家新闻出版署负责统筹基地的整体规划、战略发展，对基地进行认定、管理。国家出版产业基地（园区）管理办公室设在文改办，具体负责基地的规划、认定、管理及协调推动相关政策执行等工作。省、自治区、直辖市出版管理部门负责本行政区域内基地的培育、申报、日常管理及政策支持等工作。

第二章 申报与认定

第五条 申报基地认定应具备以下条件：

（一）导向正确。增强“四个意识”，坚定“四个自信”，做到“两个维护”。把好出版导向关、价值取向关、格调品位关，加强原创出版和精品生产。坚持把社会效益放在首位、实现社会效益和经济效益相统一。

（二）带动性强。出版主业突出，区位优势明显，具有符合出版产业和新技术发展要求的研发和应用能力，且形成产业聚集，对周边地区具有带动、辐射作用。已实现年营业收入不低于20亿元人民币；已入驻的出版及相关企业不少于30家，其中年营业收入大于3亿元人民币的入驻企业不少于3家。

（三）管理规范。建设规划已经得到省、自治区、直辖市有关部门认可，并纳入本地区总体发展规划。须有具备独立法人资格的运营管理主体，具有有利于发展和创新的体制机制和工作制度。

（四）配套完善。当地政府已经制定切实可行的配套财税、用地、融资等优惠经济政策，支持保障基础设施建设、重大项目实施、骨干企业培育、战略人才引进等方面工作顺利开展。有地域范围相对集中的区域，规划建筑面积一般应在5万平方米以上，已投入使用的建筑面积一般不少于2万平方米，水、电、气、交通、通讯等设施完备。有较完善的公共服务体系和服务平台，可提供创业孵化、融资推介、信息交流、市场推广、版权保护等多方面服务。

（五）法律、行政法规规定的其他条件。

第六条 基地实行自愿申报的原则。符合本办法第五条申报条件的，均可以由所在地省、自治区、直辖市出版管理部门向国家新闻出版署申报。

鼓励发挥地方优势，基于区域经济和出版产业发展实际，建设省级出版产业特色基地（园区），为建设国家出版产业基地（园区）奠定基础，创造条件。

第七条 申报基地认定须提交以下材料：

（一）所在地省、自治区、直辖市出版管理部门申请文件；

（二）发展研究报告，近期和中长期建设发展规划；

（三）具备独立法人资格的运营管理主体组成情况及法人资质证明；

（四）地方政府支持建设和发展的政策清单及相关文件；

（五）《国家出版产业基地（园区）审核认定申请表》《入

驻基地大型企业基本情况表》以及相关情况的有效证明材料；

（六）申请单位认为需要提供的其他文件材料。

第八条 国家新闻出版署组织专家对申报材料进行评审并进行实地考察，综合考虑区域、结构、示范性等因素，确定拟认定基地名单并公示。公示结果不影响认定的，由国家新闻出版署正式认定为国家出版产业基地（园区）并授牌。对未达到认定标准的，一年内可申请一次复验，符合条件的给予认定，不符合条件的不予认定。

第九条 基地增设园区、合并、迁移等，须按本办法规定的条件、程序报国家新闻出版署认定。

第三章 管理与激励

第十条 省、自治区、直辖市出版管理部门应重点从以下方面加强对基地的日常管理和服务：

（一）加强内容导向管理，建立健全基地入驻单位内容产品审读工作机制，实行审读结果季度报告制度。

（二）加强产品质量管理，建立健全出版产品编校、印刷等质量检查制度，对不符合国家质量管理要求的产品，应予召回、销毁。

（三）加强重大项目管理，建立健全基地重大项目协调机制，积极推动重大项目实施，为项目争取政策和资金支持提供服务和帮助。

省、自治区、直辖市出版管理部门须指定部门和人员负责相关工作。

第十一条 基地实行年度报告制度，按照以下程序进行：

（一）每年6月30日前，由具备独立法人资格的运营管理主体向所在省、自治区、直辖市出版管理部门报告上一年度基地建设发展情况，同时报送入驻企业经营概况和遵守出版法规等有关情况。

（二）省、自治区、直辖市出版管理部门收到相关材料后，及时进行审核并出具相关意见；对基地建设偏离主业、发展规模严重萎缩或入驻企业存在违法违规问题的，要求其限期整改。

每年8月31日前，各省、自治区、直辖市出版管理部门将基地建设发展等有关情况及工作意见报送国家新闻出版署，同时报送当地省、自治区、直辖市人民政府。

（三）国家新闻出版署收到省、自治区、直辖市出版管理部门报送的基地建设发展等有关情况及工作意见后，进行评估考核。根据考核评估结果研究作出通过考核、限期整改、撤销命名等决定。限期整改的整改期限为一年，整改后仍不达标的，撤销其国家出版产业基地（园区）命名。

第十二条 基地纳入国家新闻出版统计范围。基地须按照有关规定报送统计数据。

第十三条 国家新闻出版署通过以下方式支持激励基地建设：

（一）将基地的建设发展列为国家相关产业发展规划的重要任务。

（二）在出版资源的综合配置、重大出版工程项目的安排实施等方面，对基地予以政策倾斜，支持开展相关政策的先行先试工作。

（三）支持基地运营管理主体和基地内企业参加国家新闻出版署组织的相关培训活动，支持组织开展基地间的交流活动，为基地内企业申报文化产业发展项目库入库项目等开辟绿色通道。

（四）鼓励支持基金（文投公司）等优先支持基地内符合政策要求、具有股权（债权）融资需求的优质企业。

第四章　附　则

第十四条　本办法由国家新闻出版署负责解释。

第十五条　本办法自发布之日起实施。《国家新闻出版广电总局关于印发〈国家新闻出版产业基地（园区）管理办法〉的通知》（新广出办发〔2014〕107号）同时废止。

附件：1．国家出版产业基地（园区）审核认定申请表（略）

2．入驻基地大型企业基本情况表（略）

关于印发《图书、期刊、音像制品、电子出版物重大选题备案办法》的通知

国家新闻出版署　2019 年 10 月 25 日　国新出发〔2019〕35 号

各省、自治区、直辖市新闻出版局，中央和国家机关各部委、各人民团体出版单位主管部门，中央军委政治工作部宣传局，中央各重点出版集团：

现将修订后的《图书、期刊、音像制品、电子出版物重大选题备案办法》印发给你们，请认真贯彻执行。

图书、期刊、音像制品、电子出版物重大选题备案办法

第一条　为加强和改进出版物重大选题备案工作，根据中央有关精神和《出版管理条例》相关规定，制定本办法。

第二条　列入备案范围内的重大选题，图书、期刊、音像制品、电子出版物出版单位在出版之前，应当依照本办法报国家新闻出版署备案。未经备案批准的，不得出版发行。

第三条　本办法所称重大选题，指涉及国家安全、社会稳定等方面内容选题，具体包括：

（一）有关党和国家重要文件、文献选题。

（二）有关现任、曾任党和国家领导人讲话、著作、文章及其工作和生活情况的选题，有关现任党和国家主要领导人重要讲

话学习读物类选题。

（三）涉及中国共产党历史、中华人民共和国历史上重大事件、重大决策过程、重要人物选题。

（四）涉及国防和军队建设及我军各个历史时期重大决策部署、重要战役战斗、重要工作、重要人物选题。

（五）集中介绍党政机构设置和领导干部情况选题。

（六）专门或集中反映、评价“文化大革命”等历史和重要事件、重要人物选题。

（七）专门反映国民党重要人物和其他上层统战对象的选题。

（八）涉及民族宗教问题选题。

（九）涉及中国国界地图选题。

（十）反映香港特别行政区、澳门特别行政区和台湾地区经济、政治、历史、文化、重要社会事务等选题。

（十一）涉及苏联、东欧等社会主义时期重大事件和主要领导人选题。

（十二）涉及外交方面重要工作选题。

有关重大选题范围，国家新闻出版署根据情况适时予以调整并另行公布。

第四条 编辑制作出版反映党和国家领导人生平、业绩、工作和生活经历的重大题材作品，实行统筹规划、归口审批，按照中央和国家有关文件要求办理立项手续。经批准立项的选题，出版前按规定履行重大选题备案程序。

第五条 图书、音像制品、电子出版物重大选题备案中有以下情况的，由相关单位出具选题审核意见报国家新闻出版署，国家新闻出版署根据审核意见直接核批。

（一）中央和国家机关有关部门组织编写的主要涉及本部门

工作领域的选题，由本部门出具审核意见。

（二）中央统战部、中央党史和文献研究院、外交部、国家民委等部门所属出版单位出版的只涉及本部门工作领域的选题，由本部门出具审核意见。

（三）解放军和武警部队出版单位出版的只涉及军事军史内容的选题，由中央军委政治工作部出具审核意见。

（四）各地编写的只涉及本地区党史事件、人物和本地区民族问题的选题，不涉及敏感、复杂内容和全局工作的，由所在地省级出版管理部门组织审读把关，出具审核意见。

（五）涉及中国国界地图选题，不涉及其他应备案内容的，由出版单位在报备时出具国务院测绘地理信息行政主管部门的审核意见。

第六条 期刊重大选题备案中有以下情况的，按本条相关要求执行。

（一）期刊首发涉及本办法第三条第二、三、四项内容的文章，经期刊主管主办单位审核同意，报国家新闻出版署备案。转载或摘要刊发已正式出版的图书、期刊以及人民日报、新华社刊发播发的涉及上述内容的文章，经期刊主管单位审核同意后出版。

（二）中央各部门各单位主管的期刊刊发涉及重大选题备案范围的文章，主要反映本领域工作，不涉及敏感、复杂内容的，经本部门审核同意后出版。

（三）中央党史和文献研究院、人民日报社、求是杂志社、新华社主管的期刊，刊发涉及重大选题备案范围的文章，经主管单位审核同意后出版。

（四）解放军和武警部队期刊刊发涉及重大选题备案范围的文章，经所在大单位或中央军委机关部门审核同意后出版。

（五）地方期刊刊发涉及本办法第五条第四项内容的文章，由所在地省级出版管理部门组织审读把关，审核同意后出版。

由期刊主管单位或有关部门审核同意出版的，审核意见应存档备查。

第七条 出版单位申报重大选题备案，应当通过所在地省级出版管理部门或主管单位进行。

（一）地方出版单位申报材料经主管主办单位审核同意后报所在地省级出版管理部门，非在京的中央各部门各单位出版单位申报材料经主办单位审核同意后报所在地省级出版管理部门，由所在地省级出版管理部门报国家新闻出版署。

（二）在京的中央各部门各单位出版单位申报材料经主管主办单位审核同意后，由主管单位报国家新闻出版署。

（三）解放军和武警部队出版单位申报材料经中央军委政治工作部审核同意后报国家新闻出版署。

第八条 申报重大选题备案时，应当如实、完整、规范填报并提交如下材料：

（一）省级出版管理部门或主管单位备案申请报告。报告应当对申报备案的重大选题有明确审核意见。

（二）重大选题备案申报表。应当清楚填写涉及重大选题备案范围，需审核问题，需审核的具体章节、页码和待审核的人物、事件、文献、图片等内容。

（三）书稿、文章、图片或者样片、样盘、样带。书稿应当“齐清定”、经过编辑排版并装订成册，文字符合国家语言文字规范，引文注明出处。

（四）出版物“三审”意见复印件。

（五）备案需要的其他材料。包括有关部门同意立项的材料，送审照片（图片）样稿，相关部门保密审核意见等。

第九条 国家新闻出版署对申报备案的重大选题进行审核，必要时转请有关部门或组织专家协助审核。

第十条 国家新闻出版署自备案受理之日起20日内（不含有关部门或专家协助审核时间），对备案申请予以答复或提出意见。

第十一条 国家新闻出版署审核同意的备案批复文件，两年内有效；备案批复文件超出有效期及出版物修订再版的，应当重新履行备案程序。

第十二条 出版单位应当按照出版专业分工安排重大选题出版计划，对不具备相关出版资质和编辑能力的选题，不得报备和出版；应当严格履行出版物内容把关主体责任，坚持优化结构、提高质量，严格执行选题论证、“三审三校”制度，确保政治方向、出版导向、价值取向正确。

第十三条 各地出版管理部门和主管主办单位是落实重大选题备案制度的前置把关部门，应当严格落实属地管理和主管主办责任。主要职责是：负责审核所属出版单位申请备案选题的内容导向质量及出版单位资质，对不符合备案条件的不予受理，对思想倾向不好、内容平庸、题材重复、超业务范围等不具备出版要求的选题予以撤销；对由地方出版管理部门和主管单位审核把关的选题，组织相关单位认真做好内容审核和保密审查，提出具体审核意见；对审核部门提出的意见，督促出版单位认真修改并做好复核工作；对应履行重大选题备案程序但未按要求备案的出版单位进行处理、追责问责。

第十四条 出版单位违反本办法，未经备案出版涉及重大选题范围出版物的，由国家新闻出版署或省级出版管理部门责成其主管单位对出版单位的主要负责人员给予行政处分；停止出版、发行该出版物；违反《出版管理条例》和有关规定的，依照有关规定处罚。

第十五条 国家新闻出版署对重大选题备案执行情况开展年度检查和考核评估，视情况予以奖惩。

第十六条 本办法由国家新闻出版署负责解释。

第十七条 本办法自印发之日起施行。《图书、期刊、音像制品、电子出版物重大选题备案办法》（新出图〔1997〕860号）同时废止。

关于调整向中国版本图书馆缴送出版物样本范围和数量的通知

国家新闻出版署　2020 年 4 月 17 日　国新出发〔2020〕8 号

各省、自治区、直辖市和新疆生产建设兵团新闻出版局，中央和国家机关各部委、各人民团体出版单位主管部门，中央军委政治工作部宣传局，全国各图书、报纸、期刊、音像和电子出版单位：

版本的保藏和管理是文化建设的基础性工作，对传承优秀历史文化、增强文化自信具有重要意义。长期以来，广大出版单位高度重视出版物样本缴送工作，为出版事业繁荣发展和文化传承作出了积极贡献。为适应当前版本建设工作需要，根据《出版管理条例》及相关法规规章，国家新闻出版署决定对出版单位自 2020 年 1 月 1 日起应向中国版本图书馆缴送出版物样本的范围和数量等进行调整。现就有关缴送和补缴工作通知如下。

一、总体要求

充分认识版本赓续文脉、传承文明的重要作用，从促进版本保藏流传、优秀文化传承的高度，进一步规范出版物样本缴送，严格按照应缴送的范围、数量、品种及时缴送，确保应缴尽缴。

二、缴送内容

（一）缴送范围。在缴送图书、报纸、期刊、音像制品和电子出版物等实物样本基础上，增加缴送其数字版样本。

（二）缴送数量。统一缴送出版物实物样本 4 份、数字版样本 1 份。

（三）缴送品种。缴送的出版物实物样本是指初版书、再版书、重印书、按需印刷版本、书配盘；报纸散报、合订本（含缩印本、目录和索引）；期刊单刊、合订本；音像制品和电子出版物实体版、盘配书。所缴样本品相必须完整，不得缺失。

出版物数字版样本的接收规范另行通知。

三、缴送要求

（一）缴送时间。图书、期刊、音像制品和电子出版物自出版之日起30日内缴送样本；报纸自出版之日起7日内缴送样本，有合订本的，合订本自出版之日起30日内缴送样本。缴送时间以邮寄日期为准。

（二）寄送要求。缴送样本统一寄送至北京市东城区先晓胡同10号中国版本图书馆样本征集部，邮编：100005。寄送方式可采用直接送达或邮寄，如邮寄可采用印刷品挂号或其他形式（请勿按包裹方式邮寄）。寄送时分别包装，并在邮包上注明相关信息。

（三）补缴工作。出版单位对2020年1月1日前出版物样本缴送情况开展自查，并依据中国版本图书馆编制的未缴送样本清单于2020年12月31日前完成补缴样本1份。本通知印发前的2020年度出版物，于本通知印发后30日内完成缴送。如遇特殊情况不能缴送样本，须作出书面说明并加盖单位公章，随补缴样本统一寄送。

（四）缴送信息。凡缴送或补缴的出版物样本，应附缴送或补缴清单，一式三份。中国版本图书馆核收后，在清单上签字、盖章，于1个月内将清单反馈出版单位，以备查验。同时，出版单位应将清单电子版发送至指定邮箱。出版单位在每季度末最后10日前将该季度出版的重印书信息发送至指定邮箱。

四、组织安排

各地新闻出版管理部门、各出版单位主管部门要组织好所辖所属出版单位的出版物样本缴送工作，做好检查和监督管理工作。各出版单位要按照本通知要求认真做好出版物样本缴送工作，及时与中国版本图书馆沟通，按时填报有关信息。

国家新闻出版署将依据中国版本图书馆对出版单位样本缴送情况的统计报告，定期通报样本缴送情况，对及时、完整缴送样本的出版单位给予表扬，对未按规定时限缴送、缴送不齐及经催促仍不缴送的出版单位视情作出处理，同时将出版物样本缴送情况作为有关考核评价、年度核验、书号核发的参考依据。

附件：1．中国版本图书馆样本缴送信息要求（略）

2．图书样本重印书信息填报表（略）

规章、规范性文件

·图书、音像电子网络·

图书质量保障体系

1997年6月26日中华人民共和国新闻出版署令第8号公布

第一章　总　则

第一条　依据国务院颁布的《出版管理条例》，建立和实施严格、有效、可操作的图书质量保障体系，是实现图书出版从扩大规模数量为主向提高质量效益为主的转变，提高图书出版整体水平，繁荣社会主义出版事业的重要措施。

第二条　建立和实施图书质量保障体系的指导思想：以马克思列宁主义、毛泽东思想和邓小平建设有中国特色社会主义理论为指导，坚持党的基本路线和基本方针，以建立适应社会主义市场经济体制，符合社会主义精神文明建设要求，体现出版工作自身规律的出版体制为目的，坚持为人民服务、为社会主义服务的方向，坚持百花齐放、百家争鸣的方针，坚持精神文明重在建设，繁荣出版重在质量的思想，把能否提高图书质量当作衡量出版工作是否健康发展、检验出版改革成功与否的重要标志。提高认识，强化管理，使出版事业朝着健康、有序、优质、高效的方向发展。

第三条　实施图书质量保障体系的基本原则：图书质量保障体系是一项系统工程，要有严密的组织，需要各出版社、出版社的主管部门、各级出版行政部门以及社会各界的共同参与，形成网络；要有科学、严格、有效的机制，根据图书生产、销售和管理的规律，分部门、分阶段、分层次组织实施，分清任务，明确责任，提高管理和运行水平；要有称职的队伍，各单位要制定计划，对各级、各类的出版从业人员，特别是从事编辑工作和出版行政管理工作人员，进行考核和培训，提高思想、政策、职业道德、专业技术水平。

第四条 加强图书出版法制建设。加强图书出版的法制建设，是图书质量保障体系正常、有效实施的根本保证。国务院颁布的《出版管理条例》是出版行业的重要法规，也是图书质量保障体系依法实施的保证。各级出版行政部门要依据《出版管理条例》，做到依法管理，对违反《出版管理条例》和《图书质量保障体系》的行为，要依据相应的法规和规定，坚决予以查处，以维护社会主义出版法规和规定的权威性和严肃性。各省、自治区、直辖市新闻出版局、出版社主管部门和出版社在认真执行《出版管理条例》和《图书质量保障体系》的同时，还可根据这些法规和规定，制定本地区、本部门和出版社内部的管理规定、制度，提高图书出版管理水平。

第二章　编辑出版责任机制

第一节　前期保障机制

第五条 坚持按专业分工出书制度。按专业分工出书对于发挥出版社的专业人才、资源优势和特点，为本行业、本部门、本地区服务，提高图书质量，形成出版特色，具有重要作用。各出版社必须严格按照新闻出版署核定的出书范围和有关规定执行。

第六条 加强选题策划工作。

（一）图书质量的提高，首先取决于选题的优化，优化的第一步要搞好选题的策划工作。

（二）策划是出版工作的重要环节，出版社的全体编辑人员应认真履行编辑职责，积极参与选题的策划工作。

（三）出版社编辑人员在策划选题时，要注意广泛收集、积累、研究与本社出书范围有关的信息，注意加强与有关学术、科研、教学、创作等部门和专家、学者的联系，倾听他们的意见，提高策划水平。

第七条 坚持选题论证制度。选题质量的优劣，直接影响图书质量，也影响出版社的整体出版水平。出版社要对选题进行多方面的考察，既要从微观上论证选题的可行性，又要从宏观上考虑各类选题的合理结构，为此要注意以下三点：

（一）选题论证应当坚持以马克思列宁主义、毛泽东思想、邓小平同志建设有中国特色社会主义理论为指导，坚持党的基本路线，贯彻“为人民服务、为社会主义服务、为全党全国工作大局服务”和“百花齐放、百家争鸣”的方针，始终以社会效益为最高准则，在此前提下，注意经济效益，力争做到“两个效益”的最佳结合。使选题论证结果符合质量第一的原则，符合控制总量、优化结构、提高质量、增进效益的总体要求。

（二）要加强调研工作，充分运用各方面的信息资源和群体的知识资源，进行深入的调查研究，研究有关的学术、学科发展状况，了解读者的需求，掌握图书市场的供求情况，使选题的确定建立在准确、可靠、科学的基础上。

（三）坚持民主和集中相结合的论证方法。召开选题论证会议，论证时，人人平等，各抒己见，重科学分析，有理有据，力争取得一致意见。在意见不一致的情况下，由社长或总编辑决定。

第二节　中期保障机制

第八条　坚持稿件三审责任制度。审稿是编辑工作的中心环节，是一种从出版专业角度，对书稿进行科学分析判断的理性活动。因此，在选题获得批准后，要做好编前准备工作，加强与作者的联系。稿件交来后，要切实做好初审、复审和终审工作，三个环节缺一不可。三审环节中，任何两个环节的审稿工作不能同时由一人担任。在三审过程中，始终要注意政治性和政策性问题，同时切实检查稿件的科学性、艺术性和知识性问题。

（一）初审，应由具有编辑职称或具备一定条件的助理编辑人员担任（一般为责任编辑），在审读全部稿件的基础上，主要负责从专业的角度对稿件的社会价值和文化学术价值进行审查，把好政治关、知识关、文字关。要写出初审报告，并对稿件提出取舍意见和修改建议。

（二）复审，应由具有正、副编审职称的编辑室主任一级的人员担任。复审应审读全部稿件，并对稿件质量及初审报告提出复审意见，作出总的评价，并解决初审中提出的问题。

（三）终审，应由具有正、副编审职称的社长、总编辑（副社长、副总编辑）或由社长、总编辑指定的具有正、副编审职称的人员担任（非社长、总编辑终审的书稿意见，要经过社长、总编辑审核），根据初、复审意见，主要负责对稿件的内容，包括思想政治倾向、学术质量、社会效果、是否符合党和国家的政策规定等方面做出评价。如果选题涉及国家安全、社会安定等方面内容，属于应当由主管部门转报国务院出版行政部门备案的重大选题、或初审和复审意见不一致的，终审者应通读稿件，在此基础上，对稿件能否采用作出决定。

第九条 坚持责任编辑制度。图书的责任编辑由出版社指定，一般由初审者担任。除负责初审工作外，还要负责稿件的编辑加工整理和付印样的通读工作，使稿件的内容更完善，体例更严谨，材料更准确，语言文字更通达，逻辑更严密，消除一般技术性差错，防止出现原则性错误；并负责对编辑、设计、排版、校对、印刷等出版环节的质量进行监督。为保证图书质量，也可根据稿件情况，适当增加责任编辑人数。

第十条 坚持责任设计编辑制度和设计方案三级审核制度。图书的整体设计，包括图书外部装帧设计和内文版式设计。设计质量是图书整体质量的重要组成部分。提高图书的整体设计质量，是提高图书质量的重要方面。出版社每出一种书，都要指定一名具有相应专业职称的编辑为责任设计编辑，主要负责提出图书的整体设计方案、具体设计或对委托他人设计的方案和设计的成品质量进行把关。图书的整体设计也要严格执行责任设计编辑、编辑室主任、社长或总编辑（副社长或副总编辑）三级审核制度。

第十一条 坚持责任校对制度和“三校一读”制度。专业校对是出版流程中不可缺少的环节，直接影响图书的质量。出版社应配备足够的具有专业技术职称的专职校对人员，负责专业校对工作。出版社每出一种书，都要指定一名具有专业技术职称的专职校对人员为责任校对，负责校样的文字技术整理工作，监督检查各校次的质量，并负责付印样的通读工作。一般图书的专业校对应不低于三个校次，重点图书、工具书等，应相应增加校次。终校必须由本社有中级以上专业技术职称的专职校对人员担任。聘请的社外校对人员，必须具有相应的专业技术职称和丰富的校对经验。对采用现代排版技术的图书，还要通读付印软片或软片样。

第十二条 坚持印刷质量标准和《委托书》制度。出版社印制图书必须到有“书报刊印刷许可证”的印装厂印制。印装厂承接图书印制业务时，必须查验出版社开具的全国统一的由新闻出版署监制的《委托书》，否则，不得承印。印制时必须严格按照国家技术监督部门和出版行政部门制定的有关书刊印刷标准和书刊印刷产品质量监督管理规定执行。

第十三条 坚持图书书名页使用标准。图书书名页是图书正文之前载有完整书名信息的书页，包括主书名页和附书名页。主书名页应载有完整的书名、著作责任说明、版权说明、图书在版编目数据、版本记录等内容；附书名页应载有多卷书、丛书、翻译书等有关书名信息。图书书名页是图书不可缺少的部分，具有重要信息价值。出版社出版的图书必须严格按照国家的有关标准执行。

第十四条 坚持中国标准书号和图书条码使用标准。中国标准书号是目前国际通用的一种科学合理的图书编码系统。条码技术是国际上通行的一种主要的信息标识技术，图书使用条码技术，有利于图书信息在销售中的广泛、快捷地传播、使用。出版社必须严格按照国家标准和有关规定，正确使用中国标准书号和条码技术。

第三节 后期保障机制

第十五条 坚持图书成批装订前的样书检查制度。印装厂在每种书封面和内文印刷完毕、未成批装订前，必须先装订 10 本样书，送出版社查验。出版社负责联系印制的业务人员、责任编辑、责任校对及主管社领导，应从总体上对装订样书的质量进行审核，如发现问题，立即通知印装厂，封存待装订的印成品并进行处理；

如无问题，要正式具文通知印装厂开始装订。出版社应在接到样书后3日内通知印装厂。印装厂在未接到出版社的通知前，不得擅自将待装订的印成品装订出厂。

第十六条 坚持出书后的评审制度。出版社要成立图书质量评审委员会。评审委员会由具有高级职称的在职或离职的编辑以及社会上的专家学者组成，定期对本社新出版的图书的质量进行认真的审读、评议。出版社根据评议结果，奖优罚劣，并对质量有问题的图书，根据有关规定，进行相应处理。

第十七条 坚持图书征订广告审核制度。出版社法人代表应对本版图书的广告质量负全部责任。出版、发行单位为推销图书印制的征订单和广告，必须事先报出版社审核，经出版社法人指定的部门负责人和责任编辑审核同意并出具书面意见后，才可印制、散发。

第十八条 坚持图书样本缴送制度。出版社每新出一种图书，应在出书后一个月内，按规定分别向新闻出版署、中宣部出版局、中国版本图书馆、北京图书馆缴送样书一册（套）备查。

第十九条 坚持图书重版前审读制度。图书重版有利于扩大图书的社会效益和经济效益，因此，更需要对图书内容质量严格把关。出版社出版的新书首次重版前，必须组织具有高级职称的编辑人员（含具有高级职称的离退休者）对图书内容和质量重新进行审读，写出书面审读意见，由社长或总编辑核定。

第二十条 坚持稿件及图书质量资料归档制度。出版社应将稿件连同图书出版合同、稿件审读意见、稿费通知单、印刷委托书、排印单、样书等一起归档。同时，还必须把图书出版过程中每一环节的质量情况以及读者和学术界对图书质量的意见，书评和各种奖励或处罚情况，采取表格形式记录在案并归档，便于对图书质量整体情况进行分析研究，提高图书出版质量的管理水平。

第二十一条 坚持出版社与作者和读者联系制度。出版社要保持同作者和读者长期、紧密的联系，依靠作者，并在可能的条件下为作者的创作、研究提供必要条件；同时，倾听作者和读者对图书质量的意见，及时改进工作。

第三章 出版管理宏观调控机制

第一节 预报机制

第二十二条 坚持年度选题计划审批和备案制度。各省、自治区、直辖市新闻出版局和出版社的主管部门负有对所辖、所属出版社选题计划的审批责任，必须按有关法律、规定严格把关；同时要送交本省（自治区、直辖市）党委宣传部门备案。经省（自治区、直辖市）新闻出版局和出版社主管部门批准的各出版社的选题计划，必须报新闻出版署备案。新闻出版署可对导向、总量、结构和趋势等问题提出指导性意见，对不符合国家法规、规定的选题进行调整或通知撤销。

第二十三条 坚持重大选题备案制度。对涉及政治、军事、安全、外交、宗教、民族等敏感问题的重大选题和其他需宏观调控的重大选题，必须按照国务院《出版管理条例》和国务院出版行政部门的有关规定履行备案手续。凡列入备案范围内的重大选题，出版社在出版之前，必须报新闻出版署备案，未申报备案或报来后未得到备案答复的，一律不得出版。重大选题备案的一般程序是：先由出版社写出申请报告和对稿件的审读意见（写明没有把握要请示的问题），连同稿件一并报主管部门；主管部门经审读稿件后如认为有出版价值，再正式向新闻出版署申报备案，申报时，应当填写备案登记表并提交下列材料：

（一）备案的报告；

（二）稿件；

（三）出版社的上级主管部门的具体审读意见。

上述备案材料不齐备时，新闻出版署负责备案的部门不予受理。新闻出版署受理备案之后，按照有关规定予以答复。

第二十四条 坚持对全国发排新书目的审核制度。《全国发排新书半月报》是国家出版行政部门及时了解出版信息，掌握出版动态的重要资料。各出版社要按时、认真报送发排新书目，以便于国家出版行政部门审核研究，对倾向性问题，及时发现，及时解决。

第二节 引导机制

第二十五条 坚持出版通气会制度。由中宣部和新闻出版署主持的出版通气会，定期召开，由有关部委、省委宣传部、省（自治区、直辖市）新闻出版局负责同志参加，主要贯彻中央和国务院的新精神，通报出版工作的新情况、新问题，及时对全国的出版工作提出指导意见。

第二十六条 坚持出版法规强化培训制度。针对出版工作中发生的值得注意的新问题，中宣部、新闻出版署召集有关出版社及其党政主管部门的负责人，举办强化培训班，学习出版法规，分析研究问题，制定整改措施。

第二十七条 坚持舆论引导制度。出版行政部门应充分发挥各种新闻传播媒体的宣传引导作用，围绕提高图书质量，通报政策、沟通信息、交流经验、评荐好书、批评坏书。

第二十八条 坚持制定和实施中长期出版规划制度，加强对制定年度选题计划的指导。制订规划的目的是抓导向、抓质量，促进图书出版整体质量的提高，推动出版事业长期、稳定地发展。新闻出版署主要做好国家五年重点图书出版规划，重要门类的选题出版规划以及国家重点出版工程的制定工作。各省、自治区、直辖市新闻出版局和出版社的主管部门也要根据地区、部门的特点和需要，制订好地方和部门出版规划。规划务求精当、突出重点、体现导向。搞好年度选题计划对于提高图书质量十分关键。新闻出版署一般于本年度末对下一年度制定选题计划的指导思想和重点内容提出原则意见。各省、自治区、直辖市新闻出版局和出版社主管部门可结合本地区、本部门实际提出具体实施意见。

第二十九条 坚持出版基金保障制度。在社会主义市场经济条件下，各省、自治区、直辖市新闻出版局和出版社的主管部门以及各出版社要创造条件，面向社会，多渠道筹集资金，建立多层次、多形式的出版基金，发挥经济政策的引导和调控作用，扶持优秀图书的出版。同时要制定科学、可行的基金管理和使用办法。

第三节　约束机制

第三十条 坚持出版社年检登记制度。出版社年检实行“一年一自检，两年一统检”，即每年出版社结合总结工作，自我检查;每两年由新闻出版署组织全国出版社统一检查。统一年检是在学习和总结的基础上，先由出版社进行自查，提出改进工作的措施，写出总结报告，经主管部门审核并提出意见后，报新闻出版署核验批准。经新闻出版署批准合格者，可以办理换证登记手续。不合格者，给予暂缓登记处分，停止其出版业务。暂缓登记期自发文之日起六个月。六个月内，经整改仍达不到年检登记基本条件者，取消其出版社登记资格及出版者前缀号。

第三十一条 坚持书号使用总量宏观调控制度。合理控制书号使用总量，有利于优化选题、调整结构、提高质量，保证重点图书、学术著作的出版，也有利于出版资源的合理配置。各省、自治区、直辖市新闻出版局、出版社主管部门和出版社必须严格执行新闻出版署制定的有关对书号使用总量进行宏观调控的规定。

第三十二条 坚持图书跨省印制审批制度。凡跨省印制的图书，由出版社持印制《委托书》到所在地省、自治区、直辖市新闻出版局办理出省印制手续，再到承印厂所在省（自治区、直辖市）新闻出版局办理进省印制手续。《委托书》必须由两省（自治区、直辖市）新闻出版局分别审核批准，否则承印厂不得承接。

第三十三条 坚持图书售前送审制度。加强对批发、零售样书的售前审核，是有效控制图书负面影响的重要手段之一。图书市场管理部门要严格按照有关规定加强对批发、零售样书的售前审核，不论是批发市场还是零售市场（摊点），凡进场（摊点）销售的图书必须报经当地图书市场管理部门审核，未经报审批准，不得批发、零售；擅自批发、进货销售者，应根据有关规定，给予行政处罚。同时，图书市场管理部门，要严格依法办事，提高工作效率。

第四节 监督机制

第三十四条 坚持随机抽样审读制度。各级出版行政部门要有重点、有目的、有针对性地组织有经验、有水平的审读人员，对所辖地区出版社出版的和市场上销售的图书内容进行随机抽样审读，对优秀图书要向读者大力推荐；对有问题的图书要及时处理并向上报告；对倾向性问题要及时向上汇报，向下打招呼。

第三十五条 坚持图书出版定期综合分析制度。各省、自治区、直辖市新闻出版局要对本地区各出版社出版的图书进行跟踪了解，每半年对已出版的图书做一次综合性分析（包括重点书审读情况，出书结构、特点、趋势、问题等），写出书面报告，报新闻出版署。

第三十六条 坚持图书编校、印装质量检查制度。编校、印装质量是图书整体质量的重要组成部分，对图书的社会效益和经济效益产生重要影响。坚持经常性地对图书编校、印装质量进行检查，有利于提高图书的整体质量。各出版社和主管部门要根据国家制定的图书质量管理规定，每年至少分别进行两次图书编校、印装质量检查。新闻出版署也将每年不定期对部分图书进行抽样检查。对不合格的图书或不合格图书的比例超过规定标准的出版社，按有关规定进行处罚。

第三十七条 坚持图书市场的动态监测制度。巩固和完善图书市场动态监测网络，有利于图书市场朝着健康、有序的方向发展，各地图书市场管理部门要密切配合，做到信息准确，反应灵敏，措施有力。

第五节　奖惩机制

第三十八条 坚持优秀图书奖励制度。奖励优秀图书，有利于调动广大出版工作者的积极性，有利于向广大读者推荐优秀图书，从而促进图书质量的提高。各级出版行政部门和出版社，应严格执行中央和国务院有关图书评奖的规定，并认真做好优秀图书评奖工作。特别是中央宣传部精神文明建设“五个一工程”的“一本好书奖”和新闻出版署主办的国家级政府奖“国家图书奖”及中国出版工作者协会组织的“中国图书奖”的评选工作。同时，各省、自治区、直辖市新闻出版局和有关部门也可根据有关规定开展地区和部门内的优秀图书评奖活动，并使之制度化。

第三十九条 坚持优秀编辑出版人员表彰制度。编辑队伍是提高图书质量的主力军。新闻出版署、人事部每五年评选一次“出版系统先进集体、先进工作者（劳动模范）”；中国出版工作者协会每两年评选一次“百佳出版工作者”、每两年评选一次“韬奋奖”。各级出版行政部门要分层次、分门类定期做好编辑出版人员的表彰工作，充分调动编辑出版人员的积极性，鼓励他们不断提高自身的思想和业务水平。

第四十条 坚持优秀和良好出版社表彰制度。在全国出版社年检的基础上，评选出优秀出版社和良好出版社，予以表彰，对鼓励出版社坚持正确出版方向，提高图书质量，办出特色具有重要意义。每次全国统一年检结束后，评选出良好出版社，然后在良好出版社中，评选出优秀出版社。对受到表彰后出现问题的出版社，一经查实，立即取消其荣誉称号。

第四十一条 坚持对违规出版社和责任人的处罚制度。本着依法管理，有法必依，违法必究的原则，对出版违反国家法律、法规和出版行政管理规定的图书的出版社和责任人要严肃处理。各级出版行政部门要切实负起责任，除对违规图书根据定性作出处理外，对出版社则根据所犯错误的性质，依据有关法规和规定作出行政处罚，处罚包括：批评、警告、没收利润、罚款、停止某一编辑室业务、停止某一类图书出版权、全社停业整顿、吊销社号；对因渎职导致出版坏书、出版社被停业整顿或被吊销社号的，出版社有关责任人必须调离出版业务岗位，有关领导者不得再担任出版社领导职务。对构成犯罪的，要依法追究刑事责任。

第六节　责任机制

第四十二条　坚持分级管理责任制度。各级出版行政部门，肩负着党和政府赋予的重要管理职责，应尽职尽责，做好管理工作。一旦出现问题，涉及哪一级，就追究哪一级部门的领导责任。坚决杜绝那种日常管理不负责任，出了问题推卸责任的现象。

第四十三条　坚持主管、主办单位负责制。主管、主办单位对所属出版社负有直接领导责任，必须切实承担起管理的职责。要指定部门，并配备合格的管理人员，既要指导、监督所属出版社自觉按照党和国家的方针、政策，多出好书，同时也要为出版社出好书提供必要的条件。

第四十四条　坚持出版社业务人员持证上岗制度。出版行政部门应根据国家制定的有关出版从业人员（包括出版社负责人、编辑、校对等）资格认定标准和业绩考核办法，定期、分层次、分类别对出版社的业务人员进行资格认定和业绩考核，考核前先培训，合格者，持证上岗；不合格者，要下岗再培训，经再培训考核仍不合格者，调离业务岗位。

第四章　社会监督机制

第四十五条　坚持出版行业协会监督制度。出版行业协会是出版行政部门的有力补充。中国出版工作者协会、中国编辑学会、中国书刊业发行协会、中国印刷技术协会以及其他专业协会和各地相应的团体，都应根据各自的特点建立和完善行规行约，从保护会员合法权益和履行应尽义务的角度，在图书质量保障方面，做好自我约束和调研、咨询、协调、监督工作，形成网络。

第四十六条 坚持社会团体监督制度。各种群众团体，学术组织集中了社会各方面的人才，代表着社会上广大群众的利益，反映各阶层群众的呼声。出版行政部门、出版社主管部门和出版社要紧紧依靠他们，同他们建立固定的联系渠道，主动征求、随时听取他们对提高图书质量的意见、建议，不断改进工作。

第四十七条 坚持读者投诉反馈制度。广大读者既是对图书质量进行社会监督的主要力量，也是出版行政部门搞好宏观调控的社会基础。出版行政部门要充分重视和发挥读者的监督作用，认真对待读者对图书质量问题的投诉，本着实事求是、真诚负责的态度，对质量不合格的图书，要按有关规定坚决处理。出版社有义务解决读者投诉提出的问题并予以回复，使读者满意。

第四十八条 坚持社会舆论监督制度。出版行政部门和出版社对社会各界人士通过各种媒介对图书质量发表的意见要予以高度重视，充分发挥社会舆论的监督作用，对维护良好的出版秩序，依法进行出版行政管理具有重要意义。特别是在社会主义市场经济条件下，有利于抵制部门和地方保护主义对图书质量保障体系的干扰，防止出版行政部门在行使管理职权时，有法不依、滥用职权、甚至执法犯法。

第五章　附　则

第四十九条 本《体系》由新闻出版署制定并负责解释。各省、自治区、直辖市新闻出版局、出版社的主管部门和出版社可根据本《体系》的有关原则，制定本地区、本部门和本社的具体实施细则，并报新闻出版署备案。

第五十条 本《体系》自发布之日起生效。

音像制品出版管理规定

2004 年 6 月 17 日中华人民共和国新闻出版总署令第 22 号公布　根据 2015 年 8 月 28 日国家新闻出版广电总局令第 3 号《关于修订部分规章和规范性文件的决定》第一次修订　根据 2017 年 12 月 11 日国家新闻出版广电总局令第 13 号《关于废止、修改和宣布失效部分规章、规范性文件的决定》第二次修订

第一章　总　则

第一条　为了加强音像制品出版的管理，促进我国音像出版事业的健康发展与繁荣，根据《出版管理条例》、《音像制品管理条例》，制定本规定。

第二条　在中华人民共和国境内从事音像制品出版活动，适用本规定。

本规定所称音像制品是指录有内容的录音带（AT）、录像带（VT）、激光唱盘（CD）、数码激光视盘（VCD）及高密度光盘（DVD）等。

第三条　任何组织和个人不得出版含有《音像制品管理条例》第三条第二款禁止内容的音像制品。

第四条　新闻出版总署负责全国音像制品出版的监督管理工作。县级以上地方人民政府负责出版管理的行政部门（以下简称出版行政部门）负责本行政区域内音像制品出版的监督管理工作。

音像出版单位的主管机关、主办单位应当按照出版法律、法

规和规章，对音像出版单位的出版活动履行管理职责。

第五条 国家对出版音像制品，实行许可制度；未经许可，任何单位和个人不得从事音像制品的出版活动。

音像制品出版的许可证件和批准文件，不得出租、出借、出售或者以其他任何形式转让。

第六条 音像出版行业的社会团体按照其章程，在出版行政部门的指导下，实行自律管理。

第二章 出版单位的设立

第七条 设立音像出版单位，应当具备下列条件：

（一）有音像出版单位的名称、章程；

（二）有符合新闻出版总署认定的主办单位及其主管机关；

（三）有确定的业务范围；

（四）有适应业务范围需要的组织机构和取得国家出版专业技术人员资格的编辑人员，其人数不得少于10人，其中从事音像出版业务2年以上并具有中级以上出版专业技术人员职业资格的不得少于5人；

（五）有30万元以上的注册资本；

（六）有适应业务范围需要的设备和工作场所；

（七）法律、行政法规规定的其他条件。

审批设立音像出版单位，除依照前款所列条件外，还应当符合国家关于音像出版单位总量、布局和结构的规划。

第八条 申请设立音像出版单位，由主办单位向所在地省、自治区、直辖市人民政府出版行政部门提出申请；省、自治区、直辖市人民政府出版行政部门自受理申请之日起20日内提出审核意见，连同申请材料报新闻出版总署审批。

第九条 设立音像出版单位的申请书应当载明下列事项：

（一）音像出版单位的名称、地址；

（二）音像出版单位的主办单位及其主管机关的名称、地址；

（三）音像出版单位的法定代表人或者主要负责人及音像出版专业人员的姓名、住址、资格证明文件；

（四）音像出版单位的注册资本数额、来源及性质证明；

（五）音像出版单位工作场所使用证明文件。

申请书应当附具出版单位的章程和设立出版单位的主办单位及主管机关的有关证明材料。

第十条 新闻出版总署应当自收到申请书之日起60日内作出批准或者不批准的决定，并由省、自治区、直辖市人民政府出版行政部门书面通知主办单位；不批准的，应当说明理由。

第十一条 设立音像出版单位的主办单位应当自收到批准决定之日起60日内，向所在地省、自治区、直辖市人民政府出版行政部门登记，领取《音像制品出版许可证》（以下简称出版许可证）。音像出版单位经登记后，持出版许可证到工商行政管理部门登记，依法领取营业执照。

音像出版单位自登记之日起满180日未从事出版活动的，由原登记的出版行政部门注销登记，并报新闻出版总署备案。因不可抗力或者其他正当理由发生前款所列情形的，向出版行政部门申请延期。

第十二条 音像出版单位变更名称、主办单位或者主管机关、业务范围，或者兼并其他音像出版单位，或者因合并、分立而设立新的音像出版单位的，应当依照本规定第七条至第十条的规定办理审批手续，并到原登记的工商行政管理部门办理相应的登记手续。

第十三条 音像出版单位变更地址、法定代表人或者主要负责人，或者终止音像出版经营活动的，应当到原登记的工商行政管理部门办理变更登记或者注销登记，并在30日内向新闻出版总署备案。

第十四条 音像出版单位的法定代表人或者主要负责人应当具有中级以上出版专业技术人员职业资格，具有从事音像出版业务3年以上的经历，并应通过新闻出版总署或省、自治区、直辖市人民政府出版行政部门组织的岗位培训，获得《岗位培训合格证书》。

第十五条 音像出版单位中从事编辑、出版、校对等专业技术工作的人员，必须通过国家出版专业技术人员职业资格考试，取得规定级别的出版专业职业资格，持相应的《中华人民共和国出版专业技术人员职业资格证书》上岗。

第三章　出版活动的管理

第十六条 音像出版单位不得超出出版许可证确定的业务范围从事音像制品的出版活动。

第十七条 音像出版单位应当按照国家标准及其他有关规定标识、使用《中国标准音像制品编码》（以下简称版号）。

版号由新闻出版总署负责管理和调控，由省、自治区、直辖市人民政府出版行政部门发放。

第十八条 音像出版单位实行编辑责任制度，保障音像制品刊载的内容合法。

第十九条 音像出版单位实行年度出版计划备案制度，出版计划的内容应包括选题名称、制作单位、主创人员、类别、载体、内容提要、节目长度、计划出版时间。出版计划报送的程序为：

（一）本年度上一年的 12 月 20 日以前报送本年度出版计划；本年度 3 月 1 日—20 日、9 月 1 日—20 日报送本年度出版调整计划。

（二）出版计划及出版调整计划，须经所在地省、自治区、直辖市人民政府出版行政部门审核。

（三）省、自治区、直辖市人民政府出版行政部门应当自受理出版计划报送申请之日起 20 日内，向音像出版单位回复审核意见，并报新闻出版总署备案。

第二十条 音像出版单位出版涉及国家安全、社会安定等方面的重大选题，应当依照重大选题备案的有关规定报新闻出版总署备案。未经备案的重大选题，不得出版。

第二十一条 图书出版社、报社、期刊社、电子出版物出版社，出版配合本版出版物的音像制品，须向所在地省、自治区、直辖市人民政府出版行政部门提交申请书和样本。

第二十二条 出版配合本版出版物的音像制品申请书，须写明本版出版物的名称、制作单位、主创人员、主要内容、出版时间、节目长度、复制数量和载体形式等内容。

第二十三条 出版单位所在地省、自治区、直辖市人民政府出版行政部门，应当自受理申请之日起 20 日内对其申请书和样本进行审核。审核同意的，配发版号，发放复制委托书，并报新闻出版总署备案；审核不同意的，应当说明理由。

第二十四条 经批准出版的配合本版出版物音像制品，其名称须与本版出版物一致，并须与本版出版物统一配套销售，不得单独定价销售。

第二十五条 音像出版单位及经批准出版配合本版出版物音像制品的其他出版单位，应在其出版的音像制品及其包装的明显位置，标明出版单位的名称、地址和音像制品的版号、出版时间、责任编辑、著作权人和条形码。出版进口的音像制品，还应当标明进口批准文号。

第二十六条 音像出版单位不得向任何单位或者个人出租、出借、出售或者以其他任何形式转让本单位的名称，不得向任何单位或者个人出售或者以其他形式出售或转让本单位版号。

第二十七条 任何单位和个人不得以购买、租用、借用、擅自使用音像出版单位的名称或者以购买、伪造版号等形式从事音像制品出版活动。

第二十八条 音像出版单位不得委托未取得《音像制品制作许可证》的单位制作音像制品。

第二十九条 音像出版单位、经批准出版配合本版出版物音像制品的出版单位，应自音像制品出版之日起30日内，分别向国家图书馆、中国版本图书馆和新闻出版总署免费送交样本。

第四章 非卖品的管理

第三十条 用于无偿赠送、发放及业务交流的音像制品属于音像非卖品，不得定价，不得销售或变相销售，不得收取任何费用。

第三十一条 复制单位接受委托复制音像制品非卖品的，应当验证委托单位或者个人的身份证明和其出具的音像制品非卖品复制委托书，并要求委托方提供非卖品使用目的、名称、制作单位、主要内容、发送对象、复制数量、节目长度和载体形式等信息。

第三十二条 委托复制音像制品非卖品的单位或者个人须在

音像制品非卖品包装和盘（带）显著位置标注“音像非卖品”字样。

第五章　委托复制的管理

第三十三条　委托复制音像制品，须使用复制委托书。

音像出版单位及其他委托复制单位，必须遵守国家关于复制委托书的管理规定。

复制委托书由新闻出版总署统一印制。

第三十四条　复制委托书由音像出版单位及其他委托复制单位向所在地省、自治区、直辖市人民政府出版行政部门领取。

第三十五条　出版单位及其他委托复制单位应当按照规定开具或填写复制委托书，并将复制委托书直接交送复制单位。

出版单位及其他委托复制单位须保证复制委托书内容真实、准确、完整。

出版单位及其他委托复制单位不得以任何形式向任何单位或者个人出售或者转让复制委托书。

第三十六条　音像出版单位及其他委托复制单位，须确定专人管理复制委托书并建立使用记录。复制委托书使用记录的内容包括开具时间、音像制品及具体节目名称、相对应的版号、管理人员签名。

复制委托书使用记录保存期为两年。

第三十七条　音像出版单位及其他委托复制单位，自音像制品完成复制之日起30日内，向所在地省、自治区、直辖市人民政府出版行政部门上交由本单位及复制单位签章的复制委托书第二联及音像制品样品。

第三十八条　申请出版配合本版出版物音像制品或音像非卖

品的单位，自获得批准之日起90日内未能出版的，须向所在地省、自治区、直辖市人民政府出版行政部门交回复制委托书。

第三十九条 音像出版单位出版的音像制品、其他出版单位出版的配合本版出版物音像制品、音像非卖品须委托依法设立的复制单位复制。

第六章 审核登记

第四十条 音像出版单位实行审核登记制度，审核登记每两年进行一次。

第四十一条 申请审核登记的音像出版单位应提交以下材料：

（一）《音像出版单位审核登记表》；

（二）音像制品出版业务情况报告，应当包括：执行出版管理的法律、法规和规章的情况，出版经营情况，人员、场所、设施情况；

（三）两年内出版的音像制品登记表；

（四）出版许可证的复印件。

第四十二条 音像出版单位应于审核登记年度1月15日前向所在地省、自治区、直辖市人民政府出版行政部门申请年度审核登记并提交相应材料。各省、自治区、直辖市人民政府出版行政部门对本行政区域内申请登记的音像出版单位进行审核，并于同年2月底前完成审核登记工作。

第四十三条 对符合下列条件的音像出版单位，省、自治区、直辖市人民政府出版行政部门予以登记：

（一）符合本规定第七条的规定；

（二）两年内无违反出版管理法律、法规和规章的情形；

（三）两年内出版音像制品不少于 10 种。

第四十四条 对不符合前条所列条件之一的音像出版单位，省、自治区、直辖市人民政府出版行政部门予以暂缓登记。

暂缓登记的期限为 3 个月。省、自治区、直辖市人民政府出版行政部门应当责令暂缓登记的出版单位在此期限内进行整顿，达到本规定第七条的规定条件。

在暂缓登记的期限届满前，省、自治区、直辖市人民政府出版行政部门应对暂缓登记的出版单位进行审查，对于达到本规定第七条的规定条件的，予以登记。对于未达到本规定第七条的规定条件的，提出注销登记意见报新闻出版总署批准。对注销登记的出版单位，由所在地省、自治区、直辖市人民政府出版行政部门缴回其出版许可证。

第四十五条 各省、自治区、直辖市人民政府出版行政部门应于同年 3 月 20 日前将审核登记情况及有关材料复印件汇总后报新闻出版总署备案。

第七章　罚　则

第四十六条 未经批准，擅自设立音像制品出版单位，擅自从事音像制品出版业务的，依照《音像制品管理条例》第三十九条处罚。

第四十七条 出版含有《音像制品管理条例》第三条第二款禁止内容的音像制品，依照《音像制品管理条例》第四十条处罚。

第四十八条 出版音像制品的单位有下列行为之一的，依照《音像制品管理条例》第四十二条处罚：

（一）向其他单位、个人出租、出借、出售或者以其他任何形式转让本单位的名称、音像制品出版的许可证件或者批准文件，出售或者以其他任何形式转让本单位的版号或者复制委托书的；

（二）委托未取得《音像制品制作许可证》的单位制作音像制品，或者委托非依法设立的复制单位复制音像制品的。

第四十九条 出版音像制品的单位有下列行为之一的，依照《音像制品管理条例》第四十四条处罚：

（一）未按规定将年度出版计划和涉及国家安全、社会安定等方面的重大选题报新闻出版总署备案的；

（二）变更名称、主办单位或者主管机关、地址、法定代表人或者主要负责人、业务范围等，未依照本规定第十二条、第十三条办理审批、备案手续的；

（三）未在其出版的音像制品及其包装的明显位置标明本规定所规定的项目的；

（四）未依照规定期限送交音像制品样本的。

第五十条 有下列行为之一的，由出版行政部门责令停止违法行为，给予警告，并处3万元以下的罚款：

（一）其他出版单位配合本版出版物出版音像制品，其名称与本版出版物不一致或者单独定价销售的；

（二）音像出版单位及其他委托复制单位，未按照本规定第三十六条规定的内容、期限留存备查材料的；

（三）委托复制非卖品的单位销售或变相销售非卖品或者以非卖品收取费用的；

（四）委托复制非卖品的单位未在非卖品包装和盘带显著位置注明非卖品编号的。

第八章　附　则

第五十一条　音像制品的出版许可证由新闻出版总署统一印制。

第五十二条　本规定有关行政许可的期限以工作日计算，不含法定节假日。

第五十三条　本办法自 2004 年 8 月 1 日起施行，新闻出版署 1996 年 2 月 1 日发布的《音像制品出版管理办法》同时废止。

图书质量管理规定

2004年12月24日中华人民共和国新闻出版总署令第26号公布

第一条 为建立健全图书质量管理机制，规范图书出版秩序，促进图书出版业的繁荣和发展，保护消费者的合法权益，根据《中华人民共和国产品质量法》和国务院《出版管理条例》制定本规定。

第二条 本规定适用于依法设立的图书出版单位出版的图书的质量管理。

出版时间超过十年且无再版或者重印的图书，不适用本规定。

第三条 图书质量包括内容、编校、设计、印制四项，分为合格、不合格两个等级。

内容、编校、设计、印制四项均合格的图书，其质量属合格。内容、编校、设计、印制四项中有一项不合格的图书，其质量属不合格。

第四条 符合《出版管理条例》第二十六、二十七条规定的图书，其内容质量属合格。

不符合《出版管理条例》第二十六、二十七条规定的图书，其内容质量属不合格。

第五条 差错率不超过万分之一的图书，其编校质量属合格。

差错率超过万分之一的图书，其编校质量属不合格。

图书编校质量差错的判定以国家正式颁布的法律法规、国家标准和相关行业制定的行业标准为依据。图书编校质量差错率的计算按照本规定附件《图书编校质量差错率计算方法》执行。

第六条 图书的整体设计和封面（包括封一、封二、封三、封底、勒口、护封、封套、书脊）、扉页、插图等设计均符合国家有关技术标准和规定的，其设计质量属合格。

图书的整体设计和封面（包括封一、封二、封三、封底、勒口、护封、封套、书脊）、扉页、插图等设计中有一项不符合国家有关技术标准和规定的，其设计质量不合格。

第七条 符合中华人民共和国出版行业标准《印刷产品质量评价和分等导则》（CY/T 2—1999）规定的图书，其印制质量属合格。

不符合中华人民共和国出版行业标准《印刷产品质量评价和分等导则》（CY/T 2—1999）规定的图书，其印制质量属不合格。

第八条 新闻出版总署负责全国图书质量管理工作，依照本规定实施图书质量检查，并向社会及时公布检查结果。

第九条 各省、自治区、直辖市新闻出版行政部门负责本行政区域内的图书质量管理工作，依照本规定实施图书质量检查，并向社会及时公布检查结果。

第十条 图书出版单位的主办单位和主管机关应当履行其主办、主管职能，尽其责任，协助新闻出版行政部门实施图书质量管理，对不合格图书提出处理意见。

第十一条 图书出版单位应当设立图书质量管理机构，制定图书质量管理制度，保证图书质量合格。

第十二条 新闻出版行政部门对图书质量实施的检查包括：图书的正文、封面（包括封一、封二、封三、封底、勒口、护封、封套、书脊）、扉页、版权页、前言（或序）、后记（或跋）、目录、插图及其文字说明等。正文部分的抽查必须内容（或页码）连续且不少于 10 万字，全书字数不足 10 万字的必须检查全书。

第十三条 新闻出版行政部门实施图书质量检查，须将审读记录和检查结果书面通知出版单位。出版单位如有异议，可以在接到通知后15日内提出申辩意见，请求复检。对复检结论仍有异议的，可以向上一级新闻出版行政部门请求裁定。

第十四条 对在图书质量检查中被认定为成绩突出的出版单位和个人，新闻出版行政部门给予表扬或者奖励。

第十五条 对图书内容违反《出版管理条例》第二十六、二十七条规定的，根据《出版管理条例》第五十六条实施处罚。

第十六条 对出版编校质量不合格图书的出版单位，由省级以上新闻出版行政部门予以警告，可以根据情节并处3万元以下罚款。

第十七条 经检查属编校质量不合格的图书，差错率在万分之一以上万分之五以下的，出版单位必须自检查结果公布之日起30天内全部收回，改正重印后可以继续发行；差错率在万分之五以上的，出版单位必须自检查结果公布之日起30天内全部收回。

出版单位违反本规定继续发行编校质量不合格图书的，由省级以上新闻出版行政部门按照《中华人民共和国产品质量法》第五十条的规定处理。

第十八条 对于印制质量不合格的图书，出版单位必须及时予以收回、调换。

出版单位违反本规定继续发行印制质量不合格图书的，由省级以上新闻出版行政部门按照《中华人民共和国产品质量法》第五十条的规定处理。

第十九条 一年内造成三种以上图书不合格或者连续两年造成图书不合格的直接责任者，由省、自治区、直辖市新闻出版行政部门注销其出版专业技术人员职业资格，三年之内不得从事出版编辑工作。

第二十条 本规定自2005年3月1日起实施。新闻出版署于1997年3月3日公布的《图书质量管理规定》同时停止执行。

附件

图书编校质量差错率计算方法

一、图书编校差错率

图书编校差错率，是指一本图书的编校差错数占全书总字数的比率，用万分比表示。实际鉴定时，可以依据抽查结果对全书进行认定。如检查的总字数为10万，检查后发现两个差错，则其差错率为0.2/10000。

二、图书总字数的计算方法

图书总字数的计算方法，一律以该书的版面字数为准，即：总字数＝每行字数×每面行数×总面数。

1．除环衬等空白面不计字数外，凡连续编排页码的正文、目录、辅文等，不论是否排字，均按一面满版计算字数。分栏排版的图书，各栏之间的空白也计算版面字数。

2．书眉（或中缝）和单排的页码、边码作为行数或每行字数计入正文，一并计算字数。

3．索引、附录等字号有变化时，分别按实际版面计算字数。

4．用小号字排版的脚注文字超过5行不足10行的，该面按正文满版字数加15%计算；超过10行的，该面按正文满版计算字数。对小号字排版的夹注文字，可采用折合行数的方法，比照脚注文字进行计算。

5．封一、封二、封三、封底、护封、封套、扉页，除空白面不计，每面按正文满版字数的50%计算；版权页、书脊、有文字的勒口，各按正文的一面满版计算。

6．正文中的插图、表格，按正文的版面字数计算：插图占一面的，按正文满版字数的20%计算字数。

7．以图片为主的图书，有文字说明的版面，按满版字数的50%计算；没有文字说明的版面，按满版字数的20%计算。

8．乐谱类图书、地图类图书，按满版字数全额计算。

9．外文图书、少数民族文字图书，拼音图书的拼音部分，以对应字号的中文满版字数加30%计算。

三、图书编校差错的计算方注

1．文字差错的计算标准

（1）封底、勒口、版权页、正文、目录、出版说明（或凡例）、前言（或序）、后记（或跋），注释、索引、图表、附录、参考文献等中的一般性错字、别字、多字、漏字、倒字，每处计1个差错。前后颠倒字，可以用一个校对符号改正的，每处计1个差错。书眉（或中缝）中的差错，每处计1个差错；同样性质的差错重复出现，全书按一面差错基数加1倍计算。阿拉伯数字、罗马数字差错，无论几位数，都计1个差错。

（2）同一错字重复出现，每面计1个差错，全书最多计4个差错。每处多、漏2～5个字，计2个差错，5个字以上计4个差错。

（3）封一、扉页上的文字差错，每处计2个差错；相关文字不一致，有一项计1个差错。

（4）知识性、逻辑性、语法性差错，每处计2个差错。

（5）外文、少数民族文字、国际音标，以一个单词为单位，无论其中几处有错，计 1 个差错。汉语拼音不符合《汉语拼音方案》和《汉语拼音正词法基本规则》（GB/T 16159—1996）规定的，以一个对应的汉字或词组为单位，计 1 个差错。

（6）字母大小写和正斜体、黑白体误用，不同文种字母混用的（如把英文字母 N 错为俄文字母 И），字母与其他符号混用的（如把汉字的〇错为英文字母 O），每处计 0.5 个差错；同一差错在全书超过 3 处，计 1.5 个差错。

（7）简化字、繁体字混用，每处计 0.5 个差错；同一差错在全书超过 3 处，计 1.5 个差错。

（8）工具书的科技条目、科技类教材、学习辅导书和其他科技图书，使用计量单位不符合国家标准《量和单位》（GB 3100—3102—1993）的中文名称的、使用科技术语不符合全国科学技术名词审定委员会公布的规范词的，每处计 1 个差错；同一差错多次出现，每面只计 1 个差错，同一错误全书最多计 3 个差错。

（9）阿拉伯数字与汉语数字用法不符合《出版物上数字用法的规定》（GB/T 15835—1995）的，每处计 0.1 个差错。全书最多计 1 个差错。

2．标点符号和其他符号差错的计算标准

（1）标点符号的一般错用、漏用、多用，每处计 0.1 个差错。

（2）小数点误为中圆点，或中圆点误为小数点的，以及冒号误为比号，或比号误为冒号的，每处计 0.1 个差错。专名线、着重点的错位、多、漏，每处计 0.1 个差错。

（3）破折号误为一字线、半字线，每处计 0.1 个差错。标点符号误在行首、行末的，每处计 0.1 个差错。

（4）外文复合词、外文单词按音节转行，漏排连接号的，每处计 0.1 个差错；同样差错在每面超过 3 个，计 0.3 个差错，全书最多计 1 个差错。

（5）法定计量单位符号、科学技术各学科中的科学符号、乐谱符号等差错，每处计 0.5 个差错；同样差错同一面内不重复计算，全书最多计 1.5 个差错。

（6）图序、表序、公式序等标注差错，每处计 0.1 个差错；全书超过 3 处，计 1 个差错。

3．格式差错的计算标准

（1）影响文意、不合版式要求的另页、另面、另段、另行、接排，空行，需要空行、空格而未空的，每处计 0.1 个差错。

（2）字体错、字号错或字体、字号同时错，每处计 0.1 个差错；同一面内不重复计算，全书最多计 1 个差错。

（3）同一面上几个同级标题的位置、转行格式不统一且影响理解的，计 0.1 个差错；需要空格而未空格的，每处计 0.1 个差错。

（4）阿拉伯数字、外文缩写词转行的，外文单词未按音节转行的，每处计 0.1 个差错。

（5）图、表的位置错，每处计 1 个差错。图、表的内容与说明文字不符，每处计 2 个差错。

（6）书眉单双页位置互错，每处计 0.1 个差错，全书最多计 1 个差错。

（7）正文注码与注文注码不符，每处计 0.1 个差错。

音像制品制作管理规定

2008 年 2 月 21 日中华人民共和国新闻出版总署令第 35 号公布　根据 2015 年 8 月 28 日国家新闻出版广电总局令第 3 号《关于修订部分规章和规范性文件的决定》第一次修订　根据 2017 年 12 月 11 日国家新闻出版广电总局令第 13 号《关于废止、修改和宣布失效部分规章、规范性文件的决定》第二次修订

第一章　总　则

第一条　为了加强音像制品制作经营活动的管理，促进音像制品制作行业的发展和繁荣，根据国务院《音像制品管理条例》、《出版管理条例》，制定本规定。

第二条　本规定所称音像制品制作是指通过录音、录像等技术手段，将声音、图像、文字等内容整理加工成音像制品节目源的活动。

第三条　任何组织和个人不得制作含有《音像制品管理条例》第三条第二款禁止内容的音像制品。

第四条　国家对从事音像制品制作经营活动实行许可制度；未经许可，任何单位和个人不得从事音像制品制作经营活动。

音像出版单位从事音像制品制作经营活动，无需再申请取得《音像制品制作许可证》。

第五条　新闻出版总署负责对全国音像制品制作管理工作实施监督。

县级以上地方新闻出版行政部门负责本行政区域内音像制品制作的监督管理工作。

第二章　申请从事音像制作业务

第六条　申请从事音像制作业务应当具备下列条件：

（一）有音像制作单位的名称、章程；

（二）有适应业务范围需要的组织机构和音像制作专业技术人员，从事音像制作业务的专业技术人员不得少于 5 人；

（三）有必要的技术设备；

（四）有固定的经营场所；

（五）法律、法规规定的其他条件。

审批从事音像制作业务，除依照前款所列条件外，还应符合本地区音像制作单位总量、布局和结构的规划。

第七条　申请从事音像制作业务，由所在地省、自治区、直辖市新闻出版行政部门审批。省、自治区、直辖市新闻出版行政部门应当自受理申请之日起60日内作出批准或者不批准的决定，并通知申请人。批准的，发给《音像制品制作许可证》；不批准的，应当说明理由。

第八条　申请从事音像制作业务，应当提交以下材料：

（一）申请书，申请书应当载明单位名称、地址，制作业务范围，资金来源及数额，法定代表人或者主要负责人姓名、住址等内容；

（二）单位章程；

（三）专业技术人员的资历证明文件；

（四）注册资本数额、来源及性质证明；

（五）经营场所使用证明。

第九条 音像制作单位变更名称、业务范围，或者兼并其他音像制作单位，或者因合并、分立而设立新的音像制作单位的，应当依照本办法第七条、第八条的规定办理审批手续。

第十条 音像制作单位变更地址、法定代表人或者主要负责人，或者终止音像制作经营活动的，应当在10日内向所在地省、自治区、直辖市新闻出版行政部门备案。

第十一条 自取得《音像制品制作许可证》6个月内未开展音像制品制作业务或者停业满1年的，由所在地省、自治区、直辖市新闻出版行政部门注销《音像制品制作许可证》。

第三章 制作经营活动管理

第十二条 音像制作单位的法定代表人或者主要负责人应当接受所在地地市以上新闻出版行政部门组织的岗位培训。

第十三条 音像制作单位必须有健全的内部管理制度，并填写制作文档记录。制作文档记录须归档保存2年以备查验。

制作文档记录由新闻出版总署制定统一格式。

第十四条 音像制作单位接受委托制作音像制品的，应当按照国家有关规定，与委托方订立制作委托合同，并验证委托方《营业执照》或者身份证明材料。

前款所涉及的合同、《营业执照》及身份证明材料复印件，音像制作单位应当归档保存2年以备查验。

第十五条 音像制作单位未经授权，不得以任何形式将接受委托制作的音像制品提供给委托方以外的单位或者个人。

第十六条 音像制作单位制作的音像制品，应当符合国家有关质量、技术标准和规定。

第十七条 依法从事音像制作业务的单位有权在出版的音像制品及其包装上署名。其他单位或者个人不得以制作单位名义在音像制品上署名。

第十八条 音像制作单位每2年履行一次年度核验手续。

省、自治区、直辖市新闻出版行政部门负责年度核验工作并制定具体办法。

省、自治区、直辖市新闻出版行政部门应在年度核验工作完成后30日内将年度核验情况报新闻出版总署。

第十九条 音像制作单位须遵守国家统计规定，依法向新闻出版行政部门报送统计资料。

第二十条 音像出版单位可以与香港特别行政区、澳门特别行政区、台湾地区或者外国的组织、个人合作制作音像制品（以下简称合作制作音像制品），但应由音像出版单位在制作完成后10日内向所在地省、自治区、直辖市新闻出版行政部门备案。

第二十一条 合作制作音像制品应报送以下备案材料：

（一）合作制作音像制品的名称、节目长度、载体形式及内容简介等；

（二）合作双方的名称、基本情况、投资数额；

（三）项目合作合同。

第四章 法律责任

第二十二条 未经批准，擅自从事音像制品制作经营活动的，依照《音像制品管理条例》第三十九条的规定处罚。

音像制作单位以外的单位或者个人以制作单位名义在音像制

品上署名的，按照擅自从事音像制品制作经营活动处罚。

第二十三条 制作明知或者应知含有《音像制品管理条例》第三条第二款禁止内容的音像制品的，依照《音像制品管理条例》第四十条的规定处罚。

第二十四条 音像制作单位接受音像出版单位委托制作音像制品未依照本规定验证有关证明的，依照《音像制品管理条例》第四十二条的规定处罚。

第二十五条 音像出版单位与香港特别行政区、澳门特别行政区、台湾地区或者外国的组织、个人合作制作音像制品，未按本规定报送备案的，依照《音像制品管理条例》第四十三条的规定处罚。

第二十六条 音像制作单位有下列行为之一的，依照《音像制品管理条例》第四十四条的规定处罚：

（一）变更名称、业务范围，或者兼并其他音像制作单位，或者因合并、分立而设立新的音像制作单位未依照本规定办理审批手续的；

（二）变更地址、法定代表人或者主要负责人，或者终止制作经营活动，未依照本规定办理备案手续的。

第二十七条 音像制作单位有下列行为之一的，由出版行政部门责令改正，给予警告；情节严重的，并处3万元以下的罚款：

（一）法定代表人或者主要负责人未按本规定参加岗位培训的；

（二）未按本规定填写制作或者归档保存制作文档记录的；

（三）接受非出版单位委托制作音像制品，未依照本规定验证委托单位的有关证明文件的或者未依照本规定留存备查材料的；

（四）未经授权将委托制作的音像制品提供给委托方以外的

单位或者个人的；

（五）制作的音像制品不符合国家有关质量、技术标准和规定的；

（六）未依照有关规定参加年度核验的。

第二十八条 音像制作单位未依法向新闻出版行政部门报送统计资料的，依据新闻出版总署、国家统计局联合颁布的《新闻出版统计管理办法》处罚。

第五章 附 则

第二十九条 《音像制品制作许可证》由各省、自治区、直辖市新闻出版行政部门根据新闻出版总署制定的样式印制。

第三十条 在本规定施行前已经取得《音像制品制作许可证》的音像制作单位，在经营期限届满前可继续从事音像制作业务；经营期限届满，需延长经营期限的，应当依照本规定重新办理审批手续。

第三十一条 本规定自2008年4月15日起施行。

关于《音像制品制作管理规定》的补充规定

2010 年 11 月 23 日中华人民共和国新闻出版总署令第 47 号公布

为促进香港、澳门与内地建立更紧密经贸关系，鼓励香港、澳门服务提供者在内地设立商业企业，根据国务院批准的《〈内地与香港关于建立更紧密经贸关系的安排〉补充协议七》及《〈内地与澳门关于建立更紧密经贸关系的安排〉补充协议七》，现就《音像制品制作管理规定》（新闻出版总署令第35号）做出如下补充规定：

一、允许香港、澳门服务提供者在内地设立独资、合资或合作企业，从事音像制品制作业务。

二、本规定中的香港、澳门服务提供者应分别符合《内地与香港关于建立更紧密经贸关系的安排》及《内地与澳门建立更紧密经贸关系的安排》中关于“服务提供者”定义及相关规定的要求。

三、香港、澳门服务提供者在内地投资音像制品制作企业的其他事项，按照《音像制品制作管理规定》执行。

四、本规定自 2011 年 1 月 1 日起施行。

电子出版物出版管理规定

2008年2月21日中华人民共和国新闻出版总署令第34号公布　根据2015年8月28日国家新闻出版广电总局令第3号《关于修订部分规章和规范性文件的决定》修订

第一章　总　则

第一条　为了加强对电子出版物出版活动的管理，促进电子出版事业的健康发展与繁荣，根据国务院《出版管理条例》、《国务院对确需保留的行政审批项目设定行政许可的决定》和有关法律、行政法规，制定本规定。

第二条　在中华人民共和国境内从事电子出版物的制作、出版、进口活动，适用本规定。

本规定所称电子出版物，是指以数字代码方式，将有知识性、思想性内容的信息编辑加工后存储在固定物理形态的磁、光、电等介质上，通过电子阅读、显示、播放设备读取使用的大众传播媒体，包括只读光盘（CD-ROM、DVD-ROM等）、一次写入光盘（CD-R、DVD-R等）、可擦写光盘（CD-RW、DVD-RW等）、软磁盘、硬磁盘、集成电路卡等，以及新闻出版总署认定的其他媒体形态。

第三条　电子出版物不得含有《出版管理条例》第二十六条、第二十七条禁止的内容。

第四条　新闻出版总署负责全国电子出版物出版活动的监督

管理工作。

县级以上地方新闻出版行政部门负责本行政区域内电子出版物出版活动的监督管理工作。

第五条 国家对电子出版物出版活动实行许可制度；未经许可，任何单位和个人不得从事电子出版物的出版活动。

第二章 出版单位设立

第六条 设立电子出版物出版单位，应当具备下列条件：

（一）有电子出版物出版单位的名称、章程；

（二）有符合新闻出版总署认定条件的主管、主办单位；

（三）有确定的电子出版物出版业务范围；

（四）有适应业务范围需要的设备和工作场所；

（五）有适应业务范围需要的组织机构，有 2 人以上具有中级以上出版专业职业资格；

（六）法律、行政法规规定的其他条件。

除依照前款所列条件外，还应当符合国家关于电子出版物出版单位总量、结构、布局的规划。

第七条 设立电子出版物出版单位，经其主管单位同意后，由主办单位向所在地省、自治区、直辖市新闻出版行政部门提出申请；经省、自治区、直辖市新闻出版行政部门审核同意后，报新闻出版总署审批。

第八条 申请设立电子出版物出版单位，应当提交下列材料：

（一）按要求填写的申请表，应当载明出版单位的名称、地址、资本结构、资金来源及数额，出版单位的主管、主办单位的名称和地址等内容；

（二）主办单位、主管单位的有关资质证明材料；

（三）出版单位章程；

（四）法定代表人或者主要负责人及本规定第六条要求的有关人员的资格证明和身份证明；

（五）可行性论证报告；

（六）注册资本数额、来源及性质证明；

（七）工作场所使用证明。

第九条 新闻出版总署自受理设立电子出版物出版单位的申请之日起90日内，作出批准或者不批准的决定，直接或者由省、自治区、直辖市新闻出版行政部门书面通知主办单位；不批准的，应当说明理由。

第十条 设立电子出版物出版单位的主办单位应当自收到批准决定之日起60日内，向所在地省、自治区、直辖市新闻出版行政部门登记，领取新闻出版总署颁发的《电子出版物出版许可证》。

电子出版物出版单位持《电子出版物出版许可证》向所在地工商行政管理部门登记，依法领取营业执照。

第十一条 电子出版物出版单位自登记之日起满180日未从事出版活动的，由省、自治区、直辖市新闻出版行政部门注销登记，收回《电子出版物出版许可证》，并报新闻出版总署备案。

因不可抗力或者其他正当理由发生前款所列情形的，电子出版物出版单位可以向省、自治区、直辖市新闻出版行政部门申请延期。

第十二条 电子出版物出版单位变更名称、主办单位或者主管单位、业务范围、资本结构，合并或者分立，须依照本规定第七条、第八条的规定重新办理审批手续，并到原登记的工商行政管理部门办理相应的登记手续。

电子出版物出版单位变更地址、法定代表人或者主要负责人的，应当经其主管、主办单位同意，向所在地省、自治区、直辖市新闻出版行政部门申请变更登记后，到原登记的工商行政管理部门办理变更登记。

省、自治区、直辖市新闻出版行政部门须将有关变更登记事项报新闻出版总署备案。

第十三条 电子出版物出版单位终止出版活动的，应当向所在地省、自治区、直辖市新闻出版行政部门办理注销登记手续，并到原登记的工商行政管理部门办理注销登记。

省、自治区、直辖市新闻出版行政部门应将有关注销登记报新闻出版总署备案。

第十四条 申请出版连续型电子出版物，经主管单位同意后，由主办单位向所在地省、自治区、直辖市新闻出版行政部门提出申请；经省、自治区、直辖市新闻出版行政部门审核同意后，报新闻出版总署审批。

本规定所称连续型电子出版物，是指有固定名称，用卷、期、册或者年、月顺序编号，按照一定周期出版的电子出版物。

第十五条 申请出版连续型电子出版物，应当提交下列材料：

（一）申请书，应当载明连续型电子出版物的名称、刊期、媒体形态、业务范围、读者对象、栏目设置、文种等；

（二）主管单位的审核意见。

申请出版配报纸、期刊的连续型电子出版物，还须报送报纸、期刊样本。

第十六条 经批准出版的连续型电子出版物，新增或者改变连续型电子出版物的名称、刊期与出版范围的，须按照本规定第十四条、第十五条办理审批手续。

第十七条 出版行政部门对从事电子出版物制作的单位实行备案制管理。电子出版物制作单位应当于单位设立登记以及有关变更登记之日起 30 日内，将单位名称、地址、法定代表人或者主要负责人的姓名及营业执照复印件、法定代表人或主要负责人身份证明报所在地省、自治区、直辖市新闻出版行政部门备案。

本规定所称电子出版物制作，是指通过创作、加工、设计等方式，提供用于出版、复制、发行的电子出版物节目源的经营活动。

第三章　出版管理

第十八条 电子出版物出版单位实行编辑责任制度，保障电子出版物的内容符合有关法规、规章规定。

第十九条 电子出版物出版单位应于每年 12 月 1 日前将下一年度的出版计划报所在地省、自治区、直辖市新闻出版行政部门，省、自治区、直辖市新闻出版行政部门审核同意后报新闻出版总署备案。

第二十条 电子出版物出版实行重大选题备案制度。涉及国家安全、社会安定等方面重大选题，涉及重大革命题材和重大历史题材的选题，应当按照新闻出版总署有关选题备案的规定办理备案手续；未经备案的重大选题，不得出版。

第二十一条 出版电子出版物，必须按规定使用中国标准书号。同一内容，不同载体形态、格式的电子出版物，应当分别使用不同的中国标准书号。

出版连续型电子出版物，必须按规定使用国内统一连续出版物号，不得使用中国标准书号出版连续型电子出版物。

第二十二条　电子出版物出版单位不得以任何形式向任何单位或者个人转让、出租、出售本单位的名称、电子出版物中国标准书号、国内统一连续出版物号。

第二十三条　电子出版物应当符合国家的技术、质量标准和规范要求。

出版电子出版物，须在电子出版物载体的印刷标识面或其装帧的显著位置载明电子出版物制作、出版单位的名称，中国标准书号或国内统一连续出版物号及条码，著作权人名称以及出版日期等其他有关事项。

第二十四条　电子出版物出版单位申请出版境外著作权人授权的电子出版物，须向所在地省、自治区、直辖市新闻出版行政部门提出申请；所在地省、自治区、直辖市新闻出版行政部门审核同意后，报新闻出版总署审批。

第二十五条　申请出版境外著作权人授权的电子出版物，应当提交下列材料：

（一）申请书，应当载明电子出版物名称、内容简介、授权方名称、授权方基本情况介绍等；

（二）申请单位的审读报告；

（三）样品及必要的内容资料；

（四）申请单位所在地省、自治区、直辖市著作权行政管理部门的著作权合同登记证明文件。

出版境外著作权人授权的电子游戏出版物还须提交游戏主要人物和主要场景图片资料、代理机构营业执照、发行合同及发行机构批发许可证、游戏文字脚本全文等材料。

第二十六条　新闻出版总署自受理出版境外著作权人授权电子出版物申请之日起，20 日内作出批准或者不批准的决定；不批准的，应当说明理由。

审批出版境外著作权人授权电子出版物，应当组织专家评审，并应当符合国家总量、结构、布局规划。

第二十七条　境外著作权人授权的电子出版物，须在电子出版物载体的印刷标识面或其装帧的显著位置载明引进出版批准文号和著作权授权合同登记证号。

第二十八条　已经批准出版的境外著作权人授权的电子出版物，若出版升级版本，须按照本规定第二十五条提交申请材料，报所在地省、自治区、直辖市新闻出版行政部门审批。

第二十九条　出版境外著作权人授权的电子游戏测试盘及境外互联网游戏作品客户端程序光盘，须按照本规定第二十五条提交申请材料，报所在地省、自治区、直辖市新闻出版行政部门审批。

第三十条　电子出版物出版单位与境外机构合作出版电子出版物，须经主管单位同意后，将选题报所在地省、自治区、直辖市新闻出版行政部门审核；省、自治区、直辖市新闻出版行政部门审核同意后，报新闻出版总署审批。

新闻出版总署自受理合作出版电子出版物选题申请之日起20日内，作出批准或者不批准的决定；不批准的，应当说明理由。

第三十一条　电子出版物出版单位申请与境外机构合作出版电子出版物，应当提交下列材料：

（一）申请书，应当载明合作出版的电子出版物的名称、载体形态、内容简介、合作双方名称、基本情况、合作方式等，并附拟合作出版的电子出版物的有关文字内容、图片等材料；

（二）合作意向书；

（三）主管单位的审核意见。

第三十二条　电子出版物出版单位与境外机构合作出版电子

出版物，应在该电子出版物出版 30 日内将样盘报送新闻出版总署备案。

第三十三条 出版单位配合本版出版物出版电子出版物，向所在地省、自治区、直辖市新闻出版行政部门提出申请，省、自治区、直辖市新闻出版行政部门审核同意的，发放电子出版物中国标准书号和复制委托书，并报新闻出版总署备案。

第三十四条 出版单位申请配合本版出版物出版电子出版物，应提交申请书及本版出版物、拟出版电子出版物样品。

申请书应当载明配合本版出版物出版的电子出版物的名称、制作单位、主要内容、出版时间、复制数量和载体形式等内容。

第三十五条 电子出版物发行前，出版单位应当向国家图书馆、中国版本图书馆和新闻出版总署免费送交样品。

第三十六条 电子出版物出版单位的从业人员，应当具备国家规定的出版专业职业资格条件。

电子出版物出版单位的社长、总编辑须符合国家规定的任职资格和条件。

电子出版物出版单位的社长、总编辑须参加新闻出版行政部门组织的岗位培训，取得岗位培训合格证书后才能上岗。

第三十七条 电子出版物出版单位须遵守国家统计规定，依法向新闻出版行政部门报送统计资料。

第四章　进口管理

第三十八条 进口电子出版物成品，须由新闻出版总署批准的电子出版物进口经营单位提出申请；所在地省、自治区、直辖市新闻出版行政部门审核同意后，报新闻出版总署审批。

第三十九条 申请进口电子出版物，应当提交下列材料：

（一）申请书，应当载明进口电子出版物的名称、内容简介、出版者名称、地址、进口数量等；

（二）主管单位审核意见；

（三）申请单位关于进口电子出版物的审读报告；

（四）进口电子出版物的样品及必要的内容资料。

第四十条 新闻出版总署自受理进口电子出版物申请之日起20日内，作出批准或者不批准的决定；不批准的，应当说明理由。

审批进口电子出版物，应当组织专家评审，并应当符合国家总量、结构、布局规划。

第四十一条 进口电子出版物的外包装上应贴有标识，载明批准进口文号及用中文注明的出版者名称、地址、著作权人名称、出版日期等有关事项。

第五章 非卖品管理

第四十二条 委托复制电子出版物非卖品，须向委托方或受托方所在地省、自治区、直辖市新闻出版行政部门提出申请，申请书应写明电子出版物非卖品的使用目的、名称、内容、发送对象、复制数量、载体形式等，并附样品。

电子出版物非卖品内容限于公益宣传、企事业单位业务宣传、交流、商品介绍等，不得定价，不得销售、变相销售或与其他商品搭配销售。

第四十三条 省、自治区、直辖市新闻出版行政部门应当自受理委托复制电子出版物非卖品申请之日起20日内，作出批准或者不批准的决定，批准的，发给电子出版物复制委托书；不批准的，应当说明理由。

第四十四条　电子出版物非卖品载体的印刷标识面及其装帧的显著位置应当注明电子出版物非卖品统一编号，编号分为四段：第一段为方括号内的各省、自治区、直辖市简称，第二段为“电子出版物非卖品”字样，第三段为圆括号内的年度，第四段为顺序编号。

第六章　委托复制管理

第四十五条　电子出版物、电子出版物非卖品应当委托经新闻出版总署批准设立的复制单位复制。

第四十六条　委托复制电子出版物和电子出版物非卖品，必须使用复制委托书，并遵守国家关于复制委托书的管理规定。

复制委托书由新闻出版总署统一印制。

第四十七条　委托复制电子出版物、电子出版物非卖品的单位，应当保证开具的复制委托书内容真实、准确、完整，并须将开具的复制委托书直接交送复制单位。

委托复制电子出版物、电子出版物非卖品的单位不得以任何形式向任何单位或者个人转让、出售本单位的复制委托书。

第四十八条　委托复制电子出版物的单位，自电子出版物完成复制之日起30日内，须向所在地省、自治区、直辖市新闻出版行政部门上交本单位及复制单位签章的复制委托书第二联及样品。

委托复制电子出版物的单位须将电子出版物复制委托书第四联保存2年备查。

第四十九条　委托复制电子出版物、电子出版物非卖品的单位，经批准获得电子出版物复制委托书之日起90日内未使用的，须向发放该委托书的省、自治区、直辖市新闻出版行政部门交回复制委托书。

第七章　年度核验

第五十条　电子出版物出版单位实行年度核验制度，年度核验每两年进行一次。省、自治区、直辖市新闻出版行政部门负责对本行政区域内的电子出版物出版单位实施年度核验。核验内容包括电子出版物出版单位的登记项目、设立条件、出版经营情况、遵纪守法情况、内部管理情况等。

第五十一条　电子出版物出版单位进行年度核验，应提交以下材料：

（一）电子出版物出版单位年度核验登记表；

（二）电子出版物出版单位两年的总结报告，应当包括执行出版法规的情况、出版业绩、资产变化等内容；

（三）两年出版的电子出版物出版目录；

（四）《电子出版物出版许可证》的复印件。

第五十二条　电子出版物出版单位年度核验程序为：

（一）电子出版物出版单位应于核验年度的1月15日前向所在地省、自治区、直辖市新闻出版行政部门提交年度核验材料；

（二）各省、自治区、直辖市新闻出版行政部门对本行政区域内电子出版物出版单位的设立条件、开展业务及执行法规等情况进行全面审核，并于该年度的2月底前完成年度核验工作；对符合年度核验要求的单位予以登记，并换发《电子出版物出版许可证》；

（三）各省、自治区、直辖市新闻出版行政部门应于核验年度的3月20日前将年度核验情况及有关书面材料报新闻出版总署备案。

第五十三条 电子出版物出版单位有下列情形之一的，暂缓年度核验：

（一）不具备本规定第六条规定条件的；

（二）因违反出版管理法规，正在限期停业整顿的；

（三）经审核发现有违法行为应予处罚的；

（四）曾违反出版管理法规受到行政处罚，未认真整改，仍存在违法问题的；

（五）长期不能正常开展电子出版物出版活动的。

暂缓年度核验的期限由省、自治区、直辖市新闻出版行政部门确定，最长不得超过3个月。暂缓期间，省、自治区、直辖市新闻出版行政部门应当督促、指导电子出版物出版单位进行整改。暂缓年度核验期满，对达到年度核验要求的电子出版物出版单位予以登记；仍未达到年度核验要求的电子出版物出版单位，由所在地省、自治区、直辖市新闻出版行政部门提出注销登记意见，新闻出版总署撤销《电子出版物出版许可证》，所在地省、自治区、直辖市新闻出版行政部门办理注销登记。

第五十四条 不按规定参加年度核验的电子出版物出版单位，经书面催告仍未参加年度核验的，由所在地省、自治区、直辖市新闻出版行政部门提出注销登记意见，新闻出版总署撤销《电子出版物出版许可证》，所在地省、自治区、直辖市新闻出版行政部门办理注销登记。

第五十五条 出版连续型电子出版物的单位按照本章规定参加年度核验。

第八章 法律责任

第五十六条 电子出版物出版单位违反本规定的，新闻出版总署或者省、自治区、直辖市新闻出版行政部门可以采取下列行政措施：

（一）下达警示通知书；

（二）通报批评；

（三）责令公开检讨；

（四）责令改正；

（五）责令停止复制、发行电子出版物；

（六）责令收回电子出版物；

（七）责成主办单位、主管单位监督电子出版物出版单位整改。

警示通知书由新闻出版总署制定统一格式，由新闻出版总署或者省、自治区、直辖市新闻出版行政部门下达给违法的电子出版物出版单位，并抄送违法电子出版物出版单位的主办单位及其主管单位。

本条所列行政措施可以并用。

第五十七条 未经批准，擅自设立电子出版物出版单位，擅自从事电子出版物出版业务，伪造、假冒电子出版物出版单位或者连续型电子出版物名称、电子出版物专用中国标准书号出版电子出版物的，按照《出版管理条例》第五十五条处罚。

图书、报纸、期刊、音像等出版单位未经批准，配合本版出版物出版电子出版物的，属于擅自从事电子出版物出版业务，按照前款处罚。

第五十八条 从事电子出版物制作、出版业务，有下列行为之一的，按照《出版管理条例》第五十六条处罚：

（一）制作、出版含有《出版管理条例》第二十六条、第二十七条禁止内容的电子出版物的；

（二）明知或者应知他人出版含有《出版管理条例》第二十六条、第二十七条禁止内容的电子出版物而向其出售、出租或者以其他形式转让本出版单位的名称、电子出版物专用中国标准书号、国内统一连续出版物号、条码及电子出版物复制委托书的。

第五十九条 电子出版物出版单位出租、出借、出售或者以其他任何形式转让本单位的名称、电子出版物专用中国标准书号、国内统一连续出版物号的，按照《出版管理条例》第六十条处罚。

第六十条 有下列行为之一的，按照《出版管理条例》第六十一条处罚：

（一）电子出版物出版单位变更名称、主办单位或者主管单位、业务范围、资本结构，合并或者分立，电子出版物出版单位变更地址、法定代表人或者主要负责人，未依照本规定的要求办理审批、变更登记手续的；

（二）经批准出版的连续型电子出版物，新增或者改变连续型电子出版物的名称、刊期与出版范围，未办理审批手续的；

（三）电子出版物出版单位未按规定履行年度出版计划和重大选题备案的；

（四）出版单位未按照有关规定送交电子出版物样品的；

（五）电子出版物进口经营单位违反本规定第三十八条未经批准进口电子出版物的。

第六十一条 电子出版物出版单位未依法向新闻出版行政部门报送统计资料的，依据新闻出版总署、国家统计局联合颁布的《新闻出版统计管理办法》处罚。

第六十二条 有下列行为之一的，由新闻出版行政部门责令改正，给予警告，可并处三万元以下罚款：

（一）电子出版物制作单位违反本规定第十七条，未办理备案手续的；

（二）电子出版物出版单位违反本规定第二十一条，未按规定使用中国标准书号或者国内统一连续出版物号的；

（三）电子出版物出版单位出版的电子出版物不符合国家的技术、质量标准和规范要求的，或者未按本规定第二十三条载明有关事项的；

（四）电子出版物出版单位出版境外著作权人授权的电子出版物，违反本规定第二十四条、第二十七条、第二十八条、第二十九条有关规定的；

（五）电子出版物出版单位与境外机构合作出版电子出版物，未按本规定第三十条办理选题审批手续的，未按本规定第三十二条将样盘报送备案的；

（六）电子出版物进口经营单位违反本规定第四十一条的；

（七）委托复制电子出版物非卖品违反本规定第四十二条的有关规定，或者未按第四十四条标明电子出版物非卖品统一编号的；

（八）电子出版物出版单位及其他委托复制单位违反本规定第四十五条至第四十九条的规定，委托未经批准设立的复制单位复制，或者未遵守有关复制委托书的管理制度的。

第九章 附 则

第六十三条 本规定自2008年4月15日起施行，新闻出版署 1997 年 12 月 30 日颁布的《电子出版物管理规定》同时废止，此前新闻出版行政部门对电子出版物制作、出版、进口活动的其他规定，凡与本规定不一致的，以本规定为准。

图书出版管理规定

2008 年 2 月 21 日中华人民共和国新闻出版总署令第 36 号公布　根据 2015 年 8 月 28 日国家新闻出版广电总局令第 3 号《关于修订部分规章和规范性文件的决定》修订

第一章　总　则

第一条　为了规范图书出版，加强对图书出版的监督管理，促进图书出版的发展和繁荣，根据国务院《出版管理条例》及相关法律法规，制定本规定。

第二条　在中华人民共和国境内从事图书出版，适用本规定。

本规定所称图书，是指书籍、地图、年画、图片、画册，以及含有文字、图画内容的年历、月历、日历，以及由新闻出版总署认定的其他内容载体形式。

第三条　图书出版必须坚持为人民服务、为社会主义服务的方向，坚持马克思列宁主义、毛泽东思想、邓小平理论和“三个代表”重要思想，坚持科学发展观，坚持正确的舆论导向和出版方向，坚持把社会效益放在首位、社会效益和经济效益相统一的原则，传播和积累有益于提高民族素质、推动经济发展、促进社会和谐与进步的科学技术和文化知识，弘扬民族优秀文化，促进国际文化交流，丰富人民群众的精神文化生活。

第四条　新闻出版总署负责全国图书出版的监督管理工作，建立健全监督管理制度，制定并实施全国图书出版总量、结构、布局的规划。

省、自治区、直辖市新闻出版行政部门负责本行政区域内图书出版的监督管理工作。

第五条 图书出版单位依法从事图书的编辑、出版等活动。

图书出版单位合法的出版活动受法律保护，任何组织和个人不得非法干扰、阻止、破坏。

第六条 新闻出版总署对为发展、繁荣我国图书出版事业作出重要贡献的图书出版单位及个人给予奖励，并评选奖励优秀图书。

第七条 图书出版行业的社会团体按照其章程，在新闻出版行政部门的指导下，实行自律管理。

第二章 图书出版单位的设立

第八条 图书由依法设立的图书出版单位出版。设立图书出版单位须经新闻出版总署批准，取得图书出版许可证。

本规定所称图书出版单位，是指依照国家有关法规设立，经新闻出版总署批准并履行登记注册手续的图书出版法人实体。

第九条 设立图书出版单位，应当具备下列条件：

（一）有图书出版单位的名称、章程；

（二）有符合新闻出版总署认定条件的主办单位、主管单位；

（三）有确定的图书出版业务范围；

（四）有 30 万元以上的注册资本；

（五）有适应图书出版需要的组织机构和符合国家规定资格条件的编辑出版专业人员；

（六）有确定的法定代表人或者主要负责人，该法定代表人或者主要负责人必须是在境内长久居住的具有完全行为能力的中国公民；

（七）有与主办单位在同一省级行政区域的固定工作场所；

（八）法律、行政法规规定的其他条件。

设立图书出版单位，除前款所列条件外，还应当符合国家关于图书出版单位总量、结构、布局的规划。

第十条 中央在京单位设立图书出版单位，由主办单位提出申请，经主管单位审核同意后，由主办单位报新闻出版总署审批。

中国人民解放军和中国人民武装警察部队系统设立图书出版单位，由主办单位提出申请，经中国人民解放军总政治部宣传部新闻出版局审核同意后，报新闻出版总署审批。

其他单位设立图书出版单位，经主管单位审核同意后，由主办单位向所在地省、自治区、直辖市新闻出版行政部门提出申请，省、自治区、直辖市新闻出版行政部门审核同意后，报新闻出版总署审批。

第十一条 申请设立图书出版单位，须提交以下材料：

（一）按要求填写的设立图书出版单位申请表；

（二）主管单位、主办单位的有关资质证明材料；

（三）拟任图书出版单位法定代表人或者主要负责人简历、身份证明文件；

（四）编辑出版人员的出版专业职业资格证书；

（五）注册资本数额、来源及性质证明；

（六）图书出版单位的章程；

（七）工作场所使用证明；

（八）设立图书出版单位的可行性论证报告。

第十二条 新闻出版总署应当自收到设立图书出版单位申请

之日起 90 日内，作出批准或者不批准的决定，并直接或者由省、自治区、直辖市新闻出版行政部门书面通知主办单位；不批准的，应当说明理由。

第十三条 申请设立图书出版单位的主办单位应当自收到新闻出版总署批准文件之日起 60 日内办理如下注册登记手续：

（一）持批准文件到所在地省、自治区、直辖市新闻出版行政部门领取图书出版单位登记表，经主管单位审核签章后，报所在地省、自治区、直辖市新闻出版行政部门；

（二）图书出版单位登记表一式五份，图书出版单位、主办单位、主管单位及省、自治区、直辖市新闻出版行政部门各存一份，另一份由省、自治区、直辖市新闻出版行政部门在收到之日起 15 日内，报送新闻出版总署备案；

（三）新闻出版总署对图书出版单位登记表审核后，在 10 日内通过中国标准书号中心分配其出版者号并通知省、自治区、直辖市新闻出版行政部门；

（四）省、自治区、直辖市新闻出版行政部门对图书出版单位登记表审核后，在 10 日内向主办单位发放图书出版许可证；

（五）图书出版单位持图书出版许可证到工商行政管理部门办理登记手续，依法领取营业执照。

第十四条 图书出版单位的主办单位自收到新闻出版总署批准文件之日起 60 日内未办理注册登记手续，批准文件自行失效，登记机关不再受理登记，图书出版单位的主办单位须将有关批准文件缴回新闻出版总署。

图书出版单位自登记之日起满 180 日未从事图书出版的，由原登记的新闻出版行政部门注销登记，收回图书出版许可证，并报新闻出版总署备案。

因不可抗力或者其他正当理由发生前款所列情形的，图书出版单位可以向原登记的新闻出版行政部门申请延期。

第十五条 图书出版单位应当具备法人条件，经核准登记后，取得法人资格，以其全部法人财产独立承担民事责任。

第十六条 图书出版单位变更名称、主办单位或者主管单位、业务范围，合并或者分立，改变资本结构，依照本规定第九条至第十三条的规定办理审批、登记手续。

图书出版单位除前款所列变更事项外的其他事项的变更，应当经其主办单位和主管单位审查同意后，向所在地省、自治区、直辖市新闻出版行政部门申请变更登记，由省、自治区、直辖市新闻出版行政部门报新闻出版总署备案。

第十七条 图书出版单位终止图书出版的，由主办单位提出申请并经主管单位同意后，由主办单位向所在地省、自治区、直辖市新闻出版行政部门办理注销登记，并由省、自治区、直辖市新闻出版行政部门报新闻出版总署备案。

第十八条 组建图书出版集团，参照本规定第十条办理。

第三章 图书的出版

第十九条 任何图书不得含有《出版管理条例》和其他有关法律、法规以及国家规定禁止的内容。

第二十条 图书出版实行编辑责任制度，保障图书内容符合国家法律规定。

第二十一条 出版辞书、地图、中小学教科书等类别的图书，实行资格准入制度，出版单位须按照新闻出版总署批准的业务范围出版。具体办法由新闻出版总署另行规定。

第二十二条 图书出版实行重大选题备案制度。涉及国家安全、社会安定等方面的重大选题，涉及重大革命题材和重大历史题材的选题，应当按照新闻出版总署有关选题备案管理的规定办理备案手续。未经备案的重大选题，不得出版。

第二十三条 图书出版实行年度出版计划备案制度。图书出版单位的年度出版计划，须经省、自治区、直辖市新闻出版行政部门审核后报新闻出版总署备案。

第二十四条 图书出版单位实行选题论证制度、图书稿件三审责任制度、责任编辑制度、责任校对制度、图书重版前审读制度、稿件及图书资料归档制度等管理制度，保障图书出版质量。

第二十五条 图书使用语言文字须符合国家语言文字法律规定。

图书出版质量须符合国家标准、行业标准和新闻出版总署关于图书出版质量的管理规定。

第二十六条 图书使用中国标准书号或者全国统一书号、图书条码以及图书在版编目数据须符合有关标准和规定。

第二十七条 图书出版单位不得向任何单位或者个人出售或者以其他形式转让本单位的名称、中国标准书号或者全国统一书号。

第二十八条 图书出版单位不得以一个中国标准书号或者全国统一书号出版多种图书，不得以中国标准书号或者全国统一书号出版期刊。中国标准书号使用管理办法由新闻出版总署另行规定。

第二十九条 图书出版单位租型出版图书、合作出版图书、出版自费图书须按照新闻出版总署的有关规定执行。

第三十条 图书出版单位与境外出版机构在境内开展合作出

版，在合作出版的图书上双方共同署名，须经新闻出版总署批准。

第三十一条 图书出版单位须按照国家有关规定在其出版的图书上载明图书版本记录事项。

第三十二条 图书出版单位应当委托依法设立的出版物印刷单位印刷图书，并按照国家规定使用印刷委托书。

第三十三条 图书出版单位须遵守国家统计规定，依法向新闻出版行政部门报送统计资料。

第三十四条 图书出版单位在图书出版30日内，应当按照国家有关规定向国家图书馆、中国版本图书馆、新闻出版总署免费送交样书。

第四章 监督管理

第三十五条 图书出版的监督管理实行属地原则。

省、自治区、直辖市新闻出版行政部门依法对本行政区域内的图书出版进行监督管理，负责本行政区域内图书出版单位的审核登记、年度核验及其出版图书的审读、质量评估等管理工作。

第三十六条 图书出版管理实行审读制度、质量保障管理制度、出版单位分级管理制度、出版单位年度核验制度和出版从业人员职业资格管理制度。

第三十七条 新闻出版总署负责全国图书审读工作。省、自治区、直辖市新闻出版行政部门负责对本行政区域内出版的图书进行审读，并定期向新闻出版总署提交审读报告。

第三十八条 新闻出版行政部门可以根据新闻出版总署《图书质量管理规定》等规定，对图书质量进行检查，并予以奖惩。

第三十九条 新闻出版总署制定图书出版单位等级评估办

法，对图书出版单位进行评估，并实行分级管理。

第四十条 图书出版单位实行年度核验制度，年度核验每两年进行一次。

年度核验按照以下程序进行：

（一）图书出版单位提出年度自查报告，填写由新闻出版总署统一印制的图书出版年度核验表，经图书出版单位的主办单位、主管单位审核盖章后，在规定时间内报所在地省、自治区、直辖市新闻出版行政部门；

（二）省、自治区、直辖市新闻出版行政部门在收到图书出版单位自查报告、图书出版年度核验表等年度核验材料30日内予以审核查验、出具审核意见，报送新闻出版总署；

（三）新闻出版总署在收到省、自治区、直辖市新闻出版行政部门报送的图书出版单位年度核验材料和审核意见60日内作出是否予以通过年度核验的批复；

（四）图书出版单位持新闻出版总署予以通过年度核验的批复文件、图书出版许可证副本等相关材料，到所在地省、自治区、直辖市新闻出版行政部门办理登记手续。

第四十一条 图书出版单位有下列情形之一的，暂缓年度核验：

（一）正在限期停业整顿的；

（二）经审核发现有违法情况应予处罚的；

（三）主管单位、主办单位未认真履行管理责任，导致图书出版管理混乱的；

（四）所报年度核验自查报告内容严重失实的；

（五）存在其他违法嫌疑需要进一步核查的。

暂缓年度核验的期限为6个月。在暂缓年度核验期间，图书出版单位除教科书、在印图书可继续出版外，其他图书出版一律停止。缓验期满，按照本规定重新办理年度核验手续。

第四十二条 图书出版单位有下列情形之一的，不予通过年度核验：

（一）出版导向严重违反管理规定并未及时纠正的；

（二）违法行为被查处后拒不改正或者在整改期满后没有明显效果的；

（三）图书出版质量长期达不到规定标准的；

（四）经营恶化已经资不抵债的；

（五）已经不具备本规定第九条规定条件的；

（六）暂缓登记期满，仍未符合年度核验基本条件的；

（七）不按规定参加年度核验，经催告仍未参加的；

（八）存在其他严重违法行为的。

对不予通过年度核验的图书出版单位，由新闻出版总署撤销图书出版许可证，所在地省、自治区、直辖市新闻出版行政部门注销登记。

第四十三条 年度核验结果，新闻出版总署和省、自治区、直辖市新闻出版行政部门可以向社会公布。

第四十四条 图书出版从业人员，应具备国家规定的出版职业资格条件。

第四十五条 图书出版单位的社长、总编辑须符合国家规定的任职资格和条件。

图书出版单位的社长、总编辑须参加新闻出版行政部门组织的岗位培训，取得岗位培训合格证书后才能上岗。

第五章　法律责任

第四十六条　图书出版单位违反本规定的，新闻出版总署或者省、自治区、直辖市新闻出版行政部门可以采取下列行政措施：

（一）下达警示通知书；

（二）通报批评；

（三）责令公开检讨；

（四）责令改正；

（五）核减中国标准书号数量；

（六）责令停止印制、发行图书；

（七）责令收回图书；

（八）责成主办单位、主管单位监督图书出版单位整改。

警示通知书由新闻出版总署制定统一格式，由新闻出版总署或者省、自治区、直辖市新闻出版行政部门下达给违法的图书出版单位，并抄送违法图书出版单位的主办单位及其主管单位。

本条所列行政措施可以并用。

第四十七条　未经批准，擅自设立图书出版单位，或者擅自从事图书出版业务，假冒、伪造图书出版单位名称出版图书的，依照《出版管理条例》第五十五条处罚。

第四十八条　图书出版单位出版含有《出版管理条例》和其他有关法律、法规以及国家规定禁止内容图书的，由新闻出版总署或者省、自治区、直辖市新闻出版行政部门依照《出版管理条例》第五十六条处罚。

第四十九条　图书出版单位违反本规定第二十七条的，由新闻出版总署或者省、自治区、直辖市新闻出版行政部门依照《出版管理条例》第六十条处罚。

第五十条 图书出版单位有下列行为之一的，由新闻出版总署或者省、自治区、直辖市新闻出版行政部门依照《出版管理条例》第六十一条处罚：

（一）变更名称、主办单位或者其主管单位、业务范围、合并或分立、改变资本结构，未依法办理审批手续的；

（二）未按规定将其年度出版计划备案的；

（三）未按规定履行重大选题备案的；

（四）未按规定送交样书的。

第五十一条 图书出版单位有下列行为之一的，由新闻出版总署或者省、自治区、直辖市新闻出版行政部门给予警告，并处3万元以下罚款：

（一）未按规定使用中国标准书号或者全国统一书号、图书条码、图书在版编目数据的；

（二）图书出版单位违反本规定第二十八条的；

（三）图书出版单位擅自在境内与境外出版机构开展合作出版，在合作出版的图书上双方共同署名的；

（四）未按规定载明图书版本记录事项的；

（五）图书出版单位委托非依法设立的出版物印刷单位印刷图书的，或者未按照国家规定使用印刷委托书的。

第五十二条 图书出版单位租型出版图书、合作出版图书、出版自费图书，违反新闻出版总署有关规定的，由新闻出版总署或者省、自治区、直辖市新闻出版行政部门给予警告，并处3万元以下罚款。

第五十三条 图书出版单位出版质量不合格的图书，依据新闻出版总署《图书质量管理规定》处罚。

第五十四条 图书出版单位未依法向新闻出版行政部门报送

统计资料的，依据新闻出版总署、国家统计局联合颁布的《新闻出版统计管理办法》处罚。

第五十五条 对图书出版单位作出行政处罚，新闻出版行政部门应告知其主办单位和主管单位，可以通过媒体向社会公布。

对图书出版单位作出行政处罚，新闻出版行政部门可以建议其主办单位或者主管单位对直接责任人和主要负责人予以行政处分或者调离岗位。

第六章 附 则

第五十六条 本规定自 2008 年 5 月 1 日起施行。

自本规定施行起，此前新闻出版行政部门对图书出版的其他规定，凡与本规定不一致的，以本规定为准。

网络出版服务管理规定

2016年2月4日国家新闻出版广电总局、工业和信息化部令第5号公布

第一章 总 则

第一条 为了规范网络出版服务秩序，促进网络出版服务业健康有序发展，根据《出版管理条例》、《互联网信息服务管理办法》及相关法律法规，制定本规定。

第二条 在中华人民共和国境内从事网络出版服务，适用本规定。

本规定所称网络出版服务，是指通过信息网络向公众提供网络出版物。

本规定所称网络出版物，是指通过信息网络向公众提供的，具有编辑、制作、加工等出版特征的数字化作品，范围主要包括：

（一）文学、艺术、科学等领域内具有知识性、思想性的文字、图片、地图、游戏、动漫、音视频读物等原创数字化作品；

（二）与已出版的图书、报纸、期刊、音像制品、电子出版物等内容相一致的数字化作品；

（三）将上述作品通过选择、编排、汇集等方式形成的网络文献数据库等数字化作品；

（四）国家新闻出版广电总局认定的其他类型的数字化作品。

网络出版服务的具体业务分类另行制定。

第三条 从事网络出版服务，应当遵守宪法和有关法律、法规，坚持为人民服务、为社会主义服务的方向，坚持社会主义先进文化的前进方向，弘扬社会主义核心价值观，传播和积累一切有益于提高民族素质、推动经济发展、促进社会进步的思想道德、科学技术和文化知识，满足人民群众日益增长的精神文化需要。

第四条 国家新闻出版广电总局作为网络出版服务的行业主管部门，负责全国网络出版服务的前置审批和监督管理工作。工业和信息化部作为互联网行业主管部门，依据职责对全国网络出版服务实施相应的监督管理。

地方人民政府各级出版行政主管部门和各省级电信主管部门依据各自职责对本行政区域内网络出版服务及接入服务实施相应的监督管理工作并做好配合工作。

第五条 出版行政主管部门根据已经取得的违法嫌疑证据或者举报，对涉嫌违法从事网络出版服务的行为进行查处时，可以检查与涉嫌违法行为有关的物品和经营场所；对有证据证明是与违法行为有关的物品，可以查封或者扣押。

第六条 国家鼓励图书、音像、电子、报纸、期刊出版单位从事网络出版服务，加快与新媒体的融合发展。

国家鼓励组建网络出版服务行业协会，按照章程，在出版行政主管部门的指导下制定行业自律规范，倡导网络文明，传播健康有益内容，抵制不良有害内容。

第二章 网络出版服务许可

第七条 从事网络出版服务，必须依法经过出版行政主管部门批准，取得《网络出版服务许可证》。

第八条 图书、音像、电子、报纸、期刊出版单位从事网络出版服务，应当具备以下条件：

（一）有确定的从事网络出版业务的网站域名、智能终端应用程序等出版平台；

（二）有确定的网络出版服务范围；

（三）有从事网络出版服务所需的必要的技术设备，相关服务器和存储设备必须存放在中华人民共和国境内。

第九条 其他单位从事网络出版服务，除第八条所列条件外，还应当具备以下条件：

（一）有确定的、不与其他出版单位相重复的，从事网络出版服务主体的名称及章程；

（二）有符合国家规定的法定代表人和主要负责人，法定代表人必须是在境内长久居住的具有完全行为能力的中国公民，法定代表人和主要负责人至少1人应当具有中级以上出版专业技术人员职业资格；

（三）除法定代表人和主要负责人外，有适应网络出版服务范围需要的8名以上具有国家新闻出版广电总局认可的出版及相关专业技术职业资格的专职编辑出版人员，其中具有中级以上职业资格的人员不得少于3名；

（四）有从事网络出版服务所需的内容审校制度；

（五）有固定的工作场所；

（六）法律、行政法规和国家新闻出版广电总局规定的其他条件。

第十条 中外合资经营、中外合作经营和外资经营的单位不得从事网络出版服务。

网络出版服务单位与境内中外合资经营、中外合作经营、外资经营企业或境外组织及个人进行网络出版服务业务的项目合作，应当事前报国家新闻出版广电总局审批。

第十一条 申请从事网络出版服务，应当向所在地省、自治区、直辖市出版行政主管部门提出申请，经审核同意后，报国家新闻出版广电总局审批。国家新闻出版广电总局应当自受理申请之日起60日内，作出批准或者不予批准的决定。不批准的，应当说明理由。

第十二条 从事网络出版服务的申报材料，应该包括下列内容：

（一）《网络出版服务许可证申请表》；

（二）单位章程及资本来源性质证明；

（三）网络出版服务可行性分析报告，包括资金使用、产品规划、技术条件、设备配备、机构设置、人员配备、市场分析、风险评估、版权保护措施等；

（四）法定代表人和主要负责人的简历、住址、身份证明文件；

（五）编辑出版等相关专业技术人员的国家认可的职业资格证明和主要从业经历及培训证明；

（六）工作场所使用证明；

（七）网站域名注册证明、相关服务器存放在中华人民共和国境内的承诺。

本规定第八条所列单位从事网络出版服务的，仅提交前款（一）、（六）、（七）项规定的材料。

第十三条 设立网络出版服务单位的申请者应自收到批准决定之日起30日内办理注册登记手续：

（一）持批准文件到所在地省、自治区、直辖市出版行政主管部门领取并填写《网络出版服务许可登记表》；

（二）省、自治区、直辖市出版行政主管部门对《网络出版服务许可登记表》审核无误后，在10日内向申请者发放《网络出版服务许可证》；

（三）《网络出版服务许可登记表》一式三份，由申请者和省、自治区、直辖市出版行政主管部门各存一份，另一份由省、自治区、直辖市出版行政主管部门在15日内报送国家新闻出版广电总局备案。

第十四条 《网络出版服务许可证》有效期为5年。有效期届满，需继续从事网络出版服务活动的，应于有效期届满60日前按本规定第十一条的程序提出申请。出版行政主管部门应当在该许可有效期届满前作出是否准予延续的决定。批准的，换发《网络出版服务许可证》。

第十五条 网络出版服务经批准后，申请者应持批准文件、《网络出版服务许可证》到所在地省、自治区、直辖市电信主管部门办理相关手续。

第十六条 网络出版服务单位变更《网络出版服务许可证》许可登记事项、资本结构，合并或者分立，设立分支机构的，应依据本规定第十一条办理审批手续，并应持批准文件到所在地省、自治区、直辖市电信主管部门办理相关手续。

第十七条 网络出版服务单位中止网络出版服务的，应当向所在地省、自治区、直辖市出版行政主管部门备案，并说明理由和期限；网络出版服务单位中止网络出版服务不得超过180日。

网络出版服务单位终止网络出版服务的，应当自终止网络出版服务之日起30日内，向所在地省、自治区、直辖市出版行政主管部门办理注销手续后到省、自治区、直辖市电信主管部门办理相关手续。省、自治区、直辖市出版行政主管部门将相关信息报国家新闻出版广电总局备案。

第十八条 网络出版服务单位自登记之日起满 180 日未开展网络出版服务的，由原登记的出版行政主管部门注销登记，并报国家新闻出版广电总局备案。同时，通报相关省、自治区、直辖市电信主管部门。

因不可抗力或者其他正当理由发生上述所列情形的，网络出版服务单位可以向原登记的出版行政主管部门申请延期。

第十九条 网络出版服务单位应当在其网站首页上标明出版行政主管部门核发的《网络出版服务许可证》编号。

互联网相关服务提供者在为网络出版服务单位提供人工干预搜索排名、广告、推广等服务时，应当查验服务对象的《网络出版服务许可证》及业务范围。

第二十条 网络出版服务单位应当按照批准的业务范围从事网络出版服务，不得超出批准的业务范围从事网络出版服务。

第二十一条 网络出版服务单位不得转借、出租、出卖《网络出版服务许可证》或以任何形式转让网络出版服务许可。

网络出版服务单位允许其他网络信息服务提供者以其名义提供网络出版服务，属于前款所称禁止行为。

第二十二条 网络出版服务单位实行特殊管理股制度，具体办法由国家新闻出版广电总局另行制定。

第三章 网络出版服务管理

第二十三条 网络出版服务单位实行编辑责任制度，保障网络出版物内容合法。

网络出版服务单位实行出版物内容审核责任制度、责任编辑制度、责任校对制度等管理制度，保障网络出版物出版质量。

在网络上出版其他出版单位已在境内合法出版的作品且不改变原出版物内容的，须在网络出版物的相应页面显著标明原出版单位名称以及书号、刊号、网络出版物号或者网址信息。

第二十四条 网络出版物不得含有以下内容：

（一）反对宪法确定的基本原则的；

（二）危害国家统一、主权和领土完整的；

（三）泄露国家秘密、危害国家安全或者损害国家荣誉和利益的；

（四）煽动民族仇恨、民族歧视，破坏民族团结，或者侵害民族风俗、习惯的；

（五）宣扬邪教、迷信的；

（六）散布谣言，扰乱社会秩序，破坏社会稳定的；

（七）宣扬淫秽、色情、赌博、暴力或者教唆犯罪的；

（八）侮辱或者诽谤他人，侵害他人合法权益的；

（九）危害社会公德或者民族优秀文化传统的；

（十）有法律、行政法规和国家规定禁止的其他内容的。

第二十五条 为保护未成年人合法权益，网络出版物不得含有诱发未成年人模仿违反社会公德和违法犯罪行为的内容，不得含有恐怖、残酷等妨害未成年人身心健康的内容，不得含有披露未成年人个人隐私的内容。

第二十六条 网络出版服务单位出版涉及国家安全、社会安定等方面重大选题的内容，应当按照国家新闻出版广电总局有关重大选题备案管理的规定办理备案手续。未经备案的重大选题内容，不得出版。

第二十七条 网络游戏上网出版前，必须向所在地省、自治区、直辖市出版行政主管部门提出申请，经审核同意后，报国家新闻出版广电总局审批。

第二十八条 网络出版物的内容不真实或不公正，致使公民、法人或者其他组织合法权益受到侵害的，相关网络出版服务单位应当停止侵权，公开更正，消除影响，并依法承担其他民事责任。

第二十九条 国家对网络出版物实行标识管理，具体办法由国家新闻出版广电总局另行制定。

第三十条 网络出版物必须符合国家的有关规定和标准要求，保证出版物质量。

网络出版物使用语言文字，必须符合国家法律规定和有关标准规范。

第三十一条 网络出版服务单位应当按照国家有关规定或技术标准，配备应用必要的设备和系统，建立健全各项管理制度，保障信息安全、内容合法，并为出版行政主管部门依法履行监督管理职责提供技术支持。

第三十二条 网络出版服务单位在网络上提供境外出版物，应当取得著作权合法授权。其中，出版境外著作权人授权的网络游戏，须按本规定第二十七条办理审批手续。

第三十三条 网络出版服务单位发现其出版的网络出版物含有本规定第二十四条、第二十五条所列内容的，应当立即删除，保存有关记录，并向所在地县级以上出版行政主管部门报告。

第三十四条 网络出版服务单位应记录所出版作品的内容及其时间、网址或者域名，记录应当保存60日，并在国家有关部门依法查询时，予以提供。

第三十五条 网络出版服务单位须遵守国家统计规定，依法向出版行政主管部门报送统计资料。

第四章　监督管理

第三十六条　网络出版服务的监督管理实行属地管理原则。

各地出版行政主管部门应当加强对本行政区域内的网络出版服务单位及其出版活动的日常监督管理，履行下列职责：

（一）对网络出版服务单位进行行业监管，对网络出版服务单位违反本规定的情况进行查处并报告上级出版行政主管部门；

（二）对网络出版服务进行监管，对违反本规定的行为进行查处并报告上级出版行政主管部门；

（三）对网络出版物内容和质量进行监管，定期组织内容审读和质量检查，并将结果向上级出版行政主管部门报告；

（四）对网络出版从业人员进行管理，定期组织岗位、业务培训和考核；

（五）配合上级出版行政主管部门、协调相关部门、指导下级出版行政主管部门开展工作。

第三十七条　出版行政主管部门应当加强监管队伍和机构建设，采取必要的技术手段对网络出版服务进行管理。出版行政主管部门依法履行监督检查等执法职责时，网络出版服务单位应当予以配合，不得拒绝、阻挠。

各省、自治区、直辖市出版行政主管部门应当定期将本行政区域内的网络出版服务监督管理情况向国家新闻出版广电总局提交书面报告。

第三十八条　网络出版服务单位实行年度核验制度，年度核验每年进行一次。省、自治区、直辖市出版行政主管部门负责对本行政区域内的网络出版服务单位实施年度核验并将有关情况报国家新闻出版广电总局备案。年度核验内容包括网络出版服务单位的设立条件、登记项目、出版经营情况、出版质量、遵守法律规范、内部管理情况等。

第三十九条 年度核验按照以下程序进行：

（一）网络出版服务单位提交年度自检报告，内容包括：本年度政策法律执行情况，奖惩情况，网站出版、管理、运营绩效情况，网络出版物目录，对年度核验期内的违法违规行为的整改情况，编辑出版人员培训管理情况等；并填写由国家新闻出版广电总局统一印制的《网络出版服务年度核验登记表》，与年度自检报告一并报所在地省、自治区、直辖市出版行政主管部门；

（二）省、自治区、直辖市出版行政主管部门对本行政区域内的网络出版服务单位的设立条件、登记项目、开展业务及执行法规等情况进行全面审核，并在收到网络出版服务单位的年度自检报告和《网络出版服务年度核验登记表》等年度核验材料的45日内完成全面审核查验工作。对符合年度核验要求的网络出版服务单位予以登记，并在其《网络出版服务许可证》上加盖年度核验章；

（三）省、自治区、直辖市出版行政主管部门应于完成全面审核查验工作的15日内将年度核验情况及有关书面材料报国家新闻出版广电总局备案。

第四十条 有下列情形之一的，暂缓年度核验：

（一）正在停业整顿的；

（二）违反出版法规规章，应予处罚的；

（三）未按要求执行出版行政主管部门相关管理规定的；

（四）内部管理混乱，无正当理由未开展实质性网络出版服务活动的；

（五）存在侵犯著作权等其他违法嫌疑需要进一步核查的。

暂缓年度核验的期限由省、自治区、直辖市出版行政主管部门确定，报国家新闻出版广电总局备案，最长不得超过 180 日。暂缓年度核验期间，须停止网络出版服务。

暂缓核验期满，按本规定重新办理年度核验手续。

第四十一条 已经不具备本规定第八条、第九条规定条件的，责令限期改正；逾期仍未改正的，不予通过年度核验，由国家新闻出版广电总局撤销《网络出版服务许可证》，所在地省、自治区、直辖市出版行政主管部门注销登记，并通知当地电信主管部门依法处理。

第四十二条 省、自治区、直辖市出版行政主管部门可根据实际情况，对本行政区域内的年度核验事项进行调整，相关情况报国家新闻出版广电总局备案。

第四十三条 省、自治区、直辖市出版行政主管部门可以向社会公布年度核验结果。

第四十四条 从事网络出版服务的编辑出版等相关专业技术人员及其负责人应当符合国家关于编辑出版等相关专业技术人员职业资格管理的有关规定。

网络出版服务单位的法定代表人或主要负责人应按照有关规定参加出版行政主管部门组织的岗位培训，并取得国家新闻出版广电总局统一印制的《岗位培训合格证书》。未按规定参加岗位培训或培训后未取得《岗位培训合格证书》的，不得继续担任法定代表人或主要负责人。

第五章　保障与奖励

第四十五条　国家制定有关政策，保障、促进网络出版服务业的发展与繁荣。鼓励宣传科学真理、传播先进文化、倡导科学精神、塑造美好心灵、弘扬社会正气等有助于形成先进网络文化的网络出版服务，推动健康文化、优秀文化产品的数字化、网络化传播。

网络出版服务单位依法从事网络出版服务，任何组织和个人不得干扰、阻止和破坏。

第四十六条　国家支持、鼓励下列优秀的、重点的网络出版物的出版：

（一）对阐述、传播宪法确定的基本原则有重大作用的；

（二）对弘扬社会主义核心价值观，进行爱国主义、集体主义、社会主义和民族团结教育以及弘扬社会公德、职业道德、家庭美德、个人品德有重要意义的；

（三）对弘扬民族优秀文化，促进国际文化交流有重大作用的；

（四）具有自主知识产权和优秀文化内涵的；

（五）对推进文化创新，及时反映国内外新的科学文化成果有重大贡献的；

（六）对促进公共文化服务有重大作用的；

（七）专门以未成年人为对象、内容健康的或者其他有利于未成年人健康成长的；

（八）其他具有重要思想价值、科学价值或者文化艺术价值的。

第四十七条　对为发展、繁荣网络出版服务业作出重要贡献的单位和个人，按照国家有关规定给予奖励。

第四十八条 国家保护网络出版物著作权人的合法权益。网络出版服务单位应当遵守《中华人民共和国著作权法》、《信息网络传播权保护条例》、《计算机软件保护条例》等著作权法律法规。

第四十九条 对非法干扰、阻止和破坏网络出版物出版的行为，出版行政主管部门及其他有关部门，应当及时采取措施，予以制止。

第六章 法律责任

第五十条 网络出版服务单位违反本规定的，出版行政主管部门可以采取下列行政措施：

（一）下达警示通知书；

（二）通报批评、责令改正；

（三）责令公开检讨；

（四）责令删除违法内容。

警示通知书由国家新闻出版广电总局制定统一格式，由出版行政主管部门下达给相关网络出版服务单位。

本条所列的行政措施可以并用。

第五十一条 未经批准，擅自从事网络出版服务，或者擅自上网出版网络游戏（含境外著作权人授权的网络游戏），根据《出版管理条例》第六十一条、《互联网信息服务管理办法》第十九条的规定，由出版行政主管部门、工商行政管理部门依照法定职权予以取缔，并由所在地省级电信主管部门依据有关部门的通知，按照《互联网信息服务管理办法》第十九条的规定给予责令关闭网站等处罚；已经触犯刑法的，依法追究刑事责任；尚不够刑事处罚的，删除全部相关网络出版物，没收违法所得和从事违法出版活动的主要设备、专用工具，违法经营额1万元以上的，并处违法经营额5倍以上10倍以下的罚款；违法经营额不足1万元的，可以处5万元以下的罚款；侵犯他人合法权益的，依法承担民事责任。

第五十二条 出版、传播含有本规定第二十四条、第二十五条禁止内容的网络出版物的，根据《出版管理条例》第六十二条、《互联网信息服务管理办法》第二十条的规定，由出版行政主管部门责令删除相关内容并限期改正，没收违法所得，违法经营额1万元以上的，并处违法经营额5倍以上10倍以下罚款；违法经营额不足1万元的，可以处5万元以下罚款；情节严重的，责令限期停业整顿或者由国家新闻出版广电总局吊销《网络出版服务许可证》，由电信主管部门依据出版行政主管部门的通知吊销其电信业务经营许可或者责令关闭网站；构成犯罪的，依法追究刑事责任。

为从事本条第一款行为的网络出版服务单位提供人工干预搜索排名、广告、推广等相关服务的，由出版行政主管部门责令其停止提供相关服务。

第五十三条 违反本规定第二十一条的，根据《出版管理条例》第六十六条的规定，由出版行政主管部门责令停止违法行为，给予警告，没收违法所得，违法经营额1万元以上的，并处违法经营额5倍以上10倍以下的罚款；违法经营额不足1万元的，可以处5万元以下的罚款；情节严重的，责令限期停业整顿或者由国家新闻出版广电总局吊销《网络出版服务许可证》。

第五十四条 有下列行为之一的，根据《出版管理条例》第六十七条的规定，由出版行政主管部门责令改正，给予警告；情节严重的，责令限期停业整顿或者由国家新闻出版广电总局吊销《网络出版服务许可证》：

（一）网络出版服务单位变更《网络出版服务许可证》登记事项、资本结构，超出批准的服务范围从事网络出版服务，合并或者分立，设立分支机构，未依据本规定办理审批手续的；

（二）网络出版服务单位未按规定出版涉及重大选题出版物的；

（三）网络出版服务单位擅自中止网络出版服务超过 180 日的；

（四）网络出版物质量不符合有关规定和标准的。

第五十五条 违反本规定第三十四条的，根据《互联网信息服务管理办法》第二十一条的规定，由省级电信主管部门责令改正；情节严重的，责令停业整顿或者暂时关闭网站。

第五十六条 网络出版服务单位未依法向出版行政主管部门报送统计资料的，依据《新闻出版统计管理办法》处罚。

第五十七条 网络出版服务单位违反本规定第二章规定，以欺骗或者贿赂等不正当手段取得许可的，由国家新闻出版广电总局撤销其相应许可。

第五十八条 有下列行为之一的，由出版行政主管部门责令改正，予以警告，并处 3 万元以下罚款：

（一）违反本规定第十条，擅自与境内外中外合资经营、中外合作经营和外资经营的企业进行涉及网络出版服务业务的合作的；

（二）违反本规定第十九条，未标明有关许可信息或者未核验有关网站的《网络出版服务许可证》的；

（三）违反本规定第二十三条，未按规定实行编辑责任制度等管理制度的；

（四）违反本规定第三十一条，未按规定或标准配备应用有关系统、设备或未健全有关管理制度的；

（五）未按本规定要求参加年度核验的；

（六）违反本规定第四十四条，网络出版服务单位的法定代表人或主要负责人未取得《岗位培训合格证书》的；

（七）违反出版行政主管部门关于网络出版其他管理规定的。

第五十九条 网络出版服务单位违反本规定被处以吊销许可证行政处罚的，其法定代表人或者主要负责人自许可证被吊销之日起10年内不得担任网络出版服务单位的法定代表人或者主要负责人。

从事网络出版服务的编辑出版等相关专业技术人员及其负责人违反本规定，情节严重的，由原发证机关吊销其资格证书。

第七章 附 则

第六十条 本规定所称出版物内容审核责任制度、责任编辑制度、责任校对制度等管理制度，参照《图书质量保障体系》的有关规定执行。

第六十一条 本规定自2016年3月10日起施行。原国家新闻出版总署、信息产业部2002年6月27日颁布的《互联网出版管理暂行规定》同时废止。

关于整理出版《金瓶梅》及其研究资料的通知

新闻出版署 1988年6月10日 （88）新出图字第602号

全国各省、自治区、直辖市新闻出版局、全国各有关出版社：

《金瓶梅》是我国第一部长篇白话世情小说，对后世的小说创作曾产生较大影响，在文学史上具有重要地位，向为学术界所重视。近年来，《金瓶梅》研究日趋深入，不断取得新的进展，并引起国际上汉学家的注意。因而学术界对《金瓶梅》及其研究资料的需求也日益增大。

最近一个时期以来，先后有十余家出版社向我署提出报告，分别要求出版《金瓶梅》的各种版本及改编本，包括图录、连环画及影视文学剧本等。我们认为，《金瓶梅》一书虽在文学史上占有重要地位，但该书存在大量自然主义的秽亵描写，不宜广泛印行。因此，整理出版应持严肃、审慎态度。一方面，对学术界公认的、确有研究价值的重要刻本，应予有计划、有步骤地整理出版；同时又要对品种、印数和发行范围加以必要的控制，以避免某些副作用。

在现存的《金瓶梅》各种版本中，学术界一般认为明代万历词话本、崇祯本及清康熙张竹坡批评本是三个最具研究价值的版本。建国以来，词话本及张评本均已先后出版足本或删节本，唯崇祯本尚未整理出版。最近，我署经对各出版社的申报进行反复研究，并征询有关学者的意见，对《金瓶梅》及其有关资料的整理出版做出如下统一安排：

一、关于足本。北京大学图书馆藏本《新刻绣像批评金瓶梅》，学术界公认是现存崇祯本较为完善的版本。批准北京大学出版社申报，可于年内据以影印两千部；批准山东齐鲁书社申报，可于1989年内整理出版《金瓶梅》崇祯本的校勘足本五千部。该整理本应尽量收集海内外崇祯本的各种刻本，包括个别鲜为人知和一般不易看到的刊本，相互比勘，并加校勘记，以便于研究工作者了解各种崇祯本的原貌及异同。以上两种，均须内部定向发行，以保证教学、研究用书。至此，《金瓶梅》一书三种最具研究价值的版本均将陆续出版。除此之外，在今后一个时期内，不再批准出版《金瓶梅》一书的其他版本。

二、关于节本。《金瓶梅》词话本及张竹坡评本已先后整理出版过删节本。今后一个时期内，一般不再批准出版《金瓶梅》其他版本的删节本。浙江古籍出版社提出清初戏剧家李渔是《金瓶梅》崇祯本的评点者，申请将该书纳入《李渔全集》出版。考虑到对李渔文艺思想研究的需要，同意该社要求，可于1990年以后，将崇祯本纳入《李渔全集》出版少量删节本。印数不超过全集其他卷别的最低印数，配套内部发行，不得另外印行单卷本。

三、关于改写本、改编本。《金瓶梅》一书无普及的必要，改写亦属不易。因此不安排出版该书的缩写本、改写本以及影视剧文学剧本。以青少年为主要读者对象的连环画，更不应改编《金瓶梅》出版。

四、关于《金瓶梅》续书及资料。《金瓶梅》续书中有价值的不多。山东齐鲁书社经认真筛选，提出其中三部：《续金瓶梅》、《金屋梦》、《隔帘花影》，1987年经我署批准，出版少量删节本，内部发行。以上三书，不再批准其他出版社重复出版。北京大学图书馆馆藏《三续金瓶梅》抄本，从未见流传，具有一定的版本及研究价值。批准北京大学出版社申报，可于年内据以影印两千本，内部发行。尔后，凡整理出版《金瓶梅》续书及前人的有关资料，须严格选择，并事前专题向我署报批。

以上关于整理出版《金瓶梅》一书及其研究资料的统一安排及管理规定，请各地新闻出版局及有关出版社遵照执行。最近发现，有的出版社未向我署报告，自行安排出版《金瓶梅》续书，且印数甚大，违背原文化部出版局〔85〕第432号文件的规定，我署正在调查处理中。还有出版社把《金瓶梅故事钢笔字帖》列入出版规划，我署业已制止。今后，凡整理出版《金瓶梅》及其研究资料，务必遵守国家规定，否则，视情节轻重给予行政处罚。

关于出版“文化大革命”图书问题的若干规定

中共中央宣传部　新闻出版署

1988年12月10日　（88）新出联字第8号

各省、自治区、直辖市及计划单列市党委宣传部、人民政府新闻出版局，港澳工委宣传部，总政宣传部，中央宣传系统各单位党委、党组，中央级出版社：

近来，一些出版社出版了一些专门研究和介绍“文革”历史、事件、人物的图书，一些出版社正在安排这方面的选题。还有些出版社为了片面追求经济效益，以所谓“文革”期间的“轶事”、“秘闻”、“内幕”之类的名目招徕读者，在社会上已经造成了不好的影响。最近，中央领导同志就有关“文革”图书的出版问题指出：根据中央团结一致向前看，历史问题宜粗不宜细的一贯精神及邓小平同志关于当前要加强党的集中统一领导，发挥政治优势的指示，目前争相出版《文革辞典》极易导致翻腾旧账，引起争论，实无必要。对中央宣传部发过的《通知》置之不理，造成既成事实迫使中央批准的作法，不能接受。并重申中央过去的规定，指出出版此类书可能引起的反效应，因此，相当时期内根本不考虑出《文革辞典》的申请。

为此，对出版“文化大革命”图书规定如下：

一、有关“文化大革命”的辞典等工具书，今后相当时期内，各出版社均不得安排。已安排了的（包括在印制过程中的），凡未经过中宣部和新闻出版署专门批准的，一律撤销，并将有关情况报告中宣部和新闻出版署。

二、凡属专门研究“文化大革命”的著作及专门叙述“文化大革命”历史的著作，一般不要安排，确有价值的选题，地方出版社要专题报当地省（自治区、直辖市）委宣传部，中央级出版社专题报上级主管部（委），经严格审查同意后，写出书面审查意见，报新闻出版署并中宣部审批。

三、有关“文化大革命”的回忆录、传记、纪实文学作品等，前一段时间已出版了不少，原则上不要再安排。那种捕风捉影、肆意虚构、夸大史实，以林彪、“四人帮”的所谓“野史”、“秘闻”为主要内容的作品，不得再出版。确有一定价值、严肃认真的回忆录，地方出版社专题报当地省（自治区、直辖市）委宣传部，中央级出版社专题报上级主管部（委），经审查同意后，写出书面审查意见，报新闻出版署并中宣部审批同意后方可组织出版。这些回忆录必须事实准确，不得违背中央《关于建国以来党的若干历史问题的决议》精神，不得随意使用中央未正式公开的历史材料，不得随意涉及党和国家领导人个人品德问题。

四、上述准予出版的有关“文化大革命”的图书，目前限由各地人民出版社及有关的中央级社会科学出版社安排出版，其他出版社均不得安排。这些书一律不得以协作出书和代印代发的方式出版。

五、上述图书的发行全部交新华书店，不得交由个体、集体书摊（店）批发。

六、翻译国外的有关“文化大革命”的图书，一律按上述规定执行。

七、凡未经中宣部和新闻出版署批准的目前正在安排、印制有关“文化大革命”图书的出版社，接到本通知后，一律暂停印发这类图书，同时将选题和图书安排情况报中宣部和新闻出版署，听候处理。

八、本规定自文到之日起执行。凡违反上述规定的，将视情节轻重，给予包括没收利润、罚款、追究领导责任等处罚。处罚由各省、自治区、直辖市新闻出版局决定，必要时由新闻出版署决定。

九、过去规定凡有与本规定不符者，按本规定执行。

关于对描写党和国家主要领导人的出版物加强管理的规定

中共中央宣传部　新闻出版署

1990年5月5日　（90）新出图字第551号

中央和国家机关各部委，各人民团体，解放军总政治部，各省、自治区、直辖市党委宣传部，新闻出版局：

最近一个时期，一些出版社、杂志和报纸出版、发表了一批描写毛泽东、周恩来、刘少奇、朱德、邓小平、陈云等党和国家主要领导人生平的纪实文学、报告文学或传记作品，还有写江泽民、李鹏等同志的图书和文章，在社会上产生了很大的影响。其中有一些作品是写得比较好的，但是总的来看，这类作品过多，存在不少值得重视的问题。例如，有的事实内容不准确、不真实，对人物的评价偏颇不公正；有的擅自公开党中央内部情况和领导人的重要言论；有的热衷于“秘闻”、“内幕”、“隐私”、“野史”，大量使用道听途说的传闻，捏造史实，杜撰领导人的心态、言论和领导人之间的关系，贬低甚至诬蔑革命领袖。这些问题在政治上损害了党的领导，不利于坚持四项基本原则和稳定大局。

为加强对这类出版物的管理，保证质量，经中央批准，现将有关规定通知如下：

一、本规定所称党和国家的主要领导人指：现任或曾任党中央政治局的常委，国家主席、副主席，国务院总理，全国人大常务委员会委员长，中央顾问委员会主任，全国政协主席。本规定所称描写党和国家主要领导人的出版物指：专门描写、记述上述人物的专著、传记、回忆录、纪实文学、报告文学等。

二、出版、发表这类图书、文章必须十分严肃、慎重。所述史实一定要准确，观点必须符合党中央《关于若干历史问题的决议》、《关于建国以来党的若干历史问题的决议》以及中央有关文件的精神。各有关主管部门和出版单位必须严格把关，凡不符合上述要求的，不得出版、发表。

三、这类图书限由人民出版社、中央文献出版社、中共党史资料出版社、中共中央党校出版社、中国青年出版社、解放军出版社和各省、自治区、直辖市人民出版社出版，其他出版社一律不得安排出版。杂志、报纸刊载这类作品，要与杂志、报纸的性质、分工相符，不符的不得刊载。

四、有关出版社在安排这类图书选题时，地方出版社要将书稿报当地新闻出版局，由新闻出版局提出审读意见，经党委宣传部同意后报新闻出版署审批；中央级出版社要将书稿报主管部门，由主管部门提出审读意见后报新闻出版署审批。凡写健在的党和国家主要领导人的书稿，在报送新闻出版署之前，须先由出版单位征求本人意见。新闻出版署在审批中，如有重要疑难问题，可送中央宣传部审批。必要时，中央宣传部可视情况分别请中央文献研究室、中央党史研究室和军事科学院等部门协助审核。

五、翻译出版国外作者和翻印台港澳作者撰写的这类图书，同样按上述规定办理。内容不妥但确有某些研究和参考价值的，在上报书稿时须同时说明情况，经批准后，写好出版说明，方可出版，控制印数，内部发行。

六、上述图书不得协作出版，不得代印代发，一律由新华书店发行。

七、人民日报、求是杂志发表上述内容的文章，由他们按本单位的审批程序报批。其他报纸、杂志发表这类文章，或录音、录像带属于这类内容的，则应按本规定办理审批手续。如汇编成书，须重新按本规定专题报批。

八、1990年2月10日，新闻出版署发出《关于对描写中央主要领导同志的出版物复审和报批的通知》（〔90〕新出明电字第6号、〔90〕新出图字第142号），要求近年出版过这类图书的出版社，发表过此类作品的杂志、报纸，应根据中央有关规定进行一次清理工作，向上级主管部门和新闻出版署报告。至今仍未报的这类图书一律不得出版、发行（包括在制品）。已报新闻出版署的，仍需按本规定办理。此类图书如需再版重印，亦应按照本规定报批。

九、对违反上述规定的，由新闻出版署和当地新闻出版局予以行政处罚。如内容可以出版，但未按规定报批的，没收全部利润。如未按规定报批，加之内容也有问题的，除没收利润和加处罚款外，还将对出版单位及有关责任者追究责任，包括纪律处分，取消出版这类图书的资格，以至撤销出版单位。如发生违反法律的问题要对有关责任者包括作者追究法律责任。报纸、杂志、录音、录像制品违反上述规定的，参照本条规定处理。

十、各有关出版社、杂志、报纸的主管部门和各省、自治区、直辖市新闻出版局，要把对这类出版物的管理当作一项重要工作来抓，重要情况和问题要及时向当地党委宣传部门和新闻出版署、中央宣传部报告。

关于出版党代会、党中央全会和全国人代会文件及学习辅导材料的暂行规定

新闻出版署　1991 年 4 月 2 日　（91）新出图字第 276 号

各省、自治区、直辖市新闻出版局，中央各有关出版社：

有关党的代表大会、党的中央全会和全国人民代表大会文件及其学习辅导材料的出版，关系重大。经请求中宣部同意，为了保证出版质量，特重申过去的有关规定，并补充规定如下：

一、党的代表大会、党的中央全会和全国人民代表大会文件只能由人民出版社出版。各地方人民出版社如需安排出版，可向人民出版社租型。

二、有关党的代表大会、党的中央全会和全国人民代表大会文件的学习辅导材料，按照专业分工的原则，限由人民出版社、中央党校出版社、红旗出版社、中国工人出版社、中国青年出版社、解放军出版社、人民教育出版社、新华出版社、法律出版社和各省、自治区、直辖市人民出版社安排出版；民族文版限由民族出版社出版；外文版限由外文出版社出版。

三、上述出版社安排出版有关党的代表大会、党的中央全会和全国人民代表大会文件的学习辅导材料，书稿须报经上级主管部门审批，并报新闻出版署备案。涉及重大问题、内容难以把握的，应报告请示中央政策研究室或国务院研究室。

四、上述会议文件的学习辅导材料，只能在会议文件正式发

表之后出版发行。凡在会议文件正式公布之前征订出版会议文件学习辅导材料的，严禁泄露未发表的会议文件内容。

五、按照历来规定，为保证党和国家重要文件出版工作的严肃性，上述公开出版发行的学习辅导材料不得收进会议文件或以摘录形式变相收进会议文件。

六、公开出版发行党的代表大会、党的中央全会和全国人民代表大会文件的学习辅导材料是一项十分严肃的工作，出版社必须慎重对待，要认真审稿，确保图书质量。出版社宣传作者情况不得乱打旗号、盗用名义，违反者将视具体情况，严肃处理。

七、上述公开出版的各种会议文件及有关的学习辅导材料，均限由新华书店发行，不得以协作出版和以代印代发方式出版。

关于出版社不得要求作者个人包销图书的通知

新闻出版署　1991 年 8 月 15 日　（91）新出图字第 1035 号

各省、自治区、直辖市新闻出版局，全国各出版社：

出版社让作者包销图书或要求作者出钱资助才能出版图书的问题，社会上批评甚多。这样做一方面增加作者负担，有损于出版单位的声誉；另一方面，不利于提高图书质量，比如有些书稿因作者肯出钱，虽属平庸也得以出版。事实证明，此事弊端很多，得不偿失，应当制止。现将有关事项通知如下：

一、出版社不得以任何名义要求或接受作者个人出钱资助出书。按照规定自费出版的除外。

二、出版社不得要求或接受供稿单位或作者个人包销图书。

三、出版社不得以图书抵充稿费。合同另有约定的，按照合同支付报酬。

四、专业性强的图书和学术著作，出版社或新华书店可以委托全民所有制的机关、团体进行系统对口征订，征订数均由出版社或新华书店统一供应。宣传推荐、征订图书所需的宣传推广费用问题，按发行工作的有关规定办理。

五、出版科研著作和专业性很强的科技图书，亏损过大，出版社不能负担时，经双方协商同意，出版社可以接受供稿单位提供的出版亏损补贴。

以上各项规定，各出版社必须严格执行，如有违反，各省、自治区、直辖市新闻出版局要切实负责，认真查处。

关于不得擅用中央和国家机关名义编书和推销图书的通知

新闻出版署　1991 年 8 月 21 日　（91）新出办字第 1055 号

各省、自治区、直辖市新闻出版局，中央各出版社，中央各有关报社，新华书店总店：

近来，一些出版单位和中央、国家机关个别工作人员，擅用中央和国家领导机关的名义编书、推销发行图书。这种行为，有损中央和国家领导机关的声誉和形象，在社会上和干部群众中造成了不良影响。为杜绝此类事情的发生，现将有关规定通知如下：

一、由中央和国家机关组织编写的图书，如使用中央和国家机关的署名，应出具有关部委一级领导机关的证明信，出版单位方能受理。这类图书，如作征订广告，必须由出版单位提供部委一级领导机关的证明信。

二、中央和国家机关工作人员，以个人身份、集体身份写书或编书，不得冠以机关称谓，如果确有必要冠以机关称谓，必须出具有关部委一级领导机关的证明信，出版单位方能受理。这类图书的广告宣传，必须由出版单位提供有关部委一级领导机关的证明信。

三、属于个人和集体编写的图书，不得使用或变相使用中央和国家机关的名义署名，也不得以此进行广告宣传和组织发行。

四、各有关出版单位、发行单位，自即日起按上述规定执行。如有违反，将视情节轻重予以警告、通报批评、没收所得利润、罚款、停业整顿等处分。

五、对擅用地方党政机关名义编书和推销图书的问题，适用上述规定。

关于出版曾任和现任党和国家主要领导人著作的补充通知

新闻出版署　1991 年 11 月 2 日　（91）新出图字第 1307 号

各省、自治区、直辖市、计划单列市新闻出版局，中央各出版社：

关于编辑、出版毛、周、刘、朱、任、邓、陈和现任中央常委的著作，具有重大的政治影响，是一项十分严肃的工作。对于编辑、出版这类著作，中央 1982 年 6 月中发（1982）33 号文件早已有明确规定。1990 年 8 月，中央宣传部、中央文献研究室和新闻出版署《关于出版、发表毛、周、刘、朱、任、邓、陈和现任中央常委著作的几项补充规定》（中宣发文〔1990〕9 号、中献发〔1990〕48 号、〔90〕新出联字 7 号）又作了进一步的规定。但仍有一些出版社未能严格执行上述有关规定，个别出版社未经任何部门批准、审定，自行编辑出版曾任和现任党和国家主要领导人的专题语录本，或者编辑出版加上评介的专题汇编。其中有的质量不高。这不仅有损这项工作的严肃性，而且影响广大读者的学习和正确理解。

为了维护编辑出版党和国家领导人的著作的严肃性，保证图书出版质量，现将有关事项重申并补充通知如下：

一、凡毛、周、刘、朱、任、邓、陈和现任中央常委未曾出版、发表过的文稿（包括文章、著作、讲话、书信、批示、电文、诗词等），限由人民出版社和中央文献出版社、人民文学出版社按既定的分工范围出版。地方人民出版社和有关的中央出版社根据需要可向人民出版社和中央文献出版社、人民文学出版社租型出版这类图书；根据人民出版社和中央文献出版社已经出版的上述领导人的著作进行摘选的专题选编或综合汇编，一般只能由人民出版社和中央文献出版社按照各自的分工范围安排出版。

二、如遇个别特殊情况，其他出版社需要出版根据人民出版社、中央文献出版社已出版的毛、周、刘、朱、任、邓、陈和现任中央常委的著作摘选的专题选编、综合汇编，或者对这类专题选编、综合汇编加有注释、评介或分析的读物，须经出版社主管单位审核同意后，专题报新闻出版署审批。

三、有关毛、周、刘、朱、任、邓、陈和现任中央常委的画册、影集限由人民出版社、中央文献出版社、中共党史出版社和文物出版社根据各自的分工安排出版。

四、各出版社必须严格执行上述规定，如有违反，将视具体情况给予行政处罚。

关于贯彻执行国务院《法规汇编编辑出版管理规定》的通知

新闻出版署　1991年12月23日　（91）新出图字第1550号

各省、自治区、直辖市和计划单列市新闻出版局，中央各出版社：

为贯彻执行国务院《法规汇编编辑出版管理规定》（1990年第63号令），现就有关出版行政管理的问题通知如下：

一、国务院《法规汇编编辑出版管理规定》“第七条　出版法规汇编，国家出版行政管理部门根据出版专业分工规定的原则，依照下列分工予以审核批准：

（一）法律汇编由全国人民代表大会常务委员会法制工作委员会选择的中央一级出版社出版；

（二）行政法规汇编由国务院法制局选择的中央一级出版社出版；

（三）军事法规汇编由中央军事委员会法制局选择的中央一级出版社出版；

（四）部门规章汇编由国务院各部门选择的中央一级出版社出版；

（五）地方性法规和地方政府规章汇编由具有地方性法规和地方政府规章制定权的地方各级人民代表大会常务委员会和地方各级人民政府选择的中央一级出版社或者地方出版社出版。”

经新闻出版署审查核准可以出版法规汇编的出版社，根据历来出版社出版法律、法规的特点和各有侧重的原则，按照法规汇编的不同性质和出版社专业分工的不同，核准由以下出版社分别承担：

1．由全国人民代表大会常务委员会法制工作委员会编辑的法律汇编由人民出版社出版；

2．由国务院法制局编辑的行政法规汇编由人民出版社、法律出版社、中国法制出版社和中国民主法制出版社出版；

3．国务院各部门编辑的部门规章汇编由该部门主办的专业性出版社出版。如该部门没有出版社，可事先报经新闻出版署同意后，交由与该部门业务相近的中央有关专业出版社出版，或交由人民出版社、法律出版社、中国法制出版社、中国民主法制出版社出版；

4．由中央军事委员会法制局编辑的军事法规汇编由解放军出版社出版，或交由人民出版社、法律出版社出版；

5．由地方各级人民代表大会常务委员会和地方各级人民政府编辑的地方性法规和地方政府规章汇编，由当地人民出版社出版，或交由人民出版社、法律出版社、中国法制出版社、中国民主法制出版社出版。

二、“第八条　国家出版的民族文版和外文版的法律汇编，由全国人民代表大会常务委员会法制工作委员会组织或者协助审定。

国家出版的民族文版和外文版的行政法规汇编，由国务院法制局组织或者协助审定。”

1．由全国人民代表大会常务委员会法制工作委员会组织审定的外文版法律汇编和由国务院法制局组织审定的外文版行政法规汇编，由外文出版社、人民出版社或法律出版社出版；

2．由全国人民代表大会常务委员会法制工作委员会组织审定的民族文版法律汇编和由国务院法制局组织审定的民族文版行政法规汇编，由民族出版社出版。

由地方各级人民代表大会常务委员会和地方各级人民政府组织审定的民族文版的地方性法规和地方政府规章汇编，由当地人民出版社出版。

三、根据当地的实际工作需要，各省、自治区、直辖市人民出版社可向人民出版社、法律出版社、中国民主法制出版社、中国法制出版社及中央有关专业出版社租型出版由这些出版社出版的法律、行政法规和部门规章汇编。

四、“第九条　符合第七条规定的出版社应当制定法规汇编的出版选题计划，分别报有权编辑法规汇编的机关和出版行政管理部门备案。”

凡承担法律、法规和规章汇编任务的出版社，这类图书的选题计划，应事先报新闻出版署备案，并附负责编选定稿的有关部门的书面意见。

五、“第五条　根据工作、学习、教学、研究需要，有关机关、团体、企业事业组织可以自行或者委托精通法律的专业人员编印供内部使用的法规汇集；”

根据工作、学习、教学、研究需要，有关机关、团体、企业事业组织自行或委托精通法律的专业人员编辑供内部使用的法规汇集，须经国务院法制局或省、自治区、直辖市的政府法制局审核同意后，并经当地出版行政管理部门办理准印证后方可印制。但此类汇集本必须是非盈利性的，只能收取工本费。

六、“第十一条　出版法规汇编，必须保证印制质量。质量标准要符合国家有关规定。”

1．法规汇编只能委托书刊印刷国家定点企业印制；

2．委托印制法规汇编，除有完备的发排和付印手续外，还应有有关出版管理部门的审批同意证件。委托外埠书刊印刷国家定点企业印制法规汇编，除有上述手续外，还须经委印单位和承印单位所在地（省、自治区、直辖市）新闻出版局核准；

3．根据工作、学习、教学、研究需要，有关机关、团体、企业事业组织自行或委托精通法律的专业人员编印供内部使用的法规汇集须经主管部门（省、部、军级）同意，并经所在地省级新闻出版局审核发给准印证，方可印制；

4．非书刊印刷国家定点企业一律不得承接印制法规汇编。

七、“第十二条　法规汇编的发行，由新华书店负责，各地新华书店应当认真做好征订工作。

有条件的出版社也可以代办部分征订工作。”

1．各地新华书店应采取有效措施，配合出版社的工作，切实保证法规汇编图书的征订和发行工作顺利进行；

2．法律汇编、行政法规汇编和军事法规汇编由新华书店负责总发行，有条件的出版社可自办部门发行，但不得委托第三者总发行；

3．部门规章汇编、地方性法规和地方政府规章汇编，有条件的出版社可部分办理自办发行，但需与新华书店发货店协商。双方不能达成一致意见时，由当地省级新闻出版局予以协调或作出裁决。

八、“第十五条　与境外出版机构合作出版法规汇编事宜，参照本规定办理。”

1．凡与境外（包括台、港、澳地区，下同）出版机构合作出版的法规汇编须符合国务院《法规汇编编辑出版管理规定》第四条、第六条的要求；

2．有权与境外出版机构合作出版法规汇编的出版单位，须是符合本《通知》第一、第二条规定的单位；

3．与境外出版机构合作出版法规汇编的出版单位，除须符合前述规定外，还应按对外合作出版的规定事先报主管部门批准，并报新闻出版署备案。未经批准，不得擅自安排对外合作出版法规汇编；

4．与境外出版机构合作出版法规汇编，同样需严格按《国务院批转国家出版局关于颁发〈加强对外合作出版管理的暂行规定〉的报告的通知》〔（81）国发字第153号〕办理。

九、自国务院《法规汇编编辑出版管理规定》颁布之日起，各出版、印制单位，对目前在编、在排、在印的法规汇编进行一次全面清理。

1．对不符合国务院《规定》第四条规定的单位或个人，正在编辑的各种形式的法规汇编，一律停止编辑，不得安排出版；对已交付出版社或在排的，应将书稿移交给有编辑权的单位审批；对在印的，应报有编辑权的部门和新闻出版署审核批准。

2．凡在国务院《规定》发布之前，已经在社会上公开出版发行的各种法规汇编，不符合《规定》和本《通知》的，一律不得再版重印。

十、凡违反上述有关规定的，将根据国务院《法规汇编编辑出版管理规定》第十三条给予必要的处罚。

十一、以上规定自本《通知》发布之日起执行。凡与国务院《法规汇编编辑出版管理规定》和本《通知》不符的，一律按国务院的《规定》和本《通知》执行。

关于印发《出版社书稿档案管理办法》的通知

新闻出版署　国家档案局

1992年9月13日　新出联〔1992〕6号

各省、自治区、直辖市及单列市新闻出版局、档案局，中央国家机关各部委，各人民团体，解放军总政治部：

1981年发布的《出版社书稿档案工作暂行规定》（以下称《暂行规定》），对于建立健全出版社书稿档案工作起了积极的促进作用。随着出版事业的发展，《暂行规定》有必要进行修改。经过广泛征求意见，在《暂行规定》的基础上制订了《出版社书稿档案管理办法》，现印发给你们，请切实组织所属出版社按此实施，并加强对出版社书稿档案工作的指导、监督和检查。

出版社书稿档案管理办法

第一章　总　则

第一条　为实行出版社书稿档案的科学管理，有效地收集和利用书稿档案，加强出版社建设和出版管理，根据《中华人民共和国档案法》、《档案法实施办法》、《中华人民共和国著作权法》，特制定本办法。

第二条 书稿档案是图书编辑出版过程的历史记录，是国家档案的组成部分。

第二章 书稿档案管理的职责

第三条 各出版社书稿档案工作，在同级档案行政管理部门统筹规划，组织协调，统一制度下，由其主管领导机关进行业务指导和监督检查。

第四条 各出版社应建立档案工作机构，集中统一管理本社档案。书稿档案由编辑室收集、整理、立卷后，总编室负责归档、管理，并定期移交出版社档案机构。

第三章 书稿档案立卷范围

第五条 每一种图书的书稿档案，应反映编辑出版的全过程。立卷归档的文件、材料范围是：

（一）选题、约稿、组稿、出版情况记录和书稿的有关合同、协议书（包括合作出版）。

（二）各级审稿意见，包括责任编辑初审，编辑室主任复审，总编辑（副总编辑）终审意见和外审、会审意见及责任编辑加工、整理记录。

（三）出版单位有关书稿出版过程中的请示、报告，上级的指示、批复，重要电话、面洽、会议的记录。

（四）著（译、画）作原稿或复制件（原稿退还作者后应有原稿退还签收单）。

（五）封面设计、重要人物的题词手迹等材料。

（六）与作者有关书稿问题的往来信件和退改意见。

（七）图书出版通知单、清样、样书。

（八）发稿后的变动（如书名、作者署名、发行方式的改变，停发、停印、停售及报废等）情况及变动的根据。

（九）稿酬、版税通知单。

（十）获奖、受查处情况的记录。

（十一）有参考价值的读者来信、对图书的重要评论等。

第四章　书稿档案立卷方法

第六条　书稿档案以书名立卷，每出一种书立一卷或数卷，并按卷夹封面所列项目填写。

第七条　书稿档案按出版年度归档，跨年度的书稿档案，应在图书出版年度内归档。

第八条　出版社编辑室，应根据本办法第五条规定，在出书后三个月内将完整的书稿档案移交出版社总编室。

第九条　作品出版以后原稿（手迹）归作者所有，除双方合同约定者外，一般原稿保存二、三年后，退还作者，并办理清退手续。原稿退还签收单应归档。

第十条　卷内材料以左下方对齐，在左侧装订。遇有照（底）片、音像制品，须标明标题和作者（按国家档案局《照片档案管理规范》），可分类集中保管，但要注明编号，以便查找。样书也可分类集中保管。

第十一条　书稿档案的全宗号由上级档案部门确定。

第五章　书稿档案的保管期限

第十二条　凡具有重要历史价值、艺术价值、科学价值的书稿档案，列为“永久”保管。

第十三条　凡比较重要的、具有长期借鉴、利用价值的书稿档案，列为“长期”保管。

第十四条　凡是一般的、在一定时期内有参考利用价值的书稿档案，列为“短期”保管。

第十五条　对列为“长期”、“短期”保管的书稿档案，到期经过鉴定，需要继续保存的，可升为“永久”、“长期”保管；对确无继续保存价值的，可经出版社领导批准后按规定销毁。

第六章　书稿档案的保管及设备

第十六条　出版应根据保存的书稿档案的数量，设置必需的专用库房，购置必备的箱柜。库房要坚固，并有防盗、防光、防高温、防火、防潮、防尘、防虫、防鼠等设施。

第十七条　案卷上架可按书的出版时间顺序或类别排列。再版的书稿案卷放在本书初版的书稿案卷后面。

第十八条　出版社档案机构应建立《书稿案卷接收登记簿》、《书稿档案借阅登记簿》、《书稿档案销毁清册》。

第十九条　出版社档案机构应建立书稿档案“人名索引卡”、“书名索引卡”、“书稿、校样保管卡”等，作为辅助查找工具。

第七章　附　则

第二十条　本办法由新闻出版署负责解释。

第二十一条　本办法自发布之日起施行。1981 年 11 月 14 日发布的《出版社书稿档案工作暂行规定》同时废止。

附件：1．软卷皮封面格式（略）

2．卷内目录格式（略）

3．备考表格式（略）

4．卷盒格式（略）

关于部分古旧小说出版的管理规定

新闻出版署　1993年5月20日　（93）新出图612号

各省、自治区、直辖市及计划单列市新闻出版局：

为深化出版改革，简政放权，我署于1992年8月下发了《关于调整部分选题管理规定的通知》（新出图〔1992〕1109号），决定对部分选题管理规定进行必要的调整。其中“决定下放古旧小说专题审批权，凡我署核定的出书范围中有文学图书的出版社可按一般选题管理程序安排出版”。并提出“古旧小说中确有文学价值、可供学术研究工作参考，但有较多性描写内容、不适合青少年阅读的，仍需专题报我署审批”的要求。为便于出版社的主管部门及有关的出版社掌握仍需专题报批的古旧小说书目，经与部分专家研究，现将此类图书开列如下：

《一片情》、《浓情秘史》、《艳史》（又名《隋炀帝艳史》、《风流天子传》）、《素娥篇》、《天下第一绝纱奇书》、《绣屏缘》、《梦红楼梦》、《禅真后史》、《野叟曝言》、《风月鉴》、《如意君传》（又名《阃娱情传》），《玉娇丽》（又名《玉娇李》），《浪史》（又名《巧姻缘》、《浪史奇观》、《梅梦缘》），《绣榻野史》、《闲情别传》、《玉妃媚史》、《昭阳趣史》、《宜春香质》、《弁而钗》、《肉蒲团》（又名《觉名禅》、《耶蒲团》、《野叟奇语》、《钟情录》、《循环报》、《巧姻缘》、《巧奇缘》），《僧尼孽海》、《灯草和尚》（又名《灯花梦》、《和尚缘》、《奇僧传》），《株林野史》、《载花船》、《钟情艳史》、《巫山艳史》（又名《意中情》），《恋情人》（又名《迎风趣史》），《醉春风》（又名《自作孽》），《梧桐影》、《龙阳逸史》、《十二笑》、《春灯迷史》、《闹花丛》、《桃花艳史》、《妖狐艳史》、《双姻缘》（又名《双缘快史》），《两肉缘》、《绣戈袍全传》（又名《真倭袍》、《果报录》），《碧玉楼》、《奇缘记》、《欢喜浪史》、《杏花天》、《桃花影》（又名《牡丹奇缘》），《金瓶梅词话》（《新刻绣像批评金瓶梅》、《皋鹤堂批评第一奇书金瓶梅》及《金瓶梅》的其他版本），《春灯闹奇迹》、《巫梦缘》、《催晓梦》、《春情野史》、《欢喜缘》、《痴婆子传》。

中国古代小说源远流长，许多刻本、抄本流散于民间。除以上所列书目外，可能还有此类古旧小说。现对出版此类图书作如下规定：

一、书目所列图书均属有淫秽、色情内容或夹杂淫秽色情内容的图书。出版此类图书，包括其删节本、缩写本、改编本，必须事先专题报我署审批。

二、其他未列入上述书目的有较多性描写内容的，不适合青少年阅读的古旧小说，也需专题报我署审批。对此，出版社的上级主管部门应认真负责审核把关。

三、经正式批准出版此类图书的，如需要重印或再版，必须事先专题报我署审批。

四、凡违反以上规定的，一律予以行政处罚。

本通知下发前未经我署批准，已安排出版此类图书的出版社，一律将在制、在发的图书停下来，并将书名、内容、印数、发行方式等情况，以书面的形式报告我署，我署审定后再作处理。

各地出版行政管理部门、出版社的上级主管部门要切实负起责任，认真执行上述规定，有何情况和问题及时报告我署。

关于重申不适用中国标准书号的四类出版物的编号方法的通知

新闻出版署　1993年9月9日　（93）新出图1227号

各省、自治区、直辖市新闻出版局，全国各出版社：

1987年7月，我署曾发出《关于实施〈中国标准书号〉的补充通知》（〔87〕新出标字第483号文），对不适用中国标准书号的四类出版物的编号问题作了明确规定。但目前仍有一些出版社对这一规定不够明确，在不适用中国标准书号的四类出版物上使用中国标准书号，造成书号使用上的某些混乱。为此，特重申有关规定如下：

一、请各出版社严格按照《中国标准书号使用手册》和〔87〕新出标字第483号文件的规定，使用中国标准书号。

二、中国标准书号的适用范围不包括下列出版物：

1．临时性印刷品；年画、年历画、挂历、台历等。

2．无书名页的单张美术印刷品或折页美术印刷品（图片）。

3．各级技术标准文献。

4．不另加封面的出版物，如：活页文选、活页歌篇等均列入此类。

三、上述不适用中国标准书号的四类出版物，将继续使用“全国统一书号”。其具体编排方法为：

1．“全国统一书号”是由图书分类号、出版社号和序号三部分组成。

2．图书的分类和代号仍采用人民大学图书馆图书分类法（详见附件）。

3．出版社号改用中国标准书号中的出版者号（不包含 ISBN 7—）。

4．序号是指同类图书的顺序号码。同一出版社出版的同一类别、不同书名、不同内容的图书，按初版的先后顺序排列，分别编制序号。

5．“全国统一书号”中各组成部分的排列次序为：图书分类号、出版者号和序号。出版者号与序号之间用圆点隔开。（例：人民美术出版社出版的第 10 种艺术类挂历，图书分类号为“8”，出版者号为“102”，序号为“10”，统一书号为：8102·10。）

6．统一书号的印刷格式：

统一书号和定价两项内容除印在版权页上外，还应印在封底的右下角。

（格式：统一书号：8102·10
定　　价：15.00 元）

请各出版社照此执行。

附件

中国人民大学图书馆分类代码基本大类
（共 17 类）

1．马克思主义、列宁主义、毛泽东思想（包括马恩列斯著作、毛主席著作、马恩列斯像、毛主席像）

2．哲学

3．社会科学、政治

4．经济

5．军事

6．法律

7．文化、教育、科学、体育

8．艺术

9．语言、文字

10．文学

11．历史

12．地理

13．自然科学

14．医药卫生

15．工业技术

16．农业技术

17．综合参考

关于加强图书审读工作的通知

新闻出版署　1994年6月16日　新出图〔1994〕435号

近年来，我国图书出版事业发展迅速，目前出版社已达540余家，年出书量达9万多种，出版了一大批为广大读者欢迎的图书，在一定程度上满足了读者和社会的需要。但同时也出现了不少问题，有的出版社甚至出版了社会影响不好的图书。这些图书有的违反党和国家的有关方针、政策，内容有严重问题；有的质量低劣，差错很多。出现这些问题的原因，一个重要的方面是图书审读工作离目前的出版管理工作的要求还有一定的距离。图书的审读工作在出版管理工作中起着十分重要的作用。通过审读，可以了解图书出版的情况、特点和存在的问题，从宏观上积极引导图书出版。通过审读，发现好的典型，予以扶持和表彰；发现问题及时采取措施，避免发展蔓延，形成热点。通过审读，还可以加强对各方面图书出版情况的了解，便于相互沟通出版信息。尤其是在当前实现出版工作阶段性转移的情况下，加强图书审读工作对保证图书出版优质高效有重要意义。为此，特拟定《关于加强图书审读工作的通知》，对加强图书审读工作提出要求。

一、审读工作的含义和内容。本通知所称图书审读是指政府出版管理部门对出版物的社会效果进行的检查，是对出版物是否符合四项基本原则、党的方针政策，是否符合国家的法律、法规及有关的规章制度，是否符合当今社会道德规范的要求，是否有利于社会主义精神文明和物质文明建设等做出的有一定权威性的评价。这种审读不同于一般出版社编辑人员对书稿编辑加工的审读，它是从宏观的角度，侧重于检查其政治的和政策性的内容可能对社会产生的后果和影响。

由于图书出版管理工作的特点决定了不仅要对已出版图书进行事后的检查，还需要对图书出版选题计划进行审核，从宏观的角度了解、分析即将出版的图书的总量、结构、特点和趋势等。因此，这里所说的图书的审读包括了两个内容：

1．图书出版选题计划的审核。

图书出版选题计划的审核一般情况下是指年度图书出版选题计划的审核和专题报批的图书出版选题计划的审核。按照有关规定，专题报批的图书出版选题计划除审核选题计划外，还同时审读书稿。

2．已出版图书的审读。

专项审读，即有针对性的，对可能出现问题或据有关方面反映有问题的图书，组织专门的审读人员进行审读。

日常审读，即对出版的图书进行例行审读，意在发现问题，了解趋势，掌握出版动向。

二、年度图书出版选题计划报告的要求。根据新闻出版署的有关规定，年度图书出版选题计划由出版社于头一年12月上报出版管理部门。各地省一级新闻出版局在汇总当地各出版社选题计划并加审批后，上报新闻出版署。省级新闻出版局在上报年度图书出版选题计划时，应有一份对本地各出版社选题计划的比较全面、综合性的分析报告。包括：总体情况的概要介绍，总量和结构的分析，趋势和存在的问题，与上一年度选题计划和出书情况的比较，需改进并拟采取的措施等。

三、专题报批的图书出版选题计划报告的要求。这类选题应及时上报及时处理。省一级新闻出版局在上报新闻出版署时要有一份详尽的审读报告和明确的处理意见。审读报告包括：所上报选题计划、书稿的情况概要，特点及存在的问题，处理意见等。

四、图书出版的日常审读报告的要求。各地省级新闻出版局对本地各出版社已发排、即将出版的图书的情况随时进行了解，包括书名、作者等内容，并将其汇总，每半个月一次上报新闻出版署图书管理司和新闻出版署信息中心（即《全国发排新书半月报》）。并在此基础上，每季度对已出版图书（包括图书市场上的外版图书）做一次综合性分析（包括情况、结构、特点、趋势、问题等），上报新闻出版署图书管理司。

第一次综合性分析报告（1994年上半年图书出版情况），请于7月10日前上报新闻出版署图书管理司。第二次10月10日前上报，以此类推，每季度一次。

五、各地选题计划和已出版图书的审读报告上报新闻出版署后，将予汇总，并通过《新闻出版简报》、《总编通讯》等媒介向有关的领导部门汇报，同时向各级出版管理部门、出版社通报，及时交流情况加以引导。

六、各省、自治区、直辖市新闻出版局和中央级出版社的主管部门应高度重视图书的审读工作，充分认识图书审读在出版管理工作中的重要意义，并把这项工作切实纳入日常的图书出版管理轨道；各省级新闻出版局至少要有一位分管图书出版的副局长主抓这项工作；要配备适当的人员组成专门的审读班子（原则上由图书处牵头，条件允许的，可设立专门的审读机构）；为保证图书审读工作的顺利进行，各地新闻出版局要采取必要的措施，切实解决图书审读工作的经费。

为便于图书审读工作的顺利开展，请各局于6月30日前将人员落实情况（主管副局长的姓名、电话；具体负责审读工作人员的姓名、职务、电话等）报新闻出版署图书管理司调研处（联系电话：5124433 － 2622）。

七、在北京的中央各部委、群众团体、民主党派等主管的出版社，统一由其主管部门设专人负责、组织实施图书的审读工作，按时报送“发排新书半月报告”、“每季度综合性分析报告”。

八、提高图书质量的关键是出版社的工作。为此必须加强出版社的“三审制”。各出版社必须严格坚持并认真执行图书编辑出版的“三审制”和“终审终校”制度，同时建立并完善必要的审读和有关管理制度，社长和总编辑对图书的质量要切实负起责任。

九、为保证图书审读工作的顺利进行，并不断提高其质量，各级出版管理部门要定期召开图书审读工作会议，以便交流情况，总结经验，改进工作。

十、本《通知》自下达之日起执行。

关于禁止中国标准书号“一号多用”的规定

新闻出版署 1994年11月14日 （94）新出图957号

各省、自治区、直辖市新闻出版局、总政宣传部、全国各出版社：

近几年来，少数出版社未按照中国标准书号使用的有关规定使用书号，出现了一个书号多次使用，即“一号多用”的问题。特别是今年下半年新闻出版署对各出版社的书号总量进行核定后，有些出版社为了多出书，“一号多用”问题更为突出。“一号多用”主要有二种表现：一是多种图书使用同一个书号，即“一号多书”；二是多卷本的丛套书（含上、中、下册图书）在每分卷册分别定价的情况下，全套书使用一个书号。

“一号多用”不仅违反了书号使用的规定，而且还给图书的出版管理、销售和馆藏造成了混乱。为了加强图书出版的管理，现重申并补充有关中国标准书号的使用规定：

一、对每一种不同形式的图书应分别使用一个ISBN编号。以下情况应单独使用书号：

1．同一种图书的不同装帧形式（精装、平装等）；

2．同一种图书的不相同版本（修订版、年度版）；

3．相同内容的不同开本图书；

4．相同内容的不同文字类别的图书。

二、多卷本的丛套书（含上、中、下册图书）的ISBN编号应根据定价，即：丛套书的每分卷册分别定价，可分册销售，每分卷册应分别给予ISBN编号，分别统计品种；若丛套书的各分卷册不分别定价，全套书只有一个总定价，不能分册销售，可作为一个品种分配一个 ISBN 编号。

三、重印或再版没有 ISBN 编号的库存图书，必须补编 ISBN 编号。

本《规定》下发之后继续“一号多用”的，一律按违反出版管理规定，给予没收所得利润、罚款、并视情节轻重核减该出版社年度书号总量的处罚。

各出版社的上级主管部门应加强对出版社书号使用的管理，要按上述规定对所辖出版社书号的使用进行认真检查，如有“一号多用”的图书应立即采取措施补编新的 ISBN 编号，并于 1994 年 12 月 10 日前将情况上报新闻出版署图书管理司。

关于出版反映党和国家主要领导人工作和生活情况的摄影画册的规定

新闻出版署　1995年3月2日　（95）新出图215号

中央和国家机关各部委，各人民团体，解放军总政治部，各省、自治区、直辖市党委宣传部、新闻出版局：

自1990年以来，中央宣传部和新闻出版署就出版党和国家领导人著作以及反映他们工作和生活情况的图书，先后颁发了一系列文件规定，其中对出版反映党和国家主要领导人工作和生活情况的摄影画册，也提出了原则要求。从总体看，执行情况比较好，但也存在一些问题。有的画册不按规定报批选题，内容编写不够严肃，照片选择不够得当，没有注明资料来源，装帧印制质量较低。读者对此有意见，社会影响不好。为了切实加强对这类图书的管理，保证质量，经中央办公厅和中央宣传部审核同意，现就出版反映党和国家主要领导人工作和生活情况的摄影画册问题，重申和补充规定如下：

一、重申严格执行《关于对描写党和国家主要领导人的出版物加强管理的规定》（中宣发文〔1990〕5号、〔90〕新出图字551号）、《关于发表和出版有关党和国家主要领导人工作和生活情况作品的补充规定》（中宣发文〔1993〕5号）。

二、反映党和国家主要领导人工作和生活情况的摄影画册包括：摄影类的影集、活页图片集、挂历、年历画、年画、装饰画、图片等。

三、反映党和国家主要领导人工作和生活情况的摄影画册限由人民出版社、人民美术出版社、中央文献出版社、中央党史出版社、文物出版社、长城出版社、上海人民美术出版社、浙江人民美术出版社根据各自的分工安排出版，其他出版社一律不得安排出版。

上述出版社在安排出版这类图书时（其所收照片不论是已经公开发表或未公开发表过的），必须严格执行送审制度。上述中央部委出版社，须将选题和稿件报主管部门审核并提出意见，报送新闻出版署审批；上述地方出版社，须将选题和稿件报省、自治区、直辖市新闻出版局审核并提出意见，再经省、自治区、直辖市党委宣传部同意后，报新闻出版署审批。新闻出版署在审批过程中，必要时可视情况分别转请中央文献研究室、中央党史研究室和军事科学院等部门协助审核。这类图书所采用的摄影照片一律须注明作者和来源。

凡出版反映健在的党和国家主要领导人工作和生活情况的摄影画册，还必须征得本人同意。

四、严禁用党和国家主要领导人的照片作广告或变相作广告。

五、对违反本规定的，将按照中宣发文〔1990〕5 号、〔90〕新出图字 551 号文件第九条规定严肃查处。

关于重申对出版反映党和国家主要领导人工作和生活情况图书加强管理的紧急通知

新闻出版署　1997年1月24日　新出图〔1997〕15号

出版反映党和国家主要领导人工作和生活情况的图书，是一项政治性很强的工作，必须十分慎重、严肃对待，必须严格执行中央和国家主管部门的有关规定。最近，个别出版社违反规定，未经专题报批，出版这类图书，在社会上造成不良影响。为严肃出版纪律，我署将于近期对已出版的反映党和国家主要领导人工作和生活情况的图书进行一次全面检查，凡违反规定的，严肃处理。现根据《关于对描写党和国家主要领导人的出版物加强管理的规定》（中宣发文〔1990〕5号、〔90〕新出图字551号）、《关于发表和出版有关党和国家主要领导人工作和生活情况作品的补充规定》（中宣发文〔1993〕5号）、《关于出版反映党和国家主要领导人工作和生活情况的摄影画册的规定》（新出图〔1995〕215号）等有关规定，经中央宣传部同意，重申如下：

一、反映现任或曾任党中央政治局常委，国家主席、副主席，国务院总理，中央军委主席，全国人大常务委员会委员长，全国政协主席工作和生活情况的图书必须专题报批。上述领导人的身边工作人员、战友和子女、亲属撰写的作品中有涉及党和国家主要领导人工作和生活情况的内容的，也必须专题报批。

二、反映党和国家主要领导人工作和生活情况的图书包括：专著、传记、回忆录、纪实文学、报告文学、摄影画册、图片以及有关作品的汇编集等。

三、反映党和国家主要领导人工作和生活情况的图书，只能由国家指定的出版社按专业分工范围出版，其他出版社一律不得安排出版。

四、出版反映党和国家主要领导人工作和生活情况的图书，必须严格执行专题申报、审批制度。中央和国家有关部委所属出版社，须将选题和稿件报主管部门审核并提出意见后，报送新闻出版署审批；地方出版社，须将选题和稿件报省、自治区、直辖市新闻出版局审核并提出意见，经省、自治区、直辖市党委宣传部同意后，报新闻出版署审批。新闻出版署在审批过程中，必要时可视不同情况，分别送中央宣传部、中央文献研究室、中央党史研究室和军事科学院等部门协助审核。凡出版反映健在的党和国家主要领导人工作和生活情况的图书，必须征得本人同意才能出版。

五、严禁用党和国家主要领导人的形象和声誉作广告或变相作广告。

六、凡宣传地方、行业、部门及企事业单位发展业绩的图书，内容涉及党和国家主要领导人的，不论是否正式出版、公开发行，均应按照有关规定申报、审批。

七、严禁采用买卖书号、或变相买卖书号、协作出版等方式出版反映党和国家主要领导人工作和生活情况的图书。严禁借出版反映党和国家主要领导人工作和生活情况的图书，向有关单位收取任何费用。

八、违反规定未经报批出版这类图书的，除对图书作出处理外，还将追究有关出版社负责人的责任。

九、出版社不出示新闻出版署的批准件，印刷单位不得承印这类图书，违者，从严处罚，并追究印刷单位负责人的责任。

十、出版社不出示新闻出版署的批准件，任何单位不得征订并批销这类图书，违者，从严处罚，并追究有关征订和批销单位负责人的责任。

十一、各省、自治区、直辖市新闻出版局接到本通知后应立即组织人员对所属出版社和本地图书市场出版和销售的这类图书进行一次全面检查，凡违反规定未经报批出版的，一律停售、封存；全国各出版社接到本通知后，应按照有关规定，立即进行一次自查，对违反规定未经报批出版的这类图书，主动停售、封存，并写出检查报告，经主管部门审核提出意见后，于1997年2月底前报新闻出版署作出处理。逾期不报者，从重处罚。

本通知由各省、自治区、直辖市新闻出版局转发所辖地区各有关单位和出版社。

关于不得擅自出版政府白皮书的通知

新闻出版署　1998 年 9 月 10 日　新出图〔1998〕1069 号

各省、自治区、直辖市新闻出版局，在京有关出版单位主管部门：

最近一个时期，图书市场上出现了一些所谓的“白皮书”，如经济白皮书《1997—1998 中国经济形势与展望》，1998 中国白皮书《中国面临的紧要问题》，虎年白皮书《跨世纪公民生活读本》等等。这些图书在书名中冠以“白皮书”字样，而其内容并不是政府白皮书，也没有经政府有关部门批准。白皮书是代表政府观点的重要文件，出版有关白皮书的图书是一项十分严肃的工作，为加强对这类图书的管理，特通知如下：

一、未经国家有关部门批准，任何出版单位不得擅自出版政府白皮书，也不得擅自以“白皮书”作为图书书名。

二、对未经国家有关部门批准已出版的、书名中有“白皮书”字样的图书，其出版单位的主管部门要对其加以清理，并停止发行。

三、对冠名“白皮书”的已出版图书，经审核内容无问题的，再版时要更改书名。

关于在全国各出版社实施图书在版编目（CIP）有关问题的通知

新闻出版署　1999年3月8日　新出技〔1999〕185号

各省、自治区、直辖市新闻出版局、新疆生产建设兵团新闻出版局、解放军总政宣传部新闻出版局、各出版社：

国家标准《图书在版编目数据》（GB 12451—90）已于1990年7月31日发布，要求自1991年3月1日起实施。为积极稳妥地推进图书在版编目（CIP）数据标准的推广工作，为全面实施积累经验，创造条件，我署决定从1993年起首先在北京地区各出版社实施。经过5年的实践和准备，已经具备了在全国范围内全面推广实施图书在版编目（CIP）数据标准的基本条件。经研究，决定将贯彻实施国家标准《图书在版编目数据》的工作，扩大至京外各出版社及解放军所属各出版社。现将实施图书在版编目（CIP）数据标准的有关事项通知如下：

一、实施时间：自1999年4月1日起，全国各出版社发排的图书（初版新书及修订再版图书）均应向新闻出版署信息中心（原中国版本图书馆）填报“图书在版编目（CIP）数据工作单”。重印图书凡未编成并印上图书在版编目（CIP）数据的，亦应在重印前补充填报。

二、图书在版编目（CIP）数据内容：即“图书在版编目（CIP）数据工作单”所规定的内容。每种图书均应按照“工作单”所规定的项目逐一填写，并及时报送新闻出版署信息中心。署信息中心依据“工作单”提供的有关项目内容进行数据审核、分类和主题标引，并编成图书在版编目（CIP）数据的印刷格式，返还出版社。出版社按照CIP数据印刷格式印在该种图书的主书名页背面的中部位置。

三、图书在版编目（CIP）数据标准实施范围：一般情况下，凡是装订成册并配有国际标准书号（ISBN）的图书，均应实施图书在版编目（CIP）数据标准。但是下列范围的图书不包括在内：

1．中小学课本、教材、练习册及假期作业（不含中小学教学参考书）；

2．低幼读物（不含幼儿园教师用书及家长辅导用书）；

3．小于64开本（含）的连环画册；

4．未装订成册的图片、画页、散页画辑、明信片、知识卡片、歌片、曲谱、字帖、地图、游览图、教学挂图、年画等；

5．单种印行的各种技术标准、规程、规范（不含汇编本及使用说明）；

6．笔记本形式的手册，如纪念册、效率手册等；

7．各种形式的挂历、台历等。

四、国家标准《图书在版编目数据》（GB 12451—90）系强制性标准，全国各出版社均应认真贯彻实施，定期自查，勿得缺漏。国家各级出版管理部门，应将实施图书在版编目（CIP）数据标准工作纳入图书出版行业标准化规范性管理范畴。对未实施图书在版编目（CIP）数据标准的出版单位，要根据有关规定给予行政处罚。

五、新闻出版署责成署信息中心，在各级新闻出版管理机关的配合下，统一管理全国图书在版编目（CIP）工作，包括制定规划、组织实施、业务指导，推广计算机编目和数据传输技术，根据需要对书目数据资源进行开发利用，促进书目数据资源的共享。

新闻出版署信息中心应健全图书在版编目机构，充实加强专业人员，加强业务基础建设，缩短编目周期，提高数据质量，切实为出版社服务，为繁荣发展新闻出版事业服务。

附件：图书在版编目（CIP）数据工作单（略）

关于切实防止出版销售有严重政治问题的音像制品和清理低级庸俗、夹杂淫秽色情内容的彩封及包装的音像制品的通知

新闻出版署　文化部　2000 年 3 月 10 日　新出联〔2000〕8 号

各省、自治区、直辖市音像制品行政管理部门：

近一时期，在音像市场执法检查中发现，有严重政治问题并冠以正式音像出版单位的名称、出版版号、防伪标识的非法音像制品在市场上出现，其中有的歌词中有严重政治问题，有的画面出现禁载内容。这类非法音像制品攻击党的领导，诋毁社会主义制度，破坏社会稳定，造成了极坏的政治影响。此外，在检查中还发现一些音像出版单位出版的音像制品的彩封及包装低级庸俗，夹杂淫秽、色情内容，这类问题突出反映在境外综艺节目，引进版的警匪片、“写真集”、“名模泳装”和自编的“性知识”、套装卡拉 OK 节目等音像制品的彩封及包装上。这类音像制品的外观以及装潢混同于非法出版物，误导消费者，诋毁正版音像制品的声誉，败坏社会风气，危害青少年的身心健康，在社会上造成了不良影响。为了切实防止有严重政治问题的音像制品出版、销售，切实解决彩封、包装低级庸俗、夹杂色情淫秽内容的问题，需要在音像制品的生产和流通各个环节采取有针对性的措施，进一步加强管理。现将有关要求通知如下：

一、加大打击有严重政治问题的非法音像制品的力度。

（一）各音像出版单位要立即对所有在制品进行一次检查，

并采取严密措施，确保正式出版物不出现政治问题；在每一个节目出版过程中，要有严格的检查监督制度，尤其是版号管理上不给不法分子以可乘之机，防止内外勾结从事非法出版活动。

（二）音像市场管理和稽查部门要恪尽职守，加大对有严重政治问题非法音像制品的查处力度，把好流通和销售关口，切实维护音像市场的正常秩序。

（三）对盗用出版单位的名义从事非法活动的行为，音像出版单位有义务和责任及时报告当地和上级音像制品行政管理部门，并利用法律手段追究其责任，维护音像出版单位的形象和合法的权益。

二、认真清理低级庸俗、夹杂淫秽色情内容的彩封及包装的音像制品。

（一）音像制品的彩封、包装不得出现低级庸俗、夹杂淫秽色情内容。音像制品的彩封、包装属于音像制品内容的组成部分，各音像出版单位要严格把住对音像制品的终审关，包括再版或者版权转让的音像制品彩封及包装的终审权不得转让、委托其他单位和个人行使。

（二）各音像出版单位要按本通知要求和国家有关规定，对出版的音像制品进行一次自查。凡在音像制品的彩封及包装上出现低级庸俗、夹杂淫秽色情内容的，由音像出版单位与发行单位于4月25日前共同负责收回，并销毁此类音像制品的彩封及包装。对收回的音像制品须调换新设计的彩封及包装后方可出版、销售。音像出版单位和发行单位要严肃对待此次检查清理工作，不得相互推诿。逾期未收回的，由音像市场行政管理部门按非法音像制品一律收缴。其损失由经营单位按原发行渠道逐级办理赔偿。

（三）为了使音像制品的出版管理与市场检查更好地结

合起来，根据《关于部分应取缔出版物认定标准的暂行规定》（〔89〕新出政字第1064号）、《出版管理行政处罚实施办法》（新闻出版署令第12号）的有关规定，由省级以上新闻出版行政机关对低级庸俗及夹杂淫秽色情内容的彩封及包装进行鉴定。

三、各级音像制品行政管理部门应按照本通知的精神，加强对所辖音像出版、销售单位的监督和检查，坚决查禁有严重政治问题的音像制品，并把对音像制品彩封及包装的检查作为加强出版物内容审查、音像市场管理的组成部分，防止政治上有问题的、内容不健康的、违背社会主义精神文明建设要求的音像制品的出版和销售。

各级音像制品行政管理部门应将本《通知》转发所辖音像出版、销售单位，并做好监督检查工作。

关于颁布《音像制品条码实施细则》的通知

新闻出版署　2000 年 9 月 1 日　新出音〔2000〕1137 号

各省、自治区、直辖市音像行政管理部门，新华书店总店，全国各音像出版单位：

为加强音像出版标准化管理，根据《出版物条码管理办法》（新出技〔2000〕40 号），新闻出版署决定自 2001 年 1 月 1 日开始实施音像制品条码制度。特此颁布《音像制品条码实施细则》，请严格遵照执行。

音像制品条码实施细则

第一条　为加强对音像出版的标准化管理，规范音像制品的经营活动，实施音像制品条码制度，特制定本实施细则。

第二条　音像制品条码由 13 位数字组成，共分 4 段，第一段为出版物前缀（共 3 位），第 2 段为出版者前缀（共 6 位），第 3 段为出版物序号（共 3 位），第 4 段为校验码（共 1 位）。

第三条　音像出版单位的出版者前缀由新闻出版署分配，并向出版单位颁发《出版者前缀证书》。

第四条　出版物序号自实行条码之日开始计算，不分年度，按出版单位的音像制品出版顺序依次累加。出版物序号使用完后，需重新申请出版者前缀。

第五条　音像出版单位申请版号时，须提交《音像制品条码

（版号）使用目录》（附件一）一式两份；申请出版者前缀时须填报《申请出版者前缀数据单》（附件二）。

第六条 音像制品条码与中国标准音像制品编码（版号）是相互对应的，对于同一品种、不同载体的音像制品，将使用不同版号和条码，以保证条码的唯一性。

第七条 条码软片由新闻出版署条码中心统一制作，其他单位不得从事此项业务。条码软片制作费用按国家规定的标准，每个条码收取人民币 48 元。

第八条 各音像出版单位在接到新闻出版署分配的版号额度后，持批文和《音像制品条码申请单》（附件三）到新闻出版署条码中心申办条码。新闻出版署条码中心收到条码申请单后，应在三个工作日内完成条码软片的制作。

第九条 条码须印制在彩封、封套背面的显著位置。条码软片的尺寸为 38×13mm。印制单位应当按规定印制条码，不得随意缩小。

第十条 音像制品条码自 2001 年 1 月 1 日起正式实施。自实施之日起，所有的音像制品均须使用音像制品条码。对不按规定使用条码者将按照《音像制品管理条例》、《出版物条码管理办法》等有关规定进行处罚。

第十一条 在实施条码的过程中，有关技术问题，可向新闻出版署条码中心咨询。

本细则由新闻出版署负责解释。

关于坚决制止发表和出版政治观点错误的文章和图书的通知

新闻出版署　2000年9月28日　新出办〔2000〕1288号

各省、自治区、直辖市新闻出版局，新疆生产建设兵团新闻出版局，中央、国务院各部委和各民主党派、人民团体出版社主管部门，解放军总政治部宣传部，在京图书、报刊出版单位：

近一个时期，少数报刊和出版社由于缺乏政治敏锐性和工作责任心，有章不循，把关不严，发表和出版了一些违反四项基本原则、违反改革开放政策、违反党的方针政策的错误观点的文章、图书。有的主张指导思想多元化，否定马克思主义的指导地位；有的鼓吹西方的民主和自由，否定党的领导和社会主义制度；有的鼓吹历史虚无主义，歪曲党和人民的奋斗历史；有的对改革开放持怀疑和否定的态度，等等。对这些错误思想政治观点，绝不能听之任之，必须采取有效措施切实加强管理。为确保出版工作的正确导向，促进我国社会主义出版事业繁荣健康发展，现就有关问题通知如下：

一、各级出版管理部门、各出版单位要认真学习领会江泽民总书记关于“三个代表”的重要思想和在中央思想政治工作会议上的重要讲话，充分认识出版工作在两个文明建设中肩负的重要责任，进一步增强政治意识、大局意识、责任意识和阵地意识，自觉维护和巩固马克思主义的指导地位，在事关政治方向和根本原则问题上，必须旗帜鲜明，立场坚定，真正成为宣传科学理论、传播先进文化、塑造美好心灵、弘扬社会正气的阵地。

二、从近几年查处的出版物情况看，有极少数几个人在其文章和著作中不断散布在政治上十分错误的观点。对此，各出版单位要引起高度重视，对发表和出版这些人的作品必须严格把关，绝不能给违反四项基本原则、违反改革开放政策、违反党的方针政策的错误观点提供传播渠道。

三、从目前已发现的问题看，有政治错误的图书，不少是由某些工作室、文化公司等非出版单位组织策划的，一些出版单位违反规定卖书号而使这些图书得以出版。今后，所有出版单位一律不得卖书号出版图书，严禁以合作为名行买卖书号之实的违规违法行为。

四、各级出版行政管理部门和出版单位主办主管部门要切实加强对所属出版单位的管理、监督和检查，严格执行出版纪律，做到守土有责。今后，对违反管理规定，发表和出版错误政治观点的文章、作品的出版单位，出版行政管理部门将依照《出版管理条例》和有关规定予以严肃处理，并提请有关部门对出版单位负责人和有关责任人，给予相应的党纪政纪处分。

关于重申禁止中国标准书号“一号多用”规定的通知

新闻出版总署　2001年6月13日　新出图〔2001〕812号

各省、自治区、直辖市新闻出版局，中央国家机关各部委、各民主党派、群众团体出版社主管部门，解放军总政治部宣传部，全国各出版社：

自1994年1月我署发出《关于禁止中国标准书号“一号多用”的规定》以来，全国大部分出版社均能认真遵守。但近年来，一些出版单位违反上述规定，采取“一号多用”的违规做法，其主要表现形式有：多卷本的丛套书（含上、中、下册）在每卷册分别定价销售的情况下，全套书使用一个书号；内容相同但装帧形式不同、开本不同、版本不同和文种不同的图书使用一个书号；以出版图书的名义，用书号变相出版期刊。“一号多用”不仅违反了书号管理的规定，而且还造成图书销售市场的混乱，干扰了图书出版管理工作，这种现象应当坚决加以制止。为规范书号使用秩序，现将有关规定重申并补充如下：

一、每一种不同形式的图书应分别使用一个ISBN编号。

二、同一种图书的不同装帧形式（精装、平装）、同一种图书的不同版本（修订版、年度版）、相同内容的不同开本图书、相同内容的不同文字版图书均应单独使用书号。

三、多卷本的丛套书（含上、中、下册），在每卷册分别定价销售的情况下，各分卷册应单独使用书号；若丛套书的分卷册不分别定价销售，全套书只有一个总定价，可使用一个书号。

四、各出版单位不得以任何形式，用书号变相出版期刊；凡属刊物，必须按规定申报，经过批准才能出版。

各出版单位必须严格遵守我署关于使用中国标准书号的管理规定。对违反出版管理规定的出版单位，将视具体情况作如下处罚：

1．对违反规定“一号多用”出书的出版单位，除核减其“一号多用”的书号量外，还要加罚一倍。如：用1个书号出版了6种图书，除正常使用的1个书号外，要扣除5个书号并加罚扣除量的一倍（即5×2=10个书号）。

2．对违反规定以书号出刊（即以书代刊）的出版单位，凡每出一个品种，即扣除该出版单位全年书号总量的10%，依此累积计算。

3．对违反规定的出版单位，我署图书出版管理司还要对其发出违规通知单。对“一号多用”量特别严重者，将给予停发书号的处罚。

请各省、自治区、直辖市新闻出版局和出版社主管部门充分重视书号管理工作，组织出版社学习国家有关书号管理规定，对所辖、所属出版单位2000年以来的图书出版情况进行一次认真的检查，对违反上述规定的出版单位做出相应处理，并将检查处理情况于2001年8月31日前上报我署。

关于出版我国加入WTO法律文件的通知

新闻出版总署　2001年12月17日　新出图〔2001〕1646号

各省、自治区、直辖市新闻出版局，解放军总政宣传部新闻出版局，全国各出版社：

为使广大读者准确了解有关我国加入WTO的法律文件，维护法律文件的权威性和严肃性，现就出版有关我国加入WTO法律文件事项通知如下：

一、本通知所说的法律文件是指我国加入WTO的法律文件。

二、出版上述法律文件，必须以外经贸部组织编译的为准，必须取得外经贸部的授权。

三、出版我国加入WTO法律文件中的工作组报告书、议定书，要以《国务院公告》发布的为准。

四、各出版单位不得擅自编译、出版（包括汇编、辑录）有关我国加入WTO法律文件。违反者将由出版行政管理部门依据《出版管理条例》（1997年1月2日国务院第210号令）第六条、第四十五条予以惩处。

关于颁发《图书出版许可证》的通知

新闻出版总署　2003年6月23日　新出图〔2003〕649号

各省、自治区、直辖市新闻出版局，解放军总政治部宣传部新闻出版局：

根据《出版管理条例》的有关规定，在进行2003年图书出版单位年检登记时，颁发《图书出版许可证》。这是加强规范化管理，依法行政的必要措施。《图书出版许可证》由正本和副本组成，是出版行政管理部门审核批复图书出版单位的出版身份证明。《图书出版许可证》一经实行，将取代《出版社登记证》。

2003年年检工作由总署统一组织实施，对通过年检的出版社，由图书出版单位所在地省级新闻出版局颁发《图书出版许可证》。《图书出版许可证》（正本、副本）所列项目须由所在地的省级新闻出版局填写，交图书出版单位保存。图书出版单位所登记的项目变更时，须持《图书出版许可证》（副本）到所在地省级新闻出版局办理变更登记。每次图书出版单位进行年检登记时，图书出版单位须持《图书出版许可证》（副本）到所在地的省级新闻出版局办理年检登记，合格者依次加盖年检登记章。《图书出版许可证》有效期8年，供4次年检时使用。

《图书出版许可证》由新闻出版总署统一印制、发放，各省级新闻出版局对《图书出版许可证》（正本、副本）的样式、内容不得改动。

各地新闻出版局要根据《关于进行2003年图书出版单位年

检登记的通知》精神，认真组织好《图书出版许可证》的颁发工作，对在实行《图书出版许可证》中出现的问题，要及时向新闻出版总署报告。

关于在游戏出版物中登载《健康游戏忠告》的通知

新闻出版总署　2003 年 8 月 27 日　新出音〔2003〕861 号

各省、自治区、直辖市新闻出版局，电子出版物出版单位，互联网游戏出版机构：

1996 年 3 月，新闻出版署根据《出版管理条例》，颁布了《电子出版物管理暂行规定》，2002 年 6 月，新闻出版总署和信息产业部根据国务院《互联网信息服务管理办法》和《出版管理条例》，颁布了《互联网出版管理暂行规定》，对电子游戏出版物、互联网游戏出版物实施归口管理。此后，各地认真落实法规，依法加强对游戏出版活动的监管，建立健全游戏出版物内容审查制度。这些法规和措施，有力地促进了游戏出版业的健康发展，维护了正常出版经营秩序，保护了出版经营单位的合法权益，保护了广大消费者特别是青少年消费者的利益。

但是，多年来游戏市场中还存在一系列问题：一些出版单位缺乏社会责任，重经济效益，轻社会效益，对消费者特别是广大青少年消费者缺乏有效的引导和保护；侵权盗版、“私服”、“外挂”等非法出版活动仍很猖獗，扰乱了正常的出版秩序，损害了出版单位和消费者的利益；一些内容不健康的非法游戏出版物通过各种渠道进入市场或通过互联网传播到境内，造成不良社会影响；一些非法游戏经营场所唯利是图，不择手段吸引青少年消费者，伤害、诈骗等案件时有发生；有些青少年消费者缺乏自我控制能力，沉迷于游戏之中，以至于影响身体健康、工作、学习，造成不良社会后果。

中国出版工作者协会游戏工作委员会本着维护社会稳定，促进社会主义精神文明建设，保护广大青少年的身心健康，不断增强游戏出版经营者的社会责任，加强行业自律，推动游戏出版业健康、有序地发展的目的，在广泛征求社会各界意见的基础上，起草了《健康游戏忠告》，并经第一届理事会审议通过，我署认为《健康游戏忠告》有利于行业规范，保护消费者利益和青少年身心健康，经审定，现予公布：

健康游戏忠告

抵制不良游戏，拒绝盗版游戏。

注意自我保护，谨防受骗上当。

适度游戏益脑，沉迷游戏伤身。

合理安排时间，享受健康生活。

自2003年9月1日起，所有电子出版物出版单位在新出版的电子游戏出版物中、互联网游戏出版机构在出版的互联网游戏出版物中，应设置必要的程序，在游戏开始前，必须在画面的显著位置全文登载《健康游戏忠告》。2003年9月1日前已出版发行的电子游戏出版物，在重版时必须登载《健康游戏忠告》。各地新闻出版局应对此项工作认真监管，凡未按通知要求登载《健康游戏忠告》的游戏出版物，一律停止出版、运营和销售。同时各游戏出版单位、互联网游戏出版机构应与出版行政部门、教育部门、共青团系统等紧密配合，做好宣传工作，让广大消费者特别是青少年消费者了解《健康游戏忠告》，引导广大青少年合法、科学、适度地使用游戏出版物，为他们创造一个文明、健康的生活环境。

关于开展对“私服”、“外挂”专项治理的通知

新闻出版总署　信息产业部　国家工商行政管理总局
国家版权局　全国“扫黄”“打非”工作小组办公室
2003 年 12 月 18 日　新出联〔2003〕19 号

各省、自治区、直辖市新闻出版局、通信管理局、工商行政管理局、版权局、“扫黄”“打非”工作领导小组办公室：

根据国务院《互联网信息服务管理办法》和《出版管理条例》，2002 年 6 月，新闻出版总署、信息产业部联合颁布了《互联网出版管理暂行规定》。该规定的颁布，对于规范互联网出版（包括互联网游戏出版）的行业行为起到了积极作用。

但一个时期以来，互联网游戏出版工作中出现的一些问题，引起了互联网游戏出版机构、游戏消费者和政府有关部门的普遍关注。特别是“私服”、“外挂”等违法行为的出现，严重侵害了著作权人、出版机构以及游戏消费者的合法权益，扰乱了互联网游戏出版经营的正常秩序，给国家、企业和消费者造成了巨大经济损失，在社会上产生恶劣影响。

“私服”、“外挂”违法行为是指未经许可或授权，破坏合法出版、他人享有著作权的互联网游戏作品的技术保护措施、修改作品数据、私自架设服务器、制作游戏充值卡（点卡），运营或挂接运营合法出版、他人享有著作权的互联网游戏作品，从而谋取利益、侵害他人利益。“私服”、“外挂”违法行为属于非

法互联网出版活动，应依法予以严厉打击。

针对当前“私服”、“外挂”等违法行为蔓延的势头，新闻出版总署、信息产业部、国家工商行政管理总局、国家版权局、全国“扫黄”“打非”工作小组办公室决定在全国开展打击“私服”、“外挂”的专项治理行动。现将有关事项通知如下：

一、指导思想和行动目标

以“三个代表”重要思想为指导，认真贯彻执行《著作权法》、《出版管理条例》、《互联网信息服务管理办法》及《互联网出版暂行规定》，将对“私服”、“外挂”等违法行为的专项治理行动纳入整顿、规范市场经济秩序和“扫黄”“打非”斗争的整体部署，坚持专项治理行动与日常监管工作相结合，标本兼治，务求实效，保护知识产权，维护著作权人、出版机构及游戏消费者的合法权益，维护互联网游戏出版的正常秩序。

通过开展专项治理行动，依法查办一批“私服”、“外挂”等违法案件，坚决关闭从事“私服”、“外挂”行为的网站，彻底取缔“私服”、“外挂”的客户端程序光盘和充值卡，坚决查处承接“私服”、“外挂”客户端程序光盘和充值卡的复制、加工企业，有效遏制“私服”、“外挂”等违法行为蔓延的势头。

二、主要任务和工作重点

（一）清查从事“私服”、“外挂”行为的网站及销售“私服”、“外挂”客户端程序光盘、游戏充值卡的网点。各地要依法对本辖区从事“私服”、“外挂”行为的网站及销售“私服”、“外挂”客户端程序光盘、游戏充值卡的网点予以取缔，没收用于从事“私服”、“外挂”行为的设备和工具，收缴全部“私服”、“外挂”客户端程序光盘、游戏充值卡，对有关责任单位和个人给予相应的处罚。

（二）追查违规光盘复制企业和游戏充值卡加工企业。各地要根据清查工作中所获得的线索，追根溯源，顺藤摸瓜，查清从事“私服”、“外挂”客户端程序光盘复制的复制企业和从事游戏充值卡加工的加工企业，对违规承接复制加工业务的企业依法予以查处。

三、工作要求

（一）加强领导，周密部署。各地要切实加强对此次专项治理行动的组织领导，主要领导要亲自抓，责任落实到人，并结合本辖区实际，制定切实可行的实施方案和工作部署，务求标本兼治，措施到位，狠抓落实，取得成效。

（二）掌握政策，依法行政。在这次专项治理行动中，各地有关部门要按照国家有关法律、法规和规章，严格执法，坚决避免有案不查、执法不严或以罚代刑现象的发生，同时注意掌握政策，认真作好被取缔网站的善后工作，维护社会的稳定。

（三）各司其职，密切配合。此次专项治理行动由各地新闻出版、通信、工商、版权局、“扫黄”“打非”等部门共同组织实施，新闻出版部门负责对涉及从事非法互联网出版的单位和个人进行认定和查处，对违规复制“私服”、“外挂”客户端程序光盘的复制企业进行查处，对市场上销售“私服”、“外挂”充值卡进行收缴；电信管理部门负责对经新闻出版部门认定从事“私服”、“外挂”行为的网站依法进行查处；工商部门负责对违规加工或销售游戏充值卡的加工企业或销售单位进行查处；版权部门负责对涉及侵犯著作权的单位和个人进行认定和查处；“扫黄”“打非”工作领导小组办公室负责做好协调组织工作。

（四）注重宣传，扩大影响。各地要充分利用新闻媒体，调动各种宣传力量，对专项治理行动进行连续和追踪报道，加强对政策法规、规章制度、治理成果和重大行动的宣传，以求形成有利于专项治理的社会舆论环境。

四、行动步骤

（一）宣传动员阶段（2003 年 12 月 20 日至 12 月 31 日）。各地制定部署行动方案，明确指导思想、行动目标、主要任务、工作重点和工作要求，向执法人员进行相关法律法规的培训，广泛动员社会力量积极参与治理行动。

（二）治理行动阶段（2004 年 1 月 1 日至 2 月 29 日）。清查从事“私服”、“外挂”行为的网站及销售“私服”、“外挂”客户端程序光盘、游戏充值卡的网点，收缴“私服”、“外挂”客户端程序光盘、游戏充值卡，追查从事“私服”、“外挂”客户端程序光盘复制的复制企业和从事游戏充值卡的加工企业，并对有关责任单位和个人做出处罚。

（三）检查评估阶段（2004 年 3 月 1 日至 3 月 15 日）。各地有关部门对专项治理行动情况进行检查和评估，总结行动经验，分析存在问题，并将专项治理情况报新闻出版总署、信息产业部、国家工商行政管理总局、国家版权局、全国“扫黄”“打非”工作小组办公室。新闻出版总署、信息产业部、国家工商行政管理总局、国家版权局、全国“扫黄”“打非”工作小组办公室将组织联合检查组，对部分地区专项治理情况进行抽查，并对治理成效显著的地区、单位和个人予以表彰，对问题突出、治理不力的地区予以通报批评并限期整改。

关于进一步加强图书审读工作的意见

新闻出版总署　2004年3月31日　新出图〔2004〕440号

1994年6月，新闻出版署发出《关于加强图书审读工作的通知》，对全国审读工作的开展起到了重要指导作用。近几年形势发展很快，随着我国加入WTO,新闻出版行政部门职能转变，特别是《出版管理条例》的实施及《行政许可法》的即将实施，都对图书审读工作提出了新的任务与要求。以“三个代表”重要思想为统领，以提高图书整体质量为目的，明确职责，依法审读，规范程序，分析并引导读书和出版，建立健全及时掌握出版动态、反应灵敏、调控有力的信息预警机制，是新时期图书审读工作的基本要求和目标。为改进和加强图书审读工作，特提出如下意见:

一、充分认识审读工作的重大意义、执法特征及主要任务

1．新闻出版管理中的审读，是新闻出版行政部门依据国家法律法规所进行的一项重要执法工作，是代表国家或一级政府对出版物的质量、社会效益依法进行检查，最根本的是对出版物是否符合党和国家的方针、政策、法律、法规要求，是否有利于社会主义物质文明、政治文明、精神文明建设，是否代表先进文化前进方向等做出具有法律效力的评判。这种检查和评判主要是从宏观角度出发，侧重于出版物内容在政治、思想、道德、法律等方面可能对社会产生的后果和影响。

2．加强审读工作是图书出版管理的基本任务与职能。审读是图书出版管理工作贯彻“三个代表”重要思想，坚持“三贴近”

原则，保持正确政治方向的需要，是转变政府职能、加强社会监管的需要，是开展宏观调控、把握出版现状与发展趋势的需要。

3．加强审读工作是引导出版单位及从业人员坚持和巩固马克思主义在意识形态领域指导地位的需要，坚持和巩固全党全国人民团结奋斗的共同思想基础的需要，也是鼓励出版单位大力发展先进文化，支持健康有益文化，努力改造落后文化，坚决抵制腐朽文化，不断满足人民群众日益增长的精神文化需求的重要途径和手段。在出版领域坚守社会主义文化阵地，抵御资本主义、封建残余思想的侵入与侵蚀，特别是防止西方敌对势力的文化扩张和思想渗透，审读是最重要的关口。

4．加强审读工作是促进和保障图书整体质量提高的需要。质量不仅包括选题质量、内容质量，还包括编校质量、装帧设计质量、印刷装订质量。导向正确与否是衡量图书质量好坏的前提条件。质量的好坏，直接影响着社会效益和经济效益的好坏。通过审读奖优罚劣，把握提升整体质量的导向和趋势。

5．审读分“出版前审读”和“出版后审读”。“出版前审读”主要是指出版单位对拟出版书稿的审读，服务于出版行政部门对选题，尤其是对重点选题、重大备案选题及书稿的审读核准。“出版后审读”，主要检查图书是否有违反《出版管理条例》第二十六、二十七条所规定的内容，评判质量优劣。

二、健全并严格履行审读制度及程序

6．建立科学的审读制度与审读程序并严格履行，是依法审读的基础。图书审读的基本程序是专家审读、专家提出审读报告、出版行政部门做出结论及意见，即“专家审读、政府决策”。

7．审读报告的撰写是审读工作的主要环节，是行政执法的重要依据。撰写审读报告必须体现法律特征，其判断标准主要以

《出版管理条例》二十六、二十七条为尺度，审读目的也主要是判断所审图书或书稿是否违反有关规定。对图书质量的检查，主要依据《图书质量管理规定》。

8．必须确保审读工作的客观公正。对每本书的审读要交由两位或两位以上专家审读，独立提出审读意见。对内容有争议、涉及重大问题或其他不能轻易定性的作品，还应通过论证会、座谈会等方式，再得出审读意见。在每次确定专家时，要避免专家与所审作品的作者有利害关系。

9．各级出版行政部门要组建好自己的专家审读队伍。考虑到审读工作的实际情况，审读专家应主要侧重在哲学社会科学和文艺领域。审读专家在政治上与中央保持一致，坚决拥护“三个代表”重要思想；在相关学科领域具备较高的理论造诣与影响，熟悉并了解学科情况以及发展走势与动向；了解国家相关法律，特别是《出版管理条例》等法规；在新闻出版领域从事过相关工作，有较丰富的管理经验。

三、建立三级图书审读信息网

10．为建立健全反应灵敏、调控有力的审读信息预警机制，确保审读工作的有效开展，依据《出版管理条例》第六条规定，在图书出版单位与出版行政部门间建立三级图书审读信息网，以此建立畅通的审读信息联络渠道。

11．图书出版单位是图书审读信息网中的第一级。它的主要任务是通过选题论证制、书稿“三审制”、图书审读制等对本单位图书选题、书稿和成书进行自我审读，发现问题及时纠正，并将需要上报的情况及时上报。为保证这一要求的落实，各出版单位要确定专人负责此项工作，加强与出版行政部门的联络。各出版单位要制定具体可行的保证措施，并认真落实。

12．省级新闻出版局是图书审读信息网中的第二级。各省级新闻出版局负责本地区图书审读工作的组织、实施、执法及信息交流工作。已经设立市（地）级新闻出版局的地区可从实际情况出发，将审读任务延伸。为确保此项工作的开展，可根据本地区图书出版规模及以往的经验，建立一支图书审读队伍。审读队伍原则上由图书处牵头，条件允许的，可以设立专门的审读机构。为掌握全面的审读信息，各省级新闻出版局审读部门每季度须向新闻出版总署图书出版管理司书面报告一次本地区的相关情况。中央级出版单位的主管部门，负责所属出版单位的图书审读与信息交流工作，有条件的要设专人负责此项工作。

13．新闻出版总署是图书审读信息网中的第三级。总署主要负责全国图书审读工作的组织、协调、监督、指导与部署，开展重点或专项审读工作。总署的图书审读工作由图书出版管理司具体承担。

14．确保审读信息的畅通，确保审读工作居于主动地位。各省级新闻出版局、中央级出版单位主管部门要与本地区、本系统的出版单位建立通畅的信息沟通渠道。要严格遵守重大事项请示报告制度，对本单位、本地区、本系统发生的重大事项，在报告本地区、本部门党政领导部门的同时，必须报告新闻出版总署。这是一项政治制度。

15．确保审读经费的落实。审读工作是政府依法直接或委托有关机构对出版单位开展的市场监管行为。为确保审读工作的开展，各地新闻出版局都应设立专项审读经费。尚未设立的应依据《出版管理条例》第六条等规定，向当地财政部门提出申请。审读经费应该用于专家的审读报酬、购买样书、召开或参加审读会议等与审读相关工作，不得挪用。

四、切实加强对审读工作的领导，运用审读成果指导工作

16．各级新闻出版行政部门、各出版单位要充分认识新形势下加强和改进图书审读工作的重要意义，在上级领导部门的指导支持下，将审读工作纳入依法行政、社会监管范围，作为保障出版导向及图书质量的大事，认真抓好。要根据本意见的要求，制定切实可行的措施。要加强领导，对聘任审读人员、提供经费等方面提供保证，并善于运用审读成果指导工作，调控全局。对审读工作中表现出色的单位或个人要予以表彰。

17．新闻出版总署将进一步加强与各级出版行政部门、各出版单位的审读信息交流工作，通过《图书出版情况反映》、《图书出版通讯》及中国图书出版网等渠道全面推动相关工作。为加强经验交流，鼓励先进，不断提升审读工作水平，新闻出版总署将定期总结表彰全国图书审读工作先进单位和个人。

关于落实国务院归口审批电子和互联网游戏出版物决定的通知

新闻出版总署　国家版权局

2004年7月27日　新出联〔2004〕18号

各省（自治区、直辖市）新闻出版局、版权局，各电子出版单位、互联网游戏出版机构、光盘复制单位：

为贯彻实施《行政许可法》，全面推进依法行政，建设法治政府，国务院于2004年6月29日颁布了《国务院对确需保留的行政审批项目设定行政许可的决定》（国务院令第412号），明确规定新闻出版总署负责实施“出版境外著作权人授权的电子出版物（含互联网游戏作品）审批”项目，进一步确定了新闻出版总署是国务院惟一归口管理电子游戏出版物和互联网游戏出版物的行政部门，并依法对出版引进版电子游戏出版物和互联网游戏出版物进行审批。

为落实国务院的决定，推进依法行政，切实加强对引进版电子游戏出版物和互联网游戏出版物的管理，保护未成年人身心健康，维护电子游戏出版和互联网游戏出版的正常秩序以及电子游戏出版物和互联网游戏出版物出版单位的合法权益，现将有关事项通知如下：

一、引进版电子游戏出版物或互联网游戏出版物是指由境外著作权人开发的电子游戏或互联网游戏软件作品，通过版权贸易方式，授权给中国的电子出版单位或互联网游戏出版机构在中国境内出版发行的电子游戏出版物或互联网游戏出版物。

二、电子游戏出版物是电子出版物种类之一，指通过计算机应用程序，将图文声像等游戏内容编辑加工后，以数字代码方式存储在磁、光、电介质上，通过计算机、掌上阅读器、手机或者具有类似功能的交互设备读取使用，并可复制发行的电子游戏软件作品。载体形态包括只读光盘（CD-ROM）、高密度只读光盘（DVD-ROM）、集成电路卡（IC Card）、软磁盘（FD）、交互式光盘（CD-I）、照片光盘（Photo-CD）和新闻出版总署认定的其他类似载体形态。

互联网游戏出版物是指通过计算机应用程序，将图文声像等游戏内容经过选择、编辑和数字化制作加工，以互联网为传播载体，发送至电脑、电视、手机、游戏机等用户终端，供多人同时在线浏览、阅读、使用或者下载的互联网游戏软件作品。

三、电子出版单位出版引进版电子游戏出版物，互联网游戏出版机构出版引进版互联网游戏出版物，均应向所在地省、自治区、直辖市出版行政部门提出引进出版申请，省、自治区、直辖市出版行政部门自受理申请之日起20日内，对申报的引进版电子游戏出版物或引进版互联网游戏出版物内容提出审核意见。符合出版条件的，报新闻出版总署审批；不符合出版条件的，应当说明理由并书面通知申请人。

新闻出版总署根据有关法律法规，对申报的引进版电子游戏出版物或引进版互联网游戏出版物内容进行审查，并按照国家对电子游戏出版物、互联网游戏出版物总量、结构、布局的规划，做出批准或者不批准的决定。不批准的，书面说明理由。

申请出版引进版电子游戏出版物应提交以下材料：

（一）电子出版单位的申请报告。内容包括电子游戏出版物的中外文名称、著作权人情况（中外文名称、所在国家或地区、经营情况等）、引进前的出版经营情况、详细的作品内容介绍、责任编辑审读意见、预计的出版时间等。

（二）所在地区省级新闻出版局或主管单位审核同意文件。

（三）著作权合同备案机构出具的《著作权合同备案证书》。

（四）送审的电子游戏出版物样盘和中文脚本全文。

（五）电子游戏出版物中主要人物和主要场景彩色图片。

（六）代理公司营业执照及电子出版物发行许可证复印件。

申请出版引进版互联网游戏出版物应提交以下材料：

（一）互联网游戏出版机构的申请报告。内容包括互联网游戏出版物的中外文名称、著作权人情况（中外文名称、所在国家或地区、经营情况等）、引进前的出版经营情况、详细的作品内容介绍、责任编辑审读意见、预计的出版（公测）时间等。

（二）互联网游戏出版机构所在地省级新闻出版局的审核同意文件。

（三）著作权合同备案机构出具的《著作权合同备案证书》。

（四）互联网游戏出版物中文脚本全文。

（五）彩色打印图片和演示光盘。表现互联网游戏出版物中的主要人物、场景、道具、情节等，能反映互联网游戏出版物的基本面貌。

四、出版引进版电子游戏出版物或引进版互联网游戏出版物应遵守《著作权法》及有关规定，出版前应按照著作权法的有关规定，取得合法授权，签订出版合同，并履行著作权合同备案手续。经新闻出版总署批准设立的电子出版单位可以办理引进版电子游戏出版物著作权合同备案手续；经新闻出版总署批准设立的互联网游戏出版机构可以办理引进版互联网游戏出版物著作权合同备案手续。电子出版单位持引进版电子游戏出版物著作权合同或互联网游戏出版机构持引进版互联网游戏出版物著作权合同，向著作权行政管理部门的著作权合同备案机构办理合同备案手续。符合规定的，由著作权合同备案机构出具《著作权合同备案证书》。

五、电子出版单位凭新闻出版总署批准引进的文件和《电子出版物复制委托书》，委托光盘复制单位或集成电路卡加工企业复制加工引进版电子游戏出版物只读光盘或集成电路卡。

互联网游戏出版机构可以出版本版引进版互联网游戏出版物的客户端程序只读光盘。互联网游戏出版机构应到所在地省、自治区、直辖市出版行政部门申领电子出版物书号和《电子出版物复制委托书》，凭新闻出版总署批准引进的文件和《电子出版物复制委托书》，委托光盘复制单位复制引进版互联网游戏出版物客户端程序只读光盘。

六、各光盘复制单位或集成电路卡加工企业应严格遵守国家有关电子出版物复制的法规，在承接引进版电子游戏出版物只读光盘或引进版互联网游戏出版物客户端程序只读光盘时，应按照本通知第五条规定认真审验有关手续，对不符合规定的，一律不得复制、加工。

七、电子出版单位可以发行本版电子游戏出版物，互联网游戏出版机构可以发行本版互联网游戏出版物的客户端程序只读光盘、游戏计费卡。经出版行政部门批准设立的电子出版物发行单位可以发行电子游戏出版物、互联网游戏出版物的客户端程序只读光盘、游戏计费卡。凡未取得出版行政部门颁发的电子出版物发行许可证的单位、机构或个人（包括各类电子产品市场、软件销售店、网吧等）一律不得从事电子游戏出版物、互联网游戏出版物的客户端程序只读光盘、游戏计费卡的发行业务。

八、互联网游戏出版是互联网出版的重要形式，从事互联网游戏出版活动必须遵守《出版管理条例》、《互联网信息服务管理办法》等规定。根据国务院《互联网信息服务管理办法》规定，从事互联网出版信息服务，在向电信管理机构申请办理互联网信息服务增值电信业务经营许可前，必须先取得国家出版行政主管部门的审批许可。互联网接入服务提供者在为从事互联网游戏出版活动的机构提供互联网接入服务前，应审验申请人的资格，申请人必须是新闻出版总署批准设立的有互联网游戏出版业务范围的互联网出版机构，并提供互联网出版许可证复印件。同时，其出版运营的引进版互联网游戏出版物必须是经新闻出版总署审查批准的，并提供审批文件复印件。

九、凡1995年以来，经新闻出版总署审查批准出版的引进版电子游戏出版物和互联网游戏出版物，并办理了著作权登记手续，属于合法出版物。《出版管理条例》第二十四条规定："合法出版物受法律保护，任何组织和个人不得非法干扰、阻止、破坏出版物的出版。"第五十三条进一步规定："对非法干扰、阻止和破坏出版物出版、印刷或者复制、进口、发行的行为，县级以上各级人民政府出版行政部门及其他有关部门，应当及时采取措施，予以制止。"

十、违反上述规定的，由出版行政部门和版权行政部门依法追究其法律责任。

关于加强内部发行图书管理的通知

新闻出版总署　2004 年 11 月 24 日　新出图〔2004〕1272 号

各省、自治区、直辖市新闻出版局，新疆生产建设兵团新闻出版局，解放军总政宣传部新闻出版局，中央和国家机关各部委、各民主党派、各人民团体出版主管部门，中国出版集团公司：

内部发行图书是指在某一领域具有一定研究价值，但不宜公开发行和传播，仅供部分特定读者阅读的出版物。关于内部发行图书的管理，中宣部、新闻出版总署曾先后于 1984 年和 1989 年两次发文，提出明确要求。但近来发现，有个别出版社擅自将标明内部发行的图书通过一般发行网络销售；个别新华书店公开批发和零售，致使一些内部发行图书在社会上广为传播，造成不良影响。为进一步加强内部发行图书出版发行管理工作，现重申并补充规定如下：

1．严格控制内部发行图书出版。确有需要以内部发行形式出版发行的图书，选题及发行范围应报新闻出版总署批准，涉及重大选题范围的应按规定履行专题备案手续。此类图书原则上由人民出版社、各地人民出版社和少数具备相应出书领域与优势的中央级社科出版社安排。

2．内部发行图书不得采取合作出版方式。

3．出版内部发行图书，出版社要在封底或版权页上注明“内部发行”字样，并根据图书内容，明确读者对象和发行范围，限量定向发行。

4．内部发行图书不得交新华书店、古旧书店、民营书店等批发和零售。不得在社会上公开征订。不得通过报刊、广播、电视、网络、广告橱窗等进行宣传。

5．各级出版管理部门和出版单位主办、主管部门，要切实加强对内部发行图书的选题把关和出版发行各环节的监督检查。各出版单位要自觉遵守有关管理规定。今后，对擅自出版和变更、扩大阅读对象与发行范围，造成不良影响的，将依照有关规定严肃处理。

6．各级出版管理部门和出版单位主管部门接到本通知后，要对所属出版单位内部发行图书出版发行情况进行认真清理和纠正，制定加强管理的制度和措施。

关于进一步加强“名录类”出版物出版管理的通知

新闻出版总署　2005年9月29日　新出法规〔2005〕1030号

各省、自治区、直辖市新闻出版局，新疆生产建设兵团新闻出版局，中央和国家机关各部委、各人民团体、各民主党派出版管理部门，解放军总政宣传部新闻出版局，中国出版集团公司：

近年来，名目繁多的“名录类”出版物充斥市场，造成了不良社会影响。“名录类”出版物得以编辑、出版和发行，相当一部分是利用出版单位设立了“名录类”出版物编委会、编辑部（室），利用了出版单位转让或者出卖的名称、书号（刊号、版号）或者其他便利条件。这些“名录类”出版物的编辑、出版等行为，违反出版管理法规，破坏正常出版秩序，必须严格加以管理。为此，现就有关事项通知如下：

一、本通知所称“名录类”出版物，是指收录“名人”简介的各类“名人录”、“名人辞海”或者“名人词典”，收录“名人”业绩、作品、文章、讲话等内容的各类丛书，收录党政机构、企事业单位、行业组织名称、简介等内容的各类单位名录，以及其他类似内容的出版物。

二、出版单位出版“名录类”出版物必须严格执行重大选题备案制度，未经重大选题备案，一律不得出版。

三、出版单位不得以任何收费或变相收费方式出版“名录类”出版物，不得以任何借口强迫作者包销或者购买“名录类”出版物。

四、出版单位不得为他人出版“名录类”出版物转让、出卖本单位的名称、书号（刊号、版号），不得为其他任何个人或者单位编辑、出版“名录类”出版物提供条件和便利。

五、出版单位设立的“名录类”出版物编辑部（室）不得承包给其他单位或者个人，不得允许其他单位或者个人设立的“名录类”出版物编辑部（室）挂靠在出版单位。

六、出版单位以外的单位、个人出版的“名录类”出版物属于非法出版物，一律依法查处。

七、出版单位违反本通知规定的，由省级以上新闻出版行政机关依法查处。对于非法出版、印制、发行“名录类”出版物的行为，由各级新闻出版行政机关依法查处。

八、对于利用编辑、出版“名录类”出版物招摇撞骗、诈骗钱财违反治安管理法规或者触犯刑律的，各级新闻出版行政机关要将案件及时移送公安机关。

各级新闻出版行政机关和各出版单位主管部门接到本通知后，要立即对出版单位编辑、出版“名录类”出版物的情况进行检查，发现问题及时纠正并依法处理。有关重大情况、案件，及时报告新闻出版总署。

关于规范图书出版单位辞书出版业务范围的若干规定的通知

新闻出版总署　2006 年 3 月 10 日　新出图〔2006〕232 号

各省、自治区、直辖市新闻出版局，新疆生产建设兵团新闻出版局，解放军总政宣传部新闻出版局，中央国家机关、民主党派、人民团体出版单位主管部门，中国出版集团：

现将《关于规范图书出版单位辞书出版业务范围的若干规定》印发给你们，请认真贯彻执行。

关于规范图书出版单位辞书出版业务范围的若干规定

为提高辞书出版质量，规范辞书出版秩序，维护读者权益，依据《出版管理条例》，特制定《关于规范图书出版单位辞书出版业务范围的若干规定》，以下简称《规定》。

一、辞书包括语文类辞书、专科类辞书、综合类辞书。专科类辞书根据专业分工原则，继续由相应的专业出版社出版。语文类辞书中少数民族文字与汉语对照辞书由各民族出版社负责出版。本《规定》所调整的辞书出版业务范围是指除专科类辞书、少数民族文字与汉语对照辞书以外的辞书出版业务。

二、自本《规定》实施之日起，出版业务范围中无辞书出版业务，但超范围出版辞书的图书出版单位，一律停止辞书出版、发行业务。已出版辞书经过省、自治区、直辖市新闻出版行政部门和新闻出版总署质量检查为合格的，方可继续发行。正在编辑加工的辞书，一律中止活动，经新闻出版总署批准同意增加辞书出版业务后，方可继续出版、发行。

三、自本《规定》实施之日起，出版业务范围中无辞书出版业务的图书出版单位，申请增加辞书出版业务的，可依照《出版管理条例》第十七条向新闻出版总署提出申请。新闻出版总署自收到申请之日起九十日内，作出批准或不批准的决定，并书面通知主办单位；不批准的，应当说明理由。

四、申请增加辞书出版业务的图书出版单位，必须具备如下条件：

（一）必须具备足够的编辑出版力量，原则上需成立专门的辞书编辑室，辞书编辑室的编辑人员不少于五名，其中具有高级职称的不少于一名；

（二）辞书编辑室的编辑人员，必须通过汉语、英语等相关语言学专业学习，获得本科以上学历或同等学力，参加过新闻出版总署组织的辞书出版业务培训，并通过考核，获得持证上岗资格；

（三）在图书质量方面，五年内无被省、自治区、直辖市新闻出版行政部门和新闻出版总署处罚的记录。

五、申请增加辞书出版业务的图书出版单位，应提交以下申请材料：

（一）申请书；

（二）辞书编辑人员的职业资格证书、学历证明、辞书出版业务培训证明；

（三）省、自治区、直辖市新闻出版行政部门的审核意见。

六、自本《规定》实施之日起，出版业务范围中有辞书出版业务的图书出版单位，由新闻出版总署对其进行辞书质量检查。对辞书质量不合格或所出辞书中存在抄袭、剽窃等侵犯著作权行为的出版单位，可以视其情节轻重，给予暂停其辞书出版业务两年或直接撤消其辞书出版业务的处罚。

七、本《规定》同样适用于由图书出版单位出版的与纸介质辞书配套的电子辞书、光盘辞书等。

八、本《规定》自二〇〇六年五月一日起施行。

关于进一步加强音像制品重大选题备案工作的通知

新闻出版总署　2006年6月15日　新出音〔2006〕584号

各省、自治区、直辖市新闻出版局，新疆生产建设兵团新闻出版局，解放军总政宣传部新闻出版局，各音像出版单位主管部门，各音像出版单位：

根据《音像制品管理条例》和《图书、期刊、音像制品和电子出版物重大选题备案办法》的规定，凡涉及国家安全、社会稳定等方面的内容，以及可能对国家政治、经济、文化、军事等产生较大影响的音像制品选题，均属于重大选题范畴，出版前必须履行备案手续。近年来，多数音像出版单位认真履行了重大选题备案程序，然而也有不少音像出版单位盲目追求热点卖点，或热衷于引进境外节目，未经重大选题备案，擅自出版或引进出版了涉及文化大革命、重大历史事件和人物等重大题材的音像制品，有的音像制品内容上存在严重错误，在社会上产生了负面影响。为进一步加强和改进音像制品重大选题的备案工作，现就有关问题通知如下：

一、各音像出版单位要高度重视重大选题备案工作，切实把好选题关

重大选题社会影响面大，一旦出现导向问题，后果非常严重。音像出版领域始终是党的重要的意识形态阵地，对音像出版活动和音像制品内容加强管理，关系到全党、全国的工作大局，关系

到国家的政治安定、社会稳定和文化安全，切不可掉以轻心，漠然处之。2006年，大事、纪念日比较集中：中国共产党建党85周年，中国工农红军长征胜利70周年，毛泽东、朱德、周恩来等领袖人物逝世30周年，文化大革命开始40周年、结束30周年，唐山地震30周年等等，因此，对一些重要历史事件和人物的评述，音像出版管理单位一定要保持清醒的头脑，增强政治敏感性，时刻树立为全党和全国大局服务的意识重视作好重大选题备案管理工作；音像出版工作者要认真学习有关法律法规和规范性文件，增强政治敏锐性，在事关全局的重大问题上保持清醒，不断提高重大选题备案的自觉性，在选题环节把好关。

二、严格执行现有的重大选题备案规定

各音像出版单位要严格执行已正式下发的《图书、期刊、音像制品和电子出版物重大选题备案办法》(新出图〔1997〕860号)、《关于加强和改进重大选题备案工作的通知》（新出图〔1999〕198号）、《关于重大选题备案工作补充规定的通知》（新出图〔2001〕291号）和《关于重申严格执行有关出版管理规定的通知》（中宣发〔2004〕7号）等规定，严格履行备案程序，对属于重大选题的音像制品（包括再版），无论作者或主创人员是谁，出版前都必须送当地新闻出版行政部门审核后，报新闻出版总署备案。

三、申报音像制品重大选题备案时须提交的材料

各音像出版单位拟安排出版属于重大选题类音像制品时，首先向当地新闻出版行政部门提出申请，由主管部门向我署提出书面备案申请，同时报送以下材料：

（一）音像出版单位的申请报告；

（二）节目样片、样带及相关图片和文字材料；

（三）主创人员的情况介绍；

（四）出版单位主管部门或省委宣传部门的具体审核意见；

（五）对于公开播出或播映的广播、电视、电影节目，已经过有关部门审定的，一并附审核意见。

四、全面开展自查自纠工作

各音像出版单位要对近年来的出版情况进行全面的清理，对未履行备案手续出版的重大选题类音像制品，无论内容有无问题一律先停止发行，封存收回，并及时上报所在地新闻出版局，待问题查清后再作下一步的处理。各地新闻出版局要对辖区内音像出版单位进行全面督促检查，并将检查结果和处理意见于2006年7月31日前上报我署。

五、现有音像出版单位，一律不得超范围出版重大选题类音像制品，也不得以任何方式与非出版单位合作出版重大选题类音像制品。对于未经备案擅自出版发行的，一经发现，各级新闻出版行政部门要迅速责令有关出版发行单位停售封存，在查明有关情况后再作出进一步处理，将这类非法音像制品的负面影响减到最小。

特此通知。

关于加强版号管理暨进一步查处“买卖版号”行为的通知

新闻出版总署　2006年6月15日　新出音〔2006〕585号

各省、自治区、直辖市新闻出版局，新疆生产建设兵团新闻出版局，解放军总政宣传部新闻出版局，各音像出版单位主管部门，各音像出版单位：

近年来，我国音像出版业发展较快，产业规模不断扩大，出版了一大批优秀的音像制品，为宣传党的路线、方针、政策，传播先进科学文化知识，丰富人民群众精神文化生活做出了贡献。但音像出版工作中也存在一些突出问题，“买卖版号”就是其中之一。少数音像出版单位违反国家规定，利用国家赋予的专有出版权，出卖或转让版号，获取不正当利益。有的音像出版单位“明码标价”出卖版号，有的音像出版单位以“合作出版”为名，行“买卖版号”之实，有的音像出版单位则完全放弃编辑责任和内容审查职责，甚至出版了内容低俗、侵权盗版或有严重政治问题的音像制品，在社会上造成不良影响。鉴于上述情况，我署决定对“买卖版号”行为进行一次集中整治行动，现将有关要求通知如下：

一、充分认识“买卖版号”对整个音像行业的危害性，把查处“买卖版号”行动同治理商业贿赂专项工作结合起来

由于受到盗版等外部环境的冲击，长期以来，音像业处境较为艰难；同时，一些音像出版单位不注意提升自己的核心竞争力，热衷于搞所谓的“合作出版”，长期地、大张旗鼓地“卖版号”，

使整个音像出版行业面临被边缘化、空壳化的危险，严重干扰了正常的出版秩序，为非法出版活动提供了便利条件。我署近期内查处的几起重大案件，大多是由于“买卖版号”造成的。“买卖版号”已经成为阻碍音像业发展的一个痼疾，必须进行根除。

当前，治理商业贿赂工作正在全国展开，出版发行领域治理商业贿赂工作已纳入全国治理的重点，查处“买卖版号”工作列为出版发行领域治理商业贿赂的重点工作之一。各音像出版单位一定要站在国家经济政治文化发展全局的高度，充分认识“买卖版号”对整个音像行业带来的巨大危害，把查处“买卖版号”工作同治理商业贿赂专项工作结合起来。各地管理部门要加强组织领导，采取有力措施，按照我署治理出版发行领域商业贿赂的要求，把查处“买卖版号”的专项治理工作落到实处。

二、认真开展自查自纠工作，加大查处“买卖版号”工作的力度

2006年初以来，我署严厉查处了一批“买卖版号”的音像出版单位，吊销了吉林长白山音像出版社的音像制品出版许可证，给予福建文艺音像出版社停业整顿12个月和罚款5万元的行政处罚，给予长春电影制片厂银声音像出版社停业整顿8个月的行政处罚，对其他涉嫌“买卖版号”的音像出版单位的查处工作也在进行中。

各音像出版单位要从中吸取教训，认真开展自查工作，对涉嫌“买卖版号”的行为要及时纠正，并建立健全编辑责任制度以及各项内部管理制度，杜绝“买卖版号”行为的再度发生。各地新闻出版局要对辖区内音像出版单位“买卖版号”的情况进行一次彻底的清查，并视情节轻重及时作出相应的处理，要从速、从严查处涉嫌“买卖版号”的重大案件。对“买卖版号”情节较轻

的音像出版单位要坚决予以纠正，对“买卖版号”情节较重的音像出版单位要坚决予以停业整顿，对“买卖版号”情节严重且屡教不改的音像出版单位要报经我署审核后坚决予以吊销。各地新闻出版局要对辖区内音像出版单位认真组织检查验收并将结果和处理意见于2006年8月31日前上报我署。我署将加大抽查的力度，对监管不力的地区要进行通报批评。

三、加强版号管理，改进版号发放办法

鉴于少数地区及少数音像出版单位在版号管理及使用方面屡屡出现问题，自2007年1月起，我署将对版号的发放办法进行调整，主要有以下方面：

（一）结合年检工作，对音像出版单位实行分类管理，对优秀音像出版单位的版号使用原则上不作限制，对有违规行为的音像出版单位要扣减甚至停发版号。

（二）主要根据音像出版单位年度选题报送情况发放版号，同时参照音像出版单位编辑人员数量、上一年度出版情况、样品缴送情况、复制委托书备案等情况作适当调整。

（三）鼓励国产原创节目，在版号使用上不受限制；对合作出版和引进境外节目的版号，要从质量和结构上加以适当调控。

（四）对不按规定使用版号或超额度使用版号的音像出版单位，一律停发版号，并按规定进行查处。

各级新闻出版行政部门要按照总署的统一安排及要求，不断加大对辖区内音像出版活动的监管力度，力争经过一段时间的治理行动，使“买卖版号”的行为得到有效地遏制，使音像出版秩序有明显改善。

关于加强音像制品和电子出版物样本缴送工作的通知

新闻出版总署 2007年1月24日 新出音〔2007〕71号

各省、自治区、直辖市新闻出版局，解放军总政宣传部新闻出版局，各音像、电子出版单位：

2001年12月国务院颁布的《出版管理条例》（国务院令第343号）中规定“出版单位发行其出版物前，应当按照国家有关规定向国家图书馆、中国版本图书馆和国务院出版行政部门免费送交样本”。同时，国务院颁布的《音像制品管理条例》（国务院令第341号）和我署颁布的《电子出版物管理规定》（新闻出版署令第11号）也分别对音像制品和电子出版物样本缴送作了明确规定。然而一些音像、电子出版单位由于缴送样本意识淡薄，没有按规定及时向管理部门和有关单位缴送样本。为了做好音像制品和电子出版物的样本缴送工作，现通知如下：

一、要高度重视样本的缴送工作

按照国家的有关法规和规章的规定，缴送样本是出版单位应尽的义务，这对于建立国家出版样本库，加强对音像、电子出版行业的行政管理，具有重要意义。各音像、电子出版单位要充分重视此项工作，在接到本通知后，立即对本单位2005年以来的出版情况进行核查，对没有及时缴送的音像制品和电子出版物样本，应在本通知下发之日起2个月内清理后邮寄或直接送达新闻出版总署音像电子出版物样本征集办公室、国家图书馆和中国版本图书馆。各省级新闻出版局要对辖区内音像、电子出版单位的样本缴送情况进行跟踪检查，加强对出版单位缴送样本工作的监督。

二、具体要求

1．缴送样本范围。缴送样本为新版音像制品和电子出版物，对于再版的音像制品和电子出版物，凡是节目内容有变动、包装有更换或使用新的条形码的，均需缴送样本。此外，对于配合本版出版物出版的音像制品和电子出版物，也要按规定缴送样本。

2．样本缴送要及时、完整。音像制品和电子出版物出版发行后，30日内须向新闻出版总署音像电子出版物样本征集办公室、国家图书馆和中国版本图书馆缴送样本各1套，所缴送的样本必须完整，不得有缺失。

3．凡缴送的出版物样本，应附有单位盖章的《音像制品缴送样本清单》或《电子出版物缴送样本清单》，一式三份。各样本征集办公室核收后，应在清单上签字、盖章，并在10天内将清单返回出版单位，以备查验。出版单位应同时将《清单》电子版（以EXCEL表格形式）发送到以下邮箱：yangbenguanli@126.com。

4．各音像、电子出版单位须指定专人负责音像制品或电子出版物样本的缴送工作，并于2007年4月1日前以传真或电子邮件形式，将《样本管理指定人员信息表》报新闻出版总署音像电子和网络出版管理司（传真：010—65127827，邮箱地址：yinxiangsi@yahoo.com.cn）。今后，各音像、电子出版单位样本管理人员若有变动，需重新填写《样本管理指定人员信息表》，及时上报新闻出版总署音像电子和网络出版管理司。

三、处罚措施

新闻出版总署每半年通报一次音像、电子出版单位样本缴送情况，对不缴送样本或不按期缴送样本的出版单位，将视情节轻重给予通报批评、核减中国标准音像制品编码或中国标准书号，情节严重的，予以停业整顿或吊销出版许可证。此外，各音像、电子出版单位缴送样本的情况，将被列为音像、电子出版单位考核和年检的重要内容，对不按期缴送样本或不缴送样本的出版单位，年检时将予以暂缓登记或不予以登记。

特此通知。

附件：1．《样本管理指定人员信息表》（略）

2．各样本征集办公室联系方式（略）

3．《音像制品缴送样本清单》、《电子出版物缴送样本清单》（略）

关于加强音像制品、电子出版物和网络出版物审读工作的通知

新闻出版总署　2007年2月16日　新出音〔2007〕129号

各省、自治区、直辖市新闻出版局，解放军总政宣传部新闻出版局，新疆生产建设兵团新闻出版局：

近年来，我国音像电子和网络出版业发展很快，年出版音像制品和电子出版物已超过4万种，网络出版的发展势头迅猛，大量优秀音像制品、电子出版物和网络出版物的出版，极大地丰富了人民群众的精神文化生活。然而一些音像电子和网络出版单位由于政治意识淡薄，责任意识、大局意识不强，在出版过程中也出现了不少问题，主要表现为：有的出版内容违反了国家的法律规定和党的方针政策，损害公共利益；有的内容庸俗，低级趣味，有害青少年身心健康；有的质量低劣，粗制滥造。因此，为更好地做好音像制品、电子出版物和网络出版物的审读工作，提高音像电子网络出版内容质量、满足社会和人们的精神文化需求，加强出版管理工作，现就有关事宜通知如下：

一、要充分重视加强审读工作的重要性和必要性

审读工作是新闻出版行政部门的重要工作，是新闻出版行政部门转变政府职能，加强社会监管，依照国家法律法规所进行的一项重要执法工作，也是巩固马克思主义在意识形态领域指导地位的需要。音像制品、电子出版物和网络出版物作为新兴媒体，技术含量高，内容丰富，传播速度快，传播范围广，社会影响大，

各省级出版行政部门要高度重视对音像制品、电子出版物和网络出版物的审读，要以“三个代表”重要思想和党的十六届六中全会精神为指导，不断增强政治意识和大局意识，把握正确的出版方向，依法行政，为推动社会主义和谐社会建设提供强大的精神动力和智力支持，为党的十七大胜利召开营造良好的舆论环境。

二、审读工作的重点和内容

新闻出版管理中的审读，主要对出版内容是否符合国家的法律、法规及方针、政策，是否存在反对宪法确定的基本原则，是否危害国家统一、主权和领土完整，危害国家安全，泄露国家机密，破坏民族团结，宣扬邪教迷信和色情暴力等方面进行审读。音像制品、电子出版物和网络出版物审读主要包括：

（一）音像制品和电子出版物年度选题计划的审核。要按照总署下发的加强音像制品和电子出版物年度选题计划备案工作的通知，认真做好音像制品和电子出版物年度选题审核和备案工作。

（二）对已出版的音像制品和电子出版物的内容进行审读。包括专项审读和日常审读：

专项审读，即是有针对性的，对重点选题、重大选题和敏感选题的审读，特别是对涉及“双重大”内容或社会热点选题的审读。

日常审读，即通过抽查或例行审读，及时了解出版动态、特点和存在的问题，监督了解音像制品和电子出版物的整体质量。

（三）对网络出版内容的监管。检查网站出版内容是否符合许可范围、出版宗旨。重点关注网络出版中常带有倾向性、苗头性的问题，争取早发现、早研判、早报告、早处置。对网络出版中所发现的重大突发事件，力求第一时间报告舆情，并按中央有关文件的要求提出处置意见和措施，及时处理。建立健全网络出版舆论信息收集和分析、信息协作和沟通机制，要加强对群众举报的受理和有害信息的查处工作，并依法严惩制作传播有害出版信息的网站和个人。

三、要建立健全审读制度及程序

各省级出版行政部门要加强审读工作的制度化建设，建立健全反应灵敏、调控有力的审读信息预警机制，要投入必要的人力、物力和资金，确保本辖区内音像电子和网络出版的审读工作有效开展。

（一）加强审读工作的组织领导，建立审读办法和审读工作程序。

各省级出版行政部门要加强对审读工作的领导，成立音像电子和网络出版审读的组织机构，并结合本区域的实际情况，制定本区域内音像电子和网络出版的审读办法和审读工作流程。

（二）建立必要的专家审读队伍。

音像制品、电子出版物和网络出版物的审读队伍要由政策水平强、具有一定权威性的专家组成，专家的选择要涵盖不同的学科，并要求能熟练运用音像、计算机和网络技术。同一出版物要由 2 名或 2 名以上的专家进行审读，专家的审读要形成审读报告，供出版部门决策时参考，对审读意见分歧较大的要组织召开专家审读论证会。

（三）各地要高度重视互联网出版技术手段的建设，提高互联网出版监管智能水平，增强互联网出版舆情研判的科学性和时效性，建立适合本地区互联网出版舆情分析系统，与总署网络出版监控系统有效对接。

（四）加强信息反馈，确保审读信息的畅通。

总署负责全国音像电子和网络出版审读工作的监督和指导，组织重点或专项审读工作，具体工作由总署音像电子和网络出版管理司承担。各省级新闻出版局负责本地区审读工作的组织、协调、监督和指导，要与总署建立通畅的信息沟通渠道，要有专人负责。总署将及时向各省级新闻出版行政部门通报全国音像电子和网络出版审读工作的开展情况、审读工作的动态及需要注意的问题。为便于审读信息的沟通，总署音像电子和网络出版管理司设立了工作信箱：yinxiangsi@yahoo.com.cn，各省级新闻出版行政部门也要设立相应的工作信箱，工作信箱的回执可在中国音像电子和网络出版管理网上进行下载，请填写完整并盖章后于2007年3月10日前反馈我署。

四、严格执行重大出版情况报告制度

对本区域发生或审读中发现的重大出版事项和产生重大社会影响的出版问题，各音像电子和网络出版单位要及时报告本地区新闻出版行政部门，各地新闻出版局要及时报告总署。

各新闻出版行政部门要尽职尽责，扎扎实实地把好审读这个关口，为促进我国音像电子和网络出版事业健康、繁荣发展服务。

关于保护未成年人身心健康实施网络游戏防沉迷系统的通知

新闻出版总署　中央文明办　教育部　公安部　信息产业部
共青团中央　中华全国妇女联合会　中国关心下一代工作委员会
2007年3月12日　新出联〔2007〕5号

各省（自治区、直辖市）新闻出版局、教育（厅）局、团委、通信管理局、公安（厅）局、各网络游戏出版运营企业：

为贯彻落实《中共中央国务院关于进一步加强和改进未成年人思想道德建设的若干意见》，净化网络环境，推广文明上网，保护未成年人身心健康，有效解决未成年人沉迷网络游戏的社会问题，2005年6月，新闻出版总署组织有关部门、行业组织、专家、教育工作者、家长等共同研究，并广泛征求意见，制定出《网络游戏防沉迷系统开发标准》，该系统针对未成年人沉迷网络游戏的诱因，利用技术手段对未成年人在线游戏时间予以限制，作为实施“文明办网、文明上网”的实际举措之一。2005年8月，向全国七家主要的网络游戏运营企业发出《关于开发网络游戏〈防沉迷系统〉的通知》，通知发出后，各参与企业高度重视，向社会庄严承诺“保护未成年人健康、创建绿色网游环境”，并签署了《网络游戏防沉迷系统开发使用责任书》，启动了相关工作。这些举措得到社会各界的充分肯定。

2006年3月系统的开发工作基本完成，开始进行试运行。经过半年多的试运行，多项指标均已达到标准要求。为更有效地在未成年人中实行网络游戏防沉迷系统，新闻出版总署又组织有关方面制定配套的《网络游戏防沉迷系统实名认证方案》。

为了尽快在全国范围内开展此项工作，根据中央领导同志的重要指示和中央精神文明建设指导委员会的部署，新闻出版总署、中央文明办、教育部、团中央、信息产业部、公安部、全国妇联、中国关心下一代工作委员会研究决定，在全国网络游戏中推行网络游戏防沉迷系统。现将有关要求通知如下：

一、本通知所称网络游戏是指利用互联网进行在线运营的各类互联网游戏出版物，包括自主开发和从境外引进的。

二、各网络游戏运营企业必须严格按照《网络游戏防沉迷系统开发标准》（附件1）在所有网络游戏中开发设置网络游戏防沉迷系统，并严格按照配套的《网络游戏防沉迷系统实名认证方案》（见附件2）加以实施。

三、网络游戏防沉迷系统及配套的《网络游戏防沉迷系统实名认证方案》定于2007年4月15日起实施，2007年4月15日至2007年6月15日为系统开发时间，2007年6月15日至7月15日为系统测试时间。2007年7月16日起正式投入使用。本通知发布之日前已经公开测试运营的网络游戏按上述时间执行；2007年7月16日后公开测试运营的网络游戏，必须按照《网络游戏防沉迷系统开发标准》和《网络游戏防沉迷系统实名认证方案》先行开发完成，并同步实施，否则不予审批或备案，也不准公开测试运营。

四、所有网络游戏运营企业必须严格按照《网络游戏防沉迷系统开发标准》和《网络游戏防沉迷系统实名认证方案》进行开发部署，不得随意更改实施方式，扩大或缩小系统功能权限等，违者，将按照有关法律法规予以查处，并停止其网络游戏出版运营和相关互联网接入服务，直至取消其相关许可。

五、各地新闻出版行政部门要加强对网络游戏出版运营企业的监督管理，督促各企业严格按照本通知要求做好开发推广工作，并对实施情况进行监督；教育、共青团、妇联等部门要采取各种方式，引导未成年人合理安排学习、生活、娱乐，养成文明健康的上网习惯，切实推进“健康上网，拒绝沉迷——帮助未成年人戒除网瘾行动”，并做好有关宣传咨询、心理引导和效果评估等工作；通信管理部门要按照《互联网站管理协调工作方案》（信部联电〔2006〕121 号）协助有关部门依法做好相关网站管理工作；公安部门要配合有关部门做好网络游戏实名身份信息验证工作，保障网络游戏防沉迷系统针对未成年人发挥应有的作用。

附件：1．网络游戏防沉迷系统开发标准（略）

2．网络游戏防沉迷系统实名认证方案（略）

关于转发《关于加强互联网地图和地理信息服务网站监管的意见》的通知

新闻出版总署　2008年4月15日　新出音〔2008〕382号

各省（区、市）新闻出版局：

为加强互联网地图出版服务的管理，规范互联网地图出版服务行为，维护国家安全，杜绝损害国家利益的“问题地图”在互联网上传播，国家测绘局、新闻出版总署等八部门共同发布了经国务院同意的《关于加强互联网地图和地理信息服务网站监管的意见》（见附件，以下简称《意见》），现转发给你们。请按照《意见》的要求，做好以下几方面的工作：

一、对辖区内从事互联网地图出版服务的网站进行全面检查。对在从事互联网地图出版服务中，传播危害国家主权、安全和利益的地图和地理信息，尤其是涉及泄密等问题的，要按照《意见》的要求依法予以纠正。拒不改正的，要会同当地通信管理部门停止其接入服务，直至关闭网站。涉嫌犯罪的，要移送司法机关，依法追究刑事责任。

二、规范互联网地图出版的准入制度。从事互联网地图出版服务，要根据《互联网信息服务管理办法》（国务院〔2000〕292号令）和《互联网出版管理暂行规定》（新闻出版总署、信息产业部〔2002〕第17号）的申办程序和要求办理互联网出版许可审批手续。未取得具有互联网地图服务范围的互联网出版许可证，一律不得从事互联网地图出版和地理信息服务。

三、建立健全长效监管机制。各地要做好互联网地图出版服务相关法规的宣传教育工作，督促从事互联网地图出版和地理信息服务的网站及其相关从业人员加强学习，提高认识，严格自律，树立依法出版意识，自觉遵守相关法律法规。同时，建立举报机制，鼓励群众积极举报互联网地图出版服务中的违法违规行为，发挥公众和社会监督作用。

请各省级新闻出版行政部门于2008年5月底前，将检查落实情况书面报新闻出版总署音像电子和网络出版管理司。

关于加强互联网地图和地理信息服务网站监管的意见

国测图字〔2008〕1号

各省、自治区、直辖市人民政府，国务院各部委、各直属机构：

随着卫星定位技术、遥感技术、地理信息系统技术和网络技术的进步，基于互联网的地图和地理信息服务发展迅速，在给人们的工作、生活提供便利的同时，也出现了许多不容忽视的问题。一些单位和个人违反国家有关法律法规的规定，不具资质或未经批准，擅自提供互联网地图和地理信息服务，发布错误的国家版图，把一些敏感的、不宜公开的，甚至是涉及国家秘密的相关地理坐标数据信息标注在互联网地图上。这些问题的出现，严重损害了国家利益，威胁国家安全。为加强互联网地图和地理信息服务网站的监督管理，经国务院同意，现提出以下意见：

一、充分认识加强互联网地图和地理信息服务网站监管的重要性

地理信息是国民经济建设和国家安全的重要基础数据。互联网地图作为地理信息的载体之一，同其他地图一样，是国家版图的主要表现形式，体现着一个国家在主权方面的意志和在国际社会中的政治、外交立场，具有严密的科学性、严肃的政治性和严格的法定性。互联网地图出现错误，不仅损害消费者的利益，而且损害国家利益、民族尊严，甚至可能造成极为恶劣的政治影响；如果在互联网地图上擅自标注、加载、上传重要地理信息数据和属性，就有可能泄露国家秘密，给国家安全造成隐患。

各地区和各有关部门一定要本着对国家主权、民族尊严和人民群众切身利益高度负责的精神，从讲政治和维护国家安全的战略高度，充分认识加强互联网地图和地理信息服务网站监管工作的重要性，进一步规范互联网地图编制、出版、登载和上传地理信息的行为，深入开展国家版图意识和安全保密意识的宣传教育活动，杜绝损害国家主权、安全和民族尊严的"问题地图"在互联网上传播。

二、严格执行互联网地图和地理信息服务活动的市场准入制度

互联网地图是一种特殊的地图产品，从事互联网地图和地理信息服务活动必须遵守国家法律法规的规定。从事互联网地图编制活动，必须经国务院测绘行政主管部门审批，并取得相应的测绘资质证书。从事互联网地图出版活动，应经国务院新闻出版部门审批，并取得互联网出版许可证。外国的组织或者个人不得在我国境内从事互联网地图编制和出版活动。

互联网地图在登载、出版前，应当报国务院测绘行政主管部

门或者省、自治区、直辖市测绘行政主管部门审核；从事互联网地图和地理信息服务的，应当依法向信息产业（通信）主管部门申请办理互联网信息服务经营许可证或者履行备案手续。任何单位和个人不得在互联网上擅自公布重要地理信息数据。在互联网上需要使用重要地理信息数据的，应当使用依法公布的重要地理信息数据。利用涉及国家秘密的测绘成果开发生产互联网地图和提供地理信息服务，必须先经国务院测绘行政主管部门或者省、自治区、直辖市测绘行政主管部门进行保密技术处理。

三、进一步加强对互联网地图和地理信息服务网站的监管

测绘行政主管部门要加强互联网地图测绘资质的管理和互联网地图登载、出版前的审核；采取措施，坚决制止涉密地图、高精度坐标成果及重要地形地物属性等通过网络扩散。要加快地理信息公共服务平台建设，积极研制公众版数字化地图产品，促进测绘成果的社会化应用。

新闻出版行政部门要加强互联网地图出版管理，严格执行互联网地图出版管理的有关规定，对违反国家出版法规的互联网地图出版行为进行查处。

工商行政管理部门在受理互联网地图和地理信息服务网站（企业）登记注册时，要查验是否取得了测绘行政主管部门颁发的相应测绘资质证书和新闻出版行政部门颁发的具有互联网地图出版业务的互联网出版许可证。

保密部门要加强对互联网地图和地理信息安全保密工作的指导，会同有关部门严肃查处泄露国家秘密的违法违规行为。

通信管理部门要协助配合有关主管部门加强对互联网地图和地理信息服务网站的监管。对危害国家主权、安全和利益的互联网地图和地理信息服务网站，相关主管部门要做出关闭网站的行

政处罚；网站拒不执行的，通信管理部门依法通知互联网接入服务提供者停止为其网站提供接入服务。

四、严肃查处互联网地图和地理信息服务违法违规行为

各有关部门要着力开展对互联网地图的专项整治，规范互联网地图和地理信息服务活动，并强化日常监管。各地区要根据本地实际情况，对本行政区域内的互联网地图和地理信息服务网站进行全面、彻底的检查。凡未经国家或省级测绘行政主管部门审核批准的互联网地图，一律不得登载和转发；对于存在问题的互联网地图，要依法查处纠正。凡未取得从事互联网地图出版业务许可的经营主体，一律停止互联网地图出版活动。要以情节严重、社会反响强烈的典型违法案件为突破口，进一步加大打击违法从事互联网地图和地理信息服务活动的力度，公布互联网地图和地理信息服务中严重违法的单位和企业名单以及典型违法案件查处情况。

五、深入开展国家版图和安全保密意识的宣传教育活动

各地区、各有关部门要在继续深入开展国家版图意识宣传教育的同时，加强网络信息安全的宣传教育工作，采取多种形式，广泛深入地宣传地图管理、保密等法律法规。教育网站经营者依法文明办网，教育公民不向互联网上传不宜公开的地理信息。引导互联网地图和地理信息服务行业加强自律，强化网站经营者的信息安全意识和社会责任感。建立举报奖励制度，鼓励广大人民群众积极举报违法违规互联网地图和地理信息泄密案件，发挥公众参与和社会监督作用。

依法从事互联网地图和地理信息服务的企业要严格自律，禁止传输、标注、发布危害国家主权和领土完整的“问题地图”和可能危害国家安全的地理信息。

六、积极推进互联网地图和地理信息服务管理的法制建设

有关部门要加快《中华人民共和国地图编制出版管理条例》的修订工作，制定相应的配套规章，做到有法可依，依法行政，进一步规范互联网地图和地理信息服务网站活动，强化安全保密措施。

国务院有关部门要相互配合，协调指导各省、自治区、直辖市有关部门开展互联网地图和地理信息服务网站监管工作，定期对工作情况进行督促检查。要建立由有关部门参加的情况通报制度，及时通报、处理互联网地图和地理信息服务中出现的违法违规行为。地方各级人民政府要组织协调有关部门采取长期有效、切实可行的监管措施，加强互联网地图和地理信息服务网站的监管，促进和谐网络建设和地理信息产业的繁荣发展。

新闻出版
法律法规文件汇编

中编

中共中央宣传部政策法规研究室　编

中国书籍出版社
China Book Press

图书在版编目（CIP）数据

新闻出版法律法规文件汇编. 中编 / 中共中央宣传部政策法规研究室编. -- 北京：中国书籍出版社，2021.5

ISBN 978-7-5068-8452-5

Ⅰ. ①新… Ⅱ. ①中… Ⅲ. ①新闻工作—法规—汇编—中国②出版法—汇编—中国 Ⅳ. ①D922.169

中国版本图书馆CIP数据核字（2021）第068959号

新闻出版法律法规文件汇编. 中编

中共中央宣传部政策法规研究室　编

责任编辑　牛　超
责任印制　孙马飞　马　芝
封面设计　东方美迪
出版发行　中国书籍出版社
地　　址　北京市丰台区三路居路 97 号（邮编：100073）
电　　话　（010）52257143（总编室）　（010）52257140（发行部）
电子邮箱　eo@chinabp.com.cn
经　　销　全国新华书店
印　　刷　北京九州迅驰传媒文化有限公司
开　　本　710毫米 × 1000毫米　1/16
字　　数　1300千字
印　　张　97.5
版　　次　2021 年 5 月第 1 版　2022 年 8 月第 5 次印刷
书　　号　ISBN 978-7-5068-8452-5
定　　价　198.00元（全三编）

中编目录

规章、规范性文件

·图书、音像电子网络·

关于音像制品进口管理职能调整及进口音像制品内容审查事项的通知

新闻出版总署　2008 年 8 月 29 日　新出出版〔2008〕1022 号

各省、自治区、直辖市新闻出版局，解放军总政宣传部新闻出版局，全国各音像出版单位、制作单位、复制单位、发行单位：

根据《国务院办公厅关于印发国家新闻出版总署（国家版权局）主要职责内设机构和人员编制规定的通知》（国办发〔2008〕90 号）的有关规定，音像制品进口管理的职责由文化部划入新闻出版总署。现将有关事项通知如下：

一、今后凡从外国及香港、澳门和台湾地区进口音像制品成品和进口用于出版、信息网络传播及其他用途的音像制品，均应报新闻出版总署进行内容审查。新闻出版总署负责全国音像制品进口的监督管理工作。

二、新闻出版总署将设立进口音像制品审查委员会，由若干名专家组成，负责审查进口音像制品的内容。委员会下设办公室，负责受理进口单位申报材料和报审样品，并组织专家进行内容审查。新闻出版总署根据专家审查意见做出批准或不批准的决定。批准的，发给《进口音像制品批准单》；不批准的，发给《进口音像制品审查通知单》，并说明理由。审查时限为 30 日。

三、报送程序和材料

（一）进口用于出版或用于信息网络传播的音像制品，应当由有关出版单位向新闻出版总署提出申请并报送以下文件和材料：

1．《进口录音（像）制品报审表》；

2．版权贸易协议（中外文文本）草案，原始版权证明书，版权授权书和国家著作权认证机构的登记认证文件；

3．节目样片（载体形式为CD、VCD或DVD）；

4．内容审查所需的其他材料。

（二）进口音像制品成品，由音像制品成品进口单位向新闻出版总署提出申请并报送以下文件和材料：

1．《进口录音（像）制品报审表》；

2．进口协议草案；

3．节目样片、中外文歌词等文字材料；

4．内容审查所需的其他材料。

（三）进口用于展览、展示的音像制品，由展览、展示活动主办单位提出申请，并将音像制品目录和样片报新闻出版总署进行内容审查。

四、音像制品进口申报要求

（一）进口单位需提交填写完整的报审表，版权贸易合同，原始版权证明书，版权授权证明，版权认证文件以及节目样片。

（二）填写《进口录音（像）制品报审表》注意事项：录音节目报审表中，曲目、表演者及词曲作者要准确无误；录像节目报审表中，“内容介绍”要客观完整。报审表中“进口单位初审意见”一栏，必须对进口节目的思想内容和艺术水平做出评价，对不符合国家规定的内容、情节，要提出处理意见，但不要在节目样片上删减节目内容。在填写报审表时，进口单位要盖章，单位负责人要签字。在报审表上填写的曲目或节目集（部）的顺序要与报审样片、歌词材料的顺序一致。

（三）报审样片要信号清晰，节目完整。外文录像节目的样盘须有中文字幕或普通话配音。外语录音节目要有中外文歌词材料，歌词材料要标准、清晰，不得随意更改歌词。外语录像节目要有中文名称，节目中文名称要使用规范的语言文字，节目样盘须有中文字幕或普通话配音。

（四）报审的文字材料不得使用传真件，著作权认证材料要用原件。

五、出版进口音像制品须遵照以下要求：

（一）在经批准进口出版的音像制品版权授权期限内（授权期限一般不低于 3 年），不得进口该音像制品成品。

（二）出版单位须在音像制品及其包装的明显位置标明新闻出版总署的进口批准文件的文号，须使用经批准的中文节目名称，外语节目应当在音像制品及封面包装上标明中外文名称，不得擅自变更节目名称和增删节目内容。

（三）出版进口音像制品应当符合国家公布的语言文字规范和质量技术标准。

（四）进口音像制品自出版之日起 30 日内，进口单位须将样品一式两份报送新闻出版总署备案。

六、音像制品进口单位凭新闻出版总署进口音像制品批准文件到海关办理母带（母盘）或者音像制品成品的进口手续。

七、《进口录音（像）制品报审表》由音像制品进口单位按照新闻出版总署制定的样式和规格自行印制。有关文件和表格可在新闻出版总署政府网站上进行下载。

八、送审材料和节目样片一式二份报送新闻出版总署出版管理司音像电子处。地址：北京东四南大街 85 号；邮编：100703；电话：010—65212746、65122716。

本通知自发布之日起执行。

附件：1．《进口录音制品报审表》（略）

　　　2．《进口录像制品报审表》（略）

关于取消音像制品统一性防伪标识的公告

新闻出版总署 2008年12月18日 2008年第2号

由国家有关行政管理部门统一定制和发放的音像制品防伪标识自实施以来，在规范市场秩序、打击侵权盗版方面起到过一定的作用。随着技术的发展和市场环境的变化，多数音像出版、发行单位反映当前这种防伪标识已不能起到防伪的作用。经过广泛调研和多方面听取意见，我署决定在公开出版发行的音像制品上不再加贴由国家有关行政管理部门统一定制和发放的音像制品防伪标识，自公告发布之日起实施。

特此公告。

关于印发《书号实名申领管理办法（试行）》的通知

新闻出版总署　2009年1月7日　新出出版〔2009〕33号

各省、自治区、直辖市新闻出版局，新疆生产建设兵团新闻出版局，解放军总政宣传部新闻出版局，中央和国家机关有关部委、人民团体出版主管部门，中国出版集团公司：

为全面贯彻落实科学发展观，进一步转变政府职能，创新管理机制，完善图书出版管理，促进我国图书出版业的繁荣发展，根据《出版管理条例》等规定，新闻出版总署决定对书号管理办法进行改革，实行书号网上实名申领。现将《书号实名申领管理办法（试行）》予以印发，请遵照执行。

书号实名申领管理办法（试行）

第一章　总　则

第一条　为进一步转变政府职能，创新管理机制，完善图书出版管理，促进我国图书业的繁荣发展，根据《出版管理条例》等有关规定，决定实行书号实名申领办法。

第二条　书号管理办法的改革和书号实名申领工作，要全面贯彻落实科学发展观，坚持正确的出版导向；要有利于出版业的繁荣发展，有利于多出好书，不断满足人民群众日益增长的文化需求；要有利于进一步提高出版管理工作效率和服务水平，有利于宏观调控，资源整合，逐步实现书号、条码、CIP 等出版基本信息的统一，为行业发展服务；要有利于切实规范出版行为，有效打击侵权盗版活动，坚决禁止买卖书号、“一号多用”行为。

第三条 书号实名申领实行属地管理和谁主管谁负责的原则，明确出版单位主管和主办单位的管理责任，完善新闻出版总署，各省、自治区、直辖市新闻出版行政部门，中央出版单位主管部门和出版单位分级管理办法，形成职责明确、运行规范的书号管理体系。

第四条 书号实名申领是指出版单位在图书出版活动中按书稿实名申领书号，有关部门见稿给号，一书一号。

本办法所称书号是指中国标准书号。

第二章 分级管理

第五条 新闻出版总署负责全国出版单位书号实名申领工作。

第六条 各省、自治区、直辖市新闻出版行政部门负责本行政区域内出版单位的书号实名申领、发放及相应的管理工作。

第七条 中央在京出版单位主管部门所辖出版单位达到一定数量并有专门机构和专职人员从事出版单位管理的，由新闻出版总署委托其负责所辖出版单位的书号实名申领工作；其他中央在京出版单位的书号实名申领工作在主管部门指导下，由新闻出版总署条码中心在技术层面负责书号的实名申领工作。

第八条 出版单位须按照出版法规，对所申报的书稿内容、书稿质量及其出版活动严格把关，承担相应责任。

1．出版单位在按规定完成书稿“三审”程序后，方可进行书号实名申领。

2．涉及党和国家领导人等重大题材作品和涉及国家安全、社会安定等方面的重大选题，要严格执行重大革命和重大历史题材作品管理办法和图书重大选题备案办法，在履行重大选题备案手续后方可进行书号实名申领。

3．出版单位不得向任何单位或者个人出售或者以其他形式转让本单位的书号。

第三章　申领程序

第九条　书号实名申领通过基于互联网的计算机系统（书号实名申领信息系统）实现，书号实名申领工作涉及的部门、单位应依据工作流程和职能通过该系统进行相关工作。

第十条　出版单位已完成“三审”的书稿可随时通过网络进行书号实名申领。申领书号信息要完整、真实、准确。书稿出版后要向有关部门及时报送有关出版物信息，并按规定向出版行政部门送缴样本。

第十一条　各省、自治区、直辖市出版行政部门（或负责中央出版单位书号实名申领工作的有关部门）应对所辖出版单位的申请在7个工作日内通过书号实名申领信息系统予以办理。

第十二条　新闻出版总署出版管理司负责对书号实名申领工作进行管理、监督，发现问题及时纠正。

第十三条　新闻出版总署条码中心负责通过计算机信息系统进行书号编制和条码配发工作，对书号实名申领信息系统及出版物信息数据进行维护，保障其安全、稳定运行，并在条码制作、发放等方面探索与书号实名申领相适应的工作模式。

第四章　罚　则

第十四条　出版单位书号实名申领有下列行为之一的，由新闻出版总署或省、自治区、直辖市新闻出版行政部门责令改正，给予警告：

1．提供虚假出版信息的；

2．不按《中国标准书号》标准使用书号的；

3．书稿出版后不及时报送出版物信息的。

第十五条　出版单位出售或者以其他形式转让本单位书号的，按《出版管理条例》第六十条和《图书出版管理规定》进行处罚。

关于印发《中央各部门各单位出版社转制工作基本规程》的通知

新闻出版总署　2009年5月7日　新出字〔2009〕1号

中央和国家机关各部委、各民主党派、各人民团体新闻出版主管部门，中国出版集团公司：

为贯彻《中共中央办公厅、国务院办公厅关于深化中央各部门各单位出版社体制改革的意见》（中办发〔2009〕16号）精神，切实推进中央各部门各单位出版社体制改革工作，确保中央各部门各单位出版社转制工作规范有序进行，新闻出版总署制定了《中央各部门各单位出版社转制工作基本规程》，现印发给你们。请在出版社转制工作中参照办理。

中央各部门各单位出版社转制工作基本规程

为贯彻落实中央关于深化文化体制改革的精神和要求，加快推进中央各部门各单位出版社体制改革工作，确保转制工作规范有序进行，根据《中共中央办公厅、国务院办公厅关于深化中央各部门各单位出版社体制改革的意见》（中办发〔2009〕16号）、《国务院办公厅关于印发文化体制改革中经营性文化事业单位转制为企业和支持文化企业发展两个规定的通知》（国办发〔2008〕114号）以及财政部、中宣部、新闻出版总署《关于中央出版单位转制和改制中国有资产管理的通知》（财教〔2008〕256号）等文件的有关精神和要求，制定本规程，供中央各部门各单位出版社转制工作参考。

一、成立出版社体制改革工作领导小组

中央各部门各单位应成立由主管出版社的领导同志负责的出版社体制改革工作领导小组，统筹领导本部门所属出版社的转制工作，研究制定转制工作方案，协调解决转制工作中的重大问题，确保出版社转制工作按时顺利完成。

二、制定转制工作方案

1．转制工作方案内容。转制工作方案应包括：出版社的基本情况；转制的指导思想和目标；转制的实施步骤和进度安排；出版社的管理体制，法人治理结构；清产核资立项方案（包括清产核资范围、基准日、聘请的机构等）和资产（包括无形资产、土地使用权、非经营性资产）处置及后续管理方案；转制中涉及的社会保障和劳动人事关系的处理原则；转制后的组织结构；出版社有限（责任）公司的《章程》、发展规划（包括出版规划、产业发展规划等）；其他需要说明的情况，如转制中存在的问题和遇到的困难，转制中需要有关部门支持的事项等。

2．转制工作方案的报批。转制工作方案在与主管部门充分协商、达成共识的基础上，经出版社职工代表大会或职工大会审议，并由主管部门审核同意后报中央各部门各单位出版社体制改革工作领导小组办公室批准后实施。

转制工作方案经批准后，视同出版社清产核资立项工作已完成，不再另行报批。

三、清产核资、财务审计和资产评估

出版社转制工作方案经批准后，其主管部门应按照国家法律法规及相关规定，依次完成清产核资、财务审计、资产评估等基础工作。清产核资中严禁低价处置和私分国有资产。

出版社的财务审计和资产评估，不得聘请近两年内企业财务审计中有违法、违规记录的会计师事务所和注册资产评估师；不得聘请参与该企业上一次资产评估的中介机构和注册资产评估师。

1．清产核资。转制的出版社应制定清产核资工作方案，认真做好对资产的全面清理、核对和查实工作，并出具清产核资报告。清产核资工作包括账务清理、财产清查、损益认定、资产核实等方面内容。清产核资的范围包括出版社本部、所属企事业单位及投资控股企业。出版社借贷资金形成的净资产必须界定为国有产权。

清产核资过程中对转制前潜亏挂账、财产清查过程中新发现的资产盘亏（减盘盈）、毁损、报废、坏账等资产损失及按国家有关规定计提的各项资产减值准备等情况，应由中介机构出具专项审计报告，转制的出版社提出意见，报上级有关主管部门批准。

2．财务审计。转制的出版社应根据财政部关于企事业单位财务、资产管理的规定，由主管部门委托经资产管理部门认可的、具备相应资质的会计师事务所进行财务审计。

3．资产评估。转制的出版社在完成审计后，由主管部门委托经资产管理部门认可的、具备相应资质的资产评估机构进行资产评估。涉及土地使用权的，由主管部门或直接持有该国有产权的单位委托具备土地评估资质的中介机构进行地价评估。出版社的专利权、非专利技术、商标权、商誉等无形资产应纳入评估范围。

对出版社的资产评估，必须一次完成，不得将整体资产分拆评估。在整体评估的基础上，确定其净资产数额，作为出版社转制的依据。

4．清产核资、财务审计、资产评估结果的核准或备案。出版社清产核资、财务审计和资产评估结果必须在单位内部进行公示，公示完成后，清产核资报告、专项审计报告由主管部门初审后，报财政部审批；清产核资结果经财政部确认后，自清产核资基准日起2年内有效，在有效期内实施转制、改制可不再另行组织清产核资。

涉及土地使用权的，须报同级国土资源管理部门审核或备案。土地估价报告及处置批复、财务审计报告作为资产评估报告附件，由主管部门对评估结果进行初审，出具审核意见后，再连同其他相关材料，一并报财政部核准或备案。

5．办理产权登记手续。清产核资结果批复后，按照国家国有资产产权登记的有关规定，向财政部申办产权登记或变更产权登记。

四、人员安置和劳动关系调整

出版社转制中涉及的人员安置和劳动关系调整，须严格按照《国务院办公厅关于印发文化体制改革中经营性文化事业单位转制为企业和支持文化企业发展两个规定的通知》（国办发〔2008〕114号）及《中共中央办公厅、国务院办公厅关于深化中央各部门各单位出版社体制改革的意见》（中办发〔2009〕16号）的有关精神，做好人员安置和劳动关系调整方案，方案应符合《劳动法》、《劳动合同法》及国家有关规定，切实维护职工的合法权益。

转制的出版社自工商登记之日起，要依照《劳动合同法》的规定，与在职职工全部签订劳动合同。

中央各部门各单位出版社转制后，其职工的养老保险关系全部移交北京市管理。具体移交和衔接办法，由人力资源和社会保障部、新闻出版总署、财政部等部门会同北京市人民政府另行制定。

五、国有资产管理

出版社在转制中涉及国有资产变更事项，须严格按照《国务院办公厅关于印发文化体制改革中经营性文化事业单位转制为企业和支持文化企业发展两个规定的通知》（国办发〔2008〕114号）以及财政部、中宣部、新闻出版总署《关于中央出版单位转制和改制中国有资产管理的通知》（财教〔2008〕256号）的有关规定办理，确保国有资产安全完整、保值增值。

1．明确出资人和监管职能。在确定转制后出版社的产权归属的基础上，明确出资人。

出版社转制或改制后与原主管部门脱钩的，由财政部直接履行其国有资产的监管职能；出版社转制或改制后与原主管部门国有资产隶属关系不变的，其国有资产监管体制维持不变。

2．国有资产变动的审核。出版社在转制中，涉及资本结构调整、出版单位合并或分立等行政许可事项，须由出版社的主管部门报经新闻出版总署审批；企业重组、股份制改造、投融资等重大资产变动事项，须由出版社的主管部门报新闻出版总署审核，经中宣部同意，并报同级财政部门批准后实施。

六、建立法人治理结构

出版社转制后，要建立现代企业法人治理结构，明确隶属关系，切实遵循党的领导与现代企业制度相结合的原则，通过相应的制度安排，确保党对出版社的领导和出版导向的正确。

1．明确主管主办职责。同一部门（单位）内组建的出版集团公司，主管主办单位不变；跨部门（单位）组建的出版集团公司，根据资产规模和业务关系，另行确定主管主办单位；由中央和地方出版集团公司重组或并购的出版社，主管主办单位随产权关系变更；不具备资产重组条件的出版社，转制后主管主办关系暂时不变。事业单位、社会团体、国有企业所属的出版社转制后，主管主办单位关系不变。

2．制定公司章程。出版社转制后，要根据《公司法》制定出版社有限（责任）公司章程，明确公司的决策、执行、监督机构。依据法定程序设立董事会、监事会，由董事会聘请经营管理人员。要通过相应的制度安排，确保党委成员依法进入董事会、监事会。

出版社有限（责任）公司的董事长、总经理、总编辑人选须符合新闻出版总署对出版社社长、总编辑资格认定的相关规定。

3．制定公司决策议事规则。制定出版社有限（责任）公司议事规则，保证党委（组）对出版社重大事项的决策权，切实保证正确的出版导向。

七、注销事业法人与进行企业工商注册

出版社完成转制基础工作后，要按照《国务院办公厅关于印发文化体制改革中经营性文化事业单位转制为企业和支持文化企业发展两个规定的通知》（国办发〔2008〕114号）的有关规定，由出版社主管部门分别向事业单位机构编制管理部门（中央编办）和事业单位登记管理部门（国家事业单位登记管理局）申请办理核销事业编制，注销事业单位法人，并进行企业工商注册登记。出版社转制过程中，凡不再保留出版社建制的，应办理出版许可证注销登记。

1．核销事业编制。已经完成转制基础工作的出版社，向事业单位机构编制管理部门办理核销事业编制和注销事业单位手续。核销事业编制手续的程序包括申请、受理、审查、核准、批复。

2．注销事业单位法人。已经机构编制部门批准核销事业编制的出版社，向事业单位登记管理机关申请办理事业法人注销登记手续。事业单位法人注销登记的程序包括申请、受理、审查、核准、收缴证书和印章、公告。

3．办理企业工商注册登记。已注销事业单位法人的出版社，向工商行政管理部门申请办理工商注册登记手续，并领取营业执照。转制后的企业名称，可用原单位名称（去掉主管部门），或用符合企业名称登记管理规定的其他名称。凡原出版社冠以“中国”、“中华”字样的，经批准可继续注册使用。

4．办理行政审批事项。出版社转制过程中，涉及新闻出版行政许可或前置审批事项变更等，由主管部门报新闻出版总署审批，并持批复件到所在地省级新闻出版行政部门办理相关手续。

5．办理出版单位注销登记。出版社转制过程中，凡不再保留出版社建制的，由出版社提出申请，报主管部门同意并报经新闻出版总署批准，由主管部门负责履行注销出版社事业单位及出版许可证手续。

八、完成转制后备案

出版社完成转制后，需按照现代企业制度并结合出版行业特点，制定全面、科学的内部管理规章制度，形成现代企业管理体系。

出版社完成转制后，需将完成转制的工作报告及实施过程中的有关材料报中央各部门各单位出版社体制改革工作领导小组办公室备案。备案材料包括清产核资及资产评估结果、人员安置和劳动关系调整落实情况、国有资产管理方案、法人治理结构情况、企业法人营业执照和产权登记证复印件、公司章程等。

关于加强对进口网络游戏审批管理的通知

新闻出版总署　2009年7月1日　新出厅字〔2009〕266号

各省、自治区、直辖市新闻出版局，新疆生产建设兵团新闻出版局，解放军总政治部宣传部新闻出版局，各游戏出版运营企业：

在党中央和国务院的正确领导下，网络游戏出版服务业经过多年的规范引导，取得了快速发展，总体情况是好的。但是，近一个时期也存在着一些不容忽视的问题：一些非法企业通过互联网大肆传播色情暴力等不良游戏作品；有的企业未经审批擅自出版运营进口网络游戏；有的境外机构打着技术输入的幌子，在相关展览、会议中大量推广、演示未经审批的境外游戏作品，造成不良社会影响；有的部门未经国务院授权，自设网络游戏前置审批和进口网络游戏审查，造成重复审批，干扰了正常的管理程序。为了进一步规范网络游戏出版服务的前置审批和对境外著作权人授权的网络游戏作品的审批和监督管理工作，规范与进口网络游戏相关的会展交易活动，现通知如下：

一、根据《国务院办公厅关于印发国家新闻出版总署（国家版权局）主要职责内设机构和人员编制规定的通知》（国办发〔2008〕90号）（以下简称“三定方案”）的规定，新闻出版总署负责“对游戏出版物的网上出版发行进行前置审批”。任何企业在中国境内从事网络游戏出版运营服务，必须经新闻出版总署进行前置审批，取得具有网络游戏出版服务范围的互联网出版服务许可证。未经审批许可，擅自从事网络游戏出版运营服务的，一经发现，立即依法取缔。

二、根据国务院“三定方案”规定，新闻出版总署“负责对出版境外著作权人授权的互联网游戏作品进行审批”。任何境外著作权人授权的进口网络游戏作品，未经新闻出版总署审查批准，一律不得在境内提供出版运营服务。违者将依法予以取缔，停止运营。

三、新闻出版总署是唯一经国务院授权负责境外著作权人授权的进口网络游戏的审批部门，如发现有其他部门越权进行前置审查审批，违法行政，有关企业可依法向国务院监督部门举报或提起行政诉讼。

四、在境内举办各种游戏的会展交易节庆活动中，凡涉及境外游戏作品的展示、演示、交易、推广等内容的，必须按进口网络游戏审批规定，事先报新闻出版总署审查批准。违者将依法予以取缔，并追究主办、承办单位和相关企业的责任。

五、有关报纸、杂志及网络媒体，不得为上述违规行为和活动进行报道和宣传，同时要发挥舆论监督作用。

六、各地新闻出版行政部门要加强管理和监督，应根据本《通知》要求，对本地区相关企业和活动进行一次集中清理。对违反国家相关法律法规的行为，要坚决查处纠正，确保网络游戏出版服务业健康有序发展。

关于促进我国音像业健康有序发展的若干意见

新闻出版总署　2009年7月20日　新出政发〔2009〕5号

中央和国家机关各部委、各民主党派、各人民团体新闻出版主管部门，各省、自治区、直辖市新闻出版局，新疆生产建设兵团新闻出版局，解放军总政治部宣传部新闻出版局，中国出版集团公司：

改革开放以来，我国音像业进入了一个新的发展时期，出版了一大批传播先进文化、具有重要文化积累价值、深受人民群众欢迎的优秀音像制品，形成了音像出版、制作、复制、进口、批发、零售、出租等较为完备的产业体系，在服务党和国家工作大局、普及科学文化知识、满足人民群众日益增长的精神文化需求、促进我国社会主义文化的繁荣发展等方面做出了重要贡献。

但是，近年来我国音像业改革、发展和管理方面的问题也日益突出。音像业体制改革相对滞后，产业结构和布局不合理；产业转型缓慢，新业态尚未形成；原创能力萎缩，一些音像出版单位“空壳化”现象严重；少数出版、制作、复制、发行企业违法违规经营，使得含有低俗甚至色情内容的音像制品流入市场；一些主管主办单位放弃管理职责，少数行政管理部门监管不力；盗版和网络非法下载严重，市场管理亟待加强。为了进一步推进新闻出版体制改革，促进音像业健康有序发展，现提出若干意见如下。

一、促进我国音像业健康有序发展的指导思想和原则要求

1．促进音像业健康有序发展的指导思想是：高举中国特色社会主义伟大旗帜，以邓小平理论和“三个代表”重要思想为指导，全面贯彻落实科学发展观，按照高举旗帜、围绕大局、服务人民、改革创新的总要求，解放思想、实事求是、与时俱进，全面推进体制机制创新，着力解决制约音像业发展的深层次矛盾和问题，努力促进音像业健康有序发展，推动社会主义文化的发展繁荣。

2．促进音像业健康有序发展的原则要求是：坚持社会主义先进文化的前进方向，坚持正确的出版导向，把社会效益放在首位，努力实现社会效益和经济效益的统一；坚持深化改革，创新体制机制，重塑市场主体，完善市场体系；坚持以资本为纽带，市场运作与行政引导相结合，推进资源重组，通过做强做优一批、整合重组一批、停办退出一批音像企业，优化产业结构，转变发展方式，提高我国音像业在国内外的竞争力和影响力；坚持一手抓繁荣、一手抓管理，通过加强管理，为改革、发展提供良好的环境。

二、深化改革，调整结构，增强音像业健康有序发展的活力

3．积极稳妥推进音像出版单位转企改制。除明确为公益性的音像出版单位外，地方和高等院校所属音像出版单位必须在2009年底前全部完成转企改制，中央各部门各单位所属音像出版单位必须在2010年底前全部完成转企改制。图书出版社所属的音像出版单位与图书出版社一并完成转企改制。已转企改制的音像出版单位要按照《公司法》的要求，加快产权制度改革，完善法人治理结构，建立现代企业制度，成为真正的市场主体。

4．做强做优一批音像企业。按照优势互补、自愿组合的原则，

以市场配置资源为基础，通过宏观调控手段，鼓励拥有多家音像企业的部门和单位整合资源，组建音像集团公司；鼓励业务相近、资源相通的各类音像企业，跨行业、跨地区、跨部门组建音像集团公司。在3年内培育出3至5家规模较大的综合性音像集团公司和10至20家特色鲜明的专业性音像公司。

5．整合重组一批音像企业。积极推动音像出版与图书出版、报刊出版、网络出版等领域进行资源整合；鼓励和支持大型国有报刊集团、出版集团、印刷集团、发行集团等以资本为纽带，兼并重组现有音像出版、制作、复制、发行企业；鼓励和支持国有大型企业参与音像企业的股份制改造。

6．停办退出一批音像企业。对不具备市场准入条件、改革中不愿转企改制的予以停办；对在人员、资金、设备、场所等方面已不符合年度核验条件的予以注销；对在清理整顿中发现有严重违法违规行为的依法予以吊销。

7．鼓励音像出版单位在技术、人才方面与社会资本合作，通过加强管理、规范运作，引导非公有资本以多种形式进入政策许可的音像出版领域。鼓励国有音像出版单位在确保导向正确和国有控股的前提下，与非国有企业进行多种形式的合作。

三、统筹规划，积极创新，为音像业健康有序发展提供政策保障

8．制定音像业中长期发展规划，加快结构布局调整，提高产业集中度，推动产业升级；强化自主创新，在知识产权保护、新型业态培育、高新技术运用等重点领域取得突破，促进产业稳步增长。

9．运用市场机制，集中优势资源，鼓励和推动北京、上海、广东等产业集中度高的地区建立音乐创意产业基地（园区），促

进民族音乐产品的开发、创作以及关联产业的发展。

10．鼓励国产音像制品的开发和生产。重点扶持50家具有较强创新能力的音像出版、制作企业，每两年评选奖励100部优秀原创音像作品；加大对公益性音像制品的扶持力度，支持面向“三农”、未成年人和少数民族地区等方面的音像制品出版、复制、发行工作。

11．鼓励和支持音像企业积极依托和运用新媒体，加快向数字化转型，与通信运营商、网络运营商及硬件制造商进行全方位的合作，拓展以互联网、手机、电视、移动硬盘、数据库、电子阅读器、集成电路卡等为载体的多种音像出版发行形式，大力发展新业态。

12．拓宽音像制品销售渠道，在充分发挥新华书店等传统渠道作用的基础上，重点支持具有大型连锁性质的音像销售渠道建设，实现超市或便利店、大型综合商场、加油站、机场、饭店、旅游点、报刊亭等音像销售的连锁化，统一配送，统一管理。

13．积极实施国产音像制品“走出去”工程。鼓励和支持有条件的音像企业以独资、合资或合作的方式“走出去”；办好中国国际音像电子博览会，资助国内企业参加有影响的国际音像展会；制订《音像制品出口奖励办法》，每年奖励100部“走出去”音像制品和20家在“走出去”方面有突出贡献的音像企业。

14．加强音像业创意策划人才、专业技术人才、企业经营管理人才和市场营销人才资源的开发和培养；通过开展专业培训、国际交流、从海外引进、与相关院校共建特色专业和人才培养基地等方式，努力造就一大批行业急需的各类优秀人才。

15．在落实已有支持改革和产业发展优惠政策的基础上，积极争取有关部门加大支持音像业发展的力度，在财政税收方面给予更优惠的政策。

四、加强管理，健全制度，为音像业健康有序发展创造良好环境

16．音像出版单位要严格落实岗位培训制度、编辑责任制度，严格选题报送、重大选题备案、进口音像制品报审和样本缴送制度，规范版号、复制委托书申领和条形码使用程序，切实对出版各个环节负起责任，保证音像制品的内容和出版程序符合法律法规的规定。

17．复制单位要严格执行复制委托书使用管理制度和 SID 码制度，切实履行复制委托书的审核和备案程序，自复制之日起 2 年内，须保存复制委托书、委托复制合同和音像制品样本等资料；不得在接受复制委托书前先行复制光盘，不得使用复印、传真或经涂改的复制委托书；严禁复制单位之间的转委托行为；严禁使用无 SID 码或未经行政部门核发的 SID 码模具复制光盘。

18．音像发行单位要严把进货关，不得从非法的出版或发行渠道进货，不得参与“买卖版号”活动；进入出版物批发市场的经营单位在出版物销售前，须将出版物样本报送批发市场管理机构审验，批发市场管理机构要建立档案备查。

19．对违规违法的音像出版、制作、复制和发行企业，实行责任追究制，由新闻出版行政部门依法给予警告、没收违法经营的音像制品和违法所得、罚款、停业整顿、吊销许可证等行政处罚；企业被处以吊销许可证的，其法定代表人或主要负责人自许可证被吊销之日起 10 年内不得担任音像制品出版、复制、发行企业的法定代表人或主要负责人。相关责任人构成犯罪的，移交司法机关依法追究刑事责任。

20．音像出版单位的主管主办单位要认真履行职责，监督出

版单位遵照党的路线、方针、政策和国家的法律、法规以及办社方针、宗旨，严格审核出版单位的重要选题计划，对出版单位的重大事项负起责任；主管主办单位对所属音像出版单位在出版物内容等方面发生严重错误和其他重大问题，要承担领导责任，由政府行政主管部门向其上级单位部门提出追究行政责任的建议。

21．各级新闻出版行政部门要依法加强对音像出版、制作、复制和发行企业的监管，认真做好年度核验工作，建立健全完善的配套管理制度；新闻出版行政部门工作人员利用职务便利和职务影响收受他人财物或其他好处，批准设立不符合条件的音像出版、制作、复制、发行企业，或不履行监督职责，或发现违法行为不予查处，造成严重后果的，依法给予行政处分；构成犯罪的，移交司法机关依法追究刑事责任。

22．音像行业组织要倡导音像企业增强社会责任感，建立健全行业自我管理和自律机制，发挥政府与企业的桥梁纽带作用，依法保护社会公众和经营者的合法权益。

23．坚持“一手抓行业发展，一手抓行风建设”，把促进音像业健康有序发展与推动行风建设有机结合起来，切实加强反腐倡廉和诚信体系建设，积极营造“依法经营、违法必究、公平交易、诚实守信”的市场环境。

24．加快对《音像制品管理条例》及《音像制品出版管理规定》、《音像制品制作管理规定》、《复制管理办法》、《音像制品批发、零售和出租管理办法》、《音像制品进口管理办法》、《中外合作音像制品分销企业管理办法》等法规、规章的修订工作，为音像业的发展提供法制保障。

25．严厉打击侵权盗版活动。进一步加强版权执法和社会监管，持续开展打击侵权盗版专项行动，完善反盗版举报和查处奖励机制，加大对网络非法下载、假冒出版单位制作的各类侵权盗版音像制品行为的打击力度，积极促进《著作权法》的修订工作，切实保护著作权人的合法权益。

26. 深入持久地开展“扫黄打非”斗争。运用行政和司法手段，加大对非法出版、制售音像制品行为的打击力度，严禁地方保护，严格执法，加强监管，保障音像业健康有序发展。

关于印发《古籍整理专项经费管理暂行办法》的通知

新闻出版总署　2010年1月7日　新出厅字〔2010〕5号

古籍整理出版规划办公室：

根据《财政部关于同意新闻出版总署印发〈古籍整理专项经费管理暂行办法〉的通知》（财教〔2009〕348号），现将《古籍整理专项经费管理暂行办法》印发给你们，请遵照执行。

古籍整理专项经费管理暂行办法

第一章　总　则

第一条　为加强古籍整理专项经费（以下简称“古籍经费”）管理，保证古籍整理出版工作的顺利开展，提高财政资金使用效益，根据国家法律法规和财政财务规章制度，制定本办法。

第二条　古籍经费是中央财政安排用于古籍整理出版的专项经费，由新闻出版总署和全国古籍整理出版规划领导小组（以下简称“古籍小组”）按照科学管理、合理安排、注重效益、专款专用的原则进行统一管理，确保国家古籍整理出版重点项目的完成。

第三条　古籍经费管理和使用应当接受财政部门和审计部门的监督和检查。

第二章　管理职责

第四条　古籍经费列入新闻出版总署（以下简称“总署”）部门预算，按照财政预算管理规定及《新闻出版总署预算管理暂行办法》进行管理。有关部门的职责如下：

1．古籍小组作为全国古籍整理出版规划工作的领导、组织、协调机构，负责制定和组织实施国家古籍整理重点出版规划，审定出版资助项目和资助金额及其他有关重大事项等。

2．古籍整理出版规划办公室（以下简称“古籍办公室”）是古籍小组的办事机构，具体负责组织古籍整理出版规划的申报、评审、公示、监督和检查；组织古籍整理出版资助项目的申报、评审、公示；与获得古籍经费资助的申报单位和项目负责人签订协议书，检查项目协议执行情况和经费使用情况；对出版资助项目进行质量检查，组织已完成项目的验收及其他相关工作；完成古籍小组交办的其他工作。

3．总署办公厅负责古籍经费的会计核算；年度预算、决算的编报；预算执行的监督及其他财务管理工作。

4．总署财务司对古籍经费的使用和管理进行指导、监督和检查。

第三章　经费使用范围

第五条　古籍经费的使用范围：

1．重点古籍整理研究项目的整理、编辑、翻译、稿酬、版权、校对、排印装、复制、原辅材料及资料购置等直接成本费用的出版资助。

2．国家古籍整理重点出版中长期规划的编制、调整及完成质量和时间的监督检查等工作费用。

3．珍贵古籍和文献的购买或复制支出。

4．为整理出版古籍而开展的文化交流外事活动和其他有关学术活动支出。

5．与古籍整理出版相关的宣传推广支出。

6．古籍整理出版编辑人员培训费用。

7．《古籍整理出版情况简报》的编辑、出版、发行费用。

8．古籍小组成员及顾问的咨询费。

9．古籍办公室日常工作经费。

第四章　资助项目申报、审批与拨付

第六条　申报古籍经费出版资助必须具备的条件：

1．申报单位必须是国家出版行政管理部门批准的具有出版资质的出版社。非出版单位和个人的申报不予受理。

2．申报单位应当经古籍小组审查认定具有按计划完成工作任务的能力和条件。

3．申报单位应当按照古籍办公室要求，在规定时间内报送项目申报表和有关资料。

4．申报出版资助的项目应当是纳入国家古籍整理重点出版规划的项目，或者是经古籍小组认定对古籍整理具有重要意义和较高学术价值的项目。

第七条　古籍办公室每年组织一次资助项目的申报、评议工作，聘请有关专家组成学术评审委员会和出版评审委员会，对申报的资助项目和应资助的金额进行评审（评议），并采取无记名投票的方式确定评审结果。

第八条 古籍办公室将评审委员会的评审（评议）结果，报古籍小组领导批准。经古籍小组领导批准后，通过媒体向社会公示10天。

第九条 出版资助经费拨付前，古籍办公室必须与获得出版资助的申报单位及项目负责人签订资助项目协议书。

第十条 每个项目的出版资助经费分二次拨付。资助项目协议书签订后首次拨付70%，项目完成并报送样书后拨付30%。因各种原因导致项目无法完成，获得出版资助的申报单位须返回已拨付的70%的首付款。

第十一条 经古籍小组批准的出版资助经费，拨至获得出版资助的申报单位后，由该单位财务管理部门负责管理并监督使用。

第五章 财务管理

第十二条 总署办公厅根据古籍办公室拨款通知（包括协议书）及主管领导批示，按照财政预算资金使用管理的有关规定，及时将资助经费拨至获得出版资助的出版单位。

第十三条 获得出版资助的出版单位财务部门应对出版资助经费单独核算，按照规定用途专款专用，不得挪作他用。

第十四条 获得出版资助的出版单位应于年终向古籍办公室报送资助经费使用情况。

第十五条 项目完成后，获得出版资助的出版单位须及时提交总结报告，同时提供详细的经费决算及文字说明，报古籍办公室审核。

第十六条 属于本办法第五条第2—9项使用范围的古籍经

费支出，其支出标准按照财政部、新闻出版总署及有关部门的相关规定执行。

第十七条 古籍办公室日常工作经费不得超过古籍经费总额的 8%，支出范围主要包括资助项目评审费、质量检查费、专项审计费、绩效考评支出，以及古籍办公室的办公费、会议费、差旅费，办公设备购置费及聘用人员的相关费用支出。

第十八条 古籍经费购置的资产属国有资产，纳入购置单位资产统一核算与管理，其中，古籍办公室购置的资产纳入总署机关资产统一管理。

第十九条 古籍经费报账应执行总署办公厅的相关财务制度。借支款项、费用报销须经古籍办公室主任审核签字；凡超过 1 万元以上的费用，包括特别重要的开支以及经古籍小组评审通过的出版资助项目拨款，须报经古籍小组组长审核签字；最后由总署办公厅分管领导负责财务审核并签字报账。

第六章　监督与检查

第二十条 获得出版资助的出版物，应于扉页标注“国家古籍整理出版专项经费资助项目”字样，并向古籍办公室报送样书 2 部（套）［每部（套）码洋超过 5000 元者另议］。

第二十一条 古籍办公室或总署财务司定期对出版资助项目、已完成项目进行检查、验收。凡未通过验收的项目，视情况有权追回部分或全部经费；发现承担人无法达到预期要求或将经费挪作他用等情况，应停止经费的拨付并追回已拨款项。触犯刑法的，移交司法机关查处。

第二十二条 古籍办公室应定时将批准的出版资助项目和资

助金额，以及执行情况报送总署财务司。总署会同财政部门视情况实施抽查和监督。

第七章　附　则

第二十三条　本办法由新闻出版总署负责解释。

第二十四条　本办法自印发之日起执行。

关于印发《民族文字出版专项资金资助项目管理暂行办法》的通知

新闻出版总署　财政部　2010 年 5 月 28 日　新出联〔2010〕11 号

各省、自治区、直辖市、计划单列市新闻出版局、财政厅（局）：

为加强民族文字出版专项资金资助项目的管理，规范项目的立项、申报、评审、结项、验收等工作，保证资助项目顺利实施，现将《民族文字出版专项资金资助项目管理暂行办法》印发给你们，请遵照执行。执行中如有问题，请及时反馈。

民族文字出版专项资金资助项目管理暂行办法

第一章　总　则

第一条　为规范和加强民族文字出版专项资金（以下简称专项资金）资助项目管理，根据国家有关法律法规制定本办法。

第二条　本办法所称民族文字是指国家通用语言文字以外我国少数民族使用的语言和文字。

第三条　资助项目是指专项资金资助的，对丰富民族文字出版产品和服务、提高民族文字出版能力有积极作用的项目。

第四条　资助项目的确定，遵循“自愿申请、专家评审、择优立项”的原则。

第五条 资助项目的实施和资金的使用必须严格执行国家有关法律法规和财务规章制度，接受财政、审计和新闻出版等相关行政部门的监督检查。

第二章 资助项目的申报

第六条 项目申报单位应是经新闻出版行政部门正式批准的出版、发行、印刷复制、音像电子制作等单位或省级新闻出版行政部门。

第七条 项目申报单位在最近3年内无违法违规记录。

第八条 项目申报单位有未按期完成验收的以前年度资助项目的，原则上不得申报新的项目。

第九条 国家出版基金等中央财政资金已经资助的项目，专项资金不再资助。

第十条 专项资金原则上对同一项目只资助一次，确需再次资助的必须重新履行申报程序。

第十一条 项目申报单位应严格按照《财政部 新闻出版总署关于印发〈民族文字出版专项资金管理暂行办法〉的通知》（财教〔2007〕258号）确定的专项资金开支范围进行申报。其中：

（一）申报民族文字出版物出版补贴的项目，必须符合国家法律法规规定和党的出版、民族方针政策，传承民族优秀传统文化，能够为少数民族群众提供先进的科学文化知识。丛书或其他介质成套出版项目按一个资助项目申报。

（二）申报技术改造和设备更新补贴的单位，应是承担当地民族文字书刊、音像制品、党报党刊印刷、制作等主要任务的单位。

（三）申报民族文字出版人才培养项目补贴的单位，应是省级新闻出版行政部门，人才培养项目必须有明确的培训人次、培训方式、培训成本、培训内容。

第十二条 项目申报单位应当从实际出发，对申请资助项目认真进行科学论证和可行性分析，严格编制项目预算，提出合理的资助金额申请，填报《民族文字出版专项资金资助项目申请表》（见附件一）。并于每年 2 月底前通过地方各级财政部门和新闻出版行政部门逐级上报到省级财政部门、新闻出版行政部门。

第十三条 省级财政部门会同同级新闻出版行政部门根据本办法有关规定对项目申报单位的资质和申报项目及预算进行审核汇总，于每年 3 月 31 日前将本地区民族文字出版专项资金资助项目申请报告、符合申报条件的《民族文字出版专项资金项目申请表》和汇总表，以省级财政部门文件形式联合上报财政部和新闻出版总署。

凡越级上报或单方面上报的申请均不予受理。

第三章 资助项目评审、确定和资金拨付

第十四条 新闻出版总署组织专家对申报项目进行评审，提出拟资助项目和拟资助额度的建议，并报财政部。

第十五条 项目评审的原则是：

（一）符合专项资金资助目标，能够产生较好的社会效益；

（二）项目实施方案和预算符合实际需要，经济合理，具有可操作性；

（三）申报单位具备完成项目的能力和条件；

（四）以资助出版项目为主，兼顾其他项目。

第十六条 项目评审组由出版专业、财务专业和其他有关方

面专家组成。

第十七条 根据新闻出版总署的建议，财政部对资助项目和资助额度审核批准后，将资助项目和专项资金下达省级财政部门，同时抄送省级新闻出版行政部门。

第四章 资助项目实施和监督

第十八条 资助项目实施单位法定代表人或主要负责人对资助项目的实施和项目资金的管理使用负责。

第十九条 资助项目实施单位必须严格按照批复的资助项目内容及预算执行，不得自行调整。资助项目实施过程中，因实施环境和实施条件等发生变化造成资助项目确需调整的，须按照申报程序重新履行报批手续。

第二十条 资助项目资金纳入实施单位账户实行单独核算，确保专款专用。资助项目资金决算纳入本单位年度决算，并加以说明。

第二十一条 纳入政府采购范围的资助项目应按照政府采购的有关规定执行。国产技术装备能够满足需求的，应采用国产技术装备。

第二十二条 资助项目资金形成的资产是国有资产，资助项目实施单位应按照国有资产管理的有关规定进行管理。

第二十三条 资助项目的出版物应在显著位置标注“民族文字出版专项资金资助项目”字样。

第二十四条 资助项目实施单位应在每年2月底前向省级新闻出版行政部门报送《民族文字出版专项资金资助项目进展情况表》（见附件二），如实反映上一年度资助项目实施情况和项目资金使用情况。

第二十五条 省级新闻出版行政部门应对资助项目实施单位报送的《民族文字出版专项资金资助项目进展情况表》进行审核，提出评价意见，并于每年3月31日前将本地区上一年度资助项目实施情况总结及《民族文字出版专项资金资助项目进展情况表》随本年度民族文字出版专项资金资助项目申请报告一并报送新闻出版总署、财政部。

第二十六条 资助项目完成后，实施单位应向省级新闻出版行政部门和同级财政部门报送《民族文字出版专项资金资助项目验收申请表》（见附件三，以下简称《验收申请表》），申请结项验收。省级新闻出版行政部门会同同级财政部门应在收到《验收申请表》后2个月内完成验收工作，并在《验收申请表》上签署结项意见后报送新闻出版总署、财政部。

第二十七条 省级新闻出版行政部门和同级财政部门负责对资助项目进行监管，督促资助项目按期完成。

第二十八条 新闻出版总署会同财政部根据需要适时对资助项目的实施、验收情况进行检查。

第二十九条 有下列情形之一的，新闻出版总署会同财政部视情况给予暂停项目实施、停止拨款、收回资助资金、暂停核批新项目的处理，涉嫌违法违纪的，交有关部门处理：

（一）违反《著作权法》、《出版管理条例》等有关法律法规的；

（二）资助项目存在严重质量问题的；

（三）有严重弄虚作假行为的；

（四）与批准的资助项目内容严重不符的；

（五）资助项目多次延期仍不能完成的；

（六）严重违反财经法规和本办法有关资金管理规定的；
（七）资助项目验收不合格的；
（八）其他违法和严重违规事项的。

第五章　附　则

第三十条　本办法由新闻出版总署和财政部负责解释。
第三十一条　本办法自2011年1月1日起施行。

附件：1．民族文字出版专项资金资助项目申请表（略）
2．民族文字出版专项资金资助项目进展情况表（略）
3．民族文字出版专项资金资助项目验收申请表（略）

关于依法依规将电子书纳入审批管理的通知

新闻出版总署　2010 年 10 月 9 日　新出厅发〔2010〕4 号

各省、自治区、直辖市新闻出版局，新疆生产建设兵团新闻出版局，解放军总政治部宣传部新闻出版局：

为进一步推动我国电子书产业健康有序发展，新闻出版总署印发了《关于发展电子书产业的意见》（新出政发〔2010〕9 号，以下简称《意见》），明确提出依法依规建立电子书行业准入制度。依据国家现行新闻出版政策法规和《意见》有关精神，结合当前我国电子书产业发展的实际状况，现就依法依规对电子书实行审批管理通知如下：

一、要依法依规对电子书产业活动实行审批管理

本通知所指电子书是植入或下载文字、图片、声音、影像等数字化信息内容的集存储介质和显示终端为一体的手持阅读器。电子书作为一种新型出版物形态，其产业链主要包括内容原创、编辑加工、数字转换、芯片植入、平台投送、设备生产、市场销售和进口贸易等环节。这些具备出版产业活动的基本属性，应依法纳入出版管理范畴。

电子书既具有传统出版特征，又具有网络出版特征，是数字出版技术条件下传统出版载体和阅读方式的延伸。根据《电子出版物出版管理规定》和《互联网出版管理暂行规定》有关规定，含有知识性、思想性数字内容的电子书属于电子出版物；通过网络为电子书用户提供内容的浏览、阅读、使用或下载的在线传播

行为属于网络出版活动。对电子书产业链涉及的电子书内容原创和编辑出版单位、电子书内容资源投送平台运营企业、电子书内容数字化加工企业、手持阅读终端生产企业、电子书销售企业、电子书进口企业的设立，应按照电子出版物出版、复制、发行、进口企业及互联网出版单位的有关法规规章实行前置审批管理。

二、要明确电子书审批事项的设立及审批的法规依据

1．电子书出版单位的设立及管理，根据出版方式的不同，分别按照电子出版物出版单位和互联网出版单位的有关规定执行。

电子书出版单位，指从事电子书内容原创和编辑出版业务及电子书内容资源投送平台运营业务的单位。电子书内容主要通过预先植入和网络平台投送两种方式出版，根据《电子出版物出版管理规定》规定，预先植入具有知识性、思想性数字内容的电子书属电子出版物，须经依法设立的电子出版物出版单位出版，且按规定使用电子出版物专用中国标准书号；根据《互联网出版管理暂行规定》规定要求，企业通过网络平台为电子书用户提供内容浏览、阅读、使用或下载等内容资源的网络投送服务属从事互联网出版活动，须获得具有相应业务范围的互联网出版资质，取得新闻出版行政部门颁发的《互联网出版许可证》。

2．电子书复制单位的设立和管理，参照只读类光盘（存储有内容的光盘）复制企业的有关规定执行。

电子书复制单位，指从事出版物内容的数字转换、编辑加工、数字芯片植入的企业。从事出版物内容的数字转换、编辑加工、数字芯片植入业务是电子出版物复制活动，依据《复制管理办法》、《电子出版物出版管理规定》有关规定，电子书复制单位必须依法取得新闻出版行政部门核发的《复制经营许可证》。

3．含有预植内容的电子书销售单位的设立和管理，按照电子出版物发行单位的有关规定执行。

电子书销售单位，指从事电子书的总发行、批发、零售业务的销售企业。销售含有预植内容的电子书是电子出版物发行活动，根据《出版管理条例》、《出版物市场管理规定》规定要求，从事电子出版物的总发行、批发、零售及连锁经营业务等发行活动，须依法获得新闻出版行政部门的许可。销售电子书的企业，要依法取得业务范围包含电子出版物总发行、批发或零售的《出版物经营许可证》。

4．含有预植内容或通过网络传输境外数据库形式的电子书进口单位的设立和管理，按照出版物进口经营单位的有关规定执行。

电子书进口单位，指从事电子书进口业务的企业。进口含有预植内容的电子书是电子出版物进口业务，根据《出版管理条例》、《出版物市场管理规定》规定要求，从事电子出版物进口业务，须依法获得新闻出版行政部门的许可。进口含有预植内容或通过网络传输境外数据库形式的电子书企业，必须依法取得包含电子出版物进口业务范围的《出版物进口经营许可证》。发行含有预植内容或通过网络传输境外数据库形式的进口电子书须从依法设立的包含电子出版物进口业务范围的出版物进口经营单位进货。

三、要认真做好电子书审批管理工作

各地新闻出版行政部门接到本通知后，要尽快将电子书产业活动依法纳入出版管理职责范围，落实机构和人员，对本地区电子书产业发展状况及企业从事电子书相关业务情况进行调查摸底，实行分类统计和管理，建立起电子书从业单位信息数据库。

各地新闻出版行政部门对符合许可条件要求的各类电子书企

业，要按照审批权限和规定程序履行报批手续，做好申请事项的审核、报批工作，为申报单位提供优质高效的服务；对取得相应资质的企业，要切实履行好依法监管职责，规范企业行为，确保电子书出版和传播质量，维护良好的市场秩序，推动电子书产业健康快速发展。

关于发展电子书产业的意见

新闻出版总署　2010年10月9日　新出政发〔2010〕9号

各省、自治区、直辖市新闻出版局，新疆生产建设兵团新闻出版局，解放军总政治部宣传部新闻出版局，中央和国家机关各部委、各民主党派、各人民团体新闻出版主管部门，中国出版集团公司：

为加快我国新闻出版产业结构调整和发展方式转变，更好地满足人民群众的精神文化需求，提高我国新闻出版业的传播能力和国际竞争力，现就发展电子书产业提出如下意见。

一、电子书产业发展的重要意义

1．电子书是指将文字、图片、声音、影像等信息内容数字化的出版物，本意见具体所指的是植入或下载数字化文字、图片、声音、影像等信息内容的集存储介质和显示终端于一体的手持阅读器。电子书已发展成为一种知识信息传播的重要载体，新型出版物的主要形态。由此形成的电子书产业包括内容提供商、技术提供商、设备制造商和渠道运营商等产业环节，其产业链由内容原创、编辑加工、数字转换、芯片植入、平台投送、设备生产、市场销售和进出口贸易等环节构成，是出版发行和互联网、数字化等高新技术相融合的产物。

2．我国电子书产业发展迅猛，已成为全球重要的生产和消费国家。数字出版产业的快速成长、数字阅读需求的迅速扩大，以及大众领域、专业领域和教育领域孕育的广阔市场空间，给电子书产业带来了良好的发展机遇。与此同时，电子书原创内容不足、编校质量低劣、相关标准缺失、版权保护手段滞后、市场竞争无序、产业监管缺位、专业技术人才缺乏等一系列制约电子书产业发展的问题亟待解决。

3．发展电子书产业，有利于促进新闻出版产业结构调整和发展方式转变，有利于满足人民群众多层次、多样化和多方面的精神文化需求，对于提升文化创新能力，打造方便快捷、覆盖广泛的文化传播体系，提高中华文化的传播能力和国际竞争力具有重要意义。各级新闻出版行政部门要切实履行工作职责，充分发挥职能作用，把发展电子书产业作为当前重要任务认真抓好。

二、电子书产业发展的指导思想和基本原则

4．电子书产业发展的指导思想是：高举中国特色社会主义伟大旗帜，坚持社会主义先进文化前进方向，坚持弘扬社会主义核心价值体系，坚持把科学发展观贯穿电子书产业发展的各个方面和各个环节。始终把发展作为第一要务，立足当前，兼顾长远，积极培育电子书产业，以促进新闻出版业结构调整和发展方式转变。通过制订电子书产业发展规划、政策法规、相关标准及配套措施，促进内容、资金、技术、人才等资源的优化配置，提升自主创新能力，打造龙头企业和知名品牌，强化市场监管，优化市场环境，切实推动电子书产业又好又快发展。

5．电子书产业发展的基本原则是：坚持政府引导与市场主导相结合，加强科学规划和宏观调控，把企业作为发展主体，充分发挥市场配置资源的基础性作用，调动电子书产业各个环节的积极性；坚持重点扶持与协调发展相结合，通过项目带动、品牌带动，促进电子书产业全面发展；坚持加快发展与有效管理相结合，发挥政策杠杆作用，促进电子书产业良性发展。

三、电子书产业发展的重点任务

6．丰富电子书内容资源。支持和鼓励传统出版单位发挥资源优势，应用高新科技，积极开展出版内容资源的数字化加工制作，形成传统出版单位与电子书生产单位及著作权人之间的良性合作机制，促进传统优质出版资源转化为电子书内容资源。

7．优化传统出版资源数字化转换质量。提供原创内容的互联网出版单位，要加强网络编辑专业队伍建设，规范编辑出版流程，健全内容审校制度，提高网络出版物的编校质量，提供更多的导向正确、格调高雅、积极健康的电子书内容资源。

8．搭建电子书内容资源投送平台。推动传统出版单位、发行单位、数字化技术提供商，依托各自资源优势，联合搭建内容丰富、质量优良、版权清晰、使用便捷、服务周到、利益兼顾的国家级电子书内容资源投送平台。

9．提高电子书生产技术水平。鼓励手持阅读器生产企业提高自主研发能力，重点在电子显示、操作系统、版权保护等关键技术上取得突破，提高产品核心竞争力。不断改进产品外观设计，完善使用功能，丰富阅读体验。

10．实施电子书产业重大项目。推动实施一批具有战略性、示范性的电子书产业项目，将电子书生产企业纳入国家数字出版基地重点支持领域，推动电子书生产企业联合重组，提高电子书产业的集中度和规模化、集约化、专业化水平。

11．落实电子书品牌战略。支持电子书生产企业做强做大优势产品，打造一批深受消费者喜爱、社会认知度广、市场占有率高的电子书品牌。

12．培育电子书消费市场。积极开展各种数字阅读体验活动，培养新型阅读习惯，拉动电子书市场需求。鼓励开发面向大众、面向农村、面向教育的普及型产品，不断拓展电子书产业的市场空间。支持和鼓励电子书企业“走出去”，拓展海外市场，提高我国电子书产业的国际竞争力。

13．加快电子书标准制订。组织成立电子书标准工作组，研究制订电子书格式、质量、平台、版权等方面的行业及国家标准。加强对电子书的质量检测、认证等工作，为促进电子书产业发展提供标准支撑。

14．依法依规建立电子书行业准入制度。依据《出版管理条例》、《电子出版物出版管理规定》、《互联网出版管理暂行规定》、《出版物市场管理规定》等法规，对从事电子书相关业务的企业实施分类审批和管理。对从事电子书内容原创、编辑出版和电子书内容资源投送平台运营业务的企业，作为电子出版物出版单位和互联网出版单位进行审批和管理；对从事出版物内容的数字转换、编辑加工、芯片植入的企业，作为电子出版物复制单位进行审批和管理；对从事电子书的总发行、批发、零售业务的销售企业，作为电子出版物发行单位进行审批和管理；对从事电子书进口经营业务的企业，作为电子出版物进口单位进行审批和管理。

四、电子书产业发展的保障措施

15．制订电子书产业发展规划。深入分析电子书产业发展现状，准确把握未来发展走向，加快研究制订电子书产业发展规划，将其纳入新闻出版产业发展总体规划之中，分阶段、有步骤地组织实施。

16．加快电子书行业法规体系建设。建立健全电子书产业发展相关的法律法规体系，研究制订电子书相关法规和管理规章，为电子书产业发展提供法制保障。

17．优化电子书产业发展环境。贯彻落实《国家知识产权战略纲要》，加大版权保护力度，探索建立新技术条件下科学合理的数字作品版权授权使用机制，严厉打击侵权盗版行为，切实维护各方面的权益。加强出版物市场监管，依法打击非法出版活动，构建健康、有序的电子书市场秩序。加强行业诚信体系建设，推动行业自律，努力营造“依法经营、违法必究、公平交易、诚实守信”的电子书产业发展环境。

18．加强电子书行业自律。适时成立电子书行业协会，鼓励内容提供商、技术提供商、设备制造商和渠道运营商等参与其中，共同规范电子书的生产和销售。充分发挥行业协会的自律作用，组织各种发展力量，协助政府规范市场竞争秩序，引导电子书产业健康有序发展。

19．深入开展电子书相关理论研究。密切关注国内外电子书产业发展走向，深入探索电子书产业发展规律，积极研究新观念、新技术、新方法给电子书产业发展带来的机遇和挑战，为电子书产业健康快速发展提供智力支持。

20．加强电子书专业人才队伍建设。积极培养电子书产业领军人物，统筹抓好行业领导人才、经营管理人才、专业技术人才特别是创新型、技能型、复合型人才队伍建设，造就一批电子书产业领域的经营专家、技术专家和企业家。

关于加强养生保健类出版物管理的通知

新闻出版总署　2010年10月20日　新出字〔2010〕453号

各省、自治区、直辖市新闻出版局，新疆生产建设兵团新闻出版局，解放军总政治部宣传部新闻出版局，中央和国家机关各部委、各民主党派、各人民团体出版单位主管部门，中国出版集团公司：

近年来，随着经济的发展和人民生活水平的提高，养生保健问题日益成为人们关注的热点，出版界出版的一批养生保健类出版物，一定程度满足了读者的需求。但在已出版的这类出版物中，有的编校质量低劣，有的违反科学常识，甚至危害群众健康。为了加强养生保健类出版物的管理，保护人民群众的健康，促进出版物市场健康有序发展，根据《出版管理条例》、《音像制品管理条例》、《图书出版管理规定》、《图书质量管理规定》等相关法规，现就管理要求通知如下：

一、出版养生保健类出版物实行资质准入制度。养生保健类出版物是指涉及运用中西医知识和方法预防疾病以及养生强体的科普和生活类出版物。凡出版养生保健类出版物的出版社必须具备相应的编辑出版力量，设立专业的编辑室，室内编辑人员不少于五名。编辑人员须具有正规医学院校本科以上学历，获得图书编辑专业资格中级以上上岗证书，其中具有高级职称的编辑人员不少于二名。出版单位设立编辑室一个月内须将编辑人员的情况通过主管部门报总署出版管理司备案。不具备上述编辑出版资质或设立编辑室后未履行备案手续的出版单位一律不得出版养生保健类出版物。

二、出版养生保健类出版物要严格执行选题论证制度、稿件“三审”责任制度和“三校一读”制度。负责“三审”的专业编辑必须以对人民、对社会高度负责的态度，把社会效益放在首要位置，加强对作者专业背景的审核，从专业的角度对出版物的科学价值和出版价值进行全面审查，把好知识关、学术关、文字关，确保出版物的内容质量和编校质量。

三、各出版单位主管部门要按照上述要求和规定，对所属出版单位自 2008 年 1 月以来已经出版的养生保健类出版物和正在安排的此类选题进行全面清理，并于 11 月 20 日前将所属出版单位的养生保健类出版物的检查结果报总署出版管理司。

1．要组织有关方面的专家集中审读已经出版的养生保健类出版物，凡内容质量和编校质量不合格的，一律停止发行，不得重印。对违反科学常识和危害百姓健康的养生保健类出版物，要求相关出版单位切实承担责任，及时采取有效措施，消除不良影响。

2．要加强养生保健类出版物的选题管理，凡不具有出版资质或设立编辑室后未履行备案手续的出版单位，已经安排的养生保健类选题一律撤销，在制品要停止出版、印制。

四、新闻出版总署出版产品质量监督检测中心定期对养生保健类出版物进行检测，对不合格的养生保健类出版物采取曝光、停售、召回等措施。对不具备出版资质的出版单位擅自出版养生保健类出版物的，总署将依照《出版管理条例》等相关法规，给予警示或停业整顿等行政处罚；构成犯罪的，要依法追究刑事责任。

养生保健类出版物关系广大人民群众的健康，各出版单位必须把人民的利益放在首位，正确处理社会效益和经济效益的关系，努力推出一批面向大众，内容科学、语言通俗易懂，社会效益和经济效益俱佳的医学科普读物，用优秀的养生保健类出版物占领市场，满足大众读者的需求。

出版管理司联系人：苏建国

联系电话：010—83138681

电子邮箱：Suforwork@163.com

通讯地址：北京市西城区宣武门外大街40号　100052

附件：1．养生保健类出版物清理检查报表（略）

2．养生保健类出版物专业编辑人员备案表（略）

关于启动网络游戏防沉迷实名验证工作的通知

新闻出版总署　中央文明办　教育部　公安部　工业和信息化部
共青团中央　中华全国妇女联合会　中国关心下一代工作委员会
2011年7月1日　新出联〔2011〕10号

各省（自治区、直辖市）新闻出版局、文明办、教育厅（教委）、公安厅（局）、通信管理局、团委、妇联、关心下一代工作委员会，各网络游戏运营企业：

2007年4月，新闻出版总署、中央文明办、教育部、公安部、信息产业部、共青团中央、中华全国妇女联合会、中国关心下一代工作委员会等八部委联合发出《关于保护未成年人身心健康实施网络游戏防沉迷系统的通知》（以下简称："防沉迷通知"）。自"防沉迷通知"发出以来，在有关部门、社会各界及全国网络游戏运营企业的共同努力下，网络游戏防沉迷系统实施工作取得了显著成效，网络游戏运营企业保护未成年人身心健康的责任意识明显增强，各项保障措施逐步到位；网络游戏审批管理已将防沉迷系统的设置作为前置审批的必要条件，有力地促进了防沉迷措施在全行业的贯彻落实；网络游戏防沉迷系统的独立监测机制不断完善，增强了对运营企业网络游戏防沉迷系统实施情况的有效监督和对违规行为的及时查处力度；未成年人使用网络游戏的时间得到一定控制，沉迷网络游戏的状况有了明显改善。

为进一步落实"防沉迷通知"要求，切实保护未成年人身心健康，推动网络游戏防沉迷系统实施工作取得更大成效，实施防沉迷实名验证是至关重要的一环，也是十分必要的，有利于防止未成年人盗用或者使用虚假成年人身份信息，规避网络游戏防沉迷系统的限制。经批准，公安部所属全国公民身份证号码查询服务中心（以下简称：“身份查询中心”）承担全国网络游戏防沉迷实名验证工作。经与网络游戏运营企业充分协商，广泛征求意见，制定了《网络游戏防沉迷实名验证流程》，并完成了网络游戏防沉迷实名验证系统软件开发工作。目前，实施网络游戏防沉迷实名验证条件已经成熟，各项准备工作基本到位，经研究，决定在全国范围内启动网络游戏防沉迷实名验证工作。现将有关要求通知如下：

一、高度重视网络游戏防沉迷实名验证工作。全国各有关部门、相关机构、网络游戏运营企业，应将实施网络游戏防沉迷实名验证工作作为切实履行保护未成年人身心健康的社会责任的一项重要任务，抓紧抓好所有在线使用的网络游戏（不含手机网络游戏）的防沉迷实名验证工作。

二、“身份查询中心”承担全国网络游戏防沉迷实名验证工作。为保障验证工作合规有序进行，“身份查询中心”应向网络游戏运营企业说明实名验证具体工作要求，按《网络游戏防沉迷实名验证流程》及时有效地验证网络游戏运营企业报送的身份信息，并反馈验证结果。

三、网络游戏运营企业要按规定要求，全力做好网络游戏防沉迷实名验证的各项相关工作。首先，要认真做好本企业应承担的网络游戏用户注册信息识别等工作；其次，按流程及时报送需验证的用户身份信息；再次，严格将经实名验证证明是提供了虚假身份信息的用户纳入网络游戏防沉迷系统。

四、进一步加强对运营企业网络游戏防沉迷系统实施情况的监测。除对运营企业按网络游戏防沉迷系统标准开发和实施网络游戏防沉迷系统进行监督检测外，还要密切跟踪实名验证等实施工作情况，提高检测频率和质量。所有网络游戏运营企业必须严格按照《网络游戏防沉迷系统开发标准》和《网络游戏防沉迷系统实名认证方案》进行开发部署，不得随意更改实施方式，扩大或缩小系统功能权限等，违者，将按照有关法律法规予以查处，并停止其网络游戏出版运营和相关互联网接入服务，直至取消其相关许可。

五、明确分工，加强协作，积极推进实名验证等网络游戏防沉迷系统实施工作。新闻出版行政部门负责协调网络游戏防沉迷系统实施工作；把好网络游戏审批关，坚持将网络游戏防沉迷系统的设置作为前置审批的必要条件；继续开展网络游戏防沉迷系统监测，特别是督促运营企业切实抓好实名验证工作，对存在不达标问题的网络游戏运营企业进行查处。文明办要把实名验证等网络游戏防沉迷系统实施工作纳入净化社会文化环境工作之中，积极协调有关新闻单位做好宣传引导工作。公安部门负责对“身份查询中心”进行督促指导，要求“身份查询中心”增强责任感，精心安排，依法依规、保质保量开展实名验证工作。通信管理部门要协助有关部门做好相关网站的管理工作。教育、团委、妇联、关心下一代工作委员会等部门要加大网络游戏防沉迷系统宣传力度，要继续发挥“五老”网吧义务监督员的作用，配合做好实名验证等网络游戏防沉迷系统实施工作，积极引导教育未成年人科学使用网络游戏，养成文明健康的上网习惯。

自本通知下发之日起启动网络游戏防沉迷实名验证工作，2011 年 9 月 30 日前为试行期，2011 年 10 月 1 日起正式实施。

关于加强图书出版单位中小学教辅材料出版资质管理的通知

新闻出版总署 2011 年 12 月 6 日 新出政发〔2011〕17 号

各省、自治区、直辖市新闻出版局，新疆生产建设兵团新闻出版局，解放军总政治部宣传部新闻出版局，中央和国家机关各部委、各民主党派、各人民团体出版单位主管部门，中国出版集团公司，中国教育出版传媒集团公司，中国科技出版传媒集团公司：

为加强中小学教辅材料管理，提高中小学教辅材料出版质量，促进出版物市场健康有序发展，根据《出版管理条例》、《图书出版管理规定》、《图书质量管理规定》和相关政策法规的规定，现就有关事项通知如下：

一、图书出版单位以中国标准书号出版中小学教辅材料严格实行资质管理。中小学教辅材料是指与教材配套，供中小学生使用的各种学习辅导、考试辅导等方面的出版物，包括中小学教材同步练习类出版物，中小学生暑假、寒假作业类出版物，中小学习题、试卷类出版物。

二、图书出版单位开展中小学教辅材料出版业务，必须具备以下资质条件：

（一）设有专门的中小学教辅材料编辑机构。

（二）中小学教辅材料编辑机构具备开展单学科或多学科出版业务的能力。每一学科应具有该学科相关专业背景、大学本科学历以上的编辑人员 3 人以上。

（三）中小学教辅材料编辑人员，应具有中级以上出版专业职业资格，其中具有高级职称的人员不低于总人数的30%或每一学科至少1名编辑人员具有高级职称，具有教育教学背景或师范专业的人员不低于总人数的30%。

（四）有良好的社会信誉，遵守《出版管理条例》和有关出版管理规定，最近两年未因违反国家法律和出版管理法规受到省级以上出版行政主管部门行政处罚。

三、图书出版单位申请中小学教辅材料单学科或多学科出版资质，须向新闻出版总署提出申请，申请时应提交以下材料：

（一）申请报告。包括出版单位基本情况，申请资质的内容，关于中小学教辅材料的资质条件说明、出版经营情况、出版规划等。

（二）中小学教辅材料编辑人员的职业资格和专业职称证书或证明、学历证书、工作简历。

（三）省、自治区、直辖市出版行政主管部门或出版单位主管部门的审核意见。

（四）新闻出版总署核发的年检合格文件。

（五）社会审计中介机构出具的近三年财务及经营状况的审计报告。

原出书范围中包括中小学学习辅导材料的图书出版单位也须重新申报。

四、本《通知》下发后，新闻出版总署即受理图书出版单位中小学教辅材料出版资质的申请，核准情况以复函方式通知各省级出版行政主管部门、出版单位主管部门和图书出版单位。各省级出版行政主管部门或出版单位主管部门要按照上述规定，结合本地区本部门实际，针对所属各图书出版单位的出版能力和经营状况，认真指导相关单位做好申报工作。

五、在京的中央和国家机关各部门、各民主党派、各人民团体所属出版社的资质申请经主管部门审核后报新闻出版总署；各省级出版行政主管部门所辖、所属出版社（军队系统出版社除外）的资质申请由出版行政主管部门审核同意后统一报新闻出版总署（京外中央各部委所属出版社的资质申请经主管部委审核同意后，再由所在地省级出版行政主管部门审核后报送）；军队系统出版社的资质申请由解放军总政治部宣传部新闻出版局审核后报新闻出版总署。

六、各地出版行政主管部门和出版单位主管部门要认真做好所辖、所属图书出版单位资质申报材料的审核工作，对于在申报材料中弄虚作假的行为，一经发现，取消其申报资格；在报送所辖、所属图书出版单位资质申请时，需同时报送本地区本部门图书出版单位 2011 年以来中小学教辅材料出版情况的报告，并就本地区本部门关于加强中小学教辅材料出版管理提出具体措施。

七、出版单位出版的中小学教辅材料因质量不合格被新闻出版总署连续两次责令收回的，或在中小学教辅材料资质综合评估中不达标的，由新闻出版总署暂停或取消其中小学教辅材料出版资质。

八、图书出版单位违反规定出版中小学教辅材料，由新闻出版总署或所在地省、自治区、直辖市出版行政主管部门依据《出版管理条例》第六十七条，责令改正，给予警告；情节严重的，责令限期停业整顿或者由原发证机关吊销许可证。

九、图书出版单位不具备中小学教辅材料出版资质的，自 2012 年 3 月 1 日起，一律不得新安排中小学教辅材料的出版；此前已出版的中小学教辅材料，自 2012 年 6 月 1 日起，不得安排重印或再版。

新闻出版总署联系部门及联系人：

联系部门：新闻出版总署出版管理司

北京市西城区宣武门外大街40号，邮编：100052

联系人：李一昕、白兰香

联系电话：010—83138768，83138677

附件：1．中小学教辅材料出版资质申请表（略）

2．中小学教辅材料出版编辑人员登记表（略）

关于下发《〈中国标准录音制品编码〉国家标准实施办法》和《音像电子出版物专用书号管理办法》的通知

新闻出版总署　2011年12月28日　新出政发〔2011〕19号

各省、自治区、直辖市新闻出版局，新疆生产建设兵团新闻出版局，解放军总政治部宣传部新闻出版局，中国出版集团公司，中国教育出版传媒集团有限公司，中国科技出版传媒集团有限公司，全国各音像电子出版、制作、复制和发行单位：

中国标准音像制品编码（简称ISRC，即“版号”）自1993年使用以来，对规范音像出版活动起到了较大作用。但随着音像载体的不断变化，特别是数字压缩技术和网络的发展，为了与国际接轨，2010年2月我国修订实施了新版《中国标准录音制品编码》国家标准。新版ISRC编码仅在录音节目和音乐录像节目（如演唱会、MV、卡拉OK等）上使用，变制品登记为单曲登记，电影、电视剧等录像节目不再使用ISRC编码，只使用音像制品和电子出版物专用书号（ISBN）。

为保证新版ISRC标准的顺利实施，规范ISRC编码以及新版ISRC编码实施后ISBN的申领及管理工作，新闻出版总署联合有关单位起草了《〈中国标准录音制品编码〉（GB/T 13396—2009）国家标准实施办法》和《音像电子出版物专用书号管理办法》，现将两个办法印发，请各有关单位遵照执行。

特此通知。

《中国标准录音制品编码》（GB/T 13396—2009）国家标准实施办法

第一章　总　则

第一条　为推进《中国标准录音制品编码》（GB/T 13396—2009）国家标准（以下称新版 ISRC 标准）的实施，规范录音制品及音乐录像制品的出版或传播，保护著作权及相关权利人的合法权益，加快我国音像产业相关标准与国际接轨，特制定本办法。

第二条　新版 ISRC 标准适用制品的范围包括录音制品和音乐录像制品。

本办法所称的制品，是指录制完成的录音或音乐录像节目，与该节目的载体无关。

本办法所称的录音制品，是指已录制加工完成的声音成品，或每一可独立使用的曲目篇节。

本办法所称的音乐录像制品，是指由音频信号和视频信号录制的制品，其中构成该表演性音乐制品的全部或主要部分为音频信号，主要包括 MTV、MV、卡拉 OK、演唱会等。

第三条　每一可独立使用的录音制品或音乐录像制品均须分配一个单独的中国标准录音制品编码（以下称 ISRC 编码）。该编码只标识被编码对象，不能作为出版物标识。

第四条　新闻出版总署是 ISRC 标准实施的主管部门，负责领导和监督 ISRC 标准的实施工作。

新闻出版总署批准设立中国标准录音制品编码中心（以下称中国 ISRC 中心）作为 ISRC 编码的注册管理和标准实施的技术服务机构，由中国版权保护中心负责建设与管理。

第二章 登记者

第五条 ISRC编码的登记者应当是向中国ISRC中心申请并获得登记者码的机构或组织。

登记者就录制完成的录音制品和音乐录像制品向中国ISRC中心申领ISRC编码。

第六条 申请成为ISRC编码登记者，应当向中国ISRC中心提交以下申请材料：

（一）按要求填写的登记者码申请表；

（二）经出版行政主管部门批准的《音像制品出版许可证》、《音像制品制作许可证》等资质证明文件复印件；

（三）其他相关证明材料。

第七条 中国ISRC中心应当自收到符合本办法第六条规定的申请材料之日起20日内完成审查，符合规定的，发放登记者码并予以公告，同时分配中国ISRC编码申领信息系统的账户、密码及登录工具。

登记者应制定ISRC编码申领管理制度，妥善保管ISRC编码申领账户、密码及登录工具，设专人负责ISRC业务，因保管不善等造成的损失由登记者自行承担。

第八条 依据《中国标准音像制品编码》（GB/T 13396—1996）国家标准已获得出版者码的机构或组织，沿用原有的出版者码作为登记者码，无须再另行申请，如中国唱片总公司仍沿用A01登记者码（出版者码）。

第九条 登记者下列事项发生变更的，应当向中国ISRC中心进行备案：

（一）单位名称；

（二）单位地址；

（三）经办人；

（四）联系方式；

（五）其他应当变更备案的情况。

第三章　ISRC 编码申领

第十条　登记者在录音制品或音乐录像制品录制完成后，通过依据本办法第七条分配的系统账户在线填报制品元数据信息表，并提交符合规定的制品，申请获得制品的 ISRC 编码。

第十一条　登记者应保证其填报的申领信息和所提交的制品真实、准确、完整，制品必须与填报的元数据信息保持一致。

第十二条　制品的内容和版权授权应符合相关法律法规的规定，因制品内容违法或版权侵权而产生的后果由登记者自行承担。

第十三条　未取得登记者资格的出版机构或组织，因业务需要申领 ISRC 编码的，可直接向中国 ISRC 中心提交下列书面材料申领 ISRC 编码：

（一）按要求填写的真实、完整、准确的制品元数据信息表；

（二）符合规定的制品；

（三）申领者的相关资质材料及法定代表人身份证明材料；

（四）申领者拥有录制者权或经录制权拥有者授权的证明材料；

（五）根据《音像制品管理条例》、《音像制品出版管理规定》等法规、规章或其他规范性文件取得的批准文件；

（六）其他需要提交的证明材料。

第十四条　需要提交书面材料的，应当在中国 ISRC 中心网站下载使用统一制定的模板，按照要求填写并加盖公章或签名。

提交的各种书面材料应当用中文填写。证件和证明文件是外文的，应当附中文译本。申领 ISRC 编码的文件应当使用国际标准 A4 型 297mm×210mm（长 × 宽）纸张。

第十五条 从外国和中国香港特别行政区、澳门特别行政区和台湾地区进口的录音制品或音乐录像制品，已携带有符合 ISO 3901：2001《信息与文献——国际标准录音制品编码（ISRC）》规范的 ISRC 编码的，无须再向中国 ISRC 中心申领。未携带 ISRC 编码或携带的 ISRC 编码不符合规范的，应按照本办法规定申领 ISRC 编码。

第四章 ISRC 编码分配

第十六条 自登记者提交符合本办法规定的 ISRC 编码申请之日起 7 个工作日内，由中国 ISRC 中心予以分配制品 ISRC 编码。

第十七条 有下列情形之一的，中国 ISRC 中心有权要求登记者补正申请材料，登记者应当在 7 个工作日内补正，逾期未补正的，退回申请：

（一）制品元数据填写不完整、不规范的；

（二）制品元数据信息与制品内容不一致的；

（三）需要补充提交证明材料的；

（四）其他需要补正的情况。

自申请材料补正之日起开始计算受理时限。

第十八条 有下列情形之一的，不予分配 ISRC 编码：

（一）已经分配新版 ISRC 编码的；

（二）申请分配 ISRC 编码的制品存在权属争议的；

（三）登记者撤回申请的；

（四）其他不予分配ISRC编码的情形。

第五章　公告与查询

第十九条　制品分配ISRC编码后将在中国ISRC中心网站进行基本信息的公告，可通过中心网站查询。公告的制品内容如下：

（一）节目名称；

（二）语种；

（三）时长；

（四）登记者；

（五）制作者；

（六）表演者；

（七）ISRC编码；

（八）基本描述。

第六章　ISRC编码携载

第二十条　用于出版的录音制品和音乐录像制品，均应按照新版ISRC标准的规范要求携载ISRC编码。

前款所称出版，包括利用信息网络出版。

第二十一条　以数字形式制作的录音和音乐录像制品，ISRC编码应当对应于录音制品或音乐录像制品永久性地加载到所有复制品中，通过计算机设备可以识别和读取。

第二十二条　ISRC编码应当在录音制品或音乐录像制品的

所有复制品中明确标识。

以实物为载体的，ISRC 编码应当标识在所有复制品载体或附带资料上。

音乐录像制品，还应当在复制品内容中的片头位置对应加载可播放显示的 ISRC 编码。

配合书、刊等本版出版物出版的，应在本版出版物或其附带资料中明确标识相关 ISRC 编码信息。

本条所称附带资料，是指制品出版所随附的资料，包括节目介绍、歌词插页、电子文档、制品文件属性等信息。

第二十三条 录音制品或音乐录像制品通过信息网络出版的，ISRC 编码应以制品文件的属性信息方式予以显示。

第二十四条 按照本办法第二十一条、第二十二条、第二十三条规定加载及标识的 ISRC 编码应当清晰、完整。示例如：ISRC CN-F12-11-00721。

第七章　附　则

第二十五条 本办法施行前，按照《中国标准音像制品编码》（GB/T 13396—1996）国家标准已进入出版生产环节的，可继续进行该制品的生产和销售。自 2013 年 1 月 1 日起，上述制品尚未生产或售出的，不得继续生产、销售。所有再版、重新复制和新版的音像制品中涉及录音制品或音乐录像制品的，均须申领、携载新版 ISRC 编码。

第二十六条 电子出版物（含以硬盘、优盘、存储卡等形态出版的移动存储类电子出版物）涉及音乐作品的，参照本办法执行。

第二十七条 本办法自2012年1月1日起施行，1992年《新闻出版署关于实施〈中国标准音像制品编码〉的通知》中所附《中国标准音像制品编码管理暂行办法》同时废止。

音像电子出版物专用书号管理办法

第一条 为了进一步规范《中国标准录音制品编码》（GB/T13396—2009）国家标准实施后对音像制品和电子出版物的管理，特制定本办法。

第二条 全国所有正式出版、发行的音像制品或电子出版物，均应使用中国标准书号（以下简称ISBN）作为出版物标识。用于音像制品的，为音像制品专用书号；用于电子出版物的，为电子出版物专用书号。在音像制品、电子出版物载体或包装的显著位置须标识ISBN。

第三条 中国标准音像制品编码或中国录音制品编码（以下简称ISRC）不再承担音像制品版号的功能。音像制品专用书号和电子出版物专用书号，其使用范围和分配原则，参照《中国标准书号》国家标准（GB/T5795—2006）和《中国标准书号使用手册》规定执行。

第四条 ISBN的申领和核发原则，以各音像、电子出版单位年度选题计划为核发依据，参考以往年度核发数量，确定分配和核发年度ISBN额度。前一年的12月至当年度1月为全年度ISBN核发办理时间。超出年度选题计划的，可根据实际需求申请追加。

第五条 ISBN的申领和核发程序如下：

（一）中央和国家机关在京出版单位的ISBN额度，由出版单位持相关材料直接向新闻出版总署出版管理司申领，新闻出版总署出版管理司在3个工作日内予以核发，并发放《通知书》。

（二）地方和军队系统出版单位的ISBN额度，由各省级新闻出版局、解放军总政治部宣传部新闻出版局汇总、审核后，统一向新闻出版总署出版管理司申领，新闻出版总署出版管理司5个工作日内予以核发，并发放《通知书》。

（三）各音像电子出版单位在完成选题三审后提交《条码申请单》（附出版物信息表）申领ISBN条码。各省级新闻出版局、解放军总政治部宣传部新闻出版局负责所辖出版单位的申领工作，在已核批额度内向所辖出版单位下发本批次专用书号通知书，并向新闻出版总署条码中心办理领取专用书号手续。新闻出版总署条码中心负责中央在京音像电子出版单位的申领工作。

第六条 对涉及录音节目和音乐录像节目的音像制品或电子出版物，须先向中国ISRC中心申请分配新版ISRC编码后，再申请配发ISBN。申领ISRC是申领ISBN的前置条件。

第七条 经省级出版行政主管部门批准出版的配合本版出版物出版音像制品或电子出版物，涉及录音制品和音乐录像制品需要前置申领ISRC的，持批准文件直接向中国ISRC中心申领ISRC编码。

第八条 申领ISBN须提交以下材料：

（一）向新闻出版总署申请办理年度ISBN额度申领或追加ISBN事项的，须填写《音像电子出版物专用书号申请表》，并附《音像电子出版物出版计划表》、《ISBN使用情况登记表》及《样本缴送清单》回执（有关表格样式见附件）。上述4种表格须报送纸质材料（加盖出版单位公章），同时须将《音像电子出版物选题计划表》、《ISBN使用情况登记表》电子版上传至新闻出版总署出版管理司工作邮箱 yxdzchu@126.com 备案。

（二）非音像或电子出版单位配合本版出版物出版音像制品或电子出版物的，同样需要申领 ISBN。持所在地省级新闻出版局或解放军总政治部宣传部新闻出版局批准文件向新闻出版总署条码中心办理领取 ISBN 手续。

（三）向新闻出版总署条码中心申请办理年度（或追加）ISBN 及条码手续时，应提供以下材料：

1．中央在京出版单位须向新闻出版总署条码中心提交新闻出版总署出版管理司下发的本年度专用书号额度分（调）配通知书；加盖公章的条码申请单（有关表格样式见附件）。

2．省级新闻出版局、解放军总政治部宣传部新闻出版局所辖出版单位须向新闻出版总署条码中心提交新闻出版总署出版管理司下发的专用书号额度分（调）配通知书；省级新闻出版局、解放军总政治部宣传部新闻出版局下发的出版单位本批次书号通知书；加盖公章的条码批量申请单（有关表格样式见附件）。

第九条　新闻出版总署条码中心经审核合格后，在 5 个工作日内以电子邮件的形式向各申领单位发放音像制品或电子出版物专用 ISBN（条形码）。

第十条　出版单位出版不同版本的音像制品或电子出版物，须使用不同的 ISBN。具体如下：

（一）载体形式不同或采用不同格式出版的音像制品或电子出版物，应使用不同的 ISBN。

（二）套装中每一节目单独销售，则每一节目均需要分配一个 ISBN。

（三）同一版本出版物有不同产品形式并单独销售，每一出版物均应分配一个 ISBN，不同产品形式或格式应在末尾括号中注明。如 ISBN 978-7-117-07201-4（精装），ISBN 978-7-117-07190-1（平装）。

第十一条 对于涉及录音制品或音乐录像制品再版或重印的音像制品或电子出版物，内容、载体形式和包装均未作改变的，可使用原 ISBN，不需要重新申请。

第十二条 由新闻出版总署条码中心发放 ISBN（条形码）后出版单位撤销选题的，已配发的 ISBN 作废。出版单位不得将其使用在其他出版物上。

第十三条 各省级出版行政部门要加强对音像制品和电子出版物专用书号的管理，规范申领和核发程序，并结合实际制定 ISBN 核发办法，建立 ISBN 管理数据库，做到出版物与专用书号的一一对应，确保管理到位。

第十四条 新闻出版总署要求填报的出版统计月（年）报表、音像制品复制委托书中的原“ISRC”项目将由“音像 ISBN”项目替代。

第十五条 音像制品和电子出版单位的出版者前缀的申领或换发程序不变。

第十六条 本办法自 2012 年 1 月起实施。

第十七条 本办法由新闻出版总署出版管理司负责解释。

关于进一步加强学术著作出版规范的通知

新闻出版总署　2012年9月4日　新出政发〔2012〕11号

各省、自治区、直辖市新闻出版局，新疆生产建设兵团新闻出版局，解放军总政治部宣传部新闻出版局，中央和国家机关各部委、各民主党派、各人民团体出版单位主管部门，各有关行业协会，中国出版集团公司，中国教育出版传媒集团有限公司，中国科技出版传媒集团有限公司：

为了进一步提高我国学术著作出版质量，推动学术著作出版繁荣发展，树立良好的学术风气，提升我国学术著作的创新能力，促进国内外学术交流，根据《出版管理条例》、《图书出版管理规定》、《图书质量管理规定》等法规规章的规定，现就进一步加强学术著作出版规范的有关事项通知如下：

一、学术著作是作者根据某一学科或领域的研究成果而撰写的作品。这些作品或在理论上有创新见解，或在实践中有新的发明，或具有重要的文化积累价值。本通知所指学术著作包括哲学社会科学、自然科学等学科的研究型著作，通俗理论读物、科普读物等不在其列。

二、学术著作出版必须坚持为人民服务、为社会主义服务的方向，贯彻百花齐放、百家争鸣的方针，促进学术创新、学术交流、学术积累，有益于经济发展和社会进步，有益于提高民族素质，弘扬优秀文化，促进国际文化交流。

三、出版单位应加强学术著作选题论证，组织相关学科领域专家学者，对学术著作的学术水平、创新成果、出版价值等进行认真评估，积极探索实行同行匿名评议等评审办法，提高学术著作出版质量。

四、引文、注释、参考文献、索引等是学术著作不可或缺的重要组成部分，体现了学术研究的真实性、科学性与传承性，体现了对他人成果和读者的尊重，是反映学术著作出版水平和质量的重要内容，必须加强出版规范，严格执行国家相关标准。

引文是引自他人作品或文献资料的语句，对学术著作的观点起支持作用。引文要以必要为原则，凡引用的资料都应真实、详细、完整地注明出处。

注释对作品中某些特定的内容、术语等起到必要的补充、解释或说明作用。注释应力求客观、准确、详实。

参考文献是为撰写或编辑著作而引用的有关文献信息资源，是学术研究依据的重要体现，对研究内容起到支持、强调和补充作用。参考文献应力求系统、完整、准确、真实。

索引是指向文献或文献集合中的概念、语词及其他项目等的信息检索工具，有助于学术内容的检索、引证、交流和传播。索引的编制应力求实用、简明、便捷、完备。

学术译著应尊重原作者研究成果，力求准确完整，不应随意删改原著的引文、注释、参考文献、索引等内容。

五、学术著作的出版必须弘扬科学精神，杜绝学术抄袭、剽窃；必须保障内容、编校、装帧设计、印制质量；必须符合《出版管理条例》、《图书出版管理规定》、《图书质量管理规定》和国家相关法律、法规、规章和标准。

六、学术著作出版规范的执行情况将作为中国出版政府奖评奖、国家级优秀图书推荐、国家重大出版项目和国家出版基金申报与验收，以及出版单位年检、等级评估等工作的重要条件。

七、出版单位应安排具备较强学科背景的专业编辑人员担任学术著作的责任编辑。责任编辑应积极主动了解相关学科领域的学术信息，加强与相关学科领域专家学者的联系和沟通，对学术著作中的学术信息进行必要的查证、核实，确保学术质量。

出版单位要认真落实学术著作出版规范工作，加强学术著作出版人才的培养，定期对从事学术著作出版的编辑人员进行培训，制订符合学术著作出版规范的编辑出版流程和考评体系，鼓励支持优秀学术著作的出版。

出版单位要积极探索数字出版背景下有利于加强学术著作出版规范建设、提高学术著作出版质量的各种途径。

八、有关学会、行业协会和有条件的出版单位，应结合自身特点，制定符合不同学科发展规律、适合不同学科领域的学术著作出版规范细则，逐步形成系统完整的具有中国学术著作出版特点、可与国际国内学术同行交流对话的学术著作出版规范体系。

九、各省、自治区、直辖市新闻出版局及各出版单位主管部门要从提高民族创造力、提升国家文化软实力、建设社会主义文化强国的战略高度，充分认识进一步加强学术著作出版规范工作的重要性，结合各地各部门实际制定实施办法，引导和鼓励出版单位出版更多学术精品，促进学术著作出版繁荣发展。

关于调整全国音像电子出版单位统计工作职能分工的通知

国家新闻出版广电总局　2013年12月27日　新出厅字〔2013〕484号

各省、自治区、直辖市新闻出版（版权）局，新疆生产建设兵团新闻出版局，解放军总政治部宣传部新闻出版局，中国新闻出版研究院：

为进一步理顺新闻出版统计工作职能，根据《新闻出版统计管理办法》有关规定，现就调整全国音像电子出版单位统计工作职能分工有关事宜通知如下：

一、将现由中国新闻出版研究院承担的全国音像出版社、电子出版物出版社的统计工作部署及数据催报、审核等职责划转至上述单位所在地省级新出版行政部门承担。

二、为保证统计年报工作平稳有序，2013年全国音像电子出版单位的统计工作部署及数据催报、审核等工作仍由中国新闻出版研究院承担。

关于加强数字出版内容投送平台建设和管理的指导意见

国家新闻出版广电总局　2013 年 12 月 30 日　新出政发〔2013〕11 号

各省、自治区、直辖市新闻出版局，新疆生产建设兵团新闻出版局，解放军总政治部宣传部新闻出版局，中央和国家机关各部委、各民主党派、各人民团体新闻出版主管部门，中国出版集团公司、中国教育出版传媒股份有限公司、中国科技出版传媒集团有限公司：

为贯彻落实国务院《文化产业振兴规划》、《国家“十二五”时期文化改革发展规划纲要》、《中共中央关于深化文化体制改革推动社会主义文化大发展大繁荣若干重大问题的决定》和党的十八届三中全会精神，进一步加快社会主义文化强国建设步伐，促进数字出版产业健康有序发展，现就加强数字出版内容投送平台建设和管理提出如下意见。

一、加强数字出版内容投送平台建设和管理的重要意义

1．本意见所称数字出版内容投送平台，是指将出版主体和著作权人拥有的数字出版内容资源进行集成整合，以分销投送数字出版内容为主营或兼营业务的网站、客户端以及其他数字出版内容交易渠道和数字阅读服务体系等网络出版的主要传播载体。作为数字出版产业链承上启下的关键环节，数字出版内容投送平台是聚合、投送优质数字出版内容的重要枢纽；是贯通内容提供者与消费市场的重要节点；是数字化时代新闻出版企业为读者提

供优质、便捷服务的重要渠道。

2．目前，大型出版传媒集团、电信运营商、技术提供商、智能终端生产商以及电子商务企业等纷纷进入数字出版内容传播领域，在全国范围内形成数量众多、规模不等的数字出版内容投送平台，既相互竞争、互为促进，同时也存在缺乏规划、散而不强、管理缺失等问题。一方面，许多未经许可的大众阅读与综合服务型内容投送平台同质化倾向凸显，优质精品内容匮乏，有些甚至成为传播虚假、低俗和盗版内容的温床；另一方面，面向定向市场，提供专业化服务的专业和教育学习型出版内容投送平台发展相对缓慢，细分市场旺盛的消费需求得不到有效满足，众多传统新闻出版机构积累的优质出版内容资源得不到有效投送和广泛传播。

3．加强数字出版内容投送平台建设与管理，是推动新闻出版业转型升级，构建完善数字出版产业生态系统的现实需要；是促进新闻出版产业结构调整和发展方式转变，更好满足人民群众多样化、多层次和多方面精神文化需求的有效途径；是提升文化创新能力，打造现代文化传播体系的必由之路；是繁荣和发展社会主义先进文化，提高中华文化传播力和影响力，增强文化软实力和综合国力的客观要求。

二、数字出版内容投送平台建设和管理的主要目标

4．构建技术先进、覆盖广泛、传输快捷的现代优质数字出版内容传播体系。鼓励平台运营商提高技术创新能力，采用先进技术，形成动态聚合、实时分发、精准投送的数字阅读服务系统；充分利用多种网络传播渠道，形成不同类型数字出版内容投送能力；改善数字出版内容消费服务方式，提升人民群众数字出版内容消费满意度。

5．打造多种主体参与的数字出版内容投送新格局。鼓励大

型出版传媒集团和有实力的电信运营商、技术提供商、电子商务企业等各类市场主体积极参与数字出版内容投送业务，建设大众阅读、专业信息、教育学习以及综合服务等多种类型数字出版内容投送平台，形成统筹规划、优势互补、良性竞争、服务规范、有序发展的数字出版内容投送格局。

6．培育带动数字出版产业快速发展的骨干平台。建立科学的评估体系，在现有数字出版内容投送平台基础上，遴选5—8家获得消费者好评、社会认知度广、市场占有率高的企业，支持其做大做强，形成一批导向正确、内容优质、传播能力强、用户体验好、善于开发目标读者的数字出版内容投送骨干平台与龙头企业，带动数字出版产业和新型文化消费市场快速发展。

7．营造健康有序的数字出版内容投送平台建设、运营市场环境。建立健全市场准入机制，引导企业依法有序开展数字出版内容投送业务；规范数字出版产业链各环节间的业务合作，提高协调协作水平；分类评估和推动国家级数字出版内容投送平台建设，正确引导大众阅读取向，培育专业数字阅读和教育服务市场；倡导正版阅读、健康阅读和绿色阅读，打击侵权盗版等违法违规行为，切实推进数字出版产业健康、快速和可持续发展。

三、数字出版内容投送平台建设和管理的主要任务

8．丰富内容资源。支持传统新闻出版企业积极开展出版内容资源的数字化加工制作，加快建设和积累优质数字内容资源；鼓励获得内容原创资质的网络出版企业加大创新力度，丰富内容品种，提高创作质量，推出精品力作；鼓励各类新闻出版企业、技术研发企业、运营服务企业积极开发符合社会主义核心价值观，满足消费者高尚精神追求，将高新技术与文化内涵完美融合的创新产品，为各类投送平台输送源源不断多品种高质量数字出版

内容。

9．提升技术能力。支持和鼓励平台运营企业研发和引进关键技术，消除产业链各环节技术屏障，提高平台技术支撑和应用水平，提供基于多种网络传输渠道，适应多种终端无缝衔接的消费服务。

10．完善运营服务。推动平台运营服务企业创新建设思路，主动为内容供应商提供内容加工、格式转换、版权加密、市场推广和营销信息等综合服务；不断提高平台的开放兼容能力、聚合发布能力及版权保护水平，提高平台的分类营销和内容推送能力；改善和丰富用户体验，提高需求响应能力。

11．强化责任意识。各类数字出版内容投送平台是内容传播的责任主体，应对其传播和上线运营的数字出版内容和质量依法依规进行审核监督，并按要求向国家出版行政主管部门提供内容监管数据，承担相应法律责任。要建立规范的数字出版内容质量监控机制、科学的内容筛选发布流程、严格的内容把关和质量保障体系以及传播有害信息的责任追究制度，强化内容版权审核和确权管理，规范编辑出版标准，建立产品准入制度和上线运营规则，确保为读者提供导向正确、格调高雅、积极健康、质量上乘的数字出版内容。

12．优化结构布局。通过政策引导和市场选择，逐步优化大众阅读、专业阅读、学习教育与综合服务平台布局结构。鼓励跨区合作，力避重复建设；鼓励资源整合、倡导优势互补。鼓励建设定位精准、目标清晰、特色突出的专业信息型平台，形成专业内容与读者特定需求的契合互动。着力推动教育学习型平台发展，优先教学内容信息整合，推进教育资源公平分享。

13．建立共赢机制。制订落实数字出版内容平台相关政策法规、适用标准及配套措施，完善市场公平交易规则。平衡产业链各环节的合理利益，建立收益比例协商、交易信息透明、风险共同分担的良性市场机制。着力扭转优质数字出版内容价值倒挂和过分依赖第三方付费模式的局面。激励内容创新，提升作品质量，充分维护内容提供企业和著作权人的合法权益。鼓励创新合作模式，走合作共赢、共同发展之路。

14．健全资质管理。依据《出版管理条例》、《互联网信息服务管理办法》和《互联网出版管理暂行规定》等法律法规，对各种不同业务类型、面向不同消费市场的数字出版内容投送平台，采取分类管理方式。从事数字出版内容投送及相关业务的企业应依法取得网络出版资质；投送平台发布的应为获得图书、音像、电子、报纸、期刊等传统出版及网络出版资质的企业单位所提供的出版内容，平台运营企业提供服务时应核验内容提供方的资质；直接为个人原创作品提供出版服务的网络平台应依法取得具有原创业务范围的网络出版资质。

四、数字出版内容投送平台建设和管理的保障措施

15．确保正确政治导向。严格遵守新闻出版相关法律法规，积极传播导向正确、内容健康、形态多样的数字出版内容产品，不给违规和有害数字内容产品提供传播渠道；坚持把社会效益放在首位、社会效益和经济效益相统一。

16．强化内容质量管理。开展数字出版内容质量、编校质量、制作质量的检测与评估，提高企业生产优质精神食粮，传播民族优秀文化意识，引导企业在内容把关、编辑规范、质量保障等方面加大工作力度，改变数字出版优质内容匮乏现状，促进产业良性发展。

17．加强数字版权保护。从法规建设、专有技术、社会教育等多方面入手，完善数字出版版权保护体系；建立数字出版版权

监管制度，持续打击数字出版内容侵权盗版行为，逐步解决数字出版版权授权和使用中的深层次问题；开展数字出版内容资源唯一标识试点工作，鼓励有条件的内容提供和投送平台先行尝试建立本企业内容资源标识标准。

18．统一数字内容标准。加快推进数字内容出版系列标准自主研制以及与国际通用标准对接工作，尽快消除标准多元造成的资源浪费、消费成本高、用户体验差等弊端，为数字出版产业的繁荣发展营造优良生态环境。

19．加大政策扶持力度。在遵循市场规律前提下，引导优质出版内容资源向导向正确、版权清晰、技术先进、交易透明、特色鲜明、服务优良和用户广泛的投送平台适当集中；对认定为国家级投送平台的核心技术研发，予以政策、项目、技术等多方面扶持；支持数字出版内容投送平台为农村和中西部地区提供特色化服务，提升现有公共阅读服务设施的传播能力和信息化服务水平。

20．发挥示范引领作用。引导传统新闻出版企业探索建设符合自身资源、技术、资金、人才条件，具有明确目标受众和市场定位的数字出版内容投送平台；开展分类试点，推动重点企业在市场竞争中逐渐形成自身特色，完善服务功能，发挥示范引领作用。

21．加快人才队伍建设。加大人才培养力度，完善人才培养体系，建立人才引进机制，拓宽人才成长渠道，以高层次、高技能、复合型人才为重点，统筹推进数字出版相关策划人才、编辑人才、营销人才、技术人才和管理人才队伍建设。

22．倡导行业自律自管。充分发挥行业协会作用，加强产业链各环节间的充分沟通、互利合作，在凝聚共识基础上，制订行业规则，实现自律自管，促进共同发展。

关于印发《国家古籍整理出版专项经费资助项目管理办法（试行）》的通知

全国古籍整理出版规划领导小组　2014年1月29日　古组发〔2014〕1号

各省、自治区、直辖市新闻出版广电局，新疆生产建设兵团新闻出版广电局，解放军总政治部宣传部新闻出版局，中央和国家机关有关部委、民主党派、人民团体新闻出版单位主管部门，中国出版集团公司、中国教育出版传媒集团有限公司、中国科技出版传媒集团有限公司，各相关中央直属企业：

现将《国家古籍整理出版专项经费资助项目管理办法（试行）》印发给你们，请与2010年1月新闻出版总署办公厅下发《关于印发〈古籍整理专项经费管理暂行办法〉的通知》（新出厅字〔2010〕5号）一并贯彻执行。

国家古籍整理出版专项经费资助项目管理办法（试行）

第一章　总　则

第一条　为加强古籍整理出版专项经费（以下简称“古籍经费”）资助项目管理的科学化、规范化、制度化，保证古籍经费资助项目的顺利实施，根据国家有关法律法规和《古籍整理专项经费管理暂行办法》的要求，制定本办法。

第二条 古籍经费由中央财政拨款，用于鼓励和支持优秀古籍整理成果的出版。

第三条 古籍经费的资助对象是具有较高版本价值和重要文化传承价值，整理方法有所创新、整理成果有所突破的古籍整理出版项目。

第四条 资助项目的确定，坚持“质量第一、宁缺勿滥”的遴选原则，遵循“公平公正、科学规范”的评审程序。

第五条 获得资助的出版物须在其封面或其他显著位置标注“国家古籍整理出版专项经费资助项目”。

第二章 机构与职责

第六条 全国古籍整理出版规划领导小组（以下简称“古籍小组”）负责审定古籍经费资助项目及资助金额，决定与古籍整理出版相关的其他事项。

第七条 古籍小组下设全国古籍整理出版规划领导小组办公室（以下简称“古籍办”），与国家新闻出版广电总局出版管理司合署办公，负责国家古籍整理出版专项经费预算的编制、执行，经费下拨和资助经费使用的监管；制订国家古籍整理出版规划并组织实施；负责组织资助项目评审、检查以及项目结项验收；制订古籍整理出版人才培养方案并组织实施；完成古籍小组交办的各项工作。

第八条 各省、自治区、直辖市、新疆生产建设兵团新闻出版行政部门，党中央有关部门，国务院各部委、各直属机构、各直属事业单位，全国人大办公厅，全国政协办公厅，最高人民法院，最高人民检察院，各民主党派，各人民团体新闻出版主管部门，解放军总政治部宣传部新闻出版局，各中央直属企业，中国出版集团公司，中国教育出版传媒集团有限公司，中国科技出版传媒集团有限公司（以下简称“上级主管部门”），负责本地区所辖或本部门、本系统出版机构申报资助项目的审核、汇总、上报，资助项目的质量监管、年度检查和结项验收，承担古籍办委托的其他工作。

第九条 项目承担单位负责资助项目的具体实施，并按照古籍办、上级主管部门、项目承担单位所签订的三方协议中的具体要求管理和使用资助经费。资助项目承担单位法定代表人对资助项目的管理及资助经费的使用承担直接责任。

第三章 范围与要求

第十条 古籍经费主要资助的范围和要求如下：

1．古籍是指 1911 年以前在中国抄写或刊行的汉文书刊、文献资料，以及出土的 1911 年以前以汉文文字为载体的文献资料。

2．古籍整理方式主要包括点校、注释、今译、影印、汇编、索引、书目等。研究著述原则上不予资助。

3．整理方式要遵循古籍整理出版规范，整理内容要符合学术规范和出版要求。

4．注重开拓新选题，提倡挖掘新的文献材料、利用新的整理方法、采用新的出版技术。

5．重点资助：

（1）公益性古籍整理出版项目。

（2）具有较高的版本价值、学术价值和文化传承价值，弘扬中华民族优秀传统文化的古籍整理出版项目。

（3）具有较高史料价值、集大成的古籍整理出版项目。

（4）对推动中国文化“走出去”具有重要意义和作用的古籍整理出版项目。

（5）已列入《2011—2020年国家古籍整理出版规划》的项目。

第十一条 少数民族文字的古籍整理出版项目，其出版资助另有安排，不在此项经费资助之列。

第四章 申报与审定

第十二条 古籍办每年10月31日前发布下一年度资助项目申报通知。出版单位按照申报要求申报资助项目。

第十三条 资助项目的申报条件和要求：

1．申报单位必须是经国务院新闻出版行政部门正式批准的合法出版机构。个人申报不予受理。

2．申报单位必须在编辑出版古籍整理出版物方面具有良好出版业绩，具备完成资助项目的相应古籍专业编辑力量（申报项目的责编须持有全国古籍整理出版编辑培训班结业证书），具有按计划完成工作任务的能力和条件。

3．申报单位应在规定时间内报送项目申报材料，包括《国家古籍整理出版资助项目申报表》、申报项目的详细目录、样稿（不少于50%）、出版合同复印件以及项目的著作权情况等。

4．申报单位须按有关要求认真填写申报表，确保格式规范，内容翔实，叙述明了，数据准确，由出版单位法定代表人审核签字并加盖公章。

5．申报项目须签订出版合同并列入下一年度出版计划，且已收到书稿并可保证在要求的时间内如期完成。

6．以前申报过的重大项目，如有新增子项目也须重新申报参与评审。

第十四条 凡出现以下几种情况的项目申报不予受理：

1．在出版环节已获得其他中央财政资金资助。

2．存在版权纠纷或其他争议。

3．此前已申报过但未获资助，再次申报时在整理体例上未作重大改进，在学术质量上未有明显提高。

4．没有版本价值，未经认真整理，只对已出版的古籍进行简单汇编加以影印。

5．申报截止时间之前已安排出版。

6．著作责任者已有项目获得资助但尚未完成。

7．申报材料缺失、不实或有其他不符合申报要求的情况。

第十五条 资助项目经专家评审、社会公示后，由古籍小组审定。具体程序如下：

1．初审。各上级主管部门按照本办法第十条、十一条、十三条和十四条的规定，对出版单位资质和申报材料进行审查，同意并加盖公章后，于规定时间之前将审查合格的《国家古籍整理出版资助项目申请表》、著作权人与出版单位签订的出版合同（或出版单位自有著作权说明书）和出版物样稿（含原稿复印件、校样、样盘等）一式五份与《国家古籍整理出版资助项目汇总表》一并报送古籍办。

2．复审。古籍办汇总报送的申报材料，逐项检查申报材料的真实性、规范性、合理性。申报项目经复审合格后，按专业分类进入评审程序。

3．评审。古籍办组织有关专家对进入评审程序的项目进行评审，确定拟资助项目及拟资助金额。

（1）初评。古籍办根据申报材料的专业分类，采用随机抽取的方式从以古籍小组成员为主体的专家库中抽取若干名专家组成学术评审委员会，并按专业方向分若干学术专家初评小组对本专业申报项目进行评审，确定进入复评程序的项目及资助等级。

（2）复评。由学术专家初评小组负责人向学术评审委员全体会议介绍本小组评审情况及结果，经过全体会议充分交流和评议，采取无记名投票的方式，确定拟资助项目及资助等级，并由学术评审委员会召集人及监票人签字确认。

（3）终评。古籍办以随机抽取的方式从以出版专家为主的专家库中抽取若干名出版、财务专业专家和其他有关方面专家组成出版评审委员会。该委员会依据出版行业成本水平、拟资助项目的等级和规模，按照当年古籍整理专项经费的预算额度，确定拟资助项目及拟资助金额，并由出版专家评审委员会召集人签字确认。

4．公示。拟资助项目和拟资助金额经古籍小组批准后，向社会公示，公示期为10天。

5．公告。公示期满后，经古籍小组批准，对当年资助项目予以公告。

第五章　拨款与支出

第十六条　资助项目公告后30日内，古籍办向各出版单位及其上级主管部门发出获资助项目通知书，并签订《国家古籍整理出版资助项目协议书》，进一步明确古籍办、上级主管部门和项目出版单位的权利和义务。凡逾期不签订协议者，视为放弃项目资助。

第十七条　每个项目的出版资助经费分为二次拨付。首次拨付款为资助总额的70%，于项目获得资助当年拨付，余款待项目完成并结项验收后拨付。在《国家古籍整理出版资助项目协议书》约定的时间范围内完成的项目，结项验收后古籍办下达通知，拨付30%的余款；申请延期并获得批准的项目，古籍办将根据实际情况和预算安排情况，于结项验收后拨付30%的余款。

第十八条 资助经费应当专项用于所资助出版物的整理、编辑、翻译、稿酬、版权、校对、排印装、复制、原辅材料及资料购置等直接成本费用支出。

第六章 实施与管理

第十九条 承担资助项目的出版单位应当严格按照协议组织项目实施，并根据国家财经法规和《古籍整理专项经费管理暂行办法》及本办法制定本单位项目实施、资助经费使用管理办法和廉洁保障制度，确保资助经费的使用效益。

第二十条 资助经费核算必须纳入单位会计核算体系，单独核算、专款专用，并完整保留与资助项目有关的会计资料。资助项目完成后，项目经费结余须退回指定账户。

第二十一条 有下列变更事项之一者，项目承担单位须填写并提交《国家古籍整理出版专项经费资助项目变更事项申请表》（见附件1），经上级主管部门审核后，一式三份报古籍办审批。资助项目变更审批期间，古籍办暂停拨款。

1．变更项目承担单位。

2．变更项目名称。

3．变更项目的出版形式。

4．变更项目的出版规模。

5．项目内容有重大变化。

6．项目延期完成。

7．终止项目。

8．其他需要审批的重大变更事项。

除上述需审批事项外，其他事项变更需报古籍办备案。

第二十二条 获得出版资助的出版单位应于每年11月30日前开展自查工作并据实填写《国家古籍整理出版专项经费资助项目年度检查表》（见附件2），报上级主管部门审查。上级主管部门依据本办法和《国家古籍整理出版资助项目协议书》，对资助项目实施进度和经费使用情况进行审查，并于每年12月30日前将所辖（或本部门、本系统）出版单位承担的资助项目审查意见（进展情况、存在的问题及解决措施等）连同《国家古籍整理出版专项经费资助项目年度检查表》报送古籍办。古籍办根据检查情况对项目经费使用或实施进度方面存在严重问题的出版单位提出书面的整改意见函并督促整改。

第二十三条 资助项目结项实行验收制度。结项验收工作由古籍办及上级主管部门负责组织实施。具体程序如下：

1．资助项目完成后，项目承担单位向上级主管部门报送《国家古籍整理出版专项经费资助项目结项申请表》（见附件3）及资助项目成果各3份，申请结项验收。

2．上级主管部门在收到结项验收申请后，于10个工作日内完成项目验收的初审工作，依据本办法和《国家古籍整理出版资助项目协议书》对资助项目经费使用和实施进度等情况进行检查和评定，并在《国家古籍整理出版专项经费资助项目结项申请表》的相应栏目填写初审及结项验收意见，加盖公章后连同资助项目成果各3份报送古籍办。

3．古籍办收到经上级主管部门审核的验收意见后，于10个工作日内完成项目验收的复核工作，并在《国家古籍整理出版专项经费资助项目结项申请表》的相应栏目填写复核意见，加盖公章后连同验收结果通知书各2份反馈至上级主管部门及承担项目的出版单位。

第二十四条 古籍办对资助项目成果安排专家进行编校质量检查。初查结果不合格的项目由古籍办反馈至出版单位进行复核，核查情况和整改措施须在15个工作日内报送古籍办；对检查结果存在争议的项目由古籍办组织专家进行再次复审，确定编校质量检查的最终结果。

第二十五条 结项验收不合格及出版成果编校质量不合格的项目由古籍办按照本办法第二十七条规定处理。

第七章 罚 则

第二十六条 古籍办每年将有重点地检查项目经费管理使用情况和项目实施进度，并对部分资助项目进行期中或结项审计，项目承担单位须积极配合，如实反映情况。检查及审计结论作为续拨经费、评审新报资助项目的重要依据。

第二十七条 项目承担单位违反本办法及其他相关出版管理规定者，古籍办视情况给予批评、通报、向有关部门提出追究责任人责任的建议。有下列情形之一者，由古籍办追回已拨经费，并取消项目承担单位申请下一年度资助项目资格。涉嫌违法违纪的，移交有关部门处理。

1．违反《中华人民共和国著作权法》、《出版管理条例》及其他有关规定的。

2．资助项目成果存在严重质量问题的。

3．资助项目成果与批准的资助项目内容、规模严重不符的。

4．延期后仍不能完成的。

5．严重违反财务会计制度规定的。

6．有严重弄虚作假行为的。

7．项目申报、评审、验收工作中有行贿行为的。

8．项目结项验收不合格的。

9．其他违法和严重违规事项。

第八章　附　则

第二十八条　本办法适用于国家古籍整理出版专项经费资助项目管理。

第二十九条　本办法由古籍办负责解释，自发布之日起施行。

附件：1．国家古籍整理出版专项经费资助项目变更事项申请表（略）

2．国家古籍整理出版专项经费资助项目年度检查表（略）

3．国家古籍整理出版专项经费资助项目结项申请表（略）

关于深入开展网络游戏防沉迷实名验证工作的通知

国家新闻出版广电总局　2014年7月25日　新广出办发〔2014〕72号

各省、自治区、直辖市新闻出版广电局，新疆生产建设兵团新闻出版广电局，解放军总政治部宣传部新闻出版局，各互联网出版机构、网络游戏运营企业：

为保护未成年人身心健康，新闻出版总署、中央文明办、教育部、公安部、工业和信息化部（原信息产业部）、共青团中央、中华全国妇女联合会、中国关心下一代工作委员会等八部委于2007年4月、2011年7月先后联合下发《关于保护未成年人身心健康实施网络游戏防沉迷系统的通知》、《关于启动网络游戏防沉迷实名验证工作的通知》（以下简称“两个《通知》”）。自两个《通知》发出以来，在有关部门、社会各界、互联网出版机构、网络游戏运营企业的共同努力下，网络游戏防沉迷系统实施工作取得了阶段性成果，网络游戏企业保护未成年人身心健康的社会责任意识显著增强，未成年人的网络游戏消费理念得到普遍优化、不良网络游戏习惯得到明显改变。

为巩固网络游戏防沉迷系统实施工作，健全长效机制，更好地保护未成年人身心健康，适应网络游戏产业发展新情况新变化，国家新闻出版广电总局研究决定，切实采取有效措施，进一步激发出版行政主管部门、互联网出版机构、网络游戏运营企业保护未成年人合法权益的自觉性、主动性、积极性，深入开展网络游戏防沉迷实名验证工作。现将有关事项通知如下：

一、工作要求

全国各级出版行政主管部门、互联网出版机构及网络游戏运营企业，要进一步增强保护未成年人身心健康的社会责任感，深入落实两个《通知》关于网络游戏防沉迷实名验证工作要求，把网络游戏防沉迷系统实施工作作为一项长期任务，常抓不懈。

二、适用范围

网络游戏防沉迷系统实施工作适用于除移动网络游戏之外的所有网络游戏。受硬件及技术等因素限制，网络游戏防沉迷系统实施工作暂不适用于移动网络游戏。

三、监管措施

（一）各级出版行政主管部门要将网络游戏防沉迷实名验证工作水平作为有关出版机构能否从事游戏出版业务的重要指标，深入调研实际情况，加强管理与督导，提升出版者责任意识及其对相关网络游戏运营企业的协调能力，把本行政区域网络游戏防沉迷系统实施工作落实到位。

（二）各级出版行政主管部门受理网络游戏出版申请时，须要求申报单位所申报出版网络游戏的运营企业完备网络游戏防沉迷实名验证手续，并提供全国公民身份证号码查询服务中心出具的证明文件；否则，不予受理。

（三）各级出版行政主管部门扶持深入开展网络游戏防沉迷实名验证工作的互联网出版机构、网络游戏运营企业发展，优先推荐其参与国家、地方组织的出版项目，参加相关评优、评奖等活动。

四、实行通报制度

国家新闻出版广电总局数字出版司将在每季度初向社会发布

互联网出版机构、网络游戏运营企业上一季度防沉迷实名验证数据，接受社会各界监督，听取社会各界意见。

本通知自 2014 年 10 月 1 日起实施。

关于印发《关于推动网络文学健康发展的指导意见》的通知

国家新闻出版广电总局　2014 年 12 月 18 日　新广出发〔2014〕133 号

各省、自治区、直辖市新闻出版广电局，新疆生产建设兵团新闻出版局，解放军总政治部宣传部新闻出版局，中央和国家机关各部委、各民主党派、各人民团体新闻出版广电主管部门，中国出版集团公司，有关互联网出版机构：

为深入贯彻党的十八大和十八届三中、四中全会部署，认真落实习近平总书记在文艺工作座谈会上的重要讲话精神，推动网络文学健康有序发展，现将《关于推动网络文学健康发展的指导意见》印发你们，请认真贯彻落实。各地区、各有关部门要充分认识促进网络文学健康发展的重要意义，加强组织领导，采取有力措施，扎实推进各项工作，不断引导网络文学践行社会主义核心价值观，弘扬真善美，传播正能量。

关于推动网络文学健康发展的指导意见

网络文学是依托互联网创作和传播文学作品的新形态，具有内容丰富、形式多样、题材多元、传播广泛、消费便捷等特点。近年来，网络文学迅速发展，已成为我国数字出版产业的重要组成部分和网络文艺的重要类型，广受众多文学爱好者及青少年喜爱。同时必须看到，目前网络文学也存在数量大质量低，有“高原”

缺“高峰”，抄袭模仿、内容雷同，机械化生产、快餐式消费以及片面追求市场效益，侵权盗版屡打不绝，市场主体良莠不齐，管理规则不健全，市场监管不完善等突出问题。

推动网络文学健康有序发展，对繁荣文学创作，引导文艺创新，提升数字出版产品质量和服务水平，培育出版产业新的增长点，丰富网络内容建设，激发民族文化创造活力，满足人民群众精神文化需求，增强国家文化软实力等都具有重要意义。现就网络文学健康发展提出如下指导意见。

一、指导思想、基本原则和发展目标

（一）指导思想。坚持为人民服务、为社会主义服务根本方向，高扬社会主义核心价值观旗帜，追求真善美，传播正能量；紧跟时代发展，把握人民需求，以中国梦为时代主题，以爱国主义为主旋律，以中国精神为灵魂，以中华优秀传统文化为根基，始终把创作生产优秀作品作为中心环节，推出更多人民喜闻乐见的优秀作品，使人民群众精神文化生活更加丰富和积极向上。

（二）基本原则。坚持百花齐放、百家争鸣方针，提倡体裁、题材、形式、手段充分发展；把社会效益和社会价值放在首位，实现社会效益与经济效益、社会价值与市场价值相统一；坚持深化改革与促进发展并重，规范管理与扶持引导并举，形成精品力作不断涌现、优秀人才脱颖而出的生动局面；加快科技创新和成果运用，以精品战略、品牌战略和重点项目为带动，激发网络文学产业链各个环节的创造热情，构建优势互补、良性竞争、有序发展的产业格局。

（三）发展目标。用 3 至 5 年时间，使创作导向更加健康，创作质量明显提升，陆续推出一批思想精深、艺术精湛、制作精良、深受群众喜爱的原创网络文学精品；使运营和服务的模式更加成熟，与图书影视、戏剧表演、动漫游戏、文化创意等相关产业形成多层次、多领域深度融合发展，在网络内容建设和文艺创新中的作用更加突出；培育一批原创能力强、投送规模大、覆盖范围广、管理有章法的网络文学出版和集成投送骨干企业，打造一批具有市场竞争力的品牌，为弘扬社会主义先进文化、丰富人民群众精神文化生活，推动数字出版和文化产业繁荣发展发挥重要作用。

二、重点任务

（四）把握正确导向。引导网络文学创作者牢固树立马克思主义文艺观，坚持以人民为中心的创作导向，把人民作为创作表现的主体，作为审美的鉴赏者和评判者，把满足人民精神文化需求作为内容创作和传播的出发点、落脚点；引导网络文学创作植根现实生活，为人民抒写、为人民抒情、为人民抒怀；倡导网络文学创作塑造美好心灵、引领社会风尚，使网络文学价值引导、精神引领、审美启迪等方面作用得到充分发挥。

（五）实施精品工程。引导网络文学企业把出版优秀作品作为中心环节，努力推出更多传播当代中国价值观念、体现中华文化精神、反映中国人审美追求，思想性、艺术性、观赏性有机统一的优秀作品；引导网络文学企业以社会主义核心价值观为引领，大力弘扬中国精神，唱响爱国主义主旋律，聚焦中国梦的时代主题，传承中华优秀传统文化，展示中国文化独特魅力；倡导网络文学企业把创新精神贯穿创作生产全过程，不断增强网络文学的吸引力和感染力；推动设立“网络文学精品工程”，支持网络文学企业积极承担国家重点出版工程项目，在选题立项、作品生产、评选、评奖、表彰和宣传推广等方面加大扶持力度。

（六）不断提升作品质量。把内容质量作为网络文学的生命线，积极引导网络文学讲品位、重格调，弃粗鄙、戒恶搞；建立网络文学内容质量管理长效机制，健全作品抽查、阅评制度，完善符合网络文学作品出版特点的审读流程及管理办法；支持网络文学企业根据自身特点，建立有利于精品力作不断涌现的编、审、发出版全过程质量评估体系和控制机制。

（七）健全编辑管理机制。完善网络文学编辑人员管理机制，落实持证上岗制度，建立健全网络文学发表作品的作者实名注册、责任编辑及出版单位署名等管理制度；以明确范围、规范程序、强化监督和责任追溯为重点，加强网络文学编辑人员内容导向判断和艺术水准把关的发稿能力建设，加强网络文学编辑人员的职业道德教育和业务培训，引导企业建立有利于落实编辑责任制的考评办法和激励机制。

（八）建立完善作品管理制度。坚持有利于企业管理、有利于公众查询、有利于版权保护及利用的原则，加快推动网络文学作品登记识别、标识申领、存储分类等作品管理技术标准研发，建立兼容性强、使用便捷的原创网络文学作品编目系统、版权信息系统和社会公示及查询系统，逐步建立完善海量网络文学作品有效管理制度，为网络文学产业链深度开发和多重使用提供有效信息、科学数据及可靠支撑。

（九）推动内容投送平台建设。鼓励企业充分利用互联网、移动互联网，以图文、音频、视频等不同形式，对优秀原创网络文学作品进行全方位、多终端化开发利用及传播，实现一次开发生产、多种载体发布；支持网络文学企业与电子商务、金融、物流、通信等不同类型企业进行战略合作和资源整合，构建线上和线下流通相结合的投送传播体系；发挥集成汇编类文学网站作品数量大、品种多、目标用户定位准等特点，打造开放式、综合性、多功能网络文学作品投送平台，提高投送实效性和用户满意度，扩大优秀网络文学作品的覆盖范围。

（十）大力培育市场主体。鼓励拥有优质资源、创新能力强、市场化程度高的国有出版企业开展网络文学出版业务，尽快做大做强，发挥网络文学生产创作引领作用；在国家许可范围内，引导社会资本以独资、控股、收购、并购等多种形式参与网络文学出版，对导向正确、主业突出、管理规范、实力雄厚、核心竞争力强的民营文化企业授予网络文学出版资质，发挥其产品策划、资本运作、技术运用、生产管理、市场营销等多方面优势，使网络文学发展路径更加宽阔。

（十一）开展对外交流，推动“走出去”。支持网络文学作品在坚守中华文化立场，传承中华优秀文化，展示中华审美风范的基础上，学习借鉴世界优秀文化成果和艺术形式；鼓励网络文学作品积极进入国际市场，在世界舞台讲好中国故事、传播好中国声音、阐发中国精神、展示中国风貌；支持有条件的网络文学企业通过海外并购、联合经营、设立分支机构等方式开拓海外市场，加大对优秀网络文学作品对外贸易、版权输出、合作出版传播渠道的拓展扶持力度；鼓励以技术、标准、产品、品牌、知识产权、差异化服务等自身优势和特点参与国际竞争。

三、保障措施

（十二）开展网络文学评论引导。充分发挥文学评论褒优贬劣、激浊扬清的作用，在艺术质量和水平上实事求是，在大是大非问题上表明立场，说真话、讲道理；遵循网络文学创作传播的规律和特点，积极开展多种形式的网络文学作品内容研讨和评论，坚持把人民群众满意认可作为衡量标准，综合作品价值取向、艺术水准、审美情趣、读者口碑，凝聚社会共识，逐步建立科学的网络文学作品评价体系，切实改变文学网站单纯追求点击率倾向。

（十三）发挥科技创新引领作用。加大推动网络文学与新媒体的融合力度，创新融合发展模式，促进多种内容资源、媒介渠道、技术应用、人才队伍的共享融通、优势互补；支持网络文学企业加快信息应用技术、数字版权保护技术、产品技术标准等高新技术的研发研制及应用推广；鼓励网络文学在选题管理、制作生产、内容表现、编校审读、作品传播、增值服务等诸多环节的技术更新，发挥科技创新在推动网络文学健康发展过程中的引领、示范和带动作用。

（十四）切实加强版权保护。健全法律法规，加强日常监管，持续打击网络文学作品侵权盗版行为，保障著作权人合法权益，构建网络文学版权保护的长效机制；鼓励企业建立规范的版权资产登记、使用、流转等环节管理制度，提高存量版权资产评估和增量版权资产使用水平；加快网络文学作品版权保护技术及标准研发和运用，逐步形成司法、行政、技术和标准相结合的版权保护体系；加大版权保护宣传力度，引导产业链各环节及社会公众树立和强化版权保护意识。

（十五）依法规范市场秩序。坚持依法行政、依法管理，加快推进网络出版监管属地管理体制机制建设，加强管理部门网络出版执法队伍和监管能力建设，发挥“扫黄打非”综合协调作用，综合运用法律、行政、经济等多种方式，加大对利用网络文学传播淫秽、色情等有害内容的打击力度；大力整治扰乱市场秩序、侵害用户利益等行为，引导网络文学产业链各环节建立透明、诚信的收益分成机制；督促网络文学企业加强对签约、注册作者和自由撰稿人的规范化管理；搭建数字化社会舆论监督的便捷通道，简化读者举报受理流程，探索引入公众参与监督的便捷途径。

（十六）加大政策扶持力度。积极争取各级财政对网络文学发展的扶持，加大对优质原创内容支持；完善相关出版基金和专项资金的支持方式，重点扶持符合国家文化创新和精品生产、具有示范性和导向性的网络文学出版产业项目研发，以财政资金引导带动更多社会资本的参与；积极推动网络文学出版等环节增值税优惠政策的落实。

（十七）加快人才培养。加强网络文学从业者思想道德建设，深化马克思主义文艺观教育，引导网络文学创作、编辑、出版、传播等环节自觉践行社会主义核心价值观，培养造就一批思想、业务、道德水平高的名作家、名编辑；完善网络文学出版人才培养体系，着力培养管理人才、营销人才、策划人才，切实解决高层次、专业化、复合型人才短缺问题；依托社会组织、行业协会、大专院校开展多种形式的专业人才技术培训，完善人才评价标准，形成人才培养、引进、使用、考核、晋升、退出等全过程良性互动机制，为网络文学繁荣持续发展提供源源不断的人才保障。

（十八）加强行业自律。支持网络文学企业组建行业组织，研究新问题，交流新经验，加强产业链各环节间的充分沟通、互利合作，更好地履行协调、监督、服务、维权等职能，健全行业规范，完善行业自律管理；支持行业协会依照相关法规和章程，开展版权代理、评估鉴定、技术交易、推介咨询等服务，促进共同发展。

各地新闻出版广电行政部门要在党委领导下，紧紧依靠网络文学工作者，尊重和遵循文艺规律，切实加强对网络文学工作的指导和扶持，加强对网络文学从业者的引导和团结，坚持守土有责、守土尽责；要从激发民族文化创造活力，增强国家文化软实力的高度，充分认识推动网络文学健康发展的重要意义，抓紧研究制定本地区做好新形势下网络文学工作的意见，进一步明确政策措施、具体路径和有效办法；要结合本地区实际情况，确保各项任务措施落到实处，切实解决发展中存在的突出问题，营造有利于网络文学持续、健康发展的良好环境和条件。

关于音像电子出版物专用书号实名申领信息系统正式运行的通知

国家新闻出版广电总局　2014年12月24日　新广出函〔2014〕422号

各省、自治区、直辖市新闻出版广电局，解放军总政治部宣传部新闻出版局，中央和国家机关各部委、各民主党派、各人民团体出版单位主管部门，中国出版集团公司，中国教育出版传媒集团有限公司，中国科技出版传媒集团有限公司，全国各音像电子出版单位：

为了进一步提高音像电子出版单位书号信息报送效率，加强音像电子出版物专用书号的规范管理，国家新闻出版广电总局委托中国版本图书馆（条码中心）开发建设了音像电子出版物专用书号实名申领信息系统。现经测试，该系统具备正式运行条件，将于2015年1月1日在全国范围内正式上线运行。为了进一步规范申报工作，总局组织修订了《音像电子出版物专用书号管理办法》，现将本办法与通知一并下发，请各有关单位遵照执行。

特此通知。

音像电子出版物专用书号管理办法

第一条　为了进一步规范《中国标准录音制品编码》（GB/T 13396—2009）国家标准实施后对音像制品和电子出版物的管理，进一步完善音像电子出版物专用书号的管理方式，特制定本办法。

第二条 全国所有正式出版的音像制品或电子出版物，均应使用中国标准书号（以下简称 ISBN）作为出版物标识。音像制品使用音像制品专用书号，电子出版物使用电子出版物专用书号，其使用范围和分配原则，参照《中国标准书号》国家标准（GB/T 5795—2006）和《中国标准书号使用手册》规定执行。与 ISBN 对应的条码按照《中国标准书号条码》国际标准（GB/T 12906—2008）规定执行。

第三条 ISBN 申领和核发权限及责任。

国家新闻出版广电总局全面负责全国音像电子出版单位书号申领和核发的管理工作。中国版本图书馆（条码中心）具体负责音像电子出版物专用书号实名申领信息系统的安全运行。

各省、自治区、直辖市出版行政主管部门按照属地管理原则负责本行政区域内出版单位的书号实名申领、发放工作，其中军队系统内出版单位由解放军总政治部新闻出版局负责，中央在京音像电子出版单位由北京市新闻出版广电局负责。各省级出版行政主管部门要切实履行选题审核把关的各项职能，设立专人专岗加强对音像制品和电子出版物专用书号的管理。选题、书号的审核环节应在 5 个工作日以内完成，ISBN 及条码配发在 2 个工作日以内完成。

出版单位应安排专人专岗使用“音像电子出版物书号实名申领信息系统”申领书号，专人培训合格后要为其办理管理员备案手续；要对所申报选题内容、出版物质量及其出版活动严格把关并承担相应责任；要完整、真实、准确和及时报送出版物信息。

第四条 ISBN 申领和核发的程序。

出版单位已完成“三审”的选题可通过音像电子出版物专用书号实名申领信息系统进行书号申领。各省、自治区、直辖市出版行政主管部门和解放军总政治部新闻出版局对所辖出版单位的申请予以办理。

第五条 无音像或电子出版物出版资质的出版单位配合本版出版物出版音像制品或电子出版物的，要通过所在地（系统）的省级出版行政主管部门或解放军总政治部宣传部新闻出版局批准后向中国版本图书馆（条码中心）办理领取 ISBN 手续。

第六条 出版含有录音节目和音乐录像节目的音像制品或电子出版物，在依法申领 ISBN 前，应当按照《〈中国标准录音制品编码〉（GB/T 13396—2009）国家标准实施办法》有关要求，向中国 ISRC 中心申请分配新版 ISRC 编码；配合本版出版物出版音像制品或电子出版物涉及录音制品和音乐录像制品，在依法申领 ISBN 前应当持省级出版行政主管部门批准文件向中国 ISRC 中心申领 ISRC 编码。

第七条 相同内容但不同产品形式的出版物，应为每一种产品形式单独分配 ISBN，产品形式中的尺寸（容量）、装帧、载体、数据格式应在 ISBN 末尾注明。举例：对相同视频内容的一张高密度光盘和一张蓝光光盘，要分别标识为 ISBN 978-7-88888-720-4 DVD、ISBN 978-7-88888-721-1BD；对相同内容不同格式的电子书，要分别标识为 ISBN 978-7-900001-72-4 pdf、ISBN 978-7-900001-73-3 txt。

第八条 ISBN 应标识在音像制品和电子出版物的载体、包装的显著位置，其中，电子图书应当在首页和版权记录同时显示。

第九条 音像制品和电子出版物出版单位的出版者前缀的申领或换发应按照中国 ISBN 中心《关于调整更换 ISBN 出版者前缀办理程序的通知》（ISBN 中心〔2007〕第 066 号）要求办理。

第十条 对未按规定使用 ISBN 或其他违反本规定的情形，

按照《音像制品出版管理规定》和《电子出版物出版管理规定》相关规定予以处罚；省级以上出版行政主管部门可采取下达警示通知书、通报批评等行政措施责成音像电子出版物出版单位进行整改。

第十一条 本办法由国家新闻出版广电总局负责解释。

第十二条 本办法自 2015 年 1 月 1 日起实施，新闻出版总署 2011 年 12 月 28 日下发的《音像电子出版物专用书号管理办法》同时废止。

关于进一步做好地方史编写出版工作的通知

中共中央宣传部　国家新闻出版广电总局

2015年5月18日　新广出办发〔2015〕45号

各省、自治区、直辖市和新疆生产建设兵团党委宣传部、新闻出版广电局，中央和国家机关各部委、各民主党派、各人民团体出版单位主管部门，解放军总政治部宣传部新闻出版局，中央各重点出版集团：

地方史编写出版是社会主义文化建设的重要组成部分，在书写历史、反映现实、资政育人、推动经济社会发展方面具有重要作用。各地党委宣传部和出版行政管理部门要高度重视地方史编写出版工作，加强组织领导，严格把关程序，确保出版质量。

一、加强对地方史编写出版工作的统筹规划。梳理现有出版情况，结合制定“十三五”规划，对需要组织编写出版和修订完善的通史、专题史等重大项目，提出指导性意见，并科学配置编写出版力量。

二、加强内容把关。对地方史中涉及党和国家领导人工作生活情况，涉及党史、军事重大事件和人物，涉及外交、民族、宗教、边疆等内容，督促出版单位认真执行重大选题管理规定，向国家新闻出版广电总局履行备案程序。涉及地方重大事件与人物的，要征求当地相关部门意见，确保作品思想观点正确，内容史料准确。

三、完善管理办法。地方史编写与地方志工作密切相关，要加强与本地区地方志工作机构的沟通协调，具备条件的，可将地方史编写纳入地方志工作范畴，统一规范管理。

关于印发《“原动力”中国原创动漫出版扶持计划专项资金管理办法》的通知

国家新闻出版广电总局　2016年3月2日　新广出办发〔2016〕13号

各省、自治区、直辖市新闻出版广电局，总局直属各单位，各有关出版单位：

为进一步规范“原动力”中国原创动漫出版扶持计划专项资金的管理，提高专项资金的使用效能，总局制定了《“原动力”中国原创动漫出版扶持计划专项资金管理办法》，现予印发。

“原动力”中国原创动漫出版扶持计划专项资金管理办法

第一章　总　则

第一条　为加强对“原动力”中国原创动漫出版扶持计划（以下简称“原动力”）专项资金的管理，提高资金使用效益，根据国家有关规定，制定本办法。

第二条　“原动力”专项资金，来源于中央财政拨款，用于扶持中国原创动漫作品的创作与出版。

第三条　“原动力”专项资金的管理和使用坚持专家评审、项目资助、单独核算、专款专用的原则。

第四条　“原动力”专项资金的使用和管理应当接受财政部、

审计部门和新闻出版广电总局（以下简称“总局”）财务部门的监督和检查。

第二章　资金使用范围

第五条　“原动力”专项资金的使用范围包括：

1. 项目扶持。扶持入选“原动力”扶持项目（含重点扶持项目、扶持项目和孵化项目）的动漫图书、多媒体动漫、期刊连载动漫等作品的出版制作，具体用于动漫作品的编辑、制作、印制、宣传推广等费用。

2. 业务培训。对从事动漫创作生产和编辑制作等方面专业人员的业务培训，具体用于讲课、培训资料、食宿、培训场地及设备租用、交通等费用。

3. 宣传展示。总局直接组织或委托有关单位承办及参加境内外动漫展览活动，具体用于租赁展览场地，租赁、购买展览设施，展览方案设计，展位搭建、装修，展品运输，宣传品印制、翻译等费用。

4. 译制出版。扶持入选“原动力”译制项目的动漫图书、多媒体动漫等动漫作品的少数民族语言文字及外国语言文字的译制出版，具体用于动漫作品的版权购买，作品翻译、编辑、制作、宣传推广等费用。

5. 专项研究。对国内及国外动漫出版产业发展及相关政策的专项研究，具体用于调查问卷费用，咨询费用，资料订阅、采购费用，翻译、撰稿费用，材料印制费用，以及信息收集、整理、加工等人工费用等。

6. 项目评审及审读。对申报的“原动力”动漫图书、期刊连载动漫、多媒体动漫、动漫译制等动漫项目组织专家评审，对经过专家评审的拟扶持项目组织出版、民族、宗教等方面专家审读，具体用于评审、审读会议费，专家评审劳务费，专家审读劳务费等费用。

7. 日常工作。包括开展“原动力”项目申报、项目检查、会议组织等日常工作，具体用于申报材料收集、整理费用，资料印制费用，组织项目检查的差旅费，设备购置费及临时借用人员劳务费等费用。

第三章　支付方式与标准

第六条　“原动力”对动漫图书、多媒体动漫、期刊连载动漫和动漫译制等扶持项目通过提供部分经费资助的差额补贴方式，扶持申报单位进行原创动漫作品的出版。

根据专家评审意见，对于动漫企业和动漫出版单位申报项目确定重点扶持项目和扶持项目资助出版费用，对于高校师生申报项目确定孵化项目资助出版费用。对于重点扶持项目，每个项目补贴10—40万元；对于扶持项目，每个项目补贴5—20万元；对于孵化项目，每个项目补贴1—5万元。

第七条　“原动力”对开展宣传推广、专项研究、专家评审及审读、培训等活动费用，在政府采购限额之下的，由承办单位测算后报总局审核，总局按审核确认数拨付；对达到政府采购限额的，要严格按政府采购相关规定执行，并以采购合同确定金额拨付。

第八条　“原动力”日常工作经费，由总局按照实际发生费用全额支付。

第四章　项目申报、确定与资金拨付

第九条　项目申报。总局每年年初下发“原动力”项目申报通知，明确项目申报时间、申报主体、申报范围、申报条件、申报材料、申报程序等，申报单位按照通知要求在规定时间内向注册地省级新闻出版行政主管部门报送项目申报书、申报作品样本、原创作品承诺书、相关知识产权证明材料、申报主体相关证明文件、无违规记录声明等有关资料。

省级新闻出版行政主管部门出具推荐意见后报送总局；中央出版单位经主管单位同意后将申报材料直接报送总局。

第十条　材料审查。总局收到申报材料后对其进行合规性审查，对于材料不全的，要求申报单位在规定时间内补充完整；对于不符合申报条件、提交虚假申报材料及在规定时间内未按要求补齐申报材料的，不予纳入评审。

第十一条　专家评审。总局组织专家评审委员会对申报项目进行评审，评审委员会由行政主管部门、动漫教育研究机构、动漫出版单位、动漫企业、动漫画家等方面专家组成，评审专家按照评审规则和评审标准，从立意、内容、表现手法、市场前景等方面进行独立评审。

评审分为初评和终评两个阶段，初评按照得分排名确定入围终评项目，终评按照得分排名确定拟扶持项目。

第十二条　专家审读。总局组织出版、民族、宗教等方面专家对拟扶持项目从选题、文字表达、编校质量等方面进行审读，提出审读意见。对于选题、文字表达和编校质量等存在严重问题的，不予通过。

第十三条　社会公示。总局对通过专家审读的拟扶持项目，通过官方网站和行业媒体向社会公示7天，接受社会监督。

总局对公示期内社会公众反映的问题进行认真核实，对于确实存在著作权纠纷、抄袭及申报材料不实等问题的项目，不予扶持。

第十四条 项目确定。总局"原动力"工作实施部门根据专家评审、专家审读及社会公示情况提出扶持项目名单，报总局领导批准，确定扶持项目。

第十五条 资金拨付。获扶持项目单位开具发票并签署承诺书后，总局颁发项目入选证书，一次性拨付项目扶持资金。

第五章 监督与检查

第十六条 获扶持项目单位应对项目扶持资金单独核算，按照规定用途专款专用。

第十七条 获扶持出版的出版物须于封面指定位置标注"'原动力'中国原创动漫出版扶持计划扶持项目"字样及"原动力"图案标识，并由获扶持项目单位向总局提交出版物样本两套。

第十八条 项目完成后，获扶持项目单位须于项目完成后一个月内向总局提交项目总结报告，同时提供扶持资金使用情况报告。

第十九条 财政部、总局可直接或委托有关机构对项目实施情况、扶持资金使用和管理情况、承诺履行情况等进行监督检查。

第六章 附 则

第二十条 本办法由总局规划发展司、财务司负责解释。

第二十一条 本办法自发布之日起施行。

关于移动游戏出版服务管理的通知

国家新闻出版广电总局　2016年5月24日　新广出办发〔2016〕44号

各省、自治区、直辖市新闻出版广电局，新疆生产建设兵团新闻出版广电局，中央军委政治工作部宣传局，各游戏出版服务单位：

为进一步规范移动游戏出版服务管理秩序，提高移动游戏受理和审批工作效率，根据《出版管理条例》、《网络出版服务管理规定》及相关管理规定，现将有关事项通知如下：

一、本通知所称移动游戏，是指以手机等移动智能终端为运行载体，通过信息网络供公众下载或者在线交互使用的游戏作品。

本通知所称移动游戏出版服务，是指将移动游戏通过信息网络向公众提供下载或者在线交互使用等上网出版运营服务行为。

本通知所称游戏出版服务单位是指取得国家新闻出版广电总局网络出版服务许可，具有游戏出版业务范围的网络出版服务单位。

二、游戏出版服务单位负责移动游戏内容审核、出版申报及游戏出版物号申领工作。

三、申请出版不涉及政治、军事、民族、宗教等题材内容，且无故事情节或者情节简单的消除类、跑酷类、飞行类、棋牌类、解谜类、体育类、音乐舞蹈类等休闲益智国产移动游戏，按照以下要求办理：

（一）游戏出版服务单位按照《出版管理条例》、《网络出版服务管理规定》等要求，参照中国音像与数字出版协会制定的

《移动游戏内容规范》，审核申请出版的移动游戏内容，填写《出版国产移动游戏作品申请表》（见附件），并在预定上网出版（公测，下同）运营至少20个工作日前，将此表及相关证照的复印件（一式两份）报送属地省级出版行政主管部门。

（二）省级出版行政主管部门收到申请材料后5个工作日内应完成下列工作：1．审核申请材料的完备性和准确性。2．符合要求的，一份申请材料和省级出版行政主管部门审核意见报国家新闻出版广电总局，另一份由省级出版行政主管部门存档。3．不符合要求的，申请材料退回申请者并书面说明理由。

（三）国家新闻出版广电总局收到省级出版行政主管部门报送材料10个工作日内，作出是否批准的决定，并将决定通知省级出版行政主管部门。省级出版行政主管部门接到国家新闻出版广电总局批复意见后的3个工作日内，通知游戏出版服务单位。

（四）游戏出版服务单位取得批复文件后，应按批复文件要求，组织游戏上网出版运营，并在游戏上网出版运营后7个工作日内，向属地省级出版行政主管部门书面报告上网出版运营时间、可下载的地址、运营机构数量及主要运营机构名称和是否开放充值等出版运营情况；超过预定上网出版运营时间20个工作日仍不能上网出版的，应及时向属地省级出版行政主管部门书面说明理由。

四、申请出版非本通知第三条范围内的国产移动游戏，按照《关于进一步规范出版境外著作权人授权互联网游戏作品和电子游戏出版物申报材料的通知》（新广出办函〔2014〕111号）（以下简称《规范通知》）和《关于启动网络游戏防沉迷实名验证工作的通知》（新出联〔2011〕10号）的要求办理，其中，《规范通知》附件1所列申报材料中第（二）至（六）项变更为提交《出版国产移动游戏作品申请表》。

五、申请出版境外著作权人授权的移动游戏，按照《规范通知》和《关于启动网络游戏防沉迷实名验证工作的通知》的要求办理。

六、已经批准出版的移动游戏的升级作品及新资料片（指故事情节、任务内容、地图形态、人物性格、角色特征、互动功能等发生明显改变，且以附加名称，即在游戏名称不变的情况下增加副标题，或者在游戏名称前增加修饰词，如《新××》，或者在游戏名称后用数字表明版本的变化，如《××2》等进行推广宣传）视为新作品，按照本通知规定，依其所属类别重新履行相应审批手续。

七、已经批准出版的移动游戏变更游戏出版服务单位、游戏名称或主要运营机构，应提交有关变更材料，经省级出版行政主管部门审核后报国家新闻出版广电总局办理变更手续。

八、移动游戏上网出版运营时，游戏出版服务单位应负责游戏内容完整性，须在游戏开始前、《健康游戏忠告》后，设置专门页面，标明游戏著作权人、出版服务单位、批准文号、出版物号等经国家新闻出版广电总局批准的信息，并严格按照已批准的内容出版运营。游戏出版服务单位负责审核并记录游戏日常更新，对擅自添加不良内容的行为，应及时予以制止；对不配合的，应及时报属地省级出版行政主管部门予以处置。情节严重的，属地省级出版行政主管部门可按相应程序办理游戏出版批准撤销手续，并追究相应责任。

九、移动游戏联合运营单位在联合运营移动游戏时，须核验该移动游戏的审批手续是否完备，相关信息是否标明，不得联合运营未经批准或者相关信息未标明的移动游戏。

十、各类手机、平板电脑等移动智能终端生产和经营单位预装移动游戏时，须核验该移动游戏的审批手续是否完备，相关信息是否标明，不得预装未经批准或者相关信息未标明以及侵权盗版的移动游戏。

十一、各省级出版行政主管部门应配备满足工作需要的人员与技术设备，在30个工作日内完成属地已获批准移动游戏出版情况的监督审查，并将审查结果报国家新闻出版广电总局。

十二、已获批准且涉及异地运营的移动游戏，由受理申请出版该游戏的省级出版行政主管部门按本通知第十一条负责相关监管工作，异地运营机构所在地省级出版行政主管部门应配合进行日常监管。

十三、本通知自2016年7月1日起施行。自施行之日起，未经国家新闻出版广电总局批准的移动游戏，不得上网出版运营。

十四、本通知施行前已上网出版运营的移动游戏（含各类预装移动游戏），各游戏出版服务单位及相关游戏企业应做好相应清理工作，确需继续上网出版运营的，按本通知要求于2016年10月1日前到属地省级出版行政主管部门补办相关审批手续。届时，未补办相关审批手续的，不得继续上网出版运营。

十五、未按照本通知要求履行相关审批手续即上网出版运营的移动游戏，一经发现，相关出版行政执法部门将按非法出版物查处。

十六、请各省级出版行政主管部门根据本通知要求认真组织实施，并及时向国家新闻出版广电总局报告工作进展情况。

附件：出版国产移动游戏作品申请表（略）

关于印发《中学小学教科书出版资质审批管理办法》的通知

国家新闻出版广电总局　2016年6月28日　新广出办发〔2016〕58号

各省、自治区、直辖市新闻出版广电局，新疆生产建设兵团新闻出版广电局，中央军委政治工作部宣传局，中央和国家机关各部委、各民主党派及人民团体有关部门：

根据《出版管理条例》第三十条规定，中学小学教科书的出版应取得国务院出版行政主管部门批准的教科书出版资质。该事项已列入国务院公开的国家新闻出版广电总局保留的行政审批事项（项目编码27005）。

现将依法制定的《中学小学教科书出版资质审批管理办法》印发给你们，请遵照执行。

中学小学教科书出版资质审批管理办法

第一条　根据《出版管理条例》、《音像制品管理条例》、《图书出版管理规定》、《电子出版物出版管理规定》等有关法规规章，为规范中学小学教科书出版资质的审批，制定本办法。

第二条　本办法所称中学小学教科书，是指义务教育阶段和普通高中教育阶段，国家规定统一开设课程和各省、自治区、直辖市根据本地需要开设课程的课本（包括纸、磁、光、电、网络等各种介质的课本），以及与文字课本相配套的教学图册、教学磁带等。

中学小学教科书包括一般中学小学教科书、少数民族文字中学小学教科书和特殊教育中学小学教科书。

中学小学教科书不含教学参考书、作业练习、学习辅导和考试辅导等教辅材料。

第三条 出版单位取得国家新闻出版广电总局批准的中学小学教科书出版资质后，方能在规定的出版范围内，从事中学小学教科书出版活动。

第四条 出版单位从事中学小学教科书出版业务，由其主办单位向所在地省、自治区、直辖市人民政府出版行政主管部门提出申请；省、自治区、直辖市人民政府出版行政主管部门审核同意后，报国家新闻出版广电总局审批。

第五条 出版单位从事中学小学教科书出版业务，应当具备下列条件：

（一）具有教育出版背景或相关专业出版背景，具有与所申请的教科书学科专业相对应的出版范围以及5年以上的出版经验；

（二）设有专门的中学小学教科书编辑部门；

（三）所申请的每个教科书学科，有不少于3名具有相关学科专业背景并具有中级以上出版专业职业资格的在编专职编辑人员；

（四）具有确保中学小学教科书出版质量的编辑、审核、校对、印制制度；

（五）具有教材培训、回访服务、内容修订等与中学小学教科书使用相配套的可持续专业化服务能力；

（六）具有与中学小学教科书出版相适应的资金和经营规模；

（七）3年内没有严重违反出版法规规章的不良记录。

出版单位从事少数民族文字中学小学教科书、特殊教育中学小学教科书出版业务，在编辑人员、资金和经营规模等方面的条件可适当放宽。

第六条 申请中学小学教科书出版资质，应当提交下列材料：

（一）省、自治区、直辖市人民政府出版行政主管部门报国家新闻出版广电总局的请示文件；

（二）出版单位的主管单位、主办单位的同意文件；

（三）《中学小学教科书出版资质申请表》；

（四）出版单位的出版许可证、法人证书（企业营业执照或事业单位法人证书）复印件；

（五）中学小学教科书专职编辑人员的身份证、编辑专业职业资格证书复印件，专业技术职务证书或学位证书复印件；

（六）出版单位中学小学教科书编辑、审核、校对、印制制度；

（七）近 5 年内出版单位出版的与所申请出版资质相关的代表性出版物。

第七条 国家新闻出版广电总局自受理中学小学教科书出版资质申请之日起 60 日内，作出批准或不批准的决定，不批准的，应当说明理由。

第八条 申请单位应自收到批准决定的文件之日起 60 日内，持批准文件到所在地省、自治区、直辖市人民政府出版行政主管部门办理变更业务范围登记手续，换领出版许可证。逾期未办理的，批准文件自行失效。

第九条 未经国家新闻出版广电总局批准取得中学小学教科书出版资质，擅自从事中学小学教科书出版业务的，由出版行政主管部门按照《出版管理条例》第六十五条规定，没收出版物、违法所得，违法经营额 1 万元以上的，并处违法经营额 5 倍以上

10 倍以下的罚款；违法经营额不足 1 万元的，可以处 5 万元以下的罚款；情节严重的，责令限期停业整顿或者由原发证机关吊销出版许可证。

第十条 本办法自发布之日起施行。

关于实施“中国原创游戏精品出版工程”的通知

国家新闻出版广电总局　2016年11月4日　新广出办发〔2016〕98号

各省、自治区、直辖市新闻出版广电局，新疆生产建设兵团新闻出版广电局，中央军委政治工作部宣传局，各游戏出版服务单位、游戏企业：

为进一步引导游戏企业培育精益求精的工匠精神，增强创新能力，提高游戏品质，创建优质品牌，扩大原创游戏精品市场供给，提升民族游戏产业竞争力，促进民族游戏产业持续健康繁荣发展，满足广大人民群众特别是青少年不断提升的精神文化需求，国家新闻出版广电总局决定组织实施“中国原创游戏精品出版工程”（以下简称“游戏精品工程”）。现将有关工作事项通知如下：

一、目标任务

贯彻落实《中华人民共和国国民经济和社会发展第十三个五年规划纲要》，坚持把社会效益放在首位、实现社会效益和经济效益相统一，进一步加强内容建设，引导游戏企业打造更多传播中国价值观念、体现中华文化精神、反映中国人审美追求的游戏精品，为广大人民群众特别是青少年提供昂扬向上、丰富多彩、寓教于乐的精神食粮。2016—2020年，建立健全扶持游戏精品出版工作机制，累计推出150款左右游戏精品，扩大精品游戏消费，落实鼓励和扶持措施，支持优秀游戏企业做大做强。

二、实施原则

（一）社会效益与经济效益相统一。把满足人民群众日益增长的精神文化娱乐需求作为出发点和落脚点，强化游戏企业社会责任意识，推出更多“既叫好又叫座”的精品，实现两个效益的良性互动、相辅相成、共同增长。

（二）思想性与艺术性相统一。既着眼于游戏作品的思想品质和文化内涵，又兼顾创意水准和技术含量，支持鼓励思想精深、创意精彩、技术精湛、制作精良的游戏精品研发制作、出版运营。

（三）重点扶持与整体发展相统一。集中管理资源、扶持措施，重点支持中国游戏数码港项目、有潜力区域、优秀创业创新企业立足当前、着眼长远，提升品牌建设和可持续发展的内在动力，坚持走游戏精品路线，构筑游戏内容建设高地。

（四）总体协调与分工协作相统一。国家新闻出版广电总局依照游戏产业相关政策，提出“游戏精品工程”实施要求，组织集中评选工作，省级出版行政主管部门择优推荐，共同扶持发展、推进实施。

三、扶持措施

（一）对作品入选“游戏精品工程”的研发、出版、运营企业和研发团队（个人）以及作出突出贡献的组织实施部门，总局予以通报表彰，并颁发证书。

（二）对作品入选“游戏精品工程”的研发企业，总局和各地出版行政主管部门在其所研发游戏作品申报出版审批以及从事游戏运营业务申办网络出版服务许可时，提供优先安排，给予专门指导；时限为相关作品入选“游戏精品工程”公布之日起2年内。

（三）各级出版行政主管部门要通过多种渠道，大力宣传“游戏精品工程”及其入选作品、相关企业，扩大游戏精品影响力和工程示范作用。

（四）各级出版行政主管部门要积极主动采取措施推进“游戏精品工程”，在优惠政策、项目扶持、表彰奖励、教育培训等方面优先考虑“游戏精品工程”入选作品、相关企业，促进相关企业可持续发展。

四、工作规则

（一）申报主体

中国大陆游戏研发、出版、运营企业以及研发团队（个人）。

（二）申报作品

已合法出版的国产原创游戏作品，且出版时间符合具体申报要求。

（三）申报材料（分别提供纸质版及其电子扫描版）

1. 按要求填写的《“中国原创游戏精品出版工程”申报表》、《“中国原创游戏精品出版工程”申报汇总表》（见附件）；

2. 游戏著作权证明（复印件）；

3. 申报主体证明（复印件），企业法人提供营业执照复印件，研发团队（个人）提供主创人员身份证复印件；

4. 网络游戏作品提供在线或者下载网址、账号及密码（3 套），电子游戏出版物提供游戏光盘（3 套）。

（四）申报评选

1. 申报主体按通知要求将申报材料报送至属地省级出版行政主管部门；

2. 省级出版行政主管部门审核后，撰写属地申报作品报告，确定推荐次序，填写《“中国原创游戏精品出版工程”申报汇总表》，并连同申报材料报送至总局；

3. 总局组织成立具有广泛代表性的“游戏精品工程”评委会，

开展集中评选工作；

4．总局公布入选“游戏精品工程”作品以及相关研发、出版、运营企业和研发团队（个人）名单，各级出版行政主管部门落实相关扶持措施。

五、2016年“游戏精品工程”申报评选工作

2016年“游戏精品工程”申报工作自本通知下发之日起至2016年12月15日止，所申报游戏作品出版时间为2015年10月1日至2016年9月30日，省级出版行政主管部门于2016年12月31日前完成审核汇总推荐工作，并将相关材料报送至总局数字出版司（请在信封上注明“游戏精品工程”）。总局于2017年1月完成集中评选工作，择期公布入选“游戏精品工程”作品以及相关研发、出版、运营企业和研发团队（个人）名单。

附件：1．“中国原创游戏精品出版工程”申报表（略）

2．“中国原创游戏精品出版工程”申报汇总表（略）

联系单位：国家新闻出版广电总局数字出版司

联 系 人：刘杰华

电　　话：010—83138717　13911299809

关于印发《网络文学出版服务单位社会效益评估试行办法》的通知

国家新闻出版广电总局　2017年6月14日　新广出发〔2017〕34号

各省、自治区、直辖市新闻出版广电局，有关网络文学出版服务单位：

网络文学是我国数字出版产业的重要组成部分和网络文艺的重要类型，近年来发展迅速，在满足人民群众精神文化需求、激发文化创造创新活力等方面发挥了积极作用。与此同时，网络文学也存在着数量大质量低，有“高原”缺“高峰”和片面追求经济效益的突出问题和不良倾向。为深入贯彻习近平总书记系列重要讲话精神和《中共中央关于繁荣发展社会主义文艺的意见》，引导网络文学出版服务单位坚持以人民为中心的创作出版导向，始终把社会效益放在首位，实现社会效益和经济效益相统一，总局依据《关于推动国有文化企业把社会效益放在首位、实现社会效益和经济效益相统一的指导意见》，制定了《网络文学出版服务单位社会效益评估试行办法》。现印发你们，请认真贯彻执行。

网络文学出版服务单位社会效益评估试行办法

第一章　总　则

第一条　网络文学是我国数字出版产业的重要组成部分和网

络文艺的重要类型，在满足人民群众精神文化需求、激发文化创造创新活力等方面发挥了积极作用。与此同时，网络文学也存在着数量大质量低，有“高原”缺“高峰”、抄袭模仿、内容雷同，机械化生产、快餐式消费以及片面追求经济效益等突出问题。为推动网络文学健康有序发展，根据《关于推动国有文化企业把社会效益放在首位、实现社会效益和经济效益相统一的指导意见》（中办发〔2015〕50号）精神，结合网络文学发展实际，制定本办法。

第二条 网络文学出版服务单位社会效益是指本单位的网络文学出版活动对社会产生的良好影响或有益效果。实施网络文学出版服务单位社会效益评估，目的是提高作品内容质量，规范市场秩序，优化发展环境，引导网络文学出版服务单位把出版优秀作品作为中心环节，不断推出思想性、艺术性和可读性有机统一的优秀作品，更好地满足人民精神文化需求。

第三条 实施网络文学出版服务单位社会效益评估，要坚持社会主义先进文化前进方向，坚持以人民为中心的创作出版导向，以习近平总书记系列重要讲话精神为指引，深入贯彻党的十八大和十八届三中、四中、五中、六中全会精神，全面落实《中共中央关于繁荣发展社会主义文艺的意见》有关部署，积极培育和弘扬社会主义核心价值观。在充分尊重网络文学创作出版特点，鼓励各种形式创新的同时，遵循精神文明建设要求，遵循出版传播规律，推动网络文学出版服务单位切实把社会效益和社会价值放在首位，实现社会效益和经济效益相统一，使更多网络文学出版服务单位出版的作品经得起人民认可、专家评价和市场检验。

第四条 网络文学出版服务单位社会效益评估坚持客观、公正、公平原则，采取定性评价与定量考核、单位自评与管理部门考核相结合的工作方法，通过量化指标体系对其社会效益进行考核评价。

第五条 本办法所称网络文学出版服务单位，是指通过信息网络向公众提供网络文学作品的单位，主要包括开办原创网络文学网站、网络文学阅读平台的单位。

第六条 各省级出版行政主管部门按照本办法，负责辖区内网络文学出版服务单位社会效益评估工作。

第二章 评估内容

第七条 网络文学出版服务单位社会效益评估分为出版质量、传播能力、内容创新、制度建设、社会和文化影响五项。其中，出版质量、传播能力、内容创新、制度建设四项为基本分，社会和文化影响为加分项。

第八条 出版质量评估主要依据《出版管理条例》《网络出版服务管理规定》《图书质量管理规定》等，考核网络文学出版服务单位公开出版的作品是否坚持社会主义先进文化前进方向，积极践行弘扬社会主义核心价值观，大力出版传播主旋律、正能量作品；思想格调、审美情趣是否健康向上，具有价值引导、精神引领、审美启迪等方面的积极作用，计 45 分，主要包括价值引领和思想格调、文学价值和文化传承、编校质量、资源管理等指标。

第九条 传播能力评估结合网络文学发展实际，考核网络文学出版服务单位是否积极宣传推广优秀原创作品，不断改进传播手段、投送方法，提高优秀作品投送时效性和用户满意度，扩大优秀网络文学作品的覆盖范围，计 15 分，主要包括平台首页和栏目建设、排行榜设置、投送效能、评论引导等指标。

第十条 内容创新评估考核网络文学出版服务单位是否具有创新精神，重视并采取措施扭转内容雷同、抄袭模仿、千篇一律等同质化倾向，在题材、体裁、形式上有创新，在观念、内容、风格上有特色，积极出版具有个性化、创造性的作品，计 10 分，主要包括丰富性和多样化、创造性和个性化等指标。

第十一条 制度建设评估主要考核网络文学出版服务单位规章制度、内部机制建设和执行情况，队伍专业素质、结构及人才培养情况等，计 30 分，主要包括编辑责任制度、作者和读者服务制度、作品管理及质量控制制度、版权管理制度、队伍建设和人才培养机制、经营管理制度、党建和思想政治工作等指标。

第十二条 社会和文化影响评估为加分，综合专家评价、读者口碑、市场反响等，考核网络文学出版服务单位在出版优秀作品方面取得的突出成果和社会影响，最高计 30 分，主要包括荣誉奖项、社会评价、文化影响、国际影响和公益服务加分。

第十三条 网络文学出版服务单位出版作品出现严重政治差错、社会影响恶劣，在平台首页或重点栏目推介导向有严重问题的作品，违反政治纪律和政治规矩等，社会效益评估实行“一票否决”，评估结果为不合格。

第十四条 网络文学出版服务单位社会效益评估结果分为优秀（90 分及以上）、良好（80—89 分）、合格（60—79 分）、不合格（60 分以下）四个等级。具体评估指标和计分标准详见附件。

第三章　评估程序

第十五条 网络文学出版服务单位社会效益评估按年度进

行，由单位自评、属地出版行政主管部门评价考核两个部分组成。

第十六条 每年1月底前，网络文学出版服务单位按照本办法及属地出版行政主管部门要求，对上年度社会效益情况进行打分自评，同时形成社会效益自评报告，报送属地出版行政主管部门。

第十七条 属地出版行政主管部门按照本办法，组织或委托专业机构对网络文学出版服务单位自评分数及自评报告进行分析、复评、认定，确定其得分和等级。

第十八条 每年3月底前，各省级出版行政主管部门将本地区网络文学出版服务单位社会效益评估报告及考核结果汇总，报送国家新闻出版广电总局备案。

第十九条 国家新闻出版广电总局对各地报送的网络文学出版服务单位社会效益评估情况进行抽查，对弄虚作假、瞒报问题或不按时完成评估的，进行严肃处理。

第四章 评估结果使用

第二十条 对社会效益评估结果为不合格的网络文学出版服务单位，属地省级出版行政主管部门要进行通报批评，及时约谈其负责人，同时取消其当年参与各类评优、评奖资格。连续两年社会效益评估不合格的网络文学出版服务单位，由国家新闻出版广电总局通报批评，约谈其负责人并提出整改要求。存在违法违规行为的，依据《出版管理条例》《网络出版服务管理规定》等法律法规进行处罚。

第二十一条 网络文学出版服务单位社会效益评估结果连续两年为优秀的，在评先树优、作品推介、对外交流及相关出版基金和专项资金等方面予以优先支持。

第五章　附　则

第二十二条　本办法评估指标和评分标准根据网络文学发展实际情况适时调整。

第二十三条　本办法由国家新闻出版广电总局负责解释。

第二十四条　本办法自2017年7月1日起试行。

网络文学出版服务单位社会效益试行评估指标和计分标准

序号	一级指标	二级指标	计分标准
1	出版质量（45分）	价值引领和思想格调（30分）	1. 坚持社会主义先进文化前进方向，弘扬社会主义核心价值观，注重作品价值引导、精神引领、审美启迪等方面的作用，大力出版主旋律、正能量作品，全年未发现有错误导向问题的作品，计30分。
2			2. 无明显违规内容，但缺乏积极措施引导内容创作，主旋律不高昂、正能量不突出，弘扬社会主义核心价值观的作品比例低，视情况扣10—20分。
3			3. 无明显违规内容，但以人民为中心的创作出版导向不明显，存在娱乐至上、低俗猎奇现象，价值引领作用弱，视情况扣10—20分。
4			4. 漠视公序良俗、道德规范，混淆审美，作品存在违背正确人生观、价值观、伦理观、道德观问题的，视情况扣10—20分。
5			5. 出版思想消极、格调不高的作品，被读者投诉或举报、社会影响不好的，扣1分/部。

续表

序号	一级指标	二级指标	计分标准
6	出版质量（45分）	价值引领和思想格调（30分）	6. 把关意识不强，出版内容低俗、价值取向有问题的作品，被专家或媒体评论批评，扣2分/部。
7			7. 对涉及党史、军史、国史等题材作品缺乏把握能力，歪曲历史，戏说史实，亵渎经典，主观臆造成分多，引起社会不良反响的，扣3—5分/部。
8			8. 因导向偏差，被出版行政主管部门开展的网络文学出版服务单位作品阅评点名批评，扣3分/部。
9			9. 作品违反《出版管理条例》《网络出版服务管理规定》等法律法规相关规定，被行政管理部门处罚，扣5—8分/部。
10			10. 出现严重政治差错，社会影响恶劣，实行一票否决，整体评估为不合格。
11		文学价值和文化传承（10分）	1. 积极出版思想性、艺术性和可读性有机统一的精品佳作，传承和弘扬中华优秀传统文化，作品整体具有较高文学水平和艺术价值，较好地满足人民群众精神文化需求，计10分。
12			2. 无明显违规内容，但缺乏积极措施引导精品创作，忽视作品艺术追求和文学坚守，较多作品文学水平低、艺术价值差，视情况扣5—10分。
13			3. 无明显违规内容，但缺乏措施传承发扬中华优秀传统文化，漠视中华文化立场及中华审美风范，视情况扣5—10分。
14			4. 内容粗制滥造，立意苍白、语言粗俗，被读者投诉举报或被媒体、专家批评，扣1分/部。
15			5. 因艺术品质低下，被出版行政主管部门开展的网络文学出版服务单位作品阅评点名批评或被专家、媒体公开评论批评，扣2分/部。

续表

序号	一级指标	二级指标	计分标准
16	出版质量（45 分）	编校质量（3 分）	1. 作品封面、插图等设计明显不符合作品思想内容或存在差错，扣 1 分。
17			2. 文字使用不规范，不符合《出版物汉字使用管理规定》等相关规定，扣 2 分。
18			3. 编校差错严重，超过《图书质量管理规定》图书差错率标准 3 倍，扣 3 分。
19		资源管理（2 分）	内容资源管理混乱，作品链接、作者署名、后台管理等存在较多差错或不足，扣 2 分。
20	传播能力（15 分）	平台首页和栏目建设（5 分）	1. 未重视对践行社会主义核心价值观、弘扬真善美、传播正能量作品的重点推介，扣 3—5 分。
21			2. 刻意迎合市场需求，平台首页或栏目设置存在唯点击率倾向，扣 5 分。
22			3. 在平台首页或重点栏目推介缺乏文学内涵与艺术审美的作品，扣 2 分 / 部。
23			4. 在平台首页或重点栏目推介导向有严重问题的作品，实行一票否决，整体评估为不合格。
24		排行榜设置（5 分）	1. 忽视排行榜编辑把关，缺乏有效措施发挥排行榜示范导向作用，扣 3 分。
25			2. 刻意迎合市场需求，排行榜设置存在唯点击率倾向，扣 5 分。
26		投送效能（3 分）	1. 对主旋律、正能量作品缺乏宣传推广，技术、手段落后，扣 1 分。
27			2. 虚假宣传、夸大宣传，以不诚信手段等误导读者，诱导消费，扣 2 分。
28			3. 追求市场轰动效应，策划不当宣传方法，引起社会不良反响，扣 3 分。
29		评论引导（2 分）	对网站评论区管理不善，忽视评论引导作用，不实事求是，不能坚持人民评价、专家评价和市场检验的统一评价标准，误导读者或社会舆论，扣 2 分。

续表

序号	一级指标	二级指标	计分标准
30	内容创新（10分）	丰富性和多样化（5分）	1. 不注重内容丰富性、主题多样化，整体作品题材单一，主题单调，结构失衡，扣2分。
31			2. 较多作品内容雷同、抄袭模仿、千篇一律，同质化现象较普遍，扣5分。
32		创造性和个性化（5分）	1. 原创能力不够，作品体裁、形式、风格、叙事方式等缺少特色，扣2分。
33			2. 创新精神不足，观念陈旧、手段落后，缺乏积极措施激发和调动作者创作活力，扣3分。
34			3. 片面追求作品点击率，存在机械化生产、快餐式消费倾向，扣5分。
35	制度建设（30分）	编辑责任制度（5分）	1. 建立较完备制度，但执行不力或编校人员数量不能保障日常工作，扣2分。
36			2. 关键岗位缺失，制度不健全，内容把关不严，扣3—5分。
37			3. 未建立编辑责任制度，扣5分。
38		作者和读者服务制度（4分）	1. 建立较完备作者、读者服务制度，但未严格执行，扣2分。
39			2. 作者服务制度不健全，作者实名注册、个人信息保护等关键措施缺失，导致损害作者权益，扣3—4分。
40			3. 读者服务制度不健全，对读者反馈、合理要求不响应，导致损害读者权益，扣2—3分。
41			4. 未建立作者、读者服务制度，扣5分。
42		作品管理及质量控制制度（5分）	1. 建立较完备制度，但执行不力，扣2分。
43			2. 制度不健全，致使内容质量低下，扣3—5分。
44			3. 未建立作品管理及质量控制制度，扣5分。
45		版权管理制度（4分）	1. 建立较完备制度，但执行不力，扣2分。
46			2. 制度不健全，不能保护作者、消费者合法权益，扣3分。
47			3. 制度存在缺失，因抄袭、侵权盗版等行为在社会引起负面评价，扣4分。
48			4. 未建立版权管理制度，扣4分。

续表

序号	一级指标	二级指标	计分标准
49	制度建设（30分）	队伍建设和人才培养机制（4分）	1. 不重视队伍建设，人才结构不合理，扣1分。
50			2. 不重视人才培养，编辑等相关岗位人员不具备相关资质或全年未参加相关岗位培训，关键岗位人员不胜任工作未能及时调整，扣3分。
51			3. 人员存在违反职业道德、职业精神问题，社会影响恶劣，扣1分/人次。
52			4. 队伍管理混乱，人员出现违法违纪现象，扣2分/人次。
53			5. 缺乏队伍建设和人才培养的有效措施、相关机制，扣4分。
54		经营管理制度（4分）	1. 建立较完备制度，但执行不力，扣1分。
55			2. 制度不健全，违反行业规范或市场规则，不能诚信经营，在社会引起负面效应，扣1分/次。
56			3. 经营管理混乱，被相关管理部门处罚，扣2分/次。
57		党建和思想政治工作（4分）	1. 不重视党建工作，党组织机构不健全，未正常开展党组织活动，扣4分。
58			2. 编辑等关键岗位党员不能发挥先锋作用，扣3分。
59			3. 未采取有效措施加强员工思想教育，企业精神缺失，发展理念不足，扣2分。
60			4. 不重视员工思想动态和利益诉求，不能很好地解决员工思想或实际问题，扣1分。
61			5. 违反政治纪律和政治规矩等重大问题，实行一票否决，整体评估为不合格。
62	社会和文化影响（30分）	荣誉奖项（7分）	1. 作品获得省市级奖项、扶持或地区推介等，加1分/部。
63			2. 作品获得国家级奖项、扶持或全国性推介等，加2分/部。

续表

序号	一级指标	二级指标	计分标准
64	社会和文化影响（30分）	荣誉奖项（7分）	3. 单位或单位员工获得省市级奖项、奖励等，加1分/人（次）。
65			4. 单位或单位员工获得国家级奖项、奖励等，加2分/人（次）。
66			5. 上述加分最高累计7分。
67		社会评价（7分）	1. 作品被中央媒体或专业权威媒体宣传报道，影响积极正面，效果突出，加2分/部。
68			2. 作品被专家研究或评论，在学界产生一定影响，或被第三方专业机构重点研讨和传播，具有积极正面作用，加2分/部。
69			3. 作品读者关注度高，收藏量超过5000，影响积极正面，加1分/部。
70			4. 单位或单位员工被中央媒体或专业权威媒体作为正面典型宣传报道，效果突出，加2分/人（次）。
71			5. 上述加分最高累计7分。
72		文化影响（7分）	1. 作品版权转化出版图书，受到读者喜爱，加1分/部。
73			2. 作品版权改编影视剧、游戏等，在社会公众中产生积极影响，加2分/部。
74			3. 上述加分最高累计7分。
75		国际影响（7分）	1. 作品签订版权输出合同，或被国外研究者评论、译介，在世界舞台讲述中国故事、传播中国声音、阐发中国精神，产生良好影响，加1分/部。
76			2. 上述加分最高累计7分。
77		公益服务（2分）	积极参与社会捐赠，参与全民阅读、农家书屋建设等，视效果及影响加1—2分。

评分说明：1．本表1—61项为基本分部分，合计100分，根据实际情况按计分标准扣减，但不超过各项指标最高赋值。

2．62—77项为加分项，合计30分，根据实际情况按计分标准加分，但不超过各项指标最高赋值。

3．评估最低分为0分。

关于防止未成年人沉迷网络游戏工作的通知

国家新闻出版署　2019 年 10 月 25 日　国新出发〔2019〕34 号

各省、自治区、直辖市新闻出版局，各网络游戏企业，有关行业组织：

近年来，网络游戏行业在满足群众休闲娱乐需要、丰富人民精神文化生活的同时，也出现一些值得高度关注的问题，特别是未成年人沉迷网络游戏、过度消费等现象，对未成年人身心健康和正常学习生活造成不良影响，社会反映强烈。规范网络游戏服务，引导网络游戏企业切实把社会效益放在首位，有效遏制未成年人沉迷网络游戏、过度消费等行为，保护未成年人身心健康成长，是贯彻落实习近平总书记关于青少年工作重要指示精神、促进网络游戏繁荣健康有序发展的有效举措。现就有关工作事项通知如下。

一、实行网络游戏用户账号实名注册制度。所有网络游戏用户均须使用有效身份信息方可进行游戏账号注册。自本通知施行之日起，网络游戏企业应建立并实施用户实名注册系统，不得以任何形式为未实名注册的新增用户提供游戏服务。自本通知施行之日起 2 个月内，网络游戏企业须要求已有用户全部完成实名注册，对未完成实名注册的用户停止提供游戏服务。对用户提供的实名注册信息，网络游戏企业必须严格按照有关法律法规妥善保存、保护，不得用作其他用途。

网络游戏企业可以对其游戏服务设置不超过1小时的游客体验模式。在游客体验模式下，用户无须实名注册，不能充值和付费消费。对使用同一硬件设备的用户，网络游戏企业在15天内不得重复提供游客体验模式。

二、严格控制未成年人使用网络游戏时段、时长。每日22时至次日8时，网络游戏企业不得以任何形式为未成年人提供游戏服务。网络游戏企业向未成年人提供游戏服务的时长，法定节假日每日累计不得超过3小时，其他时间每日累计不得超过1.5小时。

三、规范向未成年人提供付费服务。网络游戏企业须采取有效措施，限制未成年人使用与其民事行为能力不符的付费服务。网络游戏企业不得为未满8周岁的用户提供游戏付费服务。同一网络游戏企业所提供的游戏付费服务，8周岁以上未满16周岁的用户，单次充值金额不得超过50元人民币，每月充值金额累计不得超过200元人民币；16周岁以上未满18周岁的用户，单次充值金额不得超过100元人民币，每月充值金额累计不得超过400元人民币。

四、切实加强行业监管。本通知前述各项要求，均为网络游戏上网出版运营的必要条件。各地出版管理部门要切实履行属地监管职责，严格按照本通知要求做好属地网络游戏企业及其网络游戏服务的监督管理工作。对未落实本通知要求的网络游戏企业，各地出版管理部门应责令限期改正；情节严重的，依法依规予以处理，直至吊销相关许可。各地出版管理部门协调有关执法机构做好监管执法工作。

五、探索实施适龄提示制度。网络游戏企业应从游戏内容和功能的心理接受程度、对抗激烈程度、可能引起认知混淆程度、可能导致危险模仿程度、付费消费程度等多维度综合衡量，探索对上网出版运营的网络游戏作出适合不同年龄段用户的提示，并在用户下载、注册、登录页面等位置显著标明。有关行业组织要探索实施适龄提示具体标准规范，督促网络游戏企业落实适龄提示制度。网络游戏企业应注意分析未成年人沉迷的成因，并及时对造成沉迷的游戏内容、功能或者规则进行修改。

六、积极引导家长、学校等社会各界力量履行未成年人监护守护责任，加强对未成年人健康合理使用网络游戏的教导，帮助未成年人树立正确的网络游戏消费观念和行为习惯。

七、本通知所称未成年人是指未满 18 周岁的公民，所称网络游戏企业含提供网络游戏服务的平台。

本通知自 2019 年 11 月 1 日起施行。

关于进一步加强网络文学出版管理的通知

国家新闻出版署　2020年6月5日　国新出发〔2020〕11号

各省、自治区、直辖市新闻出版局，各网络文学出版单位：

网络文学是繁荣发展社会主义文艺的重要力量，拥有庞大读者群，特别是在青少年中具有广泛影响。近年来，网络文学行业蓬勃发展，涌现出一批优秀作者和思想性艺术性可读性相统一的原创作品，在促进文学创作生产、满足人民群众精神文化需求方面发挥了积极作用。同时，也存在一些值得注意的倾向和问题。一些作品导向偏差、格调不高，甚至以淫秽色情、血腥暴力等内容刺激感官、吸引眼球；有的企业社会责任感缺失、把关机制不健全、主体责任落实不到位，片面追求经济效益。根据《出版管理条例》《网络出版服务管理规定》等法规规章要求，为进一步加强网络文学出版管理，规范网络文学行业秩序，引导网络文学出版单位始终坚持正确出版导向、坚持把社会效益放在首位、坚持高质量发展、努力以精品奉献人民，推动网络文学繁荣健康发展，现就有关事项通知如下。

一、建立健全内容审核机制。网络文学出版单位须设立总编辑，建立健全编辑委员会，强化内容把关职责，总编辑对涉及内容导向问题的事项具有否决权，对发布作品的内容质量负总责。加强选题策划，控制总量、优化结构、提高质量，支持优质创新内容，抵制模式化、同质化倾向。严格导向管理，完善质量内控机制，严格执行选题论证制度、内容审校制度，做到内容把关责任明确、编校流程可核查可追溯，确保内容导向正确、格调健康向上。严格落实平台主体责任，坚持先审后发的原则，在作品发布前，对登载内容进行严格审核；对尚未创作完成、持续更新的作品进行跟踪审读，未经审核不得上线发布。加强对作品排行榜、互动评论等作品相关发布信息的动态管理，正确引导用户阅读。

二、严格规范登载发布行为。实行网络文学创作者实名注册制度，按照“后台实名、前台自愿”的原则，网络文学出版单位必须要求创作者提供真实身份信息，不得为未使用真实身份信息注册的创作者提供相关服务，并对收集的信息严格保密，确保创作者信息安全。网络文学出版单位应在平台上明示登载规则和服务约定，对创作者登载发布行为提出明确要求，既保障合理权益，又实施有效约束。登载发布原创作品，须在作品封面或内容首页显著位置标明书名、作者、责任编辑及版权说明等相关信息。互联网公众账号服务商、应用商店等首发网络文学作品的，按照上述要求进行管理；从事分发业务的，须加强审核力量建设，对分发产品及内容进行跟踪把关，对出现的问题承担相应责任。提供公众账号和应用商店服务的互联网平台按照上述要求加强监测管理，承担相应主体责任。

三、定期开展社会效益评价考核。网络文学出版单位应按要求开展社会效益评价考核，形成社会效益自评报告，报送属地出版主管部门审核认定。网络文学出版单位发布或推介作品出现严重错误的，社会效益评价考核结果为不合格。对连续两年考核结果为优秀的网络文学出版单位，出版主管部门在评奖推优和资助扶持等方面予以倾斜；对考核结果为不合格的，进行通报批评，约谈主要负责人，责令整改并且在整改到位前不得参加各类评优评奖；对存在违法违规行为的，依法依规进行处罚。

四、加强评奖推选活动管理。各类社会组织、媒体单位、学校和研究机构等举办全国性网络文学评奖，须向国家新闻出版署申请，经同意后举办；各类企业不得以任何名目举办全国性网络文学评奖。开展地方性网络文学评奖的，须经当地出版主管部门同意。

五、进一步规范市场秩序。加强网络文学市场管理，严肃处理违法违规行为。对内容导向出现严重偏差的，综合运用行政监管、经济惩罚、刑事处罚等多种措施进行处置。坚决清理低俗庸俗媚俗内容，坚决遏制跟风模仿等不良倾向，坚决打击侵权盗版行为。加强对网络文学导流行为的监督管理，出现传播错误内容、误导用户阅读行为的，相关网络平台应及时采取限制功能、暂停更新、关闭账号等措施。网络文学出版单位应在平台显著位置设置读者投诉入口，主动接受社会监督。探索建立完善信用档案制度，将违法违规企业或从业人员纳入失信档案，根据情节轻重采取限入、禁入等措施。

六、加强网络文学出版队伍建设。深入开展马克思主义新闻出版观教育，提高网络文学从业人员内容导向把关能力，增强责任感使命感。加强队伍教育培训，网络文学出版单位从事内容审核的编辑人员应按时参加出版专业技术人员继续教育，每年累计不少于 72 小时，取得出版主管部门颁发的继续教育合格证书；网络文学出版单位法定代表人、总编辑或主要负责人应在规定时间内参加出版主管部门组织的岗位培训，取得国家新闻出版署统一印制的岗位培训合格证书。引导广大网络文学从业人员对读者负责、对社会负责，加强品德修养，恪守公序良俗，弘扬新风正气，打造精品力作，维护网络文学行业良好声誉和网络文学出版工作者良好形象。

七、切实履行属地管理职责。各级出版主管部门要严格落实意识形态工作责任制，落实属地管理责任，加强对属地网络文学业务的管理，摸清底数、建立台账、完善制度。对出现问题的作品、企业和相关舆情，应积极妥善处理并及时报告。加强对所属网络文学出版单位重大事项和重点出版物的指导把关，及时研判处置重要问题，确保各项管理责任落到实处。定期监督检查网络文学出版单位编辑责任制度落实情况，把检查结果作为出版单位资源配置、年检评估、项目评审和评优表彰的重要依据。建立和充实网络文学阅评队伍，加大抽查排查力度，及时发现和处理苗头性倾向性问题。充分运用技术手段，加强监测监看，提升分析研判水平，提高科学管理效能。

本通知所称网络文学出版单位含提供网络文学服务的平台；所称全国性网络文学评奖是指在全国范围内对网络文学领域的人物、作品进行的评奖活动，冠以“中国”“中华”“全国”等名称的网络文学评奖活动，以及在境内举办的冠以“国际”“全球”“华语地区”等名称的网络文学评奖活动。

本通知自印发之日起施行。

规章、规范性文件

·新闻报刊·

期刊出版管理规定

2005年9月30日中华人民共和国新闻出版总署令第31号公布　根据2017年12月11日国家新闻出版广电总局令第13号《关于废止、修改和宣布失效部分规章、规范性文件的决定》修订

第一章　总　则

第一条　为了促进我国期刊业的繁荣和发展，规范期刊出版活动，加强期刊出版管理，根据国务院《出版管理条例》及相关法律法规，制定本规定。

第二条　在中华人民共和国境内从事期刊出版活动，适用本规定。

期刊由依法设立的期刊出版单位出版。期刊出版单位出版期刊，必须经新闻出版总署批准，持有国内统一连续出版物号，领取《期刊出版许可证》。

本规定所称期刊又称杂志，是指有固定名称，用卷、期或者年、季、月顺序编号，按照一定周期出版的成册连续出版物。

本规定所称期刊出版单位，是指依照国家有关规定设立，经新闻出版总署批准并履行登记注册手续的期刊社。法人出版期刊不设立期刊社的，其设立的期刊编辑部视为期刊出版单位。

第三条　期刊出版必须坚持马克思列宁主义、毛泽东思想、邓小平理论和“三个代表”重要思想，坚持正确的舆论导向和出版方向，坚持把社会效益放在首位、社会效益和经济效益相统一

的原则，传播和积累有益于提高民族素质、经济发展和社会进步的科学技术和文化知识，弘扬中华民族优秀文化，促进国际文化交流，丰富人民群众的精神文化生活。

第四条 期刊发行分公开发行和内部发行。

内部发行的期刊只能在境内按指定范围发行，不得在社会上公开发行、陈列。

第五条 新闻出版总署负责全国期刊出版活动的监督管理工作，制定并实施全国期刊出版的总量、结构、布局的规划，建立健全期刊出版质量评估制度、期刊年度核验制度以及期刊出版退出机制等监督管理制度。

地方各级新闻出版行政部门负责本行政区域内的期刊出版活动的监督管理工作。

第六条 期刊出版单位负责期刊的编辑、出版等期刊出版活动。

期刊出版单位合法的出版活动受法律保护。任何组织和个人不得非法干扰、阻止、破坏期刊的出版。

第七条 新闻出版总署对为我国期刊业繁荣和发展做出突出贡献的期刊出版单位及个人实施奖励。

第八条 期刊出版行业的社会团体按照其章程，在新闻出版行政部门的指导下，实行自律管理。

第二章 期刊创办和期刊出版单位设立

第九条 创办期刊、设立期刊出版单位，应当具备下列条件：

（一）有确定的、不与已有期刊重复的名称；

（二）有期刊出版单位的名称、章程；

（三）有符合新闻出版总署认定条件的主管、主办单位；

（四）有确定的期刊出版业务范围；

（五）有 30 万元以上的注册资本；

（六）有适应期刊出版活动需要的组织机构和符合国家规定资格条件的编辑专业人员；

（七）有与主办单位在同一行政区域的固定的工作场所；

（八）有确定的法定代表人或者主要负责人，该法定代表人或者主要负责人必须是在境内长久居住的中国公民；

（九）法律、行政法规规定的其他条件。

除前款所列条件外，还须符合国家对期刊及期刊出版单位总量、结构、布局的总体规划。

第十条 中央在京单位创办期刊并设立期刊出版单位，经主管单位审核同意后，由主办单位报新闻出版总署审批。

中国人民解放军和中国人民武装警察部队系统创办期刊并设立期刊出版单位，由中国人民解放军总政治部宣传部新闻出版局审核同意后报新闻出版总署审批。

其他单位创办期刊并设立期刊出版单位，经主管单位审核同意后，由主办单位向所在地省、自治区、直辖市新闻出版行政部门提出申请，省、自治区、直辖市新闻出版行政部门审核同意后，报新闻出版总署审批。

第十一条 两个以上主办单位合办期刊，须确定一个主要主办单位，并由主要主办单位提出申请。

期刊的主要主办单位应为其主管单位的隶属单位。期刊出版单位和主要主办单位须在同一行政区域。

第十二条 创办期刊、设立期刊出版单位，由期刊出版单位的主办单位提出申请，并提交以下材料：

（一）按要求填写的《期刊出版申请表》；

（二）主管单位、主办单位的有关资质证明材料；

（三）拟任出版单位法定代表人或主要负责人简历、身份证明文件及国家有关部门颁发的职业资格证书；

（四）编辑出版人员的职业资格证书；

（五）办刊资金来源、数额及相关的证明文件；

（六）期刊出版单位的章程；

（七）工作场所使用证明；

（八）期刊出版可行性论证报告。

第十三条 新闻出版总署应当自收到创办期刊、设立期刊出版单位的申请之日起90日内，作出批准或者不批准的决定，并直接或者由省、自治区、直辖市新闻出版行政部门书面通知主办单位；不批准的，应当说明理由。

第十四条 期刊主办单位应当自收到新闻出版总署批准决定之日起60日内办理注册登记手续：

（一）持批准文件到所在地省、自治区、直辖市新闻出版行政部门领取《期刊出版登记表》，填写一式五份，经期刊主管单位审核签章后，报所在地省、自治区、直辖市新闻出版行政部门，省、自治区、直辖市新闻出版行政部门应在15日内，将《期刊出版登记表》报送新闻出版总署备案；

（二）公开发行的期刊，可以向ISSN中国国家中心申领国际标准连续出版物号，并向新闻出版总署条码中心申领条形码；

（三）省、自治区、直辖市新闻出版行政部门对《期刊出版登记表》审核无误后，在10日内向主办单位发放《期刊出版许可证》；

（四）期刊出版单位持《期刊出版许可证》到工商行政管理

部门办理登记手续，依法领取营业执照。

《期刊出版登记表》由期刊出版单位、主办单位、主管单位及所在地省、自治区、直辖市新闻出版行政部门各留存一份。

第十五条 期刊主办单位自收到新闻出版总署的批准文件之日起60日内未办理注册登记手续，批准文件自行失效，登记机关不再受理登记，期刊主办单位须把有关批准文件缴回新闻出版总署。

期刊出版单位自登记之日起满90日未出版期刊的，由新闻出版总署撤销《期刊出版许可证》，并由原登记的新闻出版行政部门注销登记。

因不可抗力或者其他正当理由发生前款所列情形的，期刊出版单位可以向原登记的新闻出版行政部门申请延期。

第十六条 期刊社应当具备法人条件，经核准登记后，取得法人资格，以其全部法人财产独立承担民事责任。

期刊编辑部不具有法人资格，其民事责任由其主办单位承担。

第十七条 期刊出版单位变更名称、合并或者分立、改变资本结构，出版新的期刊，依照本规定第十条至第十四条的规定办理审批、登记手续。

第十八条 期刊变更名称、主办单位或主管单位、业务范围、刊期的，依照本规定第十条至第十四条的规定办理审批、登记手续。

期刊变更登记地，经主管、主办单位同意后，由期刊出版单位到新登记地省、自治区、直辖市新闻出版行政部门办理登记手续。

期刊变更刊期，新闻出版总署可以委托省、自治区、直辖市新闻出版行政部门审批。

本规定所称期刊业务范围包括办刊宗旨、文种。

第十九条 期刊出版单位变更期刊开本、法定代表人或者主要负责人、在同一登记地内变更地址，经其主办单位审核同意后，由期刊出版单位在15日内向所在地省、自治区、直辖市新闻出版行政部门备案。

第二十条 期刊休刊，期刊出版单位须向所在地省、自治区、直辖市新闻出版行政部门备案并说明休刊理由和期限。

期刊休刊时间不得超过一年。休刊超过一年的，由新闻出版总署撤销《期刊出版许可证》，所在地省、自治区、直辖市新闻出版行政部门注销登记。

第二十一条 期刊出版单位终止期刊出版活动的，经主管单位同意后，由其主办单位向所在地省、自治区、直辖市新闻出版行政部门办理注销登记，并由省、自治区、直辖市新闻出版行政部门报新闻出版总署备案。

第二十二条 期刊注销登记，以同一名称设立的期刊出版单位须与期刊同时注销，并到原登记的工商行政管理部门办理注销登记。

注销登记的期刊和期刊出版单位不得再以该名称从事出版、经营活动。

第二十三条 中央期刊出版单位组建期刊集团，由新闻出版总署批准；地方期刊出版单位组建期刊集团，向所在地省、自治区、直辖市新闻出版行政部门提出申请，经审核同意后，报新闻出版总署批准。

第三章　期刊的出版

第二十四条 期刊出版实行编辑责任制度，保障期刊刊载内容符合国家法律、法规的规定。

第二十五条 期刊不得刊载《出版管理条例》和其他有关法

律、法规以及国家规定的禁止内容。

第二十六条 期刊刊载的内容不真实、不公正，致使公民、法人或者其他组织的合法权益受到侵害的，期刊出版单位应当公开更正，消除影响，并依法承担其他民事责任。

期刊刊载的内容不真实、不公正，致使公民、法人或者其他组织的合法权益受到侵害的，当事人有权要求期刊出版单位更正或者答辩，期刊出版单位应当在其最近出版的一期期刊上予以发表；拒绝发表的，当事人可以向人民法院提出诉讼。

期刊刊载的内容不真实、不公正，损害公共利益的，新闻出版总署或者省、自治区、直辖市新闻出版行政部门可以责令该期刊出版单位更正。

第二十七条 期刊刊载涉及国家安全、社会安定等重大选题的内容，须按照重大选题备案管理规定办理备案手续。

第二十八条 公开发行的期刊不得转载、摘编内部发行出版物的内容。

期刊转载、摘编互联网上的内容，必须按照有关规定对其内容进行核实，并在刊发的明显位置标明下载文件网址、下载日期等。

第二十九条 期刊出版单位与境外出版机构开展合作出版项目，须经新闻出版总署批准，具体办法另行规定。

第三十条 期刊出版质量须符合国家标准和行业标准。期刊使用语言文字须符合国家有关规定。

第三十一条 期刊须在封底或版权页上刊载以下版本记录：期刊名称、主管单位、主办单位、出版单位、印刷单位、发行单位、出版日期、总编辑（主编）姓名、发行范围、定价、国内统一连续出版物号、广告经营许可证号等。

领取国际标准连续出版物号的期刊须同时刊印国际标准连续出版物号。

第三十二条 期刊须在封面的明显位置刊载期刊名称和年、月、期、卷等顺序编号，不得以总期号代替年、月、期号。

期刊封面其他文字标识不得明显于刊名。

期刊的外文刊名须是中文刊名的直译。外文期刊封面上必须同时刊印中文刊名；少数民族文种期刊封面上必须同时刊印汉语刊名。

第三十三条 一个国内统一连续出版物号只能对应出版一种期刊，不得用同一国内统一连续出版物号出版不同版本的期刊。

出版不同版本的期刊，须按创办新期刊办理审批手续。

第三十四条 期刊可以在正常刊期之外出版增刊。每种期刊每年可以出版两期增刊。

期刊出版单位出版增刊，应当经其主管单位审核同意后，由主办单位报所在地省、自治区、直辖市新闻出版行政部门备案。备案文件应当说明拟出增刊的出版理由、出版时间、文章编目、期数、页码、印数、印刷单位等；所在地省、自治区、直辖市新闻出版行政部门备案后，发给备案证明文件，配发增刊备案号。

增刊内容必须符合正刊的业务范围，开本和发行范围必须与正刊一致；增刊除刊印本规定第三十一条所列版本记录外，还须刊印增刊备案号，并在封面刊印正刊名称和注明“增刊”。

第三十五条 期刊合订本须按原期刊出版顺序装订，不得对期刊内容另行编排，并在其封面明显位置标明期刊名称及“合订本”字样。

期刊因内容违法被新闻出版行政部门给予行政处罚的，该期期刊的相关篇目不得收入合订本。

被注销登记的期刊，不得制作合订本。

第三十六条 期刊出版单位不得出卖、出租、转让本单位名称及所出版期刊的刊号、名称、版面，不得转借、转让、出租和出卖《期刊出版许可证》。

第三十七条 期刊出版单位利用其期刊开展广告业务，必须遵守广告法律规定，发布广告须依法查验有关证明文件，核实广告内容，不得刊登有害的、虚假的等违法广告。

期刊的广告经营者限于在合法授权范围内开展广告经营、代理业务，不得参与期刊的采访、编辑等出版活动。

第三十八条 期刊采编业务与经营业务必须严格分开。

禁止以采编报道相威胁，以要求被报道对象做广告、提供赞助、加入理事会等损害被报道对象利益的行为牟取不正当利益。

期刊不得刊登任何形式的有偿新闻。

第三十九条 期刊出版单位的新闻采编人员从事新闻采访活动，必须持有新闻出版总署统一核发的新闻记者证，并遵守新闻出版总署《新闻记者证管理办法》的有关规定。

第四十条 具有新闻采编业务的期刊出版单位在登记地以外的地区设立记者站，参照新闻出版总署《报社记者站管理办法》审批、管理。其他期刊出版单位一律不得设立记者站。

期刊出版单位是否具有新闻采编业务由新闻出版总署认定。

第四十一条 期刊出版单位不得以不正当竞争行为或者方式开展经营活动，不得利用权力摊派发行期刊。

第四十二条 期刊出版单位须遵守国家统计法规，依法向新闻出版行政部门报送统计资料。

期刊出版单位应配合国家认定的出版物发行数据调查机构进行期刊发行量数据调查，提供真实的期刊发行数据。

第四十三条 期刊出版单位须在每期期刊出版30日内，分别向新闻出版总署、中国版本图书馆、国家图书馆以及所在地省、自治区、直辖市新闻出版行政部门缴送样刊3本。

第四章 监督管理

第四十四条 期刊出版活动的监督管理实行属地原则。

省、自治区、直辖市新闻出版行政部门依法负责对本行政区域期刊和期刊出版单位的登记、年度核验、质量评估、行政处罚等工作，对本行政区域的期刊出版活动进行监督管理。

其他地方新闻出版行政部门依法对本行政区域内期刊出版单位及其期刊出版活动进行监督管理。

第四十五条 期刊出版管理实施期刊出版事后审读制度、期刊出版质量评估制度、期刊年度核验制度和期刊出版从业人员资格管理制度。

期刊出版单位应当按照新闻出版总署的规定，将从事期刊出版活动的情况向新闻出版行政部门提出书面报告。

第四十六条 新闻出版总署负责全国期刊审读工作。地方各级新闻出版行政部门负责对本行政区域内出版的期刊进行审读。下级新闻出版行政部门要定期向上一级新闻出版行政部门提交审读报告。

主管单位须对其主管的期刊进行审读，定期向所在地新闻出版行政部门报送审读报告。

期刊出版单位应建立期刊阅评制度，定期写出阅评报告。新闻出版行政部门根据管理工作的需要，可以随时调阅、检查期刊出版单位的阅评报告。

第四十七条 新闻出版总署制定期刊出版质量综合评估标准体系，对期刊出版质量进行全面评估。

经期刊出版质量综合评估，期刊出版质量未达到规定标准或者不能维持正常出版活动的，由新闻出版总署撤销《期刊出版许可证》，所在地省、自治区、直辖市新闻出版行政部门注销登记。

第四十八条 省、自治区、直辖市新闻出版行政部门负责对本行政区域的期刊实施年度核验。年度核验内容包括期刊出版单位及其所出版期刊登记项目、出版质量、遵纪守法情况等。

第四十九条 年度核验按照以下程序进行：

（一）期刊出版单位提出年度自检报告，填写由新闻出版总署统一印制的《期刊登记项目年度核验表》，经期刊主办单位、主管单位审核盖章后，连同本年度出版的样刊报省、自治区、直辖市新闻出版行政部门；

（二）省、自治区、直辖市新闻出版行政部门对期刊出版单位自检报告、《期刊登记项目年度核验表》及样刊进行审核查验；

（三）经核验符合规定标准的，省、自治区、直辖市新闻出版行政部门在《期刊出版许可证》上加盖年度核验章；《期刊出版许可证》上加盖年度核验章即为通过年度核验，期刊出版单位可以继续从事期刊出版活动；

（四）省、自治区、直辖市新闻出版行政部门在完成期刊年度核验工作30日内向新闻出版总署提交期刊年度核验工作报告。

第五十条 有下列情形之一的，暂缓年度核验：

（一）正在限期停业整顿的；

（二）经审核发现有违法情况应予处罚的；

（三）主管单位、主办单位未履行管理责任，导致期刊出版管理混乱的；

（四）存在其他违法嫌疑需要进一步核查的。

暂缓年度核验的期限由省、自治区、直辖市新闻出版行政部门确定，报新闻出版总署备案。缓验期满，按本规定第四十八条、第四十九条重新办理年度核验。

第五十一条 期刊有下列情形之一的，不予通过年度核验：

（一）违法行为被查处后拒不改正或者没有明显整改效果的；

（二）期刊出版质量长期达不到规定标准的；

（三）经营恶化已经资不抵债的；

（四）已经不具备本规定第九条规定条件的。

不予通过年度核验的，由新闻出版总署撤销《期刊出版许可证》，所在地省、自治区、直辖市新闻出版行政部门注销登记。

未通过年度核验的，期刊出版单位自第二年起停止出版该期刊。

第五十二条 《期刊出版许可证》加盖年度核验章后方可继续使用。有关部门在办理期刊出版、印刷、发行等手续时，对未加盖年度核验章的《期刊出版许可证》不予采用。

不按规定参加年度核验的期刊出版单位，经催告仍未参加年度核验的，由新闻出版总署撤销《期刊出版许可证》，所在地省、自治区、直辖市新闻出版行政部门注销登记。

第五十三条 年度核验结果，核验机关可以向社会公布。

第五十四条 期刊出版从业人员，应具备国家规定的新闻出版职业资格条件。

第五十五条 期刊出版单位的社长、总编辑须符合国家规定的任职资格和条件。

期刊出版单位的社长、总编辑须参加新闻出版行政部门组织的岗位培训。

期刊出版单位的新任社长、总编辑须经过岗位培训合格后才能上岗。

第五章　法律责任

第五十六条　期刊出版单位违反本规定的，新闻出版行政部门视其情节轻重，可以采取下列行政措施：

（一）下达警示通知书；

（二）通报批评；

（三）责令公开检讨；

（四）责令改正；

（五）责令停止印制、发行期刊；

（六）责令收回期刊；

（七）责成主办单位、主管单位监督期刊出版单位整改。

警示通知书由新闻出版总署制定统一格式，由新闻出版总署或者省、自治区、直辖市新闻出版行政部门下达给违法的期刊出版单位，并抄送违法期刊出版单位的主办单位及其主管单位。

本条所列行政措施可以并用。

第五十七条　未经批准，擅自设立期刊出版单位，或者擅自从事期刊出版业务，假冒期刊出版单位名称或者伪造、假冒期刊名称出版期刊的，依照《出版管理条例》第六十一条处罚。

期刊出版单位未履行备案手续擅自出版增刊、擅自与境外出版机构开展合作出版项目的，按前款处罚。

第五十八条　出版含有《出版管理条例》和其他有关法律、法规以及国家规定禁载内容期刊的，依照《出版管理条例》第六十二条处罚。

第五十九条 期刊出版单位违反本规定第三十六条的，依照《出版管理条例》第六十六条处罚。

期刊出版单位允许或者默认广告经营者参与期刊采访、编辑等出版活动的，按前款处罚。

第六十条 期刊出版单位有下列行为之一的，依照《出版管理条例》第六十七条处罚：

（一）期刊变更名称、主办单位或主管单位、业务范围、刊期，未依照本规定办理审批手续的；

（二）期刊出版单位变更名称、合并或分立、改变资本结构、出版新的期刊，未依照本规定办理审批手续的；

（三）期刊出版单位未将涉及国家安全、社会安定等方面的重大选题备案的；

（四）期刊出版单位未依照本规定缴送样刊的。

第六十一条 期刊出版单位违反本规定第四条第二款的，依照新闻出版总署《出版物市场管理规定》第四十八条处罚。

第六十二条 期刊出版单位有下列行为之一的，由新闻出版总署或者省、自治区、直辖市新闻出版行政部门给予警告，并处3万元以下罚款：

（一）期刊出版单位变更期刊开本、法定代表人或者主要负责人、在同一登记地内变更地址，未按本规定第十九条报送备案的；

（二）期刊休刊未按本规定第二十条报送备案的；

（三）刊载损害公共利益的虚假或者失实报道，拒不执行新闻出版行政部门更正命令的；

（四）公开发行的期刊转载、摘编内部发行出版物内容的；

（五）期刊转载、摘编互联网上的内容，违反本规定第二十八条第二款的；

（六）未按照本规定第三十一条刊载期刊版本记录的；

（七）违反本规定第三十二条关于期刊封面标识的规定的；

（八）违反本规定第三十三条，“一号多刊”的；

（九）出版增刊违反本规定第三十四条第三款的；

（十）违反本规定第三十五条制作期刊合订本的；

（十一）刊登有偿新闻或者违反本规定第三十八条其他规定的；

（十二）违反本规定第四十一条，以不正当竞争行为开展经营活动或者利用权力摊派发行的。

第六十三条 期刊出版单位新闻采编人员违反新闻记者证的有关规定，依照新闻出版总署《新闻记者证管理办法》的规定处罚。

第六十四条 期刊出版单位违反记者站的有关规定，依照新闻出版总署《报社记者站管理办法》的规定处罚。

第六十五条 对期刊出版单位做出行政处罚，新闻出版行政部门应告知其主办单位和主管单位，可以通过媒体向社会公布。

对期刊出版单位做出行政处罚，新闻出版行政部门可以建议其主办单位或者主管单位对直接责任人和主要负责人予以行政处分或者调离岗位。

第六章　附　则

第六十六条 本规定施行后，新闻出版署《期刊管理暂行规定》和《〈期刊管理暂行规定〉行政处罚实施办法》同时废止，此前新闻出版行政部门对期刊出版活动的其他规定，凡与本规定不一致的，以本规定为准。

第六十七条 本规定自二〇〇五年十二月一日起施行。

报纸出版管理规定

2005 年 9 月 30 日中华人民共和国新闻出版总署令第 32 号公布

第一章　总　则

第一条　为促进我国报业的发展与繁荣，规范报纸出版活动，加强报纸出版管理，根据国务院《出版管理条例》及相关法律法规，制定本规定。

第二条　在中华人民共和国境内从事报纸出版活动，适用本规定。

报纸由依法设立的报纸出版单位出版。报纸出版单位出版报纸，必须经新闻出版总署批准，持有国内统一连续出版物号，领取《报纸出版许可证》。

本规定所称报纸，是指有固定名称、刊期、开版，以新闻与时事评论为主要内容，每周至少出版一期的散页连续出版物。

本规定所称报纸出版单位，是指依照国家有关规定设立，经新闻出版总署批准并履行登记注册手续的报社。法人出版报纸不设立报社的，其设立的报纸编辑部视为报纸出版单位。

第三条　报纸出版必须坚持马克思列宁主义、毛泽东思想、邓小平理论和“三个代表”重要思想，坚持正确的舆论导向和出版方向，坚持把社会效益放在首位、社会效益和经济效益相统一和贴近实际、贴近群众、贴近生活的原则，为建设中国特色社会主义营造良好氛围，丰富广大人民群众的精神文化生活。

第四条 新闻出版总署负责全国报纸出版活动的监督管理工作，制定并实施全国报纸出版的总量、结构、布局的规划，建立健全报纸出版质量综合评估制度、报纸年度核验制度以及报纸出版退出机制等监督管理制度。

地方各级新闻出版行政部门负责本行政区域内的报纸出版活动的监督管理工作。

第五条 报纸出版单位负责报纸的编辑、出版等报纸出版活动。

报纸出版单位合法的出版活动受法律保护。任何组织和个人不得非法干扰、阻止、破坏报纸的出版。

第六条 新闻出版总署对为我国报业繁荣和发展做出突出贡献的报纸出版单位及个人实施奖励。

第七条 报纸出版行业的社会团体按照其章程，在新闻出版行政部门的指导下，实行自律管理。

第二章 报纸创办与报纸出版单位设立

第八条 创办报纸、设立报纸出版单位，应当具备下列条件:

（一）有确定的、不与已有报纸重复的名称;

（二）有报纸出版单位的名称、章程;

（三）有符合新闻出版总署认定条件的主管、主办单位;

（四）有确定的报纸出版业务范围;

（五）有 30 万元以上的注册资本;

（六）有适应业务范围需要的组织机构和符合国家规定资格条件的新闻采编专业人员;

（七）有与主办单位在同一行政区域的固定的工作场所;

（八）有符合规定的法定代表人或者主要负责人，该法定代表人或者主要负责人必须是在境内长久居住的中国公民；

（九）法律、行政法规规定的其他条件。

除前款所列条件外，还须符合国家对报纸及报纸出版单位总量、结构、布局的规划。

第九条 中央在京单位创办报纸并设立报纸出版单位，经主管单位同意后，由主办单位报新闻出版总署审批。

中国人民解放军和中国人民武装警察部队系统创办报纸并设立报纸出版单位，由中国人民解放军总政治部宣传部新闻出版局审核同意后报新闻出版总署审批。

其他单位创办报纸并设立报纸出版单位，经主管单位同意后，由主办单位向所在地省、自治区、直辖市新闻出版行政部门提出申请，省、自治区、直辖市新闻出版行政部门审核同意后，报新闻出版总署审批。

第十条 两个以上主办单位合办报纸，须确定一个主要主办单位，并由主要主办单位提出申请。

报纸的主要主办单位应为其主管单位的隶属单位。报纸出版单位和主要主办单位须在同一行政区域。

第十一条 创办报纸、设立报纸出版单位，由报纸出版单位的主办单位提出申请，并提交以下材料：

（一）按要求填写的《报纸出版申请表》；

（二）主办单位、主管单位的有关资质证明材料；

（三）拟任报纸出版单位法定代表人或者主要负责人的简历、身份证明文件及国家有关部门颁发的职业资格证书；

（四）新闻采编人员的职业资格证书；

（五）报纸出版单位办报资金来源及数额的相关证明文件；

（六）报纸出版单位的章程；

（七）工作场所使用证明；

（八）报纸出版可行性论证报告。

第十二条 新闻出版总署自收到创办报纸、设立报纸出版单位申请之日起90日内，作出批准或者不批准的决定，并直接或者由省、自治区、直辖市新闻出版行政部门书面通知主办单位；不批准的，应当说明理由。

第十三条 报纸主办单位应当自收到新闻出版总署批准决定之日起60日内办理注册登记手续：

（一）持批准文件到所在地省、自治区、直辖市新闻出版行政部门领取并填写《报纸出版登记表》，经主管单位审核签章后，报所在地省、自治区、直辖市新闻出版行政部门；

（二）《报纸出版登记表》一式五份，由报纸出版单位、主办单位、主管单位及省、自治区、直辖市新闻出版行政部门各存一份，另一份由省、自治区、直辖市新闻出版行政部门在15日内报送新闻出版总署备案；

（三）省、自治区、直辖市新闻出版行政部门对《报纸出版登记表》审核无误后，在10日内向主办单位发放《报纸出版许可证》，并编入国内统一连续出版物号；

（四）报纸出版单位持《报纸出版许可证》到工商行政管理部门办理登记手续，依法领取营业执照。

第十四条 报纸主办单位自收到新闻出版总署的批准文件之日起60日内未办理注册登记手续，批准文件自行失效，登记机关不再受理登记，报纸主办单位须把有关批准文件缴回新闻出版总署。

报纸出版单位自登记之日起满90日未出版报纸的，由新闻出版总署撤销《报纸出版许可证》，并由原登记的新闻出版行政部门注销登记。

因不可抗力或者其他正当理由发生前款所列情形的，报纸出版单位的主办单位可以向原登记的新闻出版行政部门申请延期。

第十五条 报社应当具备法人条件，经核准登记后，取得法人资格，以其全部法人财产独立承担民事责任。

报纸编辑部不具有法人资格，其民事责任由其主办单位承担。

第十六条 报纸出版单位变更名称、合并或者分立，改变资本结构，出版新的报纸，依照本规定第九条至第十三条的规定办理审批、登记手续。

第十七条 报纸变更名称、主办单位、主管单位、刊期、业务范围，依照本规定第九条至第十三条的规定办理审批、登记手续。

报纸变更刊期，新闻出版总署可以委托省、自治区、直辖市新闻出版行政部门审批。

本规定所称业务范围包括办报宗旨、文种。

第十八条 报纸变更开版，经主办单位审核同意后，由报纸出版单位报所在地省、自治区、直辖市新闻出版行政部门批准。

第十九条 报纸出版单位变更单位地址、法定代表人或者主要负责人、报纸承印单位，经其主办单位审核同意后，由报纸出版单位在15日内向所在地省、自治区、直辖市新闻出版行政部门备案。

第二十条 报纸休刊连续超过10日的，报纸出版单位须向所在地省、自治区、直辖市新闻出版行政部门办理休刊备案手续，说明休刊理由和休刊期限。

报纸休刊时间不得超过180日。报纸休刊超过180日仍不能正常出版的，由新闻出版总署撤销《报纸出版许可证》，并由所在地省、自治区、直辖市新闻出版行政部门注销登记。

第二十一条 报纸出版单位终止出版活动的，经主管单位同意后，由主办单位向所在地省、自治区、直辖市新闻出版行政部门办理注销登记，并由省、自治区、直辖市新闻出版行政部门报新闻出版总署备案。

第二十二条 报纸注销登记，以同一名称设立的报纸出版单位须与报纸同时注销，并到原登记的工商行政管理部门办理注销登记。

注销登记的报纸和报纸出版单位不得再以该名称从事出版、经营活动。

第二十三条 中央报纸出版单位组建报业集团，由新闻出版总署批准；地方报纸出版单位组建报业集团，向所在地省、自治区、直辖市新闻出版行政部门提出申请，经审核同意后，报新闻出版总署批准。

第三章 报纸的出版

第二十四条 报纸出版实行编辑责任制度，保障报纸刊载内容符合国家法律、法规的规定。

第二十五条 报纸不得刊载《出版管理条例》和其他有关法律、法规以及国家规定的禁止内容。

第二十六条 报纸开展新闻报道必须坚持真实、全面、客观、公正的原则，不得刊载虚假、失实报道。

报纸刊载虚假、失实报道，致使公民、法人或者其他组织的合法权益受到侵害的，其出版单位应当公开更正，消除影响，并依法承担相应民事责任。

报纸刊载虚假、失实报道，致使公民、法人或者其他组织的合法权益受到侵害的，当事人有权要求更正或者答辩，报纸应当予以发表；拒绝发表的，当事人可以向人民法院提出诉讼。

报纸因刊载虚假、失实报道而发表的更正或者答辩应自虚假、失实报道发现或者当事人要求之日起，在其最近出版的一期报纸的相同版位上发表。

报纸刊载虚假或者失实报道，损害公共利益的，新闻出版总署或者省、自治区、直辖市新闻出版行政部门可以责令该报纸出版单位更正。

第二十七条 报纸发表或者摘转涉及国家重大政策、民族宗教、外交、军事、保密等内容，应严格遵守有关规定。

报纸转载、摘编互联网上的内容，必须按照有关规定对其内容进行核实，并在刊发的明显位置标明下载文件网址、下载日期等。

第二十八条 报纸发表新闻报道，必须刊载作者的真实姓名。

第二十九条 报纸出版质量须符合国家标准和行业标准。报纸使用语言文字须符合国家有关规定。

第三十条 报纸出版须与《报纸出版许可证》的登记项目相符，变更登记项目须按本规定办理审批或者备案手续。

第三十一条 报纸出版时须在每期固定位置标示以下版本记录：

（一）报纸名称；

（二）报纸出版单位、主办单位、主管单位名称；

（三）国内统一连续出版物号；

（四）总编辑（社长）姓名；

（五）出版日期、总期号、版数、版序；

（六）报纸出版单位地址、电话、邮政编码；

（七）报纸定价（号外须注明“免费赠阅”字样）；

（八）印刷单位名称、地址；

（九）广告经营许可证号；

（十）国家规定的涉及公共利益或者行业标准的其他标识。

第三十二条 一个国内统一连续出版物号只能对应出版一种报纸，不得用同一国内统一连续出版物号出版不同版本的报纸。

出版报纸地方版、少数民族文字版、外文版等不同版本（文种）的报纸，须按创办新报纸办理审批手续。

第三十三条 同一种报纸不得以不同开版出版。

报纸所有版页须作为一个整体出版发行，各版页不得单独发行。

第三十四条 报纸专版、专刊的内容应与报纸的宗旨、业务范围相一致，专版、专刊的刊头字样不得明显于报纸名称。

第三十五条 报纸在正常刊期之外可出版增期。出版增期应按变更刊期办理审批手续。

增期的内容应与报纸的业务范围相一致；增期的开版、文种、发行范围、印数应与主报一致，并随主报发行。

第三十六条 报纸出版单位因重大事件可出版号外；出版号外须在报头注明“号外”字样，号外连续出版不得超过3天。

报纸出版单位须在号外出版后15日内向所在地省、自治区、直辖市新闻出版行政部门备案，并提交所有号外样报。

第三十七条 报纸出版单位不得出卖、出租、转让本单位名称及所出版报纸的刊号、名称、版面，不得转借、转让、出租和出卖《报纸出版许可证》。

第三十八条　报纸刊登广告须在报纸明显位置注明“广告”字样，不得以新闻形式刊登广告。

报纸出版单位发布广告应依据法律、行政法规查验有关证明文件，核实广告内容，不得刊登有害的、虚假的等违法广告。

报纸的广告经营者限于在合法授权范围内开展广告经营、代理业务，不得参与报纸的采访、编辑等出版活动。

第三十九条　报纸出版单位不得在报纸上刊登任何形式的有偿新闻。

报纸出版单位及其工作人员不得利用新闻报道牟取不正当利益，不得索取、接受采访报道对象及其利害关系人的财物或者其他利益。

第四十条　报纸采编业务和经营业务必须严格分开。

新闻采编业务部门及其工作人员不得从事报纸发行、广告等经营活动；经营部门及其工作人员不得介入新闻采编业务。

第四十一条　报纸出版单位的新闻采编人员从事新闻采访活动，必须持有新闻出版总署统一核发的新闻记者证，并遵守新闻出版总署《新闻记者证管理办法》的有关规定。

第四十二条　报纸出版单位根据新闻采访工作的需要，可以依照新闻出版总署《报社记者站管理办法》设立记者站，开展新闻业务活动。

第四十三条　报纸出版单位不得以不正当竞争行为或者方式开展经营活动，不得利用权力摊派发行报纸。

第四十四条　报纸出版单位须遵守国家统计法规，依法向新闻出版行政部门报送统计资料。

报纸出版单位应配合国家认定的出版物发行数据调查机构进行报纸发行量数据调查，提供真实的报纸发行数据。

第四十五条 报纸出版单位须按照国家有关规定向国家图书馆、中国版本图书馆和新闻出版总署以及所在地省、自治区、直辖市新闻出版行政部门缴送报纸样本。

第四章 监督管理

第四十六条 报纸出版活动的监督管理实行属地原则。

省、自治区、直辖市新闻出版行政部门依法负责本行政区域报纸和报纸出版单位的登记、年度核验、质量评估、行政处罚等工作，对本行政区域的报纸出版活动进行监督管理。

其他地方新闻出版行政部门依法对本行政区域内报纸出版单位及其报纸出版活动进行监督管理。

第四十七条 报纸出版管理实施报纸出版事后审读制度、报纸出版质量评估制度、报纸出版年度核验制度和报纸出版从业人员资格管理制度。

报纸出版单位应当按照新闻出版总署的规定，将从事报纸出版活动的情况向新闻出版行政部门提出书面报告。

第四十八条 新闻出版总署负责全国报纸审读工作。地方各级新闻出版行政部门负责对本行政区域内出版的报纸进行审读。下级新闻出版行政部门要定期向上一级新闻出版行政部门提交审读报告。

主管单位须对其主管的报纸进行审读，定期向所在地新闻出版行政部门报送审读报告。

报纸出版单位应建立报纸阅评制度，定期写出阅评报告。新闻出版行政部门根据管理工作需要，可以随时调阅、检查报纸出版单位的阅评报告。

第四十九条 新闻出版总署制定报纸出版质量综合评估标准体系，对报纸出版质量进行全面评估。

经报纸出版质量综合评估，报纸出版质量未达到规定标准或者不能维持正常出版活动的，由新闻出版总署撤销《报纸出版许可证》，所在地省、自治区、直辖市新闻出版行政部门注销登记。

第五十条 省、自治区、直辖市新闻出版行政部门负责对本行政区域的报纸出版单位实施年度核验。年度核验内容包括报纸出版单位及其所出版报纸登记项目、出版质量、遵纪守法情况、新闻记者证和记者站管理等。

第五十一条 年度核验按照以下程序进行：

（一）报纸出版单位提出年度自检报告，填写由新闻出版总署统一印制的《报纸出版年度核验表》，经报纸主办单位、主管单位审核盖章后，连同核验之日前连续出版的30期样报，在规定时间内报所在地省、自治区、直辖市新闻出版行政部门；

（二）省、自治区、直辖市新闻出版行政部门对报纸出版单位自检报告、《报纸出版年度核验表》等送检材料审核查验；

（三）经核验符合规定标准的，省、自治区、直辖市新闻出版行政部门在其《报纸出版许可证》上加盖年度核验章；《报纸出版许可证》上加盖年度核验章即为通过年度核验，报纸出版单位可以继续从事报纸出版活动；

（四）省、自治区、直辖市新闻出版行政部门自完成报纸出版年度核验工作后的30日内，向新闻出版总署提交报纸年度核验工作报告。

第五十二条 有下列情形之一的，暂缓年度核验：

（一）正在限期停刊整顿的；

（二）经审核发现有违法情况应予处罚的；

（三）主管单位、主办单位未履行管理责任，导致报纸出版管理混乱的；

（四）存在其他违法嫌疑需要进一步核查的。

暂缓年度核验的期限由省、自治区、直辖市新闻出版行政部门确定，报新闻出版总署备案。缓验期满，按照本规定第五十条、第五十一条重新办理年度核验。

第五十三条 有下列情形之一的，不予通过年度核验：

（一）违法行为被查处后拒不改正或者没有明显整改效果的；

（二）报纸出版质量长期达不到规定标准的；

（三）经营恶化已经资不抵债的；

（四）已经不具备本规定第八条规定条件的。

不予通过年度核验的，由新闻出版总署撤销《报纸出版许可证》，所在地省、自治区、直辖市新闻出版行政部门注销登记。

未通过年度核验的，报纸出版单位自第二年起停止出版该报纸。

第五十四条 《报纸出版许可证》加盖年度核验章后方可继续使用。有关部门在办理报纸出版、印刷、发行等手续时，对未加盖年度核验章的《报纸出版许可证》不予采用。

不按规定参加年度核验的报纸出版单位，经催告仍未参加年度核验的，由新闻出版总署撤销《报纸出版许可证》，所在地省、自治区、直辖市新闻出版行政部门注销登记。

第五十五条 年度核验结果，核验机关可以向社会公布。

第五十六条 报纸出版从业人员，应具备国家规定的新闻出版职业资格条件。

第五十七条 报纸出版单位的社长、总编辑须符合国家规定的任职资格和条件。

报纸出版单位的社长、总编辑须参加新闻出版行政部门组织的岗位培训。

报纸出版单位的新任社长、总编辑须经过岗位培训合格后才能上岗。

第五章　法律责任

第五十八条　报纸出版单位违反本规定的，新闻出版行政部门视其情节轻重，可采取下列行政措施：

（一）下达警示通知书；

（二）通报批评；

（三）责令公开检讨；

（四）责令改正；

（五）责令停止印制、发行报纸；

（六）责令收回报纸；

（七）责成主办单位、主管单位监督报纸出版单位整改。

警示通知书由新闻出版总署制定统一格式，由新闻出版总署或者省、自治区、直辖市新闻出版行政部门下达给违法的报纸出版单位，并抄送违法报纸出版单位的主办单位及其主管单位。

本条所列行政措施可以并用。

第五十九条　未经批准，擅自设立报纸出版单位，或者擅自从事报纸出版业务，假冒报纸出版单位名称或者伪造、假冒报纸名称出版报纸的，依照《出版管理条例》第五十五条处罚。

第六十条　出版含有《出版管理条例》和其他有关法律、法规以及国家规定禁载内容报纸的，依照《出版管理条例》第五十六条处罚。

第六十一条 报纸出版单位违反本规定第三十七条的，依照《出版管理条例》第六十条处罚。

报纸出版单位允许或者默认广告经营者参与报纸的采访、编辑等出版活动，按前款处罚。

第六十二条 报纸出版单位有下列行为之一的，依照《出版管理条例》第六十一条处罚：

（一）报纸出版单位变更名称、合并或者分立，改变资本结构，出版新的报纸，未依照本规定办理审批手续的；

（二）报纸变更名称、主办单位、主管单位、刊期、业务范围、开版，未依照本规定办理审批手续的；

（三）报纸出版单位未依照本规定缴送报纸样本的。

第六十三条 报纸出版单位有下列行为之一的，由新闻出版总署或者省、自治区、直辖市新闻出版行政部门给予警告，并处3万元以下罚款：

（一）报纸出版单位变更单位地址、法定代表人或者主要负责人、承印单位，未按照本规定第十九条报送备案的；

（二）报纸休刊，未按照本规定第二十条报送备案的；

（三）刊载损害公共利益的虚假或者失实报道，拒不执行新闻出版行政部门更正命令的；

（四）在其报纸上发表新闻报道未登载作者真实姓名的；

（五）违反本规定第二十七条发表或者摘转有关文章的；

（六）未按照本规定第三十一条刊登报纸版本记录的；

（七）违反本规定第三十二条，“一号多版”的；

（八）违反本规定第三十三条，出版不同开版的报纸或者部分版页单独发行的；

（九）违反本规定关于出版报纸专版、专刊、增期、号外的规定的；

（十）报纸刊登广告未在明显位置注明“广告”字样，或者以新闻形式刊登广告的；

（十一）刊登有偿新闻或者违反本规定第三十九条其他规定的；

（十二）违反本规定第四十三条，以不正当竞争行为开展经营活动或者利用权力摊派发行的。

第六十四条 报纸出版单位新闻采编人员违反新闻记者证的有关规定，依照新闻出版总署《新闻记者证管理办法》的规定处罚。

第六十五条 报纸出版单位违反报社记者站的有关规定，依照新闻出版总署《报社记者站管理办法》的规定处罚。

第六十六条 对报纸出版单位做出行政处罚，应告知其主办单位和主管单位，可以通过媒体向社会公布。

对报纸出版单位做出行政处罚，新闻出版行政部门可以建议其主办单位或者主管单位对直接责任人和主要负责人予以行政处分或者调离岗位。

第六章　附　则

第六十七条 以非新闻性内容为主或者出版周期超过一周，持有国内统一连续出版物号的其他散页连续出版物，也适用本规定。

第六十八条 本规定施行后，新闻出版署《报纸管理暂行规定》同时废止，此前新闻出版行政部门对报纸出版活动的其他规定，凡与本规定不一致的，以本规定为准。

第六十九条 本规定自二〇〇五年十二月一日起施行。

新闻记者证管理办法

2009年8月24日中华人民共和国新闻出版总署令第44号公布

第一章　总　则

第一条　为规范新闻记者证的管理，保障新闻记者的正常采访活动，维护新闻记者和社会公众的合法权益，根据有关法规和国务院决定，制定本办法。

第二条　本办法适用于新闻记者证的申领、核发、使用和管理。

在中华人民共和国境内从事新闻采编活动，须持有新闻出版总署核发的新闻记者证。

第三条　新闻记者证是新闻记者职务身份的有效证明，是境内新闻记者从事新闻采编活动的唯一合法证件，由新闻出版总署依法统一印制并核发。

境内新闻机构使用统一样式的新闻记者证。

第四条　本办法所称新闻记者，是指新闻机构编制内或者经正式聘用，专职从事新闻采编岗位工作，并持有新闻记者证的采编人员。

本办法所称新闻机构，是指经国家有关行政部门依法批准设立的境内报纸出版单位、新闻性期刊出版单位、通讯社、广播电台、电视台、新闻电影制片厂等具有新闻采编业务的单位。其中，报纸、新闻性期刊出版单位由国务院新闻出版行政部门认定；广播、电影、电视新闻机构的认定，以国务院广播电影电视行政部门的有关批准文件为依据。

第五条 新闻记者持新闻记者证依法从事新闻采访活动受法律保护。各级人民政府及其职能部门、工作人员应为合法的新闻采访活动提供必要的便利和保障。

任何组织或者个人不得干扰、阻挠新闻机构及其新闻记者合法的采访活动。

第六条 新闻记者证由新闻出版总署统一编号，并签印新闻出版总署印章、新闻记者证核发专用章、新闻记者证年度核验标签和本新闻机构（或者主办单位）钢印方为有效。

其他任何单位或者个人不得制作、仿制、发放、销售新闻记者证，不得制作、发放、销售专供采访使用的其他证件。

第二章 申领与核发

第七条 新闻出版总署负责全国新闻记者证的核发工作，省、自治区、直辖市新闻出版行政部门负责审核本行政区域新闻机构的新闻记者证。

第八条 新闻记者证由新闻机构向新闻出版行政部门申请领取。申领新闻记者证须由新闻机构如实填写并提交《领取新闻记者证登记表》、《领取新闻记者证人员情况表》以及每个申领人的身份证、毕业证、从业资格证（培训合格证）、劳动合同复印件等申报材料。

第九条 新闻机构中领取新闻记者证的人员须同时具备下列条件：

（一）遵守国家法律、法规和新闻工作者职业道德；

（二）具备大学专科以上学历并获得国务院有关部门认定的新闻采编从业资格；

（三）在新闻机构编制内从事新闻采编工作的人员，或者经新闻机构正式聘用从事新闻采编岗位工作且具有一年以上新闻采编工作经历的人员。

本条所称“经新闻机构正式聘用”，是指新闻采编人员与其所在新闻机构签有劳动合同。

第十条 下列人员不发新闻记者证：

（一）新闻机构中党务、行政、后勤、经营、广告、工程技术等非采编岗位的工作人员；

（二）新闻机构以外的工作人员，包括为新闻单位提供稿件或者节目的通讯员、特约撰稿人，专职或兼职为新闻机构提供新闻信息的其他人员；

（三）教学辅导类报纸、高等学校校报工作人员以及没有新闻采访业务的期刊编辑人员；

（四）有不良从业记录的人员、被新闻出版行政部门吊销新闻记者证并在处罚期限内的人员或者受过刑事处罚的人员。

第十一条 中央单位所办新闻机构经主管部门审核所属新闻机构采编人员资格条件后，向新闻出版总署申领新闻记者证，由新闻出版总署批准后发放新闻记者证。

第十二条 省和省以下单位所办新闻机构经主管部门审核所属新闻机构采编人员资格条件后，向所在地省、自治区、直辖市新闻出版行政部门申领新闻记者证，由省、自治区、直辖市新闻出版行政部门审核并报新闻出版总署批准后，发放新闻记者证。

其中，地、市、州、盟所属新闻机构申领新闻记者证须经地、市、州、盟新闻出版行政部门审核后，报省、自治区、直辖市新闻出版行政部门。

第十三条 记者站的新闻采编人员资格条件经设立该记者站的新闻机构审核，主管部门同意后，向记者站登记地省、自治区、直辖市新闻出版行政部门申领新闻记者证，由省、自治区、直辖市新闻出版行政部门审核并报新闻出版总署批准后，发放新闻记者证。

在地、市、州、盟设立的记者站，申领新闻记者证应报当地新闻出版行政部门逐级审核后，报省、自治区、直辖市新闻出版行政部门。

新闻机构记者站的新闻记者证应注明新闻机构及记者站名称。

第十四条 解放军总政治部宣传部新闻出版局负责解放军和武警部队（不含边防、消防、警卫部队）新闻机构新闻记者证的审核发放工作，并向新闻出版总署备案。

第十五条 除解放军和武警部队（不含边防、消防、警卫部队）系统外，新闻记者证申领、审核、发放和注销工作统一通过新闻出版总署的“全国新闻记者证管理及核验网络系统”进行。

第三章 使用与更换

第十六条 新闻采编人员从事新闻采访工作必须持有新闻记者证，并应在新闻采访中主动向采访对象出示。

新闻机构中尚未领取新闻记者证的采编人员，必须在本新闻机构持有新闻记者证的记者带领下开展采访工作，不得单独从事新闻采访活动。

第十七条 新闻机构非采编岗位工作人员、非新闻机构以及其他社会组织或者个人不得假借新闻机构或者假冒新闻记者进行新闻采访活动。

第十八条 新闻记者使用新闻记者证从事新闻采访活动，应遵守法律规定和新闻职业道德，确保新闻报道真实、全面、客观、公正，不得编发虚假报道，不得刊播虚假新闻，不得徇私隐匿应报道的新闻事实。

第十九条 新闻采访活动是新闻记者的职务行为，新闻记者证只限本人使用，不得转借或者涂改，不得用于非职务活动。

新闻记者不得从事与记者职务有关的有偿服务、中介活动或者兼职、取酬，不得借新闻采访工作从事广告、发行、赞助等经营活动，不得创办或者参股广告类公司，不得借新闻采访活动牟取不正当利益，不得借舆论监督进行敲诈勒索、打击报复等滥用新闻采访权利的行为。

第二十条 新闻记者与新闻机构解除劳动关系、调离本新闻机构或者采编岗位，应在离岗前主动交回新闻记者证，新闻机构应立即通过“全国新闻记者证管理及核验网络系统”申请注销其新闻记者证，并及时将收回的新闻记者证交由新闻出版行政部门销毁。

第二十一条 新闻记者证因污损、残破等各种原因无法继续使用，由新闻机构持原证到发证机关更换新证，原新闻记者证编号保留使用。

第二十二条 新闻记者证遗失后，持证人须立即向新闻机构报告，新闻机构须立即办理注销手续，并在新闻出版总署或者省、自治区、直辖市新闻出版行政部门指定的媒体上刊登遗失公告。

需要重新补办新闻记者证的，可在刊登公告一周后到发证机关申请补领新证，原新闻记者证编号同时作废。

第二十三条 新闻机构撤销，其原已申领的新闻记者证同时注销。该新闻机构的主管单位负责收回作废的新闻记者证，交由发证机关销毁。

第二十四条 采访国内、国际重大活动，活动主办单位可以制作一次性临时采访证件，临时采访证件的发放范围必须为新闻记者证的合法持有人，并随新闻记者证一同使用。

第二十五条 新闻记者证每五年统一换发一次。新闻记者证换发的具体办法由新闻出版总署另行制定。

第四章 监督管理

第二十六条 新闻出版总署和各省、自治区、直辖市新闻出版行政部门以及解放军总政治部宣传部新闻出版局负责对新闻记者证的发放、使用和年度核验等工作进行监督管理。

各级新闻出版行政部门负责对新闻记者在本行政区域内的新闻采编活动进行监督管理。

新闻出版行政部门根据调查掌握的违法事实，建立不良从业人员档案，并适时公开。

第二十七条 新闻机构的主管单位须履行对所属新闻机构新闻记者证的申领审核和规范使用的管理责任，加强对所属新闻机构及其新闻记者开展新闻采编活动的监督管理。

第二十八条 新闻机构须履行对所属新闻采编人员资格条件审核及新闻记者证申领、发放、使用和管理责任，对新闻记者的采访活动进行监督管理，对有违法行为的新闻记者应及时调查处理。

新闻机构应建立健全新闻记者持证上岗培训和在岗培训制

度，建立健全用工制度和社会保障制度，及时为符合条件的采编人员申领新闻记者证。

新闻机构不得聘用存在搞虚假报道、有偿新闻、利用新闻报道谋取不正当利益、违法使用新闻记者证等不良从业记录的人员。

第二十九条 新闻机构每年应定期公示新闻记者证持有人名单和新申领新闻记者证人员名单，在其所属媒体上公布“全国新闻记者证管理及核验网络系统”的网址和举报电话，方便社会公众核验新闻记者证，并接受监督。

第三十条 被采访人以及社会公众有权对新闻记者的新闻采访活动予以监督，可以通过“全国新闻记者证管理及核验网络系统”等途径核验新闻记者证、核实记者身份，并对新闻记者的违法行为予以举报。

第三十一条 新闻记者涉嫌违法被有关部门立案调查的，新闻出版总署可以视其涉嫌违法的情形，通过“全国新闻记者证管理及核验网络系统”中止其新闻记者证使用，并根据不同情形依法处理。

第三十二条 新闻记者证实行年度核验制度，由新闻出版总署和各省、自治区、直辖市新闻出版行政部门以及解放军总政治部宣传部新闻出版局分别负责中央新闻机构、地方新闻机构和解放军及武警部队（不含边防、消防、警卫部队）新闻机构新闻记者证的年度核验工作。

新闻记者证年度核验每年 1 月开始，3 月 15 日前结束，各省、自治区、直辖市新闻出版行政部门和解放军总政治部宣传部新闻出版局须在 3 月 31 日前，将年度核验报告报新闻出版总署。

新闻机构未按规定进行新闻记者证年度核验的，由发证机关注销其全部新闻记者证。

第三十三条 新闻记者证年度核验工作由新闻机构自查，填写《新闻记者证年度核验表》，经主管单位审核后，报新闻出版行政部门依法核验。年度核验的主要内容是：

（一）检查持证人员是否仍具备持有新闻记者证的所有条件；

（二）检查持证人员本年度内是否出现违法行为；

（三）检查持证人员的登记信息是否变更。

通过年度核验的新闻记者证，由新闻出版行政部门核发年度核验标签，并粘贴到新闻记者证年度核验位置，新闻记者证的有效期以年度核验标签的时间为准。未通过年度核验的新闻记者证，由发证机关注销，不得继续使用。

第五章 法律责任

第三十四条 新闻机构及其工作人员违反本办法的，新闻出版行政部门视其情节轻重，可采取下列行政措施：

（一）通报批评；

（二）责令公开检讨；

（三）责令改正；

（四）中止新闻记者证使用；

（五）责成主管单位、主办单位监督整改。

本条所列行政措施可以并用。

第三十五条 新闻机构工作人员有以下行为之一的，由新闻出版总署或者省、自治区、直辖市新闻出版行政部门给予警告，并处 3 万元以下罚款，情节严重的，吊销其新闻记者证，构成犯罪的，依法追究刑事责任：

（一）违反本办法第十七条，从事有关活动的；

（二）违反本办法第十八条，编发虚假报道的；

（三）违反本办法第十九条，转借、涂改新闻记者证或者利用职务便利从事不当活动的；

（四）违反本办法第二十条，未在离岗前交回新闻记者证的。

第三十六条 新闻机构有以下行为之一的，由新闻出版总署或者省、自治区、直辖市新闻出版行政部门没收违法所得，给予警告，并处3万元以下罚款，可以暂停核发该新闻机构新闻记者证，并建议其主管单位、主办单位对其负责人给予处分：

（一）违反本办法第六条，擅自制作、仿制、发放、销售新闻记者证或者擅自制作、发放、销售采访证件的；

（二）违反本办法第八条，提交虚假申报材料的；

（三）未按照本办法第九条、第十条，严格审核采编人员资格或者擅自扩大发证范围的；

（四）违反本办法第十六条，新闻机构内未持有新闻记者证的人员从事新闻采访活动的；

（五）违反本办法第二十条，未及时注销新闻记者证的；

（六）违反本办法第二十二条，未及时办理注销手续的；

（七）违反本办法第二十八条，未履行监管责任、未及时为符合条件的采编人员申领新闻记者证的或者违规聘用有关人员的；

（八）违反本办法第二十九条，未公示或公布有关信息的；

（九）违反本办法第三十二条，未按时参加年度核验的；

（十）对本新闻机构工作人员出现第三十五条所列行为负有管理责任的。

第三十七条 社会组织或者个人有以下行为之一的，由新闻出版行政部门联合有关部门共同查处，没收违法所得，给予警告，并处 3 万元以下罚款，构成犯罪的，依法追究刑事责任：

（一）擅自制作、仿制、发放、销售新闻记者证或者擅自制作、发放、销售采访证件的；

（二）假借新闻机构、假冒新闻记者从事新闻采访活动的；

（三）以新闻采访为名开展各类活动或者谋取利益的。

第三十八条 新闻记者因违法活动被吊销新闻记者证的，5 年内不得重新申领新闻记者证，被追究刑事责任的，终身不得申领新闻记者证。

第六章 附 则

第三十九条 国外及香港、澳门、台湾新闻机构的人员在境内从事新闻采访活动，不适用本办法。

第四十条 本办法自 2009 年 10 月 15 日起施行。2005 年 1 月 10 日新闻出版总署颁布的《新闻记者证管理办法》同时废止，本办法生效前颁布的与本办法不一致的其它规定不再执行。

新闻单位驻地方机构管理办法（试行）

2016年12月30日国家新闻出版广电总局令第11号公布

第一章　总　则

第一条　为规范新闻单位驻地方机构（以下称驻地方机构）的新闻采编活动，加强驻地方机构的管理，促进新闻事业健康有序发展，根据国家有关规定，制定本办法。

第二条　本办法所称驻地方机构，是指依法批准的新闻单位设立的从事新闻采编活动的派出机构。

本办法适用于下列新闻单位派出的驻地方机构从事新闻采编活动的管理：

（一）报纸出版单位、新闻性期刊出版单位；

（二）通讯社；

（三）广播电台、电视台、广播电视台；

（四）新闻网站、网络广播电视台；

（五）其他新闻单位。

第三条　国务院新闻出版广电主管部门负责全国驻地方机构的监督管理，制定全国驻地方机构的设立规划，确定总量、布局、结构。

县级以上地方人民政府新闻出版广电主管部门负责本行政区域内驻地方机构的监督管理。

新闻单位负责其驻地方机构从事新闻采编等活动的日常管

理，保障驻地方机构依法运行。

第四条 驻地方机构及其人员从事新闻采编活动应当以人民为中心，坚持为人民服务、为社会主义服务，坚持正确舆论导向，弘扬社会主义核心价值观，弘扬民族优秀文化。

第五条 驻地方机构及其人员从事新闻采编活动应当遵守法律法规，尊重社会公德，恪守职业道德，深入基层、深入群众、深入生活，确保新闻报道真实、全面、客观、公正。

第六条 驻地方机构及其人员从事新闻采编等活动受法律保护。

任何单位和人员不得干扰、阻挠驻地方机构及其人员的正常工作，不得假冒、盗用驻地方机构名义开展活动。

第二章 驻地方机构设立

第七条 国家对设立驻地方机构实行许可制度，未经批准不得设立，任何单位和人员不得以驻地方机构名义从事新闻采编活动。

新闻单位不得以派驻地记者方式代替设立驻地方机构从事新闻采编活动。

第八条 本办法第二条规定的新闻单位设立驻地方机构应当符合国务院新闻出版广电主管部门对驻地方机构总量、布局、结构的规划，并具备下列条件：

（一）在派驻地确有新闻采编需要；

（二）有健全的驻地方机构人员、财务、新闻采编活动等管理制度；

（三）有指导、管理驻地方机构的条件和能力；

（四）驻地方机构负责人具有新闻、出版、播音主持等专业的中级以上职称或者有 5 年以上新闻采编、新闻管理工作经历；

（五）驻地方机构有符合业务需要的持有新闻记者证的新闻采编人员；

（六）驻地方机构有满足业务需要的固定工作场所和经费；

（七）国家规定的其他条件。

第九条 申请设立驻地方机构的报纸出版单位，仅限于每周出版四期以上的报纸出版单位，不包括教学辅导类报纸、文摘类报纸、高等学校校报等出版单位。

申请设立驻地方机构的新闻网站，仅限于中央主要新闻单位所办中央重点新闻网站。

申请设立驻地方机构的新闻性期刊出版单位、广播电台、电视台、广播电视台、网络广播电视台，应当经国务院新闻出版广电主管部门认定。

第十条 新闻单位在同一城市只能设立一个驻地方机构。

报业集团、期刊集团或者有多家子报子刊的新闻单位应当以集团或者新闻单位名义设立驻地方机构，其下属新闻单位不得再单独设立驻地方机构。

第十一条 新闻单位设立驻地方机构，经其主管单位审核同意后，向驻地方机构所在地省、自治区、直辖市新闻出版广电主管部门提出申请。其中，中央主要新闻单位设立驻地方机构，须先经国务院新闻出版广电主管部门审核同意。

中央重点新闻网站设立驻地方机构，经驻地方机构所在地省、自治区、直辖市网信主管部门审核，并经国家网信主管部门审查同意后，向所在地省、自治区、直辖市新闻出版广电主管部门提出申请。

第十二条　新闻单位设立驻地方机构，应提交申请书及下列材料：

（一）驻地方机构负责人、新闻采编人员等的基本情况及其从业资格证明；

（二）符合本办法规定的驻地方机构人员编制或者劳动合同、聘用合同等证明；

（三）驻地方机构经费来源的证明；

（四）驻地方机构工作场所的证明；

（五）主管单位同意设立驻地方机构的证明；

（六）报纸出版单位出具报纸刊期的证明；

（七）新闻性期刊出版单位、广播电台、电视台、广播电视台、网络广播电视台出具国务院新闻出版广电主管部门认定的证明；

（八）中央重点新闻网站出具国家网信主管部门审查同意的证明。

第十三条　省、自治区、直辖市新闻出版广电主管部门自受理申请之日起20日内，作出批准或者不批准的决定。批准的，发放新闻单位驻地方机构许可证；不批准的，应当说明理由。

第十四条　驻地方机构名称由新闻单位名称和驻地方机构所在行政区域及单位名称组成。

第十五条　驻地方机构的登记地址、联系方式、负责人、新闻采编人员等发生变更，驻地方机构应当在变更后90日内到所在地省、自治区、直辖市新闻出版广电主管部门办理变更登记手续。

第十六条　新闻单位终止其驻地方机构业务活动，应当在30日内到所在地省、自治区、直辖市新闻出版广电主管部门办理注销登记手续，交回新闻单位驻地方机构许可证。

第十七条 新闻单位驻地方机构许可证由国务院新闻出版广电主管部门统一印制，有效期 6 年。

第三章 驻地方机构规范

第十八条 新闻单位应当在取得新闻单位驻地方机构许可证后 30 日内派遣新闻采编人员等到驻地方机构开展工作。

第十九条 新闻单位应当建立健全新闻线索集中管理和统一安排采访制度，规范驻地方机构的新闻采编活动。

第二十条 新闻单位应当建立规范的驻地方机构人员用工制度，签订劳动合同或者聘用合同，保障员工的薪酬、社会保障等各项权益。

第二十一条 新闻单位应当确保驻地方机构正常开展工作所需经费，不得向驻地方机构及其人员下达经营创收指标、摊派经营任务、收取管理费等。

第二十二条 新闻单位应当建立健全驻地方机构人员培训和在职教育制度，提升从业人员素质。

第二十三条 新闻单位应当建立健全驻地方机构负责人任期、轮岗、审计、约谈、问责等内部管理制度，对出现违法违规问题造成恶劣影响的，要撤换驻地方机构负责人并依法依规追究责任。

第二十四条 新闻单位应当建立健全巡视检查制度，定期开展巡视检查，强化对驻地方机构的日常管理。

第二十五条 新闻单位应当建立健全社会监督机制，公示驻地方机构及其负责人、新闻采编人员名单，接受社会监督。

第二十六条 新闻单位、驻地方机构及其人员不得以承包、出租、出借、合作等任何形式非法转让驻地方机构的名称、证照、新闻业务等。

第二十七条 驻地方机构应当在批准范围内从事与新闻单位业务范围相一致的新闻采编活动。

驻地方机构及其人员不得从事广告、出版物发行、开办经营实体等与新闻采编业务无关的活动。

第二十八条 驻地方机构负责人应当落实国家有关新闻采编的管理规定，对本机构的新闻采编工作全面负责。

驻地方机构应当建立新闻采编工作记录制度、自查评估制度。

第二十九条 驻地方机构及其人员不得有下列违法违规和违反职业道德的行为：

（一）编发虚假报道；

（二）有偿新闻、有偿不闻、新闻敲诈等；

（三）利用职务影响和职务便利要求采访、报道对象及相关单位和人员做广告、订报刊、提供赞助等；

（四）其他谋取不正当利益的行为。

第三十条 驻地方机构不得以任何名义设立分支机构、聘用人员，不得与党政机关混合设立，党政机关工作人员不得在驻地方机构兼职。

驻地方机构负责人原则上不得同时在两个以上驻地方机构任职。

第四章 监督管理

第三十一条 国务院新闻出版广电主管部门负责指导、协调地方新闻出版广电主管部门对全国驻地方机构的监督管理。

国务院新闻出版广电主管部门负责中央主要新闻单位和中央重点新闻网站驻地方机构执行本办法情况的监督抽查；负责督办、查处驻地方机构及其人员违反本办法的重大案件；负责依法将驻地方机构及其人员违反本办法受到行政处罚的情形记入新闻采编不良从业行为记录。

第三十二条 省、自治区、直辖市新闻出版广电主管部门负责本行政区域内驻地方机构的日常监督管理。

省、自治区、直辖市新闻出版广电主管部门应当建立健全准入退出、综合评估、监督抽查、年度核验、信息通报和公告等制度，负责查处本行政区域内驻地方机构及其人员违反本办法的行为。

省、自治区、直辖市新闻出版广电主管部门应当向国务院新闻出版广电主管部门定期报告驻地方机构准入退出、综合评估、监督抽查、年度核验和公告等情况。

第三十三条 地方各级新闻出版广电主管部门应当建立健全社会监督机制，受理对违反本办法行为的投诉、举报，并及时核实、处理、答复。

第三十四条 国务院新闻出版广电主管部门发现中央主要新闻单位和中央重点新闻网站驻地方机构有违反本办法行为的，可以对新闻单位相关负责人进行约谈，向有关部门提出处理建议。

省、自治区、直辖市新闻出版广电主管部门发现本行政区域内驻地方机构有违反本办法行为的，可以对新闻单位相关负责人，或者驻地方机构负责人进行约谈，向有关部门提出处理建议。

第三十五条 省、自治区、直辖市新闻出版广电主管部门应当与网信主管部门建立协作机制，通报本行政区域内中央重点新闻网站驻地方机构准入退出、变更备案、年度核验、案件查处等信息。

第三十六条 新闻单位的主管单位应当督促所属新闻单位及其驻地方机构执行本办法的各项管理规定，及时发现并纠正所属新闻单位、驻地方机构及其人员的违法行为，并依法追究所属新闻单位主要负责人和直接责任人的责任。

第三十七条 省、自治区、直辖市新闻出版广电主管部门每两年对本行政区域内驻地方机构统一组织年度核验，重点核查驻地方机构下列内容：

（一）新闻采编工作情况；

（二）负责人、持有新闻记者证的新闻采编人员等变更情况；

（三）是否存在违反本办法的行为及其处理情况。

第三十八条 驻地方机构应当按时将下列材料报省、自治区、直辖市新闻出版广电主管部门进行年度核验：

（一）驻地方机构年度工作总结报告；

（二）驻地方机构年度主要新闻报道目录或者证明其新闻采编业绩的有关材料；

（三）新闻单位对驻地方机构的年度评估报告；

（四）其他必需的有关材料。

中央重点新闻网站驻地方机构还应当提供省、自治区、直辖市网信主管部门提出的审核意见。

第三十九条 省、自治区、直辖市新闻出版广电主管部门应当及时向社会公告年度核验合格的驻地方机构名录；在年度核验中发现驻地方机构及其人员有违法行为的，应当依法处理；对不再具备行政许可法定条件的，应当责令限期改正，未按期改正的，应当依法撤销行政许可。

第五章　法律责任

第四十条　新闻出版广电主管部门或者其他有关部门工作人员有下列情形之一，尚不构成犯罪的，依法给予处分：

（一）利用职务便利收受他人财物或者其他好处的；

（二）违反本办法规定进行审批活动的；

（三）不履行监督职责的；

（四）发现违法行为不予查处的；

（五）干扰、阻挠驻地方机构及其人员正常的新闻采编活动、妨碍舆论监督的；

（六）其他违反本办法规定滥用职权、玩忽职守、徇私舞弊的情形。

第四十一条　驻地方机构出现下列情形之一的，由国务院新闻出版广电主管部门或者省、自治区、直辖市新闻出版广电主管部门责令新闻单位限期改正；新闻单位未按期改正的，由省、自治区、直辖市新闻出版广电主管部门撤销其新闻单位驻地方机构许可证：

（一）驻地方机构不具备本办法第八条、第九条规定的许可条件的；

（二）违反本办法第十八条，未在法定期限内开展工作的。

第四十二条　新闻单位及其驻地方机构有下列行为之一的，国务院新闻出版广电主管部门或者省、自治区、直辖市新闻出版广电主管部门可以采取通报批评、责令公开检讨、责令整改等行政措施，情节严重的，可以给予警告，可以并处3万元以下罚款：

（一）违反本办法第十五条、第十六条，未在法定期限内办理有关手续的；

（二）违反本办法第十九条、第二十条、第二十二条、第二十三条、第二十四条、第二十五条，未按规定开展工作、落实有关责任的；

（三）违反本办法第二十八条，驻地方机构负责人未按规定落实有关责任或者未建立有关制度的；

（四）违反本办法第三十八条，未按规定参加年度核验的。

第四十三条 新闻单位及其驻地方机构有下列行为之一的，国务院新闻出版广电主管部门或者省、自治区、直辖市新闻出版广电主管部门可以采取通报批评、责令公开检讨、责令整改等行政措施，可以给予警告，可以并处3万元以下罚款，情节严重的，撤销其新闻单位驻地方机构许可证：

（一）违反本办法第二十一条，向驻地方机构及其人员下达经营创收指标、摊派经营任务、收取管理费的；

（二）违反本办法第二十六条，非法转让驻地方机构的名称、证照、新闻业务等的；

（三）违反本办法第二十七条、第二十九条，从事与新闻采编业务无关的活动或者从事违法违规和违反职业道德行为的；

（四）违反本办法第三十条，违规设立分支机构、聘用人员，与党政机关混合设立，党政机关工作人员在驻地方机构兼职的。

第四十四条 违反本办法第六条、第七条，擅自设立驻地方机构或者采取假冒、盗用等方式以驻地方机构或者驻地记者名义开展活动的，由省、自治区、直辖市新闻出版广电主管部门予以取缔，可以并处3万元以下罚款，没收违法所得。

第六章　附　则

第四十五条　本办法施行前已经设立的驻地方机构，自本办法施行之日起 6 个月内，由新闻单位持原批准文件到驻地方机构所在地省、自治区、直辖市新闻出版广电主管部门换发新闻单位驻地方机构许可证。

第四十六条　本办法自 2017 年 6 月 1 日起施行。2009 年 8 月 6 日原新闻出版总署颁布的《报刊记者站管理办法》同时废止。

关于调整向北京图书馆缴送杂志样本数量的通知

新闻出版署　1991 年 11 月 4 日　（91）新出期字第 1316 号

各省、自治区、直辖市及计划单列市新闻出版局：

北京图书馆负有为国家全面、完整地收藏国内出版物并妥善保存的职能，为不使杂志样本出现缺藏，并考虑到杂志样本缴送的历史沿革，经研究，对我署《重申〈关于征集图书、杂志、报纸样本办法〉的通知》（〔91〕新出图字第 990 号）附表中，杂志向北京图书馆缴送样本的数量进行调整，由 1 本增至 3 本，其它各项不变。

专此通知。

关于对证券、期货专业报纸和期刊加强管理的通知

新闻出版署 1994年12月9日 （94）新出报1015号

各省（自治区、直辖市）新闻出版局、证券主管部门：

经与国务院证券委员会商定，为了对报纸和期刊对证券、期货市场信息的披露加强管理，实现证券市场的“公开、公平”和“诚实、信用”原则，保护广大投资者的合法权益，根据我国的具体情况，特对提供证券、期货市场信息的专业报纸和期刊（以下简称“证券期货报刊”）的管理作如下决定：

一、加强对公开发行的证券期货报刊的管理

（一）证券期货报刊的出版条件：

1. 符合《报纸管理暂行规定》、《期刊管理暂行规定》中的有关规定；

2. 报纸必须为日报，期刊为周刊（出版周期不允许超过一周），但理论性刊物不在此列。

3. 总编辑、主编及主要编采人员必须具有5年以上新闻专业工作经历，熟悉证券、期货业务（不熟悉的须经过专业培训）。有违法违纪或受刑事关押记录的不允许任用。

4. 根据证券、期货市场特点，实行证券、期货市场利益主体不办报刊的原则。下列单位不能成为证券期货报刊的主管、主办或合办、协办、联办、参股、参与、资助单位：

国家和地方证券、期货管理部门（包括中央和地方的证券监

督管理委员会）；证券、期货交易所；证券交易中心；证券、期货经营机构、证券投资（咨询）机构；上市公司；其他有关利益主体。

上述单位的在职人员不得在证券期货报刊任职或兼职，也不得担任顾问或各种名誉职务。

（二）证券期货报刊的办报办刊宗旨及报道内容必须做到：

1．正确宣传国家有关证券、期货市场的方针、政策、法规、规章；

2．客观、及时、准确地（对不同内容的消息和评论要完整、充分地）传播有关证券、期货市场的信息；

3．重视教育和提高投资者的法制观念和自主决策能力；

4．发现证券、期货市场中存在危害国家利益和投资大众根本利益的问题时，及时向国家有关证券、期货管理部门反映；

5．严格审查股评专栏或文章内容、慎重采用，不为股评造市提供版面；实际存在着观点对立或完全不同的股评时，在同一专栏同时刊登；

6．从事证券、期货新闻报道的记者及股评分析人员须填写《买卖股票、期货登记表》。有关办法由国务院证券委员会另行规定。

7．遵守国家对报纸期刊及新闻事业制定的原则、方针及法规规章。

8．遵守新闻出版署和国务院证券委员会共同制定的其他规定。

对违反上述规定者，要严格按照有关法规、规章进行查处。同时，证券管理监督机构有权责成证券期货报刊或通过其他新闻媒体公布案情，也可以建议、参与新闻出版行政管理部门或共同与国家其他有关部门一起查处。

二、原则上不再批准办证券、期货专业内部报刊。已办的此类内部报刊，依据《内部报刊管理原则》及有关规定施行管理。内容有市场信息和股评的一律停办。其他必须要办的，内容仅限于理论范围。

三、对已公开发行的不符合本通知第一条规定的证券期货报刊的处理：

（一）地方证券、期货管理部门，证券、期货交易场所，证券、期货经营机构已创办、委托创办或指定的公开发行的证券期货报刊，须在半年内（起始时间为本通知发文时间）与这些报刊脱钩，改由符合本通知规定的单位办。脱钩后无主管单位的必须停办。

（二）上述单位与报刊社脱钩时必须做到：

1．撤回投入的资金；

2．上述单位的在职人员应辞去在报刊社所兼任的一切职务，包括各类名誉职务；

3．报刊上不得再注明由上述单位主办、合办、协办、联办、资助、指定等字样。

对在规定时间内未完成脱钩工作的证券期货报刊，予以停办或注销登记，并由中国证券监督管理委员会通过新闻媒体向全国公布。

四、证券期货报刊不宜多办，具备创办条件的地区和部门，必须遵照新闻出版署的有关规定，严格履行申办手续，并经中国证券监督管理委员会等部门会签后才可批准创办。

五、本通知自发布之日起由中国证券监督管理委员会协助实施，各项内容由新闻出版署和国务院证券委员会共同解释。

关于颁发《报刊社社长总编辑（主编）任职条件的暂行规定》的通知

新闻出版署　1995 年 10 月 19 日　（95）新出报 1294 号

各省、自治区、直辖市新闻出版局、中央各部委：

现将《报刊社社长总编辑（主编）任职条件的暂行规定》发给你们。这个规定已经中宣部同意，是报刊管理工作的一个重要文件。今后各地在申报新批报刊时，应按此规定对社长、总编辑（主编）情况进行审核，并将情况和报告一并上报新闻出版署。在对报刊实施年度核验中，请将这一规定纳入年检内容。

报刊社社长总编辑（主编）任职条件的暂行规定

第一条　为提高报刊质量，使之更好地为社会主义精神文明和物质文明建设服务，制定本规定。

第二条　报刊社社长、总编辑（主编）应有较高的马克思主义理论修养和政策水平，有强烈的事业心和高度的责任感，有积极的开拓精神和良好的职业道德。

第三条　报刊社社长、总编辑（主编）应坚持建设有中国特色社会主义的理论和党的基本路线，坚持为人民服务、为社会主义服务的方针，坚持为全党全国大局服务的原则，执行社会主义新闻出版的工作方针和政策，遵守国家的有关法律、法规。

第四条 报刊社社长、总编辑（主编）应熟悉报刊编辑出版及经营管理业务，熟悉与报刊有关的专业知识，具有较丰富的采编工作经验和较高的写作能力，胜任终审定稿工作，有较强的组织协调和经营管理能力。

第五条 报刊社社长、总编辑（主编）须参加新闻出版署（或本省、自治区、直辖市新闻出版局）按相应岗位规范和培训要求举办的培训班进行培训，并取得社长、总编辑（主编）《岗位培训合格证书》。

第六条 报社社长、总编辑应具有以下专业技术资格：

一、中央及国务院各部委、直属机构主办的报纸，地方省级党委机关报，其社长、总编辑应具有副高级以上（含副高级）的新闻专业技术职称，或相应专业技术职称，并有五年以上编采工作经历。

二、省、自治区、直辖市厅局级主办的报纸，地区（市）党委机关报，其社长、总编辑应具有副高级以上（含副高级）的新闻专业技术职称，或相应专业技术职称。

三、其他报纸，其社长、总编辑应具有中级以上（含中级）的新闻专业技术职称。

第七条 期刊社社长、总编辑（主编）应具有以下专业技术资格：

一、中央及国务院各部委、直属机构主办的刊物，地方省级党委和政府机关刊物，其社长、总编辑应具有副编审以上（含副编审）的职称，或相应专业技术职务。

二、省、自治区、直辖市厅局级主办的刊物，地区（市）党委政府机关刊物，其社长、总编辑应具有副编审以上（含副编审）的职称，或相应专业技术职务。

三、各种专业技术类刊物，其社长、总编辑应具有本专业中级技术职务，或相应专业职称。

第八条 报刊社社长、总编辑（主编）必须是中华人民共和国公民，必须是主管、主办单位的在编人员。必须具备行为端正、道德品质良好等素质。有刑事犯罪记录、违法记录和劣迹表现者，受过重大行政纪律处分者不能担任社长、总编辑（主编）。

第九条 所主持的报刊被停刊整顿者，报刊被新闻出版管理部门多次警告批评而不纠正者，其负有直接责任的社长、总编辑应调离社长、总编辑（主编）的工作岗位，并不得再担任其他报刊的社长、总编辑（主编）。

第十条 新闻出版管理部门在对报刊实施年检及在对新申办报刊进行审核时，对社长、总编辑（主编）的任职条件应进行认真审查，不符合条件的不予登记和审批。特殊情况须经新闻出版署批准。

第十一条 本规定适用于报刊社副社长、副总编辑（副主编）。

第十二条 在执行本规定中有特殊情况者，需报新闻出版行政管理部门审核批准。

第十三条 本规定由新闻出版署负责解释。

第十四条 本规定自发布之日起施行。

关于将执行《著作权法》情况列入报刊年检的通知

新闻出版署　国家版权局　1996年7月8日　（96）新出联17号

各省、自治区、直辖市新闻出版局、版权局、中央级报刊社：

《中华人民共和国著作权法》（以下简称《著作权法》）是鼓励有益于社会主义精神文明、物质文明建设的作品的创作与传播，调整作者与报刊传播者关系的重要法律。《著作权法》第三十二条及《中华人民共和国著作权法实施条例》（以下简称《实施条例》）第四十九条对报刊刊载或转载、摘编作品作了明确规定。为了保证报刊依法使用作品，保护著作权人的合法权益，新闻出版署与国家版权局于1993年5月联合发布了《关于认真做好报刊转摘作品付酬及收转工作的通知》（新出联〔1993〕8号）。通知下发后，多数报刊社能按其要求遵守《著作权法》及其《实施条例》的规定。但是，也有相当数量的报刊社，特别是一些专门从事报刊转摘的报刊社，仍未按通知精神和《著作权法》及其《实施条例》的规定，使用作品不向著作权人支付报酬；著作权人或著作权人地址不明的，也不将报酬寄送国家版权局指定的收转机构。为了维护法律的严肃性，保证报刊社依法经营，特将报刊社执行《著作权法》及其《实施条例》的情况列入一年一度的报刊年检。现将有关要求通知如下：

一、各地在年检中应督促各转载、摘编其他报刊文章的报刊社，严格按照《著作权法》及其《实施条例》的规定向著作权人支付报酬，著作权人或著作权人地址不明的，应将报酬寄送国家版权局指定的收转机构“中国著作权使用报酬收转中心”。

二、各报刊社转载、摘编其他报刊文章并向著作权人支付报酬的情况，应自觉接受著作权行政管理部门的监督。

三、各报刊社接受年检时，应主动向报刊年检机关出示转载、摘编作品，执行《著作权法》及其《实施条例》，向著作权人支付报酬的证明材料。报刊年检机关应对报刊社提供的证明材料进行抽查核实。

四、对不严格遵守《著作权法》及其《实施条例》的规定，不向著作权人支付报酬，又不将报酬寄送国家版权局指定的收转机构的报刊社，报刊年检机关将视情节给予警告、缓验；对拒不执行《著作权法》及其《实施条例》的，报刊年检机关将不予核验。

五、各地著作权行政管理机关，应协助报刊管理部门对报刊执行《著作权法》的情况进行“年检”，必要时抽专人配合“年检”工作。

关于发布《报刊刊载虚假、失实报道处理办法》的通知

新闻出版署　1999年7月8日　新出报刊〔1999〕859号

中央、国务院各部委、各直属机构，各人民团体，解放军总政治部，各省、自治区、直辖市新闻出版局：

为了维护出版秩序，保证报刊报道内容的真实、准确、公正，现制定《报刊刊载虚假、失实报道处理办法》，自发布之日起执行。

报刊刊载虚假、失实报道处理办法

为了保证报刊新闻报道内容的真实、准确、公正，维护公民、法人或其他组织的合法权益，维护报刊的出版秩序，根据《出版管理条例》相关条款，对报刊刊载虚假、失实报道和纪实作品的处理作如下规定：

一、报纸、期刊必须遵守新闻出版法规，刊载新闻报道和纪实作品必须真实、准确、公正。报刊不得刊载虚假、失实的报道和纪实作品。

二、报纸、期刊刊载虚假、失实报道和纪实作品，有关出版单位应当在其出版的报纸、期刊上进行公开更正，消除影响；致使公民、法人或其他组织的合法权益受到侵害的，有关出版单位应当依法承担民事责任。

三、报纸、期刊刊载虚假、失实报道和纪实作品，致使公民、

法人或其他组织的合法权益受到侵害的，当事人有权要求更正或者答辩，有关出版单位应当在其出版的报纸、期刊上予以发表；拒绝发表的，当事人可以向人民法院提起诉讼。

四、报纸、期刊因刊载虚假、失实报道和纪实作品而发表的更正或答辩，必须符合以下要求：

（一）凡公开更正的，应自虚假、失实报道和纪实作品发现之日起，在其最近出版的一期报纸、期刊的同等版位上发表；

（二）凡按当事人要求进行更正或发表答辩的，应自当事人提出要求之日起，在其最近出版的一期报纸、期刊的同等版位上，予以发表。

五、报纸、期刊转载虚假、失实报道和纪实作品，其更正和答辩，按照本办法第四条的规定办理。

六、报纸、期刊刊载虚假、失实报道和纪实作品，造成不良社会影响的，新闻出版署或者所在地省、自治区、直辖市新闻出版局可视情节轻重，对其采取下列行政措施：

（一）下达违规通知单；

（二）通报批评；

（三）责令限期更正或检讨。

七、报纸、期刊刊载虚假、失实报道和纪实作品致使国家和社会公共利益受到损害、造成严重社会影响的，新闻出版署或者所在地省、自治区、直辖市新闻出版局可视情节轻重，给予警告或 10000 元以下罚款的行政处罚。

八、报纸、期刊刊载虚假、失实报道和纪实作品被采取行政措施或受到行政处罚的，新闻出版署、所在地省、自治区、直辖市新闻出版局还可同时建议其主管部门、主办单位对违规报刊进行整顿，对有关责任人给予相应的行政处分。

九、本办法自发布之日起实施。

关于规范涉外版权合作期刊封面标识的通知

新闻出版署　2000 年 4 月 10 日　新出报刊〔2000〕430 号

各省、自治区、直辖市新闻出版局，总政宣传部新闻出版局，中央国家机关期刊管理部门：

1999 年，新闻出版署相继颁发了《关于严格期刊刊号管理问题的通知》（新出报刊〔1999〕1114 号）、《关于规范期刊刊名标识的通知》（新出报刊〔1999〕1115 号）、《关于进一步加强期刊刊期变更审批管理的通知》（新出期刊〔1999〕1189 号）等规范性文件，对加强期刊出版管理特别是规范期刊标识发挥了积极作用。但是，在涉外版权合作期刊的封面标识问题上，目前还存在混乱现象。为进一步规范涉外版权合作期刊的封面标识，现通知如下：

一、本通知所称的涉外版权合作，是指经新闻出版管理部门审核批准的正式期刊，在不改变期刊名称、办刊宗旨和主办单位的情况下，通过与境外出版单位或其他机构签订合同，由境外出版单位或其他机构定期向我方提供其享有版权的作品的合作行为。涉外版权合作期刊，不是我方与境外出版单位或其他机构共同合作办刊。

二、期刊社与境外出版单位或其他机构进行版权合作必须经新闻出版署批准，并且应严格贯彻执行新出报刊〔1999〕1145 号关于“未经新闻出版署批准，不得以中文或外文将与其进行版权贸易的境外出版单位或其他机构的名称在期刊封面上刊出”的规定。

三、经新闻出版署批准的与境外出版单位或其他机构版权合作的期刊，可以“本刊与××（国家）××杂志或出版机构进行版权合作”字样在期刊封面上刊出。其中“××杂志或出版机构”可用英文或其他外文，但字号必须明显小于中文期刊名称。

四、未经新闻出版署批准已与境外出版单位或其他机构进行版权合作的期刊，应按新办期刊程序向新闻出版署重新办理申请手续，同时提供原审批机关的批件和与境外出版单位或其他机构签订的版权合同（复印件）。

五、未经新闻出版署批准，又不能提供原审批机关批件，视为擅自与境外出版单位或其他机构进行版权合作，应立即停止。如继续违规出版，将根据情节给予警告、罚款的行政处罚。

各地、各部门接到本通知后，请立即传达到各有关期刊社（编辑部）。

关于严格执行期刊“三审制”和“三校一读”制度保证出版质量的通知

新闻出版署　2001年2月22日　新出报刊〔2001〕142号

各省、自治区、直辖市新闻出版局，中央国家机关期刊管理部门，解放军总政治部宣传部新闻出版局：

近年来，由于一些期刊社内部管理制度不严，人员业务素质不高，直接影响了期刊出版质量。特别是近一时期，有的期刊社不认真执行出版工作的“三审制度”和校对制度，致使刊物错字、漏字的情况时有发生，甚至出现严重政治性差错。为了尽快纠正目前期刊审稿和编校工作中的不良倾向，严格执行期刊管理质量标准，保证期刊出版质量，现就加强期刊编校工作和严格执行稿件审核制度等方面的有关事项通知如下：

一、各类期刊的出版必须坚持质量第一的指导思想，强化“严格管理、重在质量”的办刊意识，努力保证期刊的出版质量达到国家规定的标准和要求。

二、期刊出版单位应建立健全编辑机构和内部管理制度，进一步完善和规范稿件的编发审核制度，严格执行稿件“三审制度”，切实做好稿件的初审、复审和终审工作。对稿件编排的各个技术环节，都要规范操作，杜绝事故隐患。

三、期刊出版单位必须严格执行责任校对制度和“三校一读”制度，对全部稿件都要有专职校对人员负责进行校对。校对人员需对校对质量负责。期刊稿件的校对应不低于三个校次，重要的文章或内容应增加校次。每期刊物的终对校工作必须由本刊社（编辑部）具有中级以上职称的校对人员担任。已经采用现代排版技术的期刊出版单位，必须由专职校对人员通读复印软片或软片样。

四、期刊出版应坚持责任编辑制度。责任编辑需进行稿件的初审、编辑和付印样的通读等工作。责编人员对稿件的内容、体例、语言、文字进行编辑加工，防止和消除各种技术性差错或原则性错误，并负责对版式设计、排版、校对、印刷等各个出版环节进行监督，以保证期刊出版质量。

五、期刊出版必须认真执行总编辑（主编）终审制度。每期刊物的付印样或胶片，必须由总编辑（主编）进行终审核签字。

六、期刊必须到有“出版物印刷许可证”的企业制做软片或印刷，不得在非出版物印制许可单位印制。

七、各期刊出版单位接本通知后，应按照通知的规定和要求，进行认真对照检查，对不符合或未达到规定要求的，应立即采取必要措施予以纠正和完善。

八、对违反本通知规定并造成严重后果的期刊出版单位，由新闻出版行政管理部门按照有关规定给予相应的行政处罚，其主管部门和主办单位应对有关责任人给予相应的行政处分。

关于印发《关于落实中办、国办〈关于进一步治理党政部门报刊散滥和利用职权发行，减轻基层和农民负担的通知〉的实施细则》的通知

新闻出版总署　2003年7月23日　新出报刊〔2003〕745号

各省、自治区、直辖市新闻出版局，新疆生产建设兵团新闻出版局，总政宣传部新闻出版局：

为贯彻落实《中共中央办公厅、国务院办公厅关于进一步治理党政部门报刊散滥和利用职权发行，减轻基层和农民负担的通知》（中办发〔2003〕19号），我署制定了《关于落实中办、国办〈关于进一步治理党政部门报刊散滥和利用职权发行，减轻基层和农民负担的通知〉的实施细则》。该《实施细则》已征求中纪委、中央宣传部、中直机关工委、中央国家机关工委、中编办、监察部、财政部、农业部、审计署、税务总局、工商总局、国家邮政局的意见，并报经中央治理党政部门报刊散滥和利用职权发行工作协调领导小组同意。现印发给你们，请认真贯彻执行。

关于落实中办、国办《关于进一步治理党政部门报刊散滥和利用职权发行，减轻基层和农民负担的通知》的实施细则

根据《中共中央办公厅、国务院办公厅关于进一步治理党政

部门报刊散滥和利用职权发行，减轻基层和农民负担的通知》（中办发〔2003〕19号）精神，制定本实施细则。

这次治理工作的范围是：各级党的机关和政府组成部门、直属机构、办事机构等主管、主办的报刊；省级和省级以下行业组织主管、主办的报刊；利用职权摊派发行报刊的各种行为。

一、关于中央党政部门报刊的治理

（一）中央党政部门所办报刊，除公报、政报、文告外，要与部门实行管办分离，由读者自费订阅。管办分离指在坚持《出版管理条例》确定的主管主办制度前提下，对报刊管理方式作出的一种调整。具体要求是：

1．人员分离。报刊工作人员不得与党政部门公务员混岗。各级党政部门现职领导干部不得兼任报刊社社长、总（主）编、顾问或编委会成员、理事等职务。党政部门工作人员不得在部门所属报刊单位兼职。不得以党政部门名义参与协办报刊。

2．财务分离。报刊实行自主经营、独立核算。党政部门不得以任何名目向报刊单位收取管理费、发行费和其它费用，更不得把报刊经营收入变成机关的“小金库”。

3．发行分离。党政部门及其工作人员不得为报刊发行和承揽广告业务提供各种便利，不得参与报刊的经营活动。报刊不得利用部门职权搞摊派发行。

管办分离后，主管部门仍要履行主管职责。主要包括对报刊的舆论导向、出版质量进行监管；监督国有资产的保值增值，防止国有资产流失；加强领导班子建设，任免报刊单位主要负责人。

（二）经编制部门批准、具备独立法人资格，导向正确、5年以上没有违规记录、经营状况良好的报刊社，经新闻出版总署审核批准后，可作为报刊主办单位，仍由原主管部门主管。不具备上述条件的报刊，可划转到在京报业集团、出版集团或经国务院批准的全国性行业组织、群团组织主管主办。划转中找不到新闻出版行政部门认定的具备资格的主管主办部门的报刊，予以停办。

（三）同一部门现有报刊，内容相近、交叉重复的，分别合并为1种后，实行管办分离。

（四）对未达到国家规定报刊出版质量标准的，或主要在本系统内征订发行、读者自费订阅数量不足发行总量50%的部门报刊，予以停办。用民族文字出版的报刊予以保留。

对国务院机构改革中撤销部门所办的报刊，予以停办；对机构改革中合并或职能划转部门所办的报刊，找不到新闻出版行政部门认定的具备资格的主管主办单位的，予以停办。

（五）公报、政报、文告一律免费赠阅。

二、关于地方党政部门报刊的治理

（一）省级党政部门报刊

1. 省、自治区、直辖市党委统一主管主办1份党报和1份党刊，政府主管主办1份免费赠阅的公报或政报。新疆、西藏、青海等省（区）没有办党委机关刊的，可将党委有关部门所办刊物合并为1份党刊。上海、安徽、福建、江西、广东、海南、宁夏等省（区、市）现由党委主管、部门主办的党刊，改为由党委主管主办。

2. 省、自治区、直辖市党政各部门所办报刊，原则上划转到省级党报集团、广电集团、出版集团。导向正确、经营状况良好，年广告收入5000万元以上的报社或1000万元以上的期刊社，也可以接收被划转的报刊。被划转的报刊经调整后，面向市场，由读者自费订阅。

3. 对本地区由部门所办报刊中内容相近、交叉重复的进行合并，保留1种并实行划转。

4．对主要在本系统内自办发行、读者自费订阅数量不足发行总量50%的部门报刊，予以停办。对经营困难、资不抵债，或在划转中找不到新闻出版行政部门认定具备资格的主管主办单位的报刊，予以停办。民族自治区用民族文字出版的报刊予以保留。

5．创办5年以上、无违规违纪记录、经营状况良好、读者自费订阅量超过发行总量80%、已经面向市场的报刊，可仍由原主管部门主管，但要实行管办分离。

6．省级和省级以下政法、公安、财政、税务、工商、计生、交通、检验检疫、环保、消防等部门所属行业性协会、学会、研究会等不办报刊，已办的一律停办。

7．副省级城市党委主管主办1份党报，除此之外其他报刊包括党政部门所办报刊划转到党报（集团）。划转中，对内容相近、交叉重复的进行合并；对质量不高，经营困难的，予以停办；无法划转和合并的，也要停办。

（二）市（地、州、盟）党政部门报刊

1．市（地、州、盟）党委主管主办1份党报，主管主办的其他报刊一律划转给市（地、州、盟）党报。党报所办的子报子刊予以保留。

2．市（地、州、盟）党政各部门所办报刊一律停办。民族自治地区用民族文字出版的报刊予以保留。

（三）县（市、旗）和城市区报刊

1．县（市、旗）和城市区不办报刊，已办的要停办。对解放前由我党创办的报纸，民族自治县（市、旗）的报纸及民族文字报纸，予以保留。

2．对人口在50万以上，国内生产总值在100亿元以上，社会消费品零售总额在30亿元以上的县（市、旗）所办报纸，年广告收入在400万元以上的，经严格评估论证后，可由省级党报或地市级党报进行有偿兼并，或改办为地市级党报的县市版。

三、加大对报刊摊派行为的治理力度

（一）各地区、各部门要按照标本兼治的原则，加大对报刊摊派行为的治理力度，把纠正报刊摊派中的突出问题、查处违规违纪违法案件作为治理工作的重要内容。各级纪检、监察（纠风）、新闻出版、财政、审计、物价、工商等部门要各司其职，按照各自的职责和分工，对治理工作作出具体安排。中央和省（区、市）的纪检、监察（纠风）和新闻出版行政部门要设立举报电话，并在媒体上公布，接受单位和个人对报刊摊派行为的检举。

（二）有关部门要依照相关法规和规定，对摊派行为予以及时制止和纠正。确认为摊派行为的，财政、审计、物价、工商等部门要责令其停止摊派，限期退回摊派的款项，并可视情况依法给予经济处罚；情节严重的，纪检、监察机关要按照《国务院关于发布〈禁止向企业摊派暂行条例〉的通知》（国发〔1988〕25号）、《中共中央、国务院关于坚决制止乱收费、乱罚款和各种摊派的决定》（中发〔1990〕16号）、《中共中央、国务院关于切实做好减轻农民负担工作的决定》（中发〔1996〕13号）、《中共中央、国务院关于治理向企业乱收费、乱罚款和各种摊派等问题的决定》（中发〔1997〕14号）和国务院《违反行政事业性收费和罚没收入收支两条线管理规定行政处分暂行规定》（国务院第281号令）等有关规定，给予有关责任人和负有领导责任的党政领导党纪政纪处分，新闻出版行政部门要根据有关规定对报刊给予停刊整顿直至撤销刊号的处罚；构成犯罪的，由司法部门追究刑事责任。治理范围包含以下摊派行为：

1．任何部门或单位利用职权通过发文件、下指标，或采取电话通知、利用系统工作会议提要求、下发报刊订阅“建议表”等各种手段发行的；将企业事业、乡镇、村级组织等基层单位是否订阅报刊与工作考核、评优达标挂钩，搞所谓“一票否决”的；利用登记、年检、办证、办照、征税等工作之便强行要求服务和管理对象订阅的。

2．任何报刊采取提成回扣、赠钱赠物、出国考察、公费旅游等办法推销的；利用报刊版面以宣传、表扬为由搞有偿新闻或所谓形象版变相摊派，或以批评相要挟征订的；子报、子刊、地方版以党报党刊名义搭车发行的；限定发行范围超范围发行的。

3．任何部门或单位为报刊承揽广告业务提供方便并收取广告费提成的；巧立名目向报刊社收取管理费、发行费、劳务费的；把报刊社的经营收入转入机关或机关以外变成机关的“小金库”的。

4．其它具有摊派或变相摊派性质的行为。

（三）突出重点，加强监督检查。本次治理工作结束前，各地区、各部门要按照要求普遍进行一次自查自纠。自查自纠工作要不留死角，不走过场。在自查自纠的基础上，中央和省一级的纪检、监察（纠风）、新闻出版行政部门要会同财政、审计、物价、工商等部门组织重点检查。对检查发现的问题，要及时纠正；对顶风违规违纪违法的典型案件，严肃处理，公开曝光。要针对报刊出版发行中存在的问题，建立健全规章制度。各省（区、市）可结合本地实际，制定对报刊摊派行为的党纪政纪处分规定。

四、改进党报党刊发行工作

（一）乡镇、村级组织、农村中小学等基层单位用定额管理的公费订阅重点党报党刊的范围，是指人民日报、求是杂志、省级党报党刊、地市级党报。凡是公费订阅报刊的乡镇以上机关单位和领导干部，要首先订阅党报党刊特别是中央级党报党刊。经济状况较好的村级组织要订阅人民日报。用公费订阅求是杂志原则上订到乡镇一级。组织部门应研究制定用党费订阅党报党刊的具体办法，保证有一定比例的党费用于本地区、本单位党组织，特别是贫困地区的乡镇、村级组织、中小学校的党组织订阅党报党刊。

（二）全面落实乡镇、村级组织、农村中小学公费订阅报刊最高限额制度。各省、自治区、直辖市党委、政府规定的报刊订阅最高限额标准要向社会公布，接受群众监督。任何地方不得突破限额。

（三）从实际出发，实事求是地确定各地区各部门订阅党报党刊的数量，不搞强迫命令，坚决制止层层加码。为切实减轻基层和农民负担，在农村地区，人民日报、省级党报要创造条件出版版面较少、价格较低、针对性和实用性较强的农村版。

五、关于内部资料性出版物的管理

（一）中央、省（区、市）、市（地、州、盟）党政部门报刊在停办、合并中，个别确因指导工作需要的，在停办公开发行的报刊后，经所在地省级新闻出版行政部门批准，可改办一份连续性的内部资料性出版物，免费赠阅。

（二）内部资料性出版物严格限定在本单位、本系统、本行业内部交流，不得收取任何费用，不得刊登广告，不得公开或变相公开征订发行，不得从事经营性活动。连续性内部资料性出版物一律采用刊型，装订成册，不得以报型或散页形式出现，周期限定为半月以上。

（三）各级新闻出版行政部门要按照属地管理原则，加强对连续性内部资料性出版物的管理。每年在指定的省、市（地）两级报纸上集中公示。凡发现有各种收费、登广告等违规行为的，一律取缔准印证。

六、做好报刊调整的相关工作

（一）报刊调整中，要妥善做好人员安置工作。对符合公务员条件、确有需要又有编制的人员，可以回到原主管部门工作；对素质好、适合做新闻出版工作的，原主管部门可以协助推荐到其他新闻出版单位工作；鼓励一部分人自己创业，主管部门为其提供必要的帮助。对社会招聘人员亦要按国家有关劳动就业法律、法规和政策妥善处置。按照谁主管谁负责的原则，凡属停办和管办分离的报刊，由原主管部门对报刊社所属人员做出妥善安置；凡属被划转、合并的报刊，由接收单位和原主管部门协商，以接收单位为主，对人员妥善安置。对停办的报刊，由同级机构编制部门根据机构编制管理的有关规定，撤销机构、核销编制。

（二）主管部门要加强对调整报刊的资产和财务监管，防止国有资产流失。在划转、合并前，由原主管部门承担资产监管责任，并组织清产核资，结果报国有资产管理部门核准；划转、合并后，由接收单位承担资产监管责任；所有停办、划转、合并报刊的主要负责人，对资产承担直接责任。凡确定被停办、分离的报刊，原主管单位负责处理债权债务；凡确定被划转、合并的报刊，由接收单位负责处理债权债务。同时，报刊社要妥善处理好对外签订的发行、印刷、广告等经营性合同。

自中办、国办《通知》发布之日起，所有被确定停办、分离、划转、合并的报刊，由主管部门会同所在地财政、审计等部门对其进行财务监督，除留有必要的出版流动资金外，其余资金予以冻结。对停办和合并的报刊社，要及时组织资产评估，评估后的资产，报国有资产管理部门核准后按国家有关规定处置。发现转移或变相转移国有资产、突击花钱等违规违纪行为的，由纪检、监察部门严肃查处。触犯刑律的，由司法部门依法追究责任。

（三）报刊调整期间，原主管部门、接收单位和报刊社都必须加强对报刊政治导向的管理，保证被停办、分离、划转、合并的报刊，在调整中不出现导向和重大出版质量等问题。报刊社主要负责人要承担直接责任。

（四）停办和合并的报刊，其出版、发行和广告合同等业务可延续到2003年12月底终止。报刊停办、合并后注销的刊号，由新闻出版总署收回。

七、治理工作的组织领导和时间进度

（一）中央成立治理党政部门报刊散滥和利用职权发行工作协调领导小组，由中央纪委、中宣部、中直机关工委、中央国家机关工委、中央机构编制委员会办公室、新闻出版总署、监察部（国务院纠风办）、财政部、农业部、审计署、国家税务总局、国家工商行政管理总局、国家邮政局等部门主要负责同志组成。各省、自治区、直辖市都要成立领导小组，负责本地区的治理工作。中央党政部门中主管主办报刊超过4种的，也要成立领导小组，不成立领导小组的部门，要指定1名负责同志分管。各地、各部门领导小组成员名单和办事机构成员名单、电话，于7月30日前送中央治理党政部门报刊散滥和利用职权发行工作协调领导小组办公室备案。

（二）各省、自治区、直辖市和中央党政部门，要根据中办、国办《通知》精神和本实施细则，制定本地区、本部门的具体调整方案，列出治理报刊的名单和主要措施，于8月20日前报新闻出版总署核准。

（三）治理工作自中办、国办《通知》发布之日起开始，原则上9月底结束。为了不影响明年的征订工作，所有保留、分离、停办的报刊于9月30日前报新闻出版总署办理变更手续。划转、合并报刊变更手续可延续到年底。应调整届时未调整的报刊，予以停办。

（四）年底前，治理工作协调领导小组将派检查组进行重点检查。

中央治理党政部门报刊散滥和利用职权发行工作协调领导小组办公室设在新闻出版总署。

关于对《关于落实中办、国办〈关于进一步治理党政部门报刊散滥和利用职权发行，减轻基层和农民负担的通知〉的实施细则》有关规定说明的通知

新闻出版总署　2003年8月1日　新出报刊〔2003〕778号

各省、自治区、直辖市新闻出版局，新疆生产建设兵团新闻出版局，中央和国家机关各报刊管理部门：

中办发〔2003〕19号文和新闻出版总署《关于落实中办、国办〈关于进一步治理党政部门报刊散滥和利用职权发行，减轻基层和农民负担的通知〉的实施细则》（新出报刊〔2003〕745号）（以下简称《实施细则》）下发后，中央有关部门的和部分省（区、市）在执行中提出了一些需要进一步明确的问题。经研究，现就有关问题说明如下：

一、《实施细则》规定，省级党政各部门主管主办的报刊原则上划转到省级党报集团、广电集团、出版集团。对已经批准成立的报业集团和文化体制改革试点单位所办报刊，可不纳入划转范围，其报刊的主管主办关系不变。

二、综合类和时事新闻类报纸原则上划转到党报集团或党报。广电集团、出版集团、符合接收条件的其它报社可以接收被划转的专业性、行业性报纸。

三、党政部门所办期刊中属于年鉴、专业技术类别，并确有必要保留的，可仍由原主管部门主管，但要划转到部门所属具备

条件的相关单位主办，实现管办分离。

四、政府部门所办的公报、政报、文告，凡向境外征订发行部分，可不实行免费赠送。国内发行部门，仍按中办发〔2003〕19号文件规定免费赠送。

五、省级和省级以下武警总队或由公安部门主管主办的消防类期刊按照党政部门报刊治理范围要求，一律划转，划转有困难又确因工作指导需要的，可改为内部资料性出版物。凡由行业组织主管或主办的应一律停办。

六、中央和地方外宣部门所办外文版的外宣类报刊予以保留，原主管主办关系不变。

七、未成立报业集团、出版集团、广电集团或只有上述集团之一的地区，可将个别质量较高的部门报刊划转到党报或符合条件的相关事业单位主管主办。

八、关于导向正确、创办5年以上、无违规违纪记录等项要求，由省级新闻出版行政部门根据报刊年检资料和日常管理情况予以认定，并出具相关证明文件。

九、省级党政部门报刊，符合《实施细则》规定的管办分离条件的，其面向市场、经营状况良好的认定标准是：报纸平均期发量不得少于5万份，其中读者自愿选择、自费订阅数量不低于80%，年广告收入500万元以上（含500万元）。期刊平均期发量不得少于2万份，其中读者自愿选择、自费订阅数量不低于80%，年广告收入200万元以上（含200万元）。经营状况的认定，由报刊社提供2002年度本社和邮政部门征订发行凭证、全年营业税完税凭证和营业税纳税申报表（复印表）。其中经营状况应出具审计部门的审核意见。

十、省级党政部门报刊，符合《实施细则》规定的官办分离条件的，原则上报刊社可以作为主办单位，但必须具备以下条件：报刊社是已经过编制部门正式批准的、具有独立法人资格的事业单位。认定时应出具经编制部门正式批准文件（复印件）。如不具备主办资格，应按规定予以划转。

十一、副省级城市包括沈阳、大连、长春、哈尔滨、南京、杭州、济南、武汉、广州、成都、西安、宁波、厦门、青岛、深圳。除党委主管主办一份报纸，政府主管主办一份免费赠阅的公报或政报，副省级城市党政部门所办其他报刊严格按照文件规定执行。

十二、省级民族工作部门所办民族文字报刊，予以保留。民族自治区党政部门以民族文字出版的报刊予以保留，按照《实施细则》中关于地方党政部门报刊治理要求予以划转。民族自治地区地市级党政部门以民族文字出版的报刊予以保留，保留后一律划转给市（地、州、盟）党报。民族自治县（市、旗）的报纸及用民族文字出版的报纸，予以保留。县（市、旗）民族文字报纸的汉文版一并予以保留。

十三、1949 年 9 月 30 日前由我党创办、解放后连续公开出版（文革期间停刊可视为连续出版）的报纸予以保留，要求提供当地党委组织部门、党史部门的证明文件，如报社主要领导干部的任命文件等历史证明材料。

十四、对县（市、旗）和城市区报纸所在地人口、国内生产总值、社会消费品零售总额的确认，要求报社提供所在地政府统计部门出具的证明文件；广告额的确认要求报社提供 2002 年度全年的营业税完税凭证和营业税纳税申报表复印件。符合有关条件的县市报须按新闻出版总署要求，进行评估论证。合格可以保留的报纸，按照双方自愿互利、平等协商、确保国有资产保值增值的原则，由省级党报、地市级党报进行有偿兼并。兼并后的报纸，主管单位变更为兼并该报的省级党报或地市级党报，主办单位变更为兼并后的县市报报社。兼并后的报纸不再作为当地党委的机关报，办报宗旨变更为主要在本区域发行、面向市场、自费订阅的报纸。如改办为地市党报的县市版，其主管主办单位必须是兼并该报的地市党报，县市版报纸随主报发行。现有地市级党报所办的单独发行的县市级报纸一律停办。

十五、人民日报、省级党报出版的农村版，其名称要求统一确定为《某某报·农村版》，不得冠以其他名称。农村版使用单独刊号，在本次报纸调整结束后，履行正常审批手续后方可出版。如停办农村版，刊号由总署收回，不得改办其他报纸。

十六、中央部门主管、地方主办的报刊，不纳入地方调整范围，由中央部门制定调整方案。中央垂直管理的部门但由地方主管主办的报刊，纳入地方调整范围，由地方制定调整方案。

十七、对党报部门已办的内部资料性出版物，凡出版形式、出版周期等不符合中办〔2003〕19号文件的要求和《实施细则》规定的，应一律作出变更，由省级新闻出版管理部门按照新的规定重新办理登记手续。

十八、拟划转、合并报刊，如需更名、变更办报办刊宗旨等，按照现行审批程序报批。

十九、此次调整，省级和省级以下行业组织不得接收吸纳任何报刊。

二十、政府部门所属的事业单位所办报刊、可不纳入治理整顿范围。

关于对管办分离和划转报刊加强管理的通知

中共中央宣传部　新闻出版总署　2004年2月4日　新出联〔2004〕5号

各省（自治区、直辖市）党委宣传部、新闻出版局，中央国家机关各有关部门：

《中央办公厅国务院办公厅关于进一步治理党政部门报刊散滥和利用职权发行，减轻基层和农民负担的通知》（中办发〔2003〕19号）（以下简称《通知》）下发以来，各地各部门高度重视，报刊治理工作进展顺利，实现了“停办一批、划转一批、管办分离一批”的目标，取得了阶段性成果。但个别地方和部门在落实报刊治理方案中，存在明转暗不转、明分暗不分的问题，以发文件、打招呼或其它行政性手段摊派报刊的现象仍有发生。一些群众来信来电，反映报刊治理过程中存在的问题，担心出现反弹。为了进一步贯彻落实《通知》文件精神，巩固报刊治理成果，现就加强管办分离和划转报刊的管理通知如下：

一、进一步统一思想认识。治理党政部门报刊散滥和利用职权发行，减轻基层和农民负担，是一项事关党和政府形象、事关人民群众切身利益的大事。各地各部门要从实践“三个代表”重要思想的高度，切实提高对报刊治理工作重要性和艰巨性的认识，把思想和行动真正统一到中央的决策和部署上来。要进一步增强政治意识、大局意识和责任意识，增强组织纪律观念，高标准、严要求，不折不扣地贯彻落实各项治理措施。

二、认真实施管办分离。管办分离是在坚持主管主办制度的前提下，让党政部门退出报刊经营活动，解决利用职权摊派发行的一项重要措施。报刊实行管办分离的具体要求是：

1．人员分离。报刊社的工作人员不得与党政部门公务员混岗。党政部门现职领导干部一律不得兼任报刊社社长、总（主）编等职务。已在报刊社工作或兼职的党政部门公务员，必须辞去公务员或辞去报刊社的工作和兼职。党政部门工作人员一律不得兼任报刊社记者站工作。报刊社不得将编辑部或记者站设在或变相设在党政部门。党政机关工作人员不得以党政部门名义参与协办报刊等。

2．财务分离。报刊社实行自主经营、独立核算。党政部门不得以任何名目向报刊社收取管理费、发行费和其它费用，也不得以任何名目将部门资金转入报刊社。

3．发行分离。党政部门及其工作人员不得为报刊发行和承揽广告业务提供各种便利，不得参与报刊的经营活动。报刊社也不得利用党政部门的职权摊派或变相摊派发行报刊。不得采取电话通知、利用系统工作会议提要求、下发文件、下发报刊订阅“建议表”等工作渠道和手段变相摊派报刊，一律改由市场渠道发行。

4．报刊实行管办分离以后，主管单位要切实履行主管责任，加强对报刊舆论导向、出版质量的监管；监督国有资产的保值增值，防止国有资产流失；加强报刊社领导班子建设，任免报刊社主要负责人。实行管办分离的报刊社要自觉接受主管单位的监督和管理，坚持正确舆论导向，对其出版内容和政治导向负责；建立和完善法人治理结构，实行独立经营、自负盈亏、自我发展。

三、认真落实报刊划转。实行划转的具体要求是：

1．做好人员编制和机构以及法人变更等划转工作。根据《中央编办关于治理报刊散滥工作中机构编制调整问题的通知》（中编办发〔2003〕11 号）精神，在报刊治理工作中已确定兼并或划转的报刊，接收单位和原主管部门要到同级机构编制部门办理机构和编制的划转手续。对文化体制改革试点中确定转制为企业的报刊，须到工商部门注册。

2．在报刊划转中，各报刊主管部门要根据实际情况，会同有关职能部门制定具体措施，安排专人负责，确保对国有资产的监管，防止国有资产流失。未划转前，由原主管部门全面清产核资，清理债权债务，承担国有资产的监管责任。划转后，由接收单位承担国有资产监管责任，负责对资产处置、债权债务的处理。

3．接收划转报刊的主管单位，要认真履行职责，加强对报刊舆论导向和出版质量的监管，负责任命报刊社主要负责人。

4．对于原党政部门办的工作指导类报刊，划转后原则上要重新进行读者定位，改办成贴近实际、贴近生活、贴近群众，通过市场渠道发行、由读者自费自由订阅的报刊。

5．被兼并后的县（市、区）报，由市党报或报业集团主办，撤销刊号，取消法人地位，不再作为县（市、区）委的机关报。

6．已划转的报刊，要与原主管单位彻底脱钩，不得再通过原主管单位及其工作人员进行征订发行或广告经营等活动。

四、各地各部门要按照本通知精神认真检查。凡管办分离和划转工作不到位的，要限期落实。对搞假划转、假分离的报刊，一经查实，按《通知》关于“应调整届时未调整的报刊，予以停办”的规定处理。对继续利用职权摊派发行报刊以及顶风违纪违规的典型，要严肃处理并予曝光。

关于进一步规范党政部门报刊征订工作的通知

中共中央宣传部　国务院纠风办　新闻出版总署

2004 年 2 月 5 日　新出联〔2004〕6 号

各省（自治区、直辖市）党委宣传部、纠风办、新闻出版局，中央国家机关各有关部门：

在党中央、国务院的正确领导下，在各级党委、政府和各部门的高度重视和积极支持下，治理党政部门报刊散滥和利用职权发行工作取得了阶段性成果，实现了“停办一批、划转一批、管办分离一批”的目标。特别是停办、划转、管办分离、免费赠阅的报刊名单陆续在媒体上公布以后，赢得了社会各界和人民群众的广泛拥护。但是，仍然有少数报刊主管单位和报刊社有令不行、有禁不止，利用各种途径继续搞摊派发行，基层单位和人民群众对此很有意见。为巩固报刊治理成果，坚决防止出现反弹，现就规范党政部门报刊征订发行的有关问题通知如下：

一、中央和地方党报党刊（人民日报、求是杂志，省委机关报、省委机关刊，地市委机关报）可以通过党的组织系统开展征订，但要严格执行《中央办公厅国务院办公厅关于进一步治理党政部门报刊散滥和利用职权发行，减轻基层和农民负担的通知》（中办发〔2003〕19 号）（以下简称《通知》）规定，不得任意扩大征订范围。党报党刊所办子报子刊不得随党报党刊搭车发行。党报党刊的订阅数量要合理确定，不得层层加码。除规定用定额管理的公费订阅外，个人订阅党报党刊必须坚持自愿的原则，不得采取组织和行政手段强迫个人订阅。

二、中央和地方政府部门所办公报、政报和文告，除境外发行实行收费订阅外，国内一律实行免费赠送。赠送办法要通过适当途径予以公布。

三、其它报刊一律通过邮政系统或报刊社自办发行渠道公开征订，由基层单位和人民群众自愿选择、自费订阅。

四、无论是纳入还是没有纳入这次治理范围的报刊，一律执行《通知》规定的“十三个不得”。在报刊征订发行工作中，不允许搞“上有政策、下有对策”。

五、各级宣传、纪检监察（纠风）、新闻出版行政部门要会同财政、审计、物价、工商等部门加强对报刊征订活动中违规违纪行为的监管。发现问题要及时纠正，对基层单位和人民群众反映的问题要认真调查处理并给予答复，对顶风违规违纪的典型案件要按照有关规定严肃处理。

六、各报刊主管单位和报刊社接到本通知后，要对2004年报刊征订工作进行一次全面检查。凡不符合《通知》规定和本通知要求的，坚决予以纠正，对通过各种手段强行收取的个人报刊订阅费用一律退还。

七、所有报刊主管单位和报刊社都必须按照《通知》规定和本通知要求，建立健全报刊征订发行工作的有关规定和制度。2005年度报刊征订工作开始时，要在媒体上公布这些规定和制度，以利于社会监督。

八、各有关管理部门要加强督促和检查，把报刊治理的各项措施落到实处，对报刊征订工作中出现的问题要及时解决，带有全局性、政策性的问题要及时报告。

关于试行报纸出版评估论证制度的通知

新闻出版总署　2004 年 7 月 12 日　新出报刊〔2004〕887 号

各省、自治区、直辖市新闻出版局，新疆生产建设兵团新闻出版局，解放军总政治部宣传部新闻出版局，中央、国家机关各部委报刊管理部门：

为了加强对全国报纸出版单位总量、结构、布局进行宏观调控，为报纸出版的审批和监管提供科学的决策依据，根据《出版管理条例》的有关规定，新闻出版总署制定《报纸出版评估论证制度试行办法》，从 2004 年 8 月 1 日起试行。请按照该办法的有关规定认真做好试行报纸评估论证制度的各项工作。

附件：1．报纸出版评估论证制度试行办法

2．中央报纸出版可行性审核意见表（略）

3．地方报纸出版可行性审核意见表（略）

4．报纸出版可行性论证报告（略）

附件 1

报纸出版评估论证制度试行办法

为适应社会主义市场经济体制下报业发展的需要，加强报纸出版的宏观调控，提高报纸审批工作的科学化和规范化，促进报纸出版事业繁荣发展，根据《出版管理条例》有关规定，制定本办法。

一、制定报纸出版评估论证制度的原则

1．本办法所称报纸出版评估论证制度，指国务院新闻出版行政部门根据国家对报纸总量、结构、布局的要求，对报纸的创办或重大变更事项的审批实行可行性论证及可行性评估的管理制度。

2．申请创办报纸或对已办报纸的重要登记项目的变更，须由申请单位进行可行性论证，按照《出版管理条例》规定，经申请单位的主管部门和省级新闻出版行政部门审核，向国务院新闻出版行政部门提交书面材料，并按规定形式提交《报纸出版可行性论证报告》（以下简称《论证报告》）。国务院新闻出版行政部门对论证报告组织评估，并将评估意见作为审核决定审批事项的重要依据。

3．评估论证须按报纸出版评估论证制度规定的评估规则和程序进行。报纸出版评估论证指标体系是报纸出版评估论证制度的核心内容，实行报纸出版评估论证制度的其他有关规定，由新闻出版总署制定。

二、适用范围

1．报纸出版评估论证制度适用于以下申请事项：

（1）报纸的创办；

（2）已经批准出版的报纸作下列重大变更事项：变更主管部门或主办单位、变更报纸名称、变更办报宗旨或出版业务范围的单项变更或多项变更。

2．高校校报创办或变更以及报纸因地名改变或主管、主办单位更名而变更报纸登记项目不属此列。

三、可行性论证

1．报纸创办或变更的申请单位须按照报纸出版评估论证指标体系的要求进行论证。

2．可行性论证须按规定格式填写《论证报告》。

3．《论证报告》随申请书等其他法定文件一道，按照《出版管理条例》及有关规定的申报程序报送新闻出版行政部门。

四、可行性评估

1．国务院新闻出版行政部门负责对申请单位报送的《论证报告》进行评估。

2．可行性评估专家资格由国务院新闻出版行政部门实行动态管理。评估专家组采取从专家库中随机抽取的方式确定。专家组评估工作遵循客观、公正、公平的原则，按照国务院新闻出版行政部门制定的有关规定进行。

3．报纸出版可行性评估专家组组成及工作规则另行制定。

五、评估论证程序

评估程序分为简易程序和标准程序两类。

1．简易程序指中央报纸主管部门和省级新闻出版行政部门对申请人的《论证报告》提出审核意见，国务院新闻出版行政部门根据有关政策法规对通过中央报纸主管部门和省级新闻出版行政部门审核的《论证报告》和审核意见直接提出可行性评估意见，无需组织专家组进行评估。

简易程序适用于报纸办报宗旨或出版业务范围不发生重大调整的单项或多项变更。

2．标准程序指中央报纸主管部门和省级新闻出版行政部门对《论证报告》内容进行审核的基础上，根据所在领域或区域报纸总量、结构、布局的规划和分析，提出审核意见。国务院新闻出版行政部门组织专家组对通过中央报纸主管部门和省级新闻出版行政部门审核的《论证报告》进行评估。

标准程序适用于报纸创办、办报宗旨或出版业务范围发生重大调整的单项或多项变更。适用于标准程序的事项，国务院新闻出版行政部门原则上每两个月组织一次专家组集中评估。也可以根据实际工作需要，适时组织专家组进行评估。

3．可行性评估须按规定格式写出可行性评估意见。执行简易程序的，由国务院新闻出版行政部门在《可行性审核意见表》上写出可行性评估意见。执行标准程序的，由国务院新闻出版行政部门在《可行性审核意见表》上明确写出执行标准程序，由专家组按规定格式写出《报纸出版可行性评估报告》（以下简称《评估报告》）。

六、审核和审批

1．新闻出版行政部门对报纸创办或变更申请作出审核或审批决定，除了具备《出版管理条例》规定的条件外，须将《论证报告》、《可行性审核意见表》和《评估报告》作为重要依据。

2．中央单位报纸创办或变更申请经中央主管部门审核同意后，报国务院新闻出版行政部门审批时，须将《可行性论证报告》和《中央报纸出版可行性审核意见表》作为附件上报。国务院新闻出版行政部门组织评估。

3．地方单位报纸创办或变更申请经省级新闻出版行政部门审核同意后，报国务院新闻出版行政部门审批时，须将《可行性论证报告》，所在区域报纸总量、结构、布局的规划和分析报告，《地方报纸出版可行性审核意见表》作为附件上报。国务院出版行政部门组织评估。

本办法自 2004 年 8 月 1 日起实施。

贯彻落实《关于进一步加强和改进舆论监督工作的意见》的通知

新闻出版总署　2005 年 6 月 2 日　新出报刊〔2005〕549 号

各省（自治区、直辖市）新闻出版局，新疆生产建设兵团新闻出版局，解放军总政宣传部新闻出版局，中国出版集团：

中共中央办公厅印发的《关于进一步加强和改进舆论监督工作的意见》（中办发〔2005〕11 号，以下简称《意见》），深刻分析了新闻媒体舆论监督在当前政治、经济、社会生活中的重要作用，明确了舆论监督工作的原则要求、当前舆论监督的重点、新闻媒体在舆论监督中的社会责任，对进一步加强和改进舆论监督工作有着十分重要的意义。现结合新闻出版管理工作的实际，对贯彻落实《意见》提出以下要求：

一、充分认识做好舆论监督工作的重要意义，进一步发挥舆论监督工作的重要作用。

舆论监督是人民群众通过新闻媒体对国家和社会事务进行监督的重要途径，是社会主义民主的重要形式。做好舆论监督工作，是社会发展的要求、人民群众的愿望、党和政府改进工作手段，也是报刊出版单位的重要职责。党的十六大以来，报刊的报道进一步贴近实际、贴近生活、贴近群众，舆论监督工作把握时代脉搏、紧跟形势需要，加大了力度，扩展了范围，增强了效果，在统一思想、凝聚力量、促进改革、维护稳定等方面发挥了积极作用。但与我国社会主义物质文明、政治文明、精神文明建设的需要相比，舆论监督工作还存在诸多不适应的问题，主要是：有的报刊漠视党和人民群众的利益，舆论监督不力；有的报刊缺乏大局意识，不遵守新闻纪律，自行其是，影响了党和国家的工作大局；有的报刊缺乏职业道德，报道内容失实，造成了不良的社会后果；有的报刊以揭露消极面为噱头，恶意炒作，产生了负面影响；有的报刊甚至以批评报道为要挟，向被报道单位索要钱财，敲诈勒索，牟取私利，严重损害了新闻媒体的社会形象，扰乱了社会秩序。因此，报刊社要进一步提高对做好舆论监督工作重要意义的认识，把认识统一到《意见》的精神上来，按照中央的要求，加强和改进舆论监督，进一步发挥舆论监督应有的作用。

二、坚持正确的指导思想，进一步做好舆论监督工作。

切实加强和改进舆论监督工作，必须进一步明确报刊开展舆论监督的指导思想。《意见》从开展舆论监督的重要作用、原则要求、工作重点、社会责任以及加强对舆论监督工作的领导等方面提出了明确的意见。正确把握舆论监督工作的指导思想，切实贯彻。《意见》精神，必须处理好以下几个关系：

一是处理好动机和效果的关系。舆论监督的目的是推进党和政府工作，维护人民群众利益，促进社会和谐稳定。因此，要坚持建设性监督，站在党和人民的立场，以改进工作、解决问题、增进团结、维护稳定为出发点。报刊的舆论监督必须深刻认识现实社会的复杂性，认真考量党和政府工作的现实需要，牢牢把握人民群众的利益所在，抓住那些群众关心、政府重视、具有普遍意义的问题，有针对性地开展舆论监督；在面对具体报道对象的时候，充分考虑新闻报道可能产生的社会效果，采取实事求是、认真负责的态度，找准角度，把握尺度，抓住重点，趋利避害，向积极方面进行引导，使舆论监督的效果与其目标相符合。同时，要坚持科学监督，以科学的态度，用科学的方法，做到事实准确、客观全面、以理服人。舆论监督并不是简单的暴露问题，而是要根据党和政府的方针政策及维护人民群众利益的需要，选取典型事例，进行具体细致的深度分析，指出问题所在，形成正确舆论，以达到提高认识，统一思想，促成问题得到妥善解决的目的。

二是处理好支持舆论监督和依法开展舆论监督的关系。舆论监督受法律保护，必须在法律规定范围内进行。正确开展舆论监督是政治文明建设的一项重要内容，各级新闻出版行政部门要高度重视、积极支持，正确运用和发挥舆论监督的作用，并从制度层面为舆论监督提供保障，使舆论监督工作有法可依，使媒体的舆论监督权得到法律的保护。同时，报刊要严格依照国家政策法规开展舆论监督，不得刊播未经核实的新闻稿件，做到真实、准确、可靠，以避免报道失实；不得采取非法的和不道德的手段进行采访报道，侵犯公民、法人及其他组织的合法权益，以避免新闻侵权；不得干扰和妨碍司法机关依法办案，以维护法律尊严；不得泄漏党和国家秘密，以维护国家利益；不得擅自刊发涉及敏感领域、重大突发事件以及容易引发群体事件的稿件，以维护社会稳定等等。报刊只有严格遵守法律法规和国家政策，才能保证舆论监督的权威性，提高舆论监督的水平和效果。

三是处理好报刊社利益和大局利益的关系。开展舆论监督，往往会涉及报刊社自身利益，比如有些被监督者以各种条件为诱饵，阻止报刊对其进行批评报道；有的报道可能得罪有关部门而影响报刊社的工作；有些个人和单位为了达到自己的目的，花钱“定制”有偿新闻等等。报刊社必须始终牢记舆论监督这一党和人民赋予的神圣职责，正确把握自身利益和大局利益之间的关系，杜绝将舆论监督和经济利益直接挂钩的各种行为，严守新闻工作的职业道德，坚持客观、公正、有效的舆论监督，以取信于读者。

三、报刊出版单位要建立有效的责任制度，进一步规范舆论监督。

报刊出版单位是舆论监督工作的具体实施者，在加强和改进舆论监督方面负有重要责任。各报刊单位要按照《意见》的要求，把舆论监督工作作为一项重要任务，进行认真研究和指导。在加强和改进舆论监督工作中，建立起规范化的工作机制，把舆论监督与党内监督、法律监督、群众监督有机结合起来，把责任落实到位。

1．建立层层负责的审稿制度，规范工作程序，以保证舆论监督的真实、客观、公正。报刊的主要负责同志要增强政治意识、责任意识、把关意识，从选题策划到稿件审签都要严格把关，把舆论监督工作牢牢掌握在手中，使舆论监督工作更好地为党和国家的工作大局服务。

2．建立有效的奖惩机制。在鼓励新闻采编人员积极开展舆论监督的同时，规范监督行为，杜绝有偿新闻，严惩利用媒体曝光进行敲诈勒索的行为。

3．建立舆论监督接受社会监督的机制。报刊社在开展舆论监督的同时，要向社会公布举报电话，自觉地接受社会和群众对报刊社舆论监督工作的监督。

4．建立纠错机制。对于已经发表的稿件中确实存在报道内容失实的，要及时、主动地向社会公开道歉，澄清事实，消除不良影响。

5．建立与各级党政部门良性互动的报道机制。在舆论监督的过程中，既注意批评不良现象，更注重推进政府部门改进工作，着眼于推动实际问题的解决。

建立舆论监督工作机制必须与加强对新闻采编队伍建设结合起来。要深入开展“三项学习教育”活动，经常组织新闻采编人员学习有关法律法规和业务培训，全面提高新闻采编人员素质，认真总结舆论监督工作的经验教训，使舆论监督工作始终在法律法规和国家政策允许的范围内开展。

四、新闻出版行政管理部门要加强管理，进一步为报刊实施舆论监督提供必要的条件。

各级新闻出版行政管理部门要高度重视报刊开展舆论监督工作，积极转变职能，依法行政，为报刊做好舆论监督工作提供法规规章支持；同时，要加强管理，引导报刊出版单位正确履行舆论监督，不断提高舆论监督的水平和效果。

1．完善相关法规规章，以利报刊更好地开展舆论监督工作。认真贯彻执行中宣部、国家广电总局、新闻出版总署联合下发的《关于新闻采编人员从业管理的规定》，新闻出版总署下发的《报社记者站管理规定》及《新闻记者证管理规定》，维护报刊行使舆论监督的权力，促进报刊正确履行舆论监督职能，依法开展舆论监督。根据《意见》精神修订《报纸管理暂行规定》和《期刊管理暂行规定》，为报刊开展舆论监督提供法律保障和制度支持。

2．完善报刊出版通气会制度。经常召开报刊通气会，及时将党和政府的要求，重大事件和舆论监督工作中需要注意的问题等向报刊出版单位通报，引导报刊围绕当前舆论监督工作的重点，开展舆论监督。

3．加强对报刊的审读。发挥审读网络的作用，及时发现报刊在舆论监督方面出现的倾向性问题，并给予提醒，引导报刊出版单位遵守宣传纪律和有关法律法规，遵守办报办刊宗旨，自觉抵制虚假报道和有偿新闻。

4．切实加强对新闻采编人员的监管，完善社会监督机制。进一步完善中国记者网对新闻记者的采访活动接受社会查询。认真受理群众举报，及时核查，严肃处理。

5．及时查处报刊在舆论监督方面出现的问题。根据《出版管理条例》、《关于禁止有偿新闻的若干规定》和《报刊刊载虚假、失实报道处理办法》等有关规定，对报刊刊载虚假、失实报道等进行查处。

6．加强对报刊出版单位负责人的岗位培训。开展新闻出版单位领导岗位持证上岗培训和新闻采编人员资格培训，切实增强新闻从业人员的政治意识、大局意识、责任意识和纪律意识，正确理解和运用舆论监督。

贯彻落实《意见》中出现的新情况、新问题，请及时报告我署。

印发《关于加强科技期刊负责人岗位培训工作的意见》的通知

新闻出版总署　2006年2月21日　新出厅字〔2006〕49号

各省、自治区、直辖市新闻出版局，新疆生产建设兵团新闻出版局，解放军总政治部宣传部新闻出版局，中央和国家机关有关部委新闻出版主管部门，中国出版集团公司，署直有关单位：

现将《关于加强科技期刊负责人岗位培训工作的意见》印发给你们，望遵照执行。

关于加强科技期刊负责人岗位培训工作的意见

为进一步做好全国科技期刊负责人的岗位培训工作，适应新形势下新闻出版改革、发展和管理的需要，现就加强科技期刊负责人的岗位培训工作提出如下意见：

一、理顺科技期刊负责人岗位培训的管理体制

科技期刊负责人岗位培训，在科技行政部门和新闻出版行政部门的共同领导下，经过八年的工作，取得显著成效。绝大多数科技期刊主要负责人，已通过参加岗位培训取得岗位培训合格证书，持证上岗。科技行政部门为支持和组织科技期刊负责人的岗位培训做了大量的卓有成效的工作。

随着我国行政许可法的颁布和实施，科技期刊的管理体制进

一步理顺和明确。科技期刊负责人岗位培训工作的组织实施也要做出相应调整。科技期刊负责人岗位培训工作，由原来科技行政部门与新闻出版行政部门共同负责，科技行政部门组织实施，调整为由新闻出版行政部门负责并组织实施。

二、履行科技期刊负责人岗位培训工作的管理职责

各省（区、市）新闻出版局要按照《关于在出版行业开展岗位培训实施持证上岗制度的规定》（新出〔1995〕28号）和《新闻出版行业领导岗位持证上岗实施办法》（新出办〔2002〕717号）的要求，履行对科技期刊负责人岗位培训、持证上岗制度的管理职责，从2006年开始，把科技期刊负责人岗位培训纳入本省（区、市）出版行业岗位培训的计划之中，并组织实施。各地要抓紧开展科技期刊负责人队伍状况和岗位培训情况调查，对2005年12月31日前参加科技部门组织的岗位培训并取得岗位培训合格证书的人员予以确认。尽快制订科技期刊负责人岗位培训的近期和中长期工作计划，重新认定科技期刊岗位培训的教学机构。要充分发挥新闻出版教育培训机构的学科优势和科技部门的专业优势，形成工作合力。要加强对科技期刊负责人岗位培训的监督管理，切实落实新闻出版总署《期刊出版管理规定》对期刊年度审核的各项要求，把科技期刊负责人参加岗位培训、持证上岗的情况纳入期刊年度审核内容。

三、确定科技期刊负责人岗位培训工作的任务

从2006年起，力争在3年内，将在岗的尚未参加岗位培训的科技期刊主编（社长）、副主编（执行主编）培训一遍。首先要做好尚未参加培训的在岗科技期刊负责人的岗位培训，在此基础上，按照新闻出版总署《新闻出版行业领导岗位持证上岗实施办法》（新出办〔2002〕717号）的要求，对参加岗位培训已满

五年的科技期刊负责人要进行新一轮岗位培训。培训内容由各省（区、市）新闻出版局按照总署制订的岗位培训大纲的要求，结合本地科技进步、科技创新以及科教兴国战略实施的实际确定。要着重对科技期刊负责人进行履行岗位职责的能力和综合素质的培训。也要兼顾不同专业的不同要求。

四、明确科技期刊负责人岗位培训工作的组织分工

科技期刊负责人的岗位培训要在新闻出版总署和各省（区、市）新闻出版局的领导下有组织地进行。新闻出版总署负责全国科技期刊负责人岗位培训的管理工作，各省（区、市）新闻出版局负责本地区科技期刊负责人岗位培训的组织和管理工作。新闻出版总署教育培训中心承担中央在京科技期刊负责人岗位培训的组织实施，并负责各地区、各行业重要科技期刊负责人岗位培训的调训。各省（区、市）新闻出版局所属教育培训机构承担本地区科技期刊负责人岗位培训的培训工作。中央各部门所属京外科技期刊负责人的岗位培训，原则上由所在省（区、市）新闻出版局负责。专业性较强且数量较多的科技期刊主要负责人的岗位培训，经新闻出版总署人事教育司批准，可由本行业主管部门或协会、学会组织承办，其培训办班计划由新闻出版总署统一公布。跨地区抽调学员的培训单位，要在培训结束后，将取得岗位培训合格证书的学员名单书面通知学员所在省（区、市）新闻出版局，省（区、市）新闻出版局予以认可，不再重复培训。

五、确保科技期刊负责人岗位培训工作的质量

科技期刊负责人岗位培训要坚持确保办班质量和培训效果的原则，办班单位要根据新闻出版总署关于开展岗位培训的有关要求，制订科学、详细、周全的培训方案，安排有针对性的培训内容，并精心组织实施培训。要精心选聘实践经验丰富、理论水平

较高的师资任教，加强案例研讨，活跃课堂气氛，增强教学效果。要制定科学的考核方案，坚持对学员进行培训考核。要加强培训期间的管理，制定必要的规章制度，确保科技期刊负责人岗位培训工作的正规性、权威性。办班单位要有必要的专职工作人员，做好培训期间的各项服务和管理工作，确保培训工作的质量。各省（区、市）新闻出版局要加强对办班单位的监督和管理，认真审查培训资质，严格核发《岗位培训合格证书》。

六、加强科技期刊负责人岗位培训工作的组织领导

各省（区、市）新闻出版局要加强对科技期刊负责人岗位培训工作的领导，把科技期刊负责人岗位培训工作与其他培训工作一样，列入重要工作日程，要落实责任，实行归口管理。要根据本地区科技期刊状况，制订切实可行的培训计划。要发挥报刊管理部门和人事教育部门的协同作用，按照各自的职责做好培训工作的分工。要与科技管理部门和有关行业加强联系，切实负起岗位培训组织管理和指导监督的责任，确保科技期刊负责人持证上岗制度的实施。

关于印发报纸期刊年度核验办法的通知

新闻出版总署　2006年2月28日　新出报刊〔2006〕181号

各省、自治区、直辖市新闻出版局，新疆生产建设兵团新闻出版局，解放军总政宣传部新闻出版局：

为加强对报纸、期刊的管理，规范报纸、期刊年度核验工作，根据《报纸出版管理规定》、《期刊出版管理规定》，制定《报纸期刊年度核验办法》。现印发给你们，请认真贯彻执行。

报纸期刊年度核验办法

第一条　为规范和加强对报刊出版活动的管理，促进我国报刊业健康发展，依据《出版管理条例》、《报纸出版管理规定》、《期刊出版管理规定》制定本办法。

第二条　凡已履行登记注册手续，编入“国内统一连续出版物号”的报纸（含解放军系列、高校校报系列报纸）、期刊（含解放军系列期刊），均按年度对登记项目进行审核查验。

第三条　报纸、期刊均在登记地进行年度核验。省、自治区、直辖市新闻出版行政部门负责对本行政区域的报纸、期刊实施年度核验。

第四条　核验时间为每年2月1日至3月31日。遇有特殊情况，经新闻出版总署批准，省级新闻出版行政部门可提前或推后年度核验时间，但一般不应超过一个月。

第五条 年度核验内容包括报纸、期刊出版单位及其所出版报纸、期刊登记项目、出版质量、遵纪守法情况、新闻记者证和记者站管理等。

第六条 报纸、期刊必须符合《出版管理条例》以及《报纸出版管理规定》和《期刊出版管理规定》设立的条件和有关出版规定，方予通过年度核验。具体要求如下：

（一）在编辑出版过程中，坚持马克思列宁主义、毛泽东思想、邓小平理论和“三个代表”重要思想，坚持正确的舆论导向和出版方向，坚持把社会效益放在首位、社会效益和经济效益相统一的原则。保障报纸、期刊刊载内容符合国家法律、法规的规定。编辑方针符合登记的业务范围。

（二）编辑、印刷、发行等出版活动及广告业务等各项经营活动符合宪法、有关法律、行政法规和规章。报纸、期刊无重大违法违规记录。

（三）按照登记的刊期正常出版，稿件选用、版面内容、文字校对、印刷制作等出版质量均符合国家标准和行业标准。

（四）从业人员具备国家规定的新闻出版职业资格条件，无重大违法违规记录。出版单位社长、总编辑符合国家规定的任职资格条件，按照《新闻出版行业领导岗位持证上岗实施办法》，参加新闻出版行政部门组织的岗位培训。

（五）报纸、期刊的主管、主办单位能够履行监管职责。

（六）具备正常出版的各项物质和技术保障等条件。

（七）新闻出版行政部门规定的其他有关条件。

第七条 年度核验程序：

（一）报纸、期刊出版单位按本办法第五、六条提交年度自检报告，填写由新闻出版总署统一印制的《报纸出版年度核验表》、

《期刊登记项目年度核验表》一式三份，经报纸、期刊主办单位、主管单位审核盖章后，连同核验之日前连续出版的30期样报，或本年度出版的样刊，在规定时间内报所在地省、自治区、直辖市新闻出版行政部门。

（二）所有在中国记者网“全国新闻记者管理及记者证核验网络系统”上申领新闻记者证的报纸出版单位，在申报书面年度核验材料的同时，须向中国记者网“全国报纸期刊年度核验及出版许可证管理系统”提交电子年度核验数据。

（三）省、自治区、直辖市新闻出版行政部门对报纸、期刊出版单位自检报告、《报纸出版年度核验表》、《期刊登记项目年度核验表》及样报样刊等送检材料进行审核查验。

（四）经核验符合规定标准的，省、自治区、直辖市新闻出版行政部门在其《报纸出版许可证》、《期刊出版许可证》上加盖年度核验章即为通过年度核验。

（五）省、自治区、直辖市新闻出版行政部门自完成报纸、期刊年度核验工作后，于当年5月1日前向新闻出版总署提交报纸、期刊年度核验工作报告和《报纸出版年度核验表》、《期刊登记项目年度核验表》一份。年度核验工作报告内容包括报纸、期刊年度核验工作总结，处罚违规报纸、期刊情况，缓验报纸、期刊情况等。

（六）《报纸出版年度核验表》、《期刊登记项目年度核验表》，省、自治区、直辖市新闻出版行政部门、报纸、期刊出版单位各留一份存档。

第八条 省级新闻出版行政部门审核查验报纸、期刊出版单位上报的年度核验材料，具体要求如下：

（一）重点审核是否刊载《出版管理条例》和其他有关法律、

法规以及国家规定的禁止内容，是否刊载妨害青少年身心健康和违反社会公德方面的内容，是否刊载有害的、虚假的等违法广告。

（二）重点审核编辑、印刷、发行等出版活动及广告业务等各项经营活动是否符合宪法、有关法律、行政法规和规章，是否存在一号多报（多刊）以及出卖刊号、版面、《出版许可证》等问题，是否存在超越办报（刊）业务范围，专版、专刊、增刊出版形式是否规范等。

（三）依照《报纸质量管理标准》、《社会科学期刊质量标准（试行）》、《科学技术期刊质量要求》等有关规定，对报纸、期刊的编辑、文字、校对、印刷等出版质量进行检查。

（四）重点审核报纸、期刊出版从业人员是否具备国家规定的新闻出版职业资格，其采编活动是否符合国家的有关法规规章；报纸、期刊出版单位社长、总编辑是否符合国家规定的任职资格和条件，是否参加新闻出版行政部门组织的岗位培训，新任社长、总编辑是否经过岗位培训合格后上岗。

（五）重点审核报纸、期刊出版状况和出版条件是否符合有关出版规定，记者证、记者站管理是否规范等。

对于审核查验中发现的问题，要依照有关规定和程序严肃处理后方可参加年度核验。

第九条 《报纸出版许可证》、《期刊出版许可证》加盖年度核验章后方可继续使用。有关部门在办理报纸、期刊出版、印刷、发行等手续时，对未加盖年度核验章的《报纸出版许可证》、《期刊出版许可证》不予采用。

第十条 有下列情形之一的报纸、期刊，暂缓年度核验：

（一）正在限期停刊整顿的；

（二）经审核发现有违法情况应予处罚的；

（三）主管单位、主办单位未履行管理责任，导致报纸、期刊出版管理混乱的；

（四）存在其他违法嫌疑需要进一步核查的。

暂缓年度核验的期限，报纸不得超过180天，期刊不得超过一年，具体期限由省、自治区、直辖市新闻出版行政部门确定。缓验期满，按照本办法之第五、六、七条重新办理年度核验，仍不符合要求不予通过年度核验。

第十一条 有下列情形之一的报纸、期刊，不予通过年度核验：

（一）报纸、期刊超过规定期限不能出版或不能正常出版的；

（二）违法行为被查处后拒不改正或者没有明显整改效果的；

（三）报纸、期刊出版质量长期达不到规定标准的；

（四）经营恶化已经资不抵债的；

（五）已经不具备《报纸出版管理规定》第八条、《期刊出版管理规定》第九条规定条件的。

（六）其他不符合出版规定的。

不予通过年度核验的，由新闻出版总署撤销《报纸出版许可证》、《期刊出版许可证》，所在地省、自治区、直辖市新闻出版行政部门注销登记。

未通过年度核验的，报纸、期刊出版单位自第二年起停止出版该报纸、期刊。

第十二条 不按规定参加年度核验的报纸、期刊出版单位，省级新闻出版行政部门在规定的年度核验时间结束后一个月内向其送达年度核验催告函，并在中央或省级媒体发出公告。经催告一个月内仍未参加年度核验的，所在地省、自治区、直辖市新闻出版行政部门上报新闻出版总署，由新闻出版总署撤销《报纸出版许可证》、《期刊出版许可证》，所在地省、自治区、直辖市新闻出版行政部门注销登记。

第十三条 年度核验结束后，由核验机关在本区域内向社会公布核验结果。

第十四条 本办法由新闻出版总署解释。

第十五条 本办法自公布之日起施行。

附件：1．《报纸出版年度核验表》（略）

2．《期刊登记项目年度核验表》（略）

3．《报纸出版年度核验表》填表说明（略）

4．《期刊登记项目年度核验表》填表说明（略）

关于对违规报纸期刊使用警示通知书有关问题的通知

新闻出版总署　2006年6月15日　新出报刊〔2006〕567号

各省、自治区、直辖市新闻出版局：

为加强对报刊出版工作的管理，规范新闻出版行政部门有效实施行政管理措施，根据《出版管理条例》和《报纸出版管理规定》、《期刊出版管理规定》，我署制定了《警示通知书》，对违规报刊进一步实行规范化管理。现将《警示通知书》格式样本印发给你们，并对其使用提出以下要求：

一、下达《警示通知书》是新闻出版行政部门对报纸、期刊出版单位违反《出版管理条例》、《报纸出版管理规定》、《期刊出版管理规定》等国家有关法律法规和规范性文件所作出的行政措施之一。

二、《警示通知书》中详细载明了违规报纸、期刊刊名、刊期、国内统一连续出版物号，违规事实，新闻出版行政部门查处依据，处理意见等相关内容。

三、《警示通知书》和其他行政措施可以并用。

四、新闻出版行政部门对报纸、期刊出版单位违规事实初步认定后，可先行下达《警示通知书》，制止违规行为。其后，可视其违规情节轻重，依据有关程序和规定，给予行政处罚。

五、各级新闻出版行政部门在报纸期刊出版管理中要正确使用《警示通知书》，违规事实要清楚，查处依据要明确，处理意见要具体。

六、《警示通知书》由新闻出版总署或省、自治区、直辖市新闻出版行政部门下达给违规的报纸、期刊出版单位，并抄送违规报纸、期刊出版单位的主办单位及主管单位。省、自治区、直辖市新闻出版行政部门下达的《警示通知书》，要同时抄报新闻出版总署。

附件：《警示通知书》（样本，略）

关于印发《期刊出版形式规范》的通知

新闻出版总署　2007 年 4 月 12 日　新出报刊〔2007〕376 号

各省、自治区、直辖市新闻出版局，新疆生产建设兵团新闻出版局，解放军总政宣传部新闻出版局，中央和国家机关各部委、各民主党派、各人民团体新闻出版主管部门：

2005 年 12 月 1 日起实施的《期刊出版管理规定》第四十七条规定：“新闻出版总署制定期刊出版质量综合评估标准体系，对期刊出版质量进行全面评估”。

依据《出版管理条例》、《期刊出版管理规定》等相关法规，我署制定了《期刊出版形式规范》，并将从 2007 年 7 月起依照该规范对全国期刊的出版形式进行全面检查。

请向各期刊出版单位宣传这一规范，督促其依据规范进行对照检查，并及时纠正一些期刊在出版形式方面存在的不规范行为。

《期刊出版形式规范》编制说明

《期刊出版管理规定》第四十七条规定：“新闻出版总署制定期刊出版质量综合评估标准体系，对期刊出版质量进行全面评估。经期刊出版质量综合评估，期刊出版质量未达到规定要求或者不能维持正常出版活动的，由新闻出版总署撤销《期刊出版许可证》，所在地省、自治区、直辖市新闻出版行政部门注销登记。”为更好地执行《期刊出版管理规定》，特制定本规范。

《期刊出版形式规范》制定目的

本规范制定目的是为期刊提供可依据的出版形式规范，为提高期刊综合出版质量，建立科学的期刊出版管理体系服务。

《期刊出版形式规范》制定原则

本规范制定的原则是：科学合理，客观实际，标准兼容，可操作性强。

《期刊出版形式规范》制定依据

本规范制定以《出版管理条例》、《期刊出版管理规定》、GB/T 9999—2001《中国标准连续出版物号》以及相关国家标准和仍在有效期内的各种法规为依据。

《期刊出版形式规范》规范项目

本规范根据《期刊出版管理规定》规范如下项目：国内统一连续出版物号（CN）、国际标准连续出版物号（ISSN）、广告经营许可证号、期刊条码、期刊名称、期刊主要责任单位（主管单位、主办单位、出版单位）、印刷发行单位、总编辑、期刊出版标识（期刊编号、刊期）、版权页和期刊标识性文字。

《期刊出版形式规范》适用范围

本规范适用于获得国内统一连续出版物号（CN）的期刊。

《期刊出版形式规范》的解释

本规范由新闻出版总署制定并负责解释。

期刊出版形式规范

1　期刊 CN （国内统一连续出版物号）

以 CN 为前缀，由 6 位数字（前 2 位为地区代码，后 4 位为地区连续出版物的序号）和分类号组成。是由新闻出版总署负责分配给一种期刊的唯一代码。

1.1 期刊 CN 规定

1.1.1 CN 执行《期刊出版管理规定》和 GB/T 9999—2001《中国标准连续出版物号》相关规定。

1.1.2 获得 CN 的期刊应持有新闻出版总署批准文件（2004 年以前批准的科技期刊持有科技部文件）、期刊出版许可证，并在新闻出版总署备案。

1.1.3 一个国内统一连续出版物号只能对应出版一种期刊，不得用同一国内统一连续出版物号出版不同版本的期刊。

1.1.4 CN 应印在期刊封面、版权页或封底上。

1.2 期刊 CN 准则

1.2.1 一个 CN 对应一种期刊唯一刊名，期刊更名、变更登记地（跨行政区域）应获得新的 CN。

1.2.2 一个 CN 只能出版一种期刊的一个版本。

1.2.3 不同文种、不同载体的期刊应分别有各自的 CN。

1.2.4 CN 编号后面不允许附加任何其他标识信息。

1.2.5 CN 分类号应以新闻出版总署批准文件为准，不能任意跨学科更改和刊印时省略。

1.2.6 期刊出版单位不得出售、出租和转让 CN 给其他期刊使用。

1.2.7 CN 应按规定格式和字体印在期刊封面、版权页或封底上。

2 期刊 ISSN （国际标准连续出版物号）

以 ISSN 为前缀，包括一位校验码在内的 8 位数字。由 ISSN 中国国家中心分配给每一种获得 CN 并公开发行的期刊的唯一识别代码。

2.1 期刊ISSN规定

2.1.1 期刊社应持国家新闻出版总署批准创办期刊文件复印件、期刊出版许可证复印件和期刊出版登记表复印件向ISSN中国国家中心申请ISSN。

2.1.2 ISSN执行《中国标准连续出版物号》和《期刊出版管理规定》相关规定。

2.1.3 获得ISSN的期刊应持有ISSN中国国家中心颁发的ISSN证书并在该中心数据库注册。

2.1.4 ISSN应印在期刊封面右上角、版权页或封底上。

2.2 期刊ISSN准则

2.2.1 获得CN并公开发行的期刊应申请ISSN，期刊更名须获得新闻出版总署批准后申请新的ISSN。

2.2.2 一个ISSN应与该刊的CN及刊名保持一致。

2.2.3 一个ISSN只能出版一种期刊的一个版本。

2.2.4 不同文种、不同载体的期刊应分别有各自的ISSN。

2.2.5 ISSN应按规定格式和字体印在期刊封面、版权页或封底上。

3 期刊条码

出版物条码是由一组按EAN规范排列的条、空及其对应字符组成的表示一定信息的出版物标识。期刊条码由前缀码977（3位）、数据码（ISSN前7位）、年份码（2位）、校验码（1位）以及附加码（2位）组成，由新闻出版总署条码中心负责制作。

3.1 期刊条码规定

3.1.1 期刊条码执行《出版物条码管理办法》和GB/T 16827—1997《中国标准刊号（ISSN部分）条码》等相关规定。

3.1.2 期刊条码由新闻出版总署条码中心统一负责制作。

3.2 期刊条码准则

3.2.1　期刊条码应与该刊的 ISSN 及刊名保持一致。

3.2.2　一种期刊的条码只能用于一种期刊的一个版本，不同文种、不同载体的期刊应分别有各自的期刊条码。

3.2.3　期刊条码的附加码应与期刊出版的刊期和（或）出版的年份、月份或期号保持一致。

3.2.4　期刊条码可以通过相关设备识读。

3.2.5　期刊条码应印在规定的位置，印刷质量和色彩应清晰并便于识读。

4　期刊广告经营

期刊刊登广告应在工商管理部门注册登记。

4.1　期刊广告经营规定

4.1.1　期刊广告经营执行《期刊出版管理规定》和相关法律法规。

4.1.2　期刊刊登广告应持有工商管理部门颁发的广告经营许可证。

4.1.3　广告经营许可证号应印在期刊版权页上。

4.2　期刊广告经营准则

4.2.1　刊登广告的期刊须将广告经营许可证号印在每一期期刊版权页或封底上。

5　期刊名称

期刊使用的名称，包括期刊中文刊名和外文刊名。

中文期刊使用中文刊名，刊名包括分册（分辑）刊名、不同内容版本刊名。

外文期刊使用相应语种刊名，刊名包括分册（分辑）刊名、不同内容版本刊名。

少数民族语文期刊使用相应语言刊名，刊名包括分册（分辑）刊名、不同内容版本刊名。

5.1　期刊名称规定

5.1.1　期刊名称执行《期刊出版管理规定》和《中国标准连续出版物号》的相关规定。

5.1.2　出版不同版本的期刊，须按创办新期刊办理审批手续。

5.1.3　期刊的外文刊名须是中文刊名的直译。

5.1.4　外文期刊封面上必须同时刊印中文刊名，少数民族文种期刊封面上必须同时刊印汉语刊名。

5.1.5　期刊名称应印在期刊封面、版权页等处。

5.2　期刊名称准则

5.2.1　期刊刊名由新闻出版总署批准并同时为该刊名分配CN。一个刊名对应一个CN为一种期刊。

5.2.2　期刊刊名变更须经批准并获得新的CN；未经批准不得在刊名中增加、删减和更改字词。

5.2.3　一种期刊不得以任何形式出版两种或两种以上期刊，不得使用同一个CN出版不同刊名的期刊，如：

◆一种期刊不能以增加类似版别方式，分别出版两种或两种以上期刊；

◆一种期刊不能以“社会科学版”、“自然科学版”，“教师版”、“学生版”等字样，交替出版两种或两种以上期刊；

◆一种教育辅导类期刊不能分别使用“××年级”、“小学版”、“语文版”、“英语”等字样，出版两种或两种以上期刊。

5.2.4　期刊名称应出现在封面和版权页等处。

5.2.5　期刊刊名应明显于期刊封面的其他标识性文字。

5.2.6　期刊名称在封面、版权页、封底、书脊等处应保持一致。

5.2.7　期刊外文刊名的翻译应准确并与中文刊名保持一致，不能使用不相关的外文名称。

6　期刊主要责任单位

期刊主要责任单位包括期刊的主管单位、主办单位和出版单位。

6.1　期刊主要责任单位规定

6.1.1　期刊主要责任单位执行《期刊出版管理规定》等相关规定。

6.1.2　期刊主管单位、主办单位、出版单位变更须经新闻出版总署批准。

6.1.3　两个以上主办单位合办期刊，须确定一个主要主办单位。期刊的主要主办单位应为其主管单位的隶属单位。

6.1.4　期刊出版单位须与主要主办单位在同一行政区域。

6.1.5　期刊主管单位、主办单位、出版单位应印在期刊版权页或期刊封面等处。

6.2　期刊主要责任单位准则

6.2.1　期刊主管单位、主办单位、出版单位未经批准不得变更。

6.2.2　期刊主管单位、主办单位、出版单位名称应印在期刊版权页或期刊封面等处。

6.2.3　未经注册成立具有法人资格的期刊社（杂志社）的期刊，出版单位应标识为：“×× 编辑部”。

6.2.4　期刊出版单位和主要主办单位的所在地须在同一行政区域。

7　期刊印刷发行单位

印刷单位是具有印刷经营许可证可以印制期刊的机构。

发行单位是承担期刊发行的部门。

7.1 期刊印刷发行单位规定

7.1.1 印刷单位、发行单位应印在期刊版权页或封底上。

7.2 期刊印刷发行单位准则

7.2.1 期刊印刷单位和发行单位的刊印不应省略。

8 期刊总编辑（主编）

总编辑（主编）是主持期刊编辑和终审等工作的负责人。

8.1 期刊总编辑（主编）规定

8.1.1 总编辑（主编）执行《期刊出版管理规定》和相关法规。

8.1.2 总编辑（主编）姓名应印在期刊版权页等处。

8.2 期刊总编辑（主编）准则

8.2.1 总编辑（主编）姓名应印在期刊版权页等处。

8.2.2 期刊上不得出现多个总编辑（主编）。

9 期刊出版标识

期刊出版标识包括期刊编号、刊期、期刊版式设计等。

期刊编号指期刊在编辑出版过程中所采用的卷、期、年、月标识。

期刊刊期指一种期刊每年出版的频次。

9.1 期刊出版标识规定

9.1.1 期刊出版标识执行《期刊出版管理规定》相关规定。

9.1.2 期刊须在封面的明显位置刊载期刊名称和年、月、期、卷等顺序编号，不得以总期号代替年、月、期号。

9.1.3 期刊应按批准的刊期出版。

9.2 期刊出版标识准则

9.2.1 每期期刊封面和版权页等处的年、月、期号标识不能省略。

9.2.2　期刊的年、月、期号标识可采用卷号和（或）总期号方式标识，凡采用卷和总期号标识的期刊，其卷号和（或）总期号应连续编排，不应随意更改，不得使用总期号和卷号代替年、月、期号。

9.2.3　同一期刊每年出版的各期不得分别独立设置编号体系交叉出版。

9.2.4　一种期刊的每一期应为一册。

9.2.5　任何期刊不得以不同刊期或增加刊期频率方式变相出版两种以上期刊。

9.2.6　期刊不得随意脱期出版，不应任意增减出版刊期。

9.2.7　同一期刊在每年度中的版式设计风格应基本保持一致。

9.2.8　同一期刊在每年度中各期的幅面尺寸应保持一致。

10　期刊版权页

期刊出版情况的记录，列载供国家版本管理部门、出版发行单位、信息资源管理等部门使用的版本资料。

10.1　期刊版权页规定

10.1.1　期刊版权页执行《期刊出版管理规定》相关规定。

10.1.2　期刊版权页记录：期刊名称、主管单位、主办单位、出版单位、印刷单位、发行单位、出版日期、总编辑（主编）姓名、定价、国内统一连续出版物号、广告经营许可证号。

10.2　期刊版权页准则

10.2.1　期刊须设立版权页，版权页位于期刊正文之前，也可设在期刊封底上。

10.2.2　期刊版权页记录的各个项目应完整。

10.2.3　期刊版权页记录的项目应与封面或封底上记录的相

同项目保持一致。

11　期刊标识性文字

期刊版权页规定的记录项目之外，在期刊封面或显著位置上对期刊进行宣传的文字。

11.1　期刊标识性文字规定

11.1.1　期刊标识性文字执行《期刊出版管理规定》相关规定。

11.1.2　期刊封面其他文字标识不得明显于刊名。

11.2　期刊标识性文字准则

11.2.1　期刊标识性文字不得使用毫无实据的、过于夸张的宣传语言，如："世界排名第×名"、"全球发行量最大"、"中国唯一的"、"××领域最早期刊"、"获奖最多"等。

11.2.2　期刊刊名的补充文字说明、期刊内容宣传等标识性文字不得明显于期刊刊名，不得通过颜色、位置等手段突出显示。

关于保障新闻采编人员合法采访权利的通知

新闻出版总署　2007 年 10 月 31 日　新出报刊〔2007〕1409 号

各省、自治区、直辖市新闻出版局，中央和国家机关各部委、各民主党派、各人民团体新闻出版主管部门，中央各新闻单位：

近年来，随着新闻事业的迅速发展，新闻采访活动日渐频繁，新闻采编人员的数量不断增加，新闻采访涉及的领域不断扩大，新闻报道形式呈现多样化发展特点。在新闻事业迅速发展的同时，也出现了一些不容忽视的问题：部分单位及人员粗暴干涉新闻记者的正常采访活动，甚至出现殴打新闻记者、毁坏采访器材等恶性事件；部分社会人员假冒新闻记者身份，以新闻采访为名，在各地从事诈骗活动；部分新闻单位未按照国家有关规定履行用人单位义务，不与采编人员订立聘用合同，不为符合条件的采编人员申领新闻记者证。这些做法严重影响了新闻采编人员正常的新闻采访活动，侵犯了新闻记者的采访权和社会公众的知情权。为保障新闻采编人员合法的采访权利，现就有关事项通知如下：

一、新闻采访活动是保证公众知情权，实现社会舆论监督的重要途径，有关党政机关及其工作人员要为新闻机构合法的新闻采访活动提供便利和必要保障。

二、新闻采编人员合法的新闻采访活动受法律保护，任何组织和个人不得干扰、阻碍新闻采编人员合法的新闻采访活动。

三、新闻单位要为所属新闻采编人员从事新闻采访活动提供必要保障。新闻单位要按照明年 1 月 1 日起施行的《劳动合同法》

的有关规定，与所属新闻采编人员订立书面聘用合同，缴纳社会保险金，完善各项保障制度，保护新闻采编人员合法权益。

四、新闻采编活动是新闻单位的中心工作和核心环节，新闻单位要选派政治强、业务精、纪律严、作风正的人员从事新闻采访工作，要把好进人关、用人关，并加强对新闻采编人员的考核、培训、教育和管理，要及时为符合资格条件的新闻采编人员申请发放新闻记者证。同时加强新闻采编人员的安全教育工作，增强新闻采编人员的自我保护意识。

五、新闻采编人员从事新闻采访活动，要遵守国家相关法律法规和新闻工作者职业道德，严格自律、礼貌待人、以理服人。新闻采编人员采写的新闻报道必须真实、准确、客观、公正，不得损害国家利益，不得侵犯公民及法人的合法权益，不得借新闻采访活动从事有偿新闻、强拉广告或牟取不正当利益。

六、在采访活动中，新闻记者应主动向采访对象出示新闻记者证。暂未领取新闻记者证的采编人员，必须在本新闻单位持有新闻记者证的采编人员带领和指导下开展采编工作，不得单独从事新闻采访活动。在新闻采访过程中如遇到可能发生冲突的情况，新闻采编人员应迅速与有关党政部门取得联系，请求协调或援助，有关部门应及时进行协调或提供援助。

七、新闻记者证是我国境内新闻单位的新闻采编人员从事新闻采访活动使用的有效工作身份证件，由新闻出版总署统一印制并核发，其他单位和个人不得制作、仿制新闻记者证，不得制作、发放专供采访使用的其他正式证件。社会公众可通过中国记者网（http：//press.gapp.gov.cn）查验新闻记者证的真伪，如发现使用伪造的新闻记者证从事采访活动的违规行为，特别是假冒新闻记者身份从事敲诈勒索等违法活动，应及时向公安机关或者新闻出版行政部门举报。

各级新闻出版行政部门接到本通知后，应及时将本通知传达、印发至当地新闻单位，督促各新闻单位按照有关规定与新闻采编人员订立书面聘用合同，要求各新闻单位及时为符合资格条件的采编人员申领发放新闻记者证。各新闻单位接到本通知后，要立即对本单位的用工情况进行自查，并按照《新闻记者证管理办法》等有关规定规范用工制度和记者证管理制度，为本单位新闻采编人员的新闻采访活动提供必要保障。

关于进一步做好新闻采访活动保障工作的通知

新闻出版总署　2008 年 11 月 7 日　新出报刊〔2008〕1260 号

各省、自治区、直辖市新闻出版局，中央和国家机关各部委、各民主党派、各人民团体新闻出版主管部门，中央各新闻单位：

近年来，随着我国社会的全面进步，特别是新闻事业的迅速发展，新闻采访活动日渐频繁，新闻采编人员数量不断增加，参与新闻采访的媒体不断扩大。在新闻媒体和新闻采访活动迅速发展的同时，也出现了一些不容忽视的问题：一方面，个别政府部门未认真履行政府信息公开义务，一些企事业单位及社会组织为规避舆论监督，拒绝新闻机构及记者的采访，甚至出现打骂新闻记者等严重问题，侵犯了新闻机构的采访权和社会公众的知情权；另一方面，少数记者故意编造虚假新闻谋取不正当利益，一些社会人员假冒记者名义敲诈勒索，严重损坏新闻队伍的职业形象。为进一步保障新闻机构和新闻采编人员依法从事采访活动，维护新闻机构、采编人员和新闻当事人的合法权益，规范新闻采访秩序，打击假记者的违法活动，现就有关事项通知如下：

一、要依法保护新闻机构和新闻记者的合法权益。新闻机构对涉及国家利益、公共利益的事件依法享有知情权、采访权、发表权、批评权、监督权，新闻机构及其派出的采编人员依法从事新闻采访活动受法律保护，任何组织或个人不得干扰、阻挠新闻机构及其采编人员合法的采访活动。各新闻机构及其主管部门有责任和义务为所属新闻记者从事新闻采访活动提供必要保障，保护他们的合法权益。

二、要支持新闻记者的采访工作。各级政府部门及其工作人员应为合法的新闻采访活动提供相应便利和保障，对涉及公共利益的信息应及时主动通过新闻机构如实向社会公布，不得对已经核实的合法新闻机构及新闻记者封锁消息、隐瞒事实。

三、要坚持凭合法证件采访。新闻记者证是我国境内新闻记者从事新闻采访活动的惟一合法证件，是新闻记者职务身份的有效证明。境内报刊、通讯社、广播、电视等媒体的新闻记者证，由国务院授权新闻出版总署统一印制并核发，可以通过电话、互联网等方式查验。其他任何单位和个人制作、发放的证件不得用于新闻采访，重大活动期间主办单位制作的一次性临时采访证件必须随新闻记者证一同使用，方为有效。对于伪造、仿制新闻记者证进行不法活动的要严厉打击。

四、要为合格记者及时办理新闻记者证。新闻机构应及时为符合条件的新闻采编人员申领新闻记者证，新闻行政部门要及时做好服务工作。所有新闻记者在采访活动中应主动向采访对象出示证件，被采访人有权通过电话、互联网等途径核验新闻记者证和核实记者身份，并对新闻记者的新闻采访活动予以监督。新闻机构中暂未领取新闻记者证的采访人员和辅助人员，必须在本新闻机构持有新闻记者证的记者带领和指导下开展采访工作，不得单独从事新闻采访活动。

五、要提高记者队伍的职业素质。新闻采访活动是新闻记者的职务行为，为确保新闻的公信力，新闻记者要遵守职业道德，不断提高职业素质。不得借新闻采访活动牟取不正当利益，不得从事与记者职务有关的有偿服务、中介活动或兼职、取酬。新闻采编人员不得介入经营活动，严禁借新闻采访工作从事广告、发行、赞助等经营活动。

六、要维护新闻的真实性。新闻机构及其新闻采编人员进行新闻采访活动，应坚持正确的舆论导向，维护国家利益和公共利益。对报道的事实和内容，必须认真核实，不得编发未经核实的信息，不得刊播未经本新闻机构核实的来稿，不得徇私隐匿应报道的新闻事实，严禁借新闻采访活动搞有偿新闻、索贿受贿，严禁借舆论监督搞敲诈勒索。

各级新闻出版行政部门和报刊管理机构接到本通知后，应及时将本通知传达、印发至所辖或所属新闻机构，帮助和督促各新闻机构认真履行新闻工作职能，规范工作要求，树立良好形象；要联合有关部门，严厉打击假记者和伪造、仿制新闻记者证等各种违法活动，为新闻机构及其新闻采编人员合法的新闻采访活动提供有力保障，支持新闻机构、新闻记者更好地发挥作用。

关于进一步加强和改进报刊出版管理工作的通知

新闻出版总署　2009 年 2 月 6 日　新出报刊〔2009〕124 号

各省、自治区、直辖市新闻出版局，新疆生产建设兵团新闻出版局，解放军总政宣传部新闻出版局，中央国家机关报刊管理部门，中央各新闻单位：

近年来，我国报刊出版单位坚持正确导向、弘扬主旋律，传播先进文化，呈现出良好的发展态势。各级各地报刊出版行政部门积极转变职能，创新管理方式，提高依法行政能力，为营造良好的思想文化舆论环境，促进经济发展和社会全面进步，做出了积极贡献。但也要看到，当前报刊业发展中存在一些不容忽视的问题。少数报刊主管单位不能很好履行管理职责，少数报刊出版单位内部管理松懈、出版内容时有差错，少数从业人员缺乏职业精神和职业道德。为推动报刊业更加繁荣健康有序发展，有必要进一步健全管理制度，改进管理方式，创新管理手段，提高管理水平，现就有关事项通知如下。

一、进一步加强和改进报刊出版管理工作的重点

1．提高依法行政的能力，增强服务大局的自觉性和主动性。做好报刊管理工作，事关党和国家工作全局，事关经济社会发展和国家稳定的大局。各报刊出版单位和新闻出版行政管理部门要进一步增强服务大局的责任意识，切实履行职责，做到敢于管理，创新管理，有效管理。要认真贯彻中央精神，熟悉报刊管理的法

律法规，不断提高依法行政的能力，严格执法，不徇私情，通过有效的行政管理手段规范报刊出版秩序，保证报刊业健康有序发展。

2．进一步解决报刊管理的薄弱环节和突出问题，严肃查处报刊出版违规行为。各新闻出版行政管理部门要重点审核报刊主管主办单位是否履行管理职责；报刊主要负责人是否符合任职条件、岗位资质；报刊记者和记者站是否存在违规问题；报刊刊发重大选题内容是否履行备案手续，以及内容质量是否符合规定；报刊是否存在转让出版权、一号多刊多报等违规问题；报刊刊载广告是否存在违法违规现象；报刊经营是否存在违规问题等。

3．构建有序开放、有效管理的报刊监管机制。各新闻出版行政管理部门要适应改革发展新形势，坚持一手抓发展、改革，一手抓服务、管理，按照符合宣传规律、传播规律的方式，形成一整套科学有效的管理方式、管理手段和管理制度，逐步建立一支敢于负责、严格执法的监管队伍，构建有序开放、有效管理的报刊监管机制。

二、进一步加强和改进报刊出版管理工作的措施

1．加强报刊年检工作，检查和规范报刊出版活动。报刊年度核验是实施出版管理的重要制度。新闻出版总署近期将下发《关于做好2008年度报刊核验工作的通知》，各新闻出版行政管理部门根据中央的要求和报刊年度核验的有关法律规定，按照通知要求，结合报刊出版实际，严格把关。在报刊年度核验工作中认真审核报刊出版单位提交的年度自检报告，进一步明确工作重点和违规处理要求，着力解决出版的违规问题和管理的薄弱环节。对年度核验中发现的违规问题要依法严肃处理，对一号多报多刊、转让出版权的一经查实坚决处理，情节严重的依法停办或吊销刊

号。对不符合年检要求的报刊要严格执行规定并视其情况予以缓验、不予通过，直至注销登记。对不具备继续出版条件的报刊应依据有关规定坚决退出。根据报刊年度核验的规定，凡是报纸超过 180 天、期刊一年以上不能正常出版的以及明确规定不予通过年检的报刊，要坚决予以停办。新闻出版总署 3 月初将派出检查组对报刊年检工作实施检查督导，针对存在的管理薄弱环节和突出问题，组织对重点省份和重点报刊的年检审核处理情况进行检查。各省在 4 月 20 日前向新闻出版总署书面报告报刊年度核验的情况。

2. 健全完善审读机制，加强报刊舆情监测和分析。新闻出版总署将颁布《报纸期刊审读暂行办法》，请各新闻出版行政管理部门认真贯彻执行，使报刊审读工作规范化、制度化。新闻出版总署要加强对全国报刊审读工作的指导，进一步加强审读机制的建设，健全完善审读员队伍、审读制度和监测点工作，借助社会资源做好审读工作。各省要尽快完善审读工作制度，建立健全审读机构和审读队伍。加强对本区域内报刊的监测和分析，分类管理，突出重点。对重要内容进行监测审读，同时对重点报刊进行分类分析，掌握报刊出版动态。做好审读情况通报，重大出版情况及时上报，对新闻出版总署交办的审读事项及时反馈。新闻出版总署将与各省建立重大舆情动态及时通报制度，及时发现和处理倾向性问题。各地要建立重大新闻舆情动态通报机制，定期提供报刊舆情动态，特别是做好重大舆情和报刊管理动态分析、上报工作，逐步建立舆情和报刊出版动态的报告制度。

3. 加强报刊管理基本制度建设，坚持依法行政。针对报刊发展中出现的新情况新问题，报刊出版管理部门要结合深化报刊业改革，加强制度建设，综合运用行政、法律、市场、技术等手段，建立有效管理机制，实现标本兼治。近期，新闻出版总署将修订颁布《新闻记者证管理办法》、《报刊记者站管理办法》，起草制止虚假报道等新闻采编从业人员的规范，重申有关报刊主要负责人任职资格规定，对查处一号多刊（报）、买卖刊（报）号、转让出版权等做出界定。各地也要加大新闻出版法律法规的清理、建立和完善工作，加强报刊管理基本制度建设。同时要认真贯彻落实好这些规定，坚持依法行政。

4．加强采编队伍建设，完善报刊采编人员的准入退出制度，进一步规范新闻采编活动。新闻出版总署近期将会同人力资源和社会保障部出台《新闻从业人员职业资格考试暂行规定》和《新闻从业人员职业资格考试实施办法》。今后从事新闻采编工作的人员必须通过国家统一考试才能获得从业资格。它将有利于规范从业资质和提高新闻采编从业人员素质。新闻出版总署将建立健全不良从业人员数据库，实现管理资源共享。对违规违法新闻从业人员要依法吊销其新闻记者证，列入不良记录人员名单，限制从事新闻采编工作；对触犯刑律的，终身禁止从事新闻采编工作。各新闻出版行政管理部门要加强对新闻采编活动中重大违规行为的监管，加强对报刊出版单位和新闻采编从业人员中的虚假报道、有偿新闻等违规问题的查处。依据职能和规定，对本区域内的新闻采访活动加强监督管理，规范新闻采编秩序，并对违规行为依法查处，对典型违规案例予以通报。各新闻出版行政管理部门要建立新闻从业人员的不良记录资料库，建立长效的规范机制。

5．加快建立报刊出版单位评估体系，实施退出机制。新闻出版总署将逐步建立健全报刊出版质量综合评估指标及出版单位评估标准。逐步完善报刊市场退出机制评估指标体系的建设和应用，建立健全报刊市场准入退出机制。今年上半年抓好辽宁、河北两省报刊总量、结构、布局的分类评估试点，逐步完善报刊退出的评估指标、退出流程及报刊退出后人员处置办法。同时各省结合年检对不具备出版条件的报刊试行退出。下半年在总结试点经验的基础上，在全国范围内正式实施报刊退出机制。各省要完善报刊出版经营情况的数据，为报刊评估工作做好准备。同时，有条件的省可在本省结构布局规划指导下，先行开展报刊出版单位的评估工作，进行结构优化，资源整合，让不具备出版条件的报刊退出市场。

6. 整治报刊刊载虚假违法广告、净化报刊广告市场。要把广告管理纳入报刊出版内容管理的一部分，配合工商部门加大对虚假违法广告的查处力度，严格管理。上半年，新闻出版总署将与国家工商行政管理总局等有关部门联合开展一次集中检查整治报刊刊载虚假违法广告、净化报刊广告市场的行动，对刊载虚假违法广告情节严重、整改成效不明显的，新闻出版行政部门将主动配合工商行政管理部门予以处理。

7. 继续严厉打击“四假”，净化报刊市场。与扫黄打非部门合作，继续加大力度，开展对假报刊、假记者站、假记者、假新闻的集中治理，加强对违法违规报刊的查处，严厉打击冒用出版单位刊号或擅自转让给其他单位和个人从事非法出版的活动。各省新闻出版行政管理部门和文化执法部门要与工商行政部门合作，加强固定形式印刷品广告的管理。固定形式印刷品广告中不得含新闻报道、社会评论、文学作品等非广告内容。被鉴定为非法出版物的广告印刷品，要依法取缔。各部门通力合作，净化报刊市场，让优秀报刊占领文化市场，丰富人民群众精神文化生活。

三、进一步加强和改进报刊出版管理工作的具体要求

各新闻出版行政管理部门要高度重视，周密部署，精心组织

好加强和改进报刊出版管理工作，为大局服务，为报刊业发展服务。要充分认识新形势下加强和改进报刊出版管理工作的重要性和紧迫性，加强对所辖地区报刊和出版市场的日常管理力度，增强工作主动性，掌握管理主动权。对群众举报的报刊重大违法违规问题，要认真核查，及时妥善做出处理。要敢于负责，严格管理，依法行政，讲求方法。明确责任，做到各负其责，相互配合，把“属地管理”、“谁主管谁负责”真正落实到位。

各地要按照本通知的要求，对本省报刊出版现状和管理问题进行全面检查和梳理，分析查摆报刊管理工作的薄弱环节和突出问题，有针对性地提出加强报刊管理、规范报刊秩序的具体措施和长效机制，认真落实中央关于加强报刊管理的各项要求。各省局于 4 月底前向新闻出版总署递交贯彻落实情况。中宣部和新闻出版总署将派员对各地落实情况组织检查，对重点地区、重点报刊进行督查。具体检查：对所辖报刊出版和管理情况是否进行全面检查；针对薄弱环节和突出问题是否提出了切实措施；对违规报刊是否做出处理，特别是依法应予停刊、停办的是否停刊停办；是否有加强管理和创新管理的新举措、新机制等。

各地新闻出版行政管理部门要认真贯彻中央精神，以科学发展观统领，在党委宣传部门指导下，努力做好加强和改进报刊出版管理工作，以更加负责的精神、更加扎实的工作，不断开创报刊出版管理工作的新局面。

关于印发《报纸期刊审读暂行办法》的通知

新闻出版总署　2009年2月9日　新出报刊〔2009〕126号

各省、自治区、直辖市新闻出版局，新疆生产建设兵团新闻出版局，解放军总政治部宣传部新闻出版局，中央和国家机关各部委、各民主党派、各人民团体报刊管理部门：

为贯彻落实《中央宣传部、新闻出版总署关于进一步加强和改进报刊出版管理工作的意见》，切实开展报刊审读工作，现将《报纸期刊审读暂行办法》印发给你们，自印发之日起执行。

报纸期刊审读暂行办法

第一条　为履行报刊出版管理职责，切实加强报刊出版管理，维护报刊出版秩序，提高报刊出版质量，促进我国报刊业健康繁荣发展，依据《出版管理条例》、《报纸出版管理规定》、《期刊出版管理规定》的有关规定制定本办法。

第二条　报刊审读是新闻出版行政部门和报刊主管单位在报刊出版后组织有关人员，依法对报刊出版质量进行的审阅和评定，是报刊出版事后管理的重要制度。

第三条　凡经新闻出版总署批准，持有“国内统一连续出版物号”，领取《报纸出版许可证》和《期刊出版许可证》的报刊，应列入审读范围。

第四条　报刊审读工作坚持以马克思列宁主义、毛泽东思想、邓小平理论和“三个代表”重要思想为指导，深入贯彻落实科学发展观，坚持党的领导，坚持正确的舆论导向和出版方向，坚持把社会效益放在首位，督促报刊出版单位严格遵守国家有关法律法规，努力传播社会主义核心价值观，传播和积累有益于提高民族素质、经济发展和社会进步的科学技术和文化知识，弘扬中华民族优秀文化，丰富人民群众的精神文化生活，努力为推动社会主义经济建设、政治建设、文化建设、社会建设以及生态文明建设作出积极贡献。

报刊审读工作坚持实事求是、依法行政的原则，努力保障审读结论客观、公正。

第五条 新闻出版总署负责全国报刊审读工作，承担协调、指导省级新闻出版行政部门，以及中央部门报刊主管单位组织开展审读工作；负责研究、汇总各地新闻出版行政部门，以及中央部门报刊主管单位提交的审读报告；研究处理审读中发现的有关问题；提出加强和改进审读工作的意见；负责向中央和国务院报告审读工作发现的重大问题；根据需要调阅报刊出版单位阅评报告；整理编发报刊审读有关通报材料。

第六条 地方各级新闻出版行政部门负责本行政区域内的报刊审读工作，负责协调、指导下级新闻出版行政部门和报刊主管单位对报刊进行审读；研究、汇总下级新闻出版行政部门和报刊主管单位提交的审读报告；研究处理审读中发现的问题；负责向上级新闻出版行政部门报送审读报告；根据需要调阅当地报刊出版单位的阅评报告；整理和编发报刊审读的有关简报材料。

地方新闻出版行政部门报送的审读报告应包括：对本行政区域内报刊组织开展审读的基本情况，审读动态和舆情分析，审读中发现的主要问题及其处理情况，报刊主管主办单位和出版单位对存在问题的整改情况。

第七条 中央部门报刊主管单位负责对其主管报刊进行审读，并向新闻出版总署提交审读报告。地方报刊主管单位负责对其主管报刊进行审读，向所在地新闻出版行政部门提交审读报告。主管单位提交的审读报告应包括：对其主管的报刊组织开展审读工作的基本情况，审读中发现的主要问题及处理情况，对新闻出版行政部门认定的违规问题进行处理和整改的情况。

第八条 报刊出版单位在实施三审制度的同时，建立并实行报刊阅评制度，定期写出阅评报告，指导本单位出版工作，供新闻出版行政部门根据管理工作需要调阅和检查。阅评报告的形式由报刊出版单位自行决定。

第九条 报刊审读包括以下各项：

（一）是否刊载《出版管理条例》和其他法律、法规以及国家规定的禁止内容；

（二）新闻报道是否坚持真实、全面、客观、公正的原则，是否刊载虚假、失实报道；发表或摘转涉及国家重大政策、军事、民族、宗教、外交、保密等内容是否符合有关规定；

（三）刊载涉及重大革命和重大历史题材的内容，是否按规定履行重大选题备案程序，办理有关审批手续；

（四）报道涉及灾情疫情、交通事故、安全生产、刑事案件、社会稳定等重大、敏感和突发事件，是否符合有关规定；

（五）是否刊载有悖于社会主义道德风尚，格调低下的文章，是否含有色情淫秽、凶杀暴力、迷信愚昧等有害内容；

（六）转载、摘编社会自由来稿和互联网信息，是否符合有关规定，是否按规定对其内容进行核实，并标明下载文件网址、下载日期等；是否转载、摘编内部发行出版物的内容；

（七）刊登广告是否符合国家有关法律法规，是否刊载虚假违法、内容低俗的广告；报纸刊登广告是否在明显位置注明“广告”字样，是否违反规定以新闻报道形式刊登广告；

（八）报刊标示的版本记录是否符合规定，专版、专刊、增刊的内容是否与报刊宗旨、业务范围一致；

（九）出版质量是否符合报刊质量管理的有关要求，出版形式是否符合报刊出版形式规范的有关要求；

（十）出版质量是否符合现行国家标准和行业标准，使用语言文字是否符合国家通用语言文字法的规定。

第十条 各级新闻出版行政部门和报刊主管单位应设立相应的审读机构，安排具有较高的马克思主义理论修养和政策水平，有强烈事业心和高度责任感，熟悉出版工作方针政策、相关法律法规，熟悉报刊编辑出版业务的专职、兼职及聘用人员承担报刊审读工作。

第十一条 各级新闻出版行政部门依据《出版管理条例》的规定，切实履行监管职责，落实报刊审读经费。

第十二条 各级新闻出版行政部门和报刊主管单位要切实加强对审读工作的领导，健全制度，明确职责，组织对审读人员的培训，指导审读人员的工作，增强审读工作的针对性和实效性，不断提高审读质量和水平。

第十三条 新闻出版行政部门组织开展审读工作，可以采取一般审读、重点审读、全面审读、专题审读、抽查审读、书面审读、跟踪审读和谈话交流等形式进行。审读工作应与年度核验、专项检查等日常管理工作相结合。

第十四条 报刊审读工作应充分利用现代技术手段，逐步建立报刊审读网络系统，完善审读信息的编发、审核、传递、发布、记录、存储等办法。

第十五条 新闻出版行政部门负责编发各种形式的报刊审读简报材料，及时向报刊主管主办单位和出版单位通报，必要时可要求报刊出版单位反馈核查、整改情况。

第十六条 新闻出版行政部门对审读中发现的问题，应及时予以认定，并依据相关规定做出处理。

第十七条 对审读中发现的易产生不良社会影响的重大内容问题，各地报刊主管主办单位要立即向当地新闻出版行政部门报告，省级新闻出版行政部门和中央部门报刊主管单位要立即向新闻出版总署报告，不报或迟报造成后果的，要按规定追究责任。

第十八条 对坚持开展审读工作，效果显著、成绩突出的下级新闻出版行政部门，报刊主管单位和报刊出版单位，新闻出版总署和地方新闻出版行政部门应予以表彰。

关于规范报纸期刊主要负责人任职资格的通知

新闻出版总署　2009 年 2 月 24 日　新出报刊〔2009〕184 号

各省、自治区、直辖市新闻出版局，新疆生产建设兵团新闻出版局，解放军总政治部宣传部新闻出版局，中央和国家机关各部委，各人民团体报刊管理部门：

近年来，随着报纸期刊迅速发展，从业队伍不断扩大，建立和完善了新的劳动制度，规范了从业队伍，促进了报纸期刊业的繁荣发展。但也有一些主管、主办单位对所属报纸期刊主要负责人的任免存在不规范的问题，致使少数报纸期刊内部管理不到位，出版质量下降等。为了保证出版质量和从业秩序，现就进一步规范报纸期刊主要负责人任职条件和职责提出如下要求：

一、报纸期刊的主管主办单位要按照《出版管理条例》、《报纸出版管理规定》、《期刊出版管理规定》、《新闻出版行业领导岗位持证上岗实施办法》、《出版专业技术人员职业资格管理暂行规定》、《关于报刊社社长总编辑（主编）任职条件的暂行规定》等法规、规章的要求确定报纸期刊出版单位的领导班子，选派报纸期刊出版单位的主要负责人。

报纸期刊出版单位领导班子必须由政治坚定、作风正派、熟悉报纸期刊业务的在职人员组成。

报纸期刊出版单位的主要负责人，对报纸期刊内容质量和经营行为负有直接责任，应具有较高的马克思主义理论修养和政策水平，有强烈的事业心和高度的责任感，有积极的开拓精神和良好的职业道德，还应熟悉新闻出版工作方针政策、相关法律法规，熟悉报纸期刊编辑出版及经营管理业务，具有国家规定的新闻出版专业技术资格。报纸期刊出版单位主要负责人包括报纸期刊出版单位的法定代表人、社长、总编辑、主编、副社长、副总编辑、副主编等。

对于不具备任职资格的报纸期刊出版单位的主要负责人，报纸期刊的主管主办单位要及时更换。

二、按照中央及国家有关干部人事管理的政策法规，党政部门的离退休人员不得在报纸、期刊等出版单位担任主要负责人。

三、报纸期刊主管主办单位任命时政类报纸期刊负责人，除按干部任免程序履行审批，符合任职资格和岗位条件外，还应按照属地管理原则，向登记地省级以上新闻出版行政部门备案并填写任职资格备案表（附后）。中央单位报刊主管部门任命时政类报纸期刊主要负责人，除按干部任免程序履行审批外，还应向新闻出版总署备案，并填写任职资格备案表。

四、除政府所办用于发布政府信息、免费赠阅的公告、公报等期刊外，党政部门的公务员不得与报纸期刊出版单位从业人员混岗。

五、各地新闻出版行政部门在对报纸期刊实施日常管理工作中，要对属地报纸期刊的主要负责人的情况及时了解、掌握，对于主要负责人不具备任职资格的，要建议主管单位尽快更换任命新的负责人。

六、各地新闻出版教育培训机构对报纸期刊的主要负责人进行岗位培训时，要严格审核参加岗位培训人员的条件，不得接纳不符合岗位培训条件的人员参加培训。

七、报纸期刊主要负责人应在任职前或任职当年或任职后半年内参加岗位培训并取得新闻出版总署统一印制并用印的《岗位培训合格证书》，证书有效期5年，在证书有效期满的当年应再次参加岗位培训。

八、各报纸期刊的主管、主办单位要高度重视所管报纸期刊领导班子建设工作，精心选择政治可靠、业务精通，符合现行政策法规要求的报纸期刊的主要负责人，保证所属报纸期刊的质量不断提高，市场竞争力不断增强，为社会主义精神文明建设和物质文明建设作出应有的贡献。

各省、自治区、直辖市新闻出版局接此通知后，要结合报纸期刊年度核验工作认真检查所辖地区报纸期刊出版单位主要负责人的任职情况，对不符合《通知》精神的报纸期刊出版单位，要责成主管主办单位立即纠正整改，情节严重，已不具备办报、办刊条件的，按照《报纸出版管理规定》、《期刊出版管理规定》的有关规定，不予通过年度核验。请各地严格执行。

特此通知。

关于采取切实措施制止虚假报道的通知

新闻出版总署　2009 年 3 月 24 日　新出报刊〔2009〕290 号

各省、自治区、直辖市新闻出版局，新疆生产建设兵团新闻出版局，解放军总政宣传部新闻出版局，中央和国家机关各部委、各民主党派、各人民团体报刊主管部门，中央各报刊出版单位：

近一段时间以来，由于一些报刊不断出现严重失实报道，个别采编人员炮制虚假新闻，一些报刊转载未经核实的报道，造成恶劣的社会影响，严重影响了正常的社会生产生活秩序，损害了新闻单位的权威性、公信力。为维护社会公众利益，保护新闻当事人合法权益，维护新闻单位和新闻工作者的良好形象，现就有关问题通知如下：

一、真实是新闻工作的生命。报刊出版单位要完善新闻采编管理制度，采取有力措施，确保新闻报道真实、全面、客观、公正。新闻机构及其新闻采编人员从事新闻采访活动，应坚持正确的舆论导向，维护国家利益和公共利益，要认真核实报道的基本事实，确保报道的新闻要素准确无误，不得编发未经核实的信息，不得刊载未经核实的来稿，不得徇私隐匿应报道的新闻事实。

二、新闻队伍是新闻工作的重要生产力。报刊出版单位要加强新闻队伍建设，切实把好进人关、用人关和考核关。聘用采编人员之前，必须对拟聘人员进行全面考查，严格审查其从业经历，对存在搞虚假报道、有偿新闻、利用新闻报道谋取不正当利益等不良从业记录的人员，报刊出版单位一律不得聘用。要建立健全采编人员上岗培训和在岗培训制度，要采取措施保证采编人员的学习时间，定期组织采编人员集中学习，加强马克思主义新闻观、法律法规、职业道德和专业素养等的学习和教育。

三、完善社会保障是稳定新闻队伍的重要保证。报刊出版单位要规范用工制度，建立健全采编人员社会保障制度。对符合新闻采编从业资格条件的人员，经考试、考核合格后，应按照《劳动合同法》等法律规定签订劳动聘用合同，及时为采编人员申领新闻记者证，按期做好采编人员的“三险”缴纳工作，按时足额发放采编人员工资并为采编人员正常开展工作提供完善的社会保障；要严格区分采编人员和经营人员身份，不得向采编部门及采编人员下达经营指标，经营人员不得以采编人员名义开展活动，采编和经营工作要做到部门分开、岗位分开、人员分开。

四、规范采访活动是确保新闻真实的重要保障。报刊出版单位要制订采编人员从事采编活动的规范要求，建立健全内部管理监督机制。报刊出版单位要进一步完善新闻报道的内部选题报批制度、采访安排计划和新闻稿件审签制度，进一步规范采访编辑流程，完善稿件三审制度；记者开展采访活动必须认真核实新闻消息来源，主动出示新闻记者证，全面采访新闻当事人，充分听取各方意见，确保新闻事实准确无误；记者报道新闻事件必须进行实地采访，严禁依据道听途说制造或编写新闻，不得凭借猜测想象改变或歪曲新闻事实，杜绝无中生有、胡编乱造，严禁采编人员滥用舆论监督权，严禁采编人员利用采编活动谋取不正当利益。

五、严格审核转载内容是防止虚假、失实报道扩大传播的重要环节。转载新闻报道必须事先核实，报刊出版单位要建立健全新闻转载的审核管理制度。报刊转载新闻报道事先必须核实，确保新闻事实准确无误后方可转载，不得转载未经核实的新闻报道、社会自由来稿和互联网信息，严禁歪曲原新闻报道事实、擅自编写或改变原新闻报道内容的行为。

六、完善问责制度是遏制虚假、失实报道的重要手段。报刊出版单位要建立健全责任追究制度。因记者采访不深入、不全面、不客观导致报道失实的，报刊总编辑要代表单位在本报刊上公开道歉，报刊出版单位要追究相关责任人责任；因记者未实地采访，仅凭道听途说编写虚假报道的，报刊总编辑要代表单位通过本报刊和当地两家以上主要媒体公开道歉，报刊主管单位要追究报刊主要负责人以及记者、责任编辑、分管领导等相关责任人的责任；对蓄意炮制和炒作虚假新闻造成恶劣社会影响、损害国家形象和公共利益的，报刊总编辑应引咎辞职，主管单位要追究报刊负责人责任；因未核实转载虚假、失实报道的，报刊总编辑要代表单位在本报刊上公开道歉，报刊出版单位要追究相关责任人责任。

报刊刊载虚假、失实报道导致公民、法人或其他组织的合法权益受到侵害的，当事人可向人民法院提起诉讼。各级新闻出版行政部门要支持受害方依法维护合法权益。

七、报刊主管主办单位要切实履行管理责任，加强所属报刊的导向管理，建立健全报刊管理制度，严肃查处报刊虚假、失实报道，严肃处理刊载虚假新闻的相关责任人，并向社会公开通报处理结果。

八、新闻出版行政部门要加强监管，严肃查处损害国家利益和公共利益的虚假、失实报道，责令有关报刊公开更正，并视情节轻重依法对报刊做出警告、罚款、停业整顿的行政处罚；对经查实采写虚假、失实报道的记者，要给予警告，并列入不良从业记录名单，情节严重的要吊销其新闻记者证，五年内不得从事新闻采编工作，情节特别严重的，终身不得从事新闻采编工作。各级新闻出版行政部门要采取有效措施，监督报刊主管主办单位对负有管理责任的报刊负责人做出处理。

各级新闻出版行政部门、各报刊主管主办单位要根据本通知精神，要求各报刊出版单位主动开展自查自纠，建立健全报刊采访活动的有关制度，进一步规范新闻采编工作，切实采取有效措施，制止虚假报道，切实维护新闻单位的公信力。

特此通知。

关于广播电影电视新闻单位申领新闻记者证的通知

新闻出版总署　国家广电总局　2009年6月15日　新出联〔2009〕8号

各省（自治区、直辖市）新闻出版局、广播电影电视局，新疆生产建设兵团新闻出版局、广播电视局，中央广播电影电视新闻单位：

根据《国务院办公厅关于印发国家新闻出版总署（国家版权局）主要职责内设机构和人员编制规定的通知》（国办发〔2008〕90号）和新闻出版总署《关于2009年换发新闻记者证的通知》（新出报刊〔2009〕60号）的有关要求，结合广电新闻单位记者证管理的实际情况，现就广播电影电视新闻单位申请领取新闻记者证的有关工作通知如下：

一、统一申领

国内通讯社、报纸期刊、广播电影电视新闻单位必须统一申领使用中华人民共和国新闻出版总署印制的新闻记者证，国家广电总局颁发的《广播电视编辑记者证》不再使用。

申领及换发新闻记者证不收取任何费用。

二、申领时间

此次集中申领新闻记者证工作于6月30日开始，10月30日结束，各广电新闻单位应在10月30日前完成新闻记者证的申领工作。

三、申领程序

为加强广电新闻采编人员的记者证管理，根据国办发〔2008〕

90号文“国家新闻出版总署负责全国新闻单位记者证的监制管理。国家广播电影电视总局协同国家新闻出版总署对广播电视记者证进行管理”的规定，中央广电新闻单位申领新闻记者证的人员经国家广电总局审核后，由新闻出版总署核发；地方广电新闻单位申领新闻记者证的人员经所在地省级广电行政部门和省级新闻出版行政部门审核后，报国家广电总局复审，由新闻出版总署核发。

申请领取新闻记者证的广电新闻单位，须按照新出报刊〔2009〕60号文的有关规定填报书面申请材料（包括《领取中国记者网加密终端申请表》、《领取新闻记者证登记表》、《领取新闻记者证人员情况表》等），并通过中国记者网“全国新闻记者证管理及核验网络系统”（以下简称中国记者网，网址：http://press.gapp.gov.cn）报送电子材料。中国记者网的加密终端由新闻出版总署免费提供。

（一）中央广电新闻单位按照有关要求，填写和准备书面申请材料，报国家广电总局审核并在《领取中国记者网加密终端申请表》、《领取新闻记者证登记表》的“主管部门（单位）意见”栏签章后，报新闻出版总署审核并免费领取加密终端，同时通过中国记者网报送电子材料，经国家广电总局网上审核同意后，由新闻出版总署核发新闻记者证。

（二）地方广电新闻单位按照有关要求，填写和准备书面申请材料，报所在地省级广电行政部门审核并在《领取中国记者网加密终端申请表》、《领取新闻记者证登记表》的“主管部门（单位）意见”栏签章后，报所在地省级新闻出版行政部门审核并免费领取加密终端，同时通过中国记者网报送电子材料，经省级广电行政部门、省级新闻出版行政部门、国家广电总局网上审核同意后，由新闻出版总署核发。

省级新闻出版行政部门要做好本行政区域内广电新闻单位书

面申请材料的审核、管理和存档工作，做好新闻记者证的打印、发放工作；省级广电行政部门要做好本行政区域内广电新闻单位新闻记者的从业资格审核，统一到省级新闻出版行政部门办理领取新闻记者证工作。广电新闻单位要按照《新闻记者证管理办法》的有关规定，加强新闻记者证的管理工作。

关于印发《报纸期刊出版质量综合评估办法（试行）》的通知

新闻出版总署　2010年7月12日　新出字〔2010〕294号

各省、自治区、直辖市新闻出版局，新疆生产建设兵团新闻出版局，解放军总政治部宣传部新闻出版局，中央和国家机关有关部委，民主党派、人民团体报刊主管部门：

《报纸期刊出版质量综合评估办法（试行）》（以下简称《办法》）已经总署领导审定，现予印发。该《办法》自2011年1月1日起施行。

报纸期刊出版质量综合评估办法（试行）

第一条　为了促进报纸期刊业的健康发展，提升我国报纸期刊整体质量，完善报纸期刊出版优胜劣汰机制，调整报纸期刊结构，优化报纸期刊布局，建立良好市场秩序，根据国务院《出版管理条例》和新闻出版总署《报纸出版管理规定》、《期刊出版管理规定》等相关规定，制定本办法。

第二条　报纸期刊出版质量综合评估，是通过建立报纸期刊出版质量综合评估指标，对报纸期刊出版质量、经营状况等进行综合评估，综合运用市场、法律、行政等手段，建立实现报刊优胜劣汰的科学长效的管理机制。鼓励优秀报纸期刊做优做强，对不合格报纸期刊实施退出，提高报纸期刊服务国家社会发展和满足人民群众多样性需求水平，提高报纸期刊的整体质量和效益，推动报刊业规模化、集约化发展。

第三条 新闻出版总署负责全国报纸期刊出版质量综合评估指标体系的制定和评估工作的实施，负责指导各省（自治区、直辖市）新闻出版行政部门对属地报纸期刊进行评估。

各省（自治区、直辖市）新闻出版行政部门按照属地管理原则，负责属地报纸期刊出版质量综合评估工作方案的制定和实施。

第四条 报纸期刊出版质量综合评估工作由新闻出版总署及各省（自治区、直辖市）新闻出版行政部门组成评估领导小组，组织专家或委托专业机构，按照新闻出版总署制定的评估指标、评估程序对报纸期刊实施评估。

第五条 报纸期刊出版质量综合评估工作应坚持以下原则：

1．坚持社会效益与经济效益相统一，把社会效益放在首位，充分考虑报刊的性质和功能定位，坚持社会效益和经济效益双重指标兼顾。

2．坚持公平、公开、公正的原则，做到评估指标公平、评估程序公开、评估结果公正。

3．坚持分类实施、量化评估，对不同类别的报刊实行区别对待、分类评估。同时将各评价指标予以量化，保证评估的科学性和客观性。

4．采取区域评估和全国分类评估相结合的方式进行，充分考虑报刊区域市场环境、资源环境的差异，以及国家报纸期刊业发展规划和产业调整要求，逐步完成对不同类别、不同区域的报纸期刊的评估。

第六条 新闻出版行政部门结合报纸期刊年度核验和日常监管工作开展综合评估，评估工作至少三年开展一次。

第七条 报纸期刊出版质量综合评估指标体系是实施报纸期刊出版质量综合评估的重要依据，分别为“报纸出版质量综合评估指标体系”、“期刊出版质量综合评估指标体系”，主要内容是：

1．基础建设条件：报纸期刊出版单位的基础建设是报纸期刊出版的重要先决条件。主要考察维持正常出版所必需的基本条件和资质，包括基础出版条件、体制机制建设、出版管理规范等。其中：“基础出版条件”考量办公、印刷、发行、技术等出版硬件；“体制机制建设”考量报纸期刊出版单位法人资质状况以及出版、人事和财务制度建设水平等；“出版管理规范”考量报纸期刊出版单位的主管主办单位、负责人职责落实，出版行为规范等相关情况。

2．环境资源条件：环境资源条件是报纸期刊出版的必要保障。通过考察报纸期刊出版单位的政策环境、经济环境、市场环境、出版资源、人力资源、资本实力和其他资源等，全面评估报纸期刊出版单位的自身实力和比较优势。其中：“政策环境”重点考量该类报纸期刊在现行政策和区域政策条件下的发展空间；“经济环境”考量GDP水平反映出的城市经济和行业、专业领域发展水平；“市场环境”考量报纸期刊出版单位广告和发行份额；“出版资源”考量报纸期刊出版单位所占有信息资源和产品资源；“人力资源”考量出版主体的规模、岗位设置、人员整体素质及专项技能；“资本实力”考量固定资产、货币资金以及期货证券的拥有量；“其他资源”考量报纸期刊子公司经营、主管主办单位支持、所获荣誉及专项经费等。

3．出版能力：出版能力主要考察报纸期刊出版单位进行报纸期刊出版的综合专业实力。选择“出版规模”、“内容评价”、“文字、编校质量和数字出版、国际化”等分类考察。其中：“出版规模”考量报纸和期刊年度出版、发行总量及平均期印刷、发行能力；“内容评价”集中考察报纸期刊出版内容是否符合新闻传播规律，符合主流价值观以及具备实用性（针对专业及生活服务类报纸期刊）；“文字、编校质量”依据国家规定的标准考量文字编校、出版形式、印刷质量等；“数字出版”对数字出版的产品生产和经营进行评估，反映多媒体融合时代报纸期刊出版单位在前瞻性市场中可持续发展及市场生存能力；“国际化”通过对版权贸易及海外出版发行进行评估反映报纸期刊出版单位在国际传播中的竞争力。

4. 经营能力：主要考察报纸期刊在“广告”和“受众”两个市场的表现。通过选择有关财务指标，分析报纸期刊出版单位的经营规模和经营效益。其中包括报纸期刊出版单位的收入规模、支出规模和利润、纳税以及主营业务产值和全员劳动效率等。

第八条 报纸期刊出版质量综合评估工作按照以下程序实施：

1. 报纸期刊出版单位在报纸期刊年度核验工作中，如实提交报纸期刊出版的基本情况，经主管、主办单位审核同意后，在规定时间内报所在地省、自治区、直辖市新闻出版行政部门。

2. 省（自治区、直辖市）新闻出版行政部门对报纸期刊出版单位有关数据进行审核、查验。同时对报纸、期刊的相关出版情况作出管理机构的评价。

3. 评估专家组或评估机构通过实地调查、抽样核查等方法，对报纸期刊出版单位提供相关数据的真实性进行审核，通过“报纸期刊出版质量综合评估系统”对相关指标进行评估。

4. 评估专家组或评估机构根据综合测评结果，形成评估报告，报评估领导小组审核。

5．省级新闻出版行政部门将评估结果上报新闻出版总署，各级新闻出版行政部门适时发布评估结果。

第九条 对报纸期刊出版质量综合评估中认定的优秀报纸期刊，新闻出版总署予以表彰和奖励，在配置出版资源等方面予以政策倾斜。

新闻出版总署和各级新闻出版行政部门通过评估，鼓励扶持报纸期刊（传媒）集团和有实力的报纸期刊出版单位做优做强，整合资源，优化结构，扩大产业规模，实现集约化经营；培育发展一批较强传播能力和舆论引导能力的优秀品牌报刊出版单位。

第十条 依据报纸期刊出版有关规定，经评估，对出版能力不足、出版质量长期低下，报刊经营不善、资不抵债，不能维持正常出版活动的报纸期刊，予以退出。

1．报纸期刊退出的形式为：报纸期刊调整定位（包括调整业务范围等）；由有实力的传媒集团或报纸期刊企业兼并、重组或托管；报纸期刊停办。

2．在一个评估周期中，各省、自治区、直辖市退出的报纸期刊比例一般不得低于本区域报纸期刊总数的3%。

3．对评估为不合格的报纸期刊，省级新闻出版行政部门负责监督报纸期刊主管主办单位、出版单位在6个月内提出退出方案，对在6个月内未提出退出方案，或方案未审核通过的，由省级新闻出版行政部门提出停办，按照《报纸出版管理规定》第四十九条和《期刊出版管理规定》第四十七条规定，由新闻出版总署撤销报纸期刊出版许可证，所在地省级新闻出版行政部门注销登记。

4．报纸期刊退出方案由省级新闻出版行政部门提出，报经新闻出版总署批准实施。

5．各级新闻出版行政部门在当地党委宣传部门领导下，协调政府相关部门制定完善报刊出版单位退出后人员安置、资产处置相关办法，或依据有关法律规定程序妥善处理人员及资产等善后问题，保证报刊退出工作顺利进行。

6．确定停办的报纸期刊，由主管主办单位负责其具体善后工作，依据相关规定及程序，妥善做好出版单位人员安置及资产处置等相关事宜。

7．依据《出版管理条例》、《报纸出版管理规定》、《期刊出版管理规定》等有关规定，三年内连续被予以停业整顿、警告、罚款等行政处罚的报纸期刊，无须经过评估，实行一票否决，实施退出。

第十一条 本办法由新闻出版总署负责解释，自 2011 年 1 月 1 日起施行。

关于做好少儿报刊管理工作的通知

新闻出版总署　2010年8月10日　新出厅字〔2010〕314号

各省、自治区、直辖市新闻出版局：

自2008年开展向全国少年儿童推荐优秀少儿报刊活动以来，总署连续推出一批内容格调健康向上、少年儿童喜闻乐见的报刊，这些少儿报刊内容健康、特色鲜明、贴近读者，受到广大少年儿童的青睐，得到家长和社会各界的欢迎和肯定。但是社会也反映少数少儿报刊存在内容格调低俗，宣扬与社会正气背道而驰生活观点的问题；个别少儿报刊出版质量低下，传播不利于少年儿童健康成长的有害信息；一些少儿报刊一号多刊、偏离办报办刊宗旨现象严重，影响正常的出版管理秩序；还有一些面向少年儿童的以报刊形式出版的非法出版物，拼凑庸俗内容，严重扰乱正常的报刊市场秩序。为进一步规范报刊出版秩序，提高少儿报刊出版质量，为青少年健康成长创造良好社会和文化环境，现就有关问题通知如下：

一、各省级新闻出版行政部门结合开展“全民阅读活动”组织媒体积极向社会宣传和推介入选新闻出版总署向全国少年儿童推荐的优秀少儿报刊，总结推广优秀少儿报刊成功办报办刊经验，深入推进青少年阅读活动，引导青少年大兴学习之风、阅读之风，抵制不良出版物对青少年的危害，营造全社会健康向上的文化氛围。

二、少儿报刊出版单位要始终把为少年儿童提供健康有益的精神食粮为宗旨，坚持“三贴近”原则，突出宣传社会主义核心价值观，把爱国主义和革命优良传统教育，与培养和弘扬爱国主义、民族精神和时代精神相融合，引导青少年树立不断进取的人生志向。弘扬中华民族优秀文化传统，倡导爱国、敬业、诚信、友善等社会主义基本道德规范，弘扬真善美。

三、少儿报刊出版单位要注重报刊内容质量、编校质量，努力为少年儿童提供健康精良的精神文化产品，注重知识性、科学性、艺术性、娱乐性、趣味性和教育性相统一，力求内容生动，题材丰富，形式多样，符合青少年阅读特点，努力打造少儿报刊的精品名牌，为少年儿童健康成长营造良好的阅读环境。

四、各省级新闻出版行政部门及少儿类报刊主管主办单位要加强对少儿类报刊的管理工作，在全国少儿报刊质量检测基础上，各省、区、市今年下半年重点检查少儿类报刊的政治和文化导向、出版质量、出版规范情况，发现存在内容质量低下、格调低俗、偏离办报办刊宗旨、一号多报（刊）等问题的报刊，要立即责令纠正，督促其在限定时间内进行整改，对整改不彻底或违规问题严重的报刊，要依据有关规定予以严肃处理。

五、近期，各省级新闻出版行政部门要会同“扫黄办”对报刊市场进行一次集中检查，坚决取缔面向少年儿童的非法出版物。树立责任意识、大局意识、阵地意识，提高依法行政能力，紧密配合，守土有责，清理整顿面向青少年报刊市场，为青少年的健康成长创造良好环境，为促进社会主义文化的大发展大繁荣做出积极贡献。

关于进一步加强教育教辅类报刊管理的通知

新闻出版总署　2010年9月1日　新出字〔2010〕396号

各省、自治区、直辖市新闻出版局，中央和国家机关各部委、各民主党派、各人民团体报刊主管部门：

近年来，教育教辅类报刊在服务教育教学，促进学生提高学习成绩方面发挥了一定的作用。但是，部分教辅类报刊也存在着比较突出的问题。主要问题有：一些教辅类报刊盲目分版，“一号多报、多刊”现象严重，扰乱了正常的报刊出版秩序；一些教辅类报刊受经济利益驱动，以高折扣诱导教育系统人员以各种手段强迫学生订阅，助长了行业的不正之风，败坏了新闻出版行业的声誉；教辅报刊整体质量的严重下降，影响了中小学教学质量的提升；教辅类报刊在中小学校大量发行，加重学生和家长负担，造成社会资源的严重浪费；一些教辅类报刊把报刊承包转让给不具备出版资质的个人或机构，质量低劣，引起社会公众强烈不满；还有一些非教辅类报刊，超越报刊的业务范围出版教辅类内容。为解决教辅类报刊出版中存在的上述问题，规范报刊出版秩序，为广大中小学生创造良好的学习条件，现就有关问题通知如下：

一、严格报刊管理规定，规范教辅类报刊出版秩序

各省级新闻出版行政部门要严格落实《报纸出版管理规定》、《期刊出版管理规定》及禁止报刊摊派征订的有关文件要求，加强对所属教辅类报刊管理，进一步加大行政执法力度，规范报刊出版活动；对教辅类报刊存在一号多报、多刊，承包经营，质量

低劣，向学生摊派发行等违规问题要依据相关规定予以处理；对偏离办报办刊宗旨出版教辅类内容的报刊要立即责令纠正，督促其在限定时间内进行整改，对整改不彻底或违规问题严重的报刊，要依据有关规定予以严肃处理；对以报刊形式出版的教辅类非法出版物，要会同“扫黄办”坚决予以取缔。

存在违规问题的报刊出版单位要严格按照相关出版法规，开展自查自纠，纠正违规行为；报刊要严格按照既定的业务范围出版，不得擅自变更业务范围；不得转让出版权；报刊出版单位要加强行业自律，规范从业人员的职业行为，不得以高额回扣等形式发行报刊。

二、完善管理手段，促进教辅类报刊健康发展

新闻出版总署和各级新闻出版行政部门将开展报纸期刊出版持量综合评估工作，对教辅类报刊出版单位的基础建设、环境资源条件、出版能力、经营能力等进行综合评估，对优秀的教辅类报刊出版单位，鼓励支持其通过兼并其他报刊做大做强，促进其发展壮大，提高市场占有率；对评估不达标的报刊出版单位，坚决予以退出。

各省级新闻出版行政部门要以出版发行体制改革为契机，推动教辅类报刊转企改制，完善内部法人治理结构，提升品牌意识，实施精品战略。

三、提倡为素质教育服务的办报办刊方向，提高出版质量

教辅类报刊出版单位要始终把为少年儿童提供健康有益的报刊为宗旨，坚持突出社会效益，坚持为全面实施素质教育服务，积极探索注重学生能力培养、促进学生综合素质全面提高的办报办刊理念，打造高水平、高素质编辑队伍，改革创新，办出特色，办出水平，提高报刊出版质量，努力打造教辅类报刊的精品名牌，

为培养德智体全面发展的社会主义建设者和接班人服务。

四、切实规范教辅类报刊市场秩序，减轻中小学生负担

各省级新闻出版行政部门接通知后要对所属教辅类报刊进行一次全面检查，重点检查报刊超越办报办刊宗旨及业务范围问题、教辅类报刊一号多报多刊的问题、教辅类报刊卖刊号问题，发现违规问题要予以纠正，依据相关规定予以处罚；会同“扫黄办”对所属教辅类报刊市场进行一次检查和清理，发现以报刊形式出版的非法教辅出版物要坚决予以取缔。检查与清理情况于10月30日前以书面形式报新闻出版总署新闻报刊司。

各省级新闻出版行政部门要树立责任意识、大局意识、阵地意识，提高依法行政能力，紧密配合，守土有责，清理整顿教辅类报刊市场，引导教辅类报刊为提高素质教育服务，解决社会反映强烈的教辅类报刊过多过滥、增加学生负担的问题，促进教辅类报刊提高质量，更好、更快地发展。

关于规范非时政类报刊出版单位体制改革实施方案报批工作的通知

新闻出版总署　2010年10月25日　新出字〔2010〕454号

各省、自治区、直辖市新闻出版局，新疆生产建设兵团新闻出版局，解放军总政治部宣传部新闻出版局：

非时政类报刊出版单位体制改革是文化体制改革的一项重要任务，政治性和政策性都很强，要严格按照中央关于文化体制改革的总体部署和要求，积极稳妥加以推进。要严格执行中央关于文化体制改革的政策规定，未经批准，不得擅自突破，特别是要严格执行《国务院关于非公有资本进入文化产业的若干规定》（国发〔2005〕10号），在社会资本和外资准入问题上严格把好关。要切实加强对非时政类报刊出版单位体制改革工作的组织领导，认真落实把关责任，对违反现行政策规定的行为要及时加以纠正。

各地要严格按照中央文化体制改革工作小组办公室的要求，认真做好非时政类报刊出版单位体制改革实施方案的报批工作。各个非时政类报刊出版单位体制改革实施方案，须在省（区、市）文化体制改革工作领导小组办公室上报中央文化体制改革工作领导小组办公室的同时，由省（区、市）新闻出版局上报新闻出版总署。新闻出版总署根据上报方案提出意见，报经中央文化体制改革工作领导小组办公室同意后作出批复，各地方可实施。

关于印发《关于加强报刊传播证券期货信息管理工作的若干规定》的通知

新闻出版总署　中国证券监督管理委员会

2010 年 12 月 17 日　新出联〔2010〕17 号

各省（区、市）新闻出版局、证监局，新疆生产建设兵团新闻出版局，解放军总政治部宣传部新闻出版局，中央和国家机关各部委、各民主党派、各人民团体报刊主管部门，中央主要新闻单位：

为营造有利于资本市场健康发展的良好舆论氛围，加强和改进证券期货新闻宣传和报刊出版管理工作，新闻出版总署与中国证券监督管理委员会共同制定了《关于加强报刊传播证券期货信息管理工作的若干规定》，现印发给你们，请遵照执行。

关于加强报刊传播证券期货信息管理工作的若干规定

第一条　为进一步加强对证券期货信息传播的管理，规范报刊证券期货信息传播行为，保护投资者和社会公众合法权益，营造有利于维护资本市场稳定健康发展的良好舆论氛围，依据《中华人民共和国证券法》、《出版管理条例》等有关法律、法规，制定本规定。

第二条　本规定所称证券期货信息是指与证券期货市场相关，可能会对市场产生影响的信息，包括：

（一）有关证券期货市场运行和监管的法律、法规、规章、规范性文件及其草案；

（二）证券期货交易所、证券期货行业协会、上市公司、证券期货经营机构等按照法定程序发布的信息；

（三）证券期货市场走势分析及对具体证券、期货品种或合约发表评论意见、分析文章等信息；

（四）证券期货信息类产品广告宣传信息；

（五）证券投资基金评价信息；

（六）证券期货监管部门会同有关部门认定的其他信息。

第三条 传播证券期货信息，必须遵守国家法律、法规、规章，坚持正确的舆论导向，遵循真实、客观、禁止误导的原则。报刊从事证券期货信息传播的报道宗旨及报道内容必须做到：

（一）牢固树立政治意识、大局意识、责任意识，自觉维护资本市场正常秩序，促进资本市场稳定健康发展；

（二）正确宣传有关证券、期货市场的方针、政策、法规、规章；

（三）客观、准确、完整和公正地传播有关证券、期货市场的信息；

（四）重视引导投资者理性投资；

（五）禁止编造和传播证券期货市场虚假不实信息，扰乱证券期货市场秩序。

第四条 从事证券期货新闻采访的记者，须持有新闻出版总署统一核发的新闻记者证，在新闻采访中应主动向采访对象出示，充分听取各方意见，努力确保新闻事实全面准确无误。

第五条 严格报刊新闻采编管理，确保信息来源合法真实。

（一）涉及证券期货市场改革监管重要政策的报道，须严格以证券期货监管部门正式发布的信息为依据。

（二）审慎报道可能影响投资者预期和市场稳定运行的新闻题材。涉及证券期货行业重要政策及其他可能影响市场稳定的重要信息，须事先向证券期货监管部门核实；涉及上市公司等市场主体的重要新闻信息应向所涉对象事先核实。

（三）记者报道证券期货市场新闻事件应尽量进行全面采访，并对信息源多渠道核实，信息来源应相互印证、真实可靠。严禁依据道听途说制造或编造新闻，不得凭借猜测想象炮制或歪曲新闻事实，避免误导性陈述。

（四）建立健全证券期货新闻转载审核管理制度，报刊转载证券期货新闻信息必须事先核实，确保新闻事实真实准确后方可转载；不得转载未经核实的新闻报道、社会自由来稿和互联网信息；不得摘转内部资料或非法出版物上的内容；不得随意转载境外媒体信息。

第六条 报刊刊发内容涉及具体证券、期货品种或者合约的评论意见或行情走势分析的，报刊出版单位应当对相关撰稿机构及人员是否具备证券期货投资咨询业务资格进行核实，并注明相关撰稿人员的证券期货投资咨询执业资格证书编码及所属机构全称。

第七条 报刊出版单位应当加强对提供证券期货信息的软件、终端等证券期货信息类产品广告的审查管理。报刊刊载涉及提供证券期货投资建议或者类似功能服务的软件、终端等证券期货信息类产品的广告，报刊出版单位应当核实广告发布人是否具备证券期货投资咨询业务资格，刊载广告应注明广告发布人名称和证券期货投资咨询业务资格证书编码。防止有关产品广告以夸大虚假营销误导投资者，防止不法机构利用有关产品广告招揽客户、从事非法证券活动。

第八条 报刊出版单位引用或发布基金评价结果的，应当引用具备中国证券业协会会员资格的基金评价机构提供的基金评价结果。

第九条 报刊出版单位及主管主办单位须加强对报刊所属新闻网站的运营管理，建立证券期货互联网新闻信息内容管理责任制度，规范互联网资本市场新闻信息服务工作。

第十条 证券期货类报刊和开设证券期货专刊、专版的报刊要建立健全从事证券期货新闻采编人员的岗位规范，配备专业财经采编力量。总编辑、主编及主要采编人员应具有5年以上新闻专业工作经历，熟悉证券期货业务。从事证券期货领域报道的记者原则上需具备2年以上财经领域报道经验或证券期货从业经历。见习记者、实习记者及试用人员不得单独从事证券期货新闻采访报道。

第十一条 证券期货类报刊和开设证券期货专刊、专版的报刊出版单位，要强化证券期货业务知识和法律法规培训，从事证券期货新闻报道的采编人员，需参加由省级以上新闻出版行政部门、证券期货监管部门组织的证券期货业务知识培训。

第十二条 证券期货监管部门应坚持政务公开，主动加强对资本市场重要政策的发布力度，加强与新闻媒体的沟通联系，及时回应市场热点问题。

第十三条 证券期货监管部门应督促上市公司、证券期货经营机构等市场主体完善信息披露制度，健全重要新闻信息发布机制，主动接受舆论监督，为新闻记者采访提供便利。

第十四条 新闻出版行政部门与同级证券期货监管部门应共同建立沟通联系机制、重大新闻舆情动态通报机制和重大事件应急处置机制，加强监管协作，组织引导报刊及时客观准确报道资本市场新闻信息，及时妥善处置非法不良信息。

第十五条 新闻出版行政部门应会同同级证券期货监管部门加强对证券期货类报刊审读工作的组织和指导，将报刊涉及证券期货的新闻报道纳入审读重点，在人员、经费、场地上予以重点保证，严格执行重大情况报告制度。

证券期货监管部门应当建立针对证券期货信息类产品广告的日常监测机制，定期向同级新闻出版行政部门通报情况，及时协调有关部门对报刊出版单位刊发虚假违法广告予以处理。

第十六条 证券期货信息传播监督管理实行主管主办单位负责制度和属地监管原则。各级新闻出版行政部门应加强对涉及证券期货新闻报道报刊的出版质量评估工作，各级证券期货监管部门要积极配合新闻出版行政部门完善证券期货领域新闻采编人员不良记录数据库。

第十七条 各级新闻出版行政部门应采取切实措施坚决制止各类报刊违规出版证券期货专刊、副刊、增刊，坚决取缔各类非法证券期货信息出版活动。严格禁止任何形式的有偿新闻，严禁报刊出版单位采用“公开曝光”、“编发内参”或“评奖排名”等方式谋取不正当利益。

第十八条 报刊出版单位违规刊发证券期货信息，报刊从业人员编造、传播虚假不实信息，扰乱证券期货市场的，或者利用传播证券期货市场信息进行内幕交易和操纵市场的，由证券期货监管部门、新闻出版行政部门视其情节轻重，按照《证券法》、《出版管理条例》等法律法规规定对有关单位和人员予以处罚。构成犯罪的，由司法机关依法追究刑事责任。

第十九条 本规定自2011年2月1日起执行。

关于印发《新闻采编人员不良从业行为记录登记办法》的通知

新闻出版总署　2011 年 5 月 17 日　新出政发〔2011〕8 号

各省、自治区、直辖市新闻出版局，新疆生产建设兵团新闻出版局，解放军总政治部宣传部新闻出版局，中央和国家机关各部委、各民主党派、各人民团体报刊主管部门，中央主要新闻单位：

新闻采编队伍建设是我国新闻事业发展的重要组成部分，加强和改进新闻采编队伍管理工作，是新闻媒体长远发展的根本，是增强新闻媒体社会公信力的基础。针对近年来新闻采编队伍中存在的虚假新闻、有偿新闻以及其他利用新闻采访活动谋取不正当利益等问题，有必要在全国逐步建立和完善新闻采编人员不良从业行为记录登记制度，通过不良行为记录的档案管理，限制和禁止存在严重违法问题的新闻采编人员继续从事新闻采编工作，进一步净化新闻采编队伍，遏制新闻违法活动，加强新闻采编队伍的诚信体系建设，建立健康有序的新闻采访秩序，保障新闻记者依法开展新闻采编活动。

现将《新闻采编人员不良从业行为记录登记办法》印发给你们，请结合实际认真贯彻执行。

新闻采编人员不良从业行为记录登记办法

第一条　为规范新闻采编行为，净化新闻采编队伍，遏制新闻违法活动，建立健康有序的新闻采访秩序，保障新闻记者依法开展新闻采编活动，根据国务院《出版管理条例》、新闻出版总署《新闻记者证管理办法》和有关规定，制定本办法。

第二条 本办法适用于中华人民共和国境内从事新闻采编活动的人员不良从业行为记录的管理。

第三条 本办法所称新闻采编人员，是指境内新闻机构编制内或者经正式聘用，专职从事新闻采编岗位工作的人员。

第四条 本办法所称的新闻采编人员不良从业行为包括以下方面：

（一）以提供虚假、伪造的证明文件等欺骗手段申领新闻记者证；

（二）利用新闻采编工作之便从事广告、发行等经营活动；

（三）被吊销新闻记者证且未满 5 年的人员从事新闻采编活动；

（四）编写虚假新闻，包括在采写新闻报道中采取凭空捏造，无中生有；隐瞒事实，制造假象等方式，造成发表的新闻报道与事实严重不符的行为；

（五）从事有偿新闻活动，包括为发表新闻报道而主动索取或者被动收受被采访对象或者利益关系人财物等行为；

（六）徇私隐匿应报道的新闻事实，包括为不发表新闻报道而主动索取或者被动收受被采访对象或者利益关系人财物等行为；

（七）其他以新闻采访为名谋取不正当利益，包括利用舆论监督进行敲诈勒索、打击报复等滥用新闻采访权利的活动；

（八）因新闻采编违法活动被追究刑事责任；

（九）其他违反新闻出版管理法规、规章等有关规定的行为。

第五条 新闻出版总署负责全国新闻采编人员不良从业行为记录的登记和管理工作；地方各级新闻出版行政部门负责本行政区域新闻采编人员不良从业行为记录登记的申报和审核工作；各新闻机构负责本新闻机构新闻采编人员不良从业行为记录登记的申报工作。

第六条 各级新闻出版行政部门和各新闻机构发现本行政区域或者本新闻机构内有新闻采编人员涉嫌存在本办法第四条规定的行为，须参照有关规定进行调查，调查终结并取得相关证据后，须按照本办法规定，填写《新闻采编人员不良从业行为记录登记表》。

对违反新闻出版法规规章应予处罚的，新闻出版行政部门须在填写《新闻采编人员不良从业行为记录登记表》前，依法做出行政处罚。

第七条 各级新闻出版行政部门的行政处罚决定书和各级人民法院的判决书等有效文书可以作为新闻采编不良从业行为记录的认定依据。

第八条 地方各级新闻出版行政部门和各新闻机构在《新闻采编人员不良从业行为记录登记表》签署处理意见后，须附相关有效证据，在 10 日内向上级新闻出版行政部门申报，经省级新闻出版行政部门审核后，报新闻出版总署登记。

新闻出版总署可以依据本办法直接对新闻采编人员不良从业行为记录进行登记。

第九条 省级以上新闻出版行政部门在确定新闻采编人员不良从业行为记录前，应事先向当事人告知拟将其列入新闻采编不良从业行为记录的事实、理由和依据，当事人应在接到告知书之日起 7 日内提出陈述和申辩。

以新闻出版行政部门的行政处罚决定书和人民法院的判决书等有效文书作为认定新闻采编不良从业行为记录依据的，无须另行告知当事人。

第十条 新闻出版总署根据登记结果建立全国新闻采编人员不良从业行为记录查询系统，定期通报情节恶劣或者造成严重影响的不良从业行为，社会公众可以通过中国记者网查询不良从业行为记录。

第十一条 被列入不良记录的人员对不良从业行为的认定存在异议，可向新闻出版行政部门申请撤销不良记录的登记，并提供相关有效证据，经省级以上新闻出版行政部门重新调查核实后，根据调查结果由新闻出版总署做出撤销登记或者不撤销登记的决定，并以书面形式告知当事人。

第十二条 各级新闻出版行政部门和各新闻机构须严格限制有不良记录的人员继续从事新闻采编工作，对存在本办法第四条规定的不良从业行为的，自不良从业行为记录登记之日起，按照以下规定期限限制从事新闻采编工作：

（一）存在本办法第四条第（一）项或者第（二）项规定情形的，三年内不得从事新闻采编工作；

（二）存在本办法第四条第（三）项规定情形的，限业期限增加三年；

（三）存在本办法第四条第（四）项至第（七）项规定情形的，五年内不得从事新闻采编工作；

（四）存在本办法第四条第（八）项规定情形的，终身不得从事新闻采编工作；

（五）存在本办法第四条第（九）项规定情形的，视情节严重程度，三至五年内不得从事新闻采编工作。

第十三条　被列入不良从业行为记录的新闻采编人员限业期满后，由新闻出版总署注销其不良从业行为记录登记，留存其不良从业行为记录档案。

第十四条　被列入不良从业行为记录的新闻采编人员重新获得新闻采编从业资格后，三年内再次违反新闻出版法规的，终身不得从事新闻采编工作。

第十五条　新闻机构对本单位人员存在的不良从业行为隐瞒不报，或者有意拖延缓报，新闻出版行政部门可视情节轻重，采取下列行政措施：

（一）通报批评；

（二）责令公开检讨；

（三）责令改正；

（四）暂停核发新闻记者证；

（五）在年度核验中给予缓验；

（六）责成主管单位、主办单位监督整改。

第十六条　非新闻采编人员（包括境内新闻机构的非新闻采编岗位工作人员和其他社会人员）违法从事新闻采编活动参照适用本办法。

第十七条　本办法自发布之日起施行。

附件：新闻采编人员不良从业行为记录登记表（略）

关于印发《关于严防虚假新闻报道的若干规定》的通知

新闻出版总署　2011年10月14日　新出政发〔2011〕14号

各省、自治区、直辖市新闻出版局，新疆生产建设兵团新闻出版局，解放军总政治部宣传部新闻出版局，中央和国家机关各部委、各民主党派、各人民团体报刊主管部门，中央主要新闻单位：

最近一段时间以来，受网络虚假信息的影响，传统媒体虚假新闻、不实报道呈上升趋势，一定程度上损害了政府形象，扰乱了新闻秩序，降低了媒体公信力，社会反映强烈。为切实维护新闻传播公信力，从源头上防止新闻造假，新闻出版总署依据国家有关法规和行政规章，制定了《关于严防虚假新闻报道的若干规定》，从新闻记者采访基本规范、新闻机构内部管理规范、虚假失实报道的防范及处理规则以及相关责任追究等方面提出明确要求。现印发给你们，请结合实际认真贯彻执行。

关于严防虚假新闻报道的若干规定

真实是新闻的生命、媒体公信力的基础，也是新闻工作者基本准则。为防范失实报道，杜绝虚假新闻，依据国家有关法规和行政规章，制定本规定。

第一条　新闻记者开展新闻采访活动必须遵守国家法律法规，严禁编发虚假新闻和失实报道。

（一）境内所有新闻机构的新闻记者从事新闻采访活动必须坚持持证采访。国家新闻出版总署核发的新闻记者证是全国新闻记者职务身份的有效证明，是境内新闻记者从事新闻采编活动的唯一合法证件。新闻记者在常规的新闻采访活动中应主动向采访对象出示新闻记者证表明身份，并自觉接受社会监督。

（二）新闻记者从事新闻采访报道必须坚持真实、准确、全面、客观、公正的原则，深入新闻现场调查研究，充分了解事实真相，全面听取新闻当事人各方意见，客观反映事件各相关方的事实与陈述，避免只采用新闻当事人中某一方的陈述或者单一的事实证据。

（三）新闻记者编发新闻报道必须坚持实事求是，不得发布虚假新闻，严禁依据道听途说编写新闻或者虚构新闻细节，不得凭借主观猜测改变或者杜撰新闻事实，不得故意歪曲事实真相，不得对新闻图片或者新闻视频的内容进行影响其真实性的修改。

（四）新闻记者报道新闻事件必须坚持实地采访，采用权威渠道消息或者可证实的事实，不得依据未经核实的社会传闻等非第一手材料编发新闻。

（五）新闻记者开展批评性报道至少要有两个以上不同的新闻来源，并在认真核实后保存各方相关证据，确保新闻报道真实、客观、准确，新闻分析及评论文章要在事实准确的基础上做到公正评判、正确引导。

第二条　新闻机构要建立健全内部防范虚假新闻的管理制度。

（一）新闻机构要严格规范新闻采编流程，建立健全稿件刊播的审核制度。严格实行新闻稿件审核的责任编辑制度和新闻稿件刊播的总编辑负责制度，明确采编刊播流程各环节的审稿职责，坚持“三审三校”，认真核实新闻来源和报道内容，确保新闻报道真实、客观、准确。

（二）新闻机构要规范使用消息来源。无论是自采的还是转发的新闻报道，都必须注明新闻消息来源，真实反映获取新闻的方式。除危害国家安全、保密等特殊原因外，新闻报道须标明采访记者和采访对象的姓名、职务和单位名称，不得使用权威人士、有关人士、消息人士等概念模糊新闻消息来源。

（三）新闻机构要严格使用社会自由来稿和互联网信息制度，不得直接使用未经核实的网络信息和手机信息，不得直接采用未经核实的社会自由来稿。对于通过电话、邮件、微博客、博客等传播渠道获得的信息，如有新闻价值，新闻机构在刊播前必须派出自己的编辑记者逐一核实无误后方可使用。

（四）新闻机构必须完善新闻转载的审核管理制度。转载、转播新闻报道必须事先核实，确保新闻事实来源可靠、准确无误后方可转载、转播，并注明准确的首发媒体。不得转载、转播未经核实的新闻报道，严禁在转载转播中断章取义，歪曲原新闻报道事实，擅自改变原新闻报道内容。

（五）新闻机构要建立健全新闻作品的署名规则。刊播新闻报道必须署采访记者和责任编辑的真实姓名；不是亲自采编的稿件不得署名；刊播经核实的社会自由来稿应署作者的真实姓名。

（六）新闻机构必须完善民意调查结果的刊播制度。刊播涉及民意调查的报道，要使用权威规范的数据来源，谨慎使用网络调查、民间调查、市场随机访问等调查数据，报道中要说明调查的委托者、执行者、调查目的、调查总体、抽样方法、样本数量等，客观反映调查结果。

（七）新闻机构要严格人事管理制度，坚持新闻记者、编辑职业准入制度。要及时为通过考录和考评合格的记者、编辑办理新闻记者证等从业资格相关证件。所有采编人员必须是与新闻机构依照《劳动合同法》签订聘用合同的人员，严禁临时人员、无证记者和无职称的编辑执行采访任务或者担任责任编辑。严禁聘用有新闻采编不良从业行为记录且正处于限制从业期限的人员从事新闻采编工作。

第三条 新闻机构要建立健全虚假失实报道的纠错和更正制度，完善虚假失实报道的责任追究制度。

（一）新闻机构要建立健全受理公众举报、投诉、核查、处置和反馈工作的程序机制，正确对待虚假失实报道问题，认真听取新闻当事人对新闻报道内容的意见，受理社会公众对新闻报道内容的投诉，实事求是核查新闻采编环节和采访证据，及时公布核查结果，妥善处理新闻报道引起的纠纷。

（二）新闻机构要建立虚假失实报道的更正制度。凡经调查核实认定报道存在虚假或者失实的，新闻机构应当在本媒体上及时发表更正，消除影响；致使公民、法人或者其他社会组织的合法权益受到侵害的，应当依法承担民事责任，赔偿损失。

（三）新闻机构要建立健全虚假失实报道责任追究制度。对新闻记者采访不深入、编辑把关不严导致报道失实的，新闻机构要通过本媒体公开道歉，并追究相关责任人责任；对新闻记者未实地采访，仅凭网络信息或者道听途说编写虚假报道的，新闻机构要公开道歉，新闻机构的主管单位要追究新闻机构主要负责人以及记者、责任编辑、分管领导等相关责任人的责任；对蓄意炒作虚假新闻造成恶劣社会影响、损害国家利益和公共利益的，除严肃处理责任人外，新闻机构的主管单位还要追究新闻机构主要负责人责任。

第四条 新闻出版行政部门要加强行政监督，严肃查处损害国家利益和公共利益的虚假失实报道。

（一）新闻机构及其新闻记者违反本规定的，新闻出版行政部门视其情节轻重，可采取下列行政措施：

1．通报批评；

2．责令限期更正；

3．责令公开检讨；

4．责令新闻机构主要负责人引咎辞职。

（二）新闻记者编发虚假新闻损害国家利益、公共利益的或者发表失实报道造成恶劣社会影响等问题的，由新闻出版行政部门依据《出版管理条例》、《新闻记者证管理办法》等法规规章给予警告；情节严重的，依法吊销其新闻记者证，并列入不良从业行为记录，5年内不得从事新闻采编工作；构成犯罪的，依法追究刑事责任，终身不得从事新闻采编工作。

（三）新闻机构有下列行为之一的，由省级以上新闻出版行政部门依据《出版管理条例》、《新闻记者证管理办法》等法规规章给予处罚，情节严重的依法给予停业整顿或者吊销出版许可证：

1．刊播虚假新闻损害国家利益、公共利益或者发表失实报道造成恶劣社会影响的；

2．未按本规定建立健全并实施各项新闻采编管理制度的；

3．拒绝对已确认的虚假新闻报道发表道歉、更正的；

4．未尽到管理职责，致使本新闻机构从业人员违反有关法律规定，被新闻出版行政部门给予行政处罚的或者被司法机关追究刑事责任的。

第五条 本规定自发布之日起施行。

关于做好非时政类报刊出版单位体制改革涉及行政审批事项申报材料报送工作的通知

新闻出版总署　2012年5月29日　新出厅字〔2012〕260号

各省、自治区、直辖市新闻出版局，中央各部门各单位非时政类报刊出版单位主管部门：

为做好非时政类报刊出版单位体制改革（下称改革）工作，提高改革涉及的行政审批事项办理时效，现就申报材料报送有关事项通知如下：

一、本通知仅适用于改革涉及的行政审批事项的报批。即已列入改革实施方案，并经中央或总署批复同意转企改制的非时政类报刊出版单位设立、变更，以及变更报刊主管、主办单位等事项。

二、需提交的申报材料包括：

1．所在地省级出版行政主管部门报总署的请示文件（中央在京单位无须提供）；

2．主办单位申请文件（中央在京单位直接报送总署；其他单位报送省级出版行政主管部门）；

3．主管单位同意意见；

4．申请变更主管、主办单位的需提供：①原主管、原主办单位同意意见；②新主管、新主办单位的国有资产证明文件（单位资质证明文件能够清晰反映国有资产性质的，可不提供）；

5．中央或总署对改制方案的批复文件；

6．经相关部门批准的改制方案；

7．出版单位的国有资产证明文件（单位资质证明文件能够清晰反映国有资产性质的，可不提供）；

8．工商行政管理部门出具的企业名称预先核准通知书；

9．所涉及所有报纸、期刊的《报纸出版许可证》、《期刊出版许可证》。

三、上述各项材料均须加盖出具单位的公章，前3项及第4项①条均须提供原件。

改革实施方案获批后，申报单位（省局、中央在京报刊出版单位的主办单位）即可就方案中涉及的行政审批事项向总署报送申报材料。

四、涉及1种以上报刊的申请事项，具备申报条件的可合并报批。

关于印发《关于报刊编辑部体制改革的实施办法》的通知

新闻出版总署　2012年7月30日　新出政发〔2012〕9号

各省、自治区、直辖市新闻出版局，新疆生产建设兵团新闻出版局，解放军总政治部宣传部新闻出版局，中央和国家机关各部委、各民主党派、各人民团体新闻出版单位主管部门：

报刊编辑部是旧体制遗留下来的问题。这些非独立法人编辑部无法承担市场经济条件下出版经营的法律责任和义务，必须进行改革。为积极稳妥推进报刊编辑部体制改革工作，根据《中共中央办公厅、国务院办公厅关于深化非时政类报刊出版单位体制改革的意见》（中办发〔2011〕19号）精神，我们制定了《关于报刊编辑部体制改革的实施办法》，现印发给你们，请结合实际认真贯彻执行。

关于报刊编辑部体制改革的实施办法

根据《中央办公厅、国务院办公厅关于深化非时政类报刊出版单位体制改革的意见》（中办发〔2011〕19号）精神，依照《出版管理条例》有关规定，结合报刊编辑部的实际情况，制定本实施办法。

本实施办法适用于所有经新闻出版总署批准从事报刊出版活动、获得国内统一连续出版物号、但不具有独立法人资格的报刊编辑部。

一、报刊编辑部体制改革的指导思想和原则要求

报刊编辑部体制改革要坚持以邓小平理论和“三个代表”重要思想为指导，深入贯彻落实科学发展观，按照高举旗帜、围绕大局、服务人民、改革创新的总要求，解放思想、实事求是、与时俱进、求真务实，全面推进体制机制创新；坚持社会主义先进文化前进方向，把握正确舆论导向，不断巩固和发展主流舆论阵地，始终把社会效益放在首位，努力实现社会效益和经济效益的有机统一；坚持行政推动与市场运作相结合，以资本为纽带，推进资源重组和结构调整，提高报刊业集中度；坚持以改革促发展，把深化改革与加快发展紧密结合起来，推动改革不断深入；坚持加强党的领导，把握正确改革方向，统筹规划、分类指导、突出重点、稳步推进，按照谁主管谁负责原则，落实改革任务，明确管理责任，确保改革顺利进行。

报刊编辑部体制改革必须按照中央有关报刊出版单位体制改革的总体部署和要求，与调整报刊业结构、转变报刊业发展方式相结合，与实现报刊业集约化经营、培育大型报刊传媒集团相结合，与推动传统报刊业向数字化、网络化现代传媒业转型相结合，与建立健全报刊准入和退出机制、科学配置报刊资源相结合。通过改革，解放和发展报刊生产力，破解报刊业“小、散、滥”的结构性弊端，实现报刊业转型和升级，推动报刊业又好又快发展，增强报刊出版传播能力。

二、报刊编辑部体制改革的实施办法

原则上不再保留报刊编辑部体制。对现有报刊编辑部，区别不同情况实施不同改革办法。

应转企改制的报刊出版单位所属的报刊编辑部，一律随隶属

单位进行转企改制。

党政部门、民主党派、人民团体、行业协会、社会团体、事业单位和国有企业主管主办的报刊编辑部，并入本部门本单位新闻出版传媒企业；本部门本单位没有新闻出版传媒企业、其主管主办的报刊编辑部有3个（含3个）以上的，经新闻出版总署批准，可合并建立1家报刊出版企业；主管主办报刊编辑部不够3个的，并入其他新闻出版传媒企业。

对于党政部门、民主党派、人民团体、行业协会、社会团体、事业单位和国有企业主管主办的用于指导工作、面向本系统发行的报刊，一律改为内部资料性出版物，仅限于在本部门本系统内部交流，不得征订发行，不得刊登广告，不得拉赞助和开展经营性活动。

对于不适用上述改革办法的报刊编辑部予以停办，对违法违规出版情节严重的报刊编辑部予以撤销。对停办和撤销的报刊编辑部，由新闻出版总署注销其报刊出版许可证。

此外，对于极少数有符合国家规定的主管主办单位、有符合国家规定资格条件的专职采编人员、有固定办公场所、有法定资金来源，全国发行量较大，经营状况良好，能够承担法律规定的责任和义务，具备转为报刊出版企业条件的报刊编辑部，经新闻出版总署批准，可转为报刊出版企业。

鼓励和支持党报党刊出版单位和大型新闻出版传媒集团公司对报刊编辑部进行整合，鼓励和支持以党报党刊的子报子刊、实力雄厚的行业性报刊出版企业为龙头对报刊编辑部进行整合，形成大型综合性或专业性报刊出版传媒集团公司。

三、科技期刊和学术期刊编辑部体制改革的实施办法

科研部门和高等学校主管主办的科技期刊和学术期刊，是报刊业的重要组成部分。科技期刊和学术期刊编辑部体制改革要根

据科技期刊和学术期刊的实际和特点，本着突出重点、打造品牌、整合资源、加强保障的原则实施改革。

原则上不再保留科技期刊和学术期刊编辑部体制。现有科技期刊和学术期刊编辑部均并入新闻出版传媒企业；对其中具备建立报刊出版企业条件的，经新闻出版总署批准，可转为期刊出版企业。主管主办多种科技期刊和学术期刊编辑部的科研部门和高等学校，经新闻出版总署批准，可对所主管的科技期刊和学术期刊编辑部实行整体转企改制，组建专业性期刊出版传媒集团公司。

对于高等学校主管主办的学报编辑部，并入本校新闻出版传媒企业；对于本校没有新闻出版传媒企业但具备建立期刊出版企业条件的学报编辑部，经新闻出版总署批准，可转为期刊出版企业；对于本校没有新闻出版传媒企业且不能转为期刊出版企业的学报编辑部，经新闻出版总署批准，以相同相近的专业和学科为基础，并入其他新闻出版传媒企业或专业性期刊出版传媒集团公司。

对于科研部门主要承担专业学术领域工作指导、情况交流任务的期刊和高等学校校报，一律改为内部资料性出版物。

对于在国家基础学科和前沿学科中具有领先水平、能代表国家学术水准，并入新闻出版传媒企业或转为期刊出版企业条件不成熟的重点科技期刊和学术期刊编辑部，可暂时保留，但要建立由科研部门分别编辑、出版企业统一出版发行的运行模式，依托大型新闻出版传媒集团公司搭建学术出版经营平台。

四、报刊编辑部体制改革的政策保障

国家有关非时政类报刊出版单位体制改革的各项政策适用于所有报刊编辑部体制改革。鼓励中央各部门各单位和各地区结合实际，研究制定支持和扶持报刊编辑部体制改革的各项配套政策。

积极争取国家各种基金对学术期刊的支持，将国家基础学科和前沿学科的重点科技期刊和学术期刊纳入国家自然科学、社会科学和出版基金资助范围；积极争取中央和地方财政通过安排文化产业发展专项资金、宣传文化发展专项资金等渠道，对重点科技期刊和学术期刊出版单位予以扶持；积极争取支持重点科技期刊和学术期刊发展的财税优惠政策。通过建立国家级学术水平及学术标准的评价体系、构建国家重点科技期刊和学术期刊数字化平台、实施国家重点科技期刊和学术期刊品牌工程等措施，加大对重点科技期刊和学术期刊支持力度。

严格按照国家有关政策和法规规范报刊编辑部体制改革工作。加强和完善报刊编辑部转为报刊出版企业后的主管主办制度，探索建立主管主办管理体制和出资人管理体制有机衔接的工作机制；严格主管主办单位职责，要求主管主办单位切实担负起管导向、管干部、管资产的任务。按照国家有关规定，在报刊编辑部转制或合并建立报刊出版企业中，不得有非公有资本进入。

报刊编辑部停办和撤销的，按照谁主管谁负责的原则，由主管主办单位负责做好人员安置、资产处置和债权债务处理工作。制定专门的人员分流安置办法，采取多种渠道进行安置，并优先考虑在本部门本单位内部进行安置；经协商一致自谋职业的，由主管主办单位依照国家有关规定兑现经济合同、接续社会保险关系。

五、报刊编辑部体制改革的组织领导

报刊编辑部体制改革涉及面广，情况复杂，政策性强。中央各部门各单位和各地区要切实加强对报刊编辑部体制改革工作的组织领导，周密部署，精心组织，抓好落实，依照本通知积极稳妥地推进改革。

中央各部门各单位报刊编辑部体制改革工作，在非时政类报刊出版单位体制改革工作联席会议和新闻出版总署的组织协调下进行；各省自治区直辖市报刊编辑部体制改革工作，在各省自治区直辖市文化体制改革和发展工作领导小组和新闻出版局的组织协调下进行。报刊编辑部的主管主办单位具体负责所属报刊编辑部体制改革工作的组织实施。在实施改革过程中，要认真做好政治思想工作，切实解决好各种具体问题。要始终掌握对主要干部的任免权、重大事项的决策权和报刊内容的终审权，确保正确导向和持续发展。要切实维护职工的合法权益，充分调动职工参与改革的积极性和主动性。严禁在体制改革中转移和私分财物。

中央各部门各单位所属报刊编辑部体制改革方案，通过其主管单位向非时政类报刊出版单位体制改革工作联席会议办公室报送，非时政类报刊出版单位体制改革工作联席会议办公室对所报方案予以审核和批复。各省自治区直辖市报刊编辑部体制改革方案，由各省自治区直辖市文化体制改革和发展工作领导小组办公室和新闻出版局分别向中央文化体制改革和发展工作领导小组办公室和新闻出版总署报送，经新闻出版总署审核并征求中央文化体制改革和发展工作领导小组办公室意见后，由中央文化体制改革和发展工作领导小组办公室和新闻出版总署分别予以批复。

中央各部门各单位主管主办在各地区的报刊编辑部体制改革方案，在协商一致的基础上，由中央各部门各单位或地方按照上述程序报送。

关于做好报刊年度核验后续工作的通知

新闻出版总署　2012年9月28日　新出厅字〔2012〕437号

各省、自治区、直辖市新闻出版局，新疆生产建设兵团新闻出版局，解放军总政治部宣传部新闻出版局：

认真做好报刊年度核验工作，是规范和加强报刊出版管理的重要手段之一。按照《出版管理条例》、《报纸出版管理规定》、《期刊出版管理规定》和《报纸期刊年度核验办法》的有关规定，现就做好2010年度和2011年度报刊核验后续工作通知如下：

一、对不予通过年度核验的报刊（附表1），依照《出版管理条例》第五十二条、《报纸出版管理规定》第五十三条、《期刊出版管理规定》第五十一条的规定，由新闻出版总署撤销出版许可证，所在地省（区、市）新闻出版行政部门注销登记，自第二年起停止出版。

二、对暂缓年度核验的报刊（附表2），依照《报纸出版管理规定》第五十二条、《期刊出版管理规定》第五十条以及《报纸期刊年度核验办法》第十条的规定，各省（区、市）新闻出版行政部门应确定暂缓期限，缓验期满后，拒不改正或经整改仍不符合要求的，不予通过年度核验。其中，对连续两年暂缓核验的报刊（附表3），要从严审核，凡不能彻底解决存在问题或已不具备办报办刊条件的，一律不予通过年度核验。对不予通过年度核验的，按照本通知第一条处理。

三、对因休刊未参加2011年度核验的报刊（附表4），属于擅自中止出版活动超过180日的，依照《出版管理条例》第十八条、第六十七条依法处罚，中止出版活动已达一年的，认定为情节严重，由新闻出版总署依法吊销出版许可证；其中，报刊出版单位不再具备办报办刊条件的，依照《出版管理条例》第五十二条，由新闻出版总署撤销出版许可证，并由所在地省（区、市）新闻出版行政部门注销登记。

四、对因拟终止出版活动未参加2011年度核验的报刊（附表5），依照《出版管理条例》第十八条、《报纸出版管理规定》第二十一条、《期刊出版管理规定》第二十一条的规定，由主办单位提出申请并经主管单位同意后，由主办单位向所在地省（区、市）新闻出版行政部门办理注销登记、缴回出版许可证，并由省（区、市）新闻出版行政部门报新闻出版总署备案。

五、对其他不按规定参加年度核验的报刊（附表6），依照《报纸出版管理规定》第五十四条、《期刊出版管理规定》第五十二条的规定，经催告仍未参加年度核验的，由新闻出版总署撤销出版许可证，所在地省（区、市）新闻出版行政部门注销登记。

各省（区、市）新闻出版行政部门要严格按照规定办理报刊年度核验有关事项，切实做好后续工作；上述通知事项，务必于2012年年底前全部完成，并将情况及时报送新闻出版总署新闻报刊司；与此同时，要对本省（区、市）报刊年度核验情况进行全面梳理，分析问题，查找原因，针对管理工作中的薄弱环节，提出和落实改进措施，不断加强报刊出版监管，切实规范报刊出版秩序。

附件：1．2010年度和2011年度不予通过核验报刊名单（略）

2．2011 年度暂缓核验报刊名单（略）

3．2010 年度和 2011 年度暂缓核验报刊名单（略）

4．因休刊未参加 2011 年度核验报刊名单（略）

5．因拟终止出版活动未参加 2011 年度核验报刊名单（略）

6．其他不按规定参加 2011 年度核验报刊名单（略）

关于规范报刊停办注销有关程序的通知

新闻出版总署　2012年10月26日　新出厅发〔2012〕2号

各省、自治区、直辖市新闻出版局，新疆生产建设兵团新闻出版局，解放军总政治部宣传部新闻出版局：

近年来，各省、自治区、直辖市新闻出版行政主管部门结合报刊年度核验和日常管理工作，在认真做好对报刊违规行为行政处罚的同时，对超过休刊期限的、主管主办单位自行停办的、不按规定参加年度核验的、不予通过年度核验的报刊进行清理，严格执行有关规定，予以停办注销。依据《出版管理条例》、《报纸出版管理规定》、《期刊出版管理规定》、《报纸期刊年度核验办法》等相关规定，现就规范报刊停办注销有关程序通知如下：

一、关于不予通过年度核验的报刊。依据《出版管理条例》第五十二条，《报纸出版管理规定》第四十九条、第五十三条，《期刊出版管理规定》第四十七条、第五十一条规定，有违法行为被查处后拒不改正或者没有明显整改效果的、报刊出版质量长期达不到规定标准的、出版单位经营资不抵债的、已经不具备规定出版条件的，不予通过年度核验，由所在地省、自治区、直辖市新闻出版行政主管部门申报总署撤销报刊出版许可证，总署批复后，所在地省、自治区、直辖市新闻出版行政部门注销登记。

报刊违法行为被查处后拒不改正或者没有明显整改效果不予通过年度核验的，申报文件应包括省级新闻出版行政主管部门申请撤销文件、拟撤销报刊出版情况、违规查处记录（违规情况、处理决定、近期审读意见等）；报刊由于出版质量长期达不到规定标准、经营资不抵债、已经不具备规定出版条件不予通过年度核验的，申报文件应包括省级新闻出版行政主管部门申请撤销文件，拟撤销报刊出版情况，质检部门、评估机构等相关部门评估意见或者行政部门的调查材料、责令限期整改通知等材料。

二、关于超过休刊期限的报刊。依据《出版管理条例》第十八条、第六十七条，报刊擅自中止出版活动超过180天，由出版行政主管部门予以行政处罚。其中，报刊出版单位不再具备办报办刊条件的，依据《出版管理条例》第五十二条，由所在地省、自治区、直辖市新闻出版行政主管部门申报总署，撤销报刊出版许可证，总署批复后，所在地省、自治区、直辖市新闻出版行政部门注销登记。

申报文件应包括省级新闻出版行政主管部门申请撤销文件，拟撤销报刊出版情况（休刊理由和休刊的起始、终止时间），行政部门的调查材料，责令限期整改通知等相关材料。

三、关于主管主办单位自行停办的报刊。依据《出版管理条例》第十八条、《报纸出版管理规定》第二十一条、《期刊出版管理规定》第二十一条，报刊出版单位终止报刊出版活动的，经主管单位同意后，由主办单位向所在地省、自治区、直辖市新闻出版行政主管部门办理注销登记、缴回出版许可证并报总署备案。

四、关于不按规定参加年度核验的报刊。依据《报纸出版管理规定》第五十四条、《期刊出版管理规定》第五十二条，不按规定参加年度核验的报刊出版单位，经催告仍未参加年度核验的，由所在地省、自治区、直辖市新闻出版行政主管部门申报总署，撤销报刊出版许可证，总署批复后，由所在地省、自治区、直辖市新闻出版行政部门注销登记。

申报文件应包括省级新闻出版行政主管部门申请撤销文件、报刊年度核验催告函、在中央或省级媒体公告证明等相关材料。

关于取消期刊出版增刊审批后续管理问题的通知

新闻出版总署　2012年11月30日　新出厅发〔2012〕3号

各省、自治区、直辖市新闻出版局，新疆生产建设兵团新闻出版局，解放军总政治部宣传部新闻出版局，中央和国家机关各部委、各民主党派、各人民团体报刊主管部门：

国务院办公厅近日发布《关于第六批取消和调整行政审批项目的决定》，取消了省级新闻出版行政主管部门对期刊出版增刊的审批。为规范期刊出版增刊活动，依据《出版管理条例》、《期刊出版管理规定》，现就有关问题通知如下：

一、期刊出版单位出版增刊前，须报所在地省、自治区、直辖市新闻出版行政主管部门备案。备案程序和具体要求为：经主管单位审核同意后，由主办单位报所在地省、自治区、直辖市新闻出版行政主管部门备案；备案文件应说明拟出增刊的出版时间、期数、页码、定价、印数、印刷单位；所在地省、自治区、直辖市新闻出版行政主管部门备案后，发给备案证明文件，配发增刊备案号。增刊备案号形式为：××××××××××01（或02），其中前6位数字为该刊国内统一连续出版物号，第7、8、9、10位为年度数字，最后两位为增刊期数。如，《求是》杂志2012年第1期增刊，增刊备案号为：111000201201。期刊出版增刊应刊印“增刊备案号”，不再使用“增刊许可证编号”。

二、期刊出版增刊应严格遵守《期刊出版管理规定》第三十四条第一款、第三款，第四十三条规定，并依据有关规定办理印刷、发行等手续。

三、未履行增刊备案手续、期刊出版单位擅自出版增刊的，依照《出版管理条例》第六十一条，由出版行政主管部门、工商行政管理部门予以取缔，没收出版物、罚款并依法追究刑事责任。

四、期刊出版单位出版增刊违反《期刊出版管理规定》第四十三条规定的，依照《出版管理条例》第六十七条处罚；违反《期刊出版管理规定》第三十四条第三款规定的，依照《期刊出版管理规定》第六十二条处罚。

五、各级新闻出版行政主管部门在增强服务意识、简化办事程序的同时，要切实履行好监管职责，完善对期刊出版增刊编、印、发等环节的管理，强化报刊审读及年度核验等手段，将期刊出版增刊情况纳入重点审读及年度核验范围，加强对出版物市场检查，对未经批准，利用增刊从事非法出版活动的，坚决予以取缔；对期刊出版单位违规出版增刊予以处罚和纠正。

六、期刊主管主办单位要强化管理责任，加强对所属期刊增刊出版内容及出版形式的监督管理，督促期刊出版单位遵守期刊出版增刊有关规定。

七、期刊出版单位要自觉遵守《期刊出版管理规定》，未履行备案手续不得擅自出版增刊；不得与其他单位和个人合作出版增刊；增刊出版不得偏离正刊办刊宗旨及业务范围；非学术期刊不得利用增刊出版学术论文版。

八、印刷单位、发行单位及有关期刊数字版收录机构应履行社会责任，健全内部管理制度，严格执行《印刷业管理条例》、《出版物市场管理规定》等有关规定，严格审核委托单位期刊出版许可证及备案证明文件，自觉维护期刊增刊出版、印刷、发行秩序。

九、本通知自发布之日起实施。

关于加强新闻采编人员网络活动管理的通知

国家新闻出版广电总局　2013年4月8日　新出字〔2013〕110号

各省、自治区、直辖市新闻出版局，新疆生产建设兵团新闻出版局，解放军总政治部宣传部新闻出版局，中央和国家机关各部委、各民主党派、各人民团体报刊主管单位，中央主要新闻单位：

网络是媒体新闻采编人员联络读者、获取信息、拓展传播效应的重要渠道。为充分发挥网络积极作用，推动形成健康的新闻秩序，现就加强新闻采编人员使用网络信息、开通个人微博等网络活动管理通知如下：

一、牢牢把握正确舆论导向。新闻采编人员要坚持马克思主义新闻观，牢牢把握正确舆论导向，坚持团结稳定鼓劲、正面宣传为主的方针，积极利用传统媒体、新闻网站、博客、微博等载体传播主流信息，引导社会舆论，自觉抵制有害信息的渗透和传播，不引用、不报道未通过权威渠道核实的网络信息，不传播、不转载网上流言、传言或猜测性信息。

二、进一步规范新闻采编行为。严格落实中央宣传部等五部门联合下发的《关于进一步规范新闻采编工作的意见》，严格新闻单位采编活动和编审流程的管理，防止为片面追求轰动效应、发行数量、收听收视率而造成失实报道。未经批准，各类新闻单位均不得擅自使用境外媒体、境外网站的新闻信息产品。

三、进一步加强媒体新闻网站管理。新闻单位须加强新闻网站内容审核把关及新闻采编人员网络活动管理，要按照传统媒体刊发新闻报道的标准和流程，严格审核所属新闻网站发布的信息。禁止将网站及网站频道的新闻采编业务承包、出租或转让，禁止无新闻记者证人员以网站及网站频道名义采访或发稿。未经核实，新闻单位所办新闻网站不得擅自发布新闻线人、特约作者、民间组织、商业机构等提供的信息。

四、进一步加强博客和微博管理。新闻单位设立官方微博，须向其主管单位备案，并指定专人发布权威信息，及时删除有害信息。新闻采编人员设立职务微博须经所在单位批准，发布微博信息不得违反法律法规及所在媒体的管理规定，未经批准不得发布通过职务活动获得的各种信息。

五、加强和改进网络新闻舆论监督。新闻单位要不断加强和改进舆论监督，做到科学监督、依法监督、建设性监督，推动国家的方针政策落到实处，实现好、维护好、发展好基层和人民群众的切身利益。新闻采编人员不得利用舆论监督要挟基层单位和个人订阅报刊、投放广告、提供赞助。新闻采编人员不得在网络上发布虚假信息，未经所在新闻机构审核同意不得将职务采访获得的新闻信息刊发在境内外网站上。

各地新闻出版行政部门和各新闻媒体主管主办单位要切实履行属地管理、分级管理的职责，强化对本地媒体、所辖媒体和中央媒体在地方记者站、分支机构、新闻网站地方频道新闻采编人员及新闻业务的监管。对新闻采编人员以网络为平台牟取非法利益等行为，要坚决制止，依法严肃查处，并视情节限期或终身禁止其从事新闻采编工作。

关于进一步加强报刊刊载医药广告管理的通知

国家新闻出版广电总局　2013年5月31日　新出厅字〔2013〕167号

各省、自治区、直辖市新闻出版局，新疆生产建设兵团新闻出版局，中央和国家机关有关部委、有关人民团体报纸期刊主管部门：

广告是报刊内容的重要组成部分，切实加强对虚假违法广告的治理、不断提高报刊出版质量是各级新闻出版行政主管部门的重要任务之一。近年来，新闻出版行政主管部门会同工商行政管理等有关部门开展虚假违法广告专项整治工作，报刊广告发布的总体情况有所好转。但是，目前报刊广告市场中仍存在广告经营行为不规范、广告发布内容虚假违法等问题，尤其是医疗广告夸大疗效、药品广告擅自更改审查内容、保健食品广告宣传治疗功能，在广告中违法使用患者、专家、医生、医疗科研机构等的名义和形象作证明，或者以人物专访、专题报道等新闻形式发布广告等违法情况比较严重。为认真贯彻《工商总局等八个部门关于进一步开展整治虚假违法医药广告专项行动的通知》要求，进一步加强报刊刊载医药广告的管理，根据《中华人民共和国广告法》、《大众传播媒介广告发布审查规定》和新闻出版等有关法律法规，现就有关问题通知如下：

一、切实履行广告审查的法定责任。各报刊出版单位要认真执行报刊发布医药广告的有关规定和各项制度，切实履行广告发布审查的法定责任，不得为经济利益发布虚假违法广告，不得因广告经营方式的变化放松对广告内容的审查和管理。要切实加强对医疗、药品、医疗器械、保健食品以及宣称具有治疗作用的保健用品等广告审查出证及其他证明文件的查验工作，对无出证（批准）文号、证明文件不全、不符合审查批准内容或不符合发布规定的广告要坚决禁止发布。广告审查员应主动登陆相关政府网站，查询了解相关部门公布的广告批准文件、违法广告公告、广告监测监管信息。

二、清查整改变相发布医药广告行为。各报刊出版单位刊登广告须在明显位置注明“广告”字样，不得以新闻报道形式刊登广告。新闻采编部门及其工作人员不得经营或代理本单位的广告业务，经营部门及其工作人员不得介入新闻采编业务，记者不得借采访名义承揽广告业务。有关人物专访、企业专题等报道中不得含有地址、电话、联系方法等广告宣传内容；在发表有关文章的同时，不得在同一媒体同一时间发布有关该商品、服务及其生产经营者的广告；不得以普及科学知识、专家咨询宣传等名义，介绍推销药品、保健食品以及推荐医生、医疗机构。

三、健全广告经营管理制度及责任追究制。各报刊出版单位要建立健全广告业务的承接登记、审核、档案管理制度等内部广告管理制度；要充分发挥广告审查员的作用，认真执行广告审查员“一票否决制”，未经广告审查员审核的广告不得发布；社长、总编辑要对报刊发布广告的合法性和正确导向切实承担责任。对发布虚假违法广告及不良广告或者放弃广告终审权而导致广告发布产生严重问题的，报刊主管单位要追究其主要负责人的行政和经济责任。因刊登虚假违法广告问题严重的报刊被列入违规记录的报刊和报刊出版单位的主要负责人，不得参与各类评奖和评优。

四、强化违法广告管理的协调配合。各级新闻出版行政主管部门要进一步加强对报刊医药广告内容的审读，对有关部门监测中发现不执行广告发布审查规定、导致广告违法率居高不下的报刊出版单位予以警示告诫、通报批评等处理，对整改成效不明显的媒体提请工商部门停止其广告发布权。各级新闻出版行政主管部门要进一步加强与相关部门的协调配合，协助工商部门查办发布严重违法广告的报刊出版单位，进一步完善与工商等部门对违法广告举报的移送程序，形成有效的综合监管合力。

关于办理期刊变更登记地有关事宜的通知

国家新闻出版广电总局　2013年12月27日　新出厅字〔2013〕489号

各省、自治区、直辖市新闻出版局，新疆生产建设兵团新闻出版局，解放军总政治部宣传部新闻出版局：

2013年11月，国家新闻出版广电总局发出《关于做好国发〔2013〕27号文公布取消下放新闻出版行政审批项目后续监管工作的通知》（新出政发〔2013〕10号），就取消“期刊变更登记地审批”提出后续监管措施。现就具体操作程序和工作要求通知如下：

一、根据《期刊出版管理规定》第十一条，期刊出版单位因与其主要主办单位不在同一行政区域内，需变更登记地的，首先由期刊出版单位在总局网站下载并填写《期刊变更登记地信息登记表》（以下简称《登记表》）后，提交新登记地省级出版行政主管部门。

二、新登记地省级出版行政主管部门收到《登记表》后，于5个工作日内将《登记表》原件提交至总局综合业务司。《登记表》填写应真实准确、内容完备。

三、总局综合业务司收到《登记表》后，于5个工作日内将填写有新编国内统一连续出版物号、加盖总局办公厅公章的《登记表》分别传真至新登记地和原登记地省级出版行政主管部门，《登记表》复印件随后寄出，并通过总局网站予以公告。

四、新登记地省级出版行政主管部门收到总局《登记表》传真件后，于 5 个工作日内将编发有新的国内统一连续出版物号的《期刊出版许可证》发放至期刊出版单位，并收回原《期刊出版许可证》正、副本。

五、原登记地省级出版行政主管部门收到总局《登记表》传真件后，于 5 个工作日内完成期刊在原登记地的注销工作。

六、新登记地、原登记地省级出版行政主管部门在上述工作过程中，应结合实际，最大程度为行政相对人提供便利，不得以任何理由增设条件、变相审批或拖延不办。

七、中国人民解放军和中国人民武装警察部队系统所办期刊变更登记地的有关工作，由解放军总政治部宣传部新闻出版局承办。

关于规范学术期刊出版秩序促进学术期刊健康发展的通知

国家新闻出版广电总局　2014 年 4 月 3 日　新广出发〔2014〕46 号

各省、自治区、直辖市新闻出版广电局，新疆生产建设兵团新闻出版广电局，解放军总政治部宣传部新闻出版局，中央和国家机关各部委、各民主党派、各人民团体期刊主管部门，各学术期刊网络出版服务机构：

习近平总书记指出，提高国家文化软实力，关系“两个一百年”奋斗目标和中华民族伟大复兴中国梦的实现。学术期刊是国家科研和国家文化软实力的重要组成部分，在繁荣学术研究，推动文化创新，促进经济社会发展和科学技术进步等方面发挥着不可替代的作用。改革开放 30 多年来，我国学术期刊品种数量迅速增长，出版质量和学术影响力也得到了较快提升，已初步形成学科门类齐全、基本满足科研学术交流需要的学术期刊出版体系，涌现出了一批在国内外有影响的知名品牌期刊。但是，目前学术期刊出版仍然存在着一些问题，主要表现为：分散弱小、结构不合理的状况未根本改变，规模化集约化水平较低；整体质量不高，国际竞争力不强，还不能适应科教兴国、建设创新型国家的战略要求；现行的科研人才评价机制造成论文发表需求过旺，学术期刊功能出现异化现象；一些学术期刊片面追求经济利益，放松审核把关，造成学术质量下降；特别是一些不具备学术出版条件的期刊超越业务范围或一号多版，出租、出售、转让出版权给个人及中介公司，刊发质量低劣学术论文牟利，造成不良的社会影响。为规范学术期刊出版秩序，优化学术期刊出版环境，提高学术期刊出版质量，促进学术期刊健康发展，根据《出版管理条例》、《期刊出版管理规定》等相关法规规章，现就有关问题通知如下。

一、严格学术期刊出版资质和要求，建立完善学术期刊出版准入制度

（一）本通知所称学术期刊是指经国家新闻出版行政主管部门批准，持有国内统一连续出版物号，领取期刊出版许可证，以刊载研究发现和创新成果的学术论文、文献为主的定期连续出版物。学术期刊由国家新闻出版广电总局认定，应符合以下条件：由科研教学机构、学术团体或具备学术出版能力的出版社、报刊社主办；经国家新闻出版行政主管部门批准的办刊宗旨及业务范围明确为学术研究与交流等；出版单位拥有相应的符合条件的学术编辑人员和其他必需的办刊条件；刊发的学术论文、文献或在理论上有创新见解，或在实践中有创新应用，或具有重要的文化积累价值；刊发的学术论文、文献具有严谨的格式规范；执行严格规范的组稿、编辑、审稿和同行评议制度。

（二）严格按照办刊宗旨和业务范围出版。学术期刊要立足自身学科和研究领域，注重专业化发展，发挥学术优势，不断提升学术水平和学术影响力；非学术期刊不得出版理论版、学术版等，不得收取论文发表费。

（三）遵守学术出版规范，严格执行国家相关质量标准。学术期刊刊发学术论文、文献的摘要、引文、注释、参考文献等要完备准确；期刊内容、编校、装帧设计、印制质量须符合《出版管理条例》、《期刊出版管理规定》、《社会科学期刊质量管理标准》（试行）、《科学技术期刊质量要求》等相关法规规章和

标准。

（四）学术期刊要规范编辑出版流程，努力提高学术质量。学术期刊出版单位要建立完善内部编辑审稿制度、编委会制度和同行评议制度等质量保障机制；认真做好选题策划、稿件组织工作，科学评估稿件的学术水平、创新成果及发表价值，确保出版质量；注重学术道德和学术诚信建设，自觉抵制学术不端行为，禁止由其他单位和个人代理发表论文，杜绝刊发抄袭、剽窃他人成果的文章。

（五）学术期刊要加强编辑队伍建设，提高编辑人员素质。学术期刊出版单位应严格执行国家出版专业技术人员职业资格制度，通过建立完善编辑人员准入、考评、监督、继续教育等制度，提升从业人员专业素养，不断提高学术期刊出版水平。

二、完善扶持激励政策和保障体系，构建学术期刊发展长效机制

（六）积极推动学术期刊出版单位体制改革。通过深化改革、调整结构、整合资源，创新体制机制，增强学术期刊发展能力。逐步推进学术期刊编辑部体制改革，探索建立学术期刊编辑部分散组稿审稿、出版企业统一出版发行的运营模式。依托优质学术资源或优势出版平台，组建具有学术品牌影响力和综合发展实力的学术出版集团，构建国家重点学术期刊数字化平台，引导学术期刊集约化发展和数字化转型。鼓励专业性强、办刊特色突出的学术期刊，走“专、精、特、新”的发展路径，支持其差异化发展。

（七）积极开展学术期刊质量评估工作。国家新闻出版行政主管部门制定完善学术期刊出版质量综合评估标准，组织有关机构开展评估，建立学术期刊评价体系及引导激励机制。各省级新闻出版行政部门要积极开展本地区学术期刊质量评估工作，并运

用评估结果，对评估不达标的学术期刊限期整改，整改不合格的，予以退出；对出版质量高、学术影响力强的学术期刊予以政策扶持，提升学术期刊整体质量。

（八）积极推进国家重点学术期刊建设工程。通过“中国出版政府奖期刊奖”、“百强期刊”推荐活动及“中国科技期刊国际影响力提升计划”等，加大对精品学术期刊宣传推介和政策扶持力度，对在相关学科领域处于领先地位、具有较大发展潜力的学术期刊，在资金扶持、重大项目、资源配置、数字化转型、国际化合作等方面予以政策倾斜，大力推动优秀学术期刊加强品牌建设，形成精品学术期刊群，不断提升中国学术期刊竞争力和影响力。

三、落实责任，强化管理，切实推动学术期刊健康有序发展

（九）各级新闻出版行政主管部门要加强对刊发学术论文期刊的监督管理，充分利用网络手段，加强审读和监测，严格依法行政。按照《出版管理条例》、《期刊出版管理规定》的有关规定，进一步规范期刊变更名称、业务范围、刊期审批条件和程序，对擅自偏离办刊宗旨及超越业务范围刊发论文，违规从事一号多刊、买卖刊号等活动的期刊，依法予以严肃查处并公开通报；对学术期刊出版质量低劣、刊载拼凑或剽窃论文的依法予以行政处罚；对以书号形式出版“学术期刊”、学术集刊的出版单位予以处理和规范；对伪造刊号、利用境外刊号出版“学术期刊”收取版面费的非法出版活动，依法予以严厉打击并取缔。广泛发动群众积极举报期刊违法违规行为，查办一批重点案件，并通过新闻媒体予以曝光。

（十）学术期刊主管主办单位要强化管理责任，切实履行管导向、管资产、管队伍职责。要加大对学术期刊的扶持力度，保

证有足够的办刊人员和设备场所，不断提高期刊编辑出版的现代化水平；充分发挥自身优势，在学术资源、资金方面予以保障，促进学术期刊健康发展。

（十一）学术期刊网络出版服务机构要认真履行社会责任，建立健全学术期刊收录、审核、网络出版制度，认真执行期刊出版、版权有关规定，严格审核委托单位期刊出版许可证和学术出版资质，不得收录非学术期刊、内部资料性出版物、以书号形式出版的“学术期刊”、利用境外刊号出版的“学术期刊”及其他非法学术期刊，自觉维护学术期刊出版秩序。

（十二）国家新闻出版行政主管部门将开展学术期刊清理和资质认定工作。由各省级新闻出版行政部门和中央期刊主管单位按照学术期刊认定标准，审核报送本地区本单位学术期刊名单。总局组织专家对名单进行审定后，对符合学术期刊条件的予以认定并分期分批向社会公布；对主办单位符合条件、经批准办刊宗旨及业务范围明确为学术研究与交流等，但其他条件不符合本通知要求的，责令限期整改，整改仍达不到要求的，予以调整或退出。

各省级新闻出版行政部门和中央期刊主管单位接到本通知后，要立即组织对所辖所属刊发学术论文的期刊进行一次全面核查，严肃查处和纠正期刊违规行为；各期刊出版单位要按照本通知要求，认真进行自查，针对存在的问题进行整改，切实规范学术期刊出版秩序，确保学术期刊健康有序发展，为不断提高国家文化软实力做出更大贡献。

关于开展学术期刊认定及清理工作的通知

国家新闻出版广电总局　2014 年 4 月 24 日　新广出办发〔2014〕28 号

各省、自治区、直辖市新闻出版广电局，新疆生产建设兵团新闻出版广电局，解放军总政治部宣传部新闻出版局，中央和国家机关各部委、各民主党派、各人民团体期刊主管部门：

根据国家新闻出版广电总局下发的《关于规范学术期刊出版秩序促进学术期刊健康发展的通知》（新广出发〔2014〕46 号）要求，总局决定从 2014 年 4 月起开展学术期刊认定及清理工作。现将有关事项通知如下：

一、认定标准

学术期刊应符合以下条件：

（一）经国家新闻出版行政部门批准，持有国内统一连续出版物号（CN），领取期刊出版许可证，符合《出版管理条例》和《期刊出版管理规定》等要求。

（二）主办单位具有学术出版资质和专业背景，出版单位具备必需的办刊条件。

（三）办刊宗旨及业务范围以开展学术研究，发布学术创新成果，交流学术经验等为主。

（四）拥有相应学科领域一定数量的专职编辑人员，主编和编辑人员取得国家规定的岗位培训合格证书。

（五）组建有编委会并定期进行换届改选，编委会能有效指导编辑出版工作。

（六）执行严格规范的组稿、编辑、审稿及同行评议制度，保持一定的稿件退稿率。

（七）刊发文章具有严谨的编排格式规范，内容质量符合国家相关标准要求。

（八）刊发文章以学术论文、文献（原创论文、述评、综述文章等）为主。

二、认定程序

此次学术期刊认定工作分两个阶段进行，第一阶段由各省级新闻出版行政管理部门对所辖学术期刊进行初步认定，各中央期刊主管部门对所属在京学术期刊进行初步认定。各地区、各部门按照学术期刊认定标准，组织开展学术期刊认定工作，在规定时间内向总局报送本地区、本部门学术期刊名单及相关信息。第二阶段由总局组织相关专家对报送的学术期刊进行最终认定，并分期分批公布学术期刊名单。

三、工作要求

（一）各地区、各部门要充分认识学术期刊认定工作的重要性，安排专门人员，组织有关专家，按照学术期刊认定标准开展初步认定工作，做到对所辖所属学术期刊不漏报、不多报。

（二）严格审核期刊创办审批文件、主办单位资质、出版单位条件、出版质量、办刊宗旨及业务范围、内部编辑审稿制度、编辑队伍资质等，以确保认定工作客观规范、科学准确。

（三）督促各学术期刊出版单位认真做好初步认定的学术期刊信息采集工作，真实、完整、准确地填写相关表格，并按时报送。

各地区、各部门要结合学术期刊认定工作，对所辖所属刊发学术论文的期刊进行一次全面核查和清理，对主办单位、办刊宗旨及业务范围符合标准，但学术水平及出版质量低劣、不具备学术期刊其他条件的，责令限期整改，整改仍达不到要求的，予以调整或退出；对非学术期刊违规刊发学术论文的，责令限期纠正，并由新闻出版行政部门视其违规情节予以警告、罚款、责令限期停业整顿直至吊销出版许可证。

四、材料报送

（一）各省级新闻出版行政主管部门、中央单位期刊主管部门应于2014年6月30日前完成学术期刊初步认定工作，并将材料报送至总局。报送材料包括：学术期刊认定整体情况、学术期刊认定名单、学术期刊信息采集表（见附件，从中国记者网下载）、样刊（每种4期，每期1本，期数请参见下表）。报送材料纸质版用特快专递方式寄送指定地址；电子版数据由省局及中央各主管单位统一汇总成excel格式，发送到指定邮箱。请各地区、各部门对学术期刊信息采集表数据严格审核，逐一核对，确保准确无误，按汇总格式上报，不得改动表格的格式。

<table>
<tr><th rowspan="2">期刊</th><th colspan="2">期数</th><th rowspan="2">总期数</th><th rowspan="2">备注</th></tr>
<tr><th>2013年</th><th>2014年</th></tr>
<tr><td>周刊</td><td>23、24</td><td>1、2</td><td>共4期</td><td rowspan="6">每期1册，不接受由期刊社及编辑部直接寄送的样刊</td></tr>
<tr><td>旬刊</td><td>18、19</td><td>1、2</td><td>共4期</td></tr>
<tr><td>半月刊</td><td>12、13</td><td>1、2</td><td>共4期</td></tr>
<tr><td>月刊</td><td>6、7</td><td>1、2</td><td>共4期</td></tr>
<tr><td>双月刊</td><td>3、4</td><td>1、2</td><td>共4期</td></tr>
<tr><td>季刊</td><td>2、3</td><td>1、2</td><td>共4期</td></tr>
</table>

联系人：李连华　王金波

联系电话：010—85158329

邮寄地址：北京东四西大街42号中华医学会（请注明学术

期刊信息采集）

邮编：100710

电子邮箱：xueshuqikan@cma.org.cn

（二）各省级新闻出版行政主管部门、中央单位期刊主管部门对所辖所属违规刊发学术论文期刊清理及处罚情况，请于2014年7月31日前上报总局新闻报刊司。

联系人：李伟

电　话：010—83138670

联系地址：北京市西城区宣外大街40号

邮编：100052

关于规范英文报刊对我国行政区域和机构表述的通知

国家新闻出版广电总局　2014年6月26日　新广出办发〔2014〕55号

各省、自治区、直辖市新闻出版广电局，新疆生产建设兵团新闻出版广电局，解放军总政治部宣传部新闻出版局，中央和国家机关各部委、各民主党派、各人民团体报刊主管部门，各报刊网络出版服务机构：

英文报刊是增强我国国际传播能力建设、推动我国科技和文化“走出去”的重要媒介。近年来，我国英文报刊的内容质量、学术水平和国际影响力都有较大幅度提升，在促进对外交流、提升国际话语权、增强国家文化和科技软实力、建设创新型国家等方面发挥了积极作用。但是，在近期开展的报刊质量检查和评估工作中发现，一些英文报刊编校质量不高、出现语言常识性错误，个别报刊还存在对涉及我国政治、疆域国界、领土主权等内容把关不严，对我国有关行政区域和机构表述不当等问题，容易造成国家安全和文化安全隐患。为进一步加强英文报刊出版管理，提升编校质量及出版水平，现就有关问题通知如下：

一、各英文报刊出版单位要进一步增强政治意识和责任意识，严格按照国家有关规定，对所刊发文章、文摘、引文注释中涉及我国行政区域、机构名称等表述要正确无误，符合国家规范表述要求，不得将我国台湾地区及香港、澳门特别行政区与其他国家相并列，对涉及我国政治、疆域国界、领土主权等敏感内容严格把关，杜绝造成安全隐患。

二、各英文报刊出版单位要进一步增强质量管理意识，根据报刊各自专业特点，建立相关英语语言规范使用标准，完善编辑出版流程管理，认真执行“三审三校”制度，对语言规范和编校质量从严把关；严格英语编辑资格准入制度，在编辑队伍中进一步加强马克思主义新闻出版观教育，强化英语编译和出版业务技能培训，不断增强政治敏锐性和编辑业务能力，达不到要求的不得从事英文编辑工作。

三、各报刊网络出版服务机构要认真履行社会责任，健全英文报刊内容审核、收录及网络出版制度，对收录英文报刊中发现的问题和错误，要及时纠正或删除，防止错误内容的再次传播扩散。要积极研究开发国家安全敏感词汇编辑过滤程序及软件，建立相关语料数据库，充分利用现代技术手段，提升被收录报刊内容的正确性和安全性。

四、各省级新闻出版行政部门和中央有关报刊主管部门要进一步增强阵地意识和责任意识，加强对英文报刊的审读和监测，强化质量管理，确保内容导向正确和编辑出版规范。各地区各单位接本通知后要对所辖所属英文报刊2013年以来出版情况进行一次全面检查，重点检查报刊有关国家行政区域和机构及涉及政治、疆域国界、领土主权等敏感内容表述情况，对存在问题的要责令纠正，限期整改，并视其违规情节予以处理或行政处罚；对不具备英文报刊出版条件、出版质量长期低下的要坚决予以停办退出。请各地区各单位将开展英文报刊质量检查情况于2014年8月30日前报总局新闻报刊司。

关于印发《新闻从业人员职务行为信息管理办法》的通知

国家新闻出版广电总局 2014年6月30日 新广出发〔2014〕75号

各省（区、市）新闻出版广电局，新疆生产建设兵团新闻出版局，中央和国家机关各部委、各民主党派、各人民团体报刊主管部门，中央主要新闻单位：

近年来，新闻从业人员滥用职务行为信息的现象时有出现。有的违反保密法规随意散布、传播涉密信息，有的擅自将职务活动中知悉的信息通过网络平台发布，有的将本新闻单位未播发的报道交由其他境内外媒体刊播，有的利用新闻单位资源谋取不正当利益，干扰了正常的新闻传播秩序，损害了党和国家利益。为切实加强新闻从业人员职务行为信息的管理，根据《保守国家秘密法》等有关法律法规，总局制定了《新闻从业人员职务行为信息管理办法》，现予以印发，请认真贯彻执行。

新闻从业人员职务行为信息管理办法

第一条 为加强新闻从业人员职务行为信息的管理，规范新闻传播秩序，根据《保守国家秘密法》、《劳动合同法》、《著作权法》等有关法律法规，制定本办法。

第二条 本办法所称新闻从业人员职务行为信息，是指新闻单位的记者、编辑、播音员、主持人等新闻采编人员及提供技术支持等辅助活动的其他新闻从业人员，在从事采访、参加会议、听取传达、阅读文件等职务活动中，获取的各类信息、素材以及所采制的新闻作品，其中包含国家秘密、商业秘密、未公开披露的信息等。

第三条 新闻单位要坚持依法依规、趋利避害、善管善用、可管可控的原则，加强职务行为信息管理，确保新闻从业人员职务行为信息使用科学合理、规范有序。

第四条 新闻单位应健全保密制度，对新闻从业人员在职务行为中接触的国家秘密信息，应明确知悉范围和保密期限，健全国家秘密载体的收发、传递、使用、复制、保存和销毁制度，禁止非法复制、记录、存储国家秘密，禁止在任何媒体以任何形式传递国家秘密，禁止在私人交往和通信中涉及国家秘密。

新闻从业人员上岗应当经过保密教育培训，并签订保密承诺书。

第五条 新闻单位应按照《劳动合同法》的有关规定，与新闻从业人员就职务行为信息中的商业秘密、未公开披露的信息、职务作品等与知识产权相关的保密事项，签订职务行为信息保密协议，建立职务行为信息统一管理制度。

保密协议须分类明确新闻从业人员职务行为信息的权利归属、使用规范、离岗离职后的义务和违约责任。

新闻从业人员不得违反保密协议的约定，向其他境内外媒体、网站提供职务行为信息，或者担任境外媒体的“特约记者”、“特约通讯员”、“特约撰稿人”或专栏作者等。

第六条 新闻从业人员不得利用职务行为信息谋取不正当利益。

第七条 新闻从业人员以职务身份开设博客、微博、微信等，须经所在新闻单位批准备案，所在单位负有日常监管职责。

新闻从业人员不得违反保密协议的约定，通过博客、微博、微信公众账号或个人账号等任何渠道，以及论坛、讲座等任何场所，透露、发布职务行为信息。

第八条 新闻从业人员离岗离职要交回所有涉密材料、文件，在法律规定或协议约定的保密期限内履行保密义务。

第九条 新闻单位须将签署保密承诺书和职务行为信息保密协议，作为新闻从业人员劳动聘用和职务任用的必要条件，未签订的不得聘用和任用。

第十条 新闻采编人员申领、换领新闻记者证，须按照《新闻记者证管理办法》的规定提交有关申报材料，申报材料中未包含保密承诺书和职务行为信息保密协议的，不予核发新闻记者证。

第十一条 新闻单位应在参加新闻记者证年度核验时，向新闻出版广电行政部门报告新闻从业人员保密承诺书和保密协议签订、执行情况。

第十二条 新闻从业人员违反保密承诺和保密协议、擅自使用职务行为信息的，新闻单位应依照合同追究违约责任，视情节作出行政处理或纪律处分，并追究其民事责任。

第十三条 新闻单位的主管主办单位应督促所属新闻单位健全保密承诺和保密协议制度，履行管理责任；新闻出版广电行政部门应加强本行政区域内新闻单位职务行为信息管理情况的日常监督检查。

第十四条 新闻从业人员擅自发布职务行为信息造成严重后果的，由新闻出版广电行政部门依法吊销新闻记者证，列入不良从业行为记录，做出禁业或限业处理。

第十五条 新闻单位对新闻从业人员职务行为信息管理混

乱，造成失密泄密、敲诈勒索、侵权等严重问题的，由新闻出版广电行政部门等依法查处，责令整改，对拒不改正或整改不到位的不予通过年度核验，情节严重的撤销许可证，并依法追究新闻单位负责人和直接责任人的责任。

第十六条 新闻从业人员违反规定使用职务行为信息造成失密泄密的，依法追究相关人员责任，涉嫌违法犯罪的移送司法机关处理。

第十七条 本办法自发布之日起施行。

关于加强内部发行报刊保密管理工作的紧急通知

国家新闻出版广电总局　2014年9月24日　新广出函〔2014〕304号

各省、自治区、直辖市新闻出版广电局，新疆生产建设兵团新闻出版局，中央和国家机关各部委、各民主党派、各人民团体报刊主管部门：

近年来，内部发行报刊违规通过各种方式特别是互联网面向社会公开征订发行等问题时有发生。一些单位和个人违反国家保密、出版发行管理的有关规定，面向社会公开发行、买卖包含涉密信息的内部发行报刊，造成国家秘密的泄露。为进一步加强内部发行报刊保密管理工作，现就有关问题通知如下。

一、严格执行国家出版发行管理的有关规定。内部发行报刊应切实遵守《期刊出版管理规定》、《出版物市场管理规定》等规定，坚持正确舆论导向，不为违反法律、损害国家利益、泄露国家秘密、破坏民族团结、歪曲重大革命和历史事件的错误言论提供传播渠道。要加强出版、发行、印制等各流程规章制度建设，建立健全流程责任机制，从源头防止失泄密的发生。

二、内部发行报刊必须按照批准的办报办刊宗旨和业务范围出版，严格按照指定的范围发行，不得擅自超范围发行、违规公开征订。任何单位和个人不得公开宣传、陈列、展示、销售内部发行报刊，不得通过网络、手机微信公众账号等传播方式发行内部发行报刊。

三、向境外发行或交流内部发行报刊，须经主管单位进行保密审查，并按照国家有关规定办理报批手续。

四、印刷复制单位接受委托印刷复制内部发行报刊，必须验证出版许可证等证明文件，对不能提供或提供的出版许可证已过期的，不得承接印刷复制业务。

五、各新闻出版单位不得擅自引用、发表新华社等有密级的内部发行报刊上的任何资料。如确需使用，有关单位应书面向新华社等主办单位提出解密建议，并征得主办单位同意后方可使用。

六、内部发行报刊必须建立健全新闻出版保密审查制度。严格执行《中华人民共和国保守国家秘密法》、《中国人民解放军保密条例》、《新闻出版保密规定》等各项保密规定。内部发行报刊的主办单位应对每期刊登的信息内容进行保密审查。涉及国家秘密的，应在内部发行报刊的明显部位标注国家秘密标志，并严格限定知悉范围，对知悉机密级以上国家秘密的人员应当作出书面记录。对是否涉及国家秘密界定不清的，应该送交有关主管部门或上级机关、单位审定。

七、坚持谁主管谁负责。内部发行报刊的主管主办单位要负责推动和监督所属出版物贯彻党的方针路线政策、遵守国家法规。内部发行报刊的出版单位及其主管部门应定期对一段时间内出版发行的内部发行报刊进行保密审查，坚决避免刊登的信息内容出现单期不涉密但累计多期后涉密的情况。

八、内部发行报刊应建立健全从业人员保密管理制度。内部发行报刊应按照《新闻从业人员职务行为信息管理办法》和有关规定，与从业人员签订保密协议和职务行为信息保密协议，建立职务行为信息统一管理制度。对从业人员违反保密承诺和保密协议、擅自发布职务行为信息的，主办单位要依照合同追究违约责任并视情节作出行政处理和纪律处分。

九、内部发行报刊应建立健全失泄密及时封存回收制度。发现内部发行报刊涉嫌失泄密问题，出版、制作、发行、印刷复制等单位以及出版单位主管部门、新闻出版行政主管部门必须立即采取措施封存全部出版物、收回已经发行出去的出版物并依法销毁，防止国家秘密进一步扩散。

十、内部资料性出版物要参照上述规定加强保密管理，并严格执行《内部资料性出版物管理办法》。连续性内部资料性出版物必须严格限定在本行业本系统本单位内部交流，不得收取费用、刊登广告，不得通过互联网等各种方式在社会上公开征订发行。

各地新闻出版广电行政主管部门、中央单位所办内部发行报刊的主管部门要根据本通知精神，对所辖内部发行报刊及内部资料性出版物的保密管理情况进行一次全面检查。对发现违反出版发行管理有关规定的，要责令立即纠正，并依据有关规定给予行政处罚。对未取得出版许可证的内部发行报刊及未取得《准印证》的连续性内部资料性出版物，必须坚决取缔。发现任何单位和个人违反保密规定，造成内部发行报刊及内部资料性出版物失泄密的，依法追究相关人员责任，涉嫌犯罪的移送司法机关追究刑事责任。

检查工作结束后，各省级新闻出版广电行政主管部门、中央单位所办内部发行报刊的主管部门要于 11 月底前向国家新闻出版广电总局提交书面报告。

关于在新闻网站核发新闻记者证的通知

国家新闻出版广电总局　国家互联网信息办公室

2014年10月21日　新广出发〔2014〕122号

各省、自治区、直辖市新闻出版广电局、网信办，新疆生产建设兵团新闻出版局、网信办，解放军总政治部宣传部新闻出版局、网信办，中央和国家机关各部委、各民主党派、各人民团体新闻机构主管单位，中央新闻网站：

为加强新闻网站编辑记者队伍建设，提高队伍整体素质，根据中央有关要求，按照《国务院关于授权国家互联网信息办公室负责互联网信息内容管理工作的通知》《互联网信息服务管理办法》《互联网新闻信息服务管理规定》《新闻记者证管理办法》等相关规定，决定在已取得互联网新闻信息服务许可一类资质并符合条件的新闻网站中按照"周密实施、分期分批、稳妥有序、可管可控"的原则核发新闻记者证。现将有关事项通知如下：

一、申领范围

经国家互联网信息办公室批准的，取得互联网新闻信息服务许可一类资质并符合条件的新闻网站中，专职从事新闻采编业务的在岗人员。

下列人员不发新闻记者证：（1）新闻网站中党务、行政、后勤、广告、发行、经营、技术等非采编岗位工作人员；（2）新闻网站以外的工作人员，包括为新闻网站提供稿件或节目的通讯员、特约撰稿人、特约记者，专职或者兼职为新闻网站提供稿件的党政机关、企事业等单位的工作人员以及其他社会人员；（3）在新闻采编活动中因违法违纪受过严重处罚的人员以及有不良从业记录的人员。

新闻网站采编人员申领新闻记者证不收取任何费用。

二、申领条件

新闻网站中申领新闻记者证的人员须同时具备下列条件：

（一）遵守国家法律、法规和新闻工作者职业道德。

（二）新闻网站编制内或者正式聘用，专职从事新闻采编工作且具有一年以上新闻采编工作经历的人员。

（三）具备大学专科及以上学历。

（四）获得国家互联网信息办公室颁发的《互联网新闻采编培训合格证》或新闻出版广电行政部门颁发的职业资格证。

三、申领程序

中央新闻网站申领新闻记者证的人员经国家互联网信息办公室审核后，由国家新闻出版广电总局核发；地方新闻网站申领新闻记者证的人员经所在地省级互联网信息主管部门和省级新闻出版广电行政部门审核后，报国家互联网信息办公室复审，由国家新闻出版广电总局核发。

申请领取新闻记者证的新闻网站，须按照规定填报书面申请材料（包括《领取中国记者网加密终端申请表》《领取新闻记者证登记表》《领取新闻记者证人员情况表》等），并通过中国记者网“全国新闻记者证管理及核验网络系统”（以下简称中国记者网，网址 http://press.gapp.gov.cn）报送电子材料。中国记者网的加密终端由国家新闻出版广电总局免费提供。

（一）中央新闻网站按照有关要求，填写和准备书面申请材料，报国家互联网信息办公室审核并在《领取中国记者网加密终端申请表》《领取新闻记者证登记表》的“主管部门（单位）意见”栏签章后，报国家新闻出版广电总局审核并免费领取加密终端，同时通过中国记者网报送电子材料，经国家互联网信息办公室网上审核同意后，由国家新闻出版广电总局核发新闻记者证。

（二）地方新闻网站按照有关要求，填写和准备书面申请材料，报所在地省级互联网信息主管部门审核并在《领取中国记者网加密终端申请表》《领取新闻记者证登记表》的“主管部门（单位）意见”栏签章后，报所在地省级新闻出版广电行政部门审核并免费领取加密终端，同时通过中国记者网报送电子材料，依次经省级互联网信息主管部门、省级新闻出版广电行政部门、国家互联网信息办公室网上审核同意后，由国家新闻出版广电总局核发。

四、申领时间

从2015年1月起及时组织符合条件的新闻网站申领核发新闻记者证工作。

五、相关要求

（一）为确保在新闻网站核发新闻记者证工作顺利开展，新闻网站须严格审核本单位申领人的资格条件，严格控制记者证发放范围，在申领过程中须如实填写相关表格，及时完整提交申请材料，按时完成新闻记者证的申领工作，并在今后的管理中严格遵守《新闻记者证管理办法》等有关规定；对不如实填写申报材料或者提供虚假申报材料的，一律取消申领资格；要指定专人负责保管和使用加密终端，建章立制，确保数据传输安全。

（二）新闻网站主办及主管部门须认真履行审核职责，严格审核新闻网站提交的申报材料，指导新闻网站按时完成新闻记者证核发工作，并不断加强对新闻网站新闻记者的监督管理工作。

（三）各级新闻出版广电行政部门、互联网信息主管部门要进一步完善工作联动机制，各司其职，协同配合，严格按照《新闻记者证管理办法》规定的标准、范围、程序核发新闻网站新闻记者证，加强新闻网站新闻记者的教育培训、日常管理、违法违规查处等工作，推动新闻网站采编人员队伍建设。

关于进一步规范报刊发行秩序 坚决制止报刊违规发行的通知

国家新闻出版广电总局　2014年10月23日　新广出发〔2014〕121号

各省、自治区、直辖市新闻出版广电局，新疆生产建设兵团新闻出版局，解放军总政治部宣传部新闻出版局，中央和国家机关各部委、各民主党派、各人民团体报刊主管部门，中央各主要新闻单位：

去年年底，总局与中宣部联合下发了《关于严格规范党报党刊发行工作 严禁报刊违规发行的通知》（中宣发〔2013〕31号），在全国组织开展了规范报刊发行秩序专项治理，集中查处曝光了一批报刊违规发行行为。目前，2015年度报刊发行工作已经展开，为进一步规范发行秩序，坚决制止违规发行行为，现就有关工作通知如下。

一、切实做好党报党刊发行工作。各地区各部门要认真落实中央办公厅《关于做好2015年度〈人民日报〉、〈求是〉杂志发行工作的通知》（以下简称《通知》）要求，大力支持做好党报党刊的发行工作，严格按照订阅范围、经费使用的有关规定，落实订阅要求，保持发行数量稳定。要充分发挥“全民阅读”、“农家书屋”等各项公共文化服务工程的载体作用，做好党报党刊的订阅赠阅与配置更新工作。党报党刊要创新传播模式，加快建设数字化网络化新兴传播平台，扩大覆盖面，提升影响力。

二、严禁突破征订范围和公费限额。由各级党组织负责征订的重点党报党刊是指《人民日报》、《求是》杂志、中央办公厅明确规定参照执行的报纸、地方党委机关报刊。其他各类报刊包括党报党刊所属子报子刊均不得列入党报党刊征订范围。各地区各部门不得以党报党刊名义搭车发行其他报刊；不得利用行政权力强制摊派或变相摊派报刊；不得将乡镇、村级组织、中小学等基层单位及其工作人员订阅情况与工作考核、评优达标挂钩；严禁扣发乡镇中小学教师工资和基层单位工作经费强行订阅报刊；严禁采取各种手段层层加码、突破征订范围和公费限额。

三、坚决制止各类违规发行行为。任何报刊不得采取提成回扣、赠钱赠物、出国考察、公费旅游等方式进行推销；不得搞有偿新闻或所谓“形象版”扩大发行；不得以舆论监督相要挟强行征订；限定发行范围的报刊不得超范围发行。报刊出版单位不得给采编人员下达发行任务；报刊记者站不得从事发行活动。内部资料性出版物要严格限定于免费内部交流，不得进行征订发行等各类经营性活动并收取任何费用。各报刊出版单位要严守规定，形成规范有序的发行工作机制。主管主办单位要履行职责，发现问题及时制止、严肃处理。

四、依法加强违规发行整治力度。各地各级新闻出版广电行政部门要积极会同党委宣传部门加强对报刊发行工作的指导检查，强化监督管理，完善信息沟通和违规核查联动机制。依法整治违规摊派行为，做到发现一起、查处一起；情节严重、影响恶劣的，依法严惩，绝不姑息，该退款退订的一律退款退订，该停业整顿的一律停业整顿，该撤销报号刊号的一律撤销报号刊号；对于违反规定的有关部门主要负责人和当事人要严肃追究责任。根据近年来报刊摊派出现的新情况新问题，对于扣发农村中小学教师工资强行征订报刊、以党报党刊名义搭车发行其他报刊，要予以重点督察整治。

五、充分发挥社会监督和舆论监督作用。各地各级新闻出版广电行政部门要建立违规发行举报制度，畅通社会监督渠道，设立并公布举报电话，广泛发动群众举报，做到认真受理、及时核查、坚决纠正。要广泛宣传禁止报刊违规发行的有关规定，充分发挥舆论监督作用，对查处的案例及时进行公开曝光。通过实施群防群治，为制止报刊摊派发行行为、规范报刊发行秩序营造有利环境。

国家新闻出版广电总局举报中心电话：（010）65212787。

特此通知。

关于规范报刊单位及其所办新媒体采编管理的通知

国家新闻出版广电总局　2017 年 8 月 2 日　新广出发〔2017〕44 号

各省、自治区、直辖市新闻出版广电局，新疆生产建设兵团新闻出版广电局，中央军委政治工作部宣传局，中央和国家机关各部委、各民主党派、各人民团体报刊主管部门，中央主要新闻单位：

近年来，广大报刊出版单位坚持正确舆论导向，积极服务党和国家工作大局，弘扬主旋律，传播正能量，营造了良好的舆论氛围。但是，一些报刊出版单位疏于管理，特别是所办的网站、微博、微信、客户端等新媒体，违背有关转载网络信息的管理规定，采编不规范，审核不严谨，把关不严格，责任不落实，屡屡出现虚假新闻、“标题党”和“三俗”等问题，扰乱新闻传播秩序，损害新闻媒体权威性和公信力。为切实维护健康的新闻传播秩序，维护人民群众利益，现就加强报刊单位及其所办新媒体采编管理工作通知如下：

一、坚持正确舆论导向。各报刊出版单位要落实导向管理全覆盖要求，坚持传统媒体与新媒体一个标准，把坚持正确舆论导向贯彻落实到新闻采编的各个岗位和各个环节，特别是要贯彻落实到所办的网站、微博、微信、客户端等新媒体领域；要弘扬主旋律，传播正能量，创新方法手段，有效引导社会舆论，自觉抵制各类有害和虚假信息的传播。

二、统一管理要求。进一步完善新闻采编管理制度，用“一个标准、一把尺子、一条底线”统一严格管理所办报刊、网站、微博、微信、客户端等各类媒体及其采编人员；要严格执行“三审三校”、新闻采编与经营两分开等制度，进一步规范采、编、发工作流程，坚持实地采访、现场采访、直接采访，建立新闻消息来源核实核准机制，多方核实新闻事实，确保新闻报道真实、全面、客观、公正。

三、严格审核内容。进一步完善内容审核把关制度，明确审核把关重点和环节，加强对所办报刊、网站、微博、微信、客户端等各类媒体刊发内容的审核把关。刊发新闻报道必须履行采访核实和审核签发程序，确保新闻报道准确客观、导向正确后方可刊发，不得刊发未经核实的新闻报道，不得直接使用、刊发未经核实的网络信息，不得直接转载没有新闻发布资质的网站、微博、微信、客户端等发布的新闻信息，不得刊发淫秽、赌博、暴力以及其他危害社会公德和违背国家法律法规规定的文字、语音、图片和视频；转载其他新闻单位的新闻报道，不得对原稿进行实质性修改，不得歪曲篡改标题和稿件原意，并应当注明原稿作者及出处。要建立健全社会自由来稿审核制度，不得直接使用未经核实的社会自由来稿，涉及重大选题备案的，要依法依规履行报备程序。

四、规范新闻标题制作。制作新闻标题应遵循国家通用语言文字使用的基本规范，遵守文题相符的基本要求，审慎使用网络语言，不得使用不合逻辑、不合规范的网络语言，不得使用“网曝”“网传”等不确定性词汇，确保新闻标题客观、准确地表达新闻事实，传达正确的立场、观点、态度，严防扭曲事实、虚假夸大、无中生有、迎合低级趣味的各类“标题党”行为。

五、加强网络活动管理。报刊出版单位要进一步贯彻落实《新闻从业人员职务行为信息管理办法》《关于加强新闻采编人员网络活动管理的通知》等有关规定，设立网站、微博、微信、客户端等新媒体，按规定向主管单位报备，并建立健全内部管理制度，加强监督管理，严禁将网站及网站频道的新闻采编业务对外承包、出租或转让。新闻从业人员以职务身份开设微博、微信、客户端等，或在其他媒体上发布职务行为信息的，须事先经本单位同意。

六、完善问责机制。进一步贯彻落实意识形态工作责任制，明确责任主体，落实采、编、发各环节管理责任，建立健全责任追究制度。对违法违规刊发新闻报道的，要依法依规严肃追究撰稿记者、责任编辑、部门主任、值班总编等相关人员的责任。

各省级新闻出版行政部门和中央报刊主管主办单位要根据本通知精神，部署安排所辖（属）报刊开展自查自纠，建立健全报刊及其所办新媒体新闻采编管理制度，要全面加强对报刊及所办网站、微博、微信、客户端等新媒体的监督管理，对违法违规从事新闻采编行为的，要坚决制止，依法严肃查处，并向社会公开通报处理结果。

关于印发《报纸期刊质量管理规定》的通知

国家新闻出版署　2020 年 5 月 28 日　国新出发〔2020〕10 号

各省、自治区、直辖市和新疆生产建设兵团新闻出版局，中央和国家机关各部委、各人民团体报刊主管部门，中央军委政治工作部宣传局，中央各重点出版集团：

现将《报纸期刊质量管理规定》印发给你们，请认真遵照执行。

报纸期刊质量管理规定

第一条　为加强报纸、期刊质量管理，规范报纸、期刊出版秩序，促进报纸、期刊质量提升，根据《中华人民共和国产品质量法》《出版管理条例》《报纸出版管理规定》《期刊出版管理规定》等法律法规，制定本规定。

第二条　本规定适用于经国家新闻出版主管部门批准，持有国内统一连续出版物号，领取报纸出版许可证和期刊出版许可证的报纸、期刊。

第三条　报纸、期刊质量包括内容质量、编校质量、出版形式质量、印制质量四项，分为合格和不合格两个等级。四项均合格的，其质量为合格；四项中有一项不合格的，其质量为不合格。

第四条　报纸、期刊内容符合《出版管理条例》第二十五条、第二十六条规定，并符合国家新闻出版主管部门批准的业务范围的，其内容质量为合格；不符合的，其内容质量为不合格。

第五条 报纸、期刊编校差错判定以相关法律法规、国家标准、行业标准及规范为依据。

报纸编校差错率不超过万分之三的，其编校质量为合格；差错率超过万分之三的，其编校质量为不合格。差错率的计算按照本规定附件《报纸编校差错率计算方法》执行。

期刊编校差错率不超过万分之二的，其编校质量为合格；差错率超过万分之二的，其编校质量为不合格。差错率的计算按照本规定附件《期刊编校差错率计算方法》执行。

第六条 报纸、期刊出版形式差错判定以相关法规规章、国家标准、行业标准及规范为依据。

报纸出版形式差错数不超过三个的，其出版形式质量为合格；差错数超过三个的，其出版形式质量为不合格。差错数的计算按照本规定附件《报纸出版形式差错数计算方法》执行。

期刊出版形式差错数不超过五个的，其出版形式质量为合格；差错数超过五个的，其出版形式质量为不合格。差错数的计算按照本规定附件《期刊出版形式差错数计算方法》执行。

第七条 报纸印制质量包括单份印制质量和批印制质量，期刊印制质量包括单册印制质量和批印制质量。报纸、期刊印制符合国家和行业现行标准及规定的，其印制质量为合格；不符合的，其印制质量为不合格。

第八条 国家新闻出版主管部门负责全国报纸、期刊质量管理工作，各省级新闻出版主管部门负责本行政区域内的报纸、期刊质量管理工作。各级新闻出版主管部门应当切实履行监管职责，实施报纸、期刊质量检查，并及时向社会公布检查结果。

第九条 报纸、期刊主管主办单位应当督促出版单位建立健全质量管理制度并监督落实，将报纸、期刊质量纳入出版单位社会效益评价考核，对质量不合格的报纸、期刊提出处理意见和整改措施。报纸、期刊出版单位应当落实“三审三校”等管理制度，加强业务培训，保证出版质量。

第十条 报纸、期刊质量检查采取抽样方式进行。报纸内容质量、编校质量、出版形式质量抽样检查的对象为报纸各版面及中缝、插页等所有内容。期刊内容质量、编校质量、出版形式质量抽样检查的对象为期刊正文、封一（含书脊）、封二、封三、封四、版权页、目次页、广告页、插页等所有内容。报纸、期刊印制质量检测样本抽取依据相关标准进行。

第十一条 新闻出版主管部门实施报纸、期刊质量检查，须将检查结果为不合格的报纸、期刊的具体情况书面通知出版单位或主办单位。出版单位、主办单位如有异议，须在接到通知后15日内提出复检申请；对复检结果仍有异议，须在接到通知后7日内向上一级新闻出版主管部门请求复核。

第十二条 报纸、期刊内容质量、编校质量、出版形式质量不合格的，由省级以上新闻出版主管部门依据《出版管理条例》《报纸出版管理规定》《期刊出版管理规定》等相关规定，责令改正，给予警告；情节严重的，责令限期停业整顿，或由原发证机关吊销出版许可证。

报纸、期刊出现严重质量问题的，出版单位应当采取收回、销毁等措施，消除负面影响。

第十三条 报纸、期刊印制质量不合格，出版单位应当及时收回、调换。出版单位违反本规定继续发行印制质量不合格报纸、期刊的，按照《中华人民共和国产品质量法》《出版管理条例》等相关规定处理。

第十四条 省级以上新闻出版主管部门对报纸、期刊质量管理工作中成绩突出的单位和个人予以表扬或者奖励。

第十五条 本规定自印发之日起施行。

附件：1．报纸编校差错率计算方法

2．期刊编校差错率计算方法

3．报纸出版形式差错数计算方法

4．期刊出版形式差错数计算方法

附件 1

报纸编校差错率计算方法

一、报纸编校差错率

报纸编校差错率，是指在报纸编校质量检查中，编校差错数占检查总字数的比率，用万分比表示。如检查总字数为 2 万，检查后发现 2 个差错，则其差错率为 1/10000。

二、报纸检查总字数计算方法

报纸检查总字数为被检查所有内容的字数总和，一般包括版面字数、中缝字数、插页字数三部分。

1．版面字数 = 版面行字数（通用字号）× 版面行数。

报眉、报尾、栏头、表格、分栏空白、插图说明等，均按所占版面字数计算。作品性图片（新闻摄影、艺术作品等）按版面字数的 80% 计算，装饰性图片按版面字数的 30% 计算。

2．中缝字数按实际字数（行字数 × 行数）计算。

3．插页字数参照版面字数计算。

4．外文报纸、少数民族文字报纸及报纸的拼音部分，以对应字号的汉字字数加30%计算。

三、报纸编校差错计算方法

1．重要信息差错

报头、报眉、栏头、标题中的文字差错，按正文同样错误计错标准的双倍计数。正文中重要名称、重要时间、重要图片等信息错误，按一般错误计错标准的双倍计数。

2．文字差错

一期报纸中，同一文字差错重复出现，最多计3次差错。

（1）事实性、知识性、逻辑性、语法性错误，每处计1个差错。

（2）错字、别字、多字、漏字为1个字的，每处计1个差错；2—5个字的，每处计2个差错；5个字以上的，每处计4个差错。

前后颠倒字，可以用一个校对符号改正的，每处计1个差错。阿拉伯数字、罗马数字差错，无论几位数，都计1个差错。

（3）阿拉伯数字和汉字数字用法不符合《出版物上数字用法》国家标准，每处计0.1个差错，一期最多计1个差错。

（4）外文和国际音标以1个单词为单位，无论其中有几处差错，计1个差错。

（5）少数民族文字以1个字或词为单位，无论其中有几处差错，计1个差错。

（6）汉语拼音不符合《汉语拼音方案》和《汉语拼音正词法基本规则》等国家规定和标准，以1个对应的汉字或词组为单位，无论其中有几处差错，计1个差错。

（7）字母大小写和正斜体、黑白体误用，不同文种字母混用（如把英文字母N错为俄文字母И），字母与其他符号混用（如把英文字母O错为阿拉伯数字0），每处计0.5个差错。

（8）违反相关规定使用繁体字或不规范汉字，每处计0.5个差错。

（9）科技理论和科学普及类文章使用量和单位，其名称、符号、书写规则不符合《国际单位制及其应用》《有关量、单位和符号的一般原则》《空间和时间的量和单位》等相关标准，使用科技术语不符合全国科学技术名词审定委员会公布的规范词，每处计 0.5 个差错。一个组合单位符号，无论其中有几处差错，计 0.5 个差错。

（10）专有名词译法不符合相关规范，每处计 0.5 个差错。

（11）涉港、澳、台等用语不符合相关规定，每处计 1 个差错。

（12）使用网络用语、缩略语、口语不符合相关规定，每处计 0.5 个差错。

3．标点符号和其他符号差错

使用标点符号应当符合《标点符号用法》国家标准，使用其他符号应当符合相关规范。同一标点符号差错重复出现，一面最多计 3 次差错，一期最多计 1 个差错。同一其他符号差错重复出现，一期最多计 3 次差错。

（1）标点符号错用、漏用、多用，每处计 0.1 个差错。

（2）标点符号误在行首、标号误在行末，每处计 0.1 个差错。

（3）外文复合词、外文单词按音节转行，漏排连接号，每处计 0.1 个差错。

（4）数学符号、科学符号、乐谱符号等符号差错，每处计 0.5 个差错。

（5）图序、表序、公式序、参考文献序等标注差错，每处计 0.1 个差错。

4．格式及其他差错

（1）错误的另版计 2 个差错。不符合版式要求的另版、另段、另行、接排、空行、空格及需要空行、空格而未空等，每处计 0.1 个差错。

（2）字体错、字号错或字体字号同时错，每处计 0.1 个差错；同一面内的同一差错不重复计算，一期最多计 1 个差错。

（3）同一篇文章中几个同级标题的位置、转行格式、字体字号不统一，计 0.1 个差错；需要空格而未空格，每处计 0.1 个差错。

（4）阿拉伯数字、外文缩写词拆开转行，外文单词未按音节转行，每处计 0.1 个差错。

（5）图、表的位置错，每处计 0.5 个差错；图、表的内容与说明文字不符，每处计 1 个差错。

（6）参考文献著录项中的格式错误，每处计 0.1 个差错，一期最多计 1 个差错。

（7）除图表、公式、符号需特殊处理等情况外，非广告正文主体字号小于 6 号（不包括 6 号），一期计 2 个差错。

附件 2

期刊编校差错率计算方法

一、期刊编校差错率

期刊编校差错率，是指在期刊编校质量检查中，编校差错数占检查总字数的比率，用万分比表示。如检查总字数为 2 万，检查后发现 2 个差错，则其差错率为 1/10000。

二、期刊检查总字数计算方法

期刊检查总字数为被检查的版面字数，即：检查总字数 = 每行字数（通用字号）× 每面行数 × 检查总面数。

1. 凡连续编排页码的正文、辅文，以及版权页、目次页、广告页、插页等，除空白面不计以外，均按一面满版计算字数。

2. 页眉和单排的页码、边码作为行数或每行字数计入正文，一并计算字数。

3. 脚注、参考文献、索引、附录等字号有变化时，分别按行数 × 每行字数计算。

4. 封一（含书脊）、封二、封三、封四，每面按正文满版字数的 50% 计算，空白面不计。

5. 正文中的插图、表格，按正文的版面字数计算。插图、表格占一面的，有文字说明的按满版字数的 50% 计算，没有文字说明的按满版字数的 20% 计算。

6. 以图片为主的期刊，有文字说明的版面，按满版字数的 50% 计算；没有文字说明的版面，按满版字数的 20% 计算。

7. 外文期刊、少数民族文字期刊及期刊的拼音部分，以对应字号的汉字字数加 30% 计算。

三、期刊编校差错计算方法

1. 重要信息差错

封一（含书脊）上的文字差错，按正文同样错误计错标准的双倍计数。正文中重要名称、重要时间、重要图片等信息错误，按一般错误计错标准的双倍计数。

2. 文字差错

一期期刊中，同一文字差错重复出现，最多计 3 次差错。

（1）事实性、知识性、逻辑性、语法性错误，每处计 1 个差错。

（2）错字、别字、多字、漏字为 1 个字的，每处计 1 个差错；2—5 个字的，每处计 2 个差错；5 个字以上的，每处计 4 个差错。前后颠倒字，可以用一个校对符号改正的，每处计 1 个差错。

阿拉伯数字、罗马数字差错，无论几位数，都计 1 个差错。

（3）阿拉伯数字和汉字数字用法不符合《出版物上数字用法》国家标准，每处计 0.1 个差错，一期最多计 1 个差错。

（4）外文和国际音标以 1 个单词为单位，无论其中有几处差错，计 1 个差错。

（5）少数民族文字以 1 个字或词为单位，无论其中有几处差错，计 1 个差错。

（6）汉语拼音不符合《汉语拼音方案》和《汉语拼音正词法基本规则》等国家规定和标准，以 1 个对应的汉字或词组为单位，无论其中有几处差错，计 1 个差错。

（7）字母大小写和正斜体、黑白体误用，不同文种字母混用（如把英文字母 N 错为俄文字母 И），字母与其他符号混用（如把英文字母 O 错为阿拉伯数字 0），每处计 0.5 个差错。

（8）违反相关规定使用繁体字或不规范汉字，每处计 0.5 个差错。

（9）科技理论和科学普及类文章使用量和单位，其名称、符号、书写规则不符合《国际单位制及其应用》《有关量、单位和符号的一般原则》《空间和时间的量和单位》等相关标准，使用科技术语不符合全国科学技术名词审定委员会公布的规范词，每处计 0.5 个差错。一个组合单位符号，无论其中有几处差错，计 0.5 个差错。

（10）专有名词译法不符合相关规范，每处计 0.5 个差错。

（11）涉港、澳、台等用语不符合相关规定，每处计 1 个差错。

（12）使用网络用语、缩略语、口语不符合相关规定，每处计 0.5 个差错。

3．标点符号和其他符号差错

使用标点符号应当符合《标点符号用法》国家标准，使用其他符号应当符合相关规范。同一标点符号差错重复出现，一面最多计3次差错，一期最多计1个差错。同一其他符号差错重复出现，一期最多计3次差错。

（1）标点符号错用、漏用、多用，每处计0.1个差错。

（2）标点符号误在行首、标号误在行末，每处计0.1个差错。

（3）外文复合词、外文单词按音节转行，漏排连接号，每处计0.1个差错。

（4）数学符号、科学符号、乐谱符号等符号差错，每处计0.5个差错。

（5）图序、表序、公式序、参考文献序等标注差错，每处计0.1个差错。

4．格式差错

（1）不符合版式要求的另版、另段、另行、接排、空行、空格及需要空行、空格而未空等，每处计0.1个差错。

（2）字体错、字号错或字体字号同时错，每处计0.1个差错；同一面内的同一差错不重复计算，一期最多计1个差错。

（3）同一篇文章中几个同级标题的位置、转行格式、字体字号不统一，计0.1个差错；需要空格而未空格，每处计0.1个差错。

（4）阿拉伯数字、外文缩写词拆开转行，外文单词未按音节转行，每处计0.1个差错。

（5）图、表的位置错，每处计0.5个差错；图、表的内容与说明文字不符，每处计1个差错。

（6）页眉单双页位置互错，每处计0.1个差错，一期最多计1个差错。

（7）目次页中文章标题、页码、作者信息等与正文不一致，每处计 1 个差错；同类差错重复出现，一期最多计 3 个差错。

（8）参考文献著录项中的格式错误，每处计 0.1 个差错，一期最多计 1 个差错。

5．其他差错

（1）学术论文编写不符合国家和行业相关标准，每处计 0.5 个差错，一期最多计 2 个差错。

（2）除图表、公式、符号需特殊处理等情况外，非广告正文主体字号小于 6 号（不包括 6 号），一期计 2 个差错。

附件 3

报纸出版形式差错数计算方法

一、报纸出版形式基本要求

报纸应当在一版报头位置刊登报纸名称，报纸名称应当大于并明显于一版所有其他文字。外文报纸应当同时刊登中文名称，少数民族文字报纸应当同时刊登汉语名称。报纸出版增期、号外应当在一版报头注明“增期”“号外”字样。

报纸应当在固定位置刊登出版日期、总期号、版数、国内统一连续出版物号（CN）、主要责任单位（主管单位、主办单位、出版单位）、出版单位地址及联系方式、印刷单位名称及地址、发行信息（包括发行方式、发行单位、邮发代号等）、定价（号外应当注明“免费赠阅”字样）等。报纸应当在各版面报眉位置标明版序，版序应当位置固定，排序清楚，便于查找。

报纸刊登广告应当在明显位置注明“广告”字样，不得以新闻形式刊登广告。

二、报纸出版形式差错计算方法

1．报纸名称

（1）未在一版报头位置刊登报纸名称，计 4 个差错。

（2）刊登的报纸名称不是经国家新闻出版主管部门批准的名称，计 4 个差错。

（3）一版报头位置刊登的报纸名称未大于并明显于一版所有其他文字，计 4 个差错。

（4）外文报纸未刊登中文名称或外文名称与中文名称明显不一致，计 2 个差错。

（5）少数民族文字报纸未刊登汉语名称或少数民族文字名称与汉语名称明显不一致，计 2 个差错。

2．国内统一连续出版物号

（1）未刊登国内统一连续出版物号，计 4 个差错。

（2）刊登的国内统一连续出版物号不是经国家新闻出版主管部门批准的国内统一连续出版物号，计 4 个差错。

（3）刊登的国内统一连续出版物号不符合《中国标准连续出版物号》国家标准，计 2 个差错。

3．主要责任单位

（1）未刊登主管单位、主办单位、出版单位，计 2 个差错。

（2）以合办、协办、承办等名义刊登非责任单位信息，计 2 个差错。

（3）未刊登出版单位地址及联系方式，计 1 个差错。

（4）刊登的主管单位、主办单位、出版单位不是经国家新闻出版主管部门批准的单位，计 4 个差错。

4．印刷、发行信息

未刊登印刷单位名称及地址、未刊登发行信息，计 1 个差错。

5．版权信息

（1）刊登非广告作品未注明作品名称、作者姓名等信息，每处计 1 个差错，一期最多计 2 个差错。

（2）刊登转载作品未注明作品名称、作者姓名、转载出处等信息，每处计 0.5 个差错，一期最多计 2 个差错。

6．出版标识

（1）未在固定位置刊登报纸出版日期、总期号、版数，每项计 2 个差错。

（2）未按批准的刊期出版，计 2 个差错。

（3）未在报眉固定位置标明版序，计 2 个差错。版序漏失或编排混乱影响查阅，计 1 个差错。

（4）出版增期未在一版报头注明“增期”字样，计 2 个差错。

（5）出版号外未在一版报头注明“号外”字样，计 2 个差错。

（6）专版、专刊的刊头字样比报纸名称更明显，计 2 个差错。

（7）刊登广告未注明“广告”字样，每处计 1 个差错，一期最多计 2 个差错。

7．定价

（1）未在固定位置刊登报纸定价，计 1 个差错。

（2）出版号外未注明“免费赠阅”字样，计 1 个差错。

8．开版

（1）同一种报纸以不同开版出版，计 2 个差错。

（2）增期的开版与主报不一致，计 2 个差错。

9．标识性文字

标识性文字使用夸大事实的宣传用语，如“世界排名第 ×

名”“全球发行量最大”“中国唯一”“获奖最多”等，每处计1个差错，一期最多计2个差错。

10．装订形式

不符合散页形式要求，计1个差错。

附件4

期刊出版形式差错数计算方法

一、期刊出版形式基本要求

期刊应当在封一明显位置刊登期刊名称和年、月、期、卷等顺序编号。期刊增刊应当注明“增刊”字样，期刊合订本应当注明“合订本”字样。外文期刊应当同时刊登中文刊名，少数民族文字期刊应当同时刊登汉语刊名。

期刊应当在封四或版权页上刊登期刊名称、主要责任单位（主管单位、主办单位、出版单位）、印刷单位、发行信息（包括发行方式、发行单位、邮发代号等）、出版日期、总编辑（主编）姓名、定价（或“免费赠阅”字样）、国内统一连续出版物号（CN）等。领取国际标准连续出版物号（ISSN）的期刊应当同时刊登国际标准连续出版物号，期刊增刊应当刊登增刊备案号。公开发行的期刊应当在封一或封四刊登期刊条码。

期刊刊登广告应当在明显位置注明“广告”字样，不得以新闻形式刊登广告。

二、期刊出版形式差错计算方法

1．期刊名称

（1）未在封一明显位置刊登期刊名称，计6个差错。

（2）刊登的期刊名称不是经国家新闻出版主管部门批准的名称，计 6 个差错。

（3）封一刊登的期刊名称未大于并明显于其他标识性文字，计 6 个差错。

（4）外文期刊未刊登中文刊名或外文刊名与中文刊名明显不一致，计 2 个差错。

（5）少数民族文字期刊未刊登汉语刊名或少数民族文字刊名与汉语刊名明显不一致，计 2 个差错。

（6）期刊名称在封一（含书脊）、版权页、封四等处未保持一致，计 2 个差错。

2．国内统一连续出版物号和国际标准连续出版物号

（1）未刊登国内统一连续出版物号，计 6 个差错。

（2）刊登的国内统一连续出版物号不是经国家新闻出版主管部门批准的国内统一连续出版物号，计 6 个差错。

（3）刊登的国内统一连续出版物号不符合《中国标准连续出版物号》国家标准，计 2 个差错。

（4）已领取国际标准连续出版物号但未刊登，或刊登的国际标准连续出版物号与期刊名称不对应，计 2 个差错。

3．主要责任单位

（1）未刊登主管单位、主办单位、出版单位，计 2 个差错。

（2）以合办、协办、承办等名义刊登非责任单位信息，计 2 个差错。

（3）未刊登出版单位地址及联系方式，计 1 个差错。

（4）刊登的主管单位、主办单位、出版单位不是经国家新闻出版主管部门批准的单位，计 6 个差错。

4．期刊条码

期刊条码有下列情况的，每处计 1 个差错。

（1）未刊登条码。

（2）条码制作形式不符合要求，不能通过相关设备识读。

（3）条码信息与期刊名称、国内统一连续出版物号、国际标准连续出版物号、刊期及出版年份、月份不一致。

5．印刷、发行信息

未刊登印刷单位、发行信息，计 1 个差错。

6．总编辑（主编）姓名

未刊登总编辑（主编）姓名，计 1 个差错。

7．版权信息

（1）刊登非广告作品未注明作品名称、作者姓名等信息，每处计 1 个差错，一期最多计 2 个差错。

（2）刊登转载作品未注明作品名称、作者姓名、转载出处等信息，每处计 0.5 个差错，一期最多计 2 个差错。

8．出版标识

出版标识有下列情况的，每处计 1 个差错，一期最多计 2 个差错。

（1）未在封一明显位置刊登年、月、期、卷等顺序编号。

（2）未按批准的刊期出版。

（3）封一和版权页等处的年、月、期号标识有省略。

（4）采用卷号和（或）总期号标识的期刊，其卷号和（或）总期号随意更改、未连续编排或使用总期号、卷号代替年、月、期号。

（5）同一期刊每年出版的各期分别独立设置编号体系交叉出版。

（6）出版增刊未注明“增刊”字样、未刊登增刊备案号。

（7）出版合订本未注明“合订本”字样。

（8）刊登广告未注明“广告”字样。

9．定价

未在固定位置刊登期刊定价（或注明“免费赠阅”字样），计 1 个差错。

10．版权页

（1）未在期刊正文之前或封四上设立版权页，计 2 个差错。

（2）版权页刊登的项目（除期刊名称外）未与封一或封四保持一致，每处计 1 个差错，一期最多计 3 个差错。

11．标识性文字

标识性文字使用夸大事实的宣传用语，如“世界排名第 ×名”“全球发行量最大”“中国唯一”“获奖最多”等，每处计 1 个差错，一期最多计 2 个差错。

规章、规范性文件

·印刷复制·

印刷业经营者资格条件暂行规定

2001 年 11 月 9 日中华人民共和国新闻出版总署令第 15 号公布　根据 2015 年 8 月 28 日国家新闻出版广电总局令第 3 号《关于修订部分规章和规范性文件的决定》第一次修订　根据 2017 年 12 月 11 日国家新闻出版广电总局令第 13 号《关于废止、修改和宣布失效部分规章、规范性文件的决定》第二次修订

第一条　为了进一步规范印刷业经营者的设立和审批，促进印刷业经营者提高经营素质和技术水平，根据《印刷业管理条例》的规定和国务院有关整顿和规范印刷市场秩序的精神，制定本规定。

第二条　本规定所称印刷业经营者，包括从事出版物、包装装潢印刷品印刷经营活动的企业，从事其他印刷品印刷经营活动的企业、单位或者个人，以及专项排版、制版、装订企业或者单位。

第三条　印刷业经营者资格的审批，除应符合本规定外，还应当符合国家有关印刷业总量、结构、布局规划和法律、法规规定的其他条件。

第四条　经营出版物印刷业务的企业，应当具备以下条件：

（一）有企业的名称、章程；

（二）有确定的业务范围；

（三）有适应业务需要的固定生产经营场所；

（四）有能够维持正常生产经营的资金；

（五）有必要的出版物印刷设备，具备 2 台以上最近十年生

产的且未列入《淘汰落后生产能力、工艺和产品的目录》的自动对开胶印印刷设备；

（六）有适应业务范围需要的组织机构和人员，法定代表人及主要生产、经营负责人必须取得省级新闻出版行政部门颁发的《印刷法规培训合格证书》；

（七）有健全的承印验证、登记、保管、交付、销毁等经营管理、财务管理制度和质量保证体系。

第五条 经营包装装潢印刷品印刷业务的企业，应当具备以下条件：

（一）有企业的名称、章程；

（二）有确定的业务范围；

（三）有适应业务需要的固定生产经营场所；

（四）有能够维持正常生产经营的资金；

（五）有必要的包装装潢印刷设备，具备 2 台以上最近十年生产的且未列入《淘汰落后生产能力、工艺和产品的目录》的胶印、凹印、柔印、丝印等及后序加工设备；

（六）有适应业务范围需要的组织机构和人员，企业法定代表人及主要生产、经营负责人必须取得地市级以上人民政府负责出版管理的行政部门（以下简称出版行政部门）颁发的《印刷法规培训合格证书》；

（七）有健全的承印验证、登记、保管、交付、销毁等经营管理、财务管理制度和质量保证体系。

第六条 经营其他印刷品印刷业务的企业、单位，应当具备以下条件：

（一）有企业或单位的名称、章程；

（二）有确定的业务范围；

（三）有适应业务需要的固定生产经营场所，且不在有居住用途的场所内；

（四）有适应业务需要的生产设备和资金；

（五）有适应业务需要的组织机构和人员，企业法定代表人或单位负责人必须取得县级以上出版行政部门颁发的《印刷法规培训合格证书》；

（六）有健全的承印验证、登记、保管、交付、销毁等经营管理、财务管理制度和质量保证体系。

第七条 经营专项排版、制版、装订业务的企业、单位，应当具备以下条件：

（一）有企业或单位的名称、章程；

（二）有确定的业务范围；

（三）有适应业务需要的固定生产经营场所；

（四）有能够维持正常生产经营的资金；

（五）有必要的排版、制版、装订设备，具备 2 台以上最近十年生产的且未列入《淘汰落后生产能力、工艺和产品的目录》的印前或印后加工设备；

（六）有适应业务范围需要的组织机构和人员，企业法定代表人及主要生产、经营负责人和单位负责人必须取得地市级以上出版行政部门颁发的《印刷法规培训合格证书》；

（七）有健全的承印验证、登记、保管、交付、销毁等经营管理、财务管理制度和质量保证体系。

第八条 个人从事其他印刷品印刷经营活动，应当符合本规定第六条的规定。

第九条 印刷业经营者从事其他种类印刷经营活动的，应当同时具备设立该印刷企业或者单位的资格条件。

第十条 出版行政部门必须按照本规定审批印刷业经营者资格，不符合本规定条件的不得批准设立。

第十一条 对印刷业经营者的年度核验，除适用本规定规定的条件外，还要求印刷业经营者无违反印刷管理规定的记录。

第十二条 本规定施行前已设立的印刷业经营者于2002年3月1日前未达到本规定规定条件的，暂不予换发《印刷经营许可证》。

第十三条 本规定自发布之日起施行。

设立外商投资印刷企业暂行规定

2002年1月29日中华人民共和国新闻出版总署、对外贸易经济合作部令第16号公布　根据2015年8月28日国家新闻出版广电总局令第3号《关于修订部分规章和规范性文件的决定》修订

第一条　为进一步适应改革开放的需要，加强对外商投资印刷企业的管理，促进我国印刷业的健康发展，根据《中华人民共和国中外合资经营企业法》、《中华人民共和国中外合作经营企业法》、《中华人民共和国外资企业法》、《印刷业管理条例》等有关法律、法规，制定本规定。

第二条　本规定适用于在中国境内设立外商投资印刷企业。

本规定所称外商投资印刷企业，是指外国机构、公司、企业（以下简称外方投资者）按照平等互利的原则和中国公司、企业共同投资设立的中外合营（包括合资、合作）印刷企业和外方投资者投资设立的外资印刷企业。

第三条　国家允许设立从事出版物、包装装潢印刷品、其他印刷品印刷经营活动的中外合营印刷企业，允许设立从事包装装潢印刷品印刷，经营活动的外资印刷企业。

第四条　外商投资印刷企业从事印刷经营活动，应当遵守中国法律、法规，接受印刷业管理部门的监督管理，不得损害社会公共利益。

外商投资印刷企业的正当经营活动及投资各方的合法权益受中国法律的保护。

第五条 中方投资者以国有资产参与投资（包括作价出资或作为合作条件），须经其相应主管部门批准，并按照国有资产评估管理的有关规定对拟投入的国有资产进行评估。

第六条 设立外商投资印刷企业，应当具备下列条件：

（一）申请设立外商投资印刷企业的中、外方投资者应当是能够独立承担民事责任的法人，并具有直接或间接从事印刷经营管理的经验。

（二）外方投资者应当符合下列要求之一：

1．能够提供国际先进的印刷经营管理模式及经验；

2．能够提供国际领先水平的印刷技术和设备；

3．能够提供较为雄厚的资金。

（三）申请设立外商投资印刷企业的形式为有限责任公司。

（四）从事出版物、其他印刷品印刷经营活动的中外合营印刷企业，合营中方投资者应当控股或占主导地位。其中，从事出版物印刷经营活动的中外合营印刷企业的董事长应当由中方担任，董事会成员中方应当多于外方。

（五）经营期限一般不超过 30 年。

审批设立外商投资印刷企业，除依照前款规定外，还应当符合国家有关印刷企业总量、结构和布局的规划。

第七条 设立外商投资印刷企业，应先向所在地省级新闻出版行政部门提出申请，并提交下列申请文件：

（一）设立外商投资印刷企业申请书。

（二）各方投资者法定代表人签署的项目建议书及项目可行性研究报告。项目建议书应当载明下列事项：

1．各方投资者的名称、住所；

2．申请设立外商投资印刷企业的名称、法定代表人、住所、经营范围、注册资本及投资总额；

3．各方投资者的出资方式和出资额。

（三）各方投资者的注册登记证明（复印件）、法定代表人身份证明（复印件）。

（四）国有资产管理部门对拟投入国有资产的评估报告确认文件。

省级新闻出版行政部门自收到规定的全部文件之日起10个工作日内提出初审意见，报送新闻出版总署审批。

第八条 报送新闻出版总署审批，省级新闻出版行政部门需提交下列文件：

（一）申请人申请设立文件。

（二）省级新闻出版行政部门的初审意见。

（三）法律、法规和新闻出版总署规定的其他文件。

新闻出版总署应自收到规定的全部文件之日起30个工作日内作出批准或者不批准的书面决定。

第九条 申请人获得新闻出版总署批准文件后，按照有关法律、法规向所在地省、自治区、直辖市、计划单列市外经贸行政部门提出申请，并提交下列文件：

（一）申请人申请设立文件及新闻出版总署的批准文件。

（二）由各方投资者法定代表人或其授权的代表签署的外商投资印刷企业的合同、章程。

（三）拟设立外商投资印刷企业的董事会成员名单及各方投资者董事委派书。

（四）工商行政管理部门出具的企业名称预先核准通知书。

（五）法律、法规和外经贸行政部门规定的其他材料。

省、自治区、直辖市、计划单列市外经贸行政部门对投资总额在3000万美元以下，拟从事包装装潢印刷品印刷经营活动的外商投资印刷企业进行审批。应自收到规定的全部文件之日起30个工作日内作出批准或者不批准的书面决定。批准设立申请的，发给《外商投资企业批准证书》，并报对外贸易经济合作部（以下简称外经贸部）备案。

对拟从事出版物、其他印刷品印刷经营活动的中外合营印刷企业及投资总额在3000万美元以上（含3000万美元）拟从事包装装潢印刷品印刷经营活动的外商投资印刷企业，省、自治区、直辖市、计划单列市外经贸行政部门应自收到规定的全部文件之日起10个工作日内提出初审意见，报送外经贸部审批。

第十条 报送外经贸部审批，省、自治区、直辖市、计划单列市外经贸行政部门需提交下列文件：

（一）申请人申请设立文件。

（二）省、自治区、直辖市、计划单列市外经贸行政部门的初审意见。

（三）法律、法规和外经贸部规定的其他文件。

外经贸部应自收到规定的全部文件之日起30个工作日内作出批准或者不批准的书面决定。批准设立申请的，发给《外商投资企业批准证书》。

第十一条 获得批准设立的申请人，持新闻出版总署的批准文件及《外商投资企业批准证书》到省级新闻出版行政部门申领《印刷经营许可证》，并按照《印刷业管理条例》的有关规定申领《特种行业许可证》和营业执照。

第十二条 外商投资印刷企业不得设置分支机构。

第十三条 已设立的中外合营印刷企业申请兼营或者变更从事出版物、包装装潢印刷品或者其他印刷品印刷经营活动的，或者已设立的外商投资印刷企业兼并其他印刷业经营者，或者因合并、分立而设立新的印刷业经营者，应经新闻出版总署批准后，再报外经贸部门批准，并依法办理相应的注册登记变更手续。

其他事项变更，按现行有关规定报原审批部门批准，并办理相应的注册登记变更手续。对于企业变更名称、法定代表人或者负责人、住所或者经营场所、股权比例等主要登记事项，或者终止印刷经营活动等，并报新闻出版总署备案。

第十四条 外商投资印刷企业经营期限届满，因特殊情况确需延长经营期限的，应当在经营期限届满的 180 天前提出申请，并报送原审批机关审批。

第十五条 经批准设立的外商投资印刷企业，应当在审批机关规定的期限内办理完有关登记注册手续；逾期未能完成的，经审批机关核准后，可以撤销该外商投资项目。

第十六条 县级以上新闻出版行政部门对未经批准，擅自设立并从事印刷经营活动的外商投资印刷企业，依照《印刷业管理条例》进行处罚。

各级新闻出版及外经贸行政部门违反本规定，擅自批准设立或者变更不符合条件的外商投资印刷企业的，依照《印刷业管理条例》追究有关负责人及责任人的责任。

第十七条 香港特别行政区、澳门特别行政区、台湾地区的投资者在大陆投资兴办印刷企业的，参照本规定执行。

第十八条 1997 年 5 月 1 日施行的《印刷业管理条例》实施前，经有关部门批准设立的外商投资印刷企业，经新闻出版总署审核同意后到省级新闻出版行政部门换领《印刷经营许可证》，其中，从事出版物印刷经营活动的外商投资企业申请扩大投资规模及延长经营期限的，须符合本规定第六条的要求；1997 年 5 月 1 日后依据《印刷业管理条例》的规定批准设立的外商投资印刷企业，应当自本规定施行之日起 180 天内，到省级新闻出版行政部门换领《印刷经营许可证》。

第十九条 本规定由新闻出版总署和外经贸部负责解释。

第二十条 本规定自发布之日起施行。

关于《设立外商投资印刷企业暂行规定》的补充规定

2008年11月12日中华人民共和国新闻出版总署、商务部令第38号公布

为促进香港、澳门与内地建立更紧密经贸关系、鼓励香港、澳门服务提供者在内地设立商业企业，根据国务院批准的《〈内地与香港关于建立更紧密经贸关系的安排〉补充协议五》及《〈内地与澳门关于建立更紧密经贸关系的安排〉补充协议五》，现就《设立外商投资印刷企业暂行规定》（新闻出版总署、对外贸易经济合作部令2002年第16号）中有关香港和澳门服务提供者投资印刷领域问题做出如下补充规定：

一、对香港、澳门服务提供者在内地设立从事包装装潢印刷品的印刷企业的最低注册资本要求，比照内地企业实行。

二、本规定中的香港、澳门服务提供者应分别符合《内地与香港关于建立更紧密经贸关系的安排》及《内地与澳门建立更紧密经贸关系的安排》中关于“服务提供者”定义及相关规定的要求。

三、香港、澳门服务提供者在内地投资印刷领域的其他事项，仍按照《设立外商投资印刷企业暂行规定》执行。

四、本规定自2009年1月1日起施行。

关于《设立外商投资印刷企业暂行规定》的补充规定（二）

2012 年 12 月 12 日中华人民共和国新闻出版总署、商务部令第 54 号公布

为促进香港、澳门与内地建立更紧密经贸关系，鼓励香港、澳门服务提供者在内地设立商业企业，根据国务院批准的《〈内地与香港关于建立更紧密经贸关系的安排〉补充协议九》及《〈内地与澳门关于建立更紧密经贸关系的安排〉补充协议九》，现就《设立外商投资印刷企业暂行规定》（新闻出版总署、对外贸易经济合作部令第 16 号）作出如下补充规定：

一、允许香港、澳门服务提供者在前海、横琴试点设立合资企业，从事出版物和其他印刷品的印刷业务。香港或者澳门服务提供者拥有的股权比例不超过 70%。

二、本规定中的香港、澳门服务提供者应分别符合《内地与香港关于建立更紧密经贸关系的安排》及《内地与澳门建立更紧密经贸关系的安排》中关于“服务提供者”定义及相关规定的要求。

三、香港、澳门服务提供者在内地投资图书、报纸、期刊印刷领域的其他事项，仍按照《设立外商投资印刷企业暂行规定》执行。

四、本规定自 2013 年 1 月 1 日起施行。

印刷品承印管理规定

2003年7月18日中华人民共和国新闻出版总署、公安部令第19号公布

第一章 总 则

第一条 为了规范印刷业经营者的印刷经营行为，健全承接印刷品管理制度，促进印刷业健康发展，根据《印刷业管理条例》，制定本规定。

第二条 印刷业经营者从事印刷经营活动，应当建立、健全承印验证制度、承印登记制度、印刷品保管制度、印刷品交付制度、印刷活动残次品销毁制度等管理制度。

第三条 印刷业经营者执行承印验证、承印登记、印刷品保管、印刷品交付、印刷活动残次品销毁等各项管理制度，应当指定专人负责，严格把关，建档立卷，以备查验。

第四条 印刷业经营者法定代表人或者主要负责人负责本企业、本单位各项管理制度的组织实施。

第五条 县级以上地方人民政府负责出版管理的行政部门（以下简称出版行政部门）、公安部门指导本行政区域内印刷业经营者建立各项管理制度，并负责监督检查印刷业经营者各项管理制度的实施情况。

第六条 印刷业经营者在印刷经营活动中发现违法犯罪行为，应当及时向所在地公安部门、出版行政部门报告。

第二章　承印验证制度

第七条　印刷业经营者接受委托印刷各种印刷品时，应当依照《印刷业管理条例》等法规、规章的规定，验证委印单位及委印人的证明文件，并收存相应的复印件备查。

前款所指的证明文件包括印刷委托书或者委托印刷证明、准印证、《出版许可证》、《商标注册证》、注册商标图样、注册商标使用许可合同、广告经营资格证明、营业执照以及委印人的资格证明等。

第八条　印刷企业接受委托印刷图书、期刊的，必须验证并收存由国务院出版行政部门统一格式，由省、自治区、直辖市人民政府出版行政部门统一印制并加盖出版单位公章的《图书、期刊印刷委托书》原件。

《图书、期刊印刷委托书》必须加盖出版单位所在地省、自治区、直辖市人民政府出版行政部门和印刷企业所在地省、自治区、直辖市人民政府出版行政部门的备案专用章。

第九条　印刷企业接受委托印刷报纸的，必须验证由国务院出版行政部门统一制作，由省、自治区、直辖市人民政府出版行政部门核发的《报纸出版许可证》，并收存《报纸出版许可证》复印件。

印刷企业接受委托印刷报纸、期刊的增版、增刊的，还必须验证并收存国务院出版行政部门批准出版增版、增刊的文件。

第十条　出版单位委托印刷出版物的排版、制版、印刷（包括重印、加印）、装订各工序不在同一印刷企业的，必须分别向各接受委托印刷企业开具《图书、期刊印刷委托书》。

第十一条　印刷企业接受委托印刷内部资料性出版物的，必须验证并收存由省、自治区、直辖市人民政府出版行政部门统一印制，并由县级以上地方人民政府出版行政部门核发的《内部资料性出版物准印证》。

印刷企业接受委托印刷宗教内容的内部资料性出版物的，必须验证并收存由省、自治区、直辖市人民政府宗教事务管理部门的批准文件和出版行政部门核发的《内部资料性出版物准印证》。

第十二条 印刷企业接受委托印刷境外出版物的，必须验证并收存省、自治区、直辖市人民政府出版行政部门的批准文件和有关著作权的合法证明文件；印刷的境外出版物必须全部运输出境，不得在境内发行、散发。

第十三条 印刷企业接受委托印刷注册商标标识的，必须验证《商标注册证》或者由商标注册人所在地县级工商行政管理部门签章的《商标注册证》复印件，并核查委托人提供的注册商标图样；接受注册商标被许可使用人委托，印刷注册商标标识的，还必须验证注册商标使用许可合同。

印刷企业接受委托印刷广告宣传品、作为产品包装装潢的印刷品的，必须验证委托印刷单位的营业执照及个人的居民身份证；接受广告经营者的委托印刷广告宣传品的，还必须验证广告经营资格证明。

第十四条 印刷企业接受委托印刷境外包装装潢印刷品和其他印刷品的，必须验证并收存委托方的委托印刷证明，并事先向所在地省、自治区、直辖市人民政府出版行政部门备案，经所在地省、自治区、直辖市人民政府出版行政部门加盖备案专用章后，方可承印；印刷的包装装潢印刷品和其他印刷品必须全部运输出境，不得在境内销售。

第十五条 公安部门指定的印刷企业接受委托印刷布告、通告、重大活动工作证、通行证、在社会上流通使用的票证的，必须验证并收存委印单位主管部门的证明和公安部门核发的准印证明。

印刷企业接受委托印刷机关、团体、部队、企业事业单位内部使用的有价票证或者无价票证，印刷有单位名称的介绍信、工作证、会员证、出入证、学位证书、学历证书或者其他学业证书、机动车驾驶证、房屋权属证书等专用证件的，必须验证委印单位的委托印刷证明及个人的居民身份证，并收存委托印刷证明和身份证复印件。

第十六条 印刷业经营者应当妥善留存验证的各种证明文件2年，以备出版行政部门、公安部门查验。

前款所称证明文件包括印刷委托书或者委托印刷证明原件、准印证原件、《出版许可证》复印件、《商标注册证》复印件、注册商标图样原件、注册商标使用许可合同复印件、广告经营资格证明复印件、营业执照复印件、居民身份证复印件等。

第三章 承印登记制度

第十七条 印刷业经营者应当按承印印刷品的种类在《出版物印刷登记簿》、《包装装潢印刷品印刷登记簿》、《其他印刷品印刷登记簿》、《专项排版、制版、装订业务登记簿》、《复印、打印业务登记簿》（以下统称为《印刷登记簿》）上登记委托印刷单位及委印人的名称、住址，经手人的姓名、身份证号码和联系电话，委托印刷的印刷品的名称、数量、印件原稿（或电子文档）、底片及交货日期、收货人等。

《印刷登记簿》一式三联，由省、自治区、直辖市人民政府出版行政部门或者其授权的地（市）级出版行政部门组织统一印制。

第十八条　印刷业经营者应当在每月月底将《印刷登记簿》登记的内容报所在地县级以上出版行政部门备案。

第四章　印刷品保管制度

第十九条　印刷业经营者对承印印件的原稿（或电子文档）、校样、印板、底片、半成品、成品及印刷品的样本应当妥善保管，不得损毁。

印刷企业应当自完成出版物的印刷之日起 2 年内，保存一份接受委托印刷的出版物样本备查。

第二十条　印刷企业印刷布告、通告、重大活动工作证、通行证、在社会上流通使用的票证，印刷机关、团体、部队、企业事业单位内部使用的有价或者无价票证，印刷有单位名称的介绍信、工作证、会员证、出入证、学位证书、学历证书或者其他学业证书、机动车驾驶证、房屋权属证书等专用证件，不得擅自留存样本、样张；确因业务参考需要保留样本、样张的，应当征得委托印刷单位同意，在所保留印件上加盖“样本”、“样张”戳记，并妥善保管，不得丢失。

第二十一条　印刷业经营者在执行印刷品保管制度时，应当明确保管责任，健全保管制度，严格保管交接手续，做到数字准确，有据可查。

第五章　印刷品交付制度

第二十二条　印刷业经营者必须严格按照印刷委托书或者委

托印刷证明规定的印数印刷，不得擅自加印。

印刷业经营者每完成一种印刷品的印刷业务后，应当认真清点印刷品数量，登记台账，并根据合同的规定将印刷成品、原稿（或电子文档）、底片、印板、校样等全部交付委托印刷单位或者个人，不得擅自留存。

第二十三条 印刷业经营者应当建立印刷品承印档案，每完成一种印刷品的印刷业务后，应当将印刷合同、承印验证的各种证明文件及相应的复印件、发排单、付印单、样书、样本、样张等相关的资料一并归档留存。

第六章 印刷活动残次品销毁制度

第二十四条 印刷业经营者对印刷活动中产生的残次品，应当按实际数量登记造册，对不能修复并履行交付的，应当予以销毁，并登记销毁印件名称、数量、时间、责任人等。其中，属于国家秘密载体或者特种印刷品的，应当根据国家有关规定及时销毁。

第二十五条 印刷业经营者使用电子方法排版印制或者打印国家秘密载体的，应当严格按照有关法律、法规或者规章的规定办理。

第七章 附 则

第二十六条 本规定自 2003 年 9 月 1 日起施行。

复制管理办法

2009年6月30日中华人民共和国新闻出版总署令第42号公布　根据2015年8月28日国家新闻出版广电总局令第3号《关于修订部分规章和规范性文件的决定》修订

第一章　总　则

第一条　为了加强管理，促进我国复制业健康发展，根据《出版管理条例》和《音像制品管理条例》的有关规定，制定本办法。

第二条　本办法适用于光盘、磁带磁盘以及新闻出版总署认定的其他存储介质形态（以下简称其他介质）的复制经营活动。

本办法所称光盘包括只读类光盘和可录类光盘。其中，只读类光盘是指存储有内容的光盘；可录类光盘是指空白光盘。

本办法所称复制经营活动，包括经营性的光盘复制生产和存储有内容的磁带磁盘复制等活动。

本办法所称复制单位是指从事光盘、磁带磁盘和其他介质复制经营活动的单位。

第三条　任何单位和个人禁止复制含有以下内容的复制品：

（一）反对宪法确定的基本原则的；

（二）危害国家统一、主权和领土完整的；

（三）泄露国家秘密、危害国家安全或者损害国家荣誉和利益的；

（四）煽动民族仇恨、民族歧视，破坏民族团结，或者侵害民族风俗、习惯的；

（五）宣扬邪教、迷信的；

（六）扰乱社会秩序，破坏社会稳定的；

（七）宣扬淫秽、赌博、暴力或者教唆犯罪的；

（八）侮辱或者诽谤他人，侵害他人合法权益的；

（九）危害社会公德或者民族优秀文化传统的；

（十）有法律、行政法规和国家规定禁止的其他内容的。

第四条　新闻出版总署主管全国光盘、磁带磁盘以及其他介质复制经营活动的监督管理工作，负责只读类光盘设立的审批。

县级以上地方新闻出版行政部门负责本行政区域内光盘、磁带磁盘以及其他介质复制经营活动的监督管理工作。其中，省级新闻出版行政部门负责可录类光盘生产单位和磁带磁盘复制单位设立的审批。

第五条　新闻出版行政部门根据已经取得的违法嫌疑证据或者举报，对涉嫌违法从事复制经营活动的行为进行查处时，可以检查与违法活动有关的物品；对有证据证明是与违法活动有关的物品，可以查封或者扣押。

第六条　复制单位应当建立质量保障体系，健全各项管理制度。

第七条　复制行业的社会团体按照其章程，在新闻出版行政部门的指导下，实行自律管理。

第二章　复制单位的设立

第八条　国家对复制经营活动实行许可制度；未经许可，任何单位和个人不得从事复制经营活动。

设立复制单位须由新闻出版行政部门审批，核发复制经营许可证，并经工商行政部门登记注册后方可进行生产。设立外商投资复制单位，除由新闻出版行政部门批准外，还须报商务部审批并颁发外商投资企业批准证书。

第九条 设立复制单位应当具备下列条件：

（一）有复制单位的名称、章程；

（二）有确定的业务范围；

（三）有适应业务范围需要的生产经营场所和必要的资金、设备等生产经营条件；

（四）有适应业务范围需要的组织机构和人员；

（五）有关法律、行政法规规定的其他条件。

审批设立复制单位，除依照前款规定外，还应当符合国家有关复制单位总量、结构和布局的规划。

第十条 设立复制单位，应当向所在地省级新闻出版行政部门提出申请，并提交下列申请文件：

（一）按要求填写的申请表；

（二）企业章程；

（三）可行性研究报告；

（四）法定代表人或者主要负责人的身份证明和履历证明；

（五）注册资本数额、来源及性质证明；

（六）经营场所和必备的生产条件证明；

（七）新设立企业的，须提交工商部门核发的企业名称预先核准通知书。

第十一条 申请设立只读类光盘复制单位的，由所在地省级新闻出版行政部门审核同意后，报新闻出版总署审批，并提交省级新闻出版行政部门的初审文件和本办法第十条规定的申请文件。新闻出版总署应自受理之日起60日内作出批准或不批准的决定，并由省级新闻出版行政部门通知申请人；不批准的，应当说明理由。

申请设立可录类光盘生产单位和磁带磁盘复制单位的，省级新闻出版行政部门应自受理之日起20日内作出批准或不批准的决定，并通知申请人；不批准的，应当说明理由。

第十二条 国家允许设立外商投资可录类光盘生产单位，允许设立中外合资经营、中外合作经营只读类光盘和磁带磁盘复制单位，但中方必须控股或占主导地位。国家禁止设立外商独资只读类光盘和磁带磁盘复制单位。

第十三条 经新闻出版行政部门批准设立的复制单位，其复制生产设备安装调试完毕，经所在地省级新闻出版行政部门验收合格并发给复制经营许可证后，方可投产。

复制单位应当在60日内持新闻出版行政部门有关批准文件或复制经营许可证到所在地工商行政部门办理登记手续。

第十四条 复制单位申请兼营或者变更业务范围，或者兼并其他复制单位，或者因合并、分立而设立新的复制单位，应当依照本办法第九条至第十一条的规定办理审批登记手续。

复制单位变更名称、地址、法定代表人或者主要负责人或者终止复制经营活动的，应当到原登记的工商行政部门办理变更登记或者注销登记。由省级新闻出版行政部门批准设立的复制单位，应在工商机关登记后30日内直接向省级新闻出版行政部门备案；由新闻出版总署批准设立的复制单位，应在工商机关登记后20日内向省级新闻出版行政部门提交备案申请，省级新闻出版行政部门在接到申请之日起20日内向新闻出版总署备案；备案机关进行备案后变更或者注销复制经营许可证。

第三章　复制生产设备管理

第十五条　国家对光盘复制生产设备实行审批管理。

本办法所称的光盘复制生产设备是指从事光盘母盘刻录生产和子盘复制生产的设备。包括下列主要部分：用于光盘生产的金属母盘生产设备、精密注塑机、真空金属溅镀机、粘合机、保护胶涂覆机、染料层旋涂机、专用模具、盘面印刷机和光盘质量在线检测仪、离线检测仪等。

增加、进口、购买、变更光盘复制生产设备，须由新闻出版行政部门审批。其中增加、进口、购买、变更只读类光盘复制生产设备，由新闻出版总署审批；增加、进口、购买、变更可录类光盘生产设备，由所在地省级新闻出版行政部门审批，报新闻出版总署备案。

第十六条　光盘复制生产设备进口管理流程依据新闻出版总署、商务部、海关总署有关规定执行。

禁止进口旧（二手）光盘复制生产设备，禁止旧（二手）光盘复制生产设备进入出口加工区、保税区等海关监管特殊区域。

第十七条　被查处关闭光盘复制单位和被查缴的光盘复制生产设备的处理，由所在地省级新闻出版行政部门在本辖区内定向审批。需要跨省处理的，所在地省级新闻出版行政部门可报新闻出版总署在省际之间调剂，由同意接收或收购的光盘复制单位所在地省级新闻出版行政部门审批。接收或收购上述光盘复制生产设备的单位，必须是现有的合法光盘复制单位在许可经营的范围内接收或收购对应的生产设备，超出原许可经营范围的，应按本办法第十四条的规定办理审批手续。

被查处关闭光盘复制单位的光盘复制生产设备的价格，由买卖双方协商解决；被查缴的光盘复制生产设备的价格，由有关部门评估定价。省级新闻出版行政部门应在审批后20日内向新闻出版总署备案。

申请单位向所在地省级新闻出版行政部门提出申请，经批准后，凭新闻出版行政部门的批准文件按上述程序办理有关设备的交接手续。

第十八条 进口用于国产设备制造或者其他科研用途的光盘复制生产设备的，依照本办法第十五条、第十六条的规定办理相关手续。

第十九条 国家对国产光盘复制生产设备的生产和销售实行备案管理。国产光盘复制生产设备生产和销售后，应分别在30日内向所在地省级新闻出版行政部门备案。备案内容包括生产和销售国产光盘复制生产设备的时间、设备名称、设备编号、设备数量和销售对象等。

第二十条 从事只读类光盘复制，必须使用蚀刻有新闻出版总署核发的光盘来源识别码（SID码）的注塑模具。

光盘复制单位蚀刻SID码，应当向所在地省级新闻出版行政部门提出申请，由所在地省级新闻出版部门报新闻出版总署核发SID码；复制单位应于收到核发文件之日起20日内到指定刻码单位进行蚀刻，并在刻码后按有关规定向光盘生产源鉴定机构报送样盘。

刻码单位应将蚀刻SID码的情况通报新闻出版总署，光盘生产源鉴定机构应将样盘报送情况通报新闻出版总署。

第二十一条 复制生产设备的技术、质量指标应当符合国家或者行业标准。

第四章　复制经营活动管理

第二十二条　复制单位必须严格按所批准的经营范围进行复制经营，不得超范围复制经营。

第二十三条　国家对复制经营活动实行复制委托书制度。

复制单位接受委托复制音像制品或者电子出版物的，应当验证委托的出版单位盖章的复制委托书及其他法定文书。

接受委托复制属于非卖品或计算机软件的，应当验证经省级新闻出版行政部门核发并由委托单位盖章的复制委托书。

第二十四条　复制单位接受委托复制境外产品的，应当事先将该样品及有关证明文件报经所在地省级新闻出版行政部门审核同意；复制的产品除样品外应当全部出境。

加工贸易项下只读类光盘的进出口管理，依照国家有关规定执行。

第二十五条　复制单位不得接受非音像出版单位、电子出版物出版单位或者个人的委托复制经营性的音像制品、电子出版物；不得擅自复制音像制品、电子出版物、计算机软件、音像非卖品、电子出版物非卖品等。

第二十六条　复制单位应该建立和保存完整清晰的复制业务档案，包括委托方按本办法有关规定所提交的复制委托书和其他法定文书以及复制样品、生产单据、发货记录等。保存期为2年，以备查验。

第二十七条　复制单位对委托加工的产品除样品外必须全部交付委托单位，不得擅自加制，不得将委托单位提供的母盘、母带、样品等以任何方式转让或出售、复制给任何单位和个人。

第二十八条　复制单位所复制的产品质量应符合国家或者行

业标准。

第二十九条 复制单位必须依照国家有关统计法规和规定按时填报有关统计报表，并由省级新闻出版行政部门审核汇总后上报新闻出版总署。

第三十条 复制单位在复制生产过程中，如发现所复制的产品涉及本办法第三条内容或与委托证明文件所规定的内容不符，或复制的产品被新闻出版行政部门明令查禁、停止复制的，应立即停止复制，及时报告新闻出版行政部门，并按要求上缴或封存，不得拖延或隐匿。

第三十一条 复制单位的法定代表人或者主要负责人应当接受所在地省级新闻出版行政部门组织的岗位培训。

第三十二条 复制单位实行年度核验制度，年度核验每两年逢单数年进行一次。新闻出版总署负责指导年度核验，省级新闻出版行政部门负责对本行政区域内的复制单位实施年度核验。核验内容包括复制单位的登记项目、设立条件、经营状况、资产变化、技术设备、产品质量、人员培训、遵纪守法情况等。

第三十三条 复制单位进行年度核验，应提交以下材料：

（一）复制单位年度核验登记表；

（二）复制单位按照年度核验要求提交的自检报告；

（三）复制经营许可证、营业执照等有关企业证明文件的复印件。

第三十四条 复制单位年度核验程序：

（一）复制单位应于核验年度1月15日前向所在地省级新闻出版行政部门提交年度核验材料；

（二）各省级新闻出版行政部门对本行政区域内复制单位情况进行全面审核，并于该年度2月底前完成年度核验工作。对符合要求的单位予以通过年度核验；对不符合要求的单位暂缓年度核验；

（三）各省级新闻出版行政部门应于该年度3月底前将年度核验情况报送新闻出版总署备案。

第三十五条 复制单位有下列情形之一的，暂缓年度核验：

（一）不具备本办法第九条规定条件的；

（二）因违反规定正在限期停业整顿的；

（三）发现有违法行为应予处罚的；

（四）经营恶化不能正常开展复制经营活动的；

（五）存在其他违法嫌疑活动需要进一步核查的。

暂缓年度核验的期限由省级新闻出版行政部门确定，最长不得超过3个月。期间，省级新闻出版行政部门应当督促、指导暂缓年度核验的复制单位进行整改。暂缓年度核验期满，达到要求的复制单位予以通过年度核验；仍未达到要求的复制单位，所在地省级新闻出版行政部门提出注销登记意见，由原发证机关撤销复制经营许可证。

第三十六条 不按规定参加年度核验的复制单位，经书面催告仍未参加年度核验的，所在地省级新闻出版行政部门提出注销登记意见，由原发证机关撤销复制经营许可证。

第三十七条 对非法干扰、阻止和破坏复制经营活动的，县级以上新闻出版行政部门及其他有关部门，应当及时采取措施，予以制止。

第五章 法律责任

第三十八条 未经批准，擅自设立复制单位或擅自从事复制业务的，由新闻出版行政部门、工商行政部门依照法定职权予以取缔；触犯刑律的，依照刑法有关规定，依法追究刑事责任；尚不够刑事处罚的，没收违法经营的复制产品和违法所得以及进行违法活动的专用工具、设备；违法经营额1万元以上的，并处违法经营额5倍以上10倍以下的罚款；违法经营额不足1万元的，并处5万元以下的罚款。

第三十九条 复制明知或者应知含有本办法第三条所列内容产品或其他非法出版物的，依照刑法有关规定，依法追究刑事责任；尚不够刑事处罚的，由新闻出版行政部门责令限期停业整顿，没收违法所得，违法经营额1万元以上的，并处违法经营额5倍以上10倍以下的罚款；违法经营额不足1万元的，可以并处5万元以下罚款；情节严重的，由批准设立的新闻出版行政部门吊销其复制经营许可证。如果当事人对所复制产品的来源作出说明、指认，经查证属实的，没收出版物、违法所得，可以减轻或者免除其他行政处罚。

第四十条 有下列行为之一的，由新闻出版行政部门责令停止违法行为，给予警告，没收违法经营的产品和违法所得；违法经营额1万元以上的，并处违法经营额5倍以上10倍以下的罚款；违法经营额不足1万元的，并处1万元以上5万元以下罚款；情节严重的，并责令停业整顿或者由新闻出版总署吊销其复制经营许可证：

（一）复制单位未依照本办法的规定验证复制委托书及其他法定文书的；

（二）复制单位擅自复制他人的只读类光盘和磁带磁盘的；

（三）复制单位接受非音像出版单位、电子出版物单位或者个人委托复制经营性的音像制品、电子出版物或者自行复制音像制品、电子出版物的；

（四）复制单位未履行法定手续复制境外产品的，或者复制的境外产品没有全部运输出境的。

第四十一条 有下列行为之一的，由新闻出版行政部门责令改正，给予警告；情节严重的，并责令停业整顿或者由新闻出版总署吊销其复制经营许可证：

（一）复制单位变更名称、地址、法定代表人或者主要负责人、业务范围等，未依照本办法规定办理审批、备案手续的；

（二）复制单位未依照本办法的规定留存备查的材料的；

（三）光盘复制单位使用未蚀刻或者未按本办法规定蚀刻SID码的注塑模具复制只读类光盘的。

第四十二条 有下列行为之一的，由新闻出版行政部门责令停止违法行为，给予警告，并处3万元以下的罚款：

（一）光盘复制单位违反本办法第十五条的规定，未经审批，擅自增加、进口、购买、变更光盘复制生产设备的；

（二）国产光盘复制生产设备的生产商未按本办法第十九条的要求报送备案的；

（三）光盘复制单位未按本办法第二十条规定报送样盘的；

（四）复制生产设备或复制产品不符合国家或行业标准的；

（五）复制单位的有关人员未按本办法第三十一条参加岗位培训的；

（六）违反本办法的其他行为。

第四十三条 复制单位违反本办法被处以吊销许可证行政处罚的，其法定代表人或者主要负责人自许可证被吊销之日起10年内不得担任复制单位法定代表人或者主要负责人。

第六章　附　则

第四十四条　本办法自2009年8月1日起施行。1996年2月1日新闻出版署发布的《音像制品复制管理办法》同时废止。其他有关复制管理规定，凡与本办法相抵触的，以本办法为准。

内部资料性出版物管理办法

2015年2月10日国家新闻出版广电总局令第2号公布

第一章　总　则

第一条　为了规范内部资料性出版物的管理，根据《印刷业管理条例》和有关法律法规，制定本办法。

第二条　凡从事内部资料性出版物编印和发送活动，必须遵守本办法。

本办法所称内部资料性出版物（以下简称内部资料），是指在本行业、本系统、本单位内部，用于指导工作、交流信息的非卖性单本成册或连续性折页、散页印刷品，不包括机关公文性的简报等信息资料。

内部资料分为一次性内部资料和连续性内部资料。

第三条　对内部资料的编印，实行核发《内部资料性出版物准印证》（以下简称《准印证》）管理。未经批准取得《准印证》，任何单位和个人不得从事内部资料的编印活动。

第四条　编印内部资料，应当向所在地省、自治区、直辖市新闻出版行政部门提出申请，经审核批准，领取《准印证》后，方可从事编印活动。

第二章　准印证的核发

第五条　申请编印一次性内部资料，须符合以下条件：

（一）申请方应为党政机关、企事业、社会团体等单位；

（二）编印目的及发送范围符合本办法第二条的规定，编印内容与编印单位的性质和能力相一致；

（三）稿件内容符合本办法第十三条的规定；

（四）拟委托印刷的单位为出版物印刷企业。

第六条　申请编印一次性内部资料，应当提交申请书和稿件清样。

申请书应当载明一次性内部资料的名称、申请单位、编印目的、内容简介、印数、印张数、开本、发送对象、印刷单位等项目。

第七条　申请编印连续性内部资料，须符合以下条件：

（一）申请方应为党政机关、企事业、社会团体等单位；

（二）有确定的名称，名称应充分体现编印宗旨及地域、行业或单位特征；

（三）有确定的编印目的和固定的发送对象，编印目的应限于与编印单位业务相一致的工作指导、信息交流；编印内容应与编印单位的性质和能力相一致；企业编印散页连续性内部资料，应主要用于指导本企业的生产经营、企业文化和精神文明建设；

（四）有适应编印活动需要的人员；

（五）有稳定的资金来源和固定的办公场所；

（六）拟委托印刷的单位为出版物印刷企业。

第八条　编印连续性内部资料，应当提交下列材料：

（一）编印连续性内部资料的申请书，内容包括：连续性内部资料的名称、编印目的、栏目设置、印数、印制周期、开本、发送对象和经费来源等项目；

（二）编印单位资质证明材料；

（三）编印人员的基本情况及身份证明；

（四）拟承印单位的《印刷经营许可证》复印件。

第九条 具有下列情形之一的，不予核发内部资料《准印证》：

（一）不符合本办法第二条、第五条或第七条规定的审批条件的；

（二）广告印刷品、介绍推广本单位基本情况的宣传资料，或者仅含有历法信息及广告内容的挂历、台历、年历等无需申领《准印证》的一般印刷品；

（三）中小学教科书及教辅材料、地图、个人画册、个人文集等应由出版单位出版的作品。

第十条 省、自治区、直辖市新闻出版行政部门自受理申请之日起20日内作出审批决定。决定批准的，核发一次性内部资料或者连续性内部资料《准印证》；不予批准的，应当书面说明理由。

第十一条 《准印证》按一种内部资料一证的原则核发，其中对一次性内部资料，一次性使用有效；连续性内部资料的《准印证》有效期为1年，期满须重新核发。

《准印证》不得转让和出租出借，内部资料停办后《准印证》应及时交回发证部门。

第三章 监督管理

第十二条 内部资料的编印单位应当对所编印的内容和质量负责，并承担法律责任。

第十三条 内部资料不得含有下列内容：

（一）反对宪法确定的基本原则的；

（二）危害国家统一、主权和领土完整的；

（三）泄露国家秘密、危害国家安全或者损害国家荣誉和利益的；

（四）煽动民族仇恨、民族歧视，破坏民族团结，或者侵害少数民族风俗、习惯的；

（五）宣扬邪教、迷信的；

（六）扰乱社会秩序，破坏社会稳定的；

（七）宣扬淫秽、赌博、暴力或者教唆犯罪的；

（八）侮辱或者诽谤他人，侵害他人合法权益的；

（九）危害社会公德或者民族优秀文化传统的；

（十）法律、行政法规和国家规定禁止的其他内容的。

第十四条 内部资料必须在封面完整印刷标注《准印证》编号和“内部资料，免费交流”字样，并在明显位置（封面、封底或版权页）标明编印单位、发送对象、印刷单位、印刷日期、印数等，连续性内部资料还须标明期号。

连续性内部资料不得使用“××报”、“××刊”或“××杂志”、“记者××”、“期刊社”、“杂志社”、“刊号”等字样，不得在内文中以“本报”、“本刊”自称。

第十五条 编印内部资料，应严格遵守以下规定：

（一）按照批准的名称、开本（开版）、周期印制，不得用《准印证》印制其他内容，一次性内部资料不得一证多期，连续性内部资料不得一期多版；

（二）严格限定在本行业、本系统、本单位内部交流，不得标价、销售或征订发行，不得在公共场所摆放，不得向境外传播；

不得将服务对象及社会公众作为发送对象，也不得以提供信息为名，将无隶属关系和指导关系的行业、企事业单位作为发送对象；

（三）不得以工本费、会员费、版面费、服务费等任何形式收取任何费用，不得刊登广告，不得搞经营性活动；编印单位不得利用登记、年检、办证、办照、评奖、验收、论证等工作之便向服务和管理对象摊派或变相摊派；

（四）不得将内部资料承包给其他组织和个人，不得与外单位以“协办”等其他形式进行编印和发送。

第十六条 内部资料必须在编印单位所在地省、自治区、直辖市内的出版物印刷企业印刷。

印刷企业接受委托印刷内部资料，须验证所在地新闻出版行政部门核发的《准印证》原件并收存《准印证》复印件；接受委托印刷宗教内容的内部资料，还须验证省、自治区、直辖市人民政府宗教事务管理部门的批准文件。

编印和承印单位必须严格按照《准印证》核准的项目印制，严禁擅自更改《准印证》核准项目。

《准印证》复印件须保存两年，以备查验。

第十七条 内部资料的印刷质量应符合印刷质量标准。

第十八条 内部资料的编印单位须在印刷完成后10日内向核发《准印证》的新闻出版行政部门送交样本。

第十九条 各级新闻出版行政部门负责本行政区域内部资料的日常监督管理工作。

内部资料实行审读制度和质量检查制度，新闻出版行政部门要配备必要的人员和经费对内部资料进行内容审读和质量监管。

第二十条 连续性内部资料编印单位的有关人员应按照省、自治区、直辖市新闻出版行政部门的要求，参加有关法规、业务培训。

第二十一条 连续性内部资料编印单位需要延续《准印证》有效期的，应当在《准印证》有效期届满30日前向省、自治区、直辖市新闻出版行政部门提出申请。

省、自治区、直辖市新闻出版行政部门负责审核连续性内部资料的内容、质量、是否符合许可条件以及遵守本办法各项规定情况等。审核通过的，重新核发《准印证》；审核未通过或者逾期一个月不办理延期申请的，原《准印证》自动失效，予以注销。

省、自治区、直辖市新闻出版行政部门应于每年3月底前，将本地区上一年度内部资料监督管理情况报告国家新闻出版广电总局。

第四章 法律责任

第二十二条 有下列行为之一的，由县级以上地方人民政府新闻出版行政部门责令改正、停止违法行为，根据情节轻重，给予警告，并处1千元以下的罚款；以营利为目的从事下列行为的，并处3万元以下罚款：

（一）未经批准擅自编印内部资料的；

（二）编印本办法第十三条规定禁止内容的内部资料的；

（三）违反本办法第十四条、第十五条规定，编印、发送内部资料的；

（四）委托非出版物印刷企业印刷内部资料或者未按照《准印证》核准的项目印制的；

（五）未按照本办法第十八条送交样本的；

（六）违反本办法其他规定的。

其中，有前款第（一）项至第（三）项违法行为的，对非法编印的内部资料予以没收，超越发送范围的责令收回。

未取得《准印证》，编印具有内部资料形式，但不符合内部资料内容或发送要求的印刷品，经鉴定为非法出版物的，按照《出版管理条例》第六十一条或第六十二条的规定处罚。

第二十三条 有下列情形的，由县级以上新闻出版行政部门依照《印刷业管理条例》的有关规定，责令停业整顿，没收内部资料和违法所得，违法经营额1万元以上的，并处违法经营额5倍以上10倍以下的罚款；违法经营额不足1万元的，并处1万元以上5万元以下的罚款；情节严重的，由原发证机关吊销许可证：

（一）印刷业经营者印刷明知或者应知含有本办法第十三条规定禁止内容的内部资料的；

（二）非出版物印刷企业印刷内部资料的。

第二十四条 出版物印刷企业未按本规定承印内部资料的，由县级以上新闻出版行政部门依照《印刷业管理条例》的有关规定，给予警告，没收违法所得，违法经营额1万元以上的，并处违法经营额5倍以上10倍以下的罚款；违法经营额不足1万元的，并处1万元以上5万元以下的罚款；情节严重的，责令停业整顿或者由原发证机关吊销许可证。

第五章　附　则

第二十五条 省、自治区、直辖市新闻出版行政部门可根据本地区内部资料管理的情况，对本办法规定的内部资料的审批条件和审批程序作出具体规定，也可以规定由副省级以下新闻出版行政部门承担部分审批职责。

第二十六条 各级各类学校学生自行编印仅面向本校发送的内部资料由该校校内有关主管部门负责审批和管理。

第二十七条 《准印证》由省、自治区、直辖市新闻出版行政部门按照新闻出版广电总局统一确定的格式制作。

第二十八条 本办法自 2015 年 4 月 1 日起施行。新闻出版署于 1997 年 12 月 30 日发布施行的《内部资料性出版物管理办法》同时废止，本办法施行前与本办法不一致的其他规定不再执行。

关于印发《书刊印刷产品质量监督管理暂行办法》的通知

新闻出版署　1992年11月20日　（92）新出技1802号

各省、自治区、直辖市及计划单列市新闻出版局：

现将我署制定的《书刊印刷产品质量监督管理暂行办法》印发给你们。请结合本地区、本部门、本单位的实际情况，贯彻施行。

书刊印刷产品质量监督管理暂行办法

第一章　总　则

第一条　为提高书刊印刷产品质量，明确产品质量责任，加强对书刊印刷产品质量的监督管理，防止不合格产品流往市场，维护读者利益，进一步提高社会效益和经济效益，特制订本办法。

第二条　书刊印制、出版、发行单位，必须按照本办法的有关规定，承担产品质量责任。

第三条　书刊印刷产品质量是指书刊产品满足有关质量法规、质量标准以及合同规定和要求的特征和特征总和。书刊印刷产品质量按产品设计、原辅材料、加工工艺、产品外观、牢固程度等进行评价。

书刊印刷产品质量责任，是指书刊印刷产品质量不符合质量标准的规定要求或不符合有关质量法规、合同所标明的质量指标，应承担的经济的、法律的责任。

第四条 书刊印制、出版、发行单位必须严格执行下列规定：

（1）不合格的原辅材料、半成品不得投入生产；

（2）不合格的书刊印刷产品不得出厂和销售；

（3）不得印制、销售反动、淫秽及其他属于政府明令禁止的印刷品，不得印制、销售非法出版物。

第五条 书刊印制、出版、发行单位要加快采用国际标准和国外先进标准的步伐，认真贯彻《质量管理和质量保证》系列国家标准，积极制订高于国家标准、行业标准的用于内部控制的质量标准，并严格按质量标准生产，按质量标准检验。

第六条 各级新闻出版部门要切实加强对书刊产品质量工作的领导，建立健全质量管理机构；要指导、协调好书刊印制、出版、发行单位的质量工作，监督各单位坚持“质量第一、读者至上”的方针，保证产品质量并承担质量责任；要制订奖优政策，积极宣传、表彰质量管理好的企业和优质产品，及时公布经检测的书刊质量信息；对造成产品质量事故者，进行教育，并视情节轻重，给予处分。

第二章 质量管理与责任

第七条 加强全过程质量管理，从原稿整理、装帧设计，材料供应，印前处理，印刷，印后加工，检验，储运，销售到售后服务等每一个环节都要有质量管理制度，建立质量保证体系，实行严格的质量责任制和质量否决权。

第八条 书稿、校样和产品的质量要求，按照国家有关质量法规和质量标准，委印和承印双方应以合同的形式签订。委印和承印双方对书稿和校样要有质量交接手续，对付印、付型（版）的清样要有委印单位负责人签字，承印单位不准对书稿和付印样擅自改动。

第九条 承印单位必须保证产品质量符合质量标准以及合同规定的要求，建立严格的质量责任制和监督考核制度，建立能稳定生产合格产品的质量体系，特别要加强对关键工序和质量不稳定的工序的质量控制，严格执行各项质量标准和质量文件。

第十条 承印单位要加强成品、半成品质量检验工作，建立自检、互检和专职人员检验相结合的检验制度。建立健全企业的质量检验机构，配备能坚持原则、办事公正、具有一定印制工艺和技术水平的质量检验人员，严把质量关，对重大质量事故，必须及时通报并追究有关人员的责任。对谩骂、殴打、实施报复、打击坚持原则的质量检验人员的行为，也应通报，并追究有关人员的责任。

第十一条 承印单位要加强管理基础、技术基础工作和现场管理工作，建立起良好的生产环境和文明的生产秩序，尽快使生产现场达到环境整洁、纪律严明、设备完好、物流有序、信息准确的基本要求，保证生产产品的质量。

第十二条 承印单位要主动听取委印单位、书店和读者对产品质量的意见，主动接受有关书刊印刷产品质量监督检测机构的抽查检测，及时处理质量问题，不断改进质量工作。

第十三条 发行、委印单位应对承印单位送交的书刊进行质量验收检验，不许接收、发行不合格产品，发现有不符合质量标准的书刊，有权退回印制单位；反之，发行、出版单位应承担责任。

第十四条 承储、承运部门在书刊产品入库储存或出库时，应严格执行交接验收制度，明确质量责任。对包装不符合标准的产品应予拒收。确属储存、运输、装卸原因造成产品破损，储运部门应承担责任，赔偿经济损失。

第十五条 产品出厂后，对出现的产品质量故障，分清责任，实行“三包”（包退、包换、包赔），并做到迅速及时，取得用户和读者的谅解。其中，属于书刊内容、设计、编校等质量问题由出版单位负责，属于印制质量问题由印制单位负责，属于发行过程的损坏由发行单位负责。

第三章 质量监督与检测

第十六条 建立健全各级质量监督检测机构，形成网络。尚未建立省（自治区、直辖市）书刊印刷产品质量监督检测站的，要尽快建立并开展工作。新闻出版署印刷产品质量监督检测中心和各省、自治区、直辖市书刊印刷产品质量监督检测站要统一协调、统一质量标准、互有分工、互相配合，共同承担对全国生产和流通领域的书刊印刷产品质量的监督检测等工作。

第十七条 新闻出版署印刷产品质量监督检测中心业务上同时接受国家技术监督部门的管理，其主要职责是：

（1）承担书刊印刷企业产品质量的监督检测及产品质量的等级鉴别，受理有关质量纠纷的调解和仲裁检测；

（2）指导和协助各省、自治区、直辖市建立书刊印刷产品质量监督检测站，并与地方质量监督检测站共同协作，密切配合，以加强对印刷产品质量的监督检测工作；

（3）为各省、自治区、直辖市书刊印刷产品质量监督检测站推广统一的检测方法，协助做好检测仪器的检验、校正等工作；

（4）承担印刷纸张、油墨、版材等原材料的质量分析、检测工作，协助相关行业制订标准；

（5）承担有关印刷产品国家标准和行业标准的制定、修订工作，协助印刷标准化技术委员会宣传、贯彻印刷标准和有关法规；

（6）组织宣传质量监督和质量管理经验，为印刷企业提高产品质量及工艺水平，做好指导、咨询和服务工作；

（7）开展提高印刷产品质量的工艺分析和研究工作，逐步将目测等检验方法转为用仪器检测和目测结合评价印刷品。

第十八条 各省、自治区、直辖市书刊印刷产品质量监督检测站业务上接受新闻出版署印刷产品质量监督检测中心的指导，并接受当地技术监督部门的管理，其主要职责是：

（1）承担本行政区域内的书刊印刷产品质量监督检测和对有争议的产品质量纠纷进行调解和仲裁检测；

（2）组织力量对产品的生产、储运和销售等环节进行日常监督抽查，并定期公布抽查结果；

（3）承担新产品检测和产品例行试验委托任务；

（4）为制订、修订产品质量标准提供咨询；

（5）使用必备的仪器测量书刊印刷品质量，逐步实现数据化、规范化，并据此指导企业的生产，实现产品质量的科学管理；

（6）培训有关人员。

第十九条 凡经新闻出版署印刷产品质量监督检测中心和各省、自治区、直辖市书刊印刷产品质量监督检测站抽检成品合格率达不到规定标准的，企业主管部门和新闻出版管理部门要采取严格的整改和处罚措施，具体有以下办法：

（1）对抽检成品合格率达不到规定标准的，应进行通报批评，问题严重的，要发“黄牌”警告，有关主管部门（各省、自治区、直辖市新闻出版局或企业主管部门）应按产品质量问题严重程度，实施边生产边整改、限产整改或停产整改等方式，限期完成整改任务。

（2）企业整改后，应进行突击性复查，复查成品合格率仍达不到规定标准者，要吊销书报刊印刷许可证。

（3）对因产品质量问题造成重大经济损失，触犯刑律的，依法追究刑事责任。

（4）对不具备书刊印制条件，基础管理差，不能保证书刊产品印制质量的企业，要吊销书刊印制许可证。

（5）对假冒、伪造出版社、印刷厂的书刊印刷产品，按非法出版印刷活动，根据国家有关规定予以查处。

第二十条 新闻出版署印刷产品质量监督检测中心和各省、自治区、直辖市书刊印刷产品质量监督检测站对书刊印刷厂、书店等单位进行质量抽检时，有关单位要积极配合，予以支持，不得以任何借口拒绝质量抽检。

第二十一条 新闻出版署印刷产品质量监督检测中心及各省、自治区、直辖市书刊印刷产品质量监督检测站是有权威的检测机构，在执行质量监督检测时要坚持公正性、科学性和“质量第一”的原则，若其工作人员和检测人员滥用职权、循私舞弊、伪造检测结果的，或玩忽职守、延误检测的，根据情节轻重，给予行政处分，触犯刑律的依法追究其刑事责任。

第二十二条 优质书刊产品分为部级优质产品（以下简称部优产品）和省、自治区、直辖市优质产品（以下简称省优产品）。

第二十三条 省优产品的产生由各省、自治区、直辖市书刊印刷产品质量监督检测站进行检测，提供检测数据，再由各省（自治区、直辖市）新闻出版局组织专家进行认定。

第二十四条　部优产品从省优产品中产生。需要作部优产品认定的省优产品，须先送新闻出版署印刷产品质量监督检测中心进行检测（部队系统送至全军印协上报军队质量监督检测中心进行检测），提供检测数据，再由新闻出版署组织专家进行认定。

第二十五条　国家级企业和国家级定点企业每年应有一种以上部优产品，省级定点企业每年应有一种以上省优产品。对未完成优质品指标的，要限期整改，连续两年未完成优质品指标的，由新闻出版署或各省、自治区、直辖市新闻出版局取消相应的定点资格。

第四章　附　则

第二十六条　本办法由新闻出版署负责解释。

第二十七条　各地新闻出版局可根据本办法规定，结合本地情况，制订工作细则。

第二十八条　本办法自公布之日起实施。

关于承接《圣经》印件的管理规定

新闻出版署　宗教事务局　海关总署

1994 年 11 月 22 日　（94）新出联 14 号

各省、自治区、直辖市新闻出版局，宗教事务局，广东分署，各直属海关：

为加强对印刷企业承接《圣经》印件（包括《圣经》故事等，下同）印制业务的管理工作，制止对外加工《圣经》印件的混乱现象，特作如下规定：

一、国内《圣经》印件的印制业务，由全国性宗教团体负责，需经国务院宗教事务局批准，教会内部发行。

二、承接境外（港、澳、台、国外，下同）《圣经》印件的印制业务，需经承印单位所在省（自治区、直辖市）宗教事务局和新闻出版局审批并由新闻出版局指定印刷企业印制，报国务院宗教事务局、海关总署和新闻出版署备案。印制的成品全部运输出境，不准滞留境内传播或销售。

三、原则上不得承接境外中文版及中外文对照版《圣经》印件的印制业务。特殊需要的，需报国务院宗教事务局批准。

四、承印企业应是管理基础及设备、技术条件好，能保证产品的质量和印制周期的国家书刊印刷定点企业和个别省级书刊印刷定点企业，以及一直受国内宗教团体委托承接中文版《圣经》印刷业务的南京爱德印刷有限公司。

五、承印企业在印制过程中，须指定专人负责，按密件印制办法严格管理，具体应做到：

1．承接印件时，必须持有符合上述规定的批准件原件，委印、承印双方应签订正式合同。

2．严格按批件的印数承印，不得擅自加印。

3．保证印件质量，严防不合格产品出厂。

4．按合同数量、期限交货，不准欠尾和拖期。成品按合同规定发往境外，不得以任何理由变更发往地点。

5．印件的成品、半成品要严格管理。多余部分和残次品由专人负责同白纸核对无误后破碎处理，不得流失。

6．印制完毕后，原稿、胶片等全部交还委印方，印制企业不得擅自留存或转让。

六、海关凭符合本规定要求的批准原件，对符合对外加工装配或进料加工规定的，按规定予以登记备案，并进行监管。

七、对违反此规定承接《圣经》印件印制业务的，按从事非法出版活动论处。触犯刑律的，送交司法机关追究刑事责任。

八、过去在《圣经》印件印制管理方面的规定与此文件规定不一致的，以此规定为准。

关于使用统一《录音录像制品复制委托书》的通知

新闻出版署　1995年8月3日　新出音〔1995〕1004号

各省、自治区、直辖市音像出版、复制行政管理部门，解放军总政治部宣传部，各音像出版、复制单位：

为建立正常的音像出版秩序，加强对音像出版、复制工作的管理，遏制非法出版活动，现就音像出版、复制工作中使用《录音录像制品复制委托书》（以下简称《委托书》）的有关问题通知如下：

一、音像出版单位复制加工音像制品须使用统一的《委托书》。

二、《委托书》由新闻出版署统一印制。各省、自治区、直辖市音像出版、复制行政管理部门负责辖区的《委托书》的发放及管理工作；解放军系统《委托书》的发放及管理由总政治部宣传部负责。

三、音像出版单位每委托复制一次音像制品（包括再版）填写一份《委托书》，并在《委托书》使用后10日内，将其中第二联交回发放机关。

四、音像复制单位须根据音像出版单位签发并盖章的《委托书》复制音像制品。

五、复制加工各类内部发行的音像制品，须根据有关部门的批复文件及省级音像出版、复制行政管理部门核发的《委托书》，方可进行复制业务。

六、音像复制单位应在每季度第一周内向所在地省级音像出版、复制行政管理部门上报上季度复制加工音像制品的《委托书》复印件。

七、各省级音像出版、复制行政管理部门在发放《委托书》工作中，应加强管理和监督，对伪造、翻印《委托书》的行为进行坚决打击，构成犯罪的，依法追究刑事责任。

八、各省级音像出版、复制行政管理部门，对违反本通知要求，不按规定使用《委托书》的音像出版、复制单位，可视情节轻重，给予以下行政处罚：

（一）警告；

（二）罚款；

（三）停发《委托书》、限期整改；

（四）停业整顿。

九、本通知自 1995 年 11 月 1 日起施行。本通知施行后，各音像出版单位自行印制的各种“委托书”一律停止使用。各省级音像出版、复制行政管理部门、解放军总政治部宣传部应认真做好组织工作，保证这项管理措施顺利施行。

附件：《录音录像制品复制委托书》样本（略）

关于加强光盘母版刻录管理的通知

新闻出版署　1995 年 8 月 30 日　新出音〔1995〕1116 号

各省、自治区、直辖市音像行政管理部门、总政宣传部：

光盘（包括激光唱盘〔CD-DA〕、图像激光唱盘〔CD-V〕、数码激光视盘〔V-CD〕、只读光盘〔CD-ROM〕、交互式光盘〔CD-I〕、图文光盘〔CD-G〕等激光数码储存片和激光视盘〔LD〕）均须通过刻录母版方能批量复制生产。因此，对光盘母版的刻录管理，是光盘复制管理的重要环节，也是保护知识产权，防止侵权行为的重要措施。根据国务院颁发的《音像制品管理条例》和有关规定，有必要将其纳入音像复制管理范围，由音像复制管理部门统一管理。现将有关要求通知如下：

一、光盘母版刻录单位的设立，按《音像制品管理条例》中关于复制单位设立的条件和程序审批。

鉴于目前国内光盘母版刻录能力过剩，今后一个时期原则上不再审批新建光盘母版刻录生产线和扩大现有生产能力的项目，更新原有光盘母版刻录生产线，应经省级音像复制行政管理部门审核后报新闻出版署审批。

二、光盘母版刻录单位凭音像出版单位和电子出版单位出具的新闻出版署统一印制的正式委托书（复印件无效），承接刻录母版业务。

三、严禁为非音像出版单位和电子出版单位刻录用于出版的光盘母版，党政机关、企事业单位确需刻录非经营性的光盘母版，应向所在地省级音像或电子出版行政管理部门提出申请，母版刻录单位凭批准文件承接业务。

四、承接海外母版刻录业务，须要求委托人出具有关著作权的合法证明文件，并经受托人到省级著作权行政管理部门登记，省级音像复制管理部门核准后方可刻录。

五、为充分发挥国内光盘母版刻录生产能力，今后一个时期原则上不允许音像和电子出版单位到境外刻录母版。如有特殊需要，须经所在地省级音像或电子出版行政管理部门批准。对提供未经批准的境外刻录的光盘母版，有关复制企业不得擅自承接复制加工。

六、光盘母版刻录单位必须建立承接、登记、检验、保管、发货等各项管理制度。对所承接的刻录业务须手续完备，并按规定查验委托证明并作详细登记。所有登记材料保存三年，接受管理部门的查验。

七、光盘母版刻录单位应参照《全国音像统计报表制度》规定的要求，填报生产统计报表，并按规定时间报送省级音像复制行政管理部门审核汇总，上报新闻出版署。

八、违反本通知的，由省以上音像行政管理部门依照《音像制品管理条例》的有关规定，作出行政处罚。

关于使用统一《电子出版物复制委托书》的通知

新闻出版署　1995 年 11 月 24 日　新出音〔1995〕1383 号

各省、自治区、直辖市新闻出版局、音像复制行政管理部门，解放军总政治部宣传部，各电子出版单位、激光数码储存片复制单位：

为了建立正常的电子出版秩序，加强对电子出版物出版、复制工作的管理，制止非法出版及盗版活动，现就电子出版物复制工作中使用《电子出版物复制委托书》（以下简称《委托书》）的有关事项通知如下：

一、电子出版单位委托激光数码储存片复制单位复制加工电子出版物，须使用统一的《委托书》。

二、《委托书》由新闻出版署统一印制，任何单位和个人不得翻印或伪造。

三、各省、自治区、直辖市新闻出版局负责本辖区内《委托书》的发放及管理工作，总政治部宣传部负责解放军系统内《委托书》的发放及管理工作。

四、电子出版单位每委托复制一次电子出版物。须填写一份《委托书》（一式三联），并在《委托书》签发后十日内，将其中第二联交发证机关备案。

五、激光数码储存片复制单位须凭电子出版单位签发并盖章的《委托书》复制电子出版物。

六、激光数码储存片复制单位接受非电子出版单位委托复制计算机软件和内部资料性产品，须凭有关部门的批准文件和省级新闻出版局核发的《委托书》方可复制。

七、激光数码储存片复制单位应在每季度第一周内向所在省、自治区、直辖市音像复制行政管理部门报送上一季度复制加工电子出版物的《委托书》复印件。

八、对违反本通知要求，不按规定使用《委托书》的电子出版单位和激光数码储存片复制单位，由各省、自治区、直辖市新闻出版局或音像复制行政管理部门视情节轻重，依据各自的管理权限，给予警告，罚款，责令停止复制、销售其复制品，停发《委托书》并限期整改，停业整顿等行政处罚。翻印、伪造《委托书》构成犯罪的，依法追究其刑事责任。

九、本通知自 1996 年 1 月 1 日起施行。各电子出版单位自行印制的复制委托书，届时一律停止使用。

附：《电子出版物复制委托书》样本（略）

关于使用全国统一《图书、期刊印制委托书》的通知

新闻出版署　1996年2月7日　（96）新出技65号

各省、自治区、直辖市新闻出版局，总政治部宣传部：

为加强对图书、期刊的印制管理，防止非法出版活动，经研究，决定从1996年开始实施全国统一的《图书、期刊印制委托书》（以下简称《委托书》）。现将有关事项通知如下：

一、图书、期刊出版单位委托印制企业印制图书、期刊，必须使用全国统一的《委托书》。

二、《委托书》由新闻出版署统一监制。各省、自治区、直辖市新闻出版局负责本辖区内《委托书》的发放及管理工作，解放军系统《委托书》的发放及管理由总政治部宣传部负责。

三、图书、期刊出版单位应认真按规定填写《委托书》，在工艺和材料等方面有具体要求可另附工艺、材料单或说明书，印刷费用、付款方式及其他要求可由双方另立合同。

四、图书、期刊出版单位印制图书、期刊，必须到有“书报刊印刷许可证”的企业印制，印制企业承接的图书、期刊印制业务必须有出版单位开具的《委托书》。

五、出版单位到所在地领有书报刊印刷许可证的非书刊定点印制企业印刷图书、期刊，需经所在地省、自治区、直辖市新闻出版局审核批准。需跨省印制的图书、期刊，由出版单位到所在地省、自治区、直辖市新闻出版局办理出省印制手续，再到承印

企业所在地省、自治区、直辖市新闻出版局办理进省印制手续。《委托书》必须由两地新闻出版局分别审核批准，否则承印单位不得承接。

六、《委托书》一式四联。（一）联由印制企业（受托方）留存；（二）联由印制企业（受托方）在接受后10日内报所在省、自治区、直辖市新闻出版局备案；（三）联由出版单位（委托方）在开出后10日内报所在省、自治区、直辖市新闻出版局备案；（四）联由出版单位（委托方）留存。出版单位每次委托印制（包括重印、加印，单个品种分别排版、制版、印刷、装订）均需按规定填写《委托书》。

七、各省、自治区、直辖市新闻出版局要对出版、印制单位报备的《委托书》加强审核监督，发现问题必须认真追查，严肃处理。遇有重要情况，要及时报告新闻出版署并通知相关省、自治区、直辖市有关部门协查。有条件的地方可输入计算机，建立数据库，实行动态管理。

八、对违反本通知规定，不按要求使用《委托书》的出版单位和印制企业，可视情节轻重，给予警告、通报批评、停业整顿的行政处罚；对翻印、伪造《委托书》进行非法出版活动，构成犯罪的，依法追究其刑事责任。

九、本通知自1996年4月1日起正式实施。请各省、自治区、直辖市新闻出版局组织本辖区内的出版单位（出版社、期刊社）和领有“书报刊印刷许可证”的印制企业按照执行。

附件：《图书、期刊印制委托书》（略）

关于军队系统使用《图书、期刊印制委托书》具体规定的通知

新闻出版署　1996年6月4日　（96）新出技378号

总政治部宣传部，各省、自治区、直辖市新闻出版局：

为加强军队系统图书、期刊的印制管理工作，经与总政治部宣传部有关部门协商，现将军队系统使用《图书、期刊印制委托书》（以下简称《委托书》）的具体规定通知如下：

一、军队系统图书、期刊出版单位一律到总政宣传部宣传局领取《委托书》，由总政宣传部宣传局负责做好《委托书》的发放及管理工作。

二、军队系统图书、期刊出版单位在《委托书》开出十日内将第三联报送总政宣传部宣传局备案，不再报所在省、自治区、直辖市新闻出版局。《委托书》的第二联由印刷企业在接受委托后十天内报送本企业所在省、自治区、直辖市新闻出版局备案。

三、军队系统图书、期刊出版单位需异地印刷，应按有关印刷管理规定的要求，委托书刊印刷国家定点企业和省级定点企业印制，到总政宣传部宣传局办理审批手续。承印方是军队印刷企业，由总政宣传部宣传局审批后直接到军队印刷企业印制，不再到有关省、自治区、直辖市新闻出版局办理准印手续；承印方是地方印刷企业，由总政宣传部宣传局审批，再到承印企业所在省、自治区、直辖市新闻出版局办理准印手续，方可到地方印刷企业印制。军队印刷企业承印异地地方出版单位的出版物，仍按异地印刷管理的有关规定执行。

四、军队系统出版单位和印刷企业应遵守出版、印刷行业管理规定和法规，并由总政宣传部宣传局承担其管理责任。

关于进一步加强《录音录像制品复制委托书》管理的通知

新闻出版署　1996年9月19日　新出音〔1996〕681号

各省、自治区、直辖市新闻出版局，音像出版、复制行政管理部门，解放军总政治部宣传部：

为加强对音像出版、复制工作的规范化管理，1995年8月我署下发了《关于使用统一〈录音录像制品复制委托书〉的通知》（新出音〔1995〕1004号，以下简称《通知》）。《通知》施行后，各音像管理部门和绝大多数音像出版、复制单位都能认真执行《通知》的有关规定，使音像复制委托初步做到了规范有序，有效地遏制了违规复制行为。为进一步加强对《录音录像制品复制委托书》（以下简称《委托书》）使用的管理，同时解决光盘母版刻录尚无统一的复制委托书的问题，特通知如下：

一、各省、自治区、直辖市音像出版、复制行政管理部门要进一步做好《委托书》的发放和管理工作，音像出版单位要规范使用《委托书》，主要要求有：

（一）《委托书》中的项目须逐项如实填写，其中复制数量应按每次实际数量填写，不得漏填、误填。

（二）音像出版单位必须直接委托复制单位复制音像制品，不得通过音像制作、发行单位及个人辗转委托复制。凡为其他单位和个人代开《委托书》的，按“买卖版号”处理。

（三）《委托书》必须由音像出版单位法定代表人或法定代

表人书面指定的负责人签字。

（四）《委托书》必须加盖音像出版单位公章，不得用音像出版单位下设部门章代替。

（五）音像出版、复制单位必须在《通知》规定的时间内将《委托书》第二联及复印件交回发放机关。

（六）凡是不按规定使用《委托书》的，按《通知》规定查处。

二、光盘母版刻录单位凭音像出版单位出具的《委托书》，承接母版刻录业务。

请将通知转发各音像出版、复制单位认真执行。

关于加强光盘复制管理若干问题的通知

新闻出版署　2000 年 11 月 22 日　新出音〔2000〕1592 号

各省、自治区、直辖市新闻出版局、音像复制行政管理部门，各光盘复制单位：

我国光盘复制行业经过 1994 年以来的治理整顿、建章立制和结构调整，秩序明显改观，结构趋向合理，技术条件稳步提升，产业规模逐渐扩大。目前，多数光盘复制单位能够认真执行国家的有关法律、法规和规章，守法经营。但仍有少数单位存在着不同程度的违法违规经营行为，有的单位凭伪造、变造复制委托书复制产品，个别单位甚至使用无光盘来源识别码（SID 码）的定模镜面复制侵权盗版光盘，在行业内和社会上造成恶劣影响。为了进一步加强对光盘复制行业的管理，完善行业管理制度，维护行业正常秩序，现做如下通知：

一、完善复制委托书使用管理制度

（一）光盘复制单位必须凭新闻出版署统一印制的《音像制品复制委托书》或《电子出版物复制委托书》（以下简称“委托书”）受托复制光盘，不得接受其复印件、传真件委托的复制业务，不得在接受复制委托书前先行复制光盘。接到委托书后，光盘复制单位必须向出版单位或发证机关核查其真伪，并留存核查凭证一年备查。因接受伪造、变造的委托书复制侵权盗版光盘，光盘复制单位应当承担相应责任。

（二）光盘复制单位接受复制委托时，必须要求委托方完整、准确、规范地填写委托书，栏目填写不得缺略。一份委托书只能一次性用于一种光盘的复制，不得用于成系列或无确定节目名称光盘的复制。光盘复制单位所复制光盘的节目名称、数量必须与委托书填写内容一致。

（三）严禁光盘复制单位之间的转委托行为。光盘复制单位因某种原因不能按期完成与委托方约定的复制加工业务时，可由其直辖市推荐其他光盘复制单位，但必须经委托方同意并重新开具委托书。

（四）严格委托书备案手续。交委托方所在地省级新闻出版局或音像出版行政管理部门或发证机关备案联，由委托方负责自委托书签发之日起一个月内送达；交光盘复制单位所在地省级新闻出版局或音像复制行政管理部门备案联，由光盘复制单位负责自委托书签收之日起一个月内送达。本通知颁布前关于委托书备案时限的规定与本通知不相符的，以本通知为准。

二、严格执行 SID 码制度

SID 码由新闻出版署统一分配，并由新闻出版署指定机构蚀刻在光盘生产专用模具定模镜面（以下简称“定模镜面”）的规定位置上，不得将 SID 码蚀刻在模具衬套上。如确需将 SID 码蚀刻在非规定位置上时，必须明确申报，经新闻出版署音像和电子出版物管理司同意后，方可蚀刻。本通知颁布前未按规定位置蚀刻 SID 码的定模镜面，应当在 2001 年 2 月 28 日前按照上述要求重新蚀刻。

光盘复制单位使用、保存的所有定模镜面均须蚀刻 SID 码。光盘复制单位应当确保 SID 码清晰完整地复制在其光盘产品上，并不得保有无 SID 码的定模镜面。定模镜面及其复制在光盘上的 SID 码，不得仿冒、遮蔽和蓄意损毁。当 SID 码自然损毁或难以辨认时，光盘复制单位应当及时申请重新蚀刻。

定模镜面蚀刻或重新蚀刻SID码后，光盘复制单位应当在15日内向新闻出版署音像和电子出版物管理司缴送该定模镜面复制的光盘样品一式五份。本通知颁布前未按上述规定缴送光盘样品的，应当自本通知颁布之日起15日内补缴。

三、加大监管力度，依法查处违规行为

有关省、自治区、直辖市新闻出版局和音像复制行政管理部门要加强对光盘复制单位的日常监督和管理，对从事违规经营和盗版活动的单位，一经发现要及时立案，依法严肃查处。违反本通知规定的，依据《出版管理条例》、《音像制品管理条例》和有关法规予以处罚。

关于光盘生产源鉴定工作有关问题的通知

新闻出版署　公安部　2000 年 11 月 24 日　新出联〔2000〕39 号

各省、自治区、直辖市新闻出版局、有关音像行政管理部门，公安厅、局，新疆生产建设兵团公安局，各光盘复制单位：

根据最高人民法院、最高人民检察院、公安部、司法部和新闻出版署联合下发的《关于公安部光盘生产源鉴定中心行使行政、司法鉴定权有关问题的通知》（公通字〔2000〕21 号），为进一步加强知识产权保护，现就开展光盘生产源鉴定工作有关问题通知如下：

一、由公安部光盘生产源鉴定中心（以下简称“鉴定中心”）建立全国光盘复制单位 SID 码信息管理系统，这是加强光盘复制行政管理的重要举措，各光盘复制单位应积极配合，做好以下两项工作：

（一）填写《光盘复制单位生产设备调查表》、《光盘复制单位 SID 码调查表》，备齐现有 SID 码样盘（含溅镀工序前和印刷工序后的两种盘）一式五份，于 2000 年 12 月 30 日前，将上述表格、样盘以挂号或专递方式寄至鉴定中心。

（二）自 2000 年 12 月 1 日起，申请蚀刻 SID 码的光盘复制单位，应在批准之日后 15 日内，向鉴定中心报送新蚀刻 SID 码样盘，具体样式和数量同上。

对未按要求完成上述工作的光盘复制单位，将暂缓或不予办理其提出的蚀刻 SID 码申请。

二、光盘复制单位需蚀刻 SID 码时，应填写《SID 码蚀刻申请表》，经省级光盘复制行政管理部门审核同意，报新闻出版署音像和电子出版物管理司审批。公安部光盘生产源鉴定中心、上海激光技术研究所依据新闻出版署音像和电子出版物管理司的批准文件蚀刻 SID 码。光盘复制单位可自愿选择蚀刻 SID 码单位。

三、SID 码应蚀刻在模具定模镜面的规定位置。鉴定中心认定为蚀刻不规范的现有 SID 码，光盘复制单位应于 2001 年 2 月 28 日前按规范重刻。

四、各级新闻出版行政管理部门、公安机关等部门在查办以光盘为载体的侵犯知识产权案件过程中，应充分发挥鉴定中心的职能，以鉴定结论为证据，依法保护知识产权，打击侵权盗版行为。

本通知转发至县（区）级有关音像行政管理部门和县（区）级公安局（分局）。

附件：1．光盘复制单位生产设备调查表（略）

2．光盘复制单位 SID 码调查表（略）

3．SID 码蚀刻申请表（略）

关于印发《印刷经营许可证》式样的通知

新闻出版总署　2001年11月8日　新出办〔2001〕1507号

各省、自治区、直辖市新闻出版局：

新修订的《印刷业管理条例》第四十七条规定：“本条例施行前已依法设立的印刷企业，应当自本条例施行之日起180日内，到出版行政部门换领《印刷经营许可证》。”《印刷经营许可证》是印刷企业从事印刷经营活动的法定许可证明。为了做好印制工作，特提出如下要求：

一、我署统一提供《印刷经营许可证》正、副本式样，各省、自治区、直辖市新闻出版局依据式样统一印制。

二、我署统一提供防伪软片，各省、自治区、直辖市新闻出版局在印制《印刷经营许可证》时，需用防伪软片在正本反面的中间部位，做三处防伪处理；在副本反面的正中间下方部位，做一处防伪处理。印刷时需使用专用防伪油墨。

三、《印刷经营许可证》印制工作完成后，应将印制的《印刷经营许可证》正、副本式样，报我署印刷业管理司备案。

附件：《印刷经营许可证》正、副本式样（略）

关于在中小学教材封底标示全学年零售价格有关问题的通知

新闻出版总署　国家计委　教育部

2002 年 2 月 20 日　新出联〔2002〕6 号

各省、自治区、直辖市新闻出版局、计委、物价局、教育厅（教委），各教材编写、出版单位：

为增加中小学教材价格的透明度，加强教材价格的监督与管理，提高教材生产各环节工作的质量和水平，经国务院同意，从 2002 年秋季开始，中小学教材一律在封底标示本学科、本年级、全学年各册教材的零售价格。现将有关问题和要求通知如下：

一、凡每学年 2 册的中小学教材，除封底右下角原有本册教材的书号和价格外，还必须在封底加印另一册教材的书名、书号和零售价格。

二、所有中小学教材必须在封底加印省级政府价格主管部门审批本教材零售价格的批准文号，以及全国价格举报电话：12358。

三、为保证本通知规定的贯彻执行，每年秋季教材付印前三个月，教育部门和有关教材编写单位应完成春季教材的编写、改版、修订以及最后的审定工作，并向出版单位交付稿件（租型教材应在付印前两个月交付春季教材的型片）；付印前一个月出版单位应完成春季教材的编辑、版式设计和核价申请工作，价格主管部门应在付印前完成春季教材价格的审核批复工作。

教材出版单位要将实际工作的进展情况和存在的问题及时报告有关部门，在确保“课前到书，人手一册”的前提下，坚决落实本通知规定。

四、每季教材出版工作结束后，出版单位必须向当地价格、新闻出版和教育行政部门书面报告本通知规定的执行情况。凡不能按规定在教材封底标示全学年零售价格的，必须详细说明原因。

五、行政部门要按照各自的职责范围，加强对此项工作的实时监督和检查，采取有力措施确保规定的贯彻执行。

各地在实施中遇到的问题，请及时报告新闻出版总署、国家计委和教育部。

关于贯彻执行国家经贸委令第 32 号《淘汰落后生产能力、工艺和产品目录》（第三批）的通知

新闻出版总署　2002 年 6 月 14 日　新出印〔2002〕710 号

各省、自治区、直辖市新闻出版局：

现将国家经贸委令第 32 号《淘汰落后生产能力、工艺和产品的目录》（第三批）转发给你们。请会同有关部门认真贯彻执行。

淘汰落后生产能力、工艺和产品的目录（第三批）

2002 年 6 月 2 日中华人民共和国经济贸易委员会令第 32 号公布

为制止低水平重复建设，防治环境污染，加快结构调整步伐，促进生产工艺、装备和产品的升级换代，根据国家有关法律、法规，制定本目录。

一、本目录淘汰的是违反国家法律法规、生产方式落后、产品质量低劣、环境污染严重、原材料和能源消耗高的落后生产能力、工艺和产品。

二、本目录涉及消防、化工、冶金、黄金、建材、新闻出版、轻工、纺织、棉花加工、机械、电力、铁道、汽车、医药、卫生共 15 个行业、120 项内容。国家经贸委在研究制定产业政策的过

程中，根据国家法律法规和国务院有关文件精神，针对国内外市场变化和产业发展情况，将陆续分批公布淘汰落后生产能力、工艺和产品的目录。

三、各地区、各部门和有关企业要制定具体规划，采取有力措施，限期坚决淘汰本目录所列落后生产能力、工艺和产品，一律不得进口、新上、转移、生产、销售、使用和采用本目录所列落后生产能力、工艺和产品。有关产品进口管理部门要根据本目录调整《禁止进口目录》，并对外公布实施。

四、本目录适用于各种类型的企业。各地人民政府要督促本地企业认真执行本目录。对拒不执行淘汰目录的企业，有关部门要依法限令其停产并取消生产许可证，工商行政管理部门要吊销其营业执照，各商业银行要停止贷款。情节严重的，要依法追究主管人员和其他责任人员的责任。

五、本目录由国家经济贸易委员会负责解释。

附件：淘汰落后生产能力、工艺和产品的目录（第三批）

淘汰落后生产能力、工艺和产品的目录（第三批）

序号	名　称	淘汰期限
二、落后生产工艺装备		
36	K.M.T 型自动铸字排版机	2002 年 7 月 1 日
37	PH—5 型汉字排字机	2002 年 7 月 1 日
38	球震打样制版机（DIA PRESS 清刷机）	2002 年 7 月 1 日
39	1985 年前生产的国产制版照相机	2002 年 7 月 1 日
40	1985 年前生产的手动照排机	2002 年 7 月 1 日
41	离心涂布机	2002 年 7 月 1 日
42	J1101 系列全张单色胶印机 （印刷速度每小时小于或等于 4000 张）	2003 年
43	J2101、PZ1920 系列对开单色胶印机 （印刷速度每小时小于或等于 4000 张）	2003 年
44	PZ1615 系列四开单色胶印机 （印刷速度每小时小于或等于 4000 张）	2003 年
45	YPS1920 系列双面单色胶印机 （印刷速度每小时小于或等于 4000 张）	2003 年
46	W1101 型全张自动凹版印刷机	2002 年 7 月 1 日
47	AJ401 型卷筒纸单面四色凹版印刷机	2002 年 7 月 1 日
48	DJ01 型平装胶订联动机	2002 年 7 月 1 日
49	PRD—01、PRD—02 型平装胶订联动机	2002 年 7 月 1 日
50	DBT—01 型平装有线订、包、烫联动机	2002 年 7 月 1 日
51	溶剂型即涂覆膜机	2002 年
52	QZ101、QZ201、QZ301、QZ401 型切纸机	2002 年
53	MD103A 型磨刀机	2002 年 7 月 1 日

编者注：1．因篇幅关系，只登载新闻出版行业的项目；

2．为便于查找，上述表中的序号为原目录的序号。

关于发放《图书、期刊印制委托书》软片的通知

新闻出版总署　2002年11月21日　新出厅字〔2002〕147号

各省、自治区、直辖市新闻出版局、总政宣传部新闻出版局：

新修订的《印刷业管理条例》第十七条第一款规定："印刷企业接受出版单位委托印刷图书、期刊的，必须验证并收存出版单位盖章的印刷委托书，并在印刷前报出版单位所在地省、自治区、直辖市人民政府出版行政部门备案；印刷企业接受所在地省、自治区、直辖市以外的出版单位的委托印刷图书、期刊的，印刷委托书还必须事先报印刷企业所在地省、自治区、直辖市人民政府出版行政部门备案。印刷委托书由国务院出版行政部门规定统一格式，由省、自治区、直辖市人民政府出版行政部门统一印制。"《图书、期刊印刷委托书》是委印、承印的法定手续，为了做好印制工作，特提出如下要求：

一、我署统一提供《图书、期刊印刷委托书》式样，各省、自治区、直辖市新闻出版局依据式样统一印制。

二、我署统一提供软片（包括防伪标记），各省、自治区、直辖市新闻出版局在印制《图书、期刊印刷委托书》时，需用防伪软片，做三处防伪处理，印刷时需使用防伪油墨。编号为7位，在No后加各省、自治区、直辖市的简称，如北京在No后加（京）。《图书、期刊印刷委托书》四联元碳复写须与我署印制的《图书、期刊印刷委托书》纸张相一致，25份一本，每份一式四联。

三、《图书、期刊印刷委托书》印制工作完成后，应将印制的《图

书、期刊印刷委托书》提供一本样本，报我署印刷复制管理司备案。

关于加强蚀刻光盘来源识别码管理的通知

新闻出版总署　2004年9月10日　新出印〔2004〕1081号

各省、自治区、直辖市新闻出版局，各光盘复制单位：

2000年11月24日，新闻出版署和公安部联合印发了《关于光盘生产源鉴定工作有关问题的通知》（新出联〔2000〕39号），通知规定，自2000年12月1日起，全国所有光盘复制单位须执行在模具上蚀刻光盘来源识别码（SID码）制度，并规定申请蚀刻光盘来源识别码（SID码）的关盘复制单位，应在批准之日后15日内，向公安部光盘生产源鉴定中心（以下简称鉴定中心）报送新蚀刻SID码样盘。

据了解，一个时期以来，蚀刻光盘来源识别码（SID码）工作中存在一些问题，特别是一部分光盘复制单位未能按上述规定及时报送样盘，并以种种理由借口推脱、搪塞。这在很大程度上影响了光盘来源鉴定工作的正常开展，使维护正版、保护知识产权、打击非法复制活动受到严重影响。

根据《音像制品管理条例》（国务院令第341号）和最高人民法院、最高人民检察院、公安部、司法部、新闻出版署《关于公安部光盘生产源鉴定中心行使行政、司法鉴定权有关问题的通知》（公通字〔2000〕21号）有关规定，现就蚀刻光盘来源识别码及样盘报送的有关问题重申如下：

一、关于蚀刻光盘来源识别码的范围

蚀刻光盘来源识别码包括只读类光盘复制生产线的注塑模具

蚀刻光盘来源识别码（SID 码）和只读类光盘母盘刻录生产线刻录母盘编码（LBR 码）。

只读类光盘复制生产线必须使用蚀刻有新闻出版总署印刷复制管理司核发的光盘来源识别码（SID 码）的注塑模具。

根据光盘复制单位的申请，只读类光盘母盘刻录生产线可以刻录母盘编码（LBR 码）。

二、关于蚀刻光盘来源识别码的单位

鉴定中心和上海激光技术研究所是新闻出版总署批准的蚀刻光盘来源识别码（SID 码）的刻码单位。光盘复制单位可以在申报前自愿选择刻码单位。发生侵权、盗版纠纷时，鉴定中心提供的鉴定意见可作司法依据。

只读类光盘母盘刻录生产线刻录母盘编码（LBR 码）时，由光盘复制单位自行委托设备制造商或者其代理机构刻录编码。

三、关于蚀刻光盘来源识别码的程序

光盘复制单位蚀刻光盘来源识别码（SID 码）或母盘编码（LBR 码）时，应当向所在地省、自治区、直辖市新闻出版局复制管理部门（以下简称所在地复制管理部门）提出申请，并提交下列申请文件：

（一）申请书。申请书应当说明只读类光盘复制生产线注塑模具或只读类光盘母盘刻录生产线的来源，原来批准刻码及刻码后报送样盘的执行情况等。

（二）填写完整的《光盘来源识别码（SID 码）蚀刻申请表》或者《光盘母盘编码（LBR 码）蚀刻申请表》（以下简称《刻码申请表》）。《光盘来源识别码（SID 码）蚀刻申请表》格式见附件 1，《光盘母盘编码（LBR 码）蚀刻申请表》格式见附件 2。

所在地复制管理部门自收到规定的全部文件之日起 10 日内

提出初审意见，同意蚀刻的，在《刻码申请表》上签署同意意见，加盖公章，报送新闻出版总署印刷复制管理司审核。

新闻出版总署印刷复制管理司应当自收到《刻码申请表》之日起 20 日内作出批准或不批准的决定。批准的，签发《光盘来源识别码（SID 码）蚀刻批准证》或者《光盘母盘编码（LBR 码）蚀刻批准证》，并通知所在地复制管理部门、相关刻码单位及鉴定中心；不批准的，应当说明理由。《光盘来源识别码（SID 码）蚀刻批准证》格式见附件 3，《光盘母盘编码（LBR 码）蚀刻批准证》格式见附件 4。

鉴定中心或上海激光技术研究所依据《光盘来源识别码（SID 码）蚀刻批准证》蚀刻光盘来源识别码（SID 码）。光盘来源识别码（SID 码）应蚀刻在注塑模具定模镜面的规定位置。

光盘复制单位依据《光盘母盘编码（LBR 码）蚀刻批准证》委托相关单位刻录母盘编码（LBR 码）。

光盘复制单位应自《光盘来源识别码（SID 码）蚀刻批准证》或《光盘母盘编码（LBR 码）蚀刻批准证》发证之日起 6 个月内到刻码单位完成蚀刻。不在规定时间内刻码的，批准证作废。

四、关于蚀刻光盘来源识别码后样盘的报送

只读类光盘复制生产线注塑模具蚀刻光盘来源识别码（SID 码）后，光盘复制单位应在 15 日内向鉴定中心报送样盘（含溅镀工序前和印刷工序后两种盘）一式 10 份。

光盘复制单位不按规定报送样盘的，将暂缓或不予办理其提出的蚀刻光盘来源识别码的申请，各地新闻出版局暂缓通过光备盘复制单位的年度审核登记。

本通知自发布之日起执行。

附件：1.《光盘来源识别码（SID 码）蚀刻申请表》格式（略）
2.《光盘母盘编码（LBR 码）蚀刻申请表》格式（略）
3.《光盘来源识别码（SID 码）蚀刻批准证》格式（略）
4.《光盘母盘编码（LBR 码）蚀刻批准证》格式（略）

关于设立包装装潢印刷品印刷企业有关问题的批复

新闻出版总署　2005 年 6 月 1 日　新出法规〔2005〕541 号

贵州省新闻出版局：

你局《关于设立包装装潢印刷品印刷企业有关问题的请示报告》（黔新出印刷〔2005〕8 号）（以下简称《请示》）收悉。经研究，批复如下：

对于专门生产包装专用材料的容器企业，在全部生产过程中仅采用专用材料注塑、挤压成型的工艺流程，挤压出带有商标标识和厂名等文字、图案的产品，由于整个生产过程不涉及印刷环节，根据《印刷业管理条例》有关规定，不纳入包装装潢印刷品印刷经营管理范畴。你局《请示》中所提贵州盛峰药用包装有限公司生产此类产品的活动不属于《印刷业管理条例》所认定的印刷经营活动，无须申请办理《印刷经营许可证》。

关于复制应当包含印刷过程中装订环节的意见

新闻出版总署　国家版权局　2005年10月10日　新出联〔2005〕18号

湖北省新闻出版（版权）局：

你局《关于办理侵犯知识产权刑事案件中司法解释有关问题的请示》收悉，经研究，意见如下：

根据《中华人民共和国著作权法》第十条和《中华人民共和国著作权法实施条例》第五条的规定，印刷是复制方式之一；根据国务院《印刷业管理条例》第二条的规定，印刷过程包含装订环节。因此，复制应当包含印刷过程中的装订环节。

关于加强对承接境外印刷复制业务监管的紧急通知

新闻出版总署　商务部　海关总署

2006年12月30日　新出联〔2006〕15号

各省（区、市）新闻出版局、商务主管部门，广东分署，各直属海关：

一个时期以来，在印刷复制业较为发达的地区，个别以加工贸易方式承接境外印刷复制业务的企业，违反《出版管理条例》、《印刷业管理条例》和《音像制品管理条例》等法规的规定，不履行报批手续，非法印制违背一个中国原则、违反国家民族宗教政策等存在严重政治性问题的非法出版物，并与不法分子内外勾结，致使一些境外政治类出版物流散到境内，在社会上造成严重影响。2000年6月，原对外贸易经济合作部曾联合国家测绘局、新闻出版署和海关总署下发了《关于进一步加强加工贸易审批管理，严禁开展任何违法、违规加工贸易业务的紧急通知》（〔2000〕外经贸管发第301号）。2004年8月，新闻出版总署、商务部和海关总署联合发布公告（2004年第2号），对加工贸易项下进出口只读类光盘审核做出了规定。为进一步加强对承接境外印刷复制业务的企业及加工贸易业务的管理，现将有关法规及管理要求进一步重申如下：

一、各审批部门要进一步加强承接境外印刷复制业务的审批工作。各级商务、新闻出版等境外印刷复制业务审批管理部门，在审批对外承接印刷复制业务工作中，要坚持正确的政治方向和立场，提高政治敏锐性和鉴别力，严格把关，切实加强对从事该类印刷复制业务企业及加工贸易业务的有效监管，严禁印刷复制企业加工非法印刷品和录有内容的光盘和磁带。

二、各级出版行政部门要加大对承接境外印刷复制业务的内容审查力度。根据《出版管理条例》、《印刷业管理条例》和《音像制品管理条例》的有关规定，各级出版行政部门要严格遵守、执行印刷复制前内容审批、备案制度。尤其要加强对印制涉及政治、民族、宗教、性文化、人体艺术、地图、地球仪等具有敏感性问题的境外委托印刷复制业务的审查工作力度。

各级出版行政部门要转变观念，改进作风，努力提高工作质量、工作效率和服务水平。同时，要加强与商务、海关、工商等有关部门的沟通，主动将承接境外印刷复制业务的违法违规企业的处罚决定书及相关材料抄送商务主管部门、海关和工商行政部门，以便相关部门据此及时调整企业管理类别，决定是否继续受理其加工贸易业务申请和备案，准确核定企业年检情况。

三、各级商务主管部门、海关要进一步加强对承接境外印刷复制业务的审批、备案管理。其中，以加工贸易方式承接境外印刷复制业务的，各级商务审批管理部门应根据加工贸易企业出具的《印刷复制经营许可证》和省级及省级以上出版行政部门、宗教事务管理部门、测绘管理部门的批准文件，逐单对企业的加工贸易业务申请进行审批。各地海关应根据商务主管部门的《加工贸易业务批准证》、《生产能力证明》和各级出版行政部门的批准文件等相关批件，为企业办理加工贸易备案手续。对涉嫌违规出口印刷品和录有内容的光盘和磁带的，海关要加大查缉力度。

四、各承接境外印刷复制业务的企业在承接和开展境外印刷复制业务时，必须严格遵守我国宪法和国家有关法律法规，必须履行审批或备案程序，严格执行《出版管理条例》、《印刷业管理条例》和《音像制品管理条例》中“承接境外的产品必须全部运输出境，不得在境内销售、散发”的规定，自觉维护国家利益和社会稳定。

关于规范利用互联网从事印刷经营活动的通知

新闻出版总署　公安部　国家工商行政管理总局　信息产业部

2007 年 8 月 1 日　新出联〔2007〕8 号

各省（自治区、直辖市）新闻出版局、公安厅（局）、工商行政管理局、通信管理局：

近年来，我国数字印刷行业快速发展。其中，“印客”类网站利用互联网向社会快捷地提供异地、远程、个性化印刷产品，受到社会的认可和欢迎。国家鼓励“印客”类网站依法开发、提供各种内容健康向上、形式丰富多彩的印刷产品。《新闻出版业“十一五”发展规划》明确提出了“鼓励采用快速、按需、高效、个性化的数字印刷”。为促进数字印刷业健康发展，规范“印客”类网站的印刷经营活动，根据《印刷业管理条例》等相关法律法规，现就有关事项通知如下：

一、“印客”类网站直接提供经营性排版、制版、印刷和装订服务的，属于印刷经营活动，依照《印刷业管理条例》的规定，纳入印刷业监督管理范畴，应事先取得《印刷经营许可证》。

“印客”类网站提供印刷经营活动中介服务的，须向接受其委托承印的印刷企业提供合法的委托手续，承印的印刷企业要严格审核。

二、从事印刷经营活动的“印客”类网站须遵守《印刷业管理条例》等国家印刷管理规定。要认真执行《印刷品承印管理规定》（新闻出版总署、公安部令第 19 号），建立、健全承印验证制度、承印登记制度、印刷品保管制度、印刷品交付制度、印刷活动残次品销毁制度等管理制度。

从事图书、期刊和报纸等出版物印刷经营活动的，须验证并留存出版单位盖章的印刷委托书和报纸出版许可证，不得接受非出版单位和个人的委托印刷图书、期刊和报纸，包括伪造、假冒出版单位、书号、刊号和内部资料性出版物准印证号，以及没有出版单位、书号、刊号和内部资料性出版物准印证号的个人小说、诗集、文集、“博客”书等。禁止印刷非法出版物。

三、从事印刷经营活动的“印客”类网站须在经营场所和网站首页显著位置公示《印刷经营许可证》和营业执照。

四、从事印刷经营活动的“印客”类网站应自觉保护知识产权，维护著作权人的合法权益，不得提供侵犯他人知识产权的各类印刷品。

五、“印客”类网站将个人小说、文集等数字化作品登载在网站上，提供在线浏览、阅读或下载服务的，属于互联网出版活动，须按有关规定，取得互联网出版许可。

六、本通知发布前已经在国内正式运营且至今仍在从事印刷经营活动的“印客”类网站，应于2007年9月30日以前，按照本通知的要求到所在地省、自治区、直辖市新闻出版局办理《印刷经营许可证》，规范经营活动。逾期未办理《印刷经营许可证》、从事违法印刷经营活动的，将依照《出版管理条例》和《印刷业管理条例》等法律法规及《关于印发〈互联网站管理协调工作方案〉的通知》（信部联电〔2006〕121号）等文件的规定，由新闻出版、公安、工商、电信主管部门依据法定职权予以取缔，并依法进行行政处罚。

七、各级新闻出版、公安、工商、电信主管部门应密切配合，根据本通知要求加强对本辖区内“印客”类网站的监督检查工作，督促、引导其依法办理相关手续、合法经营。

关于纺织品转移印花监管问题的批复

新闻出版总署　2008年8月5日　新出印〔2008〕904号

江苏省新闻出版局：

你局《关于对纺织品转移印花监管中有关问题的请示》（苏新出印字〔2008〕21号）收悉。经研究，批复如下：

根据《印刷业管理条例》（国务院令第315号）第二条的规定，在纺织品上转移印花不属于该《条例》所规定的印刷经营活动，不纳入印刷业监督管理范畴。

关于印发《全国印刷复制行政执法报告评价制度实施办法》的通知

新闻出版总署　2011 年 1 月 11 日　新出政发〔2011〕1 号

各省、自治区、直辖市新闻出版局，新疆生产建设兵团新闻出版局，解放军总政治部宣传部新闻出版局，北京市、天津市、上海市、重庆市、宁夏回族自治区文化市场行政执法总队：

为认真贯彻落实全国知识产权保护与执法工作电视电话会议和国务院办公厅《关于印发打击侵犯知识产权和制售假冒伪劣商品专项行动方案的通知》（国办发〔2010〕50 号）精神，全面、及时掌握各地开展印刷复制行政执法和查办印刷复制违法案件有关工作情况，进一步落实印刷复制行政执法职责，规范印刷复制行政执法行为，提高印刷复制行政执法监管效用，完善印刷复制业长效管理机制，为我国建设印刷复制强国创造健康有序的发展环境，根据《印刷业管理条例》、《音像制品管理条例》以及《复制管理办法》的有关规定，新闻出版总署决定在全国建立实施印刷复制行政执法报告评价制度。现将《全国印刷复制行政执法报告评价制度实施办法》予以印发，请各地认真执行。

在建立实施印刷复制行政执法报告评价制度中遇有情况和问题，请及时与新闻出版总署印刷发行管理司联系。

全国印刷复制行政执法报告评价制度实施办法

第一条 为落实印刷复制行政执法责任，强化印刷复制业日常执法监督，建立完善长效管理机制，建设印刷复制强国，根据《印刷业管理条例》、《音像制品管理条例》以及《复制管理办法》的有关规定，制定本办法。

第二条 本办法所称的印刷复制行政执法，是指各级新闻出版行政部门以及文化市场行政综合执法部门在其职责范围内，对印刷或者复制经营行为进行监督检查、实施行政处罚的行政管理行为。

第三条 新闻出版总署负责指导全国印刷复制行政执法工作，在全国建立实施印刷复制行政执法报告评价制度。

第四条 印刷复制行政执法报告评价制度是指由各省、自治区、直辖市新闻出版行政部门以及文化市场行政综合执法部门负责向新闻出版总署报送本行政区域内印刷复制行政执法的工作情况，新闻出版总署负责对各地印刷复制行政执法工作开展情况进行评价。

其中，各省、自治区、直辖市新闻出版行政部门以及文化市场行政综合执法部门对日常印刷复制行政检查和实施印刷复制行政处罚情况每两个月汇总报送一次；对印刷复制重大案件在案件立案后两个工作日内报送基本情况。

第五条 各省、自治区、直辖市新闻出版行政部门以及文化市场行政综合执法部门在报送日常印刷复制行政检查和实施印刷复制行政处罚情况时，应当分别按照自身职责，对照《印刷复制行政检查和行政处罚工作情况汇总表》（见附表 1）的所有项目，仔细核实并汇总检查人数、检查方式、检查内容和行政处理以及行政处罚情况等，清晰填写有关数据，并于每个奇数月开始的第一个工作日报送上两个月的汇总表。

其中，属于自身职责范围内的填写项目如果没有数据的填报零，不属于自身职责范围内的填写项目不用填写。

第六条 各省、自治区、直辖市新闻出版行政部门以及文化市场行政综合执法部门在报送印刷复制重大案件时，应当填写《印刷复制重大案件报告表》（见附表2），须在案件立案后两个工作日内报送报告表。

本办法所称的印刷复制重大案件是指对国家和社会危害严重、违法经营行为情节严重、违法经营额巨大、涉案地区或者企业数量较多的案件。具有下列情形之一的，属印刷复制重大案件：

（一）党中央、国务院等有关领导同志批示查办的案件；

（二）违反《印刷业管理条例》第三条、《音像制品管理条例》第三条的规定，可能造成严重社会影响、严重损害国家利益的案件；

（三）依法可能吊销印刷复制经营许可证的案件；

（四）违法经营额3万元以上的案件；

（五）涉案省份3个以上或者涉案印刷复制企业5家以上的案件；

（六）以暴力胁迫方式阻碍执法，导致执法人员伤亡或者其他造成恶劣社会影响的案件；

（七）其他严重扰乱印刷复制市场管理秩序的案件。

第七条 新闻出版总署对各省、自治区、直辖市新闻出版行政部门以及文化市场行政综合执法部门开展印刷复制行政检查和实施行政处罚工作进行跟踪和指导，负责协调有关部门对重点印刷复制重大案件进行督办。

第八条 新闻出版总署根据各省、自治区、直辖市新闻出版行政部门以及文化市场行政综合执法部门报送印刷复制行政检查和实施行政处罚的情况，在核实督查的基础上，对各地印刷复制行政执法工作进行评价。

第九条 印刷复制行政执法工作评价应遵循公正、透明、实效的原则，主要内容包括：

（一）印刷复制监督检查的情况，包括检查的频率、方法、内容、重点等；

（二）印刷复制行政处罚的情况，包括处罚案件的数量以及罚款、停业整顿、吊销许可证的情况等；

（三）印刷复制执法队伍的情况，包括执法队伍的人员编制、经费落实、培训考核等；

（四）印刷复制市场秩序的情况，包括重点地区市场秩序以及出版物印刷、只读类光盘复制情况；

（五）印刷复制执法报告的情况，包括《印刷复制行政检查和行政处罚工作情况汇总表》和《印刷复制重大案件报告表》以及其他执法情况反馈等。

第十条 印刷复制行政执法工作评价采取各地自评、检查核准和公示公布等三个步骤进行。

各地自评是由各省、自治区、直辖市新闻出版行政部门以及文化市场行政综合执法部门在对本年度印刷复制行政执法工作总结的基础上，提交总结评价报告。

检查核准是新闻出版总署对各省、自治区、直辖市新闻出版行政部门以及文化市场行政综合执法部门提交的总结评价报告，综合协会和其他行业组织意见，进行审核，确定评价结果。

公示公布是新闻出版总署对印刷复制行政执法工作评价结果

在公示7个工作日后，予以公布。

第十一条 印刷复制行政执法工作评价结果分为优秀、合格和不合格三类。

未按照本办法要求报送《印刷复制行政检查和行政处罚工作情况汇总表》和《印刷复制重大案件报告表》以及本年度印刷复制行政执法工作总结评价报告的，评价结果为不合格。

第十二条 印刷复制行政执法工作评价每年进行一次，评价结果原则上在本年度年底前公布。评价结果同时抄送各省、自治区、直辖市人民政府和党委宣传部。

第十三条 新闻出版总署对印刷复制行政执法工作评价确定为优秀的单位以及其他印刷复制行政执法工作成绩突出的单位和个人进行表彰。

第十四条 对在实施印刷复制行政执法报告评价制度工作中有严重弄虚作假或者存在重大违纪等问题的，给予通报批评，评价结果为不合格。

第十五条 本办法由新闻出版总署解释。

第十六条 本办法自发布之日起施行。

附表：1．印刷复制监督检查和行政处罚工作情况汇总表（略）

2．印刷复制重大案件报告表（略）

关于印发《数字印刷管理办法》的通知

新闻出版总署　2011 年 1 月 11 日　新出政发〔2011〕2 号

各省、自治区、直辖市新闻出版局，新疆生产建设兵团新闻出版局，解放军总政治部宣传部新闻出版局：

为规范我国数字印刷经营活动，促进数字印刷业健康发展，根据《印刷业管理条例》的有关规定，新闻出版总署制定了《数字印刷管理办法》，现予印发，请遵照执行。

数字印刷管理办法

第一章　总则

第一条　为规范数字印刷经营活动，促进数字印刷健康发展，根据《出版管理条例》、《印刷业管理条例》及相关法律法规，制定本办法。

第二条　本办法适用于采用生产型数字印刷机从事出版物、包装装潢印刷品和其他印刷品印刷的经营活动（以下简称数字印刷经营活动）。

本办法所称生产型数字印刷机，是指具备较高的印刷速度，印刷质量稳定，能实现工业化连续、批量生产的数字印刷设备。

生产型数字印刷机应当配备数字工作流程；高速数字复合机类设备不属于生产型数字印刷机。

第三条 新闻出版总署负责全国数字印刷监督管理工作，县级以上地方新闻出版行政部门负责本行政区域内数字印刷监督管理工作。

县级以上地方新闻出版行政部门应当加强对本行政区域内从事数字印刷经营活动的企业（以下简称数字印刷经营企业）的引导和监督管理，加强对数字印刷经营者有关法律法规的培训。

第四条 国家支持、鼓励数字印刷经营企业采用新技术、开拓新模式、提供新服务。

数字印刷经营企业应当建立质量保证体系，印刷产品质量应当符合国家和行业标准。

第二章　企业设立

第五条 国家对数字印刷经营活动实行许可制度；未经许可，任何单位和个人不得从事数字印刷经营活动。

第六条 设立数字印刷企业，应当具备下列条件：

（一）有企业的名称、章程；

（二）有确定的业务范围；

（三）有适应业务范围需要的固定生产经营场所，建筑面积不少于 50 平方米；

（四）有能够维持正常生产经营的资金，注册资本不少于 100 万元人民币；

（五）有 1 台以上生产型数字印刷机；

（六）有适应业务范围需要的组织机构和人员；

（七）有关法律、行政法规规定的其他条件。

审批设立数字印刷企业，除依照前款规定外，还应当符合国家有关印刷企业总量、结构和布局的规划。

第七条 设立数字印刷企业，应当向所在地省级新闻出版行政部门提出申请，并提交下列申请文件：

（一）申请书。载明申请单位的名称、地址，法定代表人或者主要负责人的姓名、住址，资金来源、数额，资本构成以及申请的主要事项。

（二）企业名称预先核准通知书和章程。

（三）法定验资机构出具的资金信用证明。

（四）可行性研究报告。

（五）经营场所和必备的生产条件证明。

（六）法定代表人或者主要负责人的身份证明和履历证明。

第八条 省级新闻出版行政部门应当自受理申请之日起20日内作出批准或者不批准的决定，并通知申请人。批准设立申请的，由省级新闻出版行政部门颁发《印刷经营许可证》，经营范围栏注明“以数字印刷方式从事出版物、包装装潢印刷品和其他印刷品的印刷”；不批准的，应当说明理由。

省级新闻出版行政部门应当自颁发《印刷经营许可证》之日起20日内将批准文件和《印刷经营许可证》（正、副本）复印件报新闻出版总署备案。

第九条 数字印刷经营活动可以采取连锁经营的形式。

数字印刷连锁经营企业在连锁经营总部（以下简称连锁总部）的统一管理下开展数字印刷经营活动，实行规范化管理。

数字印刷连锁经营企业除应当符合本办法第六条的规定外，还应当符合直营连锁、特许连锁等连锁经营方式的管理要求。从事数字印刷连锁经营活动的企业，应当由5个以上连锁门店组成，连锁总部注册资本不少于500万元人民币。

第十条 设立数字印刷连锁经营企业，应当由连锁总部向所在地省级新闻出版行政部门提交本办法第七条规定的申请材料和连锁总部及连锁门店经营场所名单、运营计划。连锁总部获得许可后，各连锁门店持连锁总部的《印刷经营许可证》（副本）及总部的申请材料到所在地省级新闻出版行政部门备案，领取《印刷经营许可证》（正、副本），经营范围栏注明“以数字印刷连锁经营方式从事出版物、包装装潢印刷品和其他印刷品的印刷”。

第十一条 设立外商投资数字印刷企业的，除符合本办法规定外，中、外方投资比例和权益还应当符合《设立外商投资印刷企业暂行规定》以及补充规定的有关规定。

第十二条 现有从事出版物、包装装潢印刷品或者其他印刷品印刷经营活动的企业在原批准的经营范围内开展数字印刷经营活动的，免于办理数字印刷审批手续。

现有从事出版物、包装装潢印刷品或者其他印刷品印刷经营活动的企业超出原批准的经营范围开展数字印刷经营活动的，应当依照本办法第六条至第八条的规定到所在地省级新闻出版行政部门办理数字印刷审批手续。

第三章 经营活动管理

第十三条 数字印刷经营企业必须严格遵守国家有关法律法规，接受所在地新闻出版行政部门的日常监督管理。

数字印刷经营企业法定代表人或者主要负责人应当定期接受新闻出版行政部门组织的业务培训，并取得省级新闻出版行政部门颁发的《印刷法规培训合格证书》。

第十四条 数字印刷经营企业应当建立、健全承印委托、承印验证、承印登记、印刷品保管、印刷品交付、印刷活动残次品销毁等制度。

第十五条 数字印刷经营企业应当在经营场所醒目位置悬挂《印刷经营许可证》。

通过互联网从事印刷经营活动的，应当在网站首页显著位置公示《印刷经营许可证》。

第十六条 数字印刷经营企业接受委托印刷出版物的，应当按照《印刷业管理条例》有关规定，验证印刷委托书及其他法定文书。

第十七条 数字印刷经营企业接受委托印刷包装装潢印刷品和其他印刷品的，应当按照《印刷业管理条例》办理相关手续。

第十八条 数字印刷连锁经营企业建立了规范、统一的业务管理系统，并在连锁总部的统一组织下接受委托印刷出版物的，由接受委托的连锁总部或者连锁门店验证并留存相关印刷委托书和接受委托印刷的出版物样本备查，其他连锁门店免于办理相关手续。

第四章 法律责任

第十九条 未经批准，擅自从事数字印刷经营活动的，由公安部门、工商行政管理部门依据法定职权予以取缔。

第二十条 数字印刷经营企业违反有关规定的，根据《印刷业管理条例》依法给予行政处罚；情节严重的，由原发证机关吊销许可证；构成犯罪的，依法追究刑事责任。

第二十一条 数字印刷连锁经营企业的连锁总部应当对连锁门店日常经营活动加强管理。

连锁门店受到新闻出版行政部门罚款（含罚款）以上行政处罚的，行政处罚实施单位应当将处罚结果向连锁总部所在地省级新闻出版行政部门备案。

连锁门店一年内累计受到两次罚款（含罚款）以上的行政处罚的，连锁总部应当撤销该连锁门店或终止与该连锁门店的连锁经营关系，并依照《印刷业管理条例》违法行为"情节严重"的有关规定，由原发证机关吊销该连锁门店的《印刷经营许可证》。

一年内三分之一以上的连锁门店受到罚款（含罚款）以上行政处罚的，省级新闻出版行政部门应当责令连锁总部进行整改；若整改不通过，依照《印刷业管理条例》违法行为"情节严重"的有关规定，由原发证机关吊销连锁总部及全部连锁门店的《印刷经营许可证》。

第二十二条　本办法施行前已经从事数字印刷经营活动的企业，应当自本办法施行之日起180日内到省级新闻出版行政部门依照本办法办理相关手续。

第二十三条　本办法自2011年2月1日起施行。

关于实施绿色印刷的公告

新闻出版总署　环境保护部　2011年10月8日　2011年第2号

为推动我国生态文明、环境友好型社会建设，促进印刷行业可持续发展，根据《中华人民共和国环境保护法》和《印刷业管理条例》的有关规定，新闻出版总署和环境保护部决定共同开展实施绿色印刷工作。现将有关事项公告如下：

一、实施绿色印刷的指导思想

认真贯彻党的十七大、十七届五中全会精神，深入学习实践科学发展观，坚持“以人为本”的宗旨，本着“全面推进、重点突破、创新机制、加强监管”的原则，通过在印刷行业实施绿色印刷战略，促进印刷行业发展方式的转变，加快建设印刷强国，推动生态文明、环境友好型社会建设。

二、实施绿色印刷的范围和目标

（一）实施绿色印刷的范围

绿色印刷是指对生态环境影响小、污染少、节约资源和能源的印刷方式。实施绿色印刷的范围包括印刷的生产设备、原辅材料、生产过程以及出版物、包装装潢等印刷品，涉及印刷产品生产全过程。

（二）实施绿色印刷的目标

通过在印刷行业实施绿色印刷战略，到“十二五”期末，基本建立绿色印刷环保体系，力争使绿色印刷企业数量占到我国印刷企业总数的30%，印刷产品的环保指标达到国际先进水平，淘汰一批落后的印刷工艺、技术和产能，促进印刷行业实现节能减排，引导我国印刷产业加快转型和升级。

三、实施绿色印刷的组织管理

为加强对实施绿色印刷工作的组织领导，新闻出版总署和环境保护部决定共同成立实施绿色印刷工作领导小组，负责统一领导实施工作，统筹协调有关部门，督促检查工作进展。

领导小组组长由两部门主管副部级领导担任，日常工作由新闻出版总署印刷发行管理司和环境保护部科技标准司承担。

四、绿色印刷标准

绿色印刷标准是实施绿色印刷、评价绿色印刷成果的技术依据，绿色印刷标准由环境保护部和新闻出版总署共同组织制定，由环境保护部以国家环境保护标准《环境标志产品技术要求　印刷》的形式发布。绿色印刷标准对印前、印刷和印后过程的资源节约、能耗降低、污染物排放、回收利用等方面以及使用的原辅材料提出相关要求，特别是针对印刷产品中的重金属和挥发性有机化合物等危害人体健康的有毒有害物质提出控制要求。

环境保护部已于2011年3月2日发布了国家环境保护标准《环境标志产品技术要求　印刷　第一部分　平版印刷》（HJ 2503—2011）。今后根据工作进展情况，将陆续制定发布相关标准。各级新闻出版和环境保护行政主管部门应做好标准的宣传贯彻工作。

五、绿色印刷认证

实施绿色印刷工作的重要途径是在印刷行业开展绿色印刷环境标志产品认证（以下简称绿色印刷认证）。绿色印刷认证按照“公平、公正和公开”原则进行，在自愿的原则下，鼓励具备条件的印刷企业申请绿色印刷认证。国家对获得绿色印刷认证的企业给予项目发展资金、产业政策和管理措施等的扶持和倾斜。

六、实施绿色印刷的工作安排

（一）启动试点阶段

2011 年，在印刷全行业动员和部署实施绿色印刷工作。各地要深入学习和宣传国家环境保护标准《环境标志产品技术要求 印刷 第一部分 平版印刷》；有条件的地区和企业要针对青少年儿童紧密接触的印刷品特别是在中小学教科书上率先进行绿色印刷试点；鼓励骨干印刷企业积极申请绿色印刷认证。

（二）深化拓展阶段

2012 年至 2013 年，在印刷全行业构筑绿色印刷框架。陆续制定和发布相关绿色印刷标准，逐步在票据票证、食品药品包装等领域推广绿色印刷；建立绿色印刷示范企业，出台绿色印刷的相关扶持政策；基本实现中小学教科书绿色印刷全覆盖，加快推进绿色印刷政府采购。

（三）全面推进阶段

2014 年至 2015 年，在印刷全行业建立绿色印刷体系。完善绿色印刷标准；绿色印刷基本覆盖印刷产品类别，力争使绿色印刷企业数量占到我国印刷企业总数的 30%；淘汰一批落后的印刷工艺、技术和产能，促进印刷行业实现节能减排，引导我国印刷产业加快转型和升级。

七、实施绿色印刷的配套保障

（一）宣传引导

新闻出版总署和环境保护部决定每年 11 月第一周为“绿色印刷宣传周”。各地要结合自身实际，大力宣传我国实施绿色印刷战略、推进绿色印刷的措施和成效，开展多种形式的宣传教育活动，普及绿色印刷知识，提高全社会的绿色印刷意识。引导印刷企业及印刷设备、原辅材料生产企业积极履行社会责任，大力推动节能环保体系建设。统筹协调组织好“绿色印刷在中国”等系列活动。

（二）教育培训

结合绿色印刷标准实施，对相关行政主管部门、行业协会和企业人员开展多层次、多形式的教育培训工作，提高政府行政管理人员的监督管理能力，提高行业协会工作人员的指导协调能力，提高检测机构和企业内部人员的技术保障能力，增强全行业从业人员的绿色印刷意识。

（三）政策扶持

新闻出版总署和环境保护部将与有关部门和地区研究出台绿色印刷的扶持政策，鼓励有关企业、科研机构和高等院校建立产学研相结合的实施绿色印刷的新模式，对实施绿色印刷取得突出业绩的部门和企业进行奖励。各地要结合自身实际，研究出台对绿色印刷的扶持政策。

（四）监督检查

各级新闻出版和环境保护行政主管部门要高度重视实施绿色印刷工作，抓好工作落实；相关检测机构要根据有关标准做好绿色印刷质量检测工作。新闻出版总署和环境保护部将对各地实施绿色印刷工作的情况进行督促检查，建立健全责任制和责任追究制，逐步完善绿色印刷管理的长效机制。

特此公告。

关于印发《国家印刷复制示范企业管理办法》的通知

新闻出版总署　2011年12月6日　新出政发〔2011〕18号

各省、自治区、直辖市新闻出版局，新疆生产建设兵团新闻出版局，解放军总政治部宣传部新闻出版局：

为贯彻落实党的十七届六中全会精神和国务院印发的《文化产业振兴规划》要求，对印刷复制企业分类实施综合评估，规范国家印刷复制示范企业的建立和管理，充分发挥规模以上重点印刷复制企业在转变发展方式、调整产业结构、提升行业素质等方面的引导和辐射作用，将我国建设成为世界印刷强国，更好地为新闻出版产业和国民经济发展服务，新闻出版总署制定了《国家印刷复制示范企业管理办法》，现予以印发，请各地认真执行。

国家印刷复制示范企业管理办法

第一条　为贯彻落实国务院印发的《文化产业振兴规划》提出的建设一批印刷复制产业示范基地的要求，对印刷复制企业分类实施综合评估，规范国家印刷复制示范企业的建立和管理，充分发挥国家印刷复制示范企业在转变发展方式、调整产业结构、提升行业素质等方面的引导和辐射作用，将我国建设成为世界印刷强国，特制定本办法。

第二条　国家印刷复制示范企业，是指资质合格、遵纪守法、管理规范、技术先进、产品优质、业绩突出、创新节能、人才聚集、诚信经营，在全国具有示范作用的骨干印刷复制企业或者企业集团。

第三条 建立国家印刷复制示范企业的宗旨，是通过对具有示范作用的骨干印刷复制企业或者企业集团的认定、挂牌、扶持和宣传，进一步优化产业结构、培育优势企业，加快自主创新和技术进步，鼓励节能减排，倡导绿色印刷，引导整个产业实现转型和升级。

第四条 新闻出版总署负责制定国家印刷复制示范企业总量、结构、布局的全国规划，对国家印刷复制示范企业进行审核、认定和管理。各省、自治区、直辖市新闻出版行政主管部门负责对国家印刷复制示范企业进行初审、申报和日常管理。

第五条 国家印刷复制示范企业的规划目标，是从 2012 年开始，到“十二五”期末，在全国范围内建立 100 家左右“国家印刷示范企业”和 10 家左右“国家光盘复制示范企业”，国家印刷复制示范企业的引导作用和辐射效应明显显现，骨干印刷复制企业国际竞争力明显增强，产业分工合理，区域协调发展，形成相对完善的现代化印刷复制产业体系。

第六条 国家印刷复制示范企业必须具备的条件：

（一）合法经营方面

印刷复制企业模范遵守《出版管理条例》、《印刷业管理条例》、《音像制品管理条例》以及《复制管理办法》等法规和规章，没有盗版盗印等不良记录，近三年内未被新闻出版行政主管部门给予过行政处罚。

（二）规模效益方面

印刷复制企业主要经济效益指标及全员劳动生产率居国内同

行业前列，在最近三个财务审计年度实现盈利。其中，印刷企业资产总额3亿元以上（主营出版物印刷企业或者数字印刷企业1亿元以上），年度销售收入5亿元以上（主营出版物印刷企业或者数字印刷企业2亿元以上），或者近三年销售总收入10亿元以上（主营出版物印刷企业或者数字印刷企业5亿元以上）且其间年度增长率均值超过20%，年度上缴税收1000万元以上；只读类光盘复制企业年度产量1亿片以上，销售收入1.2亿元以上，年度上缴税收500万元以上；可录类光盘生产企业年度产量2.5亿片以上，销售收入2.8亿元以上，年度上缴税收1000万元以上。

（三）技术装备方面

印刷复制企业关键生产设备居行业先进水平。其中，印刷企业拥有多色高速、自动、联动等先进技术设备，或者在数字印刷、柔印、印刷设备数字化自动控制、数字资产管理、数字直接制版、数字化工作流程等方面具备较强实力；光盘复制企业拥有DVD、DVDR或者高清光盘生产线以及配套的检测设备。

（四）创新研发方面

印刷复制企业研发投入达到销售收入的一定比重。其中，印刷企业研发投入占销售收入比重不低于1%，光盘复制企业研发投入占销售收入比重不低于4%。印刷复制企业建有国家级或省级企业技术中心或者研发机构，企业持有授权专利，且持有数量居国内同行业前列。印刷复制企业在新产品拓展、产业链延伸、商业模式探索等方面有实质性创新和相对成熟的创新成果。

（五）管理体系方面

印刷复制企业建立了规范的现代产权制度和科学的管理机制；通过了质量管理体系认证，按照国际与国内先进标准组织生产，产品质量经检测符合有关标准；建立了基于网络的企业管理信息化系统；企业安全生产管理体系完善，责任制健全，近三年内未发生重大安全生产事故。

（六）绿色环保方面

印刷复制企业积极开展绿色生产，通过环境管理体系及相关国际绿色认证；推行清洁生产审核；使用的各种原辅材料符合国际标准，应用节能减排、清洁生产的设备、材料与工艺；排放、节能等指标符合国家环保标准。其中，印刷企业能够达到国家绿色环保印刷标准的要求。

（七）人才队伍方面

印刷复制企业具有较强的经营管理和技术研发队伍。其中，印刷企业大专以上学历或者中级以上（含中级技工以上）职称人员人数比例不低于70%，高级技术人员（含技师以上）比例不低于20%；光盘复制企业大专以上学历或者中级以上职称人员人数比例不低于90%，技术人员比例不低于20%。

（八）地方扶持方面

印刷复制企业所在地省、自治区、直辖市对建立国家印刷复制示范企业给予了切实可行的扶持政策和措施。

第七条 为鼓励印刷企业“走出去”，对具备以下条件的印刷企业可以认定为国家印刷示范企业：印刷企业年度承接境外印刷加工业务占企业全面主营业务量的30%以上，且年度对外加工业务营业额达到2000万美元；企业的总资产报酬率应高于同期银行贷款利率；企业应不欠税、不欠工资，不欠社会保险金，企业资产负债率一般应低于60%，企业银行信用等级在AA级以上（含AA级）。在同行业中企业的产品质量、产品科技含量、新产品开发能力居领先水平，原料综合利用率高，主营业务符合国家产业政策、环保政策和质量管理标准体系。

第八条 国家印刷复制示范企业实行自愿申请、初审、终审和认定的程序。凡符合本办法第六条或者第七条要求的印刷复制企业，均可申请建立成为国家印刷复制示范企业。

第九条 印刷复制企业应当向所在地县、市新闻出版行政主管部门提交《国家印刷复制示范企业申请表》（见附表），经所在地县、市新闻出版行政主管部门核实确认后，报送所在地省、自治区、直辖市新闻出版行政主管部门初审。审核同意后，由各省、自治区、直辖市新闻出版行政主管部门向新闻出版总署报送书面报告以及有关申请材料。报告要同时载明地方给予的扶持政策和措施。

第十条 新闻出版总署组织评审专家组，对各省、自治区、直辖市新闻出版行政主管部门申报的国家印刷复制示范企业进行考核和终审。

通过考核和终审的印刷复制企业在新闻出版总署门户网站（www.gapp.gov.cn）上进行公示，公示期为7天。

通过公示的印刷复制企业，由新闻出版总署认定为国家印刷复制示范企业，授予“国家印刷示范企业”或者“国家光盘复制示范企业”的称号，颁发牌匾和证书，并通过媒体向社会公告。

第十一条 经过认定的国家印刷复制示范企业，新闻出版总署建议其所在地人民政府给予扶持和奖励。国家印刷复制示范企业享有以下方面的优惠扶持：

（一）项目资金方面

新闻出版总署对认定成为国家印刷复制示范企业的印刷复制企业优先给予产业发展项目和发展资金的支持。

（二）产业政策方面

认定成为国家印刷复制示范企业的中外合资、中外合作出版物印刷企业、其他印刷品印刷企业或者只读类光盘复制企业，外方可以控股或者占主导地位，但中方比例或者权益不得低于30%。

（三）管理措施方面

认定成为国家印刷复制示范企业的印刷复制企业，在接受委托印刷复制境外的印刷复制产品时，各省、自治区、直辖市新闻出版行政主管部门在保证文化安全的基础上，可以根据管理实际，适当简化审批程序，提高审批效率。

（四）评选奖励方面

中国出版政府奖（印刷复制奖）、全国文化重点出口企业、全国文化高新技术企业等的评定，在同等条件下，优先考虑被认定成为国家印刷复制示范企业的印刷复制企业。

（五）进口设备方面

认定成为国家印刷复制示范企业的光盘复制企业，可以进口境外性价比高且使用年限不足3年的光盘复制生产设备，但进口各种类型设备的总数量不得超过企业原有设备总数量的30%，而且进口设备只限于企业自身使用。

第十二条 新闻出版总署和各省、自治区、直辖市新闻出版行政主管部门对国家印刷复制示范企业进行跟踪管理。根据“目标考核、动态管理、能进能退”的原则，建立并完善国家印刷复制示范企业的年度考核机制。年度考核采取书面考核和现场考评相结合的方式。具体程序为：

（一）国家印刷复制示范企业应当于每年1月底前向所在地省、自治区、直辖市新闻出版行政主管部门提交上年度总结。

（二）各省、自治区、直辖市新闻出版行政主管部门对年度总结材料进行审核后，每年2月底前将本地区国家印刷复制示范企业发展情况、审核意见和有关审核材料报送新闻出版总署。

（三）新闻出版总署组织评审专家组对国家印刷复制示范企业进行考核，确定年度考核结果。对考核结果不合格的，撤销国家印刷复制示范企业称号。

第十三条　新闻出版总署对国家印刷复制示范企业年度考核情况予以通报，通过媒体向社会公告，并发布国家印刷复制示范企业年度发展报告。

第十四条　有下列情形之一的，由新闻出版总署直接撤销国家印刷复制示范企业称号并通过媒体向社会公告：

（一）严重违反《出版管理条例》、《印刷业管理条例》和《音像制品管理条例》有关规定且情节严重的；

（二）发生重大生产安全和质量事故，造成严重后果的；

（三）有其他严重违法违规行为的。

第十五条　本办法由新闻出版总署负责解释。

第十六条　本办法自 2012 年 1 月 1 日起施行。

附表：国家印刷复制示范企业申请表（略）

关于中小学教科书实施绿色印刷的通知

新闻出版总署　教育部　环境保护部

2012 年 4 月 6 日　新出联〔2012〕11 号

各省（区、市）新闻出版局、教育厅（教委）、环境保护厅（局），各中小学教科书出版及印刷企业，各相关质检机构：

中小学教科书实施绿色印刷是我国保护青少年儿童身体健康，转变印刷业发展方式，推动生态文明、环境友好型社会建设的重要举措。《国务院关于加强环境保护重点工作的意见》（国发〔2011〕35 号）提出，鼓励使用环境标志、环保认证和绿色印刷产品。2011 年 10 月，新闻出版总署、环境保护部印发了《关于实施绿色印刷的公告》（2011 年 第 2 号）。根据公告确定的“基本实现中小学教科书绿色印刷全覆盖”的工作目标，现将有关具体工作安排通知如下：

一、指导思想

深入贯彻落实科学发展观和党的十七届六中全会精神，坚持以人为本、执政为民，通过中小学教科书全面实施绿色印刷工作，免除青少年儿童和印刷从业人员日常接触到的印刷产品中有毒有害物质，保护广大青少年儿童和印刷从业人员的身体健康，减少出版、印制教科书过程中的污染物排放，淘汰达不到标准的教科书印刷企业，加快印刷业发展方式转变、促进印刷业产业升级，推动生态文明、环境友好型社会建设。

二、工作范围和目标

（一）工作范围

中小学教科书实施绿色印刷的范围包括全国义务教育阶段国家课程和地方课程的所有教科书。中小学教科书必须委托获得绿色印刷环境标志产品认证的印刷企业印制。

（二）工作目标

从今年秋季学期起，各地使用的绿色印刷中小学教科书数量应占到本地中小学教科书使用总量的30%；再经过1—2年，基本实现全国中小学教科书绿色印刷全覆盖。通过中小学教科书实施绿色印刷，引起社会各界对中小学教科书环保安全的关注和重视，提高环保意识，推动印刷行业实施绿色印刷，促进印刷产业集约化经营。

三、组织机构

新闻出版总署、教育部、环境保护部联合建立中小学教科书实施绿色印刷工作领导小组。各部门分管负责同志参加，不定期召开会议，确定有关工作内容，通报各地工作进展情况，组织力量督促检查，对各地实施情况进行验收。领导小组下设办公室，办公室设在新闻出版总署印刷发行管理司，具体负责实施工作的组织和协调。

四、实施步骤

（一）动员部署阶段

新闻出版总署、教育部、环境保护部将于今年5月联合举办中小学教科书实施绿色印刷启动仪式，有关安排另行通知。各地要按照本通知要求，相应设立领导小组及办公室，加强领导，落实责任，形成合力，结合本地实际对中小学教科书实施绿色印刷工作进行动员和部署。

（二）试点推广阶段

从今年秋季学期开始，各地可从中小学国家课程或地方课程中选取部分课程的教科书试点实施绿色印刷，实施绿色印刷中小学教科书数量应占到本地中小学教科书使用总量的30%以上，有条件的地区可以扩大实施比例。教科书印制过程中要积极采用符合绿色印刷要求的原辅材料，质检部门要尽快构建中小学教科书绿色印刷检测体系。

（三）全面完成阶段

再经过1—2年，中小学教科书绿色印刷基本实现全覆盖，绿色印刷将成为全国中小学选用教科书的必备条件。教科书绿色印刷的检测体系基本建立。新闻出版总署、教育部、环境保护部将组成督查组，对各地中小学教科书绿色印刷完成情况进行检查和验收。

五、分工要求

（一）中小学教科书出版单位（租型单位）要认真学习平版绿色印刷标准和有关要求，合理确定教科书印制的原辅材料和印刷形式，必须委托获得绿色印刷环境标志产品认证的印刷企业印制中小学教科书［印刷企业名单见附件1，中环联合（北京）认证中心有限公司将定期更新］。接受委托的印刷企业无法完成生产任务的，出版单位（租型单位）要重新选择印刷企业，并重新开具印刷委托书。出版单位（租型单位）委托选择印刷企业有困难的，可经所在地省级新闻出版行政部门报请新闻出版总署统筹调剂。

（二）接受委托印制中小学教科书的印刷企业要严格控制生产工艺与流程，积极采用绿色环保的印刷设备和原辅材料，确保教科书符合绿色印刷产品质量要求。实施绿色印刷的中小学教科书应按环境保护部环境标志使用管理的有关规定，在教科书封底印制中国环境标志（具体要求见附件 2）。

（三）新闻出版行政部门要主动协调中小学教科书出版单位（租型单位）、印刷企业和发行企业，督促有关单位提前安排生产计划，精心组织力量实施，确保中小学教科书“课前到书、人手一册”。

（四）教育行政部门要指导学校组织人员对绿色印刷教科书上印制的中国环境标志进行讲解，增加素质教育内容，逐步培养青少年儿童的环保意识。

（五）环境保护行政部门要将各地中小学教科书实施绿色印刷的情况纳入环境保护责任考核，建立健全中小学教科书实施绿色印刷的监督和反馈机制。

（六）出版物质检部门要将中小学教科书绿色印刷质量检测纳入监管范围，今年作为重点进行抽查，从明年开始各地质检部门每年要组织不少于 20 次的针对中小学教科书绿色印刷的质量检查。对检测不合格的产品，予以更换，并追究相关出版单位（租型单位）和印刷企业的责任。

六、监督处罚

（一）中小学教科书出版单位（租型单位）未将教科书印制业务委托具有资质的印刷企业，或者要求印刷企业采用不符合绿色印刷标准的原辅材料印制教科书的，由新闻出版行政部门依照有关规定调整或者取消其出版（租型）中小学教科书的资质。

（二）印刷企业未按标准印刷生产中小学教科书的，由中环联合（北京）认证中心有限公司取消其绿色印刷环境标志产品认证资格，该企业不得再承接中小学教科书印制任务。

（三）新闻出版、教育、环境保护行政部门和学校不得以任何名目向学生收取涉及绿色印刷的任何费用。违反规定，依法严肃处理。

各地新闻出版、教育、环境保护行政部门要加强对中小学教科书实施绿色印刷工作的组织领导，大力宣传中小学教科书实施绿色印刷的重要意义和有关工作成果，营造良好舆论氛围；全面掌握工作情况，对出现的问题，要及时沟通、协商解决，对实施工作的意见和建议报送领导小组办公室。新闻出版总署、教育部和环境保护部将对各地中小学教科书实施绿色印刷工作开展情况进行督促检查，还将组织验收组对各地实施情况进行验收，对提前实现中小学教科书绿色印刷全覆盖的地区给予表扬，对没有按期完成工作任务的地区，给予全国通报批评并组织整改。

附件：1．获得绿色印刷环境标志产品认证的印刷企业名单（略）

2．中国环境标志印刷要求（略）

关于加强印刷复制发行管理的通知

国家新闻出版广电总局　2013 年 10 月 12 日　新出政发〔2013〕8 号

各省、自治区、直辖市新闻出版局，新疆生产建设兵团新闻出版局，解放军总政治部宣传部新闻出版局，北京市、天津市、上海市、重庆市文化市场行政执法总队：

为贯彻落实全国宣传思想工作会议精神，为党的十八届三中全会召开营造良好氛围，切实加强印刷复制发行管理，现将有关要求通知如下：

一、统一思想，提高认识

各地要认真学习全国宣传思想工作会议精神，深刻理解习近平总书记“意识形态工作事关党的前途命运，事关国家长治久安，事关民族凝聚力和向心力”的讲话内涵。印刷复制发行是思想文化内容重要的固化和传播环节，具有鲜明的意识形态属性，是意识形态管理的重要阵地，是维护文化安全的重要领域。新时期里，政府简政放权的行政体制改革不断深化，印刷复制发行产业快速发展，数字网络技术广泛应用，对印刷复制发行行业的管理工作提出了更高要求。各地有关管理部门要清醒认识所肩负的重要职责和所面临的复杂形势，开拓思路，以高度的责任感和使命感做好监管工作。

二、完善机制，注重创新

日常巡查和突击检查相结合是督促印刷复制企业落实委托书等管理制度、督促发行单位完善出版物进销货管理制度的主要举措。各地要总结经验，不断创新，逐步完善长效管理机制。要突出以下两点：

（一）完善网络管理共享机制，创新管理手段

上海、江苏、安徽、广东、山东、云南等地已经在全国率先建立了印刷复制管理网络信息系统，实现了本区域内委托书网上核查，较好地解决了委托书开具、备案等环节存在的问题。各地要借鉴经验，加快建设管理信息平台。北京、河北两地区位独特，实施印刷网络管理尤为迫切，要力争在明年上半年取得实质性进展，并尽早实现两地互通。其他有条件的地区，也要积极推进联网试点。另外，印刷复制发行管理部门和综合执法部门之间要建立信息数据共享机制，做到企业信息共享、处罚信息互通、奖惩口径一致，提高监管成效。

（二）完善队伍培训建设机制，创新基层工作

印刷复制发行业点多、线长、面广，监管问题和任务主要在基层。各地要结合正在开展的党的群众路线教育实践活动，高度重视抓基层、打基础的工作，切实加强对基层管理人员的思想教育和业务培训。总局将分批组织省级管理部门和分片区组织地级市管理部门有关人员进行培训。各地要制订计划，分批组织辖区内地级市或重点县级市有关管理人员在两年内轮训一遍。同时，要走出门、沉下去，积极为基层一线解决困难和问题，不断增强基层队伍的战斗力和凝聚力。

三、敢于严管，务求实效

印刷复制发行是文化产业发展的主力军，各地要克服“重发展、轻监管”的片面思想，坚决改变监管工作“纠正软、不处罚”的缺位状态，坚持两手抓、两手硬，敢于亮剑，敢抓敢管。严格依法行政，坚持有法必依，执法必严。

（一）严查重点地区，持续整治高发违规行为

各地要在印刷复制发行分级分类管理的基础上，根据实际情况，对出版物印刷企业和只读类光盘复制企业集中地区、涉外印刷复制企业集中地区和违法违规行为高发地区，以及出版物批发市场、举报线索指向较多的网下及网上书店进行重点检查，提高密度和力度。要对无印刷复制委托书印制出版物、无准印证印制内部资料性出版物、违规承接转委托印刷复制业务、出版物进货渠道不规范、销售非法出版物和盗版出版物等高发违规行为持续进行整治。在对违规印刷复制发行企业进行严肃处罚的同时，将其列入“黑名单”进行重点监管。

（二）严格落实制度，切实加强网上书店监管

各地要认真落实《出版管理条例》、《出版物市场管理规定》中有关网上书店的管理规定。按照《出版管理条例》第三十六条、《出版物市场管理规定》第十七条和第二十七条的要求，加强对通过信息网络从事出版物经营活动和提供出版物网络交易平台服务等经营活动的管理，严把准入关，进一步落实网络发行单位实名注册和证照公示制度。加强网上书店的事中事后监管，重点加大出版物网络交易平台的监督检查力度，对无证无照、证照不全的网上书店要集中清理、限期整改。督促网上书店建立健全出版物进销货管理制度，规范经营活动。加大案件查处力度，对通过网上书店销售非法出版物、盗版出版物以及境外非法出版物的，发现一起，查处一起，严惩不贷。

（三）严格落实责任，改进执法报告评价制度

各地要坚持属地管理和谁主管谁负责的原则，落实责任制和责任追究制，做到分级负责、责任到人。要坚持并完善“全国印刷复制行政执法报告评价制度”，实施目标考核，督促基层管理

人员进企业、巡市场、办案件，切实改变目前部分管理人员“不想办案、不敢办案、不会办案”的消极监管局面。要对监管工作落实较好并取得成绩的地区予以表扬，对管理制度落实不力，虚报、瞒报的地区予以批评，进一步改进完善印刷复制发行监管工作体系。

各地要将印刷复制发行监管工作作为意识形态管理工作的重要内容来抓。要积极争取当地党委政府领导的支持。要主动协调有关部门加强协作，形成合力。各地要将印刷复制发行监管中遇到的问题和好的做法经验及时报送总局。

关于票据票证实施绿色印刷的通知

国家新闻出版广电总局　环境保护部　工业和信息化部
国家认证认可监督管理委员会　2013年11月4日　新出联〔2013〕9号

各省、自治区、直辖市及新疆生产建设兵团新闻出版局、环境保护厅（局）、工业和信息化主管部门、质量技术监督局，解放军总政治部宣传部新闻出版局，各相关印刷产品质检机构：

票据票证印刷是我国印刷业的特殊领域，直接涉及税收、金融、商业等国民经济运行安全。票据票证实施绿色印刷是拓展绿色印刷实施领域、推动印刷业转型升级的重要举措。按照《国务院关于加强环境保护重点工作的意见》（国发〔2011〕35号）和《关于加快发展节能环保产业的意见》（国发〔2013〕30号）的有关要求，根据《关于实施绿色印刷的公告》（2011年第2号）的部署，现将票据票证实施绿色印刷的有关工作安排通知如下：

一、指导思想

深入贯彻落实党的十八大精神和全国宣传思想工作会议精神，坚持以人为本，推进生态文明建设。要通过票据票证实施绿色印刷，保证税收、金融、商业等国民经济活动环保安全，减少广大人民群众和印刷从业人员日常接触到的票据票证印刷品中的有害物质，减少印制过程中的污染物排放。创新工作思路和方法，完善政府对市场的引导机制，加快推进我国印刷业发展方式转变。

二、范围目标

（一）实施范围

票据票证实施绿色印刷的范围包括税务发票、财政票据、海关单据、银行票据和其他商业票据等各类支付凭证和有价证券。

（二）实施目标

引导票据票证印刷企业逐步实施绿色印刷，鼓励印刷企业贯彻执行绿色印刷标准，推动票据票证印刷品实现绿色印刷。从2013年起，各地要开始在票据票证领域宣传推广绿色印刷；到“十二五”期末，政府采购的票据票证印刷品基本实现绿色印刷；引导和鼓励其他各类票据票证逐步实现绿色印刷。

三、组织机构

新闻出版广电总局、环境保护部、工业和信息化部、国家认证认可监督管理委员会联合建立票据票证实施绿色印刷工作领导小组。各部门分管负责同志参加，通过召开会议，确定有关工作内容，通报各地工作进展情况，组织力量督促检查。领导小组下设办公室，办公室设在新闻出版广电总局印刷发行司，具体负责实施工作的组织和协调。

四、实施步骤

（一）动员部署阶段

票据票证实施绿色印刷工作在2013年“绿色印刷宣传周”正式启动。各地要按照本通知要求，相应设立领导小组及办公室，加强领导，落实责任，形成合力，结合本地实际，深入学习和宣传《环境标志产品技术要求印刷第二部分商业票据印刷》（HJ 2530—2012），对票据票证实施绿色印刷工作进行动员和部署。

（二）试点推广阶段

从2014年开始，各地要引导票据票证印刷企业实施绿色印刷。

有条件的地区和企业要针对政府采购的票据票证印刷品率先进行绿色印刷试点；鼓励和引导骨干票据票证印刷企业通过自愿申请第三方认证或自我声明等途径，达到票据票证绿色印刷标准；不断加强对票据票证实施绿色印刷的质量检查。

（三）逐步完成阶段

到“十二五”期末，政府采购的税务发票、财政票据、海关单据和银行票据等票据票证基本实现绿色印刷；引导和鼓励其他各类票据票证逐步实现绿色印刷。票据票证绿色印刷的检测体系、认证制度和自我声明制度基本建立，淘汰一批落后的票据票证印刷产能。

五、分工要求

（一）新闻出版行政主管部门要主动协调，加强与各部门的沟通，统筹推进票据票证绿色印刷实施工作。

（二）环境保护部门要制定并颁布绿色印刷等相关标准、技术政策，加强对印刷企业的环境监管，减少挥发性有机物和其他主要污染物的排放。

（三）认证认可监督管理部门要严格对绿色印刷认证实施机构的资质管理，鼓励、引导并规范绿色印刷认证活动。票据票证实施绿色印刷认证的具体要求由新闻出版广电总局和国家认证认可监督管理委员会另行规定。

（四）工业和信息化部会同新闻出版广电总局加强对绿色印刷自我声明模式的研究，建立票据票证实施绿色印刷自我声明制度，积极推进自我声明信息服务平台建设，引导企业自主承诺质量安全责任、诚实守信。票据票证实施绿色印刷自我声明的具体要求由新闻出版广电总局和工业和信息化部另行规定。要积极探索政府设计制度框架、行业协会搭建实施平台、检测机构检测监督的绿色印刷自我声明体系。

（五）印刷产品检测机构要将票据票证绿色印刷质量检测和检查纳入重点工作。要为票据票证绿色印刷认证或者自我声明提供完善的产品检测服务。从2014年开始，要专门组织票据票证绿色印刷的专项质量检查，特别是对开展自我声明试点的票据票证印刷企业加强抽查检测，确保印刷企业真正达到绿色印刷标准。

（六）通过第三方认证或者自我声明实现绿色印刷的票据票证印刷企业要建立完善的管理制度，严格执行绿色印刷标准，积极采用绿色环保的印刷设备和原辅材料，调整完善生产工艺与流程，确保票据票证印刷品符合质量要求。

六、监督处罚

（一）通过绿色印刷认证的票据票证印刷企业未按标准及认证要求印制票据票证的，由认证机构对其认证证书做出处理并公布；通过绿色印刷自我声明的票据票证印刷企业未按标准印制票据票证的，纳入“黑名单”管理。

（二）绿色印刷认证机构出具虚假认证结论，检查员擅自增加、减少认证规则规定程序的，由认证认可监督管理部门依据相关法规规定查处。

（三）各地有关行政管理部门不得以任何名目向企业收取涉及绿色印刷的任何费用。违反规定，依法依规严肃处理。

各地要加强对票据票证实施绿色印刷工作的组织领导，大力宣传绿色印刷，营造良好舆论氛围，为税收、金融、商业等国民经济活动安全环保提供良好的服务。对出现的问题，要及时沟通、协商解决，对实施工作的意见和建议报送领导小组办公室。领导小组将对各地票据票证实施绿色印刷的工作进行督导检查，对票据票证绿色印刷推广有力的地区给予表扬。

关于发放新版《图书、期刊印刷委托书》电子文件的通知

国家新闻出版广电总局　2014年9月19日　新广出办发〔2014〕104号

各省、自治区、直辖市新闻出版广电局，新疆生产建设兵团新闻出版局，解放军总政治部宣传部新闻出版局：

为与总局机构调整相衔接，根据《印刷业管理条例》第十七条规定，决定发放新版《图书、期刊印刷委托书》（以下简称委托书）电子文件。现将有关事项通知如下：

一、总局统一提供新版委托书电子文件（含防伪标记），各地负责新版委托书的印制。各地印制委托书时，防伪标记处须使用防伪油墨。委托书编号仍为7位，在“No：”后加本省（区、市）的简称，比如北京在“No：”后加“（京）”。委托书四联无碳复写采用A4大小，每份一式四联。

二、各地新版委托书印制完成后即可使用。从发文之日至2015年3月31日为过渡期，2002年版委托书在过渡期内仍可继续使用。2015年4月1日起，2002年版委托书停止使用。各地在启用新版委托书后，要销毁2002年版委托书胶片和空白委托书。

三、各地应按照档案管理的要求，保管好已使用的委托书，以备查验。仍使用纸质委托书的地区，要逐步实现委托书的电子化管理。

四、各地要保证新版委托书的印刷质量，印制工作完成后，

应将印制的委托书提供一本样本，报总局印刷发行司备案。

附件：《图书、期刊印刷委托书》电子文件（略）

公　告
（对光盘复制有关行政管理事项进行调整）

国家新闻出版广电总局　商务部　海关总署

2016 年 5 月 17 日　2016 年第 2 号

根据《国务院关于第六批取消和调整行政审批项目的决定》（国发〔2012〕52 号）、《国务院关于取消和下放一批行政审批项目等事项的决定》（国发〔2013〕19 号）和商务部、海关总署公告（2014 年第 47 号）有关规定，国家新闻出版广电总局、商务部、海关总署决定对光盘复制有关行政管理事项进行调整，现就有关问题公告如下：

一、关于加工贸易项下进出口光盘的办理

加工贸易项下进出口只读类光盘的，须向所在地省级新闻出版广电行政主管部门提出申请并提供样品备案。经批准后，省级新闻出版广电行政主管部门开具“加工贸易项下光盘进出口批准证”（格式见附件 1）。申请单位凭该批准证到商务部门办理加工贸易审批业务；凭该批准证到进出口口岸海关办理光盘的进出口验放手续。所在地已进行相关行政审批制度改革的地区，可凭该批准证直接到海关办理有关手续。

加工贸易项下进出口的光盘（包括纯光盘产品和配套光盘产品）如无法出口，不得申请内销。由海关移交新闻出版广电行政主管部门，新闻出版广电行政主管部门予以监督销毁，并向海关出具相关证明，海关凭该证明办理核销结案手续。

二、关于赴境外加工光盘类产品并返回境内的办理

境内出版单位出版的音像电子出版物赴境外加工光盘类产品（含黑胶唱片）并返回境内的，须向所在地省级新闻出版广电行政主管部门提供拟入境产品的内容进行备案。备案后，省级新闻出版广电行政主管部门开具《赴境外加工光盘进口备案证明》（以下简称《进口备案证明》，格式见附件2）。出版单位向海关办理赴境外加工并返回国内光盘类产品（商品编码为85234990.00或85238011.00）进口报关纳税手续时，须交验《进口备案证明》，海关按现行规定办理验放手续。

《进口备案证明》所列申请单位应与进口货物报关单收发货人或消费使用单位一致；所进口光盘“商品名称”、“规格型号”等内容应与进口货物报关单相应内容一致；报关进口数量应当在申请进口数量范围之内。《进口备案证明》实行“一批一证”管理，每份进口货物报关单仅适用一份《进口备案证明》；《进口备案证明》仅限在有效期内一次使用。原监管证件代码“Z”中证件名称增加《进口备案证明》，申报单位按照现行申报规范填报。

委托境外加工的光盘入境后，须在15日内向公安部光盘生产源鉴定中心寄送样盘备案。

加工贸易项下光盘进出口批准证和《赴境外加工光盘入境备案证明》由各省级新闻出版广电行政主管部门根据附件格式进行印制。

其他有关光盘复制政策管理措施，继续按《复制管理办法》（原国家新闻出版总署令第42号）执行。

本公告自发布之日起施行。原国家新闻出版总署、商务部、海关总署公告（2004年第2号），原国家新闻出版总署、商务部、海关总署公告（2005年第1号）同时废止。

附件：1．加工贸易项下光盘进出口批准证（格式，略）
2．赴境外加工光盘进口备案证明（格式，略）

关于可录类光盘盘面印刷文字图案法规适用有关问题答复意见的函

国家新闻出版广电总局　2017年6月16日　新广办函〔2017〕70号

山东省版权局：

你局《山东省版权局关于可录光盘盘面印刷文字图案法规适用问题的请示》（鲁版字〔2017〕12号）收悉。经研究，答复如下：

一、光盘盘面印刷不属于音像制品和电子出版物装帧封面，不适用《印刷业管理条例》。根据《复制管理办法》，光盘包括只读类光盘和可录类光盘。光盘盘面印刷是光盘复制生产环节之一，属于复制经营活动。

二、如果光盘复制生产企业生产的空白光盘没有存储内容，仅在空白光盘盘面上印刷简单的产品名称、规格、型号等文字图案，其生产的空白光盘不属于音像制品或音像制品非卖品，适用《复制管理办法》。

三、如果光盘复制生产企业接受委托在空白光盘盘面上印刷了特定文字图案，而这些文字图案具有明显的音像制品或音像制品非卖品属性，能够表明其用途为制成音像制品或音像制品非卖品，那么此类光盘的盘面印刷行为视为复制音像制品或音像制品非卖品的一个生产环节，此类光盘属于音像制品或音像制品非卖品的在制品。光盘复制生产企业接受委托生产此类光盘应当遵守《音像制品管理条例》《复制管理办法》关于复制音像制品和音像制品非卖品的管理规定，应当依法办理委托复制手续。未办理委托复制手续，或未留存有关备查材料的，可依据《音像制品管理条例》第四十二条第（四）项或第四十四条第（五）项追究责任。

四、根据《著作权法》第十条，《著作权法》中的“复制”概念指以印刷、复制、拓印、录音、录像、翻录、翻拍等方式将作品制作一份或多份的行为。如果在光盘盘面上印刷的文字图案构成作品，则其在盘面印刷的行为构成《著作权法》的复制行为，适用《著作权法》。

请你局依据查办案件的事实和证据，准确定性，正确适用法律，依法办理有关案件。

关于加强内部资料性出版物管理的通知

国家新闻出版广电总局　2017年7月25日　新广发〔2017〕122号

各省、自治区、直辖市新闻出版广电局，新疆生产建设兵团新闻出版广电局，北京市、天津市、上海市、重庆市文化市场行政执法总队：

今年年初，国家新闻出版广电总局印发了《关于做好2017年印刷复制发行监管工作的通知》（新广出发〔2017〕4号），部署开展了迎接党的十九大内部资料性出版物（以下简称“内部资料”）专题整治工作，并取得积极进展和成效，但个别地区工作开展不及时、不深入，《内部资料性出版物管理办法》（以下简称“《办法》”）贯彻不力，内部资料审批不严、违规编印、承印等问题较为突出。为切实加强内部资料管理，国家新闻出版广电总局决定将为期半年的内部资料专题整治工作延长至2017年9月底。各地要提高认识、迅速行动，把整治工作抓实抓细抓好。此前已完成专题整治的地区，要进行“回头查”，确保整治工作取得实效。现就有关事项通知如下：

一、充分认识做好内部资料管理工作的重要意义

今年是党的十九大胜利召开之年，做好意识形态管理工作具有特殊重要性。内部资料具有发展的自发性、形式的多样性、安全问题的隐蔽性和管理的两难性等特点，其管理工作事关印刷发行领域意识形态安全和文化安全，责任重大、任务艰巨。各地要认真贯彻落实习近平总书记关于宣传思想文化工作的系列重要讲

话精神，牢固树立“四个意识”，认真落实意识形态工作责任制，突出迎接党的十九大这条主线，按照“正能量、无杂音、保安全”的原则，组织开展好内部资料专题整治工作，层层传导压力，逐级落实责任，确保实现“查处一批、注销一批、规范一批、引导一批”的压缩提升管理目标，为党的十九大胜利召开营造良好的文化环境和舆论氛围。

二、全面加强阵地管理，坚决压缩一批内部资料

（一）严格履行审批职责。对《办法》中明确规定的条件，各地决不允许打折扣、搞变通。审批内部资料，应该严格限定用于与申请单位业务相一致的工作指导、信息交流，发送对象应该严格限定在本行业、本系统、本单位内部。不得批准个人编印内部资料，不得批准文集、画册等应由出版单位出版的作品以内部资料形式编印。各地要从严控制，坚决注销压缩一批不符合审批条件的内部资料，确保总量只减不增。

（二）细化落实审读制度。各地要按照“谁审批、谁审读、谁负责”的要求，认真细化落实审读制度。要加大人财物投入，将审读经费纳入年度财政预算，加强审读机构和审读队伍建设。对一次性内部资料要先审读再审批，对连续性内部资料要实行事先评估与事后审读相结合的办法。对敏感内容必须全面审读，对于涉及党史国史军史、民族文化、国际关系等内容的，必须征求相关部门的意见；对于涉及宗教内容的，必须验证省级宗教事务管理部门的批准文件，确保内容导向正确。要通过全面审读，坚决压缩一批存在管理隐患的内部资料。

（三）加强编印单位的事中事后监管。各地要按照“谁审批、谁监管，审批谁、监管谁”的要求，督促编印单位落实好样本送交制度，对印后的内部资料全面核查，确保审批前后内容的一致

性。要对编印单位实施诚信评价，将审批前后内容不一致、出现问题的编印单位作为防控对象，列入“黑名单”，按照情节轻重，实行约谈整改、通报批评、不予延续准印证有效期等方式，进行动态管理。通过事中事后监管，坚决注销一批不符合《办法》规定的内部资料；坚决查处取缔一批未经批准、擅自编印的内部资料，经鉴定为非法出版物的，按照有关规定严肃处罚。对确有客观实际需要、且具备申报条件的内部资料，引导其申办准印证。

（四）规范承印单位的经营活动。内部资料必须在编印单位所在省（区、市）内的出版物印刷企业印刷。各地印刷管理执法部门对承印单位的监管负责。要通过法规培训、查处违规等方式，使承印单位明确内部资料的定义范围和承印要求。承印单位要严格验证准印手续，并按有关规定保存准印证复印件备查，不得将内部资料作为一般印刷品进行印刷。内部资料印刷质量应符合有关标准。各地要将内部资料纳入印刷质检工作范围。

三、有关工作安排及要求

（一）明确职责分工。各地新闻出版广电行政部门对本地区内部资料管理工作负总责，文化市场综合执法部门对本地区内部资料违规查处工作负责，要一级抓一级，明确内部资料审批、监管和执法的责任主体。各地新闻出版广电行政部门主要领导要亲自过问，特别是内部资料管理职能分散在不同处室的管理部门，要明确内部资料管理的分管局领导、牵头处室（附件 1）以及相关处室的职责分工，坚决杜绝“多头管理无人管”“无人牵头我不管”的情况。

（二）开展核查整改。各地要对 2016 年以来批准的内部资料全部核查一遍，时间截至 2017 年 8 月 31 日。对发现有违规问题的，要依法严肃查处，并填报《违规编印内部资料情况表》（附件2）；对核查后符合管理要求的，要保存样本2年，并填报《内部资料审批情况表》（附件3）。各地要根据核查情况，查找审批和监管工作的漏洞，提出整改措施，形成整改意见，开展整改工作。

（三）做好总结评价。各地要在9月30日前向总局印刷发行司报送专题整治工作总结及相关情况（附件1—附件3）。总局将对各地专题整治工作进行督查，并按意识形态工作责任制要求，对整治工作不力地区的管理和执法部门予以问责。

今后，各地须于每年3月30日前，将本地区上一年度内部资料审批和管理情况报送总局印刷发行司，不断完善长效管理机制。

附件：1．内部资料管理部门人员联系表（略）

2．违规编印内部资料情况表（略）

3．内部资料审批情况表（略）

印发《关于推进印刷业绿色化发展的意见》的通知

国家新闻出版署　国家发展改革委　工业和信息化部　生态环境部
国家市场监督管理总局　2019年9月19日　国新出发〔2019〕29号

各省、自治区、直辖市新闻出版局、发展改革委、工业和信息化厅（局）、生态环境厅（局）、市场监管局：

现将《关于推进印刷业绿色化发展的意见》印发给你们，请认真贯彻执行。

关于推进印刷业绿色化发展的意见

印刷业是我国出版业的重要组成部分，是社会主义文化繁荣兴盛的重要推动力量，是国民经济的重要服务支撑。为加快推进印刷业绿色化发展，现提出如下意见。

一、指导思想

以习近平新时代中国特色社会主义思想为指导，全面贯彻党的十九大和十九届二中、三中全会精神，紧紧围绕统筹推进“五位一体”总体布局和协调推进“四个全面”战略布局，牢牢把握意识形态工作主导权，坚持正确的政治导向，突出问题导向和效果导向，深化印刷业供给侧结构性改革，加强印刷业绿色化发展制度系统设计，推动印刷业绿色化发展全面升级，守正创新推动印刷业高质量发展。

二、目标原则

（一）发展目标

建立完善印刷业绿色化发展制度体系，解决突出环境问题，落实印刷业风险防控要求，为党和国家重要出版物出版、社会主义文化繁荣兴盛与经济社会发展提供有力支撑，为人民群众提供更多优质生态印刷产品和服务。

（二）基本原则

1．坚持正确发展方向。加强党对印刷工作的全面领导，强化协调指导，加快印刷强国建设步伐，更好承担举旗帜、聚民心、育新人、兴文化、展形象的使命任务。

2．坚持顶层制度设计。全面贯彻创新、协调、绿色、开放、共享的发展理念，综合设计制度政策，推动形成产业升级扩容和生态环境改善的良性循环。

3．坚持创新协同突破。深化印刷业供给侧结构性改革，加强全产业链上下游信息交流和分工协作，推动形成印刷业绿色化升级发展的合力。

4．坚持新旧动能转换。加快印刷业传统领域绿色化改造，淘汰落后技术、工艺、装备，运用互联网、大数据、人工智能等新技术，培育壮大新兴印刷业态发展。

三、工作任务

（一）推动完善印刷业绿色化发展的体制机制

完善《印刷业管理条例》等法规规章，加强质量管理，支持绿色发展。推行印刷业绿色产品合格评定制度，以第三方认证、自我声明等方式促进印刷业绿色化发展，按照《绿色产品标识使用管理办法》使用相关标识。

（二）推动建设京津冀印刷业协同发展先行区

贯彻落实《京津冀协同发展规划纲要》，按照《北京市出版物印刷服务首都核心功能建设升级指南》具体要求，建设京津冀印刷业协同发展先行区。统一京津冀三地印刷企业的审批条件和流程；京津冀三地已获批印刷企业实现印刷资质互认，在有效期内搬迁的不再另行审批；提升京津冀三地印刷监管信息化水平。

（三）推动建设长三角区域印刷业一体化发展创新高地和珠三角印刷业对外开放连接平台

贯彻落实《长江三角洲区域一体化发展规划纲要》，按照《长三角区域印刷业一体化发展升级指南》有关要求，加快建设长三角区域印刷业一体化发展创新高地。编制出台《珠三角印刷业发展升级指南》，推动建设珠三角印刷业对外开放连接平台。

（四）推动数字印刷新动能加快发展

建设扩容印刷智能制造测试线。支持数字印刷企业和互联网印刷服务平台发展。在按需印刷出版领域，选择一批印刷企业和出版单位开展印刷委托书、版权页与样本缴送管理等改革试点；在个性化包装领域，推广个性化定制、可变数据标签、场景化解决方案等应用。

（五）推动完善印刷业绿色化发展的标准和技术支撑

完善印刷业绿色化发展的标准体系，加快印刷智能制造标准制定采信工作。推广使用绿色环保低碳的新技术新工艺新材料。出版物印刷企业采用低 VOCs 含量的油墨、胶黏剂、清洗剂等，排放浓度稳定达标且排放速率满足规定要求的，可不要求建设末端治理设施。推进包装装潢印刷，尤其是塑料软包装和印铁印刷企业的 VOCs 综合治理。

（六）推动印刷业绿色化发展重大项目实施

培育遴选公布印刷业绿色化发展重大项目，加大对重大项目的支持力度。发挥项目带动作用，围绕印刷业绿色化发展的重点和难点，在印刷设备改造、加工工艺改进、原辅材料研发、环保设施建设等方面，加快建立以企业为主体、市场需求为导向、产学研用金相结合的自主创新协同体系。

（七）推动成立中国印刷业创新基金

建立常态化、稳定的资金投入机制，推动成立中国印刷业创新基金。发挥基金的杠杆作用，对涉及印刷业发展的全局性、转折性、先导性重大项目进行战略投资，加快培育龙头骨干企业和优势产业集群，提高集约化发展水平。

四、保障措施

（一）加强组织领导。贯彻落实意识形态工作责任制，牢牢掌握印刷工作领导权。对导向性问题要旗帜鲜明、敢抓敢管，确保印刷工作始终坚持正确方向。各地区要切实履行好指导协调和监督管理职责，及时研判处置重要问题。

（二）落实重点任务。各地区要依据本通知要求，研究制定具体工作安排，协同推动重点任务落实。对重点任务要建立工作台账，在落实过程中，遇到的困难和问题要及时协调反映。要总结工作经验，扩大工作成果。

（三）营造良好环境。各地区要加强统筹协调，将印刷业绿色化发展纳入相关规划安排，加大政策资金扶持力度。要加强事中事后监管，提高全流程监管能力，及时公开披露违法违规信息，营造公平市场环境。

（四）加强人才建设。加强印刷业思想政治和职业道德建设，培育创新精神和工匠精神，培养印刷企业家和专业技能人才。加强资源整合，充分发挥高等院校、行业协会、科研机构、传媒平台、骨干企业的作用。

新闻出版
法律法规文件汇编

下编

中共中央宣传部政策法规研究室　编

中国书籍出版社
China Book Press

图书在版编目（CIP）数据

新闻出版法律法规文件汇编. 下编 / 中共中央宣传部政策法规研究室编. -- 北京 : 中国书籍出版社，2021.5

ISBN 978-7-5068-8452-5

Ⅰ. ①新… Ⅱ. ①中… Ⅲ. ①新闻工作—法规—汇编—中国②出版法—汇编—中国 Ⅳ. ①D922.169

中国版本图书馆CIP数据核字（2021）第068960号

新闻出版法律法规文件汇编. 下编

中共中央宣传部政策法规研究室　编

责任编辑	牛　超
责任印制	孙马飞　马　芝
封面设计	东方美迪
出版发行	中国书籍出版社
地　　址	北京市丰台区三路居路 97 号（邮编：100073）
电　　话	（010）52257143（总编室）　（010）52257140（发行部）
电子邮箱	eo@chinabp.com.cn
经　　销	全国新华书店
印　　刷	北京九州迅驰传媒文化有限公司
开　　本	710毫米 × 1000毫米　1/16
字　　数	1300千字
印　　张	97.5
版　　次	2021 年 5 月第 1 版　　2022 年 8 月第 5 次印刷
书　　号	ISBN 978-7-5068-8452-5
定　　价	198.00元（全三编）

下编目录

规章、规范性文件

·发行市场·

出版物市场管理规定

2016年5月31日国家新闻出版广电总局、中华人民共和国商务部令第10号公布

第一章　总　则

第一条　为规范出版物发行活动及其监督管理，建立全国统一开放、竞争有序的出版物市场体系，满足人民群众精神文化需求，推进社会主义文化强国建设，根据《出版管理条例》和有关法律、行政法规，制定本规定。

第二条　本规定适用于出版物发行活动及其监督管理。本规定所称出版物，是指图书、报纸、期刊、音像制品、电子出版物。

本规定所称发行，包括批发、零售以及出租、展销等活动。

批发是指供货商向其他出版物经营者销售出版物。

零售是指经营者直接向消费者销售出版物。

出租是指经营者以收取租金的形式向消费者提供出版物。

展销是指主办者在一定场所、时间内组织出版物经营者集中展览、销售、订购出版物。

第三条　国家对出版物批发、零售依法实行许可制度。从事出版物批发、零售活动的单位和个人凭出版物经营许可证开展出版物批发、零售活动；未经许可，任何单位和个人不得从事出版物批发、零售活动。

任何单位和个人不得委托非出版物批发、零售单位或者个人

销售出版物或者代理出版物销售业务。

第四条 国家新闻出版广电总局负责全国出版物发行活动的监督管理，负责制定全国出版物发行业发展规划。

省、自治区、直辖市人民政府出版行政主管部门负责本行政区域内出版物发行活动的监督管理，制定本省、自治区、直辖市出版物发行业发展规划。省级以下各级人民政府出版行政主管部门负责本行政区域内出版物发行活动的监督管理。

制定出版物发行业发展规划须经科学论证，遵循合法公正、符合实际、促进发展的原则。

第五条 国家保障、促进发行业的发展与转型升级，扶持实体书店、农村发行网点、发行物流体系、发行业信息化建设等，推动网络发行等新兴业态发展，推动发行业与其他相关产业融合发展。对为发行业发展作出重要贡献的单位和个人，按照国家有关规定给予奖励。

第六条 发行行业的社会团体按照其章程，在出版行政主管部门的指导下，实行自律管理。

第二章　申请从事出版物发行业务

第七条 单位从事出版物批发业务，应当具备下列条件：

（一）已完成工商注册登记，具有法人资格；

（二）工商登记经营范围含出版物批发业务；

（三）有与出版物批发业务相适应的设备和固定的经营场所，经营场所面积合计不少于 50 平方米；

（四）具备健全的管理制度并具有符合行业标准的信息管理系统。

本规定所称经营场所，是指企业在工商行政主管部门注册登记的住所。

第八条 单位申请从事出版物批发业务，可向所在地地市级人民政府出版行政主管部门提交申请材料，地市级人民政府出版行政主管部门在接受申请材料之日起10个工作日内完成审核，审核后报省、自治区、直辖市人民政府出版行政主管部门审批；申请单位也可直接报所在地省、自治区、直辖市人民政府出版行政主管部门审批。

省、自治区、直辖市人民政府出版行政主管部门自受理申请之日起20个工作日内作出批准或者不予批准的决定。批准的，由省、自治区、直辖市人民政府出版行政主管部门颁发出版物经营许可证，并报国家新闻出版广电总局备案。不予批准的，应当向申请人书面说明理由。

申请材料包括下列书面材料：

（一）营业执照正副本复印件；

（二）申请书，载明单位基本情况及申请事项；

（三）企业章程；

（四）注册资本数额、来源及性质证明；

（五）经营场所情况及使用权证明；

（六）法定代表人及主要负责人的身份证明；

（七）企业信息管理系统情况的证明材料。

第九条 单位、个人从事出版物零售业务，应当具备下列条件：

（一）已完成工商注册登记；

（二）工商登记经营范围含出版物零售业务；

（三）有固定的经营场所。

第十条 单位、个人申请从事出版物零售业务，须报所在地县级人民政府出版行政主管部门审批。

县级人民政府出版行政主管部门应当自受理申请之日起 20 个工作日内作出批准或者不予批准的决定。批准的，由县级人民政府出版行政主管部门颁发出版物经营许可证，并报上一级出版行政主管部门备案；其中门店营业面积在 5000 平方米以上的应同时报省级人民政府出版行政主管部门备案。不予批准的，应当向申请单位、个人书面说明理由。

申请材料包括下列书面材料：

（一）营业执照正副本复印件；

（二）申请书，载明单位或者个人基本情况及申请事项；

（三）经营场所的使用权证明。

第十一条 单位从事中小学教科书发行业务，应取得国家新闻出版广电总局批准的中小学教科书发行资质，并在批准的区域范围内开展中小学教科书发行活动。单位从事中小学教科书发行业务，应当具备下列条件：

（一）以出版物发行为主营业务的公司制法人；

（二）有与中小学教科书发行业务相适应的组织机构和发行人员；

（三）有能够保证中小学教科书储存质量要求的、与其经营品种和规模相适应的储运能力，在拟申请从事中小学教科书发行业务的省、自治区、直辖市、计划单列市的仓储场所面积在 5000 平方米以上，并有与中小学教科书发行相适应的自有物流配送体系；

（四）有与中小学教科书发行业务相适应的发行网络。在拟申请从事中小学教科书发行业务的省、自治区、直辖市、计划单列市的企业所属出版物发行网点覆盖不少于当地 70% 的县（市、区），且以出版物零售为主营业务，具备相应的中小学教科书储备、调剂、添货、零售及售后服务能力；

（五）具备符合行业标准的信息管理系统；

（六）具有健全的管理制度及风险防控机制和突发事件处置能力；

（七）从事出版物批发业务五年以上。最近三年内未受到出版行政主管部门行政处罚，无其他严重违法违规记录。

审批中小学教科书发行资质，除依照前款所列条件外，还应当符合国家关于中小学教科书发行单位的结构、布局宏观调控和规划。

第十二条 单位申请从事中小学教科书发行业务，须报国家新闻出版广电总局审批。

国家新闻出版广电总局应当自受理之日起20个工作日内作出批准或者不予批准的决定。批准的，由国家新闻出版广电总局作出书面批复并颁发中小学教科书发行资质证。不予批准的，应当向申请单位书面说明理由。

申请材料包括下列书面材料：

（一）申请书，载明单位基本情况及申请事项；

（二）企业章程；

（三）出版物经营许可证和企业法人营业执照正副本复印件；

（四）法定代表人及主要负责人的身份证明，有关发行人员的资质证明；

（五）最近三年的企业法人年度财务会计报告及证明企业信誉的有关材料；

（六）经营场所、发行网点和储运场所的情况及使用权证明；

（七）企业信息管理系统情况的证明材料；

（八）企业发行中小学教科书过程中能够提供的服务和相关保障措施；

（九）企业法定代表人签署的企业依法经营中小学教科书发行业务的承诺书；

（十）拟申请从事中小学教科书发行业务的省、自治区、直辖市、计划单列市人民政府出版行政主管部门对企业基本信息、经营状况、储运能力、发行网点等的核实意见；

（十一）其他需要的证明材料。

第十三条 单位、个人从事出版物出租业务，应当于取得营业执照后15日内到当地县级人民政府出版行政主管部门备案。

备案材料包括下列书面材料：

（一）营业执照正副本复印件；

（二）经营场所情况；

（三）法定代表人或者主要负责人情况。

相关出版行政主管部门应在10个工作日内向申请备案单位、个人出具备案回执。

第十四条 国家允许外商投资企业从事出版物发行业务。

设立外商投资出版物发行企业或者外商投资企业从事出版物发行业务，申请人应向地方商务主管部门报送拟设立外商投资出版物发行企业的合同、章程，办理外商投资审批手续。地方商务主管部门在征得出版行政主管部门同意后，按照有关法律、法规的规定，作出批准或者不予批准的决定。予以批准的，颁发外商投资企业批准证书，并在经营范围后加注“凭行业经营许可开展”；不予批准的，书面通知申请人并说明理由。

申请人持外商投资企业批准证书到所在地工商行政主管部门办理营业执照或者在营业执照企业经营范围后加注相关内容，并按照本规定第七条至第十条及第十三条的有关规定到所在地出版行政主管部门履行审批或备案手续。

第十五条 单位、个人通过互联网等信息网络从事出版物发行业务的，应当依照本规定第七条至第十条的规定取得出版物经营许可证。

已经取得出版物经营许可证的单位、个人在批准的经营范围内通过互联网等信息网络从事出版物发行业务的，应自开展网络发行业务后15日内到原批准的出版行政主管部门备案。

备案材料包括下列书面材料：

（一）出版物经营许可证和营业执照正副本复印件；

（二）单位或者个人基本情况；

（三）从事出版物网络发行所依托的信息网络的情况。

相关出版行政主管部门应在10个工作日内向备案单位、个人出具备案回执。

第十六条 书友会、读者俱乐部或者其他类似组织申请从事出版物零售业务，按照本规定第九条、第十条的有关规定到所在地出版行政主管部门履行审批手续。

第十七条 从事出版物发行业务的单位、个人可在原发证机关所辖行政区域一定地点设立临时零售点开展其业务范围内的出版物销售活动。设立临时零售点时间不得超过10日，应提前到设点所在地县级人民政府出版行政主管部门备案并取得备案回执，并应遵守所在地其他有关管理规定。

备案材料包括下列书面材料：

（一）出版物经营许可证和营业执照正副本复印件；

（二）单位、个人基本情况；

（三）设立临时零售点的地点、时间、销售出版物品种；

（四）其他相关部门批准设立临时零售点的材料。

第十八条　出版物批发单位可以从事出版物零售业务。

出版物批发、零售单位设立不具备法人资格的发行分支机构，或者出版单位设立发行本版出版物的不具备法人资格的发行分支机构，不需单独办理出版物经营许可证，但应依法办理分支机构工商登记，并于领取营业执照后15日内到原发证机关和分支机构所在地出版行政主管部门备案。

备案材料包括下列书面材料：

（一）出版物经营许可证或者出版单位的出版许可证及分支机构营业执照正副本复印件；

（二）单位基本情况；

（三）单位设立不具备法人资格的发行分支机构的经营场所、经营范围等情况。

相关出版行政主管部门应在10个工作日内向备案单位、个人出具备案回执。

第十九条　从事出版物发行业务的单位、个人变更出版物经营许可证登记事项，或者兼并、合并、分立的，应当依照本规定到原批准的出版行政主管部门办理审批手续。出版行政主管部门自受理申请之日起20个工作日内作出批准或者不予批准的决定。批准的，由出版行政主管部门换发出版物经营许可证；不予批准的，应当向申请单位、个人书面说明理由。

申请材料包括下列书面材料：

（一）出版物经营许可证和营业执照正副本复印件；

（二）申请书，载明单位或者个人基本情况及申请变更事项；

（三）其他需要的证明材料。

从事出版物发行业务的单位、个人终止经营活动的，应当于

15日内持出版物经营许可证和营业执照向原批准的出版行政主管部门备案，由原批准的出版行政主管部门注销出版物经营许可证。

第三章　出版物发行活动管理

第二十条　任何单位和个人不得发行下列出版物：

（一）含有《出版管理条例》禁止内容的违禁出版物；

（二）各种非法出版物，包括：未经批准擅自出版、印刷或者复制的出版物，伪造、假冒出版单位或者报刊名称出版的出版物，非法进口的出版物；

（三）侵犯他人著作权或者专有出版权的出版物；

（四）出版行政主管部门明令禁止出版、印刷或者复制、发行的出版物。

第二十一条　内部发行的出版物不得公开宣传、陈列、展示、征订、销售或面向社会公众发送。

第二十二条　从事出版物发行业务的单位和个人在发行活动中应当遵循公平、守法、诚实、守信的原则，依法订立供销合同，不得损害消费者的合法权益。

从事出版物发行业务的单位、个人，必须遵守下列规定：

（一）从依法取得出版物批发、零售资质的出版发行单位进货；发行进口出版物的，须从依法设立的出版物进口经营单位进货；

（二）不得超出出版行政主管部门核准的经营范围经营；

（三）不得张贴、散发、登载有法律、法规禁止内容的或者有欺诈性文字、与事实不符的征订单、广告和宣传画；

（四）不得擅自更改出版物版权页；

（五）出版物经营许可证应在经营场所明显处张挂；利用信息网络从事出版物发行业务的，应在其网站主页面或者从事经营活动的网页醒目位置公开出版物经营许可证和营业执照登载的有关信息或链接标识；

（六）不得涂改、变造、出租、出借、出售或者以其他任何形式转让出版物经营许可证和批准文件。

第二十三条 从事出版物发行业务的单位、个人，应查验供货单位的出版物经营许可证并留存复印件或电子文件，并将出版物发行进销货清单等有关非财务票据至少保存两年，以备查验。

进销货清单应包括进销出版物的名称、数量、折扣、金额以及发货方和进货方单位公章（签章）。

第二十四条 出版物发行从业人员应接受出版行政主管部门组织的业务培训。出版物发行单位应建立职业培训制度，积极组织本单位从业人员参加依法批准的职业技能鉴定机构实施的发行员职业技能鉴定。

第二十五条 出版单位可以发行本出版单位出版的出版物。发行非本出版单位出版的出版物的，须按照从事出版物发行业务的有关规定办理审批手续。

第二十六条 为出版物发行业务提供服务的网络交易平台应向注册地省、自治区、直辖市人民政府出版行政主管部门备案，接受出版行政主管部门的指导与监督管理。

备案材料包括下列书面材料：

（一）营业执照正副本复印件；

（二）单位基本情况；

（三）网络交易平台的基本情况。

省、自治区、直辖市人民政府出版行政主管部门应于10个工作日内向备案的网络交易平台出具备案回执。

提供出版物发行网络交易平台服务的经营者，应当对申请通过网络交易平台从事出版物发行业务的经营主体身份进行审查，核实经营主体的营业执照、出版物经营许可证，并留存证照复印件或电子文档备查。不得向无证无照、证照不齐的经营者提供网络交易平台服务。

为出版物发行业务提供服务的网络交易平台经营者应建立交易风险防控机制，保留平台内从事出版物发行业务经营主体的交易记录两年以备查验。对在网络交易平台内从事各类违法出版物发行活动的，应当采取有效措施予以制止，并及时向所在地出版行政主管部门报告。

第二十七条 省、自治区、直辖市出版行政主管部门和全国性出版、发行行业协会，可以主办全国性的出版物展销活动和跨省专业性出版物展销活动。主办单位应提前 2 个月报国家新闻出版广电总局备案。

市、县级出版行政主管部门和省级出版、发行协会可以主办地方性的出版物展销活动。主办单位应提前 2 个月报上一级出版行政主管部门备案。

备案材料包括下列书面材料：

（一）展销活动主办单位；

（二）展销活动时间、地点；

（三）展销活动的场地、参展单位、展销出版物品种、活动筹备等情况。

第二十八条 从事中小学教科书发行业务，必须遵守下列规定：

（一）从事中小学教科书发行业务的单位必须具备中小学教科书发行资质；

（二）纳入政府采购范围的中小学教科书，其发行单位须按照《中华人民共和国政府采购法》的有关规定确定；

（三）按照教育行政主管部门和学校选定的中小学教科书，在规定时间内完成发行任务，确保“课前到书，人手一册”。因自然灾害等不可抗力导致中小学教科书发行受到影响的，应及时采取补救措施，并报告所在地出版行政和教育行政主管部门；

（四）不得在中小学教科书发行过程中擅自征订、搭售教学用书目录以外的出版物；

（五）不得将中小学教科书发行任务向他人转让和分包；

（六）不得涂改、倒卖、出租、出借中小学教科书发行资质证书；

（七）中小学教科书发行费率按照国家有关规定执行，不得违反规定收取发行费用；

（八）做好中小学教科书的调剂、添货、零售和售后服务等相关工作；

（九）应于发行任务完成后30个工作日内向国家新闻出版广电总局和所在地省级出版行政主管部门书面报告中小学教科书发行情况。

中小学教科书出版单位应在规定时间内向依法确定的中小学教科书发行单位足量供货，不得向不具备中小学教科书发行资质的单位供应中小学教科书。

第二十九条　任何单位、个人不得从事本规定第二十条所列出版物的征订、储存、运输、邮寄、投递、散发、附送等活动。

从事出版物储存、运输、投递等活动，应当接受出版行政主管部门的监督检查。

第三十条　从事出版物发行业务的单位、个人应当按照出版行政主管部门的规定接受年度核验，并按照《中华人民共和国统计法》《新闻出版统计管理办法》及有关规定如实报送统计资料，不得以任何借口拒报、迟报、虚报、瞒报以及伪造和篡改统计资料。

出版物发行单位、个人不再具备行政许可的法定条件的，由出版行政主管部门责令限期改正；逾期仍未改正的，由原发证机关撤销出版物经营许可证。

中小学教科书发行单位不再具备中小学教科书发行资质的法定条件的，由出版行政主管部门责令限期改正；逾期仍未改正的，由原发证机关撤销中小学教科书发行资质证。

第四章　法律责任

第三十一条　未经批准，擅自从事出版物发行业务的，依照《出版管理条例》第六十一条处罚。

第三十二条　发行违禁出版物的，依照《出版管理条例》第六十二条处罚。

发行国家新闻出版广电总局禁止进口的出版物，或者发行未从依法批准的出版物进口经营单位进货的进口出版物，依照《出版管理条例》第六十三条处罚。

发行其他非法出版物和出版行政主管部门明令禁止出版、印刷或者复制、发行的出版物的，依照《出版管理条例》第六十五条处罚。

发行违禁出版物或者非法出版物的，当事人对其来源作出说明、指认，经查证属实的，没收出版物和非法所得，可以减轻或免除其他行政处罚。

第三十三条　违反本规定发行侵犯他人著作权或者专有出版

权的出版物的，依照《中华人民共和国著作权法》和《中华人民共和国著作权法实施条例》的规定处罚。

第三十四条 在中小学教科书发行过程中违反本规定，有下列行为之一的，依照《出版管理条例》第六十五条处罚：

（一）发行未经依法审定的中小学教科书的；

（二）不具备中小学教科书发行资质的单位从事中小学教科书发行活动的；

（三）未按照《中华人民共和国政府采购法》有关规定确定的单位从事纳入政府采购范围的中小学教科书发行活动的。

第三十五条 出版物发行单位未依照规定办理变更审批手续的，依照《出版管理条例》第六十七条处罚。

第三十六条 单位、个人违反本规定被吊销出版物经营许可证的，其法定代表人或者主要负责人自许可证被吊销之日起10年内不得担任发行单位的法定代表人或者主要负责人。

第三十七条 违反本规定，有下列行为之一的，由出版行政主管部门责令停止违法行为，予以警告，并处3万元以下罚款：

（一）未能提供近两年的出版物发行进销货清单等有关非财务票据或者清单、票据未按规定载明有关内容的；

（二）超出出版行政主管部门核准的经营范围经营的；

（三）张贴、散发、登载有法律、法规禁止内容的或者有欺诈性文字、与事实不符的征订单、广告和宣传画的；

（四）擅自更改出版物版权页的；

（五）出版物经营许可证未在经营场所明显处张挂或者未在网页醒目位置公开出版物经营许可证和营业执照登载的有关信息或者链接标识的；

（六）出售、出借、出租、转让或者擅自涂改、变造出版物经营许可证的；

（七）公开宣传、陈列、展示、征订、销售或者面向社会公众发送规定应由内部发行的出版物的；

（八）委托无出版物批发、零售资质的单位或者个人销售出版物或者代理出版物销售业务的；

（九）未从依法取得出版物批发、零售资质的出版发行单位进货的；

（十）提供出版物网络交易平台服务的经营者未按本规定履行有关审查及管理责任的；

（十一）应按本规定进行备案而未备案的；

（十二）不按规定接受年度核验的。

第三十八条 在中小学教科书发行过程中违反本规定，有下列行为之一的，由出版行政主管部门责令停止违法行为，予以警告，并处3万元以下罚款：

（一）擅自调换已选定的中小学教科书的；

（二）擅自征订、搭售教学用书目录以外的出版物的；

（三）擅自将中小学教科书发行任务向他人转让和分包的；

（四）涂改、倒卖、出租、出借中小学教科书发行资质证书的；

（五）未在规定时间内完成中小学教科书发行任务的；

（六）违反国家有关规定收取中小学教科书发行费用的；

（七）未按规定做好中小学教科书的调剂、添货、零售和售后服务的；

（八）未按规定报告中小学教科书发行情况的；

（九）出版单位向不具备中小学教科书发行资质的单位供应中小学教科书的；

（十）出版单位未在规定时间内向依法确定的中小学教科书

发行企业足量供货的；

（十一）在中小学教科书发行过程中出现重大失误，或者存在其他干扰中小学教科书发行活动行为的。

第三十九条 征订、储存、运输、邮寄、投递、散发、附送本规定第二十条所列出版物的，按照本规定第三十二条进行处罚。

第四十条 未按本规定第三十条报送统计资料的，按照《新闻出版统计管理办法》有关规定处理。

第五章 附 则

第四十一条 允许香港、澳门永久性居民中的中国公民依照内地有关法律、法规和行政规章，在内地各省、自治区、直辖市设立从事出版物零售业务的个体工商户，无需经过外资审批。

第四十二条 本规定所称中小学教科书，是指经国务院教育行政主管部门审定和经授权审定的义务教育教学用书（含配套教学图册、音像材料等）。

中小学教科书发行包括中小学教科书的征订、储备、配送、分发、调剂、添货、零售、结算及售后服务等。

第四十三条 出版物经营许可证和中小学教科书发行资质证的设计、印刷、制作与发放等，按照《新闻出版许可证管理办法》有关规定执行。

第四十四条 本规定由国家新闻出版广电总局会同商务部负责解释。

第四十五条 本规定自2016年6月1日起施行，原新闻出版总署、商务部2011年3月25日发布的《出版物市场管理规定》同时废止。本规定施行前与本规定不一致的其他规定不再执行。

关于发布《关于认定淫秽及色情出版物的暂行规定》的通知

新闻出版署　1988年12月27日　（88）新出办字第1512号

各省、自治区、直辖市新闻出版局：

由新闻出版署制定的《关于认定淫秽及色情出版物的暂行规定》，经国务院批准作为《国务院关于严禁淫秽物品的规定》的实施办法，现予发布施行。

关于认定淫秽及色情出版物的暂行规定

第一条　为了实施《国务院关于严禁淫秽物品的规定》和《关于重申严禁淫秽出版物的规定》，明确淫秽及色情出版物的认定标准，特制定本暂行规定。

第二条　淫秽出版物是指在整体上宣扬淫秽行为，具有下列内容之一，挑动人们的性欲，足以导致普通人腐化堕落，而又没有艺术价值或者科学价值的出版物：

（一）淫亵性地具体描写性行为、性交及其心理感受；

（二）公然宣扬色情淫荡形象；

（三）淫亵性地描述或者传授性技巧；

（四）具体描写乱伦、强奸或者其他性犯罪的手段、过程或者细节，足以诱发犯罪的；

（五）具体描写少年儿童的性行为；

（六）淫亵性地具体描写同性恋的性行为或者其他性变态行为，或者具体描写与性变态有关的暴力、虐待、侮辱行为；

（七）其他令普通人不能容忍的对性行为淫亵性描写。

第三条 色情出版物是指在整体上不是淫秽的，但其中一部分有第二条（一）至（七）项规定的内容，对普通人特别是未成年人的身心健康有毒害，而缺乏艺术价值或者科学价值的出版物。

第四条 夹杂淫秽、色情内容而具有艺术价值的文艺作品；表现人体美的美术作品；有关人体的解剖生理知识、生育知识、疾病防治和其他有关性知识、性道德、性社会学等自然科学和社会科学作品，不属于淫秽出版物、色情出版物的范围。

第五条 淫秽出版物、色情出版物由新闻出版署负责鉴定或者认定。新闻出版署组织有关部门的专家组成淫秽及色情出版物鉴定委员会，承担淫秽出版物、色情出版物的鉴定工作。

各省、自治区、直辖市新闻出版局组织有关部门的专家组成淫秽及色情出版物鉴定委员会，对本行政区域内发现的淫秽出版物、色情出版物提出鉴定或者认定意见报新闻出版署。

第六条 本规定所称的出版物包括书籍、报纸、杂志、图书、画册、挂历、音像制品及印刷宣传品。

本规定所称的普通人是指生理和精神正常的成年人。

第七条 本规定由新闻出版署负责解释。

第八条 本规定自公布之日起施行。

关于印发《关于部分应取缔出版物认定标准的暂行规定》的通知

新闻出版署　1989年11月3日　（89）新出政字第1064号

各省、自治区、直辖市新闻出版局：

现将新闻出版署《关于部分应取缔出版物认定标准的暂行规定》发给你们，请研究执行。在整顿、清理书报刊和音像市场时，一定要十分注意掌握政策，依法办事，各地在执行这个暂行规定中有何问题，请随时报告我署。

关于部分应取缔出版物认定标准的暂行规定

中共中央办公厅、国务院办公厅于1989年9月16日发布的《关于整顿、清理书报刊和音像市场严厉打击犯罪活动的通知》（中办发〔1989〕13号）明确规定："凡属于下列范围的书报刊和音像制品一律取缔：宣扬资产阶级自由化或其它内容反动的；有严重政治错误的；淫秽色情的；夹杂淫秽色情内容、低级庸俗、有害于青少年身心健康的；宣传封建迷信、凶杀暴力的；封面、插图、广告及其它宣传品存在上述问题的；非法出版的书报刊和音像制品。"据此，为使整顿、清理书报刊和音像市场工作的顺利进行，现对部分应取缔的出版物的认定标准作如下具体规定：

一、"夹杂淫秽色情内容、低级庸俗、有害于青少年身心健康的"出版物（简称"夹杂淫秽内容的出版物"），是指尚不能定性为淫秽、色情出版物，但具有下列内容之一，低级庸俗，妨害社会公德，缺乏艺术价值或者科学价值，公开展示或阅读会对普通人特别是青少年身心健康产生危害，甚至诱发青少年犯罪的出版物：

1．描写性行为、性心理，着力表现生殖器官，会使青少年产生不健康意识的；

2．宣传性开放、性自由观念的；

3．具体描写腐化堕落行为，足以导致青少年仿效的；

4．具体描写诱奸、通奸、淫乱、卖淫的细节的；

5．具体描写与性行为有关的疾病，如梅毒、淋病、爱滋病等。令普通人厌恶的；

6．其他刊载有猥亵情节，令普通人厌恶或难以容忍的。

二、“宣扬封建迷信”的出版物，是指除符合国家规定出版的宗教出版物外，其他违反科学、违反理性，宣扬愚昧迷信的出版物：

1．以看相、算命、看风水、占卜为主要内容的；

2．宣扬求神问卜、驱鬼治病、算命相面以及其他传播迷信谣言、荒诞信息，足以蛊惑人心，扰乱公共秩序的。

三、宣扬“凶杀暴力”的出版物，是指以有害方式描述凶杀等犯罪活动或暴力行为，足以诱发犯罪，破坏社会治安的出版物：

1．描写罪犯形象，足以引起青少年对罪犯同情或赞赏的；

2．描述罪犯践踏法律的行为，唆使人们蔑视法律尊严的；

3．描述犯罪方法或细节，会诱发或鼓动人们模仿犯罪行为的；

4．描述离奇荒诞、有悖人性的残酷行为或暴力行为，令普通人感到恐怖、会对青少年造成心理伤害的；

5．正面肯定抢劫、偷窃、诈骗等具有犯罪性质的行为的。

关于图书发行网点建设若干问题的通知

新闻出版署　国家计划委员会　建设部

1991年1月8日　（91）新出联字第1号

各省、自治区、直辖市和计划单列市新闻出版局、计划（经济）委员会、建委（规委）：

中共中央、国务院《关于加强出版工作的决定》（中发〔1983〕24号）指出："全国城镇增加图书发行网点和仓库的问题，应纳入城镇建设规划，由各地计划、城建部门和新华书店、外文书店共同研究落实"。按照这一决定，近几年各地新闻出版、计划、城建部门共同协商，尤其是在计划、城建部门的大力支持下，在图书发行网点建设方面做了大量的工作，对扩大图书发行、繁荣出版事业、促进社会主义精神文明建设起到很好的作用。但是，也有一些地区对图书发行网点建设重视不够，在建设规划中未作统筹安排，建设计划又不落实。严重影响了这些地区图书发行工作的正常进行。农村供销社售书点因无利可图也在逐年减少，广大农民买书难的问题十分严重。为此，特对书店图书发行网点建设的有关问题通知如下：

一、图书发行工作是社会主义精神文明建设的重要组成部分。在繁荣民族文化、发展科学和教育、支持科技兴农等方面，书店担负着十分重要的任务。随着改革的深入、国家对科学文化的重视、"星火计划"的实施和乡镇企业的蓬勃兴起，广大群众对科学、技术、文化的要求越来越迫切。因此，搞好图书发行网点建设，大力加强图书发行，应该成为各级新闻出版、计划、城建等部门的一项重要工作。应该认识到：图书发行是党的重要宣传阵地。这项工作做的好坏，关系到党的路线、方针、政策能否得到正确的贯彻，直接影响着“两个文明”的建设。

二、各省、自治区、直辖市和计划单列市新闻出版局应对书店发行网点的建设加强领导。要根据本省（区、市）的经济、地理、科技、文化等具体情况，商计划、城建部门，制订切实可行的图书发行网点建设规划，并常抓不懈，争取用5年左右的时间，使图书发行网点严重不适应两个文明建设的状况有所改变。

在制订图书发行网点规划中，要特别注意农村供销社售书点的恢复。县、乡（镇）人民政府对设立农村供销社售书点问题应给予足够的重视。

三、各级城建部门要将图书发行网点的建设纳入城镇建设规划。图书发行网点的建设应同城市、工矿区建设结合起来，统筹规划，合理布局。在改造城镇繁华地区或街道以及新建居民住宅区设立商业网点时，必须同时考虑图书发行网点的建设。

在城市规划和建设中，有的图书发行网点确因统一规划需要拆除改建的，原则上应当先建后拆或在适当的地段安排不小于原来面积的新图书发行网点。

四、各级计划部门要根据自己的具体情况对图书发行网点的建设给予关心和支持，将图书发行网点的改建或新建列入本地区固定资产投资计划，并在资金和建筑材料安排方面给予适当照顾。

五、各省（区、市）新闻出版局应集中适当的资金用于图书发行网点建设；各级书店的生产发展基金，除合理补充流动资金外，应主要用于经营场所的扩建、改建和新建。

关于处理白孝琪非法出版《半色曝光》一案中如何计算非法经营数额的批复

新闻出版署　1991 年 1 月 10 日　（91）新出政字第 36 号

陕西省新闻出版局：

你局 1991 年 1 月 5 日《关于处理白孝琪非法出版〈半色曝光〉一案中有关问题的请示》（陕新出发〔1991〕第 2 号）收悉。关于如何计算非法出版（投机倒把）活动的非法经营数额，经研究，现答复如下：

一、对非法出版物的印刷、发行、销售活动的经营数额或获利数额，原则上按其所从事的印刷、发行、销售的不同阶段进行计算，在非法印刷或发行销售过程中收取的预付款、定金、征订费应另行计入经营额。

二、非法印刷（兼发行）阶段数额计算

（1）承印者数额的计算：委印者应当交付承印者的印刷费为承印者的经营数额；这一数额减去印刷成本为获利数额。

（2）委印者（或委印兼发行者）数额计算：委印并全部发行的，出版物的总码洋为经营数额；委印后制成品未发行的，制成品总码洋的 70%（或当地最低发行折扣）为经营额；委印后部分已发行、部分未发行的，已发行的出版物的总码洋加未发行部分的经营额为总经营款，未发行部分的经营额计算方法为：已发行出版物的平均批发价乘以未发行的出版物的册数；委印后的在制品，其印刷费为经营额。

此复。

关于认定、查禁非法出版物的若干问题的通知

新闻出版署　1991年1月30日　（91）新出发字第98号

各省、自治区、直辖市和计划单列市新闻出版局，全国各出版社：

为了有效地打击非法出版活动，便于准确地认定、取缔非法出版物，现将有关事项通知如下：

1．最高人民法院，最高人民检察院《关于摘要转发〈依法查处非法出版犯罪活动工作座谈会纪要〉的通知》明确规定："凡不是国家批准的出版单位印制的在社会上公开发行的报纸、期刊、图书、录音带、录像带等，都属于非法出版物。"这类非法出版物的形式主要有：

"伪称根本不存在的出版单位，印制的出版物；"

"盗用国家批准的出版单位的名义，印制的出版物；"

"盗印、盗制合法出版物而在社会上公开发行销售的出版物；"

"在社会上公开发行的、不署名出版单位或署名非出版单位的出版物；"

"承印者以牟取非法利润为目的，擅自加印、加制的出版物；"

"被明令解散的出版单位的成员，擅自重印或以原编辑部名义出版的出版物；"

"其它非出版单位印制的供公开发行的出版物。"

此外，根据中共中央办公厅、国务院办公厅《关于整顿、清

理书报刊和音像市场严厉打击犯罪活动的通知》（中办发〔1989〕13号）的规定，以“买卖书号、刊号，违反协作出版、代印代发规定从事出版投机活动”，印制的出版物，亦属非法出版物。

2．凡是非法出版物，一律由新闻出版署或省级新闻出版局认定，并通令取缔。

3．盗用中央级出版单位名义出版和印制的出版物，由新闻出版署认定并通令取缔；盗用地方出版单位名义出版和印制的出版物，由出版单位所在的省级新闻出版局认定并通令取缔；其它的非法出版物，一经发现，由当地省级新闻出版局认定并通令取缔。

4．出版单位或其它有关单位、个人，请求出版行政管理部门认定、取缔非法出版物时，应同时提交该出版物的样本。如果是盗用出版单位名义或盗印、盗制合法出版物的，还应一并提交非法的和合法的两种版本的样本，作为行政管理部门认定的依据。新闻出版行政管理部门在下发取缔通知时，应尽可能具体列述非法出版物的特征及与其相应的合法出版物的区别，以便有关部门识别。

印发《关于加强农村图书发行工作的意见》的通知

新闻出版署　中共中央宣传部　商业部　财政部　国家税务局

1991年10月26日　新出联字〔1991〕第18号

各省、自治区、直辖市、计划单列市党委宣传部、新闻出版局、供销合作社（商业厅）、财政厅（局）、税务局：

现将《关于加强农村图书发行工作的意见》印发给你们，望认真执行。

关于加强农村图书发行工作的意见

我国国民经济和社会发展十年规划及第八个五年计划纲要指出。进一步加强农业，全面发展农村经济，是“八五”期间经济和社会发展的首要任务。还指出，必须加强社会主义精神文明建设。为了实现这一重要而艰巨的任务，宣传、出版部门需要进一步加强农村图书发行工作，现将有关意见通知如下：

一、适应农村发展的需要，根据实际情况采取有力措施，加强农村图书发行工作

党的十一届三中全会以来，我国的农村图书发行工作取得了很大成绩，但是与农村发展的需要还很不适应。各级党委宣传部和新闻出版局必须切实加强对新华书店的领导，更好地发挥其作用。新华书店是党的宣传文化阵地，对于扩大党和社会主义在农

村的影响，加强社会主义精神文明建设，具有重要责任。

要认真总结各级新华书店等单位开展农村图书发行工作的经验，推广和发展已经行之有效的作法。与此同时，要从本地的实际状况和需要出发，研究采取新的有力措施。譬如，乡镇企业的出现和发展，对图书发行工作提出了新的要求，创造了新的有利条件。乡镇企业具有一定经济实力，集中了一批年轻的、较有文化的农村劳动者，需要提高职工的思想道德和科学文化素质。随着乡镇企业的发展，一些农村还出现了比较繁荣的集镇。有些县、乡、镇正按照国家第八个五年计划的要求，建立图书馆、文化馆和文化站，有的乡镇企业也正在建立图书阅览室等。新华书店等要在党委和政府的领导下，采取各种切实可行的方式，把图书发行工作做到较发达地区的乡镇企业和集镇去，同它们结合起来，更好地为它们服务，并把图书发行工作向广度和深度推进。

二、切实做好农村图书的货源组织和供应工作

农村图书的出版发行要继续贯彻保本微利的原则。出版社要经常深入农村调查研究，根据农村读者的需要，组织适合农村读者阅读的政治思想读物和文艺读物，组织农业科学读物、工业技术和企业管理读物的出版，而且价格要便宜。出版社自办发行要从实际出发，重视服务农村，逐步向农村及边远地区扩展。新华书店发货店要重视农村发行工作，加强宣传征订，把各类适于农村读者需要的征订目录、征订单及时发往农村，要特别保证发到边远地区和少数民族地区。县级新华书店应将开展农村发行工作作为其主要的业务范围。

新华书店总店与上海、天津发行所每年定期合编的《农村新书目》要继续办好。中国科技图书公司主编的《全国地方版科技新书目》要编发“农村书目专版”，并及时印制，保证供应。各发货店要根据农村市场的需要，积极组织书源，及时足量发往农

村。对边远地区农村的订添货要保证供应并优先办理。

宣传、出版、文化部门要因地制宜地帮助有条件的乡、镇和乡镇企业建立和完善图书馆（室），并使之切实发挥作用，不断巩固。县级新华书店和其它负有农村发行任务的书店，要与县乡图书馆（室）以及乡镇企业图书室建立固定的联系，了解他们的需要，及时供货上门，同时做好预订工作。要利用各种农村征订目录，积极开展宣传征订工作，做好门市零售和备货。对普遍需要的一般图书（指除年货、中小学课本及与课本配套的寒暑假作业、练习册以外的图书。下同），要保证有充足的品种和数量。原则上，县级书店门市部经营的一般图书品种应保证在3000种以上；下伸门市部应保证在500种以上（边远山区应保证在200种以上）。一般图书销售额占销售总额的比例一般不得少于30%，其中工业技术与农业科技图书的销售应占有一定的比例（一般不少于10%）。在少数民族地区，适用于本地区的民族文字图书的销售也应占有一定的比例。农村供销社售书点也应注意增加品种，扩大销售。各地新闻出版局、省级书店及供销社根据本地区的实际情况，根据上述要求作适当调整并提出具体要求。但在核定所属发行网点的承包指标时，必须把一般图书的销售指标单独列出，严格进行考核和奖罚。

三、改善经营管理，提高服务质量

要通过深化改革，改进和完善新华书店内部的管理机制，强化经营管理。要端正经营思想，改变经营作风，提高从业人员素质，积极组织图书进销活动，建立健全各项规章制度。要继续推行和逐步完善各种形式的经营责任制，充分调动企业和职工的积极性。县级书店和供销合作社，要积极探索和试行新的批销形式，根据不同地区、不同情况，确定不同的经营形式及不同的批发折扣档次。

要在完善经营责任制的过程中，健全为农村服务的机制，拓宽服务领域，改善服务手段，提高服务质量。有条件的县级书店要实行开架售书。各级新华书店、供销合作社及其它销售点，要配合农村的政治、经济、文化活动及其它社会活动，搞好多种形式的宣传征订工作，采取征订预约、跟踪服务等灵活方式，满足读者需求。同时积极举办各种农村图书展销、书市，开展流动售书。要加强图书储备，保证货源充足。

四、发展和巩固农村图书发行网点

新闻出版署、国家计划委员会、建设部《关于图书发行网点建设若干问题的通知》（〔91〕新出联字第1号）指出："各级城建部门要将图书发行网点的建设纳入城镇建设规划。在制定图书发行网点规划中，要特别注意农村供销社售书点的恢复。""各级计划部门要根据自己的具体情况对图书发行网点的建设给予关心和支持，将图书发行网点的改建或新建列入本地区固定资产投资计划，并在资金和建筑材料安排方面给予照顾。"各省、自治区、直辖市和计划单列市新闻出版局应对新华书店发行网点的建设加强领导。要根据本省（区、市）的经济、地理、科技、文化等具体情况，商计划、城建部门，制定切实可行的图书发行网点建设规划。根据统一规划、合理布局的原则，因地制宜地建立图书销售网点，形成适合农村特点的图书发行网络。要逐步做到在经济比较发达、人口集中的乡镇建立新华书店的下伸门市部；有条件的基层供销网点都应销售图书。要积极依托文化馆（站）、农业技术推广站、国营、集体企业和大的乡镇企业、学校等，建立各种形式的图书代销点。有条件的地区，要发展集体和个体书摊、书贩零售业务。

供销社是农村图书发行的重要渠道，多年来为农村图书发行工作做出了重要贡献，要继续与新华书店加强合作。现有的发行网点要不断巩固提高；有条件的地区要进一步发展。各级供销社要把经营图书作为一项重要工作来抓，并保证落实。

各省、自治区、直辖市新闻出版局要采取多种方式筹集资金，用于农村发行点建设。县级书店在网点建设资金不足的情况下，可采取合建和租赁等办法，分期分批地建立。对资金严重困难的“老少边穷”地区，各地财政部门在网点的维修和改造资金上应给予必要的支持和适当的照顾。

各主管部门要把下伸网点建设和发展农村图书销售点列入承包合同中，定期进行考核。

五、加强农村图书发行队伍的建设

提高农村发行队伍素质是做好农村图书发行工作的重要条件。各地新闻出版、供销社等主管部门，要重视加强农村发行队伍建设，保持农村发行队伍的稳定，并在政策和措施上加以落实和保证。供销社销售图书人员的工资福利，应通过适当调剂，使不低于其他柜组人员的平均值。要注意选调优秀的人员充实农村发行队伍，特别要充实农村发行第一线的人员。一般情况下，县级书店直接为农村县以下服务的发行人员数不应少于全店人员数的30%。要适当提高农村发行人员的福利待遇，为他们创造较好的工作环境和生活条件。

各地新闻出版局要制定出本地区农村图书发行人员的培训规划，组织编写培训教材，督促检查培训落实情况。要依靠各级书店，并注意发挥各地书刊发行业协会的作用，开展培训工作。在今后五年内，要对县级书店的农村发行人员普遍轮训一次，提高他们的政治素质和业务素质。供销社的主管部门，要把供销社发行人员的培训纳入培训计划，当地新华书店应积极给予支持、配合与协助。

六、对农村发行实行优惠的经济政策

农村图书发行，特别是“老少边穷”地区的图书发行条件艰苦，工作量大，费用率高，利润很低甚至亏损。各级宣传、新闻出版、财政、税务、供销合作社等部门要根据农村发行网点的实际困难，从财力和人力上给予必要的支持。

各级业务主管部门要结合农村发行网点的实际情况，下达各项切实可行的经济指标。对于政策性亏损的发行网点，应由主管部门审核后按财务隶属关系分别上报，经财政、税务部门确认后按规定执行。

为了鼓励发行一般图书的积极性，对实行承包的农村发行网点，凡超额完成一般图书的销售任务，奖励可相应提高。县书店向农村供销社批销图书，可在年终给予奖励，以鼓励基层供销合作社销售图书的积极性。

县和县以下书店对税务部门给予减免税收增加的税后留利资金，应管好用好，确保用于补充流动资金和售书网点的维护、建设。

七、加强对农村图书发行工作的领导

各省、自治区、直辖市宣传、新闻出版、商业等主管部门，要充分重视农村图书发行工作，加强领导和管理，坚持正确的政治方向，并在人力、物力、财力上给予必要的扶持。要经常开展农村发行工作的调查研究，制定农村发行工作计划，解决农村发行工作中存在的问题和困难。要定期召开农村发行工作会议，总结经验，研究改进措施，表彰先进，带动全局。省级书店、供销社负有管理和指导农村图书发行工作的职能，要结合不同时期的工作重点，加强对所属图书发行网点的业务指导、管理和协调工作。省、市书店要设立农村发行工作的专门机构，省、地、县书店都要有一名领导干部分管农村发行工作。重大问题要及时向上级主管部门请示。各级党委宣传部门要经常关心农村图书发行工作，切实加强指导。

关于刘欣销售非法出版物一案中如何计算非法经营数额的批复

新闻出版署　1992年6月12日　新出政〔1992〕815号

天津市新闻出版管理局：

你局1992年6月8日《关于刘欣批销非法出版物案适用法规条款的请示》收悉，我署1991年1月10日《关于处理白孝琪非法出版〈半色曝光〉一案中如何计算非法经营数额的批复》（〔1991〕新出政字第36号）已将如何计算非法出版活动的非法经营数额的原则及非法印刷（兼发行）阶段数额计算方法作出规定，此次不另答复。现将非法发行（销售）阶段数额计算方法答复如下：

（一）批进的出版物全部售出的，出版物的总码洋即经营数额；经营数额减去进货款、运费和其他成本费即获利数额。

（二）批进的出版物部分售出、部分未售出的，售出部分出版物的总码洋加上未售出部分的经营额即经营数额，其中未售出部分出版物的进货款额即其经营额；售出部分出版物的经营数额减去售出部分的进货款、运费和其他成本费即获利数额。

（三）批进的出版物全部未售出的，进货款额即经营数额，无获利数额。

（四）计算未售出（库存）出版物的经营额，销售者未提供进货凭证的，按未售出出版物总码洋的60%至70%（或当地批发折扣）计算其经营数额。

关于鉴定淫秽录像带、淫秽图片有关问题的通知

新闻出版署　公安部　1993 年 1 月 19 日　（93）新出联第 1 号

各省、自治区、直辖市新闻出版局、音像归口管理部门，公安厅、局：

为认真贯彻执行全国人大常委会《关于惩治走私、制作、贩卖、传播淫秽物品的犯罪分子的决定》，及时打击处理走私、制作、贩卖、传播淫秽物品的违法犯罪分子，提高办案效率，现对审查鉴定淫秽录像带、淫秽图片的有关问题通知如下：

一、办理走私、制作、贩卖、传播淫秽物品案件中，对查获的录像带、图片、扑克、手抄本等，需审查认定是否为淫秽物品的，国内出版单位正式出版发行的录像带、图片等出版物由省级以上新闻出版管理部门、音像归口管理部门负责鉴定；其他由地、市以上公安机关治安部门负责鉴定。

淫秽录像带、淫秽图片的鉴定标准依照全国人大常委会《关于惩治走私、制作、贩卖、传播淫秽物品的犯罪分子的决定》、国务院《关于严禁淫秽物品的规定》和新闻出版署发布的《关于认定淫秽及色情出版物的暂行规定》（〔88〕新出办字第 1512 号）执行。

二、鉴定机关进行鉴定工作时，应当指定三名具有专业知识、熟悉鉴定标准，办事公正，坚持原则，作风正派的同志负责审查鉴定。其他人员一律不得参加。严禁借审查鉴定之机扩大观看范围。

三、审查鉴定淫秽物品应当制作《淫秽物品审查鉴定书》一式三份（式样附后），鉴定结论必须准确、简明。由两名以上鉴定人员签字，并加盖“淫秽物品审查鉴定专用章”。对送审鉴定和收缴的淫秽物品，必须严格按照国务院《关于严禁淫秽物品的规定》、公安部《关于收管处理淫秽物品的通知》（〔83〕公发（治）165号）的规定执行。

四、当事人对鉴定结论提出不同意见需重新鉴定的，应当由地、市级的宣传、新闻出版、音像归口管理机关、公安机关等部门组成的鉴定组重新鉴定。

出版单位对鉴定结论提出不同意见时，由省级新闻出版管理部门、音像归口管理部门报新闻出版署鉴定。

其他出版物的审查鉴定，仍按规定执行。

关于在全国城镇兴建增建党报阅报栏的通知

中共中央宣传部　邮电部　建设部　新闻出版署

1996年8月5日　（96）新出联20号

各省、自治区、直辖市党委宣传部、新闻出版局、建委（建设厅）、邮电管理局、党委机关报，首都规划委员会、北京市市政管委会：

近几个月来，一些大中城市和地、县城镇陆续建起一些新型阅报栏。这是多年来没有的好现象，中央和地方一些新闻单位及时作了宣传报道。四月下旬，有关部门召开了“全国城镇阅报栏经验交流研讨会”，对这一现象作了充分肯定并向全国发出了倡议书。在改革开放，建立社会主义市场经济体制的新时期，兴建和增建一批阅报栏，是一项加强社会主义精神文明建设，利国利民的好事情。阅报栏对宣传党和政府的方针政策，引导舆论，传播信息，普及知识，服务群众生活等方面有着不可忽视的作用。现就如何开展这项工作及有关注意事项通知如下：

一、各地建设阅报栏的工作应在党委领导下，由宣传部门、新闻出版管理部门或党委、政府指定的其他部门牵头实施。

二、阅报栏主要张贴中央主要报纸和本地区党报。除报社在本社址建立的本报阅报栏以外，暂不在街道、广场等地建设上述报纸以外的其它阅报栏。阅报栏主办单位为新闻单位时，可在张贴上述主要报纸的同时，张贴本单位所办社会效益好的主要报纸。

三、阅报栏建设投资和维护管理费用的来源可以多样化，由各地根据实际情况决定，但不得向当地群众摊派。在有关管理部门同意的前提下，阅报栏上可带广告（以公益广告为主）。但是，广告所占面积要明显小于报栏所占面积，不得把阅报栏中的报纸变成附属物。要注意阅报栏的质量和安全性能，要方便实用。

四、各级政府建设行政主管部门要支持这项工作，要从城市规划上考虑安排党报阅报栏的位置，并进行积极的建设引导。具体建阅报栏时要先经政府建设行政管理部门审查批准。要积极提出意见和建议，协助牵头单位，做好协调工作。在有条件的农村地区，可由县委县政府指定单位建设阅报栏，因地制宜，因陋就简，讲求实效。

五、在条件允许的地方，经批准，邮电部门要增建一些报刊亭，同时附建阅报栏。鼓励现有报刊亭增建阅报栏。

六、要加强对阅报栏的管理。报纸要及时更换，阅报栏要经常清洗，报栏内不允许张贴广告或其他宣传品，也不允许移作他用。报纸来源为邮发的，邮政部门要尽早投递。

做好这项工作还可能涉及交管、工商、税务、环保、电力部门和街道等各个方面，当地党政领导有责任加强领导，统一协调。要适时表彰或奖励这项工作中出现的先进个人和先进集体，推动这项工作的开展。

关于认定非法出版物单价数额的意见

新闻出版署　2001年1月8日　新出办〔2001〕24号

贵州省新闻出版局：

“关于确认非法出版物单价数额的请示”（黔新出市场〔2000〕12号）收悉，经研究，答复意见如下：

最高人民法院《关于审理非法出版物刑事案件具体应用法律若干问题的解释》是审理非法出版刑事案件的依据，不能适用于行政处罚。

在对非法出版案件进行行政处罚时，若非法出版物没有定价或者以境外货币定价的，其单价数额可以按照实际出售的价格认定；若非法出版物没有定价或者以境外货币定价且未出售的（在制品除外），其单价数额由省、自治区、直辖市新闻出版局按照出版物的定价原则确定。

关于尽快落实农村订阅报刊费用限额切实减轻农民负担的通知

新闻出版总署　农业部　2001年10月25日　新出联〔2001〕23号

各省、自治区、直辖市新闻出版局，农业厅（局、办、委）：

为进一步贯彻落实《国务院办公厅关于切实做好当前减轻农民负担工作的通知》（国办发〔2001〕42号）精神，新闻出版总署今年7月份下发了《关于印发〈关于坚决制止报刊摊派，切实做好当前减轻农民负担工作实施方案〉并开展专项检查的通知》。在今年8月份召开的全国减轻农民负担工作电视电话会议上，温家宝副总理代表党中央、国务院提出实行村级订阅报刊费用限额控制，要求各省（区、市）根据本地实际，制定村级订阅报刊费用的限额或占村级管理费的比例。

根据中央的部署，各地继续清理整顿面向农村征订的报刊，严格规范报刊发行秩序，并组织开展了专项检查。一些地方结合当地实际情况，规定了每年村级订阅报刊费用的限额。如：江苏省规定，村级订阅报刊费用最高限额为2000元；黑龙江省规定限额为1500元；甘肃、陕西两省规定限额为500元，对国家贫困县的村限额为300元；新疆维吾尔自治区规定，大村限额为800元，中等村500元，小村300元；安徽省规定，年收入3万元以上的村限额800元，不足3万元的村限额500元。目前，各地报刊征订工作已经陆续开始，各地、各有关部门要按照中央的要求，进一步抓紧落实农村报刊摊派专项治理工作。

一、各省（区、市）要按照中央的部署，尽快制定村级报刊订阅费用的限额或占村级管理费的比例，向社会公布，并严格执行。农业、新闻出版管理部门要紧密配合，加强监督，保证这项工作落到实处。

二、党报党刊是党和国家重要的舆论宣传阵地，承担着宣传党的路线方针政策的重要任务，对指导农村工作、推动农村经济发展、满足广大农民群众理论学习和精神文化需求发挥着极为重要的作用。要切实做好党报党刊的发行工作，但不得超过订阅费用限额。

三、各地、各有关部门不许以任何形式、任何名义向农村下达征订任务，搞层层摊派，或将报刊征订作为工作考核内容。凡发现向农村强行摊派征订报刊的，各有关部门要视情节轻重，追究当事人和有关领导的责任；情节严重的，新闻出版总署要依照有关管理规定给予停办报刊的处罚。

四、凡是适于农村和农民需要的报刊，必须通过当地邮局订阅发行，行政单位不得参与征订发行工作。内部资料一律不准公开征订发行，凡擅自发文摊派征订的，要坚决吊销内部资料准印证。同时，依照有关管理规定没收全部费用并予罚款，上缴地方财政。

五、各地、各有关部门要组织对村级报刊订阅费用限额执行情况的检查，并将有关情况尽快报新闻出版总署和农业部。

六、为便于农村基层单位和广大农民群众监督，各地新闻出版管理部门要设置举报电话。

关于印发《关于新华书店（发行集团）股份制改造的若干意见》的通知

新闻出版总署　2002年7月25日　新出发〔2002〕887号

各省、自治区、直辖市新闻出版局：

现将《关于新华书店（发行集团）股份制改造的若干意见》印发给你们，请按照文件精神，认真贯彻执行。执行中遇到问题，请及时报告我署。

关于新华书店（发行集团）股份制改造的若干意见

近几年来，新华书店解放思想，更新观念，推进三项制度改革，调整内部结构，优化资源配置，开展连锁经营，加强物流配送体系建设，促进了发行生产力不断发展。面对我国加入世界贸易组织的新形势，迫切需要新华书店深化改革，进一步加快体制和机制创新，尽快成为新型的市场竞争主体。为此，要借鉴其他国有企业改革经验，实行现代企业制度，通过股份制改造，增强国有发行企业的竞争实力，确保在出版物市场的主导地位，更好地为传播先进文化、促进经济和社会发展、满足小康社会人民群众精神文化需求服务。

一、指导思想

高举邓小平理论伟大旗帜，以“三个代表”重要思想为指导，遵循党的十五届四中、五中全会精神，从我国出版发行业的实际情况出发，以发展为主题，以结构调整为中心，依照《公司法》和国务院有关部门的文件精神，加快实行股份制改造，以使新华书店进一步壮大实力、增强活力、提高竞争力，促进出版发行业更大繁荣。

二、总体要求

1．新华书店股份制改造要有利于巩固社会主义宣传文化阵地，保证正确的经营方向，始终把社会效益放在首位，努力实现社会效益和经济效益的统一。

2．根据现代企业制度的要求，努力做到“产权清晰，权责明确，政企分开，管理科学”，做到所有权和经营权的分离，提高企业和资本运作效率，确保国有资产保值增值。

3．积极拓宽融资渠道，在坚持国有资本控股前提下，加快跨地区、跨行业资本重组、兼并与联营，实现投资主体多样化、股权多元化，构建新的充满活力的市场竞争主体。

4．坚持突出发行主业，拓宽经营渠道，形成核心竞争力，增强发展能力。

三、实施步骤

1．中国发行集团、江苏、广东、四川、上海等试点集团及各省组建的发行集团为第一批股份制改造单位。各发行集团要于2002年8月底前完成股份制改造方案的制订工作，并尽快付诸实施，争取两年内完成。其他新华书店和发行集团，争取用3年左右时间基本完成。

2．不具备1000万元资产和5个发起人等成立股份有限公司条件的新华书店，要深化内部改革，逐步改制为有限责任公司，建立现代企业制度，待发展壮大、条件成熟后，再实行股份制改造。

3．已进行股份制改造的新华书店，要不断总结经验，按照

《公司法》和国务院有关部门关于公司法人治理结构等文件要求，提高经营管理水平，加强规范运作。

四、注意问题

1．坚持从实际出发。股份制改造不可避免地要改变现行管理体制和运行机制，涉及利益调整。要制定切实可行的工作方案，把握好股份制改造措施出台时机。先试点后推广，积极探索，大胆实践，周密部署，精心组织，平稳推进。

2．防止国有资产流失。要严格进行清产核资、产权界定，明确资产经营责任。要加强国有资产管理，不得转移、藏匿、处理现有资产，严禁以持股形式将国有资产低价出售或无偿分配给个人，杜绝国有资产在股份制改造中流失。对实行股份制改造企业的财务状况和经营者业绩要进行严格审计。

3．建立规范的公司法人治理结构。要明确股东会、董事会、监事会和经理层的职责，形成各负其责、协调运转、有效制衡的公司法人治理结构。要建立健全有效激励机制，调动经营者积极性，同时建立健全监督、约束机制，保证企业健康发展。

4．依照有关程序进行。股份制改造要严格遵循关于股份制改造的程序，股份制改造方案，要征求出资人和债权人的意见，并经过企业职工代表大会讨论。吸纳境外资本需报中宣部、新闻出版总署批准。

五、加强领导

新华书店股份制改造政策性、专业性很强，工作艰巨而复杂，要切实加强领导，保证此项工作顺利进行。股份制改造工作，由新闻出版总署统一部署，各省、自治区、直辖市新闻出版局制定本地新华书店股份制改造的具体实施办法。新华书店股份制改造方案，须报经省委宣传部和省新闻出版局审核后实施。各级新闻出版行政部门要加强对新华书店股份制改造的研究，具体指导，推动实施，并积极与政府有关部门协商，在国有资产授权经营、富余人员分流安置、离退休人员社会保障等方面为新华书店股份制改造创造必要条件。新华书店的党组织，要切实发挥政治核心作用，积极做好职工思想政治工作。纪检监察部门要加强对股份制改造过程的监督检查。要通过新华书店股份制改造，使我国出版发行事业取得更大发展。

关于印发发行集团组建基本条件和审批程序的通知

新闻出版总署　2002年8月2日　新出办〔2002〕912号

各省、自治区、直辖市新闻出版局，总政宣传部新闻出版局，新疆生产建设兵团新闻出版局，中国出版集团：

为贯彻落实党中央、国务院关于深化新闻出版广播影视业改革有关精神，切实加强对发行集团组建工作的宏观调控和领导，确保审批工作的科学化、规范化，现将《发行集团组建基本条件和审批程序》印发给你们，请认真贯彻执行。

发行集团组建基本条件和审批程序

为贯彻落实党中央、国务院关于深化新闻出版广播影视业改革的有关精神，切实加强对发行集团组建工作的宏观调控和领导，确保审批工作科学化、规范化，特对发行集团组建标准和审批程序提出如下意见。

一、基本原则

（一）坚持以邓小平理论为指导，按照“三个代表”重要思想的要求，解放思想，实事求是，与时俱进，开拓创新。充分考虑精神文明建设的需要和新闻出版业发展的内在要求，确保党对新闻出版事业的领导，加强宣传文化阵地建设，促进新闻出版事业繁荣健康发展，更好地满足人民群众日益增长的精神文化需求。

（二）发行集团是重要的宣传文化阵地，在传播先进文化和维护社会稳定中负有重要责任。组建发行集团必须坚持围绕宣传文化主业，壮大新闻出版实力，确保我国新闻出版业在出版物市场的竞争中居于主导和主体地位，拓展主阵地，弘扬主旋律。要统筹规划、统一组织集团内部各单位的经营活动，并确保经营活动服从和服务于党的新闻出版事业的发展。要加强市场整合，加快发展连锁经营，建立集代理、采购、仓贮、发运、结算功能于一体的物流配送中心，逐步形成互联互通的书报刊音像发行网络，进一步扩大对流通市场的影响力和主导力。

（三）发行集团属于企业性质，集团按现代企业制度要求进行改组改制。申请组建集团的单位要加强体制机制创新，转换经营机制，增强微观组织活力。发挥集团对结构调整的促进作用，优化资源配置，不断提高产业集中度和集约化经营水平。要通过组建集团，进一步壮大实力，提高核心竞争力和综合竞争力。坚决防止拼凑集团和搞翻牌集团。防止出现新的市场分割和地方保护。

（四）加强对集团化建设的组织领导，统筹规划，合理布局，动态管理，奖优罚劣。发行集团以新华书店总店和有条件的省级新华书店为主体组建。审批工作要根据发行业结构、布局的总体规划和申报单位所在地的经济文化人口条件及自身情况，综合考察，集中研究，严格标准，分批组建。不搞地区平衡，不搞试点集团终身制。今后3年出版发行集团总量控制在30家左右。

二、基本条件

（五）发行集团要按照现代企业制度要求组建。集团公司应是国有独资公司。在集团公司控股的前提下，以有限责任公司或股份有限公司的形式组建若干子公司，实现投资主体多元化，建立法人治理结构，进行规范的股份制改组改造。

（六）有较强的经济实力和市场覆盖面。沿海及较发达地区申请组建发行集团的单位，资产总额原则上在10亿元以上、销售收入在20亿元以上。中西部地区申请组建发行集团的单位，资产总额原则上在7亿元以上、销售收入在14亿元以上。申报时应同时上报具有法律效力的资信证明和会计报表。集团要有畅通高效的发行渠道和统一的功能较为完备的内部计算机网络系统，具备实行连锁经营和物流配送的能力。

（七）有较强的领导班子和专业队伍。要有一个政治强、业务精、纪律严、作风正、懂经营、善管理、团结协作、锐意改革的集团领导班子。拥有一批熟练运用数字化、网络化技术从事经营和管理工作的专业人员。

（八）有健全的领导体制和组织结构。加强党的领导，始终掌握对集团重大事项的决策权，对资产配置的控制权，对核心业务的审核权，对主要领导干部的任免权。集团组建党委会，党委（党组）书记兼任董事会（或管委会）董事长（或主任）。出版行政管理部门与集团必须政企政事分开，管办分离，各司其职。出版行政管理部门负责人不兼任集团负责人。

（九）有较为完善的管理制度和运行机制。要积极推进人事制度、劳动制度、分配制度等三项制度改革，实行全员聘任制、劳动合同制和绩效挂钩的分配制度。组建财务结算中心，实行财务管理和财务人员统一委派，在财务集中管理的前提下实行二级单位独立核算。建立资产经营责任制，确保国有资产保值增值。

三、审批程序

（十）发行集团的审批工作是一项严肃的政治性工作，必须高度重视、明确要求、规范程序、严格审批。

（十一）有条件的省级新华书店申请组建发行集团，由省级党委宣传部和新闻出版局根据有关规定对申办单位资格进行审核，并报经省级党委和政府同意后，分别上报中宣部和新闻出版总署。

（十二）中宣部和新闻出版总署共同负责组织对申请组建发行集团的单位进行考察。考察组要根据组建发行集团的基本条件，听取主管部门的意见和申报单位关于集团筹备情况和发展思想的汇报，并对申报集团单位进行实地考察。在考察过程中，考察组要严格遵守国家公务员行为规范，廉洁自律，按照基本条件进行考察，实事求是地写出考察报告。

（十三）中宣部与新闻出版总署联合召开审批集团的论证会，并进行审定，由新闻出版总署根据审定结果予以批复。

关于新华书店实行股份制改造中有关问题的通知

新闻出版总署　2003年3月24日　新出发〔2003〕320号

各省、自治区、直辖市新闻出版局：

新闻出版总署2002年发布了《关于新华书店（发行集团）股份制改造的若干意见》，对新华书店（发行集团）股份制改造提出了指导思想、总体要求、实施步骤及需注意的问题。由于各地情况不同，在改制过程中遇到了一些新问题。现就新华书店商标使用和中小学教材发行问题通知如下：

一、新华书店集体商标持有人为中国新华书店协会，商标使用须遵照《中华人民共和国商标法》、工商总局制定的《集体商标、证明商标注册和管理办法》及相关规定执行。未经许可，不得擅自使用。

二、新华书店在股份制改造过程中改制为民营的，目前不能参与中小学教材的发行。

关于进一步加强“三农”读物出版发行工作的意见

中共中央宣传部 新闻出版总署 2004年5月20日 新出联〔2004〕14号

各省（自治区、直辖市）党委宣传部、新闻出版局，新疆生产建设兵团新闻出版局，解放军总政宣传部新闻出版局，中央和国家机关各部委、民主党派、人民团体出版单位主管部门：

改革开放以来的26年，党中央、国务院始终高度重视农业、农村、农民问题，先后下发了解决“三农”问题的6个“一号文件”。今年1月1日发出的《中共中央国务院关于促进农民增加收入若干政策的意见》强调指出，要把解决好农业、农村、农民问题作为全党工作的重中之重。这是以胡锦涛同志为总书记的党中央坚持立党为公、执政为民，认真实践“三个代表”重要思想的具体体现。新闻出版是党的事业的重要组成部分，新闻出版业有自觉服务党和国家大局的光荣传统，在解决“三农”问题上，肩负着繁荣“三农”读物出版、搞活农村出版物流通，为农村群众提供精神动力和智力支持的重要职责。要认真贯彻党中央、国务院的指示精神，把服务“三农”、建设“小康”作为新闻出版战线的重要任务，大力组织出版、发行农村干部群众需要、实用性强的图书、报刊、音像制品等各类出版物，帮助广大农民增收致富，丰富农民群众精神文化生活，促进农村经济科技教育文化事业发展，加快农村小康社会建设步伐。现就进一步做好“三农”读物出版发行工作，提出以下意见。

一、做好“三农”读物出版发行工作的重要性和指导思想

“三农”问题的核心是农民问题。农民的科学文化素质和生产生活水平是否提高，直接关系到全面建设小康社会目标的实现。只有不断提高农民的科学文化素质，才能真正促进农业增效、农民增收和农产品竞争力增强，才能真正推动农村的经济发展和社会进步。“三农”读物的出版和发行工作肩负着普及农业科学技术和提高农民文化素质的重任。做好“三农”读物出版和发行工作，对于实施科教兴农战略，提高农民增收能力和农村生产力发展水平，促进农业和农村经济发展，加速农村小康社会建设，开发农村市场潜力，加快出版业自身发展，都具有十分重要的意义。

近年来，党和国家非常重视农村读物的出版发行工作，制定了一系列方针政策，提出了许多有效措施，对于促进农村读物的出版发行工作起到了重要作用。新闻、出版、发行单位也千方百计增加“三农”读物的出版品种和数量，组织开展送书下乡、农村读物大联展、千乡万村书库建设等活动，有力地推动了农民学科学、学文化、学技术热潮，提高了他们勤劳致富的本领。但从总体上看，农村图书、报刊、音像制品等各类读物的出版发行工作还存在着品种结构不合理、针对性和适用性不强、成本高、效益低、发行渠道不畅、市场发育不良等问题。各级党委宣传部门和新闻出版管理部门、各类出版和发行单位一定要充分认识做好服务“三农”读物出版发行工作的重要性和紧迫性，把服务“三农”读物的出版发行工作作为整个出版发行工作的重中之重，抓实抓好。

做好“三农”读物出版发行工作，必须以邓小平理论和“三个代表”重要思想为指导，坚持“三贴近”的原则，以满足广大农村读者需求为目标，以提高农民科技文化素质和丰富农民精神文化生活为重点，努力增加优秀“三农”读物出版总量，完善农

村基层出版物发行网络，进一步解放思想，实事求是，与时俱进，开拓创新，面向农村，面向基层，开阔选题思路，开拓乡村市场，开展服务活动，多出版多发行广大农民看得懂、用得上、买得起的“三农”读物，使面向“三农”的出版发行工作再上新台阶，为促进农民增加收入、统筹城乡经济社会发展服务。

二、大力扶持“三农”读物的出版

1．制定中长期“三农”读物出版规划。各级新闻出版管理部门和出版单位，要立足本地、服务“三农”，面向全国、开拓市场，制定切实可行的中长期“三农”读物出版规划，把“三农”图书、报刊、音像电子制品作为重点加以支持。以“三农”图书、期刊和音像电子制品出版为主的出版社、期刊社和音像社，“三农”读物出版要多品种、多层次，为全国作出示范；各人民出版社、科技出版社和其他有关专业出版社以及实用科技类期刊社、音像电子出版社有条件的应设立“三农”图书出版部门，或配备“三农”读物出版相应的编辑力量，以保证“三农”读物出版的数量和质量。面向“三农”的各类出版物，特别是农村实用技术类读物要调整结构、优化选题，增强科学性和实用性，改进发行销售方式，及时为农民致富提供新技术知识和市场信息。

2．加强“三农”读物选题开发。出版单位要努力增加“三农”读物选题数量，丰富选题品种。要从实际出发，贴近农民群众，根据不同的自然条件、不同农产品优势布局以及农民群众、农业科技人员不同文化层次，围绕农林牧副渔的科技普及，最新农业科技成果的转化，外国先进农业科技成果的引进，农村种植业、养殖业、加工业，农村乡镇建设和农村住宅建设，农村教育、文化娱乐生活，卫生保健，科学知识普及，少年儿童读物等方面搞好选题策划。提高质量意识和品牌意识，突出科学性、教育性、实用性、可读性，注重普及，兼顾提高，争取用较短的时间在全国形成品种齐全的“三农”读物出版格局，最大限度满足农民群众不断增长的精神文化需要。

3．鼓励出版单位多出服务“三农”的读物，新闻出版总署和各地新闻出版局在实施书号、版号总量控制的前提下，对“三农”图书和直接服务“三农”的音像、电子制品实行优惠政策，书号、版号不限，免收条码费。

4．出版单位要顾全大局，对于面向“三农”的低价读物、缩编改编读物，涉及国内版权或租型的，在双方协商的基础上，其费用应实行减免。

5．为了加大“三农”读物出版的扶持力度，有条件的省、自治区、直辖市应设立“三农”读物出版基金。新闻出版总署将建立全国“三农”读物出版基金。

6．对有关出版单位、全国县（市）及县以下新华书店和农村供销社销售出版物的增值税，继续实行先征后退的税收政策；税务部门在征收出版社所得税时，各地应积极协调，对面向农村服务“三农”读物的出版所得，实行减免税或先征后返的政策。

7．新闻出版总署和各地新闻出版管理部门要定期举办培训班，培养一支热爱农村、关心农民、熟悉农业的“三农”读物出版专业队伍，长期坚持为“三农”服务。

8．为了鼓励出版更多更好的“三农”读物，国家图书、报刊、音像制品评奖和各专业协会各种评奖活动都要重视“三农”优秀读物，奖励政策上要适当倾斜。

三、加快建设和完善农村基层书报刊发行网络

1．进一步完善和落实各地出版物发行网络建设规划，调动国家、地方、社会等各方面的积极性，加快建设和完善农村基层

书报刊、音像电子制品发行网络，有条件的地区三年之内要延伸到乡和行政村。县（市）级新华书店、供销社的门市要逐步延伸到建制乡、镇，发展“流动书店”，积极扶持农村科技站、文化站、乡村学校和有条件的农民经营或代销“三农”读物，形成多种经济形式、多种经营层次的“三农”读物发行网络。

2．鼓励多元投资，开发农村出版物市场。在加快改造国有发行渠道，调动新华书店、邮局、供销社的积极性的同时，放手吸纳社会资本，鼓励民营发行企业到农村发展，使各种所有制单位在从事书报刊发行、销售等业务时，平等准入，公平竞争，享受同样的优惠政策。

3．要积极争取地方政府的支持，把农村基层发行网点建设列入当地经济社会发展规划，特别要扶持和帮助老少边穷地区的农村基层建设发行网点，扩大先进文化阵地。

4．各级党委宣传部门和新闻出版管理部门要会同有关部门继续开展科技文化卫生“三下乡”活动和服务“三农”全国农村图书大联展活动，并使这些活动经常化和制度化，坚持不懈地抓下去，拓展农村图书发行市场。各地新华书店要定期组织乡镇书店在农闲季节和节假日在乡村举办丰富多彩的图书展销、读书节、读书竞赛、图书赶集会等丰富多彩的活动，繁荣农村书市，真正做到“为农民找好书，为好书找农民”。

5．按照统筹城乡经济社会发展的要求，坚持“多予，少取，搞活”的方针，努力减少图书、课本的发行环节，降低发行成本，直接让利给农民读者。各级新闻出版管理部门要打破地方保护政策，鼓励“三农”图书出版单位直接与县市新华书店及其他发行网点联合主发“三农”图书。各省批销中心及基层书店都应延长“三农”图书的上架时间，加强“三农”出版物的宣传推广。

6．各地出版管理部门和出版单位要建立一定的奖励机制，对“三农”读物发行人员实行特殊奖励政策，改善他们的物质待遇和工作条件，鼓励他们扎扎实实地做好工作。“三农”读物发行人员要发扬艰苦奋斗，吃苦耐劳的精神，以强烈的使命感和责任感，大胆创新，勇于进取，满腔热情地服务农民群众，为农村两个文明建设做贡献。

四、大力整治农村出版物市场环境

1．继续落实党中央关于治理报刊摊派发行、减轻基层和农民负担的有关精神，巩固党政机关报刊关停并转和严禁权力摊派发行的成果，加大小报小刊治理的力度，让基层和农民摆脱摊派发行带来的负担，自愿订购看得懂、用得上、买得起的出版物。

2．加强农村出版物市场管理，规范出版物市场交易活动，对于无照经营、推销假冒伪劣产品、展销“高定价、低折扣”图书等损害农民利益、扰乱市场的违法市场活动，要坚决取缔，严肃查处。

3．深入开展“扫黄”“打非”行动，保持高压态势，坚决制止盗版出版物流向农村市场，严防宣传封建迷信、非法宗教、色情淫秽等出版物和“法轮功”邪教宣传品在农村泛滥，采取一切措施打击盗版、贩黄活动。

4．要加强对农村中、小学教材、教辅等教学用书和农民实用技术培训教材市场的管理，按照国家的有关规定征订供货，保证课前到书、人手一册。绝不允许任何单位和个人非法经营各类教材教辅，扰乱教材教辅类出版物的出版发行秩序。

5．一手抓发展，一手抓监管，这是农村出版物市场建设的基本要求。任何时候都不要忘记用社会主义先进文化占领农村各类文化阵地；坚持把文明、健康、科学，有利于提高广大农民思想道德素质和科学文化素质的出版物送到农民手中，保证农村出版物市场的竞争有序和健康繁荣。

五、千方百计为农民办实事

1. 继续落实农村乡镇、村级组织、农村中小学公费订阅报刊最高限额的规定，切实减轻农民和基层组织的负担。任何组织和单位都不得向农民摊派发行报刊。

2. 着力降低出版物价格，让农民得到实惠。通过降低成本、减少发行费用等措施，把“三农”出版物每印张单价控制到1元左右，“三农”出版物的利润率限制在5%以内。提倡多出“1元书”、“2元书”一类的实用技术小册子。

3. 深化农村中小学教材出版发行体制改革，实行农村中小学教材出版发行公开招标限价等措施，降低中小学教材价格，减轻农村学生的负担。

4. 推动各级政府利用政府采购、定额资助等有效办法，向农村贫困地区有困难的中小学生免费提供九年义务教育阶段的课本，帮助他们接受初级教育。出版发行单位要优先做好资助教材的出版发行工作。

5. 要加快推进农村公共图书馆、图书室的建设，增加藏书品种和数量，为农民借阅提供方便。继续推进千乡万村书库、星火书库、万村书架、图书示范户的建设，推动“三农”读物进乡村、进社区、进农户。

6. 深入开展文化扶贫工程，组织党政机关、社会团体、新闻出版单位、企事业单位和城市居民，采用定点帮扶、城乡结对、援建乡村读书室、志愿者下乡等方式，向贫困地区捐赠各类农民群众需要的出版物，解决农民读书难、求知难、市场信息少的问题。

六、切实加强对“三农”读物出版发行工作的领导

做好“三农”读物的出版发行工作，是出版行业贯彻落实党

的十六大精神和党中央国务院关于“三农”问题一系列重要指示精神的具体体现，是实践“三个代表”重要思想的重要举措。各级党委宣传部门和新闻出版管理部门要以高度的政治责任感，抓好此项工作。要根据所辖地区的实际情况，采取有效措施，加强对服务“三农”读物出版发行工作的领导。主要领导要亲自挂帅，研究“三农”读物出版发行工作中的新问题和新情况，加强规划、指导、协调、监督，积极主动地争取地方党委、政府对“三农”读物出版发行工作的政策支持，调动社会各方面力量和资金，加强发行网络建设，开拓农村出版物市场。各出版发行单位要进一步增强服务大局、服务党的中心工作的意识，充分认识出版发行“三农”读物，不仅是经济问题，也是政治问题，积极健康地拓展“三农”读物出版领域，带着感情为“三农”服务，多为农民群众提供物美价廉、品种多样的读物。中央宣传部、新闻出版总署将根据实际情况，定期不定期地召开“三农”读物出版发行会议，研究解决“三农”读物出版发行工作中遇到的各种矛盾和问题，表彰服务“三农”读物出版发行工作的先进单位。各地宣传部门和新闻出版部门也要定期不定期地召开“三农”读物出版发行工作会议，表彰服务“三农”出版发行工作的优秀出版单位和新华书店、民营书店。在对书报刊出版社和各级新华书店、发行企业进行年度考评时，要将“三农”读物出版发行作为一项重要考核内容。

做好“三农”读物的出版发行工作，是一项长期的、艰巨的任务，是事关全面建设小康社会的大事，意义重大，任重道远。我们一定要紧密地团结在以胡锦涛同志为总书记的党中央周围，高举邓小平理论伟大旗帜，认真实践“三个代表”重要思想，求真务实，真抓实干，开创“三农”读物出版发行新局面，为全面建设小康社会作出新的贡献。

关于非法出版案中如何计算违法经营额的批复

新闻出版总署　2004 年 10 月 18 日　新出法规〔2004〕1177 号

湖北省新闻出版局：

你局“关于处理江淑安非法出版案中如何计算非法经营额的请示”收悉，经研究，意见如下：

非法经营额即国务院《出版管理条例》等行政法规所称的“违法经营额”，如何计算，按照新闻出版署 1991 年 1 月 10 日《关于处理白孝琪非法出版〈半色曝光〉一案中如何计算非法经营额的批复》、1992 年 6 月 12 日《关于刘欣销售非法出版物一案中如何计算经营额和获利额的批复》和 2001 年 1 月 8 日《关于认定非法出版物单价数额的意见》办理。

当事人通过或者凭借其非法出版物以版面费、评审费、会员费、编委费、广告发布代理费等各种名义收取的费用，属于其从事非法出版活动的违法所得，应当全部纳入违法经营额的计算范围。

关于禁止利用网络游戏从事赌博活动的通知

新闻出版总署　2005年1月12日　新出音〔2005〕25号

各省（自治区、直辖市）新闻出版局：

近来，一些互联网游戏网站为了聚人气，片面追求经济效益，利用网络游戏从事赌博或变相赌博活动，有的网站设赌局让玩家用虚拟货币参与赌博；有些网站经营梭哈、赌大小、扎金花等赌博游戏等，这些行为严重违反了国家法律和《互联网信息服务管理办法》、《出版管理条例》等规定。

为了维持网络游戏出版的正常秩序，保护未成年人身心健康，营造稳定、健康、良好的网络游戏出版和社会环境，现通知如下：

1．各网络游戏研发、出版运营机构不得研发、出版运营各类赌博游戏或变相赌博游戏。

2．各网络游戏出版运营单位不得以任何名义、任何形式为各类网络赌博游戏以及其他赌博活动提供平台、工具或服务。

3．各网站不得为各种赌博游戏或变相赌博游戏软件提供下载服务，不得登载或链接任何有关宣扬赌博游戏或变相赌博游戏的信息和广告。

各省、自治区、直辖市新闻出版局应将本通知转发本地有关网站，并要求有关网站立即进行一次清理自查，发现问题及时纠正。

对于仍然利用网络游戏出版从事赌博活动的单位或个人，各地新闻出版行政管理部门要同当地公安部门、通信管理部门紧密配合，坚决予以查处。触犯法律的，要依法追究其刑事责任。

关于印发《关于认定淫秽与色情声讯的暂行规定》的通知

新闻出版总署　2005 年 1 月 31 日　新出法规〔2005〕61 号

各省、自治区、直辖市新闻出版局，新疆生产建设兵团新闻出版局：

根据中央宣传部、最高人民法院、最高人民检察院、信息产业部、公安部、国家工商行政管理总局、新闻出版总署、国务院法制办公室《关于印发〈打击淫秽色情声讯台专项行动工作方案〉的通知》（信部联电〔2004〕295 号）要求，我署制定了《关于认定淫秽与色情声讯的暂行规定》，现予印发实施。

关于认定淫秽与色情声讯的暂行规定

第一条　本规定所称声讯，是指利用固定网电话传送的声音等信息。

第二条　淫秽声讯是指在总体上宣扬下列内容，足以挑动、引诱普通人产生性欲的声音等信息：

（一）淫亵性地具体描述性行为、性交及其心理感受；

（二）淫亵性地描述或者传授性技巧；

（三）具体描述乱伦、强奸或者其他性犯罪手段、过程或者细节；

（四）具体描述少年儿童性交，或者具体描述成年人与少年儿童的性行为；

（五）淫亵性地具体描述同性恋的性行为或者其他性变态行为；

（六）具体描述与性变态有关的暴力、虐待、侮辱行为；

（七）淫亵性地突出描述性器官；

（八）淫亵性地传送有关性行为的声响；

（九）其他令普通人不能容忍的对性行为、性器官的淫亵性描述。

第三条 色情声讯是指具有部分淫秽内容，对普通人特别是未成年人的身心健康有毒害的声音等信息。

第四条 描述表现人体美的美术作品，介绍具有艺术价值的文学作品、有关人体解剖生理知识以及生育知识、疾病防治和其他性知识、性道德、性社会学等的自然科学和社会科学作品，不属于淫秽、色情声讯。

第五条 受公安部门、电信管理部门等部门的请求，新闻出版总署或者省、自治区、直辖市新闻出版行政部门对淫秽、色情声讯作出鉴定。

公安部门、电信管理部门等部门请求新闻出版总署或者省、自治区、直辖市新闻出版行政部门鉴定淫秽、色情声讯，须提交载明案件名称、声讯台名称、所截取声讯的时间和长度的鉴定委托书，同时提供足够清晰和时间长度的声讯材料。

新闻出版总署或者省、自治区、直辖市新闻出版行政部门应当组织有关专家组成淫秽、色情声讯鉴定委员会或者指定专门机构，承担淫秽、色情声讯的鉴定工作。

淫秽、色情声讯鉴定委员会或者被指定的专门机构根据公安部门、电信管理部门的委托书，对所提供的声讯材料作出鉴定，制作鉴定书送委托的公安部门或者电信管理部门等部门。

第六条 本规定所称普通人系指生理和精神正常的成年人。

第七条　本规定由新闻出版总署负责解释。

第八条　本规定自公布之日起施行。

关于中小学校征订发放教辅资料行为定性的意见

新闻出版总署　2005 年 3 月 9 日　新出厅字〔2005〕54 号

湖南省新闻出版局：

你局《关于中小学征订发放教辅资料行为定性的请示》（湘新出字〔2005〕5 号）收悉。经研究，我署认为：

按照《出版管理条例》、《出版物市场管理规定》的规定，我国实行出版物发行许可制度。为了方便中小学生，中小学校可以集中征订发放教辅资料，并按征订价格向学生收款。但是，如果中小学校高出征订价格征订发放教辅资料，从中营利，则违反法定的出版物发行许可制度，属于擅自从事出版物发行的违规行为，新闻出版行政管理机关应依法予以查处。

关于建立出版物发行单位违规档案的通知

新闻出版总署　2005 年 6 月 6 日　新出发〔2005〕554 号

各省、自治区、直辖市新闻出版局，新疆生产建设兵团新闻出版局，解放军总政宣传部新闻出版局：

为加大监管力度，我署决定对违规发行单位建立专项档案。现将建立发行单位违规档案的有关事项通知如下：

一、凡是违反国家的法律、法规和各项发行管理规定的出版物总发行单位、批发单位、连锁经营总部、营业面积 1000 平方米（含 1000 平方米）以上的零售书店以及会员制单位和网上书店，各省级新闻出版局除按照《出版物市场管理规定》的相应条款对其进行处罚外，还要将上述违规单位的名称、地址、电话、法定代表人姓名以及违规时间、违规内容和处罚结果等报送我署。

二、我署在收到违规发行单位的材料后建立专项档案，并视情节轻重，将违规者适时在有关媒体上进行曝光，以达到加强监管的目的。同时警示其他出版物发行单位。

三、进入违规档案的发行单位，应成为各级新闻出版行政部门的重点监管对象。

四、各省级新闻出版局也应对本辖区内的违规发行单位建立专项档案，并将违规者在本地区内的有关媒体上曝光。

五、请各级新闻出版局于 2005 年 9 月底前按上述要求将 2005 年以来的违规发行单位的材料报送我署出版物发行管理司。今后每季度末集中报送一次。

关于中小学教材发行费用标准的通知

新闻出版总署　2006年5月15日　新出发〔2006〕489号

各省、自治区、直辖市新闻出版局：

根据《国务院办公厅转发体改办等部门关于降低中小学教材价格深化教材管理体制改革意见的通知》（国办发〔2001〕34号），按照《国家计委、教育部、新闻出版总署关于印发中小学教材价格管理办法的通知》（计价格〔2001〕34号）和《国家发展改革委、新闻出版总署关于进一步加强中小学教材价格管理等有关事项的通知》（发改价格〔2006〕816号）的有关规定，现将中小学教材发行费用标准的有关问题通知如下：

一、凡国家和省级教育行政部门审定颁布的《中小学教学用书目录》中的教材，继续实行全国统一的发行费用标准。即：黑白版（含双色版）30%；彩色版28%。

二、实行中小学教材招标发行的试点地区，其发行费用标准，按中标后确定的费率执行。

三、少数民族地区教材发行费用标准和少数民族文字教材的发行费用标准以保本为原则，由省级新闻出版行政部门会同价格主管部门，参照全国统一的发行费用标准提出调整意见，报省级人民政府批准后实行并报新闻出版总署备案。参加教材发行招投标试点工作的少数民族地区，其发行费用标准按本通知第二条执行。

四、各教材发行单位要认真贯彻国务院关于降价、减负的精神，深化内部改革，降低成本费用，确保“课前到书，人手一册”任务的完成。

五、各级新闻出版行政部门要加强对中小学教材出版发行工作的管理、监督和检查，对发行工作中各种违规行为及时予以纠正。非试点地区的教材发行工作，仍按原有管理办法执行。

关于教材招投标地区发行费用问题的通知

新闻出版总署 国家发展改革委 2006年6月1日 新出厅联字〔2006〕141号

浙江、安徽、福建、江西、山东、广东、广西、重庆、四川、云南、陕西省（区、市）新闻出版局、发展改革委、物价局：

为中小学教材招标投标试点地区合理计算教材零售价格，现就《国家发展改革委新闻出版总署关于进一步加强中小学教材价格管理等有关事项的通知》（发改价格〔2006〕816号，以下简称《通知》）第七条教材零售价格计算公式中“本地区发行招标确定的中标发行费用标准”的有关问题通知如下：

一、根据《通知》规定核定教材价格标准并据此进行发行招标的地区，“本地区发行招标确定的中标发行费用标准”按本地区中标发行折扣率确定。

二、依据原教材价格标准进行发行招标的地区，“本地区发行招标确定的中标发行费用标准”可以以本地区教材发行招标中标折扣率为基础，并考虑本次教材统一降价对发行费用标准的影响综合确定，即“本地区发行招标确定的中标发行费用标准”＝本地区教材发行招标中标折扣率＋本地区教材的平均降价幅度×国家规定的发行费用标准（单双色30%，彩色28%）。具体由省级价格主管部门会同新闻出版部门根据本地区实际情况确定。

教材的平均降价幅度依据本地区教材印张价格标准变化情况，分类（单双色和彩色版）进行计算。

三、根据以上公式计算的“本地区发行招标确定的中标发行费用标准”高于国家规定的发行费用标准的，执行国家规定的发行费用标准（单双色 30%、彩色 28%）。

关于采取切实措施
规范报刊发行秩序的通知

中共中央宣传部　国务院纠风办　新闻出版总署　国家邮政局

2006 年 7 月 31 日　新出联〔2006〕6 号

各省（区、市）党委宣传部、纠风办、新闻出版局、邮政局，中央和国家机关各有关部门：

2005 年 7 月，中央宣传部、国务院纠风办、新闻出版总署联合下发《关于开展规范报刊发行秩序工作的通知》（新出联〔2005〕14 号，以下简称《通知》）以来，中央和地方各有关部门采取有效措施，加大监管力度；各行业协会积极发挥作用，加强行业自律；各报刊出版单位创新发行手段，转变经营方式，报刊市场恶性竞争势头得到初步遏制，规范报刊发行秩序工作取得了一定成效。但是，当前在报刊发行工作中，仍然存在着一些不容忽视的问题，主要表现在：思想认识尚未统一，执行《通知》不够坚决；履行自律协议情况不容乐观；广告经营中的不正当竞争行为还比较严重等等。2007 年度报刊发行征订在即，为巩固规范报刊发行秩序工作成果，维护良好的报刊发行市场环境，现将有关要求通知如下：

一、充分认识规范报刊发行秩序工作的重要性和艰巨性，坚定信心，坚决纠正报刊发行领域中的不正当竞争行为

近年来，随着经济社会的发展，我国报刊业保持了持续健康快速发展的势头，成为构建社会主义和谐社会的重要力量。但从

目前情况看，我国报刊市场尚未成熟，竞争手段还处于初级阶段，缺乏系统化的经营管理理念和专业经营队伍，完整的报刊产业链尚未形成，无序竞争将是一个长期存在的现象。特别是近年来，随着电视、网络、手机等新兴媒体对传统报刊业的冲击，使市场的竞争加剧，各种不正当竞争行为愈演愈烈，必须引起高度重视，并摆上重要工作日程。

报刊出版发行领域的无序竞争和恶性竞争，违背了公平竞争的市场原则，破坏了出版物市场秩序，也在一定程度上败坏了新闻出版工作在人民群众心目中的形象。因此，如何改变无序竞争、恶性竞争的市场环境，是报刊业面临的一个重要而紧迫的现实问题，规范报刊发行秩序将是一项长期而艰巨的任务。在全国开展规范报刊发行秩序工作，对于维护公平竞争，推进出版发行体制改革，完善社会主义市场经济体制，维护广大人民群众的根本利益，具有重要的意义。各地宣传、纠风、新闻出版部门和报刊出版单位要充分认识规范报刊发行秩序工作的重要性和艰巨性，坚定信心，克服困难，坚持不懈地把这项工作抓好抓实。

二、采取有效措施，巩固规范报刊发行秩序工作成果

各地区各部门要在报刊零售价格、发行促销、广告经营等方面切实采取措施，进一步规范报刊发行秩序：

（一）新闻出版行政部门要加强对报刊出版发行活动的管理，要求报纸出版单位按照《报纸出版管理规定》确定报纸出版价格。根据我国目前报业市场情况，暂不办免费报纸，避免在我国报刊市场不成熟、不规范、条件不具备的情况下，扰乱报刊发行秩序，造成国有资产和社会资源的浪费。要求期刊出版单位按照《期刊出版管理规定》的要求和版权页标注的出版日期出版期刊，严禁提前出版，造成期刊出版发行的恶性竞争。

（二）各地宣传、纠风、新闻出版部门要会同行业协会，根据当地经济发展和人民生活消费水平的实际情况，组织所在地的都市类报纸采取同城议价、同行协商的形式，按照报纸印张核算报纸最低价格，也可根据报纸直接成本的适当比例确定报纸的最低价格，督促有关报社认真执行协议，并要求媒体适时予以公布，接受社会监督。

（三）报刊出版单位要切实规范广告经营行为。要建立广告价格公示制度，广告价格要公开透明；广告折扣要在协议或合同中明示，广告收入必须按照明示折扣如实入账；广告经营不得搞暗中回扣。采编人员不得从事广告经营活动，不得以商业贿赂的形式进行报刊发行和报刊广告经营。禁止广告赠版，禁止有偿新闻和以新闻形式刊登广告。

（四）进一步重申有关规定，禁止所有出版单位和发行单位在报刊发行中“对征订（含零售）对象以提成回扣、赠送钱物（含报刊）、有价证券、有奖征订、出国考察、公费旅游或以发行赠送广告等各种有偿促销手段征订报刊”。

（五）鉴于目前都市类报纸普遍存在虚报发行量的情况，决定委托国新出版物发行数据调查中心对北京、上海、广州、成都、沈阳、哈尔滨、石家庄、太原、西安、南京、杭州等 11 个城市出版发行的都市类报纸统一进行发行量认证，并予公布。

三、切实履行职责，探索建立规范报刊发行秩序长效机制

各级党委宣传部门要加强对报刊舆论导向的监管，引导报刊出版单位树立政治意识、大局意识、责任意识，共同维护良好的报刊市场环境。对报刊出版单位利用媒体互相攻击、贬损竞争对手等问题要严肃查处。

各级纠风部门要充分发挥职能作用，加强对规范报刊发行秩

序情况的监督检查，及时发现和处理问题。认真纠正报刊发行中的不正之风，严肃处理带头进行恶性竞争的新闻媒体和直接责任人，对造成国有资产流失的，要追究有关领导责任，给予相应的党纪政纪处分。

各级新闻出版行政部门要坚持属地管理原则，在组织当地报刊出版单位签订自律协议的基础上，加强督促检查，加大监管力度，切实规范报刊发行秩序。一要加大对报刊出版和报刊市场的监督检查力度，及时了解报刊出版单位的征订发行情况，加强分类指导和监督。二要坚决制止违反新闻出版管理规定的行为，情节严重的，要依据有关规定，给予通报批评、警告、罚款等处罚。三要坚持实事求是，严格把握政策，区分正常商业行为与不正当商业行为的界限，正确处理不正当竞争与保持正常发行秩序的关系。四要坚持标本兼治、综合治理，做到关口前移，查、纠、建并举，着力于长效机制建设。五要公布举报电话、设立举报信箱和网站，畅通和拓宽群众反映有关报刊发行问题的渠道。

各级邮政部门要加强对所属系统企业报刊发行经营行为的监管，采取切实措施，规范邮政单位报刊征订发行工作，维护报刊发行秩序。

报刊行业协会要积极沟通、协商，帮助报刊出版单位认真遵守行业自律的协议。在此基础上，建立报刊价格调整申报制度和“同行议价”的协调机制，使报刊竞争逐步走上规范有序的轨道。

各报刊出版单位的主管部门要认真履行对报刊出版单位国有资产使用和管理的监督职能，遏制报刊出版单位因恶性竞争增加出版成本，杜绝因恶性竞争而造成的社会资源浪费和国有资产流失。建立完善对报刊出版单位负责人的绩效考核体系和风险责任制，确保国有资产的保值增值。

各报刊出版单位在出版发行活动中要遵循公平竞争、诚实守信的原则，严格遵守《中华人民共和国反不正当竞争法》等法律法规，在国家法律法规允许的范围内开展竞争，信守承诺，杜绝以各种有偿促销手段征订报刊的行为，杜绝低价征订销售等损害同行利益的不正当竞争行为，自觉维护报刊发行市场的秩序。

中央宣传部、国务院纠风办、新闻出版总署、国家邮政局将在适当时候组成督查组，对2007年度报刊征订发行情况进行督促检查，及时纠正报刊发行中的违规违纪行为，制止不正当竞争。2007年度报刊征订发行工作基本结束时，各地要将当地报刊发行及集中检查工作情况以书面报告形式上报新闻出版总署。

关于云阳中学非法出版物案有关法律适用问题的批复

新闻出版总署　2006 年 12 月 12 日　新出法规〔2006〕1284 号

重庆市文化市场行政执法总队：

你队《关于云阳中学非法出版物案有关法律适用的请示》（渝文执文〔2006〕64 号）收悉。现就你局请示中的问题答复如下：

一、《出版物市场管理规定》是我署依据《出版管理条例》于 2003 年 7 月 24 日以新闻出版总署第 20 号令颁布的部门规章。2004 年 6 月 18 日，我署以新闻出版总署第 23 号令对其进行了修订。该规章制定、修订后均按照《立法法》、《法规规章备案条例》的有关规定向国务院履行了备案程序；备案后，国务院法制机构未提出审查修改意见。据此，《出版物市场管理规定》是在我国境内现行有效的规章。

二、作为国务院部门规章，《出版物市场管理规定》可以对《出版管理条例》比较原则的规定进一步具体化。关于案件涉及的《出版物市场管理规定》的相关条款与《出版管理条例》的关系问题，我署认为：

首先，《出版管理条例》未对出版物“发行”做出定义，《出版物市场管理规定》第二条将“发行”概括为“总发行、批发、零售以及出租、展销等活动”，属于列举式定义。该定义只概括了出版物发行的主要环节或形式，未涉及其它相关活动。

其次，《出版物市场管理规定》第三十七条所称的出版物的“征订、储存、运输、邮寄、投递、散发、附送”与“总发行、批发、零售”紧密结合在一起，是出版物从出版者到最终消费者的必要活动，属于出版物发行活动的范畴。

第三，对于从事出版物“征订、储存、运输、邮寄、投递、散发、附送”活动的主体虽然未实行许可证管理，但也应作为出版物发行活动实施相应的监督管理。行为主体从事违禁、非法出版物的“征订、储存、运输、邮寄、投递、散发、附送”等活动，与从事“批发、零售”活动同样具有社会危害性，应一并适用对发行活动的处罚条款。

因此，《出版物市场管理规定》第五十条的规定未超出《出版管理条例》的规定，也是出版管理部门对出版物市场实施监管所必需的。

综上，依你队请示中所附的材料看，你队对云阳中学非法出版物案定性及法律适用是正确的。

特此答复。

关于印发《“农家书屋”工程实施意见》的通知

新闻出版总署　中央文明办　国家发展和改革委员会　科技部
民政部　财政部　农业部　国家人口和计划生育委员会

2007年3月6日　新出联〔2007〕2号

为深入贯彻落实中共中央、国务院《关于推进社会主义新农村建设的若干意见》和《关于进一步加强农村文化建设的意见》，根据《国家“十一五”时期文化发展规划纲要》的部署和要求，“十一五”期间将在全国范围内实施“农家书屋”工程。

“农家书屋”工程是由政府统一规划、组织实施的一项惠及广大农民群众、推动农村文化建设的重大工程。工程的建设对解决农民群众“买书难、借书难、看书难”的问题，保障农民群众基本文化权益，推进社会主义新农村和小康社会建设具有重要意义。各地有关部门要密切配合，加强领导，把“农家书屋”工程同当地经济社会发展和新农村建设紧密结合，加大投入力度，引导和动员社会力量参与“农家书屋”建设，确保“农家书屋”工程取得实效。

现将《“农家书屋”工程实施意见》印发给你们，请按要求认真做好落实工作。实施过程中的重要情况，请及时与“农家书屋”工程协调小组办公室联系。

“农家书屋”工程实施意见

为深入贯彻落实中共中央、国务院《关于推进社会主义新农村建设的若干意见》和《关于进一步加强农村文化建设的意见》，充分发挥新闻出版在社会主义新农村建设中的重要作用，切实解决广大农民群众“买书难、借书难、看书难”的问题，从提高农民文化素质入手，促进新时期农村经济社会协调发展，根据《国家“十一五”时期文化发展规划纲要》的部署，国家从 2007 年开始在全国范围内实施“农家书屋”工程。

“农家书屋”是为满足农民文化需要，在行政村建立的、农民自己管理的、能提供农民实用的书报刊和音像电子产品阅读视听条件的公益性文化服务设施。

“农家书屋”工程是政府统一规划、组织实施的新农村文化建设的基础工程、民心工程之一。工程建设坚持政府扶持、社会捐助、统一规划、分头实施的方针，多渠道吸收资金，整合各种资源，“十一五”期间计划在全国建立 20 万家“农家书屋”，到 2015 年基本覆盖全国的行政村。

一、指导思想

“农家书屋”工程坚持以邓小平理论和“三个代表”重要思想为指导，以科学发展观为统领，全面贯彻党的十六大和十六届三中、四中、五中、六中全会精神，加大政府对新农村文化建设的投入，充分调动社会各方面力量，大力发展社会主义先进文化，保障农民群众最基本的文化权益，推动农村经济社会发展和社会主义和谐社会的建设。

二、主要任务和目标

“农家书屋”工程的主要任务是为广大农民普及科技知识，

传播先进文化，提供精神食粮，体现人文关怀，努力满足广大农村群众最基本的精神文化需求和日益增长的多层次、多方面文化消费需要。

“农家书屋”工程现阶段着力解决农民群众“买书难、借书难、看书难”的问题。通过在农村建立自管自用的书屋和农民自助读书组织，让农民在家门口就能学习知识、获取信息，促进农民读书用书，开启智慧，活跃和丰富文化生活，净化农村出版物市场，改善农村文化环境，提高农民整体素质、文化生活质量和农村文明程度，在建设经济发展、生活宽裕、乡风文明、管理民主的新农村方面发挥积极作用。

“农家书屋”工程的中长期目标是通过5—10年的建设，在全国农村逐步建立起“供书、读书、管书、用书”的长效机制，基本形成适应社会主义市场经济要求、符合社会主义精神文明建设规律的农村出版物发行服务新格局，达到书屋阅读条件完备、体制机制相对完善、服务功能不断加强、出版物发行网络延伸进村、农村出版物市场初步形成的基本目标。有效解决农村出版产品和服务供给不足的问题，用健康有益的出版物占领农村出版物市场，用社会主义先进文化占领农村思想文化阵地。

三、总体思路

近年来，中央许多部门和团体都开展了送书下乡的活动，取得了良好的效果。与此同时，由于缺少统筹规划，也产生了有些地区重复受助，有些地区无人过问的情况。“农家书屋”工程要坚持整合各种资源、不搞重复建设的原则，按照“政府组织建设，鼓励社会捐助，农民自主管理，创新机制发展”的思路组织实施。

1．政府组织建设。“农家书屋”工程由政府规划实施，与各部门、各地区在农村文化建设中的类似项目和农民教育培训等各项惠农措施有机结合，相互补充，同步推进，逐步实现资源整合，最大限度地惠及广大农民群众。

2．鼓励社会捐助。广泛动员社会力量参与“农家书屋”工程，鼓励国内外各界采用多种形式、多种渠道进行捐助，扩大投资来源，充分发挥社会力量参加社会主义新农村建设的积极性。

3．农民自主管理。“农家书屋”按照农民自主管理、自我服务的模式进行管理和运行。在个人自愿的基础上，由村民民主推荐书屋管理人员。党支部、村委会等各级基层组织承担筹建和监督的职责。

4．创新机制发展。书屋设立后，为保证出版物的及时更新和书屋长期生存，按照社会主义市场经济规律和农村的客观实际，政府鼓励支持具备条件的书屋管理人员开展出版物经营活动，通过经营收入进一步支持“农家书屋”的良性发展，积极探索“农家书屋”运行、发展的长效机制和农村出版物发行网络建设的新途径，不断满足农民群众多样性、高层次的文化需求。

四、组织领导

1．新闻出版总署会同中央文明办、国家发展改革委、科技部、民政部、财政部、农业部、国家人口计生委联合成立“农家书屋”工程协调小组，主要负责审定全国“农家书屋”工程总体规划、实施方案和相关政策，组织、协调、指导“农家书屋”工程建设。“农家书屋”工程协调小组办公室设在新闻出版总署，主要负责制定“农家书屋”工程总体规划、实施方案、捐建管理办法、出版物推荐目录等，会同有关部门组织全国“三农”读物出版工程，指导各地制定书屋管理制度，负责日常组织协调、监督检查和交流评比工作。

2．省级新闻出版行政部门会同本地区有关部门，设立相应组织协调机构，按照全国“农家书屋”工程总体规划和实施方案，组织实施本地区“农家书屋”工程。主要负责制定本地区“农家书屋”工程规划、实施方案、书屋管理等规章制度，审定书屋选点，筹措安排和管理工程资金，落实本地区“三农”读物出版工作，组织出版物的采购、配送，对“农家书屋”进行业务指导，培训书屋管理人员，定期进行监督检查和表彰奖励。

3．省级以下新闻出版行政部门会同当地有关部门，负责配合县、乡、村党政组织做好当地“农家书屋”的选点、装备、验收、监督、考核以及指导“农家书屋”开展读书活动等工作。

五、实施方式

1．中央有关部门、团体和各级党委、政府目前开展的各类送书下乡项目，纳入“农家书屋”工程总体规划，名称不变，渠道不变，由现有承担单位继续分头组织实施。

2．设立捐建平台，并以冠名、通报表彰等各种积极有效的措施，引导鼓励国内外各界人士、企事业单位和各类社会组织捐建“农家书屋”，支持农民自己筹建“农家书屋”。捐助人可根据公布的“农家书屋”建设规划、资助标准，自主选择捐助对象，通过指定的慈善公益组织和“农家书屋”工程组织机构，统一安排落实。

3．“农家书屋”所需出版物，由相关部门参照“农家书屋”工程协调小组办公室公布的推荐目录，结合本地实际情况，组织采购和配送。每一“农家书屋”原则上可供借阅的实用图书不少于1000册，报刊不少于30种，电子音像制品不少于100种（张），各地可根据本地区的实际情况，因地制宜，灵活掌握。具备条件的地区，可增加一定比例的网络图书、网络报纸、网络期刊等出版物。严防不良出版物进入“农家书屋”。

4．建立完善“农家书屋”管理、服务等各项规章制度，并纳入村务公开范围，形成良好的竞争、激励、约束机制，通过培训、定期检查和评比，不断提高书屋管理人员的责任意识和服务管理能力，保证“农家书屋”充分发挥功能和作用。

5．“农家书屋”建立一段时间后，对管理规范、服务较好、具有一定经营条件的，可在书屋管理人自愿的前提下，由新闻出版行政部门授予出版物经营许可证。书屋管理人在保证书屋正常运行的基础上，可开展出版物经营业务，获得的经营收入，按规定比例用于购买新的出版物，不断扩大书屋规模。

6．实施“三农”读物出版工程。组织图书、报刊、音像、电子等出版单位，大力开发适合农村、农民和农业需要的各类出版物，从源头上保障社会主义新农村文化建设的需求。

六、进度安排

1．在2006年试点工作初见成效的基础上，2007年要在进一步扩大试点的同时，完成全国及各省（自治区、直辖市）“农家书屋”工程规划编制、各地“农家书屋”规划选点、制定实施方案、落实资金来源和进度计划等工作。

2．2008年“农家书屋”工程在全国全面展开。

3．2010年底实现全国建立20万个“农家书屋”的目标。

七、工作要求

1．“农家书屋”工程是与广播电视村村通、全国文化信息资源共享工程、农村电影放映工程同等重要的农村文化建设重大工程。各级新闻出版行政部门和文明办、发展改革委、科技部门、民政部门、财政部门、农业部门、人口计生部门要提高认识，加强协作，密切配合，形成合力，切实加强领导，积极争取当地党委、政府的重视和支持，把“农家书屋”工程纳入当地经济社会发展规划和新农村建设规划，切实为农民群众办好实事。

2．各地区要按照本实施意见，因地制宜，制定切实可行的工作方案，将任务细化、量化，分解落实到具体单位，明确完成任务的时间、步骤和责任人，建立相应的督办制度，确保工作任务的完成。

3．“农家书屋”要充分利用农村现有的各类公共设施，不搞重复建设，不增加农民负担，实现资源共享。“农家书屋”工程资金要全部用于书屋所需出版物和相应设备的配置。对已经建立的书屋，要做好出版物的更新、充实和巩固工作。要加大打击非法出版物的工作力度，为“农家书屋”健康发展创造良好环境。

4．新闻出版单位要积极参与“农家书屋”工程建设，可用结对子等方式帮助指导“农家书屋”建设和管理。各类出版单位要围绕农村阅读需求，加大服务“三农”出版物的出版比例，控制成本、降低价格，让利于广大农村读者。发行单位要努力畅通发行渠道，主动联系、帮助、辅导，为“农家书屋”提供优良的服务。

5．认真搞好宣传、表彰工作。要积极发挥电视、广播、报纸、网络等新闻媒体的作用，对工程实施情况和服务“三农”的先进典型进行充分宣传报道，扩大社会影响，努力营造全社会关心、重视“农家书屋”工程的舆论氛围，广泛宣传对“农家书屋”工程给予大力支持、帮助的单位和个人的事迹。对取得显著成绩的地区、单位和个人，给予一定的表彰和物质奖励。

6．建立健全工程、资金管理办法和书屋管理等规章制度，加强对“农家书屋”工程的监督检查。坚持财政监督、审计监督和社会监督相结合，事前监督、事中监督和事后监督相结合，日常监督和专项检查相结合。对违反有关规定的，要追究责任，严肃查处，确保“农家书屋”工程的顺利实施。

关于印发《农家书屋工程建设管理暂行办法》的通知

新闻出版总署　2008 年 7 月 21 日　新出发〔2008〕865 号

各省、自治区、直辖市新闻出版局，新疆生产建设兵团新闻出版局：

为进一步加强农村公共文化服务体系建设，规范农家书屋工程建设和管理，切实保障广大农民群众的基本文化权益，根据新闻出版总署等八部委《关于印发〈“农家书屋”工程实施意见〉的通知》精神，受中央八部委的委托，新闻出版总署制定了《农家书屋工程建设管理暂行办法》。

现将《农家书屋工程建设管理暂行办法》印发给你们，请按要求组织实施好农家书屋工程建设和管理工作。

农家书屋工程建设管理暂行办法

第一章　总　则

第一条　为进一步加强农村公共文化服务体系建设，规范农家书屋工程建设和管理，切实保障广大农民群众的基本文化权益，根据新闻出版总署等八部委印发的《“农家书屋”工程实施意见》，制定本办法。

第二条　本办法所称农家书屋是为满足农民文化需求，建在行政村且具有一定数量的图书、报刊、电子音像制品和相应阅读、播放条件，由农民自主管理，自我服务的公益性文化场所。

第三条 农家书屋工程按照“政府组织建设，鼓励社会捐助，农民自主管理，创新机制发展”的原则组织实施。

第四条 本办法适用于政府投入和社会捐助建设的各类农家书屋。

第二章 实施部门及职责

第五条 新闻出版总署负责制定全国农家书屋工程总体建设规划和年度实施计划；制定农家书屋建设标准；会同财政部编制中央财政专项资金预算和分配方案；编制全国农家书屋必备出版物目录及出版物推荐目录；指导和协调全国农家书屋工程建设；履行监督检查职责。

第六条 省级新闻出版行政部门负责编制本地区农家书屋工程建设规划和年度实施计划；编制本地区农家书屋出版物推荐目录；负责农家书屋工程专项资金申请和使用管理；组织本地区农家书屋工程的实施及验收检查。

第七条 省级以下新闻出版行政部门根据本地区农家书屋工程实施计划，会同县、乡政府负责农家书屋工程建设和管理工作。

第三章 建设标准与要求

第八条 农家书屋的出版物由政府统一配备，每个书屋图书一般不少于 1500 册，品种不少于 500 种（含必备书目），报刊不少于 30 种，电子音像制品不少于 100 种（张），并具备满足出版物陈列、借阅、管理的基本条件。

第九条 农家书屋的房屋由当地解决，应充分利用村委会、村党组织活动场所、村文化活动中心等公共设施，不搞重复建设。目前尚无公共设施的行政村，亦可利用村级学校、村民闲置住房等农村现有设施办书屋，因地制宜，综合使用，方便群众。

第十条 各级新闻出版行政部门应加强与各有关部门的协调配合，将各级各类送书下乡项目纳入农家书屋工程建设总体规划，在保持原有名称和渠道的基础上，不断补充出版物，完善管理，实现资源共享。

第四章 实施计划申报与制定

第十一条 新闻出版总署根据财政部核定的农家书屋工程专项资金预算，下达各省（自治区、直辖市）年度农家书屋建设数量。

第十二条 省级新闻出版行政部门根据下达的年度农家书屋建设数量，组织制定本地区农家书屋工程年度实施计划。

（一）由村委会填制《农家书屋建设申报表》，当地乡（镇）政府审核同意后向县级新闻出版行政部门申报。

（二）县级新闻出版行政部门经实地考察审核，向市（地）级新闻出版行政部门推荐定点村；市（地）级新闻出版行政部门复审后，将复审意见及申报材料报省级新闻出版行政部门。

（三）省级新闻出版行政部门对复审意见及申报材料进行审查，依据本地配套资金落实情况编制本地区农家书屋工程年度实施计划，报新闻出版总署农家书屋工程建设领导小组办公室。

第十三条 新闻出版总署对各省（自治区、直辖市）实施计划和配套资金进行审核，制定全国农家书屋工程年度实施计划。

第五章　社会捐赠管理

第十四条　农家书屋工程接受境内外自然人、法人或其他组织捐赠的资金以及适合农家书屋需要的出版物和相关设备等。

第十五条　新闻出版总署委托中国光华科技基金会设立农家书屋工程发展基金，接受社会捐赠；省级新闻出版行政部门可委托有关公益性社会团体或公益性非营利的事业单位接受社会捐赠；农家书屋作为受益人，可直接接受社会捐赠。

第十六条　农家书屋工程发展基金或省级新闻出版行政部门委托的受赠单位接受捐赠后，应当向捐赠人出具合法、有效的凭据，并将捐赠财产登记造册，妥善保管。

第十七条　市、县级新闻出版行政部门可受理捐赠人向本地农家书屋捐赠的出版物和相关设备，并应进行登记备案，向捐赠人开具相关证明。新闻出版行政部门应对受赠的出版物进行审读后配送到农家书屋，设备可直接配送到农家书屋。

第十八条　鼓励捐赠人认建农家书屋，即按照农家书屋建设标准和出版物选配原则包建一个或几个农家书屋，验收合格后可在“农家书屋”统一标牌上加注援建人名或单位名称，相关资料纳入全国农家书屋工程信息管理系统。

第十九条　新闻出版总署及省级新闻出版行政部门应向社会公布捐赠的途径、程序和联系方式。

第二十条　农家书屋工程发展基金或省级新闻出版行政部门委托的受赠单位对所接受的捐赠财物进行统一管理，在新闻出版总署或省级新闻出版行政部门指导下纳入建设资金，统筹安排使用。对捐赠人指定捐赠财物用途的，应当按照捐赠人意愿使用。

第二十一条　各级新闻出版行政部门对所受理的捐赠出版物

和相关设备统筹安排使用，对捐赠人指定用途的，应当按照捐赠人意愿安排使用。

第二十二条 各级新闻出版行政部门和受赠单位应建立健全社会捐赠财物的核算、使用、管理制度，做到公开透明，并接受上级主管部门和审计、监察等部门的监督。

第二十三条 政府有关部门对农家书屋工程的捐赠人要进行表彰和奖励。捐建一个以上农家书屋或捐资 2 万元以上，使用该捐赠建立的农家书屋可用捐赠人冠名，永久纪念；包建一个乡、一个县的农家书屋者除冠名之外，还可通报表彰或奖励。

第二十四条 省级农家书屋工程办公室应于每年 2 月底前将本地区上一年度农家书屋工程社会捐赠情况报送新闻出版总署农家书屋工程建设领导小组办公室备案。

第六章 出版物选配

第二十五条 农家书屋要按照科学性、实用性、经济性、通俗性的原则，根据村民的阅读需要，配备一定数量的党报党刊和适合农民阅读的政治、经济、科技、法律、卫生、文艺、文化教育、少儿类等出版物。所配出版物首先要保证必备目录规定的出版物，其余必须是全国或本省推荐目录中的出版物，超过 1500 册的部分可以灵活掌握。

第二十六条 全国农家书屋必备出版物目录和出版物推荐目录由新闻出版总署约请专家、学者、农民代表共同制定。省级新闻出版行政部门根据新闻出版总署制定的推荐目录，可增加适合本地实际的出版物，报经新闻出版总署备案后，作为本辖区农家书屋配备出版物的备选目录。

第二十七条 农家书屋选配出版物，要充分征求村民意见，政府采购部分不得用当地出版且不受农民欢迎的出版物充数。农家书屋所配出版物中，本省（自治区、直辖市）出版物比例一般不超过30%，且必须在备案的目录内。

第二十八条 农家书屋出版物的采购及配送由省级新闻出版行政部门按照政府采购的有关规定统一组织实施。

第二十九条 配送单位应在出版物上统一加盖农家书屋标识印章，交接时应向农家书屋提供出版物配送清单，由相关接收人清点验收，登记造册，做到手续完备、账目清楚。

第七章 农家书屋管理

第三十条 农家书屋的管理接受所在村党支部、村委会及全体村民的监督。

第三十一条 农家书屋应配有具备一定文化水平和管理能力、热心公益事业的专职或兼职管理人员。农家书屋管理人员应由村民民主推荐产生，并报当地新闻出版行政部门备案。

第三十二条 农家书屋应悬挂统一标牌，公开管理制度和借阅制度，保证固定的开放时间，实行免费借阅，尽力为村民服务。

第三十三条 农家书屋应建立健全出版物借阅登记、财产管理等制度，避免财产丢失、损坏、擅自转让或出售等现象的发生。

第三十四条 农家书屋应利用自身优势，大力开展读书征文、知识讲座、科技培训等形式多样的读书学习活动，不断丰富服务手段，拓宽服务范围，充分发挥农家书屋的作用。

第三十五条 新闻出版行政部门应定期对农家书屋管理员进行相关业务知识的培训，配发管理员手册，帮助他们提高管理能力。

第三十六条 新闻出版行政部门应结合当地实际，积极探索发挥农家书屋优势和作用的长效运行机制。

（一）有条件的地区应以农家书屋为基础，与现有的县乡图书馆、县新华书店联动，建立图书流动网络，在所有权不变的前提下实行出版物交流制度，扩大农民的阅读范围。

（二）探索建立机关、企事业单位、学校、个人等与农家书屋对口定点帮扶机制，解决出版物的不断更新问题。

（三）对于具备一定经营条件的农家书屋，可由新闻出版行政部门授予出版物经营许可证，开展出版物经营、代销、租赁等业务，增强农家书屋的自我发展能力。

第八章 验收与检查

第三十七条 农家书屋建成后，省级新闻出版行政部门应按照新闻出版总署制定的验收标准组织逐一验收。验收内容为农家书屋房舍、配备的出版物和基本设备情况、管理制度制定和公示情况、管理员人选情况等。

第三十八条 验收结果分为达标和不达标两类。验收达标的书屋，建设工程结案，相关资料纳入农家书屋工程信息管理系统；验收不达标的书屋，应由实施部门按照有关标准继续建设，完工后重新进行验收。

第三十九条 新闻出版总署组织督导组，对各地农家书屋工程建设情况进行督查；省级及市（地）级新闻出版行政部门组织力量对本地区农家书屋建设管理情况进行日常检查督导。检查内容为工程建设、管理制度的制定及落实情况、日常服务开展情况等，检查方式采取日常检查、专项检查、互查与抽查相结合。

第四十条 检查结果分为优秀、合格、不合格三个等级，检查结果及评估意见存入档案。对检查不合格的农家书屋，必须按照要求有针对性地进行整改。

第四十一条 省级新闻出版行政部门应于每年 1 月底前将本地区上一年度农家书屋工程建设情况和验收检查情况报新闻出版总署备案。

第四十二条 对于在农家书屋工程建设和管理中存在严重问题的地区，视情况对该地区新闻出版行政部门给予通报批评，相应核减或停止拨付该地区下一年度中央财政专项资金。

第九章 附 则

第四十三条 农家书屋工程专项资金管理按照《农家书屋工程专项资金管理暂行办法》（另行印发）执行。

第四十四条 本办法由新闻出版总署负责解释。

第四十五条 本办法自印发之日起执行。

关于推动农家书屋和村邮站建设的通知

新闻出版总署　国家邮政局　2010年8月12日　新出联〔2010〕14号

各省（区、市）新闻出版局、邮政管理局，中国邮政集团公司：

为贯彻《中共中央 国务院关于加大统筹城乡发展力度 进一步夯实农业农村发展基础的若干意见》（中发〔2010〕1号）精神，推进农家书屋等重点文化惠民工程建设的综合利用，落实《中华人民共和国邮政法》关于保障邮政普遍服务的要求，新闻出版总署、国家邮政局决定共同推动农家书屋和村邮站建设，实现资源共享，提升服务能力。现就有关事项通知如下：

一、充分认识农家书屋和村邮站共建的积极意义。农家书屋工程建设和村邮站建设是农村公共服务体系建设的重要组成部分。农家书屋工程主要解决农民群众读书难、看报难的问题，保障农民群众的基本文化权益。村邮站建设主要解决农民群众邮件的寄递问题，保障农民群众的基本通信权利。两项工程的实施重点都在行政村，在功能上具有依托性和互补性。实现两项工程在村一级的结合，有利于发挥各自优势，进一步强化农家书屋的功能，提升农村邮政服务能力。各级新闻出版行政部门和邮政管理部门要充分认识两项工程共建的积极意义，扎实做好两项工程的共建工作。

二、加强协调，统筹部署安排。建设过程中，各级新闻出版行政部门和邮政管理部门要切实做好规划，形成农家书屋和村邮站建设的合理布局。要对农家书屋选址、管理员人选等统筹进行考虑，有条件的地方应将村邮站设在农家书屋，加挂村邮站的标识牌，方便农民群众识别，并配置邮件柜等；要选择热心公益事业、有较强责任心的人从事农家书屋管理和邮件收发工作，从而解决农家书屋和村邮站的场地、设施、人员等建设问题。要积极争取地方政府出台相关政策，解决管理员的补贴和村邮站的资金补贴等问题。

三、加强管理，提升服务水平。在运行过程中，要制订和完善各项制度，规范管理，确保必要的书屋开放时间和邮政服务时间。各级新闻出版行政部门要切实加强对农家书屋管理员的培训，明确管理员的权利、义务和责任，着力提高管理员的服务意识和出版物借阅管理水平。各级邮政管理部门要加强对村邮站管理员邮政业务培训的指导工作，督促基层邮政企业抓好培训工作，着力提高管理员邮件收发管理水平。鼓励邮政企业参与农家书屋工程建设，加大村邮站的邮件收发频次，保证邮路畅通，使农家书屋报刊及时配送到位，并为农村用户提供及时、安全、方便的邮政服务。

四、不断探索，建立长效机制。在发展过程中，各级新闻出版行政部门和邮政管理部门要积极探索农家书屋与村邮站相结合的新形式，探索发展的新路子，要把农家书屋、村邮站建设与社会主义新农村建设相结合，与其他农村公共服务建设相协调，逐步扩大农家书屋与村邮站建设的覆盖面，不断提升农家书屋和村邮站的信息化水平，增强农家书屋和村邮站的生命力和自我发展能力，为广大农民群众提供更加便捷的新闻出版公共服务和邮政服务。

关于农家书屋工程验收督查工作的指导意见

新闻出版总署　2010年9月7日　新出政发〔2010〕8号

各省、自治区、直辖市新闻出版局：

农家书屋工程是政府主导建设、农民自我管理的公共文化惠民工程，是全面落实建设小康社会战略的重要工作内容。为确保农家书屋工程建设质量，推动监督检查规范化、制度化，现就农家书屋工程验收督查工作提出如下意见：

一、指导思想

以邓小平理论和“三个代表”重要思想为指导，深入贯彻落实科学发展观，按照加快构建公共文化服务体系、保障人民基本文化权益的要求，通过加大监督检查力度，确保农家书屋建设一个，合格一个，管好一个，用好一个，切实解决农民读书难、看报难的问题，满足农民群众的基本文化需求。

二、组织领导

新闻出版总署农家书屋工程建设领导小组办公室全面负责全国农家书屋工程验收督查工作，组织对全国各省（区、市）农家书屋工程建设进行实地验收督查，向各省（区、市）回馈验收督查结果，提出整改意见，并督查各地落实整改。

各省（区、市）新闻出版局在总署农家书屋工程建设领导小组办公室的领导下，组织实施本地区农家书屋工程的验收督查，负责制定本地区农家书屋工程验收督查工作细则，组织、指导并督促各市（地、州）按要求开展验收检查，对验收督查中发现的问题进行整改，并向总署农家书屋工程建设领导小组办公室报送相关情况。

各市（地、州）新闻出版行政部门（农家书屋工程建设部门）在农家书屋工程验收督查过程中责任重大。要切实履行职责，严格把关。要在省级新闻出版局领导下，制定并落实本地区农家书屋工程验收督查的具体方案，要做到“随建随验”，对已建成的农家书屋逐一进行实地验收检查。对验收督查中发现的问题进行整改，并向省级新闻出版局报送相关情况。

三、工作内容

农家书屋工程验收督查工作主要包括两个方面：对使用各级财政拨款建成的农家书屋进行“项目验收”；对各地农家书屋工程建设工作开展情况进行督查。

（一）验收内容

1. 农家书屋建设场地是否符合规划，选址是否合理，环境是否满足村民读书阅览的需要。

2. 农家书屋配备的出版物是否达到规定的品种、数量和选配比例，是否具备较高的质量。

凡有下列情况之一，该书屋即视为不达标：①图书品种低于1200种；②图书册数少于1500册；③出版物在总署重点推荐目录中选配比例低于70%；④本版出版物超过30%；⑤存在库存书和非法出版物；⑥用捐赠的出版物充作政府组织统一采购配备的出版物。

捐赠的出版物可纳入农家书屋作为补充。对捐赠出版物要加强审核和管理，杜绝非法出版物流入农家书屋，对不适合农民阅读或质量低劣的出版物要求立即下架，对复本过多的出版物要及时在书屋之间进行调剂。对捐赠出版物的管理情况作为评估各地农家书屋建设部门工作水平的重要内容。

3. 农家书屋是否在醒目位置悬挂标识牌，书柜、桌椅、照明、防火等基本设施是否完备。

4. 农家书屋是否配有管理员，管理员是否经过培训。

5. 农家书屋是否张挂管理制度并配备各项登记簿册。

6. 农家书屋出版物是否编目登记并按要求分类陈列。

7. 农家书屋是否保证每周开放时间不低于 5 天，每天开放时间不低于 4 个小时。

（二）督查内容

1. 农家书屋工程年度计划完成情况。

2. 农家书屋工程建设资金投入、使用情况，包括地方实际落实配套资金、政府采购支出金额、结余资金、采购出版物的折扣等情况。

凡存在擅自截留拨款、出版物以次充好、采购出版物价格过高或过低、专项资金使用不规范等问题，该地区的农家书屋工程建设工作视为不达标，总署将向其上级党委、政府通报。

3. 农家书屋出版物选配情况，主要包括政府采购出版物的选配情况以及捐赠出版物的审核、配备情况。

4. 农家书屋建设、管理和使用情况。

5. 农家书屋工程信息管理系统核报情况。

四、工作方法

（一）验收

1. 以随机抽查为主，尽可能覆盖经济社会发展较好、中等和落后等不同情况的地区。

2. 按照总署制定的《农家书屋验收评分表》，填写各项内容，并对每个验收的农家书屋进行评分（百分制，高于60分即达标）。

3. 对验收达标的书屋，将相关数据纳入农家书屋工程信息管理系统，对验收不达标的书屋，由实施部门按照标准继续建设完善，重新进行验收。

（二）督查

1. 听取被督查地区关于上述内容的综合汇报。

2. 核查招投标文件、资金使用凭证以及出版物和相关设施的采购配送清单。

3. 查阅有关农家书屋工程建设的文件、会议纪要、简报等材料。

4. 核查农家书屋工程信息管理系统。

5. 按照总署制定的《农家书屋工程建设督查评估表》（根据实际情况每年制定），对被督查地区总体工作情况进行评分。

（三）反馈意见

验收督查结束后，向被验收督查地区书面回馈意见，肯定成绩，指出问题，督促被验收督查地区限期对存在的问题进行整改。

（四）撰写报告

验收督查结束后，及时撰写验收督查工作报告，内容应包括：①验收督查工作开展情况；②被验收督查地区农家书屋工程建设基本情况；③被验收督查地区存在的主要问题和处理意见；④认为需要报告的其他内容。

五、工作要求

（一）各级新闻出版行政部门要在农家书屋建成后一个月内组织进行验收，并将书屋信息、图片等全部填报入网。要认真整理验收督查工作的相关资料，以备查验，并及时向上级新闻出版行政部门提交当年度农家书屋工程建设和验收情况报告。

（二）新闻出版总署将根据各省（区、市）农家书屋工程完成情况，适时派出验收督查组进行验收督查。在验收督查结束后10天内，总署各验收督查组要将验收督查报告和验收农家书屋名单送总署农家书屋办公室，并将已验收农家书屋的数据通过信息系统进行填报。

（三）在开展验收督查之前，要对验收督查工作人员进行必要的集中培训，熟悉工作内容，掌握工作方法，严格工作纪律，妥善安排好验收督查的各项事宜。验收督查中，要自觉遵守廉洁自律的有关规定，不接受被验收督查地区礼品馈赠，不得利用职务之便向被验收督查地区索取好处，不参加可能影响公正履行职责的活动。

（四）对总署验收督查组提出的整改意见，各级新闻出版行政部门必须在限定的时间内抓好落实，并将整改情况报送总署农家书屋办公室。要切实通过验收督查总结经验，查找问题，对具有普遍性、突出性的问题，要认真研究，加以解决。

（五）总署对各省（区、市）的验收督查结果将作为评估各地农家书屋工程建设工作的基本依据，直接与中西地区补助资金和东部地区奖励资金分配挂钩。

附件：农家书屋验收评分表（略）

关于促进出版物网络发行健康发展的通知

新闻出版总署 2010年12月7日 新出字〔2010〕520号

各省、自治区、直辖市新闻出版局，新疆生产建设兵团新闻出版局，解放军总政治部宣传部新闻出版局：

为促进出版物网络发行的持续健康发展，保护消费者和经营者的合法权益，规范出版物网络发行行为，现根据《出版物市场管理规定》（新闻出版总署令第23号）和《音像制品批发、零售、出租管理办法》（文化部令第40号）等相关法律法规，就有关事项通知如下：

一、通过网络发行图书、报纸、期刊、音像制品和电子出版物（以下简称网络发行）作为出版物发行的新方式，以其交易成本低、流通效率高、销售范围广、服务方便等优势受到了社会和消费者的认可与欢迎。新闻出版行政部门鼓励、支持通过网络依法销售各种内容健康的出版物，并实施积极的扶植政策，促进网络发行的健康发展。

网络书店的设立，不受当地出版物发行网点建设规划的数量限制。

二、建立从事出版物发行的网络书店，在网络交易平台内从事出版物发行，或者以其他形式通过网络从事出版物发行，均须依照《出版物市场管理规定》和《音像制品批发、零售、出租管理办法》的规定，经新闻出版行政部门批准，取得《出版物经营许可证》和《音像制品经营许可证》。

三、从事网络发行应符合下列条件：

（一）申请通过网络从事出版物零售的单位，应符合《出版物市场管理规定》第十条的规定（其中，应有与其业务相适应的固定的经营场所），并经所在地县级人民政府新闻出版行政部门批准。

（二）申请通过网络从事出版物批发的企业，应符合《出版物市场管理规定》第八条的规定（其中，注册资本不少于200万元、经营场所的营业面积不少于50平方米），并经所在地省、自治区、直辖市新闻出版行政部门批准。

（三）申请通过网络从事出版物总发行的企业，参照《出版物市场管理规定》第六条相关条款，并经新闻出版总署批准。

（四）已经取得《出版物经营许可证》的出版物总发行企业、批发企业、连锁经营企业、零售单位和已经取得《音像制品经营许可证》的音像制品批发企业、连锁经营企业、零售单位在批准经营范围内开展网络发行，应自开展网络发行30日内到原批准的新闻出版行政部门备案，并在其《出版物经营许可证》、《音像制品经营许可证》经营范围后加注“网络发行”字样。

（五）外商投资图书、报纸、期刊分销企业开展网络发行按照《外商投资图书、报纸、期刊分销企业管理办法》第十八条规定执行。外商投资音像制品分销企业开展网络发行按照《中外合作音像制品分销企业管理办法》第九条规定执行。

四、经批准从事网络发行的企业和单位，由新闻出版行政部门颁发《出版物经营许可证》，在其《出版物经营许可证》经营范围后加注“网络发行”字样，同时报省级新闻出版行政部门备案。

申请人应自领取《出版物经营许可证》后30日内办理工商注册登记。

五、从事网络发行，应当遵循公平、合法、诚实守信的原则，不得损害国家利益和公众利益，不得损害消费者的合法权益。

通过网络发布的出版物信息应当真实准确，不得做虚假宣传。

六、不得通过网络发行下列出版物：

（一）含有《出版管理条例》第二十六条、第二十七条禁止内容的违禁出版物；

（二）各种非法出版物，包括：未经批准擅自出版、印刷或者复制的出版物，伪造、假冒出版单位或者报刊名称出版的出版物；

（三）侵犯知识产权的出版物；

（四）未经批准进口的出版物；

（五）新闻出版行政部门明令禁止出版、印刷复制、发行的出版物。

七、从事网络发行的企业和单位，应在其网站主页面或者从事经营活动的网页醒目位置公开《出版物经营许可证》、《音像制品经营许可证》和营业执照登载的有关信息或链接标识，并接受新闻出版行政部门的管理与年度核验。

八、建立出版物网络交易平台应向所在地省、自治区、直辖市新闻出版行政部门备案，接受新闻出版行政部门的指导与监督管理。

提供出版物网络交易平台服务的经营者，应当对申请通过网络交易平台从事出版物发行的经营主体身份进行审查，确保注册姓名和地址的真实性。

提供出版物网络交易平台服务的经营者，应当建立经营证照核查制度。核实经营主体的营业执照、《出版物经营许可证》、《音像制品经营许可证》，并留存证照复印件备查。不得向无证无照、证照不齐的经营者提供网络交易平台服务。

提供出版物网络交易平台服务的经营者，发现在网络交易平台内从事各类违法违禁活动的，应当采取有效措施予以制止，并及时向所在地新闻出版行政部门报告。

九、本通知发布前已经在国内正式运营且至今仍从事网络发行的，应于2011年1月31日前，按照本通知的要求到所在地新闻出版行政部门办理《出版物经营许可证》，规范经营活动。逾期未办理《出版物经营许可证》而仍从事网络发行的，新闻出版行政部门将依法取缔，并提交公安、工商、电信主管部门关闭违法网站。

对违反规定擅自设立网络书店或者擅自从事网络发行的，将依照《出版管理条例》第五十五条予以处罚。

对违反规定发行非法出版物和违禁出版物的，将依照《出版管理条例》、《出版物市场管理规定》有关条款予以处罚，情节严重的，责令限期停业整顿或者由原发证机关吊销许可证。

十、各级新闻出版行政部门要根据本通知精神，加强对辖区内网络发行的管理，引导相关企业和个人依法办理注册登记、守法经营，促进网络发行的健康发展。

关于加强城乡出版物发行网点建设的通知

中共中央宣传部　新闻出版总署　住房和城乡建设部

2011年6月21日　新出联〔2011〕9号

各省、自治区、直辖市党委宣传部、新闻出版局、住房和城乡建设厅（规划局），新疆生产建设兵团党委宣传部、新闻出版局、建设局：

"十一五"时期，在各级党委政府的共同努力下，我国城乡建设取得了巨大成就，出版物发行网点也实现了持续稳定增长，全国已建成遍布城乡的各类出版物发行网点16万多家，在推进城乡经济社会发展、服务群众精神文化需求等方面发挥了重要作用。但是，随着我国城镇化的快速发展，一些地区对出版物发行网点建设重视不够，出版物发行网点在城乡建设中缺少统筹安排和科学布局。特别是近年来，在城乡发展建设过程中，一些地区原有出版物发行网点被拆除，书店被挤占，书报亭越来越少，新网点规划建设滞后，导致买书难、买报刊难的问题时有发生，群众对此反应强烈。为满足人民群众多层次多样化的文化需求，建立覆盖城乡的出版物发行网络体系，加快面向大众的基层文化服务设施建设，现就加强城乡出版物发行网点建设通知如下：

一、充分认识出版物发行网点建设的重要意义

出版物发行网点（包括报刊亭，下同）作为城乡文化基础设施的重要组成部分，新中国建立初期，中央就规定必须在城市最繁华的街区建立新华书店，这在塑造城乡形象、提升城乡文化品

味上发挥着积极作用，被誉为城乡的文化名片。在全面建设小康社会、构建和谐社会的关键时期，出版物发行网点肩负着宣传社会主义核心价值体系，增强社会主义意识形态的吸引力和凝聚力，传播普及科学知识，推动全民阅读的重要使命。随着经济社会不断发展和人民生活水平的不断提高，人民群众的精神文化需求越来越多样化多层次，加强出版物发行网点建设，是保障人民群众基本文化权益，解决群众买书难、看书难问题的有效措施。因此，各级党委宣传、新闻出版、住房和城乡建设部门要统一思想，提高认识，将城乡出版物发行网点建设纳入公共文化服务体系、纳入城市公共服务设施建设整体规划、纳入《全国文明城市测评体系》。在城乡建设和文化建设规划中必须保证有足够的网点发行图书、报刊和音像制品，努力改善人文环境，不断完善文化市场服务体系，提高出版物供给能力，满足人民群众不断增长的精神文化需求。

二、切实抓好出版物发行网点建设

各级新闻出版行政主管部门要本着合法公正、符合实际、促进发展的原则，依照城乡规划的总体要求，会同当地城乡规划行政主管部门制定本地区出版物发行网点建设专项规划。要坚持城乡共同推进、协调发展，充分调动社会各界力量，按规划要求组织建设一批与当地经济、人口、社会发展水平相适应的出版物发行网点，包括大型书城、中型书店、社区便民书店、连锁书店及报刊亭等。按照《新闻出版业“十二五”时期发展规划》，到“十二五”末，千人拥有出版物发行网点数提高到 0.13 个，基本实现“市市有书城、县县有书店、乡乡有网点、村村有书屋”的目标。

各级党委政府要在政策、资金、税费、占地等方面给予出版物发行网点建设以必要的扶持。各级新闻出版行政主管部门要加强对新华书店的管理和指导，严格按照《财政部国家税务总局关于继续实行宣传文化增值税和营业税优惠政策的通知》（财税〔2009〕147号）第四条“免征或退还的增值税款应专项用于发行网点建设和信息系统建设”的规定，推进乡镇出版物发行网点建设。鼓励新华书店依托农家书屋、各类便民店以及个体工商户，建立各种形式的农村出版物发行网点或代销点、租赁点，切实有效解决农村地区买书难问题。

三、为出版物发行网点建设提供良好的发展环境

各级党委宣传部、新闻出版、住房和城乡建设部门要密切配合，建立工作机制。在城镇新区建设和旧城改造过程中，要严格按照国家相关标准规范，预留包括出版物发行门店在内的各类公共服务设施用地，保障相关基础设施到位。在城乡建设过程中，为了公共利益而需要征收国有土地上房屋或者拆除、改建出版物发行门店的，应当按照《国有土地上房屋征收与补偿条例》及有关法律法规的规定执行，就近、定额还建。

各级党委宣传部、新闻出版、住房和城乡建设部门要积极协调地方人民政府，落实出版物发行网点建设专项规划和拆除、改建出版物发行网点的安置方案，加快出版物发行网点建设，不断开创城乡基层文化建设新局面，让新闻出版发展成果更好惠及基层人民群众。

关于认真做好向农村义务教育阶段学生免费提供《新华字典》有关工作的通知

新闻出版总署　2013 年 1 月 4 日　新出明电〔2013〕1 号

各省、自治区、直辖市新闻出版局，新疆生产建设兵团新闻出版局，解放军总政治部宣传部新闻出版局，各出版集团、发行集团（自发）：

为贯彻落实中央领导同志的指示精神，2011 年以来，总署积极研究解决农村中小学工具书匮乏问题的长效机制，出台了一系列举措，先后下发了《关于倡议开展向中西部贫困地区农村中小学生捐赠〈新华字典〉活动的通知》、《关于做好农村地区〈新华字典〉（平装本）征订、发行工作的通知》、《新闻出版总署关于进一步推动解决贫困地区农村中小学生使用字典问题的通知》等。全国新闻出版系统按照总署部署，积极推进相关工作，有效缓解了中西部贫困地区农村中小学生字典短缺状况。

2012 年 10 月，财政部、教育部联合下发了《财政部教育部关于下达 2012 年农村义务教育免费教科书中央补助资金的通知》（财教〔2012〕334 号，以下简称《通知》），将《新华字典》纳入国家免费提供教科书范畴。为落实好这项重要惠民政策，履行好新闻出版系统社会责任，现就继续做好《新华字典》的出版、发行工作提出如下要求：

一、商务印书馆作为《新华字典》唯一出版者，要提供最新版本（第 11 版，单色本），并积极组织生产，合理规划供货周期，与各省教育部门、新华书店和有关发行单位共同制定妥善的供应计划。

二、各出版集团、发行集团要积极加强与教育、财政部门的沟通、协调，主动配合教育、财政部门做好免费《新华字典》政府采购有关工作。

三、已经获得《新华字典》采购权的出版集团、发行集团，要确保将《新华字典》及时足量供应到位，不得以其他工具书替代。

四、对于广西、贵州两地已配备正版《新华字典》的地区，按照《通知》的要求，在2013年配备同等价格的其他正版工具书时，要确保工具书品质优良、价格相当，与《新华字典》形成功能互补。2014年以后小学一年级新生须全部配备《新华字典》。

五、各地要继续组织开展打击工具书侵权盗版专项整治，全面清查工具书市场，特别是加大对地（州、市）以下出版物市场和校内、校园周边书店的清查力度，严厉查处非法印刷、运输、储藏和销售盗版工具书行为。

六、各地新闻出版行政管理部门要按照本通知要求，及时检查所属出版、发行单位的执行情况，对违反本通知规定的行为予以纠正，并作出相应处理；各出版集团、发行集团要及时做好《新华字典》征订与发行工作的汇总工作，并将相关情况及时报总署。

关于做好取消设立出版物全国连锁经营单位审批项目后续工作的通知

国家新闻出版广电总局　2013年9月3日　新出厅发〔2013〕5号

各省（区、市）新闻出版局：

根据《国务院关于取消和下放一批行政审批项目等事项的决定》（国发〔2013〕19号文）和《国务院关于取消和下放50项行政审批项目等事项的决定》（国发〔2013〕27号文）的规定，“设立出版物全国连锁经营单位审批”和“从事出版物全国连锁经营业务的单位变更《出版物经营许可证》登记事项，或者兼并、合并、分立审批”项目已经取消。为加强后续服务和管理，现将有关事项通知如下：

一、原新闻出版总署颁发的出版物全国连锁经营单位《出版物经营许可证》继续有效，但限于按照原许可证登记事项开展经营活动，新闻出版广电总局不再受理有关连锁经营单位变更登记事项申请；原核发的《出版物经营许可证》于有效期满后自动失效。

二、出版物全国连锁经营单位符合出版物总发行单位设立条件的，可依法向新闻出版广电总局申请出版物总发行资质；不符合出版物总发行单位条件的，可依法向所在地新闻出版行政主管部门申请核发批发、零售资质的《出版物经营许可证》。

三、各地新闻出版行政主管部门要积极做好本地区出版物全国连锁经营单位重新申办有关《出版物经营许可证》的审批或审核等服务工作，确保相关发行单位正常有序运行。

关于做好农家书屋出版物补充更新和使用工作的通知

国家新闻出版广电总局　财政部　文化部

2013年9月17日　新出联〔2013〕7号

各省、自治区、直辖市新闻出版局、财政厅（局）、文化厅（局），新疆生产建设兵团新闻出版局、财务局、文化局：

农家书屋工程在各地各部门的共同推动下，已覆盖了全国有基本条件的行政村，在提高农民综合素质、巩固基层文化阵地等方面发挥了重要作用。为推动农村文化事业发展，财政部于2013年4月下发了《关于印发〈中央补助地方农村文化建设专项资金管理暂行办法〉的通知》（财教〔2013〕25号），明确农家书屋出版物补充更新标准为每村每年2000元，为农家书屋可持续发展提供了重要保障。为做好农家书屋出版物补充更新和使用工作，现就有关事项通知如下：

一、准确把握新形势下农家书屋工作的重点和要求

党的十八大以来，中央对公共文化服务体系建设提出了一系列新的要求。在农家书屋工程建设任务基本完成之后，加强管理，有效使用，提升服务能力，已经成为农家书屋工作的关键环节。各级新闻出版、财政、文化行政管理部门要切实增强责任意识和服务意识，以党的群众路线教育实践活动为契机，不断提高农家书屋服务群众的水平。要坚持从农村实际出发，以满足农民群众需求为落脚点，通过更为有效的方法实现农家书屋出版物的补充

更新，把更多农民读得懂、用得上的优秀出版物送到基层农村。要积极探索、大胆创新，认真落实中央领导同志关于提高农家书屋实用性、便利性的重要批示，更好地发挥农家书屋作用，让农民群众真正得到实惠。

二、认真做好农家书屋出版物补充更新工作

（一）明确标准，保证补充出版物的基本质量。每个农家书屋每年补充图书一般不少于60种；报刊、音像制品和电子出版物由各地根据实际情况确定补充更新数量。国家新闻出版广电总局负责制定《农家书屋重点出版物推荐目录》。各地农家书屋补充更新的出版物中，总局《推荐目录》列入的品种和数量比例应不低于50%，其他由各地自主选择，但本省（区、市）出版物的总体比例不得超过30%。各地方要严格把关，坚决杜绝以捐赠图书、库存图书、旧书、低劣图书充数。

（二）因地制宜，采取多种方式补充出版物。各省（区、市）可根据实际情况，通过多种方式、多种渠道补充更新出版物。省级新闻出版行政管理部门可探索基层选书与集中采购相结合的模式，提高资金使用效益。要充分调动基层的积极性和主动性，鼓励由县级新闻出版行政管理部门组织选书，县级图书馆参与指导，提高配书的针对性；鼓励有条件的地方向基层发放购书券，或组织农民到图书卖场选书，实现补充图书的差异化；鼓励基层创新，探索有利于满足群众需求的出版物补充更新方式。农家书屋补充出版物目录确定后，应由县级新闻出版行政管理部门审核上报至农家书屋工程建设信息监管系统。

（三）统筹实施，合理配置出版物资源。各地补充更新出版物应充分考虑农村常住人口等实际情况。农业大省和农业大县的农村人口较多，应保证每个农家书屋按照2000元足额补充。农村自然条件较差、人口外流较多的地区，可由县级部门统筹调配，向人口集中的行政村倾斜，适当增加配书数量；对“空心化”问题突出的行政村可根据实际情况减少配书数量，提高资金利用率。

（四）丰富内容，提升农家书屋数字化水平。为解决偏远地区报刊投送难的问题，进一步丰富农家书屋出版物资源，有关地方可因地制宜建设数字农家书屋，采取集中采购的方式购买数字报刊等出版产品和服务，以代替传统的报刊等。按照中央关于加大对农村和欠发达地区文化建设帮扶力度的要求，国家新闻出版广电总局将协调相关建设单位，为集中连片特殊困难地区提供卫星数字接收设备。

（五）整合发展，推动农村公共文化资源共享。各地新闻出版行政管理部门应与文化行政管理部门共同推进文化资源共享，探索基层公共文化服务资源整合发展的机制，将农家书屋与基层图书馆服务体系相结合，利用县级图书馆、乡镇文化站及流动图书车等，实现农家书屋出版物定期流转更新。

三、建立完善目标责任制和监督检查机制

各省级新闻出版行政管理部门要结合实际，制定本省（区、市）农家书屋出版物补充更新的具体办法并组织实施，会同财政、文化行政管理部门共同做好出版物补充更新工作。要建立健全目标责任制，明确省、市、县三级新闻出版行政管理部门职责，做到权力与责任相一致。要加强配书工作事前、事中、事后的监督检查，并将书屋管理使用作为绩效考评的重要指标，加大监督考核力度。

中央财政对东部地区、中部地区、西部地区分别按照2000元标准的20%、50%、80%安排补助资金。各省级财政部门要根据实际情况制定省级及省级以下财政部门分担比例，切实落实应负担的资金，并保证资金落实到位。各级财政部门要切实加强资金管理，提高财政资金使用效益。

各级新闻出版行政管理部门要会同文化行政管理部门，依托各级公共图书馆，对农家书屋管理使用进行业务指导，推动农家书屋、基层图书馆（室）、文化共享工程基层点、公共电子阅览室的合作共建，更好地提供适合基层群众的阅读服务和数字文化服务。

各省（区、市）新闻出版行政管理部门应于每年3月底前将上一年度农家书屋出版物补充更新情况报国家新闻出版广电总局。国家新闻出版广电总局和财政部将采取明查与暗访相结合的方式，对各地方农家书屋出版物补充更新和资金使用情况进行监督检查，对违反规定挪用资金、违规配备出版物、报送虚假材料骗取资金等行为，将依照相关法律法规追究责任、严肃处理，并通报相关省级党委、政府和纪检监察部门。

关于贯彻落实《关于加强城乡出版物发行网点建设的通知》有关问题的复函

国家新闻出版广电总局　2013年11月15日　新出厅字〔2013〕400号

山东省新闻出版局：

你局《关于贯彻落实〈关于加强城乡出版物发行网点建设的通知〉有关问题的请示》收悉。现函复如下：

一、为加强出版物发行网点建设，2011年，中宣部、原新闻出版总署、住建部出台了《关于加强城乡出版物发行网点建设的通知》，就出版物发行网点拆迁问题提出了"就近、定额还建"的要求。依据是1991年原新闻出版署、原国家计划委员会、原建设部联合下发的《关于图书发行网点建设若干问题的通知》（〔91〕新出联字第1号）（现行有效），其中规定："在改造城镇繁华地区或街道以及新建居民住宅区设立商业网点时，必须同时考虑图书发行网点的建设。在城市规划和建设中，有的图书发行网点确因统一规划需要拆除还建的，原则上应当先建后拆或在适当的地段安排不小于原来面积的新图书发行网点。"因此，出版物发行网点拆迁安置和建设应按此执行。

二、近年来，一些地区在城市建设中，对出版物发行网点建设重视不够，原有的书店、报刊亭不断被拆除，新网点建设滞后，导致买书难、买报难问题时有发生，人民群众反映强烈。党的十八大提出了建设社会主义文化强国的战略目标。出版物发行网点是城市文化基础设施的重要组成部分，新中国建立初期，中央就规定必须在城市最繁华街区建立新华书店。因此，出版物发行网点建设只能加强、不能削弱。

请你局依据上述文件，加大力度，积极协调地方党委政府、宣传部门和住建部门，维护新华书店的合法权益，积极争取有利于实体书店发展的政策保障。同时指导督促山东新华书店集团有限公司加强基层新华书店建设，巩固图书主营业务，进一步服务读者，努力在城市建设中发挥文化建设主力军的作用。

关于自行印制《出版物经营许可证》的通知

国家新闻出版广电总局　2013 年 11 月 21 日　新出厅字〔2013〕416 号

各省、自治区、直辖市新闻出版局：

鉴于国家新闻出版广电总局组建后，原新闻出版总署制发的《出版物经营许可证》已不再适用，为保证发行单位的正常经营，总局重新设计了《出版物经营许可证》并统一制作了印刷胶片。新版许可证的使用年限由四年延长至六年，登记事项中的经济性质改为企业类型。新版许可证由总局提供印刷胶片，省级新闻出版行政主管部门负责组织印制和发放。

新版许可证印制胶片共计九张，其中：

1．副本封面烫金用胶片一张，规格为 383mm×267mm（对折后为 192mm×267mm），请按原《出版物经营许可证》的样式自制封皮；

2．正本胶片五张，包括黄、绿、红、黑、烫金五色；

3．副本胶片三张，包括黄、绿、黑三色；

4．CD 光盘一张，内含可直接分色印刷的上述胶片的 PDF 格式图像文件；

5．《出版物经营许可证》规格如下：正本（400mm×290mm）、副本（372mm×250mm），许可证编号打印处的字样为“新出发　字第　号”，许可证正面为黄色边框、绿色底纹，印刷纸张为 250 克铜版纸。

各地新闻出版行政主管部门要认真做好本地区《出版物经营

许可证》印制和换发工作，确保正常有序进行。印制费用请向当地财政部门申请解决。

关于国发〔2014〕5号文取消出版物总发行相关审批事项后续监管措施的通知

国家新闻出版广电总局　2014年4月2日　新广出办发〔2014〕21号

各省、自治区、直辖市新闻出版广电局，新疆生产建设兵团新闻出版广电局，解放军总政治部宣传部新闻出版局：

2014年1月28日，《国务院关于取消和下放一批行政审批项目的决定》（国发〔2014〕5号）取消了出版物总发行单位设立及从事出版物总发行业务单位变更《出版物经营许可证》登记事项，或者兼并、合并、分立的审批。现将上述行政审批项目取消后的后续监管措施通知如下：

一、自国发〔2014〕5号文印发之日起，国家新闻出版广电总局不再审批出版物总发行资质及相应变更事项。

二、原总发行业务《出版物经营许可证》于2014年6月30日统一作废。此前，仅有从事总发行业务《出版物经营许可证》的企业，可前往省级新闻出版广电行政主管部门换领从事批发业务的《出版物经营许可证》。

三、各级新闻出版广电行政主管部门要完善出版物市场日常巡查制度，加强对出版物发行活动的事中、事后监管，会同文化市场执法机构加大监督检查力度，依法查处违法违规经营活动。

关于印发《全国图书交易博览会申办办法》的通知

国家新闻出版广电总局　2014 年 11 月 18 日　新广出办发〔2014〕125 号

各省、自治区、直辖市新闻出版广电局、新疆生产建设兵团新闻出版局：

为规范全国图书交易博览会申办工作，新闻出版广电总局制定了《全国图书交易博览会申办办法》，现予印发。

全国图书交易博览会申办办法

第一条　为规范全国图书交易博览会申办工作，制定本办法。

第二条　全国图书交易博览会经全国清理和规范工作领导小组批准，由新闻出版广电总局主办。

第三条　全国图书交易博览会每一年举办一届。省级人民政府、省会城市人民政府及计划单列市人民政府均可申请与新闻出版广电总局共同举办全国图书交易博览会。

第四条　申请举办全国图书交易博览会的举办地应具备以下条件：

（一）展馆面积应达到 30000 平方米以上，可容纳 1300 个以上国际标准展位；

（二）展馆内互联网、电讯、传真系统畅通，移动通讯设备能够正常使用；

（三）宾馆或酒店总床位不少于 15000 个；

（四）航空、铁路、公路等交通具有相应运送能力；

（五）具有举办国际或国内大型会展活动的经验，能够确保参展代表人身、财产安全，同时具有处理突发事件的能力。

第五条 申请举办全国图书交易博览会，应由申办地省级人民政府于预定举办时间 12 个月前向新闻出版广电总局提出书面申请。

第六条 申请举办全国图书交易博览会，应由申办单位向新闻出版广电总局提交以下材料：

（一）申请函，须包括拟举办时间、地点、规模、承办单位、城市基本情况、新闻出版业发展情况，以及举办场馆、公共交通及宾馆等基本情况；

（二）展会总体活动方案；

（三）经费预算方案；

（四）招商招展方案；

（五）展位费给予适当优惠的书面承诺。

第七条 新闻出版广电总局收到申请函后，对申办材料进行综合评估，组织实地考察，在本届全国图书交易博览会举办前确定下一届举办城市并函复申办单位。

第八条 申办单位应于收到新闻出版广电总局同意举办的复函后 2 个月内成立组委会并开展组织筹备工作。组委会成员由申办单位、新闻出版广电总局、承办单位及当地有关部门的负责同志组成。

第九条 如因举办地原因影响展会如期举办，新闻出版广电总局可以推迟举办时间或更换举办城市。

第十条 本办法自 2015 年 1 月 1 日起实施。

关于用好公共文化服务体系建设专项资金保障农家书屋出版物补充更新的通知

国家新闻出版广电总局　2016年5月3日　新广出办发〔2016〕37号

各省、自治区、直辖市新闻出版广电局，新疆生产建设兵团新闻出版广电局：

2016年是“十三五”规划的开局之年，为扎实做好农家书屋出版物补充更新和管理使用工作，更好保障农民群众在家门口读书看报的文化权益，现就用好公共文化服务体系建设专项资金保障农家书屋出版物补充更新有关工作通知如下：

一、积极协调落实专项资金保障农家书屋出版物补充。为推进公共文化服务体系建设，中央财政自2016年起设立中央补助地方公共文化服务体系建设专项资金，为农家书屋补充更新等基本公共文化服务项目提供了资金保障，同时专项资金不再细分各项目资金标准。各地要认真贯彻《中央补助地方公共文化服务体系建设专项资金管理暂行办法》（财教〔2015〕527号）和《关于做好农家书屋出版物补充更新和使用工作的通知》（新出联〔2013〕7号）文件要求，统筹使用好专项资金，主动协调财政部门制定专项资金分配、使用方案，足额落实地方财政配套资金，确保每个农家书屋补充资金不少于2000元，每年补充图书不少于60种，落实好各地公共文化服务实施标准。

二、认真做好农家书屋出版物补充更新工作。各地要把做好农家书屋出版物补充工作作为开展“两学一做”学习教育的重要抓手，主要负责同志要加强领导，亲自过问，抓好工作落实。总局正在制订《2016年农家书屋重点出版物推荐目录》，目录下发后，各地要严格执行总局关于出版物补充工作的要求，确保农家书屋的配书质量。

三、加强监督检查。各省级新闻出版广电部门要履行管理职责，及时将总局工作要求传达贯彻到市县管理部门，加强配书工作事前指导和事中、事后的监督检查。对资金不落实、不执行总局要求、采购程序不规范、以次充好、劣质和库存图书进书屋等问题要严肃查处。

关于印发《关于支持实体书店发展的指导意见》的通知

中共中央宣传部　国家新闻出版广电总局　国家发展和改革委员会
教育部　财政部　住房和城乡建设部　商务部　文化部
中国人民银行　国家税务总局　国家工商行政管理总局
2016年5月26日　新广出发〔2016〕46号

各省、自治区、直辖市和新疆生产建设兵团党委宣传部、新闻出版广电局、发展和改革委员会、教育厅（教委）、财政厅、住房和城乡建设厅、商务厅、文化厅、国家税务局、地方税务局、工商局，中国人民银行副省级城市中心支行以上分支机构：

实体书店是城乡重要的文化设施和文明载体，在巩固先进文化传播阵地、促进文化产业发展和文化市场繁荣、推动全民阅读、建设书香社会、提高全民族素质等方面具有重要作用。为贯彻落实党中央、国务院有关部署和要求，进一步促进实体书店发展，现将《关于支持实体书店发展的指导意见》印发给你们，请结合实际认真贯彻执行。

关于支持实体书店发展的指导意见

实体书店是重要的文化设施和文明载体，在促进城乡文化产业发展和文化市场繁荣、巩固先进文化传播阵地、推动全民阅读、建设书香社会、提高全民族素质等方面具有重要作用。近年来，我国实体书店发展势头良好，总体销售规模扩大，较好地履行了社会服务功能，体现了社会效益和经济效益相统一。但区域发展不均衡，创新发展动力和能力不足，市场秩序不规范，信息化、标准化程度不高等问题仍然突出，互联网发展带来的数字阅读、网络购书等对实体书店经营带来较大冲击。为贯彻落实党中央、国务院有关部署要求，进一步促进实体书店发展，现提出以下意见。

一、总体要求

（一）指导思想。全面贯彻党的十八大和十八届二中、三中、四中、五中全会精神，深入贯彻习近平总书记系列重要讲话精神，牢固树立创新、协调、绿色、开放、共享的发展理念，坚持把社会效益放在首位，实现社会效益和经济效益相统一，充分发挥市场在资源配置中的决定性作用，加强政府引导，不断提升实体书店的创新力和竞争力，丰富产品和服务供给，更好适应人民群众日益增长的多样性文化需求，拉动文化消费。

（二）基本原则。坚持改革创新。推动实体书店经营模式创新和转型升级，以改革激发市场活力，以创新增强经营能力，着力解决制约实体书店发展的关键问题。

发挥市场作用。遵循产业发展规律，顺应互联网时代发展趋势，积极培育壮大多元市场主体，鼓励吸引社会资本进入，充分调动发展实体书店的积极性和创造性。

加强政府引导。加快政府职能转变，进一步简政放权、放管结合、优化服务，营造竞争有序、公平参与的市场环境。完善政府宏观管理体制，明确重点、注重实效，加大规划、政策、标准等引导和支持力度。

注重统筹协调。充分发挥各地、各相关方面作用，统筹谋划、综合施策，形成推动实体书店发展的合力。积极推进实体书店与出版等相关产业的深层互动、融合发展。

（三）发展目标。按照全面建成小康社会的要求，推动实体书店与经济社会协调发展，到2020年，基本形成布局合理、功能完善、主业突出、多元经营的实体书店发展格局。

——布局体系更趋完善。按照城乡人口规模、流动趋势和区域功能，建立以大城市为中心、中小城市相配套、乡镇网点为延伸、贯通城乡的实体书店建设体系，形成大型书城、连锁书店、中小特色书店及社区便民书店、农村书店、校园书店等合理布局、协调发展的良性格局。

——市场主体更具活力。多种所有制并存、多元业态经营的市场主体确立，应对市场变化的能力显著增强，商业模式和服务形式创新更加适应新的消费需求。全国逐步形成一批品牌知名度高、创新发展能力强、主营业务突出、具有核心竞争力的实体书店。

——发展基础更加坚实。实体书店作为重要阅读场所的文化功能更加突出，在推动全民阅读、建设书香社会中发挥积极作用。全国人均图书消费水平不断提升，实体书店数量和图书销售额保持稳定增长。

——市场环境更加优化。加快形成统一开放、竞争有序的市场体系。图书价格管理逐步规范，资源配置效率进一步提高，侵权盗版和行业不正当竞争得到有效遏制，实体书店合法权益得到有效保护。

二、主要任务

（四）加强城乡实体书店网点建设。坚持城乡共同推进、协调发展。按照城市人口规模和实际需求，结合各级商业网点和公共服务设施，合理规划并推动建设一批与当地经济社会发展水平相适应的实体书店，包括大型书城、连锁书店、专业书店、社区便民书店、书报刊亭等。鼓励大型商贸、餐饮、服务连锁企业开展出版物经营业务。加强农村出版物发行网点建设，提高经营发展的适应性和管理服务水平。充分发挥新华书店等发行企业的骨干作用，推进农村出版物“小连锁”建设和经营；积极调动各方面力量，依托乡镇综合文化站、农家书屋、供销合作社、邮政局所、便民超市、电商服务站点等设立农村出版物代销点或网络代购点；支持实体书店深入乡镇农村开展流动售书。引导和推动高校加强校园书店建设，鼓励发行企业参与高校书店建设，各高校应至少有一所达到一定建设标准的校园书店，没有的应尽快补建。鼓励在中小学校及周边开办实体书店。

（五）创新实体书店经营发展模式。积极培育壮大市场主体，推动新华书店等国有实体书店大力发展新兴业态，支持大型书城升级改造，建设综合性文化体验消费中心；支持连锁书店扩大连锁经营范围，形成品牌优势，完善统一配送；支持知名民营书店做优做强，突出文化创意和品牌效应，营造优质阅读空间；鼓励中小书店向专业化、特色化方向发展，做精做大细分市场；鼓励开办 24 小时书店，设立自动售书机等。支持实体书店进一步融入文化旅游、创意设计、商贸物流等相关行业发展，努力建设成为集阅读学习、展示交流、聚会休闲、创意生活等功能于一体的复合式文化场所。

（六）推动实体书店与网络融合发展。强化“互联网 +”思维，充分利用互联网、物联网、云计算、大数据、数字印刷等新技术手段，实现实体书店由传统模式向新兴业态的转变。鼓励实体书店利用互联网技术推进数字化升级和改造，增强店面场景化、立体化、智能化展示功能，打造新一代“智慧书城”。支持实体书店拓展网络发行业务，开发移动互联网服务平台，完善信息推送、数据分析、移动支付、在线互动、个性订制等功能，推动线上营销与线下体验相结合，实现线上线下互动协同发展；推动实体书店与电商在区域配送、平台共享、网点共建等方面优势互补、合作共赢，探索“网订店取”、“网订店送”等经营方式。鼓励实体书店探索“按需印刷”、“前店后厂”等新的商业模式。

（七）提升实体书店信息化标准化水平。推动建立统一的实体书店可供图书信息标准，降低流通和各环节运营成本；运用大数据建立面向社会的信息共享平台，提高实体书店经营质量和效率。推动实体书店利用信息技术改造传统业务流程，逐步实现从传统管理模式向信息化管理模式转变。推动实体书店完善物流基础设施，以现代物流和信息技术为核心，促进资源优化配置，提高出版物流通配送能力，并积极拓展第三方物流业务。

（八）加大实体书店的优秀出版物供给。充分发挥实体书店传播先进文化的阵地作用，引导实体书店采购供应宣传党的理论和路线方针政策、弘扬社会主义核心价值观的重点出版物，有利于提高人民群众知识文化水平、满足人民群众精神文化需求的优秀出版物，有助于推动科学技术创新、促进经济社会持续健康发展的最新出版物，采取多种形式做好宣传推广和展示销售工作，在扩大市场销售的同时实现社会效益最大化。

（九）更好发挥实体书店的社会服务功能。鼓励实体书店积极参与公共文化服务，鼓励以实体书店为载体，开展多种形式的群众性读书文化活动。对引领全民阅读具有示范导向作用的实体书店，政府应按一定标准给予财政扶持。鼓励有条件的地方探索向城乡低收入困难群众发放购书券，或对困难群众购书给予一定补贴，保障基本文化民生，拉动实体书店消费。鼓励实体书店参与政府购买公共文化服务项目，拓展业务渠道。

三、政策措施

（十）完善规划和土地政策。将实体书店建设纳入国民经济和社会发展规划，纳入基层宣传思想文化工作考核评价体系，纳入文明城市、文明村镇、文明校园考核评价体系。落实中央城市工作会议精神，推动实体书店在城市文化功能区建设中发挥重要作用。根据《国务院关于深化流通体制改革加快流通产业发展的意见》，落实好城镇新建社区商业和综合服务设施面积占社区总建筑面积比例不低于10%的要求，合理规划，为实体书店预留经营场所。加强政府引导，鼓励房地产企业、综合性商业设施、公共服务设施等为具有较强经营发展能力和社会影响力的实体书店提供免租金或低租金的经营场所。加大对农村出版物发行网点建设的规划和财政支持力度，加快实现实体书店网点和出版物代销代购点覆盖全国所有乡镇，解决城乡不均衡的问题。将开办校园书店作为学校思想政治建设和文化建设的重要内容，教育部门要加强对高校校园书店的整体规划，各高校要从场地、租金等方面给予支持和优惠。

（十一）加强财税和金融扶持。进一步加大财政资金扶持实体书店的力度，完善标准，优化方法，更好发挥杠杆作用，对实体书店创新经营项目和特色中小书店转型发展通过奖励、贴息、项目补助等方式给予支持，重点扶持一批具有示范引领作用的品牌实体书店做优做强。加大对农村出版物发行网点建设的财政支持力度，通过中央和地方文化产业专项资金，对新华书店等发行企业的农村连锁网点建设项目和相关的物流、信息等配套项目给予补助；对长期坚持立足农村、服务农村的优秀实体书店给予奖励。落实图书批发、零售环节免征增值税政策。引导银行业金融机构在风险可控、商业可持续的前提下，针对中小书店经营特点和融资需求，创新产品和服务。鼓励社会资本为中小书店发展提供资金支持。

（十二）提供创业和培训服务。落实好国务院关于做好新形势下就业创业工作的意见和大力推进大众创业万众创新的政策措施，对开办实体书店的创业重点群体给予支持。与引导大学生创业创新相结合，鼓励高校毕业生创办实体书店，纳入大学生创业引领计划，落实相关创业扶持政策。鼓励行业协会、中介服务组织搭建实体书店综合服务平台，提供注册登记、生产经营、社保、法律、税费、用工等咨询服务。支持有条件的发行企业成立专业化的书店管理机构，帮助进入市场的中小书店运营管理。鼓励开展多种形式的培训和业务交流，提高实体书店从业人员整体素质和服务水平。

（十三）简化行政审批管理。加快政府职能转变，进一步简政放权，切实落实单位和个人开办实体书店“先照后证”改革要求，减少审批项目，简化审批程序。对实体书店开展其他经营业务的，提供便利的工商登记注册服务。通过降低市场准入门槛，吸引更多社会资本开办书店。

（十四）规范出版物市场秩序。加大“扫黄打非”和出版物市场管理力度，加强对出版单位、印刷企业、出版物批发市场、实体书店、网络书店、游商摊贩等的执法检查，加强事中事后监管，坚决打击侵权盗版、制售非法出版物等违法违规行为。完善实体书店诚信体系建设，充分利用企业信用信息公示平台，及时对违规企业信息进行公示。规范图书市场秩序，完善图书市场价格管理机制，打击恶意打折、无序竞争行为，为实体书店发展营造公平有序的市场环境。

四、组织实施

（十五）形成工作合力。中央宣传部、新闻出版广电总局要会同国家发展改革委、教育部、财政部、住房和城乡建设部、商务部、文化部、人民银行、税务总局、工商总局等部门，切实加强对支持实体书店发展工作的组织领导和统筹协调，并及时对落实情况进行监督检查。

（十六）落实主体责任。各地区各有关部门要高度重视，按照本意见的各项要求，结合实际情况明确任务分工，抓紧制定具体实施方案，完善和细化相关措施，加强宣传和引导，确保各项政策措施落到实处。

关于深化农家书屋延伸服务的通知

国家新闻出版广电总局　2017年6月5日　新广出办发〔2017〕38号

各省、自治区、直辖市新闻出版广电局，新疆生产建设兵团新闻出版广电局：

近日，中央领导同志对湖南省株洲市攸县石羊塘镇谭家垅村高桥农家书屋通过书屋“下蛋”模式开展延伸服务的做法给予充分肯定，要求进一步总结推广。总局领导同志对此高度重视，要求研究推广书屋“下蛋”模式，让农家书屋更好地满足广大农民群众精神文化需求。为贯彻落实中央领导重要批示和总局领导工作要求，深化农家书屋延伸服务，加强农家书屋维护使用，推进农家书屋提质增效，现就有关工作通知如下。

一、优化网点布局

要坚持因地制宜、发挥作用和资源共享的原则，推动农家书屋图书由行政村向农民居住密集、活动集中的地方延伸，通过设立各种形式的阅读服务点，解决农家书屋服务“最后一公里”问题。要从地方有积极性，群众有需求，农家书屋场地、管理员和日常管理有保障的地方先行先试，树立典型、示范带动，分类指导、逐步推开。要推动农家书屋向村（社区）综合性文化服务中心、村务大厅、养老院、电影固定放映场所、广播台站等便民服务场所延伸，向自然村、新农村小区、祠堂、文化热心户等行政村以下居住地延伸，向中小学校及校园周边、留守儿童之家等青少年聚集的地方延伸，向书店、商店、村邮代办站、农家乐、电商服务点等商业设施延伸。通过延伸式、网格化布局，逐步形成以行政村书屋为核心、示范书屋为引领、基层图书馆为补充、文化中心户书屋和各类阅读网点等为延伸的便民阅读服务网络。

二、创新服务模式

要按照“按需制单、百姓点单”的模式，不断创新农家书屋服务形式和内容，更加注重对新兴阅读群体的有效辐射，更加突出对农村青少年的精准服务。要加强农家书屋数字化平台建设、资源整合和服务推广，在充分使用中央补助地方公共文化服务体系建设专项资金的基础上，积极立项申请地方财政资金支持。要强化“互联网＋书屋”思维，充分运用卫星、有线、网络等技术手段，利用“两微一端”拓宽农家书屋传播渠道，推动农家书屋向家庭、向个人需求延伸。要推动农家书屋和全民阅读有机结合，抓实抓好“我的书屋・我的梦”农村少年儿童阅读实践活动，在“4・23”世界读书日、“六一”国际儿童节、国庆节、寒暑假等重要节假日，组织开展形式丰富、群众乐于参与的文化活动，培育一批有特色的农家书屋阅读活动品牌，不断增强农家书屋的吸引力和影响力。要按照属地管理原则，对各地农家书屋开展的各种读书、讲座等活动进行指导，确保导向正确，传递正能量。

三、加强管理员队伍建设

要深入总结推广农家书屋管理员队伍建设的经验，着力推动解决管理员队伍配备、基本待遇、工作条件等方面的实际问题。有条件的地方，要积极争取财政支持，通过政府购买服务等方式设立城乡基层文化服务岗位，逐步建立稳定的管理员奖补机制。要坚持志愿服务与政府服务相衔接，充分挖掘“新乡贤”和文化热心人士的文化能量，开展“结对子、种文化”活动，引导文化志愿者到农家书屋教、学、帮、带。要建立健全农家书屋管理员培训机制，不断提高管理人员素质。通过制度建设和政策引导，培育一支农家书屋管理员、文化协管人员、阅读指导员、志愿服务人员和文化能人共同参与的管理员队伍，全面提升农家书屋管理服务质量和水平。

四、加大支持力度

要积极创造条件，运用多种手段，对开展延伸服务的农家书屋给予激励、扶持。一是建立健全财政保障机制，确保完成每个农家书屋年更新图书不少于60种的标准，开展延伸服务的农家书屋要适当增加出版物补充数量。二是完善管理，落实好农家书屋出版物财产管理和借阅登记等制度，在行政村搬迁撤并中，做好农家书屋资产清算登记与移交整合，避免国有文化资产流失。有条件的地方可以考虑在延伸点加挂农家书屋标牌。三是支持社会组织和企业通过捐助出版物和阅读设施设备、开展活动、提供服务等方式助推农家书屋开展延伸服务。四是加强宣传引导，及时推广农家书屋延伸服务的典型经验，鼓励各地在政策允许范围内对表现突出的农家书屋管理员和单位予以奖励表扬。

五、抓好组织实施

各级新闻出版广电行政部门要按照中央统一部署和总局党组要求，切实增强责任意识，将农家书屋工作作为“一把手”工程常抓不懈。要积极争取地方党委政府的支持，推动将农家书屋延伸服务工作列入地方政府公共文化服务建设考核指标体系和为民办实事等工程中。各省（区、市）新闻出版广电局年内要针对农家书屋基本运行情况组织开展一次深入细致的拉网式、普查式调研（调研提纲见附件），并形成调研报告。

总局将对各地工作落实情况进行督查和考核。请各省（区、市）新闻出版广电局于2017年7月15日前将深化农家书屋延伸服务工作方案报总局印刷发行司，10 月 31 日前报送延伸服务阶段性进展情况及初步成果，11 月 10 日前报送农家书屋基本运行情况调研报告。

附件：关于农家书屋基本运行情况的调研提纲（略）

关于加强新华书店网络发行能力建设的通知

国家新闻出版署　2019 年 4 月 23 日　国新出发〔2019〕14 号

各省、自治区、直辖市新闻出版局，各新华书店（发行集团）：

为贯彻落实全国宣传思想工作会议精神，推动新华书店加快调整经营结构、转变发展方式，进一步把实体发行做实、网络发行做大，现就有关工作通知如下。

一、明确发展目标

按照“整体推进、重点突破、市场导向、创新引领”的原则，坚持高起点规划、新模式运行、可持续发展。利用互联网、大数据、物联网、云计算、人工智能等技术，推动优质资源充分整合、线上线下深度融合，努力建设现代流通体系，打造新型发行业态，提高发展质量效益。到 2023 年，形成 1 家具有重要品牌影响力和综合实力的全国统一新华书店网络发行平台，扶持 3—4 家技术雄厚、管理先进、带动力强的骨干网络运营企业，培育若干家具有区域优势、打通线上线下的特色网络服务系统，逐步形成主体突出、骨干强健，功能互补、协同发展，体系完备、技术先进，特色鲜明、影响广泛的新华书店网络发行服务体系。

二、做好重点工作

（一）建设统一平台，打响新华品牌。推动新华书店总店与各省（区、市）新华书店以资本为纽带、技术为支持进行联合，建设统一的新华书店网络发行平台，集中打响网上新华书店的品牌。要加快系统对接、推进全国组网，打通全国新华书店网上业务，实现品牌、平台、标准、数据、营销、管理统一。要优化经营模式、完善权益机制，制定符合各方实情、兼顾各方利益的服务标准、业务规则，调动各方创造性和积极性，巩固合作发展的基础。要加强协调联动、形成工作合力，围绕重点任务、重要产品，统筹制定宣传、营销、活动方案，统一开展工作，形成强大声势。要聚合行业资源、创新服务方式，积极打通上下游、联通产业链，促进出版社、发行商、图书馆、消费者等用户之间的信息互联互通，实现“进销存退”数据共享，助力产业效能提升。

（二）扶持骨干企业，打造领军力量。支持新华文轩、浙江新华、博库传媒等具有先发优势、竞争优势的企业做优做强，打造专业化的网络运营主体和服务载体。以建设大中盘、服务全行业为目标，建立覆盖广泛、集约高效、管控有力、安全有序的供应链协同平台，为新华书店以及民营发行企业开展线上线下业务提供技术、产品和运营服务，进一步提高国有骨干企业在发行领域的主导权和控制力。

（三）完善区域体系，深耕地方市场。发挥各地新华书店网点和服务优势，建立线上线下深度融合、体验消费互动转化、用户数据充分整合的特色化网络服务体系。要加快实体门店数字化改造，打造成为支撑全渠道发行业务的数据节点和服务中心，实现线上线下立体化经营。要立足大数据应用，建立高效的读者跟踪体系和互动机制，实现读者的用户化、会员化、数字化、社群化，深耕用户市场、夺取区域优势。

（四）整合优势资源，优化存量结构。要联合出版单位打造定制产品、专营产品、首发产品，扩大优秀出版物市场占有率；探索主题图书发行、教材征订、馆配团购、全民阅读、教育服务以及公共文化服务等相关业务的网络发行方式，进一步深挖存量价值。要加快各新华书店现有网络系统与全国统一平台链接，逐步实现信息的互联互通、会员的共享共用、流量的相互转化，共同构建新华书店全国网络发行体系。

（五）聚合优质内容，抢占新兴领域。要探索电子读物、有声读物、网络文学、知识服务、在线教育等新业务，打通荐书、买书、读书、听书、写书、出书等环节，构建数字阅读内容供给的新模式。要充分利用门户网站、社交媒体、专业论坛、视频直播等新兴媒介，开发完善阅读APP、服务公众号、兴趣小程序、阅读学习社群等具有聚客引流功能的新型线上运营方式。

（六）加强自身建设，夯实发展基础。要建立专业化的网络运营主体，打造高水平的管理和技术团队，提高综合创新能力。要大力推进信息化、标准化建设，对门店网点、仓储物流、管理系统、业务流程进行互联网改造，加快CNONIX标准、电子单证应用，对接全国出版发行信息公共服务平台，打通信息互联节点，提升经营质量效益。

三、加强扶持引导

（一）加强组织领导，提供有力发展保障。各省（区、市）新闻出版局要提高认识、加强领导，结合增强“脚力、眼力、脑力、笔力”教育实践工作，关注趋势、研究动向，抓住要害、弥补短板，指导和推动新华书店加快网络转型升级。要加大扶持力度，通过专项资金、文化产业基金等形式，对新华书店网络发行和线上线下融合发展给予扶持；通过政府购买服务等形式，支持新华书店参与新时代文明实践中心、农家书屋、公共图书馆、学校图书馆、社区和乡镇文化中心等相关领域业务，鼓励有条件的地方向群众发放网络购书券，充分利用好新华书店网络发行平台。

（二）加强市场管理，营造良好发展环境。各省（区、市）

新闻出版局要持续深入开展网络发行环境治理，指导电商平台完善管理机制，加强对网上书店的资格审查，依法打击非法网络经营活动和制售盗版图书等违法行为。要规范发行市场秩序，指导出版单位合理调节发货折扣，有效制止网上网下出版物销售恶性“价格战”，引导出版发行单位聚焦提升内容质量和服务水平。

关于印发《出版物鉴定管理办法》的通知

国家新闻出版署　2020 年 12 月 14 日　国新出发〔2020〕22 号

各省、自治区、直辖市新闻出版局：

现将《出版物鉴定管理办法》印发给你们，请认真遵照执行。

出版物鉴定管理办法

第一章　总　则

第一条　为加强出版物鉴定活动管理，规范出版物鉴定工作，保障出版物鉴定质量，根据《出版管理条例》和国家有关规定，制定本办法。

第二条　本办法所称出版物鉴定，是指出版物鉴定机构运用专业知识或者技术手段，对出版物鉴定样本是否属于非法出版物或者违禁出版物进行分析审鉴，并提出鉴定意见的活动。

第三条　出版物鉴定主要针对以下出版物：

（一）非法出版物，包括未经批准擅自出版、印刷或者复制的出版物，伪造、假冒出版单位或者报刊名称出版的出版物，非法进口的出版物等；

（二）违禁出版物，是指含有《出版管理条例》和国家有关规定禁止内容的出版物。

第四条　本办法所称出版物鉴定机构，是指承担出版物鉴定职责的出版主管部门和出版主管部门所属的承担出版物鉴定职责的机构。

第五条 出版物鉴定机构接受“扫黄打非”工作机构、文化综合执法机构、公安机关、检察机关、审判机关等具有行政和司法职能的国家机关和单位的委托，开展出版物鉴定活动。

第六条 出版物鉴定实行鉴定机构负责制。出版物鉴定机构应当严格依据国家法律法规和有关规定，独立、客观、公正、规范地开展出版物鉴定活动。

第七条 出版物鉴定机构和鉴定相关人员应当对在出版物鉴定活动中知悉的国家秘密、工作秘密、商业秘密和个人隐私予以保密。

第八条 国家新闻出版署负责全国出版物鉴定活动的监督管理。省级以下出版主管部门负责本行政区域内出版物鉴定活动的监督管理。

第二章　出版物鉴定机构

第九条 出版物鉴定机构应当具有健全的工作制度和专业的鉴定人员队伍，能够独立开展出版物鉴定活动，承担相应的管理责任和法律责任。

第十条 出版物鉴定机构应当规范鉴定委托受理、委托手续办理等工作程序，建立完善鉴定材料审核、接收、保管、使用、退还、存档等工作制度。

接到涉及重大社会影响案件的鉴定委托后，出版物鉴定机构应当在受理委托 24 小时内向同级出版主管部门报告相关信息。

第十一条 出版物鉴定人员应当具备以下基本条件：

（一）拥护中华人民共和国宪法，遵守国家法律和社会公德；

（二）熟悉国家有关新闻出版的法律法规和政策规范；

（三）具备出版物鉴定业务知识和专业技能；

（四）具有新闻出版相关工作经验。

第十二条 出版物鉴定机构应当成立出版物鉴定委员会，研究决定本机构受理的复杂、疑难或者有重大争议的鉴定事项等。出版物鉴定委员会应当由本机构负责人、鉴定人员以及与鉴定业务相关的人员组成，组成人数应当为单数。

出版物鉴定机构可以聘请其他相关专业领域的专家，为出版物鉴定事项提供咨询意见。

第十三条 出版物鉴定人员、鉴定委员会成员存在以下情形的，应当回避：

（一）是鉴定事项当事人或者当事人近亲属的；

（二）与鉴定事项有利害关系的；

（三）与鉴定事项有其他关系可能影响公正鉴定的。

委托单位、鉴定相关人员提出回避申请的，应当说明理由，并经出版物鉴定机构负责人批准。

第十四条 出版物鉴定机构应当加强鉴定文书管理，严格鉴定文书的制作、复核、审核及签发、发送等工作流程，确保鉴定过程规范高效、鉴定结果准确客观。

第十五条 出版物鉴定机构应当建立鉴定人员上岗培训、继续教育、业务考评制度，支持鉴定人员参加教育培训和业务交流活动，确保鉴定人员具备较高的政治素养和较强的专业技能。

第三章　出版物鉴定程序

第十六条　委托单位应当委托所在行政区域内同级出版物鉴定机构进行鉴定；同级无具备相应鉴定职责的出版物鉴定机构的，应当委托上一级出版物鉴定机构进行鉴定。

有关少数民族语言文字类出版物的鉴定，委托单位所在省级行政区域内无具备相应鉴定能力的出版物鉴定机构的，经省级出版主管部门同意，委托单位可以委托具有鉴定能力的其他省级出版物鉴定机构进行鉴定。

省级以上出版主管部门根据工作需要，可以指定本行政区域内具备相应鉴定职责的出版物鉴定机构受理鉴定委托。

违禁出版物的鉴定应当由省级以上出版物鉴定机构作出。

第十七条　委托单位向出版物鉴定机构提供的鉴定材料应当真实、客观、完整、充分，对鉴定材料及其来源的真实性、合法性负责。

第十八条　出版物鉴定机构收到鉴定委托后，应当与委托单位办理接收手续，核对并记录鉴定材料的名称、种类、数量、送鉴时间等。鉴定材料包括：

（一）鉴定委托函件；

（二）鉴定事项说明；

（三）鉴定样本及清单；

（四）鉴定所需的其他材料。

第十九条　出版物鉴定机构应当自收到鉴定委托之日起 5 个工作日内作出是否受理的决定。对于复杂、疑难或者特殊鉴定事项，经本机构负责人批准，可以延长至 10 个工作日。

第二十条　出版物鉴定机构应当对委托鉴定事项、鉴定材料等进行审查。对属于本机构鉴定职责、鉴定材料能够满足鉴定需要的，应当受理。

对于鉴定材料不完整、不充分、不能满足鉴定需要的，出版物鉴定机构可以要求委托单位补充，经补充后能够满足鉴定需要的，应当受理。

第二十一条 具有下列情形之一的鉴定委托，出版物鉴定机构不予受理：

（一）鉴定事项超出本机构鉴定职责范围的；

（二）鉴定材料不完整、不充分，经补充后仍无法满足鉴定需要的；

（三）委托单位就同一鉴定事项同时委托其他鉴定机构鉴定的；

（四）法律法规规定的其他情形。

第二十二条 出版物鉴定机构决定受理鉴定委托的，应当与委托单位办理委托手续，明确鉴定事项、鉴定用途、鉴定时限，以及需要约定的其他事项等。

出版物鉴定机构决定不予受理的，应当向委托单位书面说明理由，并退还鉴定材料。

第二十三条 出版物鉴定机构应当自受理委托生效之日起20个工作日内完成鉴定。情况复杂确需延长的，经本机构负责人批准，延长时限不得超过20个工作日。鉴定时限延长的，应当及时告知委托单位。

鉴定过程中补充或者重新提取鉴定材料所需的时间，以及与相关单位进行信息核实所需的时间，不计入鉴定时限。

第二十四条 出版物鉴定机构受理鉴定委托后，应当指定不少于2名鉴定人员进行鉴定。鉴定人员应当对鉴定方法和鉴定过程等进行记录，记录内容应当真实、客观、规范、完整。

第二十五条 出版物鉴定机构在鉴定过程中，需要就所鉴定样本的出版、印刷或者复制、进口等情况，与相关部门和单位进行核实时，应当出具书面文件，并加盖公章。相关部门和单位应当就出版物鉴定机构提出的核实事项及时提供真实、明确的书面说明及相关证据材料，并加盖公章。

第二十六条 出版物鉴定机构在鉴定过程中有下列情形之一的，应当终止鉴定：

（一）有本办法第二十一条规定情形的；

（二）鉴定材料发生损毁或者灭失，影响作出鉴定意见且委托单位不能补充提供的；

（三）委托单位撤回鉴定委托的；

（四）因不可抗力致使鉴定无法继续进行的；

（五）对复杂、疑难或者有重大争议的鉴定事项难以作出鉴定意见的；

（六）其他需要终止鉴定的情形。

出版物鉴定机构终止鉴定的，应当向委托单位书面说明理由，并退还鉴定材料。

第二十七条 有下列情形之一的，委托单位可以委托出版物鉴定机构进行补充鉴定：

（一）委托单位因故导致鉴定事项有遗漏的；

（二）委托单位就原鉴定事项补充新的鉴定材料的；

（三）其他需要补充鉴定的情形。

补充鉴定应当委托原鉴定机构进行，超出原鉴定机构鉴定职责范围的除外。

第二十八条 有下列情形之一的，委托单位可以委托出版物鉴定机构进行重新鉴定：

（一）原鉴定机构超出鉴定职责范围组织鉴定的；

（二）原鉴定相关人员应当回避没有回避的；

（三）委托单位确有合理理由，需要重新鉴定的；

（四）其他需要重新鉴定的情形。

第二十九条 对于出版物鉴定机构难以作出鉴定意见而终止鉴定的，以及需要重新鉴定的，委托单位可以委托上一级出版物鉴定机构进行鉴定。

第三十条 出版物鉴定机构完成鉴定后，应当将与鉴定事项相关的鉴定样本、核实的信息材料、其他鉴定材料、鉴定记录、鉴定委员会决定、鉴定专家意见、鉴定文书等整理立卷、存档保管。鉴定样本数量较大的，可以存档保管其主要信息页的扫描件、复印件或者照片。

委托单位需要取回鉴定材料的，应当提交书面说明。出版物鉴定机构应当将鉴定样本主要信息以及其他鉴定材料进行扫描、复印或者拍照留存。

出版物鉴定档案保管期限不少于30年，重要鉴定事项档案应当永久保存。

第四章　出版物鉴定文书

第三十一条 出版物鉴定机构完成鉴定后，鉴定人员应当及时规范地制作鉴定文书。

鉴定文书制作完成后，出版物鉴定机构应当指定其他鉴定人员进行复核，并提出复核意见。

出版物鉴定机构负责人对复核后的鉴定文书进行审核与签发。

第三十二条 出版物鉴定文书一般应当包括标题、编号、基本情况、鉴定情况、鉴定意见、署名、日期等内容，并符合下列要求：

（一）标题，写明出版物鉴定机构全称和鉴定文书名称；

（二）编号，写明出版物鉴定机构缩略名、文书性质缩略语、年份及序号；

（三）基本情况，写明委托单位、委托事项、样本信息等内容；

（四）鉴定情况，写明对鉴定样本及相关鉴定材料的核查与分析情况；

（五）鉴定意见，应当依法、规范、明确，有针对性和适用性；

（六）附件，对鉴定文书中需要解释或者列明的内容加以说明；

（七）署名，注明出版物鉴定机构全称，同时加盖出版物鉴定机构鉴定专用章；

（八）日期，注明鉴定文书的制作日期。

第三十三条 出版物鉴定机构应当按照规定或者与委托单位约定的方式，向委托单位发送鉴定文书。

第三十四条 鉴定文书发送后，因补充鉴定、重新鉴定或者其他原因需要对鉴定文书进行更改时，出版物鉴定机构应当重新制作鉴定文书，并作出声明："本鉴定文书为××号鉴定文书的更改文书，原鉴定文书作废。"更改后的鉴定文书应当在原鉴定文书收回后发送。原鉴定文书作为更改文书的原始凭据存档保管。

第五章 法律责任

第三十五条 出版物鉴定机构有下列情形之一的，由出版主管部门责令改正；造成严重后果的，对其主要负责人及直接责任人作出相应处理：

（一）超出鉴定职责范围开展出版物鉴定活动的；

（二）无正当理由拒绝受理鉴定委托的；

（三）拒绝接受出版主管部门监督、检查或者向其提供虚假材料的；

（四）因故意或者重大过失造成鉴定材料损毁、灭失的。

第三十六条　出版物的出版、印刷或者复制、进口单位等就出版物鉴定机构要求核实的事项提供虚假信息的，出版物鉴定机构应当将有关情况反馈同级出版主管部门，由出版主管部门依法核查处理。

第六章　附　则

第三十七条　本办法自2021年7月1日起施行。新闻出版署1993年3月16日发布的《新闻出版署出版物鉴定规则》同时废止。

规章、规范性文件

·出版物进出口·

订户订购进口出版物管理办法

2011年3月25日中华人民共和国新闻出版总署令第51号公布

第一条 为了满足国内单位和个人、在华外国机构、外商投资企业外籍人士和港、澳、台人士对进口出版物的阅读需求，加强对进口出版物的管理，根据《出版管理条例》和有关法律、法规，制定本办法。

第二条 在中国境内订户订购进口出版物适用本办法。

本办法所称进口出版物，是指由出版物进口经营单位进口的，在外国以及在中国香港特别行政区、澳门特别行政区和台湾地区出版的图书、报纸（含过期报纸）、期刊（含过期期刊）、电子出版物等。

本办法所称出版物进口经营单位，是指依照《出版管理条例》设立的从事出版物进口业务的单位。

本办法所称订户，是指通过出版物进口经营单位订购进口出版物的国内单位和个人、在华外国机构、外商投资企业和在华长期工作、学习、生活的外籍人士以及港、澳、台人士。

本办法所称订购，是指订户为满足本单位或者本人的阅读需求，向出版物进口经营单位预订购买进口出版物。

第三条 进口出版物分为限定发行范围的和非限定发行范围的两类，国家对其发行实行分类管理。

进口限定发行范围的报纸、期刊、图书、电子出版物等实行订户订购、分类供应的发行方式；非限定发行范围的进口报纸、期刊实行自愿订户订购和市场销售相结合的发行方式；非限定发行范围的进口图书、电子出版物等实行市场销售的发行方式。

限定发行范围的进口报纸、期刊、图书、电子出版物的种类由新闻出版总署确定。

第四条 订户订购进口出版物由出版物进口经营单位经营。其中，订户订购限定发行范围的进口报纸、期刊、图书、电子出版物的业务，须由新闻出版总署指定的出版物进口经营单位经营。

未经新闻出版总署批准，任何单位和个人不得从事订户订购进口出版物的经营活动。

出版物进口经营单位委托非出版物进口经营单位代理征订或者代理配送进口出版物，须事先报新闻出版总署同意。

第五条 国内单位订户订购非限定发行范围的进口报纸、期刊，持单位订购申请书，直接到新闻出版总署批准的报纸、期刊进口经营单位办理订购手续。国内个人订户应通过所在单位办理订购手续。

第六条 可以订购限定发行范围的进口报纸、期刊、图书和电子出版物的国内单位订户由新闻出版总署确定。

第七条 国内单位订户订购限定发行范围的进口报纸、期刊、图书、电子出版物等，中央单位订户由所属中央各部委审批；地方单位订户经所在地省、自治区、直辖市新闻出版行政部门审核后报送同级党委宣传部审批。获得批准的订户持单位订购申请书和有关批准文件，到新闻出版总署指定的出版物进口经营单位办理订购手续。

国内单位订户订购限定发行范围的进口报纸、期刊、图书、电子出版物等，应制定相应的使用管理办法。

第八条 在华外国机构、外商投资企业和在华长期工作、学习、生活的外籍人士和港、澳、台人士订购进口报纸、期刊，应持单位订购申请书或者本人身份证明，到新闻出版总署批准或者指定的报纸、期刊进口经营单位办理订购手续。

第九条 出版物进口经营单位负责对订购限定发行范围的进口报纸、期刊、图书、电子出版物的订户进行审核，并将审核后的订户名单、拟订购进口报纸、期刊、图书、电子出版物的品种和数量报送新闻出版总署批准。出版物进口经营单位依照批准后的订户名单及进口报纸、期刊、图书、电子出版物的品种和数量供应订户。

第十条 未经批准，擅自从事进口出版物的订户订购业务，按照《出版管理条例》第六十一条处罚。

违反本办法其他规定的，由新闻出版行政部门责令改正，给予警告；情节严重的，并处 3 万元以下的罚款。

第十一条 本办法自公布之日起施行。新闻出版总署 2004 年 12 月 31 日颁布的《订户订购进口出版物管理办法》同时废止。

音像制品进口管理办法

2011年4月6日中华人民共和国新闻出版总署、海关总署令第53号公布

第一章　总　则

第一条　为了加强对音像制品进口的管理，促进国际文化交流与合作，丰富人民群众的文化生活，根据《音像制品管理条例》及国家有关规定，制定本办法。

第二条　本办法所称音像制品，是指录有内容的录音带、录像带、唱片、激光唱盘、激光视盘等。

第三条　凡从外国进口音像制品成品和进口用于出版及其他用途的音像制品，适用本办法。

前款所称出版，包括利用信息网络出版。

音像制品用于广播电视播放的，适用广播电视法律、行政法规。

第四条　新闻出版总署负责全国音像制品进口的监督管理和内容审查等工作。

县级以上地方人民政府新闻出版行政部门依照本办法负责本行政区域内的进口音像制品的监督管理工作。

各级海关在其职责范围内负责音像制品进口的监督管理工作。

第五条　音像制品进口经营活动应当遵守宪法和有关法律、法规，坚持为人民服务和为社会主义服务的方向，传播有益于经

济发展和社会进步的思想、道德、科学技术和文化知识。

第六条 国家禁止进口有下列内容的音像制品：

（一）反对宪法确定的基本原则的；

（二）危害国家统一、主权和领土完整的；

（三）泄漏国家秘密、危害国家安全或者损害国家荣誉和利益的；

（四）煽动民族仇恨、民族歧视，破坏民族团结，或者侵害民族风俗、习惯的；

（五）宣扬邪教、迷信的；

（六）扰乱社会秩序，破坏社会稳定的；

（七）宣扬淫秽、赌博、暴力或者教唆犯罪的；

（八）侮辱或者诽谤他人，侵害他人合法权益的；

（九）危害社会公德或者民族优秀文化传统的；

（十）有法律、行政法规和国家规定禁止的其他内容的。

第七条 国家对设立音像制品成品进口单位实行许可制度。

第二章 进口单位

第八条 音像制品成品进口业务由新闻出版总署批准的音像制品成品进口单位经营；未经批准，任何单位或者个人不得从事音像制品成品进口业务。

第九条 设立音像制品成品进口经营单位，应当具备以下条件：

（一）有音像制品进口经营单位的名称、章程；

（二）有符合新闻出版总署认定条件的主办单位及其主管机关；

（三）有确定的业务范围；

（四）具有进口音像制品内容初审能力；

（五）有与音像制品进口业务相适应的资金；

（六）有固定的经营场所；

（七）法律、行政法规和国家规定的其他条件。

第十条 设立音像制品成品进口经营单位，应当向新闻出版总署提出申请，经审查批准，取得新闻出版总署核发的音像制品进口经营许可证件后，持证到工商行政管理部门依法领取营业执照。

设立音像制品进口经营单位，还应当依照对外贸易法律、行政法规的规定办理相应手续。

第十一条 图书馆、音像资料馆、科研机构、学校等单位进口供研究、教学参考的音像制品成品，应当委托新闻出版总署批准的音像制品成品进口经营单位办理进口审批手续。

第十二条 音像出版单位可以在批准的出版业务范围内从事进口音像制品的出版业务。

第三章 进口审查

第十三条 国家对进口音像制品实行许可管理制度，应在进口前报新闻出版总署进行内容审查，审查批准取得许可文件后方可进口。

第十四条 新闻出版总署设立音像制品内容审查委员会，负责审查进口音像制品的内容。委员会下设办公室，负责进口音像制品内容审查的日常工作。

第十五条 进口音像制品成品，由音像制品成品进口经营单位向新闻出版总署提出申请并报送以下文件和材料：

（一）进口录音或录像制品报审表；

（二）进口协议草案或订单；

（三）节目样片、中外文歌词；

（四）内容审查所需的其他材料。

第十六条 进口用于出版的音像制品，应当向新闻出版总署提出申请并报送以下文件和材料：

（一）进口录音或录像制品报审表；

（二）版权贸易协议中外文文本草案，原始版权证明书，版权授权书和国家版权局的登记文件；

（三）节目样片；

（四）中外文曲目、歌词或对白；

（五）内容审查所需的其他材料。

第十七条 进口用于展览、展示的音像制品，由展览、展示活动主办单位提出申请，并将音像制品目录和样片报新闻出版总署进行内容审查。海关按暂时进口货物管理。

第十八条 进口单位不得擅自更改报送新闻出版总署进行内容审查样片原有的名称和内容。

第十九条 新闻出版总署自受理进口音像制品申请之日起30日内作出批准或者不批准的决定。批准的，发给进口音像制品批准单；不批准的，应当说明理由。

进口音像制品批准单内容不得更改，如需修改，应重新办理。进口音像制品批准单一次报关使用有效，不得累计使用。其中，属于音像制品成品的，批准单当年有效；属于用于出版的音像制品的，批准单有效期限为1年。

第四章　进口管理

第二十条　未经审查批准进口的音像制品，任何单位和个人不得出版、复制、批发、零售、出租和营业性放映。

第二十一条　任何单位和个人不得将供研究、教学参考或者用于展览、展示的进口音像制品进行经营性复制、批发、零售、出租和营业性放映。

用于展览、展示的进口音像制品确需在境内销售、赠送的，在销售、赠送前，必须依照本办法按成品进口重新办理批准手续。

第二十二条　进口单位与外方签订的音像制品进口协议或者合同应当符合中国法律、法规的规定。

第二十三条　出版进口音像制品，应当符合新闻出版总署批准文件要求，不得擅自变更节目名称和增删节目内容，要使用经批准的中文节目名称；外语节目应当在音像制品及封面包装上标明中外文名称；出版进口音像制品必须在音像制品及其包装的明显位置标明国家版权局的登记文号和新闻出版总署进口批准文号；利用信息网络出版进口音像制品必须在相关节目页面标明以上信息。

第二十四条　在经批准进口出版的音像制品版权授权期限内，音像制品进口经营单位不得进口该音像制品成品。

第二十五条　出版进口音像制品使用的语言文字应当符合国家公布的语言文字规范。

第二十六条　进口单位持新闻出版总署进口音像制品批准单向海关办理音像制品的进口报关手续。

第二十七条　个人携带和邮寄音像制品进出境，应以自用、合理数量为限，并按照海关有关规定办理。

第二十八条 随机器设备同时进口以及进口后随机器设备复出口的记录操作系统、设备说明、专用软件等内容的音像制品，不适用本办法，海关验核进口单位提供的合同、发票等有效单证验放。

第五章 罚 则

第二十九条 未经批准，擅自从事音像制品成品进口经营活动的，依照《音像制品管理条例》第三十九条的有关规定给予处罚。

第三十条 有下列行为之一的，由县级以上新闻出版行政部门责令停止违法行为，给予警告，没收违法音像制品和违法所得；违法经营额1万元以上的，并处违法经营额5倍以上10倍以下的罚款；违法经营额不足1万元的，并处5万元以下罚款；情节严重的，并责令停业整顿或者由原发证机关吊销许可证：

（一）出版未经新闻出版总署批准擅自进口的音像制品；

（二）批发、零售、出租或者放映未经新闻出版总署批准进口的音像制品的；

（三）批发、零售、出租、放映供研究、教学参考或者用于展览、展示的进口音像制品的。

第三十一条 违反本办法，出版进口音像制品未标明本办法规定内容的，由省级以上新闻出版行政部门责令改正，给予警告，情节严重的，并责令停业整顿或者由原发证机关吊销许可证。

第三十二条 违反本办法，有下列行为之一的，由省级以上新闻出版行政部门责令改正，给予警告，可并处3万元以下的罚款：

（一）出版进口音像制品使用语言文字不符合国家公布的语言文字规范的；

（二）出版进口音像制品，违反本办法擅自变更节目名称、增删节目内容的。

擅自增删经审查批准进口的音像制品内容导致其含有本办法第六条规定的禁止内容的，按照《音像制品管理条例》有关条款进行处罚。

第三十三条 违反海关法及有关管理规定的，由海关依法处理。

第六章 附 则

第三十四条 从中国香港特别行政区、澳门特别行政区和台湾地区进口音像制品，参照本办法执行。

第三十五条 电子出版物的进口参照本办法执行。

第三十六条 本办法由新闻出版总署负责解释。涉及海关业务的，由海关总署负责解释。

第三十七条 本办法自公布之日起施行，2002 年 6 月 1 日文化部、海关总署发布的《音像制品进口管理办法》同时废止。

出版物进口备案管理办法

2017年1月22日国家新闻出版广电总局、海关总署令第12号公布

第一条 为规范出版物进口备案行为，加强出版物进口管理，根据《出版管理条例》《音像制品管理条例》等法规，制定本办法。

第二条 在中华人民共和国境内从事出版物进口活动，适用本办法。

本办法所称出版物，是指进口的图书、报纸、期刊、音像制品（成品）及电子出版物（成品）、数字文献数据库等。

本办法所称出版物进口经营单位，是指依照《出版管理条例》设立的从事出版物进口业务的单位。

第三条 出版物进口经营单位应当按照许可的业务范围从事出版物进口经营活动。

第四条 出版物进口经营单位应当按照《出版管理条例》及本办法的要求，向省级以上出版行政主管部门办理进口出版物备案手续。出版物进口经营单位提供备案材料不齐备或不真实的，不予备案。

负责备案的省、自治区、直辖市出版行政主管部门应将相关备案信息报国家新闻出版广电总局。国家新闻出版广电总局对省、自治区、直辖市出版行政主管部门的备案工作进行检查指导。

第五条 进口图书的，出版物进口经营单位应当于进口前向省级以上出版行政主管部门申请办理进口备案手续。申请备案时，需提交备案申请和出版物进口经营单位出具的审查意见，备案申请包括以下信息：

（一）图书名称；

（二）出版机构；

（三）进口来源国家（地区）；

（四）作者；

（五）国际标准出版代码（ISBN）；

（六）语种；

（七）数量；

（八）类别；

（九）进口口岸；

（十）订购方；

（十一）需要提交的其他材料。

第六条 省级以上出版行政主管部门在受理出版物进口经营单位进口图书备案申请材料之日起20个工作日内完成图书目录的备案手续。准予备案的，负责备案的出版行政主管部门为出版物进口经营单位出具通关函。出版物进口经营单位应当向海关交验通关函，海关按规定办理报关验放手续，没有通关函海关不予放行。

第七条 进口音像制品（成品）及电子出版物（成品）的，出版物进口经营单位应当按照《音像制品进口管理办法》《电子出版物出版管理规定》的要求，履行相应进口审批手续。出版物进口经营单位应当向海关交验批准文件，海关按规定办理报关验放手续，没有批准文件海关不予放行。

第八条 出版物进口经营单位进口音像制品（成品）及电子出版物（成品）后15个工作日内报国家新闻出版广电总局备案。报送备案时，需按音像制品（成品）及电子出版物（成品）的实际进口情况提交以下信息：

（一）名称；

（二）出版机构；

（三）进口来源国家（地区）；

（四）国际标准音像制品编码（ISRC）或电子出版物编码等；

（五）语种；

（六）数量；

（七）类别；

（八）进口口岸；

（九）载体形式；

（十）进口通关放行日期；

（十一）进口批准文号；

（十二）订购方；

（十三）需要提交的其他材料。

第九条 进口后的音像制品（成品）及电子出版物（成品）的使用，应当符合其他法律法规等相关规定。

第十条 进口报纸、期刊的，出版物进口经营单位应当按照《订户订购进口出版物管理办法》的要求，履行相应进口审批手续。出版物进口经营单位应当向海关交验批准文件，海关按规定办理报关验放手续，没有批准文件海关不予放行。

第十一条 出版物进口经营单位进口报纸、期刊后，每季度报国家新闻出版广电总局备案，同时抄送所在地省、自治区、直辖市出版行政主管部门。抄送备案时，需按照实际进口情况提交以下信息：

（一）报刊名称；

（二）出版机构；

（三）进口来源国家（地区）；

（四）国际标准连续出版物号（ISSN）；

（五）语种；

（六）数量；

（七）类别；

（八）进口口岸；

（九）刊期；

（十）进口通关放行日期；

（十一）订户；

（十二）需要提交的其他材料。

第十二条 通过信息网络进口到境内的境外数字文献数据库，必须由国务院出版行政主管部门批准的有境外数字文献数据库网络进口资质的出版物进口经营单位进口。出版物进口经营单位办理境外数字文献数据库进口时，应当严格按照《出版管理条例》《音像制品管理条例》《订户订购进口出版物管理办法》等法规规章及相关规定，对其进口的境外数字文献数据库进行内容审查（含进口前内容审查和进口后更新内容审查），分类办理数字文献数据库进口备案、审批手续。

第十三条 出版物进口经营单位进口境外数字文献数据库后，于每个自然年年末报国家新闻出版广电总局备案。报送备案时，需按境外数字文献数据库实际进口信息提供以下材料：

（一）名称；

（二）境外供应商；

（三）进口来源国家（地区）；

（四）语种；

（五）用户数量；

（六）类别；

（七）开通时间；

（八）当前合同起止年月；

（九）进口金额；

（十）国内订购单位；

（十一）动态监管人员；

（十二）监管设施的 IP 地址；

（十三）监管方式；

（十四）需要提交的其他材料。

第十四条　出版物进口经营单位应当对实际进口出版物进行内容审查并每月定期向国家新闻出版广电总局提交审读报告。

第十五条　出版物进口经营单位未按本办法要求履行备案手续的，根据《出版管理条例》第六十七条的规定，由省级以上出版行政主管部门责令改正，给予警告；情节严重的，责令限期停业整顿或者由原发证机关吊销许可证。

第十六条　出版物进口经营单位未履行审读责任，进口含有《出版管理条例》第二十五条、第二十六条禁止内容的，根据《出版管理条例》第六十二条的规定，由省级以上出版行政主管部门责令停止违法行为，没收出版物、违法所得，违法经营额 1 万元以上的，并处违法经营额 5 倍以上 10 倍以下的罚款；违法经营额不足 1 万元的，可以处 5 万元以下的罚款；情节严重的，责令限期停业整顿或者由原发证机关吊销许可证。

第十七条　出版物进口经营单位备案时提交的材料不齐备、不真实或违反本办法其他规定的，由省级以上出版行政主管部门责令停止进口行为，并给予警告；情节严重的，处 3 万元以下罚款。

第十八条　本办法由国家新闻出版广电总局会同海关总署负责解释。

第十九条　本办法自 2017 年 3 月 1 日起施行。

关于印发《对台出版交流管理暂行规定》的通知

新闻出版署　1994 年 6 月 6 日　（94）新出外 430 号

各省、自治区、直辖市新闻出版局：

经商国务院台湾事务办公室，现将《对台出版交流管理暂行规定》印发给你们，请遵照执行。

对台出版交流管理暂行规定

为了积极、稳妥地开展对台出版交流合作，加强对台出版交流的管理，特制定本规定：

第一条　新闻出版署归口管理对台出版交流工作。

第二条　鼓励两岸开展版权贸易和合作出版业务。大陆出版机构应积极推荐优秀大陆图书供台湾出版机构出版发行。在大陆出版台湾图书，办理对台合作出版业务，应当依照新闻出版署《关于对出版台港澳作品和翻印台港澳图书加强管理的通知》（90）新出图字第 1505 号文件规定，履行报批手续。

第三条　鼓励大陆图书贸易机构向台湾销售优秀图书。进销台湾版图书应由国家批准的专业书刊进口单位按规定承办，其他机构不得擅自进销台湾版图书。

第四条　在大陆举办海峡两岸图书展览、展销及订货会等（包括内部展览），必须依照国家规定办理，并事先报新闻出版署审批。

第五条 台湾出版从业人员在大陆从事合作出版、图书贸易洽谈和组稿等业务活动由省一级出版行政主管部门审批，并抄告同级台办。

第六条 台湾出版发行机构不得在大陆设立办事处、派驻常驻人员。在大陆的台湾企事业机构亦不得在大陆从事出版发行活动。

第七条 与台湾合资办印刷企业，要注重引进高精技术，对大陆印刷业的发展有促进作用的项目，并事先报经新闻出版署批准后，报有关部门审批。

第八条 进行对台出版交流，应当严格遵守国家颁布的《著作权法》及有关规定。所涉版权事宜，按国家版权局《关于认真执行对台、港、澳版权贸易有关规定的通知》（90）权字第3号文办理。

第九条 在大陆举办或赴台参加海峡两岸出版交流活动，需报新闻出版署审批立项，重要项目，由新闻出版署商国务院台办后批准立项。未经批准，不得参加在台湾举办的国际性活动。

第十条 各省、自治区、直辖市所属出版机构人士赴台进行出版交流活动，由省、自治区、直辖市新闻出版局商当地台办后报新闻出版署审核，由新闻出版署报国务院台办审批；中央单位所属的出版机构人士赴台由各业务主管部委对台工作机构报新闻出版署审核，由新闻出版署报国务院台办审批。

第十一条 本规定适用于图书、报纸、期刊、音像制品的对台交流工作。

第十二条 本规定由新闻出版署负责解释。

第十三条 本规定自发布之日起施行。

关于归口管理参加国际书展及展销会的通知

新闻出版署　1998 年 12 月 11 日　新出外〔1998〕1432 号

各省、自治区、直辖市新闻出版局、各有关图书进出口单位：

《国务院办公厅关于印发国家新闻出版署（国家版权局）职能配置内设机构和人员编制规定的通知》（国办发〔1998〕91 号）中，明确规定新闻出版署“负责新闻出版和著作权对外交流与合作的有关工作；管理、协调书报刊和电子出版物的进出口贸易”；“管理、协调书报刊和电子出版物出国（境）、来华（进境）展览、展销和进出口贸易。”为了认真履行规定中的职能，根据确定的管理权限，经商外交部，今后凡组织举办以下展览、展销等活动，须经举办单位上级主管部门同意后，报我署审批。

（一）出国、出境参加国际书报刊、电子出版物展览及展销会；

（二）出国、出境举办华文书报刊、电子出版物展览及展销会；

（三）来华、进境举办书报刊、电子出版物展览、展销会、出版贸易洽谈会等。

本通知自 1999 年 1 月 1 日开始执行，请有关部门和单位积极采取有效措施，保证本通知的贯彻落实。

关于加强新闻出版系统跨地区、跨部门组团管理的通知

新闻出版总署　2001 年 8 月 2 日　新出外〔2001〕1069 号

各省、自治区、直辖市新闻出版局、图书进出口公司，署直属单位、署管社会团体：

为进一步贯彻落实中央纪委、外交部、监察部《关于对跨地区、跨部门团组加强管理、监督和检查，坚决制止公款出国旅游的通知》（外外管函〔2000〕426 号）精神，严格执行组团规定，现就对组织双跨团组出国（境）加强管理的有关事项通知如下，请遵照执行。

一、全国各出版单位，署直各学会、协会、中心、研究所、公司等均不得组织双跨团组。

二、参加国际书展和其他国际性展览活动，由新闻出版总署统一组团。各地人民政府出版行政部门及其所属协会、学会、图书进出口企业等单位均不得另行组团。

三、各地人民政府出版行政部门在境外举办的本地出版的图书展销活动和中央级图书进出口公司在境外举办出版物展销活动，须书面报经新闻出版总署批准。参加展销活动的人员应是与展销业务有关人员。

四、未经批准，出访团组不得延长境外停留时间和顺访经批准以外的其他国家（地区）。

五、经我署审批的双跨团组，应将出国任务批件抄送驻署纪检组监察局备案。

关于加强对进口出版物内容审查工作的通知

新闻出版总署　2002年8月5日　新出外〔2002〕941号

各省、自治区、直辖市新闻出版局：

近一个时期，某些境外媒体不断出版图书，刊登文章，攻击和污蔑我国政府，对即将召开的党的十六大妄评妄测，企图干扰和破坏我改革开放和社会主义现代化进程，在政治上造成很坏的影响。为了切实加强对进口出版物内容审查工作的管理，把住出版物进口关，维护全党全国的工作大局，现就有关事项通知如下：

一、出版物进口工作是一项经济工作，也是一项政治工作，这项工作的好坏直接关系到我国社会政治的稳定和经济建设的发展。党的十六大召开在即，为营造良好的社会舆论环境，有效阻止含有禁止内容的境外出版物流入我国内市场，要求各省、自治区、直辖市新闻出版局切实加强对所属出版物进口单位的管理，对进口单位的进口出版物内容审查机制要进行一次检查，发现问题，及时纠正，确保在进口出版物内容审查工作上不出漏洞。

二、根据《出版管理条例》，出版物进口业务必须由国务院出版行政部门批准的出版物进口经营单位经营，任何单位和个人未经批准不得从事出版物进口业务。各省、自治区、直辖市新闻出版局应在近期内对未经批准擅自从事出版物进口经营活动的单位或个人进行检查，一经发现，无论其进口的出版物在内容上是否属于禁止的内容，应会同有关部门依照有关规定立即予以查处。对情节严重，影响恶劣，触犯刑律的，要依照刑法有关规定，依法追究刑事责任；尚不够刑事处罚的，依照《出版管理条例》有关规定予以处罚。

三、出版物进出口单位要认真肩负起自己的职责，保持高度的政治责任感和警觉性，建立健全进口出版物内容审查机制，按照《出版管理条例》的规定，依法做好进口出版物的内容审查工作，对社科类进口出版物的内容尤其要进行严格审查，确保不进口含有禁止内容的出版物。

四、出版物进出口单位应严格按照规定的出版物进口范围从事进口经营活动，不得超范围进口出版物。境外报纸、期刊的进口业务由指定的出版物进口经营单位经营，未经指定的单位不得从事上述出版物的进口业务。发现有违反上述规定者，将依照《出版管理条例》有关规定进行处罚。

五、出版物进口单位发现有禁止内容的出版物，应立即停止进口，并通报所在省新闻出版局和海关。对已进口的含有禁止内容的出版物，要向所在省新闻出版局报告，并立即封存，不得扩散。

六、出版物进口单位无法判断其进口的出版物是否含有禁止内容，可以请求省级以上人民政府出版行政部门进行内容审查。对干扰、阻止、破坏进口出版物内容审查工作的行为，要及时采取措施，予以制止。

七、严格执行出版物进口备案的有关规定，遇有重要情况，及时报告我署。

关于香港我办报刊在内地设立办事机构及有关事项的通知

新闻出版总署　国务院新闻办公室　2005年1月5日　新出联〔2005〕1号

各省、自治区、直辖市新闻出版局、新闻办公室：

香港《文汇报》、《大公报》、《香港商报》、《经济导报》等我办报刊多年来在向港、澳、台地区及海外读者宣传、报道祖国大陆的改革发展形势以及党和国家方针政策等方面，做了大量的工作，取得了显著的成绩。为使我办报刊能够及时获取内地信息，在对外宣传报道方面进一步发挥重要作用，几年来，新闻出版总署和国务院新闻办公室根据中共中央宣传部、国务院新闻办公室、广播电影电视部、新闻出版署、国家工商行政管理局1995年9月14日联合发布的《关于对境外传媒在我境内设立办事机构加强审批管理的通知》（以下简称《通知》）中的有关规定，陆续批准我办报刊在内地一些城市设立了办事机构。这些办事机构总体上能够遵守内地的法律法规，按照办事机构的业务范围从事有关业务活动。

但是，我办报刊在内地设立办事机构工作中也存在着一些问题。主要表现是：多头审批的现象比较严重，个别报刊在内地设立办事机构时没有严格按照《通知》的规定履行审批手续；办事机构过多过散，缺乏统一管理；办事机构名称多样，有的称办事处，有的称联络处，有的称记者站，但实际功能并无多大差别；个别办事机构管理不严，不严格遵守有关规定，违规从事经营活动，等等。鉴于上述情况，为规范我办报刊在内地设立办事机构的审批程序，加强对办事机构的日常行政管理和业务指导，整顿办事机构过多过散的现状，杜绝办事机构的违规经营活动，有必要重申《通知》中的有关规定，并根据新的情况，对我办报刊在内地设立办事机构的其他一些事项做出新的规定。为此，通知如下：

一、我办报刊在内地设立办事机构（包括办事处、联络处等）必须由新闻出版总署会同国务院新闻办公室审批；设立专门从事新闻采访活动的记者站，按规定要报国务院港澳事务办公室商国务院新闻办公室审批。

二、我办报刊在内地设立办事机构的审批程序是：报刊社向中央政府驻香港特别行政区联络办公室提出申请，获得同意后报拟设办事机构所在地的省（自治区、直辖市）新闻出版局审核，省（自治区、直辖市）新闻出版局审核并征得本省（自治区、直辖市）政府新闻办公室意见后报新闻出版总署，新闻出版总署会同国务院新闻办公室审批。

三、各省（自治区、直辖市）新闻出版局负责办事机构的日常行政管理；各省（自治区、直辖市）政府新闻办公室负责办事机构的业务指导。办事机构必须接受所在地新闻出版行政管理部门的监督和管理，定期向所在地新闻出版行政管理部门和新闻办公室汇报办事机构的工作情况。

四、办事机构的业务范围是采访、组稿、联络、咨询服务等，所从事的广告等其他业务要按国家有关规定办理。

办事机构要严格按照批准的业务范围开展活动，不准在内地从事出版物的进口、出版、发行、销售等违法违规的经营性活动。办事机构有违法违规行为的，将根据《出版管理条例》第五十五条进行处罚，并对相关报刊提出批评或警告。

五、办事机构统称为××报（刊）××（地名）办事处。

六、根据总署有关精神，对我办报刊在内地已经设立的办事机构进行一次清理。清理工作分两个阶段完成。第一阶段是对过去经中央有关部门批准设立的办事机构进行重新确认。第一阶段确认保留的办事机构共39家，撤销的办事机构4家（见附件）。

第二阶段是对过去经地方有关部门批准设立的办事机构进行核准。凡属于此类情况的办事机构，由各报刊社按照本通知第二条规定的审批程序办理核准手续。各省（自治区、直辖市）新闻出版局对收到的申请核准的材料进行审核，在征求本省（自治区、直辖市）政府新闻办公室意见后报送新闻出版总署。报送材料的截止日期为2005年5月30日。

新闻出版总署会同国务院新闻办公室根据总量控制、兼顾实际需要的原则，对收到的申请材料集中进行审核批准，并在2005年6月底以前公布第二阶段经核准的办事机构的名单。

七、在这次清理工作中没有被重新确认或核准的办事机构，由所属报刊社在2005年7月底以前撤销该办事机构，停止一切业务活动，并将撤销情况的报告通过中央政府驻香港特别行政区联络办公室转送新闻出版总署和国务院新闻办公室。

八、第一阶段被重新确认的办事机构在本通知发布后一个月内，应向办事机构所在地省（自治区、直辖市）新闻出版局和新闻办公室报告办事机构的基本情况。

九、清理工作结束后，我办报刊可申请在内地设立新的办事机构。申请设立新的办事机构，必须按照本通知的规定履行审批手续。对不遵守规定擅自在内地设立的办事机构，将依照《出版管理条例》（第七章第五十五条）的有关规定予以撤销，并对相关报刊社提出批评或警告。

十、我办报刊在内地设立办事机构的总量和分布由新闻出版总署会同国务院新闻办公室确定。

十一、对我办报刊以外的其他境外媒体申请在境内设立办事机构，原则上不批准；确实需要的，参照本通知的规定履行审批手续。

十二、请各省（自治区、直辖市）新闻出版局、新闻办公室认真执行本通知的规定，加强对辖区内我办报刊办事机构的监管和业务指导。在执行本通知的过程中，遇有重大问题，请及时通报新闻出版总署和国务院新闻办公室。

关于核发出版物进口经营许可证及实行年检制度的通知

新闻出版总署　2006年11月28日　新出外〔2006〕1238号

各省（区、市）新闻出版局：

为规范出版物进口工作，使其制度化、标准化、科学化，根据《出版管理条例》的要求，自本通知发布之日起，将对已经批准设立的出版物进口经营单位核发出版物进口经营许可证。自2007年1月1日起，对出版物进口经营单位实行年检登记制度。各出版物进口经营单位须通过每年的年检，方可继续开展出版物进口经营业务。有关事项具体通知如下：

一、新设立的出版物进口经营单位，在新闻出版总署批准设立后，由新闻出版总署颁发出版物进口经营许可证。

二、已经批准设立的出版物进口经营单位，自本通知发布之日起，向所在地的省级新闻出版行政部门报送申领出版物进口经营许可证的报告，省级新闻出版行政部门审核后报新闻出版总署，由新闻出版总署负责核发。

三、年检时间

年检工作每年度第一季度进行。

四、年检内容

（一）按照《出版管理条例》中设立出版物进口经营单位的条件逐一对照检查。

（二）出版物进口经营单位要上交上一年度一月一日至十二

月三十一日一年来的经营状况报告。报告内容包括：一年来的进口经营状况数字统计，包括种数（种次）、数量（册、张、份、盒、）、金额（万美元）等；是否建立健全进口出版物内容三级审查制度；是否在规定时间内向所在地省（区、市）新闻出版行政部门及新闻出版总署上报备案进口出版物目录；是否未经批准在境内举办境外出版物展览；是否进口过含有《出版管理条例》禁载内容的出版物；是否将含有禁载内容的进口出版物供货给零售市场；是否超范围经营等。

（三）总结检查一年来是否有其他违反国家的法律、法规及各项管理规定的行为，经营活动中有无被处罚记录。

如存在上述问题应及时查找原因，制定整改措施。

五、年检程序

（一）各出版物进口经营单位（包括各出版物进口经营单位的子公司）要按照通知要求认真进行自查，写出年度总结，填写所附年检登记表，于每年2月15日前将上一年度总结报告及年检登记表报所在地新闻出版行政部门。各省（区、市）新闻出版行政部门对上述材料进行审核后，写出审核意见，连同各出版物进口经营单位的总结报告、年检登记表于3月15日前报送总署，以邮局盖章为准。年检登记表一式三份，一份报我署，其余二份分别由省级新闻出版行政部门和各出版物进口经营单位存档。在各地有分公司的出版物进口经营单位，其分公司须于1月15日前将年检材料报到所在地新闻出版行政部门，所在地新闻出版行政部门对上述材料进行审核后，写出审核意见，再由分公司将审核意见、本公司的总结报告、年检登记表等年检材料报到总公司，总公司将年检材料汇总后于2月15日前统一报所在地新闻出版行政部门进行年检。

（二）我署收到上报的年检材料后，于4月30日前审核批复完毕。通过年检的出版物进口经营单位持总署批复件及经营许可证副本到总署对外交流与合作司加盖年度检验章。盖章之后，出版物进口经营许可证方可继续使用。

六、年检结果的处理

（一）出版物进口经营单位在年检过程中，如发现有违反《出版管理条例》的，将依法对其进行处罚。

（二）出版物进口经营单位有下列问题之一的，将视情节轻重予以警告、暂缓年检或不予通过年检等处理：

1．不具备设立出版物进口经营单位基本条件的；

2．未设立进口出版物内容三级审查制度的；

3．将含有禁载内容的进口出版物供货给零售市场的；

4．超范围经营或一年未从事出版物进口经营业务的；

5．对违规行为隐瞒不报的；

6．违法行为被查处后拒不改正或者没有明显整改效果的；

7．未在规定时间内递交总结报告和年检登记表的；

8．存在其他违反法律、法规和各项管理规定的。

（三）受到警告或暂缓年检的出版物进口经营单位应认真进行整改，暂缓年检期间不得开展出版物进口经营活动。暂缓年检的期限由新闻出版总署确定，不得超过6个月。6个月内问题解决的，按照本通知规定重新办理年度检验，通过年检后在其出版物经营许可证副本上加盖年度检验章。如6个月内问题仍未解决，将注销其出版物进口经营许可证。

（四）不予通过年检的出版物进口经营单位由新闻出版总署注销其出版物进口经营许可证，被注销出版物进口经营许可证的出版物进口经营单位不得再从事出版物进口经营业务。

请各省（区、市）新闻出版行政部门将此通知转发到本行政区域内的各出版物进口经营单位。

附件：1．年检登记表（略）

2．年检情况汇总表（略）

关于音像制品进口及市场管理有关问题的公告

新闻出版总署　商务部　海关总署　2008年12月9日　2008年第1号

根据《国务院办公厅关于印发国家新闻出版总署（国家版权局）主要职责内设机构和人员编制规定的通知》（国办发〔2008〕90号）的有关规定，文化部音像制品进口及市场管理职责划入新闻出版总署。为实现音像制品进口及市场管理职责的平稳过渡和顺利衔接，现将有关事项公告如下：

一、在新闻出版总署会同有关部门制定颁布新的管理规定之前，《音像制品进口管理办法》（2002年4月17日文化部、海关总署令第23号）、《中外合作音像制品分销企业管理办法》（2003年12月8日文化部、商务部令第28号）、《音像制品批发、零售、出租管理办法》（2006年11月3日文化部令第40号）继续有效。以上规章中涉及文化部及地方文化行政部门的职责转由新闻出版总署及地方新闻出版行政部门行使，规章中有关行政许可、监督管理、行政处罚等规定作为新闻出版行政部门的执法依据。

二、根据《音像制品管理条例》等有关规定，申请设立中外合作音像制品批发企业、设立全国性音像制品连锁经营企业，报新闻出版总署审批；申请设立中外合作音像制品零售企业，音像制品批发企业，地方性音像制品连锁经营企业，报所在地省、自治区、直辖市新闻出版行政部门审批；申请设立音像制品零售、出租业务，报所在地县级新闻出版行政部门审批。其中，申请设立中外合作音像制品分销企业的，还须凭新闻出版行政部门的批准文件按照《中外合作音像制品分销企业管理办法》的有关规定到商务主管部门办理外商投资的批准手续。

三、申请进口音像制品成品以及进口用于出版的音像制品，进口单位初审后，填写《进口录音制品报审表》或《进口录像制品报审表》，按有关规定提交申请材料，报新闻出版总署审查。自2009年1月1日起，进口单位应持新闻出版总署签发的《新闻出版总署音像制品（成品）进口批准单》、《新闻出版总署音像制品（版权引进）批准单》，到海关办理音像制品成品或者母带（母盘）的进口手续。

此前新闻出版总署签发的证件仍可继续使用。

四、文化部已审查通过的音像制品应在2008年12月31日前到海关办理音像制品进口手续；用于出版的音像制品，应在文化部原批准之日起一年内出版发行。

超过以上时限的，应当报新闻出版总署重新办理审批手续。

五、启用“新闻出版总署音像制品（成品）进出口审查专用章”和“新闻出版总署进口音像制品审查专用章”，分别用于加盖音像制品成品和用于出版的音像制品进口批准文件。

六、为促进国产音像制品出口，继续实行方便快捷的出口审核验放机制，即在“有效监管、快速通关”的前提下，国产音像制品出口单位可自愿选择将音像制品送新闻出版总署进行预先审核。经新闻出版总署审核，在《新闻出版总署音像制品（成品）出口审核单》上加盖“新闻出版总署音像制品（成品）进出口审查专用章”后，海关按规定直接办理通关手续。

七、海关总署《政法司关于转发〈关于音像制品成品进口临时批准办法的函〉的通知》（政法函〔2008〕113号）自本公告发布之日起废止。

特此公告。

附件：1．音像制品进出口审批的有关表格样式（略）

2．“新闻出版总署音像制品（成品）进出口审查专用章”、“新闻出版总署进口音像制品审查专用章”样式（略）

关于加强出版物进口管理工作的通知

新闻出版总署　2010年3月1日　新出厅字〔2010〕56号

各省、自治区、直辖市新闻出版局，各出版物进出口公司：

近年来，随着出版物进口管理工作的进一步完善，境外各类出版物进口管理工作有了较大的提高，绝大部分出版物进口单位能够按照相关规定开展出版物进口工作，但是，最近也出现了少数出版物进口经营单位违反规定，擅自为非法入境刊物提供合法证明，有的出版物进口经营单位超范围经营，还有的出版物进口经营单位不按时将进出口的数量依法向总署上报。上述行为严重违反了出版物进口管理的有关规定，扰乱了出版物进口工作的正常秩序，对国家稳定和社会文化安全造成极大隐患。为进一步做好出版物进口管理工作，现将有关要求通知如下：

一、出版物进口单位肩负着为国家引进境外优秀科学文化并为国家把好文化安全关的重任，各出版物进口单位必须加强对进口出版物内容审查的力度，不得擅自进口和发行含有《出版管理条例》禁载内容的境外出版物。

二、各出版物进口经营单位在进口出版物前将拟进口的出版物目录报当地省、自治区、直辖市新闻出版局备案；管理部门备案过程中发现有禁止进口或暂缓进口的出版物，应及时通知出版物进口经营单位并通报海关。对通报禁止进口或暂缓进口的出版物，出版物进口经营单位不得进口，海关不得放行。

三、各出版物进口经营单位须严格按照各自的经营范围开展出版物的进口工作，不得超范围经营。不得将不宜进入市场的出版物供应给零售市场。不得未经批准在境内举办境外出版物展览。

四、各出版物进口经营单位要加强领导班子建设，强化大局意识、责任意识和把关意识，对发生违规事件的公司，要追究当事人和相关领导人的责任。

五、各省、自治区、直辖市新闻出版局要加强对属地出版物进口经营单位的日常管理，要及时将总署及全国“扫黄打非”工作小组办公室发出的各类查堵境外出版物的通知精神传达至辖区内出版物进口经营单位执行并监督检查，同时要按本通知要求对辖区内出版物进出口公司开展一次全面检查，对违规事件要坚决予以查处和纠正，并于4月30日前将检查报告报送总署对外交流与合作司。

关于接受境外机构或个人赠送境外出版物有关事项的通知

新闻出版总署　教育部　2010年7月22日　新出联〔2010〕13号

各省、自治区、直辖市新闻出版局、教育厅（教委）：

近年来，随着我国经济建设的快速发展和中外文化交流与合作的逐步深入，境内机构按照《出版管理条例》等法规规定办理接受境外机构或个人赠送境外出版物的情况逐渐增多，这对促进中外文化交流，提高我国科研能力和水平发挥了重要作用。然而，也出现了一些值得注意的现象：一些境内机构未经批准，擅自接受境外机构或个人捐赠的境外出版物；一些境内图书馆、研究院所不遵守相关法规规定，擅自接受境外驻华机构捐赠的境外出版物。除程序不合规范外，这些境外出版物还有不少存在内容问题：有的故意歪曲历史，混淆是非；有的编造谣言，挑拨我民族关系；还有的打着学术研究旗号，恣意攻击我社会制度等。以上情况如不及时制止，将严重危害我民族团结、社会稳定及经济发展。

为进一步加强境内机构接受境外机构或个人赠送境外出版物的管理，规范受赠境外出版物的进口行为，根据国务院《出版管理条例》，现就有关事项通知如下：

一、境内大中专院校、科研院所、公共图书馆、行业组织、企事业单位等接受境外机构或个人赠送境外出版物（包括图书、报纸、期刊、电子出版物、音像制品及各类数字出版物的数据库等）用于收藏和阅读参考，须按照《出版管理条例》等相关法规，由受赠单位在受赠前将有关受赠申请材料报所在地省级新闻出版部门审核，由各省级新闻出版部门报新闻出版总署审批。

二、受赠机构接受境外机构或个人捐赠境外出版物，应委托经新闻出版总署批准的具有出版物经营权的出版物进口经营单位，按照核准的经营范围办理受赠境外出版物进口业务。

三、办理受赠境外出版物审批手续须提交以下材料：

（一）所在地省级新闻出版部门的请示；

（二）受赠单位的申请报告。应载明受赠目的和使用方法，受赠时间和地点，受赠境外出版物目录（包括出版物的种类、名称、数量和金额），境外赠送机构或个人的情况，有无代理受赠出版物的转送业务，进口海关等内容；

（三）由出版物进口单位出具的受赠境外出版物内容审查报告。

四、接受境外机构或个人赠送的出版物不得用于复制、销售和其他经营性活动。

五、受赠境外出版物不得含有《出版管理条例》第二十六条、第二十七条禁止的内容。出版物进口经营单位负责对拟进口的受赠境外出版物目录及已进口的受赠境外出版物进行内容审查，发现其中含有《出版管理条例》第二十六条、第二十七条禁止内容的，或受赠机构收到受赠境外出版物后，在清理或使用时发现其中含有《出版管理条例》第二十六条、第二十七条禁止内容的，均应立即报告所在地省级新闻出版部门和新闻出版总署，并将含有禁止内容的受赠境外出版物全部移交所在地省级新闻出版部门封存，经认定后由所在地省级新闻出版部门监督销毁。

六、各省、自治区、直辖市新闻出版局接到本通知后，应尽快会同当地教育厅（教委）对辖区内各机构单位，尤其是大中专院校、科研院所、各级各类图书馆等，接受境外单位和个人捐赠境外出版物情况进行一次清理。凡未按《出版管理条例》规定要求办理相关审批手续，擅自接受境外机构或个人捐赠的境外出版物的，受赠单位应立即就地封存，并及时向当地省级新闻出版部门报告，由省局按照《出版管理条例》和相关法规的规定作出处理。

各省、自治区、直辖市新闻出版局10月30日前将清理情况报新闻出版总署。

七、总署将联合教育部门加大检查、处罚力度，对违反《出版管理条例》相关规定的违规进口行为进行严厉查处。

关于加快我国新闻出版业走出去的若干意见

新闻出版总署　2012年1月1日　新出政发〔2012〕1号

各省、自治区、直辖市新闻出版局，新疆生产建设兵团新闻出版局，解放军总政治部宣传部新闻出版局，总署机关各部门、署直各单位，署管各社会团体：

为深入贯彻党的十七届六中全会精神，落实《新闻出版业“十二五”发展规划》及《新闻出版业“十二五”时期走出去发展规划》，切实提升我国新闻出版业的国际竞争力、传播力和影响力，推动新闻出版强国建设，现就进一步推动新闻出版业走出去提出如下意见：

一、我国新闻出版业走出去的态势与机遇

1．新闻出版业走出去的基本态势。“十一五”时期，新闻出版业全面实施走出去战略，版权输出数量和品种不断扩大，版权贸易逆差由“十五”末的7.2∶1进一步缩小至2.9∶1；数字出版产品出口势头强劲；实物产品出口持续增长，出版物已进入世界190多个国家和地区，一些重点产品在海外市场创出品牌，一大批有影响力的新闻出版产品走进国际主流社会，有力地推动了中华文化走向世界；印刷服务出口产值逐年扩大，顺差优势明显；企业走出去积极性日益高涨，合作模式不断创新，渠道不断拓展，资本和实体输出成果丰硕；政策体系不断完善，走出去人员素质逐步提高，人才队伍日渐壮大；新闻出版业的国际影响力得到提升。与此同时，新闻出版业走出去还存在着思想认识有待进一步加深、版权贸易逆差有待进一步扭转、出口产品质量有待进一步提升、外向型骨干企业有待进一步培育、相关扶持政策有待进一步完善、走出去人才有待进一步培养等方面的问题。

2．新闻出版业走出去面临良好机遇。十七届六中全会“文化强国”战略的提出，党中央国务院一系列走出去方针政策的出台，一批有实力的新闻出版企业新型市场主体地位的确立，以及高新技术的有力推动，为新闻出版业走出去带来了良好机遇，同时也提出了新的使命。当前，加快推动新闻出版业走出去是提升我国文化软实力、增强中华文化影响力的必然要求；是发展国家公共外交、促进国际社会理解和认同的重要途径；是打造新闻出版强国，推动文化产业成为国民经济支柱性产业的重要举措。全行业一定要进一步加深对新闻出版业走出去重要性的认识，切实增强机遇意识和忧患意识，采取各种有效措施，大力推动新闻出版业走出去。

二、主要目标与重点任务

（一）主要目标

1．力争到“十二五”末，版权输出数量突破7000项，引进与输出比例降至2∶1，力争持平；数字出版产品和服务出口金额突破10亿美元，年均增长30%以上；实物出口数量突破1150万册（份、盒、张），出口金额突破4200万美元；印刷服务出口规模总量达到1000亿元人民币。

2．力争到“十二五”末，新闻出版业走出去政策体系更加完备；新闻出版企业海外投资额显著增长；培育一批有国际影响力的知名品牌；打造一批实力雄厚、有国际竞争力的走出去龙头企业；培养一批外向型高层次的新闻出版专业人才；走出去国际布局基本完成；我国新闻出版业的国际竞争力、传播力和影响力显著增强。

（二）重点任务

1．加强走出去宏观布局。以发达国家、周边国家和地区为重点，以发展中国家为基础，以海外华文市场为依托，建立起覆盖广泛、重点突出、层次分明的走出去新格局。实施差异化战略，根据不同国家和地区的不同文化需求，采取不同的走出去策略和方式；实施多元并举，鼓励出版集团、专业出版社、数字出版企业和民营企业挖掘自身独特优势，拓展不同领域的国际市场；实施本土化战略，注重与海外资金、技术、渠道、人才等要素相结合，开发推广适合当地阅读和消费习惯的出版物产品；实施以进带出战略，借助国际合作企业的资源优势，带动出版物走出去；实施科技带动战略，发挥高新技术的平台和渠道优势，推动出版物走出去。

2．加快推动版权走出去。切实扩大版权输出数量，进一步改善进出口比例。加大对发达国家、周边国家和地区的版权输出力度，拓展对发展中国家的版权输出，进一步优化版权输出的区域结构。加强主流语种版权输出的同时，进一步加强小语种版权输出，强化单品种多语言的版权输出，不断完善版权输出的语种结构。加强对文学类、科技类、社科类、娱乐生活类等出版物版权输出，扩大版权输出的题材和品种，优化版权输出的内容结构。加强对数字出版产品的版权输出，不断改进版权输出的形态结构。改进合作方式，加大合作出版力度。

3．加快推动数字出版产品走出去。鼓励和扶持新闻出版企业生产更多外向型数字出版产品。实施骨干带动战略，推动数字出版重点企业和产业基地走出去。加快研发数字、网络出版核心技术，积极参与国际标准化事务，占据国际竞争制高点。搭建数字出版走出去内容平台，加快整合传统出版企业内容资源，发挥规模优势，扩大优质在线出版内容增值服务范围、增强内容增值服务能力，全面提升我国数字出版产品的核心价值和数字出版企业的国际竞争力。

4．加快推动实物产品走出去。充分调动各种所有制企业的出口积极性，使实物产品的出口数量和金额继续保持增长。实施品牌战略，加强内容自主创新，重点推出一批弘扬社会主义核心价值体系、展示中华文化独特魅力、反映当代中国精神风貌和学术水准、贴近国外受众文化需求和消费习惯的品牌产品，在大众图书、专业图书、教育图书、大众消费类期刊、专业类期刊、学术类期刊等重点领域打造一批国际知名品牌。丰富实物出口的产品形态，加大图书、报纸、期刊、电子、音像等各类出版产品的出口力度，推动新闻出版产品进入国际主流营销网络，影响国外主流人群。

5．加快推动印刷服务走出去。鼓励印刷服务出口企业拓展海外印刷业务，开拓国际新兴市场。支持国家印刷示范企业建立海外印刷基地。支持印刷复制企业应用低碳科技，在国际市场上推广环保形象和绿色品牌，吸引境外委托客户。鼓励印刷企业在国外建立第三方联络机构，参与国际竞标。

6．加快推动新闻出版企业、资本走出去。整合各种资源，推动新闻出版企业跨区域跨行业跨媒体跨所有制经营和重组，着力打造一批综合性跨国出版传媒集团。重点扶持一批外向型骨干企业，通过独资、合资、合作等方式，到境外建社建站、办报办刊、开厂开店。鼓励有条件的新闻出版企业通过上市、参股、控股等多种方式，扩大境外投资，参与国际资本运营和国际企业管理。

引导各类所有制企业有序到境外投资合作，提高国际化经营水平，防范和化解境外投资风险。

7. 加快建立走出去国际营销网络。积极实施“借船出海”战略，加强与全球性和区域性大型连锁书店的合作，进一步拓展国际主流营销渠道。积极利用海外资金、人才、管理经验等要素，整合和巩固海外华文出版物营销网络和渠道，进一步拓展海外市场。搭建数字内容资源跨境投送平台，加大对数字出版产品的输出。积极开拓网络书店等新型出版物销售渠道。

8．加快构建走出去人才体系。通过开展出国培训、选派挂职锻炼、促进业务交流与合作等方式，培养版权保护、国际出版贸易、国际出版合作和国际新闻出版编译传播等国际化新闻出版人才，形成新闻出版业走出去人才体系。到2015年，国际化新闻出版人才总量达到10万人。

三、主要措施

（一）有效利用现有扶持政策

1．依照《文化产业发展专项资金管理暂行办法》（财教〔2010〕81号），以贷款贴息、项目补助、补充国家资本金、绩效奖励、保险费补助和其他经财政部批准的支持方式，对新闻出版走出去企业、项目、实物和相关服务予以支持。

2．依照《中小企业国际市场开拓资金管理办法》（财企〔2010〕87号），对企业项目（符合条件的中小企业独立开拓国际市场的项目）和团体项目（符合条件的企、事业单位和社会团体组织中小企业开拓国际市场的项目）给予资金支持。主要支持内容包括境外展览会、国际市场宣传推介、国际市场考察、企业培训、境外收购技术和品牌等。对于面向拉美、非洲、中东、东欧、东南亚、中亚等新兴国际市场的拓展活动给予优先支持。支持金额原则上不超过项目支持内容所需金额的50%，对中、西部地区和东北老工业基地的中小企业以及面向新兴国际市场的拓展活动可提高至70%。

3. 依照《宣传文化发展专项资金管理办法》（财教〔2007〕157号），对新闻出版产品和服务出口予以资助；对新闻出版走出去重点图书和专业学术著作出版困难予以补助；对走出去的优秀图书进行奖励；对走出去出版企业和印刷企业的设备更新、技术改造等予以资金支持。

4. 依照《关于支持文化企业发展若干税收政策问题的通知》（财税〔2009〕31号），对出口图书、报纸、期刊、音像制品、电子出版物等新闻出版产品的企业给予增值税出口退税政策。依照《关于鼓励和支持文化产品和服务出口的若干政策》（国办发〔2006〕88号），对企业在境外提供文化劳务取得的境外收入不征营业税；对企业向境外提供翻译劳务和进行著作权转让而取得的境外收入免征营业税；对在境外已缴纳的所得税款按现行有关规定抵扣。

5. 依照《关于进一步推进国家文化出口重点企业和项目目录相关工作的指导意见》（商服贸发〔2010〕28号），通过贷款贴息、项目补助、奖励、保费补助等多种方式支持新闻出版产品和服务等的出口；支持新闻出版企业在境外参展、宣传推广、培训研讨和境外投标等市场开拓活动；支持重点新闻出版产品的对外翻译制作和出版活动。尽快研究建立健全版权等无形资产价值评估体系，制定无形资产价值评估标准，建立无形资产价值评估中介机构和抵（质）押登记、交易平台。进一步完善出口信用保险体系。根据我国文化出口实际情况，采取灵活承保政策，优化投保手续，不断扩大支持规模，为新闻出版企业提供快捷高效的风险保障、融资便利、资信评估和应收账款管理等服务。

6．依照《关于金融支持文化出口的指导意见》（商服贸发〔2009〕191号），对符合《文化产品和服务出口指导目录》条件的出口类企业和项目给予支持。鼓励新闻出版企业积极运用进出口银行提供的包括新闻出版产品和服务（含动漫）出口信贷、国际会展服务设施建设贷款、境外投资贷款、高新技术产品出口卖方信贷等信贷类业务产品，以及结算、结售汇、贸易融资、对外担保、财务顾问等中间业务产品。对新闻出版企业的境外投资项目、属于软件产品范围的动漫产品出口卖方信贷提供信贷支持。积极探索股权、股票、债券、存货、仓单、保单、出口退税、应收账款、知识产权质押以及由专业担保机构提供第三方担保等组合担保方式，以提高新闻出版企业的融资担保能力。

7．依照《国家出版基金资助项目管理办法》（新出联〔2008〕8号）及年度申报指南，对研究中国特色社会主义的学术著作、中国文化经典和科学成果的对外翻译出版项目给予资助；对反映我国改革开放和现代化建设成就，展示当代中国经济社会发展面貌和人民精神面貌的对外翻译出版项目给予资助；对展示中华民族灿烂文化，推广中国文化经典，扩大中华文化国际传播力和影响力的重大出版项目给予资助。

8．依照《民族文字出版专项资金管理暂行办法》（财教〔2007〕258号），对民族语言文字出版物出口和版权输出等走出去项目给予资助；对民族语言文字出版物的编译给予资助。

9．依照《境内机构境外直接投资外汇管理规定》（汇发〔2009〕30号），鼓励新闻出版企业使用自有外汇资金、符合规定的国内外汇贷款、人民币购汇或实物、无形资产及经外汇局核准的其他外汇资产来源等进行境外直接投资。依照《关于进一步推进国家文化出口重点企业和项目目录相关工作的指导意见》（商服贸发〔2010〕28号），完善新闻出版出口收汇管理，加快企业出口收汇资金结算速度，改进出口收汇核销方式，简化出口核销手续。

10. 依照《关于鼓励和支持文化产品和服务出口的若干政策》（国办发〔2006〕88号），鼓励和支持各种所有制新闻出版企业积极开展、参与和从事新闻出版产品和服务出口业务。从事图书、报刊、电子音像制品等国际版权贸易的新闻出版单位要积极拓展出口业务，加大出口业务在总业务中的比重，对进出口比例严重失衡的要削减版权引进数量和引进指标。支持出版集团公司和具有一定版权输出规模的出版社成立专门针对国外图书市场的出版企业，经批准可配备相应出版资源。对重点出口图书和音像制品的翻译、参加境外博览会的场馆租金给予一定补贴。

（二）进一步优化新闻出版资源配置

1. 支持出版传媒企业创办完全面向国际市场的外语类期刊，并配置相应出版资源。

2. 对完全针对国外外语市场开展出版业务的非公有制企业、中外合资企业给予特殊扶持政策。

3. 对新增的科技类中外版权合作期刊，须确保每期有不低于10%的原创中国内容被国外合作期刊转载；对续批的中外版权合作期刊，社科类须确保每期有不低于15%、科技类须确保每期有不低于10%的原创中国内容被国外合作期刊转载。

4. 在出版单位等级评估办法中原有“版权输出数量”指标的基础上，同时增加新闻出版产品与服务出口年收入、从事国际业务拓展人员数量两项走出去相关指标，并相应增加权重比例。

5. 在国家“十二五”重点出版物选题规划中增加走出去选题的数量和品种。

6．对版权贸易输出与引进逆差超过 1∶3 的新闻出版企业实行重点监控，采取有效措施促使其改善版权贸易结构。

7．在新闻出版单位高级职称评审条件中增加走出去的相关考评内容。

8．鼓励和支持有条件、有实力的网络出版单位努力开拓国际市场，研发、出版适应国际市场需要的、能够产生稳定境外流量的数字、网络出版产品；鼓励和支持有国际在线内容增值服务市场需求的网络出版单位建立境外服务网站，力争“十二五”末，一批重点网络出版服务单位境外收入占单位年营业额的 10% 以上。

9．每年承接境外印刷加工业务占企业主营业务量 30% 以上，且年度对外加工业务营业额在 2000 万美元以上的印刷企业可以认定为国家印刷复制示范企业。

10．加强对出版物进出口经营单位的量化考核，年度出口金额增长幅度须大于进口金额增长幅度，并按出口实绩配置进口权限。

（三）大力实施重点工程

1．“经典中国”国际出版工程

采用项目管理方式资助外向型优秀图书选题的翻译、出版、推广，以版权输出和合作出版等方式，实现对外出版发行，提高中国出版物国际竞争力；鼓励面向国际市场推广弘扬社会主义核心价值体系、展示中华文化独特魅力、反映当代中国精神风貌和学术水准的优秀出版物。

2．中国图书对外推广计划

以翻译费资助方式，鼓励国外出版机构翻译出版优秀中国图书。重点推荐反映中国当代社会政治、经济、文化等各个方面发展变化，有助于国外读者了解中国、传播中华文化的著作；反映国家自然科学、社会科学等领域重大研究成果的著作；介绍中国传统文化、文学、艺术等具有文化积累价值的著作。

3．中国原创网络游戏海外推广计划

组织中国优秀网络游戏出版企业参加国际会展、研讨、交流等活动，提供政策、资金支持，加快优秀原创网络游戏版权贸易输出步伐，鼓励大型网络游戏出版企业以版权输出、合作出版和直接投资等方式积极参与国际市场竞争，提高中国网络游戏出版企业和原创网络游戏出版物的国际竞争力和影响力。

4．中国出版物国际营销渠道拓展工程

加强与全球性和区域性大型连锁书店的合作，拓展国际主流营销渠道；整合和巩固现有海外华文出版物营销渠道；积极开拓重要国际网络书店等新型出版物销售渠道。构建国际立体营销网络，推动更多中国优秀出版物走向世界。

5．重点新闻出版企业海外发展扶持工程

加快我国新闻出版企业海外发展步伐，为重点新闻出版企业的产品输出、境外机构设立、境外资本运营等提供支持。重点扶持20家外向型骨干企业，通过独资、合资、合作等方式，到境外建社建站、办报办刊、开厂开店、开网站；通过参股、控股等多种方式，扩大境外投资，参与国际资本运营和国际企业管理；鼓励和支持各种所有制企业拓展新闻出版产品和服务出口业务。

6．中外图书互译计划

加大“中外图书互译计划”实施力度，与30个重点国家和地区签订双边出版交流与合作协议，不断扩充“中外互译图书”系列，举办“中外互译图书”展和“中外互译图书”双边出版经验交流会。

7．边疆地区新闻出版业走出去扶持计划

实施边疆地区新闻出版业走出去扶持计划，鼓励新疆、西藏、云南、广西、内蒙古、辽宁、吉林、黑龙江等省（区）与周边国家建立更加密切联系，扩大我国新闻出版产品与服务对周边国家的输出。

（四）完善会展平台

1．强化北京国际图书博览会的品牌效应。通过国际化品牌运作，创新展示形式与手段，提高市场化程度，进一步将北京国际图书博览会打造成国际图书版权交易的重要平台和展示中国文化的重要窗口。

2．打造重要国际书展中国主宾国活动品牌。借助国际书展平台，办好中国主宾国活动。以尊重文化多样性、促进世界和谐发展为原则，积极调动各种资源，开展多种形式的交流活动，不断扩大版权贸易，充分展现中华文化的亲和力与感召力，使主宾国活动成为推动中国新闻出版走出去、影响国际舆论、展示国家形象的最有效模式。

3．支持参加重要国际出版展会。大力扶持在中国举办的新闻出版装备展、ChinaJoy、中国国际全印展等重要国际出版展会。对新闻出版企业参加法兰克福书展、伦敦书展、美国书展、波洛尼亚书展、美国电子娱乐展览会（E3）、科隆游戏展（Games Com）等重要国际书展和国际数字出版产品展活动给予支持，对在境外重要展会上实现版权输出、实物出口成绩显著的单位和个人给予奖励。

4．推行国际书展承办权招投标制。按照国际书展运行规律，以更好地服务新闻出版企业走出去为目的，加快改进和完善国际书展承办体制，力争两年内不少于10个国际书展的参展承办权采用招投标制运行，实现参展承办权与国际运行规则的接轨。

5．搭建服务周边国家的交易平台。积极搭建以新疆、广西、吉林等边疆省（区）为中心，辐射周边国家的新闻出版交易平台，加强与周边国家的文化交流。

（五）加强信息服务

1．建立和完善国际新闻出版资讯库。实现对重点国家和地区新闻出版市场情况的动态了解；强化对国际文化市场、主要国家文化政策和国际重点新闻出版企业的研究；加强对走出去投资风险和防范手段的研究。建立“中国出版物国际传播力监测系统”，对我国新闻出版产品在国外各个渠道、市场的销售情况进行监测，及时掌握国际市场对我国新闻出版产品的需求。

2．搭建信息服务平台。新闻出版信息服务机构要以信息共享、互联互通为重点，构建翻译人才库、版权交易信息库、重点项目库、中外作家库；搭建多语种的国家级走出去信息服务平台，为企业提供市场供求、版权贸易、政策咨询、法律服务、翻译服务等全方位信息服务。

3．完善统计指标体系。把数字出版产品的出口、中外合作出版的产品、作者和民营策划公司向境外输出的版权、非公有制文化企业在境外销售的产品，分别纳入新闻出版业走出去统计范畴。

（六）加快培育和发展中介机构

1．充分发挥现有行业协会的作用，支持行业协会内部设立专门的走出去协调监督部门，服务于企业走出去的需求，加强走出去企业的自律，维护走出去企业的利益。

2．鼓励和支持企业在自愿基础上成立新闻出版产品和服务出口促进组织，扩大对外宣传，集中优势开拓海外市场。

3．鼓励投资促进机构、版权代理机构、人才培训机构、法律咨询机构、会展服务机构等社会中介组织着力开展服务于新闻出版业走出去的各项业务。

（七）加大人才培养力度

1．新闻出版人才培训机构负责对新闻出版系统承担走出去工作的人员，按照走出去的不同形态进行系统的专题培训。

2．在边疆省份建立走出去人才培养基地，提高新闻出版企业从业者素质，加强与周边国家的人才交流。

3．与国际大型出版传媒集团合作，开展国际出版贸易人才联合培养长期计划。每年在全国范围内选拔10名版权贸易和实物贸易业绩突出的走出去相关工作人员出国进行中长期培训；选拔150名版权贸易相关人员出国进行短期培训。

4．注重国外人才与“海归”人才的引进，注重发挥国外作者和翻译人才的作用。

（八）完善新闻出版企业内部机制

1．各新闻出版集团、走出去重点出版单位要建立健全对外合作组织机构，专设“国际合作部”，配备专业人员，专职负责走出去工作。

2．加强对本单位走出去工作的规划，制定切实可行的目标。

3．要设立走出去专项扶持资金；要采取措施加大走出去人才队伍的培养；要进一步完善走出去绩效考核机制，将走出去业绩与个人年终考核效益挂钩，对开展走出去业务较为突出的集体和个人给予表彰奖励。

（九）完善宣传表彰奖励机制

1．在中国出版政府奖、中华优秀出版物奖、韬奋出版新人奖、全国新闻出版系统先进集体、先进工作者和劳动模范评选等新闻出版领域奖项中把走出去业绩列为重要的评审内容，对年度走出去优秀出版物、重点企业和先进个人给予通报表扬。

2．国家新闻出版行政管理部门定期召开走出去工作会议。对在传播中国主流文化方面做出突出业绩的企业和个人，对积极引进我国版权的国外文化机构和企业，对为我国开拓国际市场做出贡献的国内外媒体、中介机构和友好人士，给予相应的表扬和鼓励。

3．大力宣传和推广各地区、各单位、各部门在走出去方面的典型经验和典型案例。

（十）加强组织领导

1．各地新闻出版行政管理部门要把推动新闻出版业走出去作为“一把手”工程，建立健全对外合作机构专职负责走出去工作，增加人员编制，理顺工作机制，确保经费支持。要做好走出去的相关指导、协调和管理工作，不断创新工作思路、提高工作水平，为推动走出去提供强有力的组织保障。

2．各地新闻出版行政管理部门要结合本地区实际情况，制定本地区新闻出版业“十二五”时期走出去发展规划，出台目标明确、切实可行的扶持政策，加强与地方相关部门的协调合作，努力为本地区新闻出版业走出去营造良好环境。

关于落实内地与香港、澳门《〈关于建立更紧密经贸关系的安排〉补充协议十》有关事项的通知

国家新闻出版广电总局　2014年1月17日　新广出发〔2014〕7号

各省、自治区、直辖市新闻出版广电局，新疆生产建设兵团新闻出版广电局，解放军总政治部宣传部新闻出版局：

经国务院批准，《〈内地与香港关于建立更紧密经贸关系的安排〉补充协议十》和《〈内地与澳门关于建立更紧密经贸关系的安排〉补充协议十》已于2013年8月签署。现将有关具体承诺印送你们，请于2014年1月1日起实施。

附件：1. 新闻出版领域内地向香港开放服务贸易的具体承诺的补充和修正十

2. 新闻出版领域内地向澳门开放服务贸易的具体承诺的补充和修正十

附件 1

新闻出版领域内地向香港开放服务贸易的具体承诺的补充和修正十

部门或分部门	1．商业服务 F. 其他商业服务 r. 印刷及其辅助服务（CPC88442**）
具体承诺	1．允许香港服务提供者在内地设立合作企业，从事出版物和其他印刷品的印刷业务，内地方投资者应当占主导地位。 2．简化香港图书进口审批手续，建立香港图书进口绿色通道。 3．允许香港服务提供者雇用的合同服务提供者以自然人流动的方式在内地提供本部门或分部门分类项下的服务。
部门或分部门	1．商业服务 F. 其他商业服务 t. 其他—复制服务（CPC87904）
具体承诺	1. 允许香港服务提供者在内地设立合资、合作或独资企业，提供复制服务。 2．允许香港服务提供者雇用的合同服务提供者以自然人流动的方式在内地提供本部门或分部门分类项下的服务。

注：

1. 本附件中的“复制服务”，按照“联合国产品总分类”（CPC）的有关解释说明，是指印刷以外的晒图、照相复印、油印、直接影印等服务。
2. 本附件中的“合同服务提供者”，是为履行雇主从内地获取的服务合同，进入内地提供临时性服务的持有香港特别行政区身份证明文件的自然人。其雇主为在内地无商业存在的香港服务提供者。合同服务提供者在内地期间报酬由雇主支付。合同服务提供者应具备与所提供服务相关的学历和技术（职业）资格。在内地停留期间不得从事与合同无关的服务活动。

附件 2

新闻出版领域内地向澳门开放服务贸易的具体承诺的补充和修正十

部门或分部门	1．商业服务 F. 其他商业服务 r. 印刷及其辅助服务（CPC88442**）
具体承诺	1．允许澳门服务提供者在内地设立合作企业，从事出版物和其他印刷品的印刷业务，内地方投资者应当占主导地位。 2．简化澳门图书进口审批手续，建立澳门图书进口绿色通道。 3．允许澳门服务提供者雇用的合同服务提供者以自然人流动的方式在内地提供本部门或分部门分类项下的服务。
部门或分部门	1．商业服务 F. 其他商业服务 t. 其他—复制服务（CPC87904）
具体承诺	1．允许澳门服务提供者在内地设立合资、合作或独资企业，提供复制服务。 2．允许澳门服务提供者雇用的合同服务提供者以自然人流动的方式在内地提供本部门或分部门分类项下的服务。

注：

1. 本附件中的“复制服务”，按照“联合国产品总分类”（CPC）的有关解释说明，是指印刷以外的晒图、照相复印、油印、直接影印等服务。
2. 本附件中的“合同服务提供者”，是为履行雇主从内地获取的服务合同，进入内地提供临时性服务 的持有澳门特别行政区身份证明文件的自然人。其雇主为在内地无商业存在的澳门服务提供者。合同服务提供者在内地期间报酬由雇主支付。合同服务提供者应具备与所提供服务相关的学历和技术（职业）资格。在内地停留期间不得从事与合同无关的服务活动。

关于印发《非公有制文化企业参与对外专项出版业务试点办法》的通知

国家新闻出版广电总局　2014年9月12日　新广出函〔2014〕297号

各省、自治区、直辖市新闻出版广电局，新疆生产建设兵团新闻出版局，解放军总政治部宣传部新闻出版局：

为了深入贯彻落实党的十八届三中全会关于允许非公有制文化企业参与对外出版的精神，总局制定了《非公有制文化企业参与对外专项出版业务试点办法》，经中央宣传部批准，现予以印发。

非公有制文化企业参与对外专项出版业务试点办法

第一条　根据《中共中央关于全面深化改革若干重大问题的决定》和《出版管理条例》、《国务院关于鼓励和引导民间投资健康发展的若干意见》（国发〔2010〕13号）、《新闻出版总署关于支持民间资本参与出版经营活动的实施细则》，为鼓励和确保非公有制文化企业规范有序参与对外专项出版业务，制定本办法。

第二条　非公有制文化企业参与对外专项出版业务，是指以具有主管主办资质、外文出版能力的国有出版单位拥有特殊管理股为前提，允许其与国有出版单位共同投资设立有限责任公司（以下称新设立公司），投资比例双方约定，允许非公有制文化企业绝对控股，给予新设立公司从事对外出版的专项出版权。

第三条 新设立公司的公司章程要有明确的特别条款，明确实行特殊管理股制度，赋予国有出版单位特殊的管理权：

（一）国有出版单位拥有出版物内容终审权，有权决定新设立公司的出版物发行或不发行；

（二）股权转让、引进战略投资者等重大投融资事项及主要经营管理人员聘用等须经国有出版单位同意。

第四条 新设立公司从事对外专项出版业务仅限于外语出版物出版，出版产品形态包括图书、音像制品、电子出版物等。

第五条 新设立公司的出版产品文字内容应使用外国语言文字。

第六条 新设立公司的出版产品仅面向境外市场销售，不得在中国大陆市场发行。

第七条 国有出版单位为新设立公司的主管单位，与非公有制文化企业共同作为新设立公司的主办单位，并为主要主办单位。

第八条 对出版物内容等方面发生的严重错误和其他重大问题，由国有出版单位和新设立公司依照有关规定承担相应责任。

第九条 新设立公司除须具备《出版管理条例》规定的出版单位设立条件外，还应符合以下条件：

（一）公司章程符合本办法第三条的规定；

（二）有确定的出版业务范围，且符合本办法第四条至第六条的规定；

（三）申请参与对外专项出版业务的非公有制文化企业，应以与出版相关的生产经营活动为主业，且有 3 年以上（含 3 年）经营经验，无违法违规不良记录；

（四）有适应专项出版业务需要、符合国家规定资格条件的编辑出版专业人员，其中具有中级以上编辑出版职业资格的专职编辑出版人员不少于10人，具有外国语言文字编辑经验的不少于5人。

非公有制文化企业参与对外专项出版业务，应当符合国家关于出版单位总量、结构、布局的规划。

第十条 非公有制文化企业参与对外专项出版业务，企业资本构成中不得含有境外资本。

第十一条 从事对外专项出版业务的新设立公司，按照出版单位设立许可程序审批；变更名称、主办或主管单位、业务范围、资本结构等，按照出版单位变更名称、主办或主管单位、业务范围、资本结构等许可程序审批。

第十二条 新设立公司申请从事对外专项出版业务，应提交下列材料：

（一）省级出版行政主管部门的审核文件；

（二）非公有制文化企业向省级出版行政主管部门提出的申请和主管主办单位出具的同意意见；

（三）主管主办单位有关资质证明文件（如：企业章程、法人营业执照等）；

（四）与拟开展专项出版业务相符的申请表（如：申请图书出版业务填写《设立图书出版单位申请书》）；

（五）申请从事专项出版业务的可行性论证报告（详细论证拟从事专项出版业务的可行性、必要性）；

（六）新设立公司《企业名称预先核准通知书》及企业章程复印件；

（七）新设立公司法定代表人或主要负责人的简历、身份证明文件及出版职业资格证书复印件；

（八）专职编辑出版人员职业资格证明材料（具有外国语言文字编辑经验的，还须提供其曾供职单位出具的任职期限证明）。

第十三条 新设立公司获批从事对外专项出版业务后，向所在地省级出版行政主管部门登记，领取出版许可证，并持出版许可证到工商行政主管部门办理企业注册登记等相关手续。

第十四条 新设立公司从事对外专项出版业务，必须严格遵守国家有关出版管理的法规规章和规范性文件的规定，不得超范围从事出版业务。

第十五条 出版行政主管部门应加强对本行政区域内非公有制文化企业参与对外专项出版业务的日常监督管理。

第十六条 新设立公司主管、主办单位对出版活动负有直接管理责任，应配合出版行政主管部门督促企业严格遵守各项管理规定。

第十七条 新设立公司出版活动违反出版管理相关规定的，依法予以处罚。

第十八条 有下列行为之一的，由原发证机关依法撤销或吊销专项出版许可证：

（一）未经国有出版单位终审同意，擅自出版出版物的；

（二）出版产品向境内发行等超越批准的专项出版业务范围出版的；

（三）出售或以其他形式转让专项出版资质的。

第十九条 本办法适用于试点阶段对非公有制文化企业参与对外专项出版业务的准入、监督与管理。其他出版单位的准入和监管仍按现行规定执行。

第二十条 本办法自 2014 年 10 月 1 日起执行。

关于印发《出版物国际传播与推广专项经费管理暂行办法》的通知

国家新闻出版广电总局　2016 年 9 月 30 日　新广出办函〔2016〕326 号

总局机关各部门、直属各单位：

现将《出版物国际传播与推广专项经费管理暂行办法》印发你们，请遵照执行。执行中如有问题，请及时与总局财务司和进口管理司联系。

出版物国际传播与推广专项经费管理暂行办法

第一章　总　则

第一条　为规范和加强出版物国际传播与推广专项资金（以下简称专项资金）的管理，提高资金使用效益，根据国家有关法律法规及财政管理制度规定，制定本办法。

第二条　专项资金是由中央财政拨款，用于支持出版物对外翻译出版、对外交流、对外投资、渠道建设、国际会展（含中国主宾国活动）、宣传推广、培训表彰、信息服务等重大活动、重点项目的补助资金。

第三条　专项资金的管理和使用实行统一管理、分级负责、专款专用、追踪问效的原则。

第四条 专项资金的管理和使用严格执行国家有关法律法规和财经制度，接受财政、审计等部门和新闻出版广电总局（以下简称“总局”）的监督检查。

第二章 使用范围

第五条 出版物对外翻译出版。用于“经典中国国际出版工程”、“中外互译出版计划”、“丝路书香工程”、“中国当代作品翻译工程”等工程和项目，以及其他版权输出或合作出版项目的翻译和出版费用、工程或项目管理办公室日常工作费用等。

第六条 宣传推广。用于国际主流营销渠道拓展计划、百家海外华文书店拓展计划、国际重点网络书店拓展计划，以及其他拓展国际营销渠道和推动出版物出口项目的宣传推广费、运输仓储费、发行数据制作费、图书采购费等。

第七条 国际会展。指总局直接组织或经总局批准委托有关单位承办及参加的境内外国际展览活动，包据出版物、音像、动漫游戏等新闻出版业各专业领域的展览。用于国际会展展台租赁、购买、设计、搭建、装修、翻译、宣传、展品采购、运输等费用。

第八条 中国主宾国活动。指在国际书展中，由主办国设立的以中国为主宾国的专项活动，用于重大活动、作家活动、专业交流活动、文艺演出、文化展览、展品采购、宣传推广、翻译资助、安全保障、组织服务、研讨座谈会等相关费用。

第九条 信息服务。用于建设及维护国际新闻出版资讯库、版权交易信息库、重点项目库、翻译人才和作家库等出版物国际传播与推广所需要的基础信息服务工作经费，包括论证、调研、咨询、设计、维护、资料采购、翻译、撰稿等费用，以及信息收集、整理、加工等人工费用。

第十条 对外交流及业务培训。用于境内外作者、译者、出版商等业界人士间开展的业务交流及推广活动所发生的讲课费、差旅费及活动组织等费用；以及对从事项目建设的翻译、管理、经营等方面专业人员进行业务培训所产生的师资、教材、场地和设备租用等费用。

第十一条 边疆地区出版物国际传播与推广项目。用于边疆省份为与周边国家和“一带一路”沿线国家的密切联系而开展的交流合作项目所发生的前期调研、项目咨询、宣传推广、场地租赁以及开展公益性活动等相关费用。

第十二条 对外投资。用于新闻出版企业在海外建立本土化分支机构，参与国际资本运营以及其他在海外开展的或与海外机构合作的“走出去”重点项目所产生的前期调研、项目咨询、产品研发生产及宣传推广等费用，以及新闻出版企业通过收购、参股控股、兼并重组等方式，投资并购海外出版机构的对外投资成本。

第十三条 表彰活动。用于对推动出版物国际传播与推广，推动中华文化方面作出突出贡献的国外个人或机构，以及对开展“走出去”工作中取得突出业绩的个人或单位的奖励和表彰活动费用。

第十四条 其他。总局组织实施的出版物国际传播与推广其他工程和项目、政策调研工作、上级部门交办的临时任务等。

第三章 申报和支持标准

第十五条 总局印发年度出版物国际传播与推广资金项目申

报指南，符合申报条件的单位根据项目立项方案完善和细化项目预算提出申报，总局进口管理司组织项目评审。申报及评审相关规定在年度申报指南中加以明确。

第十六条 项目资金支持分为差额补贴和全额补贴。补贴额度根据实际支出，结合支持方向、社会效益、项目质量、市场价格、经费财力等因素核定。

第十七条 差额补贴管理和支付标准。差额补贴是指实施主体为新闻出版单位，由总局提供部分经费资助的方式，鼓励、扶持新闻出版单位开展有关项目活动和工作，是出版物国际传播与推广专项资金资助的主要形式。支付范围包括：出版物对外翻译出版、宣传推广、国际会展中的境内国际展览活动、中国主宾国活动中由新闻出版单位自行组织参加的各类活动、边疆地区出版物国际传播与推广项目、对外投资、其他有关工程或项目等。

（一）对图书翻译的资助根据不同语种确定支付标准，汉文译英语：800 元 / 千字以内；汉文译法、西、俄、阿等语种：900 元 / 千字以内，汉文译其他语种：1000 元 / 千字以内。特殊情况通过评审由专家根据难易程度核定。

（二）对宣传推广项目的资助，根据建设情况，结合市场价格和经费财力核定。

（三）对境内国际展览活动和新闻出版单位自行组织参加的中国主宾国活动的补助，根据参展国家和地区经济发展水平和物价因素、参展规模，结合经费财力核定。

（四）对边疆地区出版物国际传播和推广项目及对外投资项目的资助，根据项目投入情况、实际效果，结合经费财力核定。

第十八条 全额补贴管理和支付标准。全额拨付指实施主体为政府，由总局提供全部资金的方式，直接组织实施或委托相关单位具体承办有关项目活动和工作。支付范围包括：国际会展中的境外国际展览活动、中国主宾国活动中由总局直接组织或委托相关部门组织承办的各类活动、信息服务、对外交流及业务培训、表彰活动、其他有关项目和活动。

（一）对于活动、交流培训、信息服务费用，由总局根据申报材料所反映的实际需求，经审核确认后拨付。

（二）对表彰奖励费用，按照每人不超过 5 万元，每个单位不超过 30 万元的标准予以奖励。

（三）涉及三公经费事项，按国家相关规定及标准严格执行。

第十九条 项目受托单位日常工作费用不超过各资金渠道安排项目当年可使用资金总额的 3%，主要用于办公费、会议费、专家评审费、差旅费、聘用人员等相关费用。

第四章 经费支付程序

第二十条 需总局差额拨付的项目中，对通过评审方式确定资助金额的项目，在承办单位申报项目预算后，由总局成立专家组进行评审，确定初步资助金额，总局进口管理司及其他相关司局复审后确定最终拨付金额，经总局领导批准后拨付，涉及重大资金还需集体研究决定后拨付。出版物对外翻译出版项目结项经费支付实行第三方审核制度，即总局委托第三方出具审核报告和结项报告，经审核无误后支付。其他非评审方式确定资助金额的项目，由总局进口管理司及其他相关司局确定拨付金额，经总局领导批准后拨付。

第二十一条 需总局全额拨付的除奖励之外的项目，在承办单位申报项目预算后，由总局进口管理司及其他相关司局确定拨付金额，经总局领导批准后拨付。

第二十二条 对奖励项目，由总局进口管理司根据实施结果拟定奖励名单及金额，分别经总局相关司局和总局领导审核批准后拨付。

第二十三条 由总局进口管理司汇总经费支出需要的材料。差额补贴项目中，出版物的对外翻译出版首批款项拨付需提供专家评审意见及项目测算金额表和项目协议书，结项项目款项拨付需要提供第三方审核报告、结项报告和样书；其他形式的补贴项目需提供支出凭据，如因特殊情况无法提供凭据的，以协议及支出明细为准。全额拨款的项目需提供费用预算明细及测算依据，如事后申报资助的项目还需提供支出凭据，如因特殊情况无法提供凭据的，以协议及支出明细为准。

第五章 监督检查和绩效评估

第二十四条 进口管理司、财务司会同有关项目单位上级主管部门对资金使用情况、项目实施情况进行检查。检查结果将作为以后年度专项资金安排的参考依据。

第二十五条 项目资金使用单位应当严格遵守财经法规，专款专用，单独核算，严禁截留、挤占和挪用，不得擅自扩大支出范围、提高支出标准。对违规违纪者按照国家和总局有关法律法规追究责任。

对违反国家财经法规和本办法规定的，总局视情况采取通报批评、缓拨停拨项目经费、中止项目资助等处理方式，情节严重者移交有关部门处理。违法违规单位不得在两年内参与总局有关项目的实施。专项资金中涉及政府采购的事项，需按照国家政府采购有关规定执行。

第二十六条 项目单位及主管部门应当建立健全项目考核评估机制，按要求做好绩效评估工作。总局根据需要对项目实施效果及资金绩效进行评估考核。

第六章 附 则

第二十七条 本办法由财务司、进口管理司按职能分工负责解释，自印发之日起施行。

第二十八条 出版物国际传播与推广实施细则由进口管理司另行制定。

关于加强境外数字文献数据库网络进口管理工作的通知

国家新闻出版署　2021年3月23日　国新出发〔2021〕6号

各省、自治区、直辖市新闻出版局，有关出版物进口经营单位及其主管主办单位：

为进一步保障教学科研单位正常使用境外数字文献数据库，满足科研教学需要，及时跟踪国际最新科研成果，服务经济社会和文化建设，现就规范境外数字文献数据库网络进口管理有关事项通知如下。

一、根据《出版管理条例》，引进境外数字文献数据库，必须由国家新闻出版署批准的有境外数字文献数据库网络进口资质的出版物进口经营单位进口。

二、出版物进口经营单位办理境外数字文献数据库进口时，应当严格按照《出版管理条例》《音像制品管理条例》《互联网信息服务管理办法》《订户订购进口出版物管理办法》《出版物进口备案管理办法》等法规规章及相关规定，到国家新闻出版署分类办理数字文献数据库进口备案审批手续。

三、出版物进口经营单位办理进口备案审批手续时，需按境外数字文献数据库实际进口信息提供名称、境外供应商、当前合同起止年月、国内订购单位、动态监管人员、监管设施的IP地址、监管方式、内容审查所需相关信息及国家新闻出版署要求的其他信息。

四、出版物进口经营单位、境外数字文献数据库供应商及国内订购单位之间签署进口合同及协议时，应当明确下列事项：出版物进口经营单位、国内订购单位一旦发现进口数字文献数据库含有《出版管理条例》明确禁载内容，应当立即要求境外数字文献数据库供应商及时删除或屏蔽相关内容；境外供应商拒不执行的，国内订购单位、出版物进口经营单位应当按合同相关条款终止引进。

五、出版物进口经营单位负责对其进口的境外数字文献数据库进行内容审查（含进口前内容审查和进口后更新内容审查）。未通过内容审查的，各出版物进口经营单位一律不得进口。出版物进口经营单位无法判断进口的数字文献数据库是否含有《出版管理条例》明确禁载内容的，应当报送国家新闻出版署指定的内容审查机构进行内容审查，审查费用由报送的出版物进口经营单位承担。出版物进口经营单位办理进口手续后应当履行动态监管职责，未履行动态监管职责的，国家新闻出版署将根据相关法规规章依法处理。

六、省级以上出版主管部门在进口境外数字文献数据库中发现法律、行政法规禁止发布或者传输的信息的，可以通知有关机构采取技术措施和其他必要措施阻断传播。

七、出版物进口经营单位应当在其业务范围内，加强境外数字文献数据库内容审查队伍建设，确保审查质量。对确属科研急需的纯自然科学技术类境外数字文献数据库，出版物进口经营单位应当设立绿色通道，确保引进时效性，审读费用按人文社科类减半收取。

八、国内订购单位应当对境外数字文献数据库的内容安全使用负责，严格控制使用对象和使用范围，根据具体情况可以建立长效使用机制。国内订购单位的上级主管部门应当切实加强监督管理，建立有效把关机制，落实意识形态工作责任制，确保境外数字文献数据库的敏感有害内容不流入社会。

九、国家新闻出版署负责协调相关单位，按国家相关法规规定，清理打击市场上各种违法违规引进销售境外数字文献数据库的行为。

规章、规范性文件

·依法行政·

出版管理行政处罚实施办法

1997年12月30日中华人民共和国新闻出版署令第12号公布

第一章　总　则

第一条　为了规范出版管理行政处罚，保障和监督新闻出版行政机关有效实施行政管理，保护公民、法人或者其他组织的合法权益，根据《中华人民共和国行政处罚法》和《出版管理条例》等有关法律、法规，制定本办法。

第二条　公民、法人或者其他组织违反出版管理法规，应当给予行政处罚的，由新闻出版行政机关依照《中华人民共和国行政处罚法》和本办法的规定实施。

第三条　新闻出版行政机关实施行政处罚应当遵循下列原则：

（一）必须有法定依据，遵守法定程序，否则行政处罚无效；

（二）必须以事实为依据，与违法行为的事实、性质、情节以及社会危害程度相当，违法事实不清的，不得给予行政处罚；

（三）对违法行为给予行政处罚的规定必须公布，未经公布的不得作为行政处罚的依据；

（四）应当坚持处罚与教育相结合，教育公民、法人或者其他组织自觉守法；

（五）在作出行政处罚决定之前，应当向当事人告知给予行政处罚的事实、理由和依据，听取当事人的陈述、申辩，否则行政处罚决定不能成立。

第四条 新闻出版行政机关在法定职权范围内负责对下列违法行为实施行政处罚：

（一）《出版管理条例》规定的违法行为；

（二）《音像制品管理条例》规定的违法行为；

（三）《印刷业管理条例》规定的违法行为；

（四）其他有关法律、法规和规章规定的应当由新闻出版行政机关给予行政处罚的违法行为。

第五条 本办法所称新闻出版行政机关是指新闻出版署，省、自治区、直辖市新闻出版局，计划单列市新闻出版局，地市级和县级新闻出版局，或者省、自治区、直辖市人民政府规定的行使新闻出版行政管理职能的行政机关。

法律、法规授权的具有新闻出版管理职能的组织实施出版管理行政处罚，适用本办法。

第二章 管 辖

第六条 新闻出版署负责对下列违法行为实施行政处罚：

（一）在全国有重大影响的；

（二）法律、法规规定由新闻出版署管辖的；

（三）其他应当由自己管辖的。

第七条 省、自治区、直辖市新闻出版局负责对下列违法行为实施行政处罚：

（一）在本行政区有重大影响的；

（二）涉及外国的；

（三）其他依法应当由自己管辖的。

其他地方新闻出版行政机关负责对本行政区域发生的违法行为实施行政处罚。省、自治区、直辖市制定的地方性法规、规章有具体规定的，从其规定。

第八条 行政处罚由主要违法行为发生地的新闻出版行政机关管辖。两个以上地方新闻出版行政机关对同一违法行为都有管辖权的，由先立案的新闻出版行政机关管辖。

第九条 地方新闻出版行政机关就行政处罚管辖发生争议或者管辖不明的，报请共同的上一级新闻出版行政机关指定管辖。该上一级新闻出版行政机关应当指定其中一个地方新闻出版行政机关管辖，或者指定适宜的其他地方新闻出版行政机关管辖。

第十条 上级新闻出版行政机关在必要的时候可以处理下级新闻出版行政机关管辖的行政处罚案件，也可以把自己管辖的行政处罚案件交下级新闻出版行政机关处理。

下级新闻出版行政机关认为其管辖的行政处罚案件重大、复杂，需要由上级新闻出版行政机关处理的，可以报请上一级新闻出版行政机关决定。

第十一条 对出版单位的行政处罚，由新闻出版署或者省级新闻出版行政机关管辖；新闻出版署、省级新闻出版行政机关认为由出版单位所在地的新闻出版行政机关管辖更适宜的，可以指定该地的新闻出版行政机关管辖。

第十二条 吊销许可证的处罚，由原发证机关决定。

第十三条 新闻出版行政机关认为违法行为构成犯罪的，必须将案件移送司法机关。

第十四条 有关著作权的违法行为，由著作权行政管理部门依照有关规定处理。

第三章　立　案

第十五条　除依照《中华人民共和国行政处罚法》可以当场作出行政处罚决定的以外，新闻出版行政机关发现公民、法人或者其他组织有依法应当给予行政处罚的违法行为的，应当立案查处。

第十六条　新闻出版行政机关应当严格履行职责，对有关公民、法人或者其他组织遵守出版法律、法规和规章的情况进行监督检查。对在检查中发现的违法行为，新闻出版行政机关应当及时立案。

新闻出版行政机关在进行执法检查时，执法人员不得少于两人，并应当向当事人或者有关人员出示新闻出版行政执法证。

第十七条　新闻出版行政机关在执法检查中，发现正在印刷、复制、批发、零售、出租违禁出版物或者非法出版物，情况紧急来不及立案的，执法人员可以采取以下措施：

（一）对违法行为予以制止或者纠正；

（二）对违禁出版物或者非法出版物、专用于违法行为的工具、设备依法查封或扣押；

（三）收集、提取有关证据。

第十八条　新闻出版行政机关应当建立健全违法行为举报制度，接受公民、法人或者其他组织对违法行为的控告、检举。对控告、检举的违法行为经审核基本属实的，应当及时立案。不予立案的，应当及时告知控告人或检举人。

第十九条　新闻出版行政机关对其他行政机关移送的、上级新闻出版行政机关指定或者交办的、当事人主动交待的和通过其他方式发现的违法行为，应当及时立案。

第二十条 行政处罚案件的具体立案工作由新闻出版行政机关的相关职能部门负责。

立案应当制作出版管理行政处罚案件立案审批表，报本机关负责人审查，决定立案或者不予立案。

立案应当自发现或者受理案件之日起 7 日内完成。情况紧急来不及立案的，应当在调查取证或者依法采取有关行政措施后及时立案。

第四章 调查取证

第二十一条 行政处罚案件立案后，新闻出版行政机关应当及时进行调查取证。

调查取证必须全面、客观、公正，以收集确凿证据，查明违法事实。

第二十二条 调查取证由新闻出版行政机关立案的职能部门或者新闻出版行政机关所属的稽查部门负责。

调查取证时执法人员不得少于两人，并向当事人或有关人员出示有效证件。执法人员与当事人有直接利害关系的，应当回避。

第二十三条 进行调查取证可以采取以下手段：

（一）询问当事人、证人、利害关系人等有关人员；

（二）查阅、复制与违法行为有关的文件、档案、账簿和其他书面材料；

（三）对违法出版物或者其他违法物品抽样取证；

（四）对证据先行登记保存；

（五）自行或委托其他组织对证据进行鉴定；

（六）对与违法行为有关的场所、设备进行勘验、检查。

第二十四条 执法人员进行调查取证应制作询问笔录、勘验或检查等调查笔录，笔录由当事人或有关人员签名或盖章，当事人拒绝签名或盖章的，由执法人员在笔录上注明情况。

第二十五条 进行抽样取证、先行登记保存和勘验、检查，应当有当事人在场，当事人拒绝到场的，执法人员应当邀请有关人员参加见证。执法人员应当在调查笔录上注明情况，并由参加见证的有关人员签名或者盖章。

第二十六条 执法人员对抽样取证、先行登记保存的物品应当开列清单，一式两份，写明物品的名称、数量、规格等项目，由执法人员、当事人签字或者盖章，一份清单交付当事人。当事人拒绝签名或者盖章和接收清单的，由执法人员在清单上注明情况。

第二十七条 在证据可能灭失或者以后难以取得的情况下采取先行登记保存，应当经过本机关负责人批准，并向当事人出具证据先行登记保存通知书，责令当事人或者有关人员在证据保存期间不得转移、毁坏。认为先行登记保存的证据确需移至他处的，可以移至适当的场所保存。

情况紧急来不及办理上款规定程序的，执法人员可以先行采取措施，事后及时补办手续。

第二十八条 新闻出版行政机关对先行登记保存的证据，应当在 7 日内作出以下处理决定：

（一）需要进行检验或者鉴定的，予以检验或者鉴定；

（二）对依法应予没收的，予以没收，对依法不予没收的，退还当事人；

（三）对依法应当移送有关机关处理的，移交有关机关。

在 7 日内未作出处理决定的，应当解除保存，并将先行登记保存的证据退还当事人。

第二十九条 非法出版物的鉴定由省级以上新闻出版行政机关指定的鉴定机关和鉴定人员作出，违禁出版物的鉴定由省级以上新闻出版行政机关作出。鉴定书由两名以上鉴定人签名，经机关负责人审核后签发，加盖新闻出版行政机关出版物鉴定专用章。

鉴定中遇有复杂、疑难问题或者鉴定结论有分歧，或者应当事人申请要求重新鉴定的，可以报请上级新闻出版行政机关鉴定。

第三十条 新闻出版行政机关在调查取证有困难的情况下，可以委托其他新闻出版行政机关就某些事项代为调查取证，受委托的新闻出版行政机关应当积极办理，及时将调查取证结果回复委托的机关。

上级新闻出版行政机关对已经立案的案件可以指示下级新闻出版行政机关调查取证。

第五章 听 证

第三十一条 新闻出版行政机关作出责令停产停业、责令停业整顿、吊销许可证和较大数额罚款等行政处罚决定之前，调查取证部门应当告知当事人有要求听证的权利。

本条所称“较大数额罚款”，由新闻出版署作出处理决定的，是指对公民2万元以上、对法人或者其他组织10万元以上的罚款；由地方新闻出版行政机关作出处罚决定的，按照地方性法规、规章的规定办理，地方性法规、规章未作规定的，是指对公民1万元以上、对法人或者其他组织5万元以上的罚款。

第三十二条 当事人要求举行听证的，应当在被告知后3日内提出书面申请，说明听证要求和理由。当事人提出书面申请有困难的，可以口头提出申请，调查取证部门应当制作笔录，并由当事人签名或盖章。

当事人在被告知后3日内未提出听证申请的，视为放弃听证要求，由调查取证部门记录在案。

第三十三条 新闻出版行政机关应当从本机关法制工作部门或者其他比较超脱的相关职能部门中指定一名听证主持人、一名书记员。调查取证部门的人员不得作为听证主持人和书记员。

第三十四条 新闻出版行政机关决定举行听证的，应当制作听证通知书，并在听证7日前，将举行听证的时间、地点通知当事人和本案调查人员。

第三十五条 当事人可以亲自参加听证，也可以委托一至二人代理。

委托代理人申请和参加听证的，应当提交委托书，委托书应当载明委托权限。

第三十六条 当事人接到听证通知书后，无正当理由不按期参加听证的，视为放弃听证要求。

有下列情况之一的，听证可以延期举行：

（一）当事人有正当理由未到场的；

（二）当事人提出回避申请理由成立，需要重新确定主持人的；

（三）发现有新的重要事实需要重新调查核实的；

（四）其他需要延期的情形。

第三十七条 在听证举行过程中，当事人放弃申辩或者退出听证的，终止听证，并记入听证笔录。

第三十八条 听证主持人履行以下职责：

（一）决定举行听证的时间和地点；

（二）主持进行听证程序；

（三）维持听证秩序；

（四）决定终止听证；

（五）决定听证延期举行；

（六）根据听证情况向机关负责人写出报告并就案件的处理提出意见。

听证书记员如实记录听证情况，制作听证笔录，协助听证主持人工作。

第三十九条 当事人认为主持人、书记员与本案有利害关系的，有权申请回避。书记员的回避，由主持人决定；主持人的回避，由其所在部门负责人决定。

第四十条 听证应当按照以下程序进行：

（一）听证会开始，介绍主持人、书记员，宣布听证纪律；

（二）告知当事人听证中的权利和义务，询问是否有回避申请；

（三）核对参加听证的当事人及代理人、本案调查人员、本案直接利害关系人、证人的身份；

（四）本案调查人员说明案件事实、证据、适用的法律、法规或者规章，以及拟作出的行政处罚决定的理由；

（五）询问当事人或者代理人、本案调查人员、证人和其他有关人员，并要求出示有关证据材料；

（六）当事人或者代理人从事实和法律上进行申辩，并对证据材料进行质证；

（七）当事人或者其代理人和本案调查人员就本案的事实和法律问题进行辩论；

（八）当事人或者其代理人作最后陈述；

（九）听证主持人宣布听证会结束。

第四十一条 听证结束，当事人或者其代理人应当将申辩材料及有关证据提交听证主持人。

第四十二条 听证笔录应当在听证后交双方人员审核，经确认无误后，由双方人员在听证笔录上签名。双方人员拒绝签名的，由书记员在笔录上记明。

第四十三条 听证主持人应当根据听证确定的事实、证据，依照本办法第四十五条的规定对原拟作出的处罚决定及其事实、理由和依据加以复核，向本机关负责人提出意见。

第六章 决 定

第四十四条 违法行为经调查事实清楚、证据确凿的，调查人员应当制作出版管理行政处罚意见书，载明违法事实、理由、法律依据、处罚意见及立案、调查取证情况。

调查人员应当依照《中华人民共和国行政处罚法》第三十一、三十二条的规定，听取当事人的陈述和申辩。

调查人员应当将出版管理行政处罚意见书和当事人的陈述、申辩材料，连同立案审批表和其他有关证据材料，经本部门负责人同意，送本机关法制工作部门复核。

经过听证的案件，按照本办法第四十三条的规定办理。

第四十五条 法制工作部门对出版管理行政处罚意见书等书面材料就以下事项进行复核，签署意见后报本机关负责人审批：

（一）认定事实是否清楚；

（二）适用法律是否正确；

（三）处罚意见是否合法、适当；

（四）是否符合法定程序；

（五）其他有关事项。

第四十六条 新闻出版行政机关负责人对报送的出版管理行政处罚意见书等材料进行审查，根据不同情况分别作出以下决定：

（一）确有应受行政处罚的违法行为，根据情节轻重及具体情况，作出行政处罚决定；

（二）违法事实不能成立的和违法行为轻微依法可以不予行政处罚的，不予行政处罚；

（三）认为违法行为构成犯罪的，移送司法机关；

（四）认为应当吊销营业执照或者其他许可证的，向工商行政管理机关或者公安机关提出建议；

（五）认为应当给予当事人或受处罚单位主要负责人行政处分的，向其所在单位或其主管部门提出建议。

经过听证的和其他较重大的行政处罚，由新闻出版行政机关负责人集体讨论决定。

第四十七条 新闻出版行政机关决定给予行政处罚的，应当制作出版管理行政处罚决定书，载明《中华人民共和国行政处罚法》第三十九条和国务院《罚款决定与罚款收缴分离实施办法》第七条规定的事项。

新闻出版行政机关决定不给予行政处罚的，应当制作不予行政处罚通知书，说明不予行政处罚的理由，送达当事人。

新闻出版行政机关决定移送司法机关处理的案件，应当制作建议追究刑事责任意见书，连同有关材料和证据及时移送有管辖权的司法机关。

新闻出版行政机关向工商行政管理机关或者公安机关建议吊销当事人营业执照或者其他许可证的，应当制作建议吊销营业执照或者其他许可证意见书。

新闻出版行政机关建议给予当事人或者其他有关人员行政处分的，应当制作建议给予行政处分意见书，送达当事人或者其他人员所在单位或其主管机关。

本条各款所列法律文书，由调查部门负责制作并送达。

第四十八条 对同一违法行为，其他行政机关已经给予罚款处罚的，新闻出版行政机关不得再予罚款，但仍可以依法给予其他种类的行政处罚。

第四十九条 给予停业整顿行政处罚的，应当明确停业的时限和整顿的事项。

第五十条 新闻出版行政机关对违法行为的行政处罚决定，应当自立案之日起两个月内作出；案件重大、复杂的，经本机关负责人决定，可以延长，但延长的时间最多不得超过两个月。

作出行政处罚决定的日期以行政处罚决定书上的日期为准。

第七章 执 行

第五十一条 行政处罚决定书应当在宣告后当场交付当事人；当事人不在场的，新闻出版行政机关应当在作出行政处罚决定的7日内依照民事诉讼法的有关规定，将行政处罚决定书送达当事人。

第五十二条 新闻出版行政机关作出的行政处罚决定，可以在有关范围内予以通报或者在报纸、期刊等媒介上公布。

第五十三条 罚款的收缴依照国务院《罚款决定与罚款收缴分离实施办法》执行。

第五十四条 没收的出版物需要销毁的，纸质出版物应当化浆，其他出版物应当以适宜的方式销毁。新闻出版行政机关应当指派专人负责销毁事宜，监督销毁过程，核查销毁结果，防止应当销毁的出版物流失。

没收的出版物不需要销毁的，新闻出版行政机关应当报请上一级新闻出版行政机关决定处理的方式。

第五十五条 对没收的从事非法活动的主要专用工具和设备，新闻出版行政机关依照有关规定处理。

第五十六条 对于给予停业整顿行政处罚的，新闻出版行政机关应当对当事人停业期间的整顿情况进行监督，并在停业期满前进行检查验收，对整顿符合要求的，根据当事人的申请，恢复其业务。

第五十七条 上一级新闻出版行政机关作出的行政处罚决定，可以指示下一级新闻出版行政机关执行。

第五十八条 新闻出版行政机关实施行政处罚时，可以采取下列措施纠正违法行为：

（一）对未经批准擅自设立的出版、印刷、复制、发行单位予以公告取缔；

（二）责令停止出版、印刷、复制、发行出版物；

（三）其他责令当事人纠正违法行为的措施。

第五十九条 当事人逾期不履行行政处罚决定的，新闻出版行政机关可以依照《中华人民共和国行政处罚法》规定的措施处理。

新闻出版行政机关申请人民法院强制执行行政处罚决定，应当自当事人起诉期限届满之日起 3 个月内提出。

第六十条 当事人申请行政复议或提起行政诉讼期间，行政处罚决定不停止执行，法律、法规另有规定的除外。

第六十一条 出版管理行政处罚案件终结后，调查人员应当将案件材料立卷归档。

第八章　附　则

第六十二条　新闻出版行政机关应当建立行政处罚统计制度和重大行政处罚备案制度，每半年向上一级新闻出版行政机关提交一次行政处罚统计报告，重大行政处罚报上一级新闻出版行政机关备案。

第六十三条　新闻出版行政机关的法制工作部门负责对本机关实施行政处罚进行监督，负责办理本办法第六十二条规定的事项。

第六十四条　新闻出版行政执法证由新闻出版署统一制作，具体管理办法另行制定。

新闻出版行政执法证未颁发之前，适用当地人民政府颁发的执法证或者其他有效证件。

第六十五条　本办法所称非法出版物，是指违反《出版管理条例》未经批准擅自出版的出版物，伪造、假冒出版单位或者报纸、期刊名称出版的出版物，擅自印刷或者复制的境外出版物，非法进口的出版物。

本办法所称违禁出版物，是指内容违反《出版管理条例》第二十五条、第二十六条规定的出版物。

第六十六条　本办法自 1998 年 1 月 1 日起施行。

新闻出版总署关于废止一批规章、规范性文件的决定

2003年8月26日中华人民共和国新闻出版总署令第21号公布

为促进政府职能转变，提高依法行政水平，保障新闻出版业改革发展，经2003年7月16日新闻出版总署第2次署务会议审议通过，决定废止一批规章及规范性文件，现予公布，自公布之日起生效。

新闻出版总署决定废止的第一批规章、规范性文件目录

序号	文件名称	发布日期
1	新闻出版署第9号令《出版物印刷管理规定》	1997.8.18
2	国家出版局批转新华书店总店《关于加强邮购工作的意见》的通知	1979.11.1
3	新华书店邮购简章	1979.11.1
4	出版社工作暂行条例	1980.4.20
5	新华书店滞销图书处理办法	1981.5.11
6	国家出版局关于维护出版社出版权利的通知	1981.8.30
7	文化部关于纠正文学类作品重复出版问题的通知	1983.6.10
8	代印中央级出版社短版书发贷补贴办法	1983.6.29
9	文化部关于专业出版社应严格按专业分工出书的通知	1983.11.18
10	新华书店图书发运工作办法	1984.4
11	文化部关于进一步加强旧书刊回收工作的通知	1984.5.4
12	文化部关于进行综合治理努力缩短图书出版周期的意见	1985.7.23

续表

序号	文件名称	发布日期
13	文化部出版局关于中文书出口问题的通知	1985.8.22
14	国家出版局关于改进连环画出版工作的通知	1985.9.18
15	国家出版局关于严格控制描写犯罪内容的文学作品出版的通知	1985.10.12
16	关于推行图书多种购销形式的试行方案	1986.7.1
17	《关于推行图书多种购销形式的试行方案》的补充规定	1986.7.1
18	国家出版局关于审批新建出版社的条件的通知	1986.9.8
19	国家出版局关于报社出版社应按专业分工出书的意见	1986.9.23
20	关于防止港版贺年片大量涌入内地市场的通知	1987.6.9
21	关于报刊征订和发行工作的通知	1987.8.24
22	关于国内版图书出口的报关手续	1987.11.3
23	关于出口书刊必须填附包装清单的通知	1987.11.3
24	关于协作出版和代印代发的补充规定	1989.1.17
25	新闻出版署转发《同意印数在 3000 册以下的学术著作和专业著作可参照成本定价》的通知	1988.3.30
26	图书发行体制改革试行办法	1988.4
27	出版社改革试行办法	1988.4
28	重申几类需经专项申报的选题的通知	1988.6.6
29	关于举办港台版图书展销的几项规定	1988.6.15
30	关于出版社不得向学校发行站（代办站）批销教材的紧急通知	1988.6.28
31	关于获得国外重印权的图书、期刊发行问题的暂行规定	1988.7.16
32	关于加强报纸、期刊、图书审读工作的通知	1988.11.9
33	关于不要安排出版介绍我国政府官员情况的图书的通知	1988.11.24
34	关于不要自行安排出版有关国家公务员考试的图书的通知	1988.11.24
35	关于严禁以书号出刊的通知	1989.2.28
36	关于不得出版宣扬愚昧迷信图书的通知	1989.4.12
37	关于在全国出版社整顿协作出版代印代发的通知	1989.7.11
38	关于检查、整顿书刊市场的紧急通知	1989.7.11
39	关于出版社整顿协作出版、代印代发若干具体问题的补充说明	1989.8.14
40	关于严格控制书刊定价利润率的通知	1989.8.14
41	加强书报刊印刷管理的若干规定	1989.12.25
42	关于对描写中央主要领导同志的出版物复审和报批的通知	1990.2.10

续表

序号	文件名称	发布日期
43	关于重申加强对挂历、年历画、年画出版管理的通知	1990.2.19
44	关于实施书刊印刷定点制度有关问题的通知	1990.3.20
45	关于重申高等学校出版社出版方针、任务及出书范围的原则规定的通知	1990.4.10
46	关于出版社重新登记注册工作几个问题的通知	1990.5.10
47	关于压缩整顿内部报刊的通知	1990.5.16
48	内部报刊管理原则	1990.5.16
49	关于严肃查处利用小报传播虚假、荒诞信息的通知	1990.6.30
50	关于出版报纸精选本问题的通知	1990.12.24
51	关于重申制止滥编、滥印中小学复习资料的规定的通知	1991.8.15
52	关于加强新华书店门市部图书宣传和陈列工作的通知	1991.8.17
53	关于调整少数民族省（区）图书发行折扣的补充规定	1992.1.27
54	关于中小学教学辅助用书印制发行问题的通知	1993.2.2
55	关于加强古旧书业工作的意见	1993.4.1
56	关于改革书刊价格管理的通知	1993.4.8
57	关于加强挂历出版管理、提高挂历出版质量的通知	1993.4.27
58	关于更换报纸登记证并实行验证制度的通知	1993.10.18
59	关于落实调整少数民族省（区）图书发行折扣的通知	1993.12.18
60	关于期刊发表有关党和国家主要领导人工作和生活文章、图片的规定	1994.8.26
61	关于挂历出版、销售管理的通知	1994.10.25
62	关于加强电子出版物管理的通知	1994.12.19
63	关于常备图书出版发行有关问题的通知	1995.5.20
64	关于规范期刊合订本制作的通知	1995.6.20
65	关于暂停审批报刊增期、扩版、增刊的通知	1995.9.4
66	关于内部报刊管理若干问题的通知	1995.10.17
67	关于制止格调低下的 16 开本出版物出版发行的通知	1996.2.5
68	关于出版宣传香港回归图书的通知	1996.3.19
69	关于近期期刊出版工作的通知	1999.5.14
70	关于主管单位撤销后其所办报刊注销登记的通知	1999.7.2

新闻出版总署废止第二批规章、规范性文件的决定

2004年6月18日中华人民共和国新闻出版总署令第25号公布

《新闻出版总署废止第二批规章、规范性文件的决定》已经2004年6月16日新闻出版总署第2次署务会议通过，现予公布，自公布之日起生效。

新闻出版总署决定废止的第二批规章、规范性文件目录

序号	文件名称	发布日期
1	关于书籍杂志使用字体的原则规定	1955.12.12
2	关于汉文书籍杂志横排的原则规定	1955.12.30
3	关于图书版本记录的规定	1972.12.7
4	全国图书统一编号方案	1972.12.7
5	国家出版局关于重申在图书版权页上记载印数的通知	1978.8.18
6	各地为中央级出版单位印刷书刊用纸供应和结算暂行办法	1980.1.7
7	新闻出版用纸申请、分配、管理办法	1980.10.7
8	关于改进高等学校、中等专业学校教材出版供应工作的若干规定	1981.10.8
9	关于出版学生复习资料等图书的规定	1982.4.22
10	进口纸到货验收结算办法	1982.6.9
11	中国出版纸张公司纸张供应办法	1983.12.21
12	关于新华书店系统调拨货款结算的统一规定	1984.6.11
13	文化部、国家标准局关于出版发行国家标准有关问题的通知	1984.11.5
14	全国新华书店统一会计制度	1984.12.12
15	文化部关于在协作出版中需要注意的问题的通知	1985.1.1

续表

序号	文件名称	发布日期
16	文化部、国家工商局、公安部关于加强报刊出版发行管理工作的通知	1985.2.15
17	文化部关于开展协作出版业务的补充通知	1985.5.2
18	文化部关于出版社兼办自费出版业务有关事项的通知	1985.6.7
19	文化部转发中宣部批准的《关于翻译出版现代外国政治学术著作若干事项请示报告》的通知	1985.6.25
20	文化部关于禁止图书发行工作中授受“回扣”的通知	1985.6.25
21	关于印发文化部《关于利用经济制裁手段加强出版管理的请示》的通知	1985.11.15
22	关于严厉打击非法出版活动的紧急通知	1986.3.4
23	新闻出版署关于报纸期刊和出版社重新登记注册的通知	1987.5.9
24	新闻出版署关于报刊名称重复应予更名的通知	1987.7.20
25	关于贯彻国务院《投机倒把行政处罚暂行条例》和最高人民法院、最高人民检察院《关于依法严惩非法出版犯罪活动的通知》的通知	1987.12.10
26	关于报社、期刊社、出版社开展有偿服务和经营活动的暂行办法	1988.3.16
27	《关于报社、期刊社、出版社开展有偿服务和经营活动的暂行办法》的几点说明	1988.5.25
28	关于重申新武侠小说、古旧小说需专题报批的通知	1988.6.14
29	关于出版物封面、插图和出版物广告管理的暂行规定	1988.7.5
30	新闻出版署关于被查封销毁的图书经济损失赔偿办法的通知	1988.8.4
31	关于重申利用经济制裁手段加强出版管理有关问题规定的通知	1988.9.6
32	印刷行业管理暂行办法	1988.11.5
33	关于性知识、性科学图书出版的通知	1988.11.21
34	重申关于落实需销毁的图书经济损失赔偿的若干具体规定	1989.1.25
35	新闻出版署、国家工商局关于重申内部发行图书有关规定的通知	1989.3.8
36	关于被取缔书刊经济赔偿问题的暂行补充规定	1989.11.9
37	关于加强集体个体、私营书店（摊）管理的暂行规定	1989.11.25
38	关于对报（刊）社记者站进行清理整顿和重新登记的通知	1990.5.25
39	新闻出版署关于继续进行重新核发记者证工作的通知	1990.9.5
40	新华书店图书发运工作办法	1991.2.26
41	关于缩小协作出版范围的规定	1991.4.8
42	国营报社成本核算办法	1991.4.25
43	关于加强国营书店多种经营管理的暂行规定	1991.5.20
44	关于颁发音像制品进口出版许可证的通知	1991.6.15

续表

序号	文件名称	发布日期
45	关于图书发行浮动折扣的试行办法	1991.8.16
46	关于新华书店经营音像制品业务有关问题的通知	1991.8.30
47	新闻出版署关于音像出版单位不得出版图书的通知	1991.11.26
48	关于加强计划财务工作的意见	1991.12.8
49	关于调整少数民族省（区）图书发行折扣的若干规定	1991.12.12
50	新闻出版署关于建立新闻、出版三资企业审批程序的通知	1991.12.21
51	关于大力压缩出版物首发式的规定	1992.2.9
52	新闻出版署关于重申报纸代印需要注意的几个问题的通知	1992.2.24
53	关于严禁非图书经营单位发行图书的通知	1992.2.25
54	新闻出版署关于建立国内统一刊号企业报系列的通知	1992.2.29
55	关于全民所有制企业考核增资的暂行规定	1992.4.8
56	关于深化企业劳动人事、工资分配、保险制度改革的几点意见	1992.5.14
57	新闻出版署关于调整期刊变更主要登记项目审批办法的通知	1992.7.5
58	新闻出版署直属企事业单位实行干部聘任制的暂行规定	1992.7.29
59	新闻出版署直属事业单位聘用制干部管理暂行规定	1992.7.29
60	新闻出版署关于调整部分选题管理规定的通知	1992.8.10
61	新闻出版署关于调整挂历出版管理规定的通知	1992.11.17
62	新闻出版署关于实施 CIP 国家标准试点的有关问题的通知	1992.12.19
63	新闻出版署关于严格控制裸体摄影画册的通知	1993.1.6
64	新闻出版署、广电部、文化部关于查处非法音像出版物的通知	1993.2.9
65	新闻出版科学技术研究项目计划及经费管理办法	1993.2.26
66	关于新闻出版业试办中外合资、合作企业署内审批程序的规定	1993.4.19
67	新闻出版署关于继续严格执行大中专教材出版发行管理规定的通知	1993.9.1
68	在京举办新闻发布会登记暂行办法	1993.9.8
69	新闻出版署关于调整书刊印刷企业承印范围的通知	1993.9.18
70	新闻出版署关于出版计划管理若干问题的通知	1993.10.10
71	关于重申任何部门和单位不得自行决定建立新闻出版三资企业的通知	1993.11.6
72	新闻出版署关于加强内部期刊审批管理的通知	1994.2.25
73	新闻出版署关于今后出版、印制日历、挂历等应标明各周休息日的通知	1994.3.7

续表

序号	文件名称	发布日期
74	清产核资工作方案	1994.3.10
75	新闻出版署关于防止在出版物中泄漏国家机密的通知	1994.3.12
76	关于直属企业转换经营机制加强经营管理的意见	1994.3.29
77	关于加强直属单位财会管理工作的若干规定	1994.3.30
78	新闻出版系统继续开展《专业证书》教育的实施办法	1994.5.7
79	关于出版企业转换经营机制加强经营管理的意见	1994.5.10
80	新闻出版署关于书报刊音像出版单位成立集团问题的通知	1994.5.18
81	关于加强内部报刊管理的通知	1994.7.21
82	新闻出版系统内部审计工作规定（新闻出版署令第 1 号）	1994.8.5
83	新闻出版署署属高等学校专业设置管理办法	1994.9.27
84	关于出版少年儿童读物的若干规定	1994.11.15
85	关于出版挂历的管理规定	1995.3.21
86	关于加强书刊市场管理的通知	1995.5.23
87	关于出版社建立图书发行机构的暂行规定	1995.5.26
88	新闻出版署出版发展专项资金管理办法	1995.8.2
89	新闻出版署出版技术进步专项资金管理章程	1995.8.2
90	新闻出版署学术著作、重点图书出版专项资金管理章程	1995.8.2
91	关于报纸增出地方广告专版的规定（试行）	1996.1.4
92	关于出版鲁迅著作的意见	1996.1.29
93	新闻出版企业法定代表人离任审计工作规定（新闻出版署令第 2 号）	1996.1.29
94	音像制品进口管理办法（新闻出版署令第 5 号）	1996.2.1
95	关于举办国内图书展销活动的管理规定	1996.3.11
96	新闻出版署关于加强进口音像制成品管理的通知	1996.4.2
97	关于对书刊二级批发单位实行总量控制的通知	1996.6.3
98	新闻出版署关于使用《音像单位违规通知单》的通知	1996.7.25
99	关于连锁店经营图书有关问题的通知	1997.8.12
100	关于加强书刊交易市场管理的通知	1998.8.14
101	关于重申出版鲁迅著作有关规定的通知	1999.6.15
102	关于加强对出版“地方广告版”管理的通知	2000.7.21
103	关于进一步加强出版物发行管理的通知	2000.7.27

关于实施《中华人民共和国行政许可法》清理有关规章、规范性文件的决定

2004 年 6 月 18 日中华人民共和国新闻出版总署、国家版权局令第 24 号公布

为贯彻实施《中华人民共和国行政许可法》，落实国务院行政审批制度改革的成果，推进新闻出版行政审批制度改革，特作出如下决定：

一、《计算机软件著作权登记办法》（国家版权局令第 1 号，2002 年 2 月 20 日）第六条第三款："经国家版权局批准，中国版权保护中心可以在地方设立软件登记办事机构"修改为："中国版权保护中心可以在地方设立软件登记办事机构，并须在设立后一个月内报国家版权局备案。"

二、《外商投资图书、报纸、期刊分销企业管理办法》（新闻出版总署令第 18 号，2003 年 3 月 17 日）

（一）第七条第（二）项"法定代表人或总经理应取得出版物中级以上发行员职业资格证书，发行专业人员应取得出版物初级以上发行员职业资格证书；"修改为："法定代表人或者总经理应取得中级以上出版物发行员职业资格证书或者新闻出版总署认可的与出版物发行专业相关的中级以上专业技术资格证书；"

（二）第八条第（二）项"法定代表人或总经理应取得出版物中级以上发行员职业资格证书，发行专业人员应取得出版物初级以上发行员职业资格证书；"修改为："法定代表人或者总经

理应取得中级以上出版物发行员职业资格证书或者新闻出版总署认可的与出版物发行专业相关的中级以上专业技术资格证书；”

（三）第十条第（三）项“各方投资者的营业执照或注册登记证明、资信证明文件和法定代表人的有效证明文件以及职业资格证书。”修改为：“各方投资者的营业执照或者注册登记证明、资信证明文件和法定代表人的有效证明文件以及职业或者技术资格证书。”

三、《电子出版物管理规定》（新闻出版署令第11号，1997年12月30日）第四十二条“电子出版物复制单位改变名称、业务范围、企业类型，合并或者分立，应当依照本规定第三十八条、第三十九条的规定重新办理审批手续。电子出版物复制单位改变地址、主要负责人或者法定代表人的，应当经主办单位审查同意后，向所在地省、自治区、直辖市新闻出版局申请变更登记，并由省、自治区、直辖市新闻出版局报新闻出版署备案。”修改为：“电子出版物复制单位改变业务范围、合并或者分立，应当依照本规定第三十八条、第三十九条的规定重新办理审批手续。电子出版物复制单位改变名称、地址、企业类型、主要负责人或者法定代表人的，应当经主办单位审查同意后到工商行政管理部门办理变更登记，并在变更后一个月内通过省、自治区、直辖市新闻出版行政部门报新闻出版总署备案。”

四、《报纸管理暂行规定》（1990年12月25日）

（一）第三十四条“报纸的变更是指：变更主管部门、主办单位、名称、文种、刊期、开版、定价、发行范围，临时增版、临时增期和中断出版等。”修改为：“报纸的变更是指：变更主管部门、主办单位、名称、文种、刊期、开版、发行范围，临时增期和中断出版等。”

（二）第三十九条“正式报纸需临时增版、增期的，报社应持主管部门的批准文件在三十天前向新闻出版行政管理部门提出申请（因特殊情况，未能在三十天前申请的，须经特别批准）。中央单位的报纸，由新闻出版署审批；地方单位的报纸，由所在地省级新闻出版行政管理部门审批，经批准后方可出版。正式报纸临时增版、增期应按批准文件规定的日期、文种、开版等进行出版，其内容应与报纸的宗旨、编辑方针一致；临时增版、增期的报纸印数应与主报的印数一致（因特殊情况，临时增期印数需少于主报印数的，须经特别批准），并随主报发行。不得单独发售或借此提高报纸定价。非正式报纸不得临时增版、增期。报纸不得随意减版、减期（因不可抗力的情况引起的除外）。”修改为：“报纸需临时增期的，报社应持主管部门的批准文件在三十天前向新闻出版行政部门提出申请（因特殊情况，未能在三十天前申请的，须经特别批准）。中央单位的报纸，由新闻出版总署审批；地方单位的报纸，由所在地省、自治区、直辖市新闻出版行政部门审批，经批准后方可出版。报纸临时增期应按批准文件规定的日期、文种、开版等进行出版，其内容应与报纸的宗旨、编辑方针一致；临时增期的报纸印数应与主报的印数一致（因特殊情况，印数需少于主报印数的，须经特别批准）并随主报发行，不得单独发售或者借此提高报纸定价。报纸不得随意减期（因不可抗力的情况引起的除外）。”

（三）第四十条“正式报纸出版‘号外’，须事先向新闻出版行政管理部门报告，经同意后方可出版。中央单位的报纸，向新闻出版署报告；地方单位的报纸，向所在地省级出版行政管理部门报告。”修改为：“报纸出版单位遇国内、国际重大活动、重大事件或者重大的公益性活动可出版‘号外’，出版时间不得超过三天，‘号外’要在一定范围内免费赠阅，不得定价发行。中央单位的报纸出版‘号外’在 15 日内向新闻出版总署备案，地方单位的报纸出版‘号外’在 15 日内向所在地省、自治区、直辖市新闻出版行政部门备案。出版时间在三天以上的，为临时报纸，按创办报纸的程序申请临时‘国内统一连续出版物号’。”

五、由于涉及的行政审批事项已被国务院决定取消，以下文件予以废止：

（一）《关于出版报纸精选本问题的通知》（90）新出报字第1646号；

（二）《关于重申新武侠小说、古旧小说需专题报批的通知》（88）新出图字第626号；

（三）新闻出版署《关于性知识、性科学图书出版的通知》（88）新出图字1351号；

（四）新闻出版署《关于出版鲁迅著作的意见》（96）新出图46号；

（五）《关于重申出版鲁迅著作有关规定的通知》新出图〔1999〕753号；

（六）《在京举办新闻发布会登记暂行办法》（93）新出报1243号；

（七）《关于报纸增出地方广告专版的规定（试行）》（96）新出报3号；

（八）《关于加强对出版“地方广告版”管理的通知》新出报刊〔2000〕921号。

六、新闻出版行政部门根据需要可以将其实施的行政许可事项委托下一级新闻出版行政部门实施。

七、新闻出版总署其他规章、规范性文件中关于行政许可条件、期限、程序等的规定不符合《中华人民共和国行政许可法》的，一律按照《中华人民共和国行政许可法》的规定执行。

八、本决定自2004年7月1日起开始实施。

新闻出版总署废止第三批规范性文件的决定

2008 年 11 月 24 日中华人民共和国新闻出版总署令第 39 号公布

为深入学习实践科学发展观，促进新闻出版行政机关转变职能、依法行政，新闻出版总署继 2003 年、2004 年先后两批集中清理废止规范性文件之后，对照科学发展观的要求对总署发布的规范性文件再次进行了清理，现决定废止 31 件规范性文件。现予发布，自发布之日起生效。

新闻出版总署决定废止的第三批规范性文件目录

序号	文号	文件名称	发布日期
1	新出报刊〔2004〕18 号	关于开展连续性内部资料性出版物专项治理工作的通知	2004.1.8
2	新出图〔2003〕366 号	国家图书奖评奖办法（修订）	2003.4.7
3	新出联〔2002〕15 号	关于清理整顿内部资料性出版物的通知	2002.8.8
4	新出报刊〔2000〕1532 号	关于对新办期刊实行试办期制度的通知	2000.11.10
5	新出报刊〔1999〕1189 号	关于进一步加强期刊刊期变更审批管理的通知	1999.10.12
6	新出报刊〔1999〕1114 号	关于严格期刊刊号管理问题的通知	1999.9.8

续表

序号	文号	文件名称	发布日期
7	新出报刊〔1999〕237 号	关于加强报纸出版管理重申有关规定的通知	1999.3.17
8	新出图〔1999〕199 号	关于加强对国庆献礼图书出版管理的通知	1999.3.9
9	新出图〔1999〕102 号	关于印发“全国优秀科技图书奖”暨“科技进步奖（科技著作）”评选办法的通知	1999.2.2
10	（98）新出发 952 号	关于举办各类图书展销活动应注意的几个问题的通知	1998.8.14
11	（97）新出图 826 号	关于对引进版图书加强管理的通知	1997.9.16
12	（97）新出图 646 号	关于进一步明确计划单列市、经济特区出版社出书范围的通知	1997.7.11
13	（97）新出图 459 号	关于专项报送长篇小说出版情况和样书的通知	1997.6.20
14	（94）新出报 1056 号	报纸登记项目年度核验办法	1994.12.20
15	（94）新出期 873 号	期刊年度核验暂行办法	1994.10.14
16	（93）新出计 1613 号	新闻出版署书刊印刷优质产品条件（试行）	1993.12.13
17	（92）新出期 1967 号	新闻出版署关于期刊出版增刊审批问题的通知	1992.12.31
18	（92）新出图 1254 号	新闻出版署关于调整科技出版社出书范围的通知	1992.8.10
19	（92）新出报 257 号	新闻出版署关于加强报纸出版“周末版”管理的通知	1992.3.9
20	（91）新出期字第 1369 号	新闻出版署关于期刊出版增刊有关事项的通知	1991.12.4
21	（90）新出图字第 1505 号	新闻出版署关于对出版台港澳作品和翻印台港澳图书加强管理的通知	1990.11.14

续表

序号	文号	文件名称	发布日期
22	（90）新出期字第 1152 号	关于报刊社和出版社出版精选本、精华本、报刊文萃的暂行规定	1990.8.21
23	（90）新出图字第 972 号	《关于重申加强对挂历、年历画、年画出版管理的通知》的补充说明	1990.7.12
24	（90）新出技字第 984 号	新闻出版署科学技术进步奖励办法	1990.7.9
25	（90）新出期字第 925 号	关于报纸临时增版、增期的规定	1990.7.3
26	（90）新出明电字第 22 号	新闻出版署对目前出版发行的新武侠小说的处理通知	1990.4.21
27	（89）新出图字第 776 号	新闻出版署关于严格控制人体美术图书出版的通知	1989.8.10
28	（89）新出明电字第 65 号	关于鉴定淫秽、色情出版物权限的通知	1989.8.8
29	（89）新出发字第 270 号	《关于加强挂历、年画、年历画管理的紧急通知》的补充说明	1989.3.29
30	（89）新出发字第 100 号	关于加强挂历、年画、年历画管理的紧急通知	1989.2.11
31	（86）出编字第 367 号	关于改进年鉴出版工作的意见	1986.4.18

新闻出版总署废止第四批规范性文件的决定

2009 年 5 月 7 日中华人民共和国新闻出版总署令第 41 号公布

为促进新闻出版行政机关转变职能、依法行政，新闻出版总署组织了第四次规范性文件集中清理工作，决定废止 59 件规范性文件。现予公布，自公布之日起生效。

新闻出版总署决定废止的第四批规范性文件目录

序号	文号	文件名称	发布日期
1	新出报刊〔2004〕17 号	关于开展报刊社记者站清理整顿工作的通知	2004.1.8
2	新出图〔2003〕306 号	关于进一步加强图书出版质量管理的通知	2003.3.20
3	新出联〔2001〕22 号	关于印发《中小学教材出版招标投标试点实施办法》和《中小学教材发行招标投标试点实施办法》的通知	2001.10.25
4	新出报刊〔2001〕878 号	关于进一步加强报社记者站管理的通知	2001.6.25
5	新出报刊〔2001〕824 号	关于进一步加强记者证管理的通知	2001.6.18
6	新出发〔2000〕1093 号	关于进一步完善出版物市场管理备案制度的通知	2000.8.2
7	新出报刊〔1999〕1115 号	关于规范期刊刊名标识的通知	1999.9.8

续表

序号	文号	文件名称	发布日期
8	新出报刊〔1999〕1030号	关于非新闻机构不得从事与报刊有关活动的通知	1999.8.16
9	新出报刊〔1999〕860号	关于严格规范期刊刊载有关性内容等问题的通知	1999.7.8
10	（98）新出期1350号	关于期刊出版少数民族文字版有关问题的通知	1998.11.18
11	（98）新出音1313号	关于激光数码储存片来源识别码（SID码）管理工作有关事项的通知	1998.11.10
12	（98）新出音816号	关于对电子出版物复制单位审核登记的通知	1998.7.27
13	（98）新出发701号	对《关于中小学教学辅助用书发行问题的请示》的答复	1998.7.7
14	（98）新出联8号	关于进一步完善光盘生产厂驻厂监督员制度的通知	1998.4.14
15	（98）新出审计301号	新闻出版署直属企业国有资产监督管理暂行办法	1998.3.25
16	（98）新出审计84号	关于印发《新闻出版企业法定代表人离任审计工作规定实施细则》的通知	1998.1.26
17	（98）新出期1218号	关于目前期刊出版有关问题的通知	1998.10.16
18	（97）新出音175号	关于重新审定出版社出版进口文艺类音像制品资格的通知	1997.4.3
19	（97）新出图149号	关于图书出版业治理工作的通知	1997.3.25
20	（97）新出音122号	关于音像出版复制业治理工作的通知	1997.3.20
21	（96）新出期118号	关于期刊业治理工作的通知	1997.3.10
22	（96）新出报117号	关于报业治理工作的通知	1997.3.10

续表

序号	文号	文件名称	发布日期
23	（96）新出审计713号	新闻出版署直属事业单位国有资产管理办法（试行）	1996.10.14
24	（96）新出报695号	关于广播电视节目预告摘转问题的补充通知	1996.10.8
25	（96）新出期528号	关于控制期刊更名改刊的通知	1996.7.24
26	（96）新出发367号	关于培育和规范图书市场的若干意见	1996.6.1
27	新出音管〔1996〕33号	关于对光盘复制单位实行月报表制度的通知	1996.5.8
28	新出联〔1996〕7号	全国优秀教育音像出版物评奖工作暂行办法	1996.3.19
29	（96）新出图148号	关于重申出版台、港、澳文学作品需专题报批的通知	1996.3.15
30	（95）新出联24号	关于向光盘生产厂派驻监督员的通知	1995.12.7
31	（95）新出联16号	关于出版少儿期刊的若干规定	1995.8.10
32	（95）新出联14号	关于对新出联〔1994〕8号文件作补充规定的通知	1995.6.5
33	（95）新出联5号	关于进一步加强法制类报纸管理的通知	1995.2.20
34	（94）新出计702号	图书发行企业效益指标评价办法	1994.8.19
35	（94）新出人689号	新批图书、报纸、期刊、音像出版单位开业前社长、总编辑（主编）培训制度	1994.8.16
36	（94）新出联8号	关于禁止以报纸形式印送广告宣传品及对印刷品广告加强管理的通知	1994.8.15
37	（94）新出报577号	关于不得单独发售报纸部分版页的通知	1994.7.25

续表

序号	文号	文件名称	发布日期
38	（94）新出音321号	新闻出版署关于贯彻落实《关于加强激光唱盘、激光视盘复制管理的紧急通知》若干问题的通知	1994.5.12
39	（93）新出期1385号	期刊年度核验办法	1993.10.11
40	（93）新出报365号	关于报纸应遵守办报宗旨严格出版秩序的通知	1993.5.8
41	（93）新出联7号	关于加强我外文书刊发行，做好对外宣传工作的意见	1993.4.26
42	（92）新出联5号	关于制止报刊征订工作中不正之风的通知	1992.8.19
43	新出联字〔1991〕第24号	关于音像出版、复录、发行单位重新登记注册和音像制品经营单位年检问题的通知	1991.12.30
44	新出联字〔1991〕第14号	关于出版社自办发行图书的暂行规定	1991.8.12
45	（91）新出技字第535号	新闻出版署科学技术进步奖励办法实施细则（试行）	1991.5.22
46	新出联字〔1991〕第7号	图书总发行管理的暂行规定	1991.5.11
47	（90）新出明电字第3号	重申出版党中央会议学习辅导材料的有关规定	1991.1.17
48	（90）新出期字第159号	新闻出版署关于对期刊发表纪实作品加强管理的通知	1990.2.16
49	（89）新出期字第604号	关于执行《期刊管理暂行规定行政处罚实施办法》若干问题的解释	1989.6.22
50	（89）新出发字第433号	关于进一步查处假冒出版单位进行非法出版活动的通知	1989.5.8
51	（89）新出发字第141号	关于重申大中小学教材发行工作有关规定的通知	1989.2.28

续表

序号	文号	文件名称	发布日期
52	（88）新出联字第5号	关于继续查缴淫秽出版物和非法出版物的通知	1988.9.10
53	无	关于广播电视节目预告转载问题的通知	1988.3.30
54	（87）新出标字第483号	关于实施《中国标准书号》的补充通知	1987.7.23
55	（87）新出教字第112号	关于《图书杂志开本及其幅面尺寸》国家标准业经批准实施的通知	1987.3.14
56	（86）出综字第603号	关于实施《中国标准书号》的通知	1986.7.14
57	文出字（85）第1306号	关于不得擅自建立分社或变相分社机构的通知	1985.8.27
58	文出字（85）第1127号	关于出版社不要自行办理教材征订的通知	1985.7.17
59	（79）出印字第672号	关于试行“印刷工人技术等级标准”的通知	1979.11.3

新闻出版总署废止第五批规范性文件的决定

2011 年 3 月 1 日中华人民共和国新闻出版总署令第 50 号公布

为全面推进依法行政，加强新闻出版法治政府建设，新闻出版总署组织了第五批规范性文件集中清理工作，决定废止 161 件规范性文件。现予公布，自公布之日起生效。

新闻出版总署决定废止的第五批规范性文件目录

序号	发布机关	文件名称	文号	发布时间
1	邮电部、出版总署	通知报纸按季征订制度暂缓实行及按月价计算报费办法	（53）邮发字第 357 号 （53）出报字第 145 号	1953-4-2
2	出版总署	关于统一规定各级报纸、杂志的创刊、停刊和改变刊期、刊名、开张、定价等事项批准、备案及登记的呈报程序的通知	（54）出报（刊）字第 4 号	1954-1-7
3	出版总署	关于调整部分农民报纸和少数民族报纸定价的规定	（54）出报（刊）字第 154 号	1954-9-6
4	文化部	修订全国报纸缴送样本办法的通知	（56）文陈出字第 348 号	1956-7-12

续表

序号	发布机关	文件名称	文号	发布时间
5	文化部、中国人民银行	关于国外广告商、公司、私人在我国报纸、杂志刊登广告收取外汇费用的通知	（57）文部出字第928号 （57）银国汇第253号	1957-11-21
6	国家出版局	图书租（供）型造货工作的暂行规定	（80）出版字第420号	1980-6-25
7	国家出版局	关于期刊登记问题的通知	（82）出版字第89号	1982-2-9
8	国家出版局	关于转发《〈新华文摘〉的编辑方针和审稿制度》的通知	（82）出版字第93号	1982-2-10
9	国家出版局	关于过期报刊（包括影缩本、缩微胶片）出口问题的通知	（82）文办字第198号	1982-3-26
10	国家出版局、教育部、铁道部、交通部、邮电部	关于优先运输大中小学教科书做到课前到书的联合通知	（82）出会字第6号	1982-4-30
11	国家出版局、商业部	关于组织有条件的城市商店开展图书代销工作的联合通知	（82）出会字第7号	1982-5-4
12	国家出版局	关于图书发行体制改革工作的通知	（82）文出字第754号	1982-7-10
13	文化部	关于进一步做好图书发行体制改革工作并准备召开经验交流会议的通知	文出字（83）684号	1983-4-5
14	文化部	关于停止向版本二库缴送样本的通知	（83）出综字第533号	1983-8-29
15	文化部	关于对当前图书发行工作中存在的问题的意见	（85）出综字第276号	1985-7-16
16	文化部	关于出版社不要自行办理教材征订的通知	文出字（85）1127号	1985-7-17

续表

序号	发布机关	文件名称	文号	发布时间
17	文化部	关于不得变相出版期刊的通知	文出字（1985）1265 号	1985-8-5
18	国家出版局	关于发展集体个体书店和加强管理的原则规定	（86）出发字第 783 号	1986-9-9
19	国家出版局	对当前图书发行改革中出现的一些错误倾向的通报	（86）出发字第 858 号	1986-10-10
20	新闻出版署	关于统一印发报纸、期刊、出版社重新登记注册表的通知	（87）新出期字第 436 号	1987-7-3
21	新闻出版署	关于报送报刊整顿进展情况的通知	（87）新出办字 540 号	1987-8-14
22	新闻出版署、劳动人事部	关于出版印刷行业贯彻执行《关于实行技师聘任制的暂行规定》的实施意见	（87）新出人字第 613 号	1987-8-27
23	新闻出版署、海关总署	关于办理去港澳印刷审批手续的通知	新出印〔1987〕第 1003 号	1987-12-11
24	新闻出版署	关于执行《关于港澳台报刊进口管理的规定》的实施细则	（87）新出发字第 1070 号	1987-12-21
25	新闻出版署	关于中央单位内部报刊整顿、登记事宜的通知	（88）新出期字第 272 号	1988-3-31
26	新闻出版署	关于要求正式期刊将国家统一刊号刊印在封底下部的通知	（88）新出期字第 437 号	1988-5-4
27	中共中央宣传部、新闻出版署	关于印发出版社改革、图书发行体制改革的意见的通知	（88）新出办字 422 号	1988-5-6
28	新闻出版署	关于重申严禁淫秽出版物的规定	（88）新出办字第 714 号	1988-7-5
29	新闻出版署	关于在新闻出版企业 17 个工种中试行提前退休的通知	（88）新出人字第 1250 号	1988-10-31

续表

序号	发布机关	文件名称	文号	发布时间
30	新闻出版署	关于做好集体、个体、私营书店（摊）重新登记工作的通知	（90）新出发字第44号	1990-1-23
31	新闻出版署	关于对部分进行调整的报刊重新登记注册的通知	（90）新出报字第215号	1990-2-23
32	新闻出版署	关于对涉及苏联、东欧国家的图书的出版加强管理的通知	新出图字〔1990〕449号	1990-4-9
33	中共中央宣传部、新闻出版署、财政部、国家税务局	关于禁止在进口书报刊的供应工作中授受“回扣”的规定	〔90〕新出联字第620号	1990-5-23
34	新闻出版署、邮电部	关于新华书店、出版社办理邮寄大宗图书目录和征订单手续问题的通知	（90）新出联字第1157号	1990-8-22
35	新闻出版署	关于期刊社重新核发记者证的通知	（90）新出期字第1626号	1990-12-17
36	新闻出版署	关于1991年期刊增刊审批办法	（91）新出期字第135号	1991-2-20
37	新闻出版署	关于统一换发《期刊登记证》的通知	（91）新出期字第259号	1991-3-26
38	新闻出版署	关于印发《常备图书目录》（第一批）及《关于常备图书出版、印刷、发行管理的暂行规定》的通知	（91）新出发字第278号	1991-4-2
39	新闻出版署	关于更换报纸登记证的通知	（91）新出报字第391号	1991-5-3
40	新闻出版署	关于核定外国文学出版任务的通知	（91）新出图字第846号	1991-7-10
41	新闻出版署	关于图书总发行单位审核登记的通知	（91）新出发字第925号	1991-7-25

续表

序号	发布机关	文件名称	文号	发布时间
42	新闻出版署	新闻出版署重申《关于征集图书、杂志、报纸样本办法》的通知	（91）新出图字第 990 号	1991-9-11
43	新闻出版署	关于中等职业教育教材发行问题的复函	（91）新出发字第 1209 号	1991-10-7
44	新闻出版署	关于境外出版单位不得在大陆擅自设立办事机构及从事出版活动的批复	（92）新出外 82 号	1992-1-23
45	新闻出版署	印发《〈常备图书目录〉（第一批）的落实情况和下一步工作的意见》的通知	（92）新出发 160 号	1992-2-19
46	新闻出版署	关于继续做好中小学教材出版、印制、发行工作的通知	（92）新出发 848 号	1992-6-17
47	新闻出版署	关于转发河北省教委、河北省新闻出版局《关于中小学课本及教学辅助用书出版发行有关问题的通知》的通知	（93）新出发 67 号	1993-2-3
48	新闻出版署	关于在出版物上使用条码的通知	（93）新出技 137 号	1993-2-24
49	新闻出版署	关于在出版物上全面推广使用条码的通知	（93）新出技 1070 号	1993-8-9
50	新闻出版署	关于贯彻执行中宣部、新闻出版署《关于禁止“买卖书号”的通知》的办法	（93）新出图 1556 号	1993-11-26
51	新闻出版署	关于严格实施中国标准音像制品编码的通知	（93）新出音 1622 号	1993-12-13
52	新闻出版署、国务院新闻办公室	关于海外报刊不得在内地自行征订发行的通知	（94）新出联 1 号	1994-3-11

续表

序号	发布机关	文件名称	文号	发布时间
53	新闻出版署	关于禁止在我境内与外资合办报纸、期刊和出版社的通知	（94）新出外214号	1994-3-30
54	新闻出版署	关于对书号使用总量进行宏观控制的通知	（94）新出图387号	1994-5-26
55	新闻出版署	关于加强书刊产品印制质量管理的意见	（94）新出技480号	1994-6-22
56	新闻出版署	关于禁止“收费约稿”的通知	（94）新出图556号	1994-7-18
57	新闻出版署	关于实行《出版社年检登记制度（试行）》的通知	（94）新出图610号	1994-7-27
58	新闻出版署	关于转发最高人民检察院《关于严厉打击走私、制作、贩卖、传播淫秽物品和非法出版物的通知》的通知	（94）新出办874号	1994-10-7
59	新闻出版署	关于推荐“常备图书”全国定点销售单位的通知	（94）新出发927号	1994-10-25
60	新闻出版署	关于进一步做好清理内部报刊工作的通知	（94）新出办975号	1994-11-23
61	新闻出版署	关于加强和改进中国标准音像制品编码管理的通知	（95）新出音7号	1995-1-4
62	新闻出版署	关于加强古籍整理今译图书出版管理的通知	新出图（1995）19号	1995-1-13
63	新闻出版署	关于书号总量宏观调控的通知	（95）新出图24号	1995-1-13
64	新闻出版署	关于出版1996年挂历最高限价指导意见的通知	（95）新出计242号	1995-3-11

续表

序号	发布机关	文件名称	文号	发布时间
65	新闻出版署	关于加强文摘类报刊管理的通知	（95）新出报985号	1995-8-2
66	新闻出版署	关于印发《常备书目》（1995年）有关事项的通知	（95）新出发1061号	1995-8-16
67	新闻出版署	关于出版“名录”类图书的管理规定	（95）新出图1060号	1995-8-17
68	新闻出版署、文化部、国家工商局	关于实施激光数码储存片来源识别码（SID码）的通知	（95）新出联15号	1995-8-23
69	新闻出版署	关于限期蚀刻SID码的紧急通知	新出音管〔1995〕61号	1995-8-31
70	新闻出版署	新闻出版署关于使用统一的《书刊征订发行委托书》的通知	（96）新出发64号	1996-2-12
71	新闻出版署	关于严禁未经批准的单位和个人进销港报的通知	（96）新出外77号	1996-2-13
72	新闻出版署	新闻出版署关于进一步在出版物上全面推广使用条码的通知	（96）新出技150号	1996-3-12
73	新闻出版署	关于实施《电子出版物管理暂行规定》若干问题的通知	（96）新出音365号	1996-5-28
74	新闻出版署	关于图书推销工作中应当注意的问题的通知	（96）新出发461号	1996-7-1
75	新闻出版署	关于对工具类图书进行质量检查的通知	（97）新出图123号	1997-3-20
76	新闻出版署	关于全国各出版社书号核发办法的通知	（97）新出图143号	1997-3-25
77	新闻出版署	关于重申不得随意印发“十五大”报告和新党章的紧急通知	（97）新出图846号	1997-9-11

续表

序号	发布机关	文件名称	文号	发布时间
78	新闻出版署	关于清理音像复制业和审核登记音像复制单位的通知	新出音〔1997〕484号	1997-12-24
79	新闻出版署	关于报刊管理贯彻执行《内部资料性出版物管理办法》有关问题的通知	（98）新出期6号	1998-1-7
80	新闻出版署	关于对音像出版单位使用版号实行总量控制的通知	新出音〔1998〕83号	1998-1-26
81	新闻出版署	关于建立信息参考类期刊刊号系列的通知	（98）新出期111号	1998-2-13
82	新闻出版署	关于建立高校学报类期刊刊号系列的通知	（98）新出期109号	1998-2-13
83	新闻出版署、劳动部	关于对图书发行员实行职业资格证书制度的通知	（98）新出联4号	1998-3-6
84	新闻出版署	关于设立高校校报类报纸刊号系列的通知	（98）新出报324号	1998-3-18
85	新闻出版署	关于全国统一换发记者证的通知	（98）新出报404号	1998-4-24
86	新闻出版署	关于应按（91）新出图字第990号文件规定缴送样书的通知	（98）新出图563号	1998-6-10
87	新闻出版署	关于“高校校报类”等三类报纸另列刊号系列的通知	（98）新出报748号	1998-7-8
88	新闻出版署、公安部、国家工商局	关于对全国印刷业进行全面清理整顿的通知	新出联〔1998〕30号	1998-10-23
89	文化部	关于音像制品总批发单位审批管理工作有关事项的通知	文市发〔1998〕78号	1998-11-11

续表

序号	发布机关	文件名称	文号	发布时间
90	文化部	关于音像制品连锁经营管理问题的通知	市函〔1998〕401 号	1998-11-20
91	新闻出版署	关于加强版号管理和规范使用中国标准音像制品编码的通知	新出音〔1999〕155 号	1999-3-3
92	新闻出版署	关于报纸年度核验和重新登记的通知	新出报刊〔1999〕216 号	1999-3-12
93	新闻出版署	关于期刊核验及重新登记的通知	新出报刊〔1999〕242 号	1999-3-17
94	新闻出版署	关于归口管理统一组织法兰克福书展的通知	新出外〔1999〕500 号	1999-5-4
95	全国“扫黄”“打非”工作小组办公室、新闻出版署、国家版权局	关于进一步贯彻落实最高人民法院《关于审理非法出版物刑事案件具体应用法律若干问题的解释》的通知	新出联〔1999〕7 号	1999-6-4
96	新闻出版署	关于印发《2000 年出版物印刷企业总量、结构、布局宏观调控规划》的通知	新出技〔1999〕680 号	1999-6-4
97	新闻出版署、公安部、国家工商局	关于印发《清理整顿印刷业工作验收条件及办法》的通知	新出联〔1999〕14 号	1999-6-29
98	新闻出版署	关于清理整顿印刷业工作中两个具体问题的补充通知	新出技〔1999〕911 号	1999-7-15
99	新闻出版署	关于重申有关法轮功出版物处理意见的通知	新出图〔1999〕933 号	1999-7-22
100	新闻出版署	关于查禁印刷法轮功类非法出版物，进一步加强出版物印刷管理的通知	新出技〔1999〕989 号	1999-8-5

续表

序号	发布机关	文件名称	文号	发布时间
101	新闻出版署	关于国务院办事机构所办期刊与其脱离主办关系等问题的通知	新出报刊〔1999〕1187号	1999-10-11
102	新闻出版署	关于落实中央“两办”30号文件调整报刊结构的意见	新出报刊〔1999〕1299号	1999-11-11
103	新闻出版署	关于贯彻国家电脑软件产品（电子出版物）税收优惠政策有关问题的通知	新出技〔1999〕1336号	1999-11-23
104	新闻出版署	关于《关于期刊核验及重新登记的通知》的补充通知	新出报刊〔1999〕1372号	1999-12-2
105	新闻出版署	关于进一步加强报刊摘转稿件管理的通知	新出报刊〔2000〕201号	2000-2-25
106	新闻出版署	关于进一步加强时事政治类、综合文化生活类、信息文摘类和学术理论类期刊管理的通知	新出报刊〔2000〕753号	2000-3-2
107	新闻出版署	关于限定气功、练功类音像制品的出版单位的通知	新出音〔2000〕454号	2000-4-14
108	新闻出版署	关于清理整顿军事报刊的通知	新出报刊〔2000〕772号	2000-6-30
109	新闻出版署	关于坚决制止发表和出版政治观点错误的文章和图书的通知	新出办〔2001〕1288号	2000-9-28
110	全国“扫黄”“打非”工作小组办公室、新闻出版署、教育部、国家版权局	关于坚决制止各级各类学校使用盗版教材的通知	新出联〔2000〕31号	2000-9-29

续表

序号	发布机关	文件名称	文号	发布时间
111	全国“扫黄”“打非”工作小组办公室、新闻出版署	关于进一步加强报刊管理的意见	新出联〔2000〕33号	2000-10-17
112	新闻出版署	关于继续做好出版物征订发行委托有关工作的批复	新出发〔2000〕1621号	2000-11-28
113	全国“扫黄”“打非”工作小组办公室、新闻出版署、文化部、国家工商局	关于取缔、关闭、限期整治有关出版物市场的通知	新出联〔2000〕46号	2000-12-20
114	新闻出版署	关于严格审核期刊封面刊登党和国家领导人图片的通知	新出报刊〔2001〕141号	2001-2-22
115	新闻出版署	关于印发《建设“中国期刊方阵”工作方案》的通知	新出报刊〔2001〕472号	2001-4-24
116	新闻出版署	关于进一步调整高校学报结构的通知	新出报刊〔2001〕513号	2001-4-28
117	新闻出版总署	关于进一步加强和改进报刊审读工作的通知	新出报刊〔2001〕826号	2001-6-18
118	新闻出版总署	关于印发《关于坚决制止报刊摊派，切实做好当前减轻农民负担工作实施方案》并开展专项检查的通知	新出报刊〔2001〕901号	2001-7-3
119	新闻出版总署	关于进一步加强社会生活类报刊管理的通知	新出报刊〔2001〕902号	2001-7-3
120	新闻出版总署	关于维护报纸正常发行秩序的通知	新出报刊〔2001〕962号	2001-7-16

续表

序号	发布机关	文件名称	文号	发布时间
121	全国“扫黄”“打非”工作小组办公室、新闻出版总署、公安部、工商总局、质检总局	关于整顿和规范印刷市场秩序的通知	新出联〔2001〕16号	2001-8-22
122	新闻出版总署	关于认真贯彻落实《印刷业管理条例》的通知	新出技〔2001〕1362号	2001-9-20
123	新闻出版总署	关于中小学教材发行费用标准的通知	新出发〔2001〕1376号	2001-9-28
124	新闻出版总署	关于限量进口伊斯兰教类书刊的通知	新外出〔2001〕1524号	2001-11-13
125	新闻出版总署	关于做好《出版物征订发行委托书》印制发放工作的通知	新出办〔2002〕245号	2002-3-7
126	新闻出版总署	关于加强实验教材用书发行管理的紧急通知	新出发〔2002〕564号	2002-5-9
127	新闻出版总署	关于印发《关于贯彻落实〈关于深化新闻出版广播影视业改革的若干意见〉的实施细则》的通知	新出办〔2002〕591号	2002-5-17
128	新闻出版总署	关于加强中越友好宣传和文化交流力度的通知	新出外〔2002〕911号	2002-8-2
129	新闻出版总署	关于切实加强对印刷复制企业监管的通知	（2002）新出明电13号	2002-8-8
130	新闻出版总署	关于禁止报纸期刊刊载以军队名义发布医疗广告的通知	新出报刊〔2002〕1198号	2002-10-8
131	新闻出版总署	关于进一步规范出版物订货、展销活动的紧急通知	新出办〔2002〕1345号	2002-11-27
132	新闻出版总署	关于报送限期整改印刷企业基本情况的通知	新出印〔2002〕1468号	2002-12-24

续表

序号	发布机关	文件名称	文号	发布时间
133	新闻出版总署	关于国家期刊获奖徽标使用办法的通知	新出报刊〔2003〕115 号	2003-1-13
134	新闻出版总署	关于印发《印刷企业“十五”后三年总量、结构、布局宏观调控指导意见》的通知	新出印〔2003〕389 号	2003-4-11
135	全国“扫黄”“打非”工作小组办公室、新闻出版总署、工商总局、质检总局	关于印发《关于对不符合资格条件的印刷单位进行限期整改的方案》的通知	新出联〔2003〕11 号	2003-6-25
136	全国“扫黄”“打非”工作小组办公室、新闻出版总署、教育部、国家版权局	关于开展 2003 年秋季盗版教材、教辅读物专项治理行动的通知	新出联〔2003〕15 号	2003-7-17
137	新闻出版总署	关于全国统一换发新闻记者证的通知	新出报刊〔2003〕1222 号	2003-11-20
138	新闻出版总署	关于委托省级新闻出版行政部门代行部分报刊审批权限的通知	新出报刊〔2003〕1410 号	2003-12-11
139	新闻出版总署	关于坚决禁止违法印刷活动和取缔非法出版物的通知	新出监管〔2004〕900 号	2004-7-21
140	中共中央宣传部、全国“扫黄”“打非”工作小组办公室、全国整规领导小组办公室、新闻出版总署、公安部、工商总局、质检总局、国家版权局	关于印发印刷复制业专项整治工作方案的通知	新出联〔2004〕22 号	2004-10-8

续表

序号	发布机关	文件名称	文号	发布时间
141	新闻出版总署	关于文摘、选刊类期刊不得转载和编摘非法出版物内容的通知	新出报刊〔2004〕1347号	2004-12-17
142	新闻出版总署	关于重申报刊应遵守出版宗旨规范出版秩序的通知	新出报刊〔2004〕1366号	2004-12-27
143	新闻出版总署	关于认真贯彻落实《新闻记者证管理办法》及《报社记者站管理办法》的通知	新出报刊〔2005〕139号	2005-3-4
144	新闻出版总署、科技部	关于调整科技期刊申报程序和审批办法的通知	新出联〔2005〕9号	2005-4-20
145	新闻出版总署、信息产业部、教育部、国务院新闻办公室、全国妇联、共青团中央	关于开展“全国中小学生网络安全与德育教育活动”的通知	新出联〔2005〕10号	2005-5-10
146	新闻出版总署	关于加强对报刊刊载广告的管理杜绝虚假违法广告的通知	新出报刊〔2005〕507号	2005-5-23
147	新闻出版总署	关于严格控制人体美术和人体艺术音像制品出版的通知	新出音〔2005〕880号	2005-8-22
148	中共中央宣传部、国务院纠风办、新闻出版总署	关于开展规范报刊发行秩序工作的通知	新出联〔2005〕14号	2005-8-24
149	新闻出版总署	关于印发《全国书市申办条件》的通知	新出厅字〔2005〕266号	2005-11-2
150	新闻出版总署	关于开展规范报刊社记者站管理专项工作的通知	新出报刊〔2006〕428号	2006-4-25

续表

序号	发布机关	文件名称	文号	发布时间
151	新闻出版总署	关于认真做好查处违规光盘复制单位专项行动停业整顿单位验收工作的通知	新出印〔2006〕556号	2006-5-31
152	新闻出版总署	关于做好第13届北京国际图书博览会版权输出工作暨办好出版交流活动的通知	新出外〔2006〕836号	2006-8-14
153	新闻出版总署	关于进一步规范报社记者站管理的通知	新出报刊〔2007〕271号	2007-3-18
154	全国“扫黄”“打非”工作小组办公室、新闻出版总署	关于加强少数民族语言文字出版物出版、印刷管理和市场监管的通知	新出联〔2007〕6号	2007-4-16
155	全国“扫黄”“打非”工作小组办公室、新闻出版总署	关于开展印刷复制业专项检查行动的通知	新出联〔2008〕3号	2008-5-8
156	新闻出版总署	关于加强音像制品市场建设与管理的通知	新出厅字〔2008〕268号	2008-10-17
157	新闻出版总署	关于开展对印刷、复制企业，出版物市场进行专项检查的通知	新出印发〔2009〕191号	2009-2-20
158	新闻出版总署	关于开展迎接新中国成立60周年出版物印刷复制质量监督检测活动的通知	新出印发〔2009〕264号	2009-3-10
159	新闻出版总署	关于在十九届全国图书交易博览会期间对参展图书印制质量进行检测的通知	新出印发〔2009〕299号	2009-3-25

续表

序号	发布机关	文件名称	文号	发布时间
160	新闻出版总署	关于转发中央八部门《整治手机媒体低俗之风工作方案》的通知	新出机字〔2009〕125 号	2009-4-14
161	新闻出版总署	关于对印刷复制企业和图书市场加强监管工作的通知	新出厅字〔2009〕368 号	2009-9-7

关于修订部分规章和规范性文件的决定

2015年8月28日国家新闻出版广电总局令第3号公布

根据《国务院关于印发注册资本登记制度改革方案的通知》（国发〔2014〕7号）和《国务院办公厅关于加快推进落实注册资本登记制度改革有关事项的通知》（国办函〔2015〕14号）的要求，国家新闻出版广电总局对涉及注册资本登记制度改革的现行规章和规范性文件进行了清理。根据《规章制定程序条例》的相关规定并商有关部门同意，决定修订以下18个规章和5个规范性文件。

一、规章

新闻出版方面：

1.《印刷业经营者资格条件暂行规定》（新闻出版总署令第15号）

删去第四条第三项中的“厂房建筑面积不少于800平方米”，删去第四项中的“注册资本不少于200万元人民币”。

删去第五条第三项中的“厂房建筑面积不少于600平方米”，删去第四项中的“注册资本不少于150万元人民币”。

删去第六条第三项中的“厂房建筑面积不少于100平方米”，删去第四项中的“注册资本不少于50万元人民币”。

删去第七条第三项中的“厂房建筑面积不少于300平方米”，删去第四项中的“注册资本不少于80万元人民币”。

删去第八条第三项中的“厂房建筑面积不少于15平方米”，

删去第四项，相应调整之后各项序号。

2．《设立外商投资印刷企业暂行规定》（新闻出版总署、对外贸易经济合作部令第 16 号）

删去第六条第一款第四项，相应调整之后各项序号。

删去第七条第一款第三项中的“和资信证明”。

3．《音像制品出版管理规定》（新闻出版总署令第 22 号）

删去第七条第一款第六项中的“其固定工作场所面积不得低于 200 平方米”。

将第九条第一款第四项修改为“音像出版单位的注册资本数额、来源及性质证明”。

4．《电子出版物出版管理规定》（新闻出版总署令第 34 号）

删去第六条第一款第四项，相应调整之后各项序号。

删去第六条第一款第五项中的“其固定工作场所面积不得少于 200 平方米”。

将第八条第六项修改为“注册资本数额、来源及性质证明”。

5．《音像制品制作管理规定》（新闻出版总署令第 35 号）

删去第六条第一款第三项，相应调整之后各项序号。

将第六条第一款第五项修改为“有固定的经营场所”。

删去第六条第三款。

将第八条第四项修改为“注册资本数额、来源及性质证明”。

6．《图书出版管理规定》（新闻出版总署令第 36 号）

将第十一条第五项修改为“注册资本数额、来源及性质证明”。

7．《复制管理办法》（新闻出版总署令第 42 号）

删去第九条第一款第三项中的“其中，只读类光盘复制单位注册资本不得低于 1500 万元；可录类光盘生产单位注册资本不得低于 3000 万元；磁带磁盘复制单位注册资本不得低于 50 万元”。

将第十条第五项修改为“注册资本数额、来源及性质证明”。

8．《出版物市场管理规定》（新闻出版总署、商务部令第 52 号）

删去第六条、第七条、第十三条、第十四条、第十五条，相应调整其余各条序号。

删去第八条第一款第四项，相应调整之后各项序号。

将第九条第三款第三项修改为“注册资本数额、来源及性质证明”。

广播影视方面：

9．《外商投资电影院暂行规定》（广电总局、商务部、文化部令第 21 号）

删去第四条第二项，相应调整之后各项序号。

删去第六条第一项第 2 小项中的“银行资信证明”，删去第一项第 3 小项中的“银行资信证明、会计师事务所出具的财务状况证明材料”。

10．《广播电视节目传送业务管理办法》（广电总局令第 33 号）

删去第八条第二项中的“资金”。

删去第九条第二项中的“验资报告”。

删去第十三条第一款中的“注册资本”。

删去第二十三条第四项中的“注册资本”。

11．《广播电视节目制作经营管理规定》（广电总局令第 34 号）

删去第六条第二项中的“资金”和“其中企业注册资金不少于 300 万元人民币”。

删去第七条第五项，相应调整之后各项序号。

12．《广播电视视频点播业务管理办法》（广电总局令第35号）

删去第九条第三项中的“资金”。

删去第十条第二款中的“验资证明”。

删去第十八条中的“注册资本”。

删去第三十条第二项中的“注册资本”。

13．《城市社区有线电视系统管理暂行办法》（广电总局令第36号）

删去第五条第四项中的“资金”。

14．《互联网等信息网络传播视听节目管理办法》（广电总局令第39号）

删去第八条第三项中的“自有资金”。

删去第九条第七项中的“验资证明”。

删去第十四条第一款中的“注册资本”。

删去第二十六条第二项中的“持证机构注册资本”。

15．《电影企业经营资格准入暂行规定》（广电总局、商务部令第43号）

将第五条第一项修改为：“已取得《摄制电影许可证》的境内公司、企业和其他经济组织（不包括外商投资企业）联合设立电影制片公司的，需提交申请书、合同、章程、工商行政管理部门颁发的各方营业执照复印件、公司名称预核准通知书。”

删去第五条第三项第2小项，相应调整之后各小项序号。

删去第六条第二项、第八条第一项、第九条第一项、第十条第一项，相应调整之后各项序号。

删去第六条第四项和第九条第三项中的“资信证明”。

16．《〈电影企业经营资格准入暂行规定〉的补充规定》（广电总局、商务部令第 50 号）

删去第一条中的“发行公司的注册资本不少于 100 万元人民币”。

17．《互联网视听节目服务管理规定》（广电总局、信息产业部令第 56 号）

删去第八条第四项中的“和资金，且资金来源合法”。

删去第十二条中的“注册资本”。

删去第二十三条第一款第二项中的“注册资本”。

18．《卫星电视广播地面接收设施安装服务暂行办法》（广电总局令第 60 号）

删去第五条第一款第三项中的“资金”。

二、规范性文件

1．《关于印发〈广播电视有线数字付费频道业务管理暂行办法〉（试行）的通知》（广发办字〔2003〕1190 号）

将第十条第一款修改为：“依法成立的无境外资金背景的机构，可以参与付费频道的合作，但不享有付费频道开办主体资格。”

2．《广电总局关于做好〈信息网络传播视听节目许可证〉申报审核工作有关问题的通知》（广发〔2008〕44 号）

删去第一条第三项。

3．《广电总局关于进一步加强广播电视节目制作经营活动管理工作的通知》（广发〔2010〕70 号）

删去第二条，相应调整之后各条序号；删去第三条第四项，相应调整之后各项序号；将第四条中的“第 1 至第 9 种”和“第 10 至第 12 种”分别修改为“第 1 至第 8 种”和“第 9 至第 11 种”，删去该条第三款。

4.《广电总局关于在有线网络未通达农村地区开展直播卫星公共服务的通知》（广发〔2011〕71号）

删去其附件《直播卫星接收设施专营服务操作规程（试行）》第九条第一项中的“注册资金不低于10万元”；删去第十二条第二项中的“资金”。

5.《广电总局关于鼓励和引导民间资本投资广播影视产业的实施意见》（广发〔2012〕36号）

删去第一条中的“资金（企业注册资金不少于300万元人民币）”；删去第五条第二款中的“并且企业注册资本不少于100万元人民币的”。

关于废止部分规章和规范性文件的决定

2016 年 4 月 29 日国家新闻出版广电总局令第 7 号公布

按照国务院行政审批制度改革及《国务院办公厅关于做好行政法规部门规章和文件清理工作有关事项的通知》（国办函〔2016〕12 号）的要求，国家新闻出版广电总局对涉及行政审批制度改革及不利于稳增长、促改革、调结构、惠民生的规章和规范性文件进行了清理。根据《规章制定程序条例》等相关规定，决定废止以下 1 个规章和 25 个规范性文件。

一、规章

1．《电影片进出境洗印、后期制作审批管理办法》（广电总局令第 29 号）

二、规范性文件

1．关于规范新闻出版业跨地区经营的若干意见（新出办〔2002〕716 号）

2．关于进一步规范新闻出版单位出版合作和融资行为的通知（新出办〔2004〕625 号）

3．关于印发《报业集团组建基本条件和审批程序》的通知（新出办〔2002〕914 号）

4．关于印发《全国出版物进出口统计报表制度》及实行全国进口出版物目录备案制度的通知（新出厅字〔2005〕238 号）

5．转发中宣部、统战部、对台办《关于在文艺作品中反映和宣传国民党历史人物问题的几点意见》的通知（新出图〔1987〕

729号）

6．关于重申缴送样书的通知（新出图〔1996〕209号）

7．关于印发《关于建立违纪违规报刊警告制度的意见》、《违纪违规报刊警告制度实施细则》的通知（新出联〔2000〕19号）

8．关于加强报刊管理严肃查处违规出版活动的通知（新出厅字〔2010〕388号）

9．关于进一步做好出版发行领域不正当交易行为自查自纠工作的通知（新出法规〔2006〕1230号）

10．关于中小学教材出版社严格按照专业分工安排的通知（〔93〕新出明电第14号）

11．关于缴送音像、电子出版物样品的通知（〔96〕新出音697号）

12．关于加强书号总量宏观调控的通知（〔98〕新出图1377号）

13．关于民族文字图书书号不限和免收条码费用的决定（新出图〔1996〕301号）

14．关于更新光盘生产设备有关问题的通知（新出音〔1999〕1085号）

15．关于下放只读类光盘复制生产设备投产验收管理权限的通知（新出印发〔2008〕1573号）

16．关于开展2010年印刷企业年度核验工作的通知（新出字〔2009〕411号）

17．关于开展2010年"3·15"少年儿童读物类出版产品质量监督检测活动的通知（新出字〔2010〕74号）

18．关于加强教学参考书发行管理的通知（〔96〕新出发589号）

19．关于使用新版《出版物征订发行委托书（书刊类）》的通知（新出字〔2009〕367 号）

20．关于《外商投资图书、报纸、期刊分销企业管理办法》有关规定具体执行问题的批复（新出法规〔2003〕642 号）

21．关于在“两会”前开展对印刷复制企业和出版物市场进行专项检查的通知（新出字〔2010〕43 号）

22．关于抓紧制定、及时报送出版物发行网点规划的通知（新出发〔2003〕431 号）

23．关于外商投资电子出版物分销业务有关问题的批复（新出法规〔2006〕1048 号）

24．关于实施“中国民族网络游戏出版工程”的通知（新出音〔2004〕942 号）

25．关于进一步加大打击淫秽色情“口袋本”图书、有害卡通画册和游戏软件工作力度的通知（新出联〔2004〕25 号）

关于废止、修改和宣布失效部分规章、规范性文件的决定

2017年12月11日国家新闻出版广电总局令第13号公布

为贯彻落实国务院简政放权、放管结合、优化服务改革措施，国家新闻出版广电总局对有关规章和规范性文件进行了清理。经过清理，根据《规章制定程序条例》的有关规定，现决定废止1件规章，修改8件规章。同时，对3件规范性文件宣布失效。具体如下：

一、废止的规章

1．《赴国外租买频道和设台管理暂行规定》（广电总局令第12号）

二、修改的规章

新闻出版方面：

1．《印刷业经营者资格条件暂行规定》（新闻出版总署令第15号）

删去第二条中的“和复印、打印经营单位或者个人”。

删去第八条。

将第九条改为第八条，删去其中的“和复印、打印经营活动”、“第八条”。

此外，对其他条文顺序作相应调整。

2．《音像制品出版管理规定》（新闻出版总署令第22号）

将第三十一条修改为：“复制单位接受委托复制音像制品非

卖品的，应当验证委托单位或者个人的身份证明和其出具的音像制品非卖品复制委托书，并要求委托方提供非卖品使用目的、名称、制作单位、主要内容、发送对象、复制数量、节目长度和载体形式等信息。”

将第三十二条修改为：“委托复制音像制品非卖品的单位或者个人须在音像制品非卖品包装和盘（带）显著位置标注‘音像非卖品’字样。”

3．《期刊出版管理规定》（新闻出版总署令第 31 号）

删去第十八条第一款中的“登记地”。增加一款，作为第二款：“期刊变更登记地，经主管、主办单位同意后，由期刊出版单位到新登记地省、自治区、直辖市新闻出版行政部门办理登记手续。”

删去第六十条第一项中的“登记地”。

将第三十四条第二款修改为：“期刊出版单位出版增刊，应当经其主管单位审核同意后，由主办单位报所在地省、自治区、直辖市新闻出版行政部门备案。备案文件应当说明拟出增刊的出版理由、出版时间、文章编目、期数、页码、印数、印刷单位等；所在地省、自治区、直辖市新闻出版行政部门备案后，发给备案证明文件，配发增刊备案号。”将第三款中的“增刊许可证编号”修改为“增刊备案号”。

将第五十七条第一款中的“《出版管理条例》第五十五条”修改为“《出版管理条例》第六十一条”。将第二款修改为：“期刊出版单位未履行备案手续擅自出版增刊、擅自与境外出版机构开展合作出版项目的，按前款处罚。”

将第五十八条中的“《出版管理条例》第五十六条”修改为“《出版管理条例》第六十二条”。

将第五十九条第一款中的“《出版管理条例》第六十条”修

改为“《出版管理条例》第六十六条”。

将第六十条中的“《出版管理条例》第六十一条”修改为“《出版管理条例》第六十七条”。

4.《音像制品制作管理规定》（新闻出版总署令第35号）

将第二章标题修改为“申请从事音像制作业务”。

将第六条第一款中的“申请设立音像制作单位”修改为“申请从事音像制作业务”。第二款中的“审批设立音像制作单位”修改为“审批从事音像制作业务”。

将第七条修改为：“申请从事音像制作业务，由所在地省、自治区、直辖市新闻出版行政部门审批。省、自治区、直辖市新闻出版行政部门应当自受理申请之日起60日内作出批准或者不批准的决定，并通知申请人。批准的，发给《音像制品制作许可证》；不批准的，应当说明理由。”

将第八条中的“申请设立音像制作单位”修改为“申请从事音像制作业务”。

删去第九条中的“并到工商行政管理部门办理相应的登记手续”。

将第十条修改为：“音像制作单位变更地址、法定代表人或者主要负责人，或者终止音像制作经营活动的，应当在10日内向所在地省、自治区、直辖市新闻出版行政部门备案。”

将第十七条中的“依法设立的音像制作单位”修改为“依法从事音像制作业务的单位”。

删去第二十二条第一款中的“擅自设立音像制品制作单位”。

5.《新闻出版许可证管理办法》（国家新闻出版广电总局令第4号）

将第十三条修改为：“许可证发生损坏、丢失的，持证人应向原发证机关申请补发新证。申请时须将损坏的许可证原件缴还原发证机关。发证机关应当自收到补发许可证申请后 5 个工作日内，注销旧证，发放新证。”

广播影视方面：

6．《中外合作摄制电影片管理规定》（广电总局令第 31 号）

将第八条修改为：“申请中外合作摄制电影片，除应当符合有关法律法规要求外，还应当具备下列条件：

（一）中方制片单位原则上需参与出品过两部或者以上获得电影公映许可证的国产电影；

（二）中外合作双方均不在因违反《中华人民共和国电影产业促进法》、《电影管理条例》而被禁止摄制电影的处罚期内。”

将第九条第二项修改为：“（二）中方制片单位参与出品的国产电影的电影公映许可证复印件（两部或者以上）；”

7．《广播电台电视台审批管理办法》（广电总局令第 37 号）

将第十一条中的“广播电台、电视台申请变更台名、台标、呼号的”，修改为“广播电台、电视台申请变更台名、呼号，省级以上人民政府广播电视行政部门设立的广播电台、电视台或者省级以上人民政府教育行政部门设立的教育电视台申请变更台标的”。

8．《电影剧本（梗概）备案、电影片管理规定》（广电总局令第 52 号）

将第五条第一款修改为：“拟摄制电影的法人、其他组织（以下简称制片单位）应当在电影拍摄前，按照有关规定向相关电影主管部门申请办理电影剧本（梗概）的备案手续。”

删去第六条第四项。

三、宣布失效的规范性文件

1．批转中国电影发行放映公司《关于解决农村乡（镇）电影放映工作人员工资待遇的通知》（广发干字〔1987〕111号）

2．关于印发《国产影片发行放映考核奖励办法》的通知（〔2008〕影字358号）

3．关于印发《国产影片出口奖励暂行办法》的通知（〔2009〕影字83号）

此前发布的相关规范性文件，与国务院关于简政放权、放管结合、优化服务改革的文件精神以及此次规章清理结果不一致的内容，一律无效。

本决定自公布之日起施行。

关于印发《关于建立和实行新闻出版行政执法责任制的意见》的通知

新闻出版署　1998 年 6 月 12 日　新出政〔1998〕576 号

各省、自治区、直辖市新闻出版局，新疆生产建设兵团新闻出版局：

建立和实行新闻出版行政执法责任制，是贯彻落实党的十五大精神，推进依法行政，加强和改进新闻出版行政执法工作，保证新闻出版管理的各项法律、法规和规章有效实施的重要举措，对机构改革、职能转变、推进新闻出版法制建设，建立办事高效、运转协调、行为规范的新闻出版管理体系都将产生深远影响。目前建立和实行新闻出版行政执行法责任制，条件具备，时机成熟。现将《关于建立和实行新闻出版行政执法责任制的意见》印发给你们，请按照要求贯彻落实。

希望各地把建立和实行新闻出版行政执法责任制作为关系全局的重要工作来抓，加强领导，统筹安排，精心部署，分步实施，狠抓落实，今年内全面展开，两年初见成果。我署对各地贯彻落实这项工作的情况将加强指导和监督检查，请各地将制定的制度和采取的措施及时提交我署备案，有关情况和问题及时报告。

关于建立和实行新闻出版行政执法责任制的意见

党的十五大报告明确提出：“一切政府机关都必须依法行政，

切实保障公民权利，实行执法责任制和评议考核制。”为了认真贯彻落实这项要求，各级新闻出版行政机关都要建立并实行行政执法责任制，现提出以下意见。

一、建立新闻出版行政执法责任制具有重要意义

（一）“依法治国，建设社会主义法治国家”是我国既定的治国方略，依法行政是依法治国的必然要求。严格执法，建立行政执法责任制，是各级新闻出版行政机关依法行政的必要措施。

（二）在社会主义市场经济不断深化和出版的媒体形态更加丰富的条件下，由于出版活动越来越社会化，新闻出版管理的难度日益增大。党的十五大要求对新闻出版业要加强管理，关键是依法管理，以法律手段改进和完善对新闻出版业的管理方式，提高对新闻出版业的管理水平。建立行政执法责任制将对依法管理新闻出版业起到切实的保障和推动作用。

（三）新闻出版法制建设近几年来取得很大成绩，《出版管理条例》、《音像制品管理条例》和《印刷业管理条例》的颁布实施使新闻出版管理基本转入法制轨道。当前我们在继续完善立法的同时，要重点做好行政执法工作，首要任务就是建章立制，明确责任，建立行政执法责任制。

（四）各级新闻出版行政机关及其工作人员肩负国家赋予的新闻出版管理职责，是否严格依法行政，不仅关系到法律的尊严、公民的权利和行政机关的声誉，而且也关系到新闻出版业的发展和繁荣。因此，各级新闻出版行政机关必须建立行政执法责任制，从制度上约束和保障其执法部门与执法人员严格执法，正确行使职权，防止有法不依和执法不严，严禁滥用职权和徇私枉法。

二、建立新闻出版行政执法责任制的基本要求

（一）建立新闻出版行政执法责任制是为了保障并促进新闻

出版行政机关及其行政执法人员严格履行法定职责，正确行使执法权，提高行政执法效能，保证法律、法规和规章的正确实施，推进新闻出版业的繁荣发展。

（二）建立新闻出版行政执法责任制应当遵循有法必依、执法必严、违法必究的指导思想，实行权力和责任相统一的原则。

（三）新闻出版行政执法包括行政许可、行政处罚、行政强制措施、行政检查、行政复议、行政执法监督检查和其他行政执法措施。建立新闻出版行政执法责任制，应当把行政执法的各个方面都包括在内，使之内容完备。

（四）各级新闻出版行政机关依法享有行政执法权，具有行政执法主体资格，是行政执法机关。建立新闻出版行政责任制，应当根据法律、法规和规章的规定，结合新闻出版管理工作和本机关的实际，使之切实可行。

（五）各级新闻出版行政机关的执法部门和执法人员代表本机关履行行政执法职责，是新闻出版行政执法责任制规范的主体。因此，新闻出版行政执法责任制应当涵盖各个执法部门和所有执法人员，使之无一例外承担应有的责任。

（六）建立新闻出版行政执法责任制，应当对执法部门和执法人员提出以下要求：

第一，行政执法必须依照法定职权，不得失职和越权。

第二，行政执法必须遵守法定程序，不得随意擅断。

第三，执行法律、法规和规章必须全面、正确和及时，不得断章取义和疏忽拖延。

第四，查处违法案件，必须做到事实清楚，适用法律正确，处罚合法适当。

第五，行政执法必须符合廉政勤政的要求，不得违法乱纪。

第六，尊重并保障公民、法人或者其他组织的合法权利，及时办理公民、法人或者其他组织依法申办的事项，不得违法要求公民、法人或者其他组织履行义务。

第七，积极配合、协助其他机关和部门的行政执法活动。

（七）各级新闻出版行政机关要熟悉并掌握规定其行政执法职责范围和法律依据的法律、法规、规章和其他规范性文件。

三、新闻出版行政执法责任制的基本内容

（一）建立新闻出版行政执法责任制，各级新闻出版行政机关首先应当将其执法职责和执法依据分解到执法部门和执法人员，确定执法部门和执法人员的执法责任；其次对执法部门和执法人员提出行政执法的基本要求，设定行政执法的年度目标；最后是确立相应的制度，如行政执法责任书制度、行政执法岗位责任制度、行政执法评议考核制度、行政执法公开制度、行政执法会商制度、行政执法监督检查制度和行政执法过错追究制度等。

（二）行政执法责任书制度。新闻出版行政机关与其各执法部门订立行政执法责任书，明确执法部门的职责范围、执法依据和年度执法目标等，由机关负责人和部门负责人签字，以此作为执法部门代表本机关履行执法职责的根据，也是机关考核评定执法部门年度执法情况的依据。

（三）行政执法岗位责任制度。新闻出版行政机关根据规定对执法部门定岗定员，确定每个执法岗位的职权、执法依据、执法目标及应承担的责任，逐级落实，层层负责。

（四）行政执法评议考核制度。新闻出版行政机关将行政执法的各项指标加以量化，制作行政执法评议考核表，根据行政执法责任书确定的内容，在年底对执法部门的年度执法情况进行评议考核。评议考核由自评、群众考评和机关考评小组考评相结合，评定执法部门年度执法情况。

（五）行政执法会商制度。对行政执法中的重要、疑难问题或者案件，执法部门一时难以决断，要及时与有关部门会商，共同讨论研究，最后由执法部门拿出处理办法。

（六）行政执法公开制度。除法律和法规规定不予公开的情形外，新闻出版行政执法应当向公民、法人或者其他组织公开。包括公开执法职责、执法依据、执法程序、执法期限和其他执法制度，将这些内容在机关和部门的显著位置予以公布；公开执法活动，允许当事人和有关人员在场，如执法检查、现场勘验，允许其他人员旁听，如行政处罚听证会；公开执法人员身份和职务，行政执法无论在机关内外，执法人员均应出示执法证件。

（七）行政执法监督检查制度。上级行政机关对下级行政机关、行政机关负责人和法制工作部门对执法部门与执法人员的执法情况有权进行监督检查，可以随时抽查，也可以集中检查，要把重点放在日常的经常性监督检查上。对监督检查中发现的问题，应当及时纠正，并根据规定追究有关人员的责任。

（八）行政执法过错责任追究制度。新闻出版行政执法人员在执法过程中违反法律、法规和规章，造成了一定危害后果，尚不够追究刑事责任的，应当依法追究其行政责任，包括警告、记过等行政处分和暂停执法资格、调离执法岗位等。由于执法过错造成当事人经济损失的，执法人员还应当依法承担部分或者全部赔偿费用。执法过错由直接责任人和其他执法人员、部门负责人或者机关负责人共同造成的，这些人员也应当承担相应的责任。

四、认真实行新闻出版行政执法责任制

（一）各级新闻出版行政机关必须高度重视建立和实行新闻出版行政执法责任制，把它作为一项关系全局的重要工作来抓。

要加强领导，成立领导小组，由机关主要负责人挂帅，各执法部门负责人参加，讨论决定有关行政执法责任制的重大事项。

（二）各级新闻出版行政机关应当确定行政执法责任制的办事机构及其任务。法制工作部门或者其他综合职能部门可以作为机关行政执法责任制领导小组的办事机构，其任务可以确定为：拟订行政执法责任制的具体制度和办法，督促检查执法部门和执法人员切实执行行政执法责任制，具体负责年度执法考核评定事项，办理实行行政执法责任制的其他有关具体事宜。

（三）各级新闻出版行政机关要精心部署，坚持不懈，狠抓落实。要制定工作规划，明确一个阶段实行执法责任制的目标和步骤，根据新情况、新规定，积极推进、不断完善。

（四）各级新闻出版行政机关应当把实行行政执法责任制同廉政勤政建设、改进机关作风和转变机关职能结合起来，互相促进，共同提高。

关于公布取消和下放的新闻出版总署行政审批项目后续监管措施的通知

新闻出版总署　2004年6月15日　新出法规〔2004〕731号

各省、自治区、直辖市新闻出版局、新疆生产建设兵团新闻出版局：

按照《国务院关于取消第一批行政审批项目的决定》（国发〔2002〕24号）、《国务院关于取消第二批行政审批项目和改变一批行政审批项目管理方式的决定》（国发〔2003〕5号）、《国务院关于第三批取消和调整行政审批项目的决定》（国发〔2004〕16号），新闻出版总署原28项行政审批项目已予以取消，另有5项行政审批项目下放省、自治区、直辖市出版行政部门实施。为做好行政审批项目取消、下放后的后续监管和衔接工作，防止出现管理上的脱节，新闻出版总署研究制订了《国务院公布取消的新闻出版总署行政审批项目（28项）后续监管措施》（见附件1）和《国务院公布下放的新闻出版总署行政审批项目（5项）管理措施》（见附件2），现印发给你们，自文件下发之日起执行。

对国务院公布取消和下放的新闻出版总署行政审批项目，总署将根据情况制订具体的管理规定；对已公布取消和下放的行政审批项目所涉及的规章、规范性文件，总署也正在组织进行清理和修订。请各地方按照通知要求，严格执行后续监管措施，特别是对取消审批后转为日常监管的事项，要加大事中检查、事后稽查的力度，切实保证管理措施落实到位。要按照全面推进依法行政、建设法治政府的要求，以贯彻实施《中华人民共和国行政许可法》为契机，深化行政审批制度改革，进一步规范行政权力和行政行为；加快行政管理体制改革进程，进一步转变政府职能；不断更新管理理念、创新管理方式，努力提高社会主义市场经济条件下政府管理经济和社会事务的能力和水平。

附件：1. 《国务院公布取消的新闻出版总署行政审批项目（28 项）后续监管措施》
2. 《国务院公布下放的新闻出版总署行政审批项目（5 项）管理措施》

附件 1

国务院公布取消的新闻出版总署行政审批项目（28 项）后续监管措施

序号	国务院公布取消的审批项目名称	取消审批后的监督管理措施
1	出版超额品种挂历审批	由图书出版单位自主决定。
2	出版向港澳台地区及海外发行的繁体字版本图书核准	由图书出版单位自主决定。
3	出版向港澳台地区及海外发行的繁体字版本报纸核准	由报纸出版单位自主决定。
4	出版向港澳台地区及海外发行的繁体字版本期刊核准	按照《期刊管理暂行规定》第二十一条，期刊的不同版别、文种均按不同的期刊发给登记证。出版向港澳台地区及海外发行的繁体字版本期刊应按新办期刊的审批程序办理，向新闻出版总署申请“国内统一连续出版物号”。

续表

序号	国务院公布取消的审批项目名称	取消审批后的监督管理措施
5	出版向港澳台地区及海外发行的繁体字版本音像制品核准	由音像出版单位自主决定 。
6	书刊印刷国家级定点企业审批	取消书刊印刷国家级定点企业。原定点企业和其他印刷企业享有平等的权利和义务，按照《印刷业管理条例》和有关规章加强日常监管。
7	书刊印刷省级定点企业审批	取消书刊印刷省级定点企业。原定点企业和其他印刷企业享有平等的权利和义务，按照《印刷业管理条例》和有关规章加强日常监管。
8	中央单位报纸出版地方广告版审批	任何报纸不得单独发售部分版页。报纸出版单位出版地方广告版，视同创办新报，按新办报纸的审批程序办理，向新闻出版总署申请“国内统一连续出版物号”。
9	在京举办新闻发布会登记	取消在新闻出版总署的登记程序，在京举办新闻发布会应符合国家其他有关的法律法规。
10	中小学教辅类图书选题审批	为保证此类图书的出版质量，避免重复出版，须按照新闻出版总署确定的出书范围出版此类图书。
11	部分古旧小说出版审批	新闻出版署《关于部分古旧小说出版的管理规定》（新出图〔1993〕612 号）中所列 50 种古旧小说及此类其他古旧小说，按“重大选题”管理，出版前须履行重大选题备案手续。
12	性知识、性科学图书的出版审批	出版此类图书应坚持从正面普及性科学知识。出版行政部门应加强对此类图书出版的审读监管工作，对以传播性知识、性科学的名义进行淫秽、色情出版物出版的，按出版管理的有关规定进行处罚。

续表

序号	国务院公布取消的审批项目名称	取消审批后的监督管理措施
13	鲁迅著作出版审批	按照《出版管理条例》第二十条的规定，以年度出版计划方式经所在地省、自治区、直辖市出版行政部门审核后报国务院出版行政部门备案。
14	报纸出版“号外”审批	报纸出版单位遇国内、国际重大活动、重大事件或重大的公益性活动可出版“号外”，出版时间不得超过三天，“号外”要在一定范围内免费赠阅，不得定价发行。出版时间在三天以上的，为临时报纸，按创办报纸的程序申请临时“国内统一连续出版物号”。 中央单位的报纸出版“号外”在15日内向新闻出版总署备案，地方单位的报纸出版“号外”在15日内向所在地省、自治区、直辖市出版行政部门备案。
15	报纸变更版数审批	报纸日均出版的版数不应少于报纸征订时标明的版数。
16	报纸出版精选本审批	报纸如定期出版报纸精选本，按创办新期刊对待，须向新闻出版总署申请“国内统一连续出版物号”，以期刊形式出版；如不定期出版报纸精选本，交由出版社审定，按图书出版办理。
17	电子出版物复制单位改变名称	因音像复制单位与电子出版物复制单位往往是一体而不可分，即使此项目取消审批，还需依《音像制品管理条例》第二十条的规定，要求复制单位改变名称先到工商行政管理部门办理变更登记，并在变更后一个月内通过省、自治区、直辖市出版行政部门报新闻出版总署备案。
18	电子出版物复制单位改变企业类型	企业到工商行政管理部门办理变更登记后，需在变更后一个月内通过省、自治区、直辖市出版行政部门报新闻出版总署备案。

续表

序号	国务院公布取消的审批项目名称	取消审批后的监督管理措施
19	地方软件登记办事机构设立审批	软件登记机构应在其地方软件登记办事机构设立后一个月内报国家版权局备案。
20	涉外版权代理机构设立审批	版权代理机构依法开展业务活动。
21	出版物进出口单位在境外设立机构审核	出版物进出口单位在境外设立机构应于设立后一个月内报新闻出版总署备案。
22	出国参加国际书展审批	企事业单位单纯参观国际书展、不租展台、不带参展书的无须新闻出版总署审批，可通过其主管部门报省或市外事部门审批，办理相关的出访手续。在境外展示、展销境内出版物的，按原规定报新闻出版总署办理审批手续。
23	出版单位设立发行本版出版物不具备法人资格的分支机构的审批	出版单位须持总署核发的《出版物经营许可证》复印件及分支机构设立地址、人员情况等相关材料于分支机构设立后十五日内到所在地省、自治区、直辖市出版行政部门备案。分支机构的建立应符合当地出版物发行网点规划。
24	非出版物经营单位从事出版物储存、运输、投递活动的审批	各级出版行政部门应对非出版物经营单位从事出版物的储存、运输、投递活动加强日常监管。
25	出版物出租单位设立审批	出租单位应于取得营业执照后 15 日内持营业执照复印件及经营地址、法定代表人或主要负责人情况等材料到县级出版行政部门备案。
26	地方或专业性的出版物订货、展销活动审批	主办单位须符合《出版物市场管理规定》要求的资格条件，且须在活动举办前一个月持参展单位名单、展场位置图、组委会人员名单等有关材料报所在地省、自治区、直辖市出版行政部门备案。出版行政部门应对订货、展销活动加强监管。

续表

序号	国务院公布取消的审批项目名称	取消审批后的监督管理措施
27	设立出版物批发市场审批	除已经省、自治区、直辖市出版行政部门按照新闻出版总署的限额依法批准的出版物批发市场外，各省、自治区、直辖市不得再批准设立出版物批发市场或扩大现有市场规模；今后设立出版物批发单位一律按《出版物市场管理规定》中独立设置经营场所的条件进行审批；已经批准的批发市场，五年内场内批发单位均须达到《出版物市场管理规定》中关于独立设置经营场所的批发单位的条件。
28	《中华人民共和国出版物发行员职业资格证书》核发	取消出版物发行员职业资格准入后，由出版物发行单位组织出版物发行员参加职业技能鉴定。《中华人民共和国出版物发行员职业资格证书》由新闻出版总署职业技能鉴定指导中心核发。

附件 2

国务院公布下放的新闻出版总署行政审批项目（5 项）管理措施

序号	国务院公布下放的审批项目名称	下放后的审批办法
1	设立中外合资、合作印刷企业和外商独资包装装潢印刷企业审批	设立中外合资、合作印刷企业和外商独资包装装潢印刷企业，由所在地省、自治区、直辖市出版行政部门审批后，到商务行政管理部门办理有关审批手续。省、自治区、直辖市出版行政部门应于审批后一个月内报新闻出版总署备案。
2	可录类光盘生产设备引进审核	申请的可录类光盘生产项目经省、自治区、直辖市出版行政部门批准后，凭省、自治区、直辖市出版行政部门的批准文件到商务行政管理部门办理进口手续。 为提高我国光盘产业的整体素质，严禁可录类光盘生产企业进口二手光盘生产复制设备。 省、自治区、直辖市出版行政部门批准可录类光盘生产设备引进后一个月内应向新闻出版总署备案。
3	设立可录类光盘生产企业的审批	申请单位需参照《音像制品管理条例》中设立复制单位的条件和程序，持设立可录类光盘生产项目申请书、可行性研究报告、生产单位法定代表人或者主要负责人的身份履历证明、相关资金信用证明、经营生产场所和必备的生产条件证明等到省、自治区、直辖市出版行政部门申请报批。批准后，申请单位到所在地工商行政管理部门办理注册登记手续。 每年年底新闻出版总署发布下一年度可录类光盘产业发展指导意见，各省、自治区、直辖市出版行政部门可按指导意见中有关总量、结构、布局的规划进行审批。 省、自治区、直辖市出版行政部门批准可录类生产企业后一个月内应向新闻出版总署备案。

续表

序号	国务院公布下放的审批项目名称	下放后的审批办法
4	被关闭光盘厂生产线和被查缴非法光盘生产线处理审批	被关闭光盘厂生产线和被查缴非法光盘生产线的处理由所在地省、自治区、直辖市出版行政部门省内定向审批。接收或收购被关闭光盘厂生产线和被查缴非法光盘生产线的单位必须是现有的合法光盘复制生产企业。在本省范围内处理有困难的，所在地省、自治区、直辖市出版行政部门可报新闻出版总署在省际之间调剂，由同意收购的光盘复制生产企业所在省、自治区、直辖市出版行政部门审批。 省、自治区、直辖市出版行政部门要将对此类光盘生产线的处理情况在一个月内向新闻出版总署备案。 省、自治区、直辖市出版行政部门要加强对光盘生产线处理流向的监管，严防这类生产线流入“地下”。
5	加工贸易项下光盘进出口审核	企业从事加工贸易项下光盘进出口，须向当地省、自治区、直辖市出版行政部门提出申请并提供样品备案，经省、自治区、直辖市出版行政部门批准后，抄送海关部门。 省、自治区、直辖市出版行政部门的批件签发后15日内报新闻出版总署备案。 省、自治区、直辖市出版行政部门要健全相应的内容审查机构和工作规程，并在人员、技术、设备等方面给予必要的投入和保障。对在加工贸易项下进出口光盘的内容要严格审查把关，载有国家法律、法规规定禁载内容的光盘，不得放行。

公　告
（成立行政审批受理中心）

新闻出版总署　2006 年 12 月 22 日　2006 年第 2 号

为加大政务公开工作的力度，深化行政审批制度改革，我署决定成立“新闻出版总署行政审批受理中心”（以下简称“受理中心”）。现将有关事项公告如下：

一、我署依法实施的行政审批事项分批纳入受理中心实行“统一受理、统一送达”。凡已纳入受理中心工作范围的审批事项，由受理中心统一对外负责接收材料、进行初步审查、发出受理通知、办理进度查询及批准文件送达等工作。

由受理中心统一受理的许可事项目录见附件 1。

二、行政许可事项申请人可在新闻出版总署网站（www.gapp.gov.cn）上查询我署行政许可的事项、依据、条件、程序、办理期限以及申办材料指南，下载申请材料的格式文本，查询行政许可办理结果。

三、受理中心成立后，新闻出版总署办公厅文秘处不再负责有关行政许可申请的收文工作，各司局不得直接接收行政许可申请材料。2007 年 1 月 1 日起，申请人及其主管、主办单位或所在地省级新闻出版局通过上门或邮寄方式提交申请，均须通过受理中心进行。

受理中心地址：新闻出版总署北小楼一层，电话：010 － 65212712，010 － 65212877。

邮寄地址：北京市东四南大街85号新闻出版总署行政审批受理中心（100703）。

未纳入受理中心工作范围的许可事项，按原审批程序进行。

四、根据《中华人民共和国行政许可法》的有关规定，启用“新闻出版总署行政许可专用章”。该专用章用于加盖新闻出版总署《行政许可受理通知书》《行政许可不予受理通知书》《行政许可补正材料通知书》《行政许可延期通知书》以及经总署授权的部分行政许可项目的批准文件。

附件：1．新闻出版总署行政审批受理中心统一受理的许可事项目录

2．“新闻出版总署行政许可专用章”样式（略）

附件1

新闻出版总署行政审批受理中心统一受理的许可事项目录

项目编号	项目名称
GAPP01	设立图书出版单位审批
GAPP02	图书出版单位变更名称、主办单位或主管机关、业务范围，合并或者分立审批
GAPP03	设立音像出版单位审批
GAPP04	音像出版单位变更名称、主办单位或其主管机关、业务范围，兼并或者合并、分立审批
GAPP05	设立电子出版物出版单位审批

续表

项目编号	项目名称
GAPP06	电子出版物出版单位变更名称、主办单位或其主管机关、业务范围，合并或者分立，新增或者改变连续型电子出版物名称、刊期审批
GAPP07	设立互联网出版机构审批
GAPP08	互联网出版机构变更名称、主办者、业务范围，合并或者分立审批
GAPP09A	报纸创办审批
GAPP09B	期刊创办审批
GAPP10A	报纸变更名称、业务范围、主办单位或者其主管机关审批
GAPP10B	期刊变更名称、业务范围、主办单位或者其主管机关审批
GAPP11	电子出版物出版单位与境外机构合作出版电子出版物审批
GAPP12	电子出版物进口单位进口电子出版物制成品审批
GAPP13A	出版境外著作权人授权电子出版物审批
GAPP13B	出版境外著作权人授权的互联网游戏作品审批
GAPP16	期刊变更刊期（周刊以下）审批
GAPP18	期刊变更登记地审批
GAPP20	设立出版物进口经营单位审批
GAPP21	设立中外合资、合作和外商独资出版物分销企业审批
GAPP23	在境内举办境外出版物展览审批
GAPP26	接受境外机构或者个人赠送出版物审批
GAPP27	设立音像复制单位审批
GAPP28	音像复制单位变更业务范围，兼并或者合并、分立审批
GAPP29	设立电子出版物复制单位审批
GAPP30	电子出版物复制单位改变业务范围、合并或者分立审批
GAPP31	只读类光盘生产设备引进、增加与更新审批
GAPP32A	设立出版物总发行企业的审批
GAPP32B	设立出版物全国连锁经营企业的审批
GAPP33	设立电子出版物发行单位审批
GAPP34A	出版物总发行企业变更名称、业务范围、地址或者兼并、合并、分立审批

续表

项目编号	项目名称
GAPP34B	出版物全国连锁经营企业变更名称、业务范围、地址或者兼并合并、分立审批
GAPP35	著作权涉外机构、国（境）外著作权认证机关、外国和国际著作权组织在华设立代表机构审批
GAPP36A	图书出版单位改变资本结构审批
GAPP36B	报纸出版单位改变资本结构审批
GAPP36C	期刊出版单位改变资本结构审批
GAPP36D	音像出版单位改变资本结构审批
GAPP36E	电子出版单位改变资本结构审批
GAPP36F	互联网出版单位改变资本结构审批
GAPP37	著作权集体管理组织设立审批
GAPP38	著作权集体管理组织分支机构设立审批
GAPP39	著作权集体管理组织章程修改的审批

关于贯彻落实国务院《“三定”规定》和中央编办有关解释，进一步加强网络游戏前置审批和进口网络游戏审批管理的通知

新闻出版总署　国家版权局　全国“扫黄打非”工作小组办公室

2009 年 9 月 28 日　新出联〔2009〕13 号

各省、自治区、直辖市新闻出版局（版权局）及“扫黄打非”工作领导小组办公室，新疆生产建设兵团新闻出版局（版权局）及“扫黄打非”工作领导小组办公室，解放军总政治部宣传部新闻出版局（版权局）：

2008 年 7 月 11 日，国务院办公厅发出《关于印发国家新闻出版总署（国家版权局）主要职责内设机构和人员编制规定的通知》（国办发〔2008〕90 号，以下简称《“三定”规定》），2009 年 9 月 7 日，中央编办发出《关于印发〈中央编办对文化部、广电总局、新闻出版总署《“三定”规定》中有关动漫、网络游戏和文化市场综合执法的部分条文的解释〉的通知》（中央编办发〔2009〕35 号）（以下简称《“三定”解释》），对于解决长期以来在网络游戏管理中存在的自设审批、重复审查的问题，对于新闻出版总署依法履行对网络游戏的审批管理职责，对于严把网络游戏内容关、引导网络游戏开发、规范网络游戏管理具有重要意义。

为认真贯彻落实中央和国务院的决定，依据国务院《互联网

信息服务管理办法》和《出版管理条例》，中宣部等六部委《关于加强文化产品进口管理的办法》（中宣发〔2005〕15号），文化部、国家广电总局、新闻出版总署、国家发展和改革委员会、商务部《关于文化领域引进外资的若干意见》（文办发〔2005〕19号），以及国务院《“三定”规定》和中央编办《“三定”解释》，现就进一步加强网络游戏前置审批和进口网络游戏审批管理通知如下：

一、本《通知》所称网络游戏是指所有通过互联网（包括有线互联网和移动通讯网络等）供公众在线交互使用或提供下载的互联网游戏作品。主要包括但不限于：大型角色扮演类网络游戏（MMORPG）、网页游戏（Webgame）、休闲游戏、单机游戏的网上下载、具有联网功能的游戏、联网的对战游戏平台、手机网络游戏。

进口网络游戏是指经境外著作权人授权的互联网游戏作品。

二、将网络游戏内容通过互联网向公众提供在线交互使用或下载等运营服务是网络游戏出版行为，必须严格按照国家法规履行前置审批。新闻出版总署是中央和国务院授权的唯一负责网络游戏前置审批的政府部门。

未经新闻出版总署前置审批并获得具有网络游戏经营范围的互联网出版许可证，任何机构和个人不得从事网络游戏运营服务。否则新闻出版管理部门将依法予以取缔，同时通知电信管理部门取消其相应增值电信业务经营许可证，通知工商行政管理部门依法变更登记或注销登记。

未经新闻出版总署前置审批的网络游戏，一律不得上网，电信运营企业也不得为其提供互联网接入服务。对经新闻出版总署前置审批过的网络游戏，可以上网使用，任何部门不再重复审查，文化、电信等管理部门应严格按新闻出版总署前置审批的内容管理。

未经新闻出版总署前置审批上网运营或审批后擅自改变内容的网络游戏，新闻出版总署将通知有关地方新闻出版管理部门责令其停止运营服务，并依法予以查处。

三、新闻出版总署负责进口网络游戏审批。所有在中国境内运营的进口网络游戏必须事先依法取得著作权人的授权，并办理著作权认证手续，在取得著作权行政管理部门出具的《著作权合同登记批复》后，由运营单位向所在地省级新闻出版局申报，经省级新闻出版局审核同意后报新闻出版总署审批。

对未经新闻出版总署审批，擅自在中国境内提供进口网络游戏运营服务，或为境外网络游戏在中国境内提供运营推广服务的，新闻出版总署将通知有关地方新闻出版管理部门依法予以取缔，停止其运营，并通知电信管理部门取消其互联网接入服务，关闭相关网站。

从事未经境外著作权人合法授权的进口网络游戏运营，属于侵权盗版行为，国家版权局将会同电信、工商等管理部门依据《中华人民共和国著作权法》，以及国务院《信息网络传播权保护条例》等法律法规，立案查处。涉嫌犯罪的将移交公安机关依法追究刑事责任。

四、禁止外商以独资、合资、合作等方式在中国境内投资从事网络游戏运营服务。外商不得通过设立其他合资公司、签订相关协议或提供技术支持等间接方式实际控制和参与境内企业的网络游戏运营业务。也不得通过将用户注册、账号管理、点卡消费等直接导入由外商实际控制或具有所有权的游戏联网、对战平台等方式，变相控制和参与网络游戏运营业务。违反规定的，新闻出版总署将会同国家有关部门依法查处，情节严重者将吊销相关许可证、注销相关登记。

五、经新闻出版总署前置审批或进口审批过的网络游戏，变更运营单位的，须重新办理前置审批或进口审批手续，自运营单位变更之日起至重新获得批准期间，网络游戏应停止一切运营服务。违者，按非法网络出版处理。

六、经新闻出版总署前置审批或进口审批过的网络游戏，增加新版本、新资料片或更新内容，必须重新履行前置审批或进口审批手续。对未经新闻出版总署前置审批或进口审批，擅自运营新版本、新资料片或更新内容的，新闻出版总署将取消原前置审批或进口审批文件，通知有关地方新闻出版管理部门依法责令其停止运营服务，按非法网络出版予以查处。对擅自增加新版本、新资料片或更新内容，且增加或更新内容存在违法违规问题的，将从重处理，通知电信管理部门取消相关接入服务，关闭网站。

各地方新闻出版、版权、“扫黄打非”工作部门，接到本通知后，应立即将本通知转发本地各有关管理部门、企业，并在10月份，集中力量联合组织一次对网络游戏审批和运营服务的全面清理工作，对违法违规问题，要依法严肃查处。

关于做好第六轮新闻出版行政审批项目取消调整后续工作的通知

新闻出版总署　2012 年 12 月 11 日　新出厅字〔2012〕533 号

各省、自治区、直辖市新闻出版局，解放军总政治部宣传部新闻出版局：

2012 年 10 月，国务院发布《关于第六轮取消和调整行政审批项目的决定》，其中涉及取消新闻出版行政审批项目 4 项，下放 5 项。新闻出版行政审批项目取消和调整，是贯彻落实中央有关精神和要求，深化新闻出版行政审批制度改革，推动政府职能转变、依法行政、管理创新和反腐倡廉建设的重要举措。为确保此轮行政审批项目取消和调整工作落实到位、取得实效，现将有关情况及后续工作通知如下：

一、国务院第六轮取消和调整行政审批项目中，取消新闻出版行政审批项目 4 项：

1．期刊出版增刊审批；

2．被查缴非法光盘生产线处理审批；

3．电子出版物制作单位接受境外委托制作电子出版物审批；

4．设立专门从事名片印刷的企业审批。

下放新闻出版行政审批项目 5 项（由省级人民政府出版行政主管部门下放至设区的市级人民政府出版行政主管部门）：

1．设立从事包装装潢印刷品和其他印刷品印刷经营活动的企业审批；

2．印刷业经营者兼营包装装潢和其他印刷品印刷经营活动审批；

3．从事包装装潢印刷品和其他印刷品印刷经营活动的企业变更印刷经营活动（不含出版物印刷）审批；

4．印刷业经营者兼并其他印刷业经营者（不含出版物印刷企业）审批；

5．印刷业经营者因合并、分立而设立新的印刷业经营者（不含出版物印刷企业）审批。

二、总署分别研究制定了本轮取消的新闻出版行政审批项目的监督管理措施和下放的行政审批项目的审批办法（见附件），并将依据相关立法计划，清理、修订本轮取消和下放审批项目涉及的规章、规范性文件。其中，针对取消“期刊出版增刊审批”，总署已专门下发《关于取消期刊出版增刊审批后续管理问题的通知》（新出厅发〔2012〕3号）。

三、自本通知下发之日起两个月内，各省级出版行政主管部门要完成制定取消和下放审批项目的后续监管措施和实施办法，并报总署相关业务司局备案；要指导市级出版行政主管部门制定相应审批制度及规定，并做好相关衔接工作。总署将适时进行检查督导。

四、各级出版行政主管部门要高度重视，统一认识，依法加强监管，确保相关行政审批项目取消后不出现管理真空；要不断探索新思路、新方法，坚决杜绝变相设置缺少法律法规依据的行政审批项目；要将深化行政审批制度改革与推进反腐倡廉建设有机结合，建立健全规范权力运行的监督制约机制，努力促进新闻出版业繁荣发展。

附件：1．国务院第六轮取消行政审批项目（新闻出版部分）的监督管理措施

2．国务院第六轮下放行政审批项目（新闻出版部分）的审批办法

附件 1

第六轮取消行政审批项目（新闻出版部分）的监督管理措施

序号	取消审批项目	监督管理措施
1	期刊出版增刊审批	期刊出版增刊须由期刊主办单位经主管单位审核同意后到所在地省级出版行政主管部门备案，领取备案证明文件及增刊备案号，凭备案证明文件并按照《期刊出版管理规定》办理印刷、发行等手续；完善对期刊出版增刊编、印、发等环节的管理，将其纳入重点审读及年度核验范围，并切实加强对出版物市场检查，及时查处违规出版增刊（具体措施见《关于取消期刊出版增刊审批后续管理问题的通知》（新出厅发〔2012〕3 号）
2	被查缴非法光盘生产线处理审批	按照《复制管理办法》规定，接收或收购的单位必须是现有的合法光盘复制生产企业且符合经营许可范围，须于接收或收购之日起一个月内报所在地省级出版行政主管部门备案。接收或收购只读类光盘复制生产设备的，应按照规定办理蚀刻光盘来源识别码（SID 码）手续
3	电子出版物制作单位接受境外委托制作电子出版物审批	制作单位于接受委托之日起一个月内报省级出版行政主管部门备案；制作活动参照《音像制品管理条例》管理
4	设立专门从事名片印刷的企业审批	企业须于设立之日起一个月内报县级出版行政主管部门备案

附件 2

第六轮下放行政审批项目（新闻出版部分）的审批办法

序号	下放审批项目	审批办法
1	设立从事包装装潢印刷品和其他印刷品印刷经营活动的企业审批	由市级出版行政主管部门审批后，向省级出版行政主管部门备案
2	印刷业经营者兼营包装装潢和其他印刷品印刷经营活动审批	由市级出版行政主管部门审批后，向省级出版行政主管部门备案
3	从事包装装潢印刷品和其他印刷品印刷经营活动的企业变更印刷经营活动（不含出版物印刷）审批	由市级出版行政主管部门审批后，向省级出版行政主管部门备案
4	印刷业经营者兼并其他印刷业经营者（不含出版物印刷企业）审批	由市级出版行政主管部门审批后，向省级出版行政主管部门备案
5	印刷业经营者因合并、分立而设立新的印刷业经营者（不含出版物印刷企业）审批	由市级出版行政主管部门审批后，向省级出版行政主管部门备案

关于做好国发〔2013〕19号文公布取消新闻出版行政审批项目后续监管工作的通知

国家新闻出版广电总局　2013年9月5日　新出政发〔2013〕7号

各省、自治区、直辖市新闻出版局，新疆生产建设兵团新闻出版局，解放军总政治部宣传部新闻出版局：

按照2013年5月《国务院关于取消和下放一批行政审批项目等事项的决定》（国发〔2013〕19号），新闻出版广电总局实施的“只读类光盘生产设备引进、增加与更新审批”等4项新闻出版行政审批项目已由国务院决定取消。

为认真做好取消行政审批项目落实工作，切实加强后续监管，总局研究制定了《国发〔2013〕19号文公布新闻出版行政审批项目取消后续监管措施》（附后），通过建立事后备案制度、完善法规规章等，深化行政体制改革，加快转变政府职能，提升管理科学性和规范性，为行业健康有序发展服务。

因国发〔2013〕19号文仅涉及由新闻出版广电总局作为实施机关的新闻出版审批事项的取消，与之相衔接或配套的由省级以下（含省级）出版行政主管部门作为实施机关的审批事项，暂依照现行法规继续施行。各地可在审批工作中加大对本地区行业发展现状的分析把握，研究行业监督管理措施，待相关法规、文件出台后，迅速调整职能和开展工作。

国发〔2013〕19号文公布新闻出版行政审批项目取消后续监管措施

序号	项目名称	取消审批后的监督管理措施
1	只读类光盘生产设备引进、增加与更新审批	各级出版行政主管部门要落实属地管理职责，建立完善日常巡查制度，依据《复制管理办法》第二十条，严格执行只读类光盘来源识别码（SID）蚀刻制度，依法查处违法违规行为。
2	设立出版物全国连锁经营单位审批	各级出版行政主管部门要完善年度核验制度和日常巡查制度，会同文化市场执法机构加大监督检查力度，依法查处违法违规行为，并积极协调工商行政管理部门，加强信息共享。
3	举办全国性出版物订货、展销活动审批	举办单位于活动举办前，应将活动时间、地点书面告知举办地出版行政主管部门；出版行政主管部门依照法规和职责，加强对此类活动版权、内容等有关方面的监管。
4	在境外展示、展销国内出版物审批	积极引导、支持在境外展示、展销国内出版物活动，鼓励中国出版“走出去”。

关于做好国发〔2013〕27号文公布取消下放新闻出版行政审批项目后续监管工作的通知

国家新闻出版广电总局　2013年11月3日　新出政发〔2013〕10号

各省、自治区、直辖市新闻出版局，新疆生产建设兵团新闻出版局，解放军总政治部宣传部新闻出版局：

继2013年5月《国务院关于取消和下放一批行政审批项目等事项的决定》（国发〔2013〕19号）取消国家新闻出版广电总局实施的4项新闻出版行政审批项目后，2013年7月，《国务院关于取消和下放50项行政审批项目等事项的决定》（国发〔2013〕27号）再次取消4项、下放4项原由国家新闻出版广电总局实施的新闻出版行政审批项目，总局就此研究制定了取消审批项目的后续监管措施和下放事项的审批办法（附后）。

请依照《关于国发〔2013〕19号文公布取消新闻出版行政审批项目后续监管措施的通知》要求，制定、完善相应规章制度，做好国发〔2013〕19号、27号文公布取消的新闻出版行政审批项目的后续监管工作和下放审批项目的审批工作。执行过程中请及时总结经验，规范管理，确实在简政放权、转变职能上取得实效。

国发〔2013〕27号文公布取消、下放的新闻出版行政审批项目后续工作措施

序号	项目名称	变更决定	取消审批后的监督管理措施/下放后的审批办法
1	从事出版物全国连锁经营业务的单位变更《出版物经营许可证》登记事项，或者兼并、合并、分立审批	取消	各级新闻出版行政部门要完善年度核验制度和日常巡查制度，会同文化市场执法机构加大监管检查力度，依法查处违法违规行为，并积极协调工商行政管理部门，加强信息共享。
2	出版物总发行单位设立从事发行业务的分支机构审批	取消	各级新闻出版行政部门要完善年度核验制度和日常巡查制度，会同文化市场执法机构加大监管检查力度，依法查处违法违规行为，并积极协调工商行政管理部门，加强信息共享。
3	著作权集体管理组织章程修改审批	取消	著作权集体管理组织章程修改草案依法经国务院民政部门核准后20个工作日内，报国家新闻出版广电总局（国家版权局）备案并予以公告。
4	期刊变更登记地审批	取消	根据属地管理制度和《期刊出版管理规定》第十一条的规定，期刊变更登记地，凭主管、主办单位同意文件，到新登记地省级出版行政主管部门办理登记手续，以原《期刊出版许可证》（正、副本），换领编发有新的国内统一连续出版物号的《期刊出版许可证》。登记地变更信息由国家新闻出版广电总局统一向社会公告，原登记地省级出版行政主管部门负责变更登记地期刊在原登记地的注销工作。

续表

序号	项目名称	变更决定	取消审批后的监督管理措施/下放后的审批办法
5	音像复制单位设立审批	下放至省级出版行政主管部门审批	省级出版行政主管部门批准后20个工作日内报国家新闻出版广电总局备案。
6	电子出版物复制单位设立审批	下放至省级出版行政主管部门审批	省级出版行政主管部门批准后20个工作日内报国家新闻出版广电总局备案。
7	音像复制单位变更业务范围或兼并、合并、分立审批	下放至省级出版行政主管部门审批	省级出版行政主管部门批准后20个工作日内报国家新闻出版广电总局备案。
8	电子出版物复制单位变更业务范围或兼并、合并、分立审批	下放至省级出版行政主管部门审批	省级出版行政主管部门批准后20个工作日内报国家新闻出版广电总局备案。

关于下发《新闻出版（版权）行政执法部门依法公开制售假冒伪劣商品和侵犯知识产权行政处罚案件信息的实施细则（试行）》的通知

国家新闻出版广电总局　2014年4月30日　新广出发〔2014〕56号

各省、自治区、直辖市新闻出版广电局（版权局），北京、上海、天津、重庆市文化市场行政执法总队：

据国务院打击侵权假冒工作的有关部署要求，现将《新闻出版（版权）行政执法部门依法公开制售假冒伪劣商品和侵犯知识产权行政处罚案件信息的实施细则（试行）》印发给你们，请认真贯彻执行。

特此通知。

新闻出版（版权）行政执法部门依法公开制售假冒伪劣商品和侵犯知识产权行政处罚案件信息的实施细则（试行）

第一条　为规范新闻出版（版权）行政执法部门依法公开制售假冒伪劣商品和侵犯知识产权行政处罚案件信息工作，进一步加大打击侵权假冒工作的力度，提高行政执法工作的透明度，根据《国务院批转全国打击侵犯知识产权和制售假冒伪劣商品工作领导小组〈关于依法公开制售假冒伪劣商品和侵犯知识产权行政处罚案件信息的意见（试行）〉的通知》（国发〔2014〕6号），制定本细则。

第二条 凡适用《中华人民共和国著作权法》第四十八条、《印刷业管理条例》第三十八条第三项、第三十九条第三项、第四十条第四项的规定并按照一般程序查办的制售假冒伪劣商品和侵犯著作权行政处罚案件信息（以下简称“案件信息”），应当按照本办法主动公开。

公民、法人或者其他组织向各级新闻出版（版权）行政执法部门申请公开其按简易程序查办的案件信息的，按照政府信息公开条例的规定予以公开。

第三条 案件信息由作出行政处罚决定的新闻出版（版权）行政执法部门进行公开，承担具体信息公开工作的内设机构由该部门自行确定。

新闻出版（版权）行政执法部门应当通过政务网站公开案件信息。没有设立政务网站的，也可以通过公告栏、新闻发布会以及报刊、广播、电视等便于公众知晓的方式予以公开。

第四条 新闻出版（版权）行政执法部门主动公开案件信息原则上应当将行政处罚决定书全文公开。

涉及商业秘密以及自然人住所、肖像、电话号码、财产状况等个人隐私的案件信息，新闻出版（版权）行政执法部门应当事先征求有关权利人的意见。经权利人同意公开或者新闻出版（版权）行政执法部门认为不公开可能对公共利益造成重大影响的，可以予以公开，并将决定公开的内容和理由书面通知权利人。

第五条 新闻出版（版权）行政执法部门应当在作出行政处罚决定后20个工作日内对案件信息予以公开，并报上一级机关。

行政处罚案件因行政复议或行政诉讼发生变更或撤销的，新闻出版（版权）行政执法部门应当在变更或撤销后20个工作日内公开相关信息，并上报上一级机关。

省级新闻出版（版权）行政执法部门负责汇总全省（区、市）案件信息公开情况，并通过国家版权监管平台在一案一报的基础上，于每月月底前将上月案件信息公开总体情况汇总后上报新闻出版广电总局（国家版权局）。

第六条 因案件信息涉及国家秘密、国家政治和经济安全或者影响社会稳定，新闻出版（版权）行政执法部门决定不公开相关信息的，应当写明理由并报上一级机关批准。

第七条 各级新闻出版（版权）行政执法部门要把案件信息公开工作作为执法监督的重要内容，严格履行案件信息公开的责任和义务，对案件信息公开工作实行年度考核制度。上级机关和监察机关要加强监督指导，对不履行信息公开义务、不及时更新公开信息内容、违规收取费用的行为，责令改正。情节严重的，要追究相关责任人和主管领导责任。

第八条 各级新闻出版（版权）行政执法部门应当对案件信息公开工作加强组织领导，建立健全内部审核、保密审查、档案管理等工作机制，制定工作流程等配套措施，加强队伍培训，提高执法水平。

第九条 本细则自2014年6月1日起施行。

关于废止35件规范性文件的决定

国家新闻出版署　2019年11月15日　国新出发〔2019〕38号

各省、自治区、直辖市新闻出版局，中央军委政治工作部宣传局：

为贯彻落实《法治政府建设实施纲要（2015—2020年）》，国家新闻出版署对现行新闻出版领域规范性文件进行了全面清理，决定废止35件，自公布之日起生效。

国家新闻出版署决定废止的规范性文件目录

（共35件）

序号	发布机关	文件名称	文号	发布时间
1	新闻出版署	关于实施《中国标准音像制品编码》的通知	新出音〔1992〕1785号	1992-11-14
2	新闻出版署、广播电影电视部	关于改进广播电视类报纸出版管理的通知	新出联〔1995〕8号	1995-3-31
3	新闻出版署	关于转发上海市新闻出版局《关于禁止用新闻形式进行企业形象广告宣传的通知》的通知	〔95〕新出报751号	1995-6-29
4	新闻出版署	关于印发《出版管理行政处罚文书示范格式》的通知	新出政〔1998〕443号	1998-4-30
5	新闻出版署	关于报纸刊载证券期货信息若干管理事项的通知	〔98〕新出报459号	1998-5-11
6	新闻出版署	出版物批发市场管理暂行办法	新出发〔2000〕967号	2000-7-27

续表

序号	发布机关	文件名称	文号	发布时间
7	新闻出版署	关于修订《新闻出版署出版物鉴定规则》有关条文的通知	新出办〔2001〕30号	2001-1-9
8	新闻出版总署	关于加强教材发行管理工作的通知	新出发〔2001〕1229号	2001-8-24
9	新闻出版总署、国家版权局	关于加强版权统计工作的通知	新出联〔2002〕11号	2002-4-29
10	新闻出版总署	关于规范新闻出版业融资活动的实施意见	新出办〔2002〕715号	2002-6-3
11	新闻出版总署	关于进一步加强社会文化生活类报刊管理的通知	新出办〔2002〕719号	2002-6-3
12	新闻出版总署	关于印发《关于推进和规范出版物发行连锁经营的若干意见》的通知	新出发〔2002〕886号	2002-7-25
13	新闻出版总署	关于印发《关于抓紧制定出版物发行网点设置规划的意见》的通知	新出发〔2002〕888号	2002-7-25
14	新闻出版总署	关于印发出版集团组建基本条件和审批程序的通知	新出办〔2002〕913号	2002-8-2
15	新闻出版总署	关于印发《印刷企业年度核验工作的指导意见》的通知	新出印〔2003〕1142号	2003-10-24
16	新闻出版总署	关于加强音像制品年度出版计划备案工作的通知	新出发〔2003〕431号	2003-12-1
17	新闻出版总署	关于调整专业技术人员职称评聘计算机应用能力要求的通知	新出职改〔2004〕001号	2003-12-18
18	新闻出版总署	公告（36项行政许可事项）	2004年第1号	2004-7-15

续表

序号	发布机关	文件名称	文号	发布时间
19	新闻出版总署	关于对《出版物市场管理规定》中有关从业人员资格问题解释的通知	新出厅〔2005〕8号	2005-1-10
20	新闻出版总署	关于印发《新闻出版总署信息报送管理办法》等3个文件的通知	新出厅字〔2006〕175号	2006-7-3
21	新闻出版总署、国家工商行政管理总局	关于禁止报刊刊载部分类型广告的通知	新出联〔2006〕11号	2006-10-18
22	新闻出版总署、国家版权局	公告（行政执法依据目录）	2006年第1号	2006-12-15
23	新闻出版总署	关于印发《全国印刷统计报表制度》、《新闻出版企事业单位财务状况与经营成果统计报表制度》、《全国出版物发行统计报表制度》、《全国版权管理和版权贸易统计报表制度》的通知	新出厅字〔2006〕359号	2006-12-25
24	新闻出版总署	关于新闻和出版专业职称评聘工作中有关外语水平要求的通知	新出职改〔2007〕101号	2007-5-29
25	新闻出版总署	关于下发《新闻出版总署贯彻落实中央两办〈关于加强网络文化建设和管理的意见〉的工作方案》的通知	新出厅字〔2007〕311号	2007-11-9
26	新闻出版总署	关于印发《经营性图书出版单位等级评估办法》的通知	新出图〔2008〕708号	2008-6-17

续表

序号	发布机关	文件名称	文号	发布时间
27	新闻出版总署	关于在中央重点新闻网站试点核发新闻记者证的通知	新出字〔2010〕325 号	2010-7-23
28	新闻出版总署	关于严格规范内部发行报刊及连续性内部资料性出版物市场秩序的通知	〔2010〕新出明电 29 号	2010-9-28
29	国家新闻出版广电总局	关于开展新闻采编人员岗位培训的通知	新出字〔2013〕333 号	2013-9-25
30	国家新闻出版广电总局	关于进一步规范出版境外著作权人授权互联网游戏作品和电子游戏出版物申报材料的通知	新广出办函〔2014〕111 号	2014-4-18
31	国家新闻出版广电总局	关于印发《国家新闻出版广电总局新闻出版政府信息公开实施办法》的通知	新广出办发〔2014〕155 号	2014-12-30
32	国家新闻出版广电总局	关于印发《行政审批办理时限暂行规定》的通知	新广出办发〔2015〕33 号	2015-3-30
33	国家新闻出版广电总局	关于印发《内部资料性出版物准印证》样式的通知	新广出办函〔2015〕143 号	2015-5-6
34	国家新闻出版广电总局	关于印发《国家新闻出版广电总局（国家版权局）新闻出版行政许可工作规程》的通知	新广出办发〔2016〕45 号	2016-5-27
35	国家新闻出版广电总局	关于印发《新华书店社会效益考核评价办法》的通知	新广出发〔2016〕75 号	2016-11-15

关于公布继续有效的规范性文件目录的公告

国家新闻出版署　2019年11月15日　2019年第4号

为贯彻落实《法治政府建设实施纲要（2015—2020年）》，国家新闻出版署对现行新闻出版领域规范性文件进行了全面清理。经清理，截至2019年11月1日，继续有效的规范性文件共282件，现将规范性文件目录予以公布。

特此公告。

国家新闻出版署继续有效的规范性文件目录

（共282件）

序号	发布机关	文件名称	文号	发布时间
1	国家出版局	关于征集图书、杂志、报纸样本的办法	〔79〕出版字第193号	1979-4-18
2	新闻出版署	关于整理出版《金瓶梅》及其研究资料的通知	〔88〕新出图字第602号	1988-6-10
3	中共中央宣传部、新闻出版署	关于出版“文化大革命”图书问题的若干规定	新出联〔1988〕8号	1988-12-10
4	新闻出版署	关于发布《关于认定淫秽及色情出版物的暂行规定》的通知	〔88〕新出办字第1512号	1988-12-27
5	新闻出版署	关于印发《关于部分应取缔出版物认定标准的暂行规定》的通知	〔89〕新出政字第1064号	1989-11-3
6	新闻出版署	关于对描写党和国家主要领导人的出版物加强管理的规定	新出图〔1990〕551号	1990-5-5

续表

序号	发布机关	文件名称	文号	发布时间
7	新闻出版署、国家计划委员会、建设部	关于图书发行网点建设若干问题的通知	〔91〕新出联字第1号	1991-1-8
8	新闻出版署	关于处理白孝琪非法出版《半色曝光》一案中如何计算非法经营数额的批复	〔91〕新出政字第36号	1991-1-10
9	新闻出版署	关于认定、查禁非法出版物的若干问题的通知	〔91〕新出发字98号	1991-1-30
10	新闻出版署	关于出版党代会、党中央全会和全国人代会文件及学习辅导材料的暂行规定	新出图〔1991〕276号	1991-4-2
11	新闻出版署	关于出版社不得要求作者个人包销图书的通知	新出图字〔1991〕1035号	1991-8-15
12	新闻出版署	关于不得擅用中央和国家机关名义编书和推销图书的通知	新出办字〔1991〕1055号	1991-8-21
13	新闻出版署、中共中央宣传部、商业部、财政部、国家税务局	印发《关于加强农村图书发行工作的意见》的通知	新出联字〔1991〕第18号	1991-10-26
14	新闻出版署	关于出版曾任和现任党和国家主要领导人著作的补充通知	〔91〕新出图字第1307号	1991-11-2
15	新闻出版署	关于调整向北京图书馆缴送杂志样本数量的通知	〔91〕新出期字第1316号	1991-11-4
16	新闻出版署	关于贯彻执行国务院《法规汇编编辑出版管理规定》的通知	新出图〔1991〕1550号	1991-12-23
17	新闻出版署	关于刘欣销售非法出版物一案中如何计算非法经营数额的批复	新出政〔1992〕815号	1992-6-12

续表

序号	发布机关	文件名称	文号	发布时间
18	新闻出版署、国家语言文字工作委员会	出版物汉字使用管理规定	新出联〔1992〕4号	1992-7-7
19	新闻出版署、国家档案局	关于印发《出版社书稿档案管理办法》的通知	新出联〔1992〕6号	1992-9-13
20	新闻出版署	书刊印刷产品质量监督管理暂行办法	〔92〕新出技1802号	1992-11-20
21	新闻出版署、公安部	关于鉴定淫秽录像带、淫秽图片有关问题的通知	〔93〕新出联1号	1993-1-19
22	新闻出版署	新闻出版署出版物鉴定规则	新出图〔1993〕179号	1993-3-16
23	新闻出版署	关于部分古旧小说出版的管理规定	新出图〔1993〕612号	1993-5-20
24	新闻出版署	关于发布《关于出版单位的主办单位和主管单位职责的暂行规定》的通知	新出政〔1993〕801号	1993-6-29
25	新闻出版署	关于重申不适用中国标准书号的四类出版物的编号方法的通知	〔93〕新出图1227号	1993-9-9
26	中共中央宣传部、中共中央统战部、新闻出版署、国家民委、宗教事务局	关于对涉及伊斯兰教的出版物加强管理的通知	新出联〔1993〕12号	1993-10-19
27	中共中央宣传部、新闻出版署	关于禁止“买卖书号”的通知	新出联〔1993〕13号	1993-10-26
28	新闻出版署	关于防止在出版物中泄露国家秘密的通知	新出图〔1994〕156号	1994-3-12
29	新闻出版署	关于印发《对台出版交流管理暂行规定》的通知	〔94〕新出外430号	1994-6-6
30	新闻出版署	关于加强图书审读工作的通知	新出图〔1994〕435号	1994-6-16

续表

序号	发布机关	文件名称	文号	发布时间
31	新闻出版署	关于禁止中国标准书号“一号多用”的规定	新出图〔1994〕957号	1994-11-14
32	新闻出版署、宗教事务局、海关总署	关于承接《圣经》印件的管理规定	〔94〕新出联14号	1994-11-22
33	新闻出版署	关于对证券、期货专业报纸和期刊加强管理的通知	〔94〕新出报1015号	1994-12-9
34	新闻出版署	关于出版反映党和国家主要领导人工作和生活情况的摄影画册的规定	新出图〔1995〕215号	1995-3-2
35	新闻出版署	关于印发《报纸质量管理标准（试行）》的通知	〔95〕新出报252号	1995-3-20
36	新闻出版署	关于发布《社会科学期刊质量管理标准》（试行）的通知	〔95〕新出期696号	1995-6-13
37	新闻出版署	关于使用统一《录音录像制品复制委托书》的通知	新出音〔1995〕1004号	1995-8-3
38	新闻出版署	关于加强光盘母版刻录管理的通知	新出音〔1995〕1116号	1995-8-30
39	新闻出版署	关于颁发《报刊社社长总编辑（主编）任职条件的暂行规定》的通知	〔95〕新出报1294号	1995-10-19
40	新闻出版署	关于使用统一《电子出版物复制委托书》的通知	新出音〔1995〕1383号	1995-11-24
41	新闻出版署、中共中央宣传部、国家教委、人事部	关于印发《关于在出版行业开展岗位培训实施持证上岗制度的规定》的通知	新出联〔1995〕28号	1995-12-25
42	新闻出版署	关于使用全国统一《图书、期刊印制委托书》的通知	新出技〔1996〕65号	1996-2-7
43	新闻出版署、国家版权局	关于将执行《著作权法》情况列入报刊年检的通知	〔96〕新出联17号	1996-7-8

续表

序号	发布机关	文件名称	文号	发布时间
44	中共中央宣传部、新闻出版署、邮电部、建设部	关于在全国城镇兴建增建党报阅报栏的通知	〔96〕新出联20号	1996-8-5
45	新闻出版署	关于进一步加强《录音录像制品复制委托书》管理的通知	新出音〔1996〕681号	1996-9-19
46	新闻出版署	关于军队系统使用《图书、期刊印制委托书》具体规定的通知	新出联〔1996〕378号	1996-11-4
47	新闻出版署	关于重申对出版反映党和国家主要领导人工作和生活情况图书加强管理的紧急通知	新出图〔1997〕15号	1997-1-24
48	新闻出版署	关于严格禁止买卖书号、刊号、版号等问题的若干规定	新出图〔1997〕53号	1997-1-29
49	中共中央宣传部、新闻出版署	关于不得在出版物上公开引用发表新华社内参涉密信息的通知	新出联〔1998〕10号	1998-4-30
50	新闻出版署	关于印发《关于建立和实行新闻出版行政执法责任制的意见》的通知	新出政〔1998〕576号	1998-6-12
51	新闻出版署	关于不得擅自出版政府白皮书的通知	新出图〔1998〕1069号	1998-9-10
52	新闻出版署	关于归口管理参加国际书展及展销会的通知	〔98〕新出外1432号	1998-12-11
53	新闻出版署	关于在全国各出版社实施图书在版编目（CIP）有关问题的通知	新出技〔1999〕185号	1999-3-8

续表

序号	发布机关	文件名称	文号	发布时间
54	新闻出版署	关于加强和改进重大选题备案工作的通知	新出图〔1999〕198号	1999-3-9
55	新闻出版署	关于发布《报刊刊载虚假、失实报道处理办法》的通知	新出报刊〔1999〕859号	1999-7-8
56	中共中央宣传部、新闻出版署	关于不得出版宣扬愚昧迷信和伪科学内容出版物的通知	新出联〔1999〕16号	1999-8-23
57	新闻出版署、文化部	关于切实防止出版销售有严重政治问题的音像制品和清理低级庸俗、夹杂淫秽色情内容的彩封及包装的音像制品的通知	新出联〔2000〕8号	2000-3-10
58	新闻出版署	关于发布、实施《出版物条码管理办法》的通知	新出技〔2000〕404号	2000-3-29
59	新闻出版署	关于规范涉外版权合作期刊封面标识的通知	新出报刊〔2000〕430号	2000-4-10
60	新闻出版署	关于颁布《音像制品条码实施细则》的通知	新出音〔2000〕1137号	2000-9-1
61	新闻出版署	关于坚决制止发表和出版政治观点错误的文章和图书的通知	新出办〔2000〕1288号	2000-9-28
62	新闻出版署	关于加强光盘复制管理若干问题的通知	新出音〔2000〕1592号	2000-11-22
63	新闻出版署、公安部	关于光盘生产源鉴定工作有关问题的通知	新出联〔2000〕39号	2000-11-24
64	新闻出版署	关于禁止“收费约稿”编印图书和期刊的通知	新出图〔2000〕1699号	2000-12-15
65	新闻出版署	关于认定非法出版物单价数额的意见	新出办〔2000〕24号	2001-1-8

续表

序号	发布机关	文件名称	文号	发布时间
66	新闻出版署	关于严格执行期刊“三审制”和“三校一读”制度保证出版质量的通知	新出报刊〔2001〕142 号	2001-2-22
67	新闻出版署	关于重大选题备案工作补充规定的通知	新出图〔2001〕291 号	2001-3-19
68	新闻出版总署	关于重申禁止中国标准书号“一号多用”规定的通知	新出图〔2001〕812 号	2001-6-13
69	新闻出版总署	关于在出版物中使用规范的党旗党徽及其图案的通知	新出明电字〔2001〕10 号	2001-6-29
70	新闻出版总署	关于加强新闻出版系统跨地区、跨部门组团管理的通知	新出外〔2001〕1069 号	2001-8-2
71	新闻出版总署	关于对出版物使用互联网信息加强管理的通知	新出报刊〔2001〕1107 号	2001-8-14
72	新闻出版总署、农业部	关于尽快落实农村订阅报刊费用限额切实减轻农民负担的通知	新出联〔2001〕23 号	2001-10-25
73	新闻出版总署	关于禁止传播有害信息进一步规范出版秩序的通知	新出报刊〔2001〕1498 号	2001-11-5
74	新闻出版总署	关于印发《印刷经营许可证》式样的通知	新出办〔2001〕1507 号	2001-11-8
75	新闻出版总署	关于出版我国加入 WTO 法律文件的通知	新出图〔2001〕1646 号	2001-12-17
76	新闻出版总署、国家计委、教育部	关于在中小学教材封底标示全学年零售价格有关问题的通知	新出联〔2002〕6 号	2002-2-20
77	新闻出版总署	关于纠正出版物中将“闽南语”误称“台语”问题的通知	新出音〔2002〕303 号	2002-3-18

续表

序号	发布机关	文件名称	文号	发布时间
78	新闻出版总署、教育部、国家计委	关于进一步贯彻落实中小学教材管理体制改革意见的通知	新出联〔2002〕13号	2002-5-17
79	新闻出版总署	关于新闻出版业集团化建设的若干意见	新出办〔2002〕714号	2002-6-3
80	新闻出版总署	关于印发《新闻出版行业领导岗位持证上岗实施办法》的通知	新出办〔2002〕717号	2002-6-3
81	新闻出版总署	关于加强对出版单位与境外出版机构联合冠名管理的通知	新出图〔2002〕701号	2002-6-11
82	新闻出版总署	关于贯彻执行国家经贸委令32号《淘汰落后生产能力、工艺和产品目录》（第三批）的通知	新出印〔2002〕710号	2002-6-14
83	新闻出版总署	关于印发《关于新华书店（发行集团）股份制改造的若干意见》的通知	新出发〔2002〕887号	2002-7-25
84	新闻出版总署	关于印发发行集团组建基本条件和审批程序的通知	新出办〔2002〕912号	2002-8-2
85	新闻出版总署	关于加强对进口出版物内容审查工作的通知	新出外〔2002〕941号	2002-8-5
86	新闻出版总署	关于发放《图书、期刊印制委托书》软片的通知	新出厅字〔2002〕147号	2002-11-21
87	新闻出版总署	关于新闻采编人员资格培训实施工作的通知	新出厅字〔2003〕6号	2003-1-10
88	新闻出版总署	关于电话号码簿出版、发行问题的批复	新出法规〔2003〕239号	2003-3-4

续表

序号	发布机关	文件名称	文号	发布时间
89	新闻出版总署	关于新华书店实行股份制改造中有关问题的通知	新出发〔2003〕320号	2003-3-24
90	新闻出版总署	关于颁发《图书出版许可证》的通知	新出图〔2003〕649号	2003-6-23
91	新闻出版总署	关于印发《关于落实中办、国办〈关于进一步治理党政部门报刊散滥和利用职权发行，减轻基层和农民负担的通知〉的实施细则》的通知	新出报刊〔2003〕745号	2003-7-23
92	新闻出版总署	关于对《关于落实中办、国办〈关于进一步治理党政部门报刊散滥和利用职权发行，减轻基层和农民负担的通知〉的实施细则》有关规定说明的通知	新出报刊〔2003〕778号	2003-8-1
93	新闻出版总署	关于在游戏出版物中登载《健康游戏忠告》的通知	新出音〔2003〕861号	2003-8-27
94	新闻出版总署	关于开展对期刊新闻采编人员进行资格培训工作的通知	新出厅字〔2003〕234号	2003-11-5
95	新闻出版总署、信息产业部、国家工商行政管理总局、国家版权局、全国“扫黄”“打非”工作小组办公室	关于开展对“私服”、“外挂”专项治理的通知	新出联〔2003〕19号	2003-12-18
96	新闻出版总署	关于进一步加强对涉及民族宗教问题出版物管理的通知	新出报刊〔2003〕1489号	2003-12-23
97	中共中央宣传部、新闻出版总署	关于对管办分离和划转报刊加强管理的通知	新出联〔2004〕5号	2004-2-4

续表

序号	发布机关	文件名称	文号	发布时间
98	中共中央宣传部、国务院纠风办、新闻出版总署	关于进一步规范党政部门报刊征订工作的通知	新出联〔2004〕6 号	2004-2-5
99	新闻出版总署	关于进一步加强图书审读工作的意见	新出图〔2004〕440 号	2004-3-21
100	中共中央宣传部、新闻出版总署	关于进一步加强“三农”读物出版发行工作的意见	新出联〔2004〕14 号	2004-5-20
101	中共中央宣传部、新闻出版总署	关于进一步加强和改进未成年人出版物出版工作的意见	新出联〔2004〕13 号	2004-5-31
102	新闻出版总署	关于公布取消和下放的新闻出版总署行政审批项目后续监管措施的通知	新出法规〔2004〕731 号	2004-6-15
103	新闻出版总署	关于试行报纸出版评估论证制度的通知	新出报刊〔2004〕887 号	2004-7-12
104	新闻出版总署、国家版权局	关于落实国务院归口审批电子和互联网游戏出版物决定的通知	新出联〔2004〕18 号	2004-7-27
105	新闻出版总署	关于加强蚀刻光盘来源识别码管理的通知	新出印〔2004〕1018 号	2004-9-10
106	新闻出版总署	关于非法出版案中如何计算违法经营额的批复	新出法规〔2004〕1177 号	2004-10-18
107	新闻出版总署	关于加强内部发行图书管理的通知	新出图〔2004〕1272 号	2004-11-24
108	新闻出版总署、国务院新闻办公室	关于香港我办报刊在内地设立办事机构及有关事项的通知	新出联〔2005〕1 号	2005-1-5
109	新闻出版总署	关于禁止利用网络游戏从事赌博活动的通知	新出音〔2005〕25 号	2005-1-12

续表

序号	发布机关	文件名称	文号	发布时间
110	新闻出版总署	关于印发《关于认定淫秽与色情声讯的暂行规定》的通知	新出法规〔2005〕61号	2005-1-31
111	新闻出版总署	关于中小学校征订发放教辅资料行为定性的意见	新出厅字〔2005〕54号	2005-3-9
112	新闻出版总署	关于设立包装装潢印刷品印刷企业有关问题的批复	新出法规〔2005〕541号	2005-6-1
113	新闻出版总署	贯彻落实《关于进一步加强和改进舆论监督工作的意见》的通知	新出报刊〔2005〕549号	2005-6-2
114	新闻出版总署	关于建立出版物发行单位违规档案的通知	新出发〔2005〕554号	2005-6-6
115	新闻出版总署	关于进一步加强“名录类”出版物出版管理的通知	新出法规〔2005〕1030号	2005-9-29
116	新闻出版总署	关于印发中国出版政府奖评奖章程的通知	新出人〔2005〕1040号	2005-10-8
117	新闻出版总署、国家版权局	关于复制应当包含印刷过程中装订环节的意见	新出联〔2005〕18号	2005-10-10
118	新闻出版总署	印发《关于加强科技期刊负责人岗位培训工作的意见》的通知	新出厅字〔2006〕49号	2006-2-21
119	新闻出版总署	关于印发报纸期刊年度核验办法的通知	新出报刊〔2006〕181号	2006-2-28
120	新闻出版总署	关于规范图书出版单位辞书出版业务范围的若干规定	新出图〔2006〕232号	2006-3-10
121	新闻出版总署	关于中小学教材发行费用标准的通知	新出发〔2006〕489号	2006-5-15

续表

序号	发布机关	文件名称	文号	发布时间
122	新闻出版总署	关于在新闻出版行业实施干部调训制度的通知	新出厅字〔2006〕136 号	2006-5-23
123	新闻出版总署、国家发展改革委	关于教材招投标地区发行费用问题的通知	新出厅联字〔2006〕141 号	2006-6-1
124	新闻出版总署	关于对违规报纸期刊使用警示通知书有关问题的通知	新出报刊〔2006〕567 号	2006-6-15
125	新闻出版总署	关于进一步加强音像制品重大选题备案工作的通知	新出音〔2006〕584 号	2006-6-15
126	新闻出版总署	关于加强版号管理暨进一步查处“买卖版号”行为的通知	新出音〔2006〕585 号	2006-6-15
127	新闻出版总署	关于印发《新闻出版总署关于深化出版发行体制改革工作实施方案》的通知	新出办〔2006〕616 号	2006-7-3
128	中共中央宣传部、国务院纠风办、新闻出版总署、国家邮政局	关于采取切实措施规范报刊发行秩序的通知	新出联〔2006〕6 号	2006-7-31
129	新闻出版总署、国家发展改革委、教育部、国务院纠风办、监察部、财政部、审计署	关于严禁在中小学教材出版发行环节违规收取费用的通知	新出联〔2006〕8 号	2006-8-3
130	新闻出版总署	关于核发出版物进口经营许可证及实行年检制度的通知	新出外〔2006〕1238 号	2006-11-28
131	新闻出版总署	关于云阳中学非法出版物案有关法律适用问题的批复	新出法规〔2006〕1284 号	2006-12-12
132	新闻出版总署	公告（成立行政审批受理中心）	2006 年第 2 号	2006-12-22

续表

序号	发布机关	文件名称	文号	发布时间
133	新闻出版总署、商务部、海关总署	关于加强对承接境外印刷复制业务监管的紧急通知	新出联〔2006〕15号	2006-12-30
134	新闻出版总署	关于印发《全国新闻出版行业领军人才遴选与培养实施办法》的通知	新出人〔2007〕70号	2007-1-23
135	新闻出版总署	关于加强音像制品和电子出版物样本缴送工作的通知	新出音〔2007〕71号	2007-1-24
136	新闻出版总署	关于加强音像制品、电子出版物和网络出版物审读工作的通知	新出音〔2007〕129号	2007-2-16
137	新闻出版总署、中央文明办、国家发展和改革委员会、科技部、民政部、财政部、农业部、国家人口和计划生育委员会	关于印发《“农家书屋”工程实施意见》的通知	新出联〔2007〕2号	2007-3-6
138	新闻出版总署、中央文明办、教育部、公安部、信息产业部、共青团中央、中华全国妇女联合会、中国关心下一代工作委员会	关于保护未成年人身心健康 实施网络游戏防沉迷系统的通知	新出联〔2007〕5号	2007-3-12
139	新闻出版总署	关于印发《期刊出版形式规范》的通知	新出报刊〔2007〕376号	2007-4-12
140	新闻出版总署	关于评选中国出版政府奖的通知	新出人〔2007〕848号	2007-7-10
141	新闻出版总署、公安部、国家工商行政管理总局、信息产业部	关于规范利用互联网从事印刷经营活动的通知	新出联〔2007〕8号	2007-8-1

续表

序号	发布机关	文件名称	文号	发布时间
142	新闻出版总署	关于保障新闻采编人员合法采访权利的通知	新出报刊〔2007〕1409 号	2007-10-31
143	新闻出版总署	关于转发《关于加强互联网地图和地理信息服务网站监管的意见》的通知	新出音〔2008〕382 号	2008-4-15
144	新闻出版总署	关于印发《农家书屋工程建设管理暂行办法》的通知	新出发〔2008〕865 号	2008-7-21
145	新闻出版总署	关于纺织品转移印花监管问题的批复	新出印〔2008〕904 号	2008-8-5
146	新闻出版总署	关于进一步加强对涉及民族宗教出版物管理的通知	新出机字〔2008〕216 号	2008-8-20
147	新闻出版总署	关于音像制品进口管理职能调整及进口音像制品内容审查事项的通知	新出出版〔2008〕1022 号	2008-8-29
148	新闻出版总署	关于进一步做好新闻采访活动保障工作的通知	新出报刊〔2008〕1260 号	2008-11-7
149	新闻出版总署、商务部、海关总署	关于音像制品进口及市场管理有关问题的公告	2008 年第 1 号	2008-12-9
150	新闻出版总署	关于取消音像制品统一性防伪标识的公告	2008 年第 2 号	2008-12-18
151	新闻出版总署	关于印发《书号实名申领管理办法（试行）》的通知	新出出版〔2009〕33 号	2009-1-7
152	新闻出版总署	关于进一步加强和改进报刊出版管理工作的通知	新出报刊〔2009〕124 号	2009-2-6
153	新闻出版总署	关于印发《报纸期刊审读暂行办法》的通知	新出报刊〔2009〕126 号	2009-2-9
154	新闻出版总署	关于规范报纸期刊主要负责人任职资格的通知	新出报刊〔2009〕184 号	2009-2-24

续表

序号	发布机关	文件名称	文号	发布时间
155	新闻出版总署	关于采取切实措施制止虚假报道的通知	新出报刊〔2009〕290号	2009-3-24
156	新闻出版总署	关于印发《关于进一步推进新闻出版体制改革的指导意见》的通知	新出产业〔2009〕298号	2009-3-25
157	新闻出版总署	关于印发《中央各部门各单位出版社转制工作基本规程》的通知	新出字〔2009〕1号	2009-5-7
158	新闻出版总署	关于印发新闻出版行业特有工种（出版物发行员）职业技能鉴定有关制度的通知	新人教〔2009〕71号	2009-5-13
159	新闻出版总署、国家广电总局	关于广播电影电视新闻单位申领新闻记者证的通知	新出联〔2009〕8号	2009-6-15
160	新闻出版总署	关于加强对进口网络游戏审批管理的通知	新出厅字〔2009〕266号	2009-7-1
161	新闻出版总署	关于促进我国音像业健康有序发展的若干意见	新出政发〔2009〕5号	2009-7-20
162	新闻出版总署、国家版权局、全国“扫黄打非”工作小组办公室	关于贯彻落实国务院《“三定”规定》和中央编办有关解释，进一步加强网络游戏前置审批和进口网络游戏审批管理的通知	新出联〔2009〕13号	2009-9-28
163	新闻出版总署、中央机构编制委员会办公室、国家工商行政管理总局	关于中央各部门各单位转制出版社办理法人登记有关问题的通知	新出联〔2009〕15号	2009-10-16
164	新闻出版总署	关于进一步推动新闻出版产业发展的指导意见	新出政发〔2010〕1号	2010-1-1

续表

序号	发布机关	文件名称	文号	发布时间
165	新闻出版总署	关于印发《古籍整理专项经费管理暂行办法》的通知	新出厅字〔2010〕5 号	2010-1-7
166	新闻出版总署	关于印发《国家出版基金管理委员会工作制度》等三个文件的通知	新出厅字〔2010〕9 号	2010-1-20
167	新闻出版总署	关于进一步加强和改进新闻出版统计工作的意见	新出政发〔2010〕3 号	2010-2-12
168	新闻出版总署	关于加强出版物进口管理工作的通知	新出厅字〔2010〕56 号	2010-3-1
169	新闻出版总署、财政部	关于印发《民族文字出版专项资金资助项目管理暂行办法》的通知	新出联〔2010〕11 号	2010-5-28
170	新闻出版总署	关于印发《报纸期刊出版质量综合评估办法（试行）》的通知	新出字〔2010〕294 号	2010-7-12
171	新闻出版总署、教育部	关于接受境外机构或个人赠送境外出版物有关事项的通知	新出联〔2010〕13 号	2010-7-22
172	新闻出版总署	关于重申不得以书号出刊规定的通知	新出字〔2010〕349 号	2010-8-9
173	新闻出版总署	关于做好少儿报刊管理工作的通知	新出厅字〔2010〕314 号	2010-8-10
174	新闻出版总署、国家邮政局	关于推动农家书屋和村邮站建设的通知	新出联〔2010〕14 号	2010-8-12
175	新闻出版总署	关于加快我国数字出版产业发展的若干意见	新出政发〔2010〕7 号	2010-8-16
176	新闻出版总署	关于进一步加强教育教辅类报刊管理的通知	新出字〔2010〕396 号	2010-9-1

续表

序号	发布机关	文件名称	文号	发布时间
177	新闻出版总署	关于农家书屋工程验收督查工作的指导意见	新出政发〔2010〕8号	2010-9-7
178	新闻出版总署	关于依法依规将电子书纳入审批管理的通知	新出厅发〔2010〕4号	2010-10-9
179	新闻出版总署	关于发展电子书产业的意见	新出政发〔2010〕9号	2010-10-9
180	新闻出版总署	关于加强养生保健类出版物管理的通知	新出字〔2010〕453号	2010-10-20
181	新闻出版总署	关于规范非时政类报刊出版单位体制改革实施方案报批工作的通知	新出字〔2010〕454号	2010-10-25
182	新闻出版总署	关于加强出版专业技术人员职业资格登记注册管理工作的通知	新出厅字〔2010〕466号	2010-11-11
183	新闻出版总署	关于进一步规范出版物文字使用的通知	新出政发〔2010〕11号	2010-11-23
184	新闻出版总署	关于印发《出版专业技术人员继续教育暂行规定》的通知	新出政发〔2010〕10号	2010-11-25
185	新闻出版总署	关于对署管报刊出版单位负责人实行任前审批的通知	新出厅字〔2010〕494号	2010-11-26
186	新闻出版总署	关于促进出版物网络发行健康发展的通知	新出字〔2010〕520号	2010-12-7
187	新闻出版总署	关于印发《新闻出版总署主管社会团体换届工作管理办法》的通知	新出厅发〔2010〕9号	2010-12-13
188	新闻出版总署、中国证券监督管理委员会	关于印发《关于加强报刊传播证券期货信息管理工作的若干规定》的通知	新出联〔2010〕17号	2010-12-17

续表

序号	发布机关	文件名称	文号	发布时间
189	新闻出版总署	关于印发《全国印刷复制行政执法报告评价制度实施办法》的通知	新出政发〔2011〕1号	2011-1-11
190	新闻出版总署	关于印发《数字印刷管理办法》的通知	新出政发〔2011〕2号	2011-1-11
191	新闻出版总署	关于进一步加强出版单位总编辑工作的意见	新出政发〔2011〕5号	2011-3-11
192	新闻出版总署	关于进一步加强新闻出版总署出版物样本缴送工作的通知	新出字〔2011〕54号	2011-3-14
193	新闻出版总署	关于印发《新闻采编人员不良从业行为记录登记办法》的通知	新出政发〔2011〕8号	2011-5-17
194	中共中央宣传部、新闻出版总署、住房和城乡建设部	关于加强城乡出版物发行网点建设的通知	新出联〔2011〕9号	2011-6-21
195	新闻出版总署、中央文明办、教育部、公安部、工业和信息化部、共青团中央、中华全国妇女联合会、中国关心下一代工作委员会	关于启动网络游戏防沉迷实名验证工作的通知	新出联〔2011〕10号	2011-7-1
196	新闻出版总署、环境保护部	关于实施绿色印刷的公告	2011年第2号	2011-10-8
197	新闻出版总署	关于印发《关于严防虚假新闻报道的若干规定》的通知	新出政发〔2011〕14号	2011-10-14
198	新闻出版总署	关于加强图书出版单位中小学教辅材料出版资质管理的通知	新出政发〔2011〕17号	2011-12-6

续表

序号	发布机关	文件名称	文号	发布时间
199	新闻出版总署	关于印发《国家印刷复制示范企业管理办法》的通知	新出政发〔2011〕18号	2011-12-6
200	新闻出版总署	关于下发《〈中国标准录音制品编码〉国家标准实施办法》和《音像电子出版物专用书号管理办法》的通知	新出政发〔2011〕19号	2011-12-28
201	新闻出版总署	关于加快我国新闻出版业走出去的若干意见	新出政发〔2012〕1号	2012-1-1
202	新闻出版总署	关于加强境外数字文献数据库网络进口管理工作的通知	新出厅字〔2012〕36号	2012-1-20
203	新闻出版总署	关于加快出版传媒集团改革发展的指导意见	新出政发〔2012〕3号	2012-2-24
204	新闻出版总署、教育部、环境保护部	关于中小学教科书实施绿色印刷的通知	新出联〔2012〕11号	2012-4-6
205	新闻出版总署	关于做好非时政类报刊出版单位体制改革涉及行政审批事项申报材料报送工作的通知	新出厅字〔2012〕260号	2012-5-29
206	新闻出版总署	关于印发《新闻出版总署关于支持民间资本参与出版经营活动的实施细则》的通知	新出政发〔2012〕5号	2012-6-28
207	新闻出版总署	关于印发《关于报刊编辑部体制改革的实施办法》的通知	新出政发〔2012〕9号	2012-7-30
208	新闻出版总署	关于进一步加强学术著作出版规范的通知	新出政发〔2012〕11号	2012-9-4

续表

序号	发布机关	文件名称	文号	发布时间
209	新闻出版总署	关于做好报刊年度核验后续工作的通知	新出厅字〔2012〕437 号	2012-9-28
210	新闻出版总署	关于规范报刊停办注销有关程序的通知	新出厅发〔2012〕2 号	2012-10-26
211	新闻出版总署	关于取消期刊出版增刊审批后续管理问题的通知	新出厅发〔2012〕3 号	2012-11-30
212	新闻出版总署	关于做好第六轮新闻出版行政审批项目取消调整后续工作的通知	新出厅字〔2012〕533 号	2012-12-11
213	新闻出版总署	关于做好出版专业技术人员职业资格续展登记注册工作的通知	新出厅字〔2012〕565 号	2012-12-26
214	新闻出版总署	关于认真做好向农村义务教育阶段学生免费提供《新华字典》有关工作的通知	新出明电〔2013〕1 号	2013-1-4
215	国家新闻出版广电总局	关于加强新闻采编人员网络活动管理的通知	新出字〔2013〕110 号	2013-4-8
216	国家新闻出版广电总局	关于进一步加强报刊刊载医药广告管理的通知	新出厅字〔2013〕167 号	2013-5-31
217	国家新闻出版广电总局	关于坚持厉行节约、严格控制和规范新闻出版展会的通知	新出政发〔2013〕4 号	2013-8-23
218	国家新闻出版广电总局	关于严厉禁止和坚决查处中小学教辅材料出版发行违法违规行为的通知	新出政发〔2013〕5 号	2013-8-26
219	国家新闻出版广电总局	关于做好取消设立出版物全国连锁经营单位审批项目后续工作的通知	新出厅发〔2013〕5 号	2013-9-3

续表

序号	发布机关	文件名称	文号	发布时间
220	国家新闻出版广电总局	关于做好国发〔2013〕19号文公布取消新闻出版行政审批项目后续监管工作的通知	新出政发〔2013〕7号	2013-9-5
221	国家新闻出版广电总局、财政部、文化部	关于做好农家书屋出版物补充更新和使用工作的通知	新出联〔2013〕7号	2013-9-17
222	国家新闻出版广电总局	关于加强印刷复制发行管理的通知	新出政发〔2013〕8号	2013-10-12
223	国家新闻出版广电总局	关于做好国发〔2013〕27号文公布取消新闻出版行政审批项目后续监管工作的通知	新出政发〔2013〕10号	2013-11-3
224	国家新闻出版广电总局、环境保护部、工业和信息化部、国家认证认可监督管理委员会	关于票据票证实施绿色印刷的通知	新出联〔2013〕9号	2013-11-4
225	国家新闻出版广电总局	关于贯彻落实《关于加强城乡出版物发行网点建设的通知》有关问题的复函	新出厅字〔2013〕400号	2013-11-15
226	国家新闻出版广电总局	关于自行印制《出版物经营许可证》的通知	新出厅字〔2013〕416号	2013-11-21
227	国家新闻出版广电总局	关于调整全国音像电子出版单位统计工作职能分工的通知	新出厅字〔2013〕484号	2013-12-27
228	国家新闻出版广电总局	关于办理期刊变更登记地有关事宜的通知	新出厅字〔2013〕489号	2013-12-27
229	国家新闻出版广电总局	关于加强数字出版内容投送平台建设和管理的指导意见	新出政发〔2013〕11号	2013-12-30

续表

序号	发布机关	文件名称	文号	发布时间
230	国家新闻出版广电总局	关于落实内地与香港、澳门《〈关于建立更紧密经贸关系的安排〉补充协议十》有关事项的通知	新广出发〔2014〕7号	2014-1-17
231	全国古籍整理出版规划领导小组	关于印发《国家古籍整理出版专项经费资助项目管理办法（试行）》的通知	古组发〔2014〕1号	2014-1-29
232	国家新闻出版广电总局	关于加强新闻出版展会管理的通知	新广出办发〔2014〕14号	2014-3-18
233	国家新闻出版广电总局	关于国发〔2014〕5号文取消出版物总发行相关审批事项后续监管措施的通知	新广出办发〔2014〕21号	2014-4-2
234	国家新闻出版广电总局	关于规范学术期刊出版秩序促进学术期刊健康发展的通知	新广出发〔2014〕46号	2014-4-3
235	国家新闻出版广电总局、财政部	关于推动新闻出版业数字化转型升级的指导意见	新广出发〔2014〕52号	2014-4-24
236	国家新闻出版广电总局	关于开展学术期刊认定及清理工作的通知	新广出办发〔2014〕28号	2014-4-24
237	国家新闻出版广电总局	关于下发《新闻出版（版权）行政执法部门依法公开制售假冒伪劣商品和侵犯知识产权行政处罚案件信息的实施细则（试行）》的通知	新广出发〔2014〕56号	2014-4-30
238	国家新闻出版广电总局	关于规范英文报刊对我国行政区域和机构表述的通知	新广出办发〔2014〕55号	2014-6-26
239	国家新闻出版广电总局	关于印发《新闻从业人员职务行为信息管理办法》的通知	新广出发〔2014〕75号	2014-6-30

续表

序号	发布机关	文件名称	文号	发布时间
240	国家新闻出版广电总局	关于深入开展网络游戏防沉迷实名验证工作的通知	新广出办发〔2014〕72 号	2014-7-25
241	国家新闻出版广电总局	关于印发《非公有制文化企业参与对外专项出版业务试点办法》的通知	新广出函〔2014〕297 号	2014-9-12
242	国家新闻出版广电总局	关于发放新版《图书、期刊印刷委托书》电子文件的通知	新广出办发〔2014〕104 号	2014-9-19
243	国家新闻出版广电总局	关于加强内部发行报刊保密管理工作的紧急通知	新广出函〔2014〕304 号	2014-9-24
244	国家新闻出版广电总局、国家互联网信息办公室	关于在新闻网站核发新闻记者证的通知	新广出发〔2014〕122 号	2014-10-21
245	国家新闻出版广电总局	关于进一步规范报刊发行秩序坚决制止报刊违规发行的通知	新广出发〔2014〕121 号	2014-10-23
246	国家新闻出版广电总局	关于印发《全国图书交易博览会申办办法》的通知	新广出办发〔2014〕125 号	2014-11-18
247	国家新闻出版广电总局	关于印发《关于推动网络文学健康发展的指导意见》的通知	新广出发〔2014〕133 号	2014-12-18
248	国家新闻出版广电总局	关于音像电子出版物专用书号实名申领信息系统正式运行的通知	新广出函〔2014〕422 号	2014-12-24
249	国家新闻出版广电总局	关于加强新闻出版业数字化转型升级项目管理工作的通知	新广出函〔2015〕104 号	2015-3-12
250	国家新闻出版广电总局、财政部	关于推动传统出版和新兴出版融合发展的指导意见	新广发〔2015〕32 号	2015-3-31

续表

序号	发布机关	文件名称	文号	发布时间
251	国家新闻出版广电总局、财政部	关于加强新闻出版中央财政资金项目支付个人报酬事项管理的通知	新广出发〔2015〕20号	2015-4-28
252	中共中央宣传部、国家新闻出版广电总局	关于进一步做好地方史编写出版工作的通知	新广出办发〔2015〕45号	2015-5-18
253	国家新闻出版广电总局	关于印发《国家新闻出版广电总局新闻出版科技项目成果管理办法（试行）》的通知	新广出发〔2015〕28号	2015-6-8
254	国家新闻出版广电总局、教育部、国家发展改革委	关于印发《中小学教辅材料管理办法》的通知	新广出发〔2015〕45号	2015-8-3
255	国家新闻出版广电总局	关于大力推进我国音乐产业发展的若干意见	新广出发〔2015〕81号	2015-11-17
256	国家新闻出版广电总局	关于印发《“原动力”中国原创动漫出版扶持计划专项资金管理办法》的通知	新广出办发〔2016〕13号	2016-3-2
257	国家新闻出版广电总局	关于用好现代公共文化服务体系建设专项资金保障农家书屋出版物补充更新的通知	新广出办发〔2016〕37号	2016-5-3
258	国家新闻出版广电总局、商务部、海关总署	公告（对光盘复制有关行政管理事项进行调整）	2016年第2号	2016-5-17
259	国家新闻出版广电总局	关于移动游戏出版服务管理的通知	新广出办发〔2016〕44号	2016-5-24

续表

序号	发布机关	文件名称	文号	发布时间
260	中共中央宣传部、国家新闻出版广电总局、国家发展和改革委员会、教育部、财政部、住房和城乡建设部、商务部、文化部、中国人民银行、国家税务总局、国家工商行政管理总局	关于印发《关于支持实体书店发展的指导意见》的通知	新广出发〔2016〕46 号	2016-5-26
261	国家新闻出版广电总局、财政部	关于印发《国家出版基金资助项目管理办法》的通知	新广发〔2016〕51 号	2016-6-3
262	国家新闻出版广电总局	关于印发《出版单位变更资本结构审批管理办法》的通知	新广出办发〔2016〕54 号	2016-6-19
263	国家新闻出版广电总局	关于印发《新闻出版业数字出版“十三五”时期发展规划》的通知	新广出函〔2016〕228 号	2016-6-27
264	国家新闻出版广电总局	关于印发《中学小学教科书出版资质审批管理办法》的通知	新广出办发〔2016〕58 号	2016-6-28
265	国家新闻出版广电总局	关于印发《出版物国际传播与推广专项经费管理暂行办法》的通知	新广出办函〔2016〕326 号	2016-9-30
266	国家新闻出版广电总局	关于实施“中国原创游戏精品出版工程”的通知	新广出办发〔2016〕98 号	2016-11-4
267	国家新闻出版广电总局	关于印发《新闻出版业“十三五”时期“走出去”专项规划》的通知	新广出函〔2017〕47 号	2017-1-20

续表

序号	发布机关	文件名称	文号	发布时间
268	国家新闻出版广电总局、财政部	关于深化新闻出版业数字化转型升级工作的通知	新广出发〔2017〕17号	2017-5-2
269	国家新闻出版广电总局	关于深化农家书屋延伸服务的通知	新广出办发〔2017〕38号	2017-6-5
270	国家新闻出版广电总局	关于印发《网络文学出版服务单位社会效益评估试行办法》的通知	新广出发〔2017〕34号	2017-6-14
271	国家新闻出版广电总局	关于可录类光盘盘面印刷文字图案法规适用有关问题答复意见的函	新广办函〔2017〕70号	2017-6-16
272	国家新闻出版广电总局	关于认真做好国家统编道德与法治、语文、历史教材出版发行工作的紧急通知	新广出办发〔2017〕49号	2017-7-10
273	国家新闻出版广电总局	关于加强内部资料性出版物管理的通知	新广发〔2017〕122号	2017-7-25
274	国家新闻出版广电总局	关于规范报刊单位及其所办新媒体采编管理的通知	新广出发〔2017〕44号	2017-8-2
275	国家新闻出版广电总局	关于规范开展新闻出版产业基地创建工作的通知	新广出办发〔2018〕10号	2018-2-6
276	国家新闻出版广电总局	关于印发《国家新闻出版广电总局改革发展项目库项目评价指引（试行）》的通知	新广出办发〔2018〕14号	2018-3-1
277	国家新闻出版广电总局	关于印发《关于加快新闻出版行业智库建设的指导意见》的通知	新广出发〔2018〕14号	2018-3-20
278	国家新闻出版署	关于加强新华书店网络发行能力建设的通知	国新出发〔2019〕14号	2019-4-23

续表

序号	发布机关	文件名称	文号	发布时间
279	国家新闻出版署	关于印发《国家出版产业基地（园区）管理办法》的通知	国新出发〔2019〕22号	2019-6-19
280	国家新闻出版署、国家发展改革委、工业和信息化部、生态环境部、国家市场监督管理总局	印发《关于推进印刷业绿色化发展的意见》的通知	国新出发〔2019〕29号	2019-9-19
281	国家新闻出版署	关于防止未成年人沉迷网络游戏工作的通知	国新出发〔2019〕34号	2019-10-25
282	国家新闻出版署	关于印发《图书、期刊、音像制品、电子出版物重大选题备案办法》的通知	国新出发〔2019〕35号	2019-10-25

关于公布在自由贸易试验区开展新闻出版“证照分离”改革具体措施的通知

国家新闻出版署　2019年12月8日　国新出发〔2019〕41号

各省、自治区、直辖市新闻出版局：

为贯彻落实《国务院关于在自由贸易试验区开展“证照分离”改革全覆盖试点的通知》（国发〔2019〕25号）要求，持续深化“放管服”改革，国家新闻出版署对全国各自由贸易试验区涉及新闻出版的试点事项逐项细化了改革举措，制定了加强事中事后监管的具体办法。

各省级新闻出版主管部门要按照国务院通知要求，做好改革政策的工作培训和宣传解读，及时跟踪总结评估试点情况，确保试点取得预期成效。鼓励各省（区、市）在法律、行政法规和国务院决定允许范围内，在其他有条件的地区积极探索优化审批服务的举措，创新和加强事中事后监管，将有益经验和做法及时报送国家新闻出版署。

在自由贸易试验区开展新闻出版“证照分离”改革具体措施

序号	主管部门	改革事项	许可证件名称	设定依据	审批层级和部门	改革方式	改革举措具体做法	事中事后监管具体办法
1	国家新闻出版署	从事包装装潢印刷品和其他印刷品（不含商标、票据、保密印刷）印刷经营活动企业（不含外资企业）的设立、变更审批	印刷经营许可证	《印刷业管理条例》	设区的市级新闻出版部门	实行告知承诺	1．公布告知承诺书示范文本，一次性告知审批条件和所需材料。申请人承诺已具备章程、确定的业务范围和适应业务需要的固定生产经营场所、设备、资金、组织机构、人员、管理制度、质量保证体系等条件的，经形式审查后当场作出审批决定。 2．取消“经营包装装潢印刷品印刷业务的企业必须具备2台以上最近十年生产的胶印、凹印、柔印、丝印等及后序加工设备”的规定。	1．开展“双随机、一公开”监管，发现违法违规行为要依法查处并公开结果。 2．发现企业不符合承诺条件开展经营的责令限期整改，逾期不整改或整改后仍达不到要求的依法撤销许可证件。 3．依法及时处理投诉举报。

续表

序号	主管部门	改革事项	许可证件名称	设定依据	审批层级和部门	改革方式	改革举措具体做法	事中事后监管具体办法
2	国家新闻出版署	音像制作单位设立、变更审批	音像制品作许可证	《音像制品管理条例》	省级新闻出版部门	实行告知承诺	1．明确设立条件。已完成工商注册登记，具有法人资格；工商登记经营范围含音像制品制作业务；有适应业务范围需要的组织机构，从事音像制品制作业务的专业技术人员不得少于5人；有适应经营活动的注册资金、必要的技术设备和固定的经营场所；法律、法规规定的其他条件。2．变更项目。名称、业务范围，或者兼并其他音像制作单位，或者因合并、分立而设立新的音像制作单位的。3．公开承诺事项清单。申请设立音像制作单位，应当提交下列材料，经审查后当场作出审批决定：申请书，应当载明单位名称、地址，制	1．对音像制作单位的法定代表人或者主要负责人进行岗位培训，督促检查音像制作单位内部管理制度建设以及制作的音像制品是否符合国家有关质量、技术标准和规定。省、自治区、直辖市新闻出版主管部门负责年度核验工作并制定具体办法，对音像制作单位每2年履行一次年度核验手续。年度核验结束后，各省级新闻出版主管部门应将本辖区内从事音像制作业务的情况报国家新闻出版署备案。2．音像出版单位可以与香港特别行政区、澳门特别行政区、台湾地区或者外国的组织、个人合作制作音像制品（以下简称合作制作音像制品），但应由音像出版单位在制作完成后10日内向所在地省、自治区、直辖市新闻出版主管部门备案。合作制作音像制品应报送以下备案材料：（1）合作制作音像制品的名称、

续表

序号	主管部门	改革事项	许可证件名称	设定依据	审批层级和部门	改革方式	改革举措具体做法	事中事后监管具体办法
							作业务范围，资金来源及数额，法定代表人或者主要负责人姓名、住址等内容；单位章程；专业技术人员的资历证明文件；注册资本数额来源及性质证明；经营场所使用证明。	节目长度、载体形式及内容简介等；（2）合作双方的名称、基本情况、投资数额；（3）项目合作合同。3. 开展“双随机、一公开”监管，依法查处制作单位在制作违禁内容、不合格产品、未按规定参加年度核验，以及在岗位培训、委托制作、合作制作、许可事项变更、报送统计资料等方面存在的问题。对问题较为严重的企业按期进行通报，形成“黑名单”制度。4. 注销。音像制作单位终止音像制作经营活动的，应当到原登记的工商行政管理部门办理注销登记，并在10日内向所在地省、自治区、直辖市新闻出版主管部门备案。自取得《音像制品制作许可证》6个月内未开展音像制品制作业务或者停业满1年的，由所在地省、自治区、直辖市新闻出版主管部门注销《音像制品制作许可证》。

续表

序号	主管部门	改革事项	许可证件名称	设定依据	审批层级和部门	改革方式	改革举措具体做法	事中事后监管具体办法
3	国家新闻出版署	电子出版物制作单位设立、变更审批	电子出版物制作许可证	《音像制品管理条例》	省级新闻出版部门	实行告知承诺	1．明确设立条件。已完成工商注册登记，具有法人资格；工商登记经营范围含音像制品制作业务；有适应业务范围需要的组织机构，从事电子出版物制作业务的专业技术人员不得少于5人；有适应经营活动的注册资金、必要的技术设备和固定的经营场所；法律、法规规定的其他条件。2．变更项目。从事电子出版物制作业务的单位变更电子出版物制作许可证登记事项，或者兼并、合并、分立的。3．公开承诺事项清单。申请书，载明申请单位基本情况及	1．对电子出版物制作单位的法定代表人或者主要负责人进行岗位培训，督促检查电子出版物制作单位内部管理制度建设以及制作的电子出版物是否符合国家有关质量、技术标准和规定。省、自治区、直辖市新闻出版主管部门负责年度核验工作并制定具体办法，对音像制作单位每2年履行一次年度核验手续。年度核验结束后，各省级新闻出版主管部门应将本辖区内从事电子出版物制作业务的情况报国家新闻出版署备案。2．电子出版物出版单位可以与台湾地区或者外国的组织、个人合作制作电子出版物，但应由电子出版物出版单位在制作完成后10日内向所在地省级新闻出版主管部门备案。3．开展“双随机、

续表

序号	主管部门	改革事项	许可证件名称	设定依据	审批层级和部门	改革方式	改革举措具体做法	事中事后监管具体办法
							申请事项；营业执照正副本复印件；法定代表人或主要负责人、从业人员证明材料；注册资本数额、来源及性质证明，经营设备、场所等证明材料。	一公开”监管，依法查处制作单位在制作违禁内容、不合格产品、未按规定参加年度核验，以及在岗位培训、委托制作、合作制作、许可事项变更、报送统计资料等方面存在的问题。对问题较为严重的企业按期进行通报，形成“黑名单”制度。4．注销。从事电子出版物制作业务的单位终止制作业务的，应当于15日内持电子出物制作许可证和营业执照向省级新闻出版主管部门备案，由其注销电子出版物制作许可。

续表

序号	主管部门	改革事项	许可证件名称	设定依据	审批层级和部门	改革方式	改革举措具体做法	事中事后监管具体办法
4	国家新闻出版署	出版物零售个体工商户设立、变更审批	出版物经营许可证	《出版管理条例》	县级新闻出版部门	实行告知承诺	公布告知承诺书示范文本，一次性告知审批条件和所需材料。申请人承诺已完成登记注册且已具备经营范围中含出版物零售业务、有固定的经营场所等条件的，经形式审查后当场作出审批决定。	1．开展“双随机、一公开”监管，发现违法违规行为要依法查处并公开结果。2．发现企业不符合承诺条件开展经营的责令限期整改，逾期不整改或整改后仍达不到要求的依法撤销许可证件。3．依法及时处理投诉举报。
5	国家新闻出版署	从事出版物印刷经营活动企业（不含中外合资、合作企业）的设立、变更审批	印刷经营许可证	《印刷业管理条例》	省级新闻出版部门	优化审批服务	1．推动实现申请、审批全程网上办理。2．将审批时限由60个工作日压减至40个工作日。	1．开展“双随机、一公开”监管，发现违法违规行为要依法查处并公开结果。2．依法及时处理投诉举报。

续表

序号	主管部门	改革事项	许可证件名称	设定依据	审批层级和部门	改革方式	改革举措具体做法	事中事后监管具体办法
6	国家新闻出版署	从事特定印刷品（商标、票据、保密印刷）印刷经营活动企业（不含外资企业）的设立、变更审批	印刷经营许可证	《印刷业管理条例》	设区的市级新闻出版部门	优化审批服务	1. 推动实现申请、审批全程网上办理，并在网上公布审批程序、受理条件、办理标准，公开办理进度。2. 精简审批材料，推动在线获取核验营业执照等材料。3. 取消“经营包装装潢印刷品印刷业务的企业必须具备2台以上最近十年生产的胶印、凹印、柔印、丝印等及后序加工设备”的规定。4. 将审批时限由60个工作日压减至40个工作日。	1. 开展“双随机、一公开”监管，发现违法违规行为要依法查处并公开结果。2. 依法及时处理投诉举报。3. 推进部门间信息共享应用。

续表

序号	主管部门	改革事项	许可证件名称	设定依据	审批层级和部门	改革方式	改革举措具体做法	事中事后监管具体办法
7	国家新闻出版署	中外合资、合作印刷企业和外商独资包装装潢印刷企业的设立、变更审批	印刷经营许可证	《印刷业管理条例》	省级新闻出版部门	优化审批服务	1．推动实现申请、审批全程网上办理，并在网上公布审批程序、受理条件、办理标准，公开办理进度。2．推动在线获取核验营业执照，外商投资企业批准证书，香港、澳门特别行政区政府有关机构颁发的香港、澳门服务提供者证明书，法定代表人身份证明，各方投资者的注册登记证明等材料。3．取消“经营包装装潢印刷品印刷业务的企业必须具备2台以上最近十年生产的胶印、凹印、柔印、丝印等及后序加工设备”的规定。4．将审批时限由60个工作日压减至40个工作日。	1．开展“双随机、一公开”监管，发现违法违规行为要依法查处并公开结果。2．依法及时处理投诉举报。3．推进部门间信息共享应用。

续表

序号	主管部门	改革事项	许可证件名称	设定依据	审批层级和部门	改革方式	改革举措具体做法	事中事后监管具体办法
8	国家新闻出版署	出版单位设立、变更审批（初审）	无	《出版管理条例》《音像制品管理条例》	省级新闻出版部门	优化审批服务	1．不再要求申请人提供单位基本信息登记表。2．对涉及机构改革、文化企业公司制改制等内容的申请，开辟“绿色通道”，实行简易程序审批。	1．开展“双随机、一公开”监管，强化出版内容质量检测和抽查，发现违法违规行为要依法查处并公开结果。2．依法及时处理投诉举报，对被投诉举报单位实施重点监管。
9	国家新闻出版署	图书出版单位设立、变更、合并、分立、设立分支机构审批	图书出版许可证	《出版管理条例》	国家新闻出版署	优化审批服务	1．修改官网材料目录，删除“《出版单位基本信息登记表》”项。2．印发《关于开设办理党和国家机构改革涉及出版审批事项绿色通道的通知》《国家新闻出版署关于开设地方机构改革涉及新闻出版审批事项绿色通道的通知》《中央文化企业公司制改制后涉及出版资质承继变更行政许可的简易程序》等相关文件，简化申报材料目录和申报程序。	1．每2年开展一次全国图书出版单位年检，对图书出版单位机构设立、变更，资本结构变更，中小学教科书出版资质情况及相关生产运营进行全面检查。2．每年制定监管计划，根据市场监管情况、群众举报反映等线索抽查部分出版单位，对出版违规行为、出版内容质量情况进行监测和抽查，发现违法违规行为依法查处并公开结果。3．依法及时处理投诉举报，对被投诉单位实施重点监管。4．将出版单位遵规守纪情况与社会效益评价考核、书号管理等挂钩，奖优罚劣，增强管理效果。

续表

序号	主管部门	改革事项	许可证件名称	设定依据	审批层级和部门	改革方式	改革举措具体做法	事中事后监管具体办法
10	国家新闻出版署	音像出版单位设立、变更、合并、分立、设立分支机构审批	音像制品出版许可证	《出版管理条例》《音像制品管理条例》	国家新闻出版署	优化审批服务	1. 修改官网材料目录，删除“《出版单位基本信息登记表》”项。2. 印发《关于开设办理党和国家机构改革涉及出版审批事项绿色通道的通知》《国家新闻出版署关于开设地方机构改革涉及新闻出版审批事项绿色通道的通知》《中央文化企业公制改制后涉及出版资质承继变更行政许可的简易程序》《关于机构改革涉及部管出版单位办理变更出版审批事项的通知》等相关文件并执行。	1. 每2年开展一次全国音像电子出版单位年度核验工作，对音像电子出版单位行政许可事项进行全面检查。2. 开展“双随机、一公开”监管，结合群众举报反映等线索对出版单位进行抽检，对出版违规行为、出版内容质量情况进行监测和抽查，发现违法违规行为依法查处并公开结果。3. 依法及时处理投诉举报，对被投诉单位实施重点监管。4. 将出版单位监管事项列入信息系统，实施动态监管。

续表

序号	主管部门	改革事项	许可证件名称	设定依据	审批层级和部门	改革方式	改革举措具体做法	事中事后监管具体办法
11	国家新闻出版署	电子出版物出版单位设立、变更、合并、分立、设立分支机构审批	电子出版物出版许可证	《出版管理条例》《音像制品管理条例》	国家新闻出版署	优化审批服务	1．修改官网材料目录，删除“《出版单位基本信息登记表》”项。2．印发《关于开设办理党和国家机构改革涉及出版审批事项色通道的通知》《国家新闻出版署关于开设地方机构改革涉及新闻出版审批事项绿色通道的通知》《中央文化企业公司制改制后涉及出版资质承继变更行政许可的简易程序》《关于机构改革涉及部管出版单位办理变更出版审批事项的通知》等相关文件并执行。	1．每2年开展一次全国音像电子出版单位年度核验工作，对音像电子出版单位行政许可事项进行全面检查。2．开展“双随机、一公开”监管，结合群众举报反映等线索对出版单位进行抽检，对出版违规行为、出版内容质量情况进行监测和抽查，发现违法违规行为依法查处并公开结果。3．依法及时处理投诉举报，对被投诉单位实施重点监管。4．将出版单位监管事项列入信息系统，实施动态监管。

续表

序号	主管部门	改革事项	许可证件名称	设定依据	审批层级和部门	改革方式	改革举措具体做法	事中事后监管具体办法
12	国家新闻出版署	网络出版单位设立、变更、合并、分立、设立分支机构审批	网络出版服务许可证	《出版管理条例》	国家新闻出版署	优化审批服务	1．修改官网材料目录，删除“《出版单位基本信息登记表》”项。2．印发《关于开设办理党和国家机构改革涉及出版审批事项绿色通道的通知》《国家新闻出版署关于开设地方机构改革涉及新闻出版审批事项绿色通道的通知》《中央文化企业公司制改制后涉及出版资质承继变更行政许可的简易程序》《关于机构改革涉及部管出版单位办理变更出版审批事项的通知》等相关文件并执行。	1．每2年开展一次全国网络出版单位年检，对网络出版单位机构设立、变更，资本结构变更及相关生产运营进行全面检查。2．每年制定监管计划，根据市场监管情况、群众举报反映等线索抽查部分网络出版单位，对出版违规行为、出版内容质量情况进行监测和抽查，发现违法违规行为依法查处并公开结果。3．依法及时处理投诉举报，对被投诉单位实施重点监管。4．建立网络出版单位信用档案，将遵规守纪情况与版号申领等挂钩、联动处罚，奖优罚劣，增强管理效果。5．加大技术监管力量建设，通过建设防沉迷实名认证系统、国家层面网络游戏监管平台、网络文学监测平台等，更好运用技术手段加强事中事后监管。

续表

序号	主管部门	改革事项	许可证件名称	设定依据	审批层级和部门	改革方式	改革举措具体做法	事中事后监管具体办法
13	国家新闻出版署	报纸出版单位设立、变更、合并、分立、设立分支机构审批	报纸出版许可证	《出版管理条例》	国家新闻出版署	优化审批服务	1．修改官网材料目录，删除“《出版单位基本信息登记表》”项。2．在官网材料目录报纸出版单位变更名称事项中删除“出版单位与主办单位之间隶属或出资关系的证明材料”。	1．及时处理投诉举报。根据群众举报线索核查或转办相关案件，依法依规进行查处。2．通过年度核验、质量检查、报纸审读、舆情监测等手段，主动发现违法违规线索，依法查处并向社会公布。对屡次违规的报纸出版单位实施重点监管，直至依法依规停办退出。3．在年检督查、质检抽查中，按照“双随机、一公开”的原则抽取检查对象、选派执法人员，并及时公开有关监管信息。4．建设报纸年检信息化系统及相关管理平台，利用信息化手段核对报纸管理相关数据，及时发现违法违规线索并依法查处。

续表

序号	主管部门	改革事项	许可证件名称	设定依据	审批层级和部门	改革方式	改革举措具体做法	事中事后监管具体办法
14	国家新闻出版署	期刊出版单位设立、变更、合并、分立、设立分支机构审批	期刊出版许可证	《出版管理条例》	国家新闻出版署	优化审批服务	1. 修改官网材料目录，删除“《出版单位基本信息登记表》”项。2. 在官网材料目录期刊出版单位变更名称事项中删除“出版单位与主办单位之间隶属或出资关系的证明材料”。	1. 及时处理投诉举报。根据群众举报线索核查或转办相关案件，依法依规进行查处。2. 通过年度核验、质量检查、期刊审读、舆情监测等手段，主动发现违法违规线索，依法查处并向社会公布。对屡次违规的期刊出版单位实施重点监管，直至依法依规停办退出。3. 在年检督查、质检抽查中，按照“双随机、一公开”的原则抽取检查对象、选派执法人员，并及时公开有关监管信息。4. 建设期刊年检信息化系统及相关管理平台，利用信息化手段核对期刊管理相关数据，及时发现违法违规线索并依法查处。

续表

序号	主管部门	改革事项	许可证件名称	设定依据	审批层级和部门	改革方式	改革举措具体做法	事中事后监管具体办法
15	国家新闻出版署	出版单位变更资本结构审批	出版许可证	《出版管理条例》	国家新闻出版署	优化审批服务	修改官网材料目录，删除“《出版单位基本信息登记表》”项。	（图书出版单位）1．每2年开展一次全国图书出版单位年检，对图书出版单位机构设立、变更，资本结构变更，中小学教科书出版资质情况及相关生产运营进行全面检查。2．每年制定监管计划，根据市场监管情况、群众举报反映等线索抽查部分出版单位，对出版违规行为、出版内容质量情况进行监测和抽查，发现违法违规行为依法查处并公开结果。3．依法及时处理投诉举报，对被投诉单位实施重点监管。4．将出版单位遵规守纪情况与社会效益评价考核、书号管理等挂钩，奖优罚劣，增强管理效果。（音像电子出版单位）1．每2年开展一次全国音像电子出版单位年度核验工作，对音像电子出版单位行政许可事项进行全面检查。

续表

序号	主管部门	改革事项	许可证件名称	设定依据	审批层级和部门	改革方式	改革举措具体做法	事中事后监管具体办法
								2．开展“双随机、一公开”监管，结合群众举报反映等线索对出版单位进行抽检，对出版违规行为、出版内容质量情况进行监测和抽查，发现违法违规行为依法查处并公开结果。3．依法及时处理投诉举报，对被投诉单位实施重点监管。4．将出版单位监管事项列入信息系统，实施动态监管。 （报刊出版单位）1．及时处理投诉举报。根据群众举报线索核查相关案件，依法依规进行查处。2．通过年度核验、质量检查、报刊审读、舆情监测等手段，主动发现违法违规线索，依法查处并向社会公布。对屡次违规的报刊出版单位实施重点监管，直至依法依规停办退出。3．在年检督查、质检抽查中，按照“双随机、一公开”的原则抽取检查对象、选派执法人员，并及时公开有关监管信息。4．建设报刊年检信息化系统及相关管理平台，利用信息化手段核对期刊管理相关数据，及时发现违法违规线索并依法查处。

续表

序号	主管部门	改革事项	许可证件名称	设定依据	审批层级和部门	改革方式	改革举措具体做法	事中事后监管具体办法
16	国家新闻出版署	专项出版业务范围变更审批	图书出版许可证	《出版管理条例》	国家新闻出版署	优化审批服务	提升工作效率，加快审批进度，30个工作日内完成审批。	1．每年对专项出版资质审批情况进行梳理分析，确定宏观总量目标和结构布局，把日常审批与总量调控、结构优化结合起来。2．建立完善专项出版资质的进入退出机制，加强事中事后监管，对出现严重导向质量问题和违规行为的出版单位，取消专项出版资质。3．结合图书质检工作，定期开展专项出版业务出版情况抽查，强化出版内容质量监测和管理，对发现问题的出版物和出版单位依法进行行政处罚。4．依法及时处理投诉举报，完善举报档案记录，对被投诉举报和有质量问题的单位实施重点监管。5．加强专项出版工作的分析研判，定期通报情况，对监管中发现的倾向性问题及时通报，提醒出版单位及主管主办单位。

续表

序号	主管部门	改革事项	许可证件名称	设定依据	审批层级和部门	改革方式	改革举措具体做法	事中事后监管具体办法
17	国家新闻出版署	出版物进口经营单位设立、变更、合并、分立、设立分支机构审批	出版物进口经营许可证	《出版管理条例》	国家新闻出版署	优化审批服务	修改官网材料目录，删除“《单位基本信息登记表》”项。	开展“双随机、一公开”监管，发现违法违规行为要依法查处并公开结果。
18	国家新闻出版署	境外出版机构在境内设立办事机构审批	无	《国务院对确需保留的行政审批项目设定行政许可的决定》	国家新闻出版署	优化审批服务	修改官网材料目录，删除“《单位基本信息登记表》”项。	1．开展“双随机、一公开”监管，发现违法违规行为要依法查处并公开结果。2．制定境外出版机构在中国境内设立办事机构相关管理办法。
19	国家新闻出版署	音像复制单位设立、变更审批	复制经营许可证	《音像制品管理条例》	省级新闻出版部门	优化审批服务	1．推动实现申请、审批全程网上办理。2．将审批时限由20个工作日压减至13个工作日。	1．开展“双随机、一公开”监管，发现违法违规行为要依法查处并公开结果。2．依法及时处理投诉举报。

续表

序号	主管部门	改革事项	许可证件名称	设定依据	审批层级和部门	改革方式	改革举措具体做法	事中事后监管具体办法
20	国家新闻出版署	电子出版物复制单位设立、变更审批	复制经营许可证	《音像制品管理条例》	省级新闻出版部门	优化审批服务	1．推动实现申请、审批全程网上办理。2．将审批时限由20个工作日压减至13个工作日。	1．开展“双随机、一公开”监管，发现违法违规行为要依法查处并公开结果。2．依法及时处理投诉举报。
21	国家新闻出版署	出版物批发单位设立、变更审批	出版物经营许可证	《出版管理条例》	省级新闻出版部门	优化审批服务	1．推动实现申请、审批全程网上办理，并在网上公布审批程序、受理条件、办理标准，公开办理进度。2．精简审批材料，推动在线获取核验营业执照、企业章程、经营场所情况及使用权证明、法定代表人及主要负责人身份证明等材料。3．将审批时限由20个工作日压减至13个工作日。	1．开展“双随机、一公开”监管，发现违法违规行为要依法查处并公开结果。2．依法及时处理投诉举报。3．推进部门间信息共享应用。

续表

序号	主管部门	改革事项	许可证件名称	设定依据	审批层级和部门	改革方式	改革举措具体做法	事中事后监管具体办法
22	国家新闻出版署	出版物零售单位（个体工商户除外）设立、变更审批	出版物经营许可证	《出版管理条例》	县级新闻出版部门	优化审批服务	1．推动实现申请、审批全程网上办理，并在网上公布审批程序、受理条件、办理标准，公开办理进度。2．精简审批材料，推动在线获取核验营业执照、企业章程、经营场所情况及使用权证明、法定代表人及主要负责人身份证明等材料。3．将审批时限由20个工作日压减至13个工作日。	1．开展“双随机、一公开”监管，发现违法违规行为要依法查处并公开结果。2．依法及时处理投诉举报。3．推进部门间信息共享应用。
23	国家新闻出版署	中学小学教科书出版资质审批（初审）	无	《出版管理条例》	省级新闻出版部门	优化审批服务	不再要求申请人提供近5年内出版单位出版的与所申请出版资质相关的代表性出版物，改为审批部门向相关部门了解该单位代表性出版物情况。	1．开展“双随机、一公开”监管，强化出版内容质量监测和抽查，发现违法违规行为要依法查处并公开结果。2．依法及时处理投诉举报，对被投诉举报单位实施重点监管。

续表

序号	主管部门	改革事项	许可证件名称	设定依据	审批层级和部门	改革方式	改革举措具体做法	事中事后监管具体办法
24	国家新闻出版署	中学小学教科书出版资质审批	图书出版许可证	《出版管理条例》	国家新闻出版署	优化审批服务	修改官网材料目录，删除“近5年内出版单位出版的与所申请出版资质相关的代表性出版物”项。	1．每2年开展一次全国图书出版单位年检，对图书出版单位机构设立、变更，资本结构变更，中小学教科书出版资质情况及相关生产运营进行全面检查。2．每年制定监管计划，根据市场监管情况、群众举报反映等线索抽查部分出版单位，对出版违规行为、出版内容质量情况进行监测和抽查，发现违法违规行为依法查处并公开结果。3．依法及时处理投诉举报，对被投诉单位实施重点监管。4．将出版单位遵规守纪情况与社会效益评价考核、书号管理等挂钩，奖优罚劣，增强管理效果。

续表

序号	主管部门	改革事项	许可证件名称	设定依据	审批层级和部门	改革方式	改革举措具体做法	事中事后监管具体办法
25	国家新闻出版署	中学小学教科书发行资质审批	出版物经营许可证	《出版管理条例》	国家新闻出版署	优化审批服务	修改官网材料目录，将“企业信息管理系统及自有物流配送体系情况的证明材料”修改为“申请单位提供加盖其公章的文字说明”。	1．开展“双随机、一公开”监管，发现违法违规行为要依法查处并公开结果。2．依法及时处理投诉举报。
26	国家新闻出版署	新闻单位设立驻地方机构审批	新闻单位驻地方机构许可证	《国务院对确需保留的行政审批项目设定行政许可的决定》	省级新闻出版部门	优化审批服务	1．实现申请、审批全程网上办理。2．将审批时限由20个工作日压减至18个工作日。	为新闻单位驻地方机构赋予社会统一信用代码，建设行政监管的网上平台，完善年度评估和年度核验制度。

规章、规范性文件

·其他·

出版专业技术人员职业资格管理规定

2008年2月21日中华人民共和国新闻出版总署令第37号公布

第一章　总　则

第一条　为了规范出版专业职业资格管理，提高出版从业人员的整体素质，加强出版专业技术队伍建设，根据国务院《出版管理条例》、《音像制品管理条例》、《国务院对确需保留的行政审批项目设定行政许可的决定》和国家对职业资格管理的有关制度，制定本规定。

第二条　国家对在报纸、期刊、图书、音像、电子、网络出版单位从事出版专业技术工作的人员实行职业资格制度，对职业资格实行登记注册管理。

本规定所称出版专业技术人员包括在图书、非新闻性期刊、音像、电子、网络出版单位内承担内容加工整理、装帧和版式设计等工作的编辑人员和校对人员，以及在报纸、新闻性期刊出版单位从事校对工作的专业技术人员。

第三条　出版专业技术人员职业资格分为初级、中级和高级。初级、中级职业资格通过全国出版专业技术人员职业资格考试取得，高级职业资格通过考试、按规定评审取得。

第四条　凡在出版单位从事出版专业技术工作的人员，必须在到岗2年内取得出版专业职业资格证书，并按本规定办理登记手续；否则，不得继续从事出版专业技术工作。

在出版单位担任责任编辑的人员必须在到岗前取得中级以上出版专业职业资格，并办理注册手续，领取责任编辑证书。

本规定所称责任编辑是指在出版单位为保证出版物的质量符合出版要求，专门负责对拟出版的作品内容进行全面审核和加工整理并在出版物上署名的编辑人员。

第五条 在出版单位担任社长、总编辑、主编、编辑室主任（均含副职）职务的人员，除应具备国家规定的任职条件外，还必须具有中级以上出版专业职业资格并履行登记、注册手续。

第六条 新闻出版总署负责全国出版单位出版专业技术人员职业资格的监督管理工作和中央在京出版单位出版专业技术人员职业资格登记注册工作。省、自治区、直辖市新闻出版行政部门负责本行政区域内的出版专业技术人员职业资格登记注册及管理工作。

第七条 出版专业技术人员应按照规定参加继续教育。

继续教育的具体内容，由新闻出版总署另行规定。

第二章 职业资格登记

第八条 已取得出版专业技术人员职业资格证书的人员应当在取得证书后3个月内申请职业资格登记；未能及时登记的，在按规定参加继续教育的情况下，可以保留其5年内申请职业资格登记的资格。

第九条 职业资格首次登记，应提供以下材料：

（一）出版专业职业资格证书原件；

（二）身份证复印件；

（三）职业资格登记申请表。

第十条 职业资格登记材料由申请人所在出版单位统一报

送。中央在京出版单位申报材料由新闻出版总署受理，其他出版单位申报材料由所在地省、自治区、直辖市新闻出版行政部门受理。登记部门应在受理后20日内办理职业资格登记手续。

第十一条　职业资格登记有效期3年，每3年续展登记一次。续展登记时，由申请人所在出版单位于有效期满前30日内申请办理续展登记手续；如有特殊情况，登记有效期可适当延长，但最长不超过3个月，逾期仍不办理续展登记手续的，原登记自动失效。

职业资格登记失效后，按规定参加继续教育的，可以保留其5年内申请职业资格续展登记的资格。

已按规定办理责任编辑注册手续并取得责任编辑证书的人员，无需办理续展登记。

第十二条　职业资格续展登记，需提供以下材料：

（一）出版专业职业资格证书原件；

（二）职业资格续展登记申请表；

（三）近3年继续教育证明。

第十三条　已登记的出版专业技术人员变更出版单位或取得高一级职业资格的，应在3个月内按本规定第九条、第十条申请变更登记。

第三章　责任编辑注册

第十四条　在出版单位拟担任责任编辑的人员，应首先进行职业资格登记，然后申请责任编辑注册，取得责任编辑证书后，方可从事责任编辑工作。

责任编辑注册申请可与职业资格登记申请同时提出。

第十五条　申请责任编辑注册的人员应具备与责任编辑岗位

相适应的政治素质、业务能力和职业道德；出版单位应对拟申请责任编辑注册人员的上述情况进行审核。

第十六条 责任编辑首次注册应当提交以下材料：

（一）中级以上出版专业职业资格证书原件；

（二）身份证复印件；

（三）责任编辑注册申请表；

（四）继续教育证明材料。

第十七条 责任编辑注册材料由申请人所在出版单位统一报送。中央在京出版单位注册材料由新闻出版总署受理，其他出版单位注册材料由所在地省、自治区、直辖市新闻出版行政部门受理。注册部门应在受理后20日内办理责任编辑注册手续，为同意注册者颁发责任编辑证书。

第十八条 责任编辑注册有效期3年，每3年续展注册一次。续展注册时，由申请人所在出版单位于有效期满前30日内申请办理续展注册手续；如有特殊情况，注册有效期可适当延长，但最长不超过3个月，逾期仍不办理续展注册手续的，原注册自动失效。

责任编辑注册失效后，按规定参加继续教育的，可以保留其5年内申请责任编辑续展注册的资格。

第十九条 申请责任编辑续展注册，应提交以下材料：

（一）责任编辑证书原件；

（二）责任编辑续展注册申请表；

（三）近3年继续教育证明材料。

第二十条 有下列情况之一者，不予续展注册，注销责任编辑证书：

（一）有本规定第二十五条所列情形之一，情节严重的；

（二）连续2次年度考核达不到岗位职责要求的；

（三）新闻出版总署认定不予续展注册的其他情形的。

第二十一条 被注销责任编辑证书的人员，3年内不得申请责任编辑注册。

第二十二条 已注册的责任编辑变更出版单位或取得高一级职业资格的，应在3个月内按本规定第十六条、第十七条申请变更注册。

第二十三条 责任编辑调离出版单位并不再从事责任编辑工作的，由原所在的出版单位收回《责任编辑证书》，并交原注册机构统一销毁。

第二十四条 新闻出版总署定期向社会公布取得责任编辑证书的人员姓名、所在单位、证书编号等信息，接受社会监督。

第四章　法律责任

第二十五条 责任编辑有下列情形之一的，由新闻出版总署或者省、自治区、直辖市新闻出版行政部门给予警告；情节严重的，注销其责任编辑证书：

（一）有参与买卖书号、刊号、版号等违反出版法规行为的；

（二）担任责任编辑的出版物出现内容质量、编校质量等违法问题的。

第二十六条 出版专业技术人员因违反出版法规被追究刑事责任的，由新闻出版总署或者省、自治区、直辖市新闻出版行政部门取消其出版专业职业资格，注销其出版专业职业资格登记和责任编辑注册，不得继续从事出版专业技术工作，并不得申请参加出版专业职业资格考试。

第二十七条 出版单位有下列情形之一的，由新闻出版总署或者省、自治区、直辖市新闻出版行政部门给予警告、可以根据情节并处 3 万元以下罚款：

（一）聘用未取得责任编辑证书的人员从事责任编辑工作的；

（二）未按本规定履行出版专业技术人员登记注册手续的。

第二十八条 对出版单位作出行政处罚，新闻出版总署或者省、自治区、直辖市新闻出版行政部门可以告知其主办单位和主管单位，可以向社会公布。

第五章 附 则

第二十九条 责任编辑证书由新闻出版总署统一印制。

第三十条 中国人民解放军和中国人民武装警察部队系统出版单位出版专业技术人员的职业资格管理工作，由中国人民解放军总政治部宣传部新闻出版局参照本规定执行，并将登记注册信息报新闻出版总署备案。

第三十一条 已取得其他行业高级职称并在出版单位从事出版专业技术工作的人员，可以按照规定申请《专业技术职务资格证书》（编辑专业高级职称证书）的职称转评。

第三十二条 在报纸、新闻性期刊出版单位从事采编工作人员的职业资格管理办法另行制定。

在出版单位从事少数民族语言文字编辑、校对工作的出版专业技术人员职业资格管理办法另行制定。

第三十三条 本规定自 2008 年 6 月 1 日起施行，新闻出版总署 2002 年 6 月 3 日颁布的《出版专业技术人员职业资格管理暂行规定》同时废止。

新闻出版统计管理办法

2016年5月5日国家新闻出版广电总局令第9号公布

第一章　总　则

第一条　为科学、有效、规范地组织新闻出版统计工作，保障新闻出版（版权）统计资料的真实性、准确性、完整性和及时性，充分发挥统计工作在服务新闻出版行业发展中的重要作用，根据《中华人民共和国统计法》（以下简称《统计法》）及其实施细则的有关规定，制定本办法。

第二条　新闻出版统计是指各级新闻出版行政主管部门为满足新闻出版行业管理工作需要，依法对新闻出版统计调查对象组织实施的各项统计活动。

新闻出版统计调查对象包括各级新闻出版行政主管部门、从事新闻出版（版权）活动的企业事业单位、其他组织以及个体工商户等。

第三条　新闻出版统计的基本任务是对新闻出版（版权）活动的相关情况进行统计调查和统计分析，提供统计资料和统计咨询意见，实行统计监督。

第四条　新闻出版统计调查对象必须依照有关统计法律法规和本办法的规定，提供新闻出版统计调查所需的统计资料，不得提供不真实或者不完整的统计资料，不得迟报、拒报统计资料。

第五条　新闻出版统计工作实行统一管理、分级负责。

国家新闻出版广电总局是新闻出版统计工作的主管部门，在国家统计局的业务指导下，对新闻出版统计工作实行统一管理和组织协调。

地方各级新闻出版行政主管部门，在上级新闻出版行政主管部门和同级人民政府统计机构的业务指导下，负责本行政区域内的新闻出版统计工作。

第六条 各级新闻出版行政主管部门应加强对新闻出版统计工作的领导，健全统计机构，充实专职统计人员，建立统计工作责任机制，定期检查并监督统计法律法规的执行情况。

第七条 各级新闻出版行政主管部门应将必要的统计工作经费列入单位相应年度财政预算。

第八条 各级新闻出版行政主管部门应重视统计信息化建设，为新闻出版统计工作提供必要的技术装备和其他各项条件，推进统计信息搜集、处理、传输、共享、存储技术和统计数据库体系的现代化。

第二章 统计调查管理

第九条 国家新闻出版广电总局制定全国新闻出版统计调查项目，并依法定程序报国家统计局审批或备案。

第十条 地方新闻出版行政主管部门可以制定补充性地方新闻出版统计调查项目，经上级新闻出版行政主管部门同意后，报同级人民政府统计机构审批。

补充性地方新闻出版统计调查项目，不得与国家统计调查项目和上级新闻出版统计调查项目重复、矛盾。

第十一条 各级新闻出版行政主管部门制定统计调查项目，

应当同时制定该项目的统计调查制度，并依照本办法第九条、第十条的有关规定一并报经审批或者备案。

统计调查制度应当对调查目的、调查内容、调查方法、调查对象、调查组织方式、调查表式、统计资料的报送和公布等作出规定。

第十二条 各级新闻出版行政主管部门制发的统计调查表应由本部门统计机构统一编号，并标明表号、制定机关、批准或备案文号、有效期限等法定标识。

第十三条 新闻出版统计调查对象应当根据依法制定的新闻出版统计调查制度，设置原始记录、统计台账，建立健全统计资料的审核、签署、交接、归档等管理制度。

第十四条 各级新闻出版行政主管部门应当结合年度核验、行政记录等方式，开展新闻出版统计调查，做好数据搜集、审核、汇总、报送工作；建立健全新闻出版统计调查质量控制体系，保证统计资料的完整性和准确性。

第十五条 地方新闻出版行政主管部门向上级主管部门报送统计数据，须经本部门主管领导审核、签署，并对基层数据上报情况及本期数据中异常变动情况予以说明。省级新闻出版行政主管部门每年报送年度统计资料后，应向国家新闻出版广电总局报送本地区年度统计分析报告。

第十六条 统计数据报出后，如发现内容有误，报送单位应按照国家有关规定及时进行更正并书面说明理由。

第三章　统计资料的管理和公布

第十七条 新闻出版（版权）统计资料实行分级管理。全国新闻出版（版权）统计资料由国家新闻出版广电总局统一管理；地方新闻出版（版权）统计资料由各地新闻出版行政主管部门统一管理。

第十八条 新闻出版行政主管部门应严格按照国家档案管理制度和保密制度的有关要求，建立健全新闻出版（版权）统计资料档案制度，加强保密管理，妥善保管、调用和移交统计资料。

第十九条 新闻出版行政主管部门应当依法建立健全统计资料公布制度，按照法律法规和国家有关规定以及依法制定的统计调查制度公布新闻出版（版权）统计资料。

全国新闻出版（版权）统计资料，由国家新闻出版广电总局负责审核、公布；各地新闻出版（版权）统计资料，由地方新闻出版行政主管部门负责审核、公布。

第二十条 尚未公布的新闻出版（版权）统计资料，不得擅自对外提供，不得公开使用。

第四章　统计机构和统计人员

第二十一条 新闻出版行政主管部门根据统计工作的需要，设立承担综合统计职能的机构，指定统计负责人和统计人员，统一管理新闻出版统计工作；从事新闻出版（版权）活动的企业事业单位和其他组织等新闻出版统计调查对象，根据需要设立统计机构或者指定统计人员，完成新闻出版统计工作。

第二十二条 国家新闻出版广电总局承担新闻出版综合统计职能的机构履行以下职责：

（一）拟定全国新闻出版统计工作规划、统计调查制度、调查任务、调查方案和相关统计标准，并组织实施；

（二）负责与同级有关部门的统计业务合作；组织、指导、协调本部门内非综合统计职能机构的统计工作，审核本部门内非综合统计职能机构拟定的统计调查方案；组织、指导、协调地方各级新闻出版行政主管部门的新闻出版统计工作，审核地方各级新闻出版行政主管部门拟定的补充性新闻出版统计调查制度；

（三）组织指导新闻出版统计调查方法和统计管理制度改革的研究、试点和推广；

（四）开展全国新闻出版行业情况的统计分析、监测评价；

（五）统一管理、审定、公布全国新闻出版（版权）统计资料；

（六）会同相关部门，组织、指导全国新闻出版（版权）统计人员的业务培训和科学研究交流；

（七）统一规划全国新闻出版统计网络信息系统建设，管理、开发和利用全国新闻出版统计数据和行政记录等资料；

（八）监督检查统计法律、法规、规章和统计调查制度的执行，并进行考核。

第二十三条 地方新闻出版行政主管部门承担综合统计职能的机构履行以下职责：

（一）完成上级新闻出版行政主管部门部署的统计调查任务；组织、实施补充性新闻出版统计调查项目；审核并按时向上级新闻出版行政主管部门报送本地区的统计数据、统计报告和其他统计资料；

（二）负责与本地区同级有关部门的统计业务合作；组织、指导、协调本部门内非综合统计职能机构的统计工作，审核本部门内非综合统计职能机构拟定的统计调查方案；组织、指导、协调下级新闻出版行政主管部门的统计工作；

（三）贯彻执行统计法律、法规、规章，实施国家统计标准和补充性的新闻出版统计标准；

（四）开展本地区的新闻出版行业情况的统计分析、监督评价；

（五）统一管理、审定、公布本地区的新闻出版（版权）统计资料；

（六）会同相关部门，组织本地区新闻出版（版权）统计人员的业务培训；

（七）按照上级新闻出版行政主管部门的统一规划，组织本地区新闻出版统计网络信息系统建设，管理、开发和利用本地区新闻出版统计数据和行政记录等资料。

第二十四条 中国新闻出版研究院在国家新闻出版广电总局的领导下，根据有关统计制度和调查计划、方案，履行以下职责：

（一）统计数据的搜集、审核、汇总、报送；

（二）新闻出版（版权）统计资料汇编和产业分析报告等统计资料的编制、撰写；

（三）新闻出版统计网络信息系统的建设和应用；

（四）面向社会的统计信息咨询服务；

（五）境外新闻出版信息的搜集；

（六）有关统计档案的管理。

第二十五条 新闻出版统计机构和统计人员依法独立行使以下职权：

（一）统计调查权：调查、搜集有关资料，召开有关调查会议，检查与统计资料有关的各种原始记录和统计台账，要求更正不实的统计数据。

（二）统计报告权：将统计调查所得资料和情况进行整理、分析，及时如实地向上级机关和统计部门提出统计报告。任何单位或个人不得阻挠、扣压统计报告，不得伪造和篡改统计资料。

（三）统计监督权：根据统计调查和统计分析，对新闻出版工作进行统计监督，指出存在的问题，提出改进的建议。有关部门对统计机构、统计人员指出的问题和提出的建议，应当及时予以研究处理。

第二十六条 新闻出版统计机构和统计人员应坚持实事求是，恪守职业道德，依法履行职责，如实搜集、录入、审核、报送统计资料，不得伪造、篡改统计资料，不得以任何方式要求任何单位和个人提供不真实的统计资料，有权拒绝、抵制有关强令或者授意篡改统计资料、编造虚假数据的行为，对其负责搜集、审核、录入的统计资料与统计调查对象报送的统计资料的一致性负责。

第二十七条 新闻出版行政主管部门、从事新闻出版（版权）活动的单位负责人负有督促统计机构和统计人员执行《统计法》以及各种规章制度的职责；不得自行修改统计机构和统计人员提供的新闻出版（版权）统计资料，不得以任何方式要求统计机构、统计人员及其他机构、人员伪造、篡改统计资料；不得对依法履行职责或者拒绝、抵制统计违法行为的统计人员打击报复。

第二十八条 新闻出版行政主管部门、新闻出版统计机构和统计人员对在统计工作中知悉的国家秘密、商业秘密和个人信息，应当予以保密，对统计调查中获得的能够识别和推断单个统计调查对象身份的资料应当保密，不得对外提供泄露。

第二十九条 各级新闻出版行政主管部门的统计人员应保持相对稳定。统计人员因工作需要调离统计岗位时，应选派有能力承担规定职责的人员接替，先补后调，办清交接手续，并及时告知上级新闻出版行政主管部门。对不称职、不合格的统计人员应及时进行调整。

第五章　监督检查和法律责任

第三十条　各级新闻出版行政主管部门统计机构依法对下级新闻出版行政主管部门、统计调查对象的统计工作进行监督、检查和考核。

新闻出版统计检查的内容包括：统计法律法规和规章制度的执行情况，统计机构和统计人员的配置情况，统计资料搜集和报送的真实、准确、及时、完整程度等，统计资料的公布情况，统计信息化建设情况，对下级单位和统计调查对象统计工作监督、检查和考核的执行情况，以及其他与统计工作相关的情况。

第三十一条　各级新闻出版行政主管部门、统计调查对象应配合上级新闻出版行政主管部门的检查工作。任何单位、个人不得干扰和妨碍统计人员执法检查和作出检查结论。

第三十二条　新闻出版行政主管部门对有下列情形之一的统计机构或统计人员，按照有关规定给予表彰或奖励：

（一）忠于职守，执行统计法律、法规和规章表现突出的；

（二）在改进和完善新闻出版统计制度、统计调查方法等方面有重要贡献的；

（三）在完成规定的新闻出版统计调查任务，保障新闻出版（版权）统计资料准确性、及时性方面作出显著成绩的；

（四）在进行新闻出版统计分析、监督方面取得突出成绩的；

（五）在新闻出版统计工作中运用和推广现代信息技术有显著效果的；

（六）在新闻出版统计科学研究方面有所创新、作出重要贡献的。

第三十三条 各级新闻出版行政主管部门或者有关部门、单位的负责人有下列行为之一的，由上级新闻出版行政主管部门予以通报，建议任免机关或监察机关等有关部门依法给予处分；并由统计机构依照《统计法》第三十七条予以处理：

（一）自行修改统计资料、编造虚假统计数据的；

（二）要求统计机构、统计人员或者其他机构、人员伪造、篡改统计资料的；

（三）对依法履行职责或者拒绝、抵制统计违法行为的统计人员打击报复的；

（四）对本部门、本单位发生的严重统计违法行为失察的。

第三十四条 各级新闻出版行政主管部门在组织实施统计调查活动中有下列行为之一的，由上级新闻出版行政主管部门责令改正，予以通报，对直接负责的主管人员和其他直接责任人员，建议任免机关或监察机关等有关部门依法给予处分；并由统计机构依照《统计法》第三十八条予以处理：

（一）未经批准擅自组织实施统计调查的；

（二）未经批准擅自变更统计调查制度的内容的；

（三）伪造、篡改统计资料的；

（四）要求统计调查对象或者其他机构、人员提供不真实的统计资料的；

（五）未按照统计调查制度的规定报送有关资料的。

第三十五条 各级新闻出版行政主管部门有下列行为之一的，由上级新闻出版行政主管部门予以通报，对直接负责的主管人员和其他直接责任人员，建议任免机关或监察机关等有关部门依法给予处分；并由统计机构依照《统计法》第三十九条予以处理：

（一）违法公布统计资料的；

（二）泄露统计调查对象的商业秘密、个人信息或者提供、泄露在统计调查中获得的能够识别或者推断单个统计调查对象身份的资料的；

（三）违反国家有关规定，造成统计资料毁损、灭失的。

第三十六条 各级新闻出版行政主管部门、统计人员泄露国家秘密的，依法追究法律责任。

第三十七条 新闻出版统计调查对象有下列行为之一的，由新闻出版行政主管部门责令改正，给予警告，可以予以通报，对其直接负责的主管人员和其他直接责任人员属于国家工作人员的，建议任免机关或监察机关等有关部门依法给予处分；并由统计机构依照《统计法》第四十一条予以处理：

（一）拒绝提供统计资料或者经催报后仍未按时提供统计资料的；

（二）提供不真实或者不完整的统计资料的；

（三）拒绝、阻碍统计调查、统计检查的；

（四）转移、隐匿、篡改、毁弃或者拒绝提供原始记录和凭证、统计台账、统计调查表及其他相关证明和资料的。

第三十八条 作为新闻出版统计调查对象的国家机关、企业事业单位或者其他组织迟报统计资料，或者未按照国家有关规定设置原始记录、统计台账的，由上级或本级新闻出版行政主管部门责令改正，给予警告，可以予以通报；并由统计机构依照《统计法》第四十二条予以处理。

第三十九条 违反本办法，利用虚假统计资料骗取荣誉称号、物质利益或者职务晋升的，依照《统计法》第四十五条予以处理。

第四十条 违反本办法，构成犯罪的，依法追究刑事责任。

第六章 附 则

第四十一条 本办法自2016年7月1日起施行。原新闻出版总署、国家统计局于2005年2月7日颁布的《新闻出版统计管理办法》同时废止。

关于印发《关于在出版行业开展岗位培训实施持证上岗制度的规定》的通知

新闻出版署　中共中央宣传部　国家教委　人事部

1995 年 12 月 25 日　（95）新出联第 28 号

各省、自治区、直辖市党委宣传部、新闻出版局、教育委员会、人事厅（局），中央和国家机关各部委及各人民团体人事教育部门，解放军总政治部宣传部：

现将《关于在出版行业开展岗位培训实施持证上岗制度的规定》印发给你们，请遵照执行。

关于在出版行业开展岗位培训实施持证上岗制度的规定

一、开展岗位培训、实施持证上岗制度的意义和目的

出版行业是我国宣传思想领域的重要阵地，担负着为实现党的总任务、总目标提供精神动力、智力支持、思想保证和良好的舆论环境的重要任务。出版工作非常重要，它关系到繁荣社会主义科学文化，提高国民素质和教育年轻一代健康成长。为促进出版事业的繁荣，推动整个出版业的发展从以规模数量增长为主要特征的阶段向以优质高效为主要特征的阶段转移，提高出版队伍的整体素质是一个重要条件，其中，提高各级领导干部的素质尤其重要。根据中共中央、国务院颁发的《中国教育改革和发展纲

要》，中共中央办公厅、国务院办公厅转发的新闻出版署党组《关于进一步加强和改进出版工作的报告》及国家教育委员会、劳动部、人事部、国家经济体制改革委员会、全国总工会印发的《关于开展岗位培训若干问题的意见》等文件精神，结合出版行业的实际情况，制定本规定。

二、开展岗位培训，实施持证上岗制度的基本内容

出版行业开展岗位培训、实施持证上岗制度，是按照出版行业的岗位规范和培训要求，对出版单位主要岗位的工作人员进行培训，使受培训者按相应教学计划学完规定的全部课程并考核合格，取得该岗位《岗位培训合格证书》，持该证书上岗（在岗）。取得《岗位培训合格证书》是上岗任职的必备条件之一（不等于已全面具备了该岗位的任职资格）。各级组织在聘任或任命出版单位各主要岗位职务时，应从已取得该岗位《岗位培训合格证书》的人员中选拔，或派送拟任命人员参加岗位培训并取得相应《岗位培训合格证书》。

三、岗位培训工作的实施

1．开展岗位培训的指导思想

在出版行业开展岗位培训，是对从事出版工作的干部按岗位需要进行的以提高政治素质和履行岗位职责必备的工作能力、业务知识为目的的定向培训。岗位培训要以邓小平建设有中国特色社会主义理论和党的基本路线为指导，要从出版事业的发展和岗位工作的需要出发，坚持学以致用、按需施教、注重实效的原则。要注重能力培养，加强行为规范和职业道德教育，使参加培训的人员通过学习，提高政治素质、理论水平和工作能力，达到相应岗位规范的要求。

2．岗位培训的对象和进度

从现在起，用3年或更长一些时间将出版社（含音像、电子出版单位，下同）社长、总编辑、编辑室主任，期刊主编，书刊定点印刷企业（含持有书刊印刷许可证的印刷企业和音像复制单位，下同）厂长（经理），新华书店省、地（市）、县店经理（含外文书店、古旧书店以及其他一级书刊批发单位经理）培训一遍（以上人员均包括副职）。

与此同时，用5年或更长一些时间，将出版行业其他主要岗位在职人员轮训一遍。

3．岗位培训的组织管理

出版行业的岗位培训由新闻出版署和省（区、市）新闻出版局两级组织实施。

——新闻出版署组织制定和颁发出版行业岗位规范、培训要求，制定和颁发指导性教学计划和教学大纲；组织编写培训教材；制定岗位培训教学单位的资格认定标准和教学质量检查评估标准；制定全行业岗位培训规划和年度计划；对全行业岗位培训进行指导和监督。

——新闻出版署委托署教育培训中心负责组织全国出版社社长、总编辑，中央部门在京出版社编辑室主任，中央部门在京期刊和全国重点期刊主编，国家级书刊定点印刷企业厂长，新华书店省级店、外文书店、古旧书店和其他一级书刊批发单位经理的培训。

——各省（区、市）新闻出版局负责制定本地区岗位培训计划，建立培训基地，检查认定培训教学单位，组织在本地区的出版社编辑室主任、期刊主编、省级书刊定点印刷企业厂长、新华书店地（市）和县店经理及出版行业其他主要岗位人员的培训，并对全地区出版行业岗位培训工作进行指导和检查。

——各出版单位和其主管部门应重视此项工作，按计划组织有关人员参加相应岗位培训班学习，对学员学习予以关心并实施检查。

4．《岗位培训合格证书》的颁发

承担岗位培训的教学单位要严格按照教学计划和教学大纲的要求授课和考核。参加岗位培训的人员学完教学计划规定的全部课程并考核合格后，由新闻出版署或省（区、市）新闻出版局认定的教学单位颁发相应的《岗位培训合格证书》。

《岗位培训合格证书》由新闻出版署统一印制、编号、登记，由新闻出版署或省（区、市）新闻出版局验印。

四、持证上岗制度的施行

从1997年开始，凡新任出版社社长、总编辑、编辑室主任，期刊主编，书刊定点印刷企业厂长，新华书店省、地（市）、县店经理应先经培训并取得相应《岗位培训合格证书》后上岗工作。

从1999年开始，凡未经过岗位培训或培训后未取得相应《岗位培训合格证书》的人员不得在上述8个岗位上工作，已在岗人员原则上应从岗位上撤下来。

从现在起用5年或更长一些时间在出版行业其他主要岗位逐步开展岗位培训，实施持证上岗制度。

五、开展岗位培训，实施持证上岗制度的保证措施

1．建立有关制度

——要把岗位培训与干部的选拔、考核和使用结合起来，岗位培训的考核成绩应记入本人档案，作为上岗（在岗）、转岗、晋升和评聘专业技术职称的必备条件或依据之一。

——要把开展岗位培训，实施持证上岗制度的工作纳入出版

单位负责人（企业承包人）的任期目标，作为考核的重要内容之一。

——要把开展岗位培训和实施持证上岗制度的情况作为出版单位年检考核内容之一，凡在规定期限内未达到要求的出版单位，其年检不予通过，并视其情况给予相应处罚。

2．加强对岗位培训工作和实施持证上岗制度的领导

开展岗位培训和实施持证上岗制度，是提高出版队伍整体素质、促进出版事业健康发展的一项战略措施，各级领导应高度重视。各省（区、市）新闻出版局、各出版单位及其主管部门均应将此项工作列入本部门、本单位工作计划。要有一名主要领导负责岗位培训工作，确定专门的机构和人员组织完成，对此项工作搞得好的应予表彰和奖励。各级出版行政机关和出版单位及其主管部门要严格按期实施持证上岗制度。

新闻出版署要对各地、各单位开展岗位培训和实施持证上岗制度的工作进行指导、监督和检查。

各级党委宣传部、教育行政部门和人事行政部门应积极支持、指导和帮助出版行业岗位培训工作的开展和持证上岗制度的实施。

3．增加经费投入

各级出版行政机关和出版单位及其主管部门要加强岗位培训经费的投入，并争取逐年有较大的增长，为全面开展岗位培训工作创造必要的条件，不断提高培训质量。

承担岗位培训的教学单位，不应以盈利为目的，有关收费标准应严格按有关规定执行。

六、本规定由新闻出版署负责解释。

本规定自公布之日起实施。

关于印发《新闻出版行业领导岗位持证上岗实施办法》的通知

新闻出版总署 2002年6月3日 新出办〔2002〕717号

各省、自治区、直辖市新闻出版局，总政宣传部新闻出版局，新疆生产建设兵团新闻出版局：

现将《新闻出版行业领导岗位持证上岗实施办法》印发给你们，请遵照执行。

新闻出版行业领导岗位持证上岗实施办法

第一条 为了贯彻落实中共中央办公厅、国务院办公厅转发的《中共中央宣传部、国家广电总局、新闻出版总署关于深化新闻出版广播电视业改革的若干意见》和新闻出版署、中共中央宣传部、国家教委、人事部《关于在出版行业开展岗位培训实施持证上岗制度的规定》，加强新闻出版单位领导岗位持证上岗工作的管理，制定本实施办法（以下简称办法）。

第二条 按本办法规定实施持证上岗的领导岗位是：

1．出版社（含图书、音像、电子出版单位，下同）社长、总编辑。

2．期刊社主编。

3．新华书店省、地（市）、县市店经理（含外文书店、古旧书店以及一级书刊批发单位经理，下同）。

4．国家级、省级书刊印刷定点企业厂长（经理）。

5．音像复制单位的法定代表人或主要负责人。

6．报社社长、总编辑。

（上述岗位均包括副职，下同。）

第三条 本办法所称持证上岗，是指第二条所列岗位人员在经主管机关（部门或单位）批准任职时，须持新闻出版总署统一印制的《岗位培训合格证书》上岗。

第四条 新闻出版总署主管全国新闻出版行业的持证上岗工作，负责对全国新闻出版行业需要持证上岗的岗位及持证上岗要求和时间等作出规定。

省、自治区、直辖市新闻出版局根据新闻出版总署的要求，负责本省（区、市）新闻出版单位领导岗位持证上岗实施工作，并主管本省（区、市）新闻出版单位其它岗位持证上岗工作。

中央和国家机关有关部委、人民团体新闻出版主管部门协助新闻出版总署做好本系统新闻出版单位领导岗位持证上岗管理工作。

第五条 《岗位培训合格证书》由新闻出版总署统一印制并用印，分别由新闻出版总署和各省、自治区、直辖市新闻出版局指定的培训机构颁发，在全国新闻出版行业有效。

第六条 《岗位培训合格证书》通过岗位培训取得。本办法第二条规定岗位的在职或拟任职人员，要在当年内（或任职后半年内）按规定参加由新闻出版总署或各省、自治区、直辖市新闻出版局组织或指定培训机构举办的相应岗位的岗位培训班，学完规定的全部课程，并经考试、考核合格者，即可获得《岗位培训合格证书》。

岗位培训班由新闻出版总署或各省、自治区、直辖市新闻出版局指定的培训机构按年度定期举办。

第七条 《岗位培训合格证书》有效期为五年，持有《岗位培训合格证书》的人员，要在有效期满后的第一年内，按本办法第六条要求参加岗位培训，并重新取得《岗位培训合格证书》。

第八条 持有《岗位培训合格证书》的人员，调离原单位，但不改变任职岗位性质的，其《岗位培训合格证书》继续有效。脱离原岗位工作，并改变岗位性质三年以下，又回原岗位工作的，其《岗位培训合格证书》要经新闻出版管理机关核验，方可有效。脱离原岗位工作并改变岗位性质三年以上的，其《岗位培训合格证书》自行失效。

第九条 新闻出版单位要根据新闻出版总署或各省、自治区、直辖市新闻出版局的规定，定期向上述新闻出版管理机关书面报告本单位领导持证上岗情况。

第十条 从2002年起，新闻出版管理机关要将本办法第二条所列人员持证上岗情况列入新闻出版单位年检内容。年检内容包括：1. 单位领导持证上岗率达不到80%的（非本单位原因除外），新闻出版单位年检主管机关将视不同情况给予警告；2. 单位领导持证上岗率达不到50%的，暂缓年检。对受到警告、暂缓年检的出版单位，要在新闻出版单位年检主管机关规定的时间内，达到持证上岗要求。

第十一条 任何单位和个人不得伪造、涂改、出借、转让《岗位培训合格证书》。《岗位培训合格证书》如有遗失，须由本人提出书面申请，经本单位确认，方可由新闻出版总署或省、自治区、直辖市新闻出版局指定的培训机构按本办法第六条规定审核补发。

第十二条 本办法第二条规定之外的其它岗位的持证上岗工

作，在条件具备时，各省、自治区、直辖市新闻出版局可参照本办法作出具体规定。

第十三条 本办法发布之前，已取得《岗位培训合格证书》的人员，其持证上岗按本办法执行。

第十四条 中国人民解放军所属出版单位持证上岗实施办法，由解放军总政治部另行规定。

第十五条 本办法由新闻出版总署负责解释。

关于新闻采编人员资格培训实施工作的通知

新闻出版总署　2003年1月10日　新出厅字〔2003〕6号

各省、自治区、直辖市新闻出版局，新疆生产建设兵团新闻出版局，解放军总政治部宣传部，新闻出版总署教育培训中心：

为了落实新闻出版总署、中共中央宣传部、广播电影电视总局共同下发的《关于开展新闻采编人员资格培训工作的通知》（新出联〔2002〕19号）（简称《资格培训通知》）精神，现就实施工作通知如下：

一、培训对象

对《资格培训通知》中所列培训对象做如下补充：

1. 2002年12月31日前年龄不满50岁、具有非新闻专业高级专业技术职务的新闻采编人员，要列入参加培训人员的范围。

2. 由新闻单位以外调入、从事新闻采编工作不满2年的人员，要参加培训。

3. 2002年12月31日前年龄满50岁以上（含50岁），且具有中、初级新闻专业技术职务的新闻采编人员免予培训。

4. 2001年1月1日以后，已参加新闻出版总署和各省、自治区、直辖市新闻出版局举办的报社社长（总编辑）岗位培训班和期刊（新闻性期刊）主编岗位培训班并获得岗位培训合格证书的人员，免予培训。

二、培训方式

1. 此次资格培训，采取自学与集中培训相结合，以集中学习为主。集中培训学习时间，累计 49 个学时。

2. 新闻单位个别人员如因特殊情况，不能参加集中培训学习，该单位负责人应将名单报省（自治区、直辖市）新闻出版局，并说明理由。经审核、批准后，可进行自学，然后参加培训考试。自学人数不应超过新闻单位应参加培训人员总数的 20%，否则，不予批准。

三、培训分工

1．按《资格培训通知》规定的分工开展培训，其中自行组织培训的单位增加科技日报、中国日报和中国新闻社。

2．中央新闻单位驻各地记者站采编人员的培训，由各省（自治区、直辖市）新闻出版局负责。自行组织培训的新闻单位驻各地记者站采编人员如何培训，由新闻单位与各地新闻出版局协商。

3．全国新闻采编人员资格培训办公室设在新闻出版总署教育培训中心，联系电话：68003814。

四、培训考试

资格培训要严格进行考试，考试合格，才能颁发《新闻采编人员资格培训合格证书》。考试由各省（自治区、直辖市）新闻出版局统一出题统一组织，具体办法由各省（自治区、直辖市）新闻出版局另行规定。每次的考试试题，由各省（自治区、直辖市）新闻出版局在考前向新闻出版总署教育培训中心备案。考试结果，由各地培训部门通知参考人员所在新闻单位。

五、培训合格证书效用与发放条件

1．取得《新闻采编人员资格培训合格证书》是从事新闻采编工作的基本资格，也是核发新闻采编人员记者证的必要条件之一。凡参加培训并经考核合格，即可发给证书。

2．《新闻采编人员资格培训合格证书》，由各省（自治区、直辖市）新闻出版局统一领取并核发。

3．免予培训的人员，先由各新闻单位按照所在省（自治区、直辖市）新闻出版局的要求进行登记，并将结果报所在省（自治区、直辖市）新闻出版局审核同意后，由省（自治区、直辖市）新闻出版局核发《新闻采编人员资格培训合格证书》（注明免培字样）。中央各部委新闻单位采编人员免培资格由总署教育培训中心审核。

4．中央各部委新闻单位《新闻采编人员资格培训合格证书》由总署委托教育培训中心核发。

地方广播电影电视系统《新闻采编人员资格培训合格证书》由各省（自治区、直辖市）新闻出版局核发。

5．以自学方式参加培训考试的人员，第一次考试不合格者，必须参加集中培训学习。凡累计参加两次考试（包括自学和参加集中培训学习）仍不合格者，不得继续从事新闻采编工作。

6．此次资格培训工作将于2003年6月底前全部结束。属本通知范围内在岗在编新闻采编人员，应参加此次资格培训，无正当理由不参加者，不得继续从事新闻采编工作。

六、教学计划、大纲与培训教材

此次培训的教学计划和教学大纲由新闻出版总署统一制定，随本通知下发（附后）。

必读书为：《新闻采编人员资格培训学习用书　报纸出版工作法律法规选编》（新闻出版总署教育培训中心编、中国大百科全书出版社出版）。

推荐参考书为：《新闻理论教程》（高等教育出版社出版）。

七、工作要求

1．各省（自治区、直辖市）新闻出版局自接到本通知起，应将本地区新闻采编人员资格培训计划于2003年2月15日前，上报新闻出版总署教育培训中心备案。

中心地址：北京市大兴黄村兴华北路25号。

邮政编码：102600

电话：61265528，68003814转3802，68003811

2．广播电影电视系统新闻采编人员资格培训工作计划，由广播电影电视总局制定并具体实施。

3．军队系统新闻采编人员资格培训工作计划由解放军总政治部宣传部制定并组织实施。

关于开展对期刊新闻采编人员进行资格培训工作的通知

新闻出版总署　2003年11月5日　新出厅字〔2003〕234号

各省、自治区、直辖市新闻出版局，解放军总政治部宣传部新闻出版局，中央、国家机关各部委报刊管理部门，新闻出版总署教育培训中心，各有关期刊社：

根据中共中央宣传部、新闻出版总署和广播电影电视总局《关于开展新闻采编人员资格培训工作的通知》（新出联〔2002〕19号）和《关于新闻采编人员资格培训实施工作的通知》（新出厅字〔2003〕6号）的有关精神，从事新闻采编工作的人员，必须经过新闻出版管理部门培训合格，才有资格获得国家统一核发的记者证，从事新闻采编工作。为做好这一工作，现对期刊新闻采编人员实施资格培训工作以及核发记者证的有关问题通知如下。

一、培训原则、对象和范围

这次培训工作的基本原则是，从期刊出版的工作实际出发，既要满足期刊新闻采编实际工作的需要，又要从严掌握培训范围，防止过多过滥。

培训的主要对象是从事期刊新闻采编业务工作的人员。

根据不同类别期刊的工作性质和内容特点，对培训范围作如下规定：

1．对于纯新闻性、时事政治类期刊，按期刊新闻采编人员的实际人数进行培训。

2. 对财经类、工作指导类、文学艺术类、文化生活类、体育类、科普等类期刊，按照原记者证持有人数的50%参加培训；新办期刊和未曾申领记者证的，按照期刊社现有采编人数的50%进行培训。

3. 公报（政报、文告）类、教育教学类、高校学报类、年鉴类、信息参考类、学术理论类、侨刊乡讯等类期刊不参加培训。

4. 科技类期刊（科普类除外）不参加培训。

5. 文摘类等二次文献期刊不参加培训。

6. 人民日报、光明日报、经济日报、科技日报、中国日报、新华通讯社和中国新闻社等部门所属期刊，凡已经参加过此类培训的，可不再参加这次培训。

7. 2002年12月31日前年龄满50岁以上（含50岁）、具有新闻出版专业技术职务的期刊新闻采编人员可免予培训，但免培人员名单要上报，名额列入本单位参加培训名额范围。

8. 2001年1月1日以后，已参加新闻出版总署和各省（自治区、直辖市）新闻出版局举办的期刊主编岗位培训班并获得合格证书，属于培训范围内期刊的新闻采编人员，可免予培训，但免培人员名单要上报，名额列入本单位参加培训名额范围。

9. 期刊新闻采编人员包括期刊社的正式员工和与期刊社签有连续一年以上劳动合同的聘任人员。

二、培训管理和分工

新闻出版总署报刊司、人事教育司负责全国期刊新闻采编人员的培训指导工作；全国期刊新闻采编人员资格培训工作办公室设在新闻出版总署教育培训中心，负责培训协调工作；新闻出版总署教育培训中心同时负责中央及国家机关各部委所属期刊新闻采编人员的组织培训工作。各省（自治区、直辖市）新闻出版局报刊处会同人教处负责本地区期刊新闻采编人员的组织培训和管理工作。解放军总政治部宣传部新闻出版局负责解放军系统有关期刊的组织培训和管理工作。

三、培训方式、时间安排和考核办法

培训工作采取以集中培训为主的方式。

时间安排：2003 年 11 月 30 日前将应培训人员情况报新闻出版总署教育培训中心。2003 年 12 月举办第一期期刊新闻采编人员资格培训班。2004 年 5 月前完成所有在岗期刊新闻采编人员培训工作。2004 年 6 月汇总期刊新闻采编人员培训情况并进行工作总结。每期培训时间原则上不低于 5 天。

地方期刊的培训考试，由各省（自治区、直辖市）新闻出版局统一组织。各省（自治区、直辖市）新闻出版局要及时将培训组织实施计划和考试试题报全国新闻采编人员资格培训办公室备案。

军队系统期刊的培训考试，由解放军总政治部宣传部新闻出版局组织实施，有关的组织实施计划和考试试题等也要及时报送全国新闻采编人员资格培训办公室备案。

培训工作结束后，经培训考试合格的，颁发《新闻采编人员资格培训合格证书》，证书按新出厅〔2003〕6 号要求颁发。

四、教学计划、大纲和培训教材

培训教学计划和教学大纲由新闻出版总署统一制定，随本通知下发（见附件一）。培训教材为中国大百科全书出版社出版的《期刊出版工作法律法规选编》，其它培训讲义由各组织培训的部门根据教学计划和教学大纲自行遴选。

五、培训工作要求

1．各有关组织培训的部门要对培训对象的条件进行严格审核，对培训人员的数量要按照有关规定严格把关。

2．中央、国家机关各部委所属期刊社接此通知后，请于 11 月 30 日前按照文件规定名额（见附件二），通过主管部门向全国期刊新闻采编人员资格培训办公室报名。

3．各省（自治区、直辖市）新闻出版局和解放军总政治部宣传部新闻出版局接此通知后，请于 11 月 30 日前填写《期刊新闻采编人员培训申请表》（见附件三），并与培训计划一同报全国期刊新闻采编人员资格培训办公室，经审核同意后方可开始培训工作。

全国期刊新闻采编人员资格培训办公室联系方式：

地址：北京市西城区车公庄大街甲 4 号物华大厦 520 室

电话：（010）68003814，68008753

邮编：100044

传真：（010）68003812

附件：1．培训教学计划和教学大纲（略）

2．中央及国务院各部委所属期刊名额分配表（略）

3．期刊新闻采编人员培训申请表（略）

关于在新闻出版行业实施干部调训制度的通知

新闻出版总署　2006年5月23日　新出厅字〔2006〕136号

各省（区、市）新闻出版（版权）局，新疆生产建设兵团新闻出版（版权）局，解放军总政宣传部新闻出版（版权）局，总署机关各司（厅、局），署直各单位，中国出版集团公司，各省（区、市）出版集团、报业集团、期刊集团、发行集团、印刷集团，中央和国家机关各部委、各民主党派及各人民团体组织人事部门、新闻出版主管部门，署管各行业协会：

为了认真贯彻中共中央《干部教育培训工作条例（试行）》，推进新闻出版行业干部培训的科学化、制度化和规范化，落实《2005年—2010年全国新闻出版（版权）人才工作纲要》确定的人才培养项目，新闻出版总署决定，自2006年起在新闻出版行业实施干部调训制度。现就有关事项通知如下：

一、调训的对象

调训是中央规定的重要干部培训的一种方式。按分工要求，新闻出版总署调训以下干部：

（一）省（区、市）、副省级城市和中心城市新闻出版局（版权局）的正、副局长。

（二）各省（区、市）报业、出版、期刊、发行集团正、副董事长、总经理、总裁；出版总社正、副社长、总编辑。

（三）全国图书出版社正、副社长、总编辑；音像、电子、网络出版单位或机构的主要负责人。

（四）全国重要期刊社正、副社长、总编辑；中央单位在京期刊社社长、总编辑、主编（编辑部主任）。

（五）省级和副省级城市新华书店（含外文书店、古旧书店）正、副总经理；具有总批发权的发行企业和全国连锁经营总店的主要负责人。

（六）中央单位在京报社、全国省级、地（市）级党报报社正副社长、总编辑；全国都市报、晚报的社长、总编辑。

（七）省（区、市）、副省级城市和中心城市新闻出版机构管理的重要书刊印刷企业的主要负责人。

（八）全国音像复制单位的主要负责人。

各省（区、市）新闻出版局是否对本地区新闻出版单位的其他干部进行调训，由各地自行决定。具备条件的地区，可以根据1995年新闻出版署、中央宣传部、国家教委、人事部四部委联合颁布的《关于在出版行业开展岗位培训实施持证上岗制度的规定》，按照分级管理、分级负责的原则，对新闻出版单位其他岗位的人员实行调训。

二、工作制度

从2006年起，本通知规定的8类人员每5年要参加一次由新闻出版总署安排的调训，其中新闻出版单位领导干部参加岗位培训，新闻出版行政机关领导干部参加业务（任职）培训。2006年首先安排自2001年以来，没有参加岗位培训和业务（任职）培训的人员参加调训，到2010年完成首轮调训任务。

三、组织管理

（一）调训方式

调训按计划进行，采用脱产培训方式，由新闻出版总署教育培训中心依据总署制定的调训计划按年度分期、分批、分类举办。调训计划由总署人事教育司在年初统一下达。根据中央的要求，临时安排的调训计划，由总署人事教育司另行通知。

（二）调训学制

新闻出版单位领导干部的岗位培训时间一般为两周，新闻出版局领导以及集团、总社领导培训时间一般为一周。

（三）调训内容

调训的内容将邓小平理论、“三个代表”重要思想和科学发展观贯彻始终，根据干部岗位职责要求和不同层次、不同类别的特点确定，着重岗位培训和任职业务培训。把提高学员的政治理论水平和增强党性修养放在首位，加强坚持方向、把握导向和掌控新闻出版工作大局能力的培养，强化依法行政、依法管理、依法经营、依法生产的知识和理念。培训内容要讲究实效，要体现时代性，坚持与时俱进。

（四）组织分工

调训工作由新闻出版总署人事教育司负责规划和部署，总署教育培训中心具体实施。各省（区、市）新闻出版局负责本省（区、市）新闻出版单位领导干部的调训工作安排、计划落实和人员选调等工作。中央国家机关各部委及人民团体的组织人事部门和新闻出版工作主管部门负责本部门所属新闻出版单位领导干部的调训安排、人员落实等工作。各新闻出版单位按照上级下达的计划完成调训任务。各省（区、市）的出版、发行、报业、期刊集团及出版总社的人事教育部门，协助本省（区、市）新闻出版局落实本集团（总社）的调训任务。大学出版单位领导干部的调训，按大学的行政隶属关系安排。

四、做好干部调训的工作要求

（一）提高认识

实施干部调训制度是新闻出版业贯彻落实中央《干部教育培训工作条例（试行）》的重要举措，是在新形式下，发扬党的干部教育培训优良传统，完成大规模培训干部、大幅度提高干部队伍素质的战略任务的重要制度保证，是新形势下提高新闻出版干部队伍素质的必然要求，也是进一步完善和发展新闻出版单位领导干部岗位培训制度的现实需要。各单位（部门）、有关领导同志要高度重视，不断增强做好干部调训工作的责任感和自觉性。

（二）加强领导

干部调训是新闻出版管理部门对新闻出版单位领导干部和相应职务干部进行履行职务和职责必备知识和能力的重要培训，是一种组织管理行为。各省（区、市）新闻出版局和中央各部委新闻出版工作的主管部门领导，要高度重视，统筹安排，将落实干部调训工作列入重要工作日程，确保干部调训制度在本地区、本部门顺利实施。

（三）抓好落实

省（区、市）新闻出版局要统筹管理本地区新闻出版单位的干部调训工作，分管教育培训工作的局领导要统筹负责；局人事教育处作为职能部门，要安排专人负责本省调训指标的分配，并统一向总署教育培训中心报送本省参加调训人员名单；新闻出版集团的人事部门，要安排专人负责集团内部各新闻出版单位的干部调训管理，并负责向本省（区、市）新闻出版局报送调训名单。

中央各部委新闻出版工作的主管部门和组织人事部门要相互协调，统筹安排好本部门所属新闻出版单位领导干部调训工作，要明确一个职能机构负责管理调训工作，并负责向总署教育培训中心报送参加调训人员名单。

（四）密切配合

新闻出版干部调训是一项系统工程，需要各方面通力合作。各省（区、市）新闻出版局、新闻出版集团（各新闻出版单位）、中央各部委组织人事部门和新闻出版工作的主管部门，要按照工作分工做好本职工作，同时要注意加强沟通与合作，不推诿、不扯皮，协调一致，共同做好干部调训工作。

（五）抓好基础

各省（区、市）新闻出版局、中央各部委新闻出版工作的主管部门要履行行业主管部门的职责，制定调训工作相关制度，建立调训工作信息沟通机制，及时掌握管辖范围内所有新闻出版单位领导成员的任职情况和变动情况，并建立相关人员的培训档案。

（六）严格管理

各省（区、市）新闻出版局、中央各部委新闻出版工作主管部门或组织人事部门要严格按照新闻出版总署下达的调训计划、名额分配和人员层次落实调训任务，未经总署人事教育司同意不得随意调整名额和人员，要自觉维护调训工作的严肃性和权威性。总署教育培训中心要按照总署对每期干部调训的内容要求科学设置课程，加强教学管理，选择优秀的师资，不断改进教学方法，确保培训质量。

（七）各省（区、市）新闻出版局可依据本通知的精神，对本地区新闻出版单位的干部调训工作作出部署。

关于印发《全国新闻出版行业领军人才遴选与培养实施办法》的通知

新闻出版总署 2007年1月23日 新出人〔2007〕70号

各省（区、市）新闻出版局，新疆生产建设兵团新闻出版局，解放军总政治部宣传部新闻出版局，总署机关各司（厅、局），署直各单位，中国出版集团公司，中央和国家机关各部委、各民主党派及各人民团体组织人事部门、新闻出版主管部门，署管各行业协会：

现将《全国新闻出版行业领军人才遴选与培养实施办法》印发给你们，请结合本地、本部门实际认真贯彻执行。

全国新闻出版行业领军人才遴选与培养实施办法

为贯彻落实党中央、国务院关于加强高层次人才队伍建设的要求和中宣部《全国宣传文化系统"四个一批"人才培养工作意见》、《全国宣传文化系统经营管理人才培养工作意见》、总署《2005年—2010年全国新闻出版（版权）人才工作纲要》的有关精神，组织实施新闻出版行业领军人才工程，联系、宣传、培养一批适应国家新闻出版事业发展需要的领军人才，特制定本办法。

一、遴选条件

新闻出版行业领军人才是全国新闻出版行业各领域最高层次的专家或带头人，推荐人选应具备以下基本条件：

（一）热爱祖国，热爱人民，认真学习贯彻邓小平理论和“三个代表”重要思想，牢固树立科学发展观和社会主义荣辱观，拥护党的路线、方针、政策，具有强烈的事业心和高度的社会责任感，有良好的思想品德和职业道德，遵守国家的法律法规。

（二）具有本科以上文化程度，被评聘为新闻出版或相关专业副高级（含）以上专业技术职务，身体健康，年龄在50周岁以下（个别资深专家和各领域的代表人物不受此限）。其中，45周岁以下的要占一定的比例。

（三）工作实绩突出，专业成果显著，在本领域拥有较高的知名度，在全行业具有一定的影响力。

1．学术领军人才条件：有较高的新闻或出版理论研究水平，出版或发表过有较高水准和较大影响的学术专著、论文，主持完成或正在主持国家或省部级以上与本行业发展密切相关的科研课题，担任省部级以上理论研究和学术创新团队学术带头人。

2．业务领军人才条件：有较高的新闻采编或出版选题策划与编辑业务水平，有同行公认的高水平业绩，其成果在国家政治文明、社会文明及和谐文化建设等方面发挥了重要作用，获得过国家级新闻或出版奖项。

3．管理领军人才条件：有较强的行政管理能力和领导水平，深刻了解新闻、出版领域状况，积极探索创新国家和地方新闻出版行政管理与执法的思路和方式，在国家和地方新闻出版体制改革进程中取得突出成绩，在行业建设、人才培养、事业发展等方面发挥了重要作用。

4．经营领军人才条件：有较强的经营管理和市场开发能力，大胆探索出版单位经营体制机制改革，把社会效益和经济效益有机结合起来，在出版单位自身经营管理和国际化营销工作中业绩突出，在产业化建设和版权贸易工作中成果显著，引领本单位健康、协调和可持续发展，打造出为同行所公认的品牌产品和经营模式。

5．技术领军人才条件：有较高的印刷、复制、校对、发行技能水平，在生产技术和工艺流程创新，采用科学管理和先进技术，提高出版物生产和发行质量等方面取得显著成绩。

（四）获得国务院政府特贴及省部级以上新闻出版等业务奖项的可优先推荐。不具备上述个别条件，但德才素质好、发展潜力大、近年来工作业绩突出的优秀中青年人才可适当放宽条件。

（五）新闻出版行业领军人才遴选与培养工作要坚持优中选优、涵盖各领域及专业方向的原则，每年在全国遴选25—30人，以构成新闻出版行业领军人才的“国家队”。

二、培养措施

新闻出版行业领军人才享受总署人才培养专项资金提供的专门资助，优先承担或参与总署的重点工程和研究课题，优先参加总署组建的专家咨询和评审机构，并通过专门渠道向总署领导提供专业咨询和建议。

（一）由新闻出版总署党组或总署人才工作领导小组不定期邀集新闻出版行业领军人才，举办专题座谈会或研讨会（研修班），围绕国家新闻出版工作大局集思广益，为总署制定中长期发展规划出谋划策。

（二）不定期组织新闻出版行业领军人才赴基层进行对口考察活动，加强调查研究，开阔视野，丰富信息。总署为新闻出版行业领军人才提供更多的对外交流机会，为其出国研修或挂职锻炼提供一定的经费资助，着力培养其国际化能力和社会实践能力。

（三）新闻出版总署对新闻出版行业的领军人才给予资金、项目、政策等方面的重点支持和培养，鼓励其与相关行业开展深层次合作与交流，拓展发展思路和行业成长空间，奖励其在开拓创新中取得的成就。

（四）建立新闻出版总署领军人才信息库，为有关高等院校聘请业界专家和兼职教授提供支持，为出版单位聘请高级顾问提供帮助。对被聘请为专家教授和高级顾问的领军人才，总署给予必要的工作经费补贴；同时，协调领军人才之间开展协作，进行重大课题的研究和攻关活动，为行业素质的提升和发展探索新途径和新方式。

（五）编辑出版“新闻出版行业领军人物风采”系列丛书，以展示领军人才的突出业绩和重要成果，为行业发展积累宝贵经验。同时配合相关媒体，重点宣传报道领军人才的典型事迹，扩大其在国内外的影响，在全社会树立新闻出版行业的良好形象。

三、推荐和评审程序

根据总署人才工作领导小组办公室的部署，各省（区、市）新闻出版局、中央各部委组织人事部门于每年5月31日前，将新闻出版行业领军人才人选的推荐材料（推荐表见附件）报送总署人才工作领导小组办公室。经审核并由专家小组提出评审意见后，报总署党组审定并公布。

四、组织管理

（一）在总署党组、总署人才工作领导小组的领导下，总署人才工作领导小组办公室（人事教育司）负责全行业领军人才工程的实施，负责领军人才的联系、协调、服务和管理工作。各省（区、市）新闻出版局、中央各部委组织人事部门要协助总署做好领军人才遴选和培养的相关工作。

（二）对新闻出版行业领军人才实施动态管理，实行能进能出的管理机制。对业绩突出、不断进步的人才及时予以表彰和奖励，并向国家相关奖项的评选进行推荐；对不适宜继续作为领军人才的，将不再纳入领军人才信息库并终止继续培养计划。

（三）各省（区、市）新闻出版局和中央各部委组织人事部门应参照本办法实施本地区、本部门新闻出版行业领军人才工程，建立本地区、本部门新闻出版领军人才信息库，做好联系、宣传和培养工作，并按时择优向总署推荐。

关于印发新闻出版行业特有工种（出版物发行员）职业技能鉴定有关制度的通知

新闻出版总署　2009年5月13日　新人教〔2009〕71号

各省、自治区、直辖市新闻出版局人事部门及所属职业技能鉴定站：

为加强新闻出版行业特有工种职业技能鉴定工作管理，建立科学、规范、正规的管理制度体系，新闻出版总署人事司组织总署职业技能鉴定指导中心制定了新闻出版行业特有工种（出版物发行员）职业技能鉴定有关制度，并经2009年全国出版物发行员职业技能工作会议讨论通过，现发给你们，请遵照执行。执行过程中如有问题请及时向总署职业技能鉴定指导中心反馈。原新闻出版署人事教育司《关于印发图书发行员职业技能鉴定管理有关制度和办法的通知》（新人劳〔2000〕173号）所发制度和办法同时废止。

附件：1．新闻出版行业特有工种职业技能鉴定实施办法（略）

2．新闻出版行业特有工种职业技能鉴定站管理办法（略）

3．新闻出版行业特有工种职业技能鉴定站年检实施办法（略）

4．新闻出版行业特有工种职业资格证书管理办法（略）

5．新闻出版行业特有工种职业技能鉴定考评人员管理办法（略）

6．新闻出版行业特有工种职业技能鉴定质量督导员管理办法（略）

7．新闻出版行业特有工种职业技能鉴定工作程序（略）

8．新闻出版行业特有工种职业技能鉴定试卷运转管理办法（略）

9．新闻出版行业特有工种职业技能鉴定理论知识考试和评分办法（略）

10．新闻出版行业特有工种职业技能鉴定技能考核和评分办法（略）

11．新闻出版行业特有工种职业技能鉴定综合评审办法（略）

12．新闻出版行业特有工种职业技能鉴定考场规则（略）

13．新闻出版行业特有工种职业技能鉴定考评人员工作守则（略）

14．新闻出版行业特有工种职业技能鉴定监考人员工作守则（略）

15．新闻出版行业特有工种职业技能鉴定考生须知（略）

关于印发《国家出版基金管理委员会工作制度》等三个文件的通知

新闻出版总署　2010年1月20日　新出厅字〔2010〕9号

各省、自治区、直辖市新闻出版局，新疆生产建设兵团新闻出版局、解放军总政治部宣传部新闻出版局，中央和国家机关有关部委、有关民主党派、有关人民团体新闻出版主管部门，中国出版集团公司，地方各出版集团公司，各相关中央直属企业：

现将《国家出版基金管理委员会工作制度》、《国家出版基金评审专家管理暂行办法》、《2008—2009年度国家出版基金资助项目评审办法》印发给你们，请与之前新闻出版总署、财政部下发的《新闻出版总署、财政部关于印发〈国家出版基金资助项目管理办法〉的通知》（新出联〔2008〕8号）、《财政部关于印发〈国家出版基金财务管理办法〉的通知》（财教〔2008〕234号）、《新闻出版总署、财政部关于〈成立国家出版基金管理委员会〉的通知》（新出联〔2009〕14号）一并贯彻执行。遇有重要情况及时上报国家出版基金管理委员会办公室。

各省级新闻出版行政管理部门要将国家出版基金管理委员会和国家出版基金管理委员会办公室所下发的文件、简报及时通知和下发给所属各出版单位。

国家出版基金管理委员会工作制度

第一条 为了确立国家出版基金管理委员会的职责、工作规范和行为准则，按照国务院有关规定，制定本制度。

第二条 国家出版基金管理委员会是负责管理国家出版基金的领导机构。

第三条 国家出版基金管理委员会由新闻出版总署、中央宣传部、财政部、教育部、科技部相关负责同志组成。委员会设主任委员一人，副主任委员及委员若干人。新闻出版总署署长任委员会主任委员。

第四条 国家出版基金管理委员会下设国家出版基金规划管理办公室（以下简称基金办），负责委员会的日常工作。基金办主任由委员会主任委员提名按程序任命。基金办挂靠在新闻出版总署。

第五条 国家出版基金管理委员会根据国家发展出版业的方针、政策和规划，建立和完善国家出版基金管理体制和机制，充分发挥财政资金的使用效益和导向作用，促进出版资源的有效配置，营造有利于出版业繁荣发展和中华文化“走出去”的良好环境。其主要职责是：

（一）审定国家出版基金管理规章制度；

（二）审定国家出版基金中长期规划和年度计划；

（三）审定国家出版基金资助项目年度申报指南；

（四）审定国家出版基金的专家评审结果；

（五）审查年度国家出版基金资助项目的实施情况和经费使用情况；

（六）审核国内外自然人、法人、政府出版管理部门、资助机构、学术组织捐赠事宜；

（七）根据国家出版基金发展规划，按照“以收定支、收支平衡”的原则审核国家出版基金年度预决算，按规定程序报财政部审批；

（八）审定国家出版基金评审专家，指导并监督基金办对评审专家库的管理；

（九）研究决定国家出版基金使用管理工作中有关违法违规行为的处理意见；

（十）指导监督基金办的工作；

（十一）研究决定与国家出版基金管理有关的其他重大事项。

第六条 国家出版基金管理委员会议事、决议主要采取工作会议或文件传阅的方式进行。

（一）定期召开国家出版基金管理委员会工作会议，出席会议的委员人数不少于全体委员人数的五分之四，并于召开会议前一周向全体委员发出通知。工作会议由主任委员主持。主任委员不能出席时，委托副主任委员主持。出席会议的委员履行签到手续。

（二）遇到重要事项，由于特殊原因不能召开国家出版基金管理委员会工作会议时，可采取文件传阅等方式，由委员进行议事、决议。传阅文件的委员人数不少于全体委员人数的五分之四。委员应在约定时间内出具书面意见，过时视为同意。所作决议须经三分之二以上传阅文件的委员同意。

第七条 国家出版基金管理委员会建立工作会议记录、会议纪要制度。工作会议记录、会议纪要及其他正式文件均做永久性保存。

第八条 本工作制度由国家出版基金管理委员会负责解释，自发布之日起施行。

国家出版基金评审专家管理暂行办法

第一条 为规范国家出版基金评审专家的管理，确保评审工作公平、公正，根据国家有关法律法规和《国家出版基金资助项目管理办法》制定本办法。

第二条 本办法所称评审专家是指按照本办法规定程序推荐遴选、具有参加国家出版基金评审工作资格的专门人才。评审专家分为学术专家、出版专家和财务专家。

第三条 国家出版基金规划管理办公室（以下简称“基金办”）设立国家出版基金评审专家库。基金办负责专家库的建设、维护、使用和管理。

第四条 评审专家按照“公开推荐、择优确定”的原则进行管理。专家本人所在出版单位有评审项目的，原则上不聘为评委。

第五条 评审专家应当具备下列条件：

（一）思想作风正派，坚持原则，能够认真、客观、公正、廉洁地履行职责。

（二）必须具有高级专业技术职务或相当于高级专业技术职务的行政职务，从事相关专业领域工作十年以上，有较高学术（专业）水平，在学科（行业）具有较高的威望和影响。

（三）熟悉我国出版业及所从事专业领域法律法规，熟悉出版工作基本规程，熟悉本专业或者本行业国内外情况和发展动态。

（四）能保证参加评审工作的时间，并按要求承担和完成评审工作。

（五）具有良好的道德操守，没有违法违纪等不良记录，自觉接受监督管理。

第六条 评审专家参与评审工作，享有以下权利：

（一）对基金管理及相关情况享有知情权。

（二）对参与评审的事项独立发表意见，行使表决权，不受任何单位或者个人干预。

（三）按规定获得相应的劳务报酬。

（四）法律法规规章规定的其他权利。

第七条 评审专家参与评审工作，承担以下义务：

（一）本着科学求实和认真负责的态度履行职责，在规定的时间内客观、公正地提出评审意见，并对评审结论负责。

（二）发现存在利害关系时，应主动提出回避。

1. 本人、配偶或直系亲属在被评审项目的申报单位中任职。

2. 本人、配偶或直系亲属参与被评审项目的创作、策划、编辑等工作。

3. 其他可能影响公平评审的情况。

（三）严格遵守评审工作纪律，不向外界泄露与评审有关的情况。

（四）发现被评审项目的申报单位有不正当行为时，应当及时报告。

（五）法律法规规章规定的其他义务。

第八条 评审专家库中专家总人数不少于350人（学术专家不少于200人，出版专家不少于100人，财务专家不少于50人），其中中青年知名专家所占比例不低于50%，外籍专家应占有一定比例。国家出版基金管理委员会成员单位人员不作为专家参加评审，可作为联络员参加整个评选过程，掌握情况。

第九条 评审专家的推荐和遴选。

（一）基金办根据评审工作需要适时公布评审专家的需求信息、推荐遴选的条件和时间。各省、自治区、直辖市、新疆生产建设兵团新闻出版行政部门，解放军总政治部、中央和国家机关各部委、各民主党派、各人民团体新闻出版主管部门及中国出版集团、各相关中央直属企业（以下简称主管部门）分别负责本辖区和本系统评审专家的组织推荐工作。

（二）推荐包括专家自荐和工作单位推荐两种方式。自荐专家有工作单位的，应征得工作单位的同意。专家工作单位推荐的，应争得专家本人的同意。

（三）自荐和被推荐的专家应填写《入选国家出版基金专家库审批表》（以下简称《审批表》），并提交本人的学历、学位、职称、职务、学术成果、工作业绩、荣誉表彰等证书、证件和证明材料（以下简称“申报材料”）。学术专家根据本人所从事的专业领域，按照《中国图书馆图书分类法》选择填写《审批表》中相应的专业。有工作单位的，工作单位应出具意见并签章。

（四）自荐和被推荐的专家《审批表》及申报材料送主管部门。

（五）主管部门核实《审批表》填写内容及有关证书、证件和证明材料的真实性，并根据评审专家推荐遴选的条件对专家进行审核，出具审核意见并签章后，将审核同意的《审批表》及申报材料一并报送基金办。

（六）基金办对主管部门报送的《审批表》及申报材料进行复核，提出入选专家库的专家建议名单，报基金委审定后，将合格评审专家纳入专家库。

第十条 每次评审会议开始前5天内，基金办按规定从专家库内随机抽取参加本次评审工作的评审专家。基金办根据评审工作需要，可特邀部分专家参加评审工作。

第十一条 被抽取的评审专家确认不能参加本次评审的，基金办继续按规则抽取，直至满足评审工作的需要。抽取工作结束后，基金办向确认参加评审会议的评审专家发出邀请函。

第十二条 对评审专家库实行动态管理。对入库专家、特邀专家分别进行信用记录和信誉评价。对信誉良好专家给予鼓励，对有失信行为的专家，经核实后按规定程序予以通报或建议所在单位严肃处理，并不予使用，清出专家库。

第十三条 加强对基金办工作人员和参加评审会议工作人员的管理。如发现有泄露评审秘密、替人“公关”、找专家说情等问题，依据法律法规做出严肃处理。

第十四条 本办法由国家出版基金管理委员会解释，自发布之日起实施。

2008—2009年度国家出版基金资助项目评审办法

第一条 为规范国家出版基金资助项目的评审工作，确保评审工作公平、公正，根据《国家出版基金资助项目管理办法》制定本办法。

第二条 国家出版基金规划管理办公室（以下简称“基金办”）负责组织专家进行资助项目的评审工作。

第三条 2009年度资助项目为图书、音像、电子出版物。软件、数据库、网络游戏及其他形态出版物不在本次资助范围之内。

第四条 凡获得国家哲学社会科学基金、国家自然科学基金、国家学术著作出版基金等各种财政性基金或财政专项资金资助的出版项目，不列入国家出版基金资助范围。

第五条 重印和再版的出版项目不予资助。2008年12月底以前已经正式出版的项目不予资助。

第六条 资助项目的评审分为初评、复评和终评三个阶段。

第七条 本年度参评项目分为9大类，即自然科学3大类，包括基础理论、科学技术和科技文献；哲学社会科学6大类，包括哲学社会科学、政治、史论、经济管理、文化和文学艺术。

第八条 20种以上同类项目独立成组，20种项目以下相关学科合并成组。

第九条 参加评审的专家从新闻出版总署专家库中随机抽取，不足部分商请国家自然科学基金委员会帮助解决，另特邀部分专家参加评审工作。

第十条 参加评审的专家组成评审专家组，并推荐组长和副组长，在组长的主持下进行评审。每位评审专家具有同等表决权。

第十一条 每专业组由5—7名专家组成，专家总量在100位左右。

第十二条 初评和复评标准：

（一）政治导向。应坚持以马克思主义、列宁主义、毛泽东思想、邓小平理论和“三个代表”重要思想为指导，全面贯彻落实科学发展观，体现社会主义核心价值体系要求。

（二）社会效益。应对推动我国社会主义先进文化建设，促进政治、经济、文化、社会和谐发展和文明进步，以及提高人民群众思想道德水准和科学文化素质产生重要作用。

（三）学术价值。应具有较高的科学价值、学术价值和文化积累传承价值，能代表现阶段社会科学、自然科学发展水平，能及时反映国内外新的科学文化进展和成果。

（四）创新能力。应体现原创性，实现内容形式创新，应拥有自主知识产权或能够填补某一学科领域空白。

第十三条 终评标准：

（一）项目出版价值、出版质量和成本水平。

（二）申报机构的社会信誉和编校力量，是否具备完成申报项目的能力和水平。

（三）项目经费预算是否由编辑费、稿酬、版权费、校对、排印装、复制、原辅材料及资料购置等直接成本构成。

第十四条 初评程序和规则：

（一）由学术专家组成初评专家评审组。

（二）初评专家审阅本组全部材料并进行评议后，以无记名投票的方式决定进入复评阶段的项目，其中获得二分之一以上专家同意的项目进入复评程序。

（三）基金办工作人员在专家组代表的监督下，汇总专家表决结果。专家组填写《初评意见表》，经初评专家组全体成员签字确认后，由专家组组长签字上报。

第十五条 复评程序和规则：

（一）由初评专家组成复评专家评审组，并在初评分组的基础上按照学科相关性重新调整分组。

（二）初评专家组组长介绍进入复评程序的项目情况，复评专家审阅相关材料并按照初评和复评标准进行评审。其中，对“政治导向”存在错误的，实行一票否决；对其他“社会效益”、“学术价值”、“创新能力”三个评审条件，由每位专家以无记名方式，按照百分制进行打分（打分精确到个位）。评分标准是：“社会效益”分值为50分，“学术价值”分值为40分，“创新能力”分值为10分。

（三）基金办工作人员在专家组代表的监督下，汇总计算每个项目的平均得分（平均得分＝复评总得分/打分专家人数，保留小数点后两位）并进行排序，基中平均得分60分（含）以上的项目进入终评程序。

（四）专家组填写《复评意见表》，经复评专家组全体成员签字确认后，由专家组组长签字上报。

第十六条 终评程序和规则：

（一）由复评专家组长、副组长和出版专家、财务专家、特邀专家组成终评综合专家评审组。

（二）终评专家对进入终评程序的项目材料进行审阅和综合评议，商定拟资助总额和当年资助金额，并以无记名投票方式确定拟资助项目（拟资助项目须获得二分之一以上投票专家同意）。

第十七条 基金办按照终评专家组评审结果和拟资助项目的复评排序，根据当年国家出版基金预算规模，排列汇总拟资助项目、拟资助总额和当年资助金额，经经办人、监督人、基金办主任签字，并报国家出版基金管理委员会审定后，在专业媒体公示5天，无异议予以公告。

第十八条 资助项目结项实行验收制度。对不合格项目由国家出版基金管理委员会办公室按照《国家出版基金资助项目管理办法》第二十九条规定处理。

第十九条 对跨年度资助项目实施动态管理。拨付首批资助款项后，国家出版基金管理委员会办公室组织专家或协调省级新闻出版行政部门对项目进行跟踪评估，视项目进展状况和出版质量决定是否继续给与资助。对达不到精品标准的项目，将撤销其资助项目，资助资金全部收回，并追究有关人员的责任。

第二十条 本办法由国家出版基金管理委员会解释，限2009年度资助项目评审使用。

关于进一步加强和改进新闻出版统计工作的意见

新闻出版总署　2010年2月12日　新出政发〔2010〕3号

各省、自治区、直辖市新闻出版局，新疆生产建设兵团新闻出版局，解放军总政治部宣传部新闻出版局，总署机关各部门、署直各单位、署管各社会团体：

为全面贯彻落实科学发展观，更好地为新闻出版产业发展、行业管理以及社会公众提供统计服务，依据《中华人民共和国统计法》、《出版管理条例》、《新闻出版统计管理办法》等有关法律、法规和文件精神，结合新闻出版行业实际，现就进一步加强和改进新闻出版统计工作提出如下意见：

一、提高进一步加强和改进新闻出版统计工作的重要性和紧迫性的认识

1．新闻出版统计工作是政府统计工作的重要组成部分，是在社会主义市场经济条件下对新闻出版行业进行科学管理的重要基础，是各级新闻出版行政部门为行业发展提供服务的重要途径，也是新闻出版行政部门一项重要的基础性工作。新形势下做好统计工作，及时准确地提供统计数据和信息，对于确保新闻出版业以邓小平理论和“三个代表”重要思想为指导，深入贯彻落实科学发展观，科学判断行业形势，准确把握发展大势，采取积极有效措施，实现新闻出版业大发展大繁荣，具有十分重要的意义。

2．长期以来，在各级新闻出版行政部门、新闻出版企事业

单位和广大新闻出版统计人员的共同努力下，新闻出版统计工作取得了明显成绩，为促进新闻出版业改革和发展作出了重要贡献。但也要清醒地看到，一些新闻出版统计工作部门和新闻出版单位对统计工作认识不足、重视不够的问题仍较普遍；统计工作体系和网络不够健全，基层统计力量薄弱与统计工作负荷和难度日益增大的矛盾十分突出；统计指标体系和制度建设不够完善，统计数据的内容质量和全面性、准确性、时效性、权威性有待提高；统计方法和手段单一，统计数据的开发应用不够，服务领导决策和行业发展的水平不高；统计管理不够严格规范，数出多门、数据打架的现象依然存在。这些矛盾和问题，影响和制约了新闻出版体制改革和产业发展，必须认真加以解决。

二、明确进一步加强和改进新闻出版统计工作的指导思想和原则要求

3．进一步加强和改进新闻出版统计工作的指导思想是：深入贯彻落实科学发展观，着力转变不适应和不符合科学发展观要求的统计工作观念和方式，着力实现新闻出版统计工作由产品统计向产业统计、由系统内统计向全行业统计、由国有经济统计向多种成分经济统计的转变，着力构建有利于新闻出版业科学发展的统计工作体制机制，进一步推进新闻出版统计工作的科学化、制度化和规范化建设，努力开创新闻出版统计工作新局面。

4．进一步加强和改进新闻出版统计工作的原则要求是：坚持与时俱进，做到指标设置科学，体系完整，覆盖全面；坚持质量第一，做到审核责任明晰，制度方法优化，数据报送准确及时；坚持统计资源开发利用，做到分析研究经常，办法形式多样，统计服务水平不断提升；坚持依法管理，做到法规制度健全，管理体制顺畅，保证统计管理严格规范；坚持加强对统计工作的领导，

做到机构队伍健全，工作协调有力，基础保障到位。通过努力，使新闻出版统计工作更好地为领导科学决策服务，为新闻出版行政部门管理服务，为新闻出版事业繁荣和产业发展服务。

三、完善新闻出版统计指标体系

5．完善统计指标体系。在继续做好图书、报纸、期刊、音像制品和电子出版物，出版物发行、印刷、进出口，版权管理及贸易和出版机构、人员等传统统计项目的同时，开展对包括网络出版、手机出版在内的数字出版产业以及动漫游戏出版、网络发行、包装装潢印刷、非公有文化机构等项目的统计工作。在指标项目上，要强化对投入、产出、市场销售、经营效益等指标的统计。逐步建立起遵照国家统计标准、有新闻出版行业特点、符合国际惯例的统计指标体系。

6．开展产业基地（园区）统计。对经批准设立的各类新闻出版产业基地（园区）进行入驻企业数量、基地（园区）就业人员数量、工业产值和税金情况、投资项目情况等项目进行统计。

7．开展行政基础信息统计。增加对新闻出版行政部门和社会团体情况的统计。将包括新闻出版行政部门机构设置和人员情况、行政许可事项审批情况、著作权案件查处情况等涉及公民、法人或者其他组织切身利益的行政信息纳入统计范畴，并按照《中华人民共和国政府信息公开条例》要求予以公布。

8．改进统计方法。根据新闻出版行业特点，探索完善以全面调查、抽样调查、重点调查和利用行政记录搜集数据等各种调查方法相结合的新闻出版统计调查方法体系。在实行全面调查的基础上，灵活运用抽样调查、典型调查、重点调查等多种调查方法和手段。鼓励各地因地制宜，在充分论证的前提下，改进创新统计方法。

四、建立和完善新闻出版统计工作机制

9．建立和完善统计工作协调机制。加强各级新闻出版统计工作部门间的协调与配合，形成统计主管部门具体实施、业务主管部门密切配合的新闻出版统计工作机制，消除业务部门之间统计调查内容的重复交叉；探索新闻出版统计工作和年度核验工作统一组织实施，将年度核验内容与统计报表项目进行合理衔接。

10．建立和完善统计数据质量管理机制。强化分级审核制度，明确各级统计工作部门的审核责任，严格执行国家统一的统计标准、指标体系和调查方法，规范统计数据采集、审核、汇总、上报等业务流程，确保统计数据准确有效；建立健全统计原始记录、统计台账和统计审核、交接、档案等管理制度，通过经常性跟踪督查，对异常的统计数据做到及时发现，及时纠正，杜绝虚假数字层层上报；探索统计数据报送质量及统计工作完成情况与出版资源配置挂钩管理办法。

11．建立和完善统计信息统一发布机制。凡涉及全国新闻出版行业发展情况的重要统计数据，包括行业年度核验数据，行政机关、科研部门、社会团体等组织机构搜集整理并拟向公众公布的数据等在内的新闻出版业有关数据，须报新闻出版总署出版产业发展司汇总审核，并以新闻出版总署名义统一对外发布。各省（区、市）发布的统计数据，须与上报新闻出版总署的数据相符；新闻宣传报道使用统计数据，应以新闻出版总署公布的为准。

12．建立和完善统计工作激励机制。制订并出台《新闻出版系统先进统计工作单位和优秀统计工作者奖励办法》，定期对在新闻出版统计工作中做出突出成绩的单位和个人进行表彰和奖励。对出色完成统计工作的新闻出版系统企事业单位，在出版资源配置上予以倾斜。

五、充分开发利用新闻出版统计资源

13．提高统计工作服务经济社会发展大局的水平。加大收集国际相关数据的力度，密切关注和研究国际、国内大环境对新闻出版行业的影响，加强宏观经济运行态势变化对行业发展影响情况的监测，加大行业发展对经济社会发展作用的评估力度，提升行业统计服务经济运行变化的快速反应能力，提高统计数据服务经济社会发展大局的能力。

14．提高统计工作服务党政部门决策的水平。发挥统计部门的专业优势，紧密跟踪行业运行各项综合指标，从总量、结构、效益、速度等方面深入分析，准确判断行业发展态势，及时反映行业发展中出现的趋势性问题，提出政策建议，为党政部门科学决策提供有价值的参考依据。

15．提高统计工作服务行业改革发展的水平。不断创新统计产品为社会公众服务的方式，为企业生产经营和人民生活提供个性化统计服务；加强同统计行业管理部门和高校统计专业的合作，依靠专业优势，组织跨专业交叉分析、多单位联合攻关、上下级共同研究，从多方位、多层次、多视角深入开展分析研究，增强统计分析的综合效果。

六、加强新闻出版统计工作管理

16．对统计工作实施依法管理。加大组织新闻出版统计从业人员认真学习新《统计法》及其实施细则的力度，继续修订和完善《新闻出版统计管理办法》；各省级新闻出版行政部门要在同级统计管理部门指导下，继续完善本省统计管理制度，为新闻出版统计工作营造良好的法律和政策环境；与统计管理部门联合开展统计执法检查，依法处理不按统计法律法规要求、迟报拒报统计报表或在统计上弄虚作假的单位和个人；对统计工作开展不力的各级新闻出版行政部门，进行点名批评；对统计工作开展不力的新闻出版行业企事业单位，视情况缓期进行年度核验。

七、加强新闻出版统计工作基础建设

17．加强统计机构和队伍建设。各级新闻出版行政部门和新闻出版行业企事业单位须设立承担综合统计职能的专门机构，或在有关机构中设置统计人员，并明确相关负责人。选配事业心强、业务素质高的人员从事统计工作，并保持统计工作人员的相对稳定，对不称职、不合格的统计人员及时进行调整。统计机构和统计人员实行逐级报备制度，确需发生变动的，应及时办理变更登记手续，并做好统计工作和统计资料的交接。

18．加强教育培训。定期开展对统计人员的培训和继续教育工作，支持统计人员参加各类岗位培训和业务学习，逐步达到全行业统计人员持证上岗；鼓励统计人员获得统计专业技术资格证书和持证上岗证书；各省（区、市）新闻出版行政部门每年至少组织一次统计业务培训；各级新闻出版行政部门的统计负责人、综合统计人员每年至少参加一次统计业务培训。

19．加快统计信息化建设步伐。对全国新闻出版统计网络信息管理系统进行完善和改造升级，推动实现基层新闻出版单位通过网络直接报送数据，推进统计信息搜集、处理、传输、共享、存储技术和统计数据库体系的网络化、电子化、自动化，提高工作效率，确保数据质量；建立以统计数据库为基础，以网络技术为支撑的统计数据查询服务平台，及时提供实时、动态的统计服务。

20．完善新闻出版单位名录库建设。各级新闻出版行政部门之间要加大配合力度，坚持统一标准、数据共享、实时维护更新的原则，及时汇总并更新新闻出版行业企事业单位依法设立、注销、年度核验等有关信息，建立覆盖范围全面、信息内容可靠、动态更新快捷、随机查询方便和系统安全的新闻出版行业权威名录库。

八、加强对新闻出版统计工作的领导

21．加强对统计工作的领导。各级新闻出版行政部门要把推进新闻出版统计工作作为重要工作职责，纳入议事日程；主要领导要亲自抓，分管领导具体抓，做到统计工作责任落实到人；要按照《新闻出版统计管理办法》的要求，从组织上、人员上、经费上保证统计工作的正常开展；要重视统计工作的基础建设，按照《统计法》和《新闻出版统计管理办法》的规定，结合实际，研究制订本单位统计工作规划和目标；及时组织力量认真研究统计工作遇到的新情况、新变化、新问题，有针对性地提出对策措施；充分调动统计人员的工作积极性，关心统计人员的工作、学习和生活，确保他们开展工作所必须的条件。

关于加强出版专业技术人员职业资格登记注册管理工作的通知

新闻出版总署　2010年11月11日　新出厅字〔2010〕466号

各省、自治区、直辖市新闻出版局，新疆生产建设兵团新闻出版局，解放军总政治部宣传部新闻出版局，中国出版集团公司，中央和国家机关有关部委、民主党派及人民团体新闻出版主管部门：

开展出版专业技术人员职业资格登记注册工作（以下简称登记注册工作），建立完善的出版专业技术人员职业准入制度和岗位准入制度，是实施人才强业战略的重要举措；是新形势下加强出版从业人员队伍建设，提高出版从业人员队伍素质，改进人才评价方式的重要举措。

自2009年5月开展出版专业技术人员职业资格登记注册工作以来，首批登记注册工作已基本结束。截至目前，通过新闻出版总署终审的登记注册总人数为42145名。其中，取得责任编辑证书的人员39485名，通过新闻出版总署终审登记的人员2660名。参与登记注册工作的出版单位共6136家。该项工作得到出版单位及出版从业人员的广泛关注和认可，在业内产生了积极影响。

为了进一步加强对登记注册工作的管理，推动职业资格管理工作深入开展。现就有关要求及事项通知如下：

1．各省、自治区、直辖市新闻出版局要根据新闻出版总署下发的《关于做好2009年出版专业技术人员职业资格登记注册工作的通知》（新出人事〔2009〕455号）要求，继续抓紧组织做好本地区出版专业技术人员的登记注册工作。要督促尚未开展登记注册工作或登记注册工作开展不力的出版单位抓紧开展登记注册工作。

2．新闻出版总署审批出版单位设立、变更名称及业务范围等有关行政审批项目时，依据《出版管理条例》（国务院第343号令）第十一条第五款的规定，对出版单位出版专业技术人员登记注册情况进行审查。对编辑出版专业人员不符合国家规定的资格条件的出版单位提出的行政审批项目申请，新闻出版总署不予受理。

3．新闻出版总署将对各地区、各出版单位登记注册工作的实施情况进行检查。对登记注册工作开展不力的地区和出版单位，视其情节轻重，将采取通报批评、暂缓年度核验、核减书号总量等处理措施。

4．根据《出版专业技术人员职业资格管理规定》（2008年新闻出版总署37号令）第一章第四条规定，从2010年开始，将登记注册工作与出版专业高级职称评审工作相衔接，即申请出版专业高级职称评审的人员，必须首先履行注册手续，领取责任编辑证书，方具备申报出版专业高级职称评审的资格。对未履行注册手续的人员，将不受理其申报出版专业高级职称评审。

各地新闻出版行政管理部门及有关新闻出版单位要高度重视登记注册工作，及时组织有关出版专业技术人员办理登记注册手续，不断推进和完善新闻出版职业资格制度，为新闻出版大发展大繁荣提供人才保障和智力支持。

关于对署管报刊出版单位负责人实行任前审批的通知

新闻出版总署　2010年11月26日　新出厅字〔2010〕494号

总署机关各部门、署直各单位、署管各社会团体：

近年来，新闻出版总署主管报刊（以下简称署管报刊）坚持正确导向、弘扬主旋律，传播先进文化，呈现出良好的发展态势。为切实加强对署管报刊出版单位的管理，进一步规范署管报刊出版单位负责人的选拔任用程序，确保总署办报办刊方针和各项规章制度得到贯彻执行，有效提高署管报刊出版质量，经研究，决定对署管报刊出版单位（新闻出版报除外，下同）负责人的任命（聘任）一律实行任前总署审批。现就有关事宜通知如下：

一、审批范围

署管报刊出版单位负责人，均须于任命（聘任）前报总署办公厅审核后送总署人事司审批。负责人包括法定代表人、社长、总编辑、主编、副社长、副总编辑、副主编等。实行任前审批，只明确岗位和职务，不包括级别。

二、审批程序

1．主办单位向总署办公厅提出申请。申请材料包括申请报告、拟任人选审批表（附件1，一式两份）、对拟任人选的考查材料及有关证明材料等。办公厅审核同意并签署意见后，送人事司审批。

2．总署人事司会同办公厅对拟任人员进行考查，形成意见后报分管人事工作的署领导审批。经批准同意任命的，由人事司填写审批表通知申请单位并抄送办公厅。

3．申请单位根据总署审批意见履行任命或聘任程序。

4．主办单位对所办报刊负责人的免职或解聘，应提前向总署办公厅和人事司书面报告，并于免职或解聘后分别向两个部门备案。

三、任职条件

署管报刊出版单位负责人拟任人选应具备下列条件：

1．具有较强的政治意识、大局意识和责任意识，有较高的理论修养和政策水平，熟悉国家新闻出版方针政策和报刊管理法律法规；

2．中共党员，正式在编或正式签订聘用合同的人员，大学本科以上学历；

3．具有五年以上报刊采编工作经历，熟悉报刊编辑出版及经营管理业务；

4．具有副高级以上（含副高级）的新闻专业技术职称，或出版专业中级职业资格，其中社长、总编辑应具有副高以上职称；

5．品行端正，无违法犯罪记录，未受过重大行政纪律处分，未作为直接责任者违反过新闻出版法律法规。

党政部门的离退休人员不得作为拟任人选；除人民出版社和中国新闻出版报社外，其他署管报刊主办单位班子成员不得兼任署管报刊出版单位负责人。

四、相关要求

1．相关报刊主办单位接此通知后，应立即组织核查本单位主办的报刊出版单位负责人相关情况，于本通知发布之日起15个工作日内形成备案报告，并填写负责人情况表（附件2，一式2份）分别报总署办公厅和人事司备案。报告中应载明所办报名称及出版运营情况，其负责人的基本情况，同时说明目前在岗负责人是否符合上述任职条件之规定，暂不具备的条件及拟采取的相应措施等。逾期不备案的，视为无负责人，所在报刊不得继续出版。

2．相关报刊主办单位要高度重视所办报刊领导班子建设工作，坚决贯彻党管干部原则，进一步完善选拔任用和监督检查机制，按德才兼备、以德为先的标准精心选择政治可靠、作风正派、业务精通、符合任职条件的同志作为署管报刊出版单位负责人。切实履行考查程序，本单位产生的人选应经过民主推荐。负责人尚未取得岗位证书的，应在任职后半年内参加岗位培训并取得《岗位培训合格证书》。

3．目前在岗的署管报刊出版单位负责人，不符合上述任职条件的，应立即按程序进行调整。在报刊年度核验中，办公厅将对署管报刊负责人情况进行全面检查，不符合本通知要求的，将予以缓检处理。

4．本文件自发布之日起施行。凡新任命（聘任）署管报刊负责人，均须履行审批程序，未经审批不得自行任命或聘任。

附件：1．署管报刊负责人拟任人选审批表（略）

2．署管报刊负责人情况表（略）

关于印发《新闻出版总署主管社会团体换届工作管理办法》的通知

新闻出版总署　2010年12月13日　新出厅发〔2010〕9号

署管各社会团体：

为规范总署主管社会团体换届工作，进一步加强对换届工作的管理，特制定《新闻出版总署主管社会团体换届工作管理办法》。现予印发，请遵照执行。

新闻出版总署主管社会团体换届工作管理办法

第一条　根据国务院《社会团体登记管理条例》、国务院办公厅《关于加快推进行业协会商会改革和发展的若干意见》、民政部《社会团体章程示范文本》的有关规定，结合新闻出版社会团体的实际情况制定本办法。

第二条　本办法适用于新闻出版总署主管的社会团体（以下简称社团）。

第三条　各社团要建立和完善以章程为核心的内部管理制度，健全会员大会（会员代表大会）、理事会（常务理事会）制度，认真执行换届选举制度，实行民主管理。

第四条　各社团应依据本社团《章程》规定，按期召开全国会员代表大会，完成理事会换届。如遇特殊情况，全国会员代表大会需要延期或提前召开时，应召开理事会或常务理事会做出决议，并在到届前六个月将推迟（或提前）换届原因、推迟（或提前）时间及工作计划书面报总署，经批准同意后，方可推迟（或提前）换届。延期时间一般不得超过一年。

第五条 社会理事会在任期届满前 6 个月，将经理事会或常务理事会审议通过的换届筹备请示及换届筹备领导小组名单报总署。换届筹备领导小组的组成人员在总署指导下由理事会或常务理事会审议通过后形成。换届筹备请示及换届筹备领导小组名单经总署批复同意后，由换届筹备领导小组组织开展换届筹备相关工作。

第六条 社团在召开全国会员代表大会前两个月，向总署人事司报送召开全国会员代表大会的请示材料。材料包括：

（一）社团申请换届改选的报告，包括全国会员代表大会拟定会议时间、地点、届次、规模、主要议程；

（二）理事会向代表大会提请审议的工作报告；

（三）社团审计报告；

（四）社团章程修改报告和章程（草案，须提前报请民政部民间组织管理局审核）；

（五）全国会员代表大会代表名额分配原则及分配情况；理事名额分配方案，理事候选人产生原则、条件和办法以及理事会组成人员选举办法；常务理事会组成原则及名额分配方案；

（六）拟提交全国会员代表大会选举的社团负责人（包括理事长（会长、主席）、副理事长（副会长、副主席）和秘书长（总干事）候选人建议名单、基本情况及其所在单位组织人事部门出具的政审材料；

（七）担任现职副处（县）级以上的党政机关领导干部不得

在总署主管社团担任负责人，因特殊情况确需兼任负责人的，要严格按照干部管理权限审批。其中，由中央管理的干部须经其人事关系所在单位报请中央组织部审核批准。

第七条 担任总署主管社团负责人须具备下列条件：

（一）坚持党的路线、方针、政策，政治素质好，道德品质优秀；

（二）具有一定的专业知识，对本行业有较深了解，在本团体业务领域内有较大影响力和号召力；

（三）热爱社团工作，有胜任社团工作的组织领导能力；

（四）秘书长（总干事）为专职；

（五）身体健康，能坚持工作；

（六）具有完全民事行为能力。

受到过剥夺政治权利的刑事处罚的，或在担任新闻出版单位负责人期间单位受到新闻出版行政管理部门处罚的，不得担任总署主管社团负责人。

第八条 总署主管社团的负责人最高任职年龄不得超过 70 周岁，如超过最高任职年龄的，须经理事会表决通过，报总署审查并经民政部批准同意后，方可任职。

第九条 总署主管社团的负责人任期为 4 或 5 年，且任期最长不得超过两届。因特殊情况需延长任期的，须经会员大会（或会员代表大会）2/3 以上会员（或代表会员）表决通过，报总署审查并经民政部批准同意后，方可任职。

第十条 总署主管社团的法定代表人为理事长（会长、主席），如因特殊原因需由副理事长（副会长、副主席）或秘书长（总干事）担任法定代表人，应报总署审查并经民政部批准同意后，方可担任，并在章程中写明。总署主管社团的法定代表人不得兼任其他社会团体的法定代表人。

第十一条 总署人事司会同财务司及有关业务司局负责对社团提交的所有材料进行审核后，报告总署党组，经总署党组研究同意后，对社团换届工作及有关人选正式行文批复。

第十二条 社团按照署党组的批复精神并依据章程召开会员代表大会。

第十三条 全国会员代表大会须有2/3以上的会员代表出席方能召开，其决议事项须经与会代表半数以上通过方能生效。理事会成员、常务理事会成员、负责人要严格按照民主程序进行选举，通过会员代表大会以无记名投票方式选举产生。

第十四条 社团如遇特殊情况需要以通信方式召开全国会员代表大会时，必须经总署批准，方能进行。在向全国会员代表寄送理事会选举的选票时，应将理事候选人情况，理事会工作报告、财务报告、修改社团章程报告及章程（草案）等一并寄给全国会员代表进行审议。上述审议文件的回收、选票和会员代表意见的统计采用密封票箱统一封存，在规定的计票时间由监票小组开箱计票，以确保计票的客观公正。

第十五条 社团在全国会员代表大会闭会后一个月之内向人事司报送下列文件：

（一）会议选举结果，理事会、常务理事会、社团主要负责人名册（附电子版）；

（二）经全国会员代表大会审议通过的理事会工作报告和社团章程（附电子版）；

（三）加盖印章并经法定代表人签字的全国会员代表大会及理事会、常务理事会会议纪要或会议总结。

第十六条 社团在全国会员代表大会闭会后，应按照《社会团体登记管理条例》有关规定，到民政部办理相关手续。

第十七条 本办法自发布之日起执行，《新闻出版社会团体换届改选管理暂行办法》（新人干字〔1999〕第187号）同时废止。

第十八条 本办法由新闻出版总署负责解释。

关于进一步加强出版单位总编辑工作的意见

新闻出版总署　2011 年 3 月 11 日　新出政发〔2011〕5 号

各省、自治区、直辖市新闻出版局，新疆生产建设兵团新闻出版局，解放军总政治部宣传部新闻出版局，中央和国家机关各部委、各民主党派、各人民团体新闻出版主管部门，各出版单位：

长期以来，总编辑岗位一直是我国出版单位管理体制中不可或缺的重要岗位。作为出版单位的主要负责人之一，总编辑在出版单位领导班子的集体领导下，负责出版导向、落实出版制度、保证出版物内容质量、培养编辑队伍等工作，在业务方面承担着主要责任，具有重要作用。

按照中央关于文化体制改革的总体要求，经营性出版单位将陆续完成转制任务，其今后的发展将面临许多新要求、新任务，但作为我国社会主义文化企业和内容生产企业，其意识形态属性不会改变。出版单位转制之后，出版单位的总编辑岗位不能缺失，其地位更加重要、责任更加重大，各出版单位应按董事长（社长）、总编辑、总经理依次配备主要干部。在新的形势下，进一步加强总编辑工作，把好出版物内容质量关，对于出版单位坚持正确的发展方向，对于社会主义文化的繁荣发展和国家文化软实力的提升，都具有十分重要的意义。根据《出版管理条例》等有关规定和《中共中央　国务院关于深化文化体制改革的若干意见》有关精神，现就进一步加强出版单位总编辑工作提出以下意见：

一、总编辑岗位设置

1．高度重视总编辑岗位的设置和总编辑工作。无论是转企改制后成为企业的出版单位还是继续实行事业体制的出版单位，均必须设置总编辑岗位。总编辑属行政职务，为出版单位第二责任人，负责业务工作的领导。中小型出版社可由符合总编辑任职条件的社长兼任总编辑，行使总编辑职责。

2．在总编辑岗位之下，应根据出版规模设置专职或兼职副总编辑岗位，并设置相应的编辑业务部门，形成以总编辑为首的编辑业务工作体系，以保障总编辑领导下的编辑工作顺利开展。

二、总编辑任职条件

1．政治立场坚定，坚持正确的出版方向，有强烈的事业心和责任感。

2．具有出版专业副高级以上专业技术职务，具备对编辑出版业务把关和管理的能力，熟悉国家有关出版的法律、法规及相关政策。

3．一般应具有 5 年以上编辑工作实践经验，3 年以上出版单位副职领导工作经历。

4．须经过新闻出版行政部门组织的岗位培训，取得岗位培训合格证书后持证上岗。

三、总编辑工作职责

1．把握出版导向和出版方向，坚持以社会效益为最高准则，努力实现社会效益与经济效益的有机结合。

2．负责组织制订并落实中长期选题规划、年度选题计划和出版计划；负责组织选题策划和产品研发，特别是加强具有原创性内容的选题策划和产品研发；组织选题的论证和审批；组织重点选题的立项工作。

3．组织、指挥、协调出版物特别是重点出版物的组稿、编辑、校对、生产等工作，确保出版业务流程各环节畅通有序；负责组织实施新技术在出版业务中的运用，促进出版主业的科学发展和提升。

4．负责出版物质量工作，实施出版物质量保障体系，落实出版物责任编辑制度和三审责任制度，组织制定并落实出版物质量管理办法，确保出版物质量。

5．协助法定代表人进行经营管理工作，提出出版物营销方案建议，并且推动营销计划的实施。

6．负责版权管理工作，受法定代表人的委托，代表出版单位与作者签订“约稿合同”及“出版合同”，做好作者队伍建设工作。负责出版业务的对外交流与合作工作。

7．负责出版单位编辑等出版专业技术人员的人力资源建设工作，指导出版专业技术人员的业务培训和考核工作。

8．负责完成法定代表人授权、交办的其他工作任务。

各级新闻出版行政部门和各出版单位要认真贯彻落实本意见精神，确保总编辑岗位设置、任职条件和工作职责的落实，切实监督和加强总编辑工作，并于2011年6月底前将落实情况报新闻出版总署人事司。

关于做好出版专业技术人员职业资格续展登记注册工作的通知

新闻出版总署　2012年12月26日　新出厅字〔2012〕565号

各省、自治区、直辖市新闻出版局，新疆生产建设兵团新闻出版局，解放军总政治部宣传部新闻出版局，中央和国家机关有关部门、民主党派及人民团体出版单位主管部门，中国出版集团公司、中国教育出版传媒集团有限公司、中国科技出版传媒集团有限公司，新闻出版总署署直有关单位：

根据新闻出版总署《出版专业技术人员职业资格管理规定》（总署37号令），职业资格登记和责任编辑注册有效期3年，每3年续展登记注册一次。为了做好出版专业技术人员职业资格续展登记注册工作（以下简称续展登记注册工作），现将有关事项通知如下：

一、续展登记注册的对象

在报纸、图书、期刊、音像、电子、网络出版单位从事出版专业技术工作的，且已通过登记注册，登记注册期满3年并符合续展登记注册条件的出版专业技术人员。

二、续展登记注册的条件

续展登记注册人员须符合以下条件：

1．近三年中，年度考核达到岗位职责要求，能够遵守国家有关法律、法规，在出版专业工作上取得良好业绩，无违规行为。

2．近三年中，按有关规定要求，每年接受继续教育的学时不少于72小时。关于继续教育学时计算办法见附件。

三、续展登记注册的程序

（一）续展登记的程序

1. 申请人员从网上下载《职业资格续展登记申请表》，并按要求如实填写完整。

2. 申请人员将填写好的《职业资格续展登记申请表》及有关证明材料提交所在出版单位人事部门。

3. 出版单位人事部门负责对本单位申请续展登记人员的《职业资格续展登记申请表》及有关证明材料进行初审后，将符合登记条件的人员材料提交省级登记注册机构审核（中央在京出版单位向新闻出版总署教育培训中心提交材料）。

4. 省级登记注册机构或新闻出版总署教育培训中心对出版单位提交的续展登记人员材料进行复审后，将符合续展登记条件的人员信息通过网上登记注册管理系统的续展登记模块提交新闻出版总署核准。

5. 省级登记注册机构或新闻出版总署教育培训中心在经新闻出版总署核准的人员的职业资格续展登记申请表上加盖本省（区、市）或中心的登记专用章。

（二）续展注册程序

1. 申请人员从网上下载《责任编辑续展注册申请表》，并按要求如实填写完整。

2. 申请人员将填写好的《责任编辑续展注册申请表》及有关证明材料提交所在出版单位人事部门。

3. 出版单位人事部门负责对本单位申请续展注册人员的《责任编辑续展注册申请表》及有关证明材料进行初审后，将符合注册条件的人员材料提交省级登记注册机构审核（中央在京出版单位向新闻出版总署教育培训中心提交材料）。

4．省级登记注册机构或新闻出版总署教育培训中心对出版单位提交的续展注册人员材料进行复审后，将符合续展注册条件的人员信息通过网上登记注册管理系统的续展注册模块提交新闻出版总署核准。

5．省级登记注册机构或新闻出版总署教育培训中心为经新闻出版总署核准的人员的责任编辑证书加盖本省（区、市）或中心的注册专用章。

四、续展登记注册其他事宜

1．各省、自治区、直辖市新闻出版局要加强领导，做好工作部署，统筹安排，做好相关宣传和政策解读工作。

2．符合续展登记注册条件的人员要按要求认真、如实地填写申请表并提供申报材料。

3．各出版单位应认真做好本单位申请续展登记注册人员的初审工作，及时将材料报送到省级登记注册机构复审。

4．各省级登记注册机构要为有关申请人员提供高效、便捷的服务。在续展登记注册工作中，要严格执行各项规定，严格执行审查的程序和标准，认真做好续展登记注册人员复审工作。在工作中认真受理有关举报并及时做出反馈，自觉接受社会监督。

5．登记注册机构只能对经新闻出版总署审核同意续展登记注册人员的职业资格续展登记申请表、责任编辑证书用印。

在开展续展登记注册工作中遇到有关情况和问题，应及时向新闻出版总署全国出版专业技术人员职业资格登记注册管理办公室反映、沟通。

关于出版专业技术人员参加继续教育学时的计算办法

根据《出版专业技术人员继续教育暂行规定》（新出政发〔2010〕10号）的规定，出版专业技术人员每年接受继续教育不得少于72学时，这是出版专业技术人员续展登记注册的重要前提条件之一。为使这项要求更具可行性和可操作性，促进出版专业技术人员不断提升素质，现就出版专业技术人员参加培训、在职学习、出版职业资格考试培训等，按如下办法计算继续教育学时：

一、接受新闻出版总署当年规定内容的继续教育应不少于24学时，主要包括参加新闻出版总署、省（区、市）新闻出版行政部门委托其认定的教育培训机构组织举办的培训班，按照新闻出版总署颁发的培训合格证书（或继续教育证书）上注明的培训时间计算继续教育学时。

二、当年继续教育不足72学时，不足部分可以通过参加省级以上（含省级）新闻出版行政部门认可的继续教育活动计算，主要包括：

1. 参加省级以上（含省级）新闻出版行政部门认可的全国出版专业技术人员职业资格考试考前培训，按照实际参加培训的时间计算继续教育学时。

2. 参加省级以上（含省级）人力资源社会保障行政部门委托其认定的教育培训机构组织举办的出版类专业技术人才知识更新工程培训班、专业科目和公需科目培训班，按照实际参加培训的时间计算继续教育学时。

3. 参加由省级以上（含省级）新闻出版行政部门举办的，

或者委托专业机构举办的学术会议、专题讲座等，按照参加活动的实际时间计算继续教育学时。

4．担任省级以上（含省级）新闻出版行政部门举办的，或者委托专业机构举办的培训班、学术会议、专题讲座等活动的授课人或报告人，按实际授课或报告时间的6倍计算继续教育学时。

5．接受省级以上（含省级）新闻出版行政部门认可的与出版业务相关的远程教育和网上培训，按照实际上网接受培训时间计算继续教育学时。

6．主持完成国家级、省部级和全国性学术团体出版专业研究课题的时期内，每年按照完成继续教育48学时计算；非出版专业研究课题（必须与本人出版专业工作涉及的学科专业相关）的时期内，每年按照完成继续教育24学时计算。

7．参加高等院校或成人院校举办的国家承认学历、学位的在职教育期间，每年按照继续教育48学时计算。

8．作为第一作者公开发表的理论研究性文章，出版专业文章每篇按照完成继续教育24学时计算，非出版专业文章（必须与本人出版专业工作涉及的学科专业相关）每篇按照完成继续教育12学时计算。

9．在境外参加国际出版学术活动、接受继续教育培训等，按照实际参加时间折合继续教育学时。

按照以上情况计算继续教育学时，最多不超过48学时，

超过48学时的按照48学时计算。计算继续教育学时，须提交必要的证明材料。凡发现伪造材料者，3年内不予登记注册。

本办法中未明确的其他继续教育形式和学时计算办法，可由省级登记注册机构视实际情况提出进一步的继续教育学时计算意见，报新闻出版总署全国出版专业技术人员职业资格登记注册管

理办公室审核，经该办公室认定后，方可实施。

出版专业技术人员当年继续教育学时超过72学时的部分，不顺延至下一年度计算。出版专业技术人员由于伤、病、孕等特殊原因，无法在当年完成继续教育时间的，可由本人所在出版单位提供证明，经所在地省级以上（含省级）新闻出版行政部门审核确认后，其应参加继续教育的时间可以顺延下一年度合并完成。省级以上（含省级）新闻出版行政部门在下一年度的继续教育合格证书中予以注明。

关于加强新闻出版中央财政资金项目支付个人报酬事项管理的通知

国家新闻出版广电总局 财政部 2015年4月28日 新广出发〔2015〕20号

各省、自治区、直辖市新闻出版广电局，新疆生产建设兵团新闻出版局，解放军总政治部宣传部新闻出版局，中央和国家机关各部委、各民主党派、各人民团体出版单位主管部门，各有关单位：

为加强新闻出版中央财政资金项目管理，规范项目资金支付个人报酬事项，结合近年来新闻出版中央财政资金项目监督检查中发现的突出问题，现就新闻出版中央财政资金项目支付个人报酬事项提出以下管理要求：

一、总体要求

（一）本通知所称的支付个人报酬事项是指新闻出版单位使用中央财政资金支付个人稿费、编辑费、审稿费、校对费、设计费、翻译费等，包括但不限于以上列举的支付事项（以下简称报酬）。

（二）本通知提出的要求用于规范新闻出版中央财政资金项目支付个人报酬事项的管理，请各省局、中央出版单位主管部门转发相关新闻出版单位，并指导其执行。

（三）本通知提供的《报酬支付通知单》（格式见附件），中央财政资金项目支付个人报酬需遵照执行。已建立并使用企业管理信息系统生成《报酬支付通知单》的单位，可结合中央财政资金项目管理要求和实际情况修改后执行。对已有单据不再调整的，需将现有单据格式报省局和中央出版单位主管部门审核备案。

其他项目支付个人报酬事项可参照执行。

二、项目单位支付个人报酬事项具体要求

（一）建立健全支付个人报酬管理制度

新闻出版单位应根据现行财务制度及内部控制要求，建立健全报酬支付内部管理实施细则，明确以下内容：

一是归口管理部门；

二是开支范围、开支标准以及报酬支付事项所需要提交的表单、合同；

三是内部审核审批权限、程序和责任；

四是支付业务流程；

五是对账和检查责任。

（二）合理设置报酬支付的业务岗位

新闻出版单位应根据财务制度及本单位实际情况，合理设置报酬支付业务相关岗位，明确内部审核、审批、支付、核算和归档等关键岗位的职责权限，确保支付申请和内部审核、付款审批和付款执行、业务经办和会计核算等不相容岗位相互分离。

（三）加强报酬支付业务流程控制

新闻出版单位应结合实际情况，科学合理设计报酬支付业务流程：

1．签订出版合同。出版合同是财务部门支付报酬的依据，新闻出版单位需在合同中明确报酬支付标准、支付方式、支付条件等内容，在报酬核算和支付中切实按出版合同执行。

2．责任编辑或业务经办人应根据出版合同履行情况，按约定开具《报酬支付通知单》，并根据审批权限履行报批程序。

3．财务部门应及时处理《报酬支付通知单》，在审核无误后，按照财务核算流程进行报酬的结算和支付。

（四）加强报酬支付事项审批控制

新闻出版单位应根据实际情况按照金额大小及支付事项类型设置报酬支付审批权限，明确报酬支付的审批责任。审批人应当在授权的范围内审批，不得越权审批。

（五）加强代扣代缴个人所得税控制

新闻出版单位应强化纳税意识，严格执行个人所得税法、实施条例、税收征管法等关于代扣代缴个人所得税的规定，准确计算应代扣代缴的个人所得税并按时缴入国库。

（六）加强报酬支付事项审核控制

承担报酬支付事项审核责任的人员应当全面审核与报酬支付事项相关的各类凭据，其中包括但不限于：《报酬支付通知单》、出版合同、代扣代缴个人所得税计算单等。审核《报酬支付通知单》时应重点审核支付单内容填列是否完整、审批程序是否齐全、比照出版合同审核报酬计算是否正确等。

（七）加强报酬支付事项支付控制

报酬发放人员应严格按照报酬支付单所列的金额和对象支付报酬，留存领取凭证，将其作为原始单据附于支出凭证之后。支付现金报酬，应由领取人签字，非作者本人领取应取得授权代领证明；银行转账支付报酬，原则上应支付到作者本人账户并留存支付凭证。

三、加强对新闻出版中央财政资金项目支付个人报酬事项的监督检查

按照《国家新闻出版广电总局关于加强新闻出版广播影视中央财政资金项目监督检查的意见》（新广发〔2015〕33号）的规定，落实总局、省局、项目单位三级负责的监督检查工作机制，将新闻出版中央财政资金项目支付个人报酬事项纳入检查范围和

重点内容。

（一）各新闻出版单位应严格按照通知要求，建立健全报酬支付内部管理制度，定期进行自查，并配合上级部门实施检查。

（二）省级新闻出版广电行政主管部门负责对新闻出版单位使用中央财政资金事项进行指导协调、监督检查，并配合总局有关职能部门进行抽查。

（三）总局负责年度监督检查工作的总体规划，指导省局和项目单位执行本办法，组织相关培训，开展对重点项目的检查及抽查。

本通知自 2015 年 5 月 1 日起施行，各单位在实施过程中发现的问题和取得的经验经省局汇总后及时上报总局财务司，以便更有效的贯彻实施本办法。

附件：报酬支付通知单（格式）

新闻出版报酬支付通知单

日　期：　　　　　　　　　　　　　　　　　　　　　　　　单　号：

<table>
<tr><td>出版物名称</td><td colspan="4"></td><td>选题号/ISBN</td><td></td><td>责任编辑</td><td></td></tr>
<tr><td>作　者</td><td></td><td>开户行</td><td></td><td>银行账号</td><td colspan="2"></td><td>预付金额</td><td></td></tr>
<tr><td>付酬项目</td><td>计酬标准</td><td>字数/印数</td><td>应付金额</td><td>减代扣代缴税额</td><td>减预付金额</td><td>减购书款</td><td>减其他</td><td>实付金额</td></tr>
<tr><td></td><td></td><td></td><td></td><td></td><td></td><td></td><td></td><td></td></tr>
<tr><td></td><td></td><td></td><td></td><td></td><td></td><td></td><td></td><td></td></tr>
<tr><td></td><td></td><td></td><td></td><td></td><td></td><td></td><td></td><td></td></tr>
<tr><td>实付报酬合计</td><td colspan="2">人民币（大写）</td><td colspan="3"></td><td>￥</td><td colspan="2"></td></tr>
<tr><td>纳税人姓名</td><td colspan="2">身份证号</td><td>纳税项目</td><td>应付金额</td><td>减除费用</td><td>计税金额</td><td>税　率</td><td>代扣代缴税额</td></tr>
<tr><td></td><td colspan="2"></td><td></td><td></td><td></td><td></td><td></td><td></td></tr>
<tr><td></td><td colspan="2"></td><td></td><td></td><td></td><td></td><td></td><td></td></tr>
<tr><td>备　注</td><td colspan="8"></td></tr>
</table>

社领导审批：　　　总编办审批：　　　部门审批：　　　领款人：

财务审核：

关于印发《国家出版基金资助项目管理办法》的通知

国家新闻出版广电总局　财政部　2016 年 6 月 3 日　新广发〔2016〕51 号

各省、自治区、直辖市新闻出版广电局、新疆生产建设兵团新闻出版广电局，中央军委政治工作部宣传局，中央和国家机关各部委、各民主党派、各人民团体新闻出版主管部门，中国出版集团公司，中国教育出版传媒集团有限公司，中国科技出版传媒集团有限公司，各相关中央直属企业：

为规范和加强国家出版基金资助项目管理，提高国家出版基金使用效益，现将新修订的《国家出版基金资助项目管理办法》印发给你们，请遵照执行。

国家出版基金资助项目管理办法

第一章　总　则

第一条　为规范和加强国家出版基金资助项目（以下简称“资助项目”）管理，提高国家出版基金使用效益，根据国家有关法律法规，制定本办法。

第二条　国家出版基金设立的宗旨是，体现国家意志，传承优秀文化，推动繁荣发展，增强文化软实力。

第三条　国家出版基金主要由中央财政拨款，并依法接受自然人、法人或其他组织的捐赠。

第四条 国家出版基金主要用于资助不能通过市场资源完全解决出版资金的优秀公益性出版项目。

本办法所指出版项目主要包括图书、音像制品和电子出版物等。

国家出版基金积极探索对传统出版与新兴出版融合发展等方面出版项目的资助。

第五条 国家出版基金年度资助项目的具体范围、重点、形式、出版介质以及申报数量、成稿率等要求，通过年度申报指南予以确定。申报指南在确定年度资助项目的具体范围、重点、申报数量等要求时，应充分考虑国家出版基金的规模，以及保持合理的资助比例和强度的需要。

第六条 资助项目的确定，遵循“自愿申请、公平竞争、专家评审、择优立项”的原则。

第七条 资助项目成果按规定标注“国家出版基金项目”标识。

第二章 机构与职责

第八条 由国家新闻出版广电总局、财政部组成“国家出版基金管理委员会”（以下简称“基金委”），负责审定国家出版基金管理规章制度、申报指南、资助项目及资助金额，决定与国家出版基金管理有关的其他重大事项等。

第九条 基金委下设“国家出版基金规划管理办公室”（以下简称“基金办”），负责起草相关管理制度及资助项目申报指南，管理出版基金专家库，组织资助项目申报、评审、检查、结项、绩效考评，开展国家出版基金相关预算管理工作，并监管资助项目经费使用，受理有关资助项目的投诉举报，完成基金委交办的其他工作事项。

第十条 中央和国家机关各部委、各直属机构、各直属事业单位，全国人大办公厅，全国政协办公厅，最高人民法院，最高人民检察院，各民主党派，各人民团体出版单位主管部门，中央军委政治工作部宣传局，各中央直属企业（以下简称“中央主管单位”）负责组织本部门、本系统出版单位申报资助项目的审核、汇总、报送，资助项目的质量进度监管、年度检查等工作，承担基金办委托的结项验收等其他工作事项。

第十一条 各省、自治区、直辖市、新疆生产建设兵团新闻出版广电行政部门（以下简称“省级行政管理部门”）负责组织本地区所辖出版单位申报资助项目的审核、汇总、报送，资助项目的质量进度监管、年度检查等工作，承担基金办委托的结项验收等其他工作事项。

第十二条 项目承担单位负责资助项目的具体实施，按规定管理和使用资助经费，确保项目质量进度和经费安全，并自觉接受主管单位（含中央主管单位和省级行政管理部门，下同）、基金办及国家有关部门的监督检查。项目承担单位法定代表人对资助项目的管理及资助经费的使用承担直接责任。

第三章　范围与重点

第十三条 国家出版基金资助的出版项目应当坚持党的出版方针、政策，坚持社会主义先进文化前进方向，服务党和国家工作大局，代表我国出版业发展水平，代表我国哲学社会科学、文学艺术、自然科学和工程技术发展水平，对推进社会主义文化强国建设、推动科学技术进步、实现“两个一百年”奋斗目标和中华民族伟大复兴中国梦具有重要意义。重点包括：

（一）深入研究阐释党中央治国理政新理念新思想新战略，推进中国特色社会主义理论创新、实践创新、制度创新，培育和践行社会主义核心价值观等弘扬主旋律的优秀出版项目。

（二）具有重要创新价值、思想价值、科学价值、文学艺术价值，反映我国现阶段哲学社会科学、文学艺术、自然科学和工程技术领域最新成果的优秀出版项目。

（三）具有重要历史文化价值，对传承和弘扬中华优秀传统文化，传播当代中国价值观念，体现中华文化精神具有重要作用的出版项目。

（四）对加快构建现代公共文化服务体系具有积极作用的优秀出版项目。

（五）国家重大年度主题出版项目。

（六）国家委托重点出版项目。

（七）其他优秀公益性出版项目。

第十四条 凡在出版环节已获得中央财政性资金资助的出版项目，国家出版基金不再重复资助。

第四章 专家选聘与管理

第十五条 遴选学术、出版、财务等方面专家，组建国家出版基金专家库。

第十六条 进入专家库的专家，须具有高级专业技术职称或相当于高级专业技术职称的行政职务、丰富工作经验和较高专业水平，能够客观公正、切实有效地履行工作职责。

第十七条 基金办根据资助项目管理工作需要，适时组织专家选聘。

第十八条 基金办负责维护、使用和管理国家出版基金专家库。

第五章 申报与立项

第十九条 基金办每年6月30日以前发布下一年度资助项目申报指南。出版单位按照申报指南要求，申报资助项目。

第二十条 申报条件和要求：

（一）申报单位须是经国务院新闻出版广电行政主管部门批准设立的出版机构。

（二）申报单位须具有良好的社会信誉、管理水平和出版业绩，具备完成资助项目的能力和水平。

（三）联合申报项目应当明确主申报单位和辅申报单位及各自承担的主要工作和责任。主申报单位是项目的主承担单位，辅申报单位须符合本条第一款的规定。

（四）申报项目须严格遵守《中华人民共和国著作权法》等有关知识产权法律规定，不存在违法侵权等问题。

（五）申报单位须严格按照申报指南要求编制项目申请书，并从实际出发，编制科学合理的项目总预算，结合预计发行收入，提出项目资助金额申请。

第二十一条 地方出版单位须通过所在地省级行政管理部门申报项目。中央在京出版单位可通过中央主管单位申报项目。

第二十二条 项目申报程序如下：

（一）初核。省级行政管理部门按照本办法第十九条和第二十条规定，对申报单位资质及申报材料进行审查，并于每年申报截止日期前将审查合格的申报材料报送基金办。中央在京出版单位通过中央主管单位申报项目的，比照办理。

（二）复核。基金办对通过初核的申报单位资质及报送材料的完整性、规范性、合理性等进行复核并报基金委审定。通过复核的项目，进入评审程序。

第二十三条 项目评审程序如下：

（一）初评。基金办按照申报项目的专业分类，从出版基金专家库中随机抽取若干名学术专家，组成初评专家组，对本专业申报项目进行评审，确定进入复评程序项目。

（二）复评。由初评专家组代表以及随机抽取的学术专家、出版专家和其他有关方面专家组成复评专家组，对进入复评程序的项目进行评审，确定进入终评程序项目。

（三）终评。基金办从出版基金专家库中随机抽取若干名出版专家、财务专家和其他有关方面专家组成终评专家组，对进入终评程序的项目进行综合评审，根据出版行业成本水平、预计发行量及其他有关规定，提出拟资助项目和资助金额的建议。

第二十四条 拟资助项目经基金委部门联系会议（特邀部分专家列席）集体审议，基金委成员单位会签后，通过媒体向社会公示。公示时间为5个工作日。

公示期满后，经基金委批准，通过媒体予以公告。

第二十五条 国家委托出版项目，基金办可按政府采购有关规定，确定项目承担单位。

第二十六条 基金办每年12月31日前组织完成下一年度资助项目专家评审工作。

第六章　拨款与支出

第二十七条　年度资助项目公告后，基金办应及时与主管单位、项目申报单位（联合申报的为主申报单位）共同签订《国家出版基金资助项目协议书》（以下简称“协议书”），明确各方权利义务。项目申报单位在规定时间内未完成协议书签订工作的，视为自动放弃基金资助。

协议书签订后，基金办应在15个工作日内，按照财政部有关管理规定办理拨款手续。

第二十八条　常规项目一般采取先补助、后出版的“事前补助”方式。当年应完成的资助项目，首次拨款不高于资助总额的80%；跨年度完成的资助项目，首次拨款不高于资助总额的30%；对年检合格的跨年度项目，依据项目进度、资金使用情况和年度工作计划等核定续拨款金额，于每年6月30日前办理拨款手续；资助项目一般须预留资助总额的20%，待项目结项验收合格后拨付。

国家年度重大主题出版等特殊项目可采取先出版、后补助的“事后补助”方式，确定资助项目后一次拨付全部资助经费。

第二十九条　采取“事前补助”方式的资助项目，资助经费用于补助项目出版物的直接成本支出，包括稿费、版权费、翻译费、编校费、专家审稿费、录制费、制作费、排印装费、原辅材料费及其他费用。

采取“事后补助”方式的资助项目，资助经费由项目承担单位合理安排用于出版工作的直接成本支出。

第七章　实施与管理

第三十条　项目承担单位应严格按照国家相关法律法规和协议约定，制定国家出版基金资助项目质量进度、经费使用、绩效管理、廉洁监督等制度，依法、合规、有序地组织项目实施。

第三十一条　资助经费核算必须纳入项目承担单位会计核算体系，专款专用，单独核算，并完整保留与资助项目有关的会计资料。

第三十二条　有下列变更事项之一者，项目承担单位须提交书面申请，经主管单位审核后，报基金办办理。重大变更事项，报基金委批准后执行。变更期间，基金办暂停拨款。

（一）变更承担单位。

（二）变更项目名称。

（三）变更出版形式。

（四）变更著作责任者。

（五）变更文种。

（六）项目内容有重大变化。

（七）项目延期完成。

（八）终止项目。

（九）其他需要报批的重大变更事项。

第三十三条　跨年度资助项目实行年度检查制度，按以下程序执行：

（一）项目承担单位根据项目实际实施情况及下年度实施计划，填制《国家出版基金资助项目年度检查表》并按规定时间报送主管单位审核。

（二）主管单位依据本办法和《国家出版基金资助项目协议

书》，对资助项目实施和经费管理使用情况进行审核，在《国家出版基金资助项目年度检查表》中填写审核意见，并对项目进行年检绩效考评后，于每年 3 月 31 日前将所辖（或本部门、本系统）出版单位承担资助项目的《国家出版基金资助项目年度检查表》和《国家出版基金资助项目年检绩效考评表》报送基金办。

（三）基金办负责组织、指导、核查年度检查工作，审核《国家出版基金资助项目年度检查表》和《国家出版基金资助项目年检绩效考评表》，组织对部分项目进行现场抽查，根据各个项目年检及绩效考评情况，拟定项目续拨款计划报基金委批准后执行，并适时发布年检绩效考评结果。

第三十四条　资助项目结项实行专家组验收制度，按以下程序执行：

（一）资助项目完成后，项目承担单位向主管单位报送《国家出版基金资助项目结项申请书》和项目成果各 3 份，申请结项验收。

（二）主管单位对结项验收申请进行审核，填写审核意见后，将《国家出版基金资助项目结项申请书》和项目成果各 2 份报送基金办。

（三）基金办收到结项验收申请后，在 20 个工作日内就验收组织形式（委托主管单位验收或基金办直接组织验收）函告主管单位。

（四）基金办或主管单位聘请有关专家，组成结项验收专家组，依据本办法、《国家出版基金资助项目协议书》等相关规定，对资助项目进行结项验收和考评，并出具结项验收报告和《国家出版基金资助项目结项绩效考评表》。

（五）主管单位应在所组织的验收工作结束后 15 个工作日内，

将结项验收报告和《国家出版基金资助项目结项绩效考评表》报送基金办。

（六）验收合格项目经基金办审核并报基金委批准后，由基金办寄发结项通知并拨付尾款。不合格项目由基金办按照本办法第三十六条规定处理。

（七）基金办根据年检考评得分、结项考评得分，汇总确定资助项目实施情况绩效考评综合得分，经基金委审定后，对绩效考评结果为优秀项目的承担单位予以通报表扬，对其中部分特别优秀项目的承担单位给予适当增加下年度申报项目数量的奖励。

第三十五条 基金办每年抽查项目经费管理使用情况，并对部分资助项目进行期中或结项核查，项目承担单位应积极配合，如实反映情况。检查及核查结论作为续拨经费、评审新报资助项目的重要依据。

第三十六条 项目承担单位违反本办法及国家出版基金其他有关管理规定者，基金办给予批评、通报，或向有关部门提出追究责任人责任的建议。涉嫌违纪违法的，移交有关部门处理。

有下列情形之一者，报基金委批准后，追回已拨经费，并取消项目承担单位1至5年申请新资助项目资格。

（一）违反《著作权法》《出版管理条例》等法律法规及其他有关规定。

（二）项目存在严重质量问题。

（三）有严重弄虚作假行为。

（四）与获批的项目内容严重不符。

（五）项目规模大幅缩减。

（六）多次延期仍不能完成。

（七）严重违反财务会计制度规定。

（八）项目申报、评审、验收工作中有行贿行为。

（九）项目结项验收不合格。

（十）其他严重违纪违法事项。

第八章　项目成果使用

第三十七条　基金办和项目承担单位应充分利用媒体报道、网络宣传以及参加国内外展览会、展示会等多种方式，宣传推介资助项目成果。

第三十八条　基金办和项目承担单位应根据实际需要，积极开展形式多样、针对性强、受众面广的项目成果赠与活动，充分体现出版基金的公益性质以及项目成果的社会效益。

第三十九条　项目承担单位向基金办免费报送项目成果的数量，以及授权对项目成果进行公益传播等事宜，由《国家出版基金资助项目协议书》予以约定。

第九章　附　则

第四十条　本办法适用于国家出版基金资助项目管理。国家出版基金财务管理、专家管理及项目绩效考评等办法另行制定。

第四十一条　本办法由国家新闻出版广电总局、财政部负责解释，自公布之日起施行。《国家出版基金资助项目管理办法》（新出联〔2008〕8 号）同时废止。

关于印发《出版专业技术人员继续教育规定》的通知

国家新闻出版署　人力资源社会保障部

2020 年 9 月 24 日　国新出发〔2020〕18 号

各省、自治区、直辖市新闻出版局、人力资源社会保障厅（局），中央和国家机关各部委、各人民团体出版单位主管部门、人事部门，中央军委政治工作部宣传局，中央各重点出版集团：

现将《出版专业技术人员继续教育规定》印发给你们，请认真遵照执行。

出版专业技术人员继续教育规定

第一章　总　则

第一条　为规范出版专业技术人员继续教育工作，保障出版专业技术人员继续教育权益，不断提高出版专业技术人员素质能力，根据《出版管理条例》《干部教育培训工作条例》《专业技术人员继续教育规定》等，结合出版工作实际，制定本规定。

第二条　在出版单位从事出版专业技术工作，包括出版物选题策划、内容编辑加工和校对、装帧和版式设计、信息资源集成开发、编务印制和质量管理、版权运营、出版物营销等专业技术人员继续教育，适用本规定。

第三条 出版专业技术人员继续教育是建设高素质专业化出版专业人才队伍的基础性战略性工作，必须坚持以习近平新时代中国特色社会主义思想为指导，紧紧围绕新时代宣传思想工作举旗帜、聚民心、育新人、兴文化、展形象的使命任务，不断增强脚力、眼力、脑力、笔力，打造政治过硬、本领高强、求实创新、能打胜仗的出版专业技术人员队伍，为推动出版业持续繁荣发展提供人才保证和智力支持。

第四条 出版专业技术人员继续教育工作应当遵循下列原则：

（一）服务大局，按需施教。紧紧围绕出版事业发展需要和出版专业技术人员从业要求，深入开展马克思主义出版观教育，把政治能力建设贯穿继续教育全过程，引导出版专业技术人员不断提高政治本领，不断增强政治敏锐性和政治鉴别力，增强“四个意识”，坚定“四个自信”，做到“两个维护”。

（二）提高能力，注重质量。遵循人才成长发展规律，不断深化专业能力建设，把继续教育的普遍性要求与出版专业人才的特殊需要结合起来，提高继续教育质量，增强教育培训针对性，引导出版专业技术人员更新知识、拓展技能，加强职业道德建设，全面提升专业胜任能力。

（三）改革创新，注重实效。统筹继续教育资源，创新方式方法，建立兼容、开放、共享、规范的继续教育培训体系，坚持分级分类组织，形成政府部门规划指导、社会力量积极参与、出版单位支持配合的出版专业技术人员继续教育新格局。

第五条 出版专业技术人员享有参加继续教育的权利和接受继续教育的义务。出版单位应当依照法律、行政法规和国家有关规定提取和使用职工教育经费，为本单位出版专业技术人员参加继续教育提供保障和支持。出版专业技术人员经所在单位同意，脱产或半脱产参加继续教育活动的，所在单位应当按照国家有关规定，保障工资、福利等待遇。

第六条 出版专业技术人员应当自从事出版工作的下一年度开始参加继续教育。

第二章 管理体制

第七条 出版专业技术人员继续教育实行统筹规划、分级负责、分类指导的管理体制。

第八条 国家新闻出版署和人力资源社会保障部负责对全国出版专业技术人员继续教育工作进行综合管理和统筹协调，制定全国出版专业技术人员继续教育政策，监督指导全国出版专业技术人员继续教育工作的组织实施。

第九条 各省级新闻出版主管部门、人力资源社会保障部门，共同负责本地区出版专业技术人员继续教育工作的综合管理和组织实施。

其他机关、企业、事业单位以及社会团体等在各自职责范围内依法做好出版专业技术人员继续教育的规划、管理和实施工作。

第三章 内容与形式

第十条 出版专业技术人员继续教育内容包括公需科目和专业科目。

公需科目包括出版专业技术人员应当普遍掌握的政治理论、法律法规、职业道德等基本知识。要把学习贯彻习近平新时代中国特色社会主义思想作为首要任务，坚持及时学、系统学、深入学，引导出版专业技术人员系统掌握科学体系、精髓要义和实践要求，真正做到学懂弄通做实。

专业科目包括出版专业技术人员必须具备并应当掌握的出版政策法规、编辑业务知识，编校技能和质量要求，装帧和版式设计、信息资源集成开发、版权运营管理等专业知识，以及与行业发展相关的新知识、新技术、新技能。

国家新闻出版署会同人力资源社会保障部根据出版专业技术人员不同岗位、类别和层次，统筹规划继续教育课程和教材体系建设，定期发布继续教育公需科目指南、专业科目指南，对继续教育内容进行指导。

第十一条 出版专业技术人员可以选择参加继续教育的形式。具体形式有：

（一）参加省级及以上新闻出版主管部门、人力资源社会保障部门及其公布的继续教育机构组织的面授、网络远程等继续教育活动；

（二）参加国家教育行政主管部门承认的本科及以上相关专业学历（学位）教育；

（三）承担省级及以上新闻出版主管部门或相关行业协会的出版类研究课题，或承担国家级科研基金项目；

（四）在拥有国内统一连续出版物号、经国家新闻出版主管部门认定的学术期刊上发表出版类或与工作相关的学术论文，公开出版与工作职责相关的学术著作、译著和整理的古籍图书；

（五）担任省级及以上新闻出版主管部门或相关行业协会举办的培训班、学术会议、专题讲座等授课（报告）人；

（六）参加全国出版专业技术人员职业资格考试及命题、审题、阅卷工作；

（七）参加所在单位或相关专业机构组织的与本单位出版范围相关的专业类培训；

（八）参加省级及以上新闻出版主管部门组织的出版物质量审读、评审工作；

（九）参加省级及以上新闻出版主管部门组织举办的编校大赛获得优秀以上等次；

（十）省级及以上新闻出版主管部门、人力资源社会保障部门认可的其他继续教育方式。

第十二条 出版专业技术人员继续教育要根据出版工作特点，综合运用讲授式、研讨式、案例式等教学方法，积极探索适应信息化发展趋势的网络培训有效方式，统筹推进线上线下相结合的培训模式，充分运用“学习强国”学习平台优质资源，不断深化新知识、新技术、新技能等的培训。

第四章 学时管理

第十三条 出版专业技术人员参加继续教育的时间每年累计不少于 90 学时。其中，专业科目学时一般不少于总学时的三分之二。

出版专业技术人员参加继续教育取得的学时，在全国范围内当年度有效，不得结转或顺延至下一年度。

第十四条 出版专业技术人员参加本规定第十一条规定形式的继续教育，其学时计算标准如下：

（一）参加省级及以上新闻出版主管部门、人力资源社会保障部门及其公布的继续教育机构组织的面授培训，每天按 8 学时计算；参加网络远程培训，按实际学时计算，每年最多不超过40学时。

（二）参加国家教育行政主管部门承认的本科及以上相关专业学历（学位）教育，获得学历（学位）当年度折算为40学时。

（三）独立承担省级及以上新闻出版主管部门或相关行业协会的出版类研究课题，或独立承担国家级科研基金项目，课题结项的，当年度每项折算为40学时；与他人合作完成的，主持人每项折算为30学时，参与人每人每项折算为10学时。

（四）独立公开发表出版类或与工作相关的学术论文，每篇折算为10学时；与他人合作发表的，每人每篇折算为5学时。每年最多折算为20学时。

（五）独立公开出版与工作职责相关的学术著作、译著和整理的古籍图书，每本折算为30学时；与他人合作出版的，第一作者每本折算为20学时，其他作者每人每本折算为10学时。每年最多折算为40学时。

（六）担任省级及以上新闻出版主管部门或相关行业协会举办的培训班、学术会议、专题讲座等授课（报告）人，按实际授课（报告）时间的6倍计算学时。

（七）参加全国出版专业技术人员职业资格考试，每通过一科，下一年度折算为30学时。

（八）参加全国出版专业技术人员职业资格考试命题、审题、阅卷，省级及以上新闻出版主管部门组织的出版物质量审读、评审工作，或在编校大赛中获得优秀以上等次，折算为30学时。

（九）参加所在单位或相关专业机构组织的与本单位出版范围相关的专业类培训，每年最多折算为30学时。

第十五条　出版专业技术人员参加继续教育情况实行学时登

记管理。

出版单位应当对本单位出版专业技术人员参加继续教育的种类、内容、时间和考试考核结果等情况进行记录，及时登录有关网站提交继续教育情况，完成学时审核登记的初审。

省级新闻出版主管部门负责本地区出版专业技术人员继续教育学时审核登记的复审。

国家新闻出版署负责全国出版专业技术人员继续教育学时审核登记的终审，以及中央在京出版单位出版专业技术人员继续教育学时审核登记的复审。

省级新闻出版主管部门每年将本地区出版专业技术人员继续教育审核情况送同级人力资源社会保障部门备案。

第十六条 出版专业技术人员继续教育学时登记采用以下方式：

（一）参加全国出版专业技术人员职业资格考试，或参加省级及以上新闻出版主管部门、人力资源社会保障部门及其公布的继续教育机构组织的培训，由省级及以上新闻出版主管部门根据继续教育机构或所在单位报送的继续教育信息，办理继续教育事项登记；

（二）参加除第一项以外其他形式的继续教育，应当在当年度登录国家新闻出版主管部门指定网站，按要求上传相关证明材料，申请办理继续教育事项登记。

第十七条 出版专业技术人员由于伤、病、孕等特殊原因无法在当年度完成继续教育学时的，可由所在单位提供证明，经省级及以上新闻出版主管部门审核确认后，应参加继续教育的学时顺延至下一年度合并完成。省级及以上新闻出版主管部门应当在下一年度的继续教育合格证书中予以注明。

第五章　继续教育机构

第十八条　国家新闻出版署、人力资源社会保障部指导加强出版专业技术人员继续教育机构建设，推动构建分工明确、优势互补、布局合理、开放有序的继续教育培训体系。鼓励并引导行业协会、高等院校、科研院所等具备培训条件的社会办学单位参与出版专业技术人员继续教育工作。

第十九条　国家新闻出版署以适当方式向社会公布承办出版专业技术人员继续教育的机构及其培训范围、教学内容、收费项目和标准等。继续教育机构应当认真组织实施出版专业技术人员继续教育教学计划，根据考核结果如实出具出版专业技术人员参加继续教育证明。

第二十条　继续教育机构要突出政治引领，以提升思想政治素质和职业素养、创新创造能力为重点，建立健全继续教育培训内容更新机制。

第二十一条　继续教育机构要建立健全符合出版工作特点和出版专业技术人员成长成才规律的师资准入和退出机制。建立完备的继续教育师资库，严把政治关、质量关、纪律关，建设高素质高水平专业化的出版专业技术人员继续教育师资队伍。

第二十二条　继续教育机构要把旗帜鲜明讲政治贯穿教学管理全过程，严格执行有关学员、师资管理规定，严肃讲坛纪律，加强学风建设。

第二十三条　各级新闻出版主管部门、人力资源社会保障部门直接举办的继续教育活动，应当突出公益性，不得收取费用。鼓励和支持出版企事业单位、高等院校和社会团体等举办公益性继续教育活动。

第二十四条 继续教育机构不得采取虚假、欺诈等不正当手段招揽生源，不得以继续教育名义组织旅游或与培训无关的高消费活动，不得以继续教育名义乱收费或只收费不培训，以及从事其他有关政策法规明令禁止的行为。

第六章 考核与监督

第二十五条 出版单位应当建立本单位出版专业技术人员继续教育与使用、晋升相衔接的激励机制，把出版专业技术人员参加继续教育情况作为出版专业技术人员考核评价、岗位聘用的重要依据。

第二十六条 出版专业技术人员参加继续教育情况，应当作为聘任专业技术职务或者申报评定上一级职称的重要条件，作为出版专业技术人员职业资格登记注册（续展）的必要条件。

第二十七条 省级及以上新闻出版主管部门、人力资源社会保障部门应当依法对出版专业技术人员继续教育机构、出版单位执行本规定的情况进行监督。

第二十八条 省级及以上新闻出版主管部门、人力资源社会保障部门应当定期组织或委托第三方评估机构对本地区出版专业技术人员继续教育机构进行教学质量评估，评估结果作为评价继续教育机构办学质量的重要标准和承担下一年度继续教育任务的重要依据。

第二十九条 出版专业技术人员未按本规定第十一条、十三条规定参加继续教育，无正当理由不参加继续教育或者在学习培训期间违反学习纪律和管理制度的，出版单位可视情给予批评教育、不予报销或者要求退还培训费用等。

第三十条 出版单位违反本规定的，由省级及以上新闻出版主管部门或人力资源社会保障部门责令改正。

第三十一条 出版专业技术人员存在继续教育学时造假等情形的，由省级及以上新闻出版主管部门或人力资源社会保障部门通报所在单位，暂停或暂缓职业资格登记注册（续展）。

第三十二条 继续教育机构违反本规定的，由省级及以上新闻出版主管部门或人力资源社会保障部门责令改正，并依法依规进行处理。

第七章 附 则

第三十三条 各省级新闻出版主管部门要加强对民营书业从业人员继续教育的政策指导，统筹协调优质培训资源共建共享，组织开展多层次、有针对性的专业学习和技能培训，健全完善民营书业从业人员继续教育培训机制，探索推进民营书业从业人员继续教育学时登记等工作。各民营书业企业要积极为所属从业人员参加继续教育创造便利条件。

第三十四条 中国人民解放军和中国人民武装警察部队所属出版单位出版专业技术人员继续教育工作，参照本规定执行。

第三十五条 本规定自 2021 年 1 月 1 日起施行，由国家新闻出版署、人力资源社会保障部负责解释。原新闻出版总署印发的《出版专业技术人员继续教育暂行规定》（新出政发〔2010〕10 号）同时废止，其他出版专业技术人员继续教育相关规定与本规定不一致的，以本规定为准。

关于印发《中国出版政府奖评奖章程》的通知

国家新闻出版署　2021年2月1日　国新出发〔2021〕2号

各省、自治区、直辖市新闻出版局，中央和国家机关各部委、各人民团体出版单位主管部门，中央军委政治工作部宣传局，中国出版集团有限公司：

现将修订后的《中国出版政府奖评奖章程》印发给你们，请认真遵照执行。

中国出版政府奖评奖章程

第一章　总　则

第一条　中国出版政府奖是贯彻落实《关于加强和改进出版工作的意见》和中央有关精神，根据《全国性文艺新闻出版评奖管理办法》，由国家新闻出版署主办的全国性奖项。

第二条　为保证中国出版政府奖评奖的公正性、科学性、权威性，制定本章程。

第三条　本章程适用于中国出版政府奖的各类子项奖。

第四条　设立中国出版政府奖的宗旨是，高举中国特色社会主义伟大旗帜，以习近平新时代中国特色社会主义思想为指导，坚持为人民服务、为社会主义服务，坚持百花齐放、百家争鸣，坚持创造性转化、创新性发展，贴近实际、贴近生活、贴近群众，弘扬主旋律、传播正能量，提高全民族思想道德素质、科学文化素质和身心健康素质，满足人民群众日益增长的精神文化需求。通过奖励、表彰优秀出版物和在出版领域作出突出贡献的先进单位、优秀人物，推动出版工作更好地承担举旗帜、聚民心、育新人、兴文化、展形象的使命任务，推动多出精品、多出人才，推动出版业高质量发展，助力社会主义文化强国建设。

第五条 评奖坚持公正、公平、公开原则，努力提高科学性、权威性，严格程序、严格标准、严格纪律，做到优中选优、宁缺毋滥。

第六条 中国出版政府奖评选范围包括：

（一）由国家出版主管部门批准设立的出版单位正式出版并公开发行的图书、期刊、音像制品、电子出版物和网络出版物，由国家出版主管部门批准设立的出版物印刷、复制单位生产的印刷品和复制品；

（二）由国家出版主管部门批准设立的图书、期刊、音像制品、电子出版物出版单位和网络出版服务单位，出版物印刷、复制单位，发行单位及在出版行业从事版权、教育、科研等方面工作的单位；

（三）在上述单位从事编辑、印刷、发行、版权、教育、科研等方面工作，取得优异成绩、作出突出贡献的人员。

第二章　奖项设置

第七条 中国出版政府奖设立 7 个子项奖，根据实际情况可以增设荣誉奖。荣誉奖主要表彰项目为图书，出版时间可以适当放宽，不占子项奖数额，数量视情而定。

7个子项奖奖励数额共计240个，奖项设置如下：

（一）图书奖60个；

（二）期刊奖20个；

（三）音像制品、电子出版物和网络出版物奖20个；

（四）印刷复制奖10个；

（五）装帧设计奖10个；

（六）先进出版单位奖50个；

（七）优秀出版人物奖70个。

图书奖，期刊奖，音像制品、电子出版物和网络出版物奖，印刷复制奖，装帧设计奖设立提名奖（先进出版单位奖、优秀出版人物奖不设提名奖），共计240个，其中，图书提名奖120个，期刊提名奖40个，音像制品、电子出版物和网络出版物提名奖40个，印刷复制提名奖20个，装帧设计提名奖20个。

第八条 评选标准

（一）参评出版物应当无版权或其他法律纠纷，并且具备以下条件之一：

1. 紧扣时代主题，对学习宣传贯彻习近平新时代中国特色社会主义思想、全面贯彻党中央重大决策部署具有积极作用；

2. 内容健康向上，对于传播、积累科学技术和文化知识，促进经济发展和社会进步有较大贡献；

3. 社会效益显著，在本学科领域、本行业、全国有较大影响或在海外产生较好反响，具有较高的知名度和品牌效应；

4. 具有重要思想价值、科学价值、文化价值、艺术价值，有一定的创新性；

5. 制作精良，格调高雅，具有先进的印刷复制水平与较高的艺术品位；

6．装帧设计简洁美观，不过度包装，兼顾审美性与实用性，给读者舒适的阅读体验。

（二）参评先进出版单位奖应当具备以下条件：

1．深入学习宣传贯彻习近平新时代中国特色社会主义思想，全面贯彻党的基本理论、基本路线、基本方略，增强“四个意识”、坚定“四个自信”、做到“两个维护”，自觉承担举旗帜、聚民心、育新人、兴文化、展形象的使命任务；

2．牢牢把握正确导向，模范遵守党规党纪和法律法规，严格落实意识形态工作责任制，制度完善、机制有效、管理有序；

3．在围绕中心、服务大局，弘扬主旋律、传播正能量的主题出版工作中积极作为、表现突出；

4．坚持深化改革、守正创新、繁荣发展，出版主业突出，以优秀作品自觉主动服务大局、服务群众，切实做到把社会效益放在首位，社会效益和经济效益相统一；

5．领导班子团结向上，作风优良，管理规范，重视职工培养，注重高素质专业化人才队伍建设；

6．在同类出版单位中具有较高的知名度和影响力。

（三）参评优秀出版人物奖应当具备以下条件：

1．深入学习宣传贯彻习近平新时代中国特色社会主义思想，全面贯彻党的基本理论、基本路线、基本方略，增强“四个意识”、坚定“四个自信”、做到“两个维护”；

2．模范遵守党规党纪和法律法规，遵守职业道德，作风正派，廉洁自律，坚持原则，诚信服务；

3．在围绕中心、服务大局，弘扬主旋律、传播正能量的主题出版工作中积极作为、表现突出；

4．具有强烈的事业心、责任感，爱岗敬业，刻苦钻研，求实创新，敢于担当，自觉增强脚力、眼力、脑力、笔力；

5. 具有较深的专业造诣、较高的业务素养、较强的工作能力，在本职岗位上成绩卓著，对出版工作有突出贡献。

第九条 中国出版政府奖原则上每三年评选一次。

第三章 评奖机构

第十条 国家新闻出版署成立中国出版政府奖评选工作领导小组（以下简称领导小组），负责中国出版政府奖评选工作的组织领导。领导小组下设办公室，负责评奖具体工作。

第十一条 各子项奖分别成立评审委员会及办公室。

第十二条 各子项奖评审委员会根据本章程分别制定子项奖评奖办法和实施细则，并据此进行评审。

第十三条 各子项奖评审委员会采取无记名投票的方式，提出获奖建议名单。

第四章 评奖程序

第十四条 各省级新闻出版局，中央和国家机关各部委、各人民团体出版单位主管部门，中央军委政治工作部宣传局，中国出版集团有限公司负责组织本地区本部门的评选推荐工作。

第十五条 各地区各部门采取自下而上、基层推荐、逐级审核的方式进行推荐，将材料报送至各子项奖评审委员会办公室。各子项奖评审委员会组织评审。评审结果经领导小组审议后进行公示，领导小组办公室协调各子项奖评审委员会办公室对相关异议进行处理，按程序报批确定获奖名单。

第十六条 中国出版政府奖所有奖项同时评出，由国家新闻出版署公布获奖名单，组织表彰颁奖。各地区各部门可以结合实际给予适当奖励。

第五章 附 则

第十七条 本章程由国家新闻出版署负责解释。

第十八条 本章程自印发之日起施行。新闻出版总署《关于印发中国出版政府奖评奖章程的通知》同时废止。